Kuno Fischer
Gottfried Wilhelm Leibniz

Kuno Fischer

Gottfried Wilhelm Leibniz

Leben, Werke und Lehre

Herausgegeben und eingeleitet von
Thomas Sören Hoffmann

marixverlag

Bibliografische Information der Deutschen Nationalbibliothek
Die Deutsche Nationalbibliothek verzeichnet diese Publikation in der Deutschen Nationalbibliografie; detaillierte bibliografische Daten sind im Internet über
http://dnb.d-nb.de abrufbar.

Neu gesetzte, korrigierte und überarbeitete Ausgabe für
marixverlag GmbH, Wiesbaden 2009
Der Text wurde behutsam revidiert nach der 5., durchgesehenen Auflage
Carl Winters Universitätsbuchhandlung, Heidelberg 1920
Covergestaltung: Grafikdesign Morian & Bayer-Eynck, Coesfeld
Bildnachweis: akg-images, Berlin
Korrekturen: Ortrun Cramer, Wiesbaden
Satz und Bearbeitung: C&H Typo-Grafik, Miesbach
Der Titel wurde in der Stempel Garamond gesetzt
Gesamtherstellung: CPI books GmbH, Ulm
Printed in Germany

ISBN: 978-3-86539-163-6
www.marixverlag.de

Kuno Fischers Leibnizbuch – Eine Einführung

Von Thomas Sören Hoffmann

Wer heute, mehr als 150 Jahre nach ihrem ersten Erscheinen, Kuno Fischers große Leibniz-Darstellung in die Hand nimmt, wird sich rasch überzeugen, daß er es hier ganz gewiß nicht mit einem antiquierten, am Ende gar überholten Werk zu tun bekommt. Dieses Buch ist vielmehr auch unter der Patina, die es hier und da angesetzt hat, äußerst lebendig geblieben, ja es kann in mancher Hinsicht bleibende Gültigkeit beanspruchen: dies nämlich schon als bei aller anzubringenden Detailkritik immer noch gültiges Panorama des so unvergleichlichen Universums der Leibnizschen Philosophie; dies aber auch als nicht weniger bleibend gültiges Dokument einer vor allem der Schule Hegels verdankten Methode der Philosophiegeschichtsschreibung, wie Fischer sie hier exemplarisch zur Anwendung bringt. Der Hauptzweck der folgenden Einführung ist es, beides aus Anlaß der vorliegenden Neuauflage näher zu beleuchten: das Leibnizbild Fischers in seinen wichtigsten, immer noch treffenden Zügen, dann aber auch seine spezifische philosophiehistorische Leistung, die in Ansatz und Methode nicht einfach auf das in dem „historischen" 19. Jahrhundert Übliche reduziert werden kann. Der Würdigung schalten wir eine kurze Übersicht zu Fischers Leben und akademischem Wirken vor, wie wir am Ende ein Verzeichnis der aktuellen Leibniz-Literatur folgen lassen, das es dem Leser ermöglichen soll, die Brücke auch zu neueren Perspektiven auf den wohl größten Philosophen und Universalgelehrten der frühen Neuzeit zu schlagen.

1. Kuno Fischers Leben und akademisches Wirken

Ernst Kuno Berthold Fischer – so der volle Name unseres Autors – wurde als Sohn eines Pfarrers am 23. Juli 1824 in dem mittelschlesischen Dorf Sandewalde bei Guhrau, einer alten Tuchmacherstadt im Bezirk Breslau, geboren. Nach dem Abitur, das Fischer 1844 in Posen ablegen konnte, wo er seit 1835 das Gymnasium besucht hatte, bezog er zunächst die Universität Leipzig, um hier gemäß seiner frühen Neigung zu Sprachen ein Studium der Klassischen Philologie aufzunehmen. Indes bleibt Fischer nicht allzu lange in Sachsen, er wechselt nach bereits einem Jahr sowohl das Studienfach wie auch die Universität und schreibt sich in Halle für ein Studium der Philosophie ein, in die er vor allem durch den Hegelschüler

Johann Eduard Erdmann (1805–1892) eingeführt wird[1]. Erdmann, der wie später Fischer ein äußerst beliebter und eloquenter Hochschullehrer gewesen ist, hat für seine Person entscheidend zu einer Entwicklung beigetragen, die man die „Wende zum philosophiehistorischen Grundparadigma" des Philosophierens im Rahmen der Hegel-Schule nennen kann. Zwar hat, wie man weiß, schon bei Hegel die historische Dimension der Philosophie eine ausgezeichnete Rolle auch für die aktuelle Selbstverständigung des Philosophierens gespielt; philosophiehistorisch aufgetretene Formationen des Denkens können im Sinne einer Phänomenologie des erscheinenden absoluten Geistes als jeweils bestimmte Zugänge zum Problem der Philosophie überhaupt entschlüsselt werden. Dennoch überwiegt bei Hegel die systematische Dimension noch eindeutig die philosophiehistorische, und erst im Zuge der genannten Wende findet, wenn man so will, eine Relativierung des eigentlich *systematischen* durch ein *philosophiegeschichtliches* Denken statt, durch ein Denken, das jetzt grundsätzlich die Lösung der systematischen Aufgaben des Denkens in die Denkgeschichte als solche verlegt, sie also weniger in einem bestimmten System oder Ansatz als vielmehr in der *Abfolge* der Systeme und Ansätze sieht. Erdmann hat in diesem Sinne bereits in den Jahren 1834–1853 einen siebenbändigen *Versuch einer wissenschaftlichen Darstellung der Geschichte der neuern Philosophie*[2] herausgegeben, wie er übrigens auch eine Neuausgabe der Werke Leibnizens veranstaltet hat, die 1839/1840 erschienen war und mit der auch Fischer vielfältig arbeitete. Fischer hat seinem Lehrer im Jahre 1847 eine Dissertation zu Platons wichtigstem (und auch anspruchvollstem) dialektischen Dialog, dem *Parmenides*, vorgelegt, mit der er glanzvoll promoviert wurde[3]. Etwa zeitgleich trat der junge Denker mit teilweise vielbeachteten Zeitschriftenbeiträgen hervor – so etwa mit einer Polemik gegen Max Stirner und seinen Anhang, so auch mit Beiträgen zu Arnold Ruge und Ludwig Feuerbach. Sein Auskommen fand er dabei zunächst durch eine Hauslehrerstelle, die er bei einem Pforzheimer Fabrikanten annahm: eine Stelle, die ihm freilich auch Gelegenheit bot, sich bei Theaterbesuchen in Karlsruhe näher mit der dramatischen Kunst vertraut zu machen und die ihm ebenso Zeit genug ließ, eine erste ästhetische Arbeit unter dem Titel

[1] In Halle lehrte außerdem Julius Schaller, der ebenfalls zu den Hegelianern zu rechnen ist und 1833 eine Dissertation *De Leibnitii philosophia* vorgelegt hat.

[2] Eine Neuauflage dieses Werks, ergänzt um ein Vorwort von Hermann Glockner, hat der Verlag Frommann-Holzboog in Stuttgart-Bad Cannstatt 1977 herausgebracht.

[3] Kuno Fischer, *De Parmenide Platonico*, Stuttgart 1851.

Diotima erscheinen zu lassen[4]. 1850 übersiedelt Fischer dann nach Heidelberg, wo er sich mit einer Probevorlesung über Kant, Fichte und Hegel habilitieren kann. Im Jahre 1852 gründet er mit Marie Le Mire (1824–1882), der Tochter eines französischen Offiziers, den Hausstand; dem Ehepaar wurden zwei Töchter und ein Sohn geboren. Gleichfalls 1852 bringt Fischer seine *Logik und Metaphysik* heraus, ein in erster Auflage eher knapp gehaltenes, inhaltlich deutlich an Hegel angelehntes Werk, das zunächst als Kompendium zu Vorlesungen gedacht war[5]. Allerdings läßt nun auch der erste Band des monumentalen Hauptwerks, der (in der Endfassung) zehnbändigen *Geschichte der neuern Philosophie*, nicht mehr lange auf sich warten. Im Juni 1852 erscheint der erste Teil des ersten Bandes von Fischers Philosophiegeschichte, der *Das classische Zeitalter der dogmatischen Philosophie* betitelt und Descartes gewidmet ist – und der seinen Autor in ernste Schwierigkeiten verwickelt, da er ihn einem „Pantheismusverdacht“ aussetzt. Als Denunziant fungierte hierbei der Professor für evangelische Theologie und Direktor des Heidelberger Predigerseminars Daniel Schenkel, der die Karlsruher Kirchenleitung über das seiner Meinung nach „verderbliche“ Wirken Fischers ins Bild setzen zu müssen meinte[6]. In dem ungleichen Kampf, in den im Folgejahr dann auch die badische Regierung eintrat, gelang es dem Privatdozenten Fischer, so beliebt er bei den

[4] *Diotima. Die Idee des Schönen. Philosophische Briefe*, Pforzheim 1849. Eine zweite Auflage der Arbeit ist 1852 in Stuttgart herausgekommen, eine weitere Ausgabe hat der Reclam-Verlag 1928 in Leipzig veranstaltet.

[5] Eine Neuausgabe der *Erstauflage* hat Hans-Georg Gadamer 1997/1998 in Heidelberg und Darmstadt herausgebracht. Es ist jedoch unbedingt darauf hinzuweisen, daß dieses Werk eine völlige Neubearbeitung und Erweiterung durch Fischer selbst erlebt hat (Kuno Fischer, *System der Logik und Metaphysik oder Wissenschaftslehre*, 2., völlig umgearbeitete Auflage, Heidelberg 1865; 3. Aufl. Heidelberg 1909) und die von Gadamer erneut vorgelegte knappe Frühfassung nicht als die nach Fischers Meinung verbindliche Version gelten kann. Ein Nachdruck der insoweit vorzuziehenden 2. Auflage ist 1983 bei Minerva in Frankfurt/Main erschienen.

[6] Schenkel, der erst 1851 nach Heidelberg berufen worden war, kann als typischer Vertreter des liberal-kulturprotestantischen Milieus angesprochen werden, wie es das 19. Jahrhundert hervorgebracht hat; er gehörte späterhin zu den Begründern des „Protestantenvereins“. Die Denunziation hatte für Fischer übrigens über einige Jahre hin ihre unangenehmen Auswirkungen; sie führte etwa dazu, daß eine Berufung nach Berlin, der der preußische König Friedrich Wilhelm IV. nach Widerständen zuletzt zugestimmt hatte, sich solange verzögerte, daß ihr der Ruf nach Jena zuvorkam. Kurioserweise hat Schenkel später eine Streitschrift über *Die protestantische Freiheit* (1865) erscheinen lassen, mit der er sich die Kritik von konfessionell eingestellten Lutheranern und Pietisten an einem seiner eigenen Bücher verbat.

Studenten auch schon war und so sehr auch die Universität sich eher schützend vor ihn stellte, am Ende nicht, den ministeriellen Entzug der Lehrbefugnis, der 1853 erfolgte, abzuwenden. Fischer mußte sich jetzt als freier Schriftsteller in Heidelberg zu erhalten versuchen und war damit auch gar nicht erfolglos; die erste Auflage des hier vorgelegten Leibnizbuches ist in dieser Zeit unfreiwilliger Muße entstanden[7], in einer Zeit, die er immer auch für den Aufbau neuer Verbindungen nutzte. So trat er unter anderem mit David Friedrich Strauß (1808–1874), der seit 1854 in Heidelberg lebte, in näheren Austausch, pflegte aber auch Verbindungen, die weit über Baden hinausreichten und sein Fortkommen doch noch ermöglichten. Nicht zuletzt dank der Unterstützung Alexander von Humboldts gelingt es ihm so, sich in Jena neu zu habilitieren (1856) und dort eine Honorarprofessur zu erlangen, die ihm eine gewichtige Wirkungsstätte verschaffte. Fischer sollte in Jena über zwölf Jahre hin mit dem größten Erfolg lesen und auch weitere Verbindungen knüpfen, so etwa die zu Eduard Zeller (1814–1908), dem anderen großen deutschen Philosophiehistoriker des 19. Jahrhunderts. Rufe nach Heidelberg, Wien, Leipzig und Berlin, die ihn jetzt erreichten, hat Fischer über längere Zeit hin abgelehnt. Erst auf den dritten Versuch der Heidelberger, den einstmals Vertriebenen wiederzugewinnen, ist Fischer im Jahre 1872 dann doch eingegangen.

Im Jahre 1860 war unterdessen bei Fischers altem Verleger in Mannheim der Kant-Band der Philosophiegeschichte erschienen, ein Band, der insofern von besonderer Bedeutung ist, als er Fischer in die Reihe der Begründer des „Neukantianismus“ einrücken läßt[8] – in die Reihe also jener Denker, die unter der Losung eines „Zurück zu Kant!“ die Lösung auch aktueller philosophischer Fragen anstrebten und deren Wirken bis weit ins 20. Jahrhundert hinein die Entwicklung der Philosophie beeinflußt hat[9]. Fischer hat in diesem Zusammenhang freilich weniger dadurch gewirkt, daß er selbst in die Reihen der Neukantianer eingetreten wäre, als

---

[7] Und in der ersten Auflage von 1855 unter dem Titel *G.W. Leibnitz und seine Schule. Das Zeitalter der deutschen Aufklärung: Übergang der dogmatischen zur kritischen Philosophie* in dem zu seiner Zeit angesehenen Verlag Bassermann & Mathy in Mannheim erschienen.

[8] Kuno Fischer, *Entwicklungsgeschichte und System der kritischen Philosophie*, 2 Bände, Mannheim 1860.

[9] Vgl. dazu Klaus Christian Köhnke, *Entstehung und Aufstieg des Neukantianismus. Die deutsche Universitätsphilsophie zwischen Idealismus und Positivismus,* Frankfurt/Main 1986; Kurt Walter Zeidler, *Kritische Dialektik und Transzendentalontologie. Der Ausgang des Neukantianismus und die post-neukantianische Systematik R. Hönigswalds, W. Cramers, B. Bauchs, H. Wagners, R. Reiningers und E. Heintels*, Bonn 1995.

vielmehr dadurch, daß er mit seiner Darstellung ein prägnantes Kantbild geliefert hat, auf das sich der Neukantianismus – wenn auch nicht ohne Widerspruch[10] – als eigenen Ausgangspunkt stützen konnte. Fischer selbst wird man in jedem Fall stets mehr der Hegelschen als der Kantischen Schule zuschlagen müssen, was sich symbolisch auch darin äußert, daß Fischer Hegel erst als krönenden Abschluß seiner Philosophiegeschichte bearbeitet. Aber wie dem auch sei: der Leibnizband, der uns hier besonders interessiert und in dem Fischer den Denkweg, der zur Philosophie Kants führte, nachgezeichnet hat, erlebte (in Heidelberg) bereits 1867 eine neu bearbeitete Auflage, eine dritte folgte 1889, die vierte 1902 im Rahmen der „Jubiläumsausgabe" des monumentalen Gesamtwerks, der sich schließlich – posthum – noch eine fünfte, durchgesehene Ausgabe aus dem Jahre 1920 anschloß, wie wir sie als Letztgestalt des Buches hier zugrunde legen. Wir können bereits an dieser Stelle festhalten, daß Fischer mit diesem Werk das Leibnizbild mehrerer Generationen von Philosophen (übrigens nicht nur im deutschen Sprachbereich) entscheidend geprägt hat, ein Bild, daß dann größere Modifikationen einerseits erst durch neue Forschungen an Hand des Nachlasses und zum historischen Umfeld Leibnizens fand, andererseits auch durch ergänzende Perspektiven erweitert wurde, die sich z.B. aus einer neuen Würdigung von Leibniz als Logiker ergaben[11].

Aber verfolgen wir zunächst Fischers Lebensweg weiter! Mehr oder weniger im Triumph zurückkehrt, wirkte Fischer in Heidel-

---

[10] Kritische Stimmen fanden sich dabei vor allem ein mit Adolf Trendelenburg, *Kuno Fischer und sein Kant. Eine Entgegnung*, Leipzig 1869, und Albrecht Krause, *Immanuel Kant wider Kuno Fischer zum ersten Male mit Hülfe des verloren gewesenen Kantischen Hauptwerkes: Vom Übergang von der Metaphysik zur Physik: eine Ergänzung der populären Darstellung der Kritik der reinen Vernunft in der Lehre vom Gegenstand an sich vertheidigt*, Lahr 1884. Auf die erste Kritik hat Fischer mit der Schrift *Anti-Trendelenburg. Eine Duplik*, Jena 1870 geantwortet, auf die zweite mit der Invektive *Das Streber- und Gründertum in der Literatur. Vade mecum für Herrn Pastor Krause in Hamburg*, Stuttgart 1884.

[11] Dafür war besonders wichtig die Arbeit von Louis Couturat, *La Logique de Leibniz d'apres des documents inédits*, Paris 1901 (ND Hildesheim 1961), eine Arbeit, auf die in unserem Falle Willy Kabitz, der Herausgeber der 5. Auflage des Fischerschen *Leibniz*, schon ausführlich hingewiesen hat (vgl. unten S. 752f.) und mit der er in dem von ihm erstellten erläuternden Anhang auch durchgängig arbeitet. Zu nennen ist hier aber ebenfalls die Leibnizdarstellung durch B. Russell (vgl. unten S. 751f.) oder der Blick auf Leibniz, den Heinrich Scholz, Gottfried Martin, Raili Kauppi und andere entwickelt haben; vgl. zusammenfassend den Band *Leibniz' Logik und Metaphysik*, hrsg. von Albert Heinekamp und Franz Schupp, Darmstadt 1988 (Wege der Forschung Bd. CCCXXVIII).

berg als ein Ordinarius für Philosophie, dem auch hier sehr schnell eine große Hörerschar zu Füßen lag und dessen Ruhm sich weit über die Ruperto-Carola hinaus rasch ausbreitete. Hugo Falkenheim hat Fischers Wirken in Heidelberg auf die Formel gebracht: „Daß an der altehrwürdigen Pandektenhochschule die Philosophie allmählich die Oberhand gewann, war der bezeichnende Ausdruck der durch ihn [scil. Fischer] geschaffenen Situation“[12]. Unser Autor hat sich dabei nach wie vor keineswegs auf philosophische und philosophiegeschichtliche Studien beschränkt; vielmehr waren es auch die Interpretationen Fischers zur Literatur, so vor allem zu Goethes *Faust*, zu Lessing oder auch zu Schiller, die seine Breitenwirkung begründeten[13]. Fischer hat in seinen letzten Lebensjahrzehnten schließlich mehr Ehrungen erhalten, als dies von Philosophen sonst meist gemeldet werden kann; darunter waren Ernennungen zum Mitglied der Berliner Akademie der Wissenschaften oder zum Akademiker der berühmten *Lincei* in Rom. Von seinem Landesherrn, Großherzog Friedrich I. von Baden, hat Fischer im Jahre 1892 das Großkreuz des Ordens vom Zähringer Löwen, von der Stadt Heidelberg die Ehrenbürgerwürde erhalten; verschwiegen sei schließlich nicht, daß die Universität Königsberg, die Wirkstätte Kants, Fischer zu seinem achtzigsten Geburtstag, der ansonsten nicht mehr mit einem öffentlichen Anlaß begangen wurde, in Würdigung seiner Verdienste um die „Wiedererweckung“ der Kantischen Philosophie zum Ehrendoktor ernannt hat. Fischer war dabei bis ins hohe Alter hinein ohne Unterlaß aktiv; erst nach dem Tod seiner Frau[14] im Spätherbst 1903, kurz nach welchem er dann auch selbst dauernd ans Haus gefesselt war, hat der inzwischen 79jährige seine Vorlesungen abgesagt und im Jahre 1906 dann formell um seine Entlassung aus dem akademischen Lehramt ersucht. Sein Nachfolger wurde Wilhelm Windelband (1848–1915), der zuvor an der Universität Straßburg gelehrt hatte und auch als Philosophiehistoriker zu den klangvollen Namen der Zeit zählt[15].

---

[12] Hugo Falkenheim, *Kuno Fischer*, in: Biographisches Jahrbuch und deutscher Nekrolog, hg. von A. Betteilheim, Bd. 12, Heidelberg 1909, 265.

[13] Vgl. Kuno Fischer, *Goethes Faust. 4 Bde.*, Heidelberg 1912/13; *Lessing als Reformator der deutschen Literatur*, 2 Teile, Stuttgart/Berlin 1881/1905; Schiller *als Philosoph*, Heidelberg 1892. – Von Fischers ästhetischen Schriften wurde außerdem etwa der Essay über den Witz (*Über den Witz*, 2. Aufl. 1889; später auch in den *Kleinen Schriften*, Heidelberg 1896–1901; Neuausgabe des Essays Tübingen 1996) sehr bekannt.

[14] Fischer war in zweiter Ehe mit der Dänin Christine Louise Stilling (1832–1903) verheiratet.

[15] Nachfolger Windelbands wird dann dessen Schüler, das Haupt der „Südwestdeutschen Schule“, Heinrich Rickert (1863–1936).

Kurz vor Vollendung des 83. Lebensjahres, am 3. Juli 1907, ist Kuno Fischer in Heidelberg verstorben; die akademische Trauerrede in der Heidelberger Stadthalle hat sein Nachfolger Windelband gehalten[16]. Aus dem Abstand eines Jahrhunderts können wir heute sagen: Fischers Nachwirkung bestand – den Gewichtungen, die er selbst gesetzt hat, gemäß – zweifelsohne nicht so sehr in den eigenen systematischen Positionen, wie er sie, vor allem im *System der Logik und Metaphysik* vertrat, als vielmehr darin, daß er zu einem der glaubwürdigsten Berichterstatter aus der Geschichte der Philosophie avancierte – noch ein Nietzsche hat, wie wir heute wissen, etwa sein Spinoza-Bild wesentlich Kuno Fischer entnommen[17], von analogen Sachverhalten bei späteren Denkern zu schweigen. Gleichwohl hat Fischer doch auch sein Teil dazu beigetragen, daß vor allem der Geist des idealistischen Denkens den Positivismus der zweiten Hälfte des 19. Jahrhunderts überdauert hat und immer wieder zu wehen beginnen konnte. Alleine dafür ist ihm noch immer zu danken – auch im Namen von Leibniz, dessen Darstellung bei Fischer wir uns jetzt zuwenden.

2. *Kuno Fischers Leibnizbild*

Wie kaum ein anderer gehört Gottfried Wilhelm Leibniz (1646–1716) zu den Denkern, die verstehen zu wollen zuletzt eine eigene philosophische Stellungnahme verlangt. Sich zu Leibniz ins Verhältnis zu setzen und dabei wirklich ihn, nicht einen Schatten im Auge zu haben, heißt, sich in ihm zu spiegeln und zugleich ihn sich im eigenen Denken spiegeln zu lassen. Das ist zwar in gewisser Weise bei keinem wirklichen Philosophen anders, hat bei Leibniz jedoch die besondere Pointe, daß es einer seiner Hauptthesen entspricht: der These nämlich, daß alles Verstehen nur als Spiegelung (Reflexion) einer Ganzheit (Monade) in einer anderen Ganzheit, und zwar bei spezifischer Brechung der einen in der anderen möglich ist. Und wenn Leibniz für das philosophische Denken selbst gerne den schon antiken – dem Hippokrates zugeschriebenen – Satz zitiert, daß „alles mit allem zusammenhängt" (σύμπνοια πάντα), dann gilt entsprechend für sein eigenes System, daß man hier nicht isoliert das eine oder andere Fragment verstehen kann, ohne in je-

[16] Wilhelm Windelband, *Kuno Fischer. Gedächtnisrede bei der Trauerfeier der Universität in der Stadthalle zu Heidelberg am 23. Juli 1907*, Heidelberg 1907.

[17] Vgl. hier nur Nikolaos Loukidelis, *Quellen von Nietzsches Verständnis und Kritik des cartesischen „cogito, ergo sum"*, in: Nietzsche-Studien 36 (2005), 308; auch Günter Abel, *Die Dynamik der Willen zur Macht und die ewige Wiederkehr*, 2. Aufl. Berlin / New York 1998, 50ff.

dem immer schon das große Ganze, den Gesamtkontext, in dem es steht, auf die ein oder andere Weise antizipiert zu haben. Erst bei Leibniz, so sagt Fischer, ist „begriffen ..., daß Dinge nicht bloß Teile des Ganzen, sondern selbst Ganze, nicht bloß Glieder der gesamten Weltordnung, sondern Welten für sich ausmachen“[18]. Leibniz ist „Holist“: alles einzelne ist erst in seinem Kontext wahrhaft bestimmt und es reflektiert darum auch den Kontext in sich; das eine ist, was es ist, entsprechend auch nicht ohne das andere, und eben deshalb ist dieses Andere in aller Einheit schon gegenwärtig.

Fischer hat sein Werk von der vierten Auflage an „Gottfried Wilhelm Leibniz. Leben, Werke und Lehre“ betitelt[19]. Er verfolgt, wie schon dieser Titel erkennen läßt, eine Kombination von biographischem, der Lebensgeschichte gewidmetem, und doxographischem Ansatz, bei dem es um die Würdigung der Lehren des Philosophen im systematischen Zusammenhang geht. Das biographische Verfahren verdankte seine gesteigerte Geltung zu Fischers Zeiten vor allem der romantischen Historiographie und sollte in der historischen Hermeneutik Wilhelm Diltheys (1833–1911), des jüngeren Zeitgenossen Fischers unter den Theoretikern der Geschichtlichkeit der Philosophie, zugleich eine neue Grundlegung erfahren. In der Tat räumt Fischer den biographischen Referaten mehr als die Hälfte seiner Leibnizdarstellung ein, was auch dann bemerkenswert ist, wenn zuzugestehen ist, daß in diese Referate immer auch Würdigungen der Positionen und Schriften Leibnizens einfließen. Die Werke, soweit sie Fischer zugänglich waren – bis zum heutigen Tage sind große Teile des Nachlasses von Leibniz noch nicht veröffentlicht, und die seit 1923 erscheinende Akademie-Ausgabe[20] der „Sämtlichen Schriften und Briefe“ ist noch keineswegs an den Punkt gelangt, einen nahenden Abschluß der teilweise überaus diffizilen Editionsarbeit in Aussicht stellen zu können –, die Werke also werden dabei in ihrem Entstehungskontext beleuchtet, was dem Leser den Inhalt in vielen Fällen schon deshalb näher bringt, weil er erfährt, wie hier im einzelnen praktisches und theoretisches

[18] Vgl. unten S. 397!

[19] Der Titel lautete zuvor: „G.W. Leibnitz und seine Schule“ (1855) sowie „Gottfried Wilhelm Leibniz“ (1867, 1888).

[20] Die Ausgabe der *Sämtlichen Schriften und Briefe* Leibnizens, die heute von der Berlin-Brandenburgischen Akademie der Wissenschaften in Zusammenarbeit mit der Göttinger Akademie der Wissenschaften betreut wird, erscheint in acht separaten Reihen und ist auf insgesamt mehr als 100 Bände angelegt. Kuno Fischer konnte auf verschiedene ältere, allerdings auch schon auf die Ausgaben C.I. Gerhardts, der zuerst die mathematischen, 1875 bis 1890 dann auch die philosophischen Schriften herausgebracht hatte, zurückgreifen.

Interesse zusammenhingen: Leibnizens große politische Projekte, beispielsweise in Beziehung auf Ägypten, aber auch Europa im ganzen hingen direkt mit seinen kurmainzischen juristischen und diplomatischen Funktionen zusammen; sein Engagement bezüglich der konfessionellen Einigung des christlichen Kontinents war mit den politischen Konstellationen, in denen er sich an verschiedenen Höfen vorfand, wie auch mit persönlichen Beziehungen zu Inspiratoren der Einheit verwoben; seine Spekulationen zur Erdgeschichte spiegeln seine Tätigkeiten für den hannoverschen Bergbau im Harz – und so fort. Den biographischen Teil, also das „Erste Buch" seines dreigeteilten Werks, hat Fischer dabei mit einem Gesamtporträt der Persönlichkeit Leibnizens eröffnet, in dem sich zum einen einige Grundeindrücke rekapituliert finden, die jeder Leibnizleser aus der Lektüreerfahrung bestätigen kann: die Begegnung mit einem großen, universalen denkerischen Horizont; die wohltuende Anmutung einer Liberalität der Denkungsart, die doch niemals zu einer einfachen Laisser-faire-Mentalität neigt, sondern sehr wohl bestimmte, wenn auch vielfach integrative Positionen vertritt; schließlich das immer wieder auch überströmende Glücksgefühl, aus dem heraus Leibniz zu denken scheint und in das er alles, was er zu sagen hat, zu tauchen versteht. Daneben aber macht Fischer schon hier eine der historischen Fluchtlinien deutlich, an denen entlang er seinen Helden zu verstehen sucht: Leibniz ist für ihn in (kultur)historischer Perspektive weniger der innere Höhepunkt der Geisteswelt des Barockzeitalters als vielmehr der Anfänger der (deutschen) Aufklärung, als welcher er wesentlich auf deren Vollender, auf Lessing, bezogen bleibt. Daß diese Perspektive gewiß nicht in jeder Hinsicht unberechtigt ist – es ist in der Tat nicht zu bestreiten, daß beispielsweise der Vernunftoptimismus der Aufklärung ohne seine gediegene Grundlegung bei Leibniz nur auf schwachen Füßen gestanden und entsprechend kaum jene epochale Bedeutung hätte erlangen können, die ihm im 18. Jahrhundert tatsächlich zuteil wurde –, schließt nicht aus, daß sie Leibniz doch auch um entscheidende Dimensionen verkürzt: um seine polyhistorisch-pansophische Dimension etwa, die immer auch nahe am Späthumanismus und dafür den späteren „aufgeklärten" Reduktionismen nur um so ferner steht; um jene Freude an in aller Berechenbarkeit dennoch spekulativen Synthesen, die, im Bilde gesprochen, den Unterschied zwischen Versailles oder dem Park von Herrenhausen einerseits, Schloß Wörlitz oder einem Voltaireschen Nutzgarten andererseits ausmacht; um die Präsenz des Unendlichen zuletzt und damit immer auch die des Irrationablen in seinem Denken, das in der im engeren Sinne „aufgeklärten" Sorge ums Endliche und seinen unmittelbaren „Nutzen" am Ende ganz verloren zu gehen droht. Gewiß, Fischer versucht Lessing und die, wenn man so will, „wahre" Aufklärung von der „Verstandesaufklärung" eines Mendelssohn, Nicolai und der Ihren zu unterscheiden – und er tut recht daran. Dennoch dürfte das noch nicht reichen, den Standort eines Leibniz zureichend zu bestimmen. Die Linie von Descartes und Spinoza her erscheint da direkter; Leibniz dagegen taugt, wenn man so will, nicht zum Teil einer Linie, er ist sich auf sich beziehender Kreis.

Dieses Gesamtbild vor Augen, läßt Fischer uns dann das Leben seines Autors in seinen verschiedenen Etappen plastisch mitverfolgen. Wir bestaunen den Werdegang des „Wunderkindes", dem mit 20 Jahren nach glücklicher Promotion eine Professur an der Nürnberger Universität in Altdorf angeboten wird, die der Gebetene jedoch ablehnt; wir sehen Leibniz, den Juristen, in den Diensten des Kurfürsten Johann Philipp von Schönborn in Mainz, wie er auf dem Felde der Politik unter anderem ein erstes, bedeutsames Exempel für seine Logik der Kräfte durchbuchstabieren kann; wir begleiten den Europa bereisenden Wissenschaftler, der nicht nur mit der Erfindung von Rechenmaschine und Infinitesimalrechnung aufhorchen läßt, sondern in Frankreich, England und Holland, später auch in Italien Kontakte zu den führenden Köpfen der Zeit knüpft; wir nehmen Einblick in die verschiedenen Amtsgeschäfte des Hofrats und Bibliothekars in Hannover, dessen Horizont zugleich stets größer als der Gesichtskreis seiner Dienstherren ist und der mit Akademieplänen ebenso wie mit diversen Engagements in der Hauptstadt des deutschen Reiches, in Wien, zugange ist; wir erhalten aber auch Kenntnis von der Vereinsamung und manchen schmerzlichen Demütigungen eines Genies, das zuletzt ohne Teilnahme des hannoverschen Hofes, bei einigen überdies im Verdacht der religiösen Irrlehre, einen kaum beachteten Tod stirbt. Angesichts der großen Freude und Lust an aller Art von geistigem Austausch, die sich durch Leibnizens Leben zieht – seine Korrespondenz umfaßt mehr als 15.000 Schreiben bei etwa 1.100 Briefpartnern, und sein Verhältnis zu fürstlichen Schülerinnen und Gönnerinnen hat Fischer dabei besonders sprechend geschildert – liegt über diesem Ende eine um so größere Trauer, die jedoch in der Erkenntnis der inneren Unsterblichkeit der Gedanken des großen Denkers auch bei Fischer schon aufgehoben ist. Die wichtigsten dieser Gedanken seien hier aufgeführt.

Fischer macht uns zuerst mit einem bei Leibniz in allen Systemteilen in der Tat besonders wichtigen Gedanken, mit dem Begriff der *Kraft* und so auch mit der Leibnizschen Dynamik, vertraut; auch in physikalischer Hinsicht hat Leibniz hier ja Neuland betreten[21].

---

[21] Sie ist u.a. für das Verständnis des Phänomens der Elastizität von Bedeutung, das Leibniz gerne herangezogen hat; der elastische Körper besitzt

Leibniz löst, so Fischer, mit seiner Lehre von der Kraft Aporien, die das cartesische System auf physikalischer wie auf metaphysischer Ebene zurückgelassen hatte. Die Probleme beginnen bereits bei den einfachen Bewegungsgleichungen und führen bis hin etwa zu den Phänomenen des Lebens, für die es im cartesischen System streng genommen keinen wirklichen Platz gibt. Eine besonders bekannte Auswirkung davon war das Konzept von den Tieren als gefühllosen Automaten, wie es bei manchen Cartesianern, etwa Malebranche, anzutreffen gewesen ist[22]. Der von Leibniz neu gefüllte Begriff der Kraft gestattet es jetzt, Immaterielles und Ausgedehntes, Inneres und Äußeres, Zukünftiges oder Vergangenes und Gegenwärtiges aufeinander zu beziehen und auf diese Weise das Leben zu denken, während die Anwendungen dieses Begriffs, die, wie gesagt, auch die Metaphysik betreffen, eine Wiederkehr der Lehre von den Zwecken (der „Teleologie“, wie es bei Christian Wolff heißen wird) wie auch eine neue, rationale Reformulierung der Psychologie, der Seelenlehre denkerisch möglich machen. Descartes behält, worauf Leibniz mehrfach hinweist, in gewisser Weise zwar recht, wenn er davon ausgeht, daß man die physikalischen Phänomene in ihren (Oberflächen-)Relationen untereinander rein *mechanistisch*, d.h. von äußeren Beziehungen her erklären muß. Aber er übersieht dabei, daß wir die Phänomene nicht nur in ihrer Wechselbeziehung beschreiben, sondern sie auch in der „Vertikalen“ fundieren, daß wir aus der Totalität des Erscheinens heraus denken müssen, wofür es des Schritts über die Phänomenalität als solche hinaus, des Schritts zu den „phaenomena bene fundata“, zum aus dem *Grund* heraus dargestellten Phänomen bedarf. Dieser Schritt aber ist nicht einfach mehr nur physikalischer, er ist *metaphysischer* Natur und führt über den Begriff der Kraft auf eine Ordnung der Dinge, die nicht nur Bewegungsverhältnisse nach den Aspekten von Druck und Stoß, sondern auch ein Worumwillen, die Zweckursache und die Vollendung kennt – Aristoteles hätte gesagt: die „Entelechien“. Erst als Entelechie, als seine eigene Zielstrebigkeit verstanden ist ein Seiendes vollständig, ist es als ein Selbst und sein Sein als Selbstsein erfaßt – es tritt jetzt als „Monade“ in den Blick, als in sich vollendete Ganzheit, die über ihre Ganzheit zugleich auf das andere Sein bezogen ist.

---

offenbar eine Art „reflexiver Identität“, die uns unmittelbar auf den Begriff der *Kraft* als Begriff der Disposition der Selbsterhaltung unter störenden Fremdeinflüssen führt.

[22] Vgl. dazu Erich Heintel, „Tierseele und Organismusproblem im Cartesianischen System“, in: ders., *Gesammelte Abhandlungen Bd. 1*, Stuttgart-Bad Cannstatt 1988, 114–159.

Ein anderer, mit dem gerade Gesagten unmittelbar in Zusammenhang stehender Leitgedanke bei Leibniz ist der der *Individualität*. Das Prinzip der Individualität ist zu Beginn der Neuzeit – etwa bei Nikolaus von Kues oder auf verschiedene Weise auch in der italienischen Renaissance – neu ins philosophische Bewußtsein getreten. Daß gerade auch Leibniz sein Denken auf das „Prinzip der Individualität" aufgebaut hat, sagt Fischer bereits im ersten Satz seiner Darstellung[23]; was damit alles inkludiert ist, erfahren wir dann vom ersten Kapitel des „Zweiten Buchs" an. Im Begriff des Individuums denkt Leibniz die „atome", unteilbare (*individua*) Einheit, die freilich nicht einfach im Sinne eines letzten, faktisch nicht weiter reduzierbaren „Seinspartikels" zu denken ist, wie es die antiken und dann auch neuzeitlichen Atomisten (z.B. Pierre Gassendi oder Johannes Magnenus) tun. Das Individuum qua atomes Seiendes ist vielmehr die *durchgängig durch sich selbst bestimmte* und aus dieser durchgängig selbstbezüglichen Bestimmung auch ihr Selbstsein schöpfende Einheit, eben die „Monade". Leibniz kann die Monade dabei als „Standpunkt" (point de vue) verstehen, in dem auf je bestimmte Weise je das ganze Universum vorgestellt und insofern auch aufgehoben ist. Das Universum ist entsprechend nicht ein „Aggregat" aus materiellen „Atomen", es ist vielmehr die Totalität aller individuellen Perspektiven, die es auf es gibt und in denen es auch je (nach dem bereits zitierten Satz, daß alles mit allem zusammenhängt) vollständig vorgestellt ist. Dabei ist freilich genau zwischen aktiver und passiver „Vorstellung" (Repräsentation) des Ganzen in seinem Teil zu unterscheiden. „Aktiv" stellt die überhaupt empfindende und wahrnehmende, insbesondere die selbstbewußte Monade vor, während die Monade zugleich „passiv" alles das vorstellt, was sie durch ihre Beziehung auf das und ihre Stellung im Universum *ist* – man mag hier zur Illustration an die alte Lehre vom Makrokosmos-Mikrokosmos-Verhältnis im Menschen denken, derzufolge sich ja der Mensch nicht einfach nur ein (geistiges) Bild von der Welt macht, sondern selbst ein (materielles) Abbild der Welt ist, sie entsprechend auch durch sein bloßes Dasein schon vorstellt. Von der Individuation durch die jeweilige Proportion von aktivem und passivem Vorstellen im Individuum her gilt bei Leibniz dann in jedem Fall auch, daß wir zum einen zwar alle auf dieselbe Welt bezogen sind, die jeder anders als alle anderen „vorstellt"; zum anderen aber stellen wir auch in dem, was gar nicht in unserer Bewußtsein tritt, in dem, was beispielsweise nur „dunkle" Vorstellung bleibt oder auch in dem, was wir nur leiblich sind, die Welt jeder auf seine Weise vor – oder besser: wir

---

[23] Vgl. unten S. 2!

stellen sie dar, und dies auf eine Weise, daß ein unendlicher Intellekt aus der Analyse unseres jeweiligen Seins auch einen vollständigen Begriff des Universums gewinnen könnte. Fischer hat den Sinn der im Leibnizschen Sinne „objektiven" Vorstellung[24] und das Verhältnis, um das es hier geht, auf die prägnante Formel gebracht: „Wir stellen mit Bewußtsein oder mit Reflexion vor, was die Dinge ohne Bewußtsein und ohne Reflexion vorstellen; wir wissen, daß die Dinge und wir selbst als Körper erscheinen, die Dinge wissen von dieser Erscheinung nichts, so sehr sie dieselbe bewirken"[25]. Man kann insofern (mit Fischer) die „Körperwelt" als die „wohlbegründete Erscheinung der Monadenwelt"[26] ansprechen, da eben in der Individualität wiederum beides enthalten ist: die Einheit des Grundes bzw. des Begründungszusammenhangs und die Vielheit der raum-zeitlichen Erscheinung, die ebenso für das Individuum wie für die anderen Individuen ist – in diesen wenigen Zügen mag auch hier im Ansatz etwas von der faszinierenden Perspektive erkennbar sein, die Leibniz denkerisch erschließt.

Zu den bei Descartes offen gebliebenen Fragen, die Leibniz gelöst hat, zählen dann weiterhin zwei Probleme, die die Philosophie als „Dauerbrenner" immer wieder, so auch heute, beschäftigt haben und beschäftigen: das eine ist das Leib-Seele- oder *„psychophysische" Problem*, das andere die Frage der *Willensfreiheit* – Fischer widmet zurecht beiden Fragen recht breiten Raum; wir geben auch hier nicht alle Details, sondern nur die Pointen seiner Ansichten wieder. Zur Erbschaft Descartes' gehörte insofern ein ungelöstes, ja unlösbares Leib-Seele-Problem, weil hier beide Seiten von vorneherein als einander kontradiktorisch entgegengesetzte Gegensatzglieder eingeführt und zugleich die traditionellen „Brückenbegriffe" ausgefallen sind: der Leib gilt als physischer Körper, die Seele oder der Geist sind vor allem durch das Denken bestimmt; der Leib unterliegt mechanischen, die Seele dagegen logischen oder moralischen Gesetzen; der Leib ist wie alles Ausgedehnt-Körperhafte teilbar und deshalb auch zwangsläufig vergänglich, die Seele dagegen hat keine Teile und ist daher auch nicht vergänglich. Ausgefallen sind bei Descartes alle vermittelnden Größen zwischen dem Ausgedehnten und dem Unausgedehnten, also vor allem die „substantialen Formen" der Alten, die in der Natur vorhandenen Zwecke, die Kategorien der Ganzheit und Lebendigkeit. Der Leib etwa kann hier nicht als Realisat der Seele gedacht werden, es prallen im Menschen vielmehr zwei heterogene Bereiche aufeinander, die alleine über den Begriff

[24] Vgl. unten S. 389f.!

[25] Vgl. unten S. 403!

[26] Vgl. unten S. 414!

Gottes wiederum in ein Verhältnis gesetzt werden können. Leibniz dagegen ist nach Fischer von vornherein darauf aus, die Denkformen von (mechanischer) Kausalität und Zweckursächlichkeit zu vermitteln[27], ja er hat nach Fischer geradezu seine „weltgeschichtliche" Bedeutung darin, daß er in den beiden Verursachungsweisen vielmehr einen Gegensatz der Systeme erkannt hat, der auf kategorialen Einseitigkeiten der jeweiligen Grundbegriffe beruht[28]. Im Zusammenhang dieser Fragestellung unterstreicht Fischer besonders seine Position, daß bei Leibniz Leib und Seele (also die Anknüpfungspunkte der kausalen und der teleologischen Ordnung der Dinge in und an uns selber) nicht erst über die universale „prästabilierte Harmonie", in der bei Leibniz die kausalen und teleologischen Sphären des Universums in letzter Instanz zusammenhängen, miteinander vermittelt sind – so, als ob der Willensentschluß, den Arm zu heben, nur erst über den „Umweg" seiner Einbettung in das Gesamtuniversum auch zu seiner physischen Darstellung käme. Fischer legt vielmehr Wert darauf, daß bei Leibniz – im Sinne des bereits angesprochenen Begriffs der Individualität – Leib und Seele „Momente" ein und derselben jeweiligen Monade und ihrer Ganzheit und jedenfalls nicht selber substantielle Größen sind[29]. Leibniz vertritt insofern einen intern differenzierenden „monadologischen Monismus", in dem sich der cartesische Dualismus aufhebt: der Leib ist hier jetzt in der Tat Ausdruck („Vorstellung") der

---

[27] Tatsächlich behauptet Leibniz in *metaphysischer* Perspektive eine Abhängigkeit der Wirk- von den Zweckursachen; vgl. dazu seinen Brief an *F.W. Bierling vom 12. August 1711*, in: Leibniz, *Philosophische Schriften*, hg. von C.I. Gerhardt, Berlin 1875–1890, Bd. VII, 501. – Fischer unterscheidet übrigens bei Leibniz „Kausalität" (im Sinne der Lehre von den mechanischen Wirkursachen) von dem Prinzip des zureichenden Grundes (im Sinne eines metaphysischen Grundsatzes im Sinne der Konnektivität zwischen Einzel- und Totalbestimmtheit) nicht immer zureichend. Man könnte in Beziehung auf diesen Unterschied sagen, daß die Teleologie sich unmittelbar, die Kausalität dagegen nur mittelbar auf das Prinzip des zureichenden Grundes stützt und dabei daran erinnern, daß bereits Platon im *Phaidon* die Ideen als „Gründe" (αἰτίαι) im Sinne von regulierenden Zwecken der Erscheinungsvielfalt eingeführt hatte, während alle nur naturalistischen Erklärungen der Erscheinungen zwar auf Verursachungszusammenhänge, aber nicht auf tatsächlich abschließende Gründe führen konnten.

[28] Vgl. unten S. 348!

[29] Vgl. unten S. 350! – Freilich muß man hier nicht wie Fischer einen wirklich grundsätzlichen Gegensatz sehen. Es ist durchaus möglich, das Individuum als Spiegel eben auch der universellen prästablierten Harmonie zu sehen, in welcher wiederum die „Reiche der Natur und der Gnade" (wie Leibniz für die Sphären der kausalen und der teleologischen Ordnung sagt) zuletzt als „Momente" zusammenhängen.

Seele, und die Seele ist tätige Reflexion des Universums im ganzen wie auch der eigenen Positionalität, d.h. der eigenen Leiblichkeit, in ihm.

Auf nicht weniger anspruchsvolle und befriedigende Weise klärt sich bei Leibniz dann auch das Freiheitsproblem. Leibniz hat an prominentem Ort, in seinen *Neuen Untersuchungen über den menschlichen Verstand*, die verschiedenen Bedeutungen sehr genau unterschieden, die das Wort „Freiheit" in seinem Gebrauch annehmen kann[30]. Wir meinen z.B. mit der (politisch-rechtlichen) „Freiheit" des freien Mannes (im Unterschied zur Unfreiheit des Sklaven) etwas anderes, als wenn wir von „Freiheit" im Sinne eines tatsächlich gegebenen Vermögens (im Unterschied zum Unvermögen dazu), den Arm zu heben, sprechen oder eher abstrakt nach der „Willensfreiheit" im Sinne des *liberum arbitrium brutum* fragen, also die Frage nach einer vollständigen Unkonditioniertheit unseres Willens stellen. Leibniz weist, wie Fischer unterstreicht, zunächst darauf hin, daß die verbreitete Vorstellung von Freiheit als Indetermination an der Sache und Realität der Freiheit vorbeigeht; geht diese Vorstellung doch davon aus, daß Freiheit darin bestünde, ein „Wollen wählen" zu können, während wir, wie Leibniz sagt, „nicht wollen wollen" (was dann wiederum einen weiteren Willen voraussetzte, der dieses Wollen-Wollen will), sondern „handeln wollen"[31]. Freiheit besteht gerade in diesem Vermögen, handeln zu wollen und dies auch zu können, oder sie besteht in der „Kraft" (*vis insita*), von innen heraus tätig und insoweit nur von sich selbst abhängig zu sein. Man kann auch sagen: das Freiheitsbewußtsein wächst zusammen mit dem Bewußtsein der Selbsttätigkeit, es ist gerade dort am meisten gegeben, wo es eine echte Kontinuität zwischen innerer Intention und äußerer Handlung, Vorsatz und wirklichem Wirken gibt. Freiheit und instinktive Neigung – auch die Neigung, im Sinne von uns eingeborenen praktischen Grundsätze zu handeln – schließen einander auf diese Weise gerade nicht aus, und die freie Entscheidung ist so auch nicht einfach die „unbegründete", nur in der Willkür ergriffene. Fischer verweist zu Recht darauf, daß Leibniz, der selbst zu den Erneuerern der Naturrechtslehre zu Beginn der Neuzeit gehört[32], in

---

[30] Vgl. in den *Nouveaux Essais* besonders Buch II, Kapitel 21, §§1–47; Gerhardt, *Philosophische Schriften*, V, 155–182. – Aus der neueren Literatur vgl. zum Thema etwa die unten im Literaturverzeichnis angegebene Monographie von Michael-Thomas Liske.

[31] Vgl. ebd. § 23; Gerhardt V, 167: „Nous ne voulons point vouloir, mais nous voulons faire, et si nous voulions vouloir, nous voudrions vouloir vouloir, et cela iroit à l'infini"; vgl. unten S. 479!

[32] Vgl. dazu etwa Hubertus Busche, „Die drei Stufen des Naturrechts und die Ableitung materialer Gerechtigkeitsnormen beim frühen Leib-

diesem Kontext bei der alten Lehre von einer die Völker übergreifenden Einheit im „moralischen Naturell" anschließt[33] – bei einem Gedanken, der insbesondere bei Thomas von Aquin eine natürliche Hinordnung unserer Neigungen auf das Gute hin einschloß[34] und der dann seine fundamentale Kritik im Sinne einer strikten Trennung von (heteronomer, weil nicht aus Pflicht erst gezeugter) Neigung und eigentlich so zu nennender Moralität erst bei Kant finden sollte. – Leibniz rechnet, was den Grund unserer Handlungen betrifft, übrigens mit einer „Unruhe" oder einem „praktischen Gefühl", das uns zur Tätigkeit antreibt, wobei der Wille jeweils dem stärksten Antrieb nachgibt, dabei insgesamt unsere Individualität nach außen hin oder als Charakter ausbildend. Es wird so insgesamt bei Fischer deutlich, daß Leibniz auf der einen Seite das (in der Tat stets nur akademische) Problem von „Buridans Esel", der sich bei gänzlicher Indetermination zwischen zwei gleich großen Heuhaufen entscheiden soll, nicht hat: das Problem nämlich, daß eine tatsächlich grundlose Entscheidung in Wahrheit niemals getroffen werden könnte und wenn, dann eben eine wesentlich unbegründete wäre. Wir sprechen im Handeln immer uns selbst aus und haben auch an uns selbst den Grund des konkreten Handelns, indem wir dieses Handeln wollen, d.h. bewußt ergreifen. Auf der anderen Seite sieht Fischer durchaus, daß mit der Leibnizschen Lösung, die natürlich dem Satz vom zureichenden Grund verpflichtet ist, demzufolge nichts in der Welt ist oder geschieht, für welches es eben nicht einen bestimmten und bestimmenden Grund gibt, der „Fatalismus" nicht ferne liegt; denn in der Tat scheint alles, was geschieht, jetzt aus der schon gegebenen Natur der Handelnden zu fließen und in der Ordnung der Naturen, zuletzt also im göttlichen Weltenplan, prädeterminiert zu sein. Fischer weist zu dem hier auftretenden Problem jedoch mit Grund darauf hin, daß es in jedem Fall ein Unterschied ums Ganze ist, ob das Individuum als Objekt eines göttlichen Zwangs oder Spielball des äußeren Schicksals erscheint oder ob es dem, was es tut, als seiner eigenen Natur entsprechend frei zustimmen kann[35]. Damit sind im übrigen moralische Differenzen keineswegs beseitigt: denn die Harmonie- und Glückseligkeitsvorstellung, über die sich der einzelne jeweils zu seinen Handlungen motiviert, können durchaus sehr

---

niz. Zur Vorgeschichte der ‚caritas sapientis'", in: Peter Baumanns (Hg.), *Realität und Begriff. Jakob Barion zum 95. Geburtstag*, Würzburg 1993, 105–149.

[33] Vgl. dazu unten S. 488!

[34] Vgl. Wolfgang Kluxen, Lex naturalis *bei Thomas von Aquin* (Vorträge der Nordrhein-Westfälischen Akademie der Wissenschaften / G 378), Wiesbaden 2001, bes. 39ff.

[35] Vgl. unten S. 486ff.!

unterschiedliche Deutlichkeitsgrade besitzen, wobei nur der, der sein Handeln aus einer wirklich klaren Vorstellung vom moralisch Notwendigen heraus begreifen kann, auch auf eine zumindest relative Vollkommenheit seiner Handlungen wird Anspruch machen können. Insgesamt jedenfalls ist so, ganz anders als bei Kant, das Streben nach Glück, nach Ausdruck und Darstellung der eigenen Natur keineswegs der Moralität abträglich, vielmehr korrespondiert der Wille, glücklich zu sein, nur dem auch logisch so wichtigen Prinzip der Identität und ist, wenn man so will, nur dessen praktische „Anwendung“ – eine Anwendung, die, wenn sie sich mit dem „Kausalitätsprinzip“ im Sinne der Maxime „Wolle, daß auch die anderen glücklich sind!“, verbindet, die praktische Aufgabe des Vernunftwesens in der Mitwirkung an der harmonischen Ordnung der Welt – der „prästabilierten Harmonie“ aller Dinge – aufscheinen läßt[36].

Ein weiterer, wichtiger Punkt, den Fischer seinem Leser in mehreren Anläufen nahebringt, ist dann eben Leibnizens *graduierende Unterscheidung von Vorstellungsarten* ihrer Deutlichkeit nach. Leibniz hat mit dieser Unterscheidung nicht nur der Ästhetik des Aufklärungszeitalters vorgearbeitet[37], sondern es ist ihm, fundamentaler noch, gelungen, Ästhetik und Logik auf eine neue Art zusammenzudenken oder auch zwischen Erfahrungs- und Vernunftwahrheiten insofern ein Kontinuum anzusetzen, als beide jetzt eben auf unterschiedliche Deutlichkeitsgrade in der bewußten Apperzeption der Sachverhalte gegründet sind. Die zwingende Klarheit der mathematischen Evidenz ist dann beispielsweise mit einer Wahrnehmungsevidenz formal zwar nicht zu vergleichen, dennoch aber sind beide Evidenzen nicht einfach „heterogen“, geschweige denn, daß sie aus unterschiedlichen Welten stammten oder die eine die andere verdrängen müßte. Was Leibniz hier artikuliert, ist für alle Versuche, unsere unterschiedlichen Wissenschaftswelten und -kulturen nicht auseinanderfallen zu lassen, noch immer von größter Bedeutung. Wir müssen nach Leibniz keineswegs die Einheitswissenschaft postulieren, wenn wir sicherstellen wollen, daß verschiedene Wissenschaften und Wissensweisen von einer und derselben Welt reden – wie wir auch nicht eine „gleichgeschaltete“ Denkungsart postulieren müssen, um dennoch davon ausgehen zu können, daß alle je von ihrem Standpunkt aus denkenden Individuen zugleich vom *Selben* zu sprechen vermögen. Möglich ist dies, weil Leibniz die Welt von einer sich in sich differenzierenden *aktualen*

[36] Vgl. unten S. 495f.!

[37] Vgl. unten S. 467 u. ö.!

Unendlichkeit her denkt[38], die die einzelnen, je für sich endlichen Standpunkte ebenso aus sich in ihre Besonderheit entläßt wie sie sie auch wieder in der Totalität gründet und über deren Ordnung legitimiert – ein Thema, das zum einen auf Anlaß und Gegenstand der Leibnizschen *Theodizee* führt, das zum anderen aber die Frage nach dem letzten Grund (*ratio*) des großen, geordneten Ganzen oder nach Gott auftauchen läßt[39].

Es überrascht nicht, daß sich Fischer auch zur Leibnizschen Theologie geäußert hat, und zwar dahin, daß wir bei Leibniz einen Theismus im Sinne eines „rationalen Supernaturalismus" antreffen, den er insbesondere auch an die deutsche Aufklärung weitergegeben hat. Um einen „Supernaturalismus" handle es sich bei Leibniz insofern, als, wie man sagen kann, sein Gottesbegriff über die Rationalität hinaus in deren Grund zielt und insofern in ihr nicht unmittelbar aufgehen kann; Fischer trifft hier die Unterscheidung zwischen „übervernünftig" und „widervernünftig"[40], die durchaus – formelhaft zu sprechen – in der Tradition der dialektischen Sicherung der Prinzipialität des Prinzips gegen seine Auflösung in die Welt der Prinzipiate gesehen werden kann. Zugleich jedoch geht es nach Fischer bei Leibniz immer um einen „rationalen Supernaturalismus", d.h. um einen Begriff Gottes oder der absoluten Einheit, der nicht einfach unvermittelt neben die Sphäre unseres sonstigen Erkennens und Wissens tritt, sondern eher mit deren innerer Konstitution zu tun hat. Leibnizens Gott ist insofern kein „freies" Gegenüber seiner Schöpfung, nicht ein ungebundener Souverän, der mit den Dingen nach Gutdünken schaltet und waltet, er ist vielmehr die Weisheit selbst auf dem Grund aller Dinge und durch sich selbst und die eigene Vollkommenheit auf das Gute statt das Gutdünken verpflichtet. Fischer verwendet in diesem Kontext

---

[38] Leider hat Fischer die Bedeutung des *infinitum actu* für die Philosophie Leibnizens nicht in der Weise gesehen, wie es nötig gewesen wäre, Leibniz zum einen in die philosophische Traditionslinie des (Neo-)Platonismus seit Nikolaus von Kues zu stellen (und ihn so nicht alleine von der Cartesisch-Spinozischen Linie her zu lesen) und in ihm zum anderen zugleich den Dialektiker auszumachen, der er auch immer ist.

[39] Es ist wohl kein Zufall, daß bei Fischer das Thema der *Theodizee* – die Rechtfertigung der *einen*, gegebenen Welt als der besten aller möglichen Welten – nicht das Gewicht erhält, daß man ihm für den Leibnizschen Ansatz insgesamt beimessen muß. Es handelt sich hier um ein Beispiel dafür, daß Fischer die eigentlich metaphysischen Positionen Leibnizens (hier zur Kosmologie) im Sinne seiner Lektüreperspektive, die Leibniz als in die Fluchtlinie Descartes – Kant stellt, eher marginalisiert.

[40] Vgl. unten S. 506!

– sicher etwas mißverständlich – den Terminus „Deismus“[41], mit dem in aller Regel eine Gottesauffassung gemeint ist, derzufolge Gott als otiöser Außenstehender neben einem Weltlauf steht, den er womöglich selbst einmal angestoßen, an dem er aber dann das Interesse oder die Einwirkungsmöglichkeit verloren hat. Von einem Deismus in diesem Sinne kann dann aber zwar bei Epikur und Lukrez, unter Umständen auch bei Hume oder anderen Aufklärern, jedoch sicher nicht bei Leibniz die Rede sein – bei Leibniz, der nicht nur als Verfasser der *Theodizee* die weltlich-konkrete Güte Gottes zu denken versucht und der darüber hinaus auch in verschiedenen Streitfragen der konfessionellen Theologie auf eine Weise Stellung genommen hat, wie es der „klassische“ Deist niemals tun könnte – hier ist etwa an die (durchaus auch von Fischer besprochene) Verteidigung des Trinitätsdogmas gegen die Sozinianer bzw. Unitarier oder überhaupt an die Befassung mit Fragen zu denken, die zwischen den christlichen Konfessionen kontrovers sind – Fragen, die inhaltlich alle außerhalb des Gesichtskreises eines „Deismus“ im eigentlichen Sinne liegen und mit denen sich zu befassen von vornherein den Begriff eines „engagierten“ Gottes verlangt. Was man dagegen im Sinne Fischers tatsächlich festhalten kann, ist die Tatsache, daß Leibniz in jedem Fall eine philosophische *Theologie* vertritt, die als einer der Eckpfeiler seines Systems aus diesem nicht entfernt werden kann, ohne das System zum Einsturz zu bringen, die dabei jedoch in jedem Fall eine *philosophische* Theologie ist, d.h. dem philosophischen Begriff entstammt und ihm alleine verantwortlich ist. Wenn aber Leibniz auch in dieser Hinsicht in die Reihe der wirklich Großen seit Platon und Aristoteles tritt, empfiehlt es sich um so mehr, in ihm mehr als nur den Aufklärungstheologen zu sehen. Seine Theologie eröffnet Perspektiven, die nicht nur den Kusaner oder auch Hegel einbeziehen, sondern auch zur bleibend aktuellen Debatte um einen originären Erkenntnisanspruch der Theologie beitragen können.

3. Fischers philosophiehistorisches Verfahren

Fischer hat, anders als mancher „Postmoderne“, Philosophiegeschichte niemals als bloße Verzeichnung der Irrungen und Wirrungen des menschlichen Geistes, noch weniger gar als Kuriositätenkabinett der apartesten individuellen Einfälle aus dem geistigen Tierreich verstanden. Philosophiegeschichte ist eine ernste Sache – vor allem, weil sie es als Geschichte der Philosophie nicht mit Meinungen, sondern mit Erkenntnis zu tun hat, wie

[41] Vgl. unten S. 534 u.ö.!

sie sie als philosophiegeschichtlich erreicht voraussetzt und zugleich selbst in ihrem eigenen Vollzug erneut produziert. Für Fischer, der, wie wir oben gesagt haben, die Wende zum philosophiehistorischen Grundparadigma des Denkens weitgehend vollzogen hat[42], ist Philosophiegeschichte jedenfalls der *eigentliche* Ort konkreten Philosophierens. Sie vermag dies aber nur zu sein, wenn sie als Wechselgespräch im Rahmen eines übergreifenden Problemzusammenhangs verstanden werden kann, wenn es den *einen* Faden gibt, der hier fortgesponnen und durch alle Knoten hindurch auch wieder neu aufgenommen wird. Daß dem so ist und daß dies auch „kongenial" nachempfunden werden kann, davon ist Fischer ohne weiteres überzeugt. Philosophiegeschichtlich gibt es so immer einen klaren Anfang, mit diesem Anfang dann auch ein zu lösendes Problem und zuletzt eine Lösung, mit der zumindest das Ende einer philosophiehistorischen Periode erreicht ist. Leibniz betreffend haben wir bereits gesehen, daß Fischer ihn als Wegbereiter der Aufklärung, als Pendant zu Lessing, zugleich aber auch als „Vorstufe" zu Kant und der kritischen Philosophie liest. Sein Leibniz wird so der Katalysator der Destruktion des dogmatischen Denkens, das durch ihn auf seine Aporien gestoßen wird: auf Aporien, die am Ende die der Metaphysik selbst sind und die daher den Übergang zum metaphysikkritischen Standpunkt Kants ganz organisch provozieren. Schauen wir uns die Dinge, wie sie sich Fischer dargestellt haben, aber etwas genauer an!

Wie jeder Denker, der in der Geschichte unserer Begriffe einen entscheidenden Schritt getan hat, sieht sich nach Fischer auch Leibniz zunächst vor eine „Antinomie", die das Denken zwar in Spannung hält, aber, solange sie nicht gelöst ist, doch auch stets unbefriedigt läßt. Auf einige der Sachprobleme, die der Hinterlassenschaft Descartes' und seiner Schule zu verdanken waren, haben wir bereits hingewiesen; dazu gehörte vor allem der markante cartesische Dualismus, dessen Überwindung Fischer etwa mit der Formel vom „System des idealistischen Naturalismus" bei Leibniz zu kennzeichnen versucht hat[43]. Fischer zufolge hat sich Leibniz je-

---

[42] Übrigens eine Wende, von der man fragen kann, ob sie, abgesehen von den historischen Wenden im Neukantianismus, nicht beispielsweise auch dem Heideggerschen Konzept der „Seinsgeschichte" noch zugrunde lag, von wo aus sie leicht in die allgemeinere „wirkungsgeschichtlich" orientierte Hermeneutik einmünden konnte. Fischer selbst hat die Wende insofern *weitgehend* vollzogen, als er in seiner *Logik und Metaphysik* doch auch noch den ursprünglich systematischen Zugang pflegt.

[43] Vgl. dazu unten S. 559ff.! – Die Formel klingt heute eher unglücklich, wird aber etwas verständlicher, wenn man in ihr z.B. das Naturrechtsmotiv oder auch den Gedanken der Naturzwecke mithört.

doch auch das Ziel gesteckt, den Widerstreit zwischen antiker und christlicher Philosophie zu lösen, d.h. vor allem „den Begriff der naturgemäßen Entwicklung mit der göttlichen Schöpfung" zu vereinigen[44]. In dieser Wendung klingt am Rande an, worin Fischer eines der entscheidenden Verdienste von Leibniz auch sonst erblickt: darin nämlich, den „Entwicklungsgedanken" in die Debatte geworfen und damit vor allem auch eine historische Hermeneutik ermöglicht zu haben, wie sie nach Fischer exemplarisch in Lessings *Erziehung des Menschengeschlechts* als Leibnizens Erbe aufgetreten ist und sich damit auch anschicken konnte, den eher statischen Denkstil der (vulgären) Aufklärung zu überwinden[45]. Aber trotz aller produktiven Antworten auf die historisch entwickelten Aporien bleiben bei Leibniz, wie der Historiker ihn sieht, doch auch Mängel, es bleiben in seinem Werk „Widersprüche", die, wie immer, zunächst ausgesprochen und durchbuchstabiert werden müssen, um „historisch" gelöst werden zu können. Fischer führt solche Widersprüche in bezug auf den Gottes-, den Welt- und den Monadenbegriff an, und es ist offensichtlich, daß er dabei den drei zentralen Gedankenkreisen der Kantischen „transzendentalen Dialektik", d.h. der Kritik der Metaphysik in ihren Begriffen von Gott, Welt und Seele folgt. Fischer sagt so beispielsweise, daß Gott bei Leibniz auf der einen Seite „Monade", auf der anderen aber „schrankenlose Substanz" sei, was dann auf die Vorstellung einer Monade hinauskomme, „die so handelt, als ob sie keine wäre"[46]. Ob es sich hierbei tatsächlich um einen Widerspruch handelt, wenn man den Begriff der aktualen Unendlichkeit als Wesensbegriff Gottes ansetzt, kann freilich genauso bezweifelt werden wie die Meinung Fischers, der Begriff der Monade sei in sich widersprüchlich, weil er einerseits Substantialität als Selbst-Stand ansetze, zum anderen aber sehr wohl eine Beschränkung durch ein Außen, also Nicht-Selbständigkeit impliziere[47]; auch hier gilt, daß die Leibnizsche Monade nicht einfach der Begriff einer substantiellen *Identität* qua Selbigkeit, sondern der Begriff einer substantiellen *Selbstheit* ist, die ihre Selbständigkeit gerade in der Relation auf ihr Anderes, in der Entgegensetzung gewinnt – und man wundert sich allenfalls, daß Fischer diese doch recht elementare Lektion nicht Hegel entnommen hat, um sie dann auch bei Leibniz fruchtbar anwenden zu können. Allerdings mag es sein, daß der Zwang, Leibniz im Sinne der philosophiehistorischen Perspektive als einen *Übergang* zu denken,

[44] Vgl. dazu unten S. 561!
[45] Vgl. dazu unten S. 623ff. u.ö.!
[46] Vgl. unten S. 570!
[47] Vgl. unten S. 573!

dazu geführt hat, in seinem Denken Aporien zu fixieren, die sich in Wahrheit mit Leibnizschen Mitteln selber auflösen lassen; Fischer wäre dann nicht der erste, dem die formelle Konstruktion den Blick auf den Inhalt verstellt hätte.

Aber wie dem auch sei: im Ansatz von Fischer liegt auch das weitere, daß Leibniz der Gründervater einer ganzen geistesgeschichtlichen Periode ist und sich deshalb auch eine ganze Reihe anderer Geister in ihm spiegeln und von ihm her verstehen lassen muß; daher ist das „Dritte Buch", überschrieben „Von Leibniz zu Kant", auch nicht einfach als müßiges Beiwerk, sondern als Dokumentation der Leibnizschen „Entelechie", der Selbstrealisierung seines Standpunkts im Kontext der Philosophiegeschichte, zu lesen. Außer auf Lessing, von dem schon die Rede war, kommt Fischer hier vor allem auf die Entwicklungslinien hin zu Wolff und Herder, aber auch zu Hamann, Jacobi, Schiller und Goethe wie schließlich eben auch zu Kant zu sprechen[48]. Auch hier ist vieles mit Prägnanz gesehen, so beispielsweise die Tatsache, daß der gesamte Begriff und Ansatz der „Originalitätsphilosophie" im Sinne Herders die Leibnizsche Monadologie reflektiert oder ein Hamann ohne den Hintergrundbegriff der Leibnizschen „dunklen" und „kleinen Vorstellungen" (petites perceptions) schwer zu verstehen ist. Noch in Goethes *Werther* findet Fischer lebhaftes „Monadengefühl"[49], dem eine epochale Wertschätzung des einzelnen sondergleichen entspricht – eine Wertschätzung, die freilich auch einen Endpunkt darstellen muß, da sie am Ende im bloßen Fühlen verstummt und zum Indikator dafür wird, daß hier ein philosophischer Standpunkt sich selber aufhebt. Am Ende kollabiert so denn auch die „vorkantische Philosophie" – sie kollabiert in dem Widerspruch, der in seiner konzentriertesten Form lautet: diese Philosophie wollte rationale Erkenntnis sein, vermochte jedoch nicht, eine solche Erkenntnis ihrer Möglichkeit nach auch darzustellen, wie es erst Kant gelang. Leibniz, so Fischer, vereinigt in sich die rationalistische These Descartes' wie die dagegen skeptische Antithese der Gefühlsphilosophie, ohne doch den *sicheren* Boden der *kritischen* rationalen Erkenntnis zu erreichen – ohne die Philosophie als ganze auf den Boden des Selbstbewußtseins zu stellen, wie es dann Kant getan hat, dessen Faden vor allem Fichte dann aufnahm. Kant selbst

---

[48] Fischer hat, was diese und auch die anderen von ihm herangezogenen Namen belegen, fast ausschließlich die deutsche Aufklärung im Blick. Das ist auch, was die Resultate der Leibnizschen Philosophie nach Fischer angeht, z.B. die Wiedergewinnung und neue Fruchtbarmachung des „Entwicklungsgedankens", bedauerlich, weil es so zu keiner vergleichenden Würdigung – etwa mit Vico – kommt.

[49] Vgl. unten S. 667!

hat, wie Fischer weiß, Leibniz eindeutig zu sehr von Wolff her und also entschieden zu wenig in seiner spekulativen Tiefe verstanden[50]. Dennoch wird bei Fischer deutlich, inwiefern der Kantische Neueinsatz gleichsam den Knoten eines mehrere Jahrhunderte währenden Diskurses zerhauen und uns mit einer grundsätzlich neuen Fragestellung, mit einer neuen Stufe des Selbstbewußtseins der Freiheit, die sich hier aus aller ontologisch-metaphysischen Einwicklung heraus gewinnt, konfrontiert hat. Daß mit dem Kantischen Neuanfang dabei keineswegs alles auch eingeholt oder überboten worden ist, was im Leibnizschen Denken auf die ein oder andere Weise schon ausgesprochen war, liegt dabei ebenso auf der Hand. Nur daß es im Reich des Gedankens den dauernden Verlust ohnehin nicht gibt; kein zu Ende gedachter Gedanke wurde je vergeblich gedacht – worin zuletzt freilich auch etwas von dem tiefsten Sinn liegt, der das Projekt einer Philosophiegeschichte im Sinne von Kuno Fischer trägt.

Auswahlbibliographie zur neueren Leibnizliteratur

Die folgenden Hinweise stellen kein Vollständigkeit beanspruchendes Literaturverzeichnis zur neueren Leibnizliteratur, sondern eine Einladung zu der einen oder andern weiterführenden Lektüre dar. Nachdrücklich empfohlen sei dabei an erster Stelle stets das (auch wiederholte) Studium der Primärtexte. Wer weitere Titel aus der Sekundärliteratur sucht, sei auf die unter V) aufgeführten bibliographischen Hilfsmittel verwiesen.

I) Gesamtausgaben

Leibnizens mathematische Schriften, hg. von C.I. Gerhardt, 7 Bde., Berlin 1849–1863, Nachdruck Hildesheim 1971.

Leibniz. Die Philosophischen Schriften, hg. von C.I. Gerhardt, 7 Bde., Berlin 1875–1890, Nachdruck Hildesheim 1978.

Philosophische Schriften / Briefe. 5 Bde., hg. von Hans Heinz Holz, Herbert Herring u.a,, Darmstadt 1959–1989, Nachdruck Frankfurt/Main 1996.

Sämtliche Schriften und Briefe, hg. von der Berlin-Brandenburgischen Akademie der Wissenschaften und der Göttinger Akademie der Wissenschaften, Berlin 1923ff. (Kritische Gesamtausgabe, die in acht unterschiedlichen Reihen erscheint. Die Gesamtausgabe wird mehr als 100 Bände umfassen).

---

[50] Vgl. unten S. 671!

II) Einzelausgaben

Confessio philosophi, hg. von Otto Saame, Frankfurt/Main 1967 (lat./dt.).

De quadratura arithmetica circuli ellipseos et hyperbolae cujus corrollarium est trigonometria sine tabulis, hg. von Eberhard Knobloch, Göttingen 1993.

Der Leibniz-Clarke Briefwechsel. Übersetzt und hg. von Volkmar Schüller, Berlin 1991.

Die Theodizee, hg. von Arthur Buchenau, Leipzig 1925, Neuausgabe Hamburg 1977.

Discours de métaphysique / Metaphysische Abhandlung, hg. von Herbert Herring, 2. Aufl. Hamburg 1985 (frz./dt.).

Ermahnung an die Deutschen, ihren Verstand und ihre Sprache besser zu üben. Unvorgreifliche Gedanken betreffend die Ausübung und Verbesserung der deutschen Sprache, Darmstadt 1967.

Monadologie, hg. von Hartmut Hecht, Stuttgart 1998 (frz./dt.).

Neue Abhandlungen über den menschlichen Verstand, hg. Ernst Cassirer, 2. Aufl. Hamburg 1971 u.ö.

Specimen dynamicum, hg. von Günter Dosch u.a., Hamburg 1982 (lt./dt.).

Vernunftprinzipien der Natur und der Gnade. Monadologie, hg. von Herbert Herring, 2. Aufl. Hamburg 1982 (frz./dt.).

III) Gesamtdarstellungen

Eric J. Aiton, Gottfried Wilhelm Leibniz. Eine Biographie, Frankfurt/Main 1991.

Yvon Belaval, Leibniz. De l'âge classique aux lumières. Lectures leibniziennes, Paris 1995.

Hubertus Busche, Leibniz' Weg ins perspektivische Universum. Eine Harmonie im Zeitalter der Berechnung, Hamburg 1997.

Stuart Brown, Leibniz, Brighton 1984.

Ernst Cassirer, Leibniz' System in seinen wissenschaftlichen Grundlagen, Marburg 1902, Nachdruck Hildesheim 1980.

Aron Gurwitsch, Leibniz. Philosophie des Panlogismus, Berlin 1974.

Kurt Hildebrandt, Leibniz und das Reich der Gnade, Den Haag 1953.

Hans Heinz Holz, Leibniz, Frankfurt/Main 1992.

Hans Holzhey / Wilhelm Schmidt-Biggemann (Hg.), Grundriß der Geschichte der Philsophie. Die Philosophie des 17. Jahrhunderts, Bd. 4: Das Heilige römische Reich deutscher Nation. Nord- und Ostmitteleuropa, 2 Bde., Basel 2001, 995–1159.

Kurt Huber, Leibniz. Der Philosoph der universalen Harmonie, hg. von Inge Koeck in Verbindung mit Clara Huber, München 1951, Neuausgabe München 1989.

Thomas Leinkauf, Leibniz, München 1996.

Michael-Thomas Liske, Gottfried Wilhelm Leibniz, München 2000.

Carl Günther Ludovici, Ausführlicher Entwurff einer vollständigen Historie der Leibnitzschen Philosophie, 2. Bde., Leipzig 1737, Nachdruck Hildesheim 1966.

Gottfried Martin, Leibniz. Logik und Metaphysik, 2. Aufl. Berlin 1967.

Kurt Moll, Der junge Leibniz. 3 Bde., Stuttgart-Bad Cannstatt 1978–1996.

Nicholas Rescher, Leibniz. An Introduction to his Philosophy, Oxford 1979.
Herman Schmalenbach, Leibniz, München 1921, Nachdruck Aalen 1973.
Wilhelm Totok / Carl Haase (Hg.), Leibniz. Sein Leben – sein Wirken – seine Welt, Hannover 1966.

IV) Sonstige Sekundärliteratur

Benson Mates, The Philosophy of Leibniz: Metaphysics and Language, New York u.a. 1986.
Philip Beeley, Kontinuität und Mechanismus. Zur Philosophie des jungen Leibniz in ihrem ideengeschichtlichen Kontext, Stuttgart 1996 (Studia Leibnitiana, Supplem. 30).
Yvon Belaval, Leibniz critique de Descartes, Paris 1960.
François Duchesneau, La dynamique de Leibniz, Paris 1994.
Georges Friedmann, Leibniz et Spinoza, 6. Aufl. Paris 1946.
Martine de Gaudemar, Leibniz. De la puissance au sujet, Paris 1994.
Alain Genin, La philosophie religieuse de Leibniz, Tours 1980.
Albert Heinekamp / Isolde Hein (Hg.), Leibniz und Europa, Hannover 199e.
Albert Heinekamp / Franz Schupp (Hg.), Leibniz' Logik und Metaphysik, Darmstadt 1988 (Wege der Forschung Bd. CCCXXVIII).
Joseph E. Hofmann, Die Entwicklungsgeschichte der Leibnizschen Mathematik während des Aufenthaltes in Paris (1672–1676), München 1949.
Jacques Jalabert, Le dieu de Leibniz, Paris 1960.
Klaus Erich Kaehler, Leibniz' Position der Rationalität. Die Logik im metaphysischen Wissen der ‚natürlichen Vernunft', Freiburg 1989.
Antonio Lamarra (Hg.), Das Unendliche bei Leibniz / L'infinito in Leibniz. Problem und Terminologie / Problemi e terminologia, Rom 1990.
Wolfgang Lenzen, Das System der Leibnizschen Logik, Berlin 1990.
Michael-Thomas Liske, Leibniz' Freiheitslehre. Die logisch-metaphysischen Voraussetzungen von Leibniz' Freiheitstheorie, Hamburg 1993.
Stefan Lorenz, De Mundo Optimo. Studien zu Leibniz' Theodizee und ihrer Rezeption in Deutschland (1710–1791), Stuttgart 1997 (Studia Leibnitiana, Supplem. 31).
Heinz L. Matzat, Untersuchungen über die metaphysischen Grundlagen der Leibnizschen Zeichenkunst, Berlin 1938.
Hans Poser, Zur Theorie der Modalbegriffe bei Leibniz, Wiesbaden 1969 (Studia Leibnitiana, Supplem. 6).
Patrick Riley, Leibniz' Universal Jurisprudence: Justice as the Charity of the Wise, Cambridge, Mass. 1996.
André Robinet, Malebranche er Leibniz. Relations Personelles, Paris 1955.
Max Wundt, Die deutsche Schulphilosophie im Zeitalter der Aufklärung, Tübingen 1945, Nachdruck Hildesheim 1964.

V) Bibliographien, Lexika, Zeitschriften

Reinhard Finster, Leibniz lexicon: A Dual Concordance to Leibniz's „Philosophische Schriften", Hildesheim 1988.

Albert Heinekamp (Hg.), Leibniz-Bibliographie, 2 Bde., Frankfurt/Main 1984/1995.

Leibniz-Bibliographie in den Studia Leibnitiana, Wiesbaden 1969ff.

Kurt Müller, Leibniz-Bibliographie: Die Literatur über Leibniz, Frankfurt/Main 1967.

Studia Leibnitiana. Zeitschrift für Geschichte der Philosophie und der Wissenschaften. Im Auftrag der Gottfried-Wilhelm-Leibniz-Gesellschaft herausgegeben, Wiesbaden; Stuttgart 1969ff.

Inhaltsverzeichnis

Erstes Buch.
Leibnizens Leben und Schriften 1

Erstes Kapitel. Leibnizens Geistesart und Bedeutung 1
I. Gegensatz zu Spinoza 1
II. Universalistische Aufgaben und Pläne 3
1. Der Universalismus in Philosophie, Religion und Politik 3
2. Der wissenschaftliche Universalismus. Die Universalschrift 8
3. Die erfinderische Selbstbelehrung 12
4. Toleranz. Abneigung wider Polemik und Sektengeist 12
5. Die heitere Lebensanschauung und der persönliche Nutzen 14
6. Die vielverzweigte Tätigkeit und heroische Arbeitskraft 16
III. Die deutsche Aufklärung. Leibniz und Lessing 18

Zweites Kapitel. Biographische Schriften. Leibnizens Herkunft und erstes Lebensalter (1646–1661) 21
I. Die biographischen Schriften 21
II. Erstes Lebensalter 24
1. Abstammung und Familie 24
2. Schule und Selbstbildung 25
3. Poetik und Logik. Das Gedankenalphabet 28
4. Scholastik und Theologie 33

Drittes Kapitel. Die akademischen Lehrjahre (1661–1666) ... 34
I. Der akademische Bildungsgang 34
1. Philosophische Studien 34
2. Mathematische Studien 36
3. Juristische Studien 38
4. Die Bewerbung um die juristische Doktorwürde. Die Promotion in Altdorf 39
5. Nürnberg und die Rosenkreuzer 42
II. Die akademischen Schriften 43

Viertes Kapitel. Leibniz in Mainz. Amtliche Stellung. Philosophische Schriften 47
I. Johann Christian von Boineburg 47
II. Johann Philipp von Schönborn 51
III. Leibnizens amtliche Stellung 52
IV. Die philosophischen Schriften und ihr Standpunkt .. 53
1. Die Schrift wider die Atheisten 54
2. Der Brief an Jakob Thomasius 56
3. Die Verteidigung der Trinität gegen Wissowatius .. 57
4. Über die philosophische Schreibart 58
5. Neue physikalische Hypothese 63

Fünftes Kapitel. Die politischen Schriften aus der mainzischen Periode. Die polnische Königswahl. Die Sicherheit des deutschen Reiches (1669–1670) 63
I. Flugschrift zur polnischen Königswahl 64
1. Veranlassung und Methode der Schrift 64
2. Die Analyse des Inhalts 65
3. Die deutsche Gesinnung 68
II. Die Sicherheit des deutschen Reiches. Der erste Teil der Denkschrift 70
1. Die Zeitlage 70
2. Die Mittel der Sichelstellung. Die Unionspolitik .. 71
3. Der neue Rheinbund, Deutschland und Europa ... 75
III. Der zweite Teil der Denkschrift: Die Kriegsfrage 76
1. Frankreichs Machtstellung 76
2. Der Krieg gegen Holland 79
3. Die Lösung der Frage 80

Sechstes Kapitel. Plan der französischen Expedition nach Ägypten. Leibnizens Reise nach Paris (1672) 81
I. Die Entstehung und Geschichte des Plans 81
1. Veranlassung und Zeitpunkt. Die orientalische Frage 81
2. Leibniz und Ludwig XIV. 83
3. Leibniz und Napoleon. Das Bekanntwerden der Denkschriften. Irrtümer und Aufklärung 85
II. Der Inhalt der Denkschrift 88
1. Die Bedeutung Ägyptens 88
2. Die französische Eroberung 90
3. Die Sicherheit des Erfolges 91

Siebentes Kapitel. Leibnizens Aufenthalt in Paris und London (1672–1676) 92
I. Geschäftliche Aufgaben 92
1. Die Gesandtschaft nach London 92
2. Boineburgs Forderungen. Der junge Boineburg . . . 94
II. Wissenschaftliche Bildungszwecke und Studien 96
1. Französische Sprache und Mathematik 96
2. Mechanische Erfindungen. Die Rechenmaschine . . 96
3. Die Erfindung der Differentialrechnung. Streit mit Newton 97
III. Rückkehr nach Deutschland 103

Achtes Kapitel. Leibnizens Berufung nach und Stellung in Hannover 104
I. Die Berufung 104
II. Das Welfenhaus 108
1. Die Vorgeschichte 108
2. Die Söhne des Herzogs Georg 109
3. Die Söhne des Herzogs Augustus 111
III. Leibniz am hannoverischen Hofe 112
1. Johann Friedrich 112
2. Ernst August 114
3. Leibnizens Doppelstellungen 117

Neuntes Kapitel. Leibnizens politische Wirksamkeit 120
I. Leibniz als Gegner Ludwigs XIV. 120
1. Die europäischen Kriegszustände 120
2. Die beiden ersten Reichskriege 121
3. Der spanische Erbfolgekrieg 125
II. Caesarinus Fursteneriuss 130
1. Kurfürsten und Reichsfürsten 132
2. Das Haus Braunschweig-Este 133
III. Mars christianissimus 134
1. Veranlassung und Zeitpunkt 134
2. Die neufranzösische Politik 135
3. Die Gallo-Grecs 138

Zehntes Kapitel. Leibnizens kirchenpolitische Wirksamkeit: Die Reunionsbestrebungen 140
I. Die Wiederherstellung der kirchlichen Einheit 140
1. Die kurmainzischen Pläne 140
2. Die Reunionsinteressen 142
3. Der Hof in Hannover und die Abtei von Maubuisson 144

II. Die Reunionsverhandlungen 147
1. Spinola, Molanus und Leibniz 147
2. Die Jahre der Annäherung. Leibnizens Standpunkt 148
3. Leibnizens Verhandlungen mit Pellisson und Bossuet 154
III. Die Reunionshindernisse. Rückblicke 162

Elftes Kapitel. Leibnizens kirchenpolitische Wirksamkeit: Die Unionsbestrebungen 165
I. Die Herstellung der evangelischen Kircheneinheit ... 165
1. Die Unionsinteressen 165
2. Das Toleranzsystem in Brandenburg 166
3. Jablonski, Molanus und Leibniz 167
4. Das *collegium irenicum* in Berlin 170
II. Die Unionshindernisse 170
III. Leibnizens innerer Anteil an den kirchlichen Zeitfragen 171

Zwölftes Kapitel. Bergbau, staatswirtschaftliche und geologische Interessen. Forschungsreise und historische Arbeiten 173
I. Der Bergbau, das Münzwesen, die Geschichte der Erde 173
1. Die Gruben im Oberharz 173
2. Das Münzwesen 173
3. Die Protogäa 175
II. Die Forschungsreise 177
1. Aufgabe und Zielpunkt der Reise 177
2. Ludolf und das *collegium historicum* 179
3. Das Problem. Der Aufenthalt in München 179
4. Der Aufenthalt in Wien 181
5. Der Aufenthalt in Italien und die Rückreise 184
III. Die historischen Arbeiten 188
1. Die Sammlung völkerrechtlicher Urkunden 188
2. Die Sammlung mittelalterlicher Geschichtsquellen 192
3. Das Geschichtswerk 193

Dreizehntes Kapitel. Gründung gelehrter Gesellschaften. Die Stiftung der Sozietät der Wissenschaften in Berlin. Pläne für Dresden, Petersburg und Wien. 196
I. Das Zeitalter Friedrichs III. 196
1. Das neue Königreich 196
2. Die religiöse Bewegung. Die neue Universität 197

3. Die philosophische Bewegung. Pufendorf, Thomasius, Wolff ... 198
4. Die literarische Bewegung. Die Berliner Dichterschule ... 200
5. Die Akademie der Künste. Schlüter ... 201
II. Die Sozietät der Wissenschaften in Berlin ... 202
1. Leibnizens Aussichten und Wünsche ... 202
2. Denkschriften und Pläne ... 203
3. Die Stiftung der Sozietät ... 206
4. Die Fundierung der Sozietät ... 211
5. Der Fortgang der Sozietät und Leibnizens Mißhelligkeiten ... 212
6. Leibnizens Schuld und Zwischenstellung ... 217
III. Gründungspläne zu gelehrten Gesellschaften ... 218
1. Die Gelehrtenrepublik ... 218
2. Der Entwurf für Dresden. August II. ... 219
3. Der Entwurf für Petersburg. Peter der Große ... 220
4. Die Sendung nach Wien. Kaiser Karl VI. ... 223
5. Die Kaiserinnen. Prinz Eugen von Savoyen ... 225
6. Die Ernennung zum Reichshofrat. Einkünfte. Adel ... 227
7. Stiftungsplan der kaiserlichen Sozietät der Wissenschaften in Wien ... 228
8. Die Hindernisse der Ausführung ... 230

Vierzehntes Kapitel. Leibnizens Verkehr mit fürstlichen Frauen. Seine letzten Jahre und die Charakteristik seiner Person ... 232
I. Die fürstlichen Frauen ... 232
1. Die Kurfürstin Sophie ... 232
2. Die Königin Sophie Charlotte ... 243
3. Die Kurprinzessin Karoline, Prinzessin von Wales 256
4. Elisabeth Charlotte, Herzogin von Orléans ... 262
II. Leibnizens letzte Jahre in Hannover ... 266
1. Georg I. und Bernstorff ... 266
2. Johann Georg Eckhart ... 274
3. Leibnizens Tod und Bestattung ... 276
III. Leibnizens äußere Erscheinung und Lebensart ... 279
1. Die Schilderungen ... 279
2. Die Bildnisse ... 282

Fünfzehntes Kapitel. Leibnizens philosophische Schriften und deren Gruppierung. Die Ausgaben der Werke ... 285
I. Die philosophischen Schriften ... 285

1. Der Entwicklungsgang 285
2. Die Formen und Gruppen der philosophischen Schriftwerke 287
II. Die Ausgaben der Werke 295
1. Die Aufgabe 295
2. Die ersten Sammlungen 296
3. Die Entstehung und Geschichte der Ausgaben 296

ZWEITES BUCH.
LEIBNIZENS LEHRE 305

Erstes Kapitel. Die Reform der neuern Philosophie. Der Begriff der Substanz als Krafteinheit oder Monade ... 305
I. Der Gegensatz von Denken und Ausdehnung 305
1. Die Probe der Tatsachen 305
2. Die widersprechende Tatsache 306
II. Der Begriff der Kraft 307
1. Die Kraft als metaphysisches Prinzip 307
2. Die Vielheit der Kräfte 311
3. Die Kraft als tätiges Wesen oder einzelne Substanz 312
III. Das Prinzip der Individualität oder die Monade 314
1. Individuation und Spezifikation 314
2. Einheiten, Punkte, Atome 315
3. Substantielle Formen. Monaden 317

Zweites Kapitel. Die Leibnizische Lehre in ihren Verhältnissen zur früheren Philosophie 319
I. Die Kartesianische und Atomistische Schule 319
1. Gegensätze und Verwandtschaften 319
2. Spinozas Einheitslehre 320
3. Descartes und die Okkasionalisten 323
II. Die materialistische und formalistische Richtung 325
1. Korpuskularphilosophen und Atomisten 325
2. Die Rehabilitation der alten Philosophie 326
3. Die Scholastiker 327
4. Aristoteles und Plato 331
III. Die neue Lehre als Universalsystem 331

Drittes Kapitel. Die Grundfrage der Leibnizischen Philosophie. Die Monade als Prinzip der Materie und Form 334
I. Das Problem 334
1. Die Kräfte der Monade als Bedingungen der Natur 334

2. Die Kraft der Ausschließung. Tätige und leidende Kraft 336
II. Die leidende Kraft als Prinzip der Materie 337
1. *Materia prima* und *secunda* 337
2. Die bewegte Materie 341
3. Die Monaden als Maschinen und die mechanische Kausalität 342
III. Die tätige Kraft als Prinzip der Form 344
1. *Entelechia prima* 344
2. Die formgebende Kraft 345
3. Seele und Leben. Die zwecktätige Kausalität 346
IV. Wirkende Ursachen und Endursachen 347

Viertes Kapitel. Die Lösung der Grundfrage. Die Monade als Einheit von Seele und Körper 349
I. Das Verhältnis von Seele und Körper 349
1. Die metaphysische Bedeutung der Frage 349
2. Der richtige Gesichtspunkt 350
3. Die Einwürfe und deren Erklärung nach Leibnizens Lehrart 350
II. Das Verhältnis von Seele und Körper in der Monade 357
1. Die Seele als Zweck des Körpers 357
2. Der Körper als Mittel der Seele 360
3. Die Monade als Entwicklung des Individuums 361
III. Das Verhältnis der Endursachen und der wirkenden Ursachen 363
1. Die Art ihrer Vereinigung 363
2. Die oberste Geltung des Zweckbegriffs 365

Fünftes Kapitel. Die Monade als Entwicklung 366
I. Die ursprünglichen Kräfte 366
1. Die Ewigkeit der Naturkräfte 366
2. Die Erhaltung der Kraft 368
3. Die Allgegenwart der Kräfte 372
II. Das ursprüngliche Leben 373
1. Die Individualität des beseelten Körpers 373
2. Die Präformation 373
3. Die ursprünglichen Individuen oder Samentiere . . 375
III. Der ewige Lebensprozeß 376
1. Die Metamorphose. Geburt und Tod 376
2. Das unsterbliche Leben 379
3. Entwicklung und Vorstellung 382

Sechstes Kapitel. Die Monade als Vorstellung und Mikrokosmus ... 387
I. Die Vorstellung in der Natur der Dinge ... 387
1. Die Kraft der Vorstellung ... 387
2. Die Kraft des Strebens ... 390
II. Die Vorstellung im Menschen ... 392
III. Die Monade als Mikrokosmus ... 394
1. Individuum und Welt ... 394
2. Der Weltzusammenhang ... 396
3. Die Weltvorstellung ... 397

Siebentes Kapitel. Die Körperwelt ... 398
I. Die verschiedenen Mikrokosmen ... 398
II. Die Körper als Erscheinungen oder Vorstellungen ... 401
1. Die beschränkte Vorstellung ... 401
2. Der Körper als notwendige Vorstellung ... 402
3. Die verworrene und deutliche Vorstellung des Körpers ... 404
III. Die Unterschiede der Vorstellung ... 406
1. Die Gradunterschiede. Die niederen und höheren Monaden ... 406
2. Die niederen und höheren Organismen. Die Zentralmonaden ... 411
3. Die unorganischen und organischen Körper ... 413

Achtes Kapitel. Das Stufenreich der Dinge oder die Weltharmonie ... 415
I. Die Hauptstufen der vorstellenden Kräfte ... 415
1. Leben, Seele, Geist ... 415
2. Dunkle, klare, deutliche Vorstellung ... 417
3. Das dunkle Bewußtsein ... 418
II. Das Gesetz der Analogie und der Kontinuität ... 420
1. Die Mittelwesen ... 420
2. Der Mensch als Mittelwesen. Die Genien ... 422
III. Das Gesetz der Harmonie ... 424
1. Der Unterschied zwischen Einheit und Harmonie 424
2. Die Harmonie als Einheit der Analogie und Kontinuität ... 428
3. Die unendlich kleinen Differenzen als Bedingung der Harmonie ... 430

Neuntes Kapitel. Die Entwickelung des menschlichen Geistes 432
I. Die Natur des Geistes ... 432
1. Seele und Geist ... 432

2. Die deutliche Vorstellung. Das Selbstbewußtsein . . 435
3. Die Persönlichkeit 437
II. Die tierische und menschliche Seele 439
1. Gedächtnis und Erkenntnis 439
2. Sinnlichkeit und Vernunft 441
3. Das Vermögen der Prinzipien 443
III. Die angeborenen Ideen 443
1. Die Erkenntnisanlage 443
2. Leibniz und Descartes 445
3. Leibniz und Locke 446

Zehntes Kapitel. Die Entwickelung des Bewußtseins. Die kleinen Vorstellungen 453
I. Die Kontinuität des Seelenlebens 453
1. Die Tatsache der unbewußten Vorstellungen 453
2. Die immer tätige Kraft der Vorstellung 455
II. Der Zusammenhang des Unbewußten und Bewußten 457
1. Die kleinen Vorstellungen als Elemente des Bewußtseins 457
2. Die kleinen Vorstellungen als die Bedingung des Mikrokosmus 460
3. Schlaf und Wachen. Die Gewohnheit 460

Elftes Kapitel. Die Erkenntnislehre. Ästhetik und Logik 465
I. Die dunkle Vorstellung der Harmonie 465
1. Die ästhetische Vorstellung 465
2. Leibniz und Baumgarten 466
3. Leibniz und Kant 468
II. Die deutliche Vorstellung der Harmonie 469
1. Die Vernunft- und Erfahrungswahrheiten 469
2. Das Prinzip der Vernunftwahrheiten 471
3. Das Prinzip der Erfahrungswahrheiten 473

Zwölftes Kapitel. Die Sittenlehre: Die Entwickelung des Willens 477
I. Der Determinismus und Indeterminismus 477
1. Trieb und Wille 477
2. Willkür und Willensdifferenz 478
II. Der Prädeterminismus. Die innere Vorherbestimmung 484
III. Der moralische Wille 486
1. Das moralische Naturell 486
2. Das praktische Gefühl oder die Unruhe 488

3. Die überwiegende Neigung und die Wahl 489
4. Das Streben nach Glückseligkeit 490
5. Der vernunftgemäße Wille und die Freiheit 491
6. Die sittliche Harmonie 494

Dreizehntes Kapitel. Die Kunstlehre. Kunst und Religion 496

Vierzehntes Kapitel. Die Religions- und Gotteslehre 499
I. Offenbarung und Vernunft 499
1. Der Ursprung der Religion 499
2. Das natürliche Gottesbewußtsein 501
II. Monadologie und Theologie 502
1. Widerstreit und Übereinstimmung 502
2. Der Theismus. Der Rationalismus und der Supernaturalismus 503
3. Das Über- und Widervernünftige 505

Fünfzehntes Kapitel. Die natürliche Religion 510
I. Gott und der menschliche Geist 510
1. Moral und Religion 510
2. Die natürliche und geschichtliche Religion 511
II. Die Wahrheiten der natürlichen Religion 513
1. Gott und Unsterblichkeit 513
2. Gottesliebe und Menschenliebe 514

Sechzehntes Kapitel. Die natürliche Theologie 516
I. Die Beweise vom Dasein Gottes 516
1. Der ontologische Beweis 516
2. Der kosmologische und physikotheologische Beweis 517
II. Gottes Wesen und Eigenschaften 520
1. Die höchste Kraft: Allmacht, Weisheit, Güte 520
2. Die schöpferische Wirksamkeit 522
3. Die moralische Notwendigkeit 525

Siebzehntes Kapitel. Das System des Deismus und des Optimismus 528
I. Die Physikotheologie 528
1. Gott als der Urgrund und Endzweck der Welt 528
2. Die Welt als Natur und Schöpfung 530
II. Der Deismus 531
1. Die Welt als die Offenbarung Gottes 531
2. Die Weltordnung und die Wunder 533

3. Gott als Weltbaumeister und Weltregent. Das Reich der Natur und Gnade 536
III. Der Optimismus 538
1. Die Beweisgründe der besten Welt 538
2. Die vorherbestimmte Harmonie 539

Achtzehntes Kapitel. Das System der Theodizee 541
I. Die Einwürfe gegen die beste Welt 541
II. Die Übel in der Welt 543
1. Die Arten des Übels 543
2. Die Übel und das Gute 544
3. Das Verhältnis des Übels zu Gott 549
III. Die göttliche Vorherbestimmung und die menschliche Freiheit 554

DRITTES BUCH.
VON LEIBNIZ ZU KANT 559

Erstes Kapitel. Charakteristik und Kritik der Leibnizischen Lehre 559
I. Das System des idealistischen Naturalismus 559
1. Die Gliederung des Lehrgebäudes 559
2. Der naturalistische und idealistische Charakter ... 561
3. Die Hauptmomente der Körper und Seelenlehre .. 562
4. Die antimonistische Grundrichtung 563
II. Die Beurteilung des Systems 567
1. Der Widerstreit in der Erkenntnislehre 567
2. Der Widerstreit im Begriffe Gottes 568
3. Der Widerstreit im Begriffe der Welt 570
4. Der Widerstreit im Begriff der Monade 573
III. Die Fortbildung der Leibnizischen Lehre 574
1. Das eklektische System. Christian Wolff 574
2. Lessing und Herder 576
3. Die Gefühls- und Glaubensphilosophie 577
4. Die Epoche der kritischen Philosophie 578

Zweites Kapitel. Die Leibniz-Wolfische Philosophie 580
I. Christian Wolff 580
1. Lebensgeschichte 580
2. Wolffs Werke 584
II. Die deutsche Schulphilosophie 585
1. Der neue Dualismus 585
2. Die äußere Zweckmäßigkeit 587

3. Gott und Welt. Kritik der Offenbarung 588

Drittes Kapitel. Der reine Deismus. Hermann Samuel Reimarus 591
I. Alleinige Geltung der Vernunftreligion 591
1. Die Unmöglichkeit des Wunders 591
2. Die Offenbarung durch Wunder 592
II. Vernunftglaube und Bibelglaube 593
1. Die Kriterien der Offenbarung 593
2. Die biblischen Offenbarungen 597

Viertes Kapitel. Die Gemütsaufkläung und Popularphilosophie. Moses Mendelssohn. 599
I. Die Moral als Wesen der Religion 599
1. Die Herzensbeweise vom Dasein Gottes 599
2. Die Religion im Gegensatz zur Kirche 601
II. Der beschränkte Aufklärungsverstand 602
1. Das geschichtswidrige Denken 602
2. Mendelssohn und Sokrates 603
3. Die Aufklärung im Widerspruch mit dem Begriff der Entwicklung 606

Fünftes Kapitel. Die Aufklärung im Einklange mit der Idee der Entwicklung. Gotthold Ephraim Lessing 609
I. Die kongeniale Betrachtungsweise 609
1. Aufgabe und Standpunkt 609
2. Winckelmann und die Alten 611
II. Die Höhe der Aufklärung. Lessing 612
1. Lessings Denkweise, Schreibart, Kritik 612
2. Religion und Bibel. Anti-Goeze 614
3. Die Religion als Grund der Bibel 616
4. Das Wunder als Grund der Religion. Die „regula fidei“ 616
5. Die christliche Religion und die Religion Christi. Evangelienkritik 617
6. Das Wesen der Religion. Die Grundwahrheiten des Christentums 618
7. Das Christentum der Vernunft. Die Trinität 619
8. Die Religion unter dem Gesichtspunkte der Entwicklung 623
a) Die Geschichte als Entwicklung 623
b) Offenbarung als Erziehung 623
c) Die Theodizee der Geschichte 624
9. Lessing im Verhältnis zu Leibniz und Spinoza 627

Sechstes Kapitel. Die Originalitätsphilosophie und Geschichtsphilosophie. Johann Gottfried Herder ... 629
I. Standpunkt und Aufgabe ... 629
II. Johann Gottfried Herder ... 632
1. Verhältnis zu Lessing und der Aufklärung ... 632
2. Herders Richtung und Geistesart ... 632
3. Herders Geschichtsphilosophie im Gegensatze zu der Verstandesaufklärung ... 634

Siebentes Kapitel. Glaubens- und Geniephilosophie. Hamann und Lavater ... 636
I. Die Wahrheit und das dunkle Ich. Hamann ... 636
1. Standpunkt und Geistesart ... 636
2. Die Einheit der Gegensätze. Bruno ... 637
3. Der Mensch als „Pan" ... 638
4. Die Erkenntnis als Glaube. Hume ... 638
5. Offenbarungsglaube und Christentum ... 639
6. Der kindliche Glaube ... 640
II. Die Erkenntnis der dunklen Individualität. Lavater ... 641
1. Physiognomik ... 641
2. Die geniale Individualität ... 644

Achtes Kapitel. Die Gefühlsphilosophie. Friedrich Heinrich Jacobi ... 645
I. Aufgabe und Standpunkt ... 645
1. Religion und Erkenntnis ... 645
2. Kritik der Verstandeserkenntnis ... 646
3. Alle Verstandeserkenntnis gleich Spinozismus ... 646
4. Das Gespräch mit Lessing ... 649
II. Glaube und Wissen ... 650
1. Idealismus und Nihilismus ... 650
2. Die Gewißheit als Glaube. Hume ... 651
3. Die Offenbarung als Grund des Glaubens ... 652
4. Der Glaube als Gefühl (Vernunft) ... 653
III. Jacobis Stellung in der Geschichte der Philosophie ... 656
1. Jacobi und Kant ... 656
2. Jacobi und Mendelssohn ... 658
3. Jacobi und Leibniz ... 660

Neuntes Kapitel. Goethe und Schiller in ihrem Verhältnis zu Leibniz und der deutschen Aufklärung ... 661
I. Goethes philosophische Vorstellungsweise ... 661
1. Verhältnis zu Spinoza ... 661

2. Verhältnis zu Leibniz. Goethes Leibnizischer Pantheismus 662

II. Schillers philosophische Vorstellungsweise 664

1. Verhältnis zu Spinoza und Leibniz. Schillers Leibnizischer Pantheismus 664

2. Philosophische Briefe. Die Hinweisung auf Kant 666

III. Die poetische Geltung der Individualität. Die prästabilierte Seelenharmonie 667

IV. Die Auflösung der dogmatischen Philosophie 668

1. Widerspruch der Gefühlsphilosophie 668

2. Gesamtwiderspruch der dogmatischen Philosophie 669

3. Die kritische Philosophie 670

4. Kant, Fichte und Schelling in ihrem Verhältnis zu Leibniz 670

Anhang 675

Anmerkungen 675

Neuere Leibniz-Literatur (1920) 751

Namen-Register 755

Erstes Buch.

Leibnizens Leben und Schriften

Erstes Kapitel.
Leibnizens Geistesart und Bedeutung

I. Gegensatz zu Spinoza

Die auf das Prinzip der Individualität gegründete Weltanschauung, welche Leibniz einführt und dem Jahrhundert der Aufklärung mitteilt, findet in seiner Persönlichkeit eine ebenso deutliche, bis in die einzelnen Züge durchgebildete Darstellung, wie die entgegengesetzte Betrachtungsweise in Spinoza. Die charaktervolle Eigentümlichkeit eines großen Denkers ist die Quelle und der Träger auch seiner Philosophie, das Band zwischen Leben und Lehre. Um diese verstehen zu lernen, gibt es keinen besseren Weg, als die Einsicht in die charakteristischen Grundzüge der Persönlichkeit des Philosophen. In Spinoza fand die rein dogmatische Philosophie in dem Gedanken der Alleinheit, in dem System der bloßen Kausalität einen Abschluß, der sie beruhigte, aber zugleich gegen die in Religion und Philosophie herrschenden Vorstellungsweisen in einen ausschließenden Gegensatz brachte und den Philosophen selbst von dem Weltleben absonderte. Er ertrug diesen Gegensatz und führte ihn durch in einem völlig bedürfnislosen, einsamen, der Erkenntnis allein gewidmeten Leben, welches dem Genuß und Besitz der gewöhnlichen Lebensgüter wie der öffentlichen Wirksamkeit mit ihrem Einfluß und ihrer Bedeutung gern entsagte. Alle Geltung, die man in amtlichen Würden und Wirkungskreisen gewinnt, hat Spinoza entbehrt, er nahm nicht den mindesten Teil an dem Wetteifer der Menschen in der großen Rennbahn der Welt, er hatte den Ehrgeiz nicht, den jener Wetteifer nährt und steigert; so blieb er frei von den menschlichen Schwächen und Kleinheiten, welche im Eigennutz wurzeln.

In allen diesen Punkten finden wir in Leibniz das sprechende Gegenteil des Spinoza: er durfte in Übereinstimmung mit seinem System eine bewegte, allseitige, einflußreiche Tätigkeit auf der Weltbühne entfalten und sich eine Geltung in seinem Zeitalter erwerben, die ihn glänzend hervorhebt; aber verflochten mit seinen Neigungen in das Treiben der Welt, in den Wetteifer der menschlichen Dinge, ist sein Charakter auch den kleinen Leidenschaften und Schwächen nicht entgangen, dem Ehrgeiz und Eigennutz, die in den

Reibungen des menschlichen Wetteifers sich notwendig entzünden. Dies ist zwischen Spinoza und Leibniz der Gegensatz sowohl ihrer Systeme als Charaktere, daß dort das Große sich von dem Kleinen freimacht und in seiner Unabhängigkeit davon erscheint, hier dagegen ohne das Kleine nicht sein kann und auf das innigste mit demselben zusammenhängt.

Während Spinozas Lehre, ausschließend und starr in ihrer Haltung, den Typus der dogmatischen Philosophie vollendet, ist die Leibnizische in der Unruhe des Fortschreitens und in einer Richtung begriffen, die schon dem Geiste der kritischen Philosophie zustrebt. Während Spinoza den geschichtlich gegebenen und anerkannten Systemen durchaus widerstreitet, ist Leibniz überall mit Bewußtsein darauf bedacht, die herrschenden Gegensätze auszugleichen und zu versöhnen. Die Entgegensetzung ist immer einseitig, die Vereinigung der Gegensätze ist immer allseitig oder strebt es zu sein. Dieses *universalistische* Streben ist dem Charakter des leibnizischen Denkens und Philosophierens eingeboren, es ist der Typus seiner Geistesart, die Grundform seiner geistigen Persönlichkeit. Die Einseitigkeit verhält sich ausschließend, verneinend, die Universalität dagegen anerkennend, die beschränkten Bildungsformen, wo sie dieselben findet, erweiternd und berichtigend: sie wirkt eben dadurch befreiend und aufklärend. Wir fordern von der Aufklärung, die ihren Begriff erfüllt, vor allem, daß sie *erkläre*; wir schätzen ihre Höhe nach der Höhe und dem Umfange, in welchem sie dieses Vermögen besitzt und ausübt. Die höchste Aufklärung müßte imstande sein, alles zu erklären; sie wäre die allseitigste, universellste Bildung; der Grad der Aufklärung steigt mit dem Grade der Universalität und dieser mit dem Vermögen, entgegengesetzte Richtungen auszugleichen und zu versöhnen. Schon daraus läßt sich erkennen, daß die Leibnizische Philosophie ihrer ganzen Anlage nach die Fähigkeit, eine wirkliche Aufklärung zu begründen, in einem weit höheren Maße besitzen wird, als die Systeme, welche ihr unmittelbar vorausgehen, insbesondere die Lehre Spinozas.

Der nächste Gegensatz, welchen Leibniz vorfindet und der in Spinoza gipfelt, betrifft die Verfassung der neueren Philosophie überhaupt, welche die mechanische Erklärung der Dinge grundsätzlich den Systemen sowohl des klassischen Altertums als der Scholastik entgegenstellt und dadurch mit ihren eigenen geschichtlichen Voraussetzungen einen Bruch herbeiführt, der ihr die Anknüpfung unmöglich macht. Von diesem Gegensatz, den er frühzeitig erkennt, sucht Leibniz die Philosophie zu befreien; es ist, um die Sache in der allgemeinsten und umfassendsten Form auszusprechen, der Gegensatz zwischen dem System der Endursachen oder Zwecke und dem der wirkenden Ursachen, zwischen der Teleologie und Kausalität. Leibniz setzt sich die Aufgabe, diese beiden Gesichtspunkte richtig zu vereinigen, während Spinoza sie getrennt und einander dergestalt entgegengesetzt hatte, daß die wirkenden Ursachen die alleinige Geltung haben sollten und die Endursachen gar keine. Hier haben wir den deutlichsten Einblick in das Verhältnis und den Gegensatz beider Philosophen. Es gibt zum durchgängigen Verständnis der Lehre Spinozas keine bessere Richtschnur, als die der Welterklärung bloß nach wirkenden Ursachen. Und auf der anderen Seite, um die Leibnizische Lehre zu verstehen und zu würdigen, muß man sich die Ansicht, welche in der Erklärung der Dinge die Zweckursachen mit den mechanischen Ursachen vereinigen will, zum leitenden Gesichtspunkt dienen lassen. Die alleinige Geltung der wirkenden Ursachen im Gegensatze zu den Zweckursachen bestimmt durchgängig die Richtung Spinozas, die Übereinstimmung beider bestimmt durchgängig die unseres Leibniz.

II. Universalistische Aufgaben und Pläne

1. Der Universalismus in Philosophie, Religion und Politik

Die Zweckbegriffe herrschen in der Platonisch-Aristotelischen und in der Scholastischen Philosophie, sie werden bekämpft und zuletzt ganz entwertet in der neueren Philosophie vor Leibniz. Indem nun Leibniz die Endursachen mit den wirkenden Ursachen zu vereinigen sucht, bezweckt er eine Reform der Philosophie, wodurch das Altertum und die Scholastik wieder berechtigt und auf einer neuen Grundlage wiederhergestellt werden. Eine solche „Rehabilitation" ist in der Grundrichtung der Leibnizischen Lehre angelegt und wird von ihr mit vollem Bewußtsein erstrebt; sie sucht ein System, welches jene großen geschichtlich ausgeprägten Gegensätze in sich überwindet, ausgleicht und versöhnt, eine von jeder Einseitigkeit, von jeder beschränkten und ausschließenden Denkweise freie, *universell* gesinnte Philosophie. Unter die Zweckbegriffe fallen die Moralbegriffe. Wenn es möglich ist, in der Natur der Dinge die Zweckursachen mit den wirkenden Ursachen zu vereinigen, so sind damit auch die Grundlagen gefunden für eine natürliche Moral, eine natürliche Religion, eine natürliche Theologie. Denn die Theologie gründet sich auf die Religion, diese auf die moralischen Bedingungen der Welt, die als solche den Charakter zwecktätiger Kräfte haben.

Hier öffnet sich die Aussicht in einen neuen Gegensatz, den zu lösen und zu vermitteln Leibniz mit allem Ernst und aller Geschicklichkeit bemüht ist: wir meinen den Gegensatz der natürlichen Theologie und der geoffenbarten, der Philosophie und der Religion, der Vernunft und des Glaubens. Er sucht eine der Religion entsprechende Philosophie, einen der Vernunft konformen Glauben, ein *vernunftgemäßes Christentum*, welches eben deshalb ein universelles, über den Widerstreit der Richtungen in Religion und Kirche erhabenes Christentum ist. Nun ist das herrschende, positive Christentum in die Gegensätze der Kirchen und Bekenntnisse geteilt; der römisch-katholischen Kirche steht die evangelische entgegen, und diese selbst zerfällt wieder in das lutherische und reformierte Bekenntnis. Auch hier betätigt sich das harmonistische Streben unseres Philosophen. Wir sehen ihn jahrelang eifrig bemüht, die großen kirchlichen Parteien zu vereinigen und eine kirchliche Gesamtheit herzustellen, ohne die inneren Glaubenseigentümlichkeiten zu verletzen. Innerhalb der europäischen Christenheit, insbesondere der deutschen, arbeitet Leibniz für die Wiedervereinigung der katholischen und evangelischen Kirche; innerhalb der letzteren arbeitet er für die Vereinigung der lutherischen und reformierten: seine Ziele sind zuerst die *Reunion* der beiden großen, durch die Reformation getrennten Kirchengebiete, dann die Union der in sich gespaltenen evangelischen Kirche. Das Thema der Reunion ist die allgemeine christliche Kirche, die alle berechtigten Glaubensformen in sich vereinigt, das der *Union* die allgemeine evangelische Kirche. So ist es überall die universelle, umfassende, den Zwiespalt in sich ausgleichende Kirche, welche Leibniz im Sinn hat und aus dem gegebenen Material der geschichtlichen Gegensätze, die er vorfindet, verwirklichen möchte.

Vereinigung der entgegengesetzten Grundrichtungen in der Philosophie, Vereinigung zwischen Philosophie und Religion, Vereinigung der entgegengesetzten Grundrichtungen innerhalb der Religion sind die Ziele, die Leibniz verfolgt: es ist unter verschiedenen Formen dieselbe Grundaufgabe seiner universalistisch gerichteten Denkart. In allen diesen Bestrebungen nach Universalphilosophie, Universalreligion, Universalchristentum, Universalkirche, Universalprotestantismus erkennen wir verschiedene Zweige desselben Stammes. Gegen den größten Skeptiker seiner Zeit, Pierre Bayle, verteidigt Leibniz die Übereinstimmung zwischen Glauben und Vernunft, Religion und Philosophie; gegen Bossuet, den größten Theologen der damaligen katholischen Kirche, verteidigt er die Reunion der Katholiken und Protestanten, wie er sie verstand, nämlich die christliche Universalkirche. Diese Ziele werden von der Richtung des Zeitalters begünstigt, welches vom 30 jährigen Kriege und dem westfälischen Frieden herkommt und nun der toleranten Sinnesart wie den rekonziliatorischen Bestrebungen sich zuneigt. Eine Menge Zeitverhältnisse einflußreicher und mächtiger Art sind so beschaffen, daß sie die religiösen und kirchlichen Gegensätze, wenn nicht versöhnen, doch abstumpfen. Selbst die Bekehrungen, die Übertritte aus der evangelischen in die katholische Kirche, die wir häufig gerade bei einflußreichen Personen jener Zeit finden, stimmen die Bekehrten eher duldsam als fanatisch. In fürstlichen Ehen und Familien mischen sich vielfach die kirchlichen Gegensätze und geraten dadurch schon in einen gültigen Wechselverkehr. Fast überall, wo Leibniz wirkt, findet er sich von Verhältnissen umgeben, die ausgleichend auf die verschiedenen und entgegengesetzten Religionsmeinungen einfließen. Dies gilt namentlich von den drei wichtigsten Orten seiner Laufbahn: Mainz, Hannover und Berlin. Sein lutherisches Bekenntnis hindert ihn nicht, in den Dienst eines katholischen Kirchenfürsten zu treten; er lebt in vertrautem Verkehr mit einem Staatsmanne, der sich von der lutherischen zur römischen Kirche bekehrt hat; in Hannover findet er ein lutherisches Land, regiert von einem katholischen Herzoge, der selbst dem Luthertum abtrünnig geworden, sein Nachfolger ist lutherisch und dessen Gemahlin reformiert; in Berlin dagegen ist der Kurfürst reformiert und die Kurfürstin lutherisch. Es geht ein Zug kirchlicher Neutralisierung durch die Zeit, und eine Menge großer und kleiner Motive sind dabei tätig.

Auf dem Gebiete der Politik, wo wir Leibniz in einer sehr mannigfaltigen und hervorragenden Weise werden beschäftigt finden, haben seine Ideen und Pläne dieselbe *harmonistische* Richtung, wie seine Bestrebungen in der Philosophie, Religion und Kirche. Was ihm als höchstes politisches Ziel vorschwebt, ist eine Harmonie der christlichen Völker Europas, ein Völkersystem, worin jede Nation die ihr eigentümliche und durch die Natur der Dinge angewiesene Aufgabe ergreift und zu lösen strebt. Leibniz faßt dieses Ziel nicht in einem unbestimmten Bilde, sondern in den konkreten Zügen, die der geschichtlichen Lage des Zeitalters entsprechen; er erkennt in den gegebenen europäischen Verhältnissen genau die politischen Aufgaben und Probleme, er faßt die Fragen bestimmt und sucht die Mittel der Lösung immer in einer Richtung, welche die europäische Völkerharmonie nicht stört, sondern befördert. Neben der kirchlichen Harmonie der christlichen Völker steht in seinem Geist als ein ebenbürtiges Ziel die politische. Überall ist er bedacht auf die Lösung und Vereinigung der Gegensätze; überall, wo es sich um große praktische Fragen handelt, sucht er diese Lösung den gegebenen Verhältnissen anzupassen und die Form nach dem vorhandenen Material zu bestimmen.

Die geschichts- und entwicklungsfähigen Völker sind ihm die christlichen. Zwischen Christentum und Islam ist eine Harmonie nicht möglich, vielmehr kann die Lösung der orientalischen

Frage, die den Gegensatz der Kultur und Barbarei in sich schließt, nur durch den vollständigen Sieg der christlichen Mächte über die Türkei, durch die Ausbreitung der christlichen Zivilisation im Orient geschehen. Wir werden sehen, wie Leibniz in dieser Rücksicht den Plan einer französischen Expedition nach Ägypten faßt und entwirft, in einem Zeitpunkte, wo die Ausführung dieser Idee den Frieden Europas hätte sichern und mit der orientalischen Frage zugleich die westeuropäische hätte lösen können. Immer ist Leibniz darauf bedacht, die großen politischen Zeitfragen in einen solchen Zusammenhang zu bringen, daß die Lösung der einen auch die der anderen bedingt und herbeiführt. Er verfährt nach einer politischen Grundidee, deren innerste Triebfeder wir kennen, und doch ist dieser systematische Denker in der Behandlung der brennenden Fragen nicht doktrinär, sondern staatsklug und gefügig. Auch diese Akkommodation ist ein Zug im Dienst seiner harmonistischen Welt- und Lebensanschauung.

Es gibt zwei Bedingungen, welche die Eintracht des christlichen Europas gefährden: die immer bedrohliche Haltung einer nichtchristlichen, barbarischen Macht und das „exorbitante" Übergewicht *einer* unter den christlichen Mächten, welche die anderen zu verschlingen droht: in der ersten Rücksicht ist die *Türkei*, in der zweiten ist *Frankreich* unter Ludwig XIV. die gefährliche, dem europäischen Völkerfrieden feindliche Macht. Daher liegen hier die beiden wichtigsten Zeitfragen, denen sich Leibniz als politischer Denker und Schriftsteller gegenüber sieht. Er will die christliche Universalherrschaft, den Untergang oder wenigstens die völlige Ohnmacht der Türkei. Die orientalische Frage fällt ihm zusammen mit der großen Kulturfrage der Welt, er faßt in dieser Rücksicht das Christentum hauptsächlich von seiten des zivilisatorischen Berufs und ist daher lebhaft interessiert für die *Missionen* der katholischen Kirche, namentlich die der Jesuiten in China. Man hat ihn deshalb von seiten des engherzigen Protestantismus für einen Freund der Jesuiten in einem ganz anderen Sinne verschrieen, als in welchem er es war; er sah in den Jesuiten, die er verteidigte, nicht die Jünger Loyolas, die diplomatischen Beichtväter, die geschworenen Feinde des Protestantismus, sondern die mutigen Missionare des Christentums, die Beförderer der Wissenschaft unter den zurückgebliebenen und barbarischen Völkern, die kühnen Reisenden, die zugleich vortreffliche Mathematiker, Astronomen und Sprachforscher waren. Auch den Protestanten empfiehlt Leibniz in derselben Absicht die Missionen, die Stiftung evangelischer Missionsschulen namentlich in Rußland, wo sich unter Peter dem Großen ein neuer, der europäischen Bildung günstiger Schauplatz eröffnet. Aber die größte Gefahr sieht er in einem französischen Universalreich, womit Ludwig XIV. Europa bedroht. Gegen die im Anschwellen begriffene französische Übermacht verteidigt Leibniz als einen schützenden Damm das europäische Gleichgewicht, gestützt auf den westfälischen Frieden. Dieses Gleichgewicht ist die notwendige Bedingung zu einer richtigen und harmonischen Verfassung der europäischen Völkerfamilie; der eigentliche Schwerpunkt desselben liegt in der Mitte Europas, in dem *deutschen* Reich: daher ist die notwendige Bedingung zur Erhaltung des Weltfriedens die äußere und innere Sicherheit des deutschen Reichs, das Gleichgewicht auch im Innern Deutschlands, das harmonische Zusammenwirken der kaiserlichen und fürstlichen Macht.

Hier haben wir in wenigen Zügen das politische System unseres Philosophen: die Idee einer *europäischen Völkerharmonie* nach den Bedingungen des Zeitalters. Schon aus diesen einfachen Grundzügen lassen sich die politischen Stellungen, welche Leibniz einnimmt, voraussehen: er wird zuerst alles aufbieten, den Frieden mit Frankreich zu erhalten, dann, nachdem die französische Gewalt- und Kriegspolitik alle Dämme durchbrochen, wird er als der entschiedenste Gegner Ludwigs XIV. hervortreten und zuletzt alles versuchen, den Krieg gegen Frankreich zu befördern. Er nimmt zuerst im Interesse der deutschen Sicherheit und des europäischen Friedens eine vermittelnde Stellung zwischen dem Kaiser und Ludwig XIV., er ist zuletzt einer der eifrigsten Wortführer der kaiserlich-österreichischen Interessen. Er will den Weltfrieden und stimmt in dieser Richtung überein mit den Ideen des Abbé St. Pierre. In seinem Universalgeiste war stets die Idee des *Ganzen* gegenwärtig als einer alles umfassenden, ordnenden, erhaltenden Weltharmonie. Diese Idee mußte er den Bedingungen der religiösen, kirchlichen und politischen Zeitlage anpassen und darum in notgedrungene und abgeschwächte Formen fassen. Aber selbst für die schwache Form war das Zeitalter nicht stark genug. Die Idee des Ganzen, der großen vaterländischen Gemeinschaft war ihm abhanden gekommen und praktisch völlig unwirksam geworden, die Partikularinteressen hatten die Oberhand gewonnen und mit ihrem eigennützigen Treiben einen Weltzustand herbeigeführt, der schon die Spuren des Verderbens an sich trug; Leibniz erkannte diese Vorzeichen und sah die abschüssige Bahn, auf der das alte Europa dem Untergange entgegenging. Was die Geister zu allen Zeiten prophetisch macht, ist ihre der Masse überlegene und tiefe Einsicht in die Grundübel des vorhandenen Weltzustandes. Unser Philosoph hatte die große Voraussicht, daß Europas Zukunft von einer allgemeinen Revolution bedroht sei, wenn nicht von innen heraus eine Umwandlung der politischen Denkweise, eine gemeinnützige Erhebung der Interessen bewirkt werden könne, die das wuchernde Umsichgreifen der schlechten Sonderbestrebungen, das ganze System des politischen Egoismus noch bei Zeiten hindere. „Ich finde“, sagt er in einer Stelle seiner bedeutendsten Schrift, „daß Meinungen, die an eine gewisse Zügellosigkeit grenzen, alles für die allgemeine Revolution, von welcher Europa bedroht ist, vorbereiten und daß sie vollends zerstören, was in der Welt von jenen großherzigen Gefühlen der alten Griechen und Römer noch übrig geblieben ist, welche die Liebe zum Vaterlande und die Sorge für die Nachwelt dem Besitz und selbst dem Leben vorzogen. Jene ‚public spirits‘, wie sie die Engländer nennen, nehmen außerordentlich ab, sie sind nicht mehr Mode und werden immer mehr aufhören, wenn sie nicht länger durch die wahre Moral und Religion, welche die natürliche Vernunft selbst uns lehrt, unterstützt werden. Man spottet über die Liebe zum Vaterlande und macht diejenigen lächerlich, welche für das Allgemeine Sorge tragen. Wenn irgend ein wohlgesinnter Mensch davon spricht, was die Nachwelt sagen werde, so antwortet man: alors comme alors! Wenn sich diese epidemische Geisteskrankheit noch heilen läßt, so wird man den Übeln vielleicht vorbeugen können; doch wenn sie immer zunimmt, so wird die Vorsehung die Menschen durch die Revolution selbst, welche daraus entstehen muß, bessern, denn wie auch die Dinge kommen mögen, so werden sie im Ganzen sich stets zum Besten wenden.“

2. Der Wissenschaftliche Universalismus. Die Universalschrift

Von den Systemen der Philosophie verbreitet sich dieser universelle, stets vermittelnde und aufklärende Geist über die Zustände der Religionen, Staaten, Völker und Weltteile. Der Horizont seiner Ideen umfaßt ein weites Reich der Geschichte und verknüpft die ferne Vergangenheit mit der fernen Zukunft. Er versöhnt den Aristoteles mit Descartes, er begründet eine Epoche, die der kritischen Philosophie zustrebt, er hegt schon das Vorgefühl einer europäischen Revolution. Er ist in Wahrheit, wie nach seinem Ausspruche seine Monaden: „chargé du passé et gros de l'avenir“.

Aber am lebendigsten ist seine Tätigkeit, am glücklichsten sind seine Erfolge in dem ihm vertrauten und einheimischen Elemente der Wissenschaft selbst. Leibniz ist im vollen Sinne des Worts ein Universalgenie der Wissenschaft. Eine solche Fülle und Genialität des Wissens war seit Aristoteles nicht mehr in einem einzigen Kopfe vereinigt. Seine Berufswissenschaft ist die Jurisprudenz, die er mit methodischem Geiste fortzubilden sucht; seine Herrschaft hat er in der Philosophie, deren Vergangenheit er kennt und bemeistert, deren neue Richtung er für ein Jahrhundert entscheidet. Physik, Mechanik, Mathematik treibt er mit dem glücklichsten und erfolgreichsten Eifer, sein Geist erscheint diesen Wissenschaften wie angepaßt, er ist in ihnen nicht bloß einheimisch, sondern erfinderisch tätig. Die Physik empfängt von ihm neue Grundlagen, in der Mechanik streitet er mit Descartes über das Kräftemaß, in der Mathematik kämpft er mit Newton um die Erfindung der Differentialmethode, und selbst wenn seine Unabhängigkeit in diesem Punkte nicht so gesichert wäre, wie sie es in der Tat ist, so steht doch so viel bei allen, auch den Gegnern, fest: daß Leibniz, der erste Philosoph und Metaphysiker seiner Zeit, zugleich nach Newton deren erster Mathematiker war. Genug, daß er mit einem Newton um die Priorität einer der größten mathematischen Erfindungen streiten durfte, daß es überhaupt fraglich sein konnte, wer von diesen beiden der Überlegene war: Newton oder Leibniz!

Jurist, Philosoph, Physiker, Mathematiker ersten Ranges, ist Leibniz zugleich Diplomat, Publizist, Geschichtsschreiber, Bibliothekar. In Hannover beschäftigen ihn gleichzeitig Bergbau, Geologie, Nationalökonomie, Münzwesen und Staatsschriften im Interesse seines Fürsten. In allen Stücken ist er selbsttätig, durchdringend, erfinderisch. Er ist buchstäblich überall und, was ihn am meisten auszeichnet, er ist überall derselbe philosophische, auch in der Zerstreuung gesammelte und seiner selbst mächtige Kopf. Was er angreift, befruchtet er mit neuen Ideen; selbst das Kleinste weiß er durch die Art seiner Betrachtung bedeutend und interessant zu machen, er behandelt die verschiedenartigsten Gegenstände, ohne sich zu verlieren; er zersplittert seine Tätigkeit, aber jeder Splitter trägt die Form seines Geistes.

Auch seine organisatorischen Pläne sind auf dem Gebiete der Wissenschaft erfolgreicher als auf dem der Politik und Kirche. Organisieren heißt ordnen, vereinigen, die einzelnen Teile mit der Idee ihres Ganzen durchdringen und in Mittel für den Gesamtzweck verwandeln. Die Wissenschaften organisieren heißt ihre Schätze sammeln, ihre literarischen Ergebnisse zu allseitiger Verwertung so vollständig als möglich anlegen und ordnen, ihre Kräfte vereinigen, damit im lebendigen Wechselverkehre die verschiedenen Wissenschaften sich gegenseitig austauschen, ergänzen, befruchten und eben dadurch ihre Fortschritte und ihre Fortpflanzung beschleunigen. Die umfassenden Sammlungen der Bücher und Schriften und die zur Beförderung der Wissenschaften organisierte Vereinigung der ersten Gelehrten jedes Fachs, Bibliotheken und Akademien, sind die notwendigen Mittel, um die Wissenschaften in ein Ganzes zu fassen und gleichsam ein wissenschaftliches Universum zu gründen. Diesen Einrichtungen widmet Leibniz seinen nachhaltigsten Eifer und seine ganze Betriebsamkeit. Bibliothekar in Hannover und Wolfenbüttel, wird er der Gründer und Präsident der ersten deutschen Akademie in Berlin. Seine letzten Lebensjahre sind mit der Leitung dieser Akademie und mit den Entwürfen für andere beschäftigt. In allen Wissenschaften einheimisch, mit allen bedeutenden Gelehrten in persönlicher Verbindung, ist Leibniz ganz der Mann, um Akademien zu gründen und zu regieren. Friedrich der Große sagte von ihm: „er stellte für sich allein eine Akademie vor". Er gibt den Antrieb und Plan für die Gründung der Akademien von Dresden, Wien und Petersburg. In Rom faßt er die verwegene Idee, durch Einführung der naturwissenschaftlichen Studien die italienischen Klöster in akademische Filialen zu verwandeln. Es sind nicht bloß Gelehrtenversammlungen, die über wissenschaftliche Dinge verhandeln, sondern in Wahrheit Gelehrtenrepubliken, wissenschaftliche Staaten, die Leibniz im größten Maßstabe beabsichtigt. Am meisten bedenkt er die geschichts- und naturwissenschaftlichen Fächer, die den praktischen Nutzen für sich haben. In seinem Entwurfe für Wien verbindet er mit der Akademie zugleich Theater aus dem Reiche der Natur und Kunst, dazu ein System von Anstalten, die als Mittel oder Gegenstand der wissenschaftlichen Beobachtung dienen: Bibliotheken mit besonderer Rücksicht auf die neue wertvolle Literatur, Kabinette für Münzen, Modelle, Antiken und Maschinen, Sternwarte und Laboratorium, mineralogische und botanische Sammlungen, mit einem Worte den ganzen Haushalt einer umfassenden und wohleingerichteten Gelehrtenrepublik. Hier sollen die Ergebnisse aller gegenwärtigen Forschungen geprüft, festgestellt und enzyklopädisch mitgeteilt werden. Diese *enzyklopädische* Umfassung bildet eine Hauptaufgabe der Akademie. Auf diesem Wege soll die Wissenschaft aus den Einzeluntersuchungen der Gelehrten allmählich in den Zustand öffentlicher Bildung und die Wahrheit in Gemeingut verwandelt werden.

Aber zu einem Universum der Wissenschaften gehört vor allem auch ein Universalmittel des wissenschaftlichen Verkehrs, der allgemeinsten, ungehemmten Mitteilung und Verbreitung der Gedanken. Der Welthandel fordert ein allgemein gültiges Maß der Werte, eine Art Weltgeld. Die Werte, mit denen die Wissenschaft handelt, sind ihre Gedanken und Begriffe, das Mittel ihres Verkehrs ist die Schrift, die mitteilbaren und verständlichen Zeichen ihrer Gedanken, diese sind im wissenschaftlichen Verkehre, wie das Geld im Handel. Gäbe es bloß solche Zahlungsmittel, deren Wert und Brauchbarkeit jenseits der jedesmaligen Landesgrenze aufhörte, so wäre der Welthandel unmöglich oder wenigstens außerordentlich schwerfällig. Einer ähnlichen Hemmung begegnet der wissenschaftliche Großhandel, den Leibniz befördern und von seinen natürlichen Schranken befreien möchte. Das wissenschaftliche Verkehrsmittel ist die Schrift. Was sie in Umlauf setzt, sind die Worte als Zeichen der Gedanken, die sprachlichen Ausdrücke, die nur so weit reichen und gelten, als das Verständnis der Sprachen, deren Tragweite eingeschränkt wird durch die Grenzen der Völker. Bei den natürlichen Schranken, denen sie unterliegen, bei der Schwierigkeit, erlernt zu werden, bei der Vieldeutigkeit und Dunkelheit der Worte sind die Sprachen weder ein allgemein gültiges noch auch ein sicheres Mittel zur Verbreitung und Verwertung der wissenschaftlichen Begriffe. Die Wortschrift ist darum jenes Universalmittel nicht, welches der ungehemmte Universalverkehr der Wissenschaften bedarf. Gibt es ein solches Mittel? Die Frage ist, ob sich statt der indirekten Wortschrift eine *direkte Gedankenschrift* erfinden läßt, die den Umweg durch die Sprache vermeidet und also einen wissenschaftlichen Verkehr möglich macht, der alle Schwierigkeiten und Hemmungen des sprachlichen Verständnisses umgeht, und dessen Mitteilungen jedem Denkenden ohne weiteres einleuchten? Eine solche Schrift, welche unmittelbar die Begriffe der Dinge ausdrückt, wäre eine Art Gedankenhieroglyphik, eine wirkliche „signatura rerum", welche die Alten in den symbolischen Zahlen der Pythagoräer gesucht und von der später die Kabbalisten viel geträumt haben. Man fabelt von einer Sprache, die nicht unsere Vorstellungen der Dinge, sondern die Natur der Dinge selbst ausdrücke. Eine solche „Natursprache", wie Jakob Böhme sie nennt, war nach der Sage die der ersten Menschen, die „lingua adamica", die in unmittelbarer Überlieferung von Gott selbst herrühren sollte.

Hier handelt es sich nicht um die Erfindung einer solchen wunderbaren Sprache, sondern um eine *Schrift*, die statt des Wortes oder des Zeichens der Gedanken die Gedanken selbst bezeichnet. Wenn eine solche Schrift erfunden werden könnte, so würden, wie es scheint, für den wissenschaftlichen Ideenverkehr die Sprachgrenzen der Völker keine Hindernisse mehr sein, dann wäre der Ausdruck der menschlichen Wissenschaften eben so universell wie diese selbst, und die Weltweisheit ließe sich in einer *Weltschrift* oder Pasigraphie ausmachen und fortbilden. Die Mathematik besitzt schon in ihren arithmetischen und algebraischen Zeichen eine solche Gedankenschrift. Warum sollte nicht die gesamte menschliche Wissenschaft sich eben so unabhängig von den besonderen Volkssprachen mitteilen lassen, wie die Mathematik? Die Aufgabe einer Weltschrift ist gelöst, sobald die Wissenschaften alle das Beispiel der Mathematik nachahmen und Charaktere gefunden werden können, die alle Begriffe so genau bezeichnen, wie die arithmetischen und algebraischen Zeichen die Größen und deren Verhältnisse. Dann werden sich die wissenschaftlichen Wahrheiten insgesamt ebenso verständlich ausdrücken, ebenso genau beaufsichtigen und gleichsam nachrechnen lassen, wie die mathematischen. Man müßte die einfachsten, elementaren Begriffe, gleichsam „*das*

Gedankenalphabet" auffinden und für dieses Alphabet allgemein gültige Charaktere bestimmen, die dann, wie sie zusammengesetzt werden, zusammengesetzte Begriffe, Urteile, Schlüsse darstellen und auf diese Art den Gang des wissenschaftlichen Verfahrens bezeichnen können. Die Erfindung einer solchen allgemeinen Charakteristik gehört zu den frühesten Entwürfen, die Leibniz gefaßt hat, und beschäftigt ihn als ein Lieblingsplan durch sein ganzes Leben. Hier interessiert uns die Idee, eine Weltschrift zu erfinden, um die Wortschrift aus dem wissenschaftlichen Großhandel zu verdrängen, als einer der deutlichsten Beweise, wie weit dieser universelle Geist seine Entwürfe ausdehnte. Es war ein Versuch, der immer von neuem seine Erfindungskraft reizte.

3. Die erfinderische Selbstbelehrung

Zu dieser universalistischen Geistesrichtung und Arbeit mußten die intellektuellen Anlagen und Gesinnungen des Mannes so beschaffen sein, daß er in die verschiedensten Dinge sich schnell und leicht hineinleben konnte und das Bedürfnis nach einer solchen inneren Ausbreitung empfand. Einen unersättlichen Wissensdurst, der ihn für alles interessiert, verbindet Leibniz mit einem durchdringenden Verstande, der alles untersucht. Was er von außen empfängt, wird zugleich von ihm selbst durchdacht und in sein selbsterworbenes Eigentum verwandelt. Er lernt von anderen, indem er sich selbst belehrt. Alles Lernen wird in ihm *Selbstbelehrung*: er ist ein gelehrter Polyhistor und zugleich ein vollkommener Autodidakt. Die Bildungsstoffe, die er mit Bienenfleiß einsammelt, werden in seinem Geist fruchtbare Keime neuer Ideen, die er mit der erfinderischen Kraft des Selbstdenkers entwickelt. Untersuchen und erfinden ist sein Bedürfnis und Talent. Dieses Bedürfnis zu befriedigen, ist ihm ebenso leicht als notwendig. Ihm macht die Natur unmöglich, was den meisten von Natur am bequemsten und leichtesten wird: zu lernen ohne zu untersuchen. Er sagt von sich selbst: „wenige sind meiner Art, alles Leichte wird mir schwer, alles Schwere dagegen leicht".

4. Toleranz. Abneigung wider Polemik und Sektengeist

Auf seine Selbstbildung vor allem bedacht, versteht es Leibniz, überall zu gewinnen, und wie es in seinen Augen nichts völlig Verkehrtes und Falsches gibt, so findet er bei allen etwas, woraus er Nutzen ziehen kann, ohne sich um ihre Fehler zu kümmern. Er ist zu lernbegierig, zu sehr mit den eigenen Ideen beschäftigt, zu erfinderisch in die Sache vertieft, um kritisch gegen andere zu sein. Seine Geistesfülle macht ihn gleichgültig gegen fremde Mängel; der eigene Vorteil, den er überall sucht, läßt ihn die Nachteile anderer übersehen, und wenn er sie bemerkt, so urteilt er schonend, wie der überlegene Geist über den befangenen, wie der Große über das Kleine, das selbst bei seinen Schwächen und Mängeln nicht ganz unfruchtbar und nutzlos sein darf. Diese Milde des Urteils, die leicht einem Mangel an kritischem Scharfblick gleichkommt, bildet in seinem Charakter einen hervorstechenden Zug, der ihn von Lessing unterscheidet und mit Goethe vergleichen läßt, bei dem eine ähnliche Urteilsweise aus einer ähnlichen Gemütsverfassung hervorging. Die großen Genies sind selten strenge Zensoren. Sie sind zuviel mit sich selbst beschäftigt, um auf die Werke anderer nachdrücklich einzugehen, und neben der universalistischen Denkweise, die nichts ganz ausschließen möchte, ist es zugleich ein großartiger Egoismus, der diese Genies gegen andere mild macht und ihren Tadel besänftigt. Sie haben es, wie die Könige, leicht, liebenswürdig zu sein. Leibniz sagt in einem seiner Selbstbekenntnisse: „Ich verachte fast nichts, und niemand ist weniger kritisch als ich. Es klingt wunderbar: ich billige fast alles, was ich lese, denn ich weiß wohl, wie verschieden die Dinge gefaßt werden können, und so begegnet mir, während ich lese, vieles, was den Schriftsteller in Schutz nimmt oder verteidigt. Daher geschieht es selten, daß mir bei der Lektüre etwas mißfällt, obwohl mir das eine mehr, das andere weniger zusagt. Mein Gemüt ist von Natur so gestimmt, daß ich in den Schriften anderer lieber den eigenen Nutzen als die fremden Mängel verfolge. Es ist meine Sache nicht, Streitschriften zu suchen und zu lesen."

Mild gegen fremde Fehler, ist er duldsam gegen fremde Meinungen. Diese Toleranz ist bei ihm nicht eine überlegte Pflicht, was sie in der Schule der Aufklärung wurde, auch nicht, was sie bei vielen war, eine Gleichgültigkeit, die dem Kampfe der Meinungen gern aus dem Wege geht, sondern ein wirkliches Talent, eine natürliche Eigenschaft, die ihn im Streite mit fremden Ideen niemals verläßt. Nur der verstockte, ausschließende, beschränkte Parteigeist ist ihm zuwider. Es gibt nichts, was dem Universalgeist, dem vermittelnden Denker, dem toleranten Charakter mehr widerstrebt, als die Sekte, die sich gegen jede Entwicklung sträubt, welche über die gewöhnliche Grenze hinausgeht. Sekten können sein und geduldet werden, aber sie sollen nicht herrschen. Wo Sekten herrschen, stockt das geistige Leben. Darum erscheint die Macht des Sektengeistes dem Philosophen mit Recht als der schlimmste Feind des Fortschritts und der Bildung, der ihm am widrigsten da auffällt, wo er am wenigsten sein sollte, in der Wissenschaft und in der Religion. In den zünftigen Philosophenschulen seiner Zeit, namentlich in den zur Sekte erstarrten Kartesianern, die den Geist der freien Forschung unter die Worte des Meisters gefangen nahmen, trat unserem Leibniz die Hemmung der Wissenschaft eben so fühlbar entgegen, wie in den herrschenden Religionsparteien die Hemmung des wahren und vernunftgemäßen Christentums. Es ist das Geringste, daß unter dem Sektenzwange die Geister beschränkt werden und die wissenschaftliche Liebe zur Wahrheit einbüßen; die Erfahrung lehrt, daß leicht auch die moralischen Gesinnungen unter dieser Herrschaft verderben und in der Sektenpolitik aus der Verleumdung und Unredlichkeit eine Tugend gemacht wird. Dies gilt von den öffentlichen Parteien jeglicher Richtung so gut als von der letzten literarischen Kameradschaft. Die Abneigung gegen diesen starren, unfruchtbaren, unsittlichen Geist, welchen der Sektenzwang unvermeidlich mit sich führt, liegt in dem Selbstgefühl echter Aufklärung begründet und äußert sich in Leibniz ebenso lebhaft wie in Lessing. Sie bildet gleichsam eine Familienähnlichkeit in diesen beiden größten Charakteren unserer Aufklärung. Und wenn in dem Leben beider ein tragisches Motiv gesucht werden darf, so ist es eben der *Gegensatz ihres Universalgeistes gegen die Herrschaft der Sekten*, wo sie sich immer geltend macht; so ist es dieser Konflikt, den Leibniz mit aller Milde und klugen Vorsicht nicht vermeiden konnte, den Lessing mutiger durchgekämpft hat, und den beide bitter genug empfinden mußten. Am Ende ihres den größten Aufgaben gewidmeten Lebens standen sie einsam und fast verlassen, weil sie dem Sektengeiste verdächtig waren. Bei den Protestanten galt Leibniz bald für einen Konvertiten des Katholizismus, bald für einen Freund der Jesuiten; und die Jesuiten, weil ihnen die oft versuchte Bekehrung nicht gelang, nannten ihn einen „Indifferentisten"; zuletzt kamen beide überein, daß Leibniz ein Ungläubiger sei. Man erzählt, daß auf einer lutherischen Kanzel der Name Leibniz in das plattdeutsche „Lövenix" verwandelt wurde, welches so viel als „Glaubt nichts" sagen will. Noch im Tode verfolgte ihn der erboste Sektengeist. Er hatte während seines Lebens zu wenig Beweise kirchlicher Frömmigkeit gegeben, darum versagte man dem Toten die gewöhnlichen Zeichen der Teilnahme und die letzten religiösen Gebräuche. Er wurde ohne Ehrenbezeugungen begraben, kein Geistlicher folgte dem Sarge.

5. Die heitere Lebensanschauung und der persönliche Nutzen

Indessen jenes tragische Moment wiegt in dem Leben unseres Leibniz nicht schwer; es trat zu spät ein, um den durch eine glückliche und reiche Welterfahrung gereiften Charakter zu verstimmen oder gar zu verbittern. Die Harmonie der Weltordnung, dieser innerste Gedanke seines Systems und seines Lebens, war ihm stets gegenwärtig; er wußte, daß die peinlichen Widersprüche, die uns im Augenblick beunruhigen, nur vorübergehende Mißtöne sind, welche den großen Einklang der Dinge nicht stören. Er liebte überhaupt die tragischen Konflikte nicht. Seine Weltanschauung war dem Geiste des Humors verwandt, denn sie war glücklich, und eine glückliche Ruhe bildete den Grundton seiner Gemütsstimmung. Er erkannte in dem Zusammenhange der Dinge eine ewige Notwendigkeit, und seine Empfindungsweise stimmte mit dieser Vorstellung überein: dies ist ein Charakterzug des echten Weisen, den er mit Spinoza gemein hat, aber das Weltgesetz offenbarte sich seinem Geiste nicht in der ewigen Vernichtung, sondern in der ewigen Erhaltung der Dinge; die Weltordnung bestand nach seinem eigenen schönen Ausdruck in einer „glücklichen, heiteren Notwendigkeit", weil sie den Einzelwesen das freie Spiel ihrer Kräfte und das frohe Selbstgefühl ihres Daseins gönnt und einräumt. Ihm erschien die Notwendigkeit „mit Grazie umzogen", sie glich einer günstig gesinnten Gottheit, während sie bei Spinoza das Ansehen des gefühllosen und blinden Schicksals hatte, welches alle Dinge gleichmäßig niedermäht; er war, wie er es bei der Wahl der eigenen Grabschrift aussprach, von der Überzeugung erfüllt, daß nichts in der Natur der Dinge verloren gehe. Dieser Anblick einer glücklichen Weltordnung, welche dem Menschen Genüge leistet, mußte die Seele des Philosophen zugleich erheben und erheitern. Er durfte den Ernst der Weisheit mit einem zufriedenen Selbstgefühle und einem heiteren Weltgenusse vereinigen. Und Leibniz verstand diese große Kunst des Lebens. Alles menschliche Wissen richtete er vereinigt auf die Erkenntnis der ewigen Wahrheit. Ohne diese ernste Beziehung galt ihm der Wissensreichtum für ein vergängliches Gut von sehr beschränktem Werte. Alle Welterfahrung, Weltkenntnis und Büchergelehrsamkeit, wenn sie nicht durchdrungen ist vom Geiste der Philosophie, verglich Leibniz vortrefflich mit einer Beschreibung der Stadt London, die nur solange nützt, als man sich darin aufhält. Das menschliche Leben zu veredeln, galt ihm als der höchste Zweck der Wissenschaft und der Kunst. Er begriff die ernste Bedeutung des Theaters und der Komödie. Als in Paris am Ende des siebzehnten Jahrhunderts ein heftiger Kampf von seiten der Theologen gegen die Bühne geführt wurde, weil ein Theatiner die Schauspieler zu den Sakramenten zulassen wollte, verteidigte Leibniz die Künstler in einem beißenden Epigramm, welches den „docteurs anticomédiens" gewidmet war. „Wißt ihr wohl", ruft er den Zeloten zu, „daß in unserem Jahrhundert ein Molière so gut als ihr die Menschen erbauen darf? Das Laster fühlt den scharfen Spott des Dichters und geht in sich. Um Frankreich zu reformieren, braucht man entweder die Komödie oder die Dragonaden!"

Aber das Große in der Welt ist nie ohne das Kleine, am wenigsten in der menschlichen Individualität, und gerade in der charaktervollen Eigentümlichkeit sind die hervorragenden Tugenden stets von den verwandten Schwächen begleitet. Wir wollen diese Schattenseiten in dem Charakterbilde unseres Philosophen nicht übersehen. Jener großartige Eigennutz, der unseren Leibniz in seinem freien und erfinderischen Bildungsgange leitet, der überall auf den eigenen Gewinn bedacht ist und die fremden Mängel darüber fast vergißt, verkleinert sich im praktischen Leben hie und da zu einem persönlichen Interesse, welches bisweilen einem kleinen Eigennutze gleichkommt. Er liebt die Gunst der Großen und empfindet es schmerzlich, wenn er sie einbüßt. Dies erklärt sich aus der Gewohnheit seines Lebens, welches frühzeitig diese Gunst gewann und fast immer von den Launen derselben abhängig blieb. Sein Ehrgeiz bewarb sich um Stellen, die seiner Person mehr äußern Glanz gewährten, als sie seinem Geiste angemessen waren. Man sagte ihm nach, daß er den Schmeicheleien zugänglich gewesen sei und den persönlichen Widerspruch schwer vertragen konnte. So unregelmäßig sind die großen Charaktere und doch so folgerichtig. Mit einer Milde und Toleranz in wichtigen Dingen, die an Hoheit grenzt, verbindet sich in Leibniz ein gewisser reizbarer Eigensinn und eine leicht zu berührende Empfindlichkeit. Es ist dasselbe ausgeprägte Selbstgefühl, das sich dort in seiner Überlegenheit und Kraft, hier in seiner natürlichen Schwäche offenbart. Aus derselben Quelle fließt die schonende Nachsicht mit den Fehlern anderer und das lebhafte, reizbare Gefühl für die kleinen Verletzungen. Er suchte die materiellen Vorteile, die fürstlichen Pensionen vielleicht mehr, als er nötig hatte, doch muß man hinzufügen, daß er aus diesen Quellen allein seinen Lebensunterhalt schöpfte. Denn er hatte wenig und gewann mit seinen wissenschaftlichen Arbeiten nichts.

6. *Die vielverzweigte Tätigkeit und heroische Arbeitskraft*

Diese Arbeiten, insbesondere sein philosophisches Lehrgebäude, mußten natürlich unter der Vielgeschäftigkeit seines Lebens leiden. Wußte er mit seinem Universalgenie alles in rastloser und mannigfaltigster Tätigkeit zu vereinigen, so konnte er dabei nur wenig vollenden. Dies ist die Schattenseite namentlich seiner philosophischen Arbeiten. Zwei Menschenalter sind nicht imstande gewesen, den umfassenden und reichen Inhalt in die durchgeführte Form des Systems zu bringen. Die Darstellung desselben bleibt Fragment, Skizze, Entwurf, und diese Entwürfe zerstreuen sich bald in Aufsätzen, bald in Briefen. Nur wenige Teile sind gründlicher ausgeführt, und auch diese Ausführung gibt die Gelegenheit mehr, als die Absicht. Jetzt will er eine entgegenstehende Meinung widerlegen, jetzt einen anderen belehren oder eingeworfene Zweifel beseitigen. Oft geben Gespräche den Antrieb für eine philosophische Schrift, und die Gesprächsform selbst in der leichtesten, ungezwungensten Form überträgt sich bisweilen auf die schriftliche Verfassung seiner philosophischen Gedanken. Es ist erstaunlich, mit welcher Leichtigkeit, mit welchem geringen Aufwande von Kraft und Mühe Leibniz seine tiefsinnigsten Ideen entwirft; oft scheint es, als ob er sie erzähle wie ein Erlebnis. Fast alle seine philosophischen Werke sind Gelegenheitsschriften. Bei Gelegenheit von Lockes *Versuch über den menschlichen Verstand* macht Leibniz seine Gegenbemerkungen, und daraus entstehen die *neuen Versuche über den Menschlichen Verstand*, das Hauptwerk seiner Philosophie. Die Königin von Preußen unterredet sich mit ihm über Bayles Einwürfe wider die Übereinstimmung zwischen Glauben und Vernunft: daraus entsteht seine *Theodizee*. Der Prinz Eugen von Savoyen wünscht von Leibniz die Grundsätze kennen zu lernen, auf denen die *Theodizee* beruht: dies veranlaßt ihn zur Aufzeichnung seiner *Prinzipien der Natur und der Gnade, auf Vernunft gegründet*. Neben diesen Entwürfen, welche bestimmt sind, das philosophische Vermögen eines Jahrhunderts zu werden, beschäftigen ihn tausend andere Dinge. Er selbst schreibt gelegentlich einem Freunde: „Es geht ins Fabelhafte, wie zerstreut nach allen Seiten meine Arbeiten sind! Ich durchwühle Archive, untersuche alte Handschriften, sammle ungedruckte Manuskripte. Ich möchte daraus Licht für die Geschichte Braunschweigs schöpfen. Dabei empfange und schreibe ich eine Unzahl von Briefen. Ich habe so viel Neues in der Mathematik, so viele Gedanken in der Philosophie, so viele andere literarische Beobachtungen, die ich nicht gern umkommen ließe, daß ich bei der Masse der Aufgaben oft nicht weiß, wo ich anfangen soll, und mit Ovid ausrufen möchte: ‚inopem me copia facit'! Ich möchte gern eine Beschreibung meiner Rechenmaschine geben, aber die Zeit fehlt mir dazu. Vor allem möchte ich meine Dynamik vollenden, in welcher ich endlich die wahren Gesetze der materiellen Natur gefunden zu haben glaube, kraft deren ich hinsichtlich der Körper Aufgaben lösen kann, wofür die bisher bekannten Regeln nicht ausreichen. Meine Freunde treiben mich, meine Wissenschaft des Unendlichen herauszugeben, welche die Grundlagen meiner neuen Analysis enthält. Dazu kommt eine neue Charakteristik, an welcher ich arbeite, und noch viele allgemeinere Dinge über die Erfindungskunst. Aber diese Arbeiten alle, die historischen ausgenommen, geschehen wie verstohlen. Denn an den Höfen sucht und erwartet man ganz andere Dinge, daher habe ich auch von Zeit zu Zeit Fragen aus dem Völkerrechte und aus dem Rechte der Reichsfürsten, besonders meines Herrn, zu behandeln. So viel habe ich jedoch erlangt, daß ich mich nach Ermessen der Privatprozesse enthalten kann. Ich werde dafür sorgen, daß Sie meine auf Befehl geschriebenen Versuche über das Reichsbanner erhalten. Inzwischen habe ich auch oft mit den Bischöfen von Neustadt und Meaux, mit Pellisson und anderen über Religionsstreitigkeiten verhandeln müssen." Gleichzeitig beschäftigen ihn noch der Plan der *Theodizee* und die Reform des römischen Gesetzbuches.

So ist es unmöglich, daß Leibniz sein System ohne Unterbrechung in einer vollendeten, durchgearbeiteten Form ausführt. Die meisten Schriften sind gleichsam jede wieder ein neuer Versuch des ganzen Systems, dargestellt unter einem besonderen Gesichtspunkt. Wie nach dieser Philosophie jedes Ding in der Natur das Weltall repräsentiert, so spiegelt jede Schrift in ihrer Weise das ganze System. Die Leibnizische Philosophie ist nicht, wie der Spinozismus, ein einziger großer Krystall, sondern sie besteht in vielen, verschieden geschliffenen Spiegeln, deren jeder dasselbe Bild bald in größerem, bald in kleinerem Maße zurückstrahlt. Aber selbst in dieser fragmentarischen Form hätte Leibniz unmöglich so Unermeßliches leisten können, wäre nicht sein Genie unterstützt worden von einem unbeugsamen Fleiße und einer Seelenstärke, welche die Probe des Heroismus bestanden hat. Die Bedürfnisse der Natur, Krankheit und die peinlichsten Schmerzen konnten den in angestrengter und rastloser Arbeit begriffenen Geist nicht besiegen. Er vergrößerte geflissentlich das körperliche Leiden, indem er seine Schmerzen durch gewaltsame Mittel unterdrückte, um sie im Augenblick, wo er arbeitete, erträglicher zu machen. Sein Sekretär Eckhart, welcher die ersten Lebensnachrichten von Leibniz aufgezeichnet hat, erzählt: „Er studierte in einem hin und kam oft tagelang nicht vom Stuhle. Ich glaube, daß sich davon am rechten Beine eine Fluxion oder offener Schaden bildete. Dies machte ihm beim Gehen Beschwerde, er suchte es also zuzuheilen, aber sobald es geschehen, bekam er heftiges Podagra. Dieses suchte er durch stilles Liegen zu besänftigen, und damit er im Bette studieren könnte, zog er die Beine krumm an sich. Die Schmerzen aber zu verhindern und die Nerven unfühlbar zu machen, ließ er hölzerne Schraubstöcke machen und dieselben überall, wo er Schmerzen fühlte, anschrauben. Ich glaube, er habe hierdurch seine Nerven verletzt, so daß er die Füße zuletzt gar wenig brauchen konnte, da er denn auch fast stets zu Bette lag."

III. Die deutsche Aufklärung. Leibniz und Lessing

Wir haben die innerste Triebfeder kennen gelernt, welche die geistige Persönlichkeit unseres Leibniz bewegt. Universalität in dem fruchtbaren Sinn der Vermittlung und Übereinstimmung, die das Entgegengesetzte versöhnt, das Verschiedene vereinigt, überall die Harmonie der Dinge erkennt und bezweckt, bildet das durchgängige Hauptziel in seinem Leben und Denken. In diesem

Geiste sucht er eine universelle Philosophie, ein der Vernunft gemäßes Christentum, eine diesem Christentum entsprechende Kirche, befördert die allgemeine Zivilisation, organisiert das Reich der Wissenschaften, verwaltet Bibliotheken, gründet Akademien und trägt sich mit der Erfindung einer Weltschrift. Und der Grundgedanke aller seiner Bestrebungen ist die Aufklärung selbst, die nichts übersieht, die sich für alles interessiert, alles zu erklären und deutlich zu machen strebt. Die erste Bedingung der Aufklärung ist, daß sie *erklärt*. Erst wenn die Philosophie Erklärung der Dinge in wirklich umfassendem, nichts ausschließendem Geist wird, darf sie im echten Sinne des Wortes Aufklärung genannt werden. Eben dieser umfassende, universelle Geist fehlt den Welterklärungen der neueren Philosophie vor Leibniz; diese steht in Spinoza den geschichtlichen Zeitaltern ausschließend gegenüber, denn sie verneint die Begriffe des Altertums und der Scholastik; sie steht ebenso der moralischen Welt ausschließend gegenüber, denn sie verneint die Zweckbegriffe, wodurch allein die zwecktätigen und moralischen Kräfte können erklärt werden. Eben deshalb, weil diese Philosophie so vieles in der Geschichte und Natur dunkel lassen muß, ist sie in sich selbst noch nicht aufgeklärt und darum unfähig, eine Weltaufklärung zu erzeugen. Diese begründet erst Leibniz, der die neuere Philosophie universell macht, indem er die früheren Systeme mit den neuen, die Naturbegriffe mit den Moralbegriffen versöhnt und das Licht der Vernunft so geschickt verfeinert und ausbreitet, daß es die natürliche und moralische Welt aufklärend durchdringt und alles für alle beleuchtet. Ihm gehorcht das ganze Zeitalter der deutschen Aufklärung, die sich von der gleichzeitigen englisch-französischen gerade darin unterscheidet, daß sie zwar weniger kühn im Verneinen, aber umfassender, weiterblickend, gründlicher im Erklären der Dinge ist, ohne deshalb weniger vorurteilsfrei zu sein. Vielmehr ist das Vorurteil auf Seite derer, welche nicht müde werden, der deutschen Aufklärung die moralischen Tendenzen vorzuwerfen, und den mehr naturalistischen Geist der Engländer und Franzosen für den aufgeklärteren und freieren halten. Wenn sich die Natur- und Moralbegriffe nicht in der deutschen Aufklärung vereinigt hätten, so dürfte man sicher behaupten, daß es niemals die deutsche Aufklärung hätte sein können, woraus der Gründer der kritischen Philosophie hervorging. Denn zwischen dem reinen Naturalismus eines Spinoza und dem reinen Moralismus eines Kant bildet die *natürliche Moral* den sachgemäßen Übergang: sie ist das fruchtbare Bindeglied, welches den Gegensatz der dogmatischen und kritischen Philosophie vermittelt. Um die Größe und das Genie dieser Übergangsperiode zu ermessen, muß man nicht immer Wolff, die Wolffianer und Nicolai, sondern einen Leibniz und einen

Lessing zum Maßstabe nehmen, denn *Leibniz* ist der echte Vater der deutschen Aufklärung gewesen, deren größter Schriftsteller *Lessing* war.

Es waren wenige, die in den fruchtbaren Geist der Leibnizischen Philosophie eindrangen und das System so begriffen, daß sie es selbsttätig nachdenken, ergänzen, weiterbilden konnten. Unter diesen wenigen ist *Lessing* der wichtigste. Er war dem Systeme verwandt, ohne schülerhaft davon abhängig zu sein, und wenn es ihm gefallen hätte, dasselbe darzustellen, was er wie keiner bis auf den heutigen Tag vermochte, so würde Lessing der Welt den wahren Leibniz enthüllt haben, und die verworrenen Vorstellungen, die von der Monadenlehre und ihrem Urheber gang und gäbe sind, hätten von diesem Augenblick an aufgehört. Niemand hat die feinen Begriffe dieses Philosophen schärfer verstanden und Leibnizen kräftiger unterstützt gerade da, wo er den Mißverständnissen der gewöhnlichen Aufklärung am meisten ausgesetzt war. Wo der Philosoph den anderen entweder mit sich selbst uneins zu sein oder Dinge zu verteidigen schien, an die er selbst nicht glaubte, da entdeckte ihn Lessing in einer gründlichen Übereinstimmung mit den obersten Grundsätzen seines Systems. Er fand und zeigte mit überzeugender Klarheit in dem Verteidiger der Trinität gegen Wissowatius, in dem Verteidiger der ewigen Höllenstrafen gegen Soner den mit sich selbst einstimmigen Urheber der Monadenlehre. Und wie geistesverwandt Lessing selbst der Leibnizischen Philosophie war, beweisen unter den Fragmenten seines theologischen Nachlasses die Thesen über „das Christentum der Vernunft", welche in den kürzesten Grundzügen die Hauptlehren jenes Systems darstellen. Weniger universell, weniger genial als Leibniz, ist Lessing dem letzteren an kritischem Verstande und formellem Talente weit überlegen. Jenes „ingenium censorium", welches dem Philosophen fehlte, besaß Lessing in einem Grade, der dem Genie und Universalgeiste nahe kam. Er begriff, daß es Leibnizens *Universalgeist* war, der den meisten in dem zweifelhaften Lichte einer Allerweltsweisheit erschien, den die religiösen Sekten für einen Indifferentisten und die philosophischen Schulen für einen Eklektiker ansahen. Der wahre Leibniz ist das Gegenteil. Der Eklektiker möchte mit allen Meinungen übereinstimmen; der Universalgeist verlangt, daß alle Meinungen mit ihm übereinstimmen, und er klärt sie auf, damit sie es können. Der Eklektiker unterwirft sich, der Universalgeist herrscht. Überall, wo Leibniz eine auswärtige, seinem System scheinbar fremde Idee verteidigt, ist es allemal die Herrschaft *seiner* Idee, die er bezweckt. Sein Verfahren ist niemals Unterordnung, sondern meisterhafte Akkommodation, wobei Leibniz er selbst bleibt und die gegenüberstehende Meinung allmählich in den Ausdruck der seinigen verwandelt. „Er schlug", sagt Lessing, „aus Kiesel Feuer, aber er verbarg sein Feuer nicht in Kiesel!" Leibniz und Lessing bezeichnen die Grenzen, zwischen denen sich das Zeitalter der deutschen Aufklärung entwickelt. Die Gedanken, welche Leibniz erzeugt hat, sind unter allen Köpfen unserer Aufklärung von Lessing am richtigsten empfangen, am besten begriffen, am fruchtbarsten angewendet worden.

Zweites Kapitel.
Biographische Schriften. Leibnizens Herkunft und erstes Lebensalter (1646–1661)

I. Die biographischen Schriften

Die nächste Einsicht in das Leben des Philosophen gewähren uns Nachrichten, die er teils in Briefen, teils in handschriftlichen Aufzeichnungen selbst von sich gibt. Unter den letzteren findet sich ein Lebensabriß und eine Selbstcharakteristik. Er hat gern in der Betrachtung seines Bildungs- und Lebensganges verweilt und Skizzen einer Selbstschau entworfen. Leider sind diese wertvollen Versuche unvollständig geblieben; sie waren den ersten Biographen unbekannt und sind erst neuerdings aus dem Nachlaß des Philosophen veröffentlicht worden: ich nenne den kurzen Lebensumriß, der die ersten zwanzig Jahre seines Lebens umfaßt, und die geschichtliche Einleitung in die Arbeiten des Pazidius, unter welchem Namen Leibniz sich selbst dargestellt hat[51].

Die ersten öffentlichen Nachrichten über das Leben des Philosophen rühren mittelbar oder unmittelbar von Männern her, die als Gehilfen oder Sekretäre jahrelang in seiner Nähe gelebt hatten, mancherlei von ihm selbst wußten, mancherlei aus eigener Erfahrung berichten konnten. In diesem Verhältnis zu Leibniz stand *I. F. Feller* jr. und nach ihm über ein volles Jahrzehnt hindurch *J. G. Eckhart*, welcher letztere als Historiograph des Welfenhauses und Bibliothekar in Hannover Leibnizens Nachfolger wurde. Unter den späteren Bibliothekaren, die dem Lebensschauplatz des Philosophen und seinem Nachlaß nahe standen, nenne ich *D. E. Baring* und *J. D. Gruber*. Ein Jahr nach dem Tode des Philosophen erschienen in Leipziger gelehrten Zeitschriften kurz nacheinander zwei Biographien von ungenannten Verfassern: die erste war ein kurzer Lebensabriß in den „neuen Zeitungen von gelehrten Sachen"

---

[51] Vita a se ipso breviter delineata; Guhrauer, Leibnitz II, Anh. 52 ff.; Pertz IV, 165 ff.; Klopp I, Einl. XXXII ff. – In specimina Pacidii introductio historica; Erdmann 91 ff., Gerhardt Phil. VII, 51 ff.

(Juni 1717), deren Autor unbekannt geblieben ist und weder Eckhart selbst noch von diesem abhängig war; die zweite ist das „elogium Godofredi Guilielmi Leibnitii“ in den „Acta eruditorum“ (Juli 1717), welches auf Nachrichten Eckharts beruht und noch zwanzig Jahre später als die ausführlichste und treueste Lebensbeschreibung galt; ihr Verfasser ist der Philosoph *Christian Wolff*. Noch in demselben Jahre hielt *Fontenelle* in der Pariser Akademie seine Lobrede auf Leibniz „Eloge de M. Leibnitz“ (November 1717). Das Material ist von Eckhart, der die Rede ins Deutsche übersetzt und mit Anmerkungen versehen hat. So erschien sie drei Jahre später in der deutschen Übersetzung der *Theodizee* (1720). Im Jahre 1735 gab *Baring* zu der Eckhartschen Übersetzung neue Anmerkungen, welche die früheren erweitern und in manchen Punkten berichtigen. Diese Rede Fontenelles war keine wirklich gründliche und erschöpfende Biographie, dies lag weder in ihrer Aufgabe noch in den Mitteln, die dem französischen Akademiker zu Gebot standen, aber sie hat mit geschickter und leichter Hand ein glänzendes Lebensbild entworfen, das die Bewunderung der Zeitgenossen fesseln konnte und ihrem Geschmacke entsprach. Das Leipziger Elogium bedurfte der Ergänzung, und eine solche suchte *Feller* schon im folgenden Jahre (1718) im „Otium Hanoveranum“ zu geben, ohne die Sache im wesentlichen zu fördern[52].

Alle diese biographischen Versuche litten an zwei Hauptmängeln; sie gaben das äußere Leben des Philosophen sehr lückenhaft und bekümmerten sich viel zu wenig um den inneren Gehalt desselben, der nur aus den Schriftwerken dargestellt und erhellt werden konnte. Sie hatten es nicht verstanden, den literarischen Reichtum dieses Lebens biographisch zu verwerten. Hier ist es wieder ein Franzose gewesen, der in beiden Rücksichten einen wirklichen Fortschritt gemacht hat. In der Amsterdamer Ausgabe der Theodizee vom Jahre 1734 gab *Jaucourt* (unter dem Namen *Neufville*) die erste, auch literarisch ausführlichere Biographie von Leibniz: „Histoire de la vie et des ouvrages de M. Leibniz“. Drei Jahre später erschien in Deutschland *C. G. Ludovicis* „Ausführlicher Entwurff einer vollständigen Historie der Leibnitzischen Philosophie“ (Leipzig 1737). Ludovici kennt seine Vorgänger mit Ausnahme Jaucourts. Sein Werk ist durch den Sammelfleiß des Verfassers noch heute in manchen Teilen brauchbar, aber es ist unkritisch, trocken und pedantisch.

Die Wurzel der meisten Biographien, sowohl der genannten als der späteren, waren die Eckhartschen Aufzeichnungen, die erst im

---

[52] Supplementum vitae Leibnitianae in actis eruditorum Lipsiensibus mense Julii hujus anni (MDCCXVII) delineatae.

Jahre 1779 in dem Murrschen Journal zur Kunstgeschichte und Literatur öffentlich erschienen. Ein tieferes Verständnis des großen Mannes, dessen Leben er schreibt, ist bei Eckhart nicht zu finden. Was der Wolffianer *Eberhard* im *Pantheon der Deutschen* vom Jahre 1795 über Leibniz drucken ließ, verdient kaum die Erwähnung, so untergeordnet und zurückgeblieben ist der Standpunkt, so hohl und nichtssagend die panegyrische Schreiberei. Es war Zeit, daß die Biographen, welche Leibnizen zu ihrem Gegenstand nahmen, aufhörten, Lobredner zu sein, und anfingen, kritische, wissenschaftliche und gründliche Arbeiter zu werden. Dazu freilich war die erste Bedingung die Herausgabe der Leibnizischen Briefe und Schriften.

Noch während des achtzehnten Jahrhunderts haben sich zwei Männer in dieser Rücksicht große Verdienste erworben: *Gruber* durch die Herausgabe des Leibnizischen Briefwechsels, als deren Vorläufer er die Korrespondenz zwischen Boineburg und Conring veröffentlichte, die eine wichtige Periode im Leben des Philosophen erleuchtete[53], und *Dutens* durch den ersten Versuch einer Gesamtausgabe aller Werke des Philosophen (1768). Ein Hauptmangel dieser Ausgabe war, daß Dutens den eigentlichen Schatz Leibnizischer Handschriften in der Bibliothek von Hannover nicht kannte. Diesen Schatz zu heben und biographisch zu verwerten, blieb die Aufgabe unserer Zeit. Hier ist vor allem *Guhrauer* zu nennen, der zuerst Leibnizens deutsche Schriften veröffentlicht (1838–1840), dann zur Säkularfeier des Philosophen die erste vollständige und wissenschaftlich begründete Biographie „Gottfried Wilhelm Freiherr von Leibnitz“ verfaßt und „Kur-Mainz in der Epoche von 1672“, dieser für Leibnizens Lebensgeschichte so bedeutsamen Zeit, dargestellt hat.

Aus den Handschriften der Bibliothek zu Hannover haben zwei unvollendete Ausgaben Leibnizischer Werke, auf die ich später zurückkommen werde, reiches, biographisches Material zutage gefördert: die des französischen Akademikers *A. Foucher de Careil* in sieben Bänden (1859–1873) und die des früheren hannöverschen Archivrats *Onno Klopp* in elf Bänden (1864–1884)[54].

---

[53] Commercii epistolici Leibnitiani ad omne genus eruditionis praesertim vero ad illustrandam integri propemodum seculi historiam literariam apprime facientis per partes publicandi Tomus prodromus, qui totus est Boineburgicus. – Tomi prodromi pars altera, quae itidem Boineburgica est, accedit appendix Conringiana et index in utramque partem. Rec. *J. D. Gruber*. Hannoverae et Gottingae 1745.

[54] *A. Foucher de Careil*: Oeuvres de Leibniz publiées pour la première fois d'après les manuscrits originaux avec notes et introductions, Paris 1859–1873. *Onno Klopp*: Die Werke von Leibniz gemäß seinem handschriftlichen Nachlasse in der Königlichen Bibliothek zu Hannover. Erste Reihe: Historisch-politische und staatswissenschaftliche Schriften, Hannover 1864–1884.

II. Erstes Lebensalter

1. Abstammung und Familie

Der Familienname unseres Leibniz (Lubeniecz) ist slawischer Abkunft. Wir schreiben den Namen „Leibniz", nachdem festgestellt worden, daß der Philosoph selbst sich nie anders geschrieben hat. Gleich in der Einleitung seiner Lebensgeschichte, deren erste Zeilen lückenhaft sind, führt er seinen Namen auf eine in Polen und Böhmen einheimische Familie zurück. Aber der bloße Name macht nicht die Nationalität und die Vorfahren sind nicht der Vater. Der neueste französische Herausgeber der Leibnizischen Werke hat aus jener Stelle den unrichtigen Schluß gezogen, daß der Vater des Philosophen aus Polen nach Sachsen eingewandert und der Philosoph demnach slawischer Abkunft sei, welcher Ursprung neben dem germanischen und christlichen Element den dritten wesentlichen Faktor in Leibnizens Naturell ausmache. Foucher de Careil rechnet es sich zum besonderen Verdienst, der Erste zu sein, der diesen Faktor entdeckt habe. Das Genie der slawischen Rasse sei in Leibniz vererbt und wirksam gewesen, er hätte sich Peter dem Großen bei seiner Unterredung mit dem Zaren als eine Art Landsmann vorstellen können mit einer Anrede, die Foucher de Careil ihm nachträglich vorsagt; er möchte den deutschen Philosophen entgermanisieren und zum Slawen machen, da er ihn zum Franzosen nicht machen kann. Die Natur und der Charakter des Philosophen soll aus dem germanischen, christlichen und slawischen Element gemischt sein: ein seltsames Beispiel logischer Nebenordnung!

Man weiß genau, daß der Urgroßvater unseres Leibniz Ratsherr und Schösser in Pirna, der Großvater Stadt- und Bergschreiber in Altenberg war, der Vater in Meißen erzogen wurde und in Leipzig seine Laufbahn machte. So weit wir die Vorfahren verfolgen können, finden wir sie in Deutschland. Unser Leibniz ist seiner Abstammung nach grunddeutsch, er war es auch in seiner Gesinnung. Der Vater des Philosophen, Friedrich Leibniz, war Jurist, während eines Menschenalters Aktuarius der Universität Leipzig, achtundzwanzig Jahre lang Notar, seit 1635 Mitglied des großen Fürstenkollegiums und Assessor der philosophischen Fakultät, in den letzten zwölf Jahren seines Lebens (1640–1652) Professor der Moral. Seine dritte Frau, Katharina Schmuck, die Mutter unseres Leibniz, war die Tochter eines angesehenen Professors der Rechte in Leipzig. In dieser Ehe wurde *Gottfried Wilhelm Leibniz* den

21. Juni 1646 geboren. Seine einzige ihm nachgeborene Schwester heiratete einen Leipziger Prediger, Simon Löffler, Archidiakonus an der Thomaskirche; ihr Sohn, Pfarrer in Probstheyda, wurde nach dem Tode des Philosophen dessen einziger Erbe. So finden wir die nächsten Vorfahren unseres Leibniz väterlicher- und mütterlicherseits in juristischen und akademischen Ämtern, und da in dem Knaben frühzeitig der wissenschaftliche Eifer erwachte, so lag es nahe, daß ihn die Familientradition auf die juristische und akademische Laufbahn hinwies. Er war sechs Jahre alt, als er den Vater verlor, der den ungewöhnlich empfänglichen Sinn des Kindes mit frohen Erwartungen bemerkt und schon die größten Hoffnungen für dessen Zukunft gefaßt hatte. Diese Hoffnungen waren so überzeugt, daß er bedeutungsvolle Vorzeichen von der künftigen Größe des Sohnes gehabt haben wollte, und wie einst das Kind vor seinen Augen einen gefährlichen Fall tat, ohne beschädigt zu werden, nahm der Vater diese Errettung für einen besonderen Wink des Himmels. Wir erwähnen diese kleine Begebenheit, weil Leibniz selbst in seiner Lebensgeschichte sich derselben erinnert. Die ersten und tiefsten Eindrücke seiner Kindheit waren die Geschichtserzählungen, die er aus dem Munde des Vaters vernommen oder in den Büchern gelesen hatte, die jener ihm gab. Den Sinn für Geschichte, heilige und profane, hat der Vater mit besonderem Eifer, wie es scheint, in dem Kinde genährt.

2. *Schule und Selbstbildung*

Nach dem Tode des Vaters blieb die Erziehung des Knaben der mütterlichen Sorgfalt, den Lehrern, vor allem aber seinem eigenen Genius überlassen, der seinen Weg unabhängig von der Richtschnur der Schule suchte. Lernbegierig eilte er seinen Jahren und der Schulklasse, die seinem Lebensalter entsprach, voraus. In dem Hause, wo er wohnte, führte ihm der Zufall zwei lateinische Bücher in die Hand, den chronologischen Thesaurus des Calvisius und die Geschichtsbücher des Livius; jenen verstand er leicht, aber dieser war ihm verschlossen. Wie er das Buch zu lesen anfing, verstand er keinen Satz, aber die Schwierigkeit machte ihn erfinderisch; er entdeckte ein Mittel, um wenigstens hier und da sich einen Punkt zu erhellen. Das Buch hatte Holzschnitte und diese Unterschriften, welche den Inhalt des Bildes erklärten. Aus dem Bilde enträtselte er sich die darunter befindlichen Worte. Was er nicht auflösen konnte, überging er. So durchlief er das ganze Buch, und wie er zu Ende war, begann er von neuem; wenigstens einiges hatte er verstanden, das gewonnene Licht half ihm weiter, und er wußte es geschickt zu benutzen, um sich einige dunkle Stellen mehr zu erleuchten. Er wird nicht müde, die Lektüre zu wiederholen, jede wiederholte Lesung bringt ihm neue Einsichten, so daß allmählich das Verständnis des Buches ihm aufgeht. Welcher Triumph für den Knaben! Er hat sich selbst geholfen, den Livius zu verstehen. Jeder neue Satz ist eine Entdeckung. Er liest *erfinderisch*, divinierend und löst sich den römischen Geschichtsschreiber auf, wie man fremde Schriftzeichen enträtselt. Fortan wird er unabhängig von dem Gängelbande der Schule seinen eigenen Weg gehen. Er ist sich seiner Erfindungskraft bewußt geworden, seiner Fähigkeit, sich selbst zu bilden. Man kann sicher sein, daß dieser achtjährige Knabe schon die Bedingungen in sich trägt, um ein großer Erfinder und Autodidakt zu werden. Die Klasse der Nikolaischule, deren Zögling er geworden, war ihm viel zu eng. Auch der Lehrer war zu eng, um den erfinderischen und vorauseilenden Geist eines solchen Zöglings zu würdigen. Er erschrickt, wie er diesen Anfänger im Latein mit einem Male im Livius bewandert findet, und gibt den Erziehern den dringenden Rat, den Knaben im gewöhnlichen Gange zu halten und vor solcher vorzeitigen Lektüre zu hüten, er möge das Vestibulum des Comenius und den kleinen Katechismus lesen; ihm passe der Livius wie der Kothurn einem Pygmäen. Der Rat gegen das vorzeitige Lesen war ohne Zweifel wohlgemeint, er ist an seinem Orte richtig und gewiß in tausend Fällen an seinem Orte. Nur daß diesmal der Fall nicht einer von denen war, die man nach tausenden zählt. Hätte der Lehrer etwas näher untersucht, wie sich dieser Knabe in den Livius hineingelesen, so würde er entdeckt haben, daß er es mit einer Ausnahme der seltensten Art zu tun hatte; aber es war einer der gewöhnlichen Schulmeister, die alle mit einem und demselben Maßstabe messen, den die Nummer der Schulklasse vorschreibt, und die zwischen einem Sextaner und Primaner keinen anderen Unterschied kennen als den Unterschied zwischen Sexta und Prima. Hier und da haben sie dann die plötzliche und seltene Überraschung, daß einer ihrer Zöglinge, dem sie es gar nicht angesehen hatten, ein großer Mann wird.

Indessen trat diesmal dem Rate des Lehrers die Einsicht eines anderen welt- und menschenkundigen Mannes entgegen, der jene Unterredung zufällig mit anhörte und sogleich erkannte, daß der Lehrer beschränkt und der Knabe wahrscheinlich ungemein begabt sei. Er lernt den jungen Leibniz selbst kennen und findet seine Vermutung bestätigt. Jetzt will er nicht dulden, daß eine enge Pädagogik in den mächtigen Bildungstrieb dieses Knaben hinderlich eingreife, und er weiß durch sein Ansehen die Erzieher zu bestimmen, daß sie ihren Zögling gewähren lassen und ihm die Bibliothek des Vaters, die ihm bis dahin verschlossen war, freigeben. Hier öffnet sich seinem Wissensdurst eine Welt. Hat er vorher den Calvisius und Livius zufällig gefunden und wie eine verbotene Frucht genossen, so sieht er jetzt einen Schatz vor sich, in dem er ungehindert schwelgen darf. „Ich triumphierte über diese Botschaft“, sagt er in seiner biographischen Aufzeichnung, „als ob ich einen Schatz gefunden hätte.“ Ohne fremde Leitung und Fessel überläßt er sich in der väterlichen Bibliothek auf gutes Glück seinem eigenen Stern, er wird aus Bedürfnis Autodidakt und durch Selbstunterricht, während er noch Schüler ist, ein Gelehrter. Seine Geistesform entfaltet sich schon in einem erstaunlichen Umfange, und die Fortschritte, die er in der Stille macht, sind so außerordentlich, daß er sehr bald in der Schule für ein Wunder von Gelehrsamkeit gilt. Bei der Größe seines Lerneifers interessiert ihn alles, er kostet von jedem Buch, und ein geringerer Geist hätte leicht durch das hastige Durcheinanderlesen der verschiedenartigsten Bücher verwirrt und verdorben werden können, aber diesen Kopf führt ein angeborener und glücklicher Sinn für das Rechte den richtigen Weg. Weil er lernen, klar werden, die Dinge umfassen und durchdringen will, sind ihm die licht- und gehaltvollsten Bücher die liebsten. Vieles zieht ihn an, aber die Alten fesseln ihn durch ihre Größe und Einfachheit. So nimmt der natürliche Drang seines Geistes frühzeitig und von selbst die *klassischen* Schriftsteller zur Richtschnur. Unter dem Namen „Pacidius“ hat uns Leibniz diese bedeutungsvollen Anfänge seiner Selbstbildung geschildert[55]. „Wilhelm Pacidius, ein Deutscher von Geburt, aus Leipzig, der den Vater, den Führer seines Lebens, zu früh verloren hatte, wurde aus eigenem Antriebe zu dem Studium der Wissenschaften hingetrieben und erging sich in ihnen mit voller Freiheit. Man ließ ihm den Zutritt zu der Bibliothek des Hauses, der achtjährige Knabe verbarg sich hier oft ganze Tage lang, und obgleich er das Latein kaum stammeln konnte, so nahm er die Bücher, wie sie ihm gerade in die Hand fielen, holte sie hervor und legte sie wieder beiseite, blätterte darin ohne Auswahl, kostete, wo es ihm behagte, und übersprang, je nachdem die Klarheit der Sprache oder die Annehmlichkeit des Inhalts ihn anzog. Es war, als ob er das Schicksal zum Lehrer genommen und eine Stimme zu hören geglaubt, die ihm zurief: „Nimm und lies (tolle lege)!“ Denn sein Lebensschicksal brachte es mit sich, daß er fremden Rat entbehren mußte, und so blieb ihm nichts übrig als die seinem Lebensalter eigene Kühnheit, welcher Gott zu Hilfe zu kommen pflegt. Der Zufall fügte es, daß er zuerst auf die Alten geriet, in denen er anfangs nichts, allmählich etwas, zuletzt soviel verstand, als er brauchte; und wie diejenigen, welche in der Sonne wandeln, unwillkürlich gebräunt werden, so hatte er eine gewisse Färbung nicht bloß des Ausdrucks, sondern auch

---

55 Gerhardt Phil. VII, 51–52.

der Denkweise angenommen. Als er nun zu den Neueren kam, widerten ihn diese Schriften an, wie sie damals in den Buchläden an der Tagesordnung waren, mit ihrem nichtssagenden Schwulst oder dem Quodlibet fremder Gedanken, ohne Anmut, ohne Kraft und Fülle, ohne allen lebendigen Nutzen; man hätte meinen sollen, sie seien für eine andere Art Welt geschrieben, die sie selbst bald ihre Republik, bald den Parnaß nannten. Wenn er dann zurückdachte an die Alten, die mit ihren männlichen, großen, kraftvollen, den Dingen gleichsam überlegenen, das ganze menschliche Leben wie in einem Gemälde zusammenfassenden Gedanken, mit ihrer natürlichen, klaren, fließenden, den Dingen angemessenen Form ganz andere Bewegungen in den Gemütern erzeugen! Dieser Unterschied war ihm so merkwürdig, daß er seitdem diese beiden Grundsätze bei sich feststellte: stets in den Worten und den Ausdrucksweisen des Geistes die *Klarheit*, in den Dingen den *Nutzen zu suchen*. Er hat später gelernt, daß jene die Grundlage alles Urteils, dieser die Grundlage aller Erfindung ausmacht, und daß die meisten irren, weil ihren Worten die Klarheit und ihren Versuchen das Ziel fehlt ... Auf solche Weise geistig ausgerüstet, erschien er in der Schule unter seinen Altersgenossen wie ein Wunder." „Ich war froh" heißt es in seiner Lebensskizze[56], „die meisten Schriftsteller des Altertums, die ich bisher bloß dem Namen nach kannte, nun wirklich vor mir zu sehen: Cicero und Seneca, Plinius, Herodot, Xenophon, Plato, die Geschichtsschreiber der Kaiseizeit und eine Menge lateinischer und griechischer Kirchenväter. Ich las sie, wie eben der Antrieb mich geleitet hatte, und erquickte mich an der wunderbaren Mannigfaltigkeit der Dinge."

3. Poetik und Logik. Das Gedankenalphabet

Mit zwölf Jahren versteht er die lateinischen Schriftsteller bequem und beginnt das Griechische zu stammeln. Seine Formgewandtheit in der lateinischen Sprache besteht eine glänzende Probe. Einer seiner Mitschüler hat die Aufgabe, am Tage vor Pfingsten eine Festrede in lateinischen Versen zu halten, drei Tage vorher wird er krank, kein anderer Schüler will die Sache übernehmen und bei der Kürze der Zeit eine neue Rede aufsetzen; da meldet sich Leibniz und schreibt in einem Vormittage dreihundert Hexameter, bei denen er geflissentlich jede Elision vermeidet, er trägt sie öffentlich vor und erwirbt sich mit diesem Bravourstück das Lob der Lehrer.

Ein zwölfjähriger Knabe, der in einem Zuge dreihundert wohlgelungene Hexameter niederschreibt, galt damals für ein ausgemachtes poetisches Talent. So urteilten die Erzieher unseres Leibniz und

[56] Guhrauer, Leibnitz II, Anh. 54.

fürchteten schon, daß er sich ganz in die Poeterei verlieren und der ernsten Studien überdrüssig werden möchte. Was sich bei dieser Gelegenheit überraschend genug hervortat, war nicht das poetische Talent, sondern die *erfinderische* Geschicklichkeit des Knaben, die sich hier in dem leichten Spiel mit den Sprachformen betätigte; die lateinischen Verse waren nur ein gelegentlicher Stoff für seine Erfindungslust, aber kein Zeichen seiner Geistesrichtung.

Die Schülerpoeten finden gewöhnlich nichts langweiliger als die Logik, und gerade dieser Gegenstand, so trocken und geistlos er auf der Schule unterrichtet wurde, nahm sogleich Leibnizens ganzes Interesse und seinen erfinderischen Sinn in Anspruch. Er vertieft sich in die Schullogik. Ihm werden die trockenen Regeln lebendig, und mit Leichtigkeit findet er gleich zu jedem Satze des Lehrbuchs eine Menge treffender Beispiele. Was gemeiniglich den Lehrern sehr schwer fällt, kommt diesem Schüler von selbst. Er durchschaut die Aufgabe der Logik und wie weit sie in der überlieferten Form hinter ihrem Ziele zurückbleibt. Sie soll das ganze Gebiet der menschlichen Gedankenbildung ausmessen und gleichsam eine Tafel oder Musterkarte des Denkens entwerfen. Sie müßte eine der fruchtbarsten Wissenschaften sein, was sie in der vorhandenen Verfassung und Lehrart viel zu wenig ist. So kommen ihm gegen die Schullogik eine Menge Bedenken und zu ihrer Verbesserung eine Menge neuer Ideen. „Nicht bloß", erzählt Leibniz von sich selbst, „wußte ich die Regeln leicht in Beispielen anzuwenden, was ich zur Verwunderung der Lehrer allein unter meinen Schulgenossen tat, sondern ich hatte auch meine Zweifel und trug mich schon damals mit neuen Ideen, die ich aufschrieb, um sie nicht zu vergessen. Was ich damals mit vierzehn Jahren niedergeschrieben, habe ich lange nachher wiedergelesen und mich außerordentlich darüber gefreut. Von den Betrachtungen jener Zeit will ich nur eine als Beispiel anführen. Ich sah, daß in der Logik die einfachen Begriffe in gewisse Klassen geordnet werden, nämlich in die sogenannten Prädikamente. Nun wunderte ich mich, warum man nicht auch die zusammengesetzten Begriffe oder Urteile in Klassen einteilte, nämlich nach einer Ordnung, in der ein Glied aus dem anderen abgeleitet und gefolgert werden könnte: diese Klasse nannte ich die Prädikamente der Urteile, die dann den Stoff der Schlüsse bilden, wie die gewöhnlichen Prädikamente den Stoff der Urteile. Als ich diesen Gedanken den Lehrern vorlegte, gab mir keiner eine Lösung, sondern sie erteilten mir nur die Weisung, daß es sich für einen Knaben nicht schicke, in Dingen, die er noch nicht genug getrieben habe, Neuerungen zu versuchen. Später habe ich dann gesehen, daß die Ordnung, welche ich haben wollte, eben die sei, welche wir bei den Mathematikern in der Elementarlehre finden, die ihre Sätze so folgen lassen, daß einer aus dem anderen hervorgeht. Eben dies habe ich damals vergebens bei den Philosophen gesucht.“

Noch sechsunddreißig Jahre nach dieser Schulzeit erinnert sich Leibniz in einem deutsch geschriebenen Briefe an *Gabriel Wagner* mit Vergnügen an die fruchtbaren Anregungen, welche er damals von der Logik empfangen. „Ich muß bekennen“, sagt er, „daß ich auch in der bisherigen Logik viel gutes und nützliches finde; dazu verbindet mich auch die Dankbarkeit, weil ich mit Wahrheit sagen zu können vermeine, daß mir die Logik, auch wie man sie in Schulen lehrt, ein großes gefruchtet. Ehe ich noch zu einer Schulklasse kam, da man sie treibet, war ich ganz in die Historien und Poeten vertieft, denn die Historien hatte ich angefangen zu lesen, fast sobald ich lesen können, und in den Versen fand ich große Lust und Leichtigkeit; aber sobald ich die Logik anfing zu hören, da fand ich mich sehr gerührt durch die Verteilung und Ordnung der Gedanken, die ich darin wahrnahm. Ich begann gleich zu merken, daß ein großes darin stecken müßte, so viel etwa ein Knabe von dreizehn Jahren in dergleichen merken kann. Die größte Lust fand ich an den sogenannten Prädikamenten, so mir vorkam als eine Musterrolle aller Dinge der Welt, und suchte ich in allerhand Logiken nach, um zu sehen, wo solch allgemeine Register am besten und ausführlichsten zu finden; ich fragte mich oft und meine Mitschüler, in welches Prädikament und dessen Fach wohl dies oder jenes gehören möchte. Ich kam bald auf einen lustigen Fund, wie man oft vermittelst der Prädikamente etwas erraten oder sich erinnern könne, was einem ausgefallen, wenn man nämlich das Bild davon noch hat, aber solches in seinem Hirn nicht sofort ertappen kann. Denn da darf man sich oder andere nur nach gewissen Prädikamenten und deren ferneren Einteilungen (davon ich gar ausführliche Tafeln aus allerhand Logiken zusammengetragen hatte) befragen und gleichsam examiniren, so schließt man bald aus, was zur Sache nicht dienet, und treibt das Werk dergestalt in die Enge, daß man auf das rechte Schuldige kommen kann. Bei solchem Eintäfeln der Kenntnisse kam ich in Übung der Einteilung und Aftereinteilung (divisiones und subdivisiones) als *einen Grund der Ordnung und* als *ein Band der Gedanken*. Da mußten die Ramisten und halben Ramisten herhalten, sobald sich ein Register zusammengehörender Dinge fand; und sonderlich sobald ich ein Geschlecht oder Gemeines antraf, so eine Zahl der befundenen Arten unter sich hatte, als z. B. die Zahl der Gemütsbewegungen oder der Tugenden und Laster, so mußte ich sie in eine Tafel bringen und versuchen, wie die Arten nach einander herauskämen, und da fand ich gemeiniglich, daß die Erzählung unvollkommen und noch mehr Arten beigesetzt werden können. Mit solchem allem hatte ich meine besondere Lust, schrieb auch allerhand Zeug zusammen, so zwar nicht geachtet, sondern verloren, doch lange Jahre hernach etwas davon ungefähr gefunden, so mir noch jetzt nicht ganz mißfällt." Von diesen Einteilungen und Untereinteilungen bemerkt Leibniz in demselben Briefe sehr bezeichnend, er gebrauche sie gleichsam als ein Netz oder Garn, das flüchtige Wild zu fangen. Und auf den bekannten Einwand, daß gute Köpfe solche logische Hilfsmittel nicht brauchen, sondern mit ihrem natürlichen Verstande zurechtkommen, schlechte Köpfe aber mit allen diesen Vorteilen es jenen nicht gleich tun, erklärt Leibniz: „Ich stehe in den Gedanken, daß ein schlechter Kopf mit den Hülfsvorteilen und deren Übung es dem besten bevortun könnte, gleichwie ein Kind mit dem Lineal bessere Linien ziehen kann als der größte Meister aus freier Hand. Die herrlichen Ingenia aber würden unglaublich weit gehen können, wenn die Vorteile dazu kämen"[57].

Wir sehen, von welcher Seite die Logik ihn fesselt und unter den Schulwissenschaften am meisten seinen Geist anzieht und beschäftigt. Er entdeckt in dem sogenannten Fachwerk der Logik mehr als ein leeres Schema. Diese logischen Einteilungen haben in der Tat eine *erfinderische* Kraft. Schon Plato hatte in dem einteilenden, begriffgestaltenden Denken dieses erfinderische Vermögen entdeckt und darum die Kunst des logischen Einteilens das Prometheusfeuer der Wissenschaft genannt. In der Tat bilden sie, wie Leibniz sich ausdrückt, „die Ordnung und das Band der Gedanken". So wie man einmal beginnt, die Begriffe einzuteilen, liegt auch die Aufgabe vor, die *ganze* Begriffswelt zu umfassen und zu ordnen, gleichsam einen *globus intellectualis* zu entwerfen, in welchem jeder Begriff seinen genau bestimmten Ort hat. Brächte man eine solche logische Tafel wirklich zustande, so würde man für den Bau aller Wissenschaften den Grundriß haben, und die Aufgabe wäre gelöst, die Raimundus Lullus in seiner „ars magna" sich vorgesetzt hatte.

Auf diesem Wege, den Leibniz schon als Schüler ergreift, kommt ihm jenes große Projekt, das ihn durch sein ganzes Leben begleitet und zu beschäftigen nie aufgehört hat. Je weiter die Einteilung fortschreitet und von den Arten zu den Unterarten herabsteigt, um so zusammengesetzter werden die Begriffe; sie sind um so einfacher, je näher sie dem Begriffe sind, von dem die Einteilung ausgeht. Die obersten Begriffe sind die einfachsten. Diese zu finden, ist also eine notwendige, in der logischen Einteilung enthaltene Aufgabe, die einfachsten Begriffe müssen sich zu allen übrigen verhalten, wie die Elemente zu den zusammengesetzten Körpern, wie die Elementarlaute oder das Alphabet zur Sprache,

---

[57] Guhrauer, Leibnitz's Deutsche Schriften I, 377 381.

sie bilden das Alphabet der Begriffe: das *Gedankenalphabet*. Mit der konkreten Vorstellung endet das einteilende Denken, mit dem Gedankenalphabet muß es beginnen, es beginnt, wo das zergliedernde Denken endet: mit den einfachsten Begriffen. Für das Alphabet der Sprache hat man Zeichen und dadurch das Mittel gefunden, alle Laute (Worte) schriftlich auszudrücken und mitzuteilen: darin besteht die Erfindung der Buchstaben. Könnte man nun auch Zeichen finden für das Alphabet der Gedanken, so würde man eine *Gedankenschrift* haben, welche Erfindung größer, fruchtbarer und mächtiger sein würde als die der Buchstaben. Die Worte sind Zeichen der Vorstellungen, die Buchstaben Zeichen der Worte, also eine indirekte Bezeichnung der Gedanken oder Zeichen der Zeichen. Die Gedankenschrift dagegen wäre die direkte Bezeichnung der Begriffe selbst. Die gewöhnliche Schrift ist vermittelt durch die Sprache, die Mitteilung der Gedanken in der Buchstabenschrift setzt die Kenntnis der Sprachen voraus, die verschieden sind wie die Völker. Dagegen die Gedankenschrift ist der unmittelbare Ausdruck der Begriffe selbst, eine Art Natursprache, die unmittelbar verstanden werden kann ohne Kenntnis der Wortsprache oder der Idiome. Die logischen Elemente gehören dem Denken als solchem und reichen so weit als die menschliche Vernunft; das Gedankenalphabet ist allen gemeinsam, die Gedankenschrift daher leicht allen verständlich und mitteilbar, so weit die denkende Menschheit reicht. Eine solche Gedankenschrift ist eine Weltschrift (Pasigraphie), ein Universalmittel des Ideenverkehrs. Sie ist erfunden, wenn man die Zeichen oder Charaktere ersonnen und ausgemacht hat zur unmittelbaren Bezeichnung der Begriffe. Alle Wissenschaft, alle Entdeckungen, die in den Verbindungen der Begriffe gemacht werden können, lassen sich dann durch die Kombinationen jener Charaktere ausdrücken; alles Erkennen wird dann zur *Kombinationsrechnung*, die mit der Sicherheit eines Exempels geführt werden kann, ohne jene Dunkelheiten und Irrtümer, die den Worten anhaften: dann wäre jene „große Kunst" in der Tat gefunden, um die sich schon Lullus bemüht hatte. Dies ist nun die „ars combinatoria" oder „scientia generalis", der „calculus philosophicus", „calculus ratiocinator" oder wie sonst die Bezeichnungen lauten mögen, mit einem Worte die *„lingua characteristica universalis"*, die Leibniz im Sinne hatte und schon auf der Schule als Lebensaufgabe erkannte[58]. „Durch eine sonderbare Schickung", so erzählt er selbst, „ist es gekommen, daß ich noch als Knabe auf diese Gedanken verfiel, welche, wie es mit den ersten Neigungen zu gehen pflegt, nachher immer meinem Geiste am

[58] S. voriges Kapitel S. 10–12.

tiefsten eingeprägt blieben. Zwei Dinge haben mir außerordentlich gedient (obwohl sie sonst zweideutig und vielen schädlich zu sein pflegen): erstens, daß ich nachgerade ein *Autodidakt* war, und zweitens, daß ich in einer jeden Wissenschaft, kaum daß ich an sie herangetreten war, da ich oft das gewöhnliche nicht einmal hinlänglich verstand, *Neues* suchte ... Als ich daher vom Lesen der Geschichte, woran ich schon als Kind ein außerordentliches Vergnügen fand, und von den Übungen des Stils, welche ich in Prosa und Versen mit solchem Glück betrieben hatte, daß die Lehrer besorgten, ich würde über diese Spielereien nicht hinauskommen, zur *Logik* und *Philosophie* geführt worden war, und wie ich nur erst etwas in diesen Tagen zu verstehen anfing, - Himmel! wie viele Chimären tauchten da sogleich in meinem Gehirn auf, welche ich zu Papier brachte und bisweilen damit die Lehrer in Verwunderung setzte ... Als ich nun diesem Studium mit größerem Nachdruck oblag, verfiel ich notwendig auf jene bewunderungswürdige Betrachtung, daß nämlich ein *gewisses Alphabet der menschlichen Gedanken* erfunden werden könnte, und daß aus der Kombination der Buchstaben dieses Alphabets und aus der Analysis der aus ihnen gebildeten Wörter alles sowohl erfunden als auch beurteilt werden könnte. Sobald dieses von meinem Geist erfaßt worden war, jauchzte ich auf, freilich mit einer knabenhaften Freude, denn damals faßte ich die Größe des Gegenstandes nicht genug. Späterhin aber, je größere Fortschritte ich in der Erkenntnis der Dinge machte, desto mehr wurde ich in dem Entschlusse befestigt, einen so großen Gegenstand zu verfolgen“[59].

4. *Scholastik und Theologie*

Wie ihn vorher die Geschichtsschreiber und Dichter vorzugsweise anzogen und beschäftigten, so interessieren ihn jetzt, nachdem er sich der Logik und ihrer Schulformen ganz bemächtigt hat, die scholastischen Schriftsteller. Noch als Schüler studiert er den Zabarella, Rubius, Fonseca und liest nach seinem eigenen Bekenntnis den Suarez mit derselben Leichtigkeit wie die milesischen Märchen oder die sogenannten Romane. So gerät er in die theologische Literatur, vertieft sich in die schwierigen Kontroversen über die Freiheit, liest Luthers Schrift über den Willen, das Kolloquium des Jakob Andreä, die Bücher des Aegidius Hunnius, die Streitschriften der Lutherischen und Reformierten, der Jesuiten und Arminianer, der Thomisten und Jansenisten. So weit reichte der Gesichtskreis seiner Studien, noch bevor er ein „Akademicus“ geworden.

Hatten seine Erzieher früher die Besorgnis gehabt, er möchte ein Poet von Profession werden, so fürchteten sie jetzt, daß er in den

[59] Gerhardt Phil. VII, 185f.

Spitzfindigkeiten der Scholastik stecken bleibe. Leibniz gedenkt in der autobiographischen Aufzeichnung dieser Befürchtungen seiner Erzieher und fügt hinzu: *„sie wußten nicht, daß mein Geist nicht durch eine Art der Dinge ausgefüllt werden konnte“*.

Drittes Kapitel. Die akademischen Lehrjahre (1661–1666)

I. Der akademische Bildungsgang

1. Philosophische Studien

Logisch vollkommen geschult, mit einer Gelehrsamkeit ausgerüstet, die ihn schon damals zum Polyhistor machte, erfüllt von neuen Ideen, die so viele Aufgaben und Entwürfe enthielten, bezog der fünfzehnjährige Leibniz im Herbst 1661 die Universität seiner Vaterstadt, um sich durch das Studium der juristischen Wissenschaften für seine künftige Laufbahn vorzubereiten. Fünf Jahre waren notwendig, bis er das Ziel dieser akademischen Vorbereitungszeit, die Doktorwürde beider Rechte, erreichen konnte. Mit Ausnahme eines einzigen Semesters, es war der Sommer des Jahres 1663, welchen Leibniz in Jena zubrachte, hat er die ganze Zeit hindurch in Leipzig studiert, und er würde auch hier seine praktische Laufbahn begonnen haben, wenn ihm nicht bei der Bewerbung um die juristische Doktorwürde unerwartete Hindernisse in den Weg getreten wären, die ihn für immer von seiner Vaterstadt entfernten. Noch während der akademischen Studien traf ihn der Verlust der Mutter, die im Februar des Jahres 1664 starb.

Neben seiner Fachwissenschaft sind es die philosophischen Vorlesungen, die ihn sogleich anziehen und auch nach der Einrichtung des akademischen Studienganges in erster Linie stehen. Mit den Alten und den Scholastikern hat er sich schon auf der Schule vertraut gemacht und dadurch einen Reichtum historisch-philosophischer Kenntnisse erworben, die erweitert und geordnet sein wollen. Unter den Professoren der Universität findet er in *Adam Scherzer* einen tüchtigen Vertreter der scholastischen Philosophie und in *Jakob Thomasius* einen Mann der neuperipatetischen Schule, der für jene Zeit auch ein tüchtiger Kenner der Geschichte der Philosophie war, und dessen Vorträge in die mannigfaltigen und zerstreuten Kenntnisse, die sich Leibniz in der philosophischen Literatur gesammelt, Ordnung und Zusammenhang brachten. Er selbst rühmt seinem Lehrer nach, daß er die Geschichte der Philosophie nicht bloß als eine Geschichte der Philosophen behandelt habe. Gerade dadurch wurden diese Vorträge besonders fruchtbar und belehrend für Leibniz, der für Thomasius stets eine dankbare Gesinnung und in der Folge ein freundschaftliches Verhältnis bewahrt hat. Auch Thomasius erkannte das Genie seines Schülers, er führte ihn in die gelehrte Welt ein, indem er die erste Dissertation desselben mit einer Vorrede begleitete, worin er öffentlich erklärte, daß dieser noch nicht siebzehnjährige Jüngling „bereits den schwierigsten und weitläufigsten Kontroversen gewachsen sei".

Die alten Philosophen und die Scholastiker hatte Leibniz kennen gelernt, noch nicht die neuen. Diese Bekanntschaft, die in den Anfang seiner akademischen Jahre fällt, ist ein bedeutungsvoller Moment in seinem Leben, welches berufen war, die Sache der neuen Philosophie so außerordentlich zu fördern. Den Übergang von der scholastischen zur neuen Philosophie hatten die Italiener des sechzehnten Jahrhunderts gemacht, Männer wie Cardanus und Campanella; die größte wissenschaftliche Reform der kosmischen Weltanschauung war von Kopernikus ausgegangen, dessen System Galilei bewiesen und Kepler durchgeführt hatte; die neue Philosophie selbst war begründet worden von Bacon und *Descartes*. „Jetzt trifft es sich so glücklich", erzählt Leibniz in seinem Pacidius, „daß die Pläne eines großen Mannes, des englischen Kanzlers Franz Bacon, über die Vermehrung der Wissenschaften, daß die höchsten Gedanken des Cardanus und Campanella, daß die Proben einer besseren Philosophie in den Schriften der Kepler, Galilei, Descartes in die Hände dieses Jünglings gelangten"[60].

Was ihm sogleich einleuchtet, ist der durchgreifende Gegensatz zwischen der scholastischen und neuen Vorstellungsweise. Und was den Kern und Gehalt dieses Gegensatzes ausmacht, ist die Erklärung der Dinge entweder durch die Zweckbegriffe, die substantiellen Formen, wie die Scholastiker sie nannten, oder durch die mechanische Kausalität. Das große Problem, welches er in der Philosophie auflösen sollte, liegt jetzt vor ihm, und zwar in der Form einer Alternative, die er zu seiner Wahl gestellt sieht: substantielle Formen oder Mechanismus? Endursachen oder mechanische Kausalität? Er vertieft sich in diese Untersuchung, die ihn unaufhörlich beschäftigt und auf seinen einsamen Spazierwegen begleitet; zuletzt siegt die Überzeugung von der Wahrheit der neuen Lehre, und er entscheidet sich für die mechanische Erklärungsweise. Die Erinnerung an diese ersten wichtigen Zweifel und Kämpfe ist in Leibniz lebendig geblieben, und wir haben darüber von ihm selbst noch aus spätem Alter ein schriftliches Bekenntnis in einem Briefe an Remond

[60] Vgl. meine Einleitung in die Geschichte der neueren Philosophie, Bd. I (6. Aufl.), S. 119–125; S. 149–152. Gerhardt Phil. VII, 52–53.

von Montmort: „Ich habe versucht, die Wahrheit, die unter den Meinungen der verschiedenen philosophischen Schulen begraben und zerstreut liegt, vom Schutt zu befreien und in Einklang zu bringen, und ich glaube, etwas von dem meinigen hinzugefügt zu haben, um einige Schritte vorwärts zu kommen. Die Art und Weise meiner Studien seit meiner ersten Jugend hat mir diese Aufgabe erleichtert. Ich war noch Kind, als ich den Aristoteles kennen lernte, und selbst die Scholastiker machten mich nicht scheu. Und ich bereue dies jetzt keineswegs. Auch Plato und Plotin gewährten mir einige Befriedigung, um von den anderen Philosophen des Altertums nicht weiter zu reden, die ich zu Rate zog. Dann, als ich die Schulklassen hinter mir hatte, fiel ich auf die Schriften der neuen Philosophie, und ich erinnere mich, daß ich damals, ein fünfzehnjähriger Knabe, in einem Wäldchen bei Leipzig, das Rosental genannt, einsam spazieren ging, um zu überlegen, ob ich die substantiellen Formen beibehalten sollte. Endlich siegte die mechanische Theorie und brachte mich dazu, die mathematischen Wissenschaften zu studieren“[61].

2. *Mathematische Studien*

Indessen fand dieses Bedürfnis nach Mathematik in Leipzig nur wenige Nahrung, denn die Vorlesungen des Professors *Johann Kühn*, der weder als Mathematiker noch als Lehrer eine besondere Geltung hatte, reichten nicht weiter als bis zu den Elementen des Euklides. Dagegen besaß die benachbarte Universität Jena in *Erhard Weigel* einen Mathematiker von Ruf, und es scheint, daß hauptsächlich der Name dieses Mannes unseren Leibniz bewog, ein Semester in Jena zu studieren. Unter den dortigen akademischen Lehrern war ihm Weigel der interessanteste, und es war nicht bloß der Mathematiker, der ihn anzog, sondern die ganze Geisteseigentümlichkeit Weigels hatte in gewisser Weise etwas der seinigen Verwandtes: er fand in ihm zugleich einen Polyhistor und einen erfinderischen, von allerhand neuen Ideen und Entwürfen lebhaft bewegten Kopf. Dieser Professor der Mathematik war zugleich Mechaniker, Astronom, Jurist, Philosoph; er hatte ein neues Naturrecht aufgestellt, und man sagte in Jena, daß Pufendorf nach Weigelschen Heften seine Elemente des Naturrechts gearbeitet habe; ebenso hatte er in seiner „Tugendschule“ einen eigentümlichen Versuch zu einer neuen Moral gemacht. Er war ein entschiedener Feind der Scholastik und hielt es mit den neuen philosophischen Ideen. Doch suchte er zugleich den Aristoteles mit der Philosophie und Physik der neuen Zeit zu versöhnen. Gerade diese Aufgabe ge-

---

[61] Leibniz an Remond de Montmort, Wien 10. I. 1714; Gerhardt Phil. III, 606.

hört, wie wir wissen, zu den Charakterzügen der Philosophie, welche Leibniz später begründet, und man darf annehmen, daß Weigels Ideen auch in dieser Rücksicht anregend auf ihn gewirkt haben. Übrigens war dieser jenaische Mathematiker ein unerschöpflicher Projektenmacher, dem allerhand Ideen der verschiedensten Art durch den Kopf gingen, auch sehr barocke Einfälle, die nach dem Geschmacke des Zeitalters für originell galten. So hatte er unter anderem einen europäischen Wappenhimmel erfunden, den er in die Astronomie einführen wollte, um die mythologischen Namen der Sternbilder abzuschaffen und an deren Stelle die Wappen der vornehmsten europäischen Potentaten zu setzen. In Leibnizens Nachlaß hat sich ein Schriftstück aus dem Jahre 1697 gefunden, worin er einige Vorschläge bespricht, die Weigel dem Reichstage in Regensburg gemacht hatte. Der erste dieser Vorschläge beschäftigt sich mit der Einrichtung eines Kollegiums sachkundiger Männer zur Beförderung der mathematischen Wissenschaften und Künste, der zweite bezweckt die Verbesserung des Kalenders, und der dritte empfiehlt die Erfindung einer Schaukelmaschine („Schwebefahrt"), die der Gesundheit dienlich sein sollte. Leibniz bemerkt dabei: „Was nun meine, über die von ihm getane Vorschläge habende Meinung betrifft, so ist bekannt, daß Herr Weigelius ein in Mathesi sehr erfahrener und gelehrter Mann, und der dabei ein ganz löbliches Absehen zum gemeinen Besten führt, welches er sonderlich in seiner vorgeschlagenen ‚Tugendschule' zu erkennen gegeben, allwo er darauf treibet, daß die Jugend in den Schulen nicht nur zu Verbal-, sondern auch Realwissenschaften, und nicht nur zu Wissenschaften, sondern auch zu Tugenden geführt werden möchte. Ich stehe auch in den Gedanken, daß ein und anderes davon gar wohl in wirkliche Übung zu bringen wäre"[62]. – Ein Denkmal Weigels und seiner barocken Art war noch bis vor kurzem in Jena zu sehen, sein Haus in der Johannisgasse, das den Namen dieses Mannes im Gedächtnis der Stadt festhielt und zu den Merkwürdigkeiten gerechnet wurde, welche die Wunder Jenas heißen.

Thomasius und Weigel waren unter Leibnizens akademischen Lehrern die einflußreichsten, weil sie seinem universalistischen Streben entgegenkamen. Was aber insbesondere die mathematische Bildung betrifft, so waren es damals überhaupt nicht die deutschen Universitäten, die ihn auf die Höhe dieser Wissenschaft führen konnten. In Leipzig war er nicht über die Elemente des Euklides hinausgekommen; durch Weigel wurde er in die niedere Analysis eingeführt. Mit der höheren Mathematik wurde Leibniz erst in Frankreich und England vertraut, wo sich unter dem Einfluß neu-

[62] Guhrauer, Leibnitz's Deutsche Schriften II, 173.

er philosophischer Geistesrichtungen die exakten Wissenschaften günstiger als in Deutschland entwickelt hatten.

3. *Juristische Studien*

Die philosophischen und mathematischen Studien, die er mit so vielem Eifer betrieb, taten seiner berufsmäßigen Wissenschaft keinen Abbruch; im Gegenteil studierte er die Jurisprudenz mit dem größten Interesse und mit voller Neigung. Es scheint, daß nach seiner Rückkehr von Jena (Herbst 1663) Leibniz sich ganz in die juristischen Studien vertiefte. Wenigstens sagt er selbst, daß er mit siebzehn Jahren in der Rechtswissenschaft vollkommen einheimisch war. Auch hier ging er seinen eigenen Weg und machte sich als Student schon zum praktischen Rechtsgelehrten. Der Reichtum seines geschichtlichen und philosophischen Wissens und die umfassenden Studien in beiden Gebieten erleichterten ihm außerordentlich die theoretische Rechtswissenschaft und das Verständnis der Gesetze. Sein logisch vollkommen geschulter Verstand brauchte zur juristischen Einsicht kaum mehr die juristische Schule. Der Theorie hatte er sich so leicht bemeistert, daß er begierig sich schon der Praxis zuwendete. Ein ihm befreundeter Rat des Leipziger Hofgerichts kam diesem Bedürfnis hilfreich entgegen, indem er ihn Akten lesen und Erkenntnisse abfassen ließ. Diese Arbeit diente unserem Leibniz zu großem Nutzen und zu einer Schule doppelter Art: er übte sich dadurch nicht bloß als praktischer Jurist, sondern auch als deutscher Schriftsteller. In seinem siebzehnten Jahre schrieb er deutsche Prozeßakten und erwarb sich das Zeugnis, daß er es vortrefflich verstehe. Die sächsische Kanzlei war damals noch die Schule des deutschen Stils. In der Ausübung der deutschen Sprache, als er in Leipzig Prozeßakten schrieb und Erkenntnisse abfaßte, hat Leibniz die Einsicht in die logische Tüchtigkeit, in die Kraft und Würde seiner Muttersprache gewonnen: eine Einsicht, die er vor den meisten Gelehrten seiner Zeit voraus hatte und welche auch in der Geschichte der deutschen Literatur eine besondere Hervorhebung verdient. Wie alles, was er betreibt, seine erfinderische Tätigkeit herausfordert und neue Ideen in ihm erweckt, so lassen ihn bald auch seine juristischen Studien in der Verfassung der Rechtswissenschaft mancherlei Mängel bemerken, denen er durch eine neue Methode der didaktischen Behandlung abhelfen möchte. Von den Geschichtsschreibern zu den Poeten, von den Poeten zu den Philosophen und Scholastikern, von den Philosophen zu den Mathematikern, von diesen zu den Juristen: dies sind gleichsam die Stationen in dem bisherigen Bildungsgange unseres Leibniz. Hören wir sein eigenes Bekenntnis: „Während meine Erzieher früher gefürchtet hatten, ich möchte ein Poet von Profession werden, so fürchteten sie jetzt, daß ich in den scholastischen Spitzfindigkeiten stecken bleiben würde, aber sie wußten nicht, daß mein Geist durch eine Art der Dinge allein nicht ausgefüllt werden konnte. Nachdem ich meinen Beruf in der Jurisprudenz erkannt hatte, ließ ich alle jene Dinge fallen und richtete mich ganz auf dieses Ziel, wo mich größere Früchte erwarteten. Ich merkte aber, daß meine früheren Studien der Geschichte und Philosophie mir das Verständnis der Rechtswissenschaft sehr erleichterten; ich war imstande, die Gesetze ohne alle Mühe zu begreifen, darum blieb ich nicht lange an der Theorie haften, ich sah auf sie herab, wie auf leichte Arbeit und eilte begierig zu der praktischen Rechtswissenschaft. Unter den Räten des Leipziger Hofgerichts hatte ich einen Freund. Dieser nahm mich oft mit sich, gab mir Akten zu lesen und zeigte mir an Beispielen, wie man Erkenntnisse abfassen müsse. So drang ich in das Innere dieser Wissenschaft zeitig ein, das Amt des Richters machte mir Freude, die Advokatenkniffe widerten mich an, deshalb habe ich auch nie Prozesse führen wollen, obgleich ich nach dem Zeugnisse aller gut und treffend auch in deutscher Sprache zu schreiben wußte. So war ich siebzehn Jahre geworden, und es gereichte mir zur größten Genugtuung, daß ich meine Studien nicht nach fremden Ansichten, sondern nach eigener Neigung geführt hatte. Auf diese Weise hatte ich es dazu gebracht, daß ich unter meinen Altersgenossen stets als der erste galt, in allen öffentlichen und privaten Vorlesungen und Zusammenkünften, nach dem Zeugnisse nicht bloß der Lehrer, sondern meiner Mitschüler selbst“. So unabhängig ist dieser Geist, daß ihn nichts glücklicher macht als das Bewußtsein, selbst der alleinige Herr seines Bildungsganges und seiner Studien gewesen zu sein, daß er in der Rückschau seines Lebens nichts mit größerer Zufriedenheit ausspricht. Dies ist ein Zug, der uns lebhaft an Descartes erinnert. Und charakteristisch für Leibniz ist der ihm natürliche und in allen Formen ausgeprägte Widerwille gegen jeden einseitigen Standpunkt; er ist nicht gemacht, eine Parteisache, welcher Art sie auch sei, zu führen, er will auch als praktischer Jurist lieber Richter sein als Advokat.

4. Die Bewerbung um die juristische Doktorwürde. Die Promotion in Altdorf

Mit der Juristenfakultät in Leipzig war ein Spruchkollegium oder Schöppenstuhl verbunden, dessen Funktion darin bestand, praktische Rechtsfragen zu entscheiden und Gutachten zu erteilen. Hier war der Platz, den Leibniz sich für seine künftige Lebensstellung wünschte. Das Kollegium zählte zwölf Mitglieder, die von den Professoren der Juristenfakultät verschieden waren; die erledigten Stellen wurden durch Doktoren der Rechte, die in Leipzig promoviert worden, wiederbesetzt. Die juristische Promotion war daher die Vorbedingung, welche erfüllt sein mußte, um Mitglied dieses Kollegiums zu werden. Nach der Zeitfolge der Promotionen gingen die älteren Ansprüche voran. Es kam mithin bei allen, welche die Laufbahn machen wollten, viel darauf an, die Doktorwürde möglichst zeitig zu erwerben, der früheste Termin war nach vollendetem akademischem Lustrum: dieser Zeitpunkt traf für Leibniz in den Herbst des Jahres 1666. Er war damals zwanzig Jahre alt.

Mit ihm zugleich bewarben sich andere, die älter waren als er, und denen viel daran lag, ältere Ansprüche zu haben. Diese Kandidaten wurden von seiten der Fakultät begünstigt und Leibniz als zu jung von der Bewerbung zurückgewiesen. Man glaubt, daß bei dieser Sache eine unserem Leibniz abgeneigte Stimmung auf seiten einiger Professoren, ja sogar eine Kabale im Spiele gewesen sei. Der biographische Bericht in den Leipziger Gelehrten-Zeitungen nimmt an, Leibniz habe die Professoren gegen sich verstimmt, weil er die Autorität des Aristoteles und der Scholastiker bestritten habe. Eckhart will wissen, daß die Frau des Dekans aus Abneigung gegen Leibniz diese Intrigue angezettelt habe, deren Folge war, daß Leibniz den Wanderstab ergriff und seine Vaterstadt für immer verließ. Ludovici glaubt der Eckhartschen Angabe gern und möchte die ganze Schuld auf die Frau Dekanin schieben, um die Leipziger Professoren von dem Vorwurf zu befreien, daß durch ihre Schuld die Universität einen Leibniz verloren habe. Eine schlimme Art der Freisprechung und zugleich eine sehr naive! Als ob in einer solchen Sache die Professoren umso weniger Schuld haben, je mehr ihre Frauen daran schuld sind!

Leibniz selbst, indem er die Begebenheit in seiner Autobiographie erwähnt, sagt keine Silbe von einer persönlich gegen ihn gerichteten Kabale. In einer Schrift, die er bald nachher geschrieben, spricht er in Betreff der Rechtsstudien mit großem Lobe von den Einrichtungen der Leipziger Juristenfakultät und ihres Spruchkollegiums[63]. Und als vierzig Jahre später ein Leipziger Professor in einem Briefe an Leibniz jenes Zeitpunktes gedachte, wo dieser „seiner *undankbaren* Vaterstadt“ Lebewohl gesagt habe, so antwortete Leibniz schön und seiner würdig: „Ich freue mich, daß unser Leipzig aus so schweren Zeiten sich glücklich durchgekämpft hat und wieder in Blüte steht. Ich liebe meine Vaterstadt, wie billig, und habe kein Gefühl, daß sie gegen mich undankbar gewesen. Denn daß ich als ein Jüngling, der fast noch Knabe war, unter so vielen an Jahren und Gelehrsamkeit ansehnlichen Leuten zurückgesetzt wurde, gibt mir keinen Grund

---

[63] Nova methodus discendae docendaeque Jurisprudentiae § 82; Dutens IV, 3, 217–218.

zur Klage. Indessen reut mich auch meine Ungeduld nicht; Gott lenkt die Irrtümer der Menschen so, daß schlimme Erlebnisse oft einen guten Ausgang nehmen"[64].

Das Gefühl einer unverdienten Zurücksetzung hat Leibniz ohne Zweifel gehabt und behalten. Die fünf Jahre, die er bis zur Bewerbung um die juristische Doktorwürde warten mußte, hatten ihm schon viel zu lange gedauert, denn er fühlte sich längst diesem Ziele gewachsen. Endlich war der Zeitpunkt da, und man wies ihn ab, weil er noch zu jung sei. Noch länger zu warten, war ihm unmöglich, und er hätte es seiner für unwürdig gehalten. So konnte er in Leipzig nicht länger bleiben, und sein Entschluß war schnell gefaßt. Er sagt in seiner autobiographischen Skizze: „Als ich die Ränke meiner Mitbewerber bemerkt hatte, so änderte ich meinen Entschluß, ich wollte auf Reisen gehen und Mathematik studieren. Denn ich hielt es eines jungen Mannes für unwürdig, wie angenagelt an der Scholle zu haften, und mein Geist brannte vor Begierde, größeren Ruhm in den Wissenschaften zu gewinnen und die Welt kennen zu lernen"[65].

Ungeduldig über den Zeitverlust und verstimmt über die Zurückweisung, verließ Leibniz seine Vaterstadt und begab sich noch im Herbst 1666 auf die nürnbergische Universität Altdorf, um hier die akademische Würde zu erreichen, die man ihm in Leipzig vorenthalten hatte. Er verteidigt in Altdorf eine Abhandlung über die verwickelten Rechtsfälle. Mit einer glänzenden Disputation, die alle Welt in Erstaunen setzt, erwirbt er den 5. November 1666 die Würde eines Lizentiaten und wird am 12. Februar 1667 zum Doktor beider Rechte promoviert. Seine Gelehrsamkeit, Klarheit und Rednergabe erregen die größte Bewunderung. Er bekommt später Briefe zu lesen, die von dem Disputationsakte berichten und seines Lobes voll sind. Selbst der Dekan der juristischen Fakultät, Johann Wolfgang Textor[66], schreibt an Dilher, den ersten Prediger Nürnbergs, daß Leibniz mit dem höchsten Ruhme disputiert habe. Der Kanzler und Syndikus der freien Reichsstadt waren bei der Promotion mit zwei Vorständen des Schulwesens zugegen; sie hören, wie Leibniz eine lateinische Rede in Prosa aus dem Stegreif, dann eine zweite in Versen nach dem Konzept hält, beide im vollkommensten Flusse, und sie wünschten nichts eifriger als dieses außerordentliche Talent für ihre Universität zu gewinnen. Mit einer behaglichen Ausführlichkeit erzählt Leibniz

[64] Klopp I, LI-LII.

[65] Guhrauer, Leibnitz II, Anh. 56.

[66] Später, von 1673–1688, Professor des römischen Rechts in Heidelberg, von wo er mit dem Ausbruche des Orléansschen Krieges nach Frankfurt ging. Er ist mütterlicherseits der Ahnherr Goethes (der Großvater seines Großvaters).

in seinen Lebensbekenntnissen diese seine Altdorfer Promotion; man fühlt, mit welchem Vergnügen er sich diesen ersten großen Triumph seiner Jugend vergegenwärtigt. Im Namen der Vorsteher des Unterrichtswesens bietet ihm der Prediger Dilher bald nachher eine Professur in Altdorf an. Aber Leibniz hatte, wie er selbst sagt, ganz andere Dinge im Sinn. Seine aufstrebenden und ihrer selbst bewußten Kräfte wollten mehr Spielraum haben, als ein akademischer Lehrstuhl gewährt. Spinoza und Leibniz, diese beiden Gegenfüßler in Charakteren und Ansichten, waren nicht gemacht, Professoren zu sein. Aus entgegengesetzten Beweggründen schlugen sie das akademische Lehramt aus, welches dem einen kurz vor seinem Tode, dem anderen beim Eintritt in das öffentliche Leben angeboten wurde; jenen fesselte die Liebe zur unabhängigen Betrachtung in der Einsamkeit des Privatlebens, diesen zog das Bedürfnis nach praktischer Tätigkeit und das Interesse an der Mannigfaltigkeit der Dinge hinaus in das große Leben der Welt.

5. Nürnberg und die Rosenkreuzer

Das akademische Leben liegt hinter ihm, einen festen Plan für die Zukunft hat er noch nicht gefaßt; so überläßt er sich zunächst einem ungewissen Schicksal und einer unabhängigen, durch den geringen Ertrag seines mütterlichen Erbteils vorläufig gesicherten Muße. In Altdorf will er nicht bleiben, nach Leipzig nicht zurückkehren; so geht er auf einige Zeit nach Nürnberg, in die nächste bedeutende Stadt, wo er sich durch die Altdorfer Promotion schon einen Namen gemacht und Freunde erworben hat. Zu diesen Freunden gehört der ihm verwandte Justus Jakob Leibniz, der Senior des geistlichen Ministeriums, und Dilher, der erste Prediger der Stadt; beide Männer sind Mitglieder jener merkwürdigen Gesellschaft der *Rosenkreuzer* und Alchymisten, die sich in Nürnberg gebildet hat, und an deren Spitze Daniel Wülfer, Prediger zu St. Lorenz, steht. Wir erinnern uns aus dem Leben Descartes', welche Anziehungskraft der Name Rosenkreuzer auf ihn geübt, mit welcher Begierde er vergebens gesucht hat, ein Mitglied dieser geheimnisvollen Gesellschaft kennen zu lernen[67]. Leibniz befindet sich in Nürnberg mitten unter Rosenkreuzern, deren einige er persönlich kennt; seine Neugierde ist rege gemacht, und es reizt ihn, selbst in die Geheimnisse dieses mystischen Bundes eingeweiht zu werden. Um dieses Ziel schnell zu erreichen, muß er die Rosenkreuzer glauben machen, daß er bereits vollkommen eingeweiht sei, und erfinderisch, wie er ist, weiß er sich schnell zu helfen. Er liest eine Menge alchymistischer Bücher,

[67] Vgl. K. Fischer, Geschichte der neueren Philosophie, Bd. I (5. Aufl.), S. 175–177.

macht sich einen Auszug der dunkelsten Redensarten und setzt daraus ein Schreiben zusammen, welches er mit der Bitte um Zulassung an den Vorstand richtet. Der Versuch glückt ihm vollkommen, und nur die Rosenkreuzer bestehen schlecht bei dieser Probe. Wirklich gilt ihnen Leibniz als ein ausgemachter Adept und wird nicht bloß in die Gesellschaft aufgenommen, sondern sogleich zum Sekretär gemacht, also zum Verwalter ihrer sogenannten Geheimnisse. Dies ist die kuriose Seite seines Nürnberger Aufenthaltes[68]. Aber sein wichtigstes Erlebnis war die Bekanntschaft eines Mannes, die er hier noch von ungefähr machte und dessen Hand ihn auf den Schauplatz der großen Welt führen sollte.

II. Die akademischen Schriften

Bevor wir diesen Wendepunkt seines Lebens näher kennen lernen, blicken wir auf die Schriften zurück, die Leibniz während seiner akademischen Jahre verfaßt hat, auf diese ersten Früchte seiner Universitätsstudien, die, mit einer Ausnahme, akademische Gelegenheitsschriften sind, welche die Abschnitte in der Laufbahn seiner Universitätsstudien bezeichnen: gelehrte, lateinisch geschriebene Abhandlungen, die zur Erreichung der üblichen Grade öffentlich verteidigt und gedruckt werden mußten. Wie die Wissenschaften, mit denen sich Leibniz vorzugsweise beschäftigt hatte, sind sie philosophischen, mathematischen, juristischen Inhalts, und sowohl die Wahl als die Behandlung der Themata zeigen, wie benachbart einander jene Wissenschaften im Geiste Leibnizens waren. Der erste akademische Grad in der Philosophie war das Bakkalariat, der zweite höhere das Magisterium der Philosophie, und um die Kandidatur für einen Platz in der Fakultät zu erwerben, mußte noch „pro loco“ disputiert werden. Nach seinen ersten drei Semestern in Leipzig erwarb sich Leibniz das Bakkalariat der Philosophie den 22. November 1662. Noch vor vollendetem Triennium wurde er Magister der Philosophie den 28. Januar 1664, und den 7. März 1666 disputierte er „pro loco“. Die erste hierher gehörige Abhandlung ist metaphysisch und zugleich historisch-philosophisch, die zweite juristisch-philosophisch, die dritte mathematisch-philosophisch.

Als Bakkalarius verfaßt er eine Abhandlung über das Prinzip der Individualität, die er unter dem Vorsitze seines Lehrers Thomasius verteidigt und welche der letztere mit der oben erwähnten Vorrede in die Öffentlichkeit einführt; er hatte sich eine der schwierigsten und umfassendsten Streitfragen der Scholastik zum Thema gewählt, die Hauptkontroverse zwischen Realismus und Nominalismus.

---

[68] Vgl. Kopp, Die Alchemie in älterer und neuerer Zeit, Heidelberg 1886, I, 232 u. 233 Anm.

Indem er diese Frage im nominalistischen Geiste entschied, bezeichnete er schon damals unter der scholastischen Verhüllung das eigentümliche Prinzip seiner künftigen Philosophie. Die neueren Philosophen sämtlich sind, scholastisch genommen, Nominalisten. Auf dieser Seite steht Leibniz schon in seiner ersten Schrift[69].

Die zweite Abhandlung behandelt die Rechtsschwierigkeit als philosophisches Problem und zeigt in einer Sammlung philosophischer Rechtsfragen, wie fruchtbringend die Philosophie in der Rechtsgelehrsamkeit sei. Gleich die ersten Sätze der Vorrede bezeichnen seinen Standpunkt: „Ich unternehme eine schwierige und meinen Kräften überlegene, aber eine fruchtbare und mir willkommene Sache, denn, von der Philosophie genährt, bin ich ein Schüler der Jurisprudenz geworden, und so oft diese mir die Gelegenheit bot, bin ich auf die Philosophie zurückgegangen und habe die Punkte ins Auge gefaßt, worin beide Wissenschaften einander berühren oder verwandt sind. Auch soll die gegenwärtige Betrachtung dazu beitragen, den Juristen von Fach die Geringschätzung der Philosophie zu nehmen, denn sie werden sehen, wie viele Stellen ihres gelehrten Rechts ohne die Leitung der Philosophie ein unentwirrbares Labyrinth sein würden, und wie die alten Autoritäten ihrer Wissenschaft zugleich in die Tiefen der Philosophie eingeweiht waren. Nur deshalb hat Ulpian die Jurisprudenz die Wissenschaft der göttlichen und menschlichen Dinge genannt, weil er überzeugt war, daß ohne philosophische Einsicht und Vorbildung weder der Jurist zustande kommen noch die Wissenschaft von Recht und Unrecht erworben werden könne“[70].

Die wichtigste und zugleich für die Zukunft folgenreichste Abhandlung ist die dritte. Der Plan, welchen das Studium der Logik in Leibniz geweckt hatte, war die Auffindung des Gedankenalphabetes und der Gedankenschrift. Sind die Elemente aller Begriffe entdeckt und die Zeichen dafür bestimmt, so müssen sämtliche philosophische Aufgaben und ihre Lösungen in den Kombinationen der Begriffe enthalten sein und die Philosophie in eine logische Kombinationsrechnung aufgehen. Neben dem Gedankenalphabet und der Gedankenschrift wird daher die Kombinationsmethode in den Zusammenhang der Ideen eingreifen, welche Leibnizen in dieser Zeit beschäftigen. Die Mathematik gibt

[69] Disputatio metaphysica de principio individui (1663); Gerhardt Phil. IV, 15–26. Vgl. auch: Leibnitz's Dissertation De Principio Individui, herausgegeben und eingeleitet von G. E. Guhrauer, Berlin 1837.

[70] Specimen quaestionum philosophicarum ex jure collectarum (1664). Die Schrift wurde 1667, 1669 und 1672 unter dem veränderten Titel: „Specimen Encyclopaediae in jure, seu quaestiones philosophicae amoeniores, ex jure collectae“ in den „Specimina Juris“ wieder abgedruckt. Dutens IV, 3, 68–91.

in ihrer Zeichenschrift ein Beispiel der Gedankenschrift, sie gibt in ihrer Kombinationsmethode ein Vorbild für die Kombination der Begriffe. Hier, wo Mathematik und Philosophie einander begegnen, findet Leibniz sein Thema: er schreibt eine arithmetische Abhandlung über die *„Komplexionen"* und erweitert sie noch in demselben Jahre zu seiner Schrift über die *„Kombinationskunst"*, die schon die Keime zu der späteren Erfindung der Differentialmethode enthält und das Projekt der allgemeinen Charakteristik bestimmt ins Auge gefaßt hat. Diese Zusammenhänge machen die Schrift bedeutungsvoll. Die logischen Einteilungen, welche Leibnizen schon in der Schullogik so lebhaft interessiert hatten, sind nichts anderes als angewandte Kombination. Als Beispiel einer solchen Kombination gibt er unter anderem die Auffindung aller möglichen Arten des kategorischen Schlusses, alle sogenannten Schlußmodi, womit sich die Schullogik seit Aristoteles so eifrig beschäftigt hatte[71].

Die zweite Reihe der Abhandlungen ist juristischen Inhalts. Auch hier zeigt sich in der Wahl und Behandlung der Themata Leibnizens philosophischer Geist. Die beiden ersten Abhandlungen, die er im Juli und August 1665 öffentlich verteidigt, betreffen die römische Rechtslehre von den Bedingungen (de conditionibus). „Diese Lehre", so beginnt die Einleitung der Schrift, „bildet gewissermaßen einen Teil der *juristischen Logik*, denn sie behandelt die hypothetischen Sätze im Recht." Und im Hinblick auf die Methode, die er befolgen will, heißt es in der Vorrede: „Ich will wenigstens nicht unbemerkt lassen, daß in der Bestimmung des Rechts die alten Juristen so viel Geist und tief eindringende Schärfe gezeigt haben, daß, um ihre Erklärungen in die Form vollkommen sicherer und fast mathematischer Beweisführungen zu bringen, eigentlich nur die formale Arbeit des Sichtens, aber kein weiterer Scharfsinn des Ergänzens erforderlich ist."[72]

Im folgenden Jahre verteidigt er in Altdorf die schon erwähnte Abhandlung über die verwickelten Rechtsfälle. Auch dieses Thema bietet ein eigentümlich logisches und philosophisches Interesse. Die „casus perplexi" sind gleichsam juristische Antinomien, bei denen sich für die entgegengesetzten Seiten gültige Rechtsgründe erheben lassen. Wie ist in solchen schwierigen Fällen die Sache zu entscheiden? Die einen sagen, sie sei nicht zu entscheiden und bleibe daher

[71] Disputatio arithmetica de complexionibus (1666). – Dissertatio de arte combinatoria (1666), Gerhardt Phil. IV, 27–102.

[72] Disputatio juridica de conditionibus (14. Juli 1665) und Disputatio juridica posterior de conditionibus (17. August 1665). Beide wieder abgedruckt unter dem Titel „Specimen certitudinis seu demonstrationum" in jure, exhibitum in doctrina conditionum 1667, 1669 und 1672 in den „Specimina juris". Dutens IV, 3, 92–158.

unentschieden, die anderen dagegen, sie lasse sich nur durch das Los entscheiden, die dritten endlich wollen die Entscheidung dem persönlichen Ermessen des Richters überlassen. Dagegen fordert Leibniz auch hier eine wirkliche Rechtsentscheidung. Man müsse dann das Recht hinzutun, wie (nach einer Glosse des Landrechts) „die Arznei zur Seuche". Das Recht höre auf, wo die positiven Gesetze aufhören, vielmehr gelten die letzteren nur kraft eines Vertrages, der den Staat begründet, das Recht der Gesetzgebung der fürstlichen Gewalt übertragen und das Natur- und Völkerrecht beschränkt habe. Wo also die Gesetze nichts entscheiden, da trete dieses Recht wieder in Kraft, und bei ihm sei die Entscheidung zu suchen[73].

Während seiner juristischen Studien hatte die Verbindung der Philosophie mit der positiven Rechtswissenschaft und der Gebrauch, der von jener in dieser zu machen sei, ganz besonders seine Aufmerksamkeit beschäftigt. Die logisch genaue und vollkommene Durchbildung der juristischen Lehren hatte ihm eingeleuchtet und seinen Geist mit Bewunderung erfüllt. Es konnte sich in der Anwendung der Philosophie auf die Rechtsgelehrsamkeit nicht sowohl um die materiale Aufgabe handeln, das Recht zu machen, als vielmehr um die formale, das gegebene Material methodisch zu fassen, indem man es klärt, sichtet, vereinfacht und ordnet. Eine solche Methode würde der Jurisprudenz eine Form geben, in der sie faßlicher und leichter sowohl gelehrt als gelernt werden könne. In dieser Absicht schreibt Leibniz seine „Neue Methode, die Rechtswissenschaft zu lernen und zu lehren", die letzte Schrift seiner akademischen Jahre, die einzige, welche nicht zu einem akademischen Gebrauche bestimmt war. Er hatte sie auf einer Reise verfaßt, sie sollte den Übergang aus dem akademischen in das praktische Leben machen, denn sie half ihm zu seiner ersten amtlichen Stellung, wodurch seine ganze folgende Laufbahn bestimmt wurde[74].

---

[73] Disputatio inauguralis de casibus perplexis in jure (1666). Wieder abgedruckt unter dem Titel „Specimen difficultatis in jure seu dissertatio de casibus perplexis" 1667, 1669 und 1672 in den „Specimina juris". Dutens IV, 3, 45–67.

[74] Nova methodus discendae docendaeque jurisprudentiae (1667). Dutens IV, 3, 159.

Viertes Kapitel. Leibniz in Mainz. Amtliche Stellung. Philosophische Schriften

I. Johann Christian von Boineburg

Das akademische Lehramt in Altdorf hatte Leibniz ausgeschlagen, weil sein Geist auf ganz andere Dinge gerichtet war. Mit diesem sicheren Vorgefühl, welches bedeutenden Menschen nie fehlt, ging er seiner Zukunft entgegen, ungewiß, wo sich ihm die Pforte zu jenem größeren Wirkungskreise öffnen werde, der seinen Kräften und Neigungen gemäß sei. Da machte er von ungefähr noch während seines Aufenthaltes in Nürnberg die Bekanntschaft des früheren kurmainzischen Ministers *Johann Christian von Boineburg*. Die Bekanntschaft verwandelt sich bald in ein nahes Verhältnis, und im Verkehr mit den ausgebreiteten Erfahrungen des weltkundigen Mannes erweitert Leibniz seinen Gesichtskreis und gewinnt den ersten Einblick in die großen Verhältnisse der Welt, den ersten Antrieb, seine eigenen Kräfte in einer staatsmännischen Tätigkeit zu versuchen.

Wir müssen die Persönlichkeit dieses so merkwürdigen und in dem Leben unseres Philosophen so einflußreichen Mannes etwas näher ins Auge fassen. Er war in der Kraft des männlichen Alters, ein Vierundvierzigjähriger, als Leibniz ihn kennenlernte. Seine glänzende, öffentliche Laufbahn lag damals schon hinter ihm, sie hatte gegen Ende des dreißigjährigen Krieges, vier Jahre vor dem westfälischen Frieden begonnen und nach zwanzig Jahren einer schicksals- und einflußreichen Wirksamkeit mit einem jähen Falle geendet. Seine Heimat war Thüringen, er stammte aus einem Geschlechte alten Reichsadels und lutherischen Bekenntnisses, sein Vater war Präsident des geheimen Rates und Obermarschall in Eisenach gewesen, er selbst hatte in Jena und Helmstedt studiert und namentlich unter *Hermann Conring*, einem berühmten Staatsrechtslehrer in Helmstedt, mit dem er lebenslänglich befreundet blieb, seine staatswissenschaftlichen Studien gemacht, bevor er in den Diensten des Landgrafen von Hessen-Braubach seine diplomatische Laufbahn begann. Dieser Fürst hatte eine Forderung an die Königin von Schweden, Boineburg wurde mit dem Geschäfte beauftragt und ging als Gesandter nach Stockholm. Hier lebte er in näherem Verkehr mit dem schwedischen Kanzler Axel Oxenstierna. Im Jahre 1650 kehrte er nach Deutschland zurück und galt bereits als Diplomat von ausgezeichnetem Ruf, der einen größeren Wirkungskreis verdiente als den eines Hofrats in Hessen-Braubach. Der Kurfürst von Mainz berief ihn in seine Dienste. Mit dreißig Jahren ist Boineburg am Hofe von Mainz, was sein Vater in Eisenach war: Präsident des geheimen Rates und Obermarschall. Ein Protestant in der Stelle eines ersten Ministers am Hofe des ersten katholischen Kirchenfürsten in Deutschland! Einen solchen Widerspruch konnten die damaligen Verhältnisse nicht auf die Dauer ertragen. Zum Teil mag es Nachgiebigkeit gegen die Macht dieser Verhältnisse, zum Teil wirklich eine religiöse Umstimmung gewesen sein, welche Boineburg dazu brachten, den Glauben seiner Väter zu verlassen und in Mainz zur römisch-katholischen Kirche überzutreten. Es ist gewiß, daß dieser Übertritt seine politische Stellung in Mainz befestigen mußte, und daß auch Boineburgs religiösbeweglicher Sinn sich zum Katholizismus hingetrieben fühlte, daß also äußere und innere Gründe zugleich die Bekehrung veranlaßten. Das siebzehnte Jahrhundert ist reich an solchen Bekehrungen, deren Motive aus weltlichen Interessen und katholisierender Phantasie gemischt waren. Dem feindseligen und blinden Glaubenseifer, welcher häufig die Apostaten zu befallen und gegen ihren eigenen früheren Glauben fanatisch zu verdunkeln pflegt, blieb Boineburg fremd; er war aufrichtig tolerant und wünschte die Wiedervereinigung beider Kirchen im Sinne der Versöhnung und Ausgleichung. Auch in dieser Rücksicht sind seine Ideen einflußreich auf Leibniz gewesen.

Zwölf Jahre steht Boineburg in Mainz an der Spitze der Staatsgeschäfte (1652–1664), und da Mainz als die erste deutsche Kurmacht zugleich die Führung der Reichsgeschäfte zu besorgen hat, so ist er im weitesten Umfange tätig, und sein Einfluß erstreckt sich in die wichtigsten deutschen und europäischen Zeitfragen. Eine Menge bedeutender Ereignisse drängen sich in diese Jahre: der Tod des Kaisers Ferdinand III. (1657), die Wahl seines Sohnes Leopold I. (Juli 1658), die Gründung des rheinischen Bundes (August 1658), der Pyrenäische Frieden (1659), der Tod Mazarins, der Beginn der Alleinregierung Ludwigs XIV. (1661), der Türkenkrieg in Ungarn (1663). In allen großen Angelegenheiten dieser Zeit finden wir Boineburg wirksam: er spielt eine hervorragende Rolle in der Frage der Kaiserwahl, er ist Gesandter beim Abschluß des Pyrenäischen Friedens, wo er sich mit Mazarin befreundet, er bewirkt dem Kaiser die Hilfe des Reiches im Kriege gegen die Türken, er ist der Mitbegründer und Träger eines politischen Systems, welches seinen Stützpunkt in Mainz und die Aufgabe hat, den westfälischen Frieden zu erhalten, das Gleichgewicht zwischen Frankreich und der habsburgischen Macht zu befestigen, um dadurch das deutsche Reich zu sichern.

Auf dem Reichstage zu Regensburg 1653 wird er zum römischen Ritter geschlagen. Der Kaiser selbst gibt ihm die Aussicht auf die Stelle des Reichsvizekanzlers, aber die nächste Kaiserwahl bringt Boineburg in eine Stellung, welche ihm die Stimmung am Hofe in Wien abgeneigt macht. Ferdinand III. steht auf der Seite Spaniens gegen Frankreich, auf der Seite Polens gegen Schweden: dies ist der Grund, warum nach seinem Tode Frankreich und Schweden alles aufbieten, um die Wahl eines Kaisers aus dem Hause Habsburg zu hindern. Ludwig XIV. selbst bewirbt sich um die deutsche Kaiserkrone. Da diese Bewerbung keine Aussichten hat, so unterstützt der französische Einfluß die Wahl des Kurfürsten von Bayern. Boineburg steht in diesen Wahlmachinationen auf französischer Seite, der mainzische Kanzler auf österreichischer, der Kurfürst selbst schwankt zwischen beiden.

Endlich siegt die österreichische Partei. Leopold wird zum Kaiser gewählt den 18. Juli 1658, aber zugleich wird in Rücksicht auf die auswärtige Lage der Dinge die Macht des neuen Kaisers zugunsten Frankreichs beschränkt. Es soll dem Kaiser nicht erlaubt sein, den Spaniern durch deutsche Länder hindurch Hilfe zu senden. Gleich nach der Kaiserwahl wird in Mainz der *rheinische Bund* gegründet, dessen Stifter und Haupt der Kurfürst von Mainz ist. Zu diesem Bunde gehören außer Frankreich und Schweden das lüneburgische Gesamthaus, Hessen-Kassel, Münster, Pfalz-Neuburg, mehrere süddeutsche Fürsten, seit 1659 Württemberg, Darmstadt, der Bischof von Basel, Zweibrücken, seit 1661 auch Brandenburg. Das Bündnis dauert bis 1667.

Es war keine feile Abhängigkeit von Frankreich, sondern die besonnene Einsicht in die damalige Lage der Dinge, in die Notwendigkeit eines gesicherten Gleichgewichts zwischen der französischen und österreichischen Weltmacht, die Boineburg sowohl in der Frage der Kaiserwahl als in der Gründung des rheinischen Bundes Frankreichs Forderungen Rechnung tragen ließ. Er zog sich dadurch die Ungnade des neuen Kaisers zu, doch hinderte ihn dieser Umstand nicht, dem Kaiser im Interesse des Reiches und des europäischen Friedens einen großen Dienst zu leisten. Die Türken waren schon 1660 verheerend in Ungarn eingefallen, der Kaiser begehrte auf dem Reichstage in Regensburg 1663 die Hilfe der deutschen Reichsstände, welche in einem Falle, der keinen Reichskrieg betraf, wenig geneigt waren, eine solche Hilfe zu leisten. Daß sie es dennoch taten, war dem Einfluß und den eindringlichen Vorstellungen Boineburgs zu danken, und die Folge war der glänzende Sieg bei St. Gotthard (1664), der dem Kriege für diesmal ein Ende machte.

Indessen lagen schon die Minen bereit zum Sturze des vielvermögenden Mannes. Die Stimmung am Hofe in Wien war gegen ihn, auch in Paris war man ihm abgeneigt, namentlich der Minister Lionne, der Nachfolger Mazarins, glaubte sich persönlich von ihm verletzt. Auch hatte sich Boineburg auf dem letzten Reichstage in Regensburg gegen die Politik Ludwigs XIV. freimütig erklärt und dadurch den französischen Einfluß wider sich aufgebracht. Seine nächsten und schlimmsten Feinde waren in Mainz. Der Bruder des Kurfürsten begünstigte den Hauptgegner Boineburgs, und es gelang, den Kurfürsten selbst dergestalt gegen ihn einzunehmen, daß bei der ersten Gelegenheit, es handelte sich um eine Gesandtschaft an Ludwig XIV., Boineburg auffallenderweise zurückgesetzt und sein Gegner vorgezogen wurde. Jener schrieb einen leidenschaftlichen Brief an Lionne, welchen dieser dem Gegner mitteilte. Der Verdacht des Kurfürsten wurde so weit gebracht, daß er Boineburg für einen Verräter hielt, der im Geheimen falsches Spiel gegen ihn getrieben; er entsetzte ihn seiner Ämter, ließ ihn verhaften und auf die Festung Königstein bringen. Hier blieb Boineburg mehrere Monate gefangen und wurde erst im Anfange des Frühlings 1665 seiner Haft entlassen, nachdem die Untersuchung bewiesen hatte, daß er unschuldig war. Der Kurfürst bot ihm zu wiederholten Malen die ehrenvollste Wiedereinsetzung an, aber Boineburg schlug sie aus im tiefgekränkten Gefühle erlittenen Undankes. Er lebte seitdem als Privatmann in Frankfurt in beschaulicher Muße, mit religiösen Betrachtungen und literarischen Arbeiten beschäftigt. Indessen reifte allmählich die Versöhnung zwischen ihm und dem Kurfürsten und wurde zuletzt durch ein verwandtschaftliches Band befestigt, da der Neffe des Kurfürsten die Tochter Boineburgs heiratete. Seit 1668 lebte Boineburg wieder in Mainz im vollkommensten Ansehen, aber ohne amtliche Stellung. Im folgenden Jahre finden wir ihn noch einmal tätig auf dem diplomatischen Schauplatz, er geht im Namen und Interesse eines deutschen Fürsten als Gesandter nach Polen zur Königswahl, und wir werden auf den Zweck und Erfolg dieser Gesandtschaft zurückkommen, die Leibnizens erste politische Denkschrift hervorgerufen hat.

Es war drei Jahre nach seinem Sturz, im Herbst 1666, als Boineburg auf einer seiner gelegentlichen Reisen durch Nürnberg kam und hier an einer öffentlichen Tafel die Bekanntschaft des jungen Leibniz machte. Bald fühlen beide sich zu einander hingezogen: Boineburg zu dem jungen, aufstrebenden Rechtsgelehrten, der mit einer solchen Fülle des Wissens zugleich so viel neue Ideen, eine so erstaunliche Arbeitskraft und Gabe der Darstellung vereinigt, und Leibniz zu dem älteren, hocherfahrenen, weitblickenden Staatsmann. Er folgt ihm nach Frankfurt (Frühjahr 1667), läßt auf seinen Rat die Schrift über die neue Lehrmethode der Rechtswissenschaft drucken und widmet sie dem Kurfürsten von Mainz. Mit dieser Empfehlung, die er sich selbst gibt, betritt Leibniz den ersten Schauplatz seiner praktischen und amtlichen Wirksamkeit. Boineburg schickte die Schrift über die neue Methode seinem Freunde Conring in Helmstedt und sagte brieflich: „Ich kenne den Verfasser sehr genau, er ist Doktor der Rechte, zweiundzwanzig Jahre alt, sehr unterrichtet, vortrefflicher Philosoph, ein Mann von außerordentlicher Gelehrsamkeit, scharfem Urteil und großer Arbeitskraft“[75].

II. Johann Philipp von Schönborn

Der Kurfürst von Mainz, Johann Philipp von Schönborn, war nicht bloß dem Range nach der erste, sondern auch nach seinem persönlichen Werte einer der bedeutendsten unter den Fürsten des damaligen Reiches. Der Sohn eines einfachen Landedelmannes im Westerwalde, „ein Westerwälder Bauer“, wie er sich selbst gern nannte, war er auf der Leiter der geistlichen Würden schnell emporgestiegen, vom Kanonikus zum Fürstbischof in Würzburg und fünf Jahre später zum Kurfürsten von Mainz (1647). Er war damals zweiundvierzig Jahre alt. Zwanzig Jahre später kam Leibniz in seine Nähe. In religiösen Dingen war er tolerant gesinnt und einer der ersten deutschen Fürsten, der die Hexenverbrennungen in seinem Lande abschaffen ließ. In politischer Rücksicht haben wir ihn als den Stifter und das Haupt des Rheinbundes (15. August des Jahres 1658) schon kennen gelernt, dessen Zweck nach innen die Sicherheit des Reiches, nach außen das Gleichgewicht zwischen Frankreich und Österreich sein sollte. Wir dürfen annehmen, daß er in religiöser wie politischer Hinsicht mit den Ideen Boineburgs im wesentlichen übereinstimmte, und daß diese Übereinstimmung das Band zwischen beiden ausmachte. Ein Brief, der viele Jahre nach dem Tode des Kurfürsten geschrieben ist, zeigt, wie Leibniz über ihn urteilte. „Johann Philipp von Schönborn“, so heißt es in jenem Briefe, „war einer der hellsehendsten Fürsten, die Deutschland je gehabt hat. Er war ein Geist von hohen Ideen, der die großen Angelegenheiten der ganzen Christenheit im Auge hatte. Seine Absichten waren gut. Er suchte die Grundlage seines Ruhmes in der Sicherheit und Ruhe seines Vaterlandes und glaubte, das eigene Interesse mit dem des Reiches in Übereinstimmung bringen zu können. Ich will glauben, daß er damals nicht der Meinung war, daß sich das Gleichgewicht der beiden Großmächte Europas so leicht ändern und Frankreich so schnell das Übergewicht nehmen würde. Wie dem auch sei, er hatte das Elend Deutschlands gesehen, dessen Trümmer noch rauchten, und er gehörte zu denen, die alles aufboten, dem Lande

75 Gruber I, 1208f.

die Ruhe wiederzugeben. Kaum fing Deutschland an, etwas aufzuatmen, es war fast nur von unmündiger Jugend bevölkert; man hatte Grund, von der gereizten Haltung Schwedens, von der drohenden Frankreichs Krieg zu befürchten; wenn der Krieg von neuem ausbrach, so hatte man zu besorgen, daß dann das nachwachsende Geschlecht im Keime vernichtet und ein großer Teil des unglücklichen Deutschlands fast zur Wüste gemacht werden würde. Um nun die beiden bei der Kaiserwahl Leopolds einander widerstreitenden Mächte einigermaßen zu befriedigen und den Frieden zu erhalten, schien es ihm notwendig, dem Kaiser durch eine Wahlkapitulation die Hände zu binden und diese Kapitulation durch das sogenannte Rheinbündnis zu sichern. Ob dieser Rheinbund dem Kaiser nützlich oder schädlich gewesen ist, ob die Kronen die gehofften Vorteile wirklich gewonnen haben, das ist eine schwierige und viel bestrittene Frage“[76].

III. Leibnizens amtliche Stellung

Im Jahre 1667 kam Leibniz von Frankfurt nach Mainz und überreichte dem Kurfürsten seine Schrift. Er war damals in Mainz völlig unbekannt und hatte dort niemand, dessen Einfluß ihn unterstützte. Dem Kurfürsten, der wohl durch Boineburg von ihm gehört haben mochte, gefielen seine juristischen Reformvorschläge um so mehr, als er selbst eine Verbesserung des Gesetzbuches wünschte und mit einer Revision desselben den Hofrat Hermann Andreas Lasser bereits beauftragt hatte. An diesem Werk sollte jetzt Leibniz mitarbeiten und es gemeinschaftlich mit Lasser fördern. So trat er in die Dienste des Kurfürsten und wurde im Jahr 1671 zum Kanzleirevisionsrat ernannt. Sein Aufenthalt und seine amtliche Tätigkeit in Mainz selbst dauerte nur wenige Jahre. Im März 1672 rief ihn ein wichtiger diplomatischer Zweck nach Paris; am Ende desselben Jahres starb Boineburg, im Anfang des folgenden der Kurfürst Johann Philipp, und die mainzischen Verhältnisse gestalteten sich unter dem Nachfolger so, daß Leibniz in seine dortige Stellung nicht mehr zurückkehrte.

Wir werden davon später ausführlich reden. Jetzt nehmen die Schriften, welche während der mainzischen Periode, also in den Jahren von 1667–1672 entstanden sind, zunächst unsere Aufmerksamkeit in Anspruch, und hier unterscheiden wir die philosophischen von den politischen. Die letzteren sind bei weitem die wichtigsten. Wir werden dieselben eingehend und im Zusammenhange entwickeln, denn sie enthalten ein umfassendes

[76] Guhrauer, Kurmainz in der Epoche von 1672, II, 91. Vgl. Klopp I, Einl. XVIII–XIX.

System politischer Gedanken und gewähren uns einen sehr deutlichen Einblick in die Fragen, welche das damalige Zeitalter, insbesondere die mainzische Politik und Leibnizen im Bunde mit Boineburg und Johann Philipp beschäftigen. Zugleich läßt sich aus der Form und Methode dieser Schriften besser als aus seinen übrigen jener Zeit der logisch geschulte Denker erkennen.

IV. Die philosophischen Schriften und ihr Standpunkt

Zunächst betrachten wir die philosophischen Schriften. Sie fallen in die Jahre von 1668–1670 und sind hauptsächlich theologischen und naturphilosophischen Inhalts. Wir erkennen die in Leibniz schon befestigte Ansicht, daß die Philosophie einer durchgängigen Erneuerung, daß sie neuer Grundlagen und einer neuen Form auch in Ansehung der Sprache bedürfe. Auch sehen wir aus einem Briefe jener Zeit, dessen wir später gedenken werden, daß Leibniz das neue Prinzip, welches er selbst in die Philosophie einführt, schon damals erfaßt hatte; aber wir können nicht sagen, daß in den philosophischen Schriften der mainzischen Periode dieses Prinzip schon seine Früchte trägt und in einer gewissen Reife erscheint. Indessen gilt uns die wichtige Tatsache, daß Leibniz bereits einen Gesichtspunkt gewonnen hat, der mit Bewußtsein über den damaligen Stand der neueren Philosophie hinausstrebt.

Diese Tatsache, die sich feststellen läßt, entscheidet die vielverhandelte Frage, ob Leibniz jemals Kartesianer oder Spinozist gewesen sei, bevor er der Mann *seines* Systems wurde. Nach der mainzischen Zeit konnte er keines von beiden mehr sein, vorher aber kann von einem spinozistischen Standpunkte, welchen Leibniz gehabt, schon darum nicht geredet werden, weil ihm damals die eigentümliche Lehre Spinozas noch gar nicht bekannt war. Der theologisch-politische Traktat erschien gegen Ende seines Aufenthaltes in Mainz (1670), das Hauptwerk sieben Jahre später. Auch ist seine ganze Geistesrichtung von Natur dem Spinozismus zuwider. Schon aus der Grundform seiner geistigen Persönlichkeit läßt sich erkennen, daß Leibniz in die Lehre Spinozas nie wirklich eingehen konnte. Was aber Descartes betrifft, so zeigt sich Leibniz in seinen früheren Schriften nirgends schülerhaft von ihm abhängig: in seinen späteren erklärt er selbst ausdrücklich, daß er nie ein Anhänger der Lehre Descartes' gewesen sei. Es darf darum als ein ausgemachter Satz gelten, daß Leibniz auf dem Wege zu seiner Philosophie die unmittelbar vorhergehenden Standpunkte des Descartes und Spinoza keineswegs schülerhaft durchlaufen habe und in diesem Sinne weder je Kartesianer noch Spinozist gewesen sei. Man hat für seinen Kartesianismus die Schrift „De vita beata“ als Zeugnis angeführt, doch ist nachgewiesen worden, daß diese Schrift nicht sein eigenes

Werk, sondern ein Auszug aus verschiedenen Schriften Descartes' war[77].

Die harmonistische Richtung, die wir als einen Grundzug der Leibnizischen Denkweise kennen gelernt haben, tritt sehr deutlich in den philosophischen Schriften der mainzischen Periode hervor. Man sieht, wie Leibniz bemüht ist, die kirchliche Theologie mit der rationalen, die Theologie mit der Philosophie, die Aristotelische Philosophie mit der neueren zu versöhnen, wie er einem philosophischen Universalsystem zustrebt, worin die vorhandenen Gegensätze gelöst sind: er möchte die mechanische und materialistische Naturerklärung mit der ideologischen in Einklang bringen, er möchte den Zweckbegriffen eine erneute und gründliche Geltung in der Philosophie zurückgewinnen und eben dadurch der atheistischen Denkweise, welche die naturalistischen Theorien der Neueren mit sich gebracht haben, die Spitze abbrechen. Er will in dem System einer natürlichen, d.h. auf Erkenntnis der Natur gegründeten Theologie Naturalismus und Theologie vereinigen. Ist die Philosophie fähig zu einer natürlichen Theologie, so wird sie auch den Grundideen der Religion und der Annäherung an die positive Theologie und das kirchliche Glaubenssystem nicht abgeneigt bleiben. Es handelt sich für Leibniz darum, die natürliche Theologie zu begründen und zwischen ihr und der kirchlichen eine Art Waffenstillstand zu schließen. Die Begründung der natürlichen Theologie gilt ihm als der Sieg über die Atheisten, die Entwaffnung der natürlichen Theologie gegenüber der kirchlichen als der Sieg über die Häretiker. Beide Siege kommen den kirchlichen wie den irenischen Interessen zugute. Und da wir wissen, wie sehr beide Interessen Boineburg am Herzen lagen, so ist es ohne Zweifel die Nähe und der Einfluß dieses Mannes gewesen, der den Ideen unseres Leibniz in der mainzischen Zeit diese Richtung gegeben hat.

1. Die Schrift wider die Atheisten

Ein Aufsatz, den Leibniz im Anfange seines mainzischen Aufenthaltes zur Widerlegung der Atheisten geschrieben hatte, gelangte durch Boineburg in die Öffentlichkeit; er teilte die Handschrift Spenern mit, und dieser gab sie weiter an Gottlieb Spizel, der den Aufsatz, ohne den Namen des Verfassers zu kennen, in seinem an Reiser gerichteten Briefe „Über die gründliche Vertilgung des Atheismus“ veröffentlichte. Nicht der Verfasser, sondern dieser Herausgeber ist es, von dem der Aufsatz den pomphaften Titel „Bekenntnis der Natur gegen die Atheisten“ erhal-

[77] A. Trendelenburg, Historische Beiträge zur Philosophie, Berlin 1855, II, 192–233.

ten hat[78]. Was Leibniz mit seiner Abhandlung bezweckt, ist die Widerlegung der Atheisten durch den Naturalismus, auf den sie sich stützen. Ein Tropfen aus dem Becher der Philosophie führe von Gott ab; wenn man aber den Becher bis auf den Grund leere, so kehre man zu Gott zurück. Diesem Ausspruche Bacons stimmt Leibniz bei. Die oberflächlich gekostete Philosophie habe die Köpfe verwirrt und die Wissenschaft gottlos gemacht. Es sei eine herrschende Zeitansicht geworden, daß die Naturerkenntnis den Glauben entkräfte, daß aus natürlichen Gründen weder der Glaube an Gott noch an die Unsterblichkeit der menschlichen Seele gelten dürfe, daß die Grundlagen der Religion nicht in der Erkenntnis der Dinge, sondern nur in der bürgerlichen Übereinkunft und der geschichtlichen Überlieferung zu suchen seien. Hobbes vor allen habe dieser Denkweise das Wort geredet.

Der Keim der Frage liege darin, ob sich die Erscheinungen der Körperwelt ohne unkörperliche Ursache erklären lassen? Man könne den modernen Philosophen, welche die Lehren des Demokrit und Epikur wiedererneuert haben und die Robert Boyle nicht übel Korpuskularphilosophen nenne, Männern, wie Gassendi, Bacon, Hobbes u. a., darin beistimmen, daß die Erscheinungen der Körper aus deren Grundeigenschaften, nämlich Größe, Figur und Bewegung herzuleiten seien. Der Körper ist Dasein (Existenz) im Raum. Aus seiner Räumlichkeit folge Größe und Figur, aus seiner örtlichen Existenz folge die *Möglichkeit* der räumlichen Veränderung (mutatio spatii), diese ist Bewegung: also folge aus der körperlichen Natur als solcher nicht die Bewegung, sondern nur die Bewegbarkeit, auch nicht diese bestimmte Größe und diese bestimmte Gestalt. Ebensowenig können die Eigenschaften des festen Körpers, nämlich der Widerstand, der Zusammenhang seiner Teile und die Zurückstoßung (resistentia, cohaerentia, reflexio) lediglich aus Größe, Figur und Bewegung erklärt werden. Daher bedürfen die Tatsachen und Erscheinungen der Körperwelt in ihren bestimmten Größen, Gestalten und Bewegungen, da sie nicht aus den bloßen Eigenschaften der körperlichen Natur hergeleitet werden können, zu ihrer Erklärung einer *unkörperlichen* Ursache, einer gestaltenden, bewegenden, ordnenden Kraft, von der sich leicht nachweisen lasse, daß ihr Einheit, Intelligenz, Weisheit und Macht zugeschrieben werden müssen, d.h. die Eigenschaften Gottes.

Aus der Natur des Körpers folge das Dasein Gottes. Aus der Natur des Geistes folge ebenso aus rationellen Gründen die

[78] Confessio naturae contra atheistas; Gerhardt Phil. IV, 105–110. Vgl. Theophili Spizelii de atheismo eradicando ad virum praeclarissimum Dn. Antonium Reiserum Augustanum, etc. Epistola. Accessit pius literati hominis secessus., Augustae Vindelic. 1669. S. 125–135.

Unsterblichkeit. Der Geist ist ein tätiges Wesen, seine Tätigkeit besteht im Denken, die denkende Tätigkeit ist Objekt unmittelbarer Wahrnehmung. Was unmittelbar gewiß ist, das ist so beschaffen, wie es wahrgenommen wird, das Denken wird wahrgenommen ohne Teile: also ist es ohne Teile. Die Bewegung ist nicht ohne Teile: also ist das Denken nicht Bewegung und das denkende Wesen oder der Geist nicht bewegbar, nicht trennbar, nicht aufzulösen, nicht zu zerstören. Der Geist ist demnach unzerstörbar oder unsterblich, was Leibniz auf diese Art durch einen Kettenschluß (continuo sorite) bewiesen haben will.

2. Der Brief an Jakob Thomasius[79]

Unter diesem Gesichtspunkte bietet sich die doppelte Möglichkeit, die neuere Philosophie sowohl mit dem Aristoteles zu versöhnen als mit der christlichen Religion. Über dieses Thema erklärt sich Leibniz in einem Briefe an seinen früheren Lehrer Jakob Thomasius. In einem Punkt ist er einverstanden mit der neueren Philosophie, insbesondere mit der Lehre Descartes', darin nämlich, daß die Naturerscheinungen bloß aus der Größe, Figur und Bewegung der Körper erklärt werden sollen. Dies habe Descartes gewollt, aber nicht geleistet, daher Leibniz zwar seine Aufgabe billigt, aber nicht sein System. „Ich bekenne, daß ich nichts weniger bin als ein Kartesianer.“ Was die neueren Philosophen in der Naturerklärung suchen und fordern, habe Aristoteles schon erfüllt. „Ich scheue mich nicht zu sagen, daß ich in den physikalischen Büchern des Aristoteles mehr Wahrheiten finde als in den Meditationen des Descartes; soweit bin ich davon entfernt, ein Anhänger des letzteren zu sein.“ Hier zeigt sich die Notwendigkeit, den Aristoteles mit der neueren Philosophie zu versöhnen. „Ich kann die Möglichkeit einer solchen Versöhnung nicht besser dartun, als wenn ich fordere, man möge mir in der Physik irgend ein Aristotelisches Prinzip zeigen, das sich nicht durch Größe, Figur und Bewegung erklären lasse.“ Diesen Beweis sucht Leibniz in Ansehung der drei Aristotelischen Grundbegriffe der Materie, Form und Bewegung zu führen. Denn die Materie bestehe in der Ausdehnung und raumerfüllenden Kraft, vermöge deren jeder Körper ein undurchdringliches, widerstandskräftiges Wesen ausmache (Antitypie, Impenetrabilität). Aus diesen beiden Grundbeschaffenheiten der körperlichen Natur, nämlich der Ausdehnung und Undurchdringlichkeit, folgen Größe, Gestalt, Lage, Zahl und Bewegbarkeit; die Bewegung selbst fordere zu ihrer Erklärung eine unkörperliche Ursache.

[79] Gerhardt Phil. I, 1527. Dieser Brief ist ein Jahr später in etwas veränderter Gestalt der Nizoliusausgabe beigefügt worden. Vgl. Gerhardt Phil. IV, 162–174.

Hier ist der Punkt, in welchem diese neuere, mit Aristoteles versöhnte Philosophie, die *reformierte*, wie Leibniz sie nennt, sich im Einklang findet mit den Grundbegriffen der christlichen Religion, also im Gegensatze zu den Atheisten, Häretikern, Skeptikern und Naturalisten. Diese Einsicht ist der Hebel, womit Leibniz die Philosophie ausrüsten will, um den Atheismus in seinen Grundlagen zu erschüttern. Er macht mit Spizel gemeinschaftliche Sache gegen Leute wie Bodinus und Vanini und schickt seinem früheren Lehrer Thomasius mit diesem Briefe zugleich die „confessio naturae contra atheistas“[80].

3. Die Verteidigung der Trinität gegen Wissowatius

Noch in demselben Jahre bietet sich ihm die Gelegenheit, nicht bloß, wie in den eben angeführten Schriften, die christliche Religion wider die Atheisten, sondern das rechtgläubige Christentum wider die Häretiker zu verteidigen. Es handelt sich um das kirchliche Grunddogma der Trinität, gegründet auf die Gottmenschheit Christi; es handelt sich darum, dieses Dogma gegen die Angriffe zu schützen, welche die Arianer zuerst geltend gemacht und die Sozinianer zuletzt erneuert haben. Die aus Polen vertriebenen Sozinianer hatten in der Pfalz unter dem Kurfürsten Karl Ludwig eine Freistätte gefunden. An ihrer Spitze stand Andreas Wissowatius, dessen antitrinitarische, logisch geordnete Sätze Boineburg zu widerlegen suchte. Der Streit wurde zunächst brieflich zwischen Boineburg und Wissowatius geführt. Die logischen Einwürfe mußten logisch entkräftet werden. Zu diesem Zweck wünschte jener den Beistand unseres Leibniz, der nun eine Schrift gegen Wissowatius schrieb und dem Baron von Boineburg widmete; er wollte „zur Verteidigung der Trinität gegen den Brief des Arianers“, „zur Widerlegung der Einwürfe, welche Wissowatius gegen die Trinität und die Menschwerdung Gottes gemacht hat“, neue logische Gründe gefunden haben. Die Schrift hatte zugleich den Nebenzweck, die politische Mission, welche Boineburg gerade damals in Polen erfüllen sollte, durch eine antisozinianische Haltung kirchlich zu unterstützen[81].

Wissowatius bekämpft die Trinität mit einer Reihe von Schlüssen, deren jeder in den Satz mündet: „also ist Christus nicht Gott“. Leibniz bekämpft den Sozinianer weniger durch Gegenschlüsse, welche die Gottheit Christi beweisen, als dadurch, daß er die logische Haltbarkeit in den Schlüssen des anderen angreift und zu

[80] Gerhardt Phil. IV, 27.

[81] Defensio trinitatis per nova reperta logica contra adjunctam hic epistolam Ariani non incelebris ad illustrissimum Baronem Boineburgium autore G. G. L. L.; Gerhardt Phil. IV, 111 125.

zeigen sucht, wie die Prämissen mit einander streiten. Wenn man die eine bejaht, so muß man die andere verneinen. Wissowatius schließt: „Gott allein ist der Vater, welcher der Schöpfer aller Dinge ist; Jesus Christus, der Sohn Gottes, ist nicht der Vater, welcher der Schöpfer aller Dinge ist: also ist Christus nicht Gott". „Ein Schluß in Camestres!" bemerkt Leibniz. Was bedeuten in diesem Schluß *„alle Dinge"*? Entweder alle Kreaturen mit Ausnahme des Sohnes oder alle Kreaturen und auch den Sohn Gottes. Nun erkennen die Sozinianer selbst an, daß die Kreaturen geschaffen sind durch den Sohn. Gilt nun der Obersatz, daß Gott der Vater ist, der alle Dinge, d.h. alle übrigen Kreaturen (den Sohn nicht mitgerechnet) geschaffen hat, so darf der Untersatz nicht mehr gelten. Denn in diesem Sinne ist der Sohn auch schöpferisch. Begreift man aber unter allen Dingen den Sohn mit, so gilt wohl der Untersatz, der den Sohn vom Vater unterscheidet, aber dann ist der Obersatz kraftlos, der nur das eine höchste Wesen als den Schöpfer aller Dinge gelten läßt. Vielmehr ist der Schöpfer der *dreieinige* Gott.

Man sieht aus diesem Beispiel, wie Leibniz die Dialektik des Sozinianers in Widersprüche mit ihren eigenen Voraussetzungen zu verstricken sucht. Die Sozinianer räumen der Person Christi eine Geltung ein, die ihnen folgerichtigerweise nicht mehr erlaubt, seine Gottheit zu bestreiten. Wenn sie aber die Gottheit Christi verneinen, so dürfen sie auch der Person Christi die religiöse Geltung nicht mehr einräumen, welche sie doch festhalten wollen. Dies ist der logische und zugleich religiöse Irrtum, den Leibniz in den Schlüssen des Wissowatius verfolgt; es ist zugleich der Punkt, in welchem sich Lessing bekanntlich für Leibniz gegen Wissowatius erklärt hat. Mit der Trinität wird auch die Menschwerdung Gottes, also die Gottheit Christi geleugnet. War nun Christus nicht wirklich Gott, so war er ein unvollkommener Mensch, den man unmöglich, wie Wissowatius und die weniger folgerichtigen Sozinianer tun, zu einem gottähnlichen und anbetungswürdigen Wesen erheben darf. Ist Christus einmal auf das Gebiet der unvollkommenen Menschheit herabgesetzt, so besteht zwischen ihm und Gott selbst eine unendliche Kluft, und die religiöse Erhebung Christi muß jetzt zugleich als vernunftwidrig und abgöttisch erscheinen. Ist Christus nicht Gott, so ist er auch kein Gegenstand der Religion[82].

4. Über die philosophische Schreibart

Die Reform, welche Leibniz in der Philosophie beabsichtigt, erstreckt sich nicht bloß auf die philosophische Denkweise, de-

[82] Lessings sämtliche Schriften (Lachmann-Muncker). Bd. XII, S. 71ff. Des Andreas Wissowatius Einwürfe wider die Dreieinigkeit.

ren Prinzipien er erweitert, sondern ebenso sehr auf die philosophische Darstellungsweise und Schreibart. Die Erklärungsart der Philosophie soll der Natur der Dinge angemessen sein, und ihre Ausdrucksweise soll dieser Erklärungsart entsprechen. Aus diesem Gesichtspunkt hat Leibniz eine Theorie des philosophischen Stils entworfen, deren Grundzüge darzutun ihm während seines mainzischen Aufenthaltes eine günstige Veranlassung durch Boineburg kam. Wir berühren hier eine seiner interessantesten und bemerkenswertesten Schriften aus jener Zeit. Boineburg wünschte, einen fast vergessenen Schriftsteller des sechzehnten Jahrhunderts, der die Sache der Humanisten gegen die Scholastiker geführt hatte, durch eine neue Ausgabe eines seiner Bücher wiederaufleben zu lassen. Der Italiener *Marius Nizolius* hatte eine Schrift gegen die „Pseudophilosophen" geschrieben, welche 1553 zu Parma erschienen war. Dieses Buch sollte Leibniz von neuem herausgeben. Er tat es mit einer Widmung an Boineburg und schrieb als Vorwort seine Abhandlung „Über den philosophischen Stil des Nizolius"[83].

Dieser gehörte zu den guten Latinisten des sechzehnten Jahrhunderts, die den Cicero nachahmten, er hatte selbst eine „ciceronianische Konkordanz" herausgegeben, die seine philosophischen Schriften überlebte. Was er in den Scholastikern mit so großem Nachdrucke bekämpfte, war nicht allein deren unfruchtbare Philosophie, sondern ihre elende Form, ihr schlechter Stil, ihr barbarisches Latein. Gegen diese Untugenden macht Leibniz gemeinschaftliche Sache mit Nizolius, er findet in diesem selbst ein stilistisches Vorbild, hell genug, um noch nach einem Jahrhundert zu leuchten, und die Schreibart des Nizolius gibt ihm die Gelegenheit, überhaupt von der philosophischen Schreibart zu reden. „Mir ist wenigstens", sagt Leibniz, „kein Schriftsteller bekannt, der mit gleichem, sorgfältigem Eifer und wirksamem Erfolg sich bemüht hat, alle jene Dornen unfruchtbarer Wortmacherei gründlich aus dem Acker der Philosophie auszujäten."

Nicht darum, weil Nizolius gut Latein schreibt, gilt er unserem Leibniz als ein mustergültiger philosophischer Schriftsteller, sondern weil seine Ausdrucksweise natürlich, einfach, durchsichtig, faßlich, populär und sachgemäß ist. Was macht den guten philosophischen Stil? Was unterscheidet den Philosophen vom Nichtphilosophen? Beide haben dieselben Objekte, dieselben Vorstellungen. Warum

[83] Marii Nizolii de veris principiis et vera ratione philosophandi contra pseudophilosophos, libri IV. Inscripti illustrissimo Baroni a Boineburg ab editore G. G. L. L. qui dissertationem praeliminarem de instituto operis atque optima philosophi dictione, epistolam de Aristotele Recentioribus reconciliabili, notasque atque animadversiones marginales leniendo textui, adjecit. Francofurti 1670. Vgl. Gerhardt Phil. IV, 127–176.

sollen beide nicht dieselbe Sprache haben? Nur daß der Philosoph sich reflektierend, denkend, durchdenkend zu dem Objekte verhält, an dem der andere gedankenlos vorübergeht. Der Philosoph hat deutliche Vorstellungen, klare Gedanken: darin besteht der Charakter seiner Darstellungskunst. Was den Stil philosophisch macht, ist einzig und allein die *Klarheit* der Darstellung, die volle Deutlichkeit der Worte und Sätze. Die philosophische Rede duldet kein bedeutungsloses, kein sinnloses, kein leeres oder dunkles Wort. Je unverständlicher das Wort, um so dunkler; je ungebräuchlicher und fremdartiger es ist, um so weniger verständlich. Der gebräuchliche, allbekannte, natürliche Ausdruck ist der populäre, während der technische künstlich gemacht und nur den Eingeweihten bekannt ist. Die technischen Ausdrücke, die künstliche Terminologie ist dunkel. Die dunkle Redeweise mag den Propheten, Alchymisten, den Orakeln und Mystikern ziemen, niemals den Philosophen. Es gibt nur einen Fall, in welchem der künstliche Ausdruck erlaubt und die sogenannte Terminologie zum besten des Stils gerechtfertigt ist: wenn man mit einem Ausdrucke sagen kann, was sonst mit vielen gesagt werden müßte; wenn man nur durch den ausgeprägten Terminus der Kunstsprache kurz, bestimmt und kompendiös reden kann. Die Kürze ist auch ein Erfordernis des guten Stils. Wenn man z. B. den Terminus „Quadrat“ nicht hätte oder nicht anwenden wollte, wie viele Worte müßte man machen, um die Sache richtig auszudrücken! Offenbar ist die künstliche am ehesten in den philosophischen und moralischen Wissenschaften, am wenigsten in der Mathematik, Mechanik und Physik zu entbehren.

Die Philosophie vermeide darum so viel als möglich die Kunstausdrücke. Sie spricht am besten, wenn sie deutlich, bestimmt, konkret redet und sich vor den Tropen und Abstraktionen, vor den „Häcceitäten“ und „Hoccitäten“ der scholastischen Philosophaster in Acht nimmt. Nun ist der populäre Ausdruck allemal der verständlichste und klarste. Diesen populären Ausdruck gewährt nur die lebendige Volkssprache. Es gilt nach Leibniz geradezu als eine Richtschnur des philosophischen Stils: was nicht vollkommen verdeutlicht, d.h. in populärer Form entwickelt werden kann, ist unklar und darum philosophisch wertlos. Der Gebrauch der lebendigen Volkssprache gilt ihm darum als eine Probe der Klarheit. Die lateinische Phrase ist häufig ein Deckmantel der Unklarheit, sie ist Maske, nicht Ausdruck; daher es so oft in Disputationen geschieht, daß man den Gegner, der sich hinter Worte zu verstecken sucht, nötigt, in der Volkssprache zu reden. Man nötigt ihn, die Maske abzunehmen und zu zeigen, wer er ist. Die Scholastik deckt ihre Blößen mit der elenden Hülle ihres Latein. Sie führt nur noch in diesem toten Gehäuse ihr Scheinleben weiter, der Gebrauch der lebendigen Sprache ist ihr Tod, daher die Scholastik am ehesten bei den Völkern gesunken ist, die angefangen haben, in ihrer Sprache zu philosophieren, wie die Engländer und Franzosen. Bacon schrieb englisch, Descartes französisch, nicht etwa zufällig, sondern getrieben durch ihr lebendiges Erneuerungsbedürfnis der Philosophie. Wo der Gebrauch der Volkssprache spät oder noch kaum ins Leben getreten ist, da treibt auch die Scholastik am längsten und hartnäckigsten ihr unfruchtbares Wesen. Dies ist der Fall bei den Deutschen. Der Gebrauch der Volkssprache ist, wie Leibniz sich ausdrückt, ein „tentamen probatorium" für die philosophischen Gedanken, ein „examen philosophematum". Dabei macht er die sinnvolle und für seine Zeit kühne Bemerkung, daß unter allen europäischen Sprachen keine für die Philosophie geeigneter sei als die deutsche. Um wirkliche und sachliche Gedanken auszudrücken, sei die deutsche Sprache unter den lebenden die reichste und vollkommenste, die ungeschickteste dagegen, wenn es gilt, Gehaltloses und Leeres zu sagen.[84]

Es ist ein schönes Zeugnis sowohl für den tiefen Verstand als auch für die patriotische Gesinnung unseres Leibniz, daß er von der Macht der deutschen Sprache und von ihrem philosophischen Beruf so lebhaft überzeugt war, in einer Zeit, wo die gelehrte Welt in der toten Sprache schrieb und die deutsche Sprache niedergedrückt und entstellt unter dem Joche der französischen lag; wo selbst Männer wie Boineburg und Conring nicht begreifen konnten, wie es möglich sei, in wissenschaftlichen und gelehrten Dingen anders als Latein zu reden und schreiben. Leibniz erkannte nicht bloß den Wert der deutschen Sprache, er besaß auch die Kraft und Stärke ihres Ausdruckes. Er hatte in der sächsischen Rechtsschule deutsch schreiben gelernt. Wir werden nachher einer seiner staatswissenschaftlichen Schriften, der bedeutendsten aus der mainzischen Zeit, in deutscher Sprache begegnen. Wenn Leibniz dennoch meistenteils lateinisch und französisch schrieb, so war er dazu durch das Zeitalter und die Leser genötigt, für welche seine Schriften bestimmt waren.

Was in der eben erwähnten Abhandlung über den philosophischen Stil des Nizolius von der deutschen Sprache gesagt worden, bildet gleichsam das Thema, welches Leibniz siebenundzwanzig Jahre später in einer besonderen, deutsch geschriebenen Schrift ausgeführt hat: wir meinen seine „Unvorgreifliche Gedanken betreffend die Ausübung und Verbesserung der deutschen Sprache"[85]. Er selbst erinnert hier an jene frühere Schrift: „Ja ich habe es zu Zeiten unserer ansehnlichen Hauptsprache zum Lobe angezo-

[84] Gerhardt Phil. IV, 138–144.

[85] Guhrauer, Leibnitz's Deutsche Schriften I, 440–486.

gen, daß sie nichts als rechtschaffene Dinge sage und ungegründete Grillen nicht einmal nenne (ignorat inepta). Daher ich bei den Italienern und Franzosen zu rühmen gepflegt: wir Deutsche hätten einen sonderbaren Probierstein der Gedanken, der anderen unbekannt; und wenn sie dann begierig gewesen, etwas davon zu wissen, so habe ich ihnen bedeutet, daß es unsere Sprache selbst sei; denn was sich darin ohne entlehnte und ungebräuchliche Worte vernehmlich sagen lasse, das sei wirklich was Rechtschaffenes, aber leere Worte, da nichts hinter, und gleichsam nur ein leichter Schaum müßiger Gedanken, nehme die reine deutsche Sprache nicht an." Der Zustand, in dem sich die deutsche Sprache befindet, bedarf der Reinigung und Verbesserung. Hier sind zwei Klippen zu vermeiden, welche Leibniz treffend bezeichnet. Auf der einen Seite möge man sich in Acht nehmen vor dem übertriebenen Purismus, vor der allzugroßen „*Scheinreinigkeit*", die mit abergläubischer Furcht ein fremdes, aber bequemes Wort wie eine Todsünde vermeidet, dadurch aber die Sprache entkräftet und der Rede den Nachdruck nimmt. Eine solche verschwächte Rede gleicht einer Suppe von klarem Wasser, „un bouillon d'eau claire", wie die Pflegetochter Montaignes diese Art zu schreiben bei ihren Landsleuten genannt hat. Diese „Rein-Dünkler", gegen welche Leibniz redet, gleichen gewissen Deutschtümlern von heute, welche unsere Sprache, statt sie zu reinigen und zu stärken, vielmehr verdünnen und arm machen. Denn jeder sprachliche Ausdruck, der die Sache nicht deutlich bezeichnet, ist ein Zeugnis sprachlicher Armut. Von der anderen Seite droht das entgegengesetzte Übel: das Sprachgemenge, „der abscheuliche Mischmasch", jener elende Zustand, in welchem die deutsche Sprache darniederlag, als Leibniz sich ihrer annahm. In dem Jahrhundert der Reformation redete man ziemlich rein deutsch, der dreißigjährige Krieg überschwemmte Deutschland mit fremden Völkern, und in dieser unreinen Flut ist „nicht weniger unsere Sprache als unser Gut in die Rappuse gegangen." Nach dem westfälischen und pyrenäischen Frieden herrschen in Deutschland französische Macht, Sprache und Sitte. Der Prediger auf der Kanzel, der Sachverwalter auf der Kanzlei, der Bürgersmann im Schreiben und Reden verdirbt sein Deutsch mit erbärmlichem Französisch. „Es wäre ewig Schade und Schande wenn unsere Haupt- und Heldensprache dergestalt durch unsere Fahrlässigkeit zugrunde gehen sollte." Dieser Gefahr vorzubeugen fordert Leibniz eine berufene Vereinigung von deutschen Gelehrten, die das große Werk unternehmen sollen, den deutschen Sprachgebrauch, Sprachschatz und Sprachquell zu erforschen und festzustellen.

5. *Neue physikalische Hypothese*

Wir wissen, daß Leibniz in der Aufgabe der Naturphilosophie mit Descartes übereinstimmte: die Erscheinungen der Körper sollen aus der Bewegung erklärt werden. Aber er ist nicht einverstanden mit der kartesianischen Lösung dieser Aufgabe. Weder findet er die konkreten Erscheinungen aus der Bewegung wirklich erklärt, noch das Prinzip der Bewegung selbst richtig erkannt. Er selbst versucht beides noch während seines Aufenthaltes in Mainz: das erste in seiner „Theorie der konkreten Bewegung", das zweite in seiner „Theorie der abstrakten Bewegung". Als das Urbewegende, gleichsam als Urphänomen der Bewegung, nimmt er eine der Drehung der Erde um ihre Achse entgegengesetzte Kreisbewegung des Weltäthers an, der die Körper durchdringt und ihre mannigfaltigen Erscheinungen, Licht, Schwere, Elastizität usw. hervorbringt. Unter dem Titel „Neue physikalische Hypothese" veröffentlicht er diese Theorie im letzten Jahre seines mainzischen Aufenthaltes. Die Theorie der konkreten Bewegung bildet den ersten, die der abstrakten den zweiten Teil der Schrift; er widmet jenen der Akademie der Wissenschaften in London, diesen der in Paris[86]. Die Schrift war der Vorläufer, der den Namen Leibniz in den gelehrten Kreisen der beiden Weltstädte bekannt machte. Die nächsten Jahre führen ihn selbst nach Paris und London. Bevor wir ihn aber dorthin begleiten, wo er zunächst mit politischen Dingen zu tun hat, müssen wir in den folgenden Abschnitten so genau als möglich die politischen Schriften selbst kennen lernen, die bei weitem die wichtigste und interessanteste Seite seiner mainzischen Tätigkeit machen.

Fünftes Kapitel. Die politischen Schriften aus der mainzischen Periode. Die polnische Königswahl. Die Sicherheit des deutschen Reiches (1669–1670)

Das Hauptziel, welches Leibniz gemeinschaftlich mit Boineburg verfolgt und unverändert im Auge behält, ist die Sicherheit des deutschen Reiches, bedingt durch das europäische Gleichgewicht nach den Feststellungen des westfälischen Friedens. Die Gefahren

[86] Hypothesis physica nova, qua phaenomenorum naturae plerorumque causae ab unico quodam universali motu, in globo nostro supposito, neque Tychonicis, neque Copernicanis aspernando, repetuntur, autore G. G. L. L. Moguntiae 1671. – Theoria motus abstracti seu rationes motuum universales, a sensu et phaenomenis independentes. Autore G. G. L. L. Vgl. Gerhardt Phil. IV, 177–240.

werden sorgfältig erwogen, die jenes Gleichgewicht erschüttern und sowohl von Osten als von Westen die Sicherheit Deutschlands stören können; die Mittel werden bedacht, die imstande sind, den Gefahren vorzubeugen, welche sich im Westen von Frankreich, im Osten von den Türken und Russen erheben. Es wird sich also darum handeln, im Interesse der deutschen Sicherheit nach beiden Seiten die richtige Schutzwehr zu finden. In diese Aufgabe vertieft sich Leibniz, sie beschäftigt ihn ganz im Einverständnisse mit Boineburg und ist seinen patriotischen Gesinnungen ebenso willkommen als seinem erfinderischen Verstande, denn in der Tat will sie erfinderisch gelöst werden. Hier ist der Grundgedanke seiner mainzischen Staatsschriften. Aus diesem Gesichtspunkte wollen sie betrachtet und gewürdigt sein. – Wir bemerken, ohne näher darauf einzugehen, daß Leibniz in den Jahren 1668 und 1669 zur Gründung einer literarischen Zeitschrift, die halbjährlich erscheinen und die neuen Bücher beschreiben sollte (Semestria), sich um ein kaiserliches Privilegium bewarb.

Zwei Hauptgefahren sind vorhanden, die für die Sicherheit des deutschen Reiches bedrohlich erscheinen: die französische und die türkische. Die beste und klügste Abwehr würde sein, wenn sich beide Gefahren mit *einem* Schlage beseitigen, wenn sich die eine durch die andere gleichsam aufhalten und die drohende Übermacht und Eroberungslust Frankreichs in einem Kriege gegen die Türken ableiten ließe. Wir können voraussehen, daß Leibnizens erfinderischer Geist diese Richtung nehmen und für die deutsche Sicherheit ein politisches Universalmittel ausdenken wird, welches mit einem Zuge das Reich nach beiden Seiten deckt.

I. Flugschrift zur polnischen Königswahl

1. Veranlassung und Methode der Schrift

Das polnische Reich bildet ein Bollwerk gegen die Gefahren des Ostens, die Frage einer polnischen Königswahl ist daher auch für das deutsche Interesse wichtig und für alle, denen die Sicherheit Deutschlands am Herzen liegt; sie wird im Jahre 1669 eine offene Frage, nachdem im vorhergehenden Jahre König Johann Kasimir die Krone freiwillig niedergelegt hatte. Unter den Bewerbern ist ein deutscher Fürst, Philipp Wilhelm, Pfalzgraf von Neuburg; Österreich und Frankreich stehen ihm entgegen, und die französischen Gesandten in Warschau sind einflußreiche, gewandte Männer, die der Gegner zu fürchten hat. Der Kurfürst von Brandenburg hält es mit dem deutschen Bewerber und wünscht, um dieser Bewerbung Nachdruck zu verschaffen, dem Pfalzgrafen einen Gesandten, der durch seine Geltung und sein Talent den Gegnern gewachsen sei.

Dazu empfiehlt er Boineburg. Dieser übernimmt die Aufgabe und geht als Gesandter des Pfalzgrafen von Neuburg im Frühjahr 1669 zur Königswahl nach Warschau. Es war seine letzte diplomatische Aufgabe. Die Sendung schlug fehl trotz dem großen Eindruck, den seine Rede auf dem Reichstage in Warschau gemacht hatte. Man wählte einen Polen aus dem Geschlechte der Piasten, und Boineburg kehrte im Juli 1669 unverrichteter Sache wieder nach Mainz zurück.

Leibniz hatte die Flugschrift verfaßt, die zur Wahl des Pfalzgrafen alle Motive an die Hand gab und Boineburgs Wirksamkeit auf dem Reichstage in Warschau unterstützen sollte, er hatte diese Motive aus dem Standpunkte eines polnischen, katholischen Edelmannes entwickelt und sich daher auf dem Titel der Schrift „Georgius Ulicovius Lithuanus" genannt, mit Wilna als Druckort und der Jahreszahl 1659, die übrigens nicht gefälscht, sondern verdruckt war. Er empfiehlt nicht bloß die Wahl des Pfalzgrafen, sondern er beweist deren Notwendigkeit im Interesse Polens, er beweist sie mathematisch, ganz in derselben Form und Methode, worin Spinoza die Lehre Descartes' dargestellt hatte. Alles bis auf das Kleinste wird in der Schrift „more geometrico" demonstriert. Die Reihenfolge der sechzig Propositionen schreitet in streng synthetischer Ordnung vorwärts und spitzt sich immer genauer zu, je näher sie dem Ziele kommt: der erste Satz erklärt das Wesen und den Zweck des polnischen Reiches, der letzte Schluß folgert in dem gegebenen Fall die Notwendigkeit der Wahl des Pfalzgrafen von Neuburg zum Könige von Polen. Man erkennt sogleich in dem Verfasser der Schrift den logisch und methodisch völlig geschulten Philosophen, es gibt wohl keine politische Flugschrift, die gleich dieser wie ein mathematisches Lehrbuch verfaßt wäre. Der charakteristische Titel heißt: „Eine Probe politischer, zum Behuf der Wahl eines polnischen Königs geführter Beweise durch eine neue Methode der Darstellung zur klaren Gewißheit gebracht."[87]

2. *Die Analyse des Inhalts*

Ich kann an dieser Schrift nicht vorübergehen, ohne sie etwas aufmerksamer zu beleuchten, schon um ihrer merkwürdigen und einzigen Form willen. Die ersten Sätze behandeln die allgemeinen Bedingungen, welche die Wahl eines polnischen Königs zunächst ins Auge zu fassen hat. Polen ist ein Adelsstaat, sein Wohl fällt mit dem Wohle des Adels, mit dessen Freiheit und Sicherheit zusammen;

[87] Specimen demonstrationum politicarum pro eligendo rege Polonorum, novo scribendi genere ad claram certitudinem exactum, auctore Georgio Ulicovio Lithuano. Vilnae CICICCIX. Die Anfangsbuchstaben des polnischen Namens sind die Initialen des Verfassers: G. W. L. Vgl. Dutens IV, 3, 522–630.

die Sicherheit Polens liegt zugleich im Interesse des christlichen Europas. Was der Sicherheit des polnischen Reiches zuwiderläuft, widerstreitet auch seiner Freiheit. Jede Schwächung gefährdet die Sicherheit. Die gegenwärtige Lage des Reiches befindet sich in dieser Gefahr. Innerer Parteizwist, Neuerungen, langes Interregnum schwächen den Staat und sind darum notwendig zu vermeidende Gefahren. Dies ist der Inhalt der ersten fünfzehn Sätze.

Die *demokratische* Staatsform ist in Polen unmöglich. Um ein Beispiel der Schreibart und Methode zu geben, lasse ich hier den Beweis dieses Satzes, des sechzehnten in der Reihe des Ganzen, folgen. Die Demokratie ist diejenige Staatsform, in welcher die höchste Gewalt beim Volk ist, das Volk ist die Summe der Bürger, Bürger sind alle, die an der Regierung teilnehmen oder teilnehmen würden, wenn die Regierungsgewalt nicht anderweitig übertragen worden. Die polnischen Bürger sind die Edelleute. In einer polnischen Demokratie müßte daher die Ausübung der höchsten Gewalt bei den Edelleuten, diese also in der Lage sein, sich jeden Augenblick gemeinschaftlich zu beraten; es müßte also möglich sein, solche Versammlungen in jedem Zeitpunkte zu bewerkstelligen. Dies ist aber bei der ungeheuren Anzahl der polnischen Edelleute nicht möglich. Daher ist die demokratische Staatsform in Polen praktisch unmöglich. So lautet die Demonstration des sechzehnten Satzes.

Die *aristokratische* Staatsform aber ist für Polen im höchsten Grade gefährlich, denn sie legt die Ausübung der höchsten Gewalt in die Hand der Optimaten, d.h. einer Anzahl der mächtigsten Edelleute. Entweder stimmen diese Regenten miteinander überein oder nicht: im ersten Falle entsteht die Gefahr der Oligarchie, womit sich die Freiheit nicht verträgt, im zweiten der Parteihader, der die Sicherheit des Staates erschüttert; daher gefährdet die Aristokratie entweder die Freiheit oder die Sicherheit, in jedem Falle das Staatswohl. So die Beweisführung des siebzehnten Satzes. Polen bedarf demnach eines *Königs*. Ein langes Interregnum ist gefährlich, wie schon bewiesen. Also muß die Wahl eines Königs sobald wie möglich geschehen. So lautet der achtzehnte Satz.

Diese Wahl darf nicht auf die blinde Art durch das Los geschehen, sondern muß durch Vernunftgründe die richtige Person ausfindig machen. Jetzt folgen diese rationellen Bestimmungen: es muß ein Mann aus bekanntem Geschlechte sein, er darf nicht durch einen Vizekönig regieren, er soll katholisch sein und nicht erst um der Krone willen katholisch werden. Auch daß er gerecht und klug sein müsse, wird genau bewiesen. Soll der zu wählende König dem Lande nützen und Gutes tun, so muß er dazu die Macht, den Willen und den Verstand haben; er hat die Macht als König, den Willen, wenn er gerecht ist, und den Verstand, wenn er klug ist: also muß er klug sein.

Die folgenden Sätze demonstrieren die weiteren persönlichen Eigenschaften, die der König haben muß: er soll erfahren sein, der lateinischen Sprache kundig (nicht ebenso notwendig der polnischen), kein Knabe, rüstig an Körperkraft, noch klüger an Geist, reif an Jahren, geduldig und leutselig, friedliebend, nicht kriegerisch gesinnt, keiner Familie angehörig, die Unruhen stiftet, nicht gewalttätig gegenüber den Protestanten und Griechisch-Katholischen, nicht an despotisches Regiment gewöhnt, wahrhaft wohlwollend, dem christlichen Europa willkommen, er darf Polen nie verletzt haben, keinem Staate feindlich sein, kein Gegenstand vielseitiger Abneigung, nicht mächtig, auch nicht Freund fremder Machthaber, keiner der benachbarten Fürsten, auch kein armer Fürst, noch weniger Untertan eines anderen, nicht gestützt auf fremde Hilfe, nicht durch persönliche Verpflichtungen an irgend jemand gebunden, nicht König eines anderen Reiches usw.[88].

Die letzten Sätze bestimmen auf dieser Grundlage die Person des zu wählenden Königs. Es wird zunächst gezeigt, warum die Wahl womöglich nicht von dem einheimischen Geschlechte der Jagellonen, wohl aber von dem der Piasten absehen und auf einen auswärtigen Fürsten fallen müsse. Nun handelt es sich darum, den russischen, französischen und österreichischen Einflüssen entgegenzutreten und alle Wahlgründe dawider aufzubringen. Es wird in den letzten Schlußfolgerungen gezeigt, warum auf dem Throne Polens 1. ein Russe, 2. ein Condé, 3. ein Lothringer *nicht* wünschenswert sei, darum 4. unter allen Bewerbern die Wahl des Pfalzgrafen von Neuburg als die zweckmäßigste und beste erscheine[89]. Der zu wählende König muß römisch-katholisch sein: damit ist die Wahl des Russen ausgeschlossen. Er darf kein fremdes Königreich haben: damit ist unmittelbar das Haus Romanow, mittelbar die Condés und Lothringer ausgeschlossen. Er darf kein mächtiger Nachbar sein: also weder Russe noch Lothringer. Er darf weder dem Hause Österreich noch dem Hause Bourbon angehören: also weder ein Lothringer noch ein Condé[90].

Man sieht, wie Leibniz in der Bestimmung des zu wählenden Königs nach Art der Wahrscheinlichkeitsrechnung verfährt, die durch methodische Ausschließung so vieler möglicher Fälle die Sache in die Enge treibt, den einzig möglichen Fall zu gewinnen sucht und auf diesem Wege sich der Gewißheit annähert. Noch achtundzwanzig Jahre später beruft sich Leibniz in einem Briefe

---

[88] Specimen dem. polit. Prop. XIX-LVIII.

[89] Ebendas. Prop. LIX-LX. Concl. 1–4.

[90] Ebendas. Requisita nexus de anno 1659; Dutens IV, 3, 629.

an Thomas Burnet auf diese seine Schrift als ein erstes Beispiel, mit Gründen zu rechnen. „Ich zeigte, daß es eine Art Mathematik in der Schätzung der Gründe gibt, und daß man sie bald zu einander addieren, bald miteinander multiplizieren müsse, um die Summe zu erhalten, was von den Logikern übersehen worden ist“[91].

Nachdem alle Bedingungen und Motive zu einer zweckmäßigen Königswahl in Polen Schritt für Schritt dargetan und bewiesen sind, wird zuletzt gezeigt, daß diesen Bedingungen die einheimischen Bewerber nicht entsprechen, von den auswärtigen aber die russischen, französischen und österreichischen Bewerber widerstreiten, wogegen der Pfalzgraf von Neuburg der einzige ist, der sie erfüllt. Indessen blieb der Reichstag den Gründen, welche Leibniz in seiner Denkschrift entwickelt hatte, taub und wählte einen Piasten zum König.

3. Die deutsche Gesinnung

Am schärfsten verfährt die Flugschrift in der Ausschließung des *russischen* Bewerbers. Hier fällt das polnische Interesse mit dem deutschen zusammen, die Gefahr von Osten bedroht die Sicherheit des polnischen wie des deutschen Reiches und erregt den Selbsterhaltungstrieb. Sobald Leibniz diese Stelle berührt, kommt unwillkürlich in seine mathematische Beweisführung eine feurige Beredsamkeit, die unter der polnischen Maske den deutschen Patrioten verrät.

Der zu wählende König darf nicht mächtig sein. Wenn er mächtiger ist als die Polen, so ist er im höchsten Grade gefährlich. Diese beiden Sätze, so sagt Leibniz selbst, nachdem er sie bewiesen, gehen unmittelbar gegen den Russen. Er macht auf die Gefahren aufmerksam, die ein russischer Polenkönig unfehlbar dem polnischen Reiche selbst bringen würde. Dann kommt er auf die weiteren Gefahren, die aus einer solchen Königswahl dem Zustande Europas drohen, und fährt (unter der Maske des Polen) so fort: „Glauben wir etwa, daß die übrigen Völker der Christenheit diesen Zustand ruhig mitansehen und die Hände in den Schoß legen werden? Wenn sie doch sehen, wieviel für Kirche und Staat auf dem Spiele steht, daß ihnen gegenüber die Türkei sich verdoppelt, daß eine Macht entsteht, welche hinreicht, Europa zu unterdrücken, daß Deutschland von der polnischen Seite her offen ist und den Barbaren der Weg frei steht in das Herz Europas? Dann werden, um den Brand zu löschen, alle herbeiströmen, die benachbarten Völker werden wie mit verhängten Zügeln auf sie losstürzen, in unseren Ebenen wird zwischen Türken, Russen, Deutschen um die Herrschaft, ja um das Heil ge-

[91] Leibniz an Th. Burnet. 1/11. II. 1697. Vgl. Gerhardt Phil. III, 190.

stritten werden; wir werden das Hindernis der Kämpfenden, die Beute der Sieger, das Grab aller Nachbarn sein, verachtet von den Barbaren, denen wir uns freiwillig unterworfen haben, ein Greuel den christlichen Völkern, die wir durch unsere Torheit in die höchsten Gefahren gestürzt, und so wird Freiheit, Sicherheit, Reichtum, Ehre, zeitliches und ewiges Wohl zugrunde gehen."[92]

Eine ähnliche Stelle findet sich in den letzten Schlüssen der Schrift, um die Zweckwidrigkeit eines russischen Polenkönigs darzutun. „Dann werdet ihr die Fabel vom Storch erleben, den die Frösche zum König gemacht haben, vom Wolf, der mitten in der Schafherde thront; ihr werdet sehen, daß jemand, dem aus benachbarten Lande so viele Tausende von Soldaten zu Gebote stehen, nicht leicht zu zähmen ist; er ist euch schon gewachsen, wenn ihr gegen ihn zusammenhaltet, aber, gespalten wie ihr seid und zum Teil ihm geneigt, wird er euch zerreißen zum Erbarmen Europas! Und die benachbarten Völker werden nicht bewegungslos und wie vom Starrkrampf befallen stehen bleiben; sie werden erkennen, was auf dem Spiele steht: daß die Türkei sich verdoppelt, das Bollwerk der Christenheit von den Barbaren genommen wird und eine neue Macht zur Unterdrückung Europas sich erhebt. Selbst der Türke wird diese neue Macht fürchten. Von allen Seiten wird man sich aufmachen; wie mit verhängten Zügeln werden die Barbarenvölker auf uns losstürzen; bei uns wird der Kampfplatz sein, wo die Türken mit den Russen, die Griechen mit den Lateinern, Europa mit den Barbaren, die Christen mit den Ungläubigen handgemein werden, und wir selbst werden die Pforten geöffnet haben. Leicht öffnet sich den Szythen von hier aus der Weg ins Innere Deutschlands. Tuen wir daher, was an uns ist, damit Europa nicht unseren und seinen Untergang zu beklagen habe."[93]

Boineburg hatte gegen I. H. Böcler in Straßburg, einen der ersten Staatsrechtsgelehrten der Zeit, diese Flugschrift lobend erwähnt. Böcler billigte das Urteil: „Es ist richtig", schrieb er in seiner „Dissertatio de utilitate ex historiae universalis compositione capienda" (Straßburg 1679), „was er (Boineburg) von Ulicovius sagt. Dieser Ulicovius hat alle Vorteile des polnischen Reiches mit einer so ausgezeichneten Methode des Räsonnements und der Beweisführung erforscht, daß es vielleicht kein ähnliches Beispiel gibt."[94]

---

[92] Spec. dem. polit. Prop. LI. Coroll. I. Dutens IV, 3, 576.
[93] Ebendas. Prop. LX. Conclusio 1. Dutens IV, 3, 615.
[94] Gruber II. 1261–1262 Anm.

II. Die Sicherheit des deutschen Reiches. Der erste Teil der Denkschrift

1. Die Zeitlage

Während Leibniz die Gefahren im Osten fürchtet und durch die Wahl eines deutschen Fürsten zum Könige von Polen ihnen vorzubeugen sucht, wird Deutschland von Westen her bedroht. Die Sicherheit des Reiches nach außen und innen ist die brennende Tagesfrage. Es handelt sich darum, die richtigen Mittel zu finden, welche Deutschland gegen Ludwig XIV. und dessen schon begonnene Eroberungspolitik zu schützen imstande sind. Mit dieser Erwägung beschäftigte sich Leibniz in seiner zweiten, dem Wohle des eigenen Vaterlandes gewidmeten Denkschrift.

Um die Aufgabe dieser Schrift richtig zu würdigen, müssen wir den Zeitpunkt und die geschichtliche Lage der Dinge ins Auge fassen. Es ist die Zeit zwischen dem Aachener Frieden (1668) und dem Ausbruch des französisch-holländischen Krieges (1672). Ludwig XIV. hatte nach dem Tode Mazarins (1661) seine Selbstregierung und nach dem Tode seines Schwiegervaters, Philipp IV. von Spanien, die Reihe seiner ruhm- und eroberungssüchtigen Kriege mit der Wegnahme eines Teiles der spanischen Niederlande im Jahre 1667 begonnen. Jetzt sind die holländischen Staaten in der nächsten Gefahr. Um sich zu sichern, Ludwig XIV. zum Frieden zu nötigen und von weiteren Eroberungen abzuhalten, schließen sie im Anfange des Jahres 1668 das unter dem Namen der Tripelallianz bekannte Bündnis mit England und Schweden. Unmittelbar darauf folgt der Frieden zu Aachen (Februar 1668), der dem Könige von Frankreich die in den spanischen Niederlanden bereits gemachten Eroberungen bestätigt. Jetzt plant Ludwig XIV. den Krieg gegen Holland, der neben der Ruhmes- und Machterweiterung auch die Befriedigung der Rache zum Zweck hat. Die nächste Aufgabe ist, die Tripelallianz zu lösen. Nachdem es gelungen ist, erst England und Schweden auf die Seite Frankreichs zu bringen, so sind die Niederlande isoliert. Im April 1672 wird zu Stockholm das Bündnis mit Schweden abgeschlossen und der Krieg an die Niederlande erklärt. Der erste Akt, der die neuen Gewalttätigkeiten Ludwigs XIV. eröffnet, ist die Wegnahme Lothringens im September 1670. In diesem Jahre schreibt Leibniz sein „Bedencken welchergestalt Securitas publica interna et externa und status praesens im Reich, ietzigen Umbständen nach, auf festen Fuß zu stellen“. Die Schrift zerfällt in zwei Teile. Der erste ist vor der Wegnahme Lothringens, der zweite nachher geschrieben. Leibniz selbst hat den ersten Teil mit der Vorbemerkung versehen: „Ich habe diesen Teil in drei

Tagen in Schwalbach geschrieben, den 6., 7., 8. August neuen Stils in Gegenwart B(oineburgs)." Der zweite Teil trägt das Datum: „Mainz, den 21. November 1670"[95].

2. *Die Mittel der Sicherstellung. Die Unionspolitik*

Folgen wir nun dem Gedankengange dieser merkwürdigen, unserem eigenen Vaterlande wichtigen Schrift. Sie gewährt uns eine sehr deutliche Einsicht in den Zustand des damaligen Reiches und die Art, wie Leibniz denselben durchschaut und beurteilt. Die größte Gefahr liegt in einem inneren oder äußeren „Hauptkrieg", der das Reich mit einem Male stürzen kann. Gegen einen solchen Krieg, sagt Leibniz, sind wir „ganz blind, schläfrig, bloß, offen, zertheilt, unbewehrt und notwendig entweder des Feindes oder, weil wir bei jetziger Anstalt solchem selbst nicht gewachsen, des Beschützers Raub." Hier ist das aufzufindende „punctum securitatis". Die einzige Sicherheit liegt in der Vereinigung der deutschen Reichsteile. Ist diese Vereinigung ein bloßer Vergleich für den Fall der Not, so ist zu befürchten, daß sie gar nicht zustande kommt. „Wie schläfrig wird mancher auf den Notfall mit den Seinen umgehen, wie leere papierne Compagnien, was für Soldaten wird's abgeben, die in einem jeden Land sich häuslich niederlassen, bürgerlich einrichten, wackere Kerls hinterm Ofen sein, und wenn man's beim Lichte besieht, auf einen Ausschuß hinauslaufen werden"[96].

Die Vereinigung muß eine beständige und fest organisierte sein. Eine solche Vereinigung fordert ein beständiges Reichsheer (perpetuus miles), dieses zu seiner Verpflegung einen beständigen Reichsschatz (perpetuum aerarium), beide zu ihrer Verwaltung und Ordnung einen beständigen Reichsrat (perpetuum consilium). Ohne den Rat ist das Reich ein Körper ohne Geist, ohne den Schatz ein Körper ohne Blut, ohne das Heer ein Körper ohne Glieder. Diese Organisation wäre ein neues Reichsregiment (directorium imperii), eine öffentliche Reformation des Reiches und seiner Verfassung[97]. Wenn eine solche Reichsverfassung existierte, so müßte der beständige Reichsrat die Macht über Geld und Soldaten haben. Aber da liegt die Gefahr nahe, daß die Verfassung, je nachdem einige oder einer den Reichsrat beherrschen, in eine Oligarchie oder in eine absolute Monarchie ausarten würde, welche letztere einer beständigen Diktatur gleichkäme.

---

[95] Pars I, Triduo composui Sualbaci d. 6. 7. 8. Augusti st. n. praesente B. Continuatio oder Pars. II. Moguntiae 21. Nov. 1670. Klopp I, 193–315. Ich zitiere nach dieser Ausgabe.

[96] Bedenken I, 6 und 11.

[97] Bedenken I, 13.

Auch würde die Einrichtung eines solchen Reichsrates auf eine große Schwierigkeit stoßen. Entweder wird derselbe aus den drei Kollegien der Kurfürsten, Fürsten und Städte gebildet oder nicht. Die Fürsten werden nicht wollen, daß die Kurfürsten in dem beständigen Reichsrat ein Kollegium für sich ausmachen, diese dagegen werden eine Zusammensetzung wollen, die sie von den Fürsten absondert und unterscheidet. Es wird unmöglich sein, Kurfürsten und Fürsten so zu vereinigen, daß beide zufrieden sind. Nun aber ist die neue Verfassung erst durch Beratung und Beschluß der Reichsstände ins Werk zu setzen, und diese sind zum guten Teil „des Contradicirens, Litigirens, Schulmeisterirens so gewohnt worden, daß sie auch in der geringsten Sache nicht eins werden können“[98].

Endlich, was die Hauptsache und das Haupthindernis ist: eine feste und einheitliche Reichsorganisation läuft den Einzelinteressen zuwider, von denen die Reichsstände in Wahrheit beherrscht sind, obwohl sie so tun, als wenn sie es nicht wären. Das sind „die Ursachen, so man mehr denkt als sagt“. Wegen dieser Ursachen ist zum Erfolg schlechte Hoffnung. Man sehe nur, wie das deutsche Reich innerlich beschaffen ist, und man wird finden, daß „nicht wenig Stände in trübem Wasser fischen, des Reiches Zerrüttung gerne sehen, eine richtige Justiz, eine prompte Exekution wie das Feuer scheuen, hingegen gegenwärtige Konfusion lieben, darin jeder Faktiones machen, seinen Gegenteil aufhalten, Urteil und Recht eludieren, an Fremde sich hängen und ohne Verantwortung leben kann, wie er will. Die Kleinen fürchten eine Unterdrückung, die Großen eine Beschneidung ihrer unbeschränkten, keine Obrigkeit in der Tat rekognoszierenden Macht; beide meinen, so viel dem Reich und per consequens dem Kaiser, Kurfürsten und Direktoren zugehet, werde ihrer allzu irregularen, vermeinten Freiheit benommen.“ Und selbst wenn alle diese Schwierigkeiten überwunden werden könnten, so darf man sicher sein, daß der Geschäftsgang mit seiner Parade die Dinge verschleppen und nichts Hauptsächliches ausrichten werde.[99]

Wie die Dinge liegen, ist daher eine Sicherstellung Deutschlands durch eine Reformation der Reichsverfassung nicht möglich. Doch ist sie notwendig: sie muß also auf einem anderen Wege gesucht werden „sine strepitu ac pompa, consiliorum optimorum perditrice“. Es ist nötig, auf andere Mittel zu denken, um „gleichsam mit halbem Winde, obliquatis velis, dahin zu gelangen, wozu man recto cursu, mit vollen Segeln, auf öffentlichem Reichstage nicht kommen kann.“[100]

[98] Ebendas. 16–18.

[99] Bedenken I, 20–22.

[100] Ebendas. 24.

Das einzige Mittel der Vereinigung ist ein *Bündnis*. Eine Union des ganzen Reiches auf öffentlichem Reichstage ist nicht möglich, daher bleibe nichts anderes übrig als eine *Partikularunion*, welche einige angesehene Reichsstände schließen, welche einerseits der Gefahr, andererseits den Reichsangelegenheiten am nächsten stehen und sich der letzteren vorzugsweise annehmen. Hier nimmt die Denkschrift eine Wendung, die unmittelbar auf die mainzische Politik hinweist. Leibniz hat ein Bündnis im Sinn, dessen natürliches Oberhaupt der Kurfürst von Mainz ist. Und wenn er sagt, daß „mit Verstand und Ansehen begabte, in der deutschen Republik versierte Leute" die Idee eines solchen Bündnisses als des einzigen Mittels zur Sicherheit des Reiches gefaßt haben, so ist klar, daß er vor allen Boineburg und den Kurfürsten Johann Philipp im Sinn hat[101].

Nun existiert bereits in Europa eine Koalition gegen Frankreich: die Tripelallianz von Holland, England und Schweden. Das Bündnis deutscher Reichsfürsten, welches zur Sicherheit des Reiches geschlossen sein will, hat denselben Zweck; es könnte daher ratsam erscheinen, daß diese Partikularunion mit der Tripelallianz gemeinschaftliche Sache mache, „um Frankreich, dessen Progressen auch dem Reich formidabel, von ferneren, unversehenen, gesuchten, unbewiesenen Prätensionen und Konquesten abzuhalten." Dahin sind auch, wie Leibniz sagt, „verständige Leute incliniert." Holland grenzt unmittelbar an das Reich und ist gleichsam dessen Seehafen, Schweden ist zum Teil selbst Glied des Reiches. Holland ist mächtig durch Geld, Schweden durch Kriegsruhm, England durch seine Flotte.[102]

Im Reiche selbst hat die Tripelallianz Anhänger und Gegner: die „Triplischen" und „Antitriplischen". Soll das neue Bündnis in diesem Gegensatze Partei ergreifen und sich auf die Seite der Tripelallianz stellen? Daß ein einzelner deutscher Reichsfürst für sich jener Allianz nicht beitreten kann, derselben auch gar nicht willkommen sein würde, liegt auf der Hand. Es könnte daher nur ein Bündnis deutscher Reichsfürsten sein, welches sich mit der Tripelallianz vereinigt. In einem solchen Bündnis müßte das Haus Österreich notwendig ein Glied und zugleich das Haupt bilden. Hier aber können wir leicht aus einem Extrem ins andere fallen und, während wir die Szylla vermeiden wollen, in die Charybdis geraten.[103]

Der Zweck des Bündnisses ist die Sicherstellung des Reiches nach außen und innen. Es würde seinen Zweck verfehlen und im höch-

---

[101] Ebendas. 25.

[102] Ebendas. 26–27

[103] Bedenken I. 28–33.

sten Grade zweckwidrig sein, wenn es diese Grenze nicht vorsichtig einhielte, nach außen gefahrdrohend für fremde Staaten erschiene und nach innen eine Partei bildete, die alsbald eine Gegenpartei hervorrufen würde. Dann würde die Sicherheit nach beiden Seiten, statt befestigt zu werden, vielmehr aufs äußerste erschüttert. Im Innern würde eine *Trennung* die unausbleibliche Folge sein. Man muß wohl bedenken, wie schlecht es mit dem Reiche nach innen steht. „Es hat nie so schlecht gestanden, und hanget gewißlich das corpus imperii anjezo kaum mit einem *seidnen Faden* zusammen, also daß wir uns nur ein wenig bewegen dürfen, ihn vollends zu zerreißen." Nimmt das Bündnis Partei, so wird die Gegenallianz nicht ausbleiben, sie hat die gewünschte Gelegenheit und den Schein des Rechts, die Trennung zwischen Ober- und Niederdeutschland herbeizuführen und also der Republik unseres Reiches die *letzte Ölung* zu geben. Dies sind keine leeren Verdachtsgründe. „Man weiß, was bei Ausgang voriges und Eingang dieses Jahres in mächtigen Kreisen unter der Hand, gewesen und gekünstelt worden. Das Projekt war schon gemacht, denen so die Reichsverfassung zu triplischem Ende treiben wollten, sich entgegen zu setzen."[104]

Daraus folgt, daß in dem Gegensatze zwischen den Widersachern und Freunden der Tripelallianz das neue Bündnis keine Partei ergreifen dürfe, daß es vielmehr seinen Zweck genau in den Punkt zu setzen habe, in welchem beide Parteien übereinstimmen. Sie fürchten beide die Fortschritte Frankreichs namentlich in Rücksicht auf den burgundischen Kreis. Diese Furcht haben die Gegner Hollands und Österreichs eben so sehr als die anderen, die um des Nutzens willen, den sie von Frankreich ziehen, Feinde der Tripelallianz sind. Sie wollen den Nutzen haben, aber sie wollen nicht gern, daß Frankreich Fortschritte mache und gar den burgundischen Kreis erobere. Vortrefflich charakterisiert Leibniz diese Art der „Antitriplischen" im deutschen Reiche. „Daß sie aber unterdessen den Nutzen annehmen und durch die Finger sehen, kommet daher, weil sie meinen, es werden sich doch wohl Leute finden, die Frankreich gewachsen sein und seine progressus hindern würden, gleichwie .... Judas nicht zweifelte, Christus würde seines Verratens ungeacht den Juden wohl entwischen; *unterdessen, meinte er, bliebe ihm das Geld*. Wenn aber alle so dächten, wäre das Vaterland verloren, und indem einer des andern erwartete, käme niemand"[105]. So würde ein Bündnis mit der Tripelallianz die Sicherheit des Reiches nach innen erschüttern und für die nach außen nichts helfen. Holland hat kein Interesse, Deutschland zu schützen; es hat auch

[104] Ebendas. 37–38.
[105] Bedenken I, 43.

nicht die Macht dazu, seine Macht ist das Meer, und es würde lieber den Rhein verloren sehen, als Antwerpen und Ostende[106].

Endlich, wer verbürgt die Festigkeit der Tripelallianz? Der König von England ist leicht für Frankreich zu gewinnen, vielleicht schon gewonnen. Im englischen Parlamente ist eine beträchtliche Minderheit gegen das Bündnis mit Holland und Schweden, und Schweden ist durch seine Nachbarn leicht abzulenken. Die ganze Tripelallianz ist ein zerbrechliches Rohr. Wer möchte sich darauf stützen? Und wenn diese Allianz zerfällt, wird etwa Österreich des Reiches Schutz und Schirm sein? Das wäre eine Meinung, die „durch die Erfahrung unsers seculi allzuklar widerlegt werde“[107].

3. Der neue Rheinbund, Deutschland und Europa

Es handelt sich demnach um ein Bündnis, welches nach innen den Frieden und die Sicherheit nicht dadurch gefährdet, daß es ein Gegenbündnis hervorruft, und welches nach außen jeden Schein vermeidet, wodurch es in den Augen Frankreichs gefährlich oder auch nur verdächtig sein könnte; also ein Bündnis, ähnlich dem Rheinbunde vom Jahre 1658. Hier erkennen wir in dem Verfasser unserer Denkschrift den kurmainzischen Staatsmann. Das neue Bündnis muß vielmehr Frankreich gegenüber den Schein annehmen, als ob es sich gegen eine ganz andere, Frankreich selbst feindliche Macht schützen wolle, als ob das Wachstum Österreichs, die Fortschritte der kaiserlichen Waffen in Ungarn, das gute Einvernehmen des Kaisers mit Polen, die Vereinigung von Polen, Ungarn, Böhmen und Österreich dem Reiche bedrohlich scheinen. Unter diesem Scheine wird das Bündnis Frankreich willkommen sein, es wird die Gegner Österreichs gewinnen, wie Köln, Bayern und Brandenburg; die deutschgesinnten Stände werden sich von selbst diesem Sicherheitsbündnis gern anschließen, wie die Herzöge von Neuburg und Jülich, das Haus Braunschweig und Lüneburg, das gesamte Haus Hessen, der Herzog von Württemberg und andere[108].

Drei Punkte sind es, die das Sicherheitsbündnis vorsichtig zu vermeiden hat: jeden Schein einer Parteinahme, jeden Schein, als ob es Frankreich abgeneigt, Österreich dagegen günstig gesinnt sei. Gelingt die Gründung eines solchen starken und zugleich unverdächtigen Bundes innerhalb Deutschlands, so werden die Folgen nicht bloß für das Reich, sondern für ganz Europa die wohltätigsten sein. „Gewißlich, wer sein Gemüth etwas höher schwinget und gleichsam mit einem Blick den Zustand von Europa durch-

[106] Bedenken I, 60.

[107] Ebendas. 61–63.

[108] Bedenken I, 65–66

gehet, wird mir Beifall geben, daß diese Allianz eines von den nützlichsten Vorhaben sei, die jemals zu allgemeinem Besten der Christenheit im Werk gewesen. Das Reich ist das Hauptglied, Deutschland das Mittel von Europa. Deutschland ist vor diesen allen seinen Nachbarn ein Schrecken gewesen; jetzo sind durch seine Uneinigkeit Frankreich und Spanien formidabel geworden, Holland und Schweden gewachsen. Deutschland ist das pomum Eridos, wie anfangs Griechenland, hernach Italien. Deutschland ist der Ball, den einander zugeworfen, die um die Monarchie gespielt, Deutschland ist der Kampfplatz, darauf man um die Meisterschaft von Europa gefochten. Kürzlich, Deutschland wird nicht aufhören, seines und fremden Blutvergießens Materie zu sein, bis es aufgewacht, sich recolligirt, sich vereinigt und allen Procis die Hoffnung, es zu gewinnen, abgeschnitten.“[109]

Wenn die europäischen Staaten nicht mehr eroberungssüchtig in Streit gegen einander geraten, so kann jeder mit voller Sicherheit der Aufgabe sich zuwenden, die gemäß seiner Lage die Weltpolitik ihm stellt: dann können der Kaiser und Polen die Türken bekriegen, Rußland die Tataren, während England und Dänemark Nordamerika gegen sich haben, Spanien Südamerika, Holland Ostindien. Frankreich soll ein Führer der christlichen Waffen in die Levante sein und der Christenheit die Gottfriede, Balduine und heiligen Ludwige geben, es soll das ihm gegenüberliegende Afrika angreifen, die Raubnester zerstören, *Ägypten selbst, welches eines der bestgelegenen Länder in der Welt ist, angreifen und womöglich erobern*. Ist Deutschland durch ein solches Bündnis unüberwindlich gemacht und alle Hoffnung, es zu unterwerfen, geschwunden, so wird sich die Kriegslust der Nachbarn nach eines Stromes Art, der wider einen Berg trifft, auf eine andere Seite wenden. Das so gesicherte Reich wird sein Interesse mit Italien, der Schweiz und Holland vereinigen und auf diese Weise die Ruhe Europas erhalten[110].

III. Der zweite Teil der Denkschrift: Die Kriegsfrage

1. Frankreichs Machtstellung

Soweit der erste Teil der Denkschrift. Unmittelbar darauf erfolgt die Wegnahme Lothringens durch Frankreich, ein paar Monate später schreibt Leibniz den zweiten Teil. Es handelt sich jetzt darum, die Motive genau zu untersuchen und darzulegen, welche Frankreichs nächste Schritte bestimmen werden. Ist der Krieg, den Frankreich

[109] Ebendas. 86. Zu vgl. 46.
[110] Bedenken I, 88–93.

im Schilde führt, gegen Deutschland gerichtet oder gegen Holland? Es könnte scheinen, daß Frankreich die Absicht habe, seine alten Grenzen wieder zu gewinnen und den Rhein zu erobern. Es würde nicht schwer sein, diese Eroberungen in der Kürze zu machen, weit schwieriger dagegen, sie auf die Dauer zu behaupten. Denn die Folge würde die Koalition des Reiches gegen Frankreich sein, und diese Vereinigung liegt nicht in der Absicht der französischen Politik. Auch würde diese Gewalttat einen ungeheuren Haß gegen den Eroberer erregen, und der König von Frankreich hätte von diesem Haß alles, selbst den Mord, zu fürchten. „Ein Herr, er sei so groß als er wolle, muß sich für Extremitäten hüten.“[111]

Oder hat Frankreich noch größere Pläne? Der gegenwärtige Zustand dieses Landes ist ein solcher, daß der Herr desselben, namentlich wenn er vom Ehrgeiz getrieben wird, die Lust haben könnte, alles zu gewinnen. Das Land ist mächtig, selbständig, reich; seine Seemacht gedeiht, sein Handel blüht, und, was die Hauptsache ist, seine Zustände sind nach innen befestigt, seine Kräfte sind zentralisiert und liegen in *einer* Hand, die tatendurstig ist und nach Ruhm strebt. „So lang Frankreich mit innerlicher Unruhe angefüllet, so lang jedem Gouverneur zu rebelliren leicht war, so lange Rochelle den Engländern ein neues Calais werden konnte, so lange die Kronmittel zerstreut und die königlichen Güter mit Schulden beladen, so lange die Spanier zu fürchten waren, mußte Frankreich geschäftig sein, sich diese Dörner aus den Fußsohlen zu ziehen und vor diesem formidabeln Feind sich zu hüten. Nun aber, nachdem alle Furcht vorüber, was ist Wunder, daß sich die Hoffnung und Begierde herfürgetan, auch Herz und Mut gewachsen? Wer nur Streiche auszuteilen und keine einzunehmen hat, wird sich nicht viel bedenken: denn ihm das Fehlschlagen kein Schade, dem andern auch jeder Schlag, wo nicht in den Leib, doch in das Herz dringet und Furcht einjaget. Auch Bauern wissen, was Vorteil der habe, so die erste Maulschelle austeilt; wo Hoffnung ohne Furcht, da ist Courage, wo Courage, da ist Glück.“[112]

Frankreich kann die gebietende Macht Europas sein und diesen Primat entweder durch die Eroberung der Länder, die Unterwerfung der Völker, die Verwandlung der fremden Staaten in französische Provinzen, mit einem Worte durch die Gründung einer Universalmonarchie, oder auch durch eine solche politische Machtstellung erreichen, die dem Willen Frankreichs die oberste Geltung, den schiedsrichterlichen Einfluß in Europa ver-

[111] Bedenken II, 12.
[112] Bedenken II, 17.

schafft. Was kann nun Frankreich vernünftigerweise wollen: die Universalmonarchie oder das „arbitrium rerum“?

Wenn Frankreich allein das Pulver gehörte, so könnte es leicht die übrigen Länder besiegen und erobern. Wie aber gegenwärtig die Länder armiert sind, so werden die Siege schwer, und noch schwerer die Behauptung der eroberten Länder sein. Die letztere ist auf die Dauer unmöglich. Eine französische Universalmonarchie hat darum keine Aussichten. Die etwas niedrigere, doch sichere Staffel ist das sogenannte „arbitrium rerum“, ein Verhältnis ähnlich dem, welches die Römer zu den Bundesgenossen *(socii)*, Philipp von Mazedonien zu den griechischen Staaten einnahm, und in der neueren Zeit die spanische Monarchie und Heinrich IV. von Frankreich erstrebten. Die Lage Europas kann einer solchen gebieterischen Machtstellung Frankreichs nicht günstiger sein als sie gegenwärtig ist. Deutschland hängt kaum mit einem seidenen oder strohernen Faden zusammen, Italien ist zerrissen, Spanien gesunken, England unter seiner gegenwärtigen Regierung (Ministerium Buckingham) dem französischen Einfluß offen, der skandinavische Norden geteilt, Dänemark wider Schweden aufgeregt, Polen zerklüftet[113].

Ein Staat, der nach innen und außen stark ist und die Kunst besitzt, die übrigen Mächte zu teilen, kann mit Sicherheit das „arbitrium rerum“ gewinnen. Frankreich besitzt jene Stärke und diese Kunst. Es hat Portugal gegen Spanien, Aragonien gegen Kastilien aufgebracht, in Spanien zwischen der Krone und den Granden Zwietracht gesäet, den Papst und die Kardinäle unter seinen Einfluß gezwungen, England sich geneigt gemacht, den Norden geteilt, die deutsche Krone erstrebt, selbst ein Mitglied des Reiches sein wollen, und es kann durch Bündnisse im Innern Deutschlands das sehr biegsame Reich von seinem Willen abhängig machen. Auf dem Schauplatze des deutschen Reiches gedeihen die französischen Umtriebe. Frankreich verbündet sich die deutschen Häuser, macht sich zum Haupt der Bündnisse und Faktionen im Innern des Reiches. Unterdessen ist der Kaiser das äußerliche Haupt der Stände und fährt fort, mit ihnen Beratungen zu pflegen und Beschlüsse zu machen. Aber wenn die Beschlüsse ausgeführt werden sollen, so sind die Räder inwendig verstellt, alles stößt überall an und nichts will von der Stelle. Dazu kommen zwei Hauptinstrumente, deren sich Frankreich bedient, nämlich Volk und Geld. „Aber Volk verstehe ich hier auf eine etwas andre Manier als sonsten, das ist, nicht Manns-, sondern *Weibsvolk.* Mit welchen beiden Instrumenten alle Schlösser sich aufthun, alle Pforten ohne Petarden eröffnen, auch alle Winkel bis in die innerste Cabinete unvermerkt, auch

[113] Ebendas, 18–23, 26–27.

ohne Gygis Ring, durchkriechen lassen. Zwar selten wird man in Frankreich eine deutsche Dame holen; aber solche, bei ihnen überflüssige Waare mit einer ganzen Last Mode und anhängiger lebendiger und todter Galanterie, gleichsam als Handlungsweise bei uns anzubringen, und solchen Samen des Unkrauts auszustreuen, daran wird nichts gesparet. Durch solches Mittel werden die Höfe und fürnehme Familien eingenommen, andere, die auch etwas sein oder werden wollen, zu französischer Sprache, Reisen, Trachten necessitiret; überdies aber die stetswährenden Correspondenzen in Deutschland justificiret, die Einmischung in die consilia, mit dem Schein der Vorsorge bemäntelt, die Gemüther der französischen Art gewohnt gemacht, eine Heirath aus der andern gestiftet, die jungen Herrn bei Zeiten von der Frau Mutter angeführet, und, mit einem Wort, alles zu französischem Zweck disponirt."[114]

Da haben wir, von der Hand unseres Leibniz gezeichnet, das Bild Deutschlands, wie es war im Zeitalter Ludwigs XIV.!

2. Der Krieg gegen Holland

Ein Krieg gegen Deutschland liegt nicht im Interesse und der Aufgabe Frankreichs, da es Deutschland ohne Krieg beherrschen kann, wohl aber ein Krieg gegen Holland. Diesen zu führen, ist der König von Frankreich sowohl durch seinen Zorn gegen die Gründer der Tripelallianz als durch eine Menge anderweitiger politischer Beweggründe getrieben. Die Affekte vereinigen sich hier mit den Staatsgründen. Zwischen Frankreich und Holland besteht ein natürlicher Gegensatz, begründet in der politischen und religiösen Verfassung beider Länder und fortwährend erregt durch ihre benachbarte Lage. Die Könige hassen die Republiken. Frankreich ist eine absolute Monarchie, Holland eine vollkommene Republik, die Zuflucht aller mißvergnügten und vertriebenen Franzosen, ein Nest politischer, dem Könige von Frankreich feindseliger Wühlereien. Dazu kommt der Gegensatz der Religionen: in Frankreich die Herrschaft der katholischen Religion, in Holland die des Protestantismus; in Frankreich herrscht die religiöse Verfolgung, in Holland die Toleranz. Dazu die Handelskonkurrenz beider Länder. Dieser ausgesprochene, durchgängige, nahe gelegte Gegensatz wird die Kriegslust Ludwigs XIV. ohne Zweifel zunächst gegen Holland treiben. Er wird diesen Krieg um so sicherer führen, wenn er England auf seine Seite gebracht und im deutschen Reiche diejenigen Staaten mit sich verbündet hat, deren Partikularinteressen

[114] Bedenken II, 33, 48.

gegen Holland gerichtet sind, wie Köln, Bayern, Brandenburg, Braunschweig, Münster [115].

Was soll in dieser Lage das Reich tun? In der lothringischen Sache ist nichts auszurichten. Es versuche alles, um das Bündnis jener deutschen Länder mit Frankreich zum Kriege gegen Holland zu verhindern. Köln muß durch Reichstruppen besetzt, Holland bewogen werden, seine Differenzen mit jenen Reichsteilen auszugleichen; es muß alles geschehen, um England und Holland zum Bruche mit Frankreich zu bringen; dann muß Holland schnell einen Seeplatz Frankreichs nehmen und den Krieg selbst nach Frankreich verlegen. Dann wird Frankreich die Hörner einziehen und das deutsche Reich in der günstigen Lage sein, jenes Sicherheitsbündnis zu schließen, welches Leibniz in dem ersten Teile seiner Denkschrift ausgeführt hat. Dann ist es nicht genug, daß Deutschland sich nur nach außen gegen Frankreich schützt, es muß sich auch innerlich, in seinem Handel und Wandel, in seiner Bildung und Sitte von ihm unabhängig machen [116].

3. Die Lösung der Frage

In dem Bedenken für die Sicherheit des deutschen Reiches finden wir an zwei Stellen schon den Keim und das Thema der nächsten Denkschrift. Wie kann das deutsche Reich sich gegen das drohende, eroberungssüchtige Frankreich schützen? Dies war die allgemeine Frage des ersten Teiles. Wie kann es sich schützen bei dem bevorstehenden Kriege Frankreichs gegen Holland? Dies war die besondere Frage des zweiten, gleichsam die Anwendung des ersten auf diesen speziellen Fall. Wenn man der französischen Eroberungslust eine Richtung geben könnte, die dem Wohle Europas nicht zuwiderliefe, vielmehr demselben entspräche! Wenn Frankreich sich der Aufgabe zuwenden wollte, die ihm nach der gegenwärtigen Lage der europäischen Verhältnisse gestellt ist! Diese Aufgabe weist nach dem Orient. Frankreich ist es „vorbehalten, ein Führer der christlichen Waffen in die Levante zu sein ..., das ihm gegenüberliegende Afrika anzugreifen, die Raubnester zu zerstören, *Ägypten* selbst, so eins der bestgelegenen Länder in der Welt, anzugreifen und .... zu übermeistern.“ So lautet eine Stelle des ersten Teiles. Und in einer des zweiten sagt Leibniz: „Von Asien aber glaube selbst, daß, wenn der König in Frankreich Konstantinopel und Kairo hätte, das ganze türkische Reich zugleich erobert sein würde. Und wollte Gott, er suchte einen solchen Weg zur Monarchie!“[117]

---

[115] Bedenken II, 15 u. 16, 53 u. 54, 57 u. 58.

[116] Ebendas. 59–63.

[117] Vgl. I, 89 mit II, 19. Vgl. oben S. 81.

Wenn nun Leibniz in seiner nächsten Denkschrift vom Jahre 1672 den Plan einer französischen Expedition nach Ägypten und einer Eroberung dieses Landes durch Ludwig XIV. ausführlich entwickelt, so ist dieser Gedanke kein plötzlicher Einfal, sondern eine in seinem politischen System und in dem Zusammenhange seiner Entwürfe schon begründete und ausgesprochene Idee. Die polnische Königswahl, das neue Rheinbündnis, die Eroberung Ägyptens durch Ludwig XIV. sind die Gegenstände der politischen Denkschriften, welche Leibniz in Absicht auf die Sicherheit des deutschen Reiches und die Erhaltung des europäischen Friedens unter dem leitenden Gesichtspunkt der kurmainzischen Politik und dem Einflusse Boineburgs verfaßt hat.

Sechstes Kapitel.
Plan der französischen Expedition nach Ägypten. Leibnizens Reise nach Paris (1672)

I. Die Entstehung und Geschichte des Plans

1. Veranlassung und Zeitpunkt. Die orientalische Frage

Wir berühren hier in dem Leben unseres Philosophen eine sehr interessante und lange dunkel gebliebene Stelle, zu deren Aufhellung erst die jüngsten Untersuchungen und Ausgaben der Leibnizischen Werke die nötigen Mittel darbieten. Wenn man nur weiß, daß Leibniz den Plan einer Eroberung Ägyptens durch Ludwig XIV. ausgearbeitet und zur Verwirklichung dieses Planes eine vergebliche Reise nach Paris gemacht hat, so erscheint die ganze Sache als ein wunderlicher und erfolgloser Einfall in dem Kopfe eines Philosophen, als eine der vielen fruchtlosen Theorien, die ohne Rücksicht auf die gegebene Lage der Dinge gemacht wurden. In Wahrheit liegt diese Sache ganz anders. Um sie zu verstehen, muß man die geschichtlichen Verhältnisse des Zeitalters, die Zusammenhänge der mainzischen Politik, die Entstehung und Ausbildung dieses weitsehenden Planes und der darauf bezüglichen Schriftstücke etwas näher ins Auge fassen.

Die Idee der Eroberung Ägyptens, die Ludwig XIV. ausführen sollte, gehört in die Geschichte der orientalischen Frage, die seit der Eroberung Konstantinopels durch die Türken die Welt bewegt. Seit dem Siege Philipps II. bei Lepanto erscheint der Türkenkrieg als eine Sache des Reiches und der Christenheit. Und gerade in dem letzten Jahrzehnt vor unserer Denkschrift war diese Gefahr furchtbarer als je. Im Jahre 1660 sind die Türken von neuem verheerend in

Ungarn eingebrochen, Neuhäusel ist gefallen, der Kaiser bedarf gegen sie der Hilfe der Reichsstände, die ihm auf dem Reichstage von Regensburg gewährt wird, wo namentlich Boineburg dieser Sache eifrig und erfolgreich das Wort redet (1663). Es folgt der Sieg über die Türken bei St. Gotthard an der Raab. Ludwig XIV. selbst hat in diesem Kampfe gegen den allgemeinen Feind der Christenheit den Kaiser unterstützt. Doch hat der Friede vom Jahre 1664 die Machtstellung der Türken keineswegs erschüttert und die stets drohende Gefahr nicht abgestellt.

An diesen Punkt knüpft sich eine große, namentlich der kurmainzischen Politik willkommene und von dieser besonders gehegte Hoffnung. Der westfälische Friede, die Sicherheit des Reiches, das Gleichgewicht der christlichen Mächte Europas scheint nicht besser erhalten werden zu können als durch eine dauernde Vereinigung der Häuser Habsburg und Bourbon, durch die Verknüpfung beider vermöge eines gemeinschaftlichen Interesses. Dieses gemeinschaftliche Interesse ist der Türkenkrieg, die Eroberung des türkischen Reiches, die Teilung seiner Länder, kurz die gemeinschaftliche Lösung der orientalischen Frage, wie sie dem siebzehnten Jahrhundert vorliegt. Frankreich hat die Lösung dieser Aufgabe in Afrika und namentlich in Ägypten zu suchen. Der Türkenkrieg in dieser Richtung ist eine natürliche Aufgabe der französischen Politik und zugleich das beste Objekt für die Eroberungslust Ludwigs XIV. Das Jahrzehnt von 1660–1670 hat in der kurmainzischen Politik diese Idee geweckt und entwickelt, Leibniz ist darin einverstanden mit Boineburg und hat sie bereits in seiner Denkschrift vom Jahre 1670 deutlich ausgesprochen.

In derselben Denkschrift sieht Leibniz schon den Krieg Ludwigs XIV. gegen Holland im Anzuge und damit den Frieden des westlichen Europas bedroht. Könnte man diesem Kriege vorbeugen, indem man Frankreichs Macht und Eroberungslust gegen die Türken (Ägypten) ablenkt, so würden zwei große und brennende Zeitfragen zugleich gelöst sein: die orientalische und französisch-holländische. Die Ausführung dieser Idee erscheint darum in keinem Zeitpunkte dringender als gerade jetzt. Dazu kommt, daß der gegenwärtige Zeitpunkt selbst ausnehmend günstig erscheint, um Ludwig XIV. für den Krieg gegen die Türken zu gewinnen. Es besteht nämlich eine diplomatische Spannung zwischen dem französischen und türkischen Hofe; im Juni 1672 kommt es in Adrianopel zwischen beiden zu einem förmlichen Bruch, und der Krieg gegen die Türken beginnt in Frankreich für eine nationale Sache zu gelten. Indessen wünscht Ludwig XIV. den Bruch mit der Türkei zu heilen und das gute Einvernehmen beider Mächte wiederherzustellen. Dies geschieht im Juni 1673. Damit ist jede Aussicht verloren, den

König von Frankreich für den Plan einer Eroberung Ägyptens zu gewinnen.

Nehmen wir nun, daß im November 1670 Leibniz den Krieg gegen Holland voraussieht, daß im Dezember 1671 die Kriegsabsicht Ludwigs XIV. gegen Holland dem Kabinett von Mainz mitgeteilt wird, daß jetzt die Ablenkung noch möglich, aber auch in dringlichster Notwendigkeit erscheint, daß dagegen im Juni 1673 die letzte Aussicht auf die Möglichkeit einer solchen Ablenkung durch den Türkenkrieg verschwindet: so leuchtet ein, wie das Jahr 1672 gerade der passende Zeitpunkt ist, um den Leibniz-Boineburgischen Plan mit einiger Aussicht auf Erfolg geltend zu machen.

Es handelt sich zunächst um die Form, in welcher die Sache an den König von Frankreich gebracht werden sollte. Natürlich mußte nach außen der Plan sorgfältig verdeckt und geheimgehalten werden. Er war zwischen Boineburg und Leibniz verabredet. Erst im Herbst 1671 wurde die Sache dem Kurfürsten Johann Philipp mitgeteilt und von diesem gebilligt. Dem Könige von Frankreich selbst gegenüber mußte man eine gewisse Zurückhaltung beobachten. Erst wollte man wissen, ob er auf den Vorschlag überhaupt einzugehen geneigt sei, ob er den Zweck annehme, dann erst wollte man ihm in einer ausführlichen Denkschrift die Mittel zur Verwirklichung des Planes darlegen. Es war die Frage, ob dieser erste Vorschlag dem Könige mündlich oder schriftlich zu machen sei. Man machte ihn schriftlich. Boineburg schrieb an den König, Leibniz verfaßte in lateinischer Sprache einen kurzen Entwurf, der nur den Zweck betraf, nicht die Mittel der Ausführung[118]. Beides wurde durch einen diplomatischen Agenten dem Staatssekretär Pomponne übersandt und von diesem dem Könige Anfang 1672 vorgelegt. Man wies darauf hin, daß der Krieg gegen die Holländer selbst am vorteilhaftesten im Orient geführt werden könne.

2. Leibniz und Ludwig XIV.

Der König antwortet nicht, aber Pomponne schreibt unter dem 12. Februar 1672 an Boineburg, der König wünsche, daß sich der Verfasser jenes Memorials näher erkläre[119]. Daraufhin wird beschlossen, daß Leibniz nach Paris reisen soll. Den 19. März 1672 tritt er die Reise an, beglaubigt durch ein Schreiben von Boineburg. „Hier kommt," schreibt Boineburg an Pomponne, „den der König befohlen hat. So unscheinbar er aussieht, er ist ein Mann, der imstande sein wird, vortrefflich zu leisten, was er verspricht." [120] Die Reise hat außer dem diplomatischen Motiv noch andere Beweggründe. Leibniz

[118] Klopp II, 108 ff.

[119] Ebendas. 115.

[120] Ebendas. 125.

hat für sich wissenschaftliche Zwecke im Auge, die er in Paris am besten verfolgen kann; schon der Aufenthalt in der französischen Weltstadt verspricht seinem Gesichtskreis eine große Erweiterung. Dazu kommen einige persönliche Angelegenheiten Boineburgs, die in Paris besorgt sein wollen und ihm anvertraut werden.

Der König läßt die Sache in der Schwebe. Leibniz kommt nicht zu einem persönlichen Vortrage, er wird auch nicht ausdrücklich abgewiesen. Unterdessen ist schon der Krieg gegen Holland in vollem Gange. Der Kurfürst von Mainz bringt selbst den Vorschlag der ägyptischen Expedition an das französische Kabinett, und der Staatssekretär Pomponne, damals im Lager vor Doesburg, gibt dem Gesandten die bezeichnende Antwort: „Ich sage nichts über die Pläne eines heiligen Krieges, aber Sie wissen, solche Pläne haben seit dem heiligen Ludwig aufgehört, Mode zu sein.“[121]

Deshalb ist die Aussicht, beim Könige selbst Erfolg zu haben, noch nicht verloren. Denn gerade in dieser Zeit entsteht jener diplomatische Bruch zwischen Frankreich und der Pforte. Leibniz verfaßt in Paris eine ausführliche und genaue Denkschrift über den Vorschlag einer ägyptischen Expedition, der dem Könige von Frankreich gemacht werden soll[122]. Diese Schrift ist für den Krieg bestimmt. In kurzer und gedrängter Fassung schreibt er dieselbe Materie unter dem Titel: „Der ägyptische Plan“[123]. Diese Schrift ist für Boineburg bestimmt. Schon die kurze Überschrift, wie man mit Recht bemerkt hat, setzt als Empfänger einen Mann voraus, der mit der Absicht des Ganzen vertraut war. Außerdem braucht Leibniz in dieser Schrift Chiffern, deren Bedeutung nur einem schon Eingeweihten verständlich sein konnte[124]. Man kann darüber streiten, wie sich der Auffassung nach die zweite Schrift zur ersten verhält, ob sie früher oder später geschrieben, ob das „consilium“ in Vergleichung mit der „justa dissertatio“ ein vorbereitender Entwurf oder ein Auszug ist. Wahrscheinlich ist sie das letztere. So viel ist aber klar, daß die „justa dissertatio“ die Hauptschrift, das „consilium“ eine Nebenschrift ist.

Beide Schriften haben die Bestimmung, zu der sie verfaßt waren, *nicht* erfüllt. Die große Denkschrift wurde dem König nicht überreicht, die kleine wurde an Boineburg nicht abgeschickt; wahrscheinlich war sie eben vollendet, als Boineburg starb (Dezember 1672). So blieben beide Dokumente unter den Papieren unseres Leibniz liegen und kamen in seinen Nachlaß, wo sie erst neuer-

---

[121] Der Brief ist vom 21. Juni 1672. Vgl. Guhrauer, Kurmainz, 294.

[122] De expeditione Aegyptiaca regi Franciae proponenda *justa dissertatio*; Klopp II, 209ff.

[123] *Consilium Aegyptiacum*; ebendas. 175.

[124] Klopp II, Einleitung LXXVI–XXXII.

dings aufgefunden worden. Die Sache selbst schlug fehl, und nachdem sich die Mißhelligkeiten zwischen Frankreich und der Pforte ausgeglichen hatten, waren alle weiteren Schritte, die Leibniz tat, von vorneherein vergeblich. Er selbst blieb der Idee einer ägyptischen Expedition treu und gedachte derselben noch in seinen späteren Schriften. Daß er aber in dieser Angelegenheit diplomatisch tätig gewesen war, hielt er geheim und äußerte sich darüber nur in Briefen an vertraute Freunde. Die beiden wichtigsten Schriftstücke selbst blieben nach seinem Tode in der Bibliothek von Hannover verborgen. So blieb die ganze Sache dunkel. Selbst Eckhart wußte nicht, in welcher Absicht eigentlich Leibniz nach Paris gereist war.

Erst im Jahre 1755 erfuhr man aus dem Briefwechsel zwischen Leibniz und Ludolf, welchen Michaelis herausgab, daß Leibniz nicht bloß die Idee einer ägyptischen Expedition gehabt habe, sondern auf Boineburgs Betrieb von dem Kurfürsten Johann Philipp angewiesen worden war, eine Denkschrift darüber zu verfassen, um den Plan in Frankreich zur Geltung zu bringen. Mehr erfuhr man nicht. Und vierzig Jahre später erzählte Eberhard von Hörensagen, daß über den Plan einer ägyptischen Expedition Leibnizische Handschriften in der Bibliothek zu Hannover aufbewahrt seien. Genaueres erfuhr man nicht[125].

3. Leibniz und Napoleon. Das Bekanntwerden der Denkschriften. Irrtümer und Aufklärung

Mit einem Male erhellte sich das Dunkel, und die Leibnizischen Entwürfe erregten plötzlich das Aufsehen der Welt. Napoleon macht im Jahre 1798 seine berühmte Expedition nach Ägypten. Es war seine Idee, nicht die des Direktoriums, welches ihm, der die Unternehmung gefordert hatte, nachgab. Fünf Jahre später (1803) erklärt eine englische Broschüre, daß Napoleon getan habe, was einst Leibniz Ludwig XIV. geraten, daß Napoleon die Entwürfe des deutschen Philosophen gekannt und ausgeführt habe. Französische Geschichtsschreiber, wie Thiers und Michaud, sind dieser Ansicht beigetreten; sie haben angenommen, daß Napoleon vor seinem Zuge nach Ägypten die Leibnizischen Denkschriften gekannt habe.

Diese Annahme ist falsch. Napoleon hat vor seiner Expedition Leibnizens Pläne nicht gekannt, denn die darauf bezüglichen Denkschriften waren nicht in Paris, sondern in Hannover. Er lernte die Leibnizische Idee erst kennen, als ihm der General Mortier im Jahre 1803 von Hannover aus die Abschrift eines jener Dokumente zuschickte. Er hat die Idee des deutschen Philosophen zu würdigen gewußt; in der geschichtlichen Vorrede zu dem großen Werke über

---

[125] Ebendas. XXXV. Vgl. XXIX.

Ägypten findet sich eine dem Andenken des Leibnizischen Planes gewidmete Stelle: „Der berühmte Leibniz, geboren für alle großen Pläne, hat sich lange Zeit mit diesem Gegenstande beschäftigt und ein ausführliches, handschriftlich gebliebenes Werk an Ludwig XIV. gerichtet, worin er die Vorteile auseinandersetzt, die mit der Eroberung Ägyptens verbunden sind.“[126]

Die Kunde von dem Leibnizischen Plane und den handschriftlichen Entwürfen in der Bibliothek zu Hannover war nach England gekommen. Unmittelbar nach der Expedition Napoleons wünschte das englische Ministerium diese Dokumente kennenzulernen, und von Hannover aus schickte man im Jahre 1799 die Abschrift eines derselben nach London. Auf dieser Mitteilung beruht die Broschüre vom Jahre 1803, infolge deren man erst in Frankreich auf die Leibnizischen Entwürfe aufmerksam wurde. Jetzt erst erfuhr die Welt näheres von jenen Plänen und Vorschlägen, die einst Leibniz am Hofe Ludwigs XIV. gemacht hatte. Hundertdreißig Jahre hatten diese handschriftlichen Entwürfe in völliger Verborgenheit gelegen; jetzt erregten sie das Interesse der Welt, nachdem der größte Mann des Zeitalters die gleiche Idee von sich aus gefaßt und ausgeführt hatte. Beide Denkschriften waren ans Licht getreten, obwohl zunächst in sehr unvollkommener Weise. Das englische Ministerium hatte eine Abschrift der „justa dissertatio“, der General Mortier eine des „consilium aegyptiacum“ erhalten. Auf diesem Wege und in dieser Form kam die zweite, kleinere Denkschrift in die Bibliothek der französischen Akademie (1815).

In der Tat finden sich in Absicht auf die Eroberung Ägyptens zwischen Leibniz und Napoleon einige Berührungspunkte, die ganz geeignet waren, dem englischen Staatsinteresse in die Augen zu fallen. Leibniz hatte darauf hingewiesen, daß durch die Eroberung und den Besitz Ägyptens Frankreich die Holländer am schwersten treffen könne, indem es ihnen den *indischen* Handel zerstöre. Dasselbe bezweckte Napoleon auf demselben Wege gegen die Engländer. Leibniz hatte gezeigt, welche Bedeutung für Frankreich die Insel *Malta* habe, wie wichtig es für Frankreich sei, daß diese Insel dem Orden gehöre. Aus derselben Ansicht hat Napoleon im Frieden von Amiens gefordert, daß England die Insel dem Orden zurückgebe. Aus derselben Einsicht und dem entgegengesetzten Interesse verweigerte England die Rückgabe. Jene englische Broschüre vom Jahre 1803 verteidigt diese Weigerung und beruft sich in diesem Punkte ausdrücklich auf Leibniz. England will die Insel behalten. So entsteht zwischen ihm und Napoleon ein neuer Krieg. Infolge dieses neuen Krieges kommen die Franzosen im Jahre 1803 nach

[126] Description d'Égypte. Préf. hist. pag. II.

Hannover, und hier läßt sich Mortier gelegentlich jene Abschrift des Leibnizischen Entwurfes geben[127].

So verbreitete sich mit dem Jahre 1803 ein helleres Licht über jenen Leibnizischen Plan. Dennoch blieb die eigentliche Grundlage der Sache noch lange im Dunkel, ja die neue Einsicht, welche man gewonnen hatte, erzeugte zugleich über den Hauptpunkt des Ganzen eine Menge von Irrtümern. Dieser Hauptpunkt lag in der Frage: welches ist die eigentliche und echte Denkschrift, die Leibniz für Ludwig XIV. bestimmt hatte? Darüber entstand eine unglaublich große Verwirrung, welche aufgeklärt zu haben das wirkliche Verdienst der jüngsten deutschen, von Onno Klopp gemachten Ausgabe der Werke von Leibniz ist.

Die englische Broschüre gab nichts als einen Auszug der großen Denkschrift, die abschriftlich nach England gekommen war. In Hannover selbst kannte man damals noch nicht die ganze Denkschrift. Die beiden aufgefundenen Teile paßten augenscheinlich nicht zusammen; das Ende des ersten und der Anfang des zweiten Teiles machten klar, daß hier eine Lücke war. Die ergänzenden Bogen wurden erst im Jahre 1837 entdeckt, und die ganze Denkschrift ist in der Kloppschen Ausgabe zum ersten Male abgedruckt worden (1864).

Der General Mortier hatte eine Abschrift der kleinen Denkschrift (consilium aegyptiacum) erhalten. Diese Abschrift war nicht nach dem Original, sondern selbst nach einer mangelhaften Abschrift genommen, der Text daher inkorrekt. In dieser Form besaß seit 1815 die Bibliothek der französischen Akademie den Leibnizischen Entwurf. Er war dem Inhalte nach vollständig. Die Pariser Akademie war der Ansicht, daß dieses „consilium aegyptiacum" die große, von Leibniz an Ludwig XIV. gerichtete Denkschrift sei. Mignet selbst hat diese Annahme verteidigt. Nach dem in der Bibliothek des Institutes befindlichen Texte wurde das „consilium aegyptiacum" zum ersten Male abgedruckt im Jahre 1839 in dem Werke Guhrauers: „Kurmainz in der Epoche von 1672". Guhrauer, ohne die wirkliche Denkschrift an Ludwig XIV. zu kennen, hatte die richtige Einsicht, daß diese Denkschrift das „consilium aegyptiacum" nicht sein könne, er hielt dasselbe für ein von Leibniz an den Kurfürsten von Mainz gerichtetes Memorandum.

Dagegen erhebt sich der jüngste Herausgeber der Leibnizischen Werke, Foucher de Careil, und verwirrt die Sache vollkommen. Nach ihm irren beide, die Akademiker und Guhrauer, aber der letzte am meisten. Die Akademie irrt, wenn sie ihr Manuskript für die wirkliche Denkschrift an Ludwig XIV. hält; Guhrauer irrt

[127] Klopp II, Einleitung XXXVI-XLVI.

noch mehr, wenn er meint, daß dieses Manuskript eine vollständige Denkschrift sei. Nach Foucher de Careil ist das „consilium aegyptiacum“ allerdings die an Ludwig XIV. gerichtete Denkschrift, aber nicht in der Form, welche die Bibliothek des Institutes besitzt. Diese Form gibt von dem wirklichen „consilium aegyptiacum“ nur ein Summarium, einen bloßen Abriß; die ausgeführte, vollständige Denkschrift ist in der Bibliothek zu Hannover. Foucher de Careil gibt sie in seiner Übersetzung, aber ohne die Ergänzung, welche die Lücke der beiden Teile ausfüllt; er läßt diese in die Augen springende Lücke bestehen, ohne auch nur den schreienden Hiatus zu empfinden; er läßt den ersten Teil mit einer Beleuchtung der afrikanischen Grenzländer Ägyptens, Nubien und Abessinien, schließen und den zweiten Teil unmittelbar so beginnen: „dieses sind unter den europäischen Staaten die Grenzländer des türkischen Reiches usw.“ [128]

Das wahre Verhältnis finden wir aufgeklärt in der Ausgabe von Onno Klopp. Die beiden Hauptdokumente sind zwei verschiedene Denkschriften desselben Inhaltes: die große, an Ludwig XIV. gerichtete Denkschrift ist die „justa dissertatio“; die kleine, summarische, an Boineburg gerichtete Denkschrift, die sich zu jener großen wahrscheinlich als ein selbständiger Auszug verhält, ist das „consilium aegyptiacum“.

II. Der Inhalt der Denkschrift[129]

1. Die Bedeutung Ägyptens

Wir folgen dem Hauptgange der Leibnizischen Gedanken, um von der Verfassung und Methode dieser Denkschrift eine nähere Vorstellung zu gewinnen. Das erste ist, daß die Bedeutung und Wichtigkeit des Unternehmens in das hellste Licht gesetzt wird; dann wird gezeigt, daß diese wichtige und folgenreiche Unternehmung in ihrer Ausführung keineswegs schwer ist, daß die in der Sache gelegenen Hindernisse, genau betrachtet, gering und leicht zu überwinden sind. Die Gefahren, welche von außen drohen könnten, sind nicht zu fürchten. Der Erfolg ist nicht bloß groß, nicht bloß leicht

---

[128] Foucher de Careil V. Einl. I ff. Vgl. 204–205. Klopp II. Einl. LXXVI–LXXXIV. Vgl. zur Kritik der französischen Ausgabe Augsb. Allgem. Zeitung Beil. Nr. 235; Jahrg. 1864.

[129] Das „Consilium Aegyptiacum“ umfaßt in zwei Teilen 24 Paragraphen: der erste Teil ist historisch, der zweite politisch. Die „Justa Dissertatio“ umfaßt in fünf Teilen 58 Kapitel: der erste Teil (Kap. 1–4) handelt von der Wichtigkeit des Unternehmens, der zweite Teil (Kap. 5–52) von der Leichtigkeit der Ausführung, der dritte (Kap. 53–55) von der Sicherheit der Sache, der vierte (Kap. 56–57) von der günstigen Zeitlage, der fünfte (Kap, 58) von der Gerechtigkeit der Unternehmung.

zu gewinnen, sondern auch sicher: dies ist der dritte Punkt. Jedes Unternehmen hat seine Zeit und fordert, daß ihm der Zeitpunkt günstig sei, es gibt zur Ausführung dieses Unternehmens keinen günstigeren Zeitpunkt als den gegenwärtigen; was daher in dieser Rücksicht geschehen soll, muß bald geschehen: dies zeigt die Denkschrift in ihrem vierten Hauptpunkte. Aber die Sache könnte noch so groß, leicht, sicher, zeitgemäß und doch bedenklich sein, wenn sie nicht auch gerecht wäre. Diesen Punkt verbürgt der letzte Teil mit der einfachen Erklärung, daß ein solches Unternehmen, wie die Eroberung Ägyptens durch Frankreich, einen weltgeschichtlichen Fortschritt mit sich führe, den Fortschritt des Christentums und der Zivilisation.

Frankreich begehrt die erste schiedsrichterliche Machtstellung in Europa und die Hegemonie der christlichen Welt. Dieses Ziel zu erreichen, gibt es kein besseres Mittel als die Eroberung Ägyptens, keines ist größer, leichter, gefahrloser, zeitgemäßer und geeigneter zur Begründung der See- und Handelsmacht; zugleich ist keines ruhmvoller. Dieses Mittel ergreifen, heißt die Taten Alexanders nachahmen. Von jeher war Ägypten, das uralte Land der Wunder und Weisheit, von der größten weltgeschichtlichen Bedeutung. Diese Bedeutung hat sich immer von neuem gezeigt, in den persischen, griechischen, römischen und arabischen Weltkriegen. Die Namen der größten Eroberer sind mit dem Namen Ägyptens verbunden: Kambyses, Alexander, Pompejus, Cäsar, Antonius, Augustus, Omar. Hier vollendete sich das persische Weltreich, hier suchte Alexander den Mittelpunkt des seinigen, hier wollte Pompejus seine besiegten Streitkräfte wieder sammeln, dieses Land nannte Augustus seine Provinz. Es galt als die Kornkammer des römischen Reiches. Die arabischen Eroberungen brachten Ägypten in den Besitz der Sarazenen. Dieser Besitz ist der einzige Grund, warum die Kreuzfahrer das heilige Land wieder verloren, der einzige Grund, weshalb der Islam sich bis jetzt erhalten hat.

In dem englisch-französischen Kreuzzuge weissagte ein gefangener Araber dem Könige von Frankreich, daß ohne den Besitz Ägyptens die Kreuzzüge vergeblich sein würden. Philipp August wollte das Land erobern, Richard Löwenherz war ihm entgegen. Dreimal hat die christliche Welt die Eroberung Ägyptens im Sinne gehabt und versucht: unter Innocenz III., unter Ludwig dem Heiligen, unter dem Kardinal Ximenes. Die erste Expedition scheiterte an der Uneinigkeit der christlichen Führer; die zweite schlug fehl, weil sie unvorsichtig sich zu weit in das Innere des Landes gewagt hatte; die dritte beruhte auf dem Bündnis zwischen Spanien, Portugal, England. Der Tod Ferdinands machte, daß die Ausführung unterblieb. So ist diese weltgeschichtliche Aufgabe bis jetzt noch immer ungelöst. Die einzige christliche Macht, welche die Sache wiederaufnehmen und erfolgreich durchführen kann, ist Frankreich unter Ludwig XIV.

2. *Die französische Eroberung*

Die Eroberung Ägyptens ist nie schwer gewesen. An der Schwierigkeit der Sache ist keine jener christlichen Expeditionen gescheitert; Emanuel von Portugal glaubte sich allein der Sache gewachsen. Die Eroberung Ägyptens ist jetzt leichter als je. Frankreich strebt nach einer Universalmonarchie. Durch Kriege in Europa ist dieses Ziel nie zu erreichen. Der Gewinn in diesen Kriegen ist klein: ein paar Städte am Rhein und in Belgien! Dieser kleine Gewinn ist noch dazu schwierig und gefahrvoll; die Hindernisse sind gewaltig, und die Kriege selbst für den Handel Frankreichs schädlich.

Dagegen Ägypten: der Isthmus der Welt, das Band zwischen dem Abend- und Morgenlande, das allgemeine Emporium, der natürliche Stapelplatz des indisch-europäischen Handels, außerordentlich fruchtbar, bevölkert, reich, der Weg nach Ostindien! Ägypten ist das Holland des Orients. Ägypten ist leichter zu erobern als Holland, der ganze Orient leichter als Deutschland. Und diese Eroberung ist für niemand leichter als für Frankreich. Die ganze Expedition hat den Vorteil einer Seereise; sie macht in vier bis sechs Wochen den Weg von Marseille bis Ägypten, sie hat in Kandia zwei Drittel des Weges zurückgelegt und in Malta eine sichere Station. In Ägypten selbst findet sie das gesündeste Klima, das beste Wasser der Welt und eine so regelmäßige Folge der Jahreszeiten und Witterungen, daß sie ihre Operationen nach dieser Richtschnur genau berechnen und für jede derselben die angemessene Zeit wählen kann.

Die militärischen Streitkräfte des Landes sind nicht zu fürchten; selbst der Zahl nach sind sie nicht groß; die mächtigsten sind die Janitscharen und Spahis, aber diese selbst sind unsicher und rebellisch. Überhaupt ist das Land unkriegerisch und seit Jahrhunderten des Krieges entwöhnt. Dazu kommt, daß die Befestigungen schlecht und kaum widerstandsfähig sind: am mittelländischen Meer Alexandrien, Rosette, Damiette, am roten Meer Suez und Alkossir. Dasselbe gilt von den Kastellen der Nachbarländer Syrien und Palästina.

Ebensowenig ist die Hilfe von außen zu fürchten. Hier kommen die Türken und die Nachbarvölker Ägyptens in Betracht. Die Türken werden entweder gar nicht oder sehr spät kommen, ihre Macht ist entschieden im Sinken, nach innen faul, nach außen weit, zur Verteidigung schlecht, bereit immer nur zum Angriff. Die türkische Seemacht ist unter den Nachfolgern Solimans heruntergekommen, die Landmacht ist verdorben, die Janitscharen in innerer Auflösung. Die Niederlage bei St. Gotthard hat diese Schwäche bewiesen und zugleich vergrößert. Dazu kommt der unfähige politische Zustand, der despotische Druck, der Zwiespalt der Machthaber, das geschwächte Ansehen des Sultans, die Emanzipation der Paschas; dazu kommt, daß mitten im türkischen Reiche selbst, in den wichtigsten Städten desselben wie Konstantinopel, Kairo, Smyrna, Jerusalem die Franzosen in der christlichen Bevölkerung natürliche Bundesgenossen finden. Und wie locker das Band ist, welches Ägypten mit der Türkei verbindet, hat vor wenigen Jahren der Aufstand unter Achmet Pascha gezeigt (1660.) Die französische Expedition hat demnach die Türken wenig zu fürchten, noch weniger die Nachbarvölker Ägyptens: die Araber wollen Freiheit, die Nubier sind zum Abfall geneigt, die Abessinier sind leicht für Frankreich zu gewinnen, die Georgier sind der türkischen Herrschaft feindlich gesinnt.

3. Die Sicherheit des Erfolges

So gering sind die Hindernisse, welche der französischen Eroberung von seiten des Orients im Wege stehen; sie sind noch geringer von seiten Europas. Der Kaiser, Polen und Rußland haben selbst die Türken zu fürchten, sie werden den Kriegszug Ludwigs XIV. aus eigenen Interessen eher begünstigen als hindern; namentlich wird der Kaiser sich den Türken gegenüber eher mit Frankreich verbinden als sich demselben feindlich entgegenstellen. Wenn aber Österreich und Frankreich vereinigt sind, so ist niemand in Europa mehr zu fürchten; Schweden geht mit Frankreich, Dänemark sorgt für seine eigene Sicherheit. Der Klerus und der Papst sind von selbst auf der Seite, welche gegen die Türken steht; England, Spanien und Portugal werden in dieser Sache nichts gegen Frankreich unternehmen: so bleibt nur Holland übrig. Hollands Macht liegt im Handel, die Macht seines Handels liegt in Indien, das einzige Mittel, diese Macht zu brechen, ist die Eroberung Ägyptens, welche Frankreich den Weg nach Indien eröffnet und dem indischen Handel die Richtung nach Frankreich gibt. Und selbst wenn ernsthafte Gefahren zu fürchten wären, was der Fall nicht ist, so würde Frankreich doch mit diesem Kriegszuge nichts wagen, denn es macht eine Unternehmung, die es in jedem Augenblick wieder abbrechen kann.

So wichtig, so leicht, so sicher ist die ägyptische Expedition in der Hand Ludwigs XIV.; sie ist zugleich den Plänen des Königs vollkommen entsprechend und ganz in der Richtung dieser Pläne. Was der König begehrt, ist die gebieterische Machtstellung Frankreichs, die Vernichtung Hollands, der Ruhm seines Namens: diese Ziele erreicht er sämtlich durch den Besitz des indischen Handels, durch die

Eroberung Ägyptens; er kann sie durch kein anderes Mittel besser und schneller erreichen. Und dazu ist der gegenwärtige Zeitpunkt der günstigste. Jetzt ist der König vollkommen Herr über Krieg und Frieden, er hat völlig freie Hand; die Zeiten können sich ändern, und was der König jetzt unterläßt, wird er später vielleicht nicht mehr tun können. Darum möge man den Augenblick ergreifen und schleunig diese erfolgreiche Sache unternehmen und ausführen.

Dies ist im Großen und Ganzen der in der Denkschrift ausführlich entwickelte und in allen Einzelheiten begründete Plan. Ludwig XIV. war kein Mann für weittragende Ideen; es war bei diesem Charakter vorauszusehen, daß er auf die Leibnizischen Entwürfe nicht einging. Der Gang der politischen Dinge nahm eine Wendung, welche bald jede Aussicht auf Erfolg unmöglich machte. Ein Unterstützungspunkt fiel nach dem anderen. Leibniz vertrat mit seinem Plane zugleich die Idee des Kurfürsten von Mainz, der Kurfürst starb schon im Februar 1673, und damit war Leibnizens diplomatische Mission in dieser Sache zu Ende. Er hatte auf das Zerwürfnis zwischen Frankreich und der Pforte gerechnet; im Juni 1673 war das Einvernehmen beider Mächte wiederhergestellt, und damit schwand die letzte Aussicht auf eine Kriegsunternehmung Frankreichs wider die Türkei. Aber Leibniz hatte eine weltgeschichtliche Aufgabe richtig begriffen, und am Ende des folgenden Jahrhunderts kam Napoleon, um sie zu lösen.

Siebentes Kapitel.
Leibnizens Aufenthalt in Paris und London (1672–1676)

I. Geschäftliche Aufgaben

1. Die Gesandtschaft nach London

Den Hauptzweck seiner Pariser Reise hatte Leibniz verfehlt, und wenn sein Aufenthalt in der Hauptstadt Frankreichs nur diesen Zweck gehabt hätte, so wäre er von kurzer Dauer gewesen. Aber er brachte noch andere Aufträge mit, die ihm Boineburg für seine Person anvertraut hatte, und er empfing bald auch von dem Kurfürsten die Weisung an weiteren diplomatischen Geschäften teilzunehmen. Indessen, was ihn persönlich in Paris vor allem festhielt und beinahe bewogen hätte, dort zu bleiben, waren nicht die fremden Geschäfte, die er zu führen hatte, sondern seine eigenen wissenschaftlichen Interessen, welche in der französischen Weltstadt die größte Nahrung und Erweiterung fanden.

Nachdem der niederländische Krieg ausgebrochen und das deutsche Reich davon mitbetroffen war, wünschte der Kurfürst von Mainz, daß die deutschen Reichsangelegenheiten von den allgemeinen Friedensverhandhandlungen nicht getrennt werden und darum der Friedenskongreß allein in Köln stattfinden möchte. Die Könige von Frankreich und England dagegen wollten getrennte Friedensverhandlungen in Köln und Dünkirchen. Der Kurfürst schickte zu jenem Zweck eine außerordentliche Gesandtschaft nach Paris, die den Auftrag hatte, Ludwig XIV. für den kurmainzischen Vorschlag zu gewinnen; wenn der König nicht darauf einginge, sollte sie sofort nach London gehen, um auf das Kabinett Karls II. in gleichem Sinne zu wirken und von dort unmittelbar über Holland zurückzukehren. An der Spitze der Gesandtschaft stand der Obermarschall Melchior Friedrich von Schönborn, Neffe des Kurfürsten und Schwiegersohn Boineburgs. Leibniz sollte an der Gesandtschaft teilnehmen und sie nach London begleiten, was im Januar 1673 geschah. Während man hier verhandelte, starb der Kurfürst von Mainz (12. Februar 1673), und nun kehrte Schönborn nicht, wie er anfänglich gesollt, unmittelbar über Holland, sondern über Paris zurück, wo er mit Leibniz im März 1673 wieder eintraf. Ludwig XIV. ging jetzt auf den Vorschlag des allgemeinen Friedenskongresses ein, indessen zerschlugen sich die Unterhandlungen und endeten mit der Kriegserklärung des Reiches gegen Frankreich. Schönborn kehrte nach Mainz zurück, Leibniz blieb in Paris und erhielt von dem neuen Kurfürsten, Lothar Friedrich von Metternich, die Erlaubnis, noch eine Weile „ohne Gefahr des Dienstes" sich in Paris aufzuhalten. Schönborn schrieb es ihm (Mai 1673) mit der Bemerkung, daß in großen Sachen zurzeit nichts zu tun und Leibniz in Paris vorderhand nicht „in negotiis" zu brauchen sei[130]. Von jetzt an war Leibniz nur noch dem Namen nach in mainzischen Diensten, im übrigen erhielt er von Mainz weder Aufträge noch Einkünfte mehr, nicht einmal das rückständige Gehalt wurde ihm gezahlt, vielmehr seine Bitten im Hinblick auf die herrschende Geldnot abschlägig beschieden. Im Beginn des Jahres 1676 schrieb ihm der wohlgesinnte Schönborn, daß die Freigebigkeit der Fürsten nicht über den Ruin ihrer Staaten hinausreiche. Unter diesen Umständen konnte Leibniz in die mainzischen Verhältnisse nicht wohl zurückkehren, und da seine eigenen Vermögensumstände ihm nicht erlaubten, sich durch den Kauf

---

[130] Vgl. Klopp III, 17. Leibniz war dem neuen Kurfürsten bekannt, er hatte ein Festgedicht an ihn gerichtet, als derselbe, damals Bischof von Speyer, den 15. Dezember 1671 zum Koadjutor von Mainz gewählt wurde. Mit Schönborn war der Kurfürst Lothar Friedlich verwandt; sein Bruder hatte die Schwester Schönborns zur Frau.

einer einträglichen Stelle in Paris anzusiedeln, so mußte ihm zuletzt der Ruf eines deutschen Fürsten, der ihm Amt und Einkünfte anbot, willkommen sein[131].

2. Boineburgs Forderungen. Der junge Boineburg

Die beiden politischen Hauptgeschäfte, mit denen Leibniz im ersten Jahre seines Pariser Aufenthaltes zu tun hatte, waren der ägyptische Plan und die mainzische Gesandtschaft. Daneben sollte er einige persönliche Aufträge Boineburgs besorgen. Seit dem Jahre der Kaiserwahl (1658) war das französische Kabinett gegen Boineburg zur Zahlung einer Rente und Pension verpflichtet, die seit 1664 nicht mehr geleistet worden. Boineburg hatte seine Ansprüche von neuem geltend gemacht und ließ sie jetzt durch Leibniz persönlich vertreten. Dieser betrieb im Interesse des Freundes und nach dessen Tode (Dezember 1672) in dem der Familie, als deren Mandatar er handelte, die Angelegenheit aufs eifrigste und brachte es endlich so weit, daß wenigstens ein Teil der Forderungen erfüllt wurde, die namentlich dem Sohne Boineburgs zugute kamen.

Dieser Sohn, der in seiner späteren Laufbahn den Ruhm des Vaters noch übertreffen sollte, war Leibnizens Obhut und wissenschaftlicher Leitung in Paris anvertraut worden. Philipp Wilhelm von Boineburg hatte in Straßburg unter Böcler die Staatswissenschaften studiert und war als sechzehnjähriger Jüngling mit seinem Schwager Schönborn bei Gelegenheit jener kurmainzischen Gesandtschaft nach Paris gekommen. Hier sollte er seine Studien und Ausbildung vollenden. Am liebsten hätte ihn der Vater selbst begleitet; da er es nicht vermochte, so übergab er ihn der Leitung seines Leibniz. Der letzte Brief, den er an Leibniz schrieb (vom 9. Dezember 1672), legte ihm die Sorge für den Sohn ans Herz. Und Leibniz tat, was er konnte, um dem jungen Boineburg nützlich zu werden. So viel wir aus den Berichten an die Mutter urteilen können, war die Methode, welche er als wissenschaftlicher Mentor anwendete, vortrefflich. Er wollte den jungen Mann in Geschichte, Sprache und Schreibart üben; dazu ließ er ihn politische Schriftsteller, namentlich französische, lesen und den Kern der gelesenen Schriften ausziehen und übersetzen. Auch lobt er in seinem Zögling die guten Fähigkeiten sowohl der Fassungskraft als des Gedächtnisses. Trotzdem ergießt er sich gegen die Mutter in Klagen und Beschwerden über die geringe Teilnahme,

---

[131] Der Brief des Frh. von Schönborn ist die Antwort auf ein ungedrucktes Schreiben Leibnizens an den Kurfürsten Damian von Mainz, den Nachfolger Lothar Friedrichs von M. (Paris den 18. Januar 1676), dessen Konzept sich in der Königl. Bibl. zu Hannover befindet. L. teilt seine Berufung nach Hannover mit, entschuldigt sich wegen der Annahme, bittet trotzdem in mainzischen Diensten weiter verwendet zu werden. Vgl. Klopp III, 32–53.

welche der junge Boineburg für diese Art der Beschäftigung an den Tag lege. „Der Wille mangelt und sucht er tausend Prätexte seiner Nachlässigkeit." Wenn man die Beschwerden, welche Leibniz führt, etwas aufmerksam verfolgt, so kann man den Philosophen bedauern, dem sein anvertrauter Zögling so viel zu schaffen macht, aber man kann dem letzteren nicht zürnen; er ist noch nicht reif genug, um auf einen Leibniz eingehen und ihn würdigen zu können, zugleich ist diese jugendliche Natur so lebensvoll und lebensdurstig, daß sie sich gegen die beständige Aufsicht eines älteren Mannes (Leibniz und der junge Boineburg wohnten zusammen), gegen das viele Studieren, Bücherlesen und Auszügemachen mit aller Kraft sträubt. Die Methode, welche Leibniz anwendete und die ohne Zweifel sehr nützlich sein konnte, war ihm langweilig. „Er hat mehr Lust zu Fatiguen des Leibes als zu den Studien des Gemüths." Er möchte auf einer Akademie sein, weil er dort „die Gelegenheit finden wird, mit einem Schwarm junger Leute umzugehen, wonach er sich längst sehnt". Mit solchen Neigungen paßte damals der junge Boineburg nicht zu dem zehn Jahre älteren, in ernste Studien versenkten Leibniz, als seinem Mentor. Das Verhältnis löste sich nach kurzer Dauer auf, der junge Boineburg kehrte nach Deutschland zurück und gab durch seine spätere Laufbahn den Beweis, daß man mit sechzehn Jahren ein schlechter Schüler und dreißig Jahre später ein großer Mann sein kann. Er wurde Statthalter von Erfurt und erwarb sich hier den Beinamen „der große Boineburg". Mit Leibniz verkehrte er später in vertraulichem und lebhaftem Briefwechsel[132].

---

[132] Vgl. Guhrauer, Leibnitz I, 153. Vgl. Briefwechsel des G. W. Leibniz in der Königl. öffentl. Bibliothek zu Hannover, beschrieben von Dr. Eduard Bodemann usw., Hannover 1889; S. 20.

In dem Archiv des gräfl. schönbornischen Schlosses zu Wiesentheid in Unterfranken sind neuerdings Leibnizische Schriftstücke, eine Abschrift des „Consilium Aegyptiacum (Breviarium)" und siebzehn Briefe an Boineburg und dessen Schwiegersohn nebst einem Chiffrenschlüssel aufgefunden worden. Vgl. darüber „Leibniz als Politiker und Erzieher nach seinen Briefen an Boineburg. Von Karl Wild." Neue Heidelberger Jahrbücher IX (1899), S. 201–233. In dem schönbornischen Schloß zu Pommersfelden bei Bamberg findet sich ein neueres Prachtgemälde, welches Leibnizen im Gespräch mit dem Kurfürsten Johann Philipp darstellt. Leibniz selbst berichtet über ein Gespräch, welches der Kurfürst mit ihm über den Jesuiten *P. Spee* geführt habe, der fünfzig Hexen auf den Scheiterhaufen begleitet hat und von der Unschuld einer jeden überzeugt war.

II. Wissenschaftliche Bildungszwecke und Studien

1. Französische Sprache und Mathematik

Die wichtigsten Früchte seines Pariser Aufenthaltes erntete Leibniz nicht von seinen diplomatischen und pädagogischen Geschäften, womit er, wie wir gesehen, wenig ausrichtete, sondern von den Anregungen und wissenschaftlichen Einflüssen, die ihm die geistige Atmosphäre der Weltstadt zuführte und die er begierig in sich aufnahm. Die Muße, welche ihm hier namentlich nach der Rückkehr von London gegönnt war, und die er über drei Jahre genießen durfte, sollte für seine eigene Entwicklung, für die Erweiterung seines wissenschaftlichen Lebens, für seinen erfinderischen Geist von der größten Bedeutung sein. In zweifacher Hinsicht sind ihm die Jahre in Paris außerordentlich förderlich gewesen. Er hätte in seinem Zeitalter nie ein europäischer Schriftsteller werden können, wenn er kein *französischer* geworden wäre; er ist es in Paris geworden, und diesem Umstand ist es zu danken, daß in der Geschichte der neueuropäischen Philosophie der *deutsche* Geist mit Leibniz sogleich festen Fuß gefaßt hat. Wenn von der wissenschaftlichen Größe des letzteren die Rede ist, so weiß jedermann, daß einen wesentlichen und unbestrittenen Teil seines Weltruhmes die Bedeutung ausmacht, welche er als *Mathematiker* einnimmt. Mathematiker ersten Ranges ist er in Paris geworden und konnte, wie damals die Lage dieser Wissenschaft war, eine solche Höhe schwerlich in Deutschland erreichen.

Damals war die französische Literatur die erste Europas und erwarb dem Zeitalter Ludwigs XIV. den Beinamen des goldenen. Sie stand in ihrem vollen Reichtum, als Leibniz nach Paris kam: Racine war auf dem Gipfel seines Ruhmes, Molière, den Leibniz noch in einem seiner Stücke spielen sah, am Ende seiner Laufbahn. Männer, die wir von Descartes her kennen, treten mit ihm in Berührung, er wird mit *Antoine Arnauld* bekannt und bleibt mit ihm in philosophischem Verkehr; *Pascals* mathematische Schriften werden ein Gegenstand seiner Studien und Nacheiferung, *Christian Huygens*, der Erfinder des Pendels, der Entdecker des Ringes um den Saturn, wird sein Freund und sein Führer in der höheren Mathematik.

2. Mechanische Erfindungen. Die Rechenmaschine

Eine Menge erfinderischer Gedanken und Pläne, die im Gebiete der Mechanik liegen, die er zum Teil schon nach Paris mitbringt, zum Teil hier, wo die mechanischen Wissenschaften sich so fruchtbar entwickelt haben, erst ergreift, reifen schnell im Verkehre mit geübten Technikern und in der Anschauung einer reichen und erfinderischen Industrie. Unter den Plänen, mit denen er sich trug, waren die Idee eines Taucherschiffes, Versuche, um den nautischen Ort ohne Beihilfe der Himmelsbeobachtung zu bestimmen, und ein drittes Projekt, um durch Zusammenpressung der Luft die bewegende Kraft zu verstärken. Am nachhaltigsten aber beschäftigte ihn eine *Rechenmaschine* (instrumentum arithmeticum), in deren Erfindung er Pascal nachfolgte und ihn übertraf. Während Pascals Maschine nur für Additionen und Subtraktionen geschickt war, hatte Leibniz die seinige auch für große Multiplikationen, Divisionen und sogar Wurzelausziehungen eingerichtet. Diese Erfindung aus dem Anfange seines Aufenthaltes in Paris wurde den wissenschaftlichen Gesellschaften in Paris und London vorgelegt, und die letzte ernannte Leibniz zu ihrem Mitglieds, ein Jahr nach Newton (April 1673).[133]

3. Die Erfindung der Differentialrechnung. Streit mit Newton

Die größte Erfindung, die den Namen Leibniz in der Geschichte der Mathematik verewigt und neben den Newtons gestellt hat, sollte er im letzten Jahre seines Pariser Aufenthaltes machen. Als Leibniz in den ersten Monaten des Jahres 1673 in London war und dort mit berühmten Naturforschern in Berührung kam, stand seine eigene, aus Deutschland mitgebrachte mathematische Bildung hinter der englischfranzösischen weit zurück. Er kannte damals noch nicht die unendlichen Reihen und keineswegs gründlich die Geometrie Descartes' und dessen analytische Methode. Das tiefere Studium der Geometrie begann Leibniz erst in Paris, nach seiner Rückkehr von London, unter der Führung von Huygens. Seine früheren mathematischen Spekulationen hatten sich vorzugsweise auf die Differenzen der Zahlen bezogen; jetzt traten diese Beobachtungen, die er seit einem Jahrzehnt verfolgt und schon in seiner Schrift über die Kombinationskunst dargelegt hatte, in eine fruchtbare Berührung mit seinen neuen geometrischen Studien, und aus dieser Verbindung reifte der erfinderische Gedanke einer neuen, mit den erstaunlichsten Erfolgen in der Geometrie anwendbaren Rechnung, welche Leibniz die „*Differenzenrechnung*" oder „*Differentialrechnung*" nannte. Diese Erfindung brachte er im Jahre 1676 zustande. So bestimmt er selbst in Briefen, die vierzig Jahre später geschrieben sind, deren Entstehung und Zeitpunkt. Man kann den unermeßlichen Wert dieser Erfindung leicht schätzen, wenn man bedenkt, daß durch dieselbe die Kontinuität und Entwicklung der Größen, also die Größenveränderungen, wie sie in der Natur vorkommen, erst

[133] Wie eingehend Leibniz in Paris sich mit Pascals Nachlaß beschäftigt hat, ersieht man aus Bodemann, Die Leibniz-Handschriften, 305 ff. Pascaliana.

mathematisch bestimmbar und durch den Kalkül faßbar gemacht werden. Gerade in dieser Erfindung erscheinen uns Leibnizens mathematisches und philosophisches Genie in einer schönen und vollkommenen Übereinstimmung. Denn sein philosophischer Grundgedanke ist die Idee der stetigen Veränderung, der natürlichen Entwicklung der Dinge: ein Begriff, der offenbar die kontinuierlichen Übergänge von einem Zustande zum anderen, also die verschwindenden Differenzen oder die unendlich kleinen Elemente fordert. Was Leibniz in der Größenentwicklung als Mathematiker „Differential" oder unendlich kleine Größen nennt, das nennt er in der Geistesentwicklung als Psycholog „perceptions petites" oder unendlich kleine Vorstellungen, wovon wir später an seinem Orte ausführlich handeln werden.

Geben wir den Grundgedanken der Differentialrechnung mit seinen eigenen Worten. Er schreibt im Jahre 1716 an die Gräfin Kielmannsegge: „Ich ging weiter fort, und indem ich meine alten Beobachtungen über die Differenzen der Zahlen mit meinen neuen Einsichten in der Geometrie verband, fand ich endlich, so weit ich mich erinnern kann, im Jahre 1676 eine neue Rechnung, welche ich die Differenzenrechnung nannte, deren Anwendung auf die Geometrie Wunder getan hat." In demselben Jahre schreibt er über denselben Gegenstand noch eingehender und genauer an den Abbé Conti: „Ich war noch ein wenig Neuling in diesen Sachen, aber ich fand doch bald eine allgemeine Methode durch willkürliche Reihen und gelangte zuletzt zu meiner *Differentialrechnung*, wobei die Betrachtungen, welche ich, noch sehr jung, (in der Schrift de arte combinatoria) über die Differenzen der Zahlenreihen gemacht hatte, dazu beitrugen, mir die Augen zu öffnen. Denn nicht durch die Fluxionen der Linien (wie Newton), sondern durch die Differenzen der Zahlen bin ich dahin gekommen, indem ich zuletzt in Betracht zog, daß diese auf stetig zunehmende Größen angewandten Differenzen in Vergleichung mit den differenten Größen verschwinden, während sie in den Reihen der Zahlen subsistieren"[134].

Elf Jahre früher war *Newton* auf einem anderen Wege als Leibniz zu einer ähnlichen Erfindung von gleicher Tragweite gekommen und hatte im Juni 1676 dem von Spinoza her uns bekannten Oldenburg in London darüber Mitteilungen gemacht, welche Leibniz von dem letzteren erfuhr. Darauf gab er diesem in einem Brief vom 27. August 1676 einen Wink über die ihm eigentümliche Entdeckung. So kamen Newton und Leibniz für kurze Zeit in einen durch Oldenburg vermittelten, brieflichen Verkehr, worin jeder dem anderen sich als

[134] Guhrauer, Leibnitz I, 172–178.

Erfinder des neuen Kalkuls bemerkbar machte. Newton fürchtete, daß ihm die Priorität der Erfindung streitig gemacht werden könnte, und gab deshalb in einem Briefe an Oldenburg (Oktober 1676), welcher Leibnizen mitgeteilt wurde, ein Anagramm, unter dessen Verhüllung er die Idee seiner Entdeckung aussprach. Im Juni des folgenden Jahres antwortete Leibniz, indem er die von ihm erfundene Rechnung ohne Rückhalt auseinandersetzte. Damit war der Verkehr zwischen ihm und Newton zu Ende, und zugleich zwischen beiden der Stoff zu einem *Prioritätsstreit* gegeben.

Zunächst war es Leibniz, der den Ausbruch dieses Streites veranlaßte. Er veröffentlichte nämlich im Jahre 1684 in den Leipziger *Actis Eruditorum* die Analysis des Unendlichen als seine Erfindung; hier stellte er sich als den ersten und alleinigen Erfinder dar und erwähnte Newton mit keinem Worte. Zwei Jahre später erschienen Newtons „*Mathematische Prinzipien der Naturphilosophie*", in denen er die großen Ergebnisse seiner neuen Rechnung zum ersten Male der Welt mitteilte und seine Methode auseinandersetzte, ohne dabei den Namen Leibniz zu nennen. Aber im zweiten Buche des Werkes gab er (zu dem zweiten Lehrsatz des siebenten Abschnittes) ein Scholion, worin er mit vornehmer Anerkennung von Leibniz redete, den Briefwechsel vom Jahre 1676, sein Anagramm und die darauf erfolgte Mitteilung der Leibnizischen Methode mit der Bemerkung erwähnte, daß diese im wesentlichen mit der seinigen identisch sei und sein Anagramm die Grundlagen beider Methoden enthalte. Nun stand die Angelegenheit so, daß jeder von beiden sich öffentlich für den ersten und alleinigen Erfinder der Unendlichkeitsrechnung erklärt hatte. Die wissenschaftliche Bedeutung der Sache trat zurück gegen den persönlichen Ehrgeiz der Erfinder, und hier tat Leibniz den ersten Schritt zu einer den Ruhm Newtons verkleinernden Polemik.

Johann Bernoulli aus Basel hatte im Jahre 1696 das Problem von der Linie des geschwindesten Falles (Brachistochrone) aufgestellt. Zur Lösung desselben war eine Frist von anderthalb Jahren gegeben. Eines Abends kehrte Newton abgespannt von den Tagesgeschäften nach Hause zurück, fand die Aufgabe vor und löste sie zu seiner Erholung noch vor dem Abendessen. Auf einer Fahrt von Hannover nach Wolfenbüttel hatte Leibniz die Aufgabe mit sich genommen und löste sie unterwegs. Im Jahre 1697 berichtete er in den *Actis Eruditorum* über die Auflösungen des Bernoullischen Problems und erklärte, daß bei dieser Gelegenheit seine Differentialrechnung eine glänzende Probe bestanden. Er habe es Bernoulli vorausgesagt, daß nur solche, die seine Erfindung durchdrungen hätten, dieses Problem würden auflösen können: Männer wie Jakob Bernoulli, de L'Hospital, Newton. Demnach ließ er Newton als einen

Mathematiker gelten, der mit Hilfe einer von Leibniz erfundenen Methode jene Aufgabe gelöst habe. So erschien Newton nicht mehr als Erfinder, sondern gewissermaßen als Leibnizens Schüler.

Jetzt war die Frage nicht mehr, wer die Erfindung zuerst gemacht, sondern wer sie von dem anderen entlehnt und den falschen Schein der Autorschaft angenommen habe. Aus dem Prioritätsstreit wurde ein *Plagiatsstreit*. Die Sache rückte in das unerquickliche Stadium eines Zankes, worin sich zwei große Männer gegenseitig herabwürdigten, beide leidenschaftlich gereizt und erbittert, Newton aber die vornehmere Haltung bewahrte und sich persönlich nicht preisgab.

Der nächste Angriff gegen Leibniz kam von den Schülern Newtons, namentlich von einem gewissen *Fatio* aus Basel, genannt von Douillier nach einer Besitzung bei Genf, der jetzt ausdrücklich erklärte, Leibniz habe seine Erfindung von Newton entlehnt. Dieser selbst berührte die Angelegenheit nicht als solche, sondern gab in seiner *Optik* vom Jahre 1704 die sachliche Erklärung, indem er diesem Werke seine längst verfaßten Abhandlungen über die Kurven beifügte und damit seine Fluxionsrechnung ihrem Ursprunge nach öffentlich darlegte. Im folgenden Jahre erschien in den *Actis Eruditorum* eine Rezension dieses Werkes, welche Newton geradezu des Plagiats beschuldigte. Die Rezension war anonym. Aber in dem Exemplar der Zeitschrift, welches die paulinische Bibliothek in Leipzig aufbewahrt, ist, wie Ludovici berichtet, der Name des Verfassers beigeschrieben. Es war Leibniz. Er war es, obwohl er es selbst nicht worthaben wollte. Und so trifft ihn allerdings der Vorwurf, daß er in der Aufregung des Ehrgeizes den schlimmen Prioritätsstreit und den noch schlimmeren Plagiatsstreit mit Newton veranlaßt und immer heftiger entzündet hat. Man kann sich nicht wundern, wenn jetzt die erbosten Schüler Newtons ihn mit schülerhaftem Übermut anfielen und den Vorwurf des Plagiats in plumper Weise auf ihn zurückwarfen. Es war nicht genug, ihn als den zweiten Erfinder der neuen Analysis zu behandeln; er sollte jetzt seine Erfindung von Newton nicht bloß entlehnt, sondern geradezu entwendet haben. *John Keill*, ein Schotte, Professor der Physik in Oxford, erklärte öffentlich in den philosophischen Verhandlungen der königlichen Sozietät der Wissenschaften zu London, Leibniz habe Newtons Erfindung unter veränderten Formen herausgegeben (1708 bzw. 1710).

Diesen Angriff nahm Leibniz mit Recht als eine Verleumdung und forderte von seiten der Sozietät, welcher beide angehörten, eine ihm genugtuende Erklärung. Jetzt wurde aus dem Streit ein *Prozeß*. Die Sozietät ließ durch eine Kommission die Akten des Streites untersuchen, welche dann unter dem Titel „Commercium Epistolicum D. Johannis Collins et aliorum de analysi promota, jussu Societatis regiae in lucem editum" 1712 herauskamen und über ganz Europa verbreitet wurden. Man ging von der Annahme aus, daß Newtons und Leibnizens Erfindung dieselbe Sache unter verschiedenen Namen und Zeichen sei, daß sie bei einem von beiden notwendig sekundär sein müsse, also einer von beiden ein Plagiat begangen habe. Die Entscheidung lag in der Frage: wer hat die Erfindung zuerst gemacht? Die Chronologie entschied für Newton. Demgemäß mußte der Spruch der Sozietät gegen Leibniz ausfallen (24. April 1712)[135].

Gegen dieses einseitige und ungerechte Urteil erschien im Juli 1713 ein „*Fliegendes Blatt*" ohne den Namen des Verfassers, das durch die ganze gelehrte Welt verbreitet wurde. Es hatte die Form eines Briefes, in welchem das Schreiben eines „Mathematikers ersten Ranges" mitgeteilt wurde, welcher die Beschuldigung des Plagiats auf Newton zurückwarf. Der Mathematiker, der jenes Schreiben ohne die Absicht der Veröffentlichung verfaßt hatte, war *Johann Bernoulli*; der Herausgeber jenes fliegenden Blattes war *Leibniz* selbst. Die Erbitterung beider Gegner war so weit gekommen, daß zuletzt keiner den anderen auch in seiner wissenschaftlichen Bedeutung mehr anerkennen wollte. Leibniz hätte besser getan, die versteckten Angriffe zu lassen und statt dessen die Geschichte seiner Erfindung öffentlich darzulegen. Als er es wollte, war es zu spät. Sein Tod hinderte ihn, diese Arbeit zu vollenden, nicht aber seine Gegner, den Abgeschiedenen zu verfolgen. Das Urteil der Sozietät zu London bestand fort und verdunkelte lange Zeit hindurch das Ansehen unseres Leibniz in England und Frankreich, bis endlich die unverblendete Nachwelt durch eine Reihe sachkundiger und unparteiischer Richter, wie Euler, Lagrange, Laplace, Poisson, Biot, beiden Männern gerecht wurde und Leibnizens mathematischen Ruhm wiederherstellte. Es wurde ausgemacht, daß Newton und Leibniz die Unendlichkeitsrechnung unabhängig voneinander auf verschiedenen Wegen gefunden haben: jener durch die Fluxionen der Linien, dieser durch die Differenzen der Zahlen. Newtons Erfindung ist die Fluxionsrechnung, Leibnizens Erfindung die Differentialrechnung, und wenn Leibniz der Zeit nach der zweite Erfinder war, so ist er darum nicht weniger Erfinders[136].

---

[135] Guhrauer, Leibnitz I, 170–182, 283–320.

[136] Zu vgl. *Moritz Cantor*: Vorlesungen über Geschichte der Mathematik. Bd. III. 2. Aufl. (Leipzig 1901). Abschnitt XVI u. XVII. S. 73–328.

In diesem Werke wird der Prioritätsstreit zwischen Newton und Leibniz in seinem ganzen Verlaufe in allen darauf bezüglichen Untersuchungen Schritt für Schritt verfolgt und zum erstenmal ein Umstand hervorgehoben, der geeignet sein konnte, Newton und seine Anhänger, wie jenen Fatio, in der Überzeugung zu bestärken, daß Leibniz ein Plagiat an Newton begangen habe und bestrebt

[Forts. Fußnote 86]

sei, dasselbe zu verheimlichen. „Wunderbar genug," sagt der Vf., „ist, daß, so viel wir wissen, noch kein Schriftsteller, sei es zur Zeit des Streites, sei es später, auf das fehlende Wort und seine Bedeutung hingewiesen hat." (S. 303).

Jener zweite durch Oldenburg für Leibniz bestimmte Brief Newtons mit dem Anagramm ist vom 24. Oktober 1676, Leibniz sollte ihn noch während seines zweiten, etwa achttägigen Aufenthaltes in London erhalten, was aber nicht geschehen konnte, da er schon nach Deutschland abgereist war. Oldenburg hat diesen bedeutsamen Brief erst den 2. Mai 1677 abgesendet und Leibniz den Empfang desselben den 21. Juni 1677 datiert; er hat ihn sogleich beantwortet und diese Antwort an Oldenburg mit den Worten begonnen: „Accepi *hodie* literas tuas diu exspectatas cum inclusis Newtonianis pulcherrimis." (S. 287.) So steht in dem Schriftstück zu lesen, welches der Leibnizische Nachlaß in Hannover aufbewahrt. Das Datum, nach der Schreibung zu urteilen, ist später hinzugefügt. In dem Schriftstück dagegen, welches Newton zu lesen bekommen und die Royal Society in London später hat drucken lassen, fehlt nicht das Datum, wohl aber das Wort *hodie*. Dieses ist das fehlende Wort.

Newton, überzeugt, daß Leibniz seinen Brief mit dem Anagramm vom 24. Oktober 1676 sicherlich im März 1677 erhalten haben müsse, konnte nunmehr schließen, daß zwischen dem Empfange und der Beantwortung jenes Briefes *zwei Monate* verflossen seien, binnen welcher Zeit ein mathematisch so erfinderischer Kopf wie Leibniz sehr wohl imstande gewesen sei, ihm die Infinitesimalanalysis nachzuerfinden.

Der Unterschied, auf den zur richtigen und gerechten Beurteilung der Sache alles ankam, zwischen der *Fluxionsrechnung*, welche die Erfindung Newtons war, und der *Differentialrechnung*, welche die Erfindung Leibnizens war, geriet in geflissentliche Vergessenheit. In den Leipziger „Acta Eruditorum" wurde von der Analysis des Unendlichen geredet als von der großen Erfindung des Jahrhunderts, welche Leibniz gemacht habe (1706), wogegen in den „Philosophical Transactions" der Königlichen Gesellschaft der Wissenschaften zu London Newton als der alleinige Erfinder einer Methode gepriesen wurde, welche Leibniz unter Veränderung des Namens und der Bezeichnungsweise in den A. E. veröffentlicht habe (1710). Newton galt für den Erfinder, Leibniz für den Plagiator (S. 298 ff.). Keill nennt jenen den wahren und ersten Erfinder der Fluxionsrechnung oder des Differentialkalkuls (1711). Nach dem Berichte des von der R. S. erwählten Ausschusses (24. April 1712) und auf Grund desselben wurde das „Commercium epistolicum" herausgegeben und auch buchhändlerisch vertrieben als Anklageschrift gegen Leibniz, von welcher unser Geschichtschreiber der Mathematik sagt, sie sei „so fein, so schlau, so giftig, wie wohl kaum je eine zweite abgefaßt wurde" (S. 309). Seit dem 30. November 1703 war Newton Präsident der Akademie, seit dem 16. April 1709 war er Ritter und hieß nun „Sir Isaac", seit dem September 1710 stand Bolingbroke an der Spitze des hochtorrystischen Ministeriums, dessen Gesinnungsgenosse Newton war. Der Einfluß und das öffentliche Ansehen dieses großen Mannes in England standen auf ihrer Höhe, als die königliche Gesellschaft der Wissenschaften zu London, zugleich Ankläger und Richter, den Prioritätsstreit so entschied, daß Leibniz verurteilt wurde.

Am 20. April 1714 schrieb Wolff an Leibniz, daß, wie die Herausgeber des „Journal litéraire" ihm mitgeteilt, die Engländer die Streitfrage nicht als eine Sache behandelten, welche zwischen einem Engländer und einem Deutschen

III. Rückkehr nach Deutschland

Nach einem kurzen Aufenthalte in London kehrte unser Philosoph durch Holland in die deutsche Heimat zurück. Von Amsterdam ging er im November 1676 nach dem Haag, wo er die Bekanntschaft Spinozas gemacht und zu wiederholten Malen ausführliche Gespräche mit ihm gepflogen hat. Darin besteht für uns das interessanteste Erlebnis seiner Rückreise. Er hatte fünf Jahre vorher dem Philosophen im Haag, der ihm damals hauptsächlich als Optikus bekannt war, ein Schriftchen über die Vervollkommnung der Sammellinse zugesendet und eine freundliche, in der Sache ablehnende Antwort erhalten, die keinen weiteren Briefwechsel zur Folge hatte. Bald nach seiner Ankunft in Paris lernte Leibniz Spinozas früheren Lehrer, den Arzt *van den Ende*, kennen, der noch in demselben Jahre das uns bekannte tragische Ende nahm. Während der letzten Zeit seines Pariser Aufenthaltes war er mit *Tschirnhausen* in Verkehr getreten und hatte von ihm so viel über Spinoza und dessen neue Lehre gehört, daß er die letztere in der Handschrift kennenzulernen wünschte und in dieser Absicht eine Anfrage durch Tschirnhausen an Spinoza gelangen ließ, der aber, sei es aus Vorsicht oder Mißtrauen, die Bitte abschlugt[137].

Es gab demnach zwischen Spinoza und Leibniz der Berührungspunkte genug. Dieser konnte schon begierig sein, in der Person Spinozas nicht bloß einen Optikus von Ruf, sondern den berühm-

---

geführt werde, sondern als einen Streit zwischen England und Deutschland (Cantor S. 313).

J. D. Brandshagen, der mit Leibniz korrespondiert hatte und in den englischen Bergwerken beschäftigt war, schreibt am 28. August 1716 (kurz vor dessen Tode) an Leibniz und erzählt ihm nachschriftlich von einem Mittagessen unter vier Augen, wozu ihn Newton, „einer der vornehmsten Kommissarien in Untersuchung des schottischen Silberbergwerks" eingeladen habe. Nun folgt eine jener widerwärtigen brieflichen Zuträgereien, wobei es dem Briefsteller nur darum zu tun ist, sich wichtig zu machen und als sorgfältigen Freund darzustellen, indem er dem andern einen Vorfall mitteilt, der keine andere Wirkung (wohl auch keine andere Absicht) haben kann als diesen zu ärgern. Brandshagen habe das Gespräch unter vier Augen auf Leibniz gebracht, Newton habe bemerkt, daß er diesem die schönste Gelegenheit gegeben habe, seine Sache zu führen, er habe aber keine Gründe, sondern nur schlechtes Geschwätz (bad linguages) zum Vorschein gebracht und sei bei aller seiner Wohlredenheit nur ein ruhmrediger Mann (a vain glorious). Natürlich habe der Briefsteller nicht unterlassen, das Lob seines berühmten Freundes zu singen. Wozu der Brief?

Vgl. Bodemann, Die Leibniz-Handschriften, Abt. XXXV, Vol. XV, Nachträge: II. Newton und den Streit wegen Erfindung der Differentialrechnung betr. S. 306 bis 315.

[137] Vgl. dieses Werk. Bd. II. (5. Auflage) Buch I. Kap. I. Kap. V. S. 182–185. Vgl. Gerhardt Phil. VI, 339 (Theodicée III, 376).

ten Verfasser des *Theologisch-politischen Traktats*, den vorzüglichen Kenner und Darsteller der Lehre Descartes', den Begründer des neuesten Systems kennen zu lernen. Er hat in öfteren und langen Unterredungen wohl nicht allein über die politischen Zeitverhältnisse, wie er selbst berichtet, sondern auch über philosophische Fragen mit ihm gesprochen. Spinoza stand am Ende seiner philosophischen Laufbahn, wenige Monate vor seinem Tode, Leibniz in den Anfängen der seinigen. Ihre Lehren waren einander so entgegengesetzt wie ihre Charaktere. Der philosophische Gegensatz war bei Leibniz durch seine Geistesrichtung von vornherein entschieden.

Achtes Kapitel.
Leibnizens Berufung nach und Stellung in Hannover

I. Die Berufung

Die Lebensgeschichte unseres Philosophen zerfällt in zwei ungleiche Hälften, deren erste dreißig Jahre umfaßt, die andere vierzig. Der Schauplatz seiner Jugendzeit ist während der beiden ersten Jahrzehnte Leipzig und während des dritten, nach jenem vorübergehenden Aufenthalte in Nürnberg und Frankfurt, Mainz und Paris. Man darf diese Zeit seine Wanderjahre nennen. Der Schauplatz der zweiten, größeren Lebenshälfte ist und bleibt *Hannover*, wie mannigfaltig auch von hier aus seine Wirksamkeit und seine Stellung sich verzweigt haben.

Nach dem Tode Boineburgs und des Kurfürsten Johann Philipp hatte sich das Band, welches Leibniz mit Mainz verknüpfte, immer mehr gelockert und, da unter dem Nachfolger sowohl die Aufträge als die Einkünfte ausblieben, allmählich ganz gelöst. Auch seine Ansiedelungspläne in Paris stießen auf ökonomische Hindernisse. So blieb ihm nichts übrig, als eine neue amtliche Stellung zu suchen, die er zuletzt in Hannover fand, und welche ihn bis zu seinem Ende festhielt.

Seit Jahren war er dem Herzog *Johann Friedrich* zu Braunschweig-Lüneburg bekannt. Habbeus von Lichtenstern, schwedischer Agent bei den rheinischen Fürsten in Frankfurt, hatte unseren Leibniz in dem benachbarten Mainz kennen und hochschätzen gelernt und schon im Jahre 1669 den Herzog auf ihn als ein bedeutendes, staatskundiges Talent aufmerksam gemacht. Nach dem Tode des Kanzlers Langerbeck war Lichtenstern bei seiner Anwesenheit in Hannover von Johann Friedrich wegen eines Nachfolgers befragt worden, und da der Fürst sich über den Mangel tüchtiger Leute beklagte, so hatte er geäußert, daß die Fürsten gut tun würden, „junge Männer von guten ingeniis“ zu suchen und um jeden Preis für ihre Dienste zu gewinnen; bei dieser Gelegenheit war ihm unwillkürlich Leibniz eingefallen, und seine ungesuchte Empfehlung hatte in dem Herzog sogleich den Wunsch erregt, diesen jungen Mann kennenzulernen[138].

Bald nachher trat Lichtenstern in dänische Dienste und wurde Resident in Hamburg, wo er Gelegenheit fand, Leibnizens Talente dem dänischen Staatsminister Grafen Gyldenlöw so lebhaft anzurühmen, daß dieser ihm Tages darauf die Stellung eines Privatsekretärs mit der Aussicht auf eine höhere Laufbahn anbieten ließ (25. Februar 1673). Leibniz, damals in Paris, ohne Amt und Aussicht, hatte nicht übel Lust, den Vorschlag anzunehmen, womit er vielleicht für immer sein Vaterland verlassen hätte. Das einzige Bedenken, welches er hegte, war seine Ungeübheit oder Schwerfälligkeit in den Formen der vornehmen Welt und die Furcht vor gewissen nordischen Sitten. „Ich fühle mich von einem Mangel belästigt, der in der großen Welt schwer wiegt, ich fehle nämlich oft in den Gebräuchen und verderbe dadurch den ersten Eindruck meiner Person. Wenn man auf diese Dinge ein großes Gewicht legt, was ich nicht glaube, und wenn es gilt zu trinken, um zu gelten (‚s’il faut boire, pour se faire valoir‘), so wissen Sie selbst, daß ich dann nicht an meinem Platz bin“[139]. Glücklicherweise wurde nichts aus der Sache. Die Laufbahn, welche Leibniz in den Diensten Gyldenlöws zu hoffen hatte, wäre ein Abweg gewesen, da der Graf bei seinem Halbbruder, dem Könige Christian V., in Ungnade fiel und als Statthalter nach Norwegen geschickt wurde.

Lichtensterns Empfehlung bei dem Herzog Johann Friedrich zu Hannover wurde durch Boineburgs Stimme, die schon aus religiösen und kirchlichen Gründen bei diesem Fürsten von großem Gewicht sein mußte, sehr günstig unterstützt und gefördert. Leibniz war gleich bei der ersten Mitteilung von Lichtenstern aufgefordert worden, selbst an den Herzog zu schreiben. Diese brieflichen Annäherungen mögen schon im Dezember 1669 begonnen haben, sie waren dem Herzog willkommen und wurden von Mainz und Paris aus fortgesetzt. Der erste Brief, welcher uns aus dieser Korrespondenz vorliegt, ist ein Brief vom 21. Mai 1671, worin Leibniz berichtet, mit welchen mannigfaltigen Aufgaben und Arbeiten juristischer, philosophischer, mathematischer, physikalischer und theologischer Art er beschäftigt war[140]. Der Herzog antwortete, daß die

---

[138] Habbeus von Lichtenstern an Leibniz, Hamburg, den 30. November 1669; Klopp III, 217 ff.

[139] Leibniz an H. v. Lichtenstern, Paris, April 1673; Klopp III, 224 ff.

[140] Klopp III, 241 ff.; Gerhardt Phil. I, 49 ff

wiederholte Vorlesung dieses Schreibens ihm „über alle Maße angenehm gewesen“ (6. Juni)[141]. Nun folgte ein zweiter Bericht, der die Aufmerksamkeit und das Interesse des Biographen in hohem Grade anziehen muß, denn er enthält nicht bloß ein Bekenntnis seiner bisherigen Schicksale, Arbeiten und Pläne, sondern in dem erstaunlichen Ideen- und Erfindungsreichtum, den er entfaltet, auch schon die Keime der *neuen* Philosophie, welche Leibniz zu begründen und auszubilden berufen war. Schon in dem früheren Briefe war die Rede von einer Reform der rationalen Rechtslehre und deren Anwendung auf die methodische Behandlung des römischen Rechts gewesen, von den neuen Aufgaben einer Untersuchung sowohl der Natur des Gemütes und seiner Affekte als der Natur des Körpers und seiner Bewegungen, von den letzten Gründen der Bewegung, von dem Äther, woraus Licht, Schwere, Elastizität und Magnetismus zu erklären sei, endlich von dem Wesen des Geistes und der Seele, die gleichsam als das Element gefaßt werden müsse, woraus Ausdehnung und Bewegung hervorgehe. Damit würden neue Gesichtspunkte gewonnen zur Begründung der Lehre von der Unsterblichkeit und Auferstehung. Auf alle diese Punkte kommt Leibniz in seinem nächsten Schreiben zurück, er fügt hinzu in der Mathematik und Mechanik die Erfindung seiner Rechenmaschine, in der Optik die einer neuen Sammellinse, in der Nautik eine Idee, wie man die Längen ohne Beobachtung des Himmels bestimmen könne, in der Hydrostatik die Herstellung eines Taucherschiffes und in der Pneumatik die Mittel zur Verstärkung der Luftkraft, indem unvergleichlich größere Luftmengen mit geringerer Gewalt als bisher zusammengepreßt werden. Dazu kommen seine neuen Gedanken in Ansehung der Moralphilosophie, der römischen Rechtslehre und der Prozeßordnung; aber besonders wichtig ist uns, da wir vor allem seinen philosophischen Entwicklungsgang ins Auge fassen, die Anführung seiner neuen Ideen in dem Gebiete der natürlichen Theologie. Er wolle beweisen, daß die Ursache aller Bewegung der *Geist* sei, daß der letzte Grund zur Erklärung aller Dinge insgesamt die *Weltharmonie* oder *Gott* (harmonia universalis, id est Deus) sein müsse, daß diese nicht die Sünden verursache, die letzteren aber trotzdem notwendig seien und zur Weltharmonie gehören, so wie „die Schattierungen und wieder eingebrachte Verstimmungen, jene das Bild, diese den Ton lieblicher machen.“ Der Geist bestehe in einem Punkt oder Zentrum und sei daher unteilbar, unzerstörbar, unsterblich, er sei *„eine kleine, in einem Punkt begriffene Welt*, so aus denen ideis, wie centrum ex angulis, bestehet. Denn angulus ist pars centri, obgleich centrum indivisibel, dadurch die

[141] Klopp III, 250.

ganze natura mentis geometrice erklärt werden kann." Auch wolle er beweisen, daß mit den Wahrheiten der natürlichen Theologie die Mysterien der geoffenbarten, nämlich die der Trinität, Inkarnation und Eucharistie, ihrer *Möglichkeit* nach sich wohl vertragen.

Was nun Leibnizens philosophische Lehre betrifft, so sehen wir in diesen seinen brieflichen, an Herzog Johann Friedrich gerichteten Darlegungen aus dem Jahre 1671 drei Punkte erleuchtet, die der Monadenlehre wesentlich und eigentümlich sind: nämlich 1. den Begriff des Geistes als der *Kraft*, die den Erscheinungen des Körpers zugrunde liege, 2. den Begriff des *Mikrokosmus*, d.h. des Geistes als einer Monade oder eines Punktes, der eine Welt im Kleinen ausmache, 3. den Begriff der *Weltharmonie* so dargestellt, daß schon der Grundgedanke der Theodicee daraus erhellt. Mit solchen Ideen ist der Gegensatz zwischen Denken und Ausdehnung, Geist und Körper sowohl in der Form, wie ihn Descartes, als in der, wie ihn Spinoza gelehrt hat, unvereinbar. Wenn nun in der Überwindung dieses Gegensatzes durch den Begriff der *Monade* die neue Tat besteht, wodurch Leibniz die Philosophie umgestaltet hat, so müssen wir urteilen, daß er von der Idee derselben schon erfüllt war, bevor er Mainz verließ und nach Paris ging.

Indessen hat Leibniz die große Reihe seiner Erfindungen und Pläne, welche er dem Herzog vorführt, nicht beschließen wollen, ohne noch einen Anhang, gleichsam ein „Corollarium" hinzuzufügen: nämlich jene „*Staatsinvention*", die er ersonnen habe, um den Weltkrieg, womit die französischen Kriegsrüstungen Europa bedrohten, zu vermeiden und die Eroberungslust Ludwigs XIV. nach der Levante abzulenken. Nächst Erfindung des fabelhaften Steines der Weisen könne einem Herrscher, wie der König in Frankreich sei, nichts Wichtigeres vorgetragen werden als dieser Plan, den er bis jetzt nur dem Herrn von Boineburg mitgeteilt habe[142].

Von Paris aus sendet Leibniz dem Herzog neue Berichte und stellt ihm seine Dienste zur Verfügung. Dieser bietet ihm die Stelle eines Rates mit 400 Talern jährlicher Besoldung an (15. April 1673); der höhere Rang, den Leibniz im Hinblick auf seine frühere Stellung in Mainz und anderswoher ihm eröffnete Aussichten wünscht, wird ihm nach weiteren Unterhandlungen, die durch den Kammerdiener des Herzogs geführt werden, nicht gewährt; es bleibt bei den ge-

---

[142] Klopp III, 253 ff.; Gerhardt Phil. I, 57 ff. Der Brief ist im Herbste 1671, wahrscheinlich Oktober oder November, geschrieben. – Am 8. Februar 1671 hatte Leibniz einen lateinischen Brief ähnlichen Inhalts an *Hermann Conring*, Prof. an der Universität Helmstedt, gerichtet, worin die „harmonia universalis" als „ultima rerum ratio (id est Deus)" bezeichnet wird. Bodemann, Der Briefwechsel des G. W. *Leibniz*, 363 f., wo aber irrtümlich Martin Vogel als Adressat angegeben ist.

machten Anerbietungen, und die Übersiedelung nach Hannover, die bis zum 14. Mai 1676 gefordert war, verzögert sich bis gegen Ende des Jahres[143].

II. Das Welfenhaus

1. Die Vorgeschichte

Vierzig Jahre, von Ende 1676 bis zu seinem Tode, den 14. Dezember 1716, hat Leibniz dem hannoverischen Hofe gedient und hier einen dreimaligen Thronwechsel erlebt, der in seinen eigenen Lebensgang, seine Aufgaben und Schicksale so bedeutsam eingegriffen hat, daß wir diese letzteren nicht verstehen können, ohne eine übersichtliche Vorstellung von den Zuständen und Bestrebungen des regierenden Hauses zu haben, welche selbst wieder mit den deutschen und europäischen Zeitverhältnissen genau verknüpft sind.

Seit jenen Zeiten, die von dem ersten welfischen Herzoge bis zu den Tagen reichen, wo dessen Urenkel *Heinrich der Löwe* auf seiner Höhe stand als der mächtigste deutsche Fürst nach dem Kaiser, hat das Welfenhaus keinen so günstigen und emporsteigenden Schicksalslauf erlebt, als in diesen vier Jahrzehnten, wo der größte Denker und Gelehrte des Zeitalters ihm diente und zu seinem Glanze beitrug. Als Leibniz nach Hannover kam, war seit dem verhängnisvollen Bruch zwischen Kaiser Friedrich I. und Heinrich dem Löwen gerade ein halbes Jahrtausend verflossen. Die Kämpfe, die aus jenem Streite hervorgingen, hatten damit geendet, daß die Macht der Welfen gebrochen, die Herzogtümer Bayern und Sachsen, ihre schwäbischen und italienischen Besitzungen ihnen entrissen wurden und vierzig Jahre nach dem Tode Heinrichs des Löwen sein Onkel Otto die Herzogtümer Braunschweig und Lüneburg vom Kaiser Friedlich II. zu Lehen empfing (1235). Der Vater des ersten welfischen Herzogs war Markgraf *Azo*, von dem in Italien das Fürstengeschlecht der Este, die Herzöge von Ferrara, Modena und Reggio, in Deutschland das der Welfen abstammt, deren ältere Vorfahren bis in die Zeiten Karls des Großen reichen.

Teilungen und innere Zwistigkeiten hatten die Macht des herzoglichen Hauses von Braunschweig und Lüneburg immer wieder zersplittert und geschwächt, bis zuletzt die Söhne Ernst des Bekenners zwei neue Linien gründeten (1559), deren ältere in Braunschweig-Wolfenbüttel, die jüngere in Braunschweig-Lüneburg regierte. So ist es geblieben, bis in unseren Tagen diese durch den Krieg ihres Landes verlustig ging (1866) und jene ausstarb (1884).

---

[143] Klopp III, 264–303.

2. Die Söhne des Herzogs Georg

Nach dem Tode des Herzogs Georg von Braunschweig-Lüneburg (2. April 1641) ruhte die Zukunft des Hauses auf seinen vier Söhnen. Den Bestimmungen der Hausgesetze und des väterlichen Testamentes gemäß wurden die Lande zwischen den beiden älteren Brüdern *Christian Ludwig* und *Georg Wilhelm* so geteilt, daß (seit dem 10. Dezember 1648) jener den größeren Teil, die Fürstentümer Grubenhagen und Celle, dieser den kleineren, die Fürstentümer Kalenberg und Göttingen, erhielt. Christian Ludwig hatte seinen Hof in Celle, Georg Wilhelm den seinigen in Hannover. Es gab nun zwei regierende Herzöge zu Braunschweig-Lüneburg: den von *Celle* und den von *Hannover*.

Die beiden jüngeren Brüder waren *Johann Friedrich* und *Ernst August*, welchem letzteren die Anwartschaft auf das Bistum Osnabrück zugefallen war, dessen Herrschaft nach den Feststellungen des westfälischen Friedens zwischen einem katholischen, vom Domkapitel gewählten Bischofe und einem Prinzen aus dem Hause Braunschweig-Lüneburg wechseln sollte. Demgemäß wurde Ernst August nach dem Tode des katholischen Bischofs weltlicher Fürstbischof von Osnabrück (21. November 1661).

Als nun Christian Ludwig den 15. März 1665 kinderlos gestorben war[144], so entstand zwischen den beiden älteren Brüdern ein Erbfolgestreit, der sich alsbald durch den Hildesheimer Vertrag dahin ausglich, daß Georg Wilhelm Herzog von Celle, Johann Friedrich Herzog von Hannover wurde.

Auf die Bitten seiner Landstände, welche die Thronfolge gesichert wünschten, hatte Georg Wilhelm sich mit der Pfalzgräfin *Sophie*, die seit dem Februar 1650 bei ihrem Bruder, dem Kurfürsten Karl Ludwig, am Hofe zu Heidelberg lebte, verlobt, aber nach seiner venezianischen Reise dieses Verhältnis auflösen müssen, weil er in einem Zustande zurückkehrte, der ihm zunächst das Heiraten verbot. An seine Stelle trat sein Lieblingsbruder Ernst August, der sich im Oktober 1658 mit der Pfalzgräfin Sophie zu Heidelberg vermählte und von Georg Wilhelm das urkundliche Versprechen erhalten hatte, daß dieser ihm und seinen Nachkommen die Erblande hinterlassen und in dieser Absicht selbst unverheiratet bleiben wolle. Da nun die Ehe, welche Johann Friedrich mit einer Nichte der Pfalzgräfin Sophie[145] geschlossen (1668), ohne Söhne blieb, so hatten sich die

[144] Seine Witwe, Dorothea Prinzessin von Holstein-Glücksburg, wurde die zweite Gemahlin des Großen Kurfürsten Friedrich Wilhelm von Brandenburg.

[145] Benedicta Henrietta Philippina, Tochter des Pfalzgrafen Eduard, der durch seine Gemahlin Anna Gonzaga von Mantua, auf die wir später zurückkommen müssen, zur römischen Kirche bekehrt wurde.

Verhältnisse so gefügt, daß im Laufe der Zeit die braunschweiglüneburgischen Lande in der Hand eines Fürsten vereinigt werden mußten, einer neuen Welfenlinie, die von Ernst August und seiner Gemahlin Sophie abstammte. Auf diesem fürstlichen Paar ruhte die Zukunft des Hauses, die sich in kurzer Zeit glänzend gestalten sollte. Sechs Söhne und eine Tochter sind dieser Ehe entsprossen. Der älteste Sohn Georg Ludwig wurde der erste König von Großbritannien aus dem Hause Hannover, die einzige Tochter Sophie Charlotte die erste Königin von Preußen[146]. Die ersten vier Jahre residierte das junge Paar am Hofe des Bruders zu Hannover, dann in ihrem Bistum in Schloß Iburg und, als dieses wegen naher Kriegsgefahr unsicher schien, in einem neuen Schlosse zu Osnabrück selbst, bis sie das Schicksal auf den Thron von Hannover berief.

Indessen war das gute Einvernehmen zwischen Ernst August und Georg Wilhelm getrübt worden, da der letztere wider sein Versprechen eine Heirat geschlossen hatte, welche in ihren Folgen die Sicherheit der Erbansprüche des ersteren zu gefährden schien. Eleonore d'Olbreuze, die schöne Hofdame der Prinzessin von Tarent, einer geborenen Landgräfin von Hessen, hatte Herz und Sinne Georg Wilhelms dergestalt zu fesseln gewußt, daß sie nach einer zehnjährigen Gewissensehe seine förmliche Gemahlin und ein Jahr später Herzogin von Celle wurde (April 1676). Nun konnte ihre zwanzigjährige Tochter *Sophie Dorothea* als Erbprinzessin von Zelle mit August Friedrich, dem Erbprinzen von Wolfenbüttel, verlobt werden, und da dieser noch in demselben Jahre im Kriege fiel, so plante der mütterliche Ehrgeiz, der die Tochter um jeden Preis unter eine Krone zu bringen wünschte, die Heirat mit dem Erbprinzen Georg Ludwig von Hannover. Wirklich wurde diese mit allen möglichen Opfern erkaufte Ehe, eine der unglücklichsten, welche die Welt je gesehen, den 2. Dezember 1682 geschlossen, und Sophie Dorothea mußte das Glück, das ihr der mütterliche Ehrgeiz verschafft hatte, mit zwölf Jahren einer qualvollen Ehe und mit zweiunddreißig Jahren einer schimpflichen Verstoßung büßen. Man nannte sie nach dem Ort ihrer Verbannung nur noch „die Prinzessin von Ahlden". Um den Mißhandlungen des Gemahls und wohl auch dem Hasse der Schwiegermutter zu entgehen, hatte sie, wie es scheint, mit Hilfe des Grafen Königsmarck fliehen wol-

---

[146] Vgl. Publikationen aus den K. Preußischen Staatsarchiven, IV. Bd. (1879): *Memoiren der Herzogin Sophie*, nachmals Kurfürstin von Hannover (Hrsgeg. von Ad. Köcher). S. 52–64, 71, 93. – Die Kinder sind: *Georg Ludwig* geb. 28. Mai 1660, *Friedrich August* geb. 3. Oktober 1661, gest. 30. Dezember 1690, *Maximilian Wilhelm* geb. 13. Dezember 1666, *Sophie Charlotte* geb. 2. Oktober 1668, *Karl Philipp* geb. 3. Oktober 1669, gest. Januar 1690, *Christian* geb. 19. September 1671, *Ernst August* geb. 7. September 1674.

len. In der Nacht des 1. Juli 1694 verschwand der Graf im Schlosse zu Hannover, durch Mord aus dem Wege geräumt. Die unglückliche Frau ließ nun die Anklage wegen ehelicher Untreue und die Verurteilung ohne einen Beweis der Schuld über sich ergehen, weil ihr das Los einer schimpflichen Verbannung wohl noch besser erscheinen mochte als das einer heillosen und unwürdigen Ehe. Diese unheimlichen Vorgänge geschahen an einem Hofe, der von Maitressen wimmelte. Die verstoßene Frau ist die Mutter Georgs II. und die Großmutter Friedrichs des Großen[147].

3. *Die Söhne des Herzogs Augustus*

Auf seiten der älteren Linie hatte Herzog Augustus, der von Lessing gepriesene Stifter der Bibliothek zu Wolfenbüttel, von 1625–1666 regiert und drei Söhne hinterlassen, von denen die beiden älteren gemeinsam in Wolfenbüttel residierten. *Rudolf August* war der regierende Herr (1666–1704) und *Anton Ulrich* seit 1685 sein Mitregent; die Herzogin Sophie nennt ihn schon sieben Jahre vorher den Statthalter seines Bruders[148]. Dieser Fürst ist uns wegen seiner Beziehungen zu Leibniz besonders wichtig. Er hat sich durch seine geistlichen Lieder, die er unter dem Titel „Christfürstlichs Davids Harfenspiel" (1667) herausgab, vor allem aber durch seine Romane im Geschmacke des Zeitalters eine Art literarischen Ruhm erworben. Als Mitglied der fruchtbringenden Gesellschaft oder des Palmenordens zu Weimar hieß er „der Siegprangende". In den Jahren 1669 bis 1673 erschien seine „Mesopotamische Schäferei oder die durchlauchtigste Syrerin Aramena" und in den Jahren 1685–1707 der berühmteste seiner Romane „Römische Oktavia", worin die Geschichte der Kaiser von Claudius bis Vespasian und in 48 Episoden geheime Hofgeschichten aus der Zeit unter fremden Namen erzählt wurden. So enthielt die Geschichte der Prinzessin Salone oder Rhodegune, wie sie in der zweiten Ausgabe hieß, die tragischen Schicksale der Prinzessin von Celle, deren Schwiegervater Anton Ulrich gern geworden wäre. Seine Enkelin Elisabeth Christine wurde im Jahre 1708 die Gemahlin des letzten Habsburgers männlichen Stammes, der als König von Spanien Karl III. (1703), als römischer Kaiser Karl VI. (1711) hieß, sie ist die Mutter der Maria Theresia;

---

[147] Une mésalliance dans la maison de Brunswick (1665–1724). Éléonore Desmier d'Olbreuze, duchesse de Zell, par le Vicomte Horric de Beaucaire. Paris 1884. Vgl. A. Köcher: Die Prinzessin von Ahlden. 1. u. 2. Art. in Sybels Hist. Ztschr. 48. Bd. (N. F. 12. Bd.) 1882, S. 1–44, 193–235.

[148] Briefwechsel der Herzogin Sophie mit ihrem Bruder, dem Kurfürsten Karl Ludwig von der Pfalz usw. (hrsgeg. von E. Bodemann). Publ. aus den K. Pr. Staatsarchiven, XXVI. Bd. (1885), S. 338. Der Brief ist von Osnabrück den 8. Dez. 1678.

ihre Schwester Charlotte Christine Sophie wurde im Jahre 1711 mit Alexei, dem Sohne Peters des Großen, vermählt und starb (1715) nach der Geburt eines Sohnes, der als Peter II. den russischen Thron bestieg. Anton Ulrich folgte dem Beispiel seiner Enkelin, die er auf dem Wege zum römischen Kaiserthrone sah, und bekehrte sich als siebenundsiebzigjähriger Greis zur römischen Kirche (1710). Alle diese Begebenheiten wollen berührt sein, weil sie auch im Leben unseres Leibniz ihre Wirkungen ausüben.

III. Leibniz am hannoverischen Hofe

1. Johann Friedrich

Wir sehen nun, wie die welfischen Zustände in beiden regierenden Häusern beschaffen waren, als Leibniz im zwölften Jahre der Regierung Johann Friedrichs nach Hannover kam. Ernst August residierte seit vierzehn Jahren in seinem Bistum, und Georg Wilhelm hielt seinen Hof zu Celle, den seine Gemahlin mit französischem Geschmack und Luxus eingerichtet hatte, sie hieß nicht mehr Frau von Harburg und Gräfin von Wilhelmsburg, sondern führte seit dem 24. April 1676 den Titel einer Herzogin von Braunschweig, was dem Hofe in Osnabrück, insbesondere der Herzogin Sophie zu großer Erbitterung gereichte.

Auf seiner zweiten italienischen Reise (Oktober 1649–1652) hatte Johann Friedrich im Februar 1651 zu Assisi den lutherischen Glauben abgeschworen und sich zur römischen Kirche bekehrt. Den Vorwürfen seiner Mutter, der Herzogin Anna Eleonore, einer geborenen Landgräfin von Hessen, die darüber entrüstet war, setzte er die Versicherung entgegen, daß er nur aus Gewissensdrang und Überzeugung von der Wahrheit der katholischen Religion sich bekehrt habe. Als er im Herbst 1664 zum dritten Male Rom besuchte, hatte er keinen Grund, sich des päpstlichen Dankes zu rühmen; im Gegenteil verfügte ihm Alexander VII. gewisse zeremonielle Höflichkeiten, wodurch der Herzog sich so gekränkt fand, daß er seinen Unwillen darüber laut äußerte und seinen Aufenthalt abkürzte. Sein Bruder Ernst August und seine Schwägerin Sophie, welche im November 1664 mit einem Gefolge von zweihundert Personen nach Rom kamen, wurden Zeugen seiner Verstimmung, wie die Herzogin in ihren Aufzeichnungen berichtet. Nach dem Antritt seiner fünften italienischen Reise erkrankte er in Augsburg und starb hier den 18. Dezember 1679[149].

[149] Klopp IV, 489–532. Nach den Funeralien des Herzogs, welche Leibniz verfaßt hat, geschah sein Übertritt im Februar 1651 und konnte nicht zehn Jahre später stattfinden, wie der Herausgeber aus dem von ihm mitgeteilten, „Venedig den 12. April 1662“ datierten Briefe an die Mutter geschlossen hat (Einl.

Der Herzog war, wie Boineburg, Konvertit der römischen Kirche und gleich jenem einer Wiedervereinigung der beiden Kirchen zugetan, daher auch Leibniz, der schon in Mainz die Reunionsfrage mit Boineburg verhandelt und zur dogmatischen Lösung derselben seine „demonstrationes catholicae" geplant hatte, dem Herzog alsbald seine Ansichten darüber schriftlich vortrug und dabei ausdrücklich bemerkte, daß seine reunionistisch gesinnte Theologie sich auf eine neue Philosophie gründe, die im Unterschied von den Atomisten und Kartesianern den Begriff der *substantiellen Formen* wiederherstellte, welche bekanntlich ein Hauptthema der Scholastik gewesen waren. Auf die Verhandlungen über die Reunion werden wir in einem besonderen Abschnitte dieses Buches zurückkommen[150].

Die Einführung unseres Philosophen in sein Amt als Hof- und Kanzleirat verzögerte sich bis in den Herbst 1677, zugleich wurde ihm die Leitung der herzoglichen *Bibliothek* übertragen. Immer auf gemeinnützige Pläne bedacht und bestrebt, seinen Geschäftskreis wie seine Einkünfte zu erweitern, machte Leibniz dem Herzoge zwei Vorschläge, die er in schriftlicher Ausführung erörterte: der eine betraf die Ausbeutung der *Landesbergwerke* in Claustal und Zellerfeld, deren Betrieb durch eingedrungenes Wasser gehemmt war, der andere die Ordnung und Leitung der *Landesarchive*, um sie für die Auffindung und den Gebrauch der Urkunden in einen zweckmäßigen Stand zu setzen. Der Herzog, dem „der unerschöpfliche Schatz" in seinem Lande ungleich wichtiger erschien als die Archive, ging auf den ersten Vorschlag ein und traf noch kurz vor seinem Tode Maßregeln, wodurch Leibniz mit dem Versuch zur Herstellung der Gruben im Oberharz beauftragt wurde[151].

Die welfische Hauspolitik verfolgte hauptsächlich dynastische und partikularistische Ziele, welche letztere selbst innerhalb der Familie so geteilt waren, daß während des ersten Reichskrieges (1674–1678) Johann Friedrich es mit Ludwig XIV. hielt, während seine Brüder auf seiten des Kaisers standen und an der Konzer Brücke einen glänzenden Sieg über den Marschall Créqui davontrugen, infolgedessen Trier entsetzt wurde. Gleich bei seinem Eintritt in die hannoverischen Verhältnisse fand Leibniz eine Frage vor, die

S. XXXIX); statt der Jahreszahl 1652 hat der Abschreiber oder Setzer 1662 gelesen, welcher Irrtum den zweiten zur Folge gehabt hat. In das Jahr 1662 fällt eine Reise des Herzogs nach Dänemark. Die dritte italienische Reise hat Leibniz in den Funeralien zwar nicht ungezählt, aber unerwähnt gelassen. – Über den damaligen Aufenthalt Johann Friedrichs in Rom vgl. die Memoiren der Herzogin Sophie a. o. a. O. S. 82, und ihren Briefwechsel mit Karl Ludwig a. o. a. O, S. 80. Der Brief ist vom 14. November 1664.

[150] Vgl. oben S. 105 f. Vgl. Klopp IV, 440–447, 447–451.

[151] Klopp IV, 397–415. 415–420. Einl. S. XXXV. Nach Einl. S. XXXIV betrugen Leibnizens damalige Amtseinkünfte 554 Taler.

den Herzog und seine Ratgeber beschäftigte und zur Steigerung des reichsfürstlichen Ansehens diente. Der Herzog nahm das Recht in Anspruch, auf den Friedenskongreß zu Nimwegen, der im Jahre 1676 zusammengetreten war, Gesandte mit vollem Charakter gleich den Kurfürsten zu schicken. Damit war das Thema zu einer neuen politischen Abhandlung gegeben, der ersten, welche Leibniz in Hannover verfaßt und mit der charakteristischen pseudonymen Bezeichnung „Caesarinus Fursteneriusˮ im Jahre 1677 veröffentlicht hat: „Tractatus de jure suprematus ac legationis principum Germaniaeˮ. Die Schrift erregte großes Aufsehen und mußte zu verschiedenen Malen neu aufgelegt werden. Einen Auszug daraus gaben die gleichzeitig erschienenen „Entretiens de Philarète et d'Eugène sur le droit d'ambassadeˮ[152].

2. *Ernst August*

Drei Jahre hatte Leibniz in hannoverischen Diensten gestanden, als Johann Friedrich starb[153]. Während der achtzehn Regierungsjahre seines Bruders und Nachfolgers stiegen Macht und Ansehen des Hauses von Stufe zu Stufe. Das nächste Ziel war die künftige Vereinigung der braunschweig-lüneburgischen Erblande, der Herzogtümer Celle und Hannover, durch die Heirat zwischen Georg Ludwig und Sophie Dorothea (1682)[154], das zweite Ziel war die Erhaltung dieses Gebietes in einer Hand durch die Einführung der *Primogenitur*, die schon bei Gelegenheit der celleschen Heirat ausgesprochen wurde und den 1. Juli 1683 die kaiserliche Bestätigung erhielt; das dritte Ziel war die neunte Kurwürde des Reiches. Als auch dieses Ziel im Jahre 1693 erreicht wurde, hatte sich nach der englischen Revolution dem Hause Hannover schon die Aussicht auf die Thronfolge in *Großbritannien* eröffnet.

---

[152] Vgl. Klopp III, Einl. XLII-XLVI. Ebendas. IV, Einl. VII-XIX.

[153] Leibniz erfuhr den Tod des Herzogs in Herford bei der Äbtissin Elisabeth, wo er auch deren Schwester, die Herzogin Sophie, traf; er war auf dem Wege nach Osnabrück, um dem dortigen Hofe einen Besuch abzustatten, und hat so die Pfalzgräfin Elisabeth, die Freundin und Schülerin Descartes', noch wenige Wochen vor ihrem Tode gesehen. Sie starb den 8. Februar 1680. In seiner Zuschrift an Leibniz (Paris den 16. April 1679) spricht Foucher von einem Briefe, welchen Leibniz an die Prinzessin Elisabeth gerichtet habe und auf dessen abschriftliche Mitteilung Lantin und er begierig seien. Vgl. Gerhardt Phil. I, 876. Der Brief handelt von der kartesianischen Lehre und setzt die Kenntnis derselben und mathematische Einsichten voraus; daher kann der undatierte an eine Fürstin gerichtete Brief (ebendas. IV, 290) nicht auf die Prinzessin Sophie bezogen werden. Vgl. Bodemann, Die Leibniz-Handschriften, 53. Jedenfalls dürfen wir annehmen, daß Leibniz mit der Prinzessin Elisabeth korrespondiert hatte, bevor er dieselbe im Dezember 1679 persönlich kennen lernte.

[154] S. oben S. 116 f.

Durch die Vereinigung der Häuser Hannover und Celle wie durch die Einführung der Primogenitur in den braunschweig-lüneburgischen Landen hat Ernst August, der erste Kurfürst von Hannover, sich wohl den Ruhm verdient, „der zweite Gründer des Welfenhauses" zu heißen. Aber diese glänzenden Erfolge warfen sehr düstere Schatten. Georg Wilhelm opferte die Tochter den dynastischen Zwecken des Bruders und ließ sie mit stumpfer Gleichgültigkeit verderben; die Stiftung der Primogenitur säete Zwietracht unter den Söhnen Ernst Augusts, die jüngeren Prinzen glaubten sich ihrer Erbansprüche beraubt und fanden in Wolfenbüttel bei Anton Ulrich volle Beistimmung, der die hannoverische Hauspolitik sehr eifersüchtig ansah und in einer Unterredung mit Leibniz (den 13. August 1685) die Bestrebungen des jüngeren Hauses für Verletzungen des älteren erklärte und mit einer feindseligen Sonderstellung des letzteren drohte. Prinz Maximilian Wilhelm hatte sich zum Sturze des Erbprinzen mit dem Jägermeister Friedrich von Moltke in eine förmliche Verschwörung eingelassen, die entdeckt wurde und im Juli 1692 die Hinrichtung Moltkes zur Folge hatte. Der Prinz blieb in jahrelanger Haft in Hannover und entsagte später für immer seiner Heimat. Alle diese inneren, häuslichen Zerrüttungen, die in den Jahren 1692 und 1694 zu schrecklichen Ausbrüchen führten, hat Leibniz erlebt und ist ein kühler Zeuge derselben gewesen, während er die Bestrebungen Ernst Augusts in Ansehung sowohl der Primogenitur als der Kurwürde mit seiner Feder betrieb und zu fördern suchte. Auch mit dem Freiherrn (späteren Reichsgrafen) Franz Ernst von Platen, welcher Ernst August und seinem Hause vierzig Jahre lang (1668 bis 1708) gedient hat und seit 1680 der leitende Minister war, stand Leibniz in gutem Einvernehmen[155]. Der Einfluß Platens wurzelte in den sittenlosen Zuständen des Hofes und wurde dadurch befestigt, daß die Frau des Ministers die erklärte Maitresse des Fürsten war.

In seiner Bewerbung um die Kurwürde hatte Ernst August den Widerstand des brandenburgischen Kurhauses zu fürchten, und es gelang ihm, dieses Hindernis durch eine Heirat aus dem Wege zu räumen. Den 8. Oktober 1684 wurde Sophie Charlotte mit dem Kurprinzen vermählt, der als Friedrich III. seinem Vater, dem großen Kurfürsten, den 29. April 1688 gefolgt ist und den 18. Januar 1701 als Friedrich I. die Reihe der Preußischen Könige begonnen hat. So entstand eine Verbindung der Höfe von Hannover und Berlin, die auf Leibnizens Wirksamkeit und persönliche Schicksale einen sehr wichtigen und langjährigen Einfluß ausüben sollte.

---

[155] Klopp V, Einl. XIII; 37–39.

Die Einführung der Primogenitur, die cellesche und brandenburgische Heirat waren von seiten des hannoverischen Hauses zugleich wohlberechnete Schritte auf dem Weg zur Kurwürde. Dazu konnten sich die Nachkommen Heinrichs des Löwen auf das Alter und die Hohheit ihrer Herkunft berufen, auf ihre Vorfahren, die Stammesherzöge gewesen. Es war nicht bloß eine fürstliche Modesache, sondern lag im Zusammenhange seiner dynastischen Zwecke, daß der Herzog Ernst August die Geschichte seines Hauses und den *Ursprung der Welfen*, welchen ein holländischer Genealog fabelnd auf den Kaiser Oktavius Augustus, der Abt Damaiden auf die römischen Anicier, der Mönch Bucelin (durch Lothar II.) auf Karl den Großen hatte zurückführen wollen, urkundlich erforscht und dargetan zu sehen wünschte. Diese Aufgabe wurde unserem Leibniz übertragen und zu seinen Ämtern auch das eines braunschweig-lüneburgischen *Historiographen* hinzugefügt (1685). Die Erforschung der Urkunden, Archive und Denkmäler machte es notwendig, daß er Oberdeutschland und Italien bereiste und fast drei Jahre lang (Oktober 1687 bis Juni 1690) von Hannover entfernt blieb.

Das Jahr 1693 erfüllte die hannoverischen Wünsche. Ernst August wurde der neunte Kurfürst des Reiches, eine Erhöhung, die ihm große Opfer kostete und unter den Reichsfürsten aus kirchlichen wie dynastischen Gründen viel Eifersucht und Widerstand erregte, namentlich bei dem Kurfürsten von Mainz, den Herzogen der älteren Linie und den sächsischen Häusern. Dem Historiographen Leibniz aber erwuchs ein ganz unerwartetes Thema. Für den neuen Kurfürsten mußte ein neues Erzamt gegründet werden, er sollte das Reichsbanner erhalten, wogegen der Herzog von Württemberg Einsprache tat, der das Recht auf die Reichssturmfahne, die seit 1336 bei Württemberg war, besaß und für sich in Anspruch nahm. Nun mußte Leibniz in einer gelehrten Untersuchung den Unterschied zwischen dem Reichsbanner und der Reichssturmfahne auseinandersetzen, in einer Zeit, wo die Fahne des Reiches, ob sie nun Sturmfahne oder Banner hieß, tief im Staube lag!

Der Kurfürst Ernst August starb den 23. Januar 1698. Die englische Revolution vom November 1688 hatte Jakob II., den letzten König männlicher Linie aus dem Hause Stuart, vertrieben und seinen Schwiegersohn Wilhelm von Oranien, den Erbstatthalter der Niederlande, auf den Thron Englands berufen, den er nach dem Parlamentsbeschluß vom 13. Februar 1689 als Wilhelm III. bestieg. Nach der Sukzessionsakte vom Jahre 1701 folgte ihm (19. März 1701) seine Schwägerin Anna, die zweite Tochter des vertriebenen Königs. Das Thronfolgegesetz hatte bestimmt, daß die katholischen Stuarts von der Krone ausgeschlossen bleiben und nur die protestantischen sukzessionsfähig sein sollten, womit die Erbfolge an die weibliche Linie der Stuarts überging. Demgemäß mußte nach der Königin die nächste Erbin der Krone Großbritanniens die verwitwete Kurfürstin Sophie von Hannover sein, denn sie war durch ihre Mutter Elisabeth die Enkelin Jakobs I. Die Kurfürstin starb den 8. Juni 1714, die Königin Anna einige Wochen später (den 1. August). Nun erbte Georg Ludwig, der älteste Sohn der Kurfürstin, die englische Krone. Mit ihm als *Georg I.* beginnt die Reihe der Könige Großbritanniens aus dem Hause Hannover, die Personalunion zwischen England und Hannover. So hoch waren die Welfen in kurzer Zeit gestiegen! Als Leibniz in ihre Dienste trat, suchte der Ehrgeiz des Herzogs von Hannover mit den deutschen Kurfürsten in der Gesandtschaftshoheit zu wetteifern; zwei Jahre vor seinem Tode sah Leibniz in dem Hause Hannover den Kurhut mit der britischen Königskrone vereinigt.

3. Leibnizens Doppelstellungen

Während der ersten fünfzehn Jahre blieb Leibniz in seiner Stellung und Wirksamkeit auf den Hof von Hannover beschränkt, wo er (seit 1680) in der Schätzung und dem Vertrauen der geistvollen Herzogin Sophie eine mächtige Stütze fand. Die nächsten fünfzehn Jahre waren die einflußreichsten und glücklichsten seines Lebens.

Nach der Rückkehr von seiner dreijährigen, den Forschungen über den Ursprung des Welfenhauses gewidmeten Reise ernannten ihn die Herzöge der älteren Linie auch zu ihrem Historiographen und zum Vorstande der Wolfenbüttler Bibliothek (1691). Er war schon vorher in Wolfenbüttel gern empfangen worden und hatte jetzt eine Doppelstellung an den beiden braunschweigischen Höfen. Die verwandtschaftlichen Verbindungen, welche diese beiden Höfe, der eine mit Brandenburg, der andere mit Rußland eingingen, kamen auch dem Ansehen unseres Leibniz zugute und vergrößerten seinen Wirkungskreis und Einfluß.

Er war auf der Reise, als der Große Kurfürst starb, und die zwanzigjährige Sophie Charlotte Kurfürstin von Brandenburg wurde. Nach seiner Rückkehr entwickelte sich für Leibniz aus der nahen Beziehung der beiden Höfe eine Doppelstellung in Hannover und Berlin, die mit der Zeit einen gewichtigen Charakter annahm und weit wirkungsreicher war als die in Hannover und Wolfenbüttel. Seine Stellung in Berlin wurzelte in der Anerkennung und vertrauensvollen Zuneigung, die ihm die beiden Kurfürstinnen, Mutter und Tochter, gewährten. Es mußte beiden daran gelegen sein, das gute Einvernehmen ihrer Höfe zu pflegen, den hannoverischen Einfluß in Berlin zu sichern und durch eine geschickte und vertraute Person die dortigen Verhältnisse beobachten und beeinflussen zu lassen. Dazu schien ihnen Leibniz der richtige Mann. Er selbst erbot sich in einer geheimen, an beide Kurfürstinnen gerichteten Denkschrift zu diesem Dienst und wünschte, um denselben so unbemerkt und sicher wie möglich zu besorgen, eine Stellung in Berlin, die ihn zu einem zeitweiligen Aufenthalte an dem dortigen Hofe sowohl berechtige als verpflichte und seine diplomatische Sendung gleichsam verhülle. Dabei dachte er an einen Betrieb seiner wissenschaftlichen Zwecke, die er stets im Auge behielt. Das Feld war günstig. Die Kurfürstin erfreute sich an dem Wachstum der Wissenschaft, der Kurfürst an dem seines persönlichen Glanzes. Am Geburtstage Friedrichs III., den 11. Juli 1700, wurde in Berlin die *Gesellschaft der Wissenschaften* gestiftet und Leibniz am folgenden Tage zu ihrem lebenslänglichen Präsidenten ernannt. Für die nächsten Jahre teilte sich nun sein Aufenthalt zwischen Hannover und Berlin, wohin er mit Vorliebe zurückkehrte. Hier erwarteten ihn die schönen Tage von Lützelburg (Charlottenburg), wo er mit seiner königlichen Schülerin philosophierte und gemeinschaftlich mit ihr den Bayle las. Der plötzliche Tod der Königin, den 5. Februar 1705, nahm seiner Stellung und seinem Aufenthalte in Berlin den größten Reiz und zugleich die mächtigste Stütze, es war der schmerzlichste Verlust, den er in seinem Leben erfuhr. Die Anerkennung, wie viel in dieser Fürstin Leibniz verloren hatte, war so allgemein, daß ihm die fremden Gesandten förmliche Beileidsbesuche abstatteten. Die Königin Sophie Charlotte wußte den großen Philosophen zu würdigen; sie liebte und suchte die Wahrheit eben so eifrig wie der König die Pracht. Friedrich der Große erzählt, daß sie auf ihrem Sterbebette zu einer ihrer Frauen, die in Tränen zerfloß, gesagt habe: „Beklagen Sie mich nicht, denn ich gehe jetzt, meine Neugier zu befriedigen über Dinge, welche mir Leibniz nie hat erklären können, über den Raum, das Unendliche, das Sein und das Nichts, und dem Könige, meinem Gemahl, bereite ich das Schauspiel eines Leichenbegängnisses, welches ihm neue Gelegenheit gibt, seine Pracht zu entfalten." „Diese Fürstin", fährt ihr königlicher Enkel fort, „hatte das Genie eines großen Mannes und die Kenntnisse eines Gelehrten, sie glaubte, daß es einer Königin nicht unwürdig wäre, einen Philosophen zu schätzen; dieser Philosoph war *Leibniz*, und wie diejenigen, welche vom Himmel privilegierte Seelen erhalten haben, den Königen gleich werden, so schenkte sie ihm ihre Freundschaft." Wenn Leibniz unter dem Schutze der Königin das ganze Ansehen seiner Doppelstellung genossen hatte, so sollte ihm bald nach ihrem Tode die nützliche Seite dieses diplomatischen Zwischenlebens fühlbar werden. Mißtrauen und Eifersucht wurde von beiden Seiten, am Hofe zu Hannover wie zu Berlin, gegen ihn rege gemacht, und die argwöhnische Atmosphäre, die ihn zuletzt hier umgab, verleidete ihm den Aufenthalt so, daß er Berlin im Jahre 1711 für immer verließ. Sogar seine eigene Schöpfung, die Sozietät der Wissenschaften, wurde seinem Einfluß entzogen.

Die braunschweig-russische Heirat brachte Leibnizen in Berührung mit *Peter dem Großen*. Bei Gelegenheit der Vermählungsfeier der Prinzessin von Wolfenbüttel mit dem Großfürsten Alexei zu Torgau (1711) hatte Leibniz die erste Unterredung mit dem Zaren. Im folgenden Jahre lud dieser ihn zu einer neuen Unterredung nach Karlsbad ein, und von hier begleitete Leibniz den Zaren nach Dresden. Die dritte und letzte Zusammenkunft beider hat kurz vor dem Tode Leibnizens in Pyrmont stattgefunden (1716). Die zivilisatorischen Pläne des russischen Herrschers begegneten in dem deutschen Philosophen einer verwandten Denkart. Auf den Vorschlag des letzteren wollte Peter der Große wissenschaftliche Untersuchungen in Rußland über die magnetische Deklination anstellen lassen und eine Akademie in Petersburg gründen, deren Plan Leibniz entwarf, die aber erst nach dem Tode des Zaren zustande kam (1725.) Auch verfaßte er im Auftrage des letzteren eine Denkschrift über die Einrichtung und Verbesserung der russischen Gerichtsordnung, was ihm von seiten Peters des Großen eine Pension und den Titel eines geheimen Justizrates eintrug, den ihm die Kurfürsten von Hannover und Brandenburg schon früher erteilt hatten (1696 und 1700). Ich habe an dieser Stelle nur eine Übersicht geben wollen, um Leibnizens Doppelstellungen, die von Hannover ausgegangen sind und sich in so verschiedenen Richtungen verzweigt haben, hervorzuheben und in ihrer Eigentümlichkeit zu charakterisieren.[156]

[156] Vgl. Leibniz in seinen Beziehungen zu Rußland und Peter dem Großen. Eine geschichtliche Darstellung dieses Verhältnisses nebst den darauf bezüglichen Briefen und Denkschriften von *W. Guerrier*, ordentl. Professor an der Universität Moskau. St. Petersburg und Leipzig 1873. S. 114–196 (Drittes Kapitel).

Neuntes Kapitel.
Leibnizens politische Wirksamkeit

I. Leibniz als Gegner Ludwigs XIV.

1. Die europäischen Kriegszustände

Während der vierzig Jahre der hannoverischen Lebensperiode unseres Leibniz war Europa und insbesondere Deutschland fast beständig der Schauplatz großer Kriege. Kaum war ein Vierteljahrhundert seit dem westfälischen Frieden verflossen, als die Reichskriege mit Ludwig XIV. begannen, die sich durch den Zeitraum von 1674–1714 erstreckt haben: der erste derselben (1674–1678) entstand aus dem französisch-niederländischen Kriege, der zweite (1688–1697) aus der sogenannten Orléansschen Erbschaft, welche Frankreich nach dem Erlöschen des Hauses Pfalz-Simmern in Anspruch nahm, der dritte (1701–1714) aus dem spanischen Erbfolgekriege, worin es sich um das Gleichgewicht der französischen und österreichischen Weltmacht, der Häuser Bourbon und Habsburg handelte. Gleichzeitig mit ihm begann der nordische Krieg, der die beiden ersten Dezennien des 18. Jahrhunderts erfüllte und worin der Fortbestand der nordischen Hegemonie Schwedens wider den Bund der nordischen Mächte zuerst durch Karl XII. glänzend verteidigt und aufrechterhalten wurde, zuletzt aber erlag, um der europäischen Geltung Rußlands zu weichen. Die beiden größten Helden dieser Kriege hat Leibniz persönlich kennen gelernt. Er wurde, wie wir erzählt haben, von Peter dem Großen gewürdigt und ausgezeichnet; er sah Karl XII., den die Verfolgung des Königs von Polen in die sächsischen Kurlande geführt hatte, im Lager von Altranstädt (1707), wo der siegreiche Schwedenkönig die Gesandten der ersten Mächte Europas empfing und Leibniz vielleicht eine Annäherung von seiten der Höfe in Berlin und in Hannover vermitteln sollte.

In den drei Reichskriegen mit Ludwig XIV. bekundet Leibniz als Patriot und Publizist, als politischer Schriftsteller und Ratgeber den eifrigsten Anteil. Drei Friedensschlüsse haben die Weltzustände bedingt, welche er vorfand, als er zuerst in Mainz mit den uns schon bekannten Denkschriften auf die politischen Fragen einging: der westfälische Friede (1648), der pyrenäische (1659) und der Friede von Aachen (1668). Jeder bezeichnet einen Schritt vorwärts in der anschwellenden Macht Frankreichs: in dem westfälischen erntet Frankreich die Frucht der Politik Richelieus, das europäische

Gleichgewicht; in dem pyrenäischen siegt die Politik Mazarins und das französische Übergewicht kommt zur Geltung; in dem Frieden von Aachen hat der schon begonnenen Eroberungspolitik Ludwigs XIV. die Tripelallianz einen zu schwachen Damm entgegengesetzt.

Drei Friedensschlüsse erlebt Leibniz in Hannover: die von Nimwegen (1678), von Ryswijk (1697), von Utrecht, Rastatt und Baden (1713 und 1714). Das Übergewicht Frankreichs ist in fortwährendem Steigen, das deutsche Reich in fortwährendem Sinken begriffen; die französische Übergewalt erreicht ihren Gipfel in dem Frieden von Ryswijk, und von den Siegen, die im spanischen Erbfolgekrieg über Ludwig XIV. erkämpft werden, erntet das deutsche Reich in den Friedensschlüssen keineswegs die erhofften Früchte. Das Leben unseres Philosophen fällt in Deutschlands traurigste Zeiten, und er erfährt die ganze Fülle des vaterländischen Elendes. Zwei Jahre vor dem Ende des dreißigjährigen Krieges wird er geboren, und er stirbt zwei Jahre nach dem Ende des spanischen Erbfolgekrieges.

2. *Die beiden ersten Reichskriege*

Wir erinnern uns, wie Leibniz in seinen ersten politischen Schriften nach der Richtschnur des kurmainzischen Systems sorgfältig und genau alle Bedingungen erwogen hatte, welche das deutsche Reich nach innen und außen sichern und namentlich der Gefahr eines französischen Krieges vorbeugen konnten; er hatte richtig vorhergesehen, daß der Damm der Tripelallianz schon in der Auflösung begriffen war, und daß ein neuer Krieg von Frankreich her drohte, dessen nächstes Ziel die Niederlande sein würden. Diesen Krieg in der Richtung wider die Türken abzuleiten, hatte er den Plan der Eroberung Ägyptens durch Ludwig XIV. ersonnen, den wir ausführlich kennen gelernt. Der Mittelpunkt seines politischen Denkens war die *Sicherheit* des deutschen Reiches, die Erhaltung des westfälischen Friedens, die Abwendung einer französischen Universalmonarchie, die Dauer des europäischen Gleichgewichtes, in welchem Frankreich ein „arbitrium rerum", aber keine auf Gewalt und Eroberung gegründete Herrschaft haben sollte. Alle Mittel, welche Leibniz in dieser Absicht vorschlug, hatten zu ihrem ausdrücklichen und wohlberechneten Ziele den Frieden und die Verständigung mit Frankreich. Die Haltung seiner bisherigen Denkschriften war deshalb im Interesse des deutschen Reiches und seiner Sicherheit gegen Frankreich und Ludwig XIV. keineswegs feindlich gesinnt.

Diese Haltung ändert sich in den folgenden Denkschriften und nimmt den entgegengesetzten Charakter, nachdem die Politik Ludwigs XIV. sich mit voller Gewalt in eine dem deutschen Reiche feindliche Strömung geworfen und immer unverkennbarer mit ihrer Absicht auf Eroberung und Erweiterung ihres Gebietes bis an die Rheingrenze hervorgetreten war. Wir finden Leibniz von jetzt an als den erbitterten Gegner Ludwigs XIV., als den energischen Verteidiger der Sache des Reiches und des Kaisers.

Schon im Jahre 1672 ist der Krieg gegen die Niederlande im vollen Gange. Verrat und innere Uneinigkeit machen die Hilfe des Kaisers und des Kurfürsten von Brandenburg erfolglos, zehn Reichsstädte im Elsaß werden erobert, die Pfalz verheert, die Saardistrikte verwüstet, Zweibrücken geplündert, Freiburg gewonnen. Der Friede von Nimwegen kostet dem Reiche schwere Verluste und zeigt es in voller Ohnmacht. Charakteristisch für die Zustände Deutschlands, die Haltung der Reichsfürsten, insbesondere der Herzöge von Braunschweig-Lüneburg, ist die schon bemerkte Tatsache, daß in diesem Kriege der Herzog Johann Friedrich auf seiten Ludwigs XIV., seine Brüder auf seiten des Kaisers stehen. Nicht weniger charakteristisch für die inneren Zustände des Reiches ist es, daß auf dem Friedenskongreß zu Nimwegen über den Rang der fürstlichen und kurfürstlichen Gesandten gestritten wird. Diese Frage beschäftigte unseren Leibniz sogleich nach seinem Eintritt in die Dienste des Herzogs Johann Friedlich.

In der Friedenspause sammelte Frankreich den Stoff zu einem neuen Reichskriege, vielmehr es beging wider alles Völkerrecht und alle Verträge den schmählichsten Friedensbruch, den das deutsche Reich jemals erduldet hat. In dem westfälischen und Nimwegener Frieden waren deutsche Städte mit ihren Dependenzen an Frankreich abgetreten worden. Jetzt gerät ein französischer Parlamentsrat auf den Ludwig XIV. willkommenen Einfall zu untersuchen, wie weit sich „die Dependenzen“ jener Gebietsteile erstrecken. Was dazu gehört oder je gehört hat, gilt als ein Gebiet, welches mit Frankreich zu vereinigen ist, als ein Gegenstand französischer Rechtsansprüche. Zu diesem Zwecke werden die sogenannten *Reunionskammern* zu Metz, Breisach, Dornick, Besançon eingerichtet und das System der Reunion vorbereitet (1680). Gegen diese aus der Luft gegriffenen Ansprüche wird ein Kongreß in Frankfurt berufen, und Leibniz ist schon bestimmt, den hannoverischen Gesandten daselbst zu unterstützen, als plötzlich die Nachricht von dem unerhörten, mitten im Frieden geschehenen Raube der Stadt Straßburg eintrifft (1681). Der Kongreß in Frankfurt löst sich auf, der Reichstag in Regensburg tritt zusammen, und es wird fortgestritten über den Rangunterschied der fürstlichen und kurfürstlichen Gesandten. Unterdessen gehen die französischen Reunionen unbekümmert weiter, und man bemächtigt sich im Jahre 1684 auch der Städte Luxemburg und Trier. Die Macht des Kaisers ist gelähmt, denn Ludwig XIV. hat dafür gesorgt, daß der Kaiser gerade jetzt in seinen Erblanden mehr als je bedrängt wird; er hat den Aufruhr der Ungarn geschürt und gegen Österreich einen Türkenkrieg, furchtbarer als je, heraufbeschworen. Im Sommer 1683 steht das Heer der Türken vor Wien.

Vor zwölf Jahren hatte Leibniz jenen Plan ausgedacht und entwickelt, nach welchem Ludwig XIV. den Krieg wider die Türken führen, seinen Ehrgeiz vollauf befriedigen, seinen Beruf als „der allerchristlichste König" erfüllen sollte. Jetzt hat „der allerchristlichste König" die Türken gegen die Christen geführt. Diese Handlung verhält sich zu dieser Bezeichnung als die bitterste Ironie, welche nur in Worte gefaßt und rednerisch ausgeführt zu werden braucht, um den Stoff zur stärksten Satire wider Ludwig XIV. zu liefern. Im Sommer 1683, während die Türken Wien belagern, schreibt Leibniz erst in lateinischer, dann in französischer Sprache seinen „Mars christianissimus", ein Pamphlet, welches den Ausdruck der Ironie auf dem Titel trägt: „Eine Verteidigung der Waffen des allerchristlichsten Königs gegen die Christen." Der Verfasser hüllt sich in die Maske eines deutschen Parteigängers Ludwigs XIV., um den Stachel zugleich gegen diese Partei, die man „Gallo-Grecs" nannte, zu kehren. Daher heißt die Schrift: „Mars christianissimus, autore Germano Gallo-Graeco, ou apologie des armes du roi très-chrétien contre les chrétiens". Sie ist auf den Wunsch und unter dem Mitwissen des Herzogs Ernst August verfaßt und eröffnet die Reihe der von Leibniz im Interesse des Reiches wider die gewalttätige und rechtswidrige Politik Ludwigs XIV. gerichteten Denk- und Staatsschriften.

Die Entsetzung Wiens durch Sobieski, die Siege über die Türken in Ungarn, der von den Türken erbetene Friede (1687) befreiten den Kaiser von den Gefahren im Osten gerade in dem Zeitpunkte, wo Frankreich einen neuen Reichskrieg rüstete. Zu den Reunionsansprüchen kommt nach dem Tode des Kurfürsten von der Pfalz (1685) der Streit über die pfälzische Erbschaft und nach dem Tode des Kurfürsten von Köln (1688) der über die Kölner Nachfolge. Ein französisches Manifest erklärt „die Gründe, welche den König von Frankreich nötigen, von neuem die Waffen zu ergreifen, und welche die ganze Christenheit überzeugen müssen, daß Sr. Majestät nur die Ruhe Europas am Herzen liege" (24. September 1688).

Leibniz, auf seiner Forschungsreise begriffen, ist in diesem Zeitpunkte in Wien. Sein erster Aufenthalt am kaiserlichen Hofe fällt mit dem Beginn des zweiten Reichskrieges gegen Ludwig XIV. zusammen. Daß er, wie Guhrauer aus inneren Gründen zu beweisen gesucht und Foucher de Careil behauptet, das kaiserliche Gegenmanifest vom 18. Oktober 1688 verfaßt habe, ist bei dem Mangel eines urkundlichen Zeugnisses und der damaligen Stellung Leibnizens sehr unwahrscheinlich[157]. In einer französisch verfaßten und den kaiserlichen Ministern, den Grafen Königseck und Strateman, übersendeten Denkschrift (30. Dezember 1688) von zwanzig Kapiteln hat er die französische Kriegserklärung eingehend beleuchtet und ihre Gründe entkräftet[158]. Er zeigt in dem zweiten Kapitel, wie Frankreich von Schritt zu Schritt sich in Gewalttätigkeiten überboten habe. Jedes Wort ist durchdrungen von dem erlittenen Unrecht, das über alles Maß weit hinausgeht. „Ich finde, daß die französische Politik geflissentlich die benachbarten Völker mit einer solchen Anzahl gewaltsamer Verletzungen überhäuft, daß die Klagen unmöglich mit dem erlittenen Unrecht Schritt halten können. Nur Gott vergißt nichts, nur er findet das rechte Maß, aber bei den Menschen löschen die letzten Frevel das Andenken der ersten fast aus, und man gewöhnt sich an diese Dinge. Es gibt keinen Vertrag, den Frankreich nicht in letzter Zeit auf das offenbarste verletzt hat. Aber weil es aus dem Unrecht sein Geschäft macht, so wundert man sich nicht mehr. Jedes Wesen muß nach den Gesetzen seiner Natur handeln. Warum hat man ihm vertraut? Der Einfall in die spanischen Niederlande gegen die ausdrücklich beschworene Verzichtleistung, der Krieg gegen Holland ohne den Schatten eines Grundes, der Friede von Nimwegen, ebenso schnell umgeworfen als geschlossen: alle diese Handlungen erscheinen schon nicht mehr so frevelhaft, als sie sind, seitdem man sie durch größere Frevel überbietet. Darin eben besteht das wahre Geheimnis, die häßlichsten Dinge zu verschönern, daß man daneben unmittelbar solche stellt, die ohne Vergleich widerwärtiger sind, so wie häßliche Weiber Affen oder Neger neben sich haben." „Der Verlust von Straßburg oder Luxemburg hat die Klagen so vieler Fürsten, Grafen und freier Städte des unter das Joch geschickten Reiches fast vergessen lassen. Jene Reunionen und Dependenzen, so wenig sie in Wahrheit ein wirkliches Recht hatten, sollten doch wenigstens noch dem Namen und Titel nach Recht heißen. Aber die Unersättlichen, die alles für erlaubt halten, geben sich damit nicht zufrieden; man mußte das Unrecht weiter treiben und sich jener wichtigen Städte bemächtigen, ohne Rechtstitel, ohne auch nur den Schein eines Rechtes noch anzunehmen; wagten doch selbst die Reunionskammern von Metz und Breisach nicht, etwas gegen Straßburg zu beschließen, das durch die ausdrücklichen Worte

[157] Guhrauer, Kurmainz II, 97 ff. Foucher de Careil III, 217 ff. Vgl. Klopp V, Einl. XLV ff.

[158] Reflexions sur la declaration de la guerre que la France a faite à l'Empire. Klopp V, 525–634. Vgl. 516–17: Leibniz an Königseck, Wien den 30. Dez. 1688, und 518519: Leibniz an Strattmam, Wien den 30. Dez. 1688.

des Friedens von Münster geschützt war. So blieb nichts übrig als die reine Willkür, das Recht des Räubers, der letzte Grund der Usurpatoren. Man könne, so hieß es, Straßburg und Luxemburg nicht entbehren, denn der König brauche diese Städte zur Sicherheit seines Reiches. Mit anderen Worten: um besser zu erhalten, was man dem deutschen Reiche geraubt habe, müsse man ihm noch mehr rauben. Schöner Grund! so erzeugt der Unsinn ein Heer von Unsinn und die Freveltat eine Unzahl Frevel. Der Appetit kommt im Essen!"[159] Die deutsche Geschichte weiß zu berichten, mit welchem Übermaß in diesem Kriege, in der Verwüstung der Pfalz, in der Zerstörung und Plünderung deutscher Städte, zuletzt in dem für das deutsche Reich schmachvollen Frieden von Ryswijk sich der französische Appetit gesättigt hat.

3. Der spanische Erbfolgekrieg

Der Friede war nur eine kurze Pause, um Atem zu schöpfen. Der große längst vorhergesehene Krieg, der die europäische Machtstellung zwischen Frankreich und Österreich entscheiden sollte, stand dicht vor der Tür. Das siebzehnte Jahrhundert, das sich seinem Ende zuneigte, gebar noch in seinen letzten Zügen die beiden Zwillingskriege, die mit dem neuen Jahrhundert zugleich aufwuchsen: den nordischen Krieg und den um die spanische Erbfolge. Leibniz selbst hat in einem lateinisch verfaßten Schriftstücke den Zustand Europas im Beginn des achtzehnten Jahrhunderts geschildert[160].

Mit dem Tode Karls II., der den 1. November 1700 erfolgte, entstand zwischen jenen beiden Mächten, von deren Gleichgewicht der Weltfriede abhing, der unvermeidliche Streit um die spanische Erbschaft. Wenn eine von beiden vollkommen siegt, so ist das Gleichgewicht Europas in seinen Grundlagen erschüttert und die Gefahr der Universalherrschaft eingetreten. Diese zu vermeiden, werden von den Seemächten England und Holland Teilungsprojekte gemacht, denen die Krone Spanien nicht beistimmt, und von seiten der Erben werden die spanischen Kronländer nicht für die regierenden Häupter selbst, sondern für Sekundogenituren in Anspruch genommen. Ludwig XIV. begehrt die spanische Erbschaft für seinen Enkel, Philipp von Anjou, den zweiten Sohn des Dauphin, der Kaiser Leopold für seinen zweiten Sohn Karl. Das Testament Karls II. entscheidet nach den Wünschen Ludwigs XIV. und erklärt Philipp von Anjou zum Universalerben. Dazu ist der schwache und willenlose König durch den französischen Einfluß bestimmt

---

159 Klopp V, 528–30.

160 Status Europae incipiente novo saeculo. Foucher de Careil III, 298–07.

worden. Dieser König, sagt Leibniz in der eben erwähnten Skizze, hatte keinen anderen Fehler, als eine vollkommene Geistes- und Körperschwäche. Das einzige denkwürdige Faktum seines Lebens ist sein Testament, und dieses einzige nennenswerte Faktum ist nicht *sein* Werk, sondern er war dabei nur das willenlose Werkzeug in fremder Hand, denn das Testament dieses Schwächlings ist ein Produkt französischer Erbschleicherei. Ludwig XIV. hatte früher auf die Erbschaft verzichtet, dann hat er gefunden, daß der Friede der Welt und die Ruhe Europas eine Teilung derselben fordere; jetzt findet er, daß eine solche Teilung vielmehr den Krieg nähre und es darum im Interesse des Friedens wie der Ruhe Europas am besten sei, wenn er für seinen Enkel alles behalte. So bleibt er sich immer gleich. Er ist stets für den Frieden besorgt. Was er tut, geschieht immer um des allgemeinen Besten willen; nur die Mittel, welche er ergreift, ändern sich nach den Umständen; in den Verträgen, die er schließt, unterscheidet er stets den Geist vom Buchstaben. Man sieht, mit welcher bitteren und gerechten Ironie Leibniz das spanische Testament und die französische Politik beurteilt und welche Haltung er selbst zu der spanischen Sukzessionsfrage nimmt. Am Schluß seiner Betrachtung berührt er den Ausbruch des nordischen Krieges, die ersten Erfolge Karls XII. in Seeland, Estland und Lievland, die ersten Niederlagen Peters des Großen und Friedrich Augusts, Königs von Polen, er folgt dem Gang der Dinge bis zu dem Zeitpunkte, wo die Polen selbst sich gegen ihren König erklären und Karl XII. über die Düna geht (1701). Unter den bedeutenden Ereignissen im Beginn des Jahrhunderts erwähnt er noch den Tod Innocenz' XII. und die Erwählung Clemens' XI., dann die Erhebung des Kurfürsten von Brandenburg zum Könige von Preußen, unterstützt durch jene beiden Kriege, welche den Kaiser und die nordischen Mächte dieser Erhebung in der Hoffnung auf die Bundesgenossenschaft Preußens geneigt machen.

Durchdrungen von dem Rechte der österreichischen Erbfolge, empört über die Politik Ludwigs XIV., welche das gewaltsame, mit jedem Schritt wachsende Unrecht zu ihrer Richtschnur genommen, steht Leibniz entschieden auf seiten des Kaisers Leopold wider Ludwig XIV., auf seiten Karls III. wider Philipp V. Es handelt sich um den Sieg der österreichischen Thronfolge in den spanischen Kronländern, um eine Abrechnung mit Frankreich, welche dessen Machtverhältnisse auf den Fuß des westfälischen Friedens zurückführt. Der spanische Erbfolgekrieg soll wiederherstellen, was dem deutschen Reiche in den Friedensschlüssen von Nimwegen und Ryswijk schmählich verloren gegangen. So betrachtet Leibniz die Sache. Unter diesen Gesichtspunkt und in diese Richtung fallen die politischen Entwürfe und Denkschriften, die er jetzt schreibt. Die

Aussichten und Umstände sind günstig. Die Verbindung Österreichs mit den Seemächten England und Holland, die große Allianz gegen Frankreich, die außerordentlichen Erfolge der verbündeten Waffen, die siegreichen Schlachten unter den beiden größten Feldherren der Zeit, Eugen von Savoyen und Marlborough, die Geltung der Whigs im englischen Parlamente, der herrschende Einfluß Marlboroughs am Hofe der Königin Anna: alle diese Umstände bekräftigen die Hoffnungen, welche Leibniz hegt, und es scheint, als ob seine politischen Jugendwünsche sich einer glänzenden Erfüllung nähern. Da kommt mitten im Siegeslaufe der verbündeten Heere, die schon im Begriffe stehen, in Frankreich selbst einzudringen, der durch eine Kabale bewirkte Sturz Marlboroughs in England, der plötzliche Wechsel des Ministeriums, der die Torys an das Staatsruder bringt und Frankreich diplomatisch siegen läßt, während seine Waffen unterliegen. Das ihm feindliche Bündnis löst sich auf, England und Holland machen ihren besonderen Frieden in Utrecht, der Kaiser schließt den seinigen notgedrungen in Rastatt, die deutschen, an dem Kriege beteiligten Reichsstände machen den ihrigen in Baden (Aargau). Der glücklichste Umstand für Ludwig XIV. ist der plötzliche Thronwechsel im deutschen Reiche. Kaiser Leopold I. war 1705 gestorben, sein Sohn und Nachfolger Joseph I. starb den 17. April 1711 eines unerwarteten Todes. Jetzt wurde sein Bruder, König Karl III. von Spanien, zum römischen Kaiser gewählt und als Karl VI. in Frankfurt gekrönt (Dezember 1711), nachdem kurz vorher (September 1710) das Ministerium der Whigs gestürzt und der französische Einfluß in England zur Geltung gekommen war. Da nun auf demselben Haupte die Kronen Spanien und Österreich nicht vereinigt sein durften und die Seemächte eine solche Störung des Gleichgewichtes verhüten wollten, so sah sich der Kaiser isoliert und zu einem Frieden genötigt, welcher hinter den Erfolgen des Krieges weit zurückblieb.

Die Stellung, welche Leibniz für die Rechte Österreichs einnahm, brachte ihn dem kaiserlichen Hofe näher. Er ist fünfmal in Wien gewesen: das erste Mal beim Ausbruche des Reichskrieges (1688) auf seiner Reise nach Italien, das zweite Mal während des Reichskrieges (1690) auf der Rückkehr aus Italien; dann vor dem Ausbruche des spanischen Erbfolgekrieges (1700) und während desselben (1708), sein letzter Aufenthalt, der zugleich der längste war, fiel in die Jahre der Friedensschlüsse (1712–1714). Werfen wir einen Blick auf die Schriften, welche Leibniz zur Verteidigung der österreichischen Interessen verfaßt hat.

Gleich nach dem Tode Karls II. von Spanien erschien in der Form eines Briefes aus Antwerpen (9. Dezember 1700) eine französische Parteischrift, welche die Absicht hatte, sowohl die Rechtmäßigkeit als die Zweckmäßigkeit des Testamentes Karls II. zu verteidigen. Leibniz schreibt die Entgegnung in Form eines Briefes aus Amsterdam (den 1. Februar 1701), als ob es ein Holländer wäre, der „dem Franzosen in Antwerpen" Rede stehe und dessen Scheingründe entkräfte. Die Schrift führte den Titel: „La justice encouragée contre les chicanes et menaces d'un partisan des Bourbons"[161]. In Spanien selbst streiten die französische und österreichische Partei: das Haupt jener ist der Kardinal Portocarrero, Erzbischof von Toledo, dessen Einfluß das Testament Karls II. bestimmt und welcher selbst den Herzog von Anjou zum König Philipp V. von Spanien erklärt hat; das Haupt dieser ist der Graf Melgar, Admiral von Kastilien, welchen Portocarrero vertrieben und der in Lissabon ein Manifest veröffentlicht hat, worin er das Testament Karls II. für Portocarreros Erfindung und den Erzherzog Karl zum König Karl III. von Spanien erklärt. Leibniz steht auf seiner Seite und schreibt ein Gespräch zwischen beiden Parteiführern, worin der Admiral den Kardinal überzeugt: „Dialogue entre un cardinal et l'amirante de Castille, relativement aux droits de Charles III, roi d'Espagne" (1702)[162]. Beide Schriften sind nicht von Leibniz selbst veröffentlicht. Wichtiger als die Widerlegung der Gegner war seine eigene Verteidigung des österreichisch-spanischen Erbfolgerechtes: „Manifeste pour la défense des droits de Charles III" (1704)[163].

Aber seine Hoffnungen werden durch den Frieden von Utrecht zu Boden geschlagen. Als er gegen Ende des Jahres 1712 nach Wien kommt, sind die Friedensverhandlungen mit England schon in vollem Gange. In Wien selbst ist man für die Fortsetzung des Krieges, Eugen von Savoyen steht an der Spitze der Kriegspartei, und der Kaiser selbst teilt diese Stimmung. Leibniz steht mit dem berühmten Feldherrn politisch und persönlich in einem näheren und vertrauten Verkehr, er schreibt gegen den Frieden von Utrecht in der Form eines Briefes an einen torystischen Lord; es ist wahrscheinlich, daß der Prinz von Savoyen Leibnizens Feder für die Sache des Krieges gewünscht hat, und man darf in dem „Monseigneur", welchem Leibniz die Schrift mitteilt, wohl den Prinzen Eugen selbst vermuten. Der Friede von Utrecht sei unverantwortlich und verwerflich. Die Sache so auseinanderzusetzen und darzulegen, daß diese Verwerflichkeit klar einleuchte, ist die ausgesprochene Absicht je-

[161] Foucher de Careil III, 307–344.

[162] Ebendas. 345–359.

[163] Ebendas. 360 bis 431. Leibniz verfaßte dieses Manifest, nachdem Karl von Spanien abgereist war, um von seinem Reiche Besitz zu nehmen, und schrieb nach der Erwählung des Königs zum deutschen Kaiser (1711) eine Vorrede für die spanische Übersetzung.

nes Briefes: „Paix d'Utrecht inexcusable, mise dans son jour par une lettre a un milord tory."[164]

Wir sehen Leibnizen in seinen Ratschlägen und Entwürfen unablässig bemüht, für die Fortsetzung des Krieges zu arbeiten und dem Frieden von Rastatt vorzubeugen; er ist fortwährend darauf bedacht, alle Mittel zu einer glücklichen Fortsetzung des Krieges ausfindig zu machen: er wünscht die Niederlande im Bunde mit dem Kaiser zu erhalten und die Republik Venedig für einen Bund mit dem Kaiser zu gewinnen, er rät zu einem Bunde mit den nordischen Mächten, um den nordischen Krieg zur Fortsetzung des spanischen Erbfolgekrieges zu benutzen. Die ungünstige Lage Karls XII. und namentlich der eben erfolgte Bruch zwischen ihm und der Pforte kommt den Hoffnungen und Ratschlägen, welche Leibniz nach dieser Seite faßt, unterstützend entgegen[165].

Zum Kriege gerüstet und zur Fortsetzung desselben entschlossen, soll der Kaiser den Frieden von Rastatt nur unter solchen Bedingungen eingehen, welche das deutsche Reich in den Besitz seiner natürlichen Grenzen zurückführen und Frankreich nötigen, Straßburg und Elsaß wieder herauszugeben. Wird der Friede in Rastatt ohne diese Bedingungen geschlossen, so finden sich Kaiser und Reich nach einem glorreich geführten Kriege zurückversetzt auf den Fuß des Friedens von Ryswijk, und ihre Lage ist hoffnungsloser und elender als je, denn solange die spanische Erbfolgefrage nicht gelöst war, konnte man die Erfolge Frankreichs für unsicher ansehen und von dem Kriege, der kommen mußte, die Wiederherstellung hoffen. Mit der Entscheidung der spanischen Frage im Frieden von Rastatt ist auch diese Hoffnung gescheitert[166].

Zu dem Interesse für Kaiser und Reich kommt noch ein besonderes Interesse für das Haus Hannover, um Leibnizen gegen den Frieden von Utrecht und für die Fortsetzung des Krieges zu stimmen. Es ist zu fürchten, daß durch den Frieden der König von Frankreich in die Lage gebracht wird, die Sache des Prätendenten in England zu unterstützen und das Geschlecht der vertriebenen Stuarts auf den Thron Englands zurückzuführen. Die Königin Anna selbst ist im geheimen für ihren Bruder tätig. So erscheint die hannoverische Thronfolge ernstlich bedroht. Indessen hat die Abneigung gegen die Stuarts und die Besorgnisse vor einer

---

164 Foucher de Careil IV, 1–140

165 Consultation abregée sur l'état présent des affaires au commencement de Mars 1713. Réflexions politiques faites avant la paix de Rastadt. Projet d'alliance avec les puissances du Nord, 1713. Foucher de Careil IV, 141–147; 207–213; 214–217.

166 Considérations sur la paix, qui se traite à Rastadt, 1713. Foucher de Careil IV, 218–227.

Restauration dieser Dynastie dem Hause Hannover Anhänger in England verschafft; einer der eifrigsten ist der schottische Ritter Ker von Kersland, welcher als Agent der hannoverischen Partei nach Wien kommt, um im Interesse der englischen Thronfolge des Hauses Hannover die Fortsetzung des Krieges gegen Spanien zu betreiben und den Kaiser für einen neuen Kriegsplan zu gewinnen, dem zufolge Spanien in Amerika erobert werden soll. Er hat in Wien die ersten Zusammenkünfte mit Leibniz, der in seine Pläne einstimmt und dieselben dem Kaiser empfiehlt[167].

Alle diese Pläne schlagen fehl. Es ist Leibnizen unmöglich, den Abschluß eines Friedens zu verhindern, der dem deutschen Reiche nicht zugute kommt. Auch mit einem zweiten Plane, den er eifrig verfolgt, sollte er nicht glücklicher sein: ich meine die Idee, eine Akademie der Wissenschaften in Wien zu gründen, deren Einrichtungen er in großem Maßstabe entworfen hatte. Wir wollen auf diesen Plan später in der Geschichte seiner letzten Lebensjahre zurückkommen, da wir jetzt nur die *politischen* Bestrebungen und Schriften ins Auge gefaßt haben, welche durch die Reichskriege mit Ludwig XIV. teils veranlaßt, teils hervorgerufen wurden. In der Reihe dieser Schriften sind zwei von besonderer Wichtigkeit: die Denkschrift für die Hoheitsrechte der deutschen Reichsfürsten und das Pamphlet gegen Ludwig XIV. Die erste Schrift fällt in die Regierungszeit Johann Friedrichs, die zweite unter Ernst August: sie bezeichnet den Wendepunkt, in welchem Leibniz die mainzische Vermittlungspolitik aufgibt und gegen Frankreich die Partei der kaiserlichen und österreichischen Interessen ergreift, für welche er in den folgenden Jahren so oft und nachdrücklich auftritt. Diese beiden Schriften müssen wir etwas eingehender betrachten.

*II. Caesarinus Fursteneriu*s[168]

Der Gesandtschaftsstreit in Nimwegen hatte bekanntlich die Frage veranlaßt, welche Leibniz unter dem Namen „Caesarinus Fursteneriusʺ in umfassender Weise untersucht, in Rücksicht nicht bloß auf die besonderen Interessen des Hauses Braunschweig, sondern auf den politischen Zustand des gesamten deutschen Reiches.

[167] Foucher de Careil IV, 277–289 (Bericht von Leibniz an den Kaiser über die kerslandischen Verhältnisse).

[168] Siehe vorheriges Kap. S. 114. Klopp IV, 9–305. In dem Auszuge aus dieser Schrift (Entretiens de Philarète et d'Eugène touchant la souveraineté des electeurs et princes de l'empire, à Douisbourg 1677; Klopp III, 331–380) verteidigt Philaret das Gesandtschaftsrecht der Reichsfürsten, welches Eugen bestreitet; die Kurfürsten seien Regenten des Reichs, die anderen Fürsten Untertanen. Eben dieser Punkt gibt der Frage ihre Bedeutung und macht, daß sie mehr ist, als eine bloße Zeremonialfrage.

Die Veranlassung war in kurzem folgende. Frankreich hatte den Abgesandten Lothringens auf dem Kongresse in Nimwegen nicht als Legaten, sondern nur als Deputierten anerkennen wollen und dabei erklärt, daß es überhaupt die Gesandten der deutschen Fürsten nur in dieser Form anerkenne, während es die Gesandten von Brandenburg und Pfalz-Neuburg als Legaten gelten ließ. Doch wurde die Anerkennung des Gesandten von Neuburg nachträglich zurückgenommen und erklärt, daß man ferner nur die kurfürstlichen Gesandten als Legaten ansehen werde. Die Frage ist demnach, ob in betreff der Gesandtschaft die Fürsten des Reiches dasselbe Recht wie die Kurfürsten haben oder nicht? Von seiten der Fürsten wird dieses Recht in Anspruch genommen, von seiten Frankreichs wird die Anerkennung verweigert. Die Kurfürsten selbst bestreiten das Recht nicht. Gegenüber dem Herzoge von Braunschweig-Lüneburg haben es die Generalstaaten und der Kaiser anerkannt[169].

Der Gesandte (Legat, ambassadeur) vertritt die Person eines regierenden Herrn bei einer fremden Macht. Daß er von einem regierenden Herrn und nicht von einer Körperschaft abgesandt ist, unterscheidet ihn von einem „Deputierten"; daß er den Fürsten bei einer *fremden* Macht vertritt, nicht im Lande selbst, unterscheidet ihn von einem „Kommissarius"; daß er bei der fremden Macht akkreditiert ist, unterscheidet ihn von einem „Agenten". Den Gesandten macht dieser repräsentative Charakter *(character repraesentativus)*, den er führt, und dem gewisse auszeichnende Ehren zukommen, wie der Titel Exzellenz, das Recht von den Gesandten, die vor ihm angekommen sind, zuerst besucht zu werden, u. a.[170]

Die Frage ist demnach, ob die deutschen Reichsfürsten das Recht haben sollen, welches den Kurfürsten zusteht: Gesandte mit vollem (repräsentativem) Charakter zu schicken? Mit anderen Worten: ob sie das Recht der Legation haben? Da nun der repräsentative Charakter des Gesandten darin besteht, daß er die Person seines Souveräns vertritt und das Recht, solche Gesandte zu schicken, ein natürlicher Ausfluß der Souveränität ist, so läuft die ganze Streitfrage darauf hinaus: *ob die deutschen Reichsfürsten wirklich Souveräne sind oder nicht?* Unter diesem Gesichtspunkte beurteilt Leibniz die Gesandtschaftsstreitfrage und handelt daher „de jure suprematus ac legationis principum Germaniae".

Man hat gegen das Hoheitsrecht der deutschen Fürsten eingewendet, daß sie dem Kaiser und Reich unterworfen seien. Zur Widerlegung dieses Einwurfes will Leibniz zeigen, daß die Souveränität der einzelnen Fürsten und die kaiserliche Gewalt

---

169 Caesar., Furst. Cap. II-IV.

170 Ebendas. Cap. I-VI.

sich gegenseitig nicht beeinträchtigen, daß die Unterordnung der Fürsten unter den Kaiser sie keineswegs zu Untertanen herabsetze, also mit einem Worte beide Gewalten, die Einheit der kaiserlichen und die Vielheit der fürstlichen, harmonieren. Diesen Zweck seiner Schrift soll der Name „Caesarinus Furstenerius" bezeichnen.[171]

Freilich ist nicht jeder regierende Herr ein Souverän. Man muß zwischen „Superiorität" und „Supremat" unterscheiden: zu dem letzteren gehört eine gewisse Machtfülle, die nur mit einem größeren Territorium besteht und dadurch bedingt ist. Der König von Yvetot ist kein Souverän. Kleine Staaten haben Superiorität, nicht Supremat[172]. Nur diejenigen Fürsten sind wirkliche Machthaber, Potentaten, welche außer der Oberhoheit in ihrem Gebiet zugleich eine Armee besitzen, mit der sie Krieg führen können, eine Militärmacht, auf welche gestützt sie imstande sind, Bündnisse mit anderen Fürsten zu schließen und Einfluß auf die Angelegenheiten Europas zu üben. Ein Souverän kann nicht Untertan sein, dies streitet schon mit der Unverletzlichkeit seiner Person. Der Unterschied zwischen Souverän und Untertan liegt darin, daß der erste nur gezwungen werden kann, indem man ihn bekriegt und seiner Macht beraubt[173].

1. Kurfürsten und Reichsfürsten

Solche Potentaten sind die deutschen Kurfürsten und Reichsfürsten. Ihre tatsächliche Macht rechtfertigt schon ihre Souveränität. Auch ist nicht einzusehen, was in Ansehung der Souveränität die Kurfürsten vor den Reichsfürsten voraushaben sollen? Sie sind als Kurfürsten nicht mächtiger, ihr Gebiet und ihre Botmäßigkeit begründet keine Vorrechte; vielmehr gibt es Fürsten, die größere Territorien haben und von alters her mächtiger sind als manche Kurfürsten. Was diese vor den anderen Reichsfürsten voraushaben, sind nur gewisse Funktionen, welche ihnen allein zustehen, wie z.B. die Kaiserwahl; dieses Recht haben sie zu sogenannten Wahlkapitulationen benutzt, und so hat sich mit der Zeit eine gewisse kurfürstliche Oligarchie im Reiche gebildet, die seit dem westfälischen Frieden ihre Geltung verloren[174].

Aber die Souveränität der deutschen Fürsten gründet sich nicht bloß auf ihre tatsächliche Macht, sondern sie ruht auch in der allgemeinen Anerkennung und auf der geschichtlichen Entwicklung des deutschen Reiches. Diese Fürsten sind keine Emporkömmlinge, sie stammen ab von den alten deutschen Königsgeschlechtern, und die ersten regierenden Familien der gegenwärtigen Welt, die

[171] Caesar. Furst. Cap. XI, XXVI, XXXII.

[172] Ebendas. Ad Lectorem.

[173] Ebendas. Cap. VII, XX-XXII, XXXII, XXXIII.

[174] Caesar. Furst. Cap. I, XXXVIII, XLIV.

Habsburger und Kapetinger, sind nicht vornehmer als die meisten deutschen Fürstengeschlechter. Wenn nun die deutschen Fürsten in Ansehung der Souveränität den Kurfürsten gleichstehen, warum sollen sie in Ansehung des Gesandtschaftsrechtes, welches aus der Souveränität fließt, weniger gelten? Die Kurfürsten haben unbestritten das Recht der Legation, es ist auf dem Kongresse zu Münster festgestellt; dasselbe Recht muß aus demselben Grunde den deutschen Reichsfürsten zuerkannt werden[175].

2. Das Haus Braunschweig-Este

Dafür spricht außerdem eine augenfällige Analogie. Wie will man den deutschen Reichsfürsten verweigern, was man den italienischen Herzögen einräumt? Die Gesandten der Kurfürsten haben dieselbe Geltung wie die Venedigs. Daher werden in diesem Punkte die deutschen Reichsfürsten sich zu den Kurfürsten wohl ebenso verhalten dürfen, wie die italienischen Fürsten zu Venedig. Die italienischen Fürsten sind, mit den deutschen verglichen, weder souveräner noch vornehmer; Mantua und Modena sind Vasallen des Reiches, Florenz ist reichsmittelbar, Parma ist Vasall des Papstes. Die Medici, Farnese, Gonzaga sind, mit den deutschen Fürstengeschlechtern verglichen, neue Familien. Das Haus Braunschweig-Lüneburg ist das Stammhaus der Familie Este[176].

Die deutschen Fürsten haben demnach dasselbe Gesandtschaftsrecht wie die deutschen Kurfürsten und die italienischen Herzöge. Dieses Recht braucht nicht erst durch besondere possessorische Akte bewiesen zu werden; es wird dadurch nicht entkräftet, daß man die Ausübung unterlassen hat. Ich habe das Recht, auf meinem Grund und Boden zu bauen, wenn auch kein früherer Besitzer jemals dort gebaut hat. Wer das Recht der Souveränetät hat, besitzt ebendarum auch die Machtvollkommenheit, Souveränitätsakte zu vollziehen, also auch das Recht, Gesandte mit hohem Charakter zu schicken; er darf dieses Recht ausüben, wenn er es auch bisher nie getan hat. Indessen ist das Recht von verschiedenen Reichsfürsten und bei verschiedenen Gelegenheiten in der Tat ausgeübt worden: von dem Herzog von Lothringen, dem Erzherzog von Österreich, dem Landgrafen von Hessen, den Herzögen von Württemberg und Jülich-Kleve u. a. Es heißt die deutschen Reichsfürsten unter die italienischen Herzöge herabwürdigen, wenn man ihnen das Gesandtschaftsrecht streitig macht. Eine Ehrenfrage des Reiches ist, daß dieses Recht anerkannt und seine Fürsten den italienischen gleichgeachtet werden[177].

---

[175] Ebendas. Cap. XIII-XIX, XXXVI-XXXVII.

[176] Ebendas. Cap. XXXVII, LI-LII.

[177] Caesar. Furst. Cap. LIV, LVI-LXIV.

Die Nichtanerkennung von seiten Frankreichs hat den Streit entzündet. Der Erisapfel ist von außen hereingeworfen worden[178]. Leibniz sieht schon hier in Frankreich den Feind der deutschen Reichsehre. Die nächste Schrift wendet sich unmittelbar gegen Ludwig XIV. als den schlimmsten Feind nicht bloß der Ehre des Reiches, sondern auch seiner Sicherheit und seines Rechtes.

III. Mars christianissimus[179]

1. Veranlassung und Zeitpunkt

Seit geraumer Zeit hat sich auf dem Gebiete der europäischen Politik die Herrschaft des gewalttätigen Unrechtes in Ludwig XIV. verkörpert; eine Sophistik, deren Dreistigkeit mit jedem Schritte wächst, geht damit Hand in Hand und ist geschäftig, Unrecht in Recht zu verkehren. Da zuletzt auch der leere Schein der Gründe nicht mehr vorhanden ist, so wird mit frivoler Rücksichtslosigkeit dem offenbarsten Unrecht bloß noch der Name und Stempel des Rechtes aufgedrückt. Eine solche Verteidigung ist von der groben Ironie nicht mehr zu unterscheiden, sie läßt sich in dieser Form wider sich selbst kehren; man braucht die Politik Ludwigs XIV. nur im Stil ihrer Parteigänger zu verteidigen, um sie auf das stärkste zu treffen. Ein solches ironisches Pamphlet schreibt Leibniz in dem Zeitpunkte, wo die Gewalttaten Ludwigs XIV. gegen das deutsche Reich ihren Gipfel erreicht haben. Der Raub Straßburgs ist schon geschehen, die Gefahren von Osten, die Leibniz einst durch Ludwig XIV. hatte vernichten wollen, sind jetzt durch die Politik dieses Königs schlimmer als je gegen das Reich heraufbeschworen, die Türken stehen vor Wien, und die Hauptstadt des apostolischen Kaisers ist nahe daran, eine Beute der Ungläubigen zu werden. Darum nennt Leibniz seine Satire „Mars christianissimus" oder „Verteidigung der Waffen des allerchristlichsten Königs gegen die Christen". Er nimmt die Maske eines der deutschen Parteigänger Ludwigs XIV., die man damals im Reiche „Gallo-Grecs" nannte und denen das letzte vaterländische Gefühl käuflich war für fremden Sold. So trifft er mit einem Schlage zugleich die Politik Ludwigs XIV., die Sophistik ihrer Verteidiger, die Verräterei ihrer deutschen Anhänger. Je nackter das Unrecht und die Gewalttaten Ludwigs XIV. offen vor aller Welt liegen, um so nackter und handgreiflicher muß natürlich auch die Ironie sein, die ihn verteidigt; sie ist so stark aufgetragen, daß sie keinen täuscht, die grellen Farben fließen aus der Ansicht und Stimmung des Verfassers, der mit seinem

[178] Ebendas. Cap. V.

[179] Klopp V, 201–243.

Gegenstande kein ästhetisches Spiel treiben, sondern sein im tiefsten Grunde empörtes Rechtsgefühl dawider entfesseln will. Dieser „Mars christianissimus“ ist eine *Gesinnungsschrift*, bei welcher die Diplomatie nicht mitredet, und die darum in ihrer Art einzig ist unter den politischen Schriften unseres Leibniz.

2. *Die neufranzösische Politik*

Noch im Jahre 1672 hatte er eine große Hoffnung auf Ludwig XIV. gesetzt, sie war fehlgeschlagen und an dem Kriege gegen die Niederlande gescheitert. Diesen Zeitpunkt nimmt Leibniz als den Wendepunkt in der Politik des Königs. Bis dahin habe es wenigstens geschienen, als ob er der Politik Mazarins treu bleiben wolle. Man habe Parade gemacht mit der Erhaltung des westfälischen Friedens, mit der Freiheit des deutschen Reiches, mit der Freundschaft der deutschen Fürsten. Seit dem Ministerium Louvois habe sich die Miene geändert. Jetzt wird das deutsche Reich mit offener Verachtung behandelt, es sei ein Name ohne Bedeutung, ein ohnmächtiges und wehrloses Ding, das sich alles müsse gefallen lassen. Und in Deutschland selbst gibt es Leute, welche diese Mißhandlung ihres Vaterlandes gutheißen. Früher hat man in Frankreich mit dem westfälischen Frieden schön getan, die neufranzösische Politik will den König von allen jenen Verpflichtungen freisprechen, und nichts ist ihr widerwärtiger, als daß es in jenem Friedensschlusse geheißen habe: „teneatur rex christianissimus“. Dieser Formel gehen die modernen französischen Diplomaten aus dem Wege, „wie der Teufel dem Weihwasser“. Haben doch die Gesandten in Frankfurt ganz offen erklärt, daß der Friede von Münster nicht ferner gelte und der Friede von Nimwegen eine Wohltat sei, die der König von Frankreich den von ihm bekriegten Ländern erwiesen habe. Es stehe bei ihm, diese Wohltat, wie er es gutfinde, zu erläutern. Der König von Frankreich handelt nicht mehr nach Staatsgründen, sondern nach seinem „bon plaisir“. Die Rücksichten auf die Rechte der Kirche und des Staates sind Skrupel, die für gewöhnliche Menschen, aber nicht für einen Mann wie Ludwig XIV. passen, der zu den Auserwählten gehört und vom Himmel in allen zeitlichen Dingen die größte Macht empfangen hat. „Ich will“, sagt der Verfasser unserer Schrift, „den König von allen Skrupeln der Art mit Hilfe einer neuen Rechtslehre befreien. Freilich werde ich alle wirklichen Rechtslehrer gegen mich haben, die Legisten und Kanonisten, aber die Kasuisten sind auf meiner Seite und besonders die Jesuiten, die jetzt von dem französischen Königtum mehr zu hoffen haben, als von dem spanischen.“[180]

---

[180] Klopp V, 211–212.

Die Grundlage dieser neuen, für Ludwig XIV. gemachten Rechtstheorie ist höchst einfach. Gott ist der Inhaber des größten Rechtes, und der König von Frankreich ist der wahre und einzige Statthalter Gottes in allen zeitlichen Dingen, er besitzt jene göttliche Machtvollkommenheit, kraft deren Moses den Juden befahl, die goldenen und silbernen Gefäße der Ägypter zu fordern, kraft deren das Volk Israel die Güter Kanaans für sich in Anspruch nahm, kraft deren Papst Alexander VI. die Länder der neuen Welt zwischen Spanien und Portugal verteilte. Als der Bevollmächtigte Gottes ist Ludwig XIV. notwendig ein gerechter Mann, und der Gerechte ist sich selbst das Gesetz, wie Paulus sagt. Er ist zugleich unter allen Monarchen der Mächtigste, und was dem Mächtigsten nützlich ist, das ist gerecht, wie Plato den Thrasymachus sagen läßt. Der Kardinal Bellarmin hat die mittelbare Macht des Papstes in Rücksicht der zeitlichen Dinge bewiesen; dieselben Gründe beweisen unvergleichlich besser die unmittelbare Macht des Königs von Frankreich in allen zeitlichen Dingen. Was von dem Reiche Jesu Christi auf Erden gesagt ist, muß man von dem Reiche des allerchristlichsten Königs verstehen. Weshalb wäre auch sonst das heilige Fläschchen mit dem Salböl vom Himmel gefallen? Weshalb hätte der König von Frankreich die Gabe empfangen, Wunder zu tun und Kranke zu heilen? Christus und die Propheten haben immer die Könige von Frankreich im Auge gehabt. Kein Königreich der Welt kann sein Grundgesetz so gut aus der Bibel beweisen wie das neufränkische. Hat der Messias sein Recht aus den Propheten bewiesen, warum soll es nicht auch sein Statthalter tun? Warum soll dieser nicht im fleischlichen Sinne tun, was jener im geistigen getan hat? Wenn Christus sagt: „sehet die Lilien auf dem Felde, sie spinnen nicht“, so liegt in diesem Ausspruch eine verborgene Weissagung. Die Lilien bedeuten die Könige von Frankreich, deren Wappenbild sie sind, das Spinnen ist eine weibische Arbeit; das biblische Wort will sagen, daß die Könige von Frankreich nicht weibisch entarten werden, daß der Herrscherstab dem kriegerischen Volke der Franzosen gebühre, daß Frankreich nie unter das Joch der Fremden oder der Weiber fallen dürfe, denn der Held der Völker soll aus diesem Lande hervorgehen[181]. Jetzt soll das große und letzte Weltreich gegründet werden, welches bestehen wird bis an das Ende der Tage. Was die Chiliasten von der Wiederkunft des Messias erwarten, wird durch Ludwig XIV. erfüllt werden: die Gründung des tausendjährigen Reiches!

Und nicht bloß die Weissagungen der Schrift, auch die Wunder Gottes stehen ihm zur Seite. Ist es kein Wunder, daß dieser König

---

[181] Klopp V, 214.

fortwährend Kriege führt und doch immer Geld hat? Manche glauben, er besitze den Stein der Weisen; andere meinen gar, er habe einen Hauskobold in seinem Dienste. Wie lächerlich nicht bloß, sondern gottlos ist eine solche Meinung, welche dem Teufel zuschreibt, was offenbar die Hand Gottes vollbringt! Als ob, wie die Juden sagten, Christus durch Beelzebub Wunder täte! Und wie vollbringt der König seine Großtaten? Ohne alle Anstrengung, ohne allen Kraftaufwand; er ist eigentlich nur beschäftigt, sich zu amüsieren. Die großen Dinge geschehen, indem er sich amüsiert! Daran eben erkennt man den Liebling Gottes, denn, wie das Sprichwort sagt, Gott gibt es den Seinigen im Schlafe. Der Himmel ist sichtlich mit diesem Könige. Wehe daher allen, die gegen ihn sind! Diese Verblendeten trotzen dem Himmel und löcken wider den Stachel.

Es fehlt nur, daß ein Prophet aufsteht, der das göttliche Strafgericht allen verkündet, die dem Könige widerstehen. Ludwig XIV. steht der christlichen Welt gegenüber wie einst Nebukadnezar der jüdischen; damals wollten sich viele unter den Juden gegen den babylonischen König auf das schwache Rohr Ägypten stützen, ebenso vergeblich und töricht setzen heute einige Fürsten des deutschen Reiches gegen den französischen König ihre Hoffnungen auf Österreich. Es fehlt nur der Jeremias, der ihnen den Untergang weissagt; und es hat sich ein kleiner Prophet dieser Art schon gefunden in der Person eines deutschen Dorfpriesters, der aus der Apokalypse beweist, daß alle Feinde Ludwigs XIV. der Strafe Gottes verfallen; niemand sei, der sich dem Könige ungestraft widersetze; zur Strafe, daß es dem Könige Trotz geboten, erleide Italien Trockenheit, Holland Überschwemmungen, Österreich Aufstände und das deutsche Reich den Einbruch der Türken[182].

So ist durch Weissagungen und Wunder die göttliche Sendung Ludwigs bewiesen. Alle Könige und Fürsten müssen ihm sich beugen, ihn anerkennen als den Schiedsrichter ihrer Streitigkeiten, als den Lenker der gesamten christlichen Welt, und vor allem sollen die deutschen Katholiken ihm huldigen als ihrem religiösen Befreier. Denn der König kämpft überall nur zum Ruhme Gottes für das Heil der Kirche; er hatte Holland nur im Interesse der Bischöfe von Köln und Münster bekriegt, freilich sind auch die Bistümer Köln und Lüttich von seinen Soldaten gemißhandelt und verheert worden, indessen es geschah gegen den Willen des Königs und zum allgemeinen Besten. Seine Gesandten in Nimwegen haben ausdrücklich die freie Religionsübung für die Katholiken in den Niederlanden gefordert; diesen Zweck hatten sie vor allem im Auge, sie trachten immer zuerst nach dem Reiche Gottes und wissen, daß ihnen dann

182 Klopp V, 217.

die anderen Dinge von selbst zufallen. Freilich hat der König auch die Rebellen in Ungarn unterstützt, obgleich es Protestanten waren; er hat sie unterstützt im Interesse der Türken, obgleich die Türken Ungläubige sind, aber er hat beides nur getan, um Österreich zu vernichten und nach dessen Vernichtung der alleinige Schirmherr der Kirche zu sein, die er dann erlösen wird von aller Ketzerei. Man sieht, wie bei diesem Könige alles geschieht um der Kirche willen. Den deutschen Klerus hat er schon zum Teil auf seiner Seite und ebenso die italienischen Frauen, beide sehen in den Franzosen ihre Befreier: den deutschen Klerus befreien sie von den Protestanten und die italienischen Frauen von dem Joch ihrer Ehemänner. Wer aber die Weiber und Priester auf seiner Seite hat: wer will dem Widerstand leisten[183]?

3. Die Gallo-Grecs

In Deutschland zählt der große König eine Menge Anhänger; der Pöbel nennt sie Verräter, aber das tut der Pöbel aus Neid. Jene Leute sind klug und wissen, was dem deutschen Reiche not tut. Dieses Reich sei so monströs und verdorben, daß es einen Herrn brauche; die deutsche Freiheit sei wie die Zügellosigkeit der Frösche in der Fabel, die überall quaken und bald da, bald dorthin springen. Sie müssen einen Storch haben, da sie den Balken nicht mehr fürchten. Dieser Storch sei der König von Frankreich, dem man es Dank wissen müsse, daß er das elende Reich der Frösche vernichte. Es gibt unter diesen „Gallo-Grecs" noch andere, die im Herzen den König von Frankreich hassen, aber noch mehr das französische Geld lieben, die ihre dreißig Silberlinge nehmen und dabei hoffen, Deutschland werde durch Gottes Barmherzigkeit gerettet werden: diese Leute sind die Judasse unter den Deutschen, sie meinen, daß sie den König von Frankreich werden prellen und eines Tages auslachen können; er werde nichts gewinnen und sie ihr Geld behalten. Aber sie werden sich täuschen. Das Sprichwort sagt: wer zuletzt lacht, lacht am besten, und das Lachen wird zuletzt bei dem Könige von Frankreich sein. Ganz ähnlich hatte Leibniz vierzehn Jahre früher in seinem „Bedenken von der Sicherheit des deutschen Reiches" diese Sorte der deutschen Franzosenfreunde geschildert[184].

Einige unter den „Gallo-Grecs" machen sich wohl im Stillen Skrupel und können die Vaterlandsliebe noch nicht ganz los werden, aber ihre Zahl ist gering und ihre Torheit lächerlich. Es sind die Dummen unter den Klugen. Man muß sie damit beruhigen, daß sie ihr Vaterland zum Besten Gottes und der Kirche verraten, und

[183] Klopp V, 224.
[184] Vgl. oben Kap. V, S. 74.

daß am Ende das Vaterland nichts ist als ein leerer Name, womit man dem dummen Gewissen Angst macht, eine Vogelscheuche der Idioten (épouvantail des idiotes). Freilich wird unter dem französischen Joch der Zustand Deutschlands der elendeste sein. Jetzt verachten sie uns wegen unserer Einfalt, dann werden sie uns auch noch wegen unserer Feigheit verachten, und wir werden die Schmach doppelt verdient haben. Aber die Zeit der Unterdrückung und des Unglücks ist eine Prüfung, und jede Prüfung ist gut, denn sie dient zur Läuterung. Wir werden elend sein vor der Welt und um so glücklicher vor Gott, wir werden in einem politischen Jammertal leben: um so lieber werden wir es verlassen und zum Himmel eingehen[185].

Was fehlt noch, um unser Elend zu vollenden, nach der gewaltsamen Wegnahme Lothringens, nach dem Kriege gegen Holland, der ohne einen Schein des Grundes begonnen wurde, nach so vielen Gewalttaten gegen deutsche Städte, so vielen Feindseligkeiten in der Pfalz, nach der Berufung der Reunionskammern, endlich nach dem Raube Straßburgs, diesem Meisterstreich einer spitzbübischen, türkischen Politik, seinem Raube mitten im Frieden, ohne jeden Vorwand, wider alle gegebenen Versicherungen? Nichts ist unverschämter und lächerlicher als die Verteidigung der vermeintlichen Rechtsansprüche, welche der König von Frankreich auf deutsche Gebiete erhebt. Um Grund für jene Forderungen zu finden, müssen die Advokaten der neufranzösischen Politik untertauchen bis auf die Zeiten Dagoberts und Karls des Großen. Ebenso gut könnte es den modernen Galliern einfallen, in Rom jenes Geld zu fordern, welches dort einst den alten Galliern unter Brennus versprochen wurde!

Wozu braucht auch der König von Frankreich Rechtsgründe für seine Ansprüche und Handlungen? Ist er doch der Generalvikar Gottes und als solcher an keine Gründe und Rechenschaften gebunden. Freilich ist diese tiefe Einsicht in die Mission des Königs nicht jedermanns Sache. Die zahllosen Opfer seines Ehrgeizes rufen den Himmel um Rache an für das frevelhaft vergossene Blut. Um dem Ruhmeskitzel einer Nation zu schmeicheln, hat man so viele Felder mit Blut überschwemmt, so viele Tausende sind hingeopfert durch das Schwert, durch Hunger und Elend, bloß damit man auf die Tore von Paris mit goldenen Buchstaben den Namen „Ludwig der Große“ schreiben könne.

Indessen, alle diese Klagen sowie alle Versuche, nach dem Maßstabe des gemeinen Rechtes den König von Frankreich zu verdammen oder zu rechtfertigen, fallen machtlos zu Boden vor seiner

---

[185] Klopp V, 228.

göttlichen Mission. Ist er doch zum Regenerator der christlichen Welt berufen! Diese bedarf *eines* Oberhauptes, welches bisher der römische Kaiser sein wollte. In der Erfüllung seiner Mission steht dem Könige das Haus Österreich im Wege. Um sein Ziel zu erreichen, muß er Österreich stürzen: daher seine Kriege! daher fällt er im Augenblick, wo die von ihm selbst heraufbeschworene Türkengefahr dem Reiche am furchtbarsten droht, über Deutschland her, damit die Leute einsehen, wie sie nur zu wählen haben zwischen Mahomet und ihm!

Man sollte meinen, daß der allerchristlichste König, in Zukunft das alleinige Oberhaupt der christlichen Welt, vor allen die Türken angreifen werde, diesen Erbfeind der Christenheit. Im Gegenteil, er hält es mit den Türken und bekämpft zuerst die Holländer und die Deutschen. Der Grund ist klar: Deutschland und die Niederlande sind nah, und die Türkei ist weit; er wird die Türken besiegen, nachdem er die christlichen Völker, die ihm näher sind, besiegt hat. Die Methode seiner christlichen Welteroberung wetteifert mit der Methode der christlichen Weltbekehrung: erst die Juden, dann die Heiden!

Zehntes Kapitel.
Leibnizens kirchenpolitische Wirksamkeit:
Die Reunionsbestrebungen

I. Die Wiederherstellung der kirchlichen Einheit

1. Die kurmainzischen Pläne

Jene Idee der Weltharmonie, welche die Richtschnur der Denkart unseres Philosophen und das Grundthema seiner Lehre ausmacht, findet in seinen Beschäftigungen mit den großen Zeitfragen ein Feld der Anwendung auf die vorhandenen Weltzustände, welche bedrohliche Gegensätze in sich tragen, deren Ausgleichung sie bedürfen und suchen. Leibniz als der Philosoph, welcher er ist, als der welt- und staatskundige Schriftsteller, ist der berufenste und geistig bedeutendste Stimmführer der rekonziliatorischen Interessen des Zeitalters. Wir haben diese Art seiner Tätigkeit auf dem politischen Gebiet, wo es sich um die Erhaltung des Weltfriedens, die Sicherung des deutschen Reiches, die Befestigung des europäischen Gleichgewichts wider die französische Kriegslust handelte, schon kennen gelernt und wollen sie jetzt auf dem kirchlichen verfolgen.

Der große Gegensatz, der auf diesem Gebiet in der ersten Hälfte des sechzehnten Jahrhunderts entstanden und in den Beschlüssen des tridentinischen Konzils gleichsam erstarrt war, hatte in der ersten Hälfte des siebzehnten den dreißigjährigen Krieg aus sich hervorgehen lassen. Nun hatte der westfälische Friede zwar den kirchlichen Zwiespalt so weit beendet, daß den Protestanten die Duldung ihrer Lehre und Kirche gesichert war, aber es fehlte viel, daß dadurch der Kirchenfriede wirklich und auf die Dauer verbürgt schien. Die innere Glaubenstrennung blieb und damit die religiöse Zwietracht, welche leicht wieder auflodern und mit dem Frieden auch die Sicherheit des Reiches gefährden konnte. Wer daher für die Erhaltung des westfälischen Friedens und die Sicherheit des Reiches ernstlich besorgt war, mußte notwendig darauf denken, auch den religiösen Frieden tiefer zu begründen und die Glaubenstrennung durch eine Versöhnung und Wiedervereinigung der beiden Kirchen aus dem Wege zu räumen. Darin liegt der politische Beweggrund, woraus in der Zeit nach dem westfälischen Frieden die Reunionsbestrebungen hervorgehen. Nun wissen wir, daß diese Friedens- und Sicherheitspolitik in betreff des deutschen Reiches hauptsächlich in Mainz ihren Herd hatte, und es erklärt sich daraus, daß in dem System und Zusammenhange der mainzischen Politik, daß in Männern wie Kurfürst Johann Philipp und Boineburg auch die Idee der kirchlichen Reunion ernsthaft gefaßt und gepflegt wurde. Namentlich Boineburg, persönlich an beiden Kirchen beteiligt, durch Geburt Protestant, durch Bekehrung Katholik, war schon im Jahre 1660 für dieses Ziel in Rom tätig. So wurde Leibniz schon in seiner mainzischen Periode mit dieser Idee vertraut, und sie war ihm willkommen. Er schrieb hier nicht bloß politische, sondern auch „theologische Demonstrationen“ (demonstrationes catholicae), nicht etwa aus spekulativer Liebhaberei, sondern zu einem praktischen, kirchlich rekonziliatorischen Zweck, er wollte darin die wichtigsten streitigen Glaubenspunkte in ein solches Licht setzen, daß die verschiedenen theologischen Parteien mit dieser Fassung übereinstimmen konnten. Er hatte schon damals die Reunion in das Auge gefaßt. Die Schrift will unparteiisch erscheinen, darum verbirgt der Verfasser geflissentlich sich und seinen kirchlichen Standpunkt; sie ist lateinisch verfaßt, damit sie von Ausländern gelesen werden könne; sie will den verschiedenen kirchlichen Bekenntnissen und Richtungen ein Einigungsobjekt darbieten und gerade in dieser Rücksicht das praktische Urteil der stimmführenden Theologen herausfordern. Sein Wort sollte einfach, gemeinfaßlich, erleuchtend sein, frei von allem „Spinngewebe“ der Scholastik. „Ich hätte es lieber deutsch geschrieben“, heißt es in einem noch in Mainz (1671) abgefaßten Briefe an den Herzog Johann Friedrich, – „allein es hätte dergestalt dem Ausländer nicht kommuniziert werden können. Meine Intention nun damit ist gewesen, zu versuchen, ob etwa mit guter Manier, verständiger Sanftmut, von Theologen von allen Seiten, von Katholischen, Evangelischen, Reformierten, Remonstranten und sogenannten Jansenisten praktizierte Judicia und dieses zum wenigsten erhalten werden könnte, daß, wo sie nicht alles billigten, dennoch bekennten, nichts darin, so verdammlich oder dem also Lebenden und Sterbenden an seiner Seligkeit schädlich, zu finden. Welches gewißlich ein schöner Grad zu einer mehreren Näherung und Einigkeit wäre, wenn in einer so wichtigen und schweren Sache dergleichen Specimen zu bewirken wäre. Es müßten aber die, so judiciren sollen, weder den Autor und dessen Religion noch die Intention der Mitcensores wissen und jeder der Meinung sein, daß es von einem seiner Partei komme. Wie solches vielleicht am füglichsten zu tun, habe ich dem Herrn Baron von Boineburg ausführlicher zugeschrieben[186]". Und im Rückblick auf die Verhandlungen, die man seitdem begonnen und jahrelang geführt hatte, sagt Leibniz in einem Briefe an Eyben, Assessor am Reichskammergericht (August 1692): „Was das negotium unitatis restituendae betrifft, so werden wenig privati in Europa jetzo sein, die mehr Gelegenheit gefunden, darin eine rechte Einsicht zu haben als ich, seit ich des sel. Baron von Boineburg intimus gewesen"[187].

2. *Die Reunionsinteressen*

Mächtige Beweggründe politischer Art arbeiten für und wider das Werk der kirchlichen Wiedervereinigung. Der religiöse Zwiespalt im deutschen Reiche befördert die Teilung und den politischen Zwiespalt der Staaten, welchen Frankreich begünstigt, weshalb es gern die Rolle der Schutzmacht für die deutschen Protestanten spielt. Die Glaubenstrennung öffnet das Reich dem Einflusse Frankreichs, die Reunion würde diesem Einflusse vorbeugen und das Reich nach innen stärken und sichern; schon deshalb liegt es im kaiserlich-österreichischen Interesse, das Werk der Wiedervereinigung aus allen Kräften zu fördern. Und ebenso kann es dem Machtinteresse und dem Machtbedürfnis der katholischen Kirche nur willkommen sein, die Protestanten wiederzugewinnen unter Bedingungen, welche bei gegenseitigen Einräumungen verschiedener Art die oberste Geltung des Papsttums in der Kirche anerkennen und festhalten. Diese einfache Betrachtung der politischen Zeitlage erklärt, warum wir Kaiser und Papst auf seiten der Reunion und für dieselbe wirksam, dagegen das französische Machtinteresse und den Gallikanismus auf der Gegenseite finden werden, bestrebt, die Sache zu hindern. So fällt die Angelegenheit der Reunion mit

[186] Klopp III, 251–253; Gerhardt Phil. I, 55–57.
[187] Klopp VII, Einl. XXXIX ff.

den politischen Interessen, die sie treiben und für und wider dieselbe tätig sind, zugleich unter die politischen Gegensätze der Zeit: unter die Gegensätze der gallikanischen und römischen Kirche, der französischen und österreichischen Macht. Von den Päpsten, welche die Sache der Reunion unterstützten und bei der längeren Dauer ihrer Regierungszeit auch am meisten dafür wirksam sein konnten, ist vor allem *Innocenz XI.* (Odescalchi) zu nennen, dessen Pontifikat (1676–1689) mit den Jahren zusammenfällt, in denen die Reunionspläne ihre besten Aussichten hatten.

Das nächste Interesse, innerhalb des deutschen Reiches den Frieden und die Sicherheit durch eine Ausgleichung der großen kirchlichen Gegensätze zu befestigen und dauernd zu gründen, hatte *der Kaiser*. Es handelte sich für das erste darum, die protestantischen Staaten und deren Fürsten für die Idee zu gewinnen und Grundlagen für weitere Verhandlungen zu schaffen. Diese Angelegenheiten zu führen, wurde ein Mann beauftragt, der viele Jahre hindurch der kaiserliche Agent für die zu stiftende Reunion und selbst aufs eifrigste für die Sache interessiert war: dieser in der Geschichte der Reunionspläne jener Zeit wichtige und außerordentlich tätige Mann war *Christoph Royas Spinola*, aus einer spanisch-niederländischen Familie, begünstigt von Philipp IV. von Spanien, Beichtvater der ersten Gemahlin des Kaisers Leopold I., der ihm die Mission anvertraute und die Vollmachten gab, in Ungarn und im deutschen Reiche für die Wiedervereinigung der beiden Kirchen zu wirken. Spinola gehörte zum Orden der Franziskaner und wurde Bischof erst von Tina in Kroatien, dann (seit März 1685) von Wiener Neustadt, er wirkte zugleich als Diplomat und Missionär und betrieb die Sache der Reunion nicht bloß als ein kaiserliches Geschäft, sondern als seine Lebensaufgabe, für welche er schon lange tätig gewesen war, bevor ihn kaiserliche und päpstliche Vollmachten mit der Sache betrauten. Er selbst erklärt im Jahre 1671, daß er seit zwanzig Jahren an dieser Aufgabe arbeite[188]. Im Jahre 1661 beginnt er seine dem Zweck der Reunion gewidmeten Reisen, er ist zu diesem Zwecke sechsmal in Rom, fünfmal in Hannover gewesen, das erstemal 1676, das zweitemal 1678, das drittemal 1683, wo ihm Leibniz näher trat[189]. Sein Tod (den 12. März 1695) durfte mit Recht als ein Mißgeschick für die Sache der Reunion angesehen werden, welche Spinola fast ein halbes Jahrhundert hindurch mit so vielem

---

[188] Christophorus de Rojas Episcopus Tinensis ad Cardinalem Viennae Nuntium 1671; vgl. Foucher de Careil I, 18f.

[189] Vgl. Foucher de Careil I, CXXIII ff.: Narratio. Diese rührt von Spinola selbst her und befindet sich in einer Abschrift von Leibnizens Hand auf der Kgl. Bibliothek in Hannover.

Eifer und einige Zeit mit scheinbar glücklichem Erfolge betrieben hatte.

3. Der Hof in Hannover und die Abtei von Maubuisson

Unter den protestantischen Ländern des deutschen Reiches boten für die Reunionspläne und die Aufgabe Spinolas diejenigen offenbar einen sehr günstigen und empfänglichen Schauplatz, deren Fürsten entweder ganz im katholischen oder ganz im kaiserlichen Interesse waren. Solche günstige Bedingungen fanden sich vornehmlich in Hannover. Das Land war lutherisch, der Herzog Johann Friedrich hatte sich zur römischen Kirche bekehren lassen, und die Reunionsidee fand deshalb bei ihm williges Gehör, obwohl er politisch nicht in kaiserlichem, sondern in französischem Interesse stand. Sein Bruder und Nachfolger Ernst August begehrte die Kurwürde und war, obwohl dem Namen nach lutherisch, vermöge seiner politischen Interessen kaiserlich gesinnt und von dieser Seite den Reunionsplänen offen. Daher kam es, daß namentlich unter Ernst August Hannover ein Zentralpunkt für die kaiserlichen Reunionspläne und ein Anziehungspunkt für Spinola wurde, bis andere politische und dynastische Interessen, namentlich die Aussicht auf die Thronfolge in England, den katholisierenden Reunionsbestrebungen für immer in den Weg traten.

Die fürstlichen Frauen des hannoverischen Hofes nahmen an den Reunionsplänen und -bestrebungen ihren Anteil: die Herzogin-Witwe Henriette Benedikta aus kirchlichem Glaubenseifer, die regierende Herzogin Sophie dagegen aus weltlichen Interessen, mit ihrer völlig unbefangenen, klugen, allem Kirchenglauben im Grunde abgeneigten Denkart. Ihrer Nichte und Schwägerin Benedikta war der katholische Glaube angeerbt und anerzogen, diese hatte den Pfalzgrafen Eduard, einen bekehrten Kalvinisten, zum Vater, die bekehrungssüchtige Anna Gonzaga zur Mutter und einen bekehrten Lutheraner, den Herzog Johann Friedrich, zum Gemahl. Sophie dagegen war gesinnt wie ihr Bruder, der Kurfürst Karl Ludwig von der Pfalz. Wir müssen etwas näher auf diesen weiblichen Anteil des hannoverischen Hofes eingehen, weil sich hier der Faden zeigt, der uns zu einem anderen in der Geschichte der damaligen Reunionspläne wichtigen Zentralpunkte hinführt.

Mit der Heirat und Bekehrung des Pfalzgrafen Eduard war in die Familie des unglücklichen Kurfürsten Friedrich V. von der Pfalz, einst des Oberhauptes der Union, des Führers der protestantischen Reichsinteressen, ein katholisches Ferment gekommen, das weiter um sich griff. Seine zweite Tochter, die Pfalzgräfin *Luise Hollandine*, floh in abenteuerlich-romantischer Weise aus dem Haag nach Frankreich und folgte dem Beispiel ihres Bruders, sie wurde durch ihre Schwägerin Anna Gonzaga ebenfalls zur römischen Kirche bekehrt und erhielt die reiche Abtei Maubuisson bei Paris[190]. Hier empfing sie als eine 57-jährige Frau im Sommer 1679 den Besuch ihrer Schwester Sophie, die in ihren Briefen und Denkwürdigkeiten diesen Aufenthalt höchst ergötzlich geschildert hat[191]. Leben und Neigungen der Äbtissin waren sinnlich, weltlich, artistisch, sie beschäftigte sich mit Malerei und mochte lieber im Atelier als im Oratorium sein. Man erzählt von ihr, daß sie sich gerühmt, vierzehn Kinder geboren zu haben. Ihre Sitten schmeckten schon nach der Zeit der Regentschaft.

Anna Gonzaga dagegen nahm es mit der katholischen Sache ernst und wünschte nichts eifriger als auch ihre Schwägerin von Hannover zu bekehren. Darin wurde sie lebhaft unterstützt von einer anderen, streng katholisch gesinnten und ebenfalls bekehrungssüchtigen Frau, welche bald eine wichtige Person in der Abtei Maubuisson wurde. Frau von *Brinon*, die erste Oberin der Erziehungsanstalt von Saint-Cyr, welche die Frau von Maintenon für 250 adelige Töchter gestiftet hatte, wollte auch Kunst und Poesie in dem alleinigen und strengen Dienst der Religion sehen und forderte deshalb die religiöse Tragödie, worin die Geschlechtsliebe keinen Raum haben sollte, die biblische Tragödie ohne Liebe, deren Muster Racine in seiner „Athalie" gab (1691). Plötzlich mußte sie das Stift von Saint-Cyr verlassen, weil sie durch ihre Herrschsucht die Frau von Maintenon verletzt hatte. Sie kam nach Maubuisson und wurde der weibliche Sekretär der Äbtissin und bald die einflußreichste Person in der Abtei. Der weltlich leichte und bestimmbare Sinn der Pfalzgräfin Luise beugte sich unter den festen Willen der Brinon und war leichter zu beherrschen als die Schutzherrin von Saint-Cyr, so entgegengesetzt auch im übrigen die Neigungen und Charaktere der Brinon und der Äbtissin waren, denn diese, wenn man nach ihrem Leben urteilen darf, fand die Liebe ohne Tragödie angenehmer als die Tragödie ohne Liebe. Seitdem der Einfluß der Brinon zur Herrschaft gelangt war, bildete die Abtei Maubuisson einen Mittelpunkt katholischer Missionsbestrebungen, und man suchte von hier aus die deutschen Reunionspläne, welche in Hannover ihren Herd hatten, im Sinne der Bekehrer zu lenken. In dem mannigfaltig verschlungenen Gewebe der Reunionsversuche jener Zeit bildet der Verkehr zwischen Maubuisson und Hannover einen besonderen Faden, der sich durch jenes Gewebe hindurchzieht und welchen namentlich die Hand der Brinon fortspinnt. Zwei Bekehrungen sind bereits in dem pfälzischen Hause durch den Eifer

[190] Vgl. meine Geschichte der neueren Philosophie, Bd. I (5. Aufl.), S. 200.

[191] Publikationen aus den K. preuß. Staatsarchiven, IV, 113–131; vgl. XXVI, 371 bis 380.

der Anna Gonzaga gelungen, jetzt soll die dritte versucht werden: die der Herzogin Sophie von Hannover, durch welche man, wenn sie zum Übertritt bewogen wird, auch deren Gemahl Ernst August zu bekehren hofft. Man kennt den Einfluß, welchen Leibniz auf die Herzogin hat, er ist der geistig bedeutendste Mann am Hofe von Hannover und die Seele der geselligen Kreise, welche die Herzogin in Herrenhausen um sich versammelt. So wird Leibniz selbst ein Ziel jener Bekehrungsversuche, die von Maubuisson ausgehen, und denen die Brinon ihren ganzen Eifer widmet. Die Herzogin Benedikta hatte sie der Äbtissin, ihrer Tante, empfohlen; die Marquise Caylus, die Nichte der Frau von Maintenon, schildert in ihren „Erinnerungen" den Charakter der Brinon als herrschsüchtig von Natur, und die Herzogin Sophie führt sie bei Leibniz brieflich mit den Worten ein: „Cest une religieuse, qui passe pour bel esprit. Son eloquence est extraordinaire, car elle parle toujours"[192].

Indessen würden diese weiblichen Missionsversuche bei weitem so denkwürdig nicht sein, wenn nicht zwei bedeutende, mit einander und mit den Klosterfrauen von Maubuisson befreundete Männer dabei tätig gewesen wären, beide berühmt als Schriftsteller und bewährt im Dienste der katholischen Kirche: der eine ist *Bossuet*, der angesehenste Prälat am Hofe Ludwigs XIV., der erste Theologe und kirchliche Redner des damaligen Frankreichs, seit 1668 Bischof von Condom, seit 1681 Bischof von Meaux; der andere ist *Pellisson*, von Geburt Hugenotte, Konvertit in seinem sechsundvierzigsten Jahre (1670), wirksam als Schriftsteller in der Bekehrung der Kalvinisten Frankreichs, Historiograph des Königs, Akademiker und Hofmann, modern in seiner Schreibart und frei von den scholastischen Formen.

Wer die Geschichte der Reunionspläne jener Zeit genau verfolgen will, muß diese beiden Kreise und deren gegenseitigen Verkehr wohl im Auge behalten, die Zirkel von Maubuisson und von Hannover: dort die Äbtissin, Anna Gonzaga und die Brinon im Bunde mit Bossuet und Pellisson; hier die Herzogin Sophie, Molanus und Leibniz. Die Brinon läßt es sich angelegen sein, die Beziehungen und den brieflichen Verkehr ihrer beiden gelehrten Freunde mit Leibniz zu vermitteln und, sobald ein Stillstand einzutreten droht, wieder von neuem zu fördern. Schon im Jahre 1679 hatte die Herzogin Sophie einige Monate in Maubuisson zugebracht, aber es war nicht gelungen, sie zu bekehren; Anna Gonzaga, die in dem pfälzischen Hause gern noch diese dritte Bekehrung bewirkt hätte, starb im Jahre 1684, und Bossuet feierte in seiner

[192] Herzogin Sophie an Leibniz, Linsburg, 22. IX./ 1. X. 1690; Klopp VII, 17 f. Vgl. Einl. XXXIX.

Trauerrede ihren frommen und erfolgreichen Bekehrungseifer; die Brinon setzte die Bekehrungsversuche mit der Herzogin fort und schrieb Briefe über Briefe, aber die Sache endete zuletzt mit einer entschiedenen Absage von seiten der Kurfürstin Sophie, die den Lockungen des Katholizismus die Greuel der Bartholomäusnacht, die Pulververschwörung, die Ermordungen Heinrichs III. und IV. entgegenhielt.

Zwischen Maubuisson und Hannover wurde im Grunde weniger die Sache der Reunion als die der Mission im katholischen Interesse betrieben. Die Geister von Maubuisson wollten die Wiedervereinigung der beiden Kirchen durch die Bekehrung der Protestanten, und als später Bossuet selbst in die Reunionsgeschäfte und Fragen eingriff, war er es, welcher den Übertritt forderte und den dogmatischen Standpunkt so geltend machte, daß an dieser Bedingung die Sache der Reunion notwendig scheitern mußte.

II. Die Reunionsverhandlungen

1. Spinola, Molanus und Leibniz

Zunächst stand Bossuet persönlich den deutschen Reunionsplänen fern; diese wurden verhandelt zwischen Spinola, welchem kaiserliche und päpstliche Vollmachten zur Seite standen, und den deutschen Höfen, namentlich den protestantischen, unter denen der hannoverische für seine Tätigkeit eine Art Operationsbasis bildete. Indessen war durch Spinola selbst der Name und das theologische Ansehen Bossuets in der Reunionsfrage bald zu einer großen Geltung gekommen. Man bedurfte zur Wiederherstellung der kirchlichen Einheit einer dogmatischen Grundlage, auf der man sich verständigen konnte, einer Auseinandersetzung des römischkatholischen Glaubens, welche den Protestanten Vereinigungspunkte bot und dem irenischen Zwecke entsprach, und ein solches Werk schien dem Spinola Bossuets berühmte und vom Papst gebilligte „Exposition de la doctrine de l'Eglise catholique sur les matières de controverse“ (1671)[193] zu sein.

Wir wollen gleich an dieser Stelle einige der hauptsächlichen Schriften hervorheben, die in den Reunionsverhandlungen eine Rolle gespielt und die stimmführenden Richtungen vertreten haben. Natürlich mußte das Ausgleichungsgeschäft, welches die Wiedervereinigung vorbereiten und ebnen sollte, zwischen sachkundigen und bevollmächtigten Männern, zwischen Theologen

---

[193] Oeuvres complètes de Bossuet publiées d'après les imprimés et les manuscrits originaux, purgées des interpolations et rendues à leur intégrité par F. Lachat. Paris 1862 ff. Bd. XIII, 1–105. Vgl. Bibliographie raisonnée des oeuvres de Bosseut par l'Abbé V. Verlaque. Paris 1908. S. 5–23.

beider Kirchen geführt werden. Von katholischer Seite galt Spinola, selbst Ordensgeistlicher und Bischof, als kaiserlich-päpstlicher Bevollmächtigter. Der Herzog Ernst August berief die ersten Theologen seines Landes zu einer der Reunionsfrage gewidmeten Konferenz nach Hannover: Gerhard Molanus, den Abt von Loccum, den Hofprediger Barckhausen in Osnabrück, die Helmstedter Theologen Calixtus den Jüngeren und Mayer. Überhaupt war der tolerante Geist der Helmstedter Universität einer Aussöhnung mit der katholischen Kirche nicht abgeneigt, während die unduldsame Richtung Wittenbergs sich schroff und ausschließend dagegen verhielt. Leibniz suchte deshalb die Universität Helmstedt vor Berufungen aus Wittenberg zu hüten und war geflissentlich darauf bedacht, bei neuen Berufungen, wie z. B. der Professoren Johann Fabricius aus Altorf und Schmidt aus Hannover, den toleranten Geist der Universität zu erhalten. Er selbst war bei den Reunionsverhandlungen als Vermittler, Ratgeber, Diplomat tätig, nicht eigentlich als Geschäftsführer. An der Spitze der hannoverischen Konferenz stand von protestantischer Seite der Abt Molanus. Die erste Frage war, welcher Weg zur Wiedervereinigung der beiden Kirchen einzuschlagen, welche Methode zur Lösung dieser Aufgabe erforderlich sei? Spinola schrieb seine „Regeln zur kirchlichen Vereinigung aller Christen“, Molanus die Grundzüge einer „Methode, nach welcher die kirchliche Einheit zwischen den römischen und protestantischen Christen wiederherzustellen sei“ und Leibniz seine „Methoden der Reunion“[194].

2. Die Jahre der Annäherung. Leibnizens Standpunkt

Niemals haben die beiden kirchlichen, ihre Wiedervereinigung suchenden Parteien einander so nahe gestanden als in diesem Zeitpunkte, wo die irenischen Entwürfe von beiden Seiten einander bereitwillig entgegenkamen und sich in den Hauptsachen berührten. Die hannoverischen Verhandlungen zwischen Spinola und Molanus zeigen die größte Annäherung, wogegen die späteren brieflichen Verhandlungen zwischen Bossuet und Leibniz die zunehmende Entfernung und zuletzt den größten Abstand wahrnehmen lassen. Die Geschichte der Annäherung fällt in das vorletzte Dezennium des siebzehnten Jahrhunderts, die der zunehmenden Entfernung in

[194] Regulae circa christianorum omnium ecclesiasticam reunionem. Vgl. Lachat XVII, 360–377. Diese Schrift, die von Spinola und nicht, wie Guhrauer meint, von Molanus herrührt, erschien erst 1691, obwohl sie weit früher verfaßt war. Vgl. Foucher de Careil I, XVIII. Des Molanus Methodus reducendae unionis ecclesiasticae inter Romanenses et Protestantes fällt in das Jahr 1683, Leibnizens Méthodes de réunion in die Zeit zwischen 1683 und 1685, wahrscheinlich also in das Jahr 1684. Klopp VII, Einl. XXXII ff. und 19 ff.

das letzte; im Jahre 1700 wird der Sitz der Reunionsverhandlungen nach Wien verlegt, und die letzten Aussichten auf einen wirklichen Erfolg sind verschwunden.

Die Helmstedter Theologen waren bereit, Bossuets Auseinandersetzung des Glaubens, auf welche Spinola sich stützte, als Grundlage anzuerkennen, selbst in Ansehung des päpstlichen Primats; Molanus hatte in seinen Grundzügen der Unionsmethode den päpstlichen Primat bejaht, selbst in Ansehung der Gerichtsbarkeit. Man wollte sich jeder gegenseitigen Verdammung enthalten und die Lösung der Glaubenswidersprüche einem allgemeinen Konzil überlassen, an welchem die protestantischen Superintendenten als Bischöfe teilnehmen sollten; Spinola ließ ebenfalls die Bedingungen, unter denen eine Verfassungseinigung möglich erschien, in den Vordergrund treten und stellte die Ausgleichung der Glaubensdifferenzen zurück als Aufgabe eines späteren, allgemeinen Konzils. Er machte sehr weitgehende Zugeständnisse, um zunächst der Verfassungseinigung, der Gründung einer allgemeinen, wiedervereinigten Kirche den Boden zu ebnen. Die Priesterehe sollte gelten und das tridentinische Konzil, das sich wie eine Mauer zwischen Katholizismus und Protestantismus aufgerichtet hatte, nicht unabänderlich sein, sondern durch ein künftiges Konzil reformiert werden. So günstig standen die Reunionspräliminarien im Jahre 1683. Die ganze Sache war, wie man sieht, auf einen Kompromiß angelegt.

Leibniz war im stillen schon lange auf die Ausgleichung der Glaubensgegensätze bedacht, auf eine Fassung, in welcher die Glaubenslehre durch die Szylla und Charybdis der schroff einander entgegengesetzten kirchlichen Lehrbegriffe glücklich hindurchgeführt werden könnte; er wollte in diesem Sinne, der seiner Denkweise gemäß war, rekonziliatorisch wirken. Sein eigenes philosophisches System erschien ihm als das beste Instrument, um eine solche ausgleichende Glaubenslehre zu verfassen und eine wahre Konkordienformel zu bilden. Natürlich ließ sich diese Aufgabe nur durch eine Glaubensauseinandersetzung lösen, mit welcher beide Parteien zufrieden sein konnten. Was Bossuet in seiner „Exposition de la doctrine de l'Eglise catholique" vom katholischen Standpunkt aus getan hatte, wollte jetzt Leibniz vom protestantischen aus versuchen; er wollte genauer als Bossuet in die besonderen Glaubensbestimmungen eingehen und die Sache selbst so einfach und klar wie möglich darstellen. Dieses sein System sollte nichts enthalten, was nicht als Lehre kirchlich geduldet werden könnte. Ob die Kirche eine solche Glaubenslehre einräumen dürfe, darüber sollte zunächst nicht der Papst, sondern die Bischöfe und zwar die gemäßigten unter ihnen entscheiden. Eine solche bischöfliche Billigung war darum das erste Ziel, welches Leibniz erreichen wollte. Die bischöfliche Prüfung sollte ganz in der Stille geschehen und durch einen Fürsten, der den Versuch der geeinigten Glaubenslehre den Bischöfen vorlegte, vermittelt werden; diese durften nicht wissen, von wem der Entwurf herrühre, damit nicht etwa ein protestantischer Name von vorneherein ihr Urteil dawider einnehme. In diesem Sinne schrieb Leibniz im Jahre 1686 an den Herzog Ernst August, den er sich zum fürstlichen Vermittler wünschte. Der Herzog ging zwar auf diesen Plan nicht ein, aber Leibniz führte ihn aus oder brachte ihn wenigstens zu Papier und entwarf jene Glaubenslehre, die man in seinem Nachlaß gefunden und unter dem Namen „Systema theologicum" herausgegeben hat (1819). Man wollte hier die Entdeckung gemacht haben, daß Leibniz selbst die Absicht gehabt, katholisch zu werden. Indessen ist das Schriftstück nichts weiter als in jener diplomatischen Absicht, die wir erklärt haben, ein dogmatischer Beitrag zu dem Reunionsgeschäft jener Jahre, in denen Spinola mit den hannoverischen Theologen verhandelte und der Herzog Ernst August den kirchlichen Kompromiß wünschte. Während man in den Konferenzen zu Hannover die Reunionsverfassung beriet und die Vorfragen feststellte, entwarf Leibniz in seinem „Systema theologicum" eine der Reunion gemäße Glaubenslehre.

In diese Jahre (1683–1685) fällt der rege Verkehr zwischen unserem Philosophen und dem Landgrafen Ernst von Hessen-Rheinfels: ein Briefwechsel, der unsere Aufmerksamkeit verdient, weil hier das persönliche Verhältnis, welches Leibniz zur katholischen Kirche einnimmt, offen zur Sprache kommt[195]. Die Verhältnisse, worin Leibniz lebte, haben ihm von verschiedenen Seiten mehr als einmal den Übertritt zur römischen Kirche nahe gelegt, und es hat auch nicht an Stimmen gefehlt, die ihn unmittelbar dazu aufforderten. Seine Freundschaft mit Boineburg, seine Dienstverhältnisse in Mainz unter Johann Philipp und in Hannover unter Johann Friedrich brachten ihn jahrelang unter die mächtigsten katholischen Einflüsse. Er hätte um den Preis der Bekehrung leicht eine ihm willkommene Stellung in Paris, Wien oder Rom finden können; endlich das Reunionsgeschäft selbst, welches er mit so vielem Eifer betrieb, dieser Wunsch nach einer Wiedervereinigung mit der römischen Kirche mußte sich doch auf eine innere und religiöse Anerkennung des Katholizismus gründen. Indessen widerstand Leibniz allen Bekehrungsversuchen, und selbst das ihm angebotene Kustosamt der vatikanischen Bibliothek in Rom konnte ihn

[195] Vgl. Leibniz und Landgraf Ernst von Hessen-Rheinfels. Ein ungedruckter Briefwechsel über religiöse und politische Gegenstände. Mit einer ausführlichen Einleitung und mit Anmerkungen herausgegeben von Chr. von Rommel. 2 Bände. Frankfurt a. M. 1847.

nicht zum Übertritt bewegen. Er war in diesem Punkte spröder als Winckelmann.

Was ihn von der katholischen Kirche zurückhielt, war weniger eine dogmatische Glaubensformel, obwohl er sich gern mit dem Augsburgischen Bekenntnis deckte, als der in seiner Geistesart tief begründete protestantische Grundzug und Trieb des unabhängigen Denkens. Der Landgraf von Hessen-Rheinfels gab sich die größte Mühe, den Philosophen, für welchen er eine lebhafte Neigung und Hochschätzung empfand, der römischen Kirche zu gewinnen, in deren Schoß er selbst, ähnlich wie Boineburg und Johann Friedrich, aus dem Protestantismus zurückgekehrt war; er hätte gern das Verdienst gehabt, einen solchen Proselyten zu machen, und verband sich zu diesem Zwecke mit dem Jansenisten Antoine Arnauld in Paris. Er schrieb selbst eine für Leibniz bestimmte Bekehrungsschrift, die er unter dem (italienisch gefaßten) Titel „Wecker für meinen teuern Leibniz" diesem zuschickte[196]. Die erste Antwort, welche Leibniz gab, war nicht abweisend; im Gegenteil, es schien, als ob er nicht hartnäckig sein werde. Der Landgraf hatte ihm geschrieben, daß seine Bekehrung schon im Munde der Leute sei; Leibniz erwiderte, daß sich diese Leute zum Teil irrten, aber auch nur zum Teil. Also es schien, als ob er zur Hälfte schon katholisch wäre. Der Landgraf forderte die andere Hälfte und bemerkte mit Recht, daß man in solchen Dingen nicht halb sein könne. Da erklärte ihm Leibniz, wie es mit der Hälfte gemeint sei. Er gehöre nicht zur äußeren Gemeinschaft der Kirche, aber zur inneren; die innere Kommunion sei unabhängig von der äußeren. Wer z. B. ungerecht exkommuniziert worden, sei zwar von der äußeren Gemeinschaft ausgeschlossen, darum aber nicht der inneren verlustig. Schon aus dieser Unterscheidung sieht man, daß die katholische Kirche, welche Leibniz im Sinn hat, keineswegs mit der römischen zusammenfällt, sondern in der Idee der wahrhaft allgemeinen Kirche besteht, die der Geist des Protestantismus wiedererweckt und zum Ziel hat. Weniger zweideutig und unverhohlen drückt er sich aus, indem er geradezu den Grund angibt, der ihn von der äußeren Gemeinschaft der römischen Kirche zurückhält: er will nicht gebunden sein in jenen wissenschaftlichen Überzeugungen, die sich auf die Natur der Dinge beziehen und über welche im Namen der Kirche eine theologische Zensur geübt wird. Er gedenkt dabei ausdrücklich der Verdammung des kopernikanischen Systems. Einer ähnlichen Verwerfung fühlt er seine philosophischen Ansichten ausgesetzt; er will das Joch, welches die Kirche dem Philosophen

---

[196] Suegliarino al mio tanto carissimo quanto capacissimo Signore Leibniz, 1. November 1683. Vgl. Rommel II, 3–11.

auflegt, nicht tragen, da er als Protestant davon frei ist und sich erst aus freien Stücken darunter beugen müßte. „Um auf mich zurückzukommen“, schreibt er dem Landgrafen, „so gibt es einige philosophische Meinungen, deren Demonstration ich zu haben glaube, und welche zu ändern mir bei der Geistesart, die ich habe, unmöglich ist, so lange ich kein Mittel sehe, meinen Gründen genug zu tun. Nun werden aber diese Meinungen (obgleich sie, soviel ich weiß, weder der heiligen Schrift noch der Tradition noch der Definition eines Konziliums entgegen sind), noch immer hie und da von den Theologen der Schule, welche sich einbilden, daß das Gegenteil davon zum Glauben gehöre, gemißbilligt und sogar mit der Zensur belegt. Man wird mir sagen, daß ich, um die Zensur zu vermeiden, sie verschweigen könnte. Aber dieses geht nicht an. Denn diese Sätze sind in der Philosophie von großer Wichtigkeit, und wenn ich einst über beträchtliche Entdeckungen, welche ich über die Untersuchung der Wahrheit und die Beförderung der menschlichen Kenntnisse zu haben glaube, mich werde aussprechen wollen, so muß ich sie als Fundamentalsätze aufstellen. Wahr ist es: wäre ich in der römischen Kirche geboren, so würde ich nur dann von ihr austreten, wenn man mich ausschlösse und mir auf die Weigerung, etwa gewisse herkömmliche Meinungen zu unterschreiben, die Kommunion versagte. Jetzt aber, da ich außerhalb der Kommunion von Rom geboren und erzogen worden bin, wird es, glaube ich, weder aufrichtig noch sicher sein, sich zum Eintritt zu melden, wenn man weiß, daß man vielleicht nicht aufgenommen werden würde, sobald man sein Herz entdeckte. Man müßte sogar stets gebunden sein und seine Gedanken verbergen oder sich einem ‚turpius ejicitur, quam non admittitur hospes‘ aussetzen. Ich bekenne Ihnen sehr gern, daß ich um jeden möglichen Preis in der Kommunion der römischen Kirche sein möchte, wenn ich es nur mit wahrer Ruhe des Geistes und mit dem Frieden des Gewissens sein könnte, welchen ich gegenwärtig genieße.“[197]

An diesem Grunde, der aus dem innersten Wesen und Lebensgefühle des Protestantismus geschöpft ist, mußten alle Bekehrungsversuche scheitern. Leibnizens große Denkweise hatte nichts gemein mit dem Fanatismus irgend einer Art. Er konnte die katholische Kirche anerkennen, ohne ihr gehorchen zu wollen. Eine solche Denkweise erscheint den Glaubenseiferern immer als Indifferentismus, und so wurde auch Leibniz zuletzt von beiden Seiten beurteilt. Der Landgraf von Hessen-Rheinfels machte ihm

[197] Die erste vorläufige Antwort Leibnizens auf den „Wecker“ des Landgrafen kam aus Osterode am 25. November 1683; der Landgraf sandte sie mit Randbemerkungen zurück; dann erfolgte die obige ausführliche Antwort im Januar 1684 aus Hannover. Vgl. Rommel II, 12–16, 17–22.

geradezu diesen Vorwurf. Ein richtiges Urteil aber war es, wenn der Landgraf in seinem Sinn auf Leibniz anwendete, was einst der heilige Hieronymus von Rufinus gesagt hatte: „Quisquis est, noster non est.“[198]

Der Standpunkt, welchen Leibniz in unserer Frage einnimmt und in gedrängter Kürze in seinem Aufsatze „Des méthodes de réunion“ (1684) ausführt, ist im wesentlichen mit Molanus und der Behandlungsart Spinolas einverstanden. Daß auf dem Wege der Religionsgespräche nichts auszurichten sei, habe die Erfahrung zur Genüge bewiesen; auch werde nichts erreicht, wenn man die vorhandenen Grundlagen antaste, sei es durch Einräumungen oder durch eine Rückkehr zu der Einheit der alten Kirche und den Glaubenssätzen der ersten Jahrhunderte. Man müsse den Verhältnissen Rechnung tragen und dieselben nehmen, wie sie liegen: die Protestanten auf dem Standpunkt der *Augsburgischen Konfession* mit der Bereitwilligkeit, die auf dem Reichstage von 1530 bestanden habe, ein allgemeines Konzil anzuerkennen und zu beschicken; die Katholiken auf dem Standpunkt des *tridentinischen Konzils* mit der Voraussetzung, daß die Beschlüsse desselben nicht unabänderlich seien, sondern in gewissen Punkten, die jede Einigung unmöglich machten, durch ein neues, allgemeines und gesetzmäßiges Konzil zum Zwecke der Reunion geändert oder modifiziert werden sollten. Warum könnte sich ein neues Konzil in Ansehung des tridentinischen gegen die deutschen Protestanten nicht ähnlich verhalten wie einst das Baseler Konzil in Ansehung des Konstanzer gegen die böhmischen Ketzer? Es gewährte diesen den Kelch, und sie kehrten in den Schoß der Kirche zurück.

Das Prinzip des *Protestantismus* nach Augsburgischem Bekenntnis sei mit dem Prinzip der *Katholizität*, d.h. der Anerkennung der Einheit und Universalität der christlichen Kirche vollkommen vereinbar. Und da die Einheit der sichtbaren Kirche eines Oberhauptes bedürfe, welches kein anderer als der römische Bischof sein könne, so folge aus der Anerkennung der katholischen auch die der römischen Kirche und ihres Bischofes, d.h. die Unterordnung unter den Papst als Oberhaupt der Gesamtkirche. Mit einer solchen wahrhaft katholischen Gesinnung bleibe man in der Einheit der Kirche, in ihrer inneren Gemeinschaft, selbst wenn man von der äußeren ausgeschlossen sei; man könne dann noch aus Unkunde und Unvermögen irren, aber nicht aus böser Absicht, es gebe nur noch Glaubensirrtümer, nicht wirklichen böswilligen Unglauben oder Abfall, also weder formelle Häresie noch schis-

[198] Die Stelle findet sich in dem Aufsatz „De trifolio Lutherano“, den der Landgraf in katholischen Kreisen zirkulieren ließ (1692). Vgl. Rommel II, 353ff.

matisches Verhalten. Leibniz legt das nachdrücklichste Gewicht auf den Unterschied zwischen *formeller* und *materieller Ketzerei*: jene ist der absichtliche Unglaube, der gewollte Ungehorsam, die Nichtanerkennung der Kirche, die Verleugnung ihrer rechtmäßigen Geltung, diese dagegen unabsichtlich, bloß irrtümlich, keineswegs eine Verleugnung der Prinzipien, sondern nur eine falsche Ansicht in gewissen Tatsachen. So ist es eine formelle Ketzerei, wenn man den ökumenischen Konzilen der Kirche die Anerkennung und den Gehorsam verweigert, dagegen eine materielle, wenn man bezweifelt, ob dieses oder jenes Konzil ein allgemeines und gesetzmäßiges, d.h. ein ökumenisches war, wie es mit den Konzilen von Konstanz und Basel in Italien, mit dem tridentinischen in Deutschland, zum Teil auch in Frankreich geschehen.

Die Verdammung oder Exkommunikation eines Irrtums ist ungerecht und selbst ein Irrtum von seiten derjenigen sichtbaren Kirche, welche Anathemata solcher Art ausspricht. Irrtümer lassen sich berichtigen und gut machen, unbeschadet der Prinzipien (sauf les principes). Diesen Weg soll die Reunion suchen. In Absicht auf dieses Ziel müssen die Protestanten ihrerseits die Einheit und Universalität (Katholizität) der Kirche, den päpstlichen Primat, die Geltung der ökumenischen Konzile anerkennen, wogegen ihnen die Priesterehe, das Abendmahl in beiderlei Formen, der Gebrauch der Landessprache im Kultus zugestanden werden muß. Es gebe innerhalb jeder der beiden Kirchen Streitpunkte, die bei der Reunionsfrage unberührt bleiben können, wie die Meinungsverschiedenheit über die Verdienstlichkeit guter Werke oder über die unbefleckte Empfängnis der Maria; andere zwischen beiden Kirchen, die sich durch Erörterungen ausgleichen lassen, wie die Feststellung der Zahl der Sakramente und des Opfers im Sakramente des Altares; endlich solche Kontroversen, die nur durch ein neues Konzil zu entscheiden sind, wie über das Bibellesen, die Verehrung der Heiligen, die Ohrenbeichte, die Schranken der päpstlichen Autorität, die Lehre vom Fegfeuer u. a. Auf diesem Konzil sollen die Vorsteher der protestantischen Diözesen als wirkliche Bischöfe des deutschen Ritus gelten, wie es wirkliche Bischöfe des lateinischen und des griechischen Ritus gibt. Die Katholiken werden wohl daran tun, auf diese Vorschläge einzugehen, die so beschaffen sind, daß sie nichts dabei wagen und viel gewinnen[199].

3. Leibnizens Verhandlungen mit Pellisson und Bossuet

Als Leibniz diese Abhandlung schrieb, hatte Spinola zu wiederholten Malen Ursache gefunden, über eine der Kircheneinigung

[199] Klopp VII, 19–36.

übelgesinnte *französische* Partei zu klagen, auf deren Widerstand er in Rom gestoßen war[200]. Damals versuchte Spinola selbst den Bischof von Meaux, Bénigne Bossuet, mit welchem Leibniz schon seit Jahren in brieflichem Verkehr stand, für die Sache der Reunion günstig zu stimmen und durch ihn den König. Vom Herbst 1687 bis in den Juni 1690 war unser Philosoph auf seiner (mehrfach erwähnten, später näher darzustellenden) Forschungsreise begriffen und von Hannover abwesend. Während seines Aufenthaltes in Wien hat er den Bischof von Neustadt besucht (Juni 1688) und bei ihm Schriftstücke eingesehen, woraus erhellte, daß der Papst, einige Kardinäle und Ordensgenerale, darunter der der Jesuiten, den Stand der Angelegenheit kannten und billigten. Als er im Herbst des nächsten Jahres in Rom war, konnte er in gelegentlichen Gesprächen sich davon überzeugen, daß der italienische Kardinal Spinola de Luca die Sache günstig ansah, während der französische Kardinal d'Estrées sich heftig dagegen erklärte[201].

Inzwischen war der zweite Reichskrieg ausgebrochen, der neun Jahre dauerte (September 1688 bis 30. Oktober 1697) und von Ludwig XIV. zugleich als ein *Religionskrieg* geführt wurde, der dem deutschen Reiche wie dem deutschen Protestantismus Verderben drohte. Gerade dadurch mußte auf deutscher Seite der Reunionseifer von neuem angefacht werden, obwohl bei dem Stande der Zeiten an praktische Fortschritte oder Erfolge nicht zu denken war. Aber wenn Männer wie Pellisson-Fontanier und Bossuet, wenn der Historiograph Ludwigs XIV. und der erste Hoftheologe Frankreichs für den Versuch der Reunion gewonnen werden konnten, so durfte ein solches Einverständnis in diesem Augenblicke für ein vielversprechendes Ergebnis gelten. Und Leibniz ergriff die Gelegenheit, da sie ihm geboten wurde, mit beiden die religiösen und kirchlichen Fragen eingehend zu verhandeln.

Pellisson hatte in seinen Betrachtungen über die Religionsdifferenz (Réflexions sur les différends de la religion, Paris 1687), die zur Bekehrung der Hugenotten verfaßt waren, den Unterschied zwischen Katholizismus und Protestantismus so dargestellt, daß jener als die Bejahung, dieser als die Verneinung des Glaubens erschien. Denn der wirkliche Glaube fordere die Vereinigung der Gläubigen, die Unterordnung unter eine feste Autorität, die keine andere sein könne als die *Unfehlbarkeit* der Kirche. Wer diese Autorität nicht anerkenne, zerreiße das Band, welches die Gläubigen verbinde, erschüttere den Glauben selbst und bewirke jene Indifferenz, die der Tod des Glaubens sei. Katholizismus und Protestantismus

[200] Klopp VII, Einl. XXIV, XLI ff.

[201] Ebendas. XL.

verhalten sich wie Glaube und Nichtglaube: Protestantismus sei Indifferentismus. Der Grund der protestantischen Indifferenz und Glaubensleere sei die Nichtanerkennung der Unfehlbarkeit der Kirche. Dies war den Frauen von Maubuisson, namentlich der Brinon, aus der Seele gesprochen, sie übersetzte sich den Unterschied in das Politische und war nun der Meinung, daß Katholizismus und Protestantismus sich verhielten wie Legitimität und Empörung, wie rechtmäßige Herrschaft und Usurpation.

Die Äbtissin von Maubuisson teilte die Schrift Pellissons ihrer Schwester von Hannover mit, welche Leibnizen zu einer Beurteilung veranlaßte und dessen Bemerkungen (rémarques) nach Maubuisson schickte. So kamen sie durch Frau von Brinon an Pellisson. Was dieser den Indifferentismus der Protestanten genannt hatte, erklärte Leibniz für die erweiterte Denkweise der *Toleranz*, die sich aus jenem tief innerlichen, unbegreiflichen Glaubensgrunde rechtfertige, der schlechterdings individuell sei und an dem die kirchliche Autorität stets ihre Schranke gefunden habe. Er stellte der kirchlichen Unfehlbarkeit die göttliche Gnade als geheimnisvollen Glaubensgrund, dem kirchlichen Autoritätszwange die protestantische Gewissensfreiheit, dem Vorwurf des Indifferentismus die Notwendigkeit und das Recht der Toleranz entgegen. So entspann sich in den letzten Jahren 1690–1692 über die Duldung und die Unterschiede ein Briefwechsel zwischen beiden, worin Pellisson den deutschen Philosophen bekehren wollte und dieser sich hinter das Bollwerk der Augsburgischen Konfession zurückzog. Mit dem Tode Pellissons (Januar 1693) endete dieser Verkehr, worin viele Höflichkeiten ausgetauscht worden waren[202]. Die Verhandlungen mit Bossuet waren in vollem Gange, als Pellisson starb.

Die ersten brieflichen Berührungen stammten aus dem Spätjahre 1678. Bossuet, damals noch Bischof von Condom, schrieb an Leibniz als Bibliothekar und erkundigte sich nach einer Taldmudübersetzung (27. November); dieser gab einige sachliche Aufschlüsse und erwähnte beiläufig, daß der Bischof von Tina mit kaiserlichen Aufträgen in Hannover gewesen sei. Im folgenden Jahre versprach Bossuet drei Exemplare seiner vom Papst gebilligten *Exposition de la doctrine de l'Eglise catholique* nach Hannover zu senden, deren eines für den Herzog, die beiden anderen für Spinola und Leibniz bestimmt sein sollten, welcher letztere in sei-

[202] Leibnizens Rémarques über Pellissons Réflexions sind in Form eines anonymen Briefes an einen Dritten gehalten (Sommer 1690). Foucher de Careil I, 55–66. Pellissons Antworten vom Sept. bis Nov. 1690. Ebendas. 66–95, 96–100. Die Briefe erschienen unter dem Titel: Lettres de Mr. Leibniz et de Mr. Pellisson de la tolérance et des différends de la religion, Paris 1691.

ner Antwort erklärte, daß von diesem Werke der günstigste Einfluß auf die Wiederherstellung des Kirchenfriedens zu erwarten sei[203].

Unterdessen wurde in Hannover das Geschäft der Reunion betrieben und die vorläufigen Bedingungen zwischen dem Bischof von Tina und dem Abt von Loccum festgestellt. Bossuet vernahm, daß gewisse Artikel unterzeichnet seien, deren erster die Anerkennung des römischen Primats enthalte. Jetzt wünschte er sie näher kennen zu lernen und erhielt des Molanus „Methodus reducendae unitatis ecclesiasticae“[204].

Ob nun Bossuet die Artikel gelesen, die Sache aussichtslos befunden, aus den Augen verloren und vergessen hat: genug, er ließ die hannoverische Sendung völlig unerwidert, und es dauerte acht Jahre, bis er, durch die Verhandlungen zwischen Pellisson und Leibniz endlich daran erinnert, das Schriftstück vermißte, dessen Inhalt er jetzt näher einzusehen und zu prüfen begehrte. Es hatte sich unter seinen Papieren verschoben. „J'ai laissé échapper ces papiers de dessous mes yeux“, schrieb er der Brinon (29. September 1691), die ihm eine neue Abschrift verschaffen sollte. In einem Briefe von 11. Oktober 1691 beschwor sie Leibniz, ihr die Artikel des Bischofs von Neustadt so schnell als möglich zu senden[205].

Das neue Schriftstück, welches Molanus für den Bischof von Meaux ausarbeitete, enthielt zwar die mit Spinola verhandelten Punkte, war aber keineswegs eine Abschrift der „Methodus“ vom Jahre 1683 und nannte sich, um allen offiziellen Anschein zu vermeiden, „Cogitationes privatae“[206]. Die lateinisch verfaßte und französisch übersetzte Antwort des Bischofs verzögerte sich und wurde unter dem Titel „Sententia de scripto, cui titulus cogitationes privatae“ (Réflexions etc.) erst den 26. und 28. August 1692 nach

---

203 Bossuets Brief ist vom 1. Mai 1679. Foucher de Careil I, 28–29.

204 Der Brief an Leibniz ist aus Fontainebleau vom 22. August 1683. Ebendas. 39–40.

205 Ebedas. 173–177, 185. In dieser Ausgabe findet sich viel Verwirrung in den chronologischen Bestimmungen der Briefe. Den 29. September 1691 schreibt Bossuet der Brinon, daß er die Artikel verloren habe und eine neue Abschrift wünsche. An demselben Tage schreibt Leibniz der Brinon, durch die er erst zwölf Tage später den Wunsch Bischofs erfährt, daß, um den Verlust zu ersetzen, die neue Sendung schon in der Arbeit begriffen sei! Leibnizens Brief ist natürlich Ende Oktober anzusetzen. – Auch hätte, beiläufig gesagt, der Herausgeber unter den erstaunlichsten Beispielen der Bekehrung deutscher Fürsten im 17. Jahrhundert nicht die des Kurfürsten Friedrich V. von der Pfalz anführen sollen, der den calvinistischen Interessen bekanntlich alles geopfert hat!! Vgl. Einl. XXXI.

206 Cogitationes privatae de methodo reunionis ecclesiae Protestantium cum ecclesia Romano-Catholica. Hannov. Nov. et Dec. 1691. Vgl. Lachat XVII, 394–431. Ferner Foucher de Careil I, 213, 214, 224, 228, 232, 236.

Hannover gesendet[207]. Leibniz bezeugte den Empfang (4. Oktober) und schien von dem Inhalt vorläufig zufriedengestellt, erklärte aber in einem seiner letzten Briefe an Pellisson (8. Dezember 1692), daß er in der Schrift des Bischofs einige Stellen, die ihn persönlich betrafen, sehr übel empfunden habe[208]. Molanus, zu einer Beantwortung der bischöflichen Einwürfe gedrängt, schrieb seine „Explicatio ulterior", die im August 1693 vollendet wurde, aber erst im August des folgenden Jahres in Bossuets Hände gelangte[209] und unerwidert blieb. Als dieser im Jahre 1694 das letzte Mal an Leibniz schrieb[210] bevor er auf fünf Jahre verstummte, hatte er die Antwort des Abtes von Loccum noch nicht erhalten.

In den brieflichen Erörterungen zwischen Pellisson und Leibniz war dem Bischof von Meaux ein Punkt aufgestoßen, der ihn begierig machte, die Artikel der hannoverischen Konferenz näher zu prüfen und sich in die deutsche Reunionsfrage zu mischen. Leibniz hatte wiederholt gegen Pellisson die Geltung des *tridentinischen* Konzils in Frankreich angezweifelt. In der Frage, welche die unbedingte Geltung des tridentinischen Konzils auf dem Gebiete des *Glaubens* betrifft, liegt die Differenz zwischen Pellisson und Bossuet auf der einen Seite und Molanus und Leibniz auf der anderen.

In den Augen des französischen Bischofes ist die Kircheneinigung nur auf der Grundlage der *Glaubenseinigung* möglich, die von seiten der Protestanten die unbedingte Anerkennung des tridentinischen Konzils in allen *dogmatischen* Punkten fordere. Anerkennung oder Nichtanerkennung dieses Konzils: dies ist für Bossuet der Kern aller Reunionsfragen. Das Konzil mit einer Mauer verglichen, so macht Leibnizens Standpunkt die kirchliche Wiedervereinigung davon abhängig, daß diese Mauer, wenn nicht niedergerissen werde, doch aufhöre als Scheidewand fortzubestehen, wogegen der Standpunkt Bossuets diesen Fortbestand fordert und von den reunionslustigen Protestanten verlangt, daß sie nicht jenseits der Mauer stehen bleiben, sondern auf die andere Seite herüberkommen: er fordert den Übertritt, die *Glaubensunterwerfung* der Protestanten unter die Autorität der römischen Kirche. Über Fragen der Disziplin könne man sich durch Transaktion einigen, nicht über Fragen des Glaubens.

---

[207] Lachat XVII, 458–499. Vgl. Foucher de Careil I, 311, 312.

[208] Foucher de Careil I, 315 f., 321, 389 ff., wo sich aber ein Irrtum in der Datierung findet. Vgl. Lachat XVIII, 171 und Klopp VII, 217, 223.

[209] Vgl. Foucher de Careil I, 432; Klopp VII, Einl. LXVII.

[210] Nach Foucher de Careil (II, 74–75) den 12. August, nach Klopp (VII, 273) den 12. April datiert. Letzteres Datum ist richtig.

Eine andere Stellung zur kirchlichen Reunion nimmt Spinola ein, eine andere Bossuet: jener behandelt die Sache als ein Geschäft, dieser als eine Glaubensfrage; Spinolas Standpunkt ist der eines Geschäftsführers, eines Agenten, er kommt zu den Protestanten, um sie zu gewinnen, er transigiert und ebnet, so viel er kann, den Boden zur Reunion; Bossuets Standpunkt dagegen ist der des Prälaten, des kirchlichen Missionärs und Theologen, der in allem, was sich ändern läßt, ohne die Grundlagen der Kirche anzugreifen, nachgiebig erscheint, dagegen unerschüttlich fest und ausschließlich in allem, was diese Grundlagen berührt. Nicht er kommt zu den Protestanten, sondern läßt diese zu sich kommen, und wenn sie seinen Standpunkt nicht teilen wollen, so wirft er ihnen die Frage entgegen: „warum kommt ihr?“ Für ihn verhalten sich Katholizismus und Protestantismus als unheilbare Gegensätze, als *Kirche* und *Nichtkirche*; jede Vereinigung, die aus der Abstumpfung dieser Gegensätze hervorgeht, ist erfolglos und nichtig.

In diesem Punkte erscheint Bossuets katholische Richtung sicherer als Leibnizens harmonistische. Dieser begriff sehr wohl, daß Katholizismus und Protestantismus Gegensätze seien, aber solche Gegensätze, welche, wie er meinte, die Kirchengemeinschaft nicht ausschlössen: Gegensätze innerhalb der Kirche. Der Protestantismus sei kein Abfall von der Kirche als solcher, er sei keine Häresie, sondern nur ein anderes, vom Katholizismus verschiedenes Glied der kirchlichen Ordnung; zwischen beiden könne eine gemeinschaftliche Ordnung stattfinden, wie die Weltharmonie zwischen den verschiedenen Naturen der Dinge. Diese Einsicht fehle der katholischen Kirche; daher ihre Unduldsamkeit gegen die Protestanten und das Unrecht dieses Verhaltens. Wenn ein Kaiser Krieg führe mit einem anderen Kaiser, so sei er darum kein Feind des Kaisertums; wenn die protestantische Kirche Krieg führe mit Rom, so sei sie darum kein Feind der Kirche als solcher. Leibniz will die Reunion, aber nicht auf Kosten der Reformation; diese gilt ihm als eine feste, unumstößliche Tatsache, als ein innerhalb der christlichen Kirche berechtigter Gegensatz zum Katholizismus, als die Kirche des Nordens im Gegensatze zur Kirche des Südens; er will die Vereinigung der beiden Kirchen mit Erhaltung der kirchlichen Eigentümlichkeit auf beiden Seiten: die Union „salvis principiis“. So stehen, um es in der kürzesten Formel auszudrücken, Leibniz und Bossuet einander gegenüber: der Wahlspruch des ersten in Ansehung der Reunion heißt: „salvis principiis“, der des anderen „principiis obsta!“[211]

[211] Foucher de Careil I, Einl. XC-XCII, XCVII-XCVIII, CXI. Vgl. Leibniz an Bossuet 8./18. I. 1692, ebendas. 227–236.

Dem Geiste Bossuets ist das römisch-katholische Kirchen- und Glaubenssystem gegenwärtig als ein fest gefügtes Gebäude, aus dem kein Stein herausgerissen werden kann ohne den Umsturz des Ganzen. Das tridentinische Konzil ist in diesem Gebäude mehr als ein Stein, es ist eine Mauer. Manches in den Formen der Kirche ist wandelbarer Natur und kann ausgebildet und verbessert werden nach dem Bedürfnis der Zeiten. Wie sich das menschliche Leben im geschichtlichen Gange der Dinge ändert, so darf sich mit einer weisen und zeitgemäßen Nachgiebigkeit auch die kirchliche *Disziplin* ändern, die dem menschlichen Leben erziehend und bildend zur Seite geht. Auf dem Gebiete der kirchlichen Disziplin sind daher Reformen möglich und können notwendig sein, aber es gibt eines, das unwandelbarer Natur ist: der *Kirchenglaube*. Auf dem dogmatischen Gebiet gibt es keine Neuerungen. Man darf, wenn es die Zeitbedürfnisse fordern, in allem, was die Disziplin betrifft, nachgiebig sein, aber in nichts, was die Dogmen betrifft. Auf diesem Gebiete haben die Zeitbedürfnisse keine Geltung, die christlichen Glaubenswahrheiten sind nicht zeitlich, sondern ewig, die Glaubensgeschichte der Kirche ist wandellos und konstant. Die Glaubensnorm ist einfach; es muß heute geglaubt werden, was gestern geglaubt wurde und weil es gestern geglaubt wurde. Die Kirche hat nie einen neuen Glauben gemacht oder dekretiert, sie hat, wie ein einsichtsvoller Gesetzgeber, immer nur geformt und autorisiert, was als wirklicher Glaube in der Kirche lebendig war. Dies sind die Grundsätze, welche Bossuet als die maßgebenden für seine Reunionsmethode Leibnizen gegenüber ausspricht. Auch das tridentinische Konzil habe keinen neuen Glauben gegründet, sondern den tausendjährigen Glauben der Kirche befestigt und innerlich abgeschlossen; daher ist seine Geltung unumstößlich, und die Aufhebung desselben in Glaubenssachen wäre die Erschütterung und Preisgebung der Kirche von Grund aus.

Bossuet macht aus der Anerkennung des tridentinischen Konzils die Frage, von der für die Möglichkeit einer kirchlichen Reunion alles weitere abhängt. Leibniz sucht im brieflichen Verkehr mit Bossuet dieser mit solchem Gewicht aufgeworfenen Frage die Spitze zu nehmen. Es sei keineswegs ausgemacht, daß die tridentinische Kirchenversammlung eine vollgültige und allgemeine Repräsentation der Kirche gewesen, daß dieses Konzil in der Tat *ökumenische* Geltung habe; zwei Drittel der Bischöfe seien allein auf Italien gekommen, Frankreich sei wenig, Deutschland so gut wie gar nicht vertreten worden. Woher also die ökumenische Geltung? Sie sei offenbar streitig, und mit Recht. Und gesetzt selbst, daß dem Konzil die ökumenische Geltung kirchenrechtlich zukomme, so sei man noch lange kein Ketzer, wenn man diese Geltung bestreite. Man bestreite nicht die Geltung eines ökumenischen Konzils, sondern die ökumenische Geltung des tridentinischen. Irre man in diesem Punkte, so sei dies bloß ein faktischer Irrtum, nur eine in der Ansicht, nicht in der Absicht des Irrenden enthaltene Ketzerei, eine materielle Häresie, keine formelle, also keine kirchlich verdammungswürdige. Dies sei der Fall der Protestanten gegenüber der tridentinischen Kirchenversammlung: die Nichtanerkennung derselben mache keineswegs den Abfall von der Kirche, die Anerkennung sei darum keineswegs das notwendige und erste Erfordernis zur Reunion. So hätten auch die Italiener die Konzile von Basel und Konstanz bestritten[212].

Indessen bleibt Bossuet unerschütterlich dabei stehen, daß die tridentinische Kirchenversammlung in Ansehung aller auf den Glauben bezüglichen Punkte unbedingt allgemeine Geltung beanspruche und auch tatsächlich besitze. Wer *diese* Geltung bestreite, sei in der Tat schuldig der absichtlichen, hartnäckigen Ketzerei, mit der die Kirche keine Art der Gemeinschaft haben und eingehen könne. Dieser Vorwurf gelte gegen jeden, auch gegen Leibniz. Dies war die Äußerung, welche unser Philosoph in Bossuets Schrift so übel aufgenommen hatte[213]. Damit war die Scheidewand gezogen. Bossuet hatte sich unumwunden erklärt, er hatte als Prälat gegen Leibniz als einen Ketzer gesprochen, und dieser verzweifelte nun, daß infolge der herrschenden Leidenschaften die Reunion noch eine Aussicht auf Erfolg habe[214]. So freundlich auf philosophischem Gebiet Leibniz und Bossuet noch ferner Ideen austauschten, auf kirchlichem Gebiet waren sie einander entfremdet, und nach dem Tode Pellissons suchte die Brinon vergebens, die beiden Männer einander wieder zu nähern. Daß Bossuet aus der Sache eine Prinzipienfrage gemacht hatte, verdarb den ganzen bisherigen Text und die Fassung der Reunion, welche man in Deutschland als ein friedliches Geschäft führen und abmachen wollte. Leibniz vermißte auch in der Sprache Bossuets den ruhigen und leidenschaftslosen Geschäftston, den „discours d'affaire"; er hätte gewünscht, wie er sich einmal brieflich gegen die Brinon ausdrückt, daß Bossuet die Sache etwas weniger als Redner behandeln möchte und etwas mehr in der trockenen und bündigen Weise eines Buchhalters.

Auf den Wunsch des Herzogs Anton Ulrich knüpfte Leibniz den brieflichen Verkehr mit Bossuet wieder an, nachdem dieser zuerst an ihn geschrieben (11. Januar 1699) und sein jahrelanges Schweigen mit den herrschenden Kriegszuständen entschuldigt hatte. Es han-

---

212 S. oben. S. 153.

213 „Celui-là n'est point catholique, il est hérétique et opiniâtre." Foucher de Careil I, Einl. CXIV f.

214 „à cause des passions regnantes", wie Leibniz dem Landgrafen schrieb.

delte sich in dem neuen Briefverkehr um das Ansehen der biblischen Bücher, unter denen das tridentinische Konzil auch die Apokryphen für kanonisch erklärt hatte. Leibniz bekämpfte diese Geltung mit den Waffen der biblischen Kritik, und Bossuet rückte in seinem letzten Briefe vom 17. August 1701 zur Verteidigung ihm zweiundsechzig Gründe entgegen, welche Leibniz in seinem letzten Briefe vom 5. Februar 1702 zu entkräften suchte[215]. So endete der Briefwechsel ungefähr zwei Jahre vor dem Tode Bossuets. Leibniz war verstimmt und hat sich in späteren Briefen an Burnet und Bauval über den hohen Ton und den „Doktorhochmut", den sich Bossuet in seinen Briefen gegen ihn erlaubt habe, verletzt ausgesprochen[216].

III. Die Reunionshindernisse. Rückblicke

Man muß zur richtigen Würdigung und Erklärung beider Standpunkte die politischen Motive und Interessen, die auf beiden Seiten mitwirkten, wohl in Anschlag bringen. Bossuet hatte die *kirchliche* Einheit im Auge und nur diese, Leibniz dagegen sah auf die *deutsche* Einheit als den Zweck, für welchen die kirchliche Reunion ein wichtiges Mittel sein sollte. Diese Absicht stimmte mit Spinola, mit dem Interesse des Kaisers und den politischen Motiven des Herzogs von Hannover zusammen, der als Kandidat für die deutsche Kurwürde dem Kaiser gern gefällig sein wollte. Nachdem dieser Zweck erreicht war, hatte Ernst August ein Interesse weniger an der Reunion. Und seitdem sich dem hannoverischen Hause die Aussicht auf den *englischen* Königsthron eröffnet, hatte man in Hannover ein sehr wirksames Interesse mehr gegen die Reunion, als welche mit dem englischen Kirchensystem nicht paßte.

Und auf der anderen Seite darf man nicht vergessen, daß hinter Bossuet Ludwig XIV. stand, der aus allen Gründen den Reunionsplänen entgegen war. Er wollte nicht die Versöhnung und Vereinigung der beiden Kirchen, sondern das Gegenteil, die Unterdrückung der Protestanten, und hatte mit der Aufhebung des Ediktes von Nantes eine Richtung ergriffen, die jeder Reunion abgeneigt sein mußte. Er konnte in Deutschland nicht pflegen wollen, was er in Frankreich ausgerottet hatte, um so weniger, als die deutsche Reunion dem Zwecke der deutschen Einigung diente, während es in dem Interesse des Königs lag, mit allen Mitteln die deutsche Teilung und Trennung zu befördern. Sein absolutistisch kirchlicher Standpunkt trieb ihn gegen die Reunion überhaupt, das französische Machtinteresse trieb ihn gegen die deutsche Reunion

215 Foucher de Careil II, 396–426; 428–450.

216 Vgl. Klopp IX, 182 f., Gerhardt Phil. III, 144.

insbesondere. Zu dieser feindseligen Haltung Ludwigs XIV. gegen Deutschland und gegen den Protestantismus kam als drittes Motiv, welches ebenfalls gegen die kirchliche Wiedervereinigung schwer in die Waagschale fiel und namentlich Bossuets Richtung bestimmte, der Streit, in welchen durch die bekannte gallikanische Kirchenerklärung vom Jahre 1682 der König von Frankreich mit dem päpstlichen Stuhle geraten war. Daß der Papst im Interesse der römischen Kirchenherrschaft die Reunion wünschte und betrieb, war ein Grund mehr, daß Ludwig XIV. sie mit allen Mitteln zu hindern suchte. Die Aufhebung des Toleranzedikts war eine Kriegserklärung wider die Protestanten, das gallikanische Kirchensystem war ein Damm gegen die Macht des Papsttums, und so erscheint Ludwig XIV. als der erklärte Gegner sowohl des Papstes als der Protestanten in einem Zeitpunkte, wo von beiden Versuche zu einer Aussöhnung gemacht werden. Kein Wunder, daß der König von Frankreich diese Aussöhnung nicht wollte. Und der kirchliche Wortführer in der Erhebung und Verteidigung der gallikanischen Rechte gegen Rom war Bossuet, der als ein Träger des in Frankreich unter Ludwig XIV. herrschenden Kirchensystems die deutsche Reunionssache unmöglich begünstigen konnte. Sich gegen dieselbe durchaus ablehnend zu verhalten: dazu nötigten ihn nicht bloß seine hierarchischen und theologischen Grundsätze, sondern auch seine französische und kirchlich-politische Stellung.

Ein Menschenalter hindurch hat Leibniz an allen Versuchen zur Wiederherstellung der Kircheneinheit den regsten Anteil genommen (1673 bis 1702); er ist unermüdlich und stets von neuem bereit gewesen, durch Gespräche, Briefe, Denkschriften, theologische Abhandlungen, welche die Glaubenseinigung erzielten, einer Sache zu dienen, die er im Hinblick auf die Gesittung der Welt und den Frieden Deutschlands zwar für die segensreichste, aber in der Gegenwart zuletzt selbst für unausführlich halten mußte.

Als innerhalb der evangelischen Kirche die Versuche zur Einigung der Religionsparteien begannen, wurden drei Arten der Union zur Sprache gebracht: „*die konservative*“, welche die Grundunterschiede der Konfessionen bestehen läßt, „*die temperierte*“, welche die bestehenden Gegensätze mäßigt und ausgleicht, „*die absorbierende*“, welche die Einheit dadurch zustande bringt, daß sie die Gegensätze vernichtet und die eine der beiden Kirchen in die andere auflöst. Will man diese Ausdrücke auf die Reunionsversuche, welche wir kennen gelernt haben, anwenden, so betrieb Leibniz die konservative, Spinola die temperierte, Bossuet die absorbierende Art der Einigung.

Es ist merkwürdig genug, daß zur Ausführung der Reunionsidee Leibniz zum zweiten Male seine Hoffnung auf *Ludwig XIV.*

setzte. Wenn diese drei Mächte zusammenwirkten, der Papst, der Kaiser und Ludwig XIV., der gewaltigste Monarch des Zeitalters, so schien ihm die Sache gemacht. Er hat sich zum zweiten Male in dem Charakter dieses Königs verrechnet, der ebensowenig zum Besten der europäischen Christenheit Ägypten erobern und die Türkei vernichten, als zum Besten der abendländischen Kirche die Protestanten gewinnen und sich mit ihnen aussöhnen wollte. Nicht die Türkei wurde bekriegt, sondern Holland; nicht die Reunion wurde begünstigt, sondern das Edikt von Nantes wurde aufgehoben, und als der Kaiser nach zwei großen Siegen über die Türken an eine gründliche Vernichtung derselben denken konnte, so erklärte Ludwig XIV. ihm und dem Reiche den Krieg. Und doch konnte Leibniz zehn Jahre später, nach dem Frieden von Ryswijk, noch einen Schimmer von Hoffnung für die Sache der Reunion hegen, indem er auf Ludwig XIV. hinwies! Zwar hatte er eingesehen, daß die Politik der französischen Krone allen Versuchen zur Kircheneinigung von Grund aus widerstrebe, aber er hoffte noch etwas von der kirchlichen Gesinnung des Königs. Mit diesem letzten Hoffnungsschimmer begann er die letzten Verhandlungen mit Bossuet. „Wenn die Devotion des Königs stärker ist als die Politik seiner Krone," schrieb Leibniz dem Herzog Anton Ulrich, „so läßt sich hieraus für die Sache der Reunion vielleicht Nutzen ziehen."

Wir wollen nicht unerwähnt lassen, daß während des letzten Jahrzehnts Leibniz zu verschiedenen Malen sich veranlaßt sah, den Verlauf und Stand der Reunionsgeschäfte in einem summarischen Rückblick darzustellen. Die jetzt veröffentlichten Aufzeichnungen enthalten drei solcher Schriftstücke: 1. den schon erwähnten Brief an Eyben, Assessor am Reichskammergericht zu Wetzlar (August 1692), 2. einen Bericht an den Herzog Anton Ulrich, der nach dem Frieden zu Ryswijk in nähere Beziehungen zu Ludwig XIV. trat und die Wiederaufnahme der Reunionsverhandlungen zwischen Leibniz und Bossuet wünschte (17. November 1698) und 3. das Schreiben an den Kurfürsten Georg Ludwig, um von ihm die Ermächtung zu erhalten, auf die von Bossuet brieflich wieder begonnenen Verhandlungen von neuem einzugehen (28. Februar 1699). In dem Briefe an Eyben berührt er den Gang der Sache seit den Mainzer Tagen, den französischen Widerstand, den dieselbe gefunden, und daß man gegenwärtig in Hannover die Erklärung Bossuets auf die Schrift des Molanus („cogitationes privatae") erwarte. Der Bericht an Anton Ulrich ist entmutigt. Es wäre besser, daß wohlgesinnte Fürsten und Staatsmänner die Sache führten als Geistliche und Theologen; es wäre besser, sie zu vertagen, als durch eine unrichtige Art der Behandlung zu verderben. Auch dem Kurfürsten gesteht er, daß von der Gegenwart nichts zu hoffen sei, daß man die Wege zur

Wiederherstellung der Kircheneinheit für die Nachwelt vorbereiten und darum von der römischen Seite Erklärungen herbeiführen müsse, die für die Zukunft nützliche Grundlagen liefern können. „C'est ce qui a été mon but dans toute cette affaire.“[217]

Elftes Kapitel. Leibnizens kirchenpolitische Wirksamkeit: Die Unionsbestrebungen

I. Die Herstellung der evangelischen Kircheneinheit

1. Die Unionsinteressen

Die Versuche zu einer Wiedervereinigung der katholischen und protestantischen Kirche waren schon in ihrem letzten Stadium, wo das Gelingen kaum noch einen Schimmer von Hoffnung für sich hatte, als gegen Ende des siebzehnten Jahrhunderts unter Leibnizens Antrieb und eifriger Mitwirkung innerhalb der protestantischen Kirche die ersten Versuche zu einer Einigung der beiden religiösen Parteien gemacht wurden. Der Plan einer allgemeinen christlichen Kirche, in der Katholiken und Protestanten friedlich beisammen sein könnten, scheiterte, wie wir gesehen haben, teils an der Macht der unversöhnlichen Gegensätze, teils an der Ungunst der Zeitverhältnisse. Jetzt sollte auf dem Gebiete des Protestantismus das Versöhnungswerk zur Herstellung einer allgemeinen evangelischen Kirche betrieben werden. Die hier vorhandenen, durch das gemeinschaftliche Interesse des Protestantismus verwandten Gegensätze der Lutherischen und Reformierten schienen weniger schwer zu heilen als der ungeheure Riß zwischen der katholischen und protestantischen Kirche. Freilich hatte der Eifer der Theologen von beiden Seiten, namentlich von der lutherischen, alles mögliche getan, um die beiden protestantischen Parteien gegen einander aufzubringen und die natürliche Verwandtschaft in gegenseitigen Haß und Religionsfeindschaft umzuwandeln. Indessen schienen jetzt, in dem Wendepunkte des siebzehnten und achtzehnten Jahrhunderts, Bedingungen verschiedener Art günstig für das protestantische Versöhnungswerk zusammenzutreffen: die gemeinschaftliche Not der deutschen Protestanten, die mildere theologische Denkweise

[217] Klopp VII, Einl. XXXIX–XLI, XLV–XLVII, LXXV–LXXX. Der Brief an Eyben ist in deutscher, der Bericht an den Herzog in französischer, das Schreiben an den Kurfürsten in beiden Sprachen abgefaßt

des Zeitalters, dazu politische Umstände, welche gewisse fürstliche Machtinteressen jenem Versöhnungswerke geneigt machten.

Nach dem Frieden von Ryswijk mußte es den deutschen Protestanten angelegen sein, sich der gemeinsamen Bedrängnis und Gefahr gegenüber zu befestigen, und es gibt zur Festigkeit in solchen Dingen kein besseres Mittel als die Eintracht. Der westfälische Friede hatte den Reunionsversuchen die Bahn gebrochen, der Friede von Ryswijk machte die Unionsbestrebungen zu einem Bedürfnisse der Zeit. Zugleich war in der Lage des deutschen Protestantismus in Rücksicht auf seine fürstlichen Schutzherren eine wichtige Veränderung eingetreten. Bisher war der Kurfürst von Sachsen der erste lutherische Fürst Deutschlands, das Oberhaupt und der Führer der protestantischen Interessen gewesen; nun hatte soeben das kursächsische Haus der polnischen Königskrone zu Liebe den Protestantismus im Stich gelassen und sich zur katholischen Kirche bekehrt. Von jetzt an konnte die Führung der protestantischen Interessen in Deutschland nur bei dem Kurfürsten von *Brandenburg* sein. Die Schutzherrschaft des deutschen Protestantismus lag jetzt in der Hand der Hohenzollern, die schon im Begriffe standen, aus Kurfürsten Könige zu werden. Dieses Fürstengeschlecht war seit dem Anfange des siebzehnten Jahrhunderts seinem Glaubensbekenntnisse nach reformiert und hatte darum den Haß der Lutherischen gegen sich aufgeregt; keinem Fürstenhause in Deutschland mußte seinen eigenen Interessen zufolge mehr an der religiösen Duldung, an einer wirklichen Versöhnung der beiden protestantischen Parteien gelegen sein als den Kurfürsten von Brandenburg. Hier war der Zwiespalt im Protestantismus am fühlbarsten und damit auch das Bedürfnis der Ausgleichung.

2. Das Toleranzsystem in Brandenburg

Seit Johann Sigismund (1608–1619), der zu den Reformierten übergetreten war, lag die religiöse Toleranz, die Abstumpfung und Überwindung der kirchlich-protestantischen Gegensätze in der politischen Richtung und den Interessen der Hohenzollern. Das Toleranzedikt, welches Johann Sigismund zum Schutze der Reformierten im Jahre 1614 gegeben hatte, erneuerte und bekräftigte sein Enkel, der Große Kurfürst (1662), er untersagte seinen Landeskindern den Besuch der lutherisch unduldsamen Universität Wittenberg, und die fremden Glaubensgenossen, die nach der Aufhebung des Edikts von Nantes (1685) um ihres reformierten Bekenntnisses willen aus Frankreich auswanderten, fanden in Berlin eine bereitwillige Aufnahme. Eben jener Druck, den Ludwig XIV. auf die Protestanten seines Landes ausübte und der diese zur Auswanderung trieb, mußte unter den Protestanten selbst das Bedürfnis nach Duldung und Einigung verstärken. Um diese Ausgleichung ins Werk zu setzen, erschienen die brandenburgischen Staaten als der günstigste und durch die Zeitverhältnisse bezeichnete Schauplatz. Von hier aus konnte das Einigungswerk, wenn es glücklich von statten ging, sich über Deutschland ausbreiten und nicht bloß den deutschen, sondern den europäischen Protestantismus in Betracht ziehen. Man konnte an eine allgemeine evangelische Kirche denken, welche die protestantischen Völker in sich vereinigte; und hier kamen zunächst die Schweiz, Holland und England in Frage, namentlich England durch das Beispiel einer geordneten und dem Königtum ergebenen Nationalkirche, die in ihrer Glaubensverfassung selbst eine ausgleichende Mitte hielt in dem Gegensatze der protestantischen Parteien. Nach der Vertreibung der Stuarts lagen auch hier, unter der Regierung des Oraniers, die Verhältnisse günstiger als je für die Sache des durch Einigung zu stärkenden und zu einer allgemeinen Kirche zu gestaltenden Protestantismus. Der Sohn des Großen Kurfürsten, Friedrich III. von Brandenburg, der die Dinge nach dem Glanze schätzte, den sie auf ihn zurückwarfen, wünschte den Ruhm und Nutzen einer solchen Friedensstiftung zu ernten und betrieb das protestantische Versöhnungswerk nicht bloß im Sinne gegenseitiger Duldung, sondern wirklicher Einigung. Er wollte die *Union* und gewann dafür auch die Teilnahme des ihm verwandten lutherischen Hofes von Hannover. So kam es zu Unionsverhandlungen zunächst zwischen Berlin und Hannover, bei denen Leibniz vermöge seiner Stellung und Einsicht ratgebend und vermittelnd wirksam war. Unter den Theologen, die in der Führung jener Unionsverhandlungen hervortraten, sind auf der brandenburgischen Seite besonders der reformierte Hofprediger *Jablonski*, auf der hannoverischen der uns bekannte lutherische Abt *Molanus* und die Helmstedter Professoren Fabricius und Schmidt bemerkenswert, die im Gegensatze zu den Wittenbergern die lutherisch duldsamen sind.

3. Jablonski, Molanus und Leibniz

Leibniz, der die Zeitverhältnisse der Unionsfrage nach allen Richtungen übersah und die Sache im Großen auffaßte, gab in einer brieflichen Denkschrift, die an den brandenburgischen geheimen Kabinetssekretär Cuneau gerichtet und zugleich für den Minister Danckelmann bestimmt war, den ersten Anstoß zu einer praktischen Behandlung der Frage (7. Oktober 1697). Er steckte vorsichtig das zu erreichende Ziel so nahe wie möglich. Es gebe zur Vereinigung der reformierten und lutherischen Partei drei Grade: der erste und unterste sei die bürgerliche Duldung *(tole-*

rantia civilis), der zweite die kirchliche *(tolerantia ecclesiastica)*, welcher gemäß beide Parteien sich so weit vertragen, daß sie sich gegenseitig nicht mehr verdammen, der dritte und höchste Grad sei die wirkliche Glaubenseinigung *(unio)*. In zwei Hauptpunkten bestehe die Glaubensdifferenz: in der Lehre von der Gnadenwahl (Prädestination) und vom Abendmahl, die Differenz in dem zweiten Punkte sei die schwierigste, hier sei eine Einheit nicht möglich und dürfe nicht erzwungen werden. Darum rate er, das Ausgleichungswerk in die Grenzen der Möglichkeit einzuschließen und auf die Erreichung des zweiten Grades zu richten, der die kirchliche Duldung zum Ziel habe[218].

Der Kurfürst von Brandenburg ging weiter, er wollte die wirkliche Glaubenseinigung und beauftragte seinen Hofprediger Jablonski[219] mit dem Entwurfe vorläufiger Grundlagen für die Union der Protestanten. Jablonski schrieb seine „Kurtze Vorstellung der Einigkeit und des Unterscheides im Glauben beyder evangelischen sogenandten Lutherischen und Reformierten Kirchen“ usw., worin gezeigt werden sollte, daß beide in den wichtigsten und wesentlichsten Glaubenspunkten einig seien. Diese Schrift brachte im Auftrage des Kurfürsten Ezechiel Spanheim, der brandenburgische Gesandte in Paris, nach Hannover und hatte über die Angelegenheit mit dem Kurfürsten Ernst August eine Unterredung, infolge deren Leibniz und Molanus ein Gutachten über den Berliner Entwurf abgeben sollten. So kamen gegen Ende des Jahres 1697 die Unionsverhandlungen zwischen Berlin und Hannover in Gang. Leibniz und Molanus gaben im folgenden Jahre ihre gemeinschaftliche Erklärung in einer deutschen Schrift unter dem Titel: Unvorgreifliches Bedenken über eine Schrift genanndt „Kurtze Vorstellung der Einigkeit“ usw., und Leibniz schrieb von sich aus ein „Tentamen irenicum“, in dem er durch eine spekulative Erörterung der beiden streitigen Glaubenspunkte, der Prädestination und des Abendmahles, die Gegensätze zu vermitteln suchte. Indessen erklärte bald der angesehenste lutherische Theologe in Berlin, *Philipp Jakob Spener*, in seinen Betrachtungen über die Leibnizische Schrift, daß er an dem Erfolge einer solchen Union zweifle.

---

[218] Vgl. Berlinische Bibliothek (1747) I, 138 ff.; Guhrauer Leibnitz II, 165 ff.

[219] Daniel Ernst Jablonski, geb. am 26. Nov. 1660 in Nassenhuben bei Danzig, wurde zuerst reformierter Feldprediger in Magdeburg, von 1686–1691 war er Prediger und Rektor des Gymnasiums in Lissa, 1691 kam er als Hofprediger nach Königsberg und von 1693–1741 war er Hofprediger in Berlin. Er war der dritte Präsident der Berliner Akademie. Vgl. H. Dalton: Daniel Ernst Jablonski. Eine preußische Hofpredigergestalt in Berlin vor zweihundert Jahren. Berlin 1903.

Nun wurde, nachdem man sich schriftlich erklärt hatte, eine persönliche Zusammenkunft zwischen Jablonski, Leibniz und Molanus verabredet, die in Hannover 1698 stattfand. Man kam überein, daß die Union auf diesen drei Hauptbedingungen beruhen sollte: Toleranz in den Lehrsätzen, Gleichförmigkeit in den Kirchengebräuchen, Einheit im Namen. Für die weitere Geschichte der Unionsverhandlungen ist der zwischen Leibniz und Jablonski in den Jahren 1698–1704 geführte Briefwechsel ein belehrendes, aber wenig erquickliches Zeugnis[220]. Ein Hauptthema desselben bilden die Erörterungen über das Abendmahl, die Frage nach der Gegenwart Christi im Sakrament, und wie mit Ausschließung (nicht Verdammung) der Lehre Zwinglis diese Gegenwart als eine reale gefaßt werden könne, ohne deshalb für eine örtliche und körperliche zu gelten: sie sei als „indistantia", nicht als „praesentia localis" anzusehen, ähnlich wie die Gegenwart der Seele im Körper. Alle diese Auseinandersetzungen bringen die Sache nicht von der Stelle, auch die äußeren Bedingungen werden ungünstig, die ministeriellen Neigungen erkalten, und bald stockt das Werk von allen Seiten. Schon im Oktober 1699 bemerkt Leibniz gegen Jablonski, daß er anfange, die Unionspläne für unzeitig zu halten. „Die Ursache, warum ich angefangen gehabt zu glauben, daß besser mit der fernerweiten Kommunikation zurückzuhalten, ist nicht, als ob ich die Hand sinken ließe und nicht mehr so wohl gesinnet, sondern vielmehr eben dieses, daß ich wohl gesinnet und daher gefürchtet, man werde, wie ich deutlich in meinem Vorigen zu erkennen gegeben, anjetzo zur Unzeit kommen und damit nur, wie man sagt, Kraut und Loth in die Luft verschießen. Denn bekannt, daß auch die besten Vorschläge von der Welt, wenn sie nicht zur rechten Zeit angebracht werden, nicht nur vor das mal vergebens sein, sondern auch, welches das ärgste, vors künftige unwerther geachtet werden."[221]

[220] Johann Erhard Kappens, Professoris zu Leipzig, Sammlung einiger vertrauten Briefe, welche zwischen dem weltberühmten Freyherrn, Gottfried Wilhelm von Leibnitz, und dem berühmten Berlinischen Hof-Prediger, Herrn Daniel Ernst Jablonski, auch andern Gelehrten, besonders über die Vereinigung der Lutherischen und Reformirten Religion, über die Auf- und Einrichtung der Kön. Preuß. Societät der Wissenschaften etc. etc. gewechselt worden sind. Leipzig 1745. Ein Teil der in dieser Sammlung enthaltenen Briefe und Schriften ist wieder abgedruckt worden von *Guhrauer* in „Leibnitz's Deutschen Schriften" II, 78–299. Eine wertvolle Ergänzung hierzu bilden die Publikation von *J. Kvacsala*: D. E. Jablonskys Briefwechsel mit Leibniz nebst anderem Urkundlichen zur Geschichte des geistigen Lebens in Berlin unter Friedrich (III) I. und Friedrich Wilhelm I. (Acta et comment. Imp. Universitatis Jurievensis 1897), und *desselben* „Neue Beiträge zum Briefwechsel zwischen D. E. Jablonski und G. W. Leibniz" (ebenda 1899).

[221] Guhrauer, Leibnitz's Deutsche Schriften II, 109–110.

Und dem Helmstedter Theologen Fabricius schreibt Leibniz im März 1703: „Die irenische Angelegenheit stockt dem Ansehen nach aller Orten, während andere Sorgen, andere Entwürfe die Höfe in Bewegung setzen.“[222]

4. Das collegium irenicum *in Berlin*

In demselben Jahre läßt der König von Preußen eine Art protestantischer Friedenskonferenz in Berlin zusammentreten, ein „collegium irenicum“ unter dem Vorsitze des reformierten Bischofes Ursinus von Bär, die beiden anderen reformierten Mitglieder sind Jablonski und der Frankfurter Professor Strimesius, die beiden lutherischen der Berliner Probst Lütkens, der sich bald zurückzog, und der Magdeburger Diakon Winckler. Dieser letztere hatte im geheimen dem König einen Unionsplan vorgelegt, der die Sache schnell zu Ende führen sollte: er riet dem Könige, die Union Kraft seines Rechtes als oberster Bischof mit einem Machtspruch durchzusetzen und die widerspenstigen Lutheraner der Wittenbergischen Schule zu unterdrücken. Dieser Plan wurde entdeckt und plötzlich unter dem Titel „Arcanum regium“ veröffentlicht. Die Lutherischen gerieten darüber in große Aufregung. Die evangelischen Landstände Magdeburgs baten die theologische Fakultät von Helmstedt um ein Gutachten, wie sie in einem solchen Konflikt zwischen Glaubens- und Untertanenpflicht sich zu verhalten hätten; und Leibniz selbst empfahl den Helmstedter Professoren, sich gegen die Methode, die das „Arcanum regium“ vorgeschlagen hatte, zu erklären[223].

II. Die Unionshindernisse

Auch die Fürsten, auf deren Beihilfe der König von Preußen gerechnet, und die sich zuerst dem Versöhnungswerke günstig gezeigt hatten, wurden der Sache der Union untreu; insbesondere waren es zwei fürstliche Heiraten, welche die Unionspläne kreuzten, und infolge deren auch Leibniz genötigt wurde, sich von den weiteren Verhandlungen fernzuhalten. Der Kronprinz von Preußen vermählte sich im Jahre 1706 mit der Prinzessin Sophie Dorothea von Hannover, der Tochter des Kurfürsten Georg Ludwig. Unter den Heiratsbedingungen wurde ausgemacht, daß die Prinzessin in ihrem lutherischen Glaubensbekenntnis nicht sollte beeinträchtigt werden; Leibniz erhielt von seiten des Kurfürsten den Befehl, sich an den weiteren Unionsverhandlungen nicht ferner zu beteiligen. Die zweite der Union ungünstige Heirat war die Vermählung der Prinzessin Elisabeth Christine von Braunschweig-Wolfenbüttel mit

[222] Kortholt I, 83.
[223] Kortholt I, 87 ff.

dem Könige von Spanien, Karl III. (1708); diese Heirat hatte den Übertritt der lutherischen Fürstentochter zur Bedingung und den Übertritt ihres Großvaters, des siebenundsiebzigjährigen Herzogs Anton Ulrich, der bisher der evangelischen Union eifrig das Wort geredet hatte, zur Folge (1710).

Die Bekehrung der Prinzessin von Wolfenbüttel gab in Hannover den Anstoß zu einer antikatholischen Haltung, welche auch Leibniz befolgen mußte. Die Theologen der Landesuniversität Helmstedt waren, als es sich um den Übertritt der Prinzessin handelte, zu einem Gutachten aufgefordert worden und hatten nach der duldsamen Art, die seit G. Calixtus hier einheimisch war, sich dafür erklärt. Das Gutachten kam durch Jesuiten in die Öffentlichkeit und galt für eine Verleugnung des Protestantismus, für ein Zeichen der Hinneigung zur papistischen Kirche. Nirgends wurde dieses Gutachten übler angesehen als in England. Es lag nahe, schlimme Rückschlüsse auf das Haus Hannover zu machen, unter dessen Mitregierung die Universität stand. Das Recht dieses Hauses auf die Thronfolge gründete sich bekanntlich auf die Ausschließung des Katholizismus. Um daher jedem Verdachte, als ob man in Hannover katholisiere, vorzubeugen, wurden die Helmstedter Theologen von hier aus aufgefordert, ihr Gutachten durch eine öffentliche Erklärung zu entkräften. Leibniz selbst riet ihnen, indem er auf jene politischen Beweggründe hinwies, sich antikatholisch zu äußern, damit sie gegen die römische Kirche nicht zu lau erschienen und die Sache in England nicht böses Blut mache. Sie gaben diese Erklärung, die aber dem Erzbischof von Canterbury nicht genug tat, weil sie nicht offen und ausdrücklich ihren Abscheu vor der römischen Kirche ausgesprochen hatten.

III. Leibnizens innerer Anteil an den kirchlichen Zeitfragen

Man kann sich nicht wundern, weshalb alle diese kirchlichen Friedensversuche, die in den letzten Dezennien des siebzehnten Jahrhunderts gemacht werden, die reunionistischen so gut wie die unionistischen, in nichts ausgehen, wenn man bedenkt, wie es größtenteils fremde, der Religion gleichgültige, fürstlich-egoistische Interessen sind, die jene Verhandlungen in Bewegung setzen. Die Aussicht auf die Kurwürde stimmt den Herzog von Hannover für die Reunion, die auf die englische Thronfolge stimmt ihn dagegen. Die Heirat mit dem Habsburger macht die Prinzessin von Wolfenbüttel und den Herzog katholisch, die Furcht vor der öffentlichen Meinung in England bewegt den Hof von Hannover zu einer antikatholischen Haltung. Eine fürstliche Heirat begünstigt, eine andere hindert die Einigungsversuche der Protestanten. Und ein Mann wie Leibniz muß diese Bewegungen mitmachen und marionettenartig von der Szene verschwinden, wie eben die Fäden durch die fürstlichen Interessen jetzt in dieser, jetzt in der entgegengesetzten Richtung gezogen werden. Alle diese fruchtlosen Verhandlungen lehren, daß sich in der Religion nur durch Religion etwas Dauerndes ausrichten lasse. Leibniz erkannte, wie wir aus jenem Briefe an Jablonski gesehen haben, schon im Anfange der Unionsverhandlungen, daß sie den richtigen Zeitpunkt nicht getroffen hatten. Er schrieb im Januar 1708 an seinen Helmstedter Freund Fabricius: „Wie jetzt der Stand der Dinge ist, erwarte ich nichts mehr von dem Einigungsgeschäfte. Die Sache wird sich einmal selbst vollziehen.“ Nach einem Jahrhundert ist das Experiment in Preußen von neuem und glücklicher, wenigstens erfolgreicher gemacht worden, freilich nicht, ohne etwas von jenem „Arcanum regium“ zu brauchen, welches damals ein Lutheraner empfohlen hatte und Leibniz nicht wollte angewendet sehen. Für diesen selbst waren die kirchlichen Fragen der Reunion wie der Union eine Sache tiefer persönlicher Interessen, die von zufälligen Zeitumständen ganz unabhängig und in seiner eigenen Geistesart, in seiner Welt- und Gottesanschauung begründet waren. Er hätte nie aufhören können, Protestant zu sein, aber er fühlte etwas in sich, was dem Katholizismus verwandt war, die Idee einer *Universalkirche*: dies war der tiefste Grund seiner reunionistischen Gesinnung. Sein Glaubensbekenntnis blieb lutherisch, aber er fühlte sich in einem wesentlichen Punkte den Reformierten verwandt, in der Idee der *Prädestination*: dies war der tiefste Grund seiner unionistischen Gesinnung. Denn er sah die richtig verstandene Prädestination im Einklange mit den lutherischen und christlichen Glaubensbegriffen. Dieses richtige Verständnis zu geben und damit das protestantische Versöhnungswerk von innen heraus zu fördern, schrieb Leibniz seine *Theodizee*. „Die Sache wird sich einmal von selbst machen!“ Mit diesem Vertrauen auf die Zukunft hat Leibniz von den mißlungenen Versuchen der Reunion in der katholischen und der Union in der protestantischen Kirche seiner Zeit Abschied genommen.

Zwölftes Kapitel. Bergbau, staatswirtschaftliche und geologische Interessen. Forschungsreise und historische Arbeiten

I. Der Bergbau, das Münzwesen, die Geschichte der Erde

1. Die Gruben im Oberharz

Schon in den ersten Jahren seiner amtlichen Stellung in Hannover hatte Leibniz, der sich immer getrieben fühlte, erfinderisch und nützlich zu wirken, dem Herzog seine Dienste für den Bergbau des Landes angeboten und versprochen, den „unerschöpflichen Schatz des Landes", die reichste Quelle der Staatseinkünfte, nämlich die Silbergruben im Oberharz, von den Hemmungen und Schäden zu befreien, welche die wilden Wasser dort angerichtet hatten. Er wollte nach eigener Erfindung Mühlen- und Pumpwerke konstruieren und aufrichten lassen, um das Wasser aus den Gruben zu ziehen und dadurch den Betrieb der Bergwerke in Zellerfeld und Claustal neu zu beleben. Der Herzog erteilte ihm die Erlaubnis und dem Landdrosten wie dem Berghauptmann den Befehl, ihn zu unterstützen (15. Oktober 1679)[224]. Auch verhieß er Leibnizen eine jährliche Pension von 2000 Talern, wenn seine Maschinen die Probe beständen. Kurz nachher starb Johann Friedrich. Was dieser gewährt hatte, bestätigte der Nachfolger, und während einer Reihe von Jahren hat Leibniz sich jährlich monatelang in Zellerfeld aufgehalten, um den Betrieb seiner Maschinen zu leiten. Er war von ihrer Brauchbarkeit überzeugt und würde, wie er glaubte, alles geleistet haben, wenn ihm die Bergbeamten nicht zuwidergehandelt hätten. Der beständigen Hindernisse müde, die ihm von jener Seite in den Weg gelegt wurden, wünschte Leibniz zuletzt, die Geschäfte in Zellerfeld für immer los zu sein. Der Herzog erfüllte die Bitte, er verlieh ihm seine Besoldung als lebenslängliche Pension und ernannte ihn zum Geschichtsschreiber des Hauses Braunschweig (31. Juli 1685). Dieser Aufgabe sollte sich Leibniz von jetzt an ganz widmen[225].

2. Das Münzwesen

Der Bergbau bot unserem Philosophen ein dreifaches Interesse: 1. das technische, welches die mechanischen Bedingungen und Mittel

[224] S. oben S. 113. Klopp IV, 397–415; V, 45–46.
[225] Klopp V, Einl. XL-XLII.

der bergmännischen Produktion betraf, unter anderen auch die Maschinen zur Hebung des Grundwassers aus den Gruben, 2. das staatswirtschaftliche und politische, das auf die Prägung des Silbers, die Fabrikation des Geldes gerichtet war, 3. das mineralogische und physikalische, das die Erdarten als Naturprodukte nahm und sich in seiner Tragweite bis auf den Ursprung und die Urzustände der Erde erstreckte. So verhielt sich Leibniz zu den Bergwerken als Mechaniker, als Staatsmann und als Naturforscher.

Lange bevor die Bergwerke im Harz seine Tätigkeit in Anspruch nahmen, hatten ihn aus politischen Gründen die Fragen des *Münzwesens* beschäftigt. „Ich war“, schreibt er seinem Freunde Lincker (1680), „auf Befehl meines Fürsten nach unseren Harzgruben gereist. Du wirst wohl verwundert fragen: was ein Jurist, wie ich, mit den Bergwerken zu schaffen habe? Indessen habe ich schon längst die Überzeugung gewonnen, daß die Staatswirtschaft bei weitem der wichtigste Zweig der Staatslehre ist, und daß Deutschland aus Unkunde oder Vernachlässigung desselben zugrunde gehe.“[226] Er wußte, wie genau die gedeihliche Bearbeitung der Bergwerke und die richtige Behandlung des Münzwesens mit der Wohlfahrt sowohl der einzelnen Staaten, welche Bergwerke besitzen, wie die kaiserlichen Erblande, Kursachsen und Braunschweig, als auch des ganzen Reiches zusammenhängen. In diesem Sinne verfaßte er im Sommer 1681 eine an Ernst August gerichtete Denkschrift und während seines Aufenthaltes in Wien (1688) seine beiden „Bedenken über das Münzwesen“[227].

Die Bergwerkstaaten sollten ihre Interessen gemeinsam beraten und wahren: dies riet Leibniz in seiner Denkschrift dem Herzog von Hannover. Das Münzwesen im Reiche sollte durch Gesetze so geordnet und eingerichtet werden, daß künftig Münzverschlechterungen, die zu wiederholten Malen Herabsetzungen der Nennwerte (Devaluationen) zur Folge gehabt hätten, nicht mehr stattfinden könnten. Dies war das Ziel der „Bedenken“.

Beide Schriftstücke sind gegen die falschen und verworrenen Vorstellungen über die Werte von Gold, Silber und Geld, gegen die falsche Auffassung des Münzwesens gerichtet, welche, wie Leibniz sah, noch das Zeitalter beherrschten. Und sie herrscht immer von neuem, bis eine gründliche Kritik sie berichtigt und aufklärt. Die gewöhnliche Meinung nimmt die öffentlich gültigen Werte für natürliche Eigenschaften, während aller Wert nur in der *Vergleichung* der Dinge besteht: sie bildet sich ein, daß Taler und Gulden, Groschen,

---

[226] „Sed ego ita dudum statui, *rem oeconomicam* esse multo maximam civilis scientiae partem, ejusque ignoratione aut neglectu Germaniam perire“. Dutens V, 214.

[227] Klopp V, 84–89, 446–454, 454–463.

Kreuzer und Pfennige „von der Natur selbst gesetzte Dinge" seien, während sie doch aus Metallen bestehen, die auch Waren sind von steigenden und fallenden Werten. Man erkennt nicht die Veränderlichkeit der Werte, noch weniger die Ursachen dieser Veränderung. Freilich erfährt man, daß der Wert des Silbers nicht immer derselbe bleibt, und streitet nun über den heutigen Zustand: gilt das Silber mehr oder weniger als früher? ist es teurer oder billiger geworden? Man muß mehr Geld (mehr Münzen derselben Sorte) zahlen, um es zu kaufen, also ist es teurer geworden: so sagen die Leute und beneiden die Länder, welche Bergwerke besitzen. Da man aber heutzutage für ein Lot Silber weder so viel Lebensmittel noch so viel Arbeitskraft kaufen kann, als vor hundert Jahren, so ist einleuchtenderweise das Silber billiger, der Preis des Geldes geringer geworden, und es läßt sich voraussehen, daß der letztere immer mehr und mehr fallen wird. Vor Alters war ein Dreier mehr wert als jetzt ein Groschen. Die Sache steht demnach so, daß gegenwärtig das Silber teurer ist in Vergleichung mit der Münze und wohlfeiler in Vergleichung mit der Ware; die Verschlechterung der Münze hat das erste, die Vermehrung der Menge des Silbers durch die Ausbeutung spanisch-amerikanischer Bergwerke hat das zweite bewirkt. Da nun der *wahre* Wert des Silbers in der Vergleichung (nicht mit der Münze, sondern nur) mit der Ware besteht, so liegt es in dem gemeinsamen Interesse der Bergwerkstaaten, diesen Wert auf gleicher Höhe, und im Interesse des Reiches, den Feingehalt oder das Korn der Münze in gleichem Gewicht zu erhalten.

3. Die Protogäa

Die wissenschaftliche Frucht, welche aus der Beschäftigung mit dem Bergbau hervorging, war sein Versuch einer *Urgeschichte der Erde*, den er *Protogäa* nannte und nach der Rückkehr von seiner großen Reise, wo er keine Gelegenheit, Bergwerke zu sehen und seine Kenntnisse derselben zu erweitern, versäumt hatte, im Jahre 1691 niederschrieb, mit der Absicht, diese Schrift seinem Geschichtswerke gleichsam zur Vorhalle dienen zu lassen. Die Absicht blieb unausgeführt wie das Geschichtswerk selbst unvollendet. Ein Abriß der Protogäa wurde in den Leipziger „Acta eruditorum" veröffentlicht (1693) und das Werk selbst aus dem Nachlaß des Philosophen von Christian Ludwig Scheidt herausgegeben (1749)[228].

---

[228] Summi polyhistoris Godefridi Gvilielmi Leibnitii Protogaea sive de prima facie telluris et antiquissimae historiae vestigiis in ipsis naturae monumentis dissertatio ex schedis manuscriptis viri illustris in lucem edita a Christiano Ludovico Scheidio. Goettingiae MDCCXLVIX. Abgedruckt in Dutens II. 200–240. Vgl. Zittel: Gesch. der Geologie und Paläontologie (Gesch. der

Die Gegenstände, welche Leibniz ergreift und durchforscht, werden nach seiner intellektuellen Gemütsart unwillkürlich verallgemeinert und in weite Gesichtskreise gebracht, wo sie als Glieder in der Reihe anderweitiger entlegener Betrachtungen eintreten. Er beginnt mit praktischen Versuchen zur Entwässerung der Silbergruben im Harz und schreitet zu staatswirtschaftlichen Betrachtungen fort, die sich bis auf das Münzwesen im Reiche erstrecken; die Betrachtung der Harzbergwerke führt ihn zu Untersuchungen über die Entstehung dieses Stückes der Erdoberfläche, die sich bis zu einem Versuche über die Urgeschichte der Erde erweitern. Wir werden sehen, welchen Umfang durch das Gewicht und den Ernst seiner Forschung die Aufgabe einer Geschichte des Hauses Braunschweig gewinnt. Die Geschichte des Harzes wird zur Geschichte der Erde, die Welfengeschichte wird zur Reichsgeschichte: Teile der Geschichte der Welt, des Universums!

Diese Stücke rücken zusammen. Leibniz kann die Geschichte der Landesfürsten nicht schreiben ohne die Geschichte des Landes, des Bodens, der ältesten urzeitlichen Beschaffenheit desselben, die auf die Urzeiten der gesamten Erdoberfläche, auf die Entstehung der Erde selbst zurückweist und daraus erklärt sein will. Diesen Zusammenhang hatte er vor Augen, als er gleich im Eingang der *Protogäa* sagte: „Von großen Dingen ist auch eine geringe Kenntnis wertvoll. Wir wollen mit den ältesten Zuständen unseres Landes beginnen und müssen deshalb etwas von seiner Urgestalt, von der Beschaffenheit und dem Inhalte seines Bodens sagen. Denn wir bewohnen die höchsten und metallreichsten Orte von Niederdeutschland, die Natur dieser unserer Heimat gewährt uns über die Zustände der Vergangenheit vorzügliche Lichtblicke und Anhaltspunkte, von denen wir zu der Würdigung anderer Gegenden fortschreiten können. Erreichen wir auch nicht das Endziel, so werden wir wenigstens durch unser Beispiel förderlich wirken, denn wenn jeder über die merkwürdigen Landesbeschaffenheiten der eigenen Heimat seinen Beitrag liefert, so werden wir leichter zu einer gemeinsamen Urgeschichte gelangen."

Den Ursprung der Erde wie der anderen Planeten erklärt Leibniz aus der Sonne, als Auswürfe (Ejektionen) des Zentralkörpers, auch die Erde war in ihrem ersten Zustande eine glühende, kugelförmige Masse, deren bewegende Kraft im Licht oder in der Wärme bestand, die Ausstrahlung der letzteren habe den Zustand allmählicher Abkühlung und Erstarrung, Verdichtung und Verdunkelung zur Folge gehabt, so daß zuletzt die Erde nicht mehr eigenes Licht

---

Wissenschaften in Deutschland. Bd. XXIII. S. 36 f. München und Leipzig 1899.)

ausstrahlen, sondern nur fremdes zurückwerfen konnte. So kam der Zeitpunkt, wo sich nach dem biblischen Wort das Licht von der *Finsternis* schied. Die Erdoberfläche wurde zur Rinde, unter welcher die nun verborgene unterirdische Hitze fortbestand und als vulkanische Kraft wirkte. Während die Erde noch in glühendem Zustande war, verdichteten sich die emporgestiegenen Dünste zu feuchten Massen, deren Niederschläge die erstarrende Erdkruste bedeckten und veränderten. Auf den feuerflüssigen Urzustand der Erde folgte auf der Oberfläche der tropfbar flüssige, auf die plutonische Urbildung die neptunische; zuerst schied sich das Licht von der *Finsternis*, dann das *Trockene* vom *Feuchten*. Es bildeten sich Meere und Länder, und die Unebenheiten der festen Oberfläche, die Wölbungen und Senkungen der Erdkruste gestalteten sich zu den verschiedenen Arten der Ebenen und der Gebirge. Die versteinerten Überreste der Seetiere, welche auch im Harz gefunden werden, sind Denkmäler der neptunischen Urzeit, die uns lehren, daß einst Meer war, wo heute Gebirge sind, daß es eine Zeit gab, wo Wasser die gesamte Erdoberfläche bedeckte, und alle Tiere nur Wassertiere waren, aus denen sich vielleicht im Laufe der Zeit und der Erdzustände erst die Amphibien und aus diesen die Landtiere entwickelt haben. Leibniz gibt diese Ansicht als eine fremde, welche geologisch wohl berechtigt, aber mit der Bibel unverträglich sei[229]. Noch sind wir von einer Erkenntnis der Urgeschichte unseres Weltkörpers weit entfernt; die *Protogäa* selbst ist nicht der Ausbau, sondern nur der erste gewagte Versuch einer *neuen Wissenschaft*, welche Leibniz *natürliche Geographie* nennt und darunter die Naturbeschreibung und Naturgeschichte der Erde versteht[230].

II. Die Forschungsreise

1. Aufgabe und Zielpunkt der Reise

Schon in seinem „Caesarinus Furstenerius" hatte Leibniz, um die Ansprüche seines Fürsten auf die politischen Hoheitsrechte zu begründen, auch darauf hingewiesen, daß der Herzog von Hannover an Rang und Geltung nicht geringer sein könne als die italienischen Herzöge, da ja vermöge der Herkunft von dem Markgrafen Azo das Haus Braunschweig Lüneburg das Stammhaus der Este sei[231].

Gleich nach dem Regierungsantritt von Ernst August hatte Leibniz in einer Denkschrift vom Januar 1680 dem Herzog vor-

---

[229] Protogaea § VI. S. 205.

[230] „Haec vero utcunque cum plausu dici possint de *incunabulis nostri orbis* seminaque contineant scientiae novae, quam *geographiam naturalem* appelles, tentare tamen potius quam astruere audemus". Protog. § V. S. 204.

[231] S. oben Kap. IX, S. 133.

gestellt, wie mangelhaft die Bibliothek im Fach der deutschen Geschichte und des öffentlichen Rechtes bestellt wäre, und daß insbesondere eine kurze, aber *gründliche* und *urkundliche* Geschichte des Fürstenhauses zu den notwendigen Aufgaben gehört[232].

Es war wohl bedacht, daß er ein gründliches und urkundliches Werk forderte, denn in jener Zeit waren fürstliche Genealogien ein beliebtes Thema, worüber ins Blaue gefabelt wurde. Da man die deutschen Fürstengeschlechter nicht von den Göttern herleiten konnte, so versuchte man wenigstens, ihnen altrömische Vorfahren von berühmten Namen anzudichten. Die Habsburger sollten von den Anicii, wenn nicht gar von den Fabiern oder Szipionen, die Welfen durch Azo von den Accii abstammen, und noch eben erst hatte ein holländischer Genealog für den Herzog bei seinem Aufenthalt in Venedig (1685) einen Stammbaum ausgekünstelt und illustriert, der den Kaiser Augustus zu seinem Ahnherrn machte[233].

Als Historiograph, wozu das herzogliche Schreiben vom 31. Juli 1685 ihn ernannt hatte, sollte nun Leibniz selbst die Geschichte des Hauses schreiben und diese Ausgabe fortan als den wichtigsten Teil seiner Geschäfte betrachten. Um ein wissenschaftliches, d.h. quellenmäßiges Geschichtswerk auszuführen, mußte er Bibliotheken, Archive und Denkmäler durchforschen und zu diesem Zweck eine Forschungsreise antreten, da briefliche Erkundigungen und Nachrichten bei weitem nicht ausreichend und zuverlässig genug waren.

So begab er sich im Herbst 1687 auf den Weg, um zunächst Mittel- und Süddeutschland zu bereisen, namentlich die Länder, wo einst die Welfen geherrscht hatten. Die Hauptziele seiner Reise waren die kurfürstliche Bibliothek in *München*, die kaiserliche in *Wien* und das herzogliche Archiv in *Modena*. Doch waren diese Ziele nicht von vorneherein festgestellt. Auf der Reise nach München wußte er noch nicht sicher, ob er nach Wien gehen würde, und dort hatte er sich schon zur Heimkehr gerüstet, als günstige Nachrichten ihn nach Italien riefen. Um von dieser Reise, die ihn fast drei Jahre lang von Hannover entfernt hielt, sogleich einen richtigen Überblick zu gewinnen, unterscheiden wir ihren Zeitraum in vier Abschnitte: der erste von halbjähriger Dauer endet mit dem Aufenthalt in *München* im Frühjahr 1688, der zweite umfaßt den Aufenthalt in *Wien*, der neun Monate währt (Mai 1688 bis Januar 1689), der dritte enthält die Reise in *Italien* während des Jahres 1689, der vierte endet mit der Heimkehr nach Hannover im Juni 1690. An der Hand

---

232 Klopp V, 50 und 56

233 Guhrauer, Leibnitz II, 67 ff.

seiner Briefe, die freilich zu oft undatiert sind, und eigenhändiger Kalenderaufzeichnungen, die Leibniz selbst anführt, können wir den zeitlichen Gang der Reise jetzt besser unterscheiden als noch Pertz und Guhrauer namentlich in Rücksicht der italienischen Orte vermocht haben.

2. *Ludolf und das collegium historicum*

Die Reise nach München, um nur die Hauptpunkte hervorzuheben, führte über Hildesheim, Marburg, Rheinfels, wo er den Landgrafen besuchte, Frankfurt a. M, Sulzbach und Nürnberg. In Frankfurt machte er die Bekanntschaft eines der größten Sprachgelehrten der Zeit, des Orientalisten *Hiob Ludolf* (1624–1704), des Begründers der äthiopischen Philologie, der dort als kursächsischer Resident lebte und unserem Philosophen einen Plan mitgeteilt hatte, welcher die Aufmerksamkeit und das Interesse des letzteren lebhaft in Anspruch nahm. Es handelte sich nämlich um die Stiftung einer *historischen Gesellschaft (collegium historicum)* zur Herausgabe und Verbreitung von Urkunden, Chroniken usw., um dadurch die vaterländische Geschichtsforschung und Geschichtskunde in Ansehung des Reiches wie der Einzelländer zu befördern oder vielmehr zu begründen. Denn es fehlte der gelehrten Zeitbildung noch zu sehr an einer methodischen Sammlung und Erforschung der Quellen, wodurch man allein zu einer kritischen Geschichtschreibung gelangen konnte. Gerade in diesem Zeitpunkte, wo Leibniz selbst mit historischen Fragen beschäftigt war, die er wissenschaftlich lösen wollte, mußte ihn der Plan und die Einrichtung eines solchen historischen Kollegiums aufs höchste interessieren. Er dachte sogleich daran, wie dasselbe verzweigt, über das Reich ausgedehnt und zu einer kaiserlichen Anstalt entwickelt werden könne. Der Plan war auch seinem Inhalte nach erweiterungsfähig. Die Organisation einer Gesellschaft, welche den Forschungszwecken *deutscher Geschichte* gewidmet sein sollte, durfte als Beispiel oder Versuch einer Einrichtung gelten, die sich auf das ganze Reich der Wissenschaften ausdehnen und allen wissenschaftliche Forschungszwecken dienstbar machen ließ. Dann würde es sich nicht bloß um ein *collegium historicum*, sondern um eine „*Sozietät der Wissenschaften*“ handeln, welche zu gründen und einzurichten Leibniz den größten Eifer und den größten Beruf hatte.

3. *Das Problem. Der Aufenthalt in München*

Die Erforschung welfischer Altertümer war der Zweck, der ihn bewog, nach Bayern zu reisen. „Ich weiß“, schrieb er von Nürnberg aus dem kaiserlichen Hofrat H. J. v. Blum, „daß man sich in der

Mathematik auf die Kraft der Erfindung, in der Naturwissenschaft auf Experimente, in Sachen des göttlichen und menschlichen Rechtes auf die Autorität, in der Geschichte auf *Urkunden* zu stützen hat." „Mein Thema ist die altbraunschweigische Geschichte."[234]

Die gemeinsame Abstammung der Häuser Braunschweig und Este war der eigentliche Kern der genealogischen Frage, welcher urkundlich zu erhärten war. Die Überzeugung, welche Leibniz im „Caesarinus" mit aller Sicherheit ausgesprochen hatte, stand nicht mehr so fest wie vor zehn Jahren. Zwar die Abstammung der Welfen von dem Markgrafen Azo blieb außer Zweifel, aber über den Zusammenhang zwischen Azo und Este waren Bedenken rege geworden, da der bayerische Geschichtsschreiber Aventinus in seinen Annalen die Vorfahren der *Welfen* „Astenses" genannt hatte[235]. Es gab alte Markgrafen des Namens aus Asti in Piemont. Waren diese die Vorfahren Azos und der Welfen, so erschien die gemeinsame Abstammung der Häuser Braunschweig und Este als eine verlorene Hypothese. Auch der Professor Heinrich Meibom in Helmstedt hegte ähnliche Zweifel.

Um der Sache auf den Grund zu kommen, ging Leibniz nach München und erhielt (durch die Vermittlung des Kapellmeisters Agostino Steftani) alsbald die Erlaubnis des Kurfürsten zur Benutzung der Bibliothek, doch wurde dieselbe auf den Rat der ihm abgeneigten Räte, „gens d'une habilité un peu sauvage", wie Leibniz sie nennt, sogleich widerrufen. Indessen hatte er die Bände des Aventinus bereits durchflogen und auch die Quelle gefunden, woraus die „Astenses" herstammten: es war eine Handschrift in dem uralten Kloster des hl. Udalrich und der hl. Afra zu Augsburg. Schnell reiste Leibniz in der Osterwoche nach Augsburg, machte die Handschrift ausfindig und entdeckte zu seiner großen Genugtuung, daß hier deutlich „*Estenses*" geschrieben stand, was Aventinus dem Azo und der Latinität zu liebe in „Astenses" verwandelt oder verdorben hatte. Andere, wie der Pater Brunner, bayerischer Historiograph unter dem Kurfürsten Maximilian I., haben es ihm nachgeschrieben. Und so wäre durch diese „affectatio latinitatis" des Aventinus, woraus sich Leibniz die falsche Lesart erklärt, die ganze Genealogie des Welfenhauses fast in Verwirrung geraten.

Mit dieser Entdeckung, wodurch das „Hauptdubium" glücklich gelöst war, kehrte Leibniz am Karfreitag 1688 nach München zurück und berichtete jetzt erst über den bisherigen Gang seiner Reise

[234] „Didici in mathematicis ingenio, in natura experimentis, in legibus divinis humanisque autoritate, in historia *testimoniis* nitendum esse." „Historiam antiquam rerum Brunsvicensium molior." Klopp V, 367 f.

[235] Joh. Thurmayr von Abensberg (1477–1534), seit 1517 bayerischer Historiograph.

und diesen ersten Ertrag seiner Forschung nach Hannover. Auch der Herzogin Sophie erzählte er ohne gelehrte Erörterungen seinen Fund und außerdem mancherlei amüsante Erlebnisse, unter denen ich eines hervorheben will. „Es ist hier, wie ich mir sagen ließ, Sitte, daß am zweiten Ostertage der Prediger seinen Zuhörern eine kleine Geschichte zum Besten gibt, die man ‚*Ostermärle*' nennt. Diesmal hatte der Jesuitenpater die seinige aus einem deutschen Buche genommen, das zur Volksbelustigung dienen will. Es heißt ‚*der Simplizissimus*'". So wenig kannte selbst ein Leibniz die Dichtungen seines Volkes und Zeitalters, daß er das Dasein des *Simplizissimus* erst zufällig aus einer Münchener Jesuitenpredigt erfuhr, zwanzig Jahre nachdem dieser volkstümlichste und lebensvollste der deutschen Romane des 17. Jahrhunderts erschienen war. Und er nahm das Buch wie eine Art Eulenspiegel.

Die Berichte aus München waren die erste Kunde, welche man von Leibniz, seit er auf Reisen war, in Hannover erhielt. „Ich bin wirklich sehr froh", schrieb die Herzogin in ihrer munteren Art, „daß Ihre Entdeckungsreise nach dem Ursprüunge des Hauses Braunschweig Sie nicht in die andere Welt geführt hat, wie man hier von allen Seiten gefürchtet, da Sie seit Ihrer Abreise nichts haben von sich hören lassen."[236]

4. *Der Aufenthalt in Wien*

Es war nicht bloß die ihm ohne alle Schwierigkeit gewährte und für seine Zwecke sehr ergiebige Benutzung der kaiserlichen Bibliothek, die den ersten Aufenthalt unseres Leibniz in der Hauptstadt des damaligen Reiches verlängert hat. Die außerordentlichen Begebenheiten des Jahres 1688 und Interessen mannigfacher Art, welche der Hof von Hannover in Wien betrieben zu sehen wünschte, boten ihm willkommenen Stoff zur Betätigung seines diplomatischen Eifers. Die Gegenwart des Reiches und des hannoverischen Hauses haben ihn damals in Wien wohl noch mehr beschäftigt als die Vergangenheit beider.

Da gab es zwischen Hannover und Brandenburg streitige Ansprüche auf Ostfriesland, und der sachkundige Leibniz wußte durch historische Nachweisungen die Rechtsansprüche der Welfen besser darzulegen und zu vertreten als der Geschäftsträger des Herzogs, Weselau[237]. Ernst August hatte mit Ludwig XIV. ein Bündnis geschlossen, welches gegen Dänemark gerichtet war und

---

[236] Leibniz an Baron Platen; Klopp V, 371–381. Aus Leibnizens Tagebuch: „Einige curiose Anmerkungen, so auf meiner bisherigen Reise gemacht"; ebendas. 381 bis 401. Leibniz an die Herzogin Sophie und Herzogin Sophie an Leibniz; ebendas. VII, 10–14.

[237] Ebendas. V, 407.

den Schutz Hamburgs, die Wiederherstellung des Herzogs von Holstein und die Erhaltung des Friedens im niedersächsischen Kreise zum Ziel hatte. Diese Verbindung mit Frankreich, obwohl ohne alle reichsfeindliche Absicht, war in Wien übel aufgefaßt worden und hatte den Kaiser selbst gegen Hannover verstimmt. Nun mußte Leibniz bemüht sein, bei den leitenden Staatsmännern, zuletzt noch in einer Audienz bei dem Grafen Windischgrätz, die Stellung seines Fürsten zu Frankreich so unzweideutig und günstig auszulegen, wie sich dieselbe nach seiner Ansicht in Wahrheit verhielt[238]. Zu diesen politischen Geschäften kamen mancherlei Familieninteressen, welche die Herzogin in ihren Briefen mit Leibniz besprach. Friedrich August, der zweite Prinz des Hauses, stand in kaiserlichen Diensten und mußte, wie es der Mutter schien, auf seine Beförderung zum General viel zu lange warten. Leibniz war auch in dieser Angelegenheit bei dem Hofkanzler Grafen Strattmann tätig und konnte noch von Wien aus der Herzogin berichten, daß ihr Wunsch erfüllt sei[239]. Das Schicksal der jüngeren Söhne machte ihr Sorgen. Auf Leibnizens Nachrichten über seinen Besuch bei Spinola und den Stand der Reunionsgeschäfte antwortete die Herzogin scherzend: „Wenn der Bischof von Neustadt einem meiner jüngeren Söhne ein gutes Bistum verschaffen könnte, so würde dies ihrer Vereinigung mit der römischen Kirche zu einer soliden Begründung dienen.“[240]

Es waren drei Weltbegebenheiten, welche Leibniz noch in Wien während seines ersten Aufenthaltes erlebt hat: die türkische Friedensgesandtschaft nach der Eroberung Belgrads (6. September 1688), die Kriegserklärung Ludwigs XIV. an Kaiser und Reich (24. September 1688), und die Landung des Prinzen von Oranien in England (5. November 1688), womit die englische Revolution begann, die mit der Thronentsetzung des flüchtigen Königs und der Krönung Wilhelms III. endete. Die Folge war die Sukzessionsakte vom Jahre 1701, welche den weiblichen und protestantischen

[238] Leibniz an Platen, Wien 1688; Klopp V, 433–39.

[239] Ebendas. VII, 56–62. Dieser Prinz hatte etwas von dem mütterlichen Intellekt geerbt und war, wie es scheint, an Geistesart seiner Tante Elisabeth, seinem Oheim Karl Ludwig und seiner Schwester Sophie Charlotte ähnlich, ganz im Gegensatze zu seinem Bruder Georg Ludwig. So schildert die Herzogin dem Kurfürsten Karl Ludwig ihre beiden ältesten Söhne: von Georg Ludwig sagt sie: „à peine en peut on tirer une parole; cela s'appelle respect. Auguste n'est pas de même; vous ne croiriez pas, que celui-ci aime la lecture et les mathématiques; il sait Descartes et Spinoza quasi par coeur, mais tout cela n'est pas bien deguisé encore“ (6. Juli 1679). Publikationen aus den Kgl. preuß. Staatsarchiven, XXVI, 367 f.

[240] Herzogin Sophie an Leibniz, Herrenhausen 17./27. Juni 1688; Klopp VII, 42.

Nachkommen des Hauses Stuart die Thronfolge dergestalt sicherte, daß dieselbe nach dem Tode Wilhelms III. und seiner Schwägerin Anna auf die Kurfürstin Sophie und ihre Erben, d.h. auf das Haus Hannover übergehen sollte[241].

Infolge der beiden jüngsten glänzenden Siege des Kaisers bei Mohács und Belgrad schien der Zeitpunkt gekommen, um die Türkengefahr gründlich zu beseitigen, vielleicht die orientalische Frage durch die Vertreibung der Türken aus Europa gänzlich zu lösen. Und Leibniz hoffte von neuem, diesen großen, stets von ihm ersehnten Triumph der europäischen Zivilisation zu erleben, als wiederum der Sturm von Westen heranzog und ein zweiter Reichskrieg drohte, dessen furchtbare Gefahren und Folgen er voraussah. Die Eroberungssucht Frankreichs werde keine Grenzen kennen und uns den Rhein völlig entreißen, wenigstens das linke Ufer, ein Verlust, wodurch uns die Kriegsführung selbst bei gleichen, ja überlegenen Streitkräften außerordentlich werde erschwert werden. In diesem Sinne schrieb Leibniz an die Herzogin, als die französische Kriegserklärung schon auf dem Wege nach Wien war[242]. Wir kennen die Denkschrift, welche er zur Beurteilung der letzteren in Wien verfaßt und noch kurz vor seiner Abreise den Ministern überreicht hat (30. Dezember 1689)[243].

Unter den wissenschaftlichen Plänen, die Leibniz in Wien betrieb, war ihm der wichtigste die Förderung der *historischen Gesellschaft*, welche durch die Bestätigung und den Namen des Kaisers ein erhöhtes und für das ganze Reich gültiges Ansehen gewinnen sollte. Leibniz hatte die Sache persönlich vor dem Kaiser zu vertreten. So war es zwischen ihm und Ludolf verabredet. Zu diesem Zwecke erbat er sich eine Audienz, welche Leopold I. ihm gewährt und zu welcher, gleich nachdem sie stattgefunden, der ihm wohlgesinnte und hilfreiche kaiserliche Bibliothekar *Nessel* unseren Philosophen beglückwünscht hat. Die historische Gesellschaft erhielt den Namen *collegium historicum imperiale*, und Ludolf wurde ihr erster Präsident (1690)[244].

Der längere Aufenthalt in Wien hatte in Leibniz den Wunsch, hier eine amtliche Stellung zu gewinnen, von neuem geweckt,

---

241 S. oben Kap, VIII, S. 114 ff.

242 Klopp VII, 50–52.

243 S. oben Kap. IX, S. 123–125.

244 Klopp VI, Einl. XVIII f. „Propositio imperialis collegii historici, qua omnes sinceri et eruditi germani, quorum id talentum est, ad *conscribendos patriae annales* a primordio gentis inter collegas distribuendos officiose et amice rogantur et invitantur." Ebendas. 4–9. Über die damit zusammenhängenden, lateinisch verfaßten Schriftstücke (Leibnizens Brief an den Kaiser, Nessels Brief an Leibniz und die Denkschrift über den Nutzen des colleg. hist. imp. an den Reichsvizekanzler Grafen Königseck) zu vgl. ebendas. 9–6.

nachdem schon zehn und fünfzehn Jahre früher in vertraulichen Briefen davon die Rede gewesen war. Der kurtrierische Rat Lincker von Lutzenwyck, der ihn von Mainz her kannte und seine Geistesfülle bewunderte, wünschte ihm die Stelle eines kaiserlichen Historiographen zu verschaffen und hatte, wie er von Wien aus den 27. Juni 1673 Leibnizen, der damals in Paris war, schrieb, den Vizekanzler Hocher und durch diesen den Kaiser selbst auf ihn aufmerksam gemacht. Fünf Jahre später hat Leibniz selbst, der sich in Hannover nicht recht an seinem Platze fühlte, eine solche Berufung gewünscht; wenigstens scheint es so nach einer Antwort Linckers vom 27. Juli 1678. Und in einem Briefe aus dem Jahre 1680 spricht es Leibniz offen aus, daß er in einer seinem hannoverischen Amte ähnlichen Stellung als Hofrat und Bibliothekar gern nach Wien übersiedeln möchte[245].

Bei seiner Anwesenheit nun hat er durch die Größe seiner Gelehrsamkeit, durch seinen Eifer für die Wohlfahrt des Reiches, insbesondere auch durch seine Denkschrift über die Politik und Kriegserklärung Ludwigs XIV. einen so günstigen Eindruck auf Kaiser Leopold gemacht, daß dieser ihm durch den Hofkanzler anbieten ließ, in Wien zu bleiben und in kaiserliche Dienste zu treten. Doch fühlte sich Leibniz durch seine Aufgabe noch an den hannoverischen Dienst gebunden und zur Fortsetzung der Reise verpflichtet; er bat daher den Kaiser, die Entscheidung bis zu seiner Rückkehr, die ihn wieder nach Wien führen würde, aufschieben zu dürfen. Damit aber war die günstige Gelegenheit verloren, und sie kam nicht wieder, als fünfundzwanzig Jahre später Leibniz, in Hannover und Berlin verlassen, während eines fast zweijährigen Aufenthaltes in Wien alles aufbot, um dort festen Fuß zu gewinnen. Selbst die wohlwollenden Gesinnungen zweier Kaiser und Kaiserinnen, der Söhne und Nachfolger Leopolds I., welche mit Prinzessinnen aus den Häusern Braunschweig – Lüneburg und Wolfenbüttel – vermählt waren, konnten ihm wohl mancherlei Gunst und Annehmlichkeiten gewähren, aber in der Hauptsache nicht helfen[246].

5. Der Aufenthalt in Italien und die Rückreise

Leibniz hatte sich schon zur Rückreise gerüstet, als er von Floramonti, dem hannoverischen Agenten in Venedig, auf seine Anfrage die Nachricht erhielt, daß der Herzog von Modena ihm die

---

[245] Klopp III, Einl. XXX f. und 59; V, Einl. XI und 13. Der Brief ist, wie O. Klopp wohl mit Recht vermutet, ebenfalls an Lincker in Wien gerichtet.

[246] Die Gemahlin Josephs I. war die Tochter Johann Friedrichs, die Karls VI. die Enkelin Anton Ulrichs.

Benutzung seines Archives gern gewähren wolle[247]. Dieses Archiv war ein Hauptobjekt seiner historischen Forschung und bestimmte den Beweggrund, nicht aber die Grenze seiner italienischen Reise, welche nach dem Umfang wissenschaftlicher Interessen, die ihn erfüllten, weiter ausgedehnt sein wollte und den interessantesten wie reichhaltigsten Abschnitt der ganzen Reise ausmacht. Er hatte von Wien aus die Goldbergwerke in Ungarn besuchen wollen, hatte aber infolge einer Erkrankung darauf verzichten müssen; jetzt wollte er auf dem Wege nach Venedig die Quecksilbergruben in Istrien kennenlernen und von Rom nach Neapel reisen, um den Vesuv zu sehen.

Im Januar 1689 verließ er Wien und ging durch Steiermark, Krain und Istrien über Venedig, Ferrara, Bologna und Loreto nach Rom. Aus seinen Kalenderaufzeichnungen und brieflichen Mitteilungen läßt sich feststellen, daß er vom 16.-30. März in Venedig war; den 1. April nach Ferrara und den 14. nach Rom kam; den 4. Mai war er in Neapel, den 5. bestieg er den Vesuv und kehrte dann zu längerem Aufenthalte nach Rom zurück.

Hier in Rom erlebte er den Tod der Königin Christine von Schweden, die den 19. April 1689 starb, die letzten Tage des Papstes Innozenz XI., der den 12. August zu Grabe getragen wurde, und das Konklave, woraus am 6. Oktober Alexander VIII. (Ottoboni) hervorging. Beiden Päpsten hat Leibniz Gedichte gewidmet: in dem ersten (Juni 1689) erfleht er die Genesung des erkrankten Papstes, der zum Heile der Welt das große Werk der kirchlichen Aussöhnung habe fördern wollen, in dem andern begrüßt er Alexander VIII., der die Christenheit zum Kriege wider die Türken aufrufen möge. Leibniz ist immer von seinen Ideen erfüllt. Innocenz XI. rühmt er, weil er die Lösung der abendländischen Kirchenfrage gewünscht habe, den Nachfolger ermahnt er zur Lösung der orientalischen Weltfrage. Dabei macht es einen wunderlichen Eindruck, wenn er beim Anblick des einen Papstes die unterirdischen Götter erzittern und die Gestirne willfährig die Gebete desselben erhören läßt, während er dem anderen Papst zur Pflicht macht, eingedenk seines Namens das Vorbild des heidnischen Welteroberers zu beherzigen[248].

---

[247] Die an Floramonti gerichtete, in den Zweck und Gegenstand seiner Forschung eingehende Anfrage ist vom 5. September 1688. Klopp V, 413–417. Leibniz würde die Rückreise angetreten haben, bevor die Antwort eintraf, wenn ihn nicht ein heftiger Katarrh genötigt hätte, in Wien zu bleiben. Vgl. Leibniz an Platen, Wien Januar 1689, und Leibniz an Grote, Wien 20. Januar 1689; ebendas. 427–431.

[248] Vgl. Pertz IV, 294ff.; Klopp VI, 43, 45–51.

Der römische Aufenthalt von halbjähriger Dauer war für Leibniz außerordentlich reich an Studien, Bekanntschaften und Ehren. Der Antiquar und päpstliche Sekretär *Fabretti* zeigte ihm die Katakomben[249], er durfte die barberinische und vatikanische Bibliothek benutzen und wurde Mitglied der von Ciampini gestifteten physikalisch-mathematischen Gesellschaft, welcher die ersten Gelehrten angehörten[250]; er lernte den Kirchenhistoriker *Noris*[251], den Astronomen *Bianchini*[252], den Physiker *Nazari*, die Jesuitenpater Giovanni Baptista *Tolomei*[253] und Claudio Filippo *Grimaldi* kennen, der gerade damals im Begriff stand, auf den Ruf des Kaisers als Missionar, Mathematiker und Mandarin nach China zurückzukehren, und über die dortigen Zustände, namentlich die Persönlichkeit des Kaisers Kang-Xi Leibnizen die interessantesten Mitteilungen machte. Ein Kaiser, dem das größte Reich der Erde zu Füßen lag und der nach den Schilderungen Grimaldis voller Wißbegierde war, sich in mathematische Studien vertiefte und astronomische Berechnungen machte, mußte unserem Leibniz, der im Stillen wohl seine Vergleichungen anstellte, als das Ideal eines Herrschers erscheinen. Er blieb mit Grimaldi in brieflichem Verkehr und zeigte in seiner Vorrede zu den „Novissima Sinica" (1697), wie tief die Erinnerung an jene Gespräche in Rom sich ihm eingeprägt und das Interesse für die chinesische Weisheit in ihm fortgewirkt hatte.

Wie eifrig das Interesse an den chinesischen Missionen in Leibniz rege war und blieb, erhellt aus seiner Korrespondenz während der letzten Jahrzehnte seines Lebens, insbesondere aus seinem Briefwechsel mit dem Jesuiten Claudio Filippo *Grimaldi*, dem Präsidenten des mathematischen Tribunals des Kaisers von China, mit dem französischen Jesuiten *Bouvet*, der mit fünf anderen Missionaren nach China ging (1685), mit dem polnischen Jesuiten und Mathematiker A. A. *Kochanski* und vor allem mit A. *Verjus*, dem französischen Jesuiten und Bruder des französischen Gesandten, Grafen von Crecy; A. Verjus (1632 bis 1706) stand in großem Ansehen zu Berlin und Hannover, namentlich bei der Herzogin Sophie und wurde Prokurator der Missionen in der Levante. Bouvet hatte Leibnizen auf die Übereinstimmung seiner Arithmétique binaire mit den chinesischen Zeichen des Fohi aufmerksam gemacht, worüber Leibniz dem Herzog Rudolf August berichtet (2. Januar 1697). Derselbe Jesuit hatte die Persönlichkeit

[249] Vgl. Klopp VI, Einl. XXVII.
[250] Vgl. Guhrauer, Leibnitz II, 89.
[251] Vgl. Klopp VI, 44–45.
[252] Vgl. Feder 295 ff.
[253] Vgl. Nobemann Leibniz-Briefwechsel 341, Nr. 934.

des Kaisers von China in einem französischen Aufsatze geschildert, dessen lateinische Übersetzung in der zweiten Ausgabe der „Novissima Sinica“ (1699) enthalten ist[254].

Ein Beweis, wie hoch man in Rom unseren Leibniz schätzte und wie gern man ihn gewinnen wollte, war die Anerbietung, die ihm durch den Kardinal Casanata gemacht wurde: Custos der vatikanischen Bibliothek zu werden, ein Amt, welches öfter die Vorstufe zur Kardinalswürde gewesen war. Leibniz lehnte es ab, weil er die Bedingung, die den Übertritt zur römischen Kirche verlangte, nicht zu erfüllen geneigt war. So hat er selbst in einem Briefe an den Abbé Le Thorel die Sache dargestellt (25. November 1698)[255].

Hat man früher die Klöster durch die Einführung technischer und gelehrter Arbeiten reformiert, so hielt Leibniz den Zeitpunkt für gekommen, jetzt die *naturwissenschaftlichen Studien* in den italienischen Klöstern einheimisch zu machen und diese dadurch in zeitgemäße Bildungsanstalten zu verwandeln. Bis zu einer solchen kühnen Chimäre konnte das Streben nach friedlichen Ausgleichungen und die unbezwingliche Lust an der Verbreitung wissenschaftlicher Kultur diesen Mann mit sich fortreißen, daß er Zustände und Wege darüber vergaß[256].

Die Rückreise von Rom wurde wohl noch im Oktober angetreten und ging über Florenz und Bologna nach *Modena*, wo Leibniz anderthalb Monate verweilte; dann reiste er über Parma und Venedig, von wo aus er auch Padua besuchte, nach Wien, wo er diesmal nur kurze Zeit blieb. Der Aufenthalt in Modena erstreckte sich vom November 1688 bis in den Januar 1689, der zweite Aufenthalt in Venedig fiel in die Monate Februar und März 1690. In Florenz lernte er den Mathematiker *Viviani* und vor allen den gelehrten und dienstfertigen Bibliothekar *Magliabecchi* kennen, mit dem er sich schon brieflich befreundet und über historische Fragen korrespondiert hatte. In Bologna machte er die Bekanntschaft des Chemikers und Mathematikers Dominico *Guglielmini* und durch ihn die des entdeckungsreichen Physiologen und Anatomen *Malpighi*, mit dem er viele Stunden der anmutigsten Unterhaltungen zugebracht hat[257].

---

[254] Vgl. Bodemann, Leibniz-Briefwechsel, S. 24. Nr. 105 (Bouvet); S. 72, Nr. 330 (Grimaldi): S. 116, Nr. 487 (Kochanski); S. 355–361, Nr. 954 (Verjus). Vgl. Guhrauer, Leibnitz's Deutsche Schriften I, 401–407.

[255] Vgl. Bodemann, Leibniz-Briefwechsel, S. 148, Nr. 554.

[256] Leibniz an Landgraf Ernst, 21. IV. 1690; Rommel II, 207–208.

[257] Vgl. Leibniz an Thevenot, 24. VIII. 1690; Bodemann, Leibniz-Briefwechsel, S. 335; ebendas. S. 363, Nr. 959; S. 161, Nr. 595; S. 74, Nr. 342. – Guglielmini veröffentlichte in den Leipziger Act. Erud. (1691) seine Abhandlung über das neue Maß fließender Wasser (aquarum fluentium nova mensura), worüber zwischen ihm und dem erfinderischen französischen Mathematiker Denis *Papin*, der in

Der eigentliche Forschungszweck der Reise war erreicht. In dem Archiv zu Modena hatte Leibniz die Urkunden, in einer alten Benediktiner(Camaldulenser-)abtei an der Etsch (la Badia della Vangadizza) bei Rovigo die Grabmäler der alten Markgrafen von Este mit ihren Inschriften aufgefunden, auch das der Gräfin *Kunigunde*, der Gemahlin Azos, der Erbin des alten, der Stammutter des neuen Welfengeschlechtes. Zahllose Irrtümer von seiten der modenesischen Geschichtsschreiber, wie Faleti und Pigna, konnten berichtigt, und das Alter Azos wie die Namen seiner italienischen Nachkommen festgestellt werden. Der gemeinsame Ursprung der Este und der Welfen war nun bestätigt und völlig erwiesen[258].

III. Die historischen Arbeiten

1. Die Sammlung völkerrechtlicher Urkunden

Um sein Geschichtswerk nicht auf Fabeln, sondern sichere Zeugnisse zu gründen, hatte Leibniz auf seiner Forschungsreise einen Schatz von Aktenstücken und Schriften gesammelt, die großenteils noch ungedruckt und unbekannt, teils im Besitze nur weniger Personen und selten, teils zwar gedruckt, aber noch zu wenig wissenschaftlich verwertet waren. Nach seiner Rückkehr veröffentlichte er zwei Sammlungen, die dem Hauptwerke selbst vorangingen, von denen die eine völkerrechtliche Urkunden, die andere mittelalterliche, für die alte Geschichte Braunschweigs wichtige Schriften enthielt.

Die erste Sammlung nannte er, da völkerrechtliche Verträge gleich internationalen Gesetzen seien, Gesetzbuch oder *Kodex*; da aber dieser Kodex nicht in Rechtslehren, sondern in Urkunden be-

---

den Jahren 1688 bis 1695 Professor in Marburg war, ein Streit entstand, welchen Leibniz entscheiden sollte. Dieser hatte selbst bald nach seiner Reise mit Papin einen Streit über das cartesianische Kräftemaß geführt. Vgl. E. Gerland, Leibnizens und Huygens' Briefwechsel mit Papin, Berlin 1881, S. 77 ff.

[258] Vgl. Dutens V, 84; Klopp VII, 77 f.: Leibniz an Marchesini. – Die Herzogin Sophie wünschte die Verwandtschaft der Häuser Braunschweig und Este nicht bloß erforscht, sondern durch eine Heirat zwischen einer Tochter Johann Friedrichs und dem Herzog von Modena auch erneuert zu sehen, wozu Leibniz schon von sich aus Schritte versucht hatte. Der frühere modenesische Unterhändler Graf Dragoni hatte durch sein Ungeschick die Sache verdorben; er war, wie die Herzogin ergötzlich bemerkt, an der *glandula* des Gehirns, wo nach Descartes der Geist seinen Sitz habe, etwas inkommodiert, wogegen es in Ansehung dieses Organs bei Leibniz vortrefflich bestellt sei. Vgl. Klopp VII, 77, 80 (Leibniz an Herzogin Sophie, Modena 20./30. XII. 1689, und Herzogin Sophie an Leibniz, Hannover 24. I. / 3. II. 1690). Wirklich hatte Leibniz auch diese Angelegenheit glücklich eingeleitet, wenn sie auch nicht gleich zustande kam; die Vermählung der Prinzessin Charlotte mit dem Herzog von Modena wurde in Herrenhausen im November 1695 gefeiert.

stand, so fügte er auf den Rat seines Freundes Ludolf zur näheren Bestimmung noch das Beiwort „*diplomatisch*" hinzu. Der Titel des Werkes lautete demnach „Codex juris gentium diplomaticus". Die Sammlung hatte nicht den Charakter der Vollständigkeit, sondern den einer sorgfältigen Auswahl, ihre Materien waren nicht sachlich, sondern chronologisch geordnet; sie konnte weder „Pandekten" noch „Digesten" heißen[259].

Das Ganze war auf drei Bände berechnet, die sich in die Zeitfolge dergestalt teilen sollten, daß Urkunden aus dem Zeitraum von 1100 bis 1500 den Inhalt des ersten Bandes, solche aus dem sechzehnten Jahrhundert den des zweiten, endlich Urkunden aus dem siebzehnten bis zur Gegenwart den des letzten auszumachen hatten. Nur der erste Band erschien 1693. Das Werk tat seine Wirkung. Zu den gesammelten Urkunden erhielt Leibniz von deutschen und außerdeutschen Staaten, von Brandenburg, Schweden, Frankreich, England u. a. die Zusendung neuer, so daß er im Jahre 1700 unter dem Titel „Mantissa codicis juris gentium diplomatici" noch einen Nachtrag geben und sich rühmen konnte, daß seit langer Zeit kein Werk erschienen sei, welches so viel authentische Urkunden zur Erhaltung und Feststellung der Rechte und Rechtsansprüche des deutschen Reiches enthalten habe. Um so befremdlicher mußte es ihm sein, daß der kaiserliche Hof in Wien gar nichts zur Vermehrung eines für ihn selbst so nützlichen Werkes tat. Auch sprach er darüber in Briefen an österreichische Staatsmänner, wie die Grafen Windischgrätz und Kinsky, und an Greiffenkranz, den ostfriesischen Gesandten in Wien, seine Verwunderung offen aus. Er arbeite im Reich und hauptsächlich für das Reich ohne alle Unterstützung von dessen Seite, er veröffentlichte eine Reihe höchst wichtiger, unbekannter Urkunden, um die guten Rechte des Reiches vor der Vergessenheit zu bewahren und im Andenken der Nachwelt zu erhalten, aber der kaiserliche Hof tue nichts zur Unterstützung der Sache, während der französische auf das eifrigste bemüht sei, alle Rechtsansprüche, auch die allerentferntesten, hervorsuchen und beurkunden zu lassen, wie die Reunionskammern nur zu sehr bewiesen hätten[260].

Die Vorrede, welche Leibniz diesem Sammelkodex vorausgeschickt hat, erleuchtet vollkommen die vielseitigen Absichten des Werkes, das nicht bloß den Interessen des Reiches und den politischen Zeitverhältnissen, sondern auch den Aufgaben der Geschichtswissenschaft und der Philosophie zu dienen bestimmt ist[261]. Die Urkunden, welche die Entstehung des Kollegiums der

---

[259] Dutens IV, 3, 285–286; VI, 113–114.

[260] Vgl. Klopp VI, 446–455. (Der Brief an Greiffenkranz ist vom 29. Januar, der an Kinsky vom 26. September 1697.)

[261] Dutens IV, 3,287–329. Vgl. Klopp VI, 457–492.

Kurfürsten betreffen, verknüpfen unser Werk mit Leibnizens früheren Abhandlungen über die Hoheitsrechte der Reichsfürsten und über die neunte Kurwürde Hannovers[262]. Der *Caesarinus Furstenerius* erschien im ersten Reichskriege vor dem Frieden zu Nimwegen, der *codex diplomaticus* erscheint im zweiten Reichskriege schon im Hinblick auf den nächsten Friedensschluß, der nach dem großen Wechsel der Dinge in England den Zustand des Reiches entscheiden wird.

Um die Geschichte richtig zu schreiben und von Fabeln zu reinigen, damit von den öffentlichen Begebenheiten nichts Falsches berichtet, von den geheimen nichts Wahres verschwiegen werde, müsse man die sichersten Quellen kennenlernen und erforschen: vor allen die Münzen und Inschriften, die öffentlichen Urkunden und die Aufzeichnungen großer Männer; man müsse die Berichterstatter *kritisch* zu würdigen und wohl zu unterscheiden wissen, ob sie schmeichlerisch und knechtisch oder satirisch und neidisch oder vorurteilsvoll und parteiisch gesinnt seien, wie etwa französische Geschichtsschreiber gegen Karl V., die Ferdinande und Philippe, oder deutsche und spanische gegen Ludwig XIII., Richelieu und Mazarin; man müsse die Kenntnis der Tatsachen nicht aus Gerüchten *(rumores)*, sondern aus Archiven schöpfen. So gewinne man auch richtige Vorstellungen von den Zeitpunkten der Begebenheiten, was oft schon genug sei, um gewisse Fabeln zu beseitigen, wie z. B. die von der Päpstin Johanna. Leibniz hatte bereits gesehen, daß dieses Histörchen eine chronologische Unmöglichkeit sei, da man keinen beglaubigten Zeitpunkt für sie ausfindig machen könne. Alle unkritische Betrachtung der geschichtlichen Dinge führe zur „historia infida", die kritische zur „historia vera"[263].

Die völkerrechtlichen Verhältnisse beruhen auf Verträgen, die willkürlich gemacht *(jura voluntaria)* und von Interessen abhängig sind, verschieden wie die Sittenzustände der Völker und veränderlich wie die Zeiten. Gegenwärtig spielen die Gewalthaber in der großen Welt mit Bündnissen und Verträgen wie in ihren Palästen mit Karten; Friedensschlüsse gelten kaum mehr so viel als Waffenstillstände, weshalb der scharfsinnige Hobbes nicht mit Unrecht erklärt habe, daß die Völker beständig im Kriegszustande leben. Die Erfahrungen des Zeitalters bestätigen seine Lehre. Die Friedenszustände seien gegenwärtig nur Pausen, wie die kämpfenden Gladiatoren einen Augenblick ausruhen, um Atem zu schöpfen.

---

262 Ebendas. Einl. LXVII.

263 Klopp VI, 429–464. Über die Päpstin Johanna vgl. Dutens VI, 1. 191.

Der beständige Friede sei nur zwischen den Toten, wie bei Gelegenheit einer öffentlichen Feier in den Niederlanden jemand auf einer Tafel vor seinem Hause das Wort „pax perpetua" durch das Bild eines Kirchhofes veranschaulicht habe. In Frankreich rechne man es zu den Regierungskünsten, fortwährend Kriege zu führen und bei jedem siegreichen Schlage in großen Worten den Frieden zu preisen, um gleichzeitig zwei Vorteile zu ernten: den Profit des Krieges und das Lob des Friedens[264]. Leibniz hatte Ludwig XIV. und den schrecklichsten der Reichskriege vor Augen, als er die Vorrede zu seinem Kodex schrieb; dieser erschien in dem Jahre, wo Heidelberg zerstört und verbrannt wurde.

Indessen unterscheidet unser Philosoph das willkürlich gemachte, auf Verträge und Urkunden gegründete Völkerrecht *(jus gentium diplomaticum)* von dem natürlichen *(jus naturae et gentium)*, welches die ewigen Rechte der vernünftigen Natur in sich begreift und aus dem göttlichen Willen selbst, aus der Liebe Gottes als seinem Urquell abstammt. Hier ist die Stelle, wo die Vorrede des Kodex den *philosophischen* Ideengang aufnimmt, welchen Leibniz schon in seiner Jugendschrift über die neue Methode, die Rechtswissenschaft zu lernen und zu lehren, dargetan und in der Sitten- und Religionslehre seines Systems ausgeführt hat. Er selbst weist auf jene Jugendschrift zurück, die er 27 Jahre früher herausgab als den Kodex. Wir wollen die Hauptpunkte hier nur berühren und ihre eingehende Behandlung unserer Darstellung der Lehre selbst vorbehalten.

Das Naturrecht, als welches aus der vernünftigen Natur notwendig folgt, umfaßt drei Gebiete, welche die Gerechtigkeit im engsten, weiteren und weitesten Umfange darstellen. Das engste Gebiet ist das der wechselseitigen Gerechtigkeit, der *justitia commutativa* oder des *jus strictum*, das weitere ist das der austeilenden Gerechtigkeit, der *justitia distributiva* oder des *jus aequum*, das weiteste das der absoluten Gerechtigkeit, der *justitia universalis*; im ersten herrscht nur das strenge Recht, im zweiten die Billigkeit und das Wohlwollen, *aequitas* und *caritas*, im dritten die Frömmigkeit und gerechte Gesinnung, *pietas* und *probitas*. Das jus strictum gebietet: „was du nicht willst, daß dir geschieht, tue keinem andern, tue kein Unrecht, *neminem laede*!" Das *jus aequum* gebietet: „was du willst, daß dir geschieht, tue dem anderen, gib jedem das seinige, *suum cuique tribue*!" Wenn das erste Gebot verletzt wird, so entsteht daraus innerhalb des öffentlichen Rechtszustandes die Klage, außerhalb desselben der Krieg. Die Erfüllung des ersten Gebotes verhindert nur Unrecht und Elend, die des zweiten befördert den

[264] Klopp VI, 15 8f.; vgl. 173 f.

Nutzen und bezweckt das Wohlbefinden aller. Die Frömmigkeit gebietet: „du sollst nicht bloß keinem Unrecht, nicht bloß jedem Recht tun, sondern das Wohl und Glück jedes andern wie dein eigenes wollen und fördern, lebe tugendhaft, *honeste vive*!" So nimmt Leibniz die drei Rechtsvorschriften Ulpians: *„neminem laede, suum cuique tribue, honeste vive*!" Er versteht unter der Tugend die uneigennützige Menschenliebe: „liebe deinen Nächsten wie dich selbst." Dies ist nur möglich, wenn du Gott über alles liebst. Daher gilt ihm der *amor divinus*, die Liebe Gottes und zu Gott, als die Quelle des Naturrechts.

Unter diesem Gesichtspunkt erscheint die Welt als das Reich Gottes, die Menschenwelt als der Staat oder die Stadt Gottes, die Gesetze dieses Staates als eine göttliche Rechtsordnung, deren Erkenntnis das Wesen und die Aufgabe der *Theologie* ausmacht. Das Naturrecht befaßt seinem ganzen Umfange nach die drei Grade oder Stufen des strengen Rechts, der bürgerlichen Gesellschaft und der göttlichen Familie: es befaßt mit anderen Worten das juristische, politische und religiöse Gebiet. Die Rechtsphilosophie teilt sich demnach in Jurisprudenz, Politik und Theologie. In diesem Lichte erscheint die Theologie als ein Teil der Rechtsphilosophie, gleichsam als die göttliche Jurisprudenz. Nur wer dieses dreifache Rechtsgebiet wissenschaftlich bemeistert, das juristische, politische und religiöse, ist im wahren Sinne des Wortes *„juris philosophus*"[265].

2. *Die Sammlung mittelalterlicher Geschichtsquellen*

Das historische Werk ruht auf der Grundlage einer reichen Sammlung mittelalterlicher Schriften, die zur Erleuchtung der alten Geschichte Braunschweigs dienen und von Leibniz aus handschriftlichen Quellen teils zum ersten Male, teils in vermehrter und verbesserter Form veröffentlicht werden. Sie erscheinen in drei Folianten unter dem Titel *„Scriptores rerum Brunsvicensium illustrationi inservientes*" in den Jahren 1707–1711. Die Sammlung enthält 157 Schriften, die sämtlich vor 1500 geschrieben, mit zwei Ausnahmen, einer italienischen und einer altsächsischen Handschrift, in lateinischer Sprache verfaßt und von dem Herausgeber mit kritischen und biographischen Erörterungen eingeführt sind. Dazu kommen noch fünf Werke, namentlich chronikalischer Art, deren Sammlung Leibniz als *„Accessiones historicae*" bezeichnet, den „Scriptores" vorausgeschickt und schon im Jahre 1698 in zwei Quartbänden

---

[265] Klopp VI, 469–478. Vgl. Dutens IV. 3, 294–297. Vgl. „Nova methodus" P. II. § 71–76; ebendas. 211–214. Über die Prinzipien des Naturrechts vgl. die „Praefatio codicis" und Leibniz an Bierling, Hannover 20. X. 1712; Dutens V, 387 bis 389. Guhrauer, Leibnitz I, 218 f.; II, 119–122.

veröffentlicht hat. Der zweite enthält das Chronikon des Mönchs Albericus.

Er schrieb zu der Sammlung der „Scriptores" eine in Ansehung der Bedeutung und Absicht des Werkes lehrreiche Einleitung und zu jedem Bande der „Accessiones" eine Vorrede. In der Einleitung wird gezeigt, daß in Deutschland nach der Erfindung der Typographie und nach der Einführung der Renaissance und Reformation, diesen drei Epoche machenden Begebenheiten, welche einander gefolgt sind, die Zeit des historischen Quellenstudiums und einer auf die Prüfung und Nachweisung der Quellen gegründeten *kritischen Geschichtsschreibung* gekommen sei; Leibniz rühmt die Anfänge derselben und tadelt den Abt Johann von Tritheim, der in der Naturkunde lieber durch Zaubereien, in der Geschichtskunde lieber durch Fabeln habe glänzen wollen, als echte Geschichte schreiben, was er bei seiner außerordentlichen Kenntnis der Handschriften vermocht hätte[266].

3. Das Geschichtswerk

Die genealogische Aufgabe, welche zunächst nur die Feststellung des Ursprungs und Stammbaums der Welfen betraf, hatte im Fortgange der ausgedehntesten Forschungen sich erweitert und dem Geiste Leibnizens gemäß, der die Dinge stets in ihren großen Zusammenhängen sah, den Umfang nicht bloß einer braunschweigischen Landes-, sondern einer deutschen Reichsgeschichte angenommen. Er hatte urkundlich nachgewiesen, daß der Markgraf *Azo* im ersten Jahrhundert der gemeinsame Stammvater der deutschen Welfen und der italienischen Este war, daß aus seiner ersten Ehe mit *Kunigunde*, der Erbtochter der alten welfischen Grafengeschlechter, die herzoglichen Welfen in Deutschland, aus seiner zweiten Ehe mit *Garsendis*, einer französischen Fürstentochter (aus dem Lande Maine), die herzoglichen Este in Italien abstammten; er hatte entdeckt, daß Azos Vorfahren nicht, wie er selbst noch bei Abfassung der Personalien des Herzogs Johann Friedrich (1679) geglaubt hatte, durch Kaiser Lothar von Karl dem Großen, sondern von dem Grafen Bonifazius herkommen. Der Sohn Kunigundens war der erste welfische Herzog, dessen Sohn Welf II. mit der Markgräfin *Mathilde* von Tuszien, ihrer Zeit der mächtigsten Fürstin in Italien, der Freundin und Parteigängerin Gregors VII., vermählt wurde.

---

266 Dutens IV, 2, Introductio 3–52, Praefationes 53–63. Über die Herausgabe der „Scriptores" vgl. Briefe vom 12. August 1704 (Dutens V, 133) und 10. Juli 1705 (ebendas. VI, 2, 219). In diesem Briefe an Dr. Wotton in Canterbury findet sich die sehr bemerkenswerte Stelle, worin Leibniz den *Martin Opitz* als den Begründer der neueren deutschen Poesie und insbesondere als den Herausgeber des *Annoliedes* rühmt (S. 218).

Der Bruder dieses Welf war Heinrich der Schwarze und dessen Enkel Heinrich der Löwe, der Stammvater der braunschweigischen Landesfürsten, der Vater des welfischen Kaisers Otto IV. (1198–1218).

Die altwelfischen Grafen, die Vorfahren Kunigundens, sind mit den karolingischen Königsgeschlechtern genau verknüpft, denn *Judith*, die Tochter des Grafen Welf I., wurde die zweite Gemahlin Ludwigs des Frommen (819) und als solche die Stammutter der französischen Karolinger, während die Welfentochter *Emma* (Hemma) als die Gemahlin Ludwigs des Deutschen die Stammutter der deutschen Karolinger wurde. Von Konrad, dem Bruder Judiths, stammen die burgundischen Könige. So verzweigt sich die Hausgeschichte der Welfen und die Landesgeschichte Braunschweigs mit der Geschichte des abendländischen Kaiserreiches seit Karl dem Großen. Daher verknüpft Leibniz die Einzelgeschichte mit der Reichsgeschichte, er beginnt mit dem Anfange der Regierung Karls des Großen und nimmt zu seiner Richtschnur die Folge der Jahre, da die „accurata temporum series“, wie er den 31. März 1702 an Jablonski schreibt[267], den Weg des Historikers am besten erleuchte; er will sein Werk nach der Art einrichten, wie die Magdeburger Zenturien von lutherischer und die *annales ecclesiasticae* des Baronius von katholischer Seite die Kirchengeschichte behandelt haben: er schreibt *„Annales imperii occidentis Brunsvicenses“*.

Diese Annalen sollten nach dem ersten und weitesten Plane sich bis auf Ernst August erstrecken, also einen Zeitraum von 930 Jahren umfassen, wenn sie bis zum Tode des ersten Kurfürsten von Hannover fortgeführt wurden (768–1698); dann wurde der Umfang auf fünftehalb Jahrhunderte eingeschränkt: von Karl dem Großen bis zum Tode des welfischen Kaisers Otto IV. (768–1218); auch dieses Ziel war zu weit gesteckt, das Werk sollte mit dem Aussterben der Kaiser aus dem alten Hause Braunschweig, also mit dem Ende der sächsischen Kaiser, mit dem Tode Heinrichs II. schließen (768–1024). Doch hat Leibniz auch dieses Ziel nicht ganz erreicht, er hatte sein Werk bis 1005 geführt, als er starb.

Die Ausarbeitung, obwohl seit 1692 geplant, wo Leibniz noch einen Zeitraum von 24 Lebensjahren vor sich hatte, schob sich hinaus und erlitt durch die Herausgabe der historischen Sammelwerke, durch Arbeiten und Interessen anderer Art, wie die Stiftung der Berliner Akademie, durch Reisen und längere Aufenthalte in Berlin und Wien so viele Unterbrechungen, daß sie unausgesetzt nur in den beiden letzten Lebensjahren gefördert wurde. Der Kurfürst Georg Ludwig nannte das Werk, mit dem Leibniz fortwährend

---

[267] Vgl. Pertz I, Einl. XV.

beschäftigt zu sein vorgab und von dem man nie etwas zu sehen bekam, „das unsichtbare Buch" und wurde zuletzt sehr ungehalten darüber, daß Leibniz so oft auf Reisen ging und die Geschichte Braunschweigs im Stich ließ. Wie aus seinen Briefen vom November 1715 und Januar 1716 an *Muratori*, den berühmten Bibliothekar und Achivar in Modena, erhellt[268], hatte Leibniz während seines letzten Lebensjahres noch den Zeitraum der drei letzten sächsischen Kaiser zu beschreiben. Im Jahre 1705 erreichten die Annalen erst das Jahr 783, das fünfzehnte der Regierung Karls des Großen. Wir erkennen es aus einer rührenden Stelle. Leibniz erzählt den Tod Hildegards, der dritten Gemahlin Karls, und erwähnt die Grabschrift, worin sie als die schönste Frau des Abendlandes gepriesen wird, doch habe die Schönheit ihres Geistes noch die des Körpers überstrahlt. Da vergegenwärtigt sich ihm das Bild seiner königlichen Freundin Sophie Charlotte: „Bei diesen Worten muß ich unwillkürlich der uns jüngst entrissenen Königin von Preußen gedenken, denn es gibt in unserem Zeitalter keine Frau, auf welche diese Worte besser paßten."[269] Die Königin Sophie Charlotte starb den 1. Februar 1705.

Der erste Band war gegen Ende des Jahres 1715 druckfertig, doch wollte Leibniz mit der Herausgabe bis zur Vollendung des zweiten warten. Nun sollte man meinen, daß die hannoverische Regierung für die Veröffentlichung des nachgelassenen Werkes sogleich gesorgt haben werde, da sie den Verfasser zur Ausarbeitung gedrängt und wiederholt ermahnt hatte, diese Arbeit ja nicht zu verabsäumen. Indessen geschah nichts, das Werk geriet in Vergessenheit, und es sind seit dem Tode des Verfassers fast 130 Jahre vergangen, bevor es an das Licht trat.

Schon Leibniz hatte das historische und genealogische Werk, die „Annales Brunsvicenses" und die „Origines guelficae", voneinander getrennt: er wollte jene, Eckhart, sein Gehilfe und Nachfolger als Bibliothekar und Historiograph, sollte diese herausgeben. Wollte man in den Annalen die Beweisstellen nicht bloß nach Eckharts Absicht anzeigen, sondern, wie sein Nachfolger Hahn im Sinn hatte, abdrucken, so würde das Werk einen Umfang von vierzig Folianten erreicht haben. Die Landesherren interessierten sich mehr für die *Origines guelficae* als für die Annalen, und so wurde auf den Wunsch Georgs II. die Herausgabe jener in Angriff genommen und von Scheidt in vier Folianten ausgeführt (1750–1753), denen Jung noch einen fünften hinzufügte (1780). Für das Leibnizische Geschichtswerk tat er nichts, und nach seinem Tode blieb dreißig

[268] Vgl. Campori, Corrispondenza tra L. A. Muratori et G. G. Leibniz, Modena 1892, S. 236ff.; Pertz I, XX.

[269] „Haec verba scribens reginae Borussorum nuper amissae meminisse cogor, neque enim in aliam nostro aevo dici felicius possent."

Jahre (1802–1832) lang die Stelle eines Historiographen in Hannover unbesetzt.

Endlich fanden auch die Annalen in Georg Heinrich Pertz, dem Leiter der „Monumenta Germaniae“ und Historiographen des Gesamthauses Braunschweig-Lüneburg, den vorzüglichsten Herausgeber; sie erschienen in drei Bänden (1843–1845) und bedurften nicht mehr der Beweisstellen, da diese in den „Monumenta“ enthalten und leicht zu finden waren[270].

Dreizehntes Kapitel. Gründung gelehrter Gesellschaften. Die Stiftung der Sozietät der Wissenschaften in Berlin. Pläne für Dresden, Petersburg und Wien.

I. Das Zeitalter Friedrichs III. (I)

1. Das neue Königreich

Der Große Kurfürst hatte aus seinen märkischen, preußischen und rheinischen Landen den Staat geschaffen, woraus unter dem ersten seiner Nachfolger ein Königreich, unter dem zweiten ein wohlgeordneter und kriegsbereiter Militärstaat, unter dem dritten die deutsche und europäische Großmacht hervorgehen sollte, welche berufen war, in unseren Tagen das deutsche Kaiserreich in der Kraft einer gebietenden Weltmacht neu zu begründen. In demselben Jahre, wo ihm sein Erbe geboren wurde, hatte Kurfürst Friedrich Wilhelm aufgehört, in seinen preußischen Landen der Vasall Polens zu sein, und war souveräner Herzog von Preußen geworden, wodurch er sich und seinem Hause den Anspruch auf die Königskrone erwarb (1657). Diesen gerechten und zeitgemäßen Anspruch erfüllte der Sohn, als er den 18. Januar 1701 in Königsberg die Krone auf sein Haupt setzte. Es geschah, nachdem der Kurfürst von Sachsen durch seinen Übertritt zur römischen Kirche die Krone Polens erlangt (1698) und nachdem sich dem kurfürstlichen Hause von Hannover die Aussicht auf die Krone Englands eröffnet hatte. Kurfürst Friedrich von Brandenburg war nach dem Kaiser der mächtigste unter den deutschen Reichsfürsten und nach der Konvertierung Augusts II. von Sachsen der eigentliche Schutzherr der evangeli-

[270] Godofr. Wilh. Leibnitii Annales imperii occidentis Brunsvicenses ex codicibus bibliothecae regiae hannoveranae ed. Georgius Henricus Pertz. Hannoverae, impensis bibliopolii aulici Hahniani. (Tom, I, annales ann. 768–876; T. II. 877–955; T. III. 956–1005.) Vgl. die Vorrede I. V-XXXV.

schen Kirche in Deutschland. Die Krönung in Königsberg fällt in die Mitte seiner fünfundzwanzigjährigen Regierung (29. April 1688 bis 25. Februar 1713): die erste Hälfte gehört noch Friedrich III., dem letzten Kurfürsten von Brandenburg, die zweite Friedrich I., dem ersten Könige von Preußen.

Man darf in diesem Fürsten nicht bloß die Prachtliebe sehen, es war ein Zug, der auch seinem Vater keineswegs gefehlt hat, seinem Sohne dagegen völlig abging und in ihm selbst mit einem gewissen Übermaße hervortrat; man würde diesen Zug falsch beurteilen, wenn man darin nur eine persönliche Schwäche erblicken wollte, denn derselbe erklärt sich aus dem Zeitalter, welches Ludwig XIV. in der Fülle seines Ruhmes und Glanzes sah, und rechtfertigt sich durch Werke, die Friedrich in seiner Hauptstadt entstehen ließ und welche ihr zu unvergänglicher Zierde gereichen. Unter seiner Regierung sind eine Reihe fruchtbarer und fortwirkender Schöpfungen in das Leben getreten, an denen seine Prachtliebe keinen, sein fürstlicher Ehrgeiz einen dankenswerten Anteil hat.

2. *Die religiöse Bewegung. Die neue Universität*

Überall sehen wir fortschreitende Kräfte in Bewegung. Die französischen Kalvinisten, die Ludwig XIV. durch die Aufhebung des Toleranzediktes (1685) aus ihrem Vaterlande vertrieben und der Große Kurfürst noch gegen Ende seiner Regierung gastlich in seinen Staaten und in seiner Hauptstadt aufgenommen hatte, finden unter dem Sohne in vermehrter Menge eine gedeihliche Zuflucht und dienen dem Lande zur Verbesserung der industriellen Arbeit. Die französische Kolonie in Berlin wird ein Herd der reformierten Konfession und Theologie, die in Männern wie Jakob Lenfant und Isaak Beausobre Prediger und Gelehrte von großem Ansehen zu ihrer Verteidigung in das Feld führt: jener verfaßt ein Werk über das Kostnitzer Konzil, dieser über die Manichäer.

Im Schoße des deutschen Luthertums selbst hat sich eine neue religiöse Bewegung erzeugt, welche der unfruchtbar gewordenen, in dogmatischen Streitereien verödeten Theologie entgegenwirkt und die Sache des Christentums wieder lebendig und praktisch zu machen, in wirkliche Frömmigkeit und tatkräftigen Glauben zu verwandeln strebt: der *Spener-Franckesche Pietismus*, dessen Vertreter das sächsische Luthertum in Wittenberg, Leipzig und Dresden bekämpft, von Leipzig und Dresden verdrängt, Kurfürst Friedrich dagegen bei sich aufnimmt. Der Prediger Philipp Jakob *Spener* verläßt Dresden und folgt als Propst dem Rufe nach Berlin (1691), die Professoren *H. A. Francke* und *Christian Thomasius* werden aus Leipzig vertrieben und gehen nach Halle, wo sie ihre Wirksamkeit ungestört ausüben dürfen. Hier gründet der Kurfürst eine neue von der religiösen Bewegung der Gegenwart ergriffene und deren Erhaltung und Ausbildung gewidmete Universität (1694). Er zählt jetzt vier Universitäten in seinen Staaten: Frankfurt an der Oder, Königsberg in Preußen, Duisburg in Kleve und Halle an der Saale.

Die Geltung des reformierten Bekenntnisses im kurfürstlichen Hause, die Aufnahme einer französischen Gemeinde in Berlin, die Wirksamkeit der Pietisten in Halle, die Gründung der neuen Universität, daneben die fortbeständige Herrschaft des überlieferten Luthertums in Land und Volk haben in den öffentlichen Glaubenszuständen Gegensätze hervorgerufen, welche die Einführung einer evangelischen Union wünschenswert und die Ausübung der religiösen *Toleranz* notwendig machen. Da die Union zurzeit nicht zu erreichen war, so blieb, um den religiösen Überzeugungen Raum zu lassen, nur der Weg der Toleranz übrig, wie Leibniz, als er die Unionsfrage zu erörtern hatte, auch sogleich erkannte und aussprach. Diese Unionsverhandlungen waren die erste, von dem Kurfürsten Friedrich betriebene Angelegenheit, woran Leibniz einen sehr regen geschäftlichen, aber nach der Lage der Dinge und seiner eigenen Voraussicht erfolglosen Anteil nahm[271].

3. Die philosophische Bewegung. Pufendorf, Thomasius, Wolff

Zwischen der religiösen Toleranz und den Bestrebungen der Wissenschaft und Philosophie besteht eine naturgemäße und günstige Wechselwirkung; sie erhalten und fördern sich gegenseitig. Während einiger Jahre wirkten gleichzeitig *Samuel Pufendorf* in Berlin (1686 bis 1694), wohin noch Kurfürst Friedrich Wilhelm denselben als Historiographen berufen hatte, und *Christian Thomasius* in Halle. Pufendorf war in der Begründung des Natur- und Völkerrechts der Nachfolger von Hugo Grotius und der erste akademische Vertreter dieser neuen Disziplin, als Kurfürst Karl Ludwig an seiner Universität Heidelberg den ersten Lehrstuhl für Natur- und Völkerrecht gegründet hatte (1661). Während er hier seinen Lehrberuf ausübte, veröffentlichte Pufendorf unter dem Namen „*Monzambano von Verona*" jene berühmte Schrift, worin er die damaligen Verfassungszustände des deutschen Reiches kritisch beleuchtete, die Mängel und Übel des Kaisertums darlegte und auf die Notwendigkeit einer politischen Umgestaltung in einem neu organisierten Staatenbunde hinwies (1667). Als der *Caesarinus Furstenerius* erschienen war, hielten einige ihn zuerst für den Verfasser dieses Werkes, dessen Ausführungen keineswegs nach seinem Sinn waren. Seine Elemente der allgemeinen Rechtslehre

[271] S. oben Kap, XI, S. 176–181.

(*Elementa jurisprudentiae universalis* 1660) und seine Fundamente des Natur- und Völkerrechts (*Fundamenta juris naturae et gentium* 1672) haben den Weg gebahnt, auf dem Chr. Thomasius ihm nachfolgte, der zuerst mit der Bewegung zusammenging, welche Spener und Francke hervorgerufen hatten.

Was Thomasius, diesen jüngeren Landsmann unseres Leibniz und den Sohn seines uns bekannten Lehrers, der Sache des Pietismus geneigt machte, war der natürliche, gesunde, praktische Kern der Religion und des Christentums, dessen Pflege in dem verengten, dogmatischen Luthertum fast verloren gegangen. Er war einer der ersten und wirksamsten Wortführer der Ansprüche und Interessen des natürlichen und gesunden Menschenverstandes. In einer Zeit, wo in Deutschland die Nachahmung der Franzosen in Tracht, Sitte und Sprache alles galt, hielt Thomasius über die richtige Art dieser Nachahmung in Leipzig eine akademische Vorlesung, die den Nagel auf den Kopt traf. Die Franzosen reden auch in wissenschaftlichen Dingen ihre Muttersprache: machen wir es wie sie; reden, lehren und schreiben wir deutsch statt lateinisch! Er bekräftigte seine Worte gleich durch die Tat, er gab die Ankündigung seiner Vorlesung wie diese selbst in deutscher Sprache, was man noch nie mit einer *öffentlichen* Vorlesung gewagt hatte; es war an deutschen Universitäten ein bisher unerhörter, für die Nachwelt denkwürdiger Vorgang, welcher in dem letzten Regierungsjahre des Großen Kurfürsten stattfand (1687). Schon im nächsten Jahre ließ Thomasius auch eine gelehrte Zeitschrift in deutscher Sprache folgen, welche ebenfalls die erste ihrer Art war.

Der eigentliche Schwerpunkt seiner Erfolge und Bedeutung fiel in seine langjährige *juristische* Lehrtätigkeit an der neuen Universität in Halle (1694–1728), welche Thomasius entstehen sah und mitbegründen half; er wurde, als die Universität ins Leben trat, der zweite, im Jahre 1710 der erste Lehrer der Juristenfakultät und schuf die dortige *rationalistische Rechtsschule*, die der pietistischen Theologenschule, ihrer Nachbarin, bald genug ein Dorn im Auge wurde. Thomasius verteidigte im Pietismus den religiösen Sinn, aber er verwarf die „Kopfhängerei“ wie in der Schulgelehrsamkeit den Pedantismus; er gab der Philosophie, indem er sie grundsätzlich von der Theologie trennte, den Charakter und Ausdruck der „Weltweisheit“ und der Kirche, indem er sie grundsätzlich vom Staate trennte, die Geltung einer religiösen Korporation, die, wenn sie nicht den Gesetzen und dem bürgerlichen Wohl widerstreite, den Rechtsanspruch auf Duldung habe. So erschien nach den Grundsätzen des Thomasius die Ausübung der religiösen Toleranz nicht bloß als ein ratsamer, durch die Verhältnisse gebotener *modus vivendi*, sondern als eine vernunftgemäße Pflicht. Bei der

Wirksamkeit und Bedeutung, die dem Thomasius zukam, würde schon diese seine öffentliche Lehre hinreichen, um uns erkennen zu lassen, daß in dem Zeitalter Friedrichs I. die *Aufklärung* des Jahrhunderts, insbesondere die deutsche Aufklärung zu tagen beginnt, die in dem Zeitalter Friedrichs II. ihre Mittagshöhe erreicht.

Wir wollen nicht übersehen, daß die Zeitschriften, welche Thomasius in Halle herausgab, unter ihren Mitarbeitern auch *Leibniz* zählten, und daß *Christian Wolff*, der berufen war, Leibnizens Lehre zu systematisieren, zu verdeutschen und auszubreiten, unter dem ersten Könige von Preußen nach Halle berufen, unter dem zweiten von Halle vertrieben, unter dem dritten dahin zurückberufen wurde. Die Philosophen haben wie die Könige ihre Zeitalter: dem Zeitalter Friedrichs des Großen sollte Kant entsprechen, dem Friedrichs I. entsprach Leibniz, und beide Philosophen waren sich dieser Zusammengehörigkeit bewußt. Ich rede von den Zeitaltern dieser Herrscher, nicht von ihren Personen.

4. Die literarische Bewegung. Die Berliner Dichterschule

Auch in der Entwicklung unserer *Literatur* bezeichnet die Ära des ersten Königs von Preußen einen Wendepunkt, den wir in dem Fortgange vom 17. zum 18. Jahrhundert, von der schlesischen zur sächsischen Schule, von Opitz zu Gottsched als einen bemerkenswerten Faktor betrachten müssen. Hatte Opitz auf die Dichter der altfranzösischen Renaissance, insbesondere Ronsard, hingewiesen und sie in Deutschland zur Nachahmung empfohlen, und hatten im Gegensatze dazu die Führer der sogenannten zweiten schlesischen Schule die spätitalienische Renaissance, namentlich Marino zu ihrem Vorbilde gewählt, so war jetzt der Zeitpunkt gekommen, um die *neufranzösische* Literatur und Dichtung, die das Zeitalter Ludwigs XIV. zum goldenen gemacht hat, in Deutschland leuchten zu lassen und die Geschmacksrichtung zu ergreifen, in welcher *Boileau* Vorbild und Führer war.

Wenn die Natur doch immer für das Ziel galt, dem die Dichtung zustreben müsse, so war die Wendung, die uns von den jüngeren Schlesiern zu den Franzosen, von Marino zu Boileau geführt hat, ein Fortschritt, größer zu achten, als die Dichter, die ihn darstellen. An ihrer Spitze steht Ludwig von Canitz aus Berlin, dem Johann von Besser aus Kurland und der Schlesier Benjamin Neukirch gefolgt sind. Die Bewunderung und Nachahmung Boileaus paßte an den Hof eines Fürsten, der von der Bewunderung und Nachahmung Ludwigs XIV. erfüllt war. Canitz (1654 bis 1700) vollendete seine noch unter dem Großen Kurfürsten begonnene, höfische und diplomatische Laufbahn unter Friedrich III. als einer der ersten Männer des kurfürstlichen Hofes; Besser (1654–1729) wurde der erste Oberzeremonienmeister des neuen königlichen Hofes, und Neukirch, der literarisch betriebsamste dieser Dichterschule, führte als Lehrer an der Berliner Ritterakademie ein kümmerliches Dasein (1703–1718), welches er in einer seiner Satyren geschildert und durch die Festgedichte, wodurch er den Tod der Königin Sophie Charlotte, die dritte Vermählung des Königs, die Eröffnung der Akademie der Wissenschaften feierte, nicht zu verbessern vermocht hat. Ein erotisches Gedicht von Besser, das noch im Geschmack und Stil der jüngeren Schlesier verfaßt war, hatte bei Sophie Charlotte wie bei Leibniz großes Gefallen gefunden.

Trotz den damaligen Hofsitten und seiner Bewunderung für Ludwig XIV. war der Kurfürst in gewissem Sinne deutsch gesinnt und seiner Muttersprache zugetan. Als er in Berlin die Sozietät der Wissenschaften stiftete, war es sein ausdrücklicher Wille, daß in der Urkunde als eine der Hauptaufgaben der neuen Akademie die Erhaltung der deutschen Sprache in ihrer Reinheit und das wissenschaftliche Studium derselben festgestellt wurde. Es fügte sich trefflich zusammen, daß Leibniz schon einige Jahre vorher, noch ehe er jene Neigung des Kurfürsten kannte, seine „Unvorgreifliche Gedanken, betreffend die Ausübung und Verbesserung der deutschen Sprache“ geschrieben hatte (1697)[272].

5. Die Akademie der Künste. Schlüter

Ein Jahr nach Entstehung der neuen Universität in Halle trat zu Berlin die Akademie für die bildenden Künste ins Leben unter der Leitung des *Andreas Schlüter*, des größten Bildhauers und eines der größten Baumeister seiner Zeit, der fast zwanzig Jahre lang bis zum Tode Friedrichs I. in Berlin wirkte (1694–1713) und der neuen Königsstadt ihre schönsten Kunstwerke schuf: das königliche Schloß und die Reiterstatue des Großen Kurfürsten. In dem benachbarten Dorfe Lietzow baute er das Schloß Lützenburg (1696), welches nach dem Tode der Königin Sophie Charlotte den Namen *Charlottenburg* erhielt. Hier haben zwischen Leibniz und seiner königlichen Freundin jene philosophischen Unterredungen stattgefunden, aus denen die im Jahre 1710 veröffentlichte *Theodizee* hervorging.

---

[272] Vgl. Guhrauer, Leibnitz's Deutsche Schriften I, 440–486. S. oben Kap. IV, S. 61–62.

II. Die Sozietät der Wissenschaften in Berlin[273]

1. Leibnizens Aussichten und Wünsche

Es gab in Deutschland keinen Schauplatz, der für unseren Philosophen mehr vorbereitet und geeignet schien, als Berlin unter seinem letzten Kurfürsten und ersten Könige. Als Leibniz von seiner Forschungsreise zurückgekehrt war, hatten sich schon die Verhältnisse so gestaltet, daß er dort auf einen erweiterten und neuen Wirkungskreis hoffen konnte. Während seiner Abwesenheit war der Große Kurfürst gestorben, und Sophie Charlotte, die einzige Tochter des in Hannover regierenden Hauses, war, noch bevor sie ihr zwanzigstes Jahr vollendet hatte, Kurfürstin von Brandenburg und Mutter des Prinzen Friedrich Wilhelm geworden, der als der zweite in der Reihe der Könige von Preußen seinem Vater folgen sollte.

Das innige Einverständnis der Herzogin Sophie und ihrer Tochter, zweier durch die Ähnlichkeit der Gemüts- und Vorstellungsart so geistesverwandter, durch Klugheit und Verstand so ausgezeichneter Fürstinnen, konnte nach aller Voraussicht nicht ohne Einwirkung auf das Verhältnis der beiden, durch mancherlei Mißhelligkeiten und Interessenstreit in häufiger Spannung befindlichen Höfe bleiben. Wenn Leibniz, der sich das Vertrauen und die Zuneigung der Herzogin (seit 1692 Kurfürstin) Sophie in hohem Maße erworben hatte, die gleichen Beziehungen zu Sophie Charlotten gewann, so durfte er sich wohl als die geeignete Person ansehen, um den Absichten der beiden Kurfürstinnen zu dienen und ein gutes Einvernehmen zwischen den Höfen von Hannover und Berlin zu vermitteln. Dazu mußte freilich die erste aller Bedingungen erfüllt und Sophie Charlotte selbst in den Stand gesetzt sein, einen bestimmenden Einfluß auf ihren Gemahl auszuüben, was sie erst nach dem Sturze des Ministeriums Danckelmann im Jahre 1697 vermochte.

Als bald darauf der Kurfürst Ernst August starb (28. Januar 1698), gestaltete sich die Lage unseres Philosophen in Hannover weniger günstig als vorher. Der Nachfolger war nicht dazu angetan, die Bedeutung eines Leibniz richtig zu würdigen, er hatte für seine Geistesgröße keinen Sinn, für seine Person keine Rücksicht und sah in ihm einen Hofgelehrten, welcher gelegentlich den Dienst eines Wörterbuches zu verrichten und im übrigen die Geschichte des Hauses Braunschweig zu schreiben habe. Um so lebhafter

[273] Über die Stiftung der Berliner Gesellschaft der Wissenschaften vgl.: Geschichte der Königlich Preußischen Akademie der Wissenschaften zu Berlin, im Auftrage der Akademie bearbeitet von Adolf *Harnack*. Berlin 1900. I, Einl. 1–69; Erstes Buch, Kap. I-III, 71–215. Bd. II. Urkunden und Aktenstücke zur Gesch. d. K. Pr. A. d. W. S. 3–232.

wünschte sich Leibniz einen zweiten Wirkungskreis in Berlin; seine Hoffnungen befestigten sich, da sie von beiden Kurfürstinnen unterstützt wurden, und Sophie Charlotte selbst den Philosophen in ihrer Nähe zu haben wünschte.

2. Denkschriften und Pläne

Das Jahr 1697 brachte den Frieden von Ryswijk und den Sturz Danckelmanns, wodurch die beiden größten Hindernisse fortgeräumt wurden, welche Leibnizens Aussichten und Wünschen im Wege standen. So lange Danckelmann regierte und in Berlin der allesvermögende Mann war, hatte Sophie Charlotte keinen Einfluß und ihre Empfehlungen nicht den mindesten Wert; sie lebte für ihren Sohn, den sie zärtlich liebte, und für die Musik, ohne alle Beteiligung an den Fragen der Politik und des Landes, ohne alle Einwirkung auf die Geschäfte. Leibniz war überrascht und freudig verwundert, als er vernahm, daß die Kurfürstin sich auch für die Wissenschaften interessiere[274].

In Denkschriften, die noch vor dem Frieden von Ryswijk geschrieben und nicht an bestimmte Personen gerichtet sind, hat Leibniz seine Ideen über die Forderungen der Zeit aufgezeichnet und in der Art, welche an seine erste Denkschrift über die polnische Königswahl erinnert, nach einer Richtschnur geordnet, die von den allgemeinsten Zielen der Menschheit zu den speziellsten Aufgaben der Gegenwart fortschreitet. Die Verbesserung der elenden Kulturzustände Deutschlands, das in den Gebieten der Landwirtschaft, der Industrie und des Handels so weit gegen Frankreich und die Niederlande zurückstehe, sei die zeitgemäßeste aller Aufgaben; die Beförderung der nützlichen Künste und Wissenschaften sei dazu der beste Weg und in Deutschland zur Ausführung solcher Werke kein Staat und Fürst geeigneter und fähiger als Brandenburg unter dem Sohne des Kurfürsten Friedrich Wilhelm, der diese großen Absichten selbst gehegt, auch zu verwirklichen begonnen habe, aber durch die Notstände der Zeit nur zu sehr gehemmt worden sei. Jetzt vollende der Sohn die Werke des Vaters, wie Salomo die Werke Davids. Friedrich III. sei ein Friedensfürst, während der Vater ein Kriegsfürst war und sein mußte. Leibniz hat diese etwas gezierte Vergleichung gern wiederholt, und als Sophie Charlotte auf seine Pläne einging, so war zu dem Salomo in Berlin auch die Königin von Saba gefunden[275].

---

[274] Vgl. Leibniz: Sur la cour de Berlin; Klopp X, 36–40; Harnack II, 42 ff. Zu vgl. Leibniz an Sophie Charlotte, November 1697; Klopp VIII, 47 ff.

[275] Mémoire pour des personnes éclairées et de bonne intention, 1–4; Klopp X, 7–33. Vgl. Harnack II, 34 ff. Vgl. Brief an Sophie Charlotte vom 14. Dez. 1697; Klopp X,10; Harnack II, 16 f.

Es waren besonders zwei Werke, deren Herstellung Leibniz in jenen Denkschriften ins Auge gefaßt hatte und in der fünften, welche deutsch geschrieben war, dringend empfahl: die Einrichtung wohlgeordneter Archive als Quellensammlung zur Landes- und Zeitgeschichte, die ein dazu berufener Historiograph in Jahrbüchern (Annalen) aufzeichnen solle, und die Gründung einer wissenschaftlichen Gesellschaft nach dem Vorbilde der königlichen Sozietät in London und der königlichen Akademie in Paris. „Wie, wann nun sub auspiciis Friderici eine societas electoralis Brandenburgica, exemplo regiarum Londinensis et Parisiensis eingerichtet würde? Da gelehrte Leute in omni studiorum genere, sonderlich aber in physicis et mathematicis nützliche Gedanken, inventa et experimenta, zusammentrügen, daß ich zur guten Einrichtung eines solchen Vorhabens etwas beitragen könnte?“[276]

Die Stelle des Historiographen war durch den Tod Pufendorfs, der diesen Beruf durch die Regesten des Großen Kurfürsten und Friedrichs III. in ausgezeichneter Weise erfüllt hatte, erledigt, und Leibniz wünschte, wie er zugleich Bibliothekar in Hannover und Wolfenbüttel war, nun auch zugleich braunschweigischer und brandenburgischer Historiograph zu werden, was er aber nicht erreichte. Sein Hauptziel, das der beispiellosen Universalität seiner wissenschaftlichen Natur und seinen gehegtesten Plänen auch am meisten entsprach, blieb die Gründung einer Sozietät der Wissenschaften in Berlin, wenn es gelang, Sophie Charlotten und mit ihrer Hilfe den Kurfürsten dafür zu gewinnen.

Sobald dieser nach dem Sturze Danckelmanns ihrem Einfluß zugänglicher wurde und die Kurfürstin nun der Pflege der Kunst und Wissenschaft ihr Interesse zuwendete, begannen auch Leibnizens Pläne zu reifen. Kaum hatte er gehört, daß die Fürstin in einem Gespräche mit dem Hofprediger Jablonski über den guten Fortgang der Akademie der Künste ihre Freude geäußert und bei dieser Gelegenheit zugleich den Wunsch ausgesprochen habe, nach dem Vorbilde von Paris auch in Berlin eine *Sternwarte* gegründet zu sehen, so richtete er an sie ein hocherfreutes Schreiben, worin er es nicht genug preisen konnte, daß Sophie Charlotte gleich ihrer Mutter den Wissenschaften, die er in der Welt über alles schätze, günstig gesinnt sei. Aber um nützlich und ins Große zu wirken, bedürfen sie einer wohl organisierten Vereinigung ihrer Kräfte. Im Zusammenhange mit der Sternwarte und der astronomischen Stelle müsse man zum Ruhme des Kurfürsten und zur Ehre Deutschlands eine *Sozietät der Wissenschaften* in Berlin gründen, die es mit denen zu London und Paris wohl werde aufnehmen können. Dieser

[276] Mém. 5. Klopp X, 33–36; Harnack II, 41 f.

Brief aus dem November 1697 ist als der eigentliche Beginn der Annäherung an Sophie Charlotte und als der fortwirkende Anfang einer Reihe von Briefen zu betrachten[277], die uns nur zum Teil erhalten sind und deren letzten Leibniz den 31. Januar 1704 schrieb, am Tage vor dem Tode der Königin. Sie schenkte ihm, wie Friedrich der Große gesagt hat, ihre Freundschaft, deren Gewicht weniger in dem brieflichen Austausch als in dem unmittelbar persönlichen Verkehr lag, der Leibnizen während seines jährlich wiederkehrenden Aufenthaltes zu Berlin in den Jahren von 1700–1704 vergönnt war. Es waren die glücklichsten und hellsten seines Lebens.

Unser Philosoph wußte seine Pläne zu ordnen: in erster Reihe stand die diplomatische Aufgabe im Dienste der beiden kurfürstlichen Höfe, die seinen zeitweiligen Aufenthalt in Berlin wünschenswert machte, in zweiter die wissenschaftliche Stellung, die einen solchen Aufenthalt forderte und dessen politische Absichten verdeckte. Das Einverständnis der beiden Kurfürstinnen sollte das der beiden Kurfürsten vermitteln, deren Länder ihrer Lage nach wie aus *einem* Stück seien und die in allen großen Angelegenheiten, wie der Erhaltung des europäischen Gleichgewichtes, der Sicherheit des deutschen Reiches und der protestantischen (durch den Frieden von Ryswijk schwer geschädigten) Religion, völlig gemeinsame Interessen hätten. Ein Schreiben vom 4. Dezember 1697, welches Leibniz der Kurfürstin Sophie überreicht hatte, um es der Tochter zu senden, war nur von dieser Idee erfüllt und auf die Sinnesart Sophie Charlottens berechnet, selbst auf ihren Kunstsinn. Keine Musik sei rührender als die Harmonie zufriedener Völker, kein Gemälde anmutiger als die Landschaft blühender Staaten; sie selbst wirke wie die Göttin der Eintracht und des Glückes, indem sie ihren Gemahl mit ihrem Vater und Bruder in schönster Übereinstimmung erhalte[278].

In der nächsten, nach dem Tode Ernst Augusts verfaßten und für beide Kurfürstinnen bestimmten Denkschrift führte Leibniz seinen diplomatischen Plan näher aus und kam auf die Verwendung der eigenen Person zu sprechen. Man müsse vorsichtig alles vermeiden, was den Kurfürsten argwöhnisch machen könne, und deshalb die wechselseitigen Unterweisungen nicht dem schriftlichen Verkehr, der nur zu leicht Irrungen herbeiführe, sondern einer *Person* anvertrauen, die wohlgesinnt und einsichtsvoll, der Verhältnisse völlig kundig, in diplomatischen Geschäften erprobt und an beiden Höfen angesehen und einheimisch sei. Um die Aufgabe einer solchen Vertrauensperson zu erfüllen, sei niemand geeigneter als er selbst;

[277] Klopp VIII. 47–50; Harnack II, 44 f.

[278] Klopp VIII, 50 53; Harnack II, 45 f.

die Kurfürstin möge ihn nach Berlin rufen und ihren Gemahl bewegen, ihm bei der Anerkennung, welche er bereits in Frankreich, England und Italien gefunden habe, eine Stellung zu übertragen, worin er der Wissenschaft dienen könne. Seit mehr als zwanzig Jahren sei er Mitglied der königlichen Sozietät der Wissenschaften in London und sollte längst auch Mitglied der königlichen Akademie der Wissenschaften in Paris sein[279].

Mitglied der Sozietät in London war Leibniz seit dem April 1673, Mitglied der Akademie in Paris wurde er auf den Befehl Ludwigs XIV., was vielleicht nicht ohne Anregung von seiten des Kurfürsten von Brandenburg geschah, im Januar 1700 (das Diplom ist den 13. März 1700 ausgefertigt). Da Kurfürst Friedrich das Vorbild von Paris und Ludwigs XIV. vor Augen hatte, so mochte er bei der Stellung, welche Leibniz in Berlin erhalten sollte, darauf Gewicht legen, daß derselbe Mitglied der Pariser Akademie war.

3. Die Stiftung der Sozietät

Die Anwesenheit Sophie Charlottens in Hannover während des Sommers 1698 hatte die Annäherung Leibnizens gefördert, wie aus der Stimmung seines Briefes vom 11. August hervorgeht, und auch in der Fürstin, die sich oft und gern mit ihm unterredet hatte, den Wunsch rege gemacht, den Philosophen für einige Zeit in ihrer Nähe zu sehen, aber Georg Ludwig nahm seine Bitte um Urlaub ungünstig auf und schlug sie ab[280].

Indessen gediehen Leibnizens Pläne und erreichten schnell ihr Ziel. Den 19. März 1700 unterzeichnete Kurfürst Friedrich III. zu Oranienburg das Dekret, wodurch die Gründung eines Observatoriums und einer Sozietät der Wissenschaften in Berlin genehmigt wurde. Vier Tage später, am 23., ließ der Hofprediger Jablonski diese Nachricht und zugleich die offizielle Einladung an Leibniz gelangen, nach Berlin zu kommen, um die neue Stiftung zu organisieren. Er kam um den 8. Mai 1700 herum und blieb bis in den August. Es war sein erster längerer Aufenthalt in Berlin. Die ersten Wochen vergingen in glänzenden Festen, die der Vermählung der einzigen Tochter (erster Ehe) des Kurfürsten mit dem Erbprinzen von Hessen-Kassel galten. Nach Ablauf seines Aufenthaltes wurde Leibniz eingeladen, beide Kurfürstinnen nach Aachen zu begleiten und an einer Reise teilzunehmen, die nicht bloß den Zweck einer Badekur, sondern zugleich die diplomatische Aufgabe hatte, in den Niederlanden und Bayern für die Erhebung des Kurfürsten von Brandenburg zum Könige von Preußen zu wirken. Wie gern wür-

[279] Klopp VIII, 53–55; Harnack II, 48 f. S. oben Kap. VII, S. 103.

[280] Leibniz an Sophie Charlotte, 11. Aug. 1698; Klopp X, 50 ff.; Harnack II, 54 f. Leibniz an Georg Ludwig, 19. Jan. 1699; Klopp X, 52 f.; Harnack II, 55.

de Leibniz auch bei dieser Gelegenheit zu diesem Zwecke mitgewirkt haben. Denn es war seine in den Denkschriften wiederholt ausgesprochene Meinung, daß dem Kurfürsten von Brandenburg, diesem mächtigsten Potentaten des Reiches nach dem Kaiser, zur Königskrone nichts fehle als der Name, der ihm nicht länger fehlen sollte, da derselbe zur Erfüllung der Sache nötig sei. Leider mußte er auf die Begleitung der beiden Fürstinnen Verzicht leisten, weil er schon vor seiner Abreise verpflichtet und auf den Wunsch des Kaisers von Georg Ludwig beurlaubt war, nach Wien zu gehen, um dort (von Ende September bis Ende Dezember 1700) an den erfolglosen kirchlichen Reunionskonferenzen teilzunehmen. Das Jahr 1700 war im Leben unseres Leibniz eines der bewegtesten[281].

Mitten in einer Fülle von Festen, welche Leibniz der Kurfürstin Sophie sehr anmutig beschrieben hat, erfolgte die Stiftung der neuen Akademie. Vier Wochen nach seiner Ankunft schrieb Leibniz dem Abt Molanus: „Zwei Dinge haben mich nach Berlin gerufen: der Wille der Kurfürstin und der Entschluß des Kurfürsten, eine Sozietät der Wissenschaften zu gründen, worüber ich meine Ansicht aussprechen soll. Und ich hoffe auf guten Fortgang, da man die Sache nicht einmal in dem gegenwärtigen Festestrubel vergessen hat. Man wird ein Observatorium bauen, gelehrte Männer zusammenberufen, Hilfsmittel herbeischaffen. Ich bin beauftragt, die Stiftungsurkunde abzufassen. Wenn das Werk bloß mit Schreiben getan ist, so haben wir alles.“[282]

Am 11. Juli als dem Geburtstage des Kurfürsten wurde die Stiftungsurkunde vollzogen und am nächsten Tage Leibniz zum Präsidenten der neuen Sozietät und zum kurfürstlich brandenburgischen Geheimen Justizrat ernannt, mit dem Wunsche, daß er sich zeitweilig in Berlin aufhalten möge. Während seiner Abwesenheit

---

[281] Leibniz sah in der Gründung des neuen preußischen Königreichs eine der größten Begebenheiten der Zeit, die er nicht allein in Denkschriften vor der Krönung, sondern auch in öffentlichen Druckschriften nach derselben zu würdigen gewußt hat. Der „monatliche Auszug aus allerhand neu herausgegebenen, nützlichen und artigen Büchern“ enthielt in den Monaten Juli und August 1701 Auszüge „verschiedener, die neue preußische Krone angehender Schriften“, deren besondere Herausgabe Leibniz mit einer Vorrede begleitet und denen er seine eigenen Gedanken in einem Anhange beigefügt hat, „dasjenige betreffend, was nach heutigem Völkerrecht zu einem König erfordert wird“. Hier heißt es: „Bei der hohen Würde eines Königs hat es einigermaßen auch diese Bewandtnis, daß der Titel der Sache ihr *complementum essentiae* mitgibt, und keiner ein König ist, der nicht König heißt, ob man gleich wegen Macht und andern Umständen von ihm sagen könne, wie ehemalen von jetziger Königlicher Majestät in Preußen: *habet omnia regis*“. Guhrauer, Leibnitz's Deutsche Schriften II, 300 bis 312. Vgl. Mémoires, Klopp X, 22 f. und 28 f.; Harnack II, 36 und 38.

[282] Leibniz an Molanus, Berlin 22. VI. 1700: „Jussus sum diploma fundationis concipere“. Klopp VIII, 172.

solle in seinem Auftrage ihn ein anderer vertreten. Eine Besoldung und anderweitige Vorteile wurden ihm in Aussicht gestellt und unter dem 11. August zur Entschädigung für die Reise- und Korrespondenzkosten, die er im Dienste der Sozietät aufgewendet und aufzuwenden habe, eine jährliche Summe von 600 Talern zugesichert, die aus der Kasse der Gesellschaft zu zahlen sei[283]. Als später unter Zerwürfnissen, die zwischen der Gesellschaft und ihrem Präsidenten entstanden waren, dem letzteren diese Zahlung verweigert wurde, kam es zu leidigen Erörterungen, zu Beschwerden von der einen und Beschuldigungen von der anderen Seite, die unserem Philosophen noch in seiner letzten Lebenszeit zu vielem Verdrusse gereicht haben.

Er war der intellektuelle Gründer dieser Sozietät, der ersten ihrer Art im deutschen Reiche. Die Feststellung ihres Namens, ihrer Aufgaben, Einrichtungen und Einkünfte war wesentlich sein Werk; auch an der ersten und einzigen Sammlung wissenschaftlicher Arbeiten, die während seines Präsidiums die Gesellschaft unter dem Titel: „Miscellanea Berolinensia ad incrementum scientiarum" herausgab (1710), hatte er durch seine Beiträge den wichtigsten und vielseitigsten Anteil.

Im Unterschiede von den deutschen Universitäten, die auch Akademien heißen, nannte er sie nach dem Vorbilde in London „Sozietät der Wissenschaften (societas scientiarum)". Erst von Friedrich dem Großen erhielt sie den Namen einer „Académie des sciences et des belles lettres". Ihr Gebiet, von dem die Theologie und Jurisprudenz ausgeschlossen waren, sollte drei Hauptaufgaben umfassen: die Beförderung der deutschen Sprache und Geschichte, die der nützlichen Wissenschaften und Künste und die des evangelischen Glaubens durch ausländische Missionen. An der ersten Aufgabe hatte, wie schon gesagt, der Kurfürst seinen persönlichen Anteil, während die dritte mit gewissen zivilisatorischen Lieblingsplänen unseres Philosophen zusammenhing, die seit seiner Bekanntschaft mit Grimaldi besonders auf *China* gerichtet waren[284].

Die Missionstätigkeit sollte Hand in Hand mit Wissenschaft und Handel gehen und als „propagatio fidei *per scientias*", wie Leibniz ihre Tendenz bezeichnete, mit der neuen *societas scientiarum* verknüpft sein. Er dachte an ein von der Sozietät abhängiges Seminar als

---

[283] Klopp X, 325–331. Vgl. Harnack II, 115 ff. In diesen Urkunden heißt die offizielle Bezeichnung „Der kurfürstlich braunschweigische Geheime Justizrath Gottfried Wilhelm von Leibniz".

[284] Vgl. Leibnizens zwei Denkschriften vom 24.-26. III. 1700 über die Gründung der Sozietät, welche beide dem Kurfürsten vorgelegt wurden, und die Stiftungsurkunde. Klopp X, 299–310, wo aber Irrtum in der Datierung herrscht. Vgl. Harnack II, 76 ff. und 78 ff. Klopp X, 325–328; Harnack I, 93 f.

eine Bildungsschule junger Missionare, die das Licht des Glaubens verbreiten und zugleich als Mathematiker, Astronomen, Physiker, Ärzte und Chirurgen belehrend und wohltätig wirken sollten. Die Lage der Dinge passe für ein solches Unternehmen auf das Beste. Moskau sei das Tor, welches von Europa nach „Antieuropa" führe, nach Persien, der großen Tatarei und China, und die beiden gegenwärtigen Herrscher des russischen und chinesischen Reiches seien der Zivilisation und ihrer Verbreitung außerordentlich günstig gesinnt. Der Zar stehe in gutem Einvernehmen mit Brandenburg und Preußen, und die preußischen Missionen seien mit zwei einheimischen Gütern geistig und materiell ausgerüstet: ihr Vaterland habe der Wissenschaft das kopernikanische System und dem Handel den Bernstein geliefert, welcher letztere in China zu den gesuchtesten Waren gehöre[285]. Auch fehle es bei den religiösen Zeitbewegungen, welche in den brandenburgischen Staaten Schutz gefunden haben, nicht an Personen, die sich für die religiöse Aufgabe dieser Mission vorzüglich eignen. „Wer weiß, ob nicht Gott eben deswegen die *pietistischen*, sonst fast ärgerlichen Streitigkeiten unter den Evangelischen zugelassen, auf daß recht fromme und wohlgesinnte Geistliche, die unter kurfürstl. Durchlaucht Schutz gefunden, bei Handen sein möchten, dieses capitale Werk *fidei purioris* propagandae besser zu befördern und die Aufnahme des wahren Christentums bei uns und außerhalb mit dem Wachstum realer Wissenschaften und Vermehrung gemeinen Nutzens als *funiculo triplici indissolubili* zu verknüpfen."[286]

Die Gesellschaft sollte, wie der Ausdruck in der Stiftungsurkunde besagte, für alles, „was zur Erhaltung der deutschen Sprache in ihrer anständigen Reinigkeit, auch zur Ehre und Zierde der deutschen Nation gereichet", Sorge tragen und also eine *deutsch gesinnte* Sozietät der Wissenschaften sein. In dieser Rücksicht erscheint sie als das letzte Glied in jener Reihe deutscher Sprachgesellschaften, die das siebzehnte Jahrhundert entstehen sah, um dem Elende unserer damaligen sprachlichen und literarischen Zustände abzuhelfen. Leibniz selbst hat in seinen „Mémoires" auf die erste dieser Sprachgesellschaften, die sogenannte *„fruchtbringende"*, zurückgewiesen, die im Jahre 1671 aus fürstlichen Kreisen hervorging (3). In demselben Jahre, als Leibniz seine „Unvorgreifliche Gedanken" schrieb, stiftete sein Freund Otto Mencke (der Begründer der

[285] Denkschr. I. Klopp X, 300. Vgl. Bedencken, wie bei der Neuen Königl. Societät der Wissenschafften, der allergnädigsten instruction gemäß, propagatio fidei per scientias förderlichst zu veranstalten (November 1701). Klopp X, 353–366.

[286] Denkschrift II (26. März 1700); Klopp X, 308–310. (3) Ebendas. X, 19 f. (Mém. I. § 26).

Acta Eruditorum, unserer ersten Gelehrtenzeitschrift) die deutsche Gesellschaft in Leipzig, deren einflußreicher und um die Beförderung der deutschen Sprache verdienter Senior dreißig Jahre später *Gottsched* wurde. Aber die eigentliche Begründung der deutschen Sprachwissenschaft durch die Erforschung ihres Ursprunges und ihrer Geschichte blieb dem neunzehnten Jahrhundert vorbehalten und ist das unsterbliche Verdienst zweier Männer, welche Mitglieder der Berliner Akademie waren: der beiden Brüder Grimm, Jakob und Wilhelm, vor allem des älteren, der die Grundlagen der deutschen Grammatik geschaffen und die Geschichte der deutschen Sprache erleuchtet hat. Das deutsche Wörterbuch in seinen Anfängen ist ihr gemeinsames Werk.

Während die beiden französischen Akademien die Wissenschaften und die Sprache, die beiden englischen die Wissenschaften und die Glaubensbeförderung in sich begreifen, soll die Berliner Sozietät für sich allein diese drei Interessen vereinigen[287]. Während, wie Leibniz zu rügen fand, die Pariser Akademie unter Ludwig XIV. sich zu viel mit „curisosa“, und die Londoner unter Karl II. sich zu viel mit „Bagatellen“ beschäftige, sollen die Bestrebungen der Berliner hauptsächlich den „utilia“, der Beförderung vaterländischer und gemeinnütziger Zwecke gewidmet sein[288].

Daher wurden die *historischen* Wissenschaften auf die deutsche und insbesondere auf die brandenburgische Geschichte, die weltliche wie kirchliche, hingewiesen, während „die *realen* Wissenschaften“, die mathematisch-physikalischen auf nützliche Erfindungen und Entdeckungen zur Verbesserung des Ackerbaues und der Nahrungsmittel, der Industrie und des Handels bedacht sein sollten.

Die Sozietät soll einen engeren und weiteren Kreis bilden und demgemäß in eigentliche Mitglieder und Genossen *(membra und associati)* zerfallen, die abwesenden Genossen heißen „korrespondierende“. Zunächst unterschied man drei Klassen, welche Leibniz gelegentlich in einer Ansprache als die mathematische, physikalische und literarische bezeichnete[289].

Die förmliche Einteilung in vier Klassen geschah ohne seinen Einfluß erst ein Jahrzehnt nach der Stiftung.

---

[287] Klopp X. 354 (Bedenken vom Nov. 1701).

[288] Ebendas. X, 308 (Denkschr. 26. März 1700). Die beiden französischen Akademien sind die von Richelieu gegründete académie française (1635) und die von Colbert gegründete académie des sciences (1663). Vgl. Guhrauer, Leibnitz's Deutsche Schriften II, 273.

[289] Vortrag auf der Konferenzstube von Berlin den 27. Dezember 1706 an die anwesenden associatos, welche sich der rei mathematicae annehmen. Ebendas. II, 293 f. Klopp X, 405 f.; Harnack II, 167 f.

4. Die Fundierung der Sozietät

Die nächste und schwierigste Aufgabe lag in der *Fundierung* der Sozietät, die ohne Staatsmittel bestehen und zu ihrer Erhaltung wie zu der ergiebigen Ausführung ihrer Zwecke über große Geldmittel verfügen sollte. Es war schon von Zahlungen aus „der Kasse der Sozietät" die Rede, bevor eine solche vorhanden war. Es mußten also allerhand Monopole und Vorteile ausfindig gemacht und ersonnen werden, um die neue Stiftung auszurüsten, ohne die Staatseinkünfte zu belasten. Dies war fast ein genußreiches Geschäft für unseren Leibniz, der nun in seiner gewandten und erfinderischen Art sich nach allen Richtungen umtun mußte, um verborgene und gewinnreiche Geldquellen „pro fundo societatis" auszuspähen. Er hatte etwas vom Gründer, ich meine den genialen, ehrlichen, nicht immer glücklichen Gründer, der den Kopf voll kluger, weitblickender und schneller Ideen hat, aber darüber den Umständen nicht genug Rechnung trägt, so daß die Erfolge oft hinter den Entwürfen zurückbleiben. Mit vielen seiner Finanzpläne für die wissenschaftliche Sozietät in Berlin ist es ihm ergangen wie mit den Bergwerken im Harz.

Das Jahr der Stiftung der neuen Sozietät war zugleich das der Kalenderreform im evangelischen Deutschland, welches den alten Stil der Jahresrechnung beibehalten und so lange gezögert hatte, den neuen, welchen die römische Kirche eingeführt hatte, anzunehmen. Seit 1698, nach dem Übertritte des Kurfürsten von Sachsen, stand das *corpus evangelicorum* in Regensburg unter der gemeinsamen Leitung der Kurfürsten von Brandenburg und Hannover, und den 23. September 1699 wurde die Einführung des *gregorianischen* Kalenders in den Gebieten der evangelischen Reichsstände beschlossen. Der Kalender selbst bedurfte mannigfacher Verbesserungen. In dieser astronomischen Arbeit bestand die erste Aufgabe, welche die Sozietät schon bei ihrer Entstehung vorfand, da die Kalenderfrage mit der Gründung des Observatoriums zusammenhing, die gleichzeitig mit der unserer Sozietät festgestellt wurde und diese Stiftung gewissermaßen nach sich zog.

Auf Leibnizens Vorschlag wurde nun der Kalenderverkauf der Sozietät als ein Privilegium erteilt. Es war das erste und einzige, woraus sie Gewinn zog, gleichsam die Mitgift, die sie erhielt. Die Finanzpläne, welche unser Philosoph für seine Schöpfung ersann und in Vorschlag brachte, betrafen teils gewisse *Privilegien* und Monopole, wie den Verkauf der Kalender und Feuerspritzen, die Pflanzungen der Maulbeerbäume zum Zwecke der Seidenkultur, die Leitung und Zentralisation des Buchhandels (Bücherkommissariat) zur Verbreitung guter Bücher, die Anfertigung und den Verkauf sowohl der Schul- und Lehrbücher als auch der gemeinnützigen und belehrenden Schriften überhaupt; teils betrafen sie gewisse *Besteuerungen*, wie die der Reisepässe, der Lotterien und der Branntweinfabrikation[290].

Einige dieser Vorschläge gründeten sich auf die Voraussetzung, daß die Sozietät der Wissenschaften berechtigt sei, die Wohltaten, die man ihr verdanke, durch entsprechende Privilegien und Abgaben zu verwerten. Wenn sie den Kalender verbessert, so soll sie ihn auch verkaufen dürfen; wenn sie die deutsche Gesinnung zu pflegen hat, so darf sie von den Gegenbestrebungen der Ausländerei, wozu auch die ausländischen Reisen und Aufenthalte gehören, etwas fordern; wenn sie die nützlichen mechanischen Erfindungen macht und befördert, so soll sie auch von ihrer Anwendung gegen Feuer- und Wasserschäden Gewinn haben; wenn sie das Licht der Wissenschaften nach allen Richtungen ausbreitet, so soll sie auch die öffentliche und pädagogische Literatur leiten und ihren Nutzen davon ernten. Der Grundgedanke war: die Sozietät der Wissenschaften ist, soweit ihre Tragweite sich erstreckt, das Zentrum, von dem so viele intellektuelle Wohltaten ausströmen; sie empfange dafür in Form der Privilegien oder Abgaben den verdienten und schuldigen Tribut. Freilich hatte die Sozietät der Wissenschaften mit den Lotterien und Branntweinbrennereien nichts gemein. Von den vorgeschlagenen Besteuerungen kam keine zur Ausführung, von den vorgeschlagenen Privilegien nur das des Kalenderverkaufes und der Seidenkultur. Einträglich war zunächst nur das Kalenderprivilegium.

5. Der Fortgang der Sozietät und Leibnizens Mißhelligkeiten

In den ersten Jahren führte die Sozietät ein kümmerliches Dasein. Es fehlte an Räumen, Mitgliedern, Leistungen und Erfolgen. Im Laufe des ersten Dezenniums stieg die Zahl der Mitglieder auf achtzig; nach Vollendung des Observatoriums wurde die Sozietät in vier Klassen eingeteilt und den 19. Januar 1711 unter dem Direktorium des Staatsministers von Printzen feierlich eröffnet.

---

[290] Guhrauer, Leibnitz's Deutsche Schriften II, 278–297: „Einige Vorschläge pro fundo societatis scientiarum." Vgl. Klopp X, 311–323, 371–78, 388–92, 407–09, 442–446; Harnack II, 92–4, 96–01, 150–54, 157–59, 162–65, 220–21. (Der Entwurf eines Privilegiums für die Sozietät der Wissenschaften auf Feuerspritzen ist vom 25. Juni 1700, die Vollmacht zu dem Privilegium der Seidenkultur erteilte die Königin den 8. Januar 1703, der Vorschlag in betreff der Lehrbücher ist vom September 1704, der Entwurf eines Privilegiums in betreff des Unterrichtswesens ist vom 10. Februar 1705, der Antrag auf die Besteuerung des Branntweinbrennens zugunsten der Berliner Sozietät ist vom 3. April 1711.)

Inzwischen hatten sich nach dem Tode der Königin Sophie Charlotte Leibnizens Verhältnisse in Berlin immer ungünstiger gestaltet und am Ende einen Grad der Widerwärtigkeit erreicht, welcher ihm den ferneren Aufenthalt unmöglich machte. Die Sozietät selbst ließ alle ihrem Präsidenten gebührende Schuldigkeit und Rücksicht außer Augen. Es wurden neue Mitglieder gewählt, ohne ihn zu fragen, auch nur zu benachrichtigen, und Druckschriften veröffentlicht, ohne sie ihm mitzuteilen; es wurde ohne sein Mitwissen ein Vizepräsident neben, ein Direktor über ihm ernannt, und zuletzt wurde die Sozietät ohne seine Mitwirkung neu organisiert und ohne seine Gegenwart festlich eröffnet, selbst ohne jede an ihn ergangene Ankündigung und Einladung. Nach der Thronbesteigung Friedrich Wilhelms I. rückte die Sozietät der Wissenschaften tief in den Schatten. Der König rechnete sie zu den unnützen Dingen und würde die Anstalt am liebsten ganz aufgehoben haben, wenn sie nicht versprochen hätte, mit Hilfe ihres anatomischen Theaters gut Wundärzte zu bilden. Im Jahre 1715 wurde die Zahlung des Leibnizen zugesicherten jährlichen Gehaltes von 600 Talern unterlassen und verweigert. Nach dem Berichte Jablonskis, des Sekretärs der Sozietät, habe der König diesen Posten zur Hälfte, nach dem des Hofpredigers Jablonski habe er ihn ganz gestrichen, wogegen der Minister von Printzen dem Philosophen schrieb, daß es vielmehr der Vorstand der Sozietät selbst gewesen sei, der diese nicht mehr zur Zahlung für verpflichtet erachtet habe, weil Leibniz seit den letzten drei oder vier Jahren sich nicht mehr um die Sozietät gekümmert. Dieser berief sich auf seine Mitwirkung an den „Miscellanea berolinensia", deren Herausgabe er besorgt, zu denen er wichtige und mannigfaltige Beiträge geliefert, und die, wie er in seiner Antwort sagte, in der gelehrten Welt die günstigste Aufnahme gefunden habe[291].

Es ist wahr, daß nach dem Dekret vom 11. August 1700 ihm jene jährliche Zahlung als Entschädigung für seine Reise- und Korrespondenzkosten zugesichert worden war, und daß Leibniz nach seinem letzten Aufenthalte im Frühjahr 1711 sich von Berlin fern gehalten hatte. Doch ist dagegen zu erinnern, daß nach dem Patent vom 12. Juli 1700, worin der Kurfürst ihn zum lebenslänglichen Präsidenten der neuen Sozietät ernannt hatte, der zeitweilige Aufenthalt in Berlin nur als eine fakultative, nicht obligatorische Pflicht gelten konnte, daß auch in der nachfolgenden Gehaltszusicherung die Zahlung weder von einem Berliner Aufenthalte noch von einer Kostenrechnung abhängig gemacht,

[291] Vgl. Leibniz an v. Printzen, 15. Okt. 1715, v. Printzen an Leibniz, 5. Nov. 1715, Leibniz an v. Printzen (ohne Datum); Klopp X, 158–161.

und daß endlich, wenn es auf eine solche ankommen sollte, dieselbe nach Leibnizens Anschlag noch keineswegs ausgeglichen war. Man hatte schon im Jahre 1704 von ihm verlangt, daß er seine Leistungen im Dienste des Königs aufführen und seine damit verknüpften Ausgaben berechnen sollte. Er hatte unter den Diensten seinen Vorschlag des Kalenderprivilegiums, seine Mitwirkung an den Unionsverhandlungen, seine Schrift zur Verteidigung der Rechtsansprüche des Königs in der oranischen Erbfolge und ein diplomatisches Geschäft genannt, um den Prinzen und Prinzessinnen aus dem Hause Zollern die Anerkennung altfürstlichen Ehrenranges zu verschaffen. Er hatte seine Berliner Reisen und Aufenthalte, seine Dienstreisen nach Sachsen, Wolfenbüttel und Helmstedt in Anschlag gebracht und darauf hingewiesen, daß man ihm bisher, d.h. fünf Jahre lang, von den zugesicherten 600 Talern jährlich nur die Hälfte gezahlt habe, also 1500 Taler schuldig geblieben sei. Um seine Ausgaben zu ersetzen und diese Schuld zu tilgen, forderte er die Summe von 2000 Talern, ungerechnet die Zeit, die bei ihm von unschätzbarem Werte sei[292]. Der König gab ihm die Hälfte, die in der ersten Februarwoche 1705 gezahlt werden sollte. Dankbar und erfreut meldete Leibniz dieses „Geschenk" der Königin, die in Hannover krank darnieder lag. Es war der letzte Brief, den er an sie schrieb, ahnungslos, daß die Königin am nächsten Tage sterben sollte[293].

Während des ersten Dezenniums der Sozietät (1700–1709) war Leibniz jedes Jahr nach Berlin gekommen, um sich hier monatelang aufzuhalten, und er würde auch im Winter 1710 zurückgekehrt sein, wenn nicht kurz vorher die Sozietät diesen ihren Gründer und Präsidenten wie einen toten Mann behandelt und in einer vollzähligen Versammlung ihrer Mitglieder den Minister von Printzen einstimmig zu ihrem Vorstande gewählt hätte. Tief verletzt durch diese schnöde, unverdiente und seiner unwürdige Behandlung, ergoß sich Leibniz brieflich an die Kronprinzessin Sophie Dorothee in Klagen, die in der Sache nichts vermochte und auch kein inneres Interesse dafür hatte.

Ein anderer Grund, der ihn von einer Reise nach Berlin im Jahre 1710 zurückhielt, lag in Hannover. Der Kurfürst hatte von Anfang an die Berliner Reisen und Aufenthalte ungern gesehen und war überhaupt gegen Leibniz wegen seiner häufigen Abwesenheiten ohne Urlaub unwillig und verstimmt. Als dieser im Dezember 1708 unbeurlaubt von Karlsbad nach Wien gegangen war und auf der Rückreise im Januar 1709 wieder einige Zeit in Berlin verweilte,

---

[292] Klopp X 394–399.

[293] Ebendas. 262.

ohne daß man in Hannover wußte, wo er war, wurde der Kurfürst ungeduldig und äußerte gegen seine Mutter, er wolle durch die Zeitungen eine Belohnung demjenigen aussetzen, welcher Leibniz wieder auffinde. Nach dessen Rückkehr ließ ihn der Kurfürst in Gegenwart der Kurfürstin Sophie sein Mißfallen so unverhohlen merken, daß Leibniz zu seiner Entschuldigung ein Schreiben verfaßte, worin er seine Verdienste um das Haus Braunschweig hervorhob und auf das Geschichtswerk hinwies, welches Georg Ludwig „das unsichtbare Buch" zu nennen pflegte[294].

Dazu kamen die beständigen Eifersüchteleien und streitigen Interessen der beiden benachbarten Höfe, die bald durch Händel über mein und dein, bald durch Streit über die Ausübung gewisser Rechte in den Reichsstädten des niedersächsischen Kreises immer wieder entzweit wurden[295]. Selbst die neue Verschwägerung der Häuser Brandenburg und Braunschweig durch die Vermählung des Kronprinzen von Preußen mit der Kurprinzessin von Hannover im November 1706 hatte keine dauerhafte Besserung zur Folge. Wie zwischen Wolfenbüttel und Hannover, herrschte Zwietracht zwischen Hannover und Berlin, wobei Leibniz sich in der traurigen Lage sah, die selbstgewählte Rolle des Mittlers zwar mit aller Weisheit und Treue, aber ganz erfolglos zu spielen. Er erntete, wie zu erwarten stand, von beiden Seiten Undank und Mißtrauen.

Die jüngsten Erfahrungen hätten ihm den Aufenthalt in Berlin für immer verleiden sollen. Sagte er doch selbst in dem Briefe an die Kronprinzessin, daß man ihm von seiten der Sozietät die übelsten Streiche gespielt habe, um ihn zu verhindern, ehrenhafterweise so bald wieder nach Berlin zu kommen (d'y pouvoir revenir honorablement si tôt)[296]. Trotzdem kehrte er im März 1711 noch einmal zurück und mußte, durch Krankheit gefesselt, mehrere Monate in Berlin bleiben. Die Gicht, woran er litt, hatte sich durch einen Fall und eine offene Wunde verschlimmert. Der Kurfürst Georg Ludwig erzürnte über diesen Aufenthalt von neuem und machte sich über den Unfall lustig, den Leibniz sich lieber in Berlin als in Hannover habe zuziehen wollen, denn was man an ihm schätze, seien nicht die Beine, sondern der Kopf[297]. Den König aber hatte man so argwöhnisch gemacht, daß er einen seiner Ärzte zu Leibniz

---

[294] Kurfürstin Sophie an Leibniz, 23. Jan. 1709; Klopp IX, 294. Leibniz an Georg Ludwig; ebendas. 297–300.

[295] Vgl. Leibnizens „Discours à l'Électeur George Louis de B. L. sur les differens de la cour d'Hanover avec la cour de Berlin". Ebendas. IX, 127–142. Diese Darlegung fällt in das Jahr 1705.

[296] Ebendas. X, 418.

[297] Kurfürstin Sophie an Leibniz, Hannover 11. März 1711; ebendas. IX, 324 f.

schickte, um sich zu überzeugen, ob er wirklich krank sei (den 19. März 1711). Er galt, wie ihm die Kurfürstin Sophie schrieb, in Berlin für einen „hannoverischen *Spion*“[298], der aus politischen Absichten gesendet sei, um den preußischen Hof auszuspähen, und in Hannover war man mit seiner Anwesenheit unzufrieden und machte ihm den Vorwurf einer zu berlinischen Gesinnung. Um den Verdacht zu entkräften, erbat sich Leibniz eine Audienz bei dem König, die ihm gewährt wurde, und welcher von seiner Seite ein Schreiben vorausging, worin er dem König darlegte, was er ihm mündlich aussprechen wollte. Zum Spionieren sich gebrauchen zu lassen, sei nicht sein Genius, und was er tue, dessen dürfe er sich nicht scheuen. Was er in den Wissenschaften entdeckt habe, sei allen Gelehrten in Europa bekannt, und auf diesen Ruhm gestützt, habe er dem Könige von Preußen seine Dienste zur Beförderung der Wissenschaften gewidmet. Nur dieser Absicht gemäß habe er gehandelt. Er sage es, damit der König besser in das Innere seines treuen Gemütes sehen könne[299].

Diese Audienz war die letzte, wenn sie wirklich stattgefunden hat. Leibnizens Wirkungskreis in Berlin war beschlossen und seine Rolle daselbst ausgespielt. Die Sozietät der Wissenschaften hat das Andenken ihres Gründers und ersten Präsidenten nicht in würdiger und gerechter Art gepflegt. Aus ihrem Winterschlafe unter Friedrich Wilhelm I. wurde sie durch den Nachfolger geweckt und als königliche Akademie der Wissenschaften im Jahre 1744 erneuert. Maupertuis wurde ihr Präsident, und Formey aus der französischen Kolonie in Berlin im Jahre 1748 ihr beständiger Sekretär und Historiograph. Beide suchten das Andenken Leibnizens zu verkleinern. Formey hat in seiner Geschichte der Akademie ihr Verfahren gegen Leibniz verteidigt und dessen Ernennung zum Präsidenten in einem Aktenstücke zum Vorschein gebracht, das in einigen Punkten, die sich auf die Einkünfte und Vorteile seiner Stellung beziehen, von der offiziellen Urkunde abweicht; die Gehaltszusicherung vom 11. August 1700 hat er gar nicht erwähnt. Dies sind ohne Zweifel Fehler und Nachlässigkeiten, welche dem Geschichtsschreiber der Akademie zum schlimmen Vorwurfe gereichen. Doch möchte ich nicht mit dem jüngsten Herausgeber der Werke Leibnizens den Verdacht einer geflissentlichen Fälschung unter der Mitschuld der damaligen Akademie hegen und die heutige auffordern, entweder jenes Vergehen der Fälschung zu konstatieren oder diesen Verdacht zu entkräften. Denn die Abweichungen sind nicht der Art, um mit

---

[298] Leibniz an die Kurfürstin Sophie, Berlin 21. März 1711; ebendas. 326 f. Kurfürstin Sophie an Leibniz, Hannover 25. März 1711; ebendas. 328.

[299] Leibniz an den König Friedrich I. in Preußen, Klopp X, 446–452.

ihrer Hilfe das Verfahren der Sozietät wider Leibniz zu rechtfertigen[300].

6. Leibnizens Schuld und Zwischenstellung

Niemand, der für Leibnizens Bedeutung und Geistesgröße einigen Sinn hat, wird die neidischen Kabalen, das kleinliche und ungerechte Verfahren billigen, womit man seine Ansprüche bestritten und seine Stellung in Berlin untergraben hat. Da wir aber nicht die Lobrede, sondern die Geschichte des Mannes und seiner Lehre schreiben, so können wir nicht verhehlen, daß er auch durch eigene Schuld in die Lage geraten ist, worin wir ihn sehen. Die Urschuld ist sein Trieb zu einer ungemessenen Ausbreitung der Tätigkeit, zu einer Vervielfältigung nicht bloß seiner Aufgaben und Arbeiten bis zu einem Grade, dem kein Sterblicher gewachsen ist, sondern auch seiner Wirkungskreise und Stellungen, wodurch er Pflichten über Pflichten auf sich häufte, die das Maß der Erfüllbarkeit weit überschritten. Er war zugleich Bibliothekar in Hannover und Wolfenbüttel, er wollte zugleich der Historiograph Braunschweigs und Brandenburgs sein und die Geschichte der Hohenzollern schreiben, während die der Welfen noch nicht begonnen, obwohl seit länger als einem Jahrzehnt übernommen und ihm aufgetragen war. Kaum hatte er dieselbe angefangen, als er schon sehnsüchtig nach London blickte und die Stellung eines englischen Historiographen begehrte.

Ich rede nicht von der vielumfassenden gelehrten Tätigkeit unseres Philosophen, die zu bewundern, in mancher Rücksicht auch zu beklagen, aber nicht zu tadeln ist, sondern von seiner Sucht nach neuen, voneinander unabhängigen *Ämtern*, wobei nicht bloß der Eifer für die Wissenschaft ihn beseelte und trieb, sondern auch der Drang nach Einfluß, Ehren und Einkünften einen unverkennbaren und beträchtlichen Anteil hatte. Zwar standen diese Vorteile nicht in erster Linie und galten nach seiner Versicherung ihm nur nebensächlich, aber er hatte und behielt sie stets im Auge. Vielleicht lagen die Einkünfte ihm noch mehr am Herzen als die Ehren. Der Verlust dieser 600 Taler bekümmerte ihn heftiger als die Kränkungen, die man ihm zugefügt hatte, um, wie er selbst sagte, seine ehrenhafte Rückkehr nach Berlin zu verhindern.

---

300 In der offiziellen Urkunde wird ihm „ein anständiges Tractament" zugesichert und überdies „andere Gnaden und Emolumente nach Gelegenheit der von ihm verhoffentlich leistenden nützlichen Dienste" in Aussicht gestellt; bei Formey sind „die anderen Gnaden und Emolumente" weggelassen und „das anständige zulängliche Tractament" soll „ex fundo societatis, sobald derselbe einigermaßen eingerichtet sein wird", gezahlt werden. Klopp X, Einl. LVI und 330. Vgl. X, Einl. LVI, LXX–LXXII und XI, Einl. IX–XII.

Unter den großen Philosophen der Welt war wohl keiner dem Herrendienste so geneigt und darin so gefügig wie Leibniz, der trotz seiner Weltklugheit und Bibelkunde das gute Wort der Schrift fast vergaß: „niemand kann zweien Herren dienen." Daß er diese Wahrheit unbeherzigt ließ, war die Wurzel aller der Übel, die ihm seine letzten Jahre verbittert haben. Unmöglich konnte er Bibliothekar und Historiograph in Hannover und zugleich Präsident der Sozietät der Wissenschaften in Berlin sein, unmöglich zugleich seinen bleibenden Aufenthalt in Hannover und einen vorübergehenden in Berlin haben, wo er ein höheres Amt zu bekleiden hatte. Solche Zustände waren auf die Dauer unvereinbar. Es ging, solange es ging, d.h. solange Sophie Charlotte lebte. Wenn man nicht den vollen Maßstab für Leibnizens Geistesgröße besaß, so mußte man den hannoverischen Bibliothekar, der kam und ging, in Berlin als einen Eindringling betrachten. Gerieten noch dazu beide Höfe nach ihrer Gewohnheit in Spannung und Händel, so war es nicht zu verwundern, daß Leibniz in den Augen des Kurfürsten von Hannover als ein Überläufer nach Berlin und in den Augen des Königs von Preußen als ein Agent aus Hannover erschien, der sich in Berlin aufhalte „pour espionner". Leibnizens Stellung in Berlin war nur haltbar, wenn er die in Hannover zu rechter Zeit aufgab und ganz in peußische Dienste übertrat. Aus der Doppelstellung, die er vorgezogen hatte, war, wie sich vorhersehen ließ, eine *Zwischenstellung* geworden: er saß, um mit dem Sprichwort zu reden, zwischen zwei Stühlen. Dies war die peinliche, seiner unwürdige, aber von ihm selbst nicht unverschuldete Lage.

III. Gründungspläne zu gelehrten Gesellschaften

1. Die Gelehrtenrepublik

Der Gedanke, den Leibniz mit der Gründung einer gelehrten Gesellschaft verknüpfte, war mit der Stiftung der Berliner Sozietät keineswegs erschöpft. Es war die Form, um die gegenwärtigen Kräfte der Wissenschaft zu vereinigen und zu organisieren. Nun sollte diese Form vervielfältigt, Sozietäten dieser Art sollten durch die Welt verbreitet, in den Hauptstädten, soweit das Reich der Kultur und ihre Aufgaben sich erstreckten, errichtet, in wechselseitigen Verkehr gesetzt, miteinander verbunden und gewissermaßen zentralisiert werden, damit die Gelehrtenrepublik aufhöre, ein bloßes Wort zu sein und eine große, wohlgeordnete, segensreiche Macht werde, ein *Föderativstaat gelehrter Gesellschaften*, um die Zivilisation der Menschheit durch die Wissenschaft zu leiten und zu befördern.

In diesem Gedanken waren eigentlich die Grundideen aller Reformpläne enthalten, welche Leibniz seit einem halben Jahrhundert verfolgt hatte. Er hatte schon in Mainz an die Gründung einer wissenschaftlichen Sozietät unter dem Kurfürsten Johann Philipp gedacht, welche die Hebung der deutschen Sprache und Literatur zum Ziel haben sollte; er hatte zwanzig Jahre später gemeinsam mit Ludolf den Plan zur Gründung einer historischen Gesellschaft gefaßt und den Kaiser Leopold für die Ausführung desselben gewonnen[301]. In Paris hatte er die jüngst gestiftete Akademie der realen Wissenschaften (académie des sciences) vor Augen gehabt und seitdem den Wunsch genährt, eine solche der Beförderung und Anwendung der Naturwissenschaften gewidmete Sozietät auch in Deutschland in das Leben zu rufen. Endlich war es ihm gelungen, in Berlin eine deutschgesinnte Sozietät zu begründen, die nach der ursprünglichen Dreiteilung in ihrer literarischen (historischen), mathematischen und physikalischen Klasse alle diese Zwecke vereinigte. Es lag seit lange in der Richtung seiner Wünsche und Bestrebungen, eine kaiserliche Sozietät der Wissenschaften in Wien zu gründen, die eine zentrale Bedeutung für das ganze Reich haben sollte. Mit freudigen Hoffnungen sah er von fern den Schöpfer der *russischen* Zivilisation seine gewaltige Laufbahn beginnen, seine neue Hauptstadt gründen und der Weltkultur die Wege nach Asien öffnen, welche den Absichten unseres Philosophen gemäß die evangelische Glaubenspropaganda, mit der Leuchte der Wissenschaft ausgerüstet, zu nehmen hatte, um in China zu wirken. Wir kennen die Pläne zur Einrichtung wissenschaftlicher Missionsschulen und die Aufgaben für die Berliner Sozietät, welche Leibniz an die Epoche Peters des Großen geknüpft hat.

2. *Der Entwurf für Dresden. August II.*

Die nächste Gründung einer gelehrten Gesellschaft sollte in *Dresden* geschehen. Kurfürst August II., der erste König Polens aus dem sachsen-albertinischen Hause, war für die Einflüsse von Kunst und Wissenschaft empfänglich und liebte ihren Glanz. Er hatte eine Schrift, welche Leibniz vor zehn Jahren für den Lehrer eines deutschen Prinzen über Fürstenerziehung verfaßt hatte, mit großem Gefallen gelesen und wollte gern sein verlorenes Landeskind, aus dem ein weltberühmter Mann geworden war, sich jetzt wiedergewinnen[302]. Und Leibniz seinerseits wünschte nichts lebhafter, als in der Hauptstadt seines Heimatlandes eine Sozietät der Wissenschaften

---

[301] S. oben Kap. XII, S 187–188, 192.

[302] Die Schrift „Projet de l'éducation d'un prince" hatte Leibniz eines Morgens (26. Januar 1693) eilig niedergeschrieben und am nächsten Tage Herrn de la Bodinière, für den sie bestimmt war, zugeschickt. Sie erschien lange nach seinem Tode in Böhmers Magazin für das Kirchenrecht I, 178–196. Guhrauer, Leibnitz II, 205–10; Anmerkungen, 17 ff.

zu gründen. Der kursächsische General Graf *Flemming*, den er in Berlin kennengelernt hatte, und der Beichtvater des Königs, *Moritz Vota*, der an den Höfen von Berlin und Hannover verkehrte, ein bekehrungslustiger, reunionistisch gesinnter, gesellschaftlich gewandter, in den exakten Wissenschaften bewanderter und Leibnizen befreundeter Jesuit, waren die Fürsprecher seiner Wünsche in Dresden. Der Kurfürst ging bereitwillig darauf ein und ließ dem Philosophen anbieten, in seine Dienste zu treten. Der Entwurf zur Stiftung der Sozietät, mit besonderer Beziehung auf die Erziehung auch in Ansehung des Kurprinzen, wurde im Jahre 1704 ausgearbeitet und lag bereit, als die Stürme des nordischen Krieges über Sachsen hereinbrachen und die Ausführung hemmten[303]. Ich zweifle, ob Leibniz bei Lebzeiten der Kurfürstin Sophie seine Stellung in Hannover und bei Lebzeiten der Königin Sophie Charlotte seine Stellung in Berlin gegen Dresden vertauscht haben würde, aber ich zweifle kaum, daß ihm die drei- oder vierfache Stellung in Hannover, Wolfenbüttel, Berlin und Dresden willkommen gewesen wäre.

Damals war *R. Patkul*, welchen König August nach dem Frieden von Altranstädt den Schweden ausliefern mußte, russischer Gesandter in Dresden und interessierte sich für Leibnizens Plan. Im Juni 1707 hatte sich Leibniz eine Woche im schwedischen Lager zu Altranstädt aufgehalten und den König, der abwesend war, erwartet. Nach seiner Rückkehr sah er ihn essen, es dauerte eine halbe Stunde, der König sprach kein Wort. Leibniz konnte nicht länger bleiben und hat selbst nicht mit Karl XII. gesprochen. „Was hätte ich ihm sagen können?“, heißt es in einem Briefe an Lord Raby, den englischen Gesandten in Berlin, dem er die Szene in Altranstädt schildert. Man wird daher kaum annehmen dürfen, daß er mit politischen Aufträgen gekommen war[304].

3. Der Entwurf für Petersburg. Peter der Große

Wir haben schon früher, als von der Geschichte und den Schicksalen des Welfenreiches die Rede war, erwähnt, daß die Prinzessin Sophie Christine von Braunschweig-Wolfenbüttel, die jüngere Enkelin Anton Ulrichs, mit dem Großfürsten Alexei von Rußland, dem Sohne Peters des Großen, vermählt wurde, womit sie eine exemplarisch unglückliche und elende Ehe einging. Am Hofe von Hannover sah man die Sache anders. Die Kurfürstin Sophie schrieb in einem Briefe an Leibniz den 1. April 1711: „Der Zarewitsch und seine Prinzessin hegen eine gewaltige Liebe für ein-

[303] Ebendas. II, 202–205.

[304] Guhrauer, Leibnitz II, 267–269; Anmerkungen, 27f. S. oben Kap. IX, S. 120. Klopp IX, 286.

ander und erwarten mit Ungeduld, daß der Zar den Zeitpunkt ihrer Heirat anordne."[305]

Die Ehe wurde im Oktober 1711 zu Torgau geschlossen. Anton Ulrich hatte Leibnizen mit sich genommen, den er besser als sein Vetter in Hannover zu schätzen wußte und der auch ihm persönlich näher stand als dem Kurfürsten Georg Ludwig, zu welchem er gar kein inneres Verhältnis hatte. Leibniz schrieb der Kurfürstin Sophie von Torgau den 20. Oktober 1711: „Als ich nach Wolfenbüttel kam, wünschte der Herzog mit aller Gewalt, daß ich nach Torgau ginge, und ich habe mich nicht lange bitten lassen, da ich recht neugierig war, einen Monarchen wie den Zaren in der Nähe zu sehen."[306]

Er hatte ihn zum ersten Male im Jahre 1697 auf dem Schlosse Koppenbrücke bei Hannover gesehen, als der damals fünfundzwanzigjährige Alleinherrscher inkognito auf seiner europäischen Bildungsreise begriffen war und nach Holland ging, um dort die Schiffsbaukunst zu erlernen. Zehn Jahre später sah Leibniz im Lager von Altranstädt den Sieger von Narwa, der mit ihm kein Wort sprach. Jetzt erschien der Zar, der Gründer von Petersburg, der Sieger von Poltawa, der Eroberer Livlands, der nach dem jüngsten Türkenkriege, welcher ihm Asow gekostet, neuen Eroberungen im Kriege mit Karl XII. entgegenging, und erfreute sich an den Unterredungen mit dem deutschen Philosophen, dessen Ideen und Vorschlägen er das offenste Ohr lieh. Auf seinen Wunsch ließ er Beobachtungen über die magnetische Deklination im russischen Reiche anstellen, forderte seine Ratschläge zur Verbesserung der Gesetze, endlich den Entwurf zur Errichtung einer *kaiserlichen Akademie der Wissenschaften in Petersburg*, die erst nach dem Tode des Zaren ins Leben trat. Leibniz schrieb der Kurfürstin Sophie: „Ich soll in der Ferne der Solon Rußlands sein."[307]

Die Zusammenkunft in Torgau war von kurzer Dauer. Der Zar kam mit seinem Sohne den 21. Oktober und reiste gleich nach der Vermählung den 28. oder 29. Oktober wieder ab, um Beratschlagungen mit seinen Verbündeten, den beiden Königen von Dänemark und Polen, zu pflegen. Im Herbste des nächsten Jahres verkehrte er in Karlsbad längere Zeit mit Leibniz und ließ sich von ihm nach Teplitz und Dresden begleiten. Diese Zusammenkunft war die wichtigste und hatte den Plan und Entwurf der Petersburger Akademie zur Folge. Leibniz trat gleichsam in die Dienste des Zaren, der ihm den Titel eines Geheimen Justizrates und eine Pension von 2000 Gulden erteilte. Die Denkschriften, Entwürfe und Briefe, welche er im Dienste des Zaren verfaßt hat, sind im

[305] Ebendas. IX, 331; vgl. 383, 385.

[306] Edendas. 349 f.

[307] Klopp IX, 373 f. S. oben Kap. VIII, S. 119.

kaiserlichen Archive zu Moskau aufbewahrt und durch Guerrier der Welt näher bekannt gemacht worden. Nach den Erlebnissen in Torgau schrieb Leibniz an den General Lesczynski: „Die Beförderung der Wissenschaften ist allezeit mein Hauptzweck gewesen, nur hat es mir an einem großen Herrn gefehlt, der sich eben dieser Sache genugsam annehmen wollte.“ Diesen großen Herrn erblickte er in Peter dem Großen[308].

Leibniz sah in Peter dem Großen den Herrscher, welcher, wie kein anderer, berufen war, die Zivilisation der Welt im weitesten Sinne zu fördern; deshalb wünschte er auf das lebhafteste die persönliche Annäherung und Audienz, welche ihm der Zar auf die Empfehlung Anton Ulrichs in den Tagen kurz vor seiner Abreise gewährt hat. Es handelte sich nicht bloß um höchst wichtige geographische Entdeckungen, wie die zu beobachtenden Abweichungen der Magnetnadel und die Durchfahrt aus dem arktischen Meere in den stillen Ozean, nicht bloß um die Ausbreitung der christlichen Zivilisation durch die Missionen in China, sondern um die *Vereinigung der lateinischen und griechischen Kirche*, in welcher Absicht der Zar die Berufung eines ökumenischen Konzils beim Papste beantragen sollte auf Grund eines Entwurfes, den Leibnizens in den kirchlichen Reunionsfragen sehr geübte Feder feststellen werde. Auch politische Pläne knüpften sich an den Aufgang des russischen Reichs unter und durch Peter den Großen: der Krieg gegen die *Türkei* zugunsten der europäischen Zivilisation und der Eintritt des Zaren in die europäische Koalition gegen Frankreich im spanischen Erbfolgekrieg zugunsten Deutschlands. Es schien, als ob Leibniz die Erfüllung aller seiner von jeher gehegten Lieblingspläne von diesem Herrscher erhoffen könne. Es war der innerste Kern seiner Überzeugung, daß die Glückseligkeit der Welt und Menschheit nur mit der Zivilisation und diese nur mit den Wissenschaften fortschreite. Von dieser kosmopolitischen Denkart ist sein erster Brief an den Zaren vom Januar 1712 ganz durchdrungen und erfüllt. „Denn ich nicht von denen bin,“ sagt er am Schluß, „so auf ihr Vaterland oder sonst auf eine gewisse Nation erpicht seyn; sondern ich gehe auf den Nutzen des ganzen menschlichen Geschlechts; denn ich halte den Himmel für das Vaterland und alle wohlgesinnte Menschen für dessen Mitbürger und ist mir lieber, bei den Russen viel Gutes

---

[308] Guhrauer. Leibnitz II, 272 bis 276. Leibniz hat Peter den Großen fünfmal gesehen: auf Schloß Koppenbrück 1697, in Torgau Oktober 1711, in Karlsbad Herbst 1712, in Herrenhausen, wo der Zar zwei Tage verweilte, um die Ankunft des Königs von England zu erwarten, und in Pyrmont im Juli 1716. Vgl. Leibniz an Thomas Burnet, 24. Aug. 1697, Gerhardt Phil. III, 213; an J. Fabricius, 8. Dez. 1711, Dutens V, 294 f.; an General Lescynski, 16. Jan. 1712, Guhrauer, Leibnitz's Deutsche Schriften II, 462 ff.; an Seb. Kortholt, 3. Juli 1716, Dutens V, 339 f.

auszurichten als bei den Teutschen oder anderen Europäern wenig, wenn ich gleich bei diesen in noch so großer Ehre, Reichtum und Ruhe sitze, aber dabei andern nicht viel nützen sollte, denn meine Neigung und Lust geht aufs gemeine Beste."[309]

4. Die Sendung nach Wien. Kaiser Karl VI.

Als er nach Karlsbad zum Zaren reiste, kam er von seiten Anton Ulrichs mit einer Sendung und politischen Aufträgen, die mit der großen europäischen Kriegs- und Friedensfrage zusammenhingen. Er sollte Peter den Großen durch seine Vorstellungen bewegen, daß er die Kriegspolitik wider Ludwig XIV. unterstützen und namentlich seinen Einfluß in Amsterdam aufbieten möge, um Holland zur Fortführung des Krieges zu bestimmen. Und daß Leibniz, nachdem er sich in Dresden vom Zaren verabschiedet hatte, im Auftrage Anton Ulrichs nach Wien reiste, stand, wie urkundlich dargetan ist, mit der Karlsbader Sendung in unmittelbarem Zusammenhang[310].

Während seines ersten Aufenthaltes in Wien hatte Leibniz die Kriegserklärung Ludwigs XIV., womit der zweite Reichskrieg begann, und die englische Revolution erlebt, die dem Hause Stuart in England ein Ende machte und den Weg bahnte, der das Haus Hannover auf den Thron Großbritanniens geführt hat. Während seines dritten Aufenthaltes in Wien starb den 1. November 1700 König Karl II. von Spanien und hinterließ jenes Testament, worin er im Widerspruche mit den geschlossenen Teilungsverträgen den Enkel Ludwigs XIV. zum Gesamterben seiner Reiche ernannte und dadurch den Weltkrieg über die spanische Erbfolge hervorrief, welcher den Erdteil dreizehn Jahre lang erschüttern sollte (1701–1714). Um das europäische Gleichgewicht, dessen Hort jetzt der Oranier König Wilhelm III. von England war, aufrechtzuhalten, durfte

---

[309] *Guerrier,* a.a.O. (s. o. S. 126. Anm. 1) 12, 23, 101, 126–128 usf. – Ferner *Bodemann*, Leibniz-Briefwechsel, 351 f., Nr. 947, Brief an Joh. Christoph von *Urbich*, seit 1707 russischer Gesandter in Wien, welcher die Heiraten der Wolfenbüttler Prinzessinnen mit dem Erzherzog Karl und dem Zarewitsch Alexei diplomatisch betrieben hat; ebendas. 28, Nr. 120, Brief an Jac. Dan. Grafen von *Bruce*, russ. Generalfeldzeugmeister (1670–1735); ebendas. 100, Nr. 438, Brief an Henr. van *Huyssen*, kais. russ. Kriegsrat.

[310] Vgl. O. Klopp, Leibnizens Plan der Gründung einer Sozietät der Wissenschaften in Wien. Ans dem handschr. Nachl. von Leibniz in der K. Bibl. zu Hannover. Archiv für österr. Geschichte XL, 182 ff.; 212–214. Wenn O. Klopp berichtet, daß Anton Ulrich auf der Rückkehr von der Kaiserkrönung Karls VI. in Frankfurt a. M. nach Torgau gekommen sei und dort dem Zaren empfohlen habe, Leibnizen zu sich zu bescheiden (S. 182), so ist zu erinnern, daß jene Kaiserkrönung drei Monate später stattfand als die Vermählung in Torgau, und Leibniz laut seines Briefes an die Kurfürstin Sophie, den Klopp selbst herausgegeben (IX, 349), den Herzog von Wolfenbüttel nach Torgau begleitet hat.

die Krone Spaniens weder mit der Krone Frankreichs noch mit der römischen Kaiserkrone vereinigt werden. Deshalb sollte nach dem englischen, von Ludwig XIV. unterzeichneten Teilungsvertrag Erzherzog Karl, der jüngere Sohn des Kaisers Leopold, die Krone Spaniens erben. Als nun die Koalition gegen Ludwig XIV. so angewachsen war, daß nicht bloß die beiden Seemächte Holland und England, Dänemark und das deutsche Reich, ausgenommen Köln und Bayern, sondern auch Savoyen und Portugal auf der Seite des Kaisers standen, ging der Erzherzog nach Lissabon, um sein Reich zu erobern und als König Karl III. in Besitz zu nehmen (1704)[311].

Nun war Leibniz wieder in vollem Eifer für die Sache der Habsburger gegen die Bourbonen. In einem früheren Abschnitte dieses Buches, wo Leibnizens publizistische Wirksamkeit, die aus den europäischen Kriegszuständen hervorging und Ludwig XIV. bekämpfte, übersichtlich und im Zusammenhange darzustellen war, haben wir schon die Schriften erwähnt, welche der spanische Erbfolgekrieg hervorrief und ihrer Beweggründe gedacht. Wir erinnern hier an jenes gewichtige Manifest, welches Leibniz, ohne sich zu nennen, zur Verteidigung „der Rechte König Karls III. von Spanien und der Beweggründe seiner Expedition“ in französischer Sprache erscheinen und die Admiralität von Lissabon in spanischer verbreiten ließ[312].

Nach den Siegen, welche der Prinz Eugen von Savoyen und der Herzog von Marlborough in den Schlachten von Höchstädt, Ramillies, Oudenarde und Malplaquet über Frankreich davongetragen hatten, waren die Kräfte des letzteren erschöpft, und Ludwig XIV. mußte den Frieden um jeden Preis suchen. Deutschland würde Lothringen, Elsaß und Straßburg zurückerhalten haben, wenn nach dem Rate Eugens der Friede im Juli 1710 zustande gekommen wäre, was unklugerweise nicht geschah. Der Sturz des whigistischen Ministeriums in England im September 1710, der ungünstige Feldzug Karls III. in Spanien, der sich gegen Ende des Jahres auf Barcelona beschränkt sah, und der Tod des noch jugendlichen Kaisers Joseph I., der nach einer sechsjährigen Regierung von den Blattern weggerafft wurde (den 17. April 1711), änderten plötzlich die Lage der Dinge. Der Erbe des Kaisers, sein Bruder Karl, der letzte Habsburger der männlichen Linie, eilte nun aus Barcelona herbei und empfing als Karl VI. die Kaiserkrone zu Frankfurt a.M. den 22. Dezember 1711. Da nicht *ein* Mann über die österreichischen Kronländer und Ungarn, das deutsche Reich und Belgien, Mailand und Neapel, Spanien und Indien herrschen durfte, so

---

311 S. oben Kap. IX, S. 125–128.

312 Kap. IX, S. 125–130.

wurden neue Teilungsverträge notwendig; die beiden Seemächte traten vom Kriege zurück und schlossen zu Utrecht ihren Frieden mit Frankreich. Nach dem erfolglosen Feldzuge am Rhein, womit Eugen den Krieg fortgeführt hatte, mußte der Kaiser in den Frieden von Rastatt willigen (6. März 1714), und ein halbes Jahr später schloß das Reich den seinigen zu Baden in der Schweiz mit dem größten Nachteil (7. September 1714). In Utrecht hätte es noch Straßburg und Landau haben können, in Baden erhielt es keines von beiden[313].

Als Leibniz gegen Ende des Jahres 1712 in Wien eintraf, tagte der Kongreß in Utrecht; als er nach zwanzig Monaten in die Heimat zurückkehrte, schloß man den Frieden in Baden. Er hatte während seines letzten und längsten Aufenthaltes in Wien das neue Gesetz, welches Karl VI. unter dem Namen der pragmatischen Sanktion den 19. April 1713 erließ, und das Ende des spanischen Erbfolgekrieges erlebt, woraus Frankreich mit dem Verluste seines bisherigen Übergewichtes, Spanien für die Zukunft ohne Einfluß in Mitteleuropa, Österreich in einer neuen Weltstellung und das Reich ohne die gebührende Wiederherstellung durch die Rückgabe der ihm von Frankreich entrissenen Gebiete hervorging. Ein solches Ergebnis war nicht nach dem Sinn unseres Leibniz, der sich mit Recht einen „getreuen und wohlgesinnten Patrioten" nannte. Auch daß in Spanien fortan statt der Habsburger die Bourbonen herrschen sollten, widersprach seinen politischen Grundanschauungen. Er hatte von Anton Ulrich die ihm sympathische Weisung mitgebracht, dem Frieden entgegenzuwirken und wo möglich ein auf diesen Zweck gerichtetes Einverständnis zwischen dem russischen und römischen Kaiser zu erzielen, damit die nordische Allianz in Verbindung mit Preußen eine der Fortsetzung des Reichskrieges wider Frankreich günstige Politik einschlage. In dieser Absicht schrieb er in Wien eine Reihe Aufsätze und Denkschriften, für welche wir ebenfalls auf jenen früheren Abschnitt zurückweisen.

5. Die Kaiserinnen. Prinz Eugen von Savoyen

Für Leibniz persönlich lagen die Verhältnisse in Wien günstiger als je. Der Kaiser, noch in jugendlichstem Mannesalter, von Eifer für seinen Namen, die Macht und Zukunft seines Hauses erfüllt, trotz seiner Vorliebe für die spanischen Sitten doch so deutsch gesinnt, daß er den Gebrauch der deutschen Sprache in Wort und Schrift gern sah, wußte in Leibniz den staatskundigen, der Sache des Kaisers und des Reiches stets treuen Anhänger, den großen Gelehrten, den klugen und vielseitigen Ratgeber wohl zu schätzen und unterhielt

313 S. ebendas. S. 128–129.

sich oft und gern mit ihm. Nicht bloß über die großen europäischen Fragen, sondern auch über die heimischen Angelegenheiten, wie die Finanznot in Österreich, die pestartige Krankheit, welche im Mai 1713 in Wien herrschte, die Armutszustände und die Regulierung der Donau, ließ er sich von ihm Denkschriften aufsetzen.

Die drei kaiserlichen Frauen des Wiener Hofes waren ihm schon von Hause her wohlgesinnt: die Kaiserin-Mutter *Eleonore*, die dritte Gemahlin Leopolds I., die Tochter jenes Pfalzgrafen Philipp Wilhelm (des ersten Kurfürsten der Pfalz aus dem Hause Neuburg), für dessen Wahl zum Könige Polens Leibniz einst seine erste politische Denkschrift verfaßt hatte, die Kaiserin-Witwe *Amalie*, die Gemahlin Josephs I., die Tochter des Herzogs Johann Friedrich, der ihn nach Hannover berufen, und die regierende Kaiserin *Elisabeth*, die Enkelin Anton Ulrichs[314], der bei seiner verwandtschaftlichen Stellung zu Karl VI. und Peter dem Großen die Beziehungen unseres Philosophen zu beiden Herrschern veranlaßt und gefördert hat. Im Anfange des Krieges hatte er mit den Kurfürsten von Köln und Bayern auf seiten Ludwigs XIV. gestanden, jetzt konnte er die Fortsetzung des Krieges gegen Frankreich nicht eifrig genug betreiben.

Die Kaiserin Elisabeth war noch in Barcelona, als Leibniz nach Wien kam. Erst im Juni 1713 erschien hier, nach einer fünfjährigen noch kinderlosen Ehe, die einundzwanzigjährige Kaiserin, die künftige Mutter der Maria Theresia. Welche Begrüßungen wegen des noch fehlenden Kindersegens sie auf der Reise in Linz auszustehen hatte, welche Späße in Wien gemacht wurden, schildert Leibniz recht ergötzlich der Kurfürstin Sophie[315].

Aber die interessanteste Persönlichkeit, welche Leibniz in Wien antraf, und deren Freundschaft er gewann, war der Prinz *Eugen von Savoyen*, der größte Kriegsheld des Zeitalters, ein Meister der Kriegskunst wie der Staatskunst, ein Freund und Liebhaber der Künste des Friedens, nicht der Hofkünste, einfach und anspruchslos auch in der Fülle seines wohlerworbenen Ruhmes, ein Mann von hoher, uneigennütziger Gesinnung, unverblendetem Urteil, aufrichtiger Rede. Er war, wie er im Munde des späteren Volksliedes nach dem Siege von Belgrad unsterblich fortlebt: „Prinz Eugen, der edle Ritter“[316]. Leibniz machte seine Bekanntschaft im März 1713, als der Friede von Utrecht bevorstand, dem beide abgeneigt waren, aber erst im folgenden Jahre, nach der Rückkehr des Prinzen von dem erfolglosen Feldzuge am Rhein und dem Friedensschluß in Rastatt entspann sich zwischen ihnen ein näherer freundschaftlicher Verkehr,

[314] S. oben Kap. V, S. 69 f., Kap. VIII, S. 118.

[315] Klopp IX, 378 (Wien, 31. Dez. 1712), 408 (Wien, Juli 1713).

[316] Vgl. H. v. Sybel, Kleine hist. Schriften, Bd. I, S. 47–147.

der dahin führte, daß Leibniz für Eugen und auf dessen Wunsch die Grundlehren seiner Philosophie in französischer Sprache niederschrieb. So entstand die Schrift *„Prinzipien der Natur und der Gnade“*, die Eugen als einen kostbaren Schatz aufbewahrte, stets in seiner Nähe behielt und nur Freunden, die er ehren wollte, zeigte.

6. Die Ernennung zum Reichshofrat. Einkünfte. Adel

Da sich nun die Verhältnisse in Wien für Leibniz so günstig anließen, während sich die in Hannover immer unliebsamer, die in Berlin immer widerwärtiger gestaltet hatten, so war es natürlich, daß er lebhaft wünschte, nach Wien überzusiedeln und in kaiserliche Dienste zu treten. Schon seit Jahren war ihm vom Kaiser Leopold die Ernennung zum Reichshofrat versprochen (5. September 1705), diese Zusicherung war von Karl VI. gleich nach der Krönung erneuert worden (2. Januar 1712), jetzt endlich geschah sie (den 3. Juli 1713): Leibniz wurde zum Mitglied des höchsten kaiserlichen Gerichtshofes „auf der gelehrten Bank“ ernannt und erhielt, da keine besoldete Stelle frei war, eine Pension von 2000 Gulden. Aber diese Summe war bei weitem nicht ausreichend, um die Einkünfte aufzuwiegen, die seine Ämter ihm brachten. Er bat den Kaiser, ihn zum Kanzler für Siebenbürgen zu ernennen, doch dieses Gesuch vom 26. September 1713 blieb ohne Erfolg.

Wir haben den Punkt der *Einkünfte* wiederholt berühren müssen, und da derselbe in der Lebensgeschichte unseres Leibniz eine größere Rolle spielt, als gewöhnlich zutage tritt, so ist es nötig, ihn klar zu stellen. Seine hannoverischen Einkünfte betrugen jährlich 1800 Taler, darunter waren 300, die er als Braunschweig-Lüneburgischer Historiograph von Celle und nach dem Tode des Herzogs Georg Wilhelm (28. August 1705) von Hannover erhielt; er hatte als Bibliothekar in Wolfenbüttel 400, als Präsident der Berliner Sozietät 600 Taler oder sollte sie haben. Er selbst hat in Wien, als es sich um die dortigen Stellungen handelte, dem Kaiser gegenüber seine Einkünfte so veranschlagt, daß sich dieselben auf 2800 Taler (4200 Gulden) beliefen, wozu noch die russische Pension von 2000 Gulden kam. Man sieht aus diesen Zahlen, daß unter den damaligen Verhältnissen und Finanznöten es keineswegs leicht war, Leibnizens Stellung in Hannover mit pekuniären Mitteln aufzuwiegen oder zu überbieten, und daß er selbst auch um des Geldes willen sich an diese Stellung gebunden sah, da er nichts verlieren und seine Einkünfte lieber vermehren als vermindern wollte. Er stellte seine Rechnung in Wien so, daß er 8000 Gulden jährlich in Anspruch nahm[317].

---

[317] Archiv für österreichische Geschichte XL, 226 (O. Klopp, Leibnizens Plan der Gründung usf. Anlage X: Leibniz an den Kaiser Karl VI.).

Da wir seine Ernennung zum Reichshofrat berichtet haben, so liegt es hier nahe, auch mit einigen Worten seiner Erhebung in den Adelsstand zu gedenken. Über das wie, wo und wann dieser Begebenheit sind wir im Dunkeln. Es ist seltsam genug, daß sein verdienstvoller Biograph Guhrauer auf den Titel seines Werkes die Worte: „Gottfried Wilhelm Freiherr von Leibnitz" gesetzt und am Ende desselben gestanden hat, daß ihm weder das Adelsdiplom noch auch eine sichere Nachricht darüber bekannt sei; vermutlich habe Kaiser Leopold bei Gelegenheit der Krönung seines Sohnes Joseph zum römischen König (den 12. Juli 1690) Leibnizen den Adel verliehen. Daß dieser seinen gewichtigen Brief an Bossuet vom 8./18. Januar 1692 mit der Bezeichnung „von" unterschrieben habe, ist nicht richtig; unter dem Briefe steht „G. G. Leibniz"[318].

Ich kenne kein Dokument, worin Leibniz selbst sich die Bezeichnung des Adels beilegt. Daß Graf Kaunitz einen Brief an ihn, sei derselbe auch im Auftrage des Kaisers geschrieben, „baron de Leibniz" adressiert hat (5. September 1701), ist kein Dokument, so wenig wie briefliche Titulaturen überhaupt. Guhrauers oben erwähnte Vermutung halte ich für falsch, da in jenem Zeitpunkt kaum ein genügender Anlaß für eine solche kaiserliche Gunstbezeugung vorhanden war, und in den gleichzeitigen Briefen Leibnizens sich keine Spur davon findet. Wenn man erwägt, wieviel Mühe und Fleiß im Dienste des Hauses Hannover Leibniz aufgewendet hat, um durch eine Reihe von Schriften die Einführung der Primogenitur und die Erhebung zur Kurwürde zu begründen[319], so könnte man vermuten, daß Ernst August ihn zum Danke bei Gelegenheit seiner Erhebung zum Kurfürsten (1692) geadelt oder ihm den Adel verschafft habe. In der Urkunde vom 12. Juli 1700, worin Kurfürst Friedlich III. ihn zum Präsidenten der Berliner Sozietät der Wissenschaften ernennt, heißt sein Name „G. W. von Leibniz", wogegen in der dreizehn Jahre späteren Urkunde, worin Kaiser Karl VI. ihn zum Reichshofrat ernennt, nur der bürgerliche Name steht. So viel ist nach allem gewiß, daß er den Adelstitel erhalten, aber so gut wie keinen Gebrauch davon gemacht hat.

7. Stiftungsplan der kaiserlichen Sozietät der Wissenschaften in Wien

Leibnizens Wunsch nach einer festen Niederlassung und Stellung in Wien hing mit der Idee der Gründung einer kaiserlichen Akademie der Wissenschaften so genau zusammen, daß seine Erfüllung die Ausführung dieses Planes zur Voraussetzung hatte. Es

[318] Guhrauer, Leibnitz II, 285. Vgl. Vgl. Foucher de Careil I, 236.

[319] Klopp V, 203 bis 248: Die Feststellung der Primogenitur im Welfenhause. VI, 243 bis 437: Die neunte Kurwürde.

ist nicht richtig, daß er einen solchen Plan erst während seines letzten Aufenthaltes in Wien oder, wie Guhrauer meint, erst im Verkehr mit dem Prinzen Eugen gefaßt habe, sondern er hegte ihn seit einem Vierteljahrhundert. In demselben Jahre, wo er den Entwurf für Dresden ausarbeitete, tat er Schritte, um den Kaiser Leopold zu einer ähnlichen Gründung in Wien zu bewegen. Er schrieb den 2. Oktober 1704 an den Kurfürsten Johann Wilhelm von der Pfalz (den Sohn des Philipp Wilhelm) und bat ihn, seinen persönlichen Einfluß aufzuwenden, um seinen kaiserlichen Schwager zur Stiftung einer Sozietät der Wissenschaften in Wien zu bestimmen[320]. Aber der Krieg war in vollem Gange, und die Tage Leopolds waren gezählt. Gleichzeitig traten den Plänen unseres Philosophen in Dresden der nordische und in Wien der spanische Erbfolgekrieg hindernd in den Weg.

In den ersten Tagen nach seiner Ankunft in Wien entwarf er (den 2. Januar 1713) in lateinischer Sprache den Plan zur Stiftung einer kaiserlich deutschen Akademie unter dem Vorsitze des Erzbischofs von Mainz: „Societatis imperialis germanicae designatae schema. Caesar fundator et caput“[321]. Dieser Plan hatte keine Aussicht auf Erfolg, er war und blieb in jedem Sinn ein Schema. Nachdem er dem Kaiser selbst die Sache vorgetragen hatte, willigte dieser ein, dem Entwurfe gemäß, welchen Leibniz in deutscher Sprache ihm vorgelegt, eine kaiserliche und königliche Sozietät der Wissenschaften in Wien zu gründen; sie sollte die Gebiete der Natur- und Geschichtswissenschaften umfassen, in drei Hauptklassen, die physikalische, mathematische und literarische, geteilt und mit allen Hilfsmitteln in großartiger Weise ausgerüstet sein: mit physikalischen Laboratorien, mineralogischen Sammlungen, botanischen und zoologischen Gärten, mit Observatorien und allen zur mathematisch-physikalischen Forschung nötigen Instrumenten, ebenso mit allen zur historischen Forschung gehörigen Sammlungen von Monumenten, Inschriften, Münzen, Medaillen, mit Kunst- und Antikenkabinetten, endlich mit einer Bibliothek, einer wohlgeordneten Sammlung wertvoller Druck- und Handschriften, auch orientalischer. Leibniz sollte der Direktor dieser zu errichtenden Akademie mit einer jährlichen Besoldung von 4000 Gulden werden. Dies wurde ihm durch Hofdekret vom 14. August 1713 zugesichert[322].

[320] Archiv für österreichische Geschichte XL, 176.

[321] Ebendas. 222 f.

[322] Archiv f. ö. G. XL, 331–236, Anl. XII; 236–240, Anl. XIII: Entwurf von Leibniz zu einem kaiserlichen Diplom der Stiftung einer Sozietät der Wissenschaften zu Wien; 241 ff., Anl. XV. Kaiserliche Zusicherung usf.

Nun schien Leibniz am Ziele seiner Wünsche zu sein, aber noch war er ein Johann ohne Land. Diese zu errichtende Akademie war ein Luftschloß, oder vielmehr sie stand bloß auf dem Papier und hat nie einen anderen Boden gefunden. Es handelte sich jetzt um die Fundierung, die Herbeischaffung großer Geldmittel, ohne die kaiserlichen Einkünfte zu schmälern. Leibniz hatte zuerst eine Stempelsteuer, dann Beiträge von seiten der österreichischen Kronländer in Vorschlag gebracht, beides ohne Erfolg. Er wollte schon im März 1713 die Rückreise antreten, er hatte gewartet und in das Dekret vom 14. August die Worte einfügen lassen, daß es „wegen der Kürze der Zeit vor seiner nötigen Abreise" erlassen werde; er verzögerte die Abreise und blieb noch über ein Jahr, um das Fundationsdiplom zustande zu bringen. Es war umsonst, die Sache rückte nicht vorwärts, obwohl der Kaiser, die drei Kaiserinnen, der Prinz Eugen, der Hofkanzler u. a. günstig für dieselbe gestimmt waren. Es ging mit der kaiserlichen Akademie wie vor fünfundzwanzig Jahren mit den kaiserlichen Truppen im zweiten Reichskriege, von denen Feugrières sagte: „Les impériaux marchent toujours, mais ils n'arrivent jamais"[323].

8. Die Hindernisse der Ausführung

Endlich konnte er die Abreise nicht länger aufschieben und verließ Wien, nachdem er kurz vorher seinen Stiftungsplan in französischer Sprache dem Prinzen Eugen mitgeteilt hatte (den 17. August 1714). Noch war er nicht hoffnungslos und zur Rückkehr nach Wien entschlossen, sobald die Fundation fertig sei. In Wien wünschten die Freunde der zu errichtenden Sozietät, daß Leibniz kommen möge, um die Sache in Ordnung zu bringen; er aber wollte sehr weislich erst zurückkehren, nachdem sie in Ordnung gebracht wäre. Dieser unauflösliche Zirkel hielt ihn in Hannover fest.

Da ihm zu Ohren gekommen war, daß gewisse kirchliche Gegner sich feindselig in die Sache gemischt hätten, um die Gründung einer Sozietät in Österreich zu verhindern, bei der ein Protestant im Spiel sei, so schrieb er wiederholt an einen Freund in Wien und bat denselben um Aufklärung. Nach seiner ersten Anfrage waren es „einige religiöse Eiferer", welche die Sache hintertreiben wollten, in der zweiten war von „Jesuiten" die Rede[324]. Wie dem nun sein mochte, das Haupthindernis lag in der Finanznot, was auch Prinz Eugen, der dieses Grundübel der österreichischen Verwaltungszustände sehr genau kannte, dem Philosophen kurzweg erklärte[325].

---

[323] Baron von Bothmar an Leibniz, Hannover 16. I. 1687; Klopp V, 432.

[324] Briefe vom 27. II. und 24. XII. 1718 an Hofrat Schmidt in Wien. Archiv f. ö. G. XL, 200 ff.

[325] Ebendas. 203.

Der Hofkanzler Graf Sinzendorf schrieb noch den 18. Januar 1716 an Leibniz und drängte ihn zur Rückkehr, weil ohne seine Gegenwart die Sache nicht zu ordnen wäre; er möge sich nicht den niederländischen Feldherrn Coehoorn zum Vorbilde nehmen, der immer nur bei völliger Bereitschaft seine Truppen in Bewegung gesetzt habe, sondern die kaiserlichen Generale, die oft genug ohne diese Bedingung ihre Dispositionen getroffen und gesiegt hätten. Leibniz antwortete ablehnend mit scherzhaften Vergleichungen ähnlicher Art. Er wisse wohl, daß man Schwierigkeiten besiege, indem man denselben Trotz biete, wie im „Amadis von Gallien" jener irrende Ritter, der sich mitten unter feuerspeienden Drachen auf eine schmale Brücke gewagt und gleich mit den ersten Schritten die Ungeheuer verscheucht und die Gefahren in die schönste Gegend verwandelt habe; aber eines sei zu jeder Unternehmung notwendig, und darin wolle er es mit dem holländischen Admiral Ruyter halten, der niemals unter Segel gegangen sei ohne den gehörigen Proviant von Schiffszwieback und frischem Wasser. Diesen Brief schrieb Leibniz den 14. März 1716, acht Monate vor seinem Tode[326].

Er hatte recht getan, der wohlgemeinten Einladung nicht zu folgen. Die finanziellen Verlegenheiten waren so groß, daß der Kaiser im Sommer 1716 die Gehalte der Titularhofräte einzog, worunter auch die Pension gerechnet wurde, die Leibniz durch das kaiserliche Patent vom 3. Juli 1713 erhalten hatte. Dieser Verlust erregte ihm den letzten schweren Verdruß, und die Wiederherstellung, welche, wie es scheint, ihm zu Teil werden sollte, hat er nicht mehr erlebt. Es war namentlich die Kaiserin Amalie, die sich Leibnizens mit besonderem Eifer annahm und seine Angelegenheiten stets zu fördern gesucht hat[327].

Auch die Hoffnung, die Akademie noch gegründet zu sehen, hatte er aufgegeben. Er schrieb den 4. Juni 1716 an Heräus in Wien: „Was die Sozietät der Wissenschaften betrifft, so muß man sich in Geduld fassen. Ich werde sie nicht mehr erleben, aber ich freue mich, etwas im voraus dazu beigetragen zu haben, daß andere sie erleben werden."[328] Bei diesen Worten hat er sich die Zeitferne wohl nicht so weit vorgestellt, als sie war. Es hat nach seinem Tode noch 130 Jahre gedauert, bis eine Akademie der Wissenschaften in Wien zustande kam; ebenso viele Jahre mußten vergehen, bis sein Geschichtswerk veröffentlicht wurde.

In dem Besitze einer geistigen Welt von unermeßlicher Weite hatte Leibniz ein starkes und sicheres Gefühl der Zukunft, eine Zuversicht, die ihn die verdrießlichen Affekte der Gegenwart und

---

326 Archiv f. ö. G. XL. 251–254.

327 Heräus an Leibniz, 18. XII. 1716; Klopp XI, 233 f.

328 Archiv f. ö. G. XL. 255.

deren peinliche Schranken wieder vergessen und mit erhabenem Gleichmut auf sie herabsehen ließ. In der ersten jener Denkschriften, die der Gründung wissenschaftlicher Sozietäten gewidmet waren, sagt er am Schluß: „Ich bekenne, daß wir für die Nachwelt arbeiten müssen. Man baut oft Häuser, die man nicht bewohnen wird, man pflanzt Bäume, deren Früchte man nicht genießen soll."[329]

Vierzehntes Kapitel. Leibnizens Verkehr mit fürstlichen Frauen. Seine letzten Jahre und die Charakteristik seiner Person

I. Die fürstlichen Frauen

1. Die Kurfürstin Sophie

Unter den fürstlichen Frauen, die unseren Philosophen zu würdigen vermocht, an seinem Umgang und seiner Geistesfülle sich erquickt und demselben ihre Freundschaft geschenkt haben, gebührt der Kurfürstin Sophie die erste Stelle, nicht bloß wegen der Zeitfolge und Zeitdauer ihrer Beziehungen zu Leibniz, sondern wegen der Bedeutung ihrer Persönlichkeit und der wichtigen Interessen mannigfaltigster Art, die ihren Verkehr mit ihm erfüllt haben. Vierunddreißig Jahre hindurch hat Leibniz beständig in ihrem Dienste und in ihrer Nähe gelebt, welche letztere nur durch seine Reisen und auswärtigen Aufenthalte unterbrochen wurde. Um so lebhafter war während dieser Abwesenheit der briefliche Verkehr, der sich durch dreißig Jahre (1684–1714) erstreckte und, obwohl nicht vollständig erhalten, doch in der verdienstlichen und lehrreichen Gesamtausgabe, welche Onno Klopp davon besorgt hat, über dreihundert Briefe umfaßt[330].

Wir sind mit der Persönlichkeit der Fürstin schon aus den früheren Abschnitten dieses Buches vertraut und kennen die Geschichte ihrer Jugend, ihrer Ehe, wie den Gang ihrer Geschicke in Schloß Iburg, Osnabrück und Hannover[331]. Keine Epoche ihres Lebens

[329] Mémoire I § 27; Klopp X, 21.

[330] Klopp VII-IX.: Korrespondenz von Leibniz mit der Prinzessin Sophie usf. (Bd. I, 1680–1695; Bd. II, 1695–1702; Bd. III, 1702–1715). Der Herausgeber hat alle diejenigen Briefe und Aufzeichnungen, welche er als zu der genannten Korrespondenz gehörig oder auf dieselbe bezüglich angesehen hat, mitaufgenommen. Die Zahl sämtlicher hier von ihm veröffentlichten Schriftstücke beträgt 463, wozu im letzten Bande noch ein Anhang von 19 Schriftstücken kommt. Von der Korrespondenz selbst hat Sophie 148, Leibniz 160 Briefe geschrieben.

[331] S. oben Kap. VIII, S. 109 ff., 114 ff.

war ohne schwere Schicksalsschläge und trübe Erfahrungen. Sie stammte von zwei der ältesten und vornehmsten Geschlechter, dem kurfürstlichen Hause der Pfalz und dem königlichen der Stuarts, sie war im Exil geboren und hatte den Schiffbruch ihrer Familie vor Augen, sie sah ihren Bruder Karl Ludwig, an dem ihre Seele mit kindlicher Verehrung hing, in einer zerstörten Ehe, in einem verheerten Lande, vergeblich mit der Übergewalt feindlicher Mächte ringen, zuletzt erliegen und bald nachher seinen Stamm erlöschen. Ihre eigene Ehe war ein fürstliches Geschäft, an dem von seiten ihres Gemahls weder die Liebe noch weniger die Treue einen Anteil gehabt hat; sie erlebte den Verlust dreier Söhne, die ihren Tod in kaiserlichen Diensten fanden; der älteste wie der jüngste, der ihm glich, hatten nichts von der mütterlichen Art, der zweite Sohn Maximilian hatte sich mit dem väterlichen Hause verfeindet, in Wien zur römischen Kirche bekehrt, in Schulden gestürzt und zuletzt auch der Mutter entfremdet, und ihre einzige Tochter, mit der sie in einer wirklichen Geistesverwandtschaft lebte, wurde vor ihren Augen plötzlich dahingerafft.

Mitten in einer solchen Fülle von tragischen und dunklen Erfahrungen behielt die Fürstin einen ungedrückten Lebensmut, einen unverwüstlichen Schatz geistiger und körperlicher Gesundheit, woraus, wie sie selbst einmal sagt, der Humor hervorging, der sie nie verließ und aus so vielen Äußerungen ihrer Briefe uns entgegenleuchtet und lacht. Ihre Schicksale sind hochtragisch, sie selbst ist es gar nicht; sie ist eigentlich immer guter Laune, immer mit einem scherzhaften Wort, einem glücklichen Einfall, einer witzigen Wendung bei der Hand, auch zu einem derben Spaß aufgelegt, den sie eben so gern hört als macht, und in der natürlichen, unverhohlenen Rede wie in ihrem Elemente. Man erkennt ihre Gemütsart aus der heiteren und zur satirischen Auffassung geneigten Lebhaftigkeit, womit sie ihre Eindrücke empfängt und schildert, wie z. B. in ihren Denkwürdigkeiten den Hof und die Erscheinung Ludwigs XIV., welchen letzteren sie in dem Zauber seiner Würde und Liebenswürdigkeit so beschreibt, daß man ihn vor sich sieht, während sie die Königin in ihrem geistesleeren, angewöhnten Dünkel zum Sprechen malt. Alle Szenen, die sie auf ihren Reisen in Italien und Frankreich erlebt hat und in ihren Denkwürdigkeiten erzählt, prägen sich dem Leser bis zur Unvergeßlichkeit ein.

Ihr Verstand war weltoffen und weltklug, nicht zum Grübeln und einsamen Nachdenken, sondern zum leichten und schnellen Erfassen der Gegenstände geeignet, weniger in die Tiefe als in die Fülle der Dinge gerichtet und darum gerade für die Belehrungen empfänglich, wie sie Leibniz zu geben wußte. Der Tochter waren diese Belehrungen oft zu oberflächlich, der Mutter waren sie bisweilen zu verborgen, sie hat nie recht verstehen können, was Leibniz mit dem Begriffe der Einheit oder Monade eigentlich gewollt hat[332]. Ihr Geist war nicht so philosophisch gerichtet, wie der ihrer Schwester Elisabeth und ihrer Tochter Sophie Charlotte, aber wenn man von den metaphysischen Problemen absieht, so konnte sich die *Weltweisheit* für die Kurfürstin Sophie in keinem Philosophen so anmutig und so einleuchtend verkörpern wie in Leibniz. Die volle Natürlichkeit und Heiterkeit ihres Wesens hat keinerlei Stolz und Dünkel in ihrem Gemüte aufkommen lassen, aber, so viel ich sehe, auch dem erhabenen Gefühle ihrer Geburt und Stellung niemals Abbruch getan. Sie wußte, was sie sich und ihrem Hause schuldig war, sie tat alles, um die Größe und Macht des letzteren zu fördern, und konnte durch Hindernisse, wie z. B. die Heirat ihres Schwagers mit der d'Olbreuze, feindlich gestimmt werden[333].

In dieser Vereinigung einer ganz natürlichen, selbst derben und einer fürstlichen Gemütsart ist sie das ungesuchte Vorbild ihrer Nichte *Elisabeth Charlotte* geworden, die einige Jahre der Kindheit unter ihren Augen zugebracht und durch ihr langes Leben dieser Tante eine schwärmerische Liebe und Verehrung bewahrt hat. Wenn sie sagt „ma tante", so meint sie ihre Tante Sophie; sie blieb mit der letzteren in regstem Verkehr und erhielt von ihr, so lange dieselbe lebte, wöchentlich zweimal Briefe. Auch in *religiöser* Hinsicht hat neben dem Vorbilde des Vaters das ihrer Tante Sophie unverkennbar auf sie eingewirkt. Die Kurfürstin war im Grunde *deistisch* gesinnt, die Mysterien der Religion blieben ihrem hellen, praktischen Verstande dunkel und ungenießbar, die Kultusreligion war ihr gleichgültig oder zuwider, nicht selten ein Gegenstand ihres Spottes. Zu den kirchlichen Bekenntnissen verhielt sie sich kühl und eigentlich indifferent; die Bekehrungen, die an ihr versucht wurden, wies sie zurück, die Bekehrungen, welche im Kreise ihrer Geschwister und selbst ihrer Söhne stattfanden, ließ sie geschehen, ohne aufgebracht oder in ihren Familienverhältnissen dadurch gestört zu werden. An den Fragen und Verhandlungen der *Reunion* nahm sie, wie ihr Briefwechsel mit Leibniz dartut, einen sehr regen Anteil, aber mehr aus dem Standpunkte der praktischen und politischen als aus dem der dogmatischen Interessen. Eines ihrer Lieblingsworte, das sie gern wiederholte, war der biblische Ausspruch: „Der das Auge gemacht hat, sollte der nicht sehen? Der das Ohr bereitet hat, sollte der nicht hören?" Und diese Gottesanschauung fand sie in Leibnizens *Theodizee* bestätigt.

---

332 Klopp VIII, 313.

333 S. oben Kap. VIII, S. 110.

Daß sie die erste Kurfürstin von Hannover, ihre Tochter die erste Königin von Preußen wurde, und ihr Sohn der erste König Englands aus dem Hause der Welfen werden sollte, daß sie sich als die Stammutter der künftigen Könige von Preußen und von England betrachten durfte, wie sie es auch in Wahrheit geworden ist, gereichte ihr, der jüngsten Tochter eines großen, vom Schicksal zerschmetterten Geschlechtes, zu hoher Genugtuung. Und wo es sich immer um die Zunahme der Macht und Größe ihres Hauses handelte, war Leibniz in Wort und Schrift von unermüdlichem Eifer: in den Fragen der Primogenitur, der Kurwürde, der englischen Thronfolge. Auf diese letzte, schon oft berührte Frage müssen wir näher eingehen, um darzutun, wie sich dieselbe gestaltet, welches Verhältnis die Fürstin zu ihr eingenommen und in welcher Weise sie unseren Leibniz beschäftigt hat.

Das englische Volk hatte sich die verfassungswidrige Regierung des zur römischen Kirche übergetretenen Jakobs II. gefallen lassen, bis die im Juni 1688 erfolgte, völlig unerwartete Geburt eines Sohnes eine männliche Erbfolge und eine katholische Dynastie befürchten ließ. Das Kind galt in der öffentlichen Meinung für unecht und untergeschoben. Die Revolution, welche ausbrach, vertrieb den König und rief zum Schutze der Verfassung seinen Schwiegersohn herbei, den Prinzen von Oranien und Statthalter der Niederlande Wilhelm II. Im Januar 1689 beschloß das Parlament durch den „act of settlement" die Entthronung Jakobs II. und die Ausschließung des römisch-katholischen Bekenntnisses von der Thronfolge, die von König Wilhelm III. auf seine Schwägerin Anna übergehen sollte. Weiter wurde zunächst nichts festgesetzt. König Wilhelm war verwitwet und kinderlos, Annas letzter Sohn, der elfjährige Herzog von Glocester, starb den 7. August 1700.

Nach dem Geburtsrecht standen in der ersten Reihe der englischen Thronerben die Nachkommen Jakobs II., in der zweiten die Nachkommen der Tochter Karls I., in der dritten die Nachkommen der Tochter Jakobs I., unter denen Sophie die jüngste war; nur als die Enkelin Jakobs I. hatte sie von seiten der Geburt einen Anspruch auf die Thronfolge in England. Zwischen ihr und dem englischen Throne standen im Wege der legitimen Erbfolge mehr als fünfzig Personen; zwischen ihr und dem englischen Throne, den Wilhelm III. einnahm, stand nach der neuen Ordnung der Dinge nur die Prinzessin Anna. So lag die Sache nach dem 7. August 1700. Damals war Sophie siebzig, Wilhelm III. fünfzig, Anna sechsunddreißig Jahre, aber jene war gesund, während diese krank und hinfällig waren.

Der König hatte schon vor elf Jahren gewünscht, daß in dem „act of settlement" der Name der Prinzessin Sophie als Thronerbin genannt würde; der Bischof Gilbert Burnet von Salisbury hatte diesem Wunsche gemäß auch einen Antrag im Oberhause gestellt, aber das Unterhaus hatte denselben abgelehnt. Nach dem Frieden von Ryswijk hielt es der König für geboten, die englische Thronfolge zu ordnen und die Sukzession des Hauses Hannover festzustellen. Dazu bedurfte er die Zustimmung der Kurfürstin Sophie. Sie hat ihm in persönlichen Zusammenkünften dieselbe zweimal versagt, erst in Celle im Herbst 1698, dann zwei Jahre später auf dem Schlosse Loo und im Haag. Noch kurz bevor sie zu dieser zweiten Begegnung reiste, hat sie von Aachen aus an den ihrer Person und Sache damals völlig ergebenen Stepney in London einen Brief geschrieben, den man „the jacobite letter of the princess Sophia" genannt hat, worin sie für sich und ihren Sohn Georg sehr schwierige Bedenken gegen die Annahme der englischen Thronfolge ausspricht: sie sei zu alt, ihr Sohn zu sehr an das absolute Herrschen gewöhnt und darum weniger geeignet, sich in die englischen Zustände zu fügen, als „der noch so junge arme *Prinz von Wales*"; auch fürchte sie das englische Parteigetriebe, das keinerlei Sicherheit gewähre. Doch hatte sie hinzugefügt: „ich bin nicht so philosophisch oder benommen, daß ich nicht gern von einer Krone reden höre"[334].

Es war natürlich, daß Sophie von streitenden Gefühlen bewegt war und schwankte. Sie besiegelte durch ihre Erhebung zugleich den Sturz des königlichen Hauses, dem ihre Mutter angehörte. Ihre Schwester Louise, die Äbtissin von Maubuisson, ihre Nichte Elisabeth Charlotte, die Herzogin von Orléans, waren in Ansehung der englischen Thronfolge ganz legitimistisch gesinnt, sie hielten die Echtheit des Prätendenten für unantastbar, seine Ausschließung von der Thronfolge für ein schreiendes Unrecht und wünschten seiner Unternehmung im Jahre 1708, als er nach England segelte, um sein Recht zu erobern, aus vollem Herzen den Sieg. Und Sophie ließ sich nicht bloß den Ausdruck solcher Gesinnungen in Briefen an sich gefallen, sondern teilte dieselben und gab sie gelegentlich selbst in ihren Briefen kund[335]. Aber sie blickte weiter, als die guten Damen in der Abtei, sie sah die verbrecherischen, unverzeihlichen Fehler Jakobs II. und hatte eine richtige Vorstellung von der Weltlage. Es stand nicht bei ihr, die Stuarts wiederherzustellen, aber es konnte von ihr abhängen, England und Europa vor dem größten Mißgeschick zu bewahren.

Am 28. Oktober 1700 hatte sie nach den letzten Unterredungen im Haag von Wilhelm III. Abschied genommen. Kaum war der König nach England zurückgekehrt, als aus Spanien die Nachrichten

---

[334] Klopp VIII, 214 f.

[335] Ebendas. IX. Einl. XLVIII-LI.

vom Tode Karls II. und seinem Testamente einliefen, welches die geschlossenen Teilungsverträge umgestoßen hatte. „Wir sind an der Nase geführt", rief der König aus, wie er die Sache erfuhr. „Wenn dieses Testament ausgeführt wird, so sind nach meiner festen Überzeugung England und die Niederlande verloren." Die vertriebene Königsfamilie lebte in St. Germain unter dem Schutze und der Anerkennung Ludwigs XIV., der ihre Wiederherstellung plante und nach dem Tode Jakobs II. im September 1701 den Sohn als König von England begrüßte. Wenn es in der Macht des Königs von Frankreich stand, die Geschicke Europas zu bestimmen, so war es um die englische Verfassung und das europäische Gleichgewicht geschehen. So urteilte Wilhelm III., so urteilte auch Leibniz, der die Annahme des spanischen Testaments von seiten Ludwigs XIV. (15. November 1700) die Revolution Europas nannte. Gelang dieser ungeheure Staatsstreich, so herrschte in Frankreich Ludwig XIV. und in Spanien und Großbritannien seine Vasallen, womit die französische Weltherrschaft in Szene gesetzt war. Gegen diese Gefahr wurde den 7. September 1701 die große Allianz im Haag geschlossen, und der Weltkrieg begann.

Von jetzt an waren die beiden Sukzessionsfragen, die *spanische* und die *englische*, solidarisch miteinander verknüpft: die Wiederherstellung der Stuarts bildete ein Stück im Plane der französischen Weltherrschaft, die Sukzession des Hauses Hannover gehörte zur Sicherung des europäischen Gleichgewichtes, dessen Hort Wilhelm III. war. Darum sollte die englische Thronfolge so schnell als möglich dieser Absicht gemäß geordnet werden.

Als gegen Ende des Jahres 1700 die Kurfürstin und Leibniz von ihren Reisen nach Hannover zurückkehrten, jene aus den Niederlanden, dieser von Wien, hatte sich inzwischen die Weltlage völlig verändert. Nun erst begann Sophie die Angelegenheit mit Leibniz zu beraten, sie ließ sich von ihm nach Celle zu einer Konferenz mit ihrem Schwager Georg Wilhelm begleiten, der als Großvater des Kurprinzen Georg August bei der Sache lebhaft interessiert war, denn es handelte sich um die Frage, ob sein Enkel einmal König von England werden solle oder nicht. Er war stets für die Annahme der Vorschläge Wilhelms III. gewesen, während der Kurfürst Georg Ludwig eine strenge und kluge Zurückhaltung beobachtete.

Die Kurfürstin Sophie zeigte sich noch immer unschlüssig, obwohl sie es innerlich nicht mehr war, und wählte auch zum Ausdrucke ihrer Entscheidung eine Form, die den Schein der Unentschlossenheit noch an sich trug: sie schrieb an den König von England und bat um seinen Rat, den sie ja kannte und also zu befolgen völlig entschlossen sein mußte. Sie schrieb diesen Brief, womit sie tatsächlich die englische Thronfolge für sich und ihre Nachkommen in Anspruch nahm, an demselben Tage, an dem ihre Tochter die preußische Königskrone empfing. Es war der 18. Januar 1701.

Wilhelm III. nahm den Brief, wie er zu nehmen war, nicht als eine Anfrage, sondern als eine Zusage und eröffnete das neugewählte, „wegen einer Sache von höchster Wichtigkeit“ berufene Parlament mit einer Thronrede (den 21. Februar 1701), worin er die gesetzliche Regelung der Thronfolge in der protestantischen Linie empfahl. Das Parlament beschloß die Thronfolge der Prinzessin Sophie, und nach der königlichen Sanktion wurde die *Sukzessionsakte* durch eine Kronbotschaft nach Hannover gesendet, wo sie den 14. August 1701 feierlich überreicht wurde.

Damit war die Sache nicht erledigt. Jetzt mußte die Thronerbin mit einem Jahrgeld ausgestattet und nach England eingeladen werden, damit sie oder in ihrem Namen ein Prinz des kurfürstlichen Hauses in London residiere. Wilhelm III. starb den 18. März 1702, die Königin Anna aber, seine Nachfolgerin, war im Herzen jakobitisch gesinnt und gegen die hannoverische Thronfolge, obwohl diese nicht weniger gesetzlich begründet war als ihre eigene. Sie ließ die Naturalisierung aller Glieder des kurfürstlichen Hauses und die Feststellung der Regentschaft während der Abwesenheit des Thronerben nach ihrem Tode geschehen, aber diesen selbst, den sie ihren Sarg nannte, wollte sie um keinen Preis vor Augen haben. Die Naturalisierungsakte und die *Regentschaftsbill* wurde im Sommer 1706 durch eine neue Kronbotschaft nach Hannover gebracht, die der Kurfürstin wiederum fast die Hälfte ihrer Jahreseinkünfte kostete, so daß sie zuletzt kein Geld mehr hatte, um die Gesandten des englischen Hofes zu bezahlen, während ihre Sukzession ohne Jahrgeld und Einladung nach England ihr wie ihrem Sohne keineswegs gesichert erschien[336].

Schon hatten sich die Parteien in England dieser Frage bemächtigt, die Tories hatten den Antrag auf die Einladung der Thronerbin gestellt, welchen die Whigs, der Königin zu gefallen, ablehnten, wogegen die Naturalisierungsakte und die Regentschaftsbill ihr Werk war. Die Zeiten gestalteten sich für die Sicherheit der hannoverischen Sukzession sehr ungünstig. Nach dem Wechsel der Dinge im September 1710 kam ein Ministerium ans Ruder, welches französisch gesinnt und, wie die Königin selbst, jakobitisch geneigt war. Der Friede von Utrecht bedrohte in seinen Folgen die hannoverische Thronfolge und begünstigte die Wiederherstellung der Stuarts, welche Bolingbroke betrieb, indem er zugleich den Bruch der Königin mit Hannover herbeizuführen suchte. Dazu bot sich eine scheinbare Veranlassung. Das Einberufungsschreiben zu dem neuen

---

[336] Kurfürstin Sophie an Leibniz, Hannov. 20. Nov. 1706. Klopp IX, 245 f.

Parlament (writ of parliament) war dem Kurprinzen Georg August, den die Königin schon bei der Naturalisierung zum Herzoge von Cambridge ernannt hatte, nicht zugesendet worden. Nun beauftragte die Kurfürstin Sophie den hannoverischen Gesandten in London, sich nach dem Grunde dieser Unterlassung zu *erkundigen*. Der Großkanzler antwortete, daß die Einberufungsschreiben gewöhnlich nur denjenigen Pairs zugesendet würden, welche in England anwesend wären. Jetzt glaubte sich der hannoverische Gesandte berechtigt, die Zustellung an den Kurprinzen zu fordern. Er tat es ohne Auftrag und Befugnis[337]. Die Königin aber wurde darüber höchst erbittert und verbot nicht bloß dem Gesandten ihren Hof, sondern schrieb an die Thronerben in Hannover, die Kurfürstin Sophie, ihren Sohn und Enkel, drei heftige Briefe, so beleidigt und beleidigend, daß die fast vierundachtzigjährige Kurfürstin, von der Aufregung erschüttert, wenige Tage nachher bei einem Abendspaziergang in den Gärten von Herrenhausen, plötzlich vom Schlage getroffen, niedersank und starb (den 8. Juni 1714)[338]. Zwei Monate später folgte ihr die Königin Anna (den 10. August). Den 31. Oktober wurde Georg Ludwig als König Georg I. von Großbritannien gekrönt.

Seit der englischen Revolution, die durch den „act of settlement" Sophiens Anspruch auf die Thronfolge plötzlich in die dritte Stelle hatte rücken lassen, ohne sie namhaft zu machen, hatte Leibniz die englische Sukzessionsfrage stets im Auge behalten und ihren Stand genau verfolgt, ohne mit der Fürstin selbst die Sache zu beraten. Sie war oder schien ihrer Thronfolge in England abgeneigt, während Leibniz aus allen sachlichen und persönlichen Gründen dieselbe als eine Fügung der Dinge nahm, die nicht günstiger und wünschenswerter sein konnte; sie hielt den Sohn Jakobs II. für echt und seine Ausschließung von der Thronfolge für ungerecht, während Leibniz über die Echtheit seine Bedenken hatte und die Ausschließung für zweckmäßig und richtig ansah; sie verabscheute das Treiben der Parteien in England, während Leibniz ein Anhänger und Verteidiger der verfassungsmäßigen Freiheit war oder vielmehr jetzt erst recht wurde, nachdem die englische Revolution zum Schutze der Verfassung und Freiheit des Landes einen Herrscher wie Wilhelm III. auf den Thron gebracht und die Aussicht auf die Sukzession des Hauses Hannover begründet hatte. Übrigens ist wohl zu bemerken, daß auch Sophie Wilhelm III. auf dem Throne Englands als Retter

337 Kurfürstin Sophie an Leibniz, Hannov. 20. Mai 1714. Klopp IX, 446 f. Vgl. Einl. LXXVI bis LXXXII.

338 Königin Anna an Kurfürstin Sophie, St. James 19. Mai 1714. Ebendas. 454 f. Über den Tod der Kurfürstin vgl. Gräfin von Bückeburg an die Raugräfin Louise, Herrenhaus. 12. Juli 1714. Ebendas. 457.

begrüßte, als „den Protektor des Protestantismus gegen das brüllende Ungeheuer in der Nähe, das ihn zu verschlingen drohe". Der König hatte ihr im Juni 1689 geschrieben, daß sie allen Grund habe, sich für das Wohl Englands zu interessieren, da einer ihrer Söhne offenbar einmal Thronfolger sein werde. Ihre Antworten sind von den Gefühlen der Huldigung und Dankbarkeit durchdrungen. Nicht als Kurfürstin von Hannover, sondern als die Enkelin Jakobs I., als die Tochter der Kurfürstin Elisabeth von der Pfalz hatte sie den Anspruch auf die Thronfolge in England. Und sie unterzeichnete die Briefe an Wilhelm III. nicht als Herzogin Sophie, auch nicht einfach, wie sie sonst pflegte, mit ihrem Namen, sondern als „Sophie princesse palatine"[339].

In Leibnizens Briefen und Denkschriften, welche die englische Sukzessionsfrage betreffen, erkennt man gleichsam die Etappen, welche die letztere durchläuft. Der „act of settlement" hatte die Thronfolge Sophiens ungenannt und darum fraglich gelassen. In einem Briefe an den englischen Gesandtschaftssekretär Stepney in Berlin, den er von Hannover her kannte, wünschte Leibniz zu wissen, wie weit die Ausschließung reiche (19. März 1695). Nach dem Tode des Herzogs von Glocester schrieb er der Kurfürstin, jetzt nahe der Zeitpunkt, wo sie ihre Ansprüche auf die Thronfolge sicher zu stellen habe (21. August 1700)[340].

Über die Mittel, diese Rechte geltend zu machen, hatte der Engländer Fraiser eine Schrift veröffentlicht, welche Leibniz im Auftrage des hannoverischen Ministeriums übersetzte[341] und daran über die gegenwärtige Lage und die nächsten Schritte, welche für die Rechte der Kurfürstin geschehen mühten, eigene Betrachtungen anknüpfte (2. Januar 1701). Unmittelbar nachher verfaßte er auf Grund der jüngsten Konferenzen in Celle eine Denkschrift; an demselben Tage, an dem Sophie die entscheidenden Zeilen an den König von England richtete, schrieb er (unter dem Mitwissen der Kurfürstin) noch von Celle an Stepney in London, um ihn von dem Stande der Dinge zu unterrichten und seine Ratschläge einzuholen. Der jakobitische Brief Sophiens war jetzt annulliert. Die drei zuletzt genannten Schriftstücke Leibnizens fallen in den Januar 1701, also nach der Bekanntmachung des spanischen Testamentes im November 1700 und vor die Eröffnung des neuen Parlamentes im Februar 1701[342].

---

339 Klopp VII. 74 f.

340 Ebendas. VIII, 208.

341 Ebendas. VIII. 215–218.

342 1. *Reflexions* sur un escrit Anglois qui contient les moyens dont Mad. l'Electrice de Bronsvic se doit servir pour asseurer le droit effectif de la succession d'Angleterre pour Elle ou pour sa posterité. Klopp VIII, 218–225. 2.

Alle von ihm angeratenen Mittel waren nach der Thronrede des Königs überflüssig und unnötig, denn die Folge der letzteren war die hannoverische Sukzessionsakte. Unter den Mitteln, die er empfohlen hatte, ist uns eines besonders charakteristisch, da es ihm besonders ratsam erschien. Man solle das offene Auftreten in Schriften und Reden vermeiden, um die Gefühle des Königs oder der Prinzessin Anna nicht zu verletzen, sondern lieber im Geheimen wirken, die Stimmungen erforschen und günstige machen, namentlich in den Mitgliedern des Unterhauses, weshalb man einen vertrauten, unterrichteten, des englischen Volkes und seiner Sprache kundigen, diplomatisch erfahrenen Mann nach London senden möge, als welchen er in dem Briefe an Stepney sich *selbst* bezeichnete, damit dieser der Kurfürstin raten möge, ihm einen solchen Auftrag zu erteilen. So würde Leibniz, wenn es nach seinem Wunsche gegangen wäre, der diplomatische Agent nicht bloß zwischen Hannover und Wolfenbüttel, zwischen Hannover und Berlin, sondern auch zwischen Hannover und London geworden sein, überall in der Absicht, die Stimmungen zu sondieren und günstige zu erhalten oder zu machen[343].

Man hätte erwarten sollen, daß die Partei der Whigs, die ja die Förderung der nationalen Interessen auf ihre Fahne geschrieben, zur Sicherung der hannoverischen Sukzession beantragen werde, die Prinzessin Sophie als nunmehr gesetzliche und nächste Thronerbin im Namen der Nation mit einem Fahrgeld auszustatten und nach England einzuladen. Aber das Gegenteil geschah. Der Antrag wurde von seiten der Tories gestellt, und die Whigs waren es, die ihn verwarfen, womit sie ihre Parteizwecke wie die Sache Englands im Stich ließen, um der Königin angenehm zu sein. Es hieß, daß Sophie es mit den Jakobiten halte, und der whigistisch gesinnte Lord Stamford ging so weit, seinem Landsmann Rowland Gwynne, der sich in Hannover aufhielt, zu schreiben, er möge es der Kurfürstin widerraten, sich von den Jakobiten Ratschläge erteilen zu lassen. Gwynne sprach darüber mit Leibniz, und dieser verfaßte für ihn die Antwort an Stamford in Form eines offenen Sendschreibens, worin den Whigs der Widerspruch zwischen ihrem Treiben und ihren Gegensätzen vorgehalten wurde. Diese Schrift machte in England so viel Aufsehen und der betroffenen Partei so viel Verdruß, daß sie dieselbe durch einen Parlamentsbeschluß für eine *Schmähschrift* erklärte (8. März 1707). Man ahnte nicht, daß Leibniz ihr Autor

Considerations sur le droit de la Maison de Bronsvic-L., à l'égard de la succession d'Angleterre. Ebendas. 227–238. Leibniz an Stepney. Ebendas. 239–244.

[343] Reflexions N. 12. Considerations N. 18–20. Leibniz an Stepney. Klopp VIII, 222, 236–238, 243.

war[344]. Seine Unzufriedenheit mit den Whigs hatte zur Folge, daß er den Wechsel des Ministeriums im September 1710 gern sah, doch wurde er bald durch die Politik, welche Bolingbroke einschlug, bitter enttäuscht, denn ihr Ziel war der Friede mit Frankreich, welcher in Utrecht geschlossen wurde und die Wiederherstellung der Stuarts in England befürchten ließ. Daher schrieb Leibniz während seines Aufenthaltes in Wien jene schon erwähnte Schrift: „La paix d'Utrecht inexcusable“[345].

Die Hoffnungen auf die glückliche Fortführung des Krieges von seiten des Kaisers gingen in Rastatt zu Ende. Noch wurde der geheime Plan genährt, die französische Dynastie in Spanien durch einen Angriff auf die spanischen Besitzungen in Amerika zu bekriegen. Es gab in England unter den Parteigängern für den Krieg und die protestantische Thronfolge reiche Leute, welche den Kaiser zu dieser Expedition bewegen und ihm die Mittel der Ausrüstung anbieten wollten. In dieser Angelegenheit kam im Anfange des Jahres 1714 ein schottischer Edelmann *Ker of Kersland* nach Wien, um mit dem Kaiser selbst zu verhandeln und von hier nach Hannover zu gehen. Er hatte gleich in den ersten Tagen Leibnizens Bekanntschaft gesucht und dann in fortgesetztem Verkehr ihn von seinen Gesinnungen und Absichten genau unterrichtet, worüber Leibniz der Kurfürstin ausführliche Mitteilungen machte, voller Interesse für diesen vertrauenswürdigen und ihrer Sache eifrig ergebenen Mann. Sophie schrieb noch in ihrem letzten Briefe an Leibniz, daß sie die Ankunft des Schotten mit Vergnügen erwarte, aber sie sollte dieselbe nicht mehr erleben[346].

Zu Anfang des Jahres hatte Leibniz die Kurfürstin beglückwünscht und gesagt, er hoffe noch, sie als Königin von England zu sehen. Sie erwiderte in heiterer Stimmung: „Mein Tod wäre recht schön, wenn nach ihrem Wunsche meine Gebeine in Westminster beerdigt würden, aber noch beherrscht mein Geist den Körper und läßt solche traurige Gedanken nicht in mir aufkommen. Das Gerede von der Thronfolge ist mir zuwider, und es werden so viele Bücher für und wider geschrieben, daß ich mir nicht mehr die Mühe nehme, sie zu lesen.“ „Ich bin über dreiundachtzig Jahre“, heißt es in ihrem letzten Briefe, „und befinde mich vortrefflich. Ich wünsche sehr, Sie hier zu haben, denn ich würde so gern mündlich mit Ihnen sprechen, während ich brieflich weniger gern rede.“[347]

---

[344] Klopp IX 188.

[345] S. oben S. 125–129.

[346] Leibniz an Kurfürstin Sophie. Wien 9. Mai 1714. Ders. an die Raugräfin, vom selben Datum. Kurfürstin Sophie an Leibniz, Hannover 20. Mai 1714. Klopp IX, 438–448.

[347] Ebendas. 429 f.„ 447 f.

Als Leibniz endlich im September 1714 nach Hannover zurückkehrte, fand er das Haus leer. Sophie war nicht mehr, der Kurfürst war bereits zur Krönung nach England aufgebrochen und wünschte nicht, daß Leibniz nachkommen sollte. Nur die Kurprinzessin Karoline verweilte noch einige Zeit in Herrenhausen, wo Leibniz früher so oft Sophiens gastlichen Sommeraufenthalt geteilt hatte. Auch sein wohlgesinnter Freund, der Herzog Anton Ulrich, war den 27. März 1714 im einundachtzigsten Jahre gestorben[348]. Und die glücklichen Tage von Lützenburg (Lietzenburg), das jetzt Charlottenburg hieß, waren längst vorüber.

2. *Die Königin Sophie Charlotte*

„Sie ist die Tochter ihrer Mutter", hatte Leibniz von Sophie Charlotte gesagt und hinzugefügt: „dies sagt alles". Doch waren Mutter und Tochter sehr verschieden und ebenso die Beziehungen unseres Philosophen zu beiden. Als dieser in die Dienste Ernst Augusts überging, der im Jahre 1680 die Regierung des Herzogtums antrat, war Sophie fünfzig alt und ihre Tochter ein Kind von zwölf Jahren. Acht Jahre später wurde sie Kurfürstin von Brandenburg, und nachdem sie ein Jahrzehnt ohne Einfluß auf ihren Gemahl nur für ihre mütterlichen Pflichten und ihre stillen Geistesfreuden gelebt hatte, kam die Zeit, wo sie nicht bloß dem Namen nach eine regierende Fürstin sein sollte. Leibniz näherte sich ihr mit den uns bekannten Plänen[349]. Jetzt erst lernte Sophie Charlotte ihn kennen, und die Unterhaltungen mit ihm gewährten ihr bald ein so großes intellektuelles Vergnügen, daß sie ihn womöglich stets in ihrer Nähe zu haben wünschte. Sie empfing seine Belehrungen mit einem noch jugendlichen, höchst empfänglichen, von wahrem Erkenntnisdurst bewegten Gemüt, welches nicht, wie das ihrer Mutter, von so vielen Sorgen beschwert war, wie sie in dem Hause Hannover die dynastischen Bestrebungen, die zahlreiche Familie und die schlimmen Zwistigkeiten verschiedener Art innerhalb der letzteren mit sich brachten. Sophie Charlotte hatte nur ein Kind, einen Sohn, der ihr wohl nie einen Kummer verursacht hat, denn er war der Gehorsam selbst. Ihr Verhältnis zu Leibniz glich dem ihrer Tante Elisabeth zu Descartes. Merkwürdigerweise sind in beiden Verhältnissen auch die Altersunterschiede der Zeit und Personen vollkommen die gleichen. Ein halbes Jahrhundert lag zwischen Leibniz und Descartes, wie zwischen Sophie Charlotte und der Pfalzgräfin Elisabeth; diese war zweiundzwanzig Jahre jünger als Descartes, und eben so viele Jahre war Sophie Charlotte jünger als Leibniz, der nicht bloß ihr

---

[348] Ebendas. 433 ff.

[349] S. oben Kap. XIII, S. 203–206.

philosophischer Lehrer und Freund, sondern auch in persönlichen und politischen Angelegenheiten der Mann ihres Vertrauens wurde.

Wir kennen nicht alle Briefe, die während des siebenjährigen Verkehrs (November 1697 bis 21. Januar 1705) zwischen beiden gewechselt worden sind, denn sämtliche Briefe der Königin wurden nach ihrem Tode, wie Leibniz in einem Briefe an Fabrizius in Hamburg klagt (7. Juli 1707), auf Befehl des Königs vernichtet. So weit die Korrespondenz erhalten ist, hat sie O. Klopp sorgfältig herausgegeben[350].

Der geistig regste und lebendigste Verkehr, von dem die Briefe nur ein schwaches Abbild gewähren, war der persönliche in den Zeiten, wo sich Leibniz in Berlin oder in Lützenburg aufhielt; hier war er oft Monate lang der Gast der Königin, wie in Herrenhausen der ihrer Mutter. So lange Sophie Charlotte lebte, kam er jedes Jahr für längere Zeit nach Berlin, oft zu verschiedenen Malen, er pflegte die Königin zu begleiten, wenn diese nach der Feier des Krönungstages in Berlin die Karnevalszeit in Hannover zubringen wollte. Im Januar 1705 mußte er in Berlin zurückbleiben, da er selbst krank war; die Königin reiste allein und starb den 1. Februar 1705 in Herrenhausen. Man erkennt aus ihren Briefen und dem Ausdrucke ihrer Einladungen, wie sehr sie seine Gegenwart liebte. „Ich sende Ihnen diese Zeilen“, schrieb sie den 15. März 1702, „und hoffe, daß Sie schon auf dem Sprunge zur Abreise sind. Ich erwarte Sie mit Ungeduld in Lützenburg, wohin ich zu Ostern gehe.“ Gleich in dem nächsten Briefe heißt es: „Sie werden aus diesem Billet ersehen, wie ungeduldig ich Sie hier zu sehen wünsche, wie sehr ich Ihre Unterhaltung schätze, denn ich suche sie mit allem erdenklichen Eifer (avec tout l'empressement imaginable)“. Da er noch immer nicht hat kommen können, so schreibt sie den 12. April: „Ich hoffte, Sie hier zu sehen; statt dessen habe ich mich mit einem Briefe begnügen müssen, aber er hat mir Freude gemacht, denn alles, was von Ihnen kommt, ist voll schöner Gedanken“. Einige Wochen später (den 2. Mai 1702) erhält Leibniz von Fräulein von Pöllnitz, der ersten Ehrendame und Freundin der Königin, ein paar Zeilen, die ihn von neuem zur Abreise drängen. „Alles, was ich erbitte, ist Ihre baldige Ankunft. Ganz von mir abgesehen, der Ihre Gegenwart das angenehmste Vergnügen gewährt, bitte ich als eifrige Dienerin Ihrer

[350] Klopp X, „Korrespondenz von Leibniz mit Sophie Charlotte, geb. Prinzessin von Braunschweig-Lüneburg, verm. Kurfürstin von Brandenburg, vom 18. Januar 1701 bis 1. Februar 1705 Königin von Preußen“. Mit allem, was der Herausgeber zu der genannten Korrespondenz gerechnet hat, zählt der Band 164 Schriftstücke; die Korrespondenz selbst enthält 67 Briefe, von denen Leibniz 40, Sophie Charlotte 27 geschrieben.

Majestät. Ich versichere Sie, es ist ein Liebeswerk herzukommen, denn die Königin hat hier keine lebende Seele, mit der sie sprechen kann." Ein Brief Sophie Charlottens vom 11. Juli 1703 schließt mit den Worten: „Lassen Sie meinen Brief nicht sehen, denn ich schreibe an Sie, wie an einen Freund, ohne Rückhalt."[351] Fast alle Briefe der Königin atmen den Wunsch nach seiner Unterhaltung oft mit dem Ausdrucke der Ungeduld und einer förmlichen Sehnsucht. Sogar der Kurfürst Georg Ludwig sagt in einem Briefe vom Jagdschloß Linsburg an seine Mutter (den 27. Oktober 1703): „Herr von Leibniz, nach dem die Königin so sehr schmachtet, ist nicht hier, obgleich ich ihm eine Wohnung habe einrichten lassen." „Fragt man ihn, woher es kommt, daß man ihn nicht sieht, so hat er stets zur Entschuldigung, daß er an seinem unsichtbaren Buche arbeitet."[352]

Außer den Fragen, welche die Gründung und Erhaltung der Sozietät der Wissenschaften in Berlin betrafen und das erste, uns schon bekannte Thema bildeten, wofür Leibniz das Interesse und den Einfluß Sophie Charlottens gewann[353], waren es auch *politische* Angelegenheiten und Zeitfragen, worin er sich das Vertrauen der Königin und eine darauf gegründete Stellung erwarb. Es galt nicht bloß, zwischen den beiden kurfürstlichen Häusern Braunschweig-Lüneburg und Brandenburg das gute Einvernehmen zu pflegen, das sogenannte „foedus perpetuum", welches seit dem Januar 1693 gelten sollte, zu erneuern und gegen gewisse Störungen zu schützen, welche der nordische Krieg hervorgerufen hatte[354], sondern es handelte sich um die Beseitigung einer ganz nahen und drohenden Gefahr, die mit dem Ausbruche des spanischen Erbfolgekrieges entstanden war. Der König von Preußen und der Kurfürst von Braunschweig-Lüneburg, der Gemahl und der Bruder Sophie Charlottens, gingen mit Kaiser und Reich, während die Herzöge von Wolfenbüttel, wie die Kurfürsten von Köln und Bayern, es mit Ludwig XIV. hielten und mit französischen Subsidien schon ein beträchtliches Heer geworben hatten, welches die Nachbarländer überfallen und den König von Preußen hindern konnte, seine Truppen dem Kaiser zu Hilfe zu schicken. Hier mußte einmütig und schnell gehandelt werden, um durch die rechtzeitige Entwaffnung der beiden Nachbarfürsten die Gefahr aus dem Wege zu räumen. Um in dieser Sache das volle Einverständnis zwischen Preußen und Braunschweig-Lüneburg zu bewirken, war Leibniz von der Königin selbst mit einer Vollmacht ausgerüstet und nach Hannover gesendet worden (2. Dezember 1701). Diese *Wolfenbütteler Frage*, die bald und glücklich gelöst

351 Klopp X, 136,140,146, 212.
352 Pertz I, Vorrede XIV. Vgl. Klopp X, 218 f.
353 S. oben Kap. XIII, S. 203–206.
354 Leibniz an Sophie Charlotte, Lützenburg 31. Juli 1700. Klopp X, 70–79.

wurde, bildet ein zweites, ziemlich ausgedehntes Thema in der Korrespondenz der Königin mit Leibniz[355].

Die Königin hatte keinen Sinn für die glänzenden Hoffeste und prachtvollen Feierlichkeiten, welche der König liebte, und sie war überhaupt allem Scheinwesen, wo es ihr immer begegnete, abgeneigt, da sie es völlig durchschaute, auch dem Stolz, der Verstellung und Heuchelei. Sie liebte die ländliche Sitte, eine Spazierfahrt in der freien Natur an sonnenhellen Tagen, das Lustwandeln in ihrem Garten zu Lützenburg, Musik und Gesang, die ihre Seele erquickten, die Lektüre ausgezeichneter, namentlich philosophischer Schriften, die sie durchdrang, und gesellige Abende, wo sie einen kleinen, gewählten Kreis um sich versammelte, der durch bedeutende wie heitere Gespräche belebt wurde. Landluft und Einsamkeit taten ihr wohl, denn sie war von zarter Gesundheit und fühlte sich oft angegriffen und leidend. Zu ihrem mütterlichen Erbteil gehörte die Gabe des Scherzes, der leichte Humor, die muntere Geistesfrische, welche die Kurfürstin Sophie bis in ihr Greisenalter begleitet und vor aller Verdüsterung bewahrt haben. Die prachtvollen Krönungsfeierlichkeiten in Königsberg seien ihr lästig gewesen, und sie habe später einmal zu Leibniz gesagt, daß die philosophischen Gespräche in ihrem Landhause zu Lützenburg mehr nach ihrem Geschmacke wären. Noch auf ihrem Sterbebette, wie ihr Enkel Friedrich der Große erzählt, habe sie gescherzt, daß sie ihrem Gemahl die Gelegenheit zu einem prachtvollen Leichenbegängnis verschaffe. Solche Empfindungen sehen ihr ganz ähnlich, sie vermochte nicht sich zu verstellen und sagte offen, was sie empfand. Sie war, wie Ranke sich ausdrückt, stolz, unverstellt und voll Anmut[356].

Wenn wir uns diese Züge, die Sophie Charlotte in sich vereinigte, vorstellen, so haben wir den Eindruck einer dichterischen Erscheinung, einzig in ihrer Art und unvergleichlich auf einem Throne. Wenn wir in den Schöpfungen der Dichter uns nach einem Charakter umsehen, der ihr gleicht, so erinnern uns einige ihrer Grundzüge an die Prinzessin im Tasso, nur daß ihrem Hofe der Dichter gefehlt und Goethe nicht an die erste Königin von Preußen gedacht hat.

Die Konversation war ihre Stärke; sie verstand ebensogut zu hören, wie zu sprechen, ebenso treffend Einwürfe zu machen, wie Fragen zu stellen. Besonders interessierte sie das *religiöse* Gespräch, die theologische Kontroverse, weshalb sie zu ihren Abendunterhaltungen bisweilen den Pater Vota und die fran-

[355] Ebendas. 86 ff., 131, 140–144.

[356] Neun Bücher preußischer Geschichte I, 123,

zösischen Prediger Jaquelot, Lenfant und Beausobre zusammen einlud und ihre Streitfragen erörtern ließ. Eines Abends im März 1703 wurde der Streit sehr heftig. Jaquelot äußerte, daß die Anwesenheit des Petrus in Rom wohl ebenso fabelhaft sei wie die Existenz der Päpstin Johanna; dann bestritt Lenfant die Autorität der Konzile und meinte, daß selbst das von Nicäa aus unwissenden Leuten bestanden habe. Da aber brach Vota los und wurde in seiner Erwiderung so heftig, daß er nachher für nötig fand, bei der Königin, die ihn gern sah und sprechen hörte, sich brieflich zu entschuldigen. Sie hat die Szene Leibnizen, welcher nicht zugegen war, erzählt, und dieser spricht davon in einem Briefe an die Kurfürstin[357]. Aber das Interesse, welches Sophie Charlotte an den religiösen Fragen und Gesprächen nahm, betraf in der Hauptsache nicht die kirchlichen und theologischen Streitfragen, sondern war tiefer gegründet, es stammte aus ihrem nach Wahrheit suchenden Geist, der in den höchsten Fragen klar sein, den verborgenen Gang der Weltordnung enthüllt, den Ursprung und Endzweck der Dinge erkannt sehen wollte. Als sie mit zwanzig Jahren Kurfürstin von Brandenburg wurde, erfolgte noch in demselben Jahre die englische Revolution, aus welcher die Epoche Wilhelms III. und der religiösen Toleranz, in der englischen Philosophie die Epoche *Lockes* und der *Deisten* hervorging, während gleichzeitig in der französischen Philosophie *Pierre Bayle* erschien. Dort wurde das Zeitalter der englischen, hier das der französischen Aufklärung begründet. Es war die Epoche, in der Voltaire geboren wurde und aus welcher nach einem Menschenalter die seinige, welche Locke und Bayle in sich vereinigte, hervorging.

Locke hatte im Jahre 1695 seine Schrift über die Vernunftmäßigkeit des Christentums veröffentlicht, worin er die Übereinstimmung des biblischen Christentums mit der Vernunft dargetan haben wollte. Schon im nächsten Jahre folgte *John Toland* mit seinem Buche „Das Christentum ohne Geheimnisse“, womit er die Reihe der sogenannten Freidenker und Deisten eröffnete, die den Offenbarungsglauben Stück für Stück auflösten und das Christentum nach Abzug der Mysterien, der Weissagungen und Wunder zuletzt der natürlichen Religion gleich setzten, welche so alt sei, wie die Schöpfung selbst[358].

Gleichzeitig mit jenem Buche Tolands, welches das irische Parlament vom Henker verbrennen ließ (1697) und die Hochkirchlichen verdammten, erschien zur Aufklärung der Welt und zur Berichtigung ihrer Irrtümer Bayles kritisches und hi-

[357] Klopp IX, 17.

[358] Vgl. dieses Werk, Bd. 10 (3. Aufl. 1904). Buch III. Kap. XV. S. 513–517

storisches Wörterbuch, das an Gelehrsamkeit, Scharfsinn und Kenntnisreichtum die gesamte Zeitliteratur überragte und trotz seinen zwei Folianten so viel verbreitet, so eifrig gelesen wurde, daß schon nach fünf Jahren eine neue, sehr vermehrte Ausgabe erschien. Bayles Absicht und Werk war eine kritische Beleuchtung des durchgängigen Widerstreites zwischen der menschlichen Vernunft und der göttlichen Offenbarung, wie sie greller nie zuvor stattgefunden hat. Die Erlösung setze die Schuld von seiten des Menschen und die Herrschaft der Sünde in der Welt voraus, da sie ja in der Schuldtilgung bestehe. Wenn nun Gott das Böse in der Welt vorhergesehen und gewollt habe: wo bleibe seine Güte? Wenn er es nicht vorhergesehen: wo bleibe seine Allwissenheit? Wenn er es zwar vorhergesehen, aber nicht gewollt, sondern nur nicht gehindert, und bloß zugelassen habe, so muß man fragen: ob er es zu hindern nicht gewillt oder nicht mächtig genug war? Im ersten Fall wo bleibt seine Güte? Im zweiten wo bleibt seine Allmacht? Hat aber Gott das Böse in der Welt gewollt, so hat es der Mensch nicht verschuldet, und wird er dennoch dafür gestraft: wo bleibt die Gerechtigkeit Gottes? Aus der Vernunftwidrigkeit der Glaubenssätze folgerte Bayle aber nicht, daß dieselben zu verwerfen, sondern vielmehr, daß sie *blind* zu bejahen und zu glauben seien. Er wollte aus dem einleuchtenden Widerstreit zwischen Vernunft und Glauben die Unmöglichkeit nicht des Glaubens, sondern der Glaubenserkenntnis, das Unvermögen der menschlichen Vernunft zur Auflösung der religiösen Fragen und zur Erklärung der göttlichen Dinge überhaupt bewiesen haben. Er endete mit dem *credo quia absurdum*, freilich nicht aus gläubiger Überzeugung. Er war der größte *skeptische* Denker des Zeitalters, der die dogmatischen Philosophen, insbesondere die Metaphysiker bekämpfte, unter diesen auch Leibniz.

Noch bevor Sophie Charlotte mit dem letzteren zu verkehren begann, hatte sie, wie ihre Mutter, schon die Schriften Bayles mit dem größten Interesse gelesen. Beide Fürstinnen hatten auf ihrer niederländischen Reise im Oktober 1700 Bayles persönliche Bekanntschaft in Rotterdam zu machen gewünscht und sie im Haag, wohin er ihnen nachgereist war, auch gemacht und sich stundenlang mit ihm unterhalten. Die neue Ausgabe des Dictionnaire fiel in die Zeit, wo Leibniz der willkommenste Gast der Königin in Lützenburg war. Hier wurden nun die Schriften Bayles gemeinschaftlich gelesen und die große Frage der Übereinstimmung zwischen Vernunft und Glauben, welche Bayle widerlegt haben, Leibniz dagegen beweisen wollte, immer von neuem erörtert. Der Kern der Frage betraf die Existenz des Übels und der Sünde in der Welt, die mit Gottes Güte und Weisheit (Gerechtigkeit) nach Bayle völlig unverträglich, nach Leibniz dagegen völlig vereinbar sein sollte. Dieser trug sich schon seit Jahren mit dem Gedanken der *Theodizee*, welche auch die Frage der Prädestination in sich schloß und in ihrer Ausführung zur Begründung der Union zwischen den Lutheranern und Kalvinisten beitragen sollte, wie einst das „Systema theologicum“ zur Begründung der Reunion zwischen der römisch-katholischen und protestantischen Kirche[359].

Oft wünschte die Königin, was ihr Leibniz gesprächsweise auseinandergesetzt hatte, lesen zu können, um es genauer zu durchdenken. Aus den Unterredungen gingen Aufsätze hervor, welche die Hauptpunkte der Frage, die Haupteinwürfe Bayles betrafen und daher von dem Willen Gottes, der Freiheit des Menschen und dem Ursprunge des Übels handelten. Fünf Jahre nach dem Tode der Königin hat Leibniz diese Aufsätze, die er Versuche nannte, gesammelt, zu einem Ganzen verbunden und unter dem Namen der *Theodizee* in französischer Sprache veröffentlicht (1710). Das berühmte Werk, welches ein Lesebuch der ganzen gebildeten Welt wurde, ist stückweise entstanden, „par lambeaux“, wie sich der Verfasser selbst in einem Brief an Thomas Burnet ausdrückte.

Auch Lockes Hauptwerk, den *Versuch über den menschlichen Verstand*, hatte Leibniz der Königin mitgeteilt und sich im stillen mit der Widerlegung desselben beschäftigt. In einem Briefe vom 25. April 1704 heißt es am Schluß: „Ich habe meine Bemerkungen über das Werk Lockes, die ich in verlorenen Stunden zu Herrenhausen oder unterwegs auf der Reise gemacht, fast vollendet, doch muß ich sie noch ins Reine schreiben. Vieles von dem, was er nur oberflächlich behandelt, glaube ich erläutert zu haben. Möchten Ihre Majestät diese Bemerkungen eines Tages Ihrer Beurteilung würdigen.“[360] So sind Charlottenburg und Herrenhausen auch in der Geschichte der deutschen Philosophie erinnerungsreiche Orte, jenes durch Leibnizens *Theodizee*, dieses durch seine *Neuen Versuche*.

Unter den freiwilligen Begleitern des englischen Kronbotschafters (Lord Macclesfield), der im August 1701 die Sukzessionsakte nach Hannover brachte, befand sich *John Toland*, der Schüler Lockes und durch sein Buch „Das Christentum ohne Geheimnisse“ der Chorführer des englischen Deismus, aus politischen Gründen ein abgesagter Feind der Stuarts und ein eifriger Anhänger der hannoverischen Thronfolge, die er in Wort und Schrift verteidigte. Schon deshalb wurde er von der Kurfürstin Sophie, die sich auch wegen seiner religiösen Ansichten für ihn interessierte, gut aufgenommen und noch günstiger von der Königin Sophie Charlotte,

---

[359] S. oben Kap, XI, S. 171–172.

[360] Klopp X, 230.

an deren Hof er sich von Hannover begab, nachdem er hier bereits Leibnizens Bekanntschaft gemacht hatte. Sein Aufenthalt am Hofe zu Hannover hatte bei den Hochkirchlichen in England so viel Aufsehen und Ärger erregt, daß er dadurch auch der Kurfürstin, die mit den Stimmungen in England rechnen mußte, verleidet wurde. Es ist viel davon in ihrem Briefwechsel mit Leibniz die Rede. Als er im Sommer des nächsten Jahres wiederkommen wollte, ließ die Kurfürstin, die auch von seinem Geist und Charakter keine hohe Meinung gefaßt hatte, ihn wissen, daß sein Besuch in Hannover aus politischen Rücksichten unterbleiben möge. Er ging nach Berlin, wo die Königin trotz allen Gegenvorstellungen, die man ihr machte, es sich nicht nehmen ließ, ihn wie das erstemal gastlich in Lützenburg zu empfangen und nach ihrem Gefallen mit dem englischen Freidenker zu verkehren. Hier traf er auch die Kurfürstin Sophie[361]. Von dem Bilde der Königin erfüllt, hat Toland nach der Rückkehr seinen Aufenthalt in Hannover und Berlin geschildert und seine „Briefe an Serena" geschrieben, unter welchem Namen Sophie Charlotte gemeint war. Die beiden letzten dieser fünf Briefe richten sich an einen holländischen Anhänger Spinozas und sind nicht mehr deistisch gesinnt, sondern nach Tolands eigener, von ihm selbst erfundener Bezeichnung „pantheistisch" und zwar in der materialistischen Fassung, nach welcher die Welt in nichts anderem besteht, als in einem unaufhörlichen Stoffwechsel[362].

Während seines zweiten Aufenthaltes in Berlin hatte ihm die Königin eine Rolle zugeteilt, die in ihren philosophischen Briefwechsel mit Leibniz eingriff. Toland war der Schüler, Leibniz der Gegner Lockes. Nun gefiel es der Königin, beide Standpunkte gleichsam zu konfrontieren. Es handelte sich um die Beantwortung zweier Fragen, die bei ihrer jüngsten Anwesenheit in Hannover gesprächsweise angeregt worden waren: ob in unseren Ideen etwas enthalten sei, das nicht von den Sinnen herrühre, und ob es in den Körpern etwas Immaterielles gebe? Es handelte sich mit anderen Worten um das Verhältnis zwischen unserer denkenden und sinnlichen Natur, zwischen Geist und Körper, zwischen den immateriellen und materiellen Wesen. Die Frage betraf den Angelpunkt der Philosophie, insbesondere den der neuen Lehre, die von Leibniz ausging. Dieser hatte für die Königin eine Abhandlung geschrieben und ihr in Berlin überreicht, worin seine Ansicht von dem Ursprung der Ideen und der Kraft der Körper ausgesprochen war. Die Königin ließ nun von Toland eine Entgegnung, von Leibniz

---

361 Klopp VIII, 336–359.

362 Leibniz schreibt der Königin den 25. April 1704: „Ein Engländer sagt mir, daß Toland Briefe gegen die Lehre Spinozas veröffentliche. Der junge Mann hat einen oder zwei mitgebracht, denen andere folgen sollen." Ebendas. X. 229.

eine Erwiderung aufsetzen und veranlaßte einen philosophischen Schriftwechsel beider, der durch ihre Hand ging und unmittelbar an sie gerichtet war. Indessen ist hier nicht der Ort, auf diese Kontroverse näher einzugehen, da wir unserer eigenen Darstellung der Leibnizischen Lehre nicht vorgreifen und einzelne Teile derselben außerhalb ihres Zusammenhanges behandeln dürfen[363].

Bald nachher wurde Leibniz von einer englischen Dame veranlaßt, ihr die Grundzüge seiner Lehre darzutun und zu erläutern, was in zwei gelungenen und wohlgelaunten Briefen geschah, welche er der Königin mitteilte. Lady Masham, die Tochter des Philosophen Cudworth, der vor fünfundzwanzig Jahren sein Buch über das wahre intellektuelle Weltsystem veröffentlicht hatte, die Freundin Lockes, der seine letzten Jahre in ihrem Hause zubrachte, hatte ihm das Werk ihres Vaters gesendet und zugleich von ihm selbst Aufschlüsse über seine eigene Lehre gewünscht, von der sie einiges in P. Bayle und im *Jounal des savants* gelesen hatte. Es handelte sich namentlich um „die Hypothese der vorherbestimmten Harmonie". Leibniz charakterisierte ihr kurz und treffend die Grundanschauung seiner Lehre und ihre beiden Prinzipien der Einheit und Verschiedenheit, wonach alle Dinge im Grunde ihres Wesens eines (uniform), in den Graden ihrer Perfektion dagegen unendlich verschieden seien: eben darin bestehe ihre völlige Übereinstimmung, welche er präformierte oder vorher bestimmte Harmonie nenne, wodurch er auch das Verhältnis zwischen Seele und Körper erkläre. Die Lady machte den Einwand, daß diese Ansicht nach seiner eigenen Bezeichnung nur eine Hypothese sei, nur eine mögliche. Leibniz erwiderte: allerdings! aber da die anderen weniger möglich wären, so sei die seinige wahrscheinlich, und da die anderen, wie die der Wechselwirkung und der Gelegenheitsursachen, sich auf fortwährende Wunder stützten, während die seinige auf einer natürlichen Welteinrichtung beruhe, so sei die letztere gewiß und beweisbar[364].

Er schreibt der Königin scherzend, indem er ihr diese Erörterungen mitteilt, daß seine Philosophie, wie das italienische Theater, zwei Sprichworte zu ihrer Richtschnur habe, denn er sage mit dem Harlekin als Kaiser des Mondes: „tout comme icy" und mit Tasso: „che per variar natura è bella"[365].

Die Königin hatte für alle philosophischen Ideen und deren Begründung ein sehr unbefangenes, leichtes und feines Verständnis, wodurch sie auch schnell und sicher die Stelle erkannte, wo die Erklärungen der Philosophen ins Stocken gerieten, und, wie sich

---

[363] Klopp X. 147–167, 167–177, 178–188.

[364] Briefwechsel zwischen Leibniz und Lady Masham 1703–1705. Gerhardt Phil. III, 331–375.

[365] Ebendas. 343 ff.

Leibniz in einem seiner Briefe einmal über Lukrez ausdrückte, ihr Latein zu Ende ging[366]. Mit einer unwillkürlichen Sympathie und Billigung ergriff sie jede scharfe, auf die Erfahrung und den natürlichen Verstand gestützte Widerlegung angesehener und autorisierter Lehrmeinungen, wie es die Gründe waren, welche Bayle wider die Übereinstimmung zwischen Glauben und Vernunft, Locke wider Descartes und die Lehre von den angeborenen Ideen ins Feld führte. Aber sie ließ sich nicht verblenden. Je einleuchtender ihr diese Gründe erschienen, um so begieriger war sie jetzt, Leibnizens Gegengründe zu hören. Doch vermochte auch er nicht immer ihren ernsten und eifrigen Fragen Genüge zu leisten. Die leichte und spielende Art seiner Belehrung, womit er oft die Schwierigkeiten der Sache mehr verbarg als darlegte und durchdrang, konnte wohl ihren Mißmut erregen, so daß sie einmal ihrer Freundin schrieb: „Hier ist ein Brief von Leibniz! Ich liebe diesen Mann, aber ich bin geneigt, mich darüber zu ärgern, daß er meinen Fähigkeiten mißtraut und Gegenstände, die mich so ernsthaft beschäftigen, so oberflächlich mit mir treibt.“ Leibniz hatte in seinem Briefe auch von dem Unendlichkleinen gesprochen. Daran knüpft die Königin die scherzende Bemerkung, indem sie den Größen die Menschen, insbesondere die Geschöpfe des Hofes substituiert: „Wer, meine Teure, ist besser als ich in diesen Wesen bewandert, den unendlich kleinen!“ Daß Leibniz die menschlichen Leidenschaften und Affekte, wie Hochmut und Stolz, als konfuse Vorstellungen nahm und beurteilte, fand die Königin in einem anderen Briefe an die Pöllnitz vortrefflich und rief halb schwermütig aus: „Großer Leibniz! was sagst du darüber für herrliche Wahrheiten! Du gefällst, du überzeugst, aber du besserst nicht.“

Wenn es sich aber um die letzten Fragen handelte, um den Ursprung der Welt aus Gott, die Entstehung des Seins aus dem Nichts, der Raumwelt aus der Ideenwelt, reichte die Wißbegierde der Königin viel weiter als die Antworten des Philosophen, welcher, wie Friedrich der Große erzählt, ihr bekennen mußte: „Es ist nicht möglich, Sie zufrieden zu stellen; Sie wollen das Warum des Warum wissen“[367]. Sterbend gedachte sie noch dieser Unterredungen und ihrer Fragen: „Ich gehe jetzt, meine Neugierde zu befriedigen über die Urgründe der Dinge, die mir Leibniz nie hat erklären können, über den Raum, das Unendliche, das Sein und das Nichts.“[368]

Mit dem Gedanken des Todes war sie vertraut, und er hatte für sie nichts Düsteres. „Ich bin darüber ruhig“, schrieb sie in einem ihrer anmutigsten Briefe an Leibniz, „denn ich bin gewiß, daß ich die

[366] Klopp X, 178.

[367] Guhrauer, Leibnitz II, 248f.

[368] Ebendas. 258. Vgl. oben Kap. VIII, S. 118.

Zukunft weniger zu fürchten brauche als die Gegenwart. Mit meinem Körper bin ich den Leiden unterworfen, wie ich aus Erfahrung weiß, und ich kann mir den künftigen Seelenzustand nicht so traurig vorstellen, wie uns gewisse Leute glauben machen wollen. Auch hat die Angst vor dem Teufel mir noch keine Furcht vor dem Tode eingeflößt. Sie wissen längst, was an dieser Vorstellung Wahres ist, und wir wollen uns heiter über einen Gegenstand unterreden, welchen nur ein Mann wie Sie, der die Dinge zu ergründen weiß, nicht ernsthaft nimmt. Genug des Galimatisierens. Was aber nicht zum Galimatisieren gehört, ist meine Hochschätzung Ihrer Verdienste. Beschleunigen Sie Ihre Ankunft aus Barmherzigkeit mit der Pöllnitz, die jetzt Mathematik studiert und den Kopf darüber verlieren wird, wenn Sie ihr nicht zu Hülfe kommen. Was mich betrifft, so begnüge ich mich mit dem Anblick der Figuren und Zahlen, die ich nicht zu lesen verstehe, denn alle diese Dinge sind für mich griechisch. Nur von der *Einheit* habe ich – dank Ihrer Sorgfalt – eine kleine Idee." Mutter und Tochter verhielten sich in diesem Punkte gerade entgegengesetzt, denn die Kurfürstin Sophie fand die Vielheit einleuchtender als die Einheit[369].

Die Trauer, welche der frühe und unerwartete Tod der Königin hervorrief, war tief und allgemein. Aber niemand hatte in ihr einen solchen Schatz persönlicher Freundschaft, verständnisvoller Zuneigung, herzlichen Vertrauens verloren wie Leibniz, der nicht bloß mit der Welt den Verlust einer so seltenen, durch ihre Seelengröße erhabenen Fürstin betrauerte, sondern allen Grund hatte, sich persönlich verlassen und wie verwaist zu fühlen. Die ihn kannten, fühlten es mit ihm. Am Tage nach dem Tode der Königin schrieb er dem Baron Goertz: „Alle Welt bekennt, daß unter den Privatpersonen ich zu denen gehöre, die am meisten verlieren. Dies bezeugen mir selbst die fremden Gesandten." Sein erster Brief an die Pöllnitz, die bei dem Tode der Königin zugegen war, beginnt mit den Worten: „Ich beurteile Ihre Gefühle nach den meinigen. Ich weine nicht, ich beklage mich nicht, ich kann mich selbst nicht finden. Der Verlust der Königin erscheint mir wie ein Traum, aber wenn ich aus meiner Betäubung erwache, finde ich ihn nur zu wahr." „Nicht durch finsteren Gram werden Sie das Andenken einer der vollkommensten Fürstinnen dieser Welt in Ehren halten; wir werden es können, indem wir ihrem Vorbilde nachstreben, und die vernünftige Welt wird darin mit uns sein." Von denselben Empfindungen sind die wenigen Zeilen erfüllt, die er den 4. März 1705 dem General von der Schulenburg sendet: „Obgleich mei-

[369] Klopp X, 187 (der Brief ist undatiert und stammt aus den ersten Monaten des Jahres 1702). Vgl. oben S. 234.

ne Vernunft mir sagt, daß alles Jammern umsonst ist und man das Andenken der Königin ehren soll, statt sie zu beklagen, so führt mir meine Einbildungskraft immer wieder diese Fürstin mit ihren Vollkommenheiten vor Augen und sagt mir, daß sie uns entrissen sind, und daß ich eine der größten Glückseligkeiten verloren habe, die ich mir nach menschlicher Berechnung für mein ganzes Leben versprechen durfte.“[370]

Einige Monate später schrieb er (in lateinischer Sprache) dem Theologen Wilhelm Wotton in Cambridge: „Mein gewohnter Briefwechsel mit Ihnen und anderen Freunden hat durch den Tod der Königin von Preußen eine gewaltige Störung erlitten. Sie war mir über alles Hoffen und Erwarten zugetan und wünschte oft meine Gesellschaft; so hatte ich häufig den Genuß, mich mit dieser Fürstin zu unterreden, der talentvollsten und leutseligsten, die es jemals gegeben. Gewöhnt an dieses köstliche Glück, wie ich war, habe ich nicht bloß das Gefühl der allgemeinen Trauer geteilt, sondern aus persönlicher Ursache den bittersten Schmerz empfunden. Als sie in Hannover starb, war ich in Berlin, wo niemand eine so traurige Nachricht erwartete. Um so schmerzlicher wurden wir erschüttert. Ich bin einer gefährlichen Krankheit nahe gewesen und habe mich kaum erholt. Unglaublich war in der Königin sowohl der Besitz höherer Einsichten, als der Drang, sie zu erweitern, und sie beriet mit mir die Wege, wie sie ihre Wißbegierde immer mehr befriedigen könnte.“[371]

In den *„Personalien“* der Königin, welche Leibniz abzufassen hatte, schildert er uns in schlichten, rührenden Worten ihre Gemütsart. Sie hat niemand verächtlich gehalten, niemand hart angelassen, auch nicht wohl leiden können, wenn es von anderen in ihrer Gegenwart geschehen; hingegen in Reden und Bezeigung sich so freundlich erwiesen, daß man nicht anders als von Verwunderung entzückt von ihr gegangen.“ „Die junge Prinzessin hat von Zorn wenig, von Rachgier nichts gewußt, ist nicht leicht zu erzürnen und doch leicht zu versöhnen gewesen, also daß man von ihr gesagt, sie habe der Tauben Art, so ohne Galle und Bitterkeit gefunden werden.“ „Unwahrheit, Falschheit und Verleumdung war ihr schon in der Kindheit zuwider; jedermann zu erfreuen und glücklich zu sehen, war ihres Herzens Freude, anderer Unglück ging ihr selbst zu Herzen“[372].

Auch in einem *Gedicht*, welches die Grundgedanken seiner Lehre, insbesondere der *Theodizee*, enthielt, worüber Leibniz so oft mit seiner königlichen Freundin gesprochen hatte, suchte er ihr

---

[370] Klopp X, 263, 264, 270.

[371] Ebendas. 287.

[372] Klopp X, 273–284.

Andenken zu verherrlichen und sich mit der Vorstellung zu trösten, daß sie in einer höheren Geisterwelt fortlebe, ihres irdischen Daseins eingedenk:

Der Preußen Königin verläßt den Kreis der Erden.
Und diese Sonne wird nicht mehr gesehen werden;
Des hohen Sinnes Licht, der wahren Tugend Schein,
Der Schönheit heller Glanz soll nun erloschen sein. – – –

Ein jeder Geist stellt vor den ganzen Bau der Dinge,
Als ob die Formung sich in einen Spiegel bringe,
Nach jedes Augenpunkt, verdunkelt oder klar.
Er ist ein Bild, wie er ein Zweck der Schöpfung war.

Soviel Weltbilde nun als Geister sind zu finden,
Die machen Gottes Reich, das seine Sätze binden,
Wo Weisheit mit der Macht im höchsten Grade steht,
Das giebt ein Regiment, da nichts verloren geht

Die Seelen, die mit Gott in Einung können treten,
Die fähig ihr Verstand gemacht ihn anzubeten,
Die kleine Götter sind und ordnen was wie er,
Die bleiben seines Staats Mitglieder immer mehr. –

Was ist die wahre Lieb', als daß man sein Ergötzen
In des Vollkommenheit, so man geliebt, muß setzen?
Weil Liebe dann in Gott die stärkste Probe tut,
Entsteht die größte Freud' auch aus dem höchsten Gut[373].

Leibnizens Ideen sind im Laufe des 18. Jahrhunderts öfter versifiziert und poetisch behandelt worden. Den ersten Versuch dieser Art, in Ausdruck und Versbildung noch unbeholfen genug, aber charakteristisch für den Zeitpunkt, hat Leibniz selbst in seinem Gedicht auf den Tod der Königin von Preußen gemacht. Wir haben deshalb von den zweiundzwanzig Strophen, woraus dieses dreifach merkwürdige Gedicht besteht, die obigen fünf aufgenommen.

In unseren Tagen sind die Gesetze der Vererbung erforscht worden, und man hat gefunden, daß die Forterbung großelterlicher Art und mütterlicher Geisteseigenschaften eine besondere Beachtung verdienen. Sophie Charlotte war die Großmutter Friedrichs II. Wenn wir uns vergegenwärtigen, mit welcher leidenschaftlichen Lust sich Friedrich dem Genuß wie der Ausübung der Musik, der

[373] Ebendas. 291–295.

Dichtung und Philosophie hingegeben und selbst Zeiten gehabt hat, wo er die Krone und Herrschergröße geringer schätzte als diese Befriedigungen der Phantasie und des Verstandes, so sind wir unwillkürlich an die Geistesart seiner Großmutter erinnert. Sie starb sieben Jahre vor der Geburt dieses Enkels, der ihrer öfter gedacht hat als einer Fürstin, die mit allen Gaben der Natur eine vorzügliche Erziehung vereinigt und dem großen Leibniz ihre Freundschaft geschenkt habe[374]. Wenn sie auch nur annähernd das Alter ihrer Mutter erreicht hätte, so würde sie noch seine ersten siegreichen Kriege erlebt und als ein guter Genius, zwischen Sohn und Enkel gestellt, die Jugend Friedrichs beschützt haben.

3. Die Kurprinzessin Karoline, Prinzessin von Wales

Als Leibniz gegen Ende August 1704 nach Lützenburg kam, wo er einige Monate als Gast der Königin verweilte, lernte er hier die junge Prinzessin Karoline von Ansbach kennen, deren Vater Markgraf Christian Ernst von Brandenburg-Ansbach das Jahr vorher im Feldzuge gegen Bayern gefallen war (27. März 1703) und seine siebzehnjährige Tochter unter dem Schutz und der Vormundschaft des Königs von Preußen zurückgelassen hatte. Sie kam den 29. August 1704 nach Lützenburg und blieb bis in den Dezember. Bald hatte sich die liebenswürdige und kluge Prinzessin das Herz der Königin, zu der sie voll Bewunderung emporsah, das Wohlgefallen der Kurfürstin Sophie, wie Leibnizens dienstfertige und belehrende Freundschaft gewonnen[375].

Der Kurfürst Johann Wilhelm von der Pfalz wünschte für seinen kaiserlichen Neffen, den Erzherzog Karl, der als König von Spanien Karl III. hieß, die Hand der Prinzessin von Ansbach und hatte zu ihrer Bekehrung seinen Beichtvater, den Jesuiten Orban, gesendet. Karoline schwankte eine Zeitlang, bis zuletzt ihr lutherischer Glaube den Sieg davontrug; sie richtete an den Kurfürsten Johann Wilhelm eine ablehnende Danksagung, welche ihr Leibniz aufgesetzt hatte. Der Herzog Anton Ulrich pries damals in einem Briefe an den letzteren diese Ablehnung als eine lutherische Glaubenstat, die Prinzessin Karoline scherzte darüber und sah sich schon in einem neuen Romane Anton Ulrichs als Heroine figurieren[376]. Als aber einige Zeit nachher die Hand seiner Enkelin Elisabeth für den König von Spanien begehrt wurde, fand der Herzog diese Heirat weit besser als die lutherische Glaubenstreue und ließ nicht bloß

[374] Oeuvres de Frédéric le grand. T. XXI, (Corresp. T. VI,) p. 77 (Fr. à Voltaire. Ruppin le 6. juillet 1737).

[375] Klopp IX, 93, 100, 104 f.

[376] Klopp IX, 108 f.. 113 f. Vgl. ebendas. Einl. XXI.

seine Enkelin katholisch werden, sondern wurde es bekanntlich selbst aus lauter Vergnügen über die schöne Heirat.

Die Kurfürstin Sophie wünschte die Hand der „lieben Prinzessin von Ansbach" für ihren Enkelsohn Georg August und schrieb schon den 21. Oktober 1704 an ihre Nichte, die Raugräfin Luise: „Besser werden wir zu Hannover nichts bekommen."[377] Wahrscheinlich hing mit dieser Absicht ihr Aufenthalt in Lützenburg und auch die Ablehnung der österreichischen Heirat von seiten Karolinens zusammen. Da nun Sohn und Enkel den Wunsch der Kurfürstin teilten und die Prinzessin von Ansbach demselben geneigt war, so kam die hannoverische Heirat zustande, Karoline wurde schon im nächsten Jahre Kurprinzessin von Braunschweig-Lüneburg und neun Jahre später nach der Thronbesteigung Georgs I. Prinzessin von Wales.

Von Anfang an hat Karoline die englische Thronfolge des Hauses Hannover gewünscht und, soviel sie vermochte, die Übersiedlung ihres Gemahls nach England und seinen Eintritt in das Oberhaus betrieben. Als dann unter Bolingbroke die Aussichten immer trüber wurden und das Gewitter sich zuletzt in den Blitzen entlud, welche die Königin Anna nach Hannover schleuderte, schrieb sie den 7. Juni 1714 einen sehr niedergeschlagenen Brief an Leibniz, welcher in der Behandlung der englischen Sukzessionsfrage stets mit ihr einverstanden war und es auch vollkommen billigte, daß die Kurfürstin und der Kurprinz die an sie gerichteten Briefe der Königin Anna nach England senden wollten, um sie der Öffentlichkeit zu überliefern. Einige Worte der Prinzessin in ihrem Briefe an Leibniz sind für die trübe und gedrückte Stimmung, welche damals in Hannover herrschte, sehr bezeichnend. „Mein einziger Trost ist der feste Glaube, daß Gott alles zu unserem Besten lenkt, und darin unterstützt mich Ihre Vorrede zur Theodizee. Niemals habe ich einen so heftigen, so unerträglichen Kummer gehabt. Ich fürchte für die Gesundheit des Kurprinzen, vielleicht für sein Leben."[378] Diese Furcht war umsonst, der Prinz blieb gesund, aber die Kurfürstin Sophie starb am folgenden Tage.

Alle Schwierigkeiten, welche die hannoverische Thronfolge zu bedrohen schienen, waren nach wenigen Wochen durch den Tod der Königin Anna aus dem Wege geräumt. Als Leibniz in den ersten Wochen des September 1714 nach Hannover zurückgekehrt war, konnte er der Prinzessin Karoline noch für kurze Zeit in Herrenhausen Gesellschaft leisten und mit ihr die *Theodizee* lesen.

---

[377] Ebendas. 107 f. Diese deutsch geschriebenen Briefchen der Kurfürstin enthalten zugleich eine sehr ergötzliche Schilderung der Bekehrungsverhandlungen zwischen dem Pater Orban und der Prinzessin Karoline.

[378] Klopp XI, 417–419, 452f., 455–457. Vgl. oben S. 239.

Vergeblich wünschte er dem neuen Könige von Großbritannien auf dem Fuße zu folgen, vergeblich die Prinzessin, die im November nach England ging, zu begleiten; sie durfte ihn nicht mitnehmen, da sie den Unwillen des Königs zu fürchten hatte. Sie tat, was sie vermochte, um den König günstig zu stimmen, was aber nicht so weit gelang, daß Leibnizens Wünsche erfüllt wurden. Doch dies hängt mit dem Ungemach und den Kümmernissen seiner letzten Jahre in Hannover zusammen, wovon der nächste Abschnitt handeln soll.

Es gab etwas, das Leibnizens Berufung nach England und seiner Ernennung zum englischen Historiographen, die er leidenschaftlich wünschte, im Wege stand und den König auch bei dem besten Willen, den dieser nicht hatte, hindern konnte, darauf einzugehen: dies war Newtons außerordentliches und wohlbegründetes Ansehen in England, der langjährige Streit zwischen Leibniz und ihm, dessen Anfänge schon ein Menschenalter zurücklagen, der sich immer mehr erbittert und zuletzt dahin geführt hatte, daß die königliche Sozietät der Wissenschaften in London die Sache untersuchte und im April 1712 wider Leibniz entschied. Die Parteinahme für Newton gegen Leibniz galt in England für eine Pflicht nationaler Gerechtigkeit, und bei dieser herrschenden Stimmung ließ sich für Leibniz schwer eine angesehene Stellung in England ausfindig machen; Georg I. mochte sich mit dem Ruhme schmeicheln, zwei Länder zu beherrschen, in deren einem ein Newton, in dem anderen ein Leibniz sein Untertan war, aber die gleichzeitige Gegenwart beider in England würde ihm wahrscheinlich weniger zum Ruhme als zu großen Verlegenheiten gereicht haben[379].

Leibniz selbst dagegen war weit entfernt, in dem Antagonismus Newtons gegen ihn ein Hindernis seiner Berufung nach England zu erblicken; vielmehr machte er daraus gerade ein Hauptmotiv zur Begründung seiner Wünsche. Er schrieb der Prinzessin von Wales, daß er die Erfüllung dieser Wünsche für sich als eine persönliche Ehrensache, von seiten des Königs als eine nationale Ehrenpflicht gegen Hannover und Deutschland in Anspruch nehme. Das Verdienst einer mathematischen Erfindung, welche man ihm seit dreißig Jahren zuschreibe, sei ihm neuerdings in England unter dem Druck eines der hannoverischen Thronfolge feindseligen Ministeriums streitig gemacht worden, und er dürfe jetzt vom Könige wohl eine Ehrenrettung und Belohnung erwarten, die seinen Wert dem Newtons wenigstens gleichstelle[380]. Diese Auffassung seines Streites mit Newton, wonach die ihm ungünstige Stimmung und Entscheidung in England als eine politische Verfolgung er-

---

379 Vgl. oben Kap. VII. S. 97–102.

380 Leibniz an die Prinzessin von Wales, Hannover 10. V. 1715; Klopp XI, 37 f.

schien, die er als Hannoveraner zu erleiden hatte, war nicht ganz zutreffend. Wäre sie es gewesen, so hätte Leibniz die Gleichstellung seiner Verdienste mit denen Newtons durch ein Gleichgewicht seiner Stellung und Belohnung in *England* doch nur als *Engländer*, der er nicht war, in Anspruch nehmen können.

Die Prinzessin Karoline sah wohl, daß auf diesem Wege nur die leidige Rivalität gefördert werde und nichts für Leibniz zu gewinnen sei; sie wünschte ihm zu nützen, den König günstig zu stimmen, seinen Verdiensten Anerkennung, seiner Denkart Freunde in England zu erwerben, auch das Verhältnis zwischen ihm und Newton zu bessern und eine Aussöhnung anzubahnen. Sie war von einer dankbaren und aufrichtigen Bewunderung für die *Theodizee* erfüllt, die sie in ihrem Glauben bestärkt und ihre völlige Beistimmung gewonnen hatte, während die Lehren Lockes und Bayles sie abstießen. Der Bischof von Lincoln, in kurzem Erzbischof von Canterbury und als solcher der erste Geistliche Englands, teilte ihre Bewunderung und fand die Theodizee, je öfter er sie las, um so unvergleichlicher. Beide wünschten eifrig, das Werk in *englischer* Sprache verbreitet zu sehen und zu diesem Zweck eine vorzügliche Übersetzung zu veranstalten, die nur ein Mann leisten konnte, der sich als theologischer Denker und philosophischer Schriftsteller bewährt hatte[381].

Als der einzige dazu berufene Mann erschien *Samuel Clarke*, der Verteidiger der natürlichen Religion und der Übereinstimmung der Vernunft und des Glaubens, seit 1709 Vorstand der Hofpfarre von St. James; er war zugleich ein vertrauter Freund Newtons, ein eifriger Anhänger seiner Lehre und der Übersetzer seiner *Optik* in das Lateinische (1706). Es schien der Prinzessin von Wales angemessen und wünschenswert, diese beiden Männer, Leibniz und Clarke, die ja wesentliche Berührungspunkte hatten, einander zu nähern und über ihre Meinungsverschiedenheiten einen philosophischen Schriftwechsel herbeizuführen, der durch ihre Hände ging, wie einst der Schriftwechsel zwischen Leibniz und Toland durch die der Königin von Preußen. Dieser denkwürdige Ideenaustausch fällt in Leibnizens letztes Lebensjahr (November 1715 bis November 1716). Wenn Clarke das letzte Wort behielt, durfte ein solcher Schluß nicht für ein Zeichen des Sieges gelten, denn seine fünfte Replik zu erwidern, wurde Leibniz durch den Tod verhindert[382].

Er hatte die Verhandlungen mit einer kleinen Schrift eingeleitet, worin er die englische Zeitphilosophie in ihren beiden Hauptvertretern, *Locke* und *Newton*, angriff und ihnen den

---

[381] Prinzessin von Wales an Leibniz, St. James 26 XI. 1715 und 10. I. 1716; Klopp XI, 52 f. und 71 f.

[382] R. Zimmermann, Samuel Clarkes Leben und Lehre (Wien 1870). Kap. II u. VI.

Vorwurf machte, daß sie die Grundlehren der natürlichen Religion zerstörten: jener durch seine sensualistische Erkenntnislehre und die Ansichten von der *Seele*, dieser durch seine mathematische Naturphilosophie und die Ansichten von Gott. Nach Locke sei die Seele „vielleicht materiell", nach Newton sei der Raum „gleichsam das Sensorium Gottes", welches sich zu Gott verhalte wie das Gehirn zur Seele. Wie diese im Gehirn die Bilder der Dinge wahrnehme, so Gott im Raume die Dinge selbst. Aus Lockes Lehre folge die Körperlichkeit der Seele, aus Newtons Lehre die Gottes: aus beiden eine materialistisch gesinnte oder gerichtete Philosophie, welche die Grundbegriffe der natürlichen Religion von dem Wesen der Seele und der Gottheit untergrabe.

Da nun Clarke die Ansichten Lockes über die Seele ebenfalls verwarf und für Irrtümer erklärte, dagegen Newtons Grundsätze durchgängig festhielt und wider Leibniz und dessen Auffassung und Folgerungen verteidigte, so wurden Newtons Lehren von Gott und Welt, von Raum und Zeit, von der Materie und dem Leeren die eigentlichen Themata der streitigen Fragen. Leibniz hatte besonders diejenigen Punkte ins Auge gefaßt, welche seiner *Theodizee* zuwiderliefen, deren Lehre theologische Autoritäten in England und die Meinung der Prinzessin selbst für sich hatte; sie erwähnte das Buch fast nie ohne das Beiwort „incomparable". Nach Leibniz bestand die Weltordnung in einer vorherbestimmten Harmonie, d.h. einer gesetzmäßigen Einrichtung, welche die Eingriffe und Einmischungen Gottes in den Naturlauf der Dinge unnötig machte und darum von sich ausschloß, während nach Newton Gott zur Welt sich verhalten sollte, wie der Uhrmacher zu seinem Werke, das er von Zeit zu Zeit aufziehen, reinigen, ausbessern müsse. Nach Leibniz waren Raum und Zeit Ordnungen oder Verhältnisse der Dinge, woraus von selbst folgte, daß sie nie unerfüllt oder leer sein konnten; nach Newton dagegen sollten Raum und Zeit reale, für sich bestehende Wesenheiten sein, die den Charakter der ursprünglichen unermeßlichen Leere hatten und durch die Körper nur zum kleinsten Teile ausgefüllt wurden. Mit der Leere bestritt Leibniz auch das Grundgesetz der mechanischen Weltordnung, welches Newton entdeckt hatte: die wechselseitige Anziehung der Körper, die allgemeine Attraktion, die ja den leeren Raum zu ihrer Voraussetzung hatte.

Hier genügt diese kurze Charakteristik der Streitpunkte, da die nähere Begründung der Ansichten unseres Philosophen in die Darstellung seiner Lehre gehört. Ein versöhnlicher Abschluß der Verhandlungen zwischen Leibniz und Clarke oder gar eine Einigung, wie die Prinzessin sie gewünscht hatte, war nicht zu erwarten; vielmehr läßt sich in ihrem Schriftwechsel ein zunehmender Grad polemischer Erregung und Bitterkeit wahrnehmen. Newton stand hinter Clarke und kannte seine Entgegnungen, die wohl kein Wort enthielten, das nicht der Meister gebilligt hatte. Leibniz wußte, daß er unter den Augen der Prinzessin von Wales mit Newton kämpfte, dem größten, gefährlichsten und stolzesten seiner Gegner, und nun wurden auch seine Erwiderungen leidenschaftlicher gestimmt, so daß er über die Lehre von der absoluten Realität des Raumes und der Zeit und vom Leeren zu wiederholtenmalen ausrief: „lauter Idole im baconischen Sinne des Wortes, lauter Chimären, nichts als oberflächliche Einbildungen!"[383]

Selbst in die Zuschriften, womit er der Prinzessin seine Erwiderungen überreichte, mischte sich zuletzt der Ton einer eifersüchtigen und schmerzlichen Erregung, als ob sie nichts mehr von ihm und seiner Sache wissen wolle, da sie offen ihre Bewunderung für Newton, den sie bei sich empfing, ihre Freude über seine Farbenexperimente ausgesprochen und gelegentlich bemerkt hatte, daß sie fast für die Annahme des Leeren gewonnen sei. Die gute Prinzessin mußte gestehen, daß es unmöglich sei, auf dem Wege der Annäherung ihrer Ansichten eine Aussöhnung zwischen Newton und Leibniz herbeizuführen. Mit den eigentlichen Fragen selbst war sie viel zu wenig vertraut, um die Erbitterungen, welche der Prioritäts- und Plagiatsstreit auf beiden Seiten mit sich gebracht hatte, richtig schätzen und die Weite des wissenschaftlichen Abstandes zwischen den Grundanschauungen beider Männer ermessen zu können. Am Ende meinte sie, daß große Gelehrte sich zu ihren Ansichten verhielten wie Frauen zu ihren Liebhabern: sie werden böse, wenn man sie nötigen will, dieselben aufzugeben. Sie machte zu dem verlorenen Spiele eine scherzende Miene und schrieb an Leibniz: „Ich sehe mit wirklicher Niedergeschlagenheit, daß Männer von einer solchen wissenschaftlichen Größe, wie Sie und Newton, sich nicht versöhnen lassen. Die Welt würde unendlich viel gewinnen, wenn man es vermöchte, aber die großen Männer gleichen darin den Frauen, die auch heftig erzürnt werden, wenn sie ihre Liebhaber aufgeben sollen. So placiere ich Sie, meine Herren, mit Ihrem Meinungsstreit!" Sie nahm die Gegenstände des Streites, da sie ihr Gewicht nicht empfand, sehr leicht und redete mit sanftem Dilettantismus zur Versöhnung. „Ist es möglich", schrieb sie in ihrem nächsten Brief, „daß ein Mann von Ihrer wissenschaftlichen Bedeutung und Höhe sich durch solche Dinge aus der Ruhe bringen läßt? Wenn Sie oder der Ritter Newton nun auch dieselbe Erfindung zu gleicher Zeit oder der eine früher, der andere später gemacht haben, müssen Sie sich denn deshalb gegenseitig zerrei-

383 Klopp XI, 79 ff, und 106 ff.: Drittes und viertes Schreiben Leibnizens an Clarke. Vgl. Gerhardt Phil. VII, 363 ff, und 371 ff.

ßen? Sie sind beide die größten Männer unserer Zeit; lassen Sie Ihre ernsthaften Streitigkeiten fallen, beweisen Sie uns das Volle, der Ritter und Clarke mögen uns das Leere beweisen. Wir, die Gräfin Bückeburg, die Pöllnitz und ich, wollen Ihrem Streite beiwohnen und im Original vorstellen, was unsere Nachbaren durch Molière nur in der Kopie kennen."[384]

Vielleicht rechnete die Prinzessin noch auf den besseren Erfolg einer persönlichen Annäherung; sie hoffte, daß Leibniz den König, der im Juli 1716 nach Deutschland ging, um seine kurfürstlichen Lande zu besuchen, in Pyrmont seine Gesundheit herzustellen und in der Göhrde nach alter Gewohnheit zu jagen, auf seiner Rückkehr nach England begleiten werde[385]. Auch diese Hoffnung blieb unerfüllt. Der König dachte nicht daran, Leibniz mit sich zu nehmen. Den 29. Oktober schickte ihm Karoline noch die fünfte Schrift Clarkes, die unerwidert blieb, denn vierzehn Tage nach ihrem Empfange starb Leibniz[386].

4. Elisabeth Charlotte, Herzogin von Orléans

In seinem Briefwechsel mit der Kurfürstin Sophie wie mit der Prinzessin Karoline wird öfter von „Madame" geredet, worunter stets die Schwägerin Ludwigs XIV., die Gemahlin seines Bruders, Philipps I., Herzogs von Orléans, zu verstehen ist: Elisabeth Charlotte, die Nichte der Kurfürstin Sophie, die Cousine der Königin Sophie Charlotte, die Tante der Prinzessin Karoline als der Gemahlin des Enkels der Kurfürstin. Unter dem Namen „Lise Lotte" ist diese Tochter des vortrefflichen Karl Ludwig von der Pfalz nicht bloß in der Geschichte ihres Heimatlandes, sondern in allen deutschen Kreisen, wo historische und vaterländische Erinnerungen gepflegt werden, in volkstümlichster Weise bekannt und beliebt. Ihre Abstammung

[384] Die Prinzessin meint die „femmes savantes". Vgl. ihre Briefe vom 24. April, 15. Mai und 26. Juni 1716. Klopp XI, 91, 93 und 115.

[385] Brief vom 26. September 1716; ebendas. 197.

[386] Die Korrespondenz zwischen „Leibniz und Karoline, geb. Prinzessin von Ansbach, verm. Kurprinzessin von Braunschweig-Lüneburg, von Ende 1714 zugleich Prinzessin von Wales" hat O. Klopp im elften und letzten Bande seiner Gesamtausgabe veröffentlicht (Hannover 1884). Der Band enthält 70 Schriftstücke, von denen 32 Briefe die eigentliche Korrespondenz ausmachen, zur Hälfte von Leibniz, zur Hälfte von der Prinzessin geschrieben; sie stammen aus den Jahren 1706–1716. Zehn weitere Briefe aus den Jahren 1704 bis 1714 (von denen Leibniz sechs geschrieben hat) finden sich im neunten Bande der Kloppschen Ausgabe. Es ist wirklich nicht einzusehen, warum ein Teil der Briefe zwischen Leibniz und der Prinzessin Karoline eher zu der Korrespondenz zwischen Leibniz und der Kurfürstin Sophie gerechnet worden ist als zu der zwischen Leibniz und der Prinzessin Karoline, da doch ein Band für sich diesen Spezialtitel führt!

hat dem Könige Ludwig XIV. zum Vorwande des sogenannten Orléansschen Krieges gedient, eines der schrecklichsten, der unsere Länder eingeäschert hat. Sie selbst hatte diesen Krieg nicht verschuldet, sondern verwünscht und bejammert. Als sie neunzehnjährig Glauben und Heimat aufgab und die französische Heirat schloß (1671), um ihrem Vater und Vaterlande zu nützen, war sie „ein politisches Opferlamm“ und wußte auch, daß sie es war. Über fünfzig Jahre hatte sie am französischen Hofe gelebt und ihre Heimat nicht wiedergesehen, ohne ihrer angeborenen deutschen, pfälzischen und fürstlichen Art in Gesinnung und Glaube, Sitte und Sprache abtrünnig zu werden. Ihre sittenlosen Umgebungen hat sie verachtet und durch ihre weiblichen Tugenden, ihre häusliche Beschränkung und ihre unnahbar fürstliche Haltung sich fernzuhalten gewußt. Sie war, wie Saint-Simon sie schildert, grunddeutsch in allen ihren Sitten und aufrichtig (fort allemande dans toutes ses moeurs et franche), wie denn auch ihr Briefwechsel mit Leibniz deutsch geführt wurde, während dieser mit den anderen Fürstinnen nur französisch korrespondierte. Selbst dem Könige hat sie ein Gefühl von Hochachtung und Zuneigung eingeflößt. Sie ist die Stammutter zweier Fürstengeschlechter geworden: der d'Orléans und der Habsburg-Lothringer. Ihre Urenkelin war die Kaiserin Maria Theresia, ihr Sohn seit dem Todestage Ludwigs XIV. (1. September 1715) bis zu der Mündigkeit seines Nachfolgers der Regent Frankreichs.

Mit ihren deutschen Verwandten, namentlich ihren Geschwistern aus der morganatischen Ehe des Vaters (Raugräfin Degenfeld), vor allem aber mit ihrer Tante Sophie von Hannover blieb sie im regsten brieflichen Verkehr; die Korrespondenz beider füllt zweiundzwanzig Folianten. Die Prinzessin von Wales schrieb ihr alle Posttage die ausführlichsten Briefe, oft von acht bis neun Bogen. Nichts in der Welt ging ihr über „ma tante“, die einst in den Tagen ihrer verlassenen Kindheit ihre Mutter und ihr Vorbild geworden war und für welche sie lebenslänglich die zärtlichste Verehrung und Liebe bewahrt hat. Nach dem Tode der Kurfürstin schrieb sie der Raugräfin Luise: „Was ich seitdem alle Tage leide, ist nicht auszusprechen. Es ist wohl das größte Unglück, so mir in dieser Welt hätte begegnen können. In dieser Welt ist Ihrer Liebden selig nichts zu vergleichen. Ich kann mich von diesem Unglück nicht wieder erholen. Ma tante war mein einziger Trost in allen Widerwärtigkeiten hier, sie machte mir mit ihren lustigen Briefen alles leicht, sie hat mir dadurch bisher das Leben erhalten.“[387]

Sie wußte, wie sehr die Kurfürstin unseren Leibniz geschätzt hatte, und dies war für sie genug, ihn zu ehren. Sie kannte auch

[387] Vgl. oben Kap. XIV. S. 245.

seine Denkart aus Briefen, welche Sophie ihr mitgeteilt hatte. „Aus allem, was ich vom Herrn Leibniz höre und sehe", schrieb sie der Kurfürstin (30. Juli 1705), „muß er gar großen Verstand haben und dadurch angenehm sein. Es ist rar, daß gelehrte Leute sauber sein und nicht stinken und raillerie verstehen."

Ihr früherer erster Almosenier, der Abbé St. Pierre, trug sich mit dem Plane eines ewigen Weltfriedens, der auf einer neuen Staatenordnung Europas und einem darauf gegründeten Amphiktyonengericht beruhen sollte. Darüber korrespondierte er mit Leibniz und verfaßte ein Werk unter dem Titel: „Projet de la paix universelle", welches zu Utrecht in drei Bänden erschien (1713). Die Briefe zwischen ihm und Leibniz ließ die Herzogin von Orléans durch ihre Hand gehen, um sie richtig zu besorgen, nicht um sich mit ihrem Inhalte zu beschäftigen. „Solche Texte sind meinem schwachen Hirn zu hoch." Sie wußte recht gut, daß der Plan des Abbé eine Chimäre sei. „Man hat ihn schon mit ausgelacht", schrieb sie den 28. Juni 1711 an ihre Tante. Als sie hörte, daß Leibniz nach England reisen wolle, ließ sie ihm durch den Abbé schreiben (9. Juli 1715), daß sein Besuch ihr Freude machen würde, zwar werde sie ihn nicht sehen können, ohne bei dem Gedanken an die selige Kurfürstin zu weinen, aber sie möchte doch über sie sehr gern mit ihm reden."

Nach dem Tode Ludwigs XIV. schrieb Leibniz zum erstenmal an die Herzogin, um ihr seine Kondolenz und zu der Regentschaft ihres Sohnes seine Glückwünsche darzubringen. Die kurze, aber interessante Korrespondenz, die nur aus elf Briefen besteht, von denen Leibniz die größere Hälfte geschrieben hat, reicht bis zum 5. November 1716, von welchem Tage die letzten Zeilen der Herzogin datiert sind[388].

Es waren nicht philosophische und wissenschaftliche Dinge, die hier zur Sprache kamen, denn Elisabeth Charlotte wollte die „femmes savantes" nur belachen, aber selbst weder eine sein noch spielen. „Man kann nicht ungelehrter noch ignoranter sein als ich bin, ob ich zwar täglich in mir selber suche mein Gemüt zu beruhigen." Auch die Erörterungen politischer Angelegenheiten und Fragen wies sie zurück. „Jagdsachen verstehe ich besser als die Politik, denn es ist lang mein Handwerk gewesen."[389]

Offenbar hatte Leibniz, als er nach dem Tode Ludwigs XIV. sich der Herzogin, der Mutter des Regenten, näherte, gewisse Absichten und Wünsche, die in den Zusammenhang seiner politischen und

[388] Briefwechsel zwischen Leibniz und der Herzogin Elisabeth Charlotte von Orléans, hrsgeg. von Ed. Bodemann. Zeitschrift des historischen Vereins für Niedersachsen, Jahrg. 1884, 1–66.

[389] Bodemann a.a.O. 28, 53.

wissenschaftlichen Pläne paßten. Jetzt sei die Zeit des goldenen Friedens gekommen, dessen Erhaltung von dem Einverständnis zwischen dem deutschen Reiche, Frankreich und Großbritannien abhänge; er besitze das Vertrauen des Kaisers wie des Königs von England und sei, wie er der Herzogin zu erkennen gab, zu diplomatischen Aufträgen im Interesse des Friedens gern bereit. „Wenn ich noch so glücklich sein könnte, ein Zeuge von Dero und Dero Herrn Sohnes K. Hoheit Vergnügung zu sein und zwischen Dero und denen obgedachten Monarchen angenehme Botschaften auszurichten, würde ich darnach des Simeons Lied anstimmen.“[390]

Eine zweite Absicht galt den Wissenschaften, die der König aus Ehrliebe gefördert habe, der Regent dagegen aus eigenem Verständnis und deshalb um so erfolgreicher zu fördern vermöge. Auch dafür stellte Leibniz seine Dienste zur Verfügung. Die Herzogin riet ihm, sich mit seinen Plänen und Ratschlägen an ihren Sohn selbst zu wenden, der ihn sehr wohl kenne und schätze, da sein Ruhm in Frankreich bereits hoch gestiegen sei. Daß aber ihr Sohn, obwohl er gelehrter sei als der König, der es gar nicht gewesen, Größeres als dieser für die Wissenschaften leisten werde, bezweifelte die kluge Frau und gab unserem Philosophen eine sehr ergötzliche, echt pfälzische Antwort: „Ich fürchte auch, es wird meinem Sohn gehen, ohne Vergleichung, wie es mit den großen Fässern zu Heidelberg gangen: alle Kurfürsten, so nicht getrunken, haben sie gebauet, und die, so viel getrunken, haben keine gemacht. Der König war nicht gelehrt, hat doch alle Studien und Gelehrten florieren machen; mein Sohn aber, ob er zwar nicht ignorant ist, auch die Gelehrten liebt, wird Ihnen, wie ich fürchte, nicht favorabel sein können, weil alles in so großer Unordnung hier ist.“ Leibniz mußte über den treffenden Einfall lachen und schrieb der Herzogin, er bedaure nur, daß die Kurfürstin diese geistreiche Vergleichung nicht mehr lesen könne. Elisabeth Charlotte wies das Lob zurück. „Ich muß es gemacht haben, wie Monsieur Jourdain in der Komödie (der sehr verwundert war, Prosa gesprochen zu haben, ohne es zu wissen), denn ich erinnere mich nicht etwas geschrieben zu haben, so des geringsten Lobes würdig ist, oder ich müßte selber nicht wissen, was darin zu loben war. Was ich vom großen Faß gesagt, ist ein heidelbergischer Einfall.“[391] Leider mußte die Herzogin trotz aller mütterlichen Liebe befürchten, daß nicht bloß der Staat, sondern auch der Regent in Unordnung war, und sie schrieb darüber in ihrer aufrichtigen und drolligen Art an Leibniz: „Wenn er sein délassement d'esprit in Künsten suchen wollte und lieber der Gelehrten

[390] Bodemann a.a.O. 19.

[391] Ebendas. 21–28, 27 f.

Mäntel als der Damen Nachtröcke sehen wollte, glaube ich, daß alles besser gehen sollte[392].

In einem dritten Punkte, welchen Leibniz hervorhob und der Fürsorge der Herzogin empfahl, bedurfte es keiner Worte, um Elisabeth Charlotte zu rühren. Er bat für die französischen Protestanten, die um ihres Glaubens willen zu den Galeeren verdammt waren. Wir wissen aus anderen gleichzeitigen Briefen der Herzogin, daß sie voller Mitgefühl und Eifer bestrebt war, jenen Unglücklichen zu helfen, noch ehe Leibniz seine Bitte aussprach. Auch fand sie bei ihrem Sohne williges Gehör, der aber selbst mit großen Schwierigkeiten zu kämpfen hatte. Es heißt, daß es ihrem Eifer gelungen sei, achtundsechzig Protestanten von den Galeeren zu befreien. In Sachen des Glaubens dachte sie wie ihr Vater und ihre Tante Sophie. Die Gesinnung und Ausübung der christlichen Liebe galt ihr für die wahre Religion, die Zeremonien dagegen, der Kultus und die dogmatischen Bekenntnisse hielt sie für unwesentliche Dinge oder Schein. „So lange ich hier sehe, daß die Devoten zornig, ehrgeizig und habsüchtig sind, werde ich sie vor lauter Heuchler und Hypokriten halten und kann nicht glauben, daß sie Gott angenehmer sein mögen, als ich, die nicht so viel betet, aber meinen Nächsten kein Unrecht tue." So schrieb sie den 22. Dezember 1692 ihrer Tante, nachdem diese ihr eine Antwort von Leibniz in seinen damaligen Verhandlungen mit Pellisson mitgeteilt hatte.

II. Leibnizens letzte Jahre in Hannover

1. Georg I. und Bernstorff

Wenn in dem Leben unseres Leibniz die fünf ersten Jahre seiner Stellung in Berlin, so lange Sophie Charlotte lebte, die glücklichsten gewesen sind, so sollten die beiden letzten Jahre in Hannover nach dem Tode der Kurfürstin und seiner Rückkehr von Wien die traurigsten sein. Abgesehen von der Prinzessin Karoline, die nach wenigen Wochen Hannover für immer verließ, gab es niemand in seiner Nähe, der seine Geistesgröße zu schätzen wußte und ihm wohlgesinnt war, am wenigsten die Personen, von denen er abhing. Leider war es *Georg I.* selbst, der jetzt, wo Leibniz die mächtige Freundin und Fürsprecherin verloren hatte, seine längst genährte Unzufriedenheit ihn mit aller Härte fühlen und eine Behandlung erfahren ließ, welche des Königs, von dem sie ausging, noch unwürdiger war, als des Mannes, der sie erlitt.

Es fehlte diesem Fürsten von Natur die Fähigkeit, sich eines Geistes, wie Leibniz war, zu erfreuen; er wußte wohl, daß sein Ruhm

---

[392] Ebendas. 41.

und seine Dienste ihm zum Vorteil gereichten und wünschte beide zu nützen, aber er hatte dafür keine *sympathische* Anerkennung, wie sie selbst sein Vater im gewissen Sinne, seine Mutter in vollstem Maße und auch Anton Ulrich in seiner Art gehabt hatte. König Georg kannte zwischen sich und Leibniz kein anderes Verhältnis, als daß er der Herr, dieser der Diener und Hofgelehrte war: „unser geheimer Justizrat und Historiograph", der die Geschichte des Hauses Braunschweig zu schreiben seit vielen Jahren beauftragt und zu diesem Zwecke auf weite, langwierige und kostspielige Reisen gegangen war; er hatte nach seiner Rückkehr versprochen, binnen wenigen Jahren das Werk auszuführen, und nun waren über zwanzig Jahre vergangen, und noch hatte niemand etwas davon gesehen. Es war und blieb „das unsichtbare Buch". Inzwischen hatte Leibniz noch die Stellung in Berlin übernommen, woraus Jahre hindurch langwierige Abwesenheiten von Hannover gefolgt waren, er hatte öfter Reisen ohne Urlaub gemacht, wie im Dezember 1708 und 1712 nach Wien, er war von der letzten Reise noch nicht zurückgekehrt, als der König im September 1714 nach England ging; er hatte sich vom Kaiser zum Reichshofrat ernennen lassen und wäre am liebsten ganz in Wien geblieben; nach seiner endlichen Rückkehr reiste er noch im Spätherbst 1714 nach Sachsen, ohne die Bitte um Urlaub, ohne ein Wort der Anzeige, und während er vom Könige die Pension und den Titel eines englischen Historiographen zu erhalten wünschte, stand er in Hannover fortwährend auf dem Sprunge nach Wien.

Man kann es dem Könige nicht verdenken, wenn er in allen diesen Beziehungen mit Leibniz unzufrieden war und sein Verhalten tadelnswert fand, auch wenn er nicht bloß seinen hannoverischen Diener und Hofgelehrten in ihm gesehen hätte. Er glaubte nicht mehr, daß dieser sein Versprechen erfüllen und das Geschichtswerk ausführen werde, er hielt ihn für unzuverlässig, seine Versprechungen für leer, seine Versicherungen für falsch und war von Mißtrauen gegen Leibniz erfüllt, dem es mehr um Pensionen und Einfluß als um Diensttreue und Pflichterfüllung zu tun sei. Während Leibniz trotz den nachdrücklichsten Mahnungen zur Rückkehr seinen letzten Aufenthalt in Wien von Monat zu Monat verlängerte, hatte Georg Ludwig eines Tages gesagt: „Er wird nicht eher wiederkommen, als bis ich König geworden bin." Leibniz erfuhr dieses aus dem Munde der Prinzessin Karoline und bemerkte, als er ihrem Gemahl seine Rückkehr meldete: „Hoffentlich hat Seine Majestät es lachend gesagt." Aber das Wort hatte doch einen zu scharfen Stachel, um spaßhaft gemeint zu sein[393].

[393] Leibniz an den Kurprinzen Georg August, Hannov. 17. IX. 1714. Klopp XI, 10. Vgl. oben Kap. XIII, S. 224–228.

Schon im Juni 1705, nach dem Tode der Königin, erließ Kurfürst Georg Ludwig ein Schreiben an Leibniz, worin er ihn an die endliche Ausführung des historischen Werkes dringend mahnte und die Befürchtung aussprach, daß er unverrichteter Sache sterben könne. Dasselbe tat gleichzeitig sein Oheim Georg Wilhelm von Celle. Als Leibniz im Herbste 1708 sich Urlaub nach Karlsbad für seine Gesundheit und nach München zu weiteren bibliothekarischen Forschungen für das Geschichtswerk erbat, wurde ihm zwar der Urlaub bewilligt, aber auch zugleich erklärt, daß er die Reise auf eigene Kosten zu machen habe; auch befahl der Kurfürst, daß ihm die Regierung den Termin seiner Rückkehr festsetze. Nun unterblieb die Reise nach München. Leibniz schrieb dem Geheimen Rat von Goertz: „Ich bin nicht in der Lage des Herzogs de la Feuillade, der dem Ruhme des Königs von Frankreich ein Denkmal auf eigene Kosten errichtet hat."[394]

Statt nach München ging er auf eigene Kosten und ohne Urlaub nach Wien, wodurch er den Kurfürsten wiederum erzürnte. Vier Jahre später erfolgte jene letzte Reise nach Wien und jener lange Aufenthalt daselbst, von dem er ungeachtet aller Befehle, die der Minister von Bernstorff im Auftrage seines Herrn ihm sendete, erst zurückkehrte, nachdem der Kurfürst von Hannover König von Großbritannien geworden: wir meinen post hoc, nicht propter hoc, wie der Kurfürst vorausgesagt hatte, der übrigens zur Verlängerung jenes Aufenthaltes das seinige beigetragen, denn er hatte Leibniz im April 1713 beauftragt, für die kaiserliche Anerkennung seiner Erbansprüche auf das Herzogtum Lauenburg tätig zu sein[395]. Diesen Auftrag hatte Leibniz mit allem Eifer erfüllt. Später wurde er an der Rückkehr erst durch die in Wien ausgebrochene Epidemie, dann durch seine eigenen gichtischen Zustände gehindert. Allerdings war der Hauptgrund, der ihn so lange festhielt, sein Wunsch nach einer Stellung in Wien und seine uns bekannten dortigen Aussichten. Man wußte in Hannover durch den Bericht des Gesandten von Huldenberg, daß der Kaiser entschlossen sei, Leibniz in seine Dienste zu nehmen, und gesagt habe: „Wir beide sind schon ganz bekannt miteinander und gar gute Freunde geworden."[396]

[394] R. Doebner, Leibnizens Briefwechsel mit dem Minister v. Bernstorff usf. (Hann. 1882), 24 f, 40 f. Derselbe, Nachträge zu Leibnizens Briefwechsel usf. Zeitschrift des historischen Vereins für Niedersachsen, Jahrg. 1884, 206–213.

[395] Doebner, Nachträge, 227–233.

[396] Doebner, Briefwechsel mit Bernstorff, 13; Briefe Bernstorffs an Leibniz vom 30. Januar, 5. April 1713 und 30. März 1714, ebendas. 61, 65, 78. Vgl. oben Kap. XIII, S. 235–243.

Um ihn zur Rückkehr zu nötigen und für die lange Abwesenheit zu strafen, wurde sein Gehalt in Hannover vom Herbst 1713 bis Ende 1714 sistiert, die Rückzahlung wurde ihm zwar später bewilligt, aber verzögert, und es hat bis in den Juni 1716 gedauert, bevor die Rückstände getilgt waren. Auch mit dem Honorar für die „Scriptores“ machte man ihm Schwierigkeiten, es betrug zwei Taler für den Bogen, und er mußte wiederholt bitten und mahnen, um endlich die Summe von 564 Talern zu erhalten[397].

Die eigentlichen Demütigungen begannen nach seiner Rückkehr von Wien. Wir wissen, wie lebhaft er die Berufung nach London und die Ernennung zum englischen Historiographen wünschte, auch kennen wir die Gründe dagegen, welche den König hindern mochten, jenen Wunsch zu erfüllen. Aber die Art und Weise, wie Leibniz zurückgewiesen wurde, war über alle Maßen rücksichtslos. Der Minister von Bernstorff, das Werkzeug des Königs in seinem Verfahren gegen Leibniz, schrieb dem fast siebzigjährigen Manne, der einen Weltruhm verdiente und besaß: „Sie werden gut tun, in Hannover zu bleiben und Ihre Arbeiten wieder aufzunehmen. Sie können Seiner Majestät auf keine bessere Art aufwarten und Ihre Abwesenheit während der jüngsten Vergangenheit gut machen, als wenn Sie dem Könige, sobald er nach Hannover kommen wird, einen guten Teil des längst erwarteten Werkes überreichen.“[398]

Und nun wurde er an dieses Werk wie an eine Galeere geschmiedet. Es half nichts, daß er staunenswerte Früchte seines historischen Forschungsfleißes bereits zutage gefördert hatte, wie den „Codex“, die „Mantissa“ und die „Scriptores“, daß der Plan des Geschichtswerkes selbst weit über den Rahmen einer fürstlichen Hausgeschichte hinausgewachsen und er seit Jahren auch mit der Ausarbeitung beschäftigt war: dies alles hatte in den Augen seiner Dränger kein Gewicht, sie wußten diese Leistungen nicht zu würdigen, sondern hielten seine Verpflichtung, die Geschichte vom Hause Braunschweig zu schreiben, fest in der Hand und präsentierten ihm diesen Schein, so oft er die hannoverische Einsperrung los sein wollte. Denn es war eine förmliche Einsperrung, welche König Georg durch einen Erlaß an die hannoverische Regierung vom 30. November 1714 über Leibniz verhängte. Er ließ ihm wegen jener kleinen Reise, die er nach seiner Rückkehr ohne Urlaub gemacht hatte, sein „mißfälliges Befremden“ kundgeben und ihm vorhalten, daß er von dem, was er bereits 1691 feierlich versprochen, noch

[397] Doebner, Briefwechsel mit Bernstorff, 28–31, 4750, 51. Die wiederholten Gesuche um Auszahlung sind aus den Jahren 1709 und 1710.

[398] Brief vom 1. November 1714. Doebner, Briefwechsel mit Bernstorff, 91. (In der Kloppschen Ausgabe trägt dieser Brief das Datum des 1. Dezember. XI, 22).

nichts geleistet habe; nunmehr möge er, „bis selbige Arbeit verfertiget, sich des Reisens und anderer Abhaltungen entschlagen."[399] Kurz gesagt: er sollte sich nicht von der Stelle rühren und wurde wie ein Knabe wegen langwieriger Faulheit getadelt und bestraft. Dies geschah dem großen, durch seine Jahre ehrwürdigen, wegen seiner Geistestaten bewundernswerten und bewunderten Leibniz, der dem Hause Hannover mit hingebender Treue gedient und zu dessen wachsender Größe durch Wort und Schrift auf das eifrigste mitgewirkt hatte. *Vierzig Jahre lang!* So lohnte einem solchen Manne ein solcher König. Wenn er gut gelaunt war, machte er sich über ihn lustig, wenn er es nicht war, machte er ihn schlecht; wenn er etwas zu rügen fand, ließ er ihn durch seine Räte abkanzeln. Er wußte, daß Leibniz unausgesetzt arbeitete, und sagte zu der Prinzessin Karoline, die ihn für die Erhörung der Wünsche desselben günstig stimmen wollte, mit der Miene des Prüfers: „Er muß mir erst weisen, daß er Historien schreiben kann; ich höre, er ist fleißig."[400]

Der König gab geheimen Einflüsterungen und Berichten Gehör, die von übelgesinnten Personen ausgingen. Auf diesem Wege hatte er erfahren, daß Leibniz viel mit dem Prinzen Eugen korrespondiere und nächstens nach Wien abreisen werde. Auch darüber ließ er ihm eine offizielle Vorhaltung machen. Leibniz erklärte die Angabe für falsch, wie sie es auch in dieser Fassung war. Nun erfolgte ein Erlaß des Königs an die Regierung in Hannover, worin wörtlich gesagt wurde: „Weil derselbe (Leibniz) sich nun vermutlich weiter entschuldigen wird, wie er schon getan, daß er nicht willens gewesen, nach Wien wiederum zu reisen, so werdet Ihr, ob wir es schon besser wissen, ihm zu verstehen geben, wir wollten ihm gern solches zu gefallen glauben und ließen es uns gar lieb sein." So bezeichnete der König selbst in den Augen seiner Regierung Leibniz als einen Mann, dessen Worte keinen Glauben verdienten: er *beurkundete* dies durch einen königlichen Erlaß[401].

Leibniz war von der Behandlung, welche ihm der König widerfahren ließ, auf das tiefste gekränkt und gab in seiner Antwort auf jenes Reskript, welches einer Einsperrung gleich kam, dieser Empfindung einen würdigen Ausdruck. Nie in seinem Leben habe ihn etwas schwerer und schmerzlicher betroffen; er hätte nie geglaubt, daß seine erste Zuschrift an den König nach dessen

[399] Doebner, Briefwechsel mit Bernstorff, 93. Vgl. Erlaß des Königs vom 1. Januar 1715, ebendas. 104 f.

[400] Die Prinzessin von Wales an Leibniz, St. James 13. Sept. 1715. Klopp XI, 46.

[401] Leibniz an Bernstorff, Hannover den 17. Januar 1712. Erklärung Leibnizens vom 13. Januar. Die Reskripte des Königs an die Regierung vom 31. Januar und 21. Februar 1716. Doebner, Briefwechsel mit Bernstorff, 147–159.

Thronbesteigung eine Apologie sein müsse. Nachdem er dem Hause Hannover so viele Jahre mit Eifer und Hingebung gedient, sehe er alle seine Mühen, Sorgen und Arbeiten unerkannt und verachtet; er habe den Ursprung des Hauses Braunschweig entdeckt und dessen Genealogie erst wissenschaftlich begründet, er habe große historische Werke ausgeführt und veröffentlicht und müsse sich jetzt sagen lassen, daß er gar nichts geleistet habe. Der Kurfürst Ernst August habe seine Verdienste anerkannt und ihm gelegentlich eine solche Beförderung zuteil werden lassen, daß er leicht hätte Minister werden können, wenn er gewollt hätte, aber er habe die Freiheit, wissenschaftlich arbeiten und reisen zu können, vorgezogen, welche man ihm auch gewährt und die zur Erhaltung seiner Gesundheit gedient habe. Nach dieser Erklärung fühlte sich der König doch bewogen, in dem nächsten Erlaß eine etwas einlenkende Sprache zu führen.[402]

Das Verfahren wider Leibniz war nicht bloß rücksichtslos, sondern grausam. Schon im Jahre 1705, nach jenen beiden an ihn ergangenen Mahnungen zur Beschleunigung des historischen Werkes, klagte er den Ministern, daß durch die sitzende Lebensart, durch das viele angestrengte Lesen und Schreiben seine Gesundheit und seine Augen gelitten hätten. Jetzt, nachdem er noch zehn Jahre älter geworden, verlangte man, daß er ohne die Erholungen der Reisen und Zerstreuungen in Hannover sitzen und fortarbeiten solle, bis das Werk fertig sei. Für diesen Fall hatte ihm der König bei seiner nächsten Anwesenheit in Hannover eine Belohnung in Aussicht gestellt, mit welcher, wie es in den Erlassen hieß, „er wohl vergnüget zu sein Ursache haben sollte."[403]

Wenn „die Endigung des Werkes", das Wort genau genommen, der Belohnung vorangehen sollte, so war diese, wie der König wußte, an eine unerfüllbare Bedingung geknüpft, und es hatte mit ihr

---

[402] Leibniz an König Georg I., Hannover 18. Dezember 1714. Vgl. Reskipt des Königs vom 1. Januar 1715. Doebner, Briefwechsel mit Bernstorff, 97–100, 104. – In dem angeführten Schreiben gedenkt Leibniz einer besonderen Beförderung, infolge deren es vielleicht nur von ihm abgehangen hätte, Mitglied des geheimen Rates zu werden (il m'a avancé de telle sorte, qu'il ne tenait peut-être qu'à moi de devenir un membre du conseil privé). Die Gelegenheit, bei welcher die Beförderung geschah, war die Vermählung des Herzogs Rainald von Modena mit Charlotte Felicitas, Tochter des Herzogs Johann Friedrich von Hannover, am 28. November 1695 (s. oben Kap. XII, S. 188 Anm. 208). In dieser Vermählung vereinigten sich die Geschlechter der Este und der Welfen, deren gemeinsamen Ursprung Leibniz auf seiner italienischen Reise entdeckt hatte. Vielleicht war die Beförderung, welche ihm bei dieser Gelegenheit wurde, die Erteilung des Adels.

[403] Erlasse vom 31. Januar und 21. Februar 1716. Ebendas. 154 und 159. Vgl. Doebner, Nachträge, 211 f.

gute Wege. Wir dürfen annehmen, daß man mit dem Teile, welchen Leibniz noch zu leisten versprochen hatte, zufrieden sein wollte. Der König selbst hatte den nächsten Besuch seiner deutschen Lande als den Zeitpunkt bezeichnet, wo die Belohnung zu hoffen sei. Über die Art derselben war nichts angedeutet, doch konnte darunter nur die Ernennung zum königlichen großbritannischen Historiographen verstanden werden. Bekanntlich wollte Leibniz seine Annalen von dem Beginne der Regierung Karls des Großen nur noch bis zum Tode Heinrichs II. führen (768–1024). So weit hatte er sich zuletzt das Ziel seiner Arbeit gesteckt, und der König war genau davon unterrichtet, wie aus seinem Erlasse vom 21. Februar 1716 erhellt. Von diesen 256 Jahren mochte etwa noch der zehnte Teil fehlen, als im Juli 1716 Georg I. in Hannover eintraf[404]. Leibniz hatte Tag und Nacht gearbeitet, um sein Ziel zu erreichen, und man durfte sein Versprechen als erfüllt betrachten, wenn man die Gerechtigkeit nicht ganz nach dem Vorbilde Shylocks ausüben wollte. Nun war der König gekommen und mit ihm der Zeitpunkt der verheißenen Belohnung. Am Tage nach seiner Ankunft ließ er Leibniz zu Tisch einladen und hatte die Gnade, zu bemerken, daß er nicht so vergnügt aussehe wie sonst[405]. Der arme Leibniz hatte wirklich nicht „Ursache wohl vergnügt zu sein", denn von einer Belohnung war keine Rede. In Pyrmont, wo er sich ein paar Wochen der Erholung gönnte, sah Leibniz den König öfter, aber dieser schien die Belohnung vergessen zu haben, obwohl er in seinem Erlaß vom 21. Februar 1716 ausdrücklich erklärt hatte: „Wann er (Leibniz) sein Wort wegen Verfertigung der historischen Arbeit von unserem Hause versprochener maßen hielte, so könnte er versichert sein, daß wir ihn dafür so zu recompensieren *unvergessen sein* würden, daß er Ursache haben sollte, damit vergnügt zu sein."[406] Der König ging von Pyrmont nach Herrenhausen, dann nach der Göhrde, wo er sich vergnügte, und man vertröstete Leibnizen auf den Zeitpunkt seiner Rückkehr. Als diese erfolgte, war Leibniz tot, und nun brauchte ihn der König nicht mehr zu „recompensieren". Nie ist ein großer Mann von einem Fürsten kleinlicher gemißhandelt worden, als Leibniz von Georg I.

Zwar versichert der jüngste Herausgeber der Werke, daß Leibnizens Berufung nach England in nächster Aussicht stand, daß seine Ernennung zum Historiographen „eine beschlossene Sache" und der König Georg keineswegs so gleichgültig gegen ihn gesinnt

---

[404] S. oben Kap, XII, S. 193–196. Vgl. Doebner, Briefwechsel mit Bernstorff, 160.

[405] Leibniz an die Prinzessin von Wales, Hannover, 31. Juli und 18. August 1716. Klopp XI, 130 f.

[406] Doebner, Briefwechsel mit Bernstorff, 159.

war, wie man gewöhnlich meine. Wenn man aber die Briefe liest, welche O. Klopp als seine Beweisgründe anführt, so steht darin nichts von dem, was er behauptet. Leibniz schreibt der Prinzessin Karoline: „Ich habe die Ehre gehabt, mit Seiner Majestät am Tage nach ihrer Ankunft zu Mittag zu essen, der König schien heiter und machte mir den Vorwurf, daß ich es etwas weniger schiene als sonst.“ Diese gleichgültigen Worte können wir nach den Tatsachen, die wir berichtet haben, dem Könige nicht als ein Zeugnis seines Wohlwollens für Leibniz anrechnen. Der Minister von Bothmer schreibt von London den 11. August 1716 an Leibniz: „Wegen Ihrer Ernennung zum königlichen Historiographen habe ich hier bereits mit dem Könige gesprochen. Ich weiß nicht, ob er sich dessen noch erinnert“ usw. Derselbe schreibt den 27. Oktober 1716: „Mit großer Freude ersehe ich aus Ihrem Briefe vom 9. d. M., mit welcher Emsigkeit Sie an Ihrem berühmten Werke arbeiten. Gewiß werden die Herren von Bernstorff und von Stanhope alles aufbieten, um Ihnen zur Belohnung und zur Erfüllung Ihrer Wünsche bei der Rückkehr des Königs von der Göhrde die Stelle des hiesigen Historiographen Seiner Majestät zu erwirken“ usw. Diese höflichen, in London geschriebenen Worte, die nichts weiter als eine wohlgemeinte Hoffnung ausdrücken, können wir unmöglich für einen Beweis halten, daß jene Ernennung eine bereits beschlossene Sache war. Alle Tatsachen sprechen dagegen[407].

O. Klopp will uns glauben machen, daß Leibniz, wenn nicht der Tod dazwischen getreten wäre, binnen kurzem der Übersiedelung nach England als Historiograph des Königs und einer glänzenden Berufung nach Wien an die Spitze der kaiserlichen Akademie der Wissenschaften zu wählen gehabt hätte. Wie es sich mit der Übersiedelung nach England verhalten hat, wissen wir bereits. Für die Berufung nach Wien soll der uns schon bekannte Brief des Heräus vom 18. November 1716 sprechen. Hier aber findet sich nur die leider zu spät erfolgte Mitteilung an Leibniz, daß demselben seine Pension als Reichshofrat nicht solle entzogen werden. Von seiner Berufung nach Wien ist keine Rede. Auch wissen wir ja, wie es damit stand[408].

Es würde dem jüngsten Herausgeber der Werke, wie es scheint, zu besonderer Befriedigung gereicht haben, wenn der in Berlin zuletzt so übel behandelte und von dort verdrängte Leibniz für diese Unbilden eine glänzende Entschädigung in London unter dem ersten Könige aus dem Stamme der Welfen oder in Wien unter dem letzten Kaiser aus dem Mannesstamme der Habsburger gefunden

[407] Klopp XI, Einl. XXXIII. XXXV. XXXVII. Vgl. 128, 130, 198.

[408] S. oben Kap. XIII, S. 227 ff.

hätte. Wir können uns diese Vorstellung nicht aneignen, da sie durch die Tatsachen widerlegt wird: sie ist, nach den Erfolgen zu urteilen, unbegründet und, was Georg I. betrifft, grundfalsch.

2. *Johann Georg Eckhart*

Der Druck der Verhältnisse, der auf unserem Leibniz lastete, hemmte seine Arbeitslust. Er fühlte sich seiner Freiheit beraubt und von übelgesinnten Personen umlauert, die sein Tagewerk und seine Korrespondenz beobachteten, um hämisch darüber zu berichten. Seine beiden letzten Lebensjahre waren so bestellt, daß er mit Wahrheit hätte sagen können: „Hannover ist ein Gefängnis". Wer konnte es ihm verdenken, wenn er, wie der Gefangene, der nach Freiheit verlangt, wirklich davongegangen wäre? Man hatte dem Minister von Bernstorff und damit auch dem Könige hinterbracht, daß er nach Wien wolle; Leibniz erklärte auf die ihm gemachte Vorhaltung die Angabe für unbegründet und fügte ein Wort hinzu, das seine damalige Lage und Empfindung hell erleuchtet: „Ich betrachte solchen Bericht als eine Versuchung von einem bösen Geist, um mich von meiner guten Arbeit durch Ungeduld abwendig zu machen."[409]

Dieser böse Geist lebte dicht in seiner Nähe. Es war ein Mann, dem Leibniz Gutes erwiesen und sein Vertrauen geschenkt, den er zum Gehilfen in seinen historischen Arbeiten gewählt und erhalten hatte, *J. G. Eckhart* aus Duingen im Kalenbergschen, der ihm schon vor Jahren zur Hand gegangen und später Professor in Helmstedt geworden war. Man hatte ihn von seiner dortigen Lehrtätigkeit dispensiert (1711) und zwei Jahre später zu Leibnizens förmlichem Mitarbeiter gemacht. Kurfürst Georg ernannte ihn (den 25. August 1714) zum Historiographen und ein Jahr später (den 15. März 1715) zum Bibliothekar unter Leibniz, ja er ließ ihm die Fortführung des Geschichtswerkes vom Jahre 1024 an durch die Regierung übertragen mit der in einem königlichen Erlaß höchst sonderbaren Weisung: „wovon jedoch dem von Leibniz vorher nichts zu sagen sein wird" (21. Februar 1716)[410].

Dieser Eckhart war als Arbeiter im historischen Fache nicht unbrauchbar, aber ein Charakter der verwerflichsten Art, von ungeordnetem Lebenswandel, ökonomisch zerrüttet, von Gläubigern bedrängt und dadurch in jenen Zustand schmählicher Abhängigkeit geraten, der die Erhaltung anständiger Gesinnungen erschwert, dagegen die niedrigen ungemein befördert: er war ein Mann der nied-

[409] Erklärung Leibnizens vom 18. Januar 1716. Doebner, Briefwechsel mit Bernstorff, 148.

[410] Doebner, Briefwechsel mit Bernstoff, 10 f., 107, 160. Vgl. Doebner, Nachträge, 235.

rigsten Gesinnungs- und Handlungsweise, unterwürfig und servil, wenn er um die Gunst der Vorgesetzten buhlte, hämisch und tükkisch hinter ihrem Rücken und mit einer gewissen Spürkraft für ihre Schwächen ausgerüstet, um sie bei günstiger Gelegenheit zu beschädigen. Er würde Leibnizen am liebsten aus seiner Stelle verdrängt haben, in die er sich nach dessen Tode nicht zeitig genug hineindrängen konnte. Ein solcher Mann war in den beiden letzten Lebensjahren unseres Leibniz nicht mehr sein Amanuensis, sondern sein angestellter Mitarbeiter und gewissermaßen sein Kollege, der untergeordnete und schon deshalb um so giftiger gesinnte; er war zugleich sein Spion, von dem der König und Bernstorff geheime Berichte empfingen, und die Nachwelt leider die ersten öffentlichen Lebensnachrichten über Leibniz empfangen sollte.

Daß dieser den Mann nicht durchschaut hat, ist ein Beweis, wie sehr es ihm an kritischer Menschenkenntnis fehlte. Er hätte gewarnt sein können, da er schon im Jahre 1708, als Eckhart Professor in Helmstedt war, sich genötigt sah, das Verbot und die Konfiskation einer von demselben veröffentlichten historischen Schrift zu beantragen. Eckhart hatte seine Vertrauensstellung als Amanuensis gemißbraucht und teils Handschriften, welche Leibniz zu eigenem Gebrauche gesammelt hatte, teils das unveröffentlichte Geschichtswerk des letzteren sich für jene Schrift zunutze gemacht. Vielleicht daß Eckhart seitdem auch ein gewisses Rachegelüst gegen Leibniz nährte, obwohl er im Juni 1714 in der unterwürfigsten Weise an ihn nach Wien schrieb, um im Auftrage Bernstorffs ihn zur Rückkehr aufzufordern[411].

Den 17. Dezember 1715 meldete er dem Könige, „wenn Leibniz nur mäßig arbeiten wolle“, könne er die Geschichte des Hauses bis Ostern gemächlich fertig stellen. Ein Vierteljahr später benachrichtigt er den Minister Bernstorff, daß Leibniz von Braunschweig zurückgekehrt sei und wieder zu arbeiten anfange. „Ich treibe ihn mit Macht, sein Pensum zu vollführen.“ Vier Wochen später schreibt er dem Minister, daß Leibniz wenig vorwärts komme. „Mir wird, so wahr ich lebe, bei seinen Tündeleien angst und bange und sehe davon kein Ende. Das Alter, der Mißmut und die Gicht lassen ihn nicht fortkommen.“ In dem Briefe vom 13. November 1716 an Bernstorff hat Eckhart sein Meisterstück geliefert. Er beschreibt den Zustand eines Todkranken. „Herr von Leibniz liegt an Händen und Füßen contract und ist ihm die Gicht in die Schulter gezogen, so bis dato noch nicht geschehen. Er kann jetzt von der Arbeit nicht einmal hören, und wenn ich ihn in dubiis frage, antwortet er, ich

[411] Leibnizens Promemoria v. 16. Juni 1708. Eckhart an Leibniz, 24. Juni 1714. Doebner, Briefwechsel mit Bernstorff, 38, 82.

möge die Sachen machen, wie ich wolle, ich werde es schon gut machen; er könne sich um nichts mehr in seiner Maladie bekümmern." Man kann nicht erwarten, daß der Anblick dieses geistigen Sonnenunterganges einem Menschen, wie Eckhart, ein Gefühl der Rührung und Ehrfurcht eingeflößt habe. Aber daß er in diesem Moment den sterbenden Leibniz verhöhnt, beweist einen Grad der Bosheit und Herzensroheit, der alles übersteigt. „Es wird nichts capable sein, ihn hervorzubringen als der Zar oder sonst ein Dutzend großer Herren, so ihm Hoffnung zu Pensionen machen; so möchte er bald wieder zu Beinen kommen." Und das durfte er wagen, dem Minister von Bernstorff zu schreiben![412]

Am andern Tage starb Leibniz. Kaum war er tot, so eilte Eckhart nach der Göhrde, um sich von dem Könige und Bernstorff die erledigten Stellen und Vorteile zu erflehen. In der Bittschrift an den König nennt er den Verstorbenen, dem er sich einst so unterwürfig genähert hatte, nicht mehr nach seiner Würde oder seinem Namen, sondern nur „den seligen Mann". „Eure Majestät können völlig versichert sein, daß ich in nicht zu langer Zeit dasjenige vollkommen prästieren werde, was man so lange Jahre bei so vielen Unkosten von dem seligen Manne vergeblich erwartet."[413] Er durfte wagen, das Andenken des eben verschiedenen Leibniz vor dem Könige zu verunglimpfen, weil er wußte, daß es diesem nach dem Munde geredet war.

3. Leibnizens Tod und Bestattung

Unser Philosoph hatte sich fünfzig Jahre hindurch einer guten Gesundheit erfreut, bis infolge seiner „vita nimis sedentaria" mancherlei körperliche Übel, namentlich gichtische Leiden entstanden die ihn während der letzten zwanzig Lebensjahre öfter geplagt haben. Auch sind wir den Klagen darüber zu wiederholten Malen begegnet. Das beste und natürlichste Mittel dagegen war Bewegung und Luftveränderung, weshalb er gern und mit guten Erfolgen auf Reisen ging. Von der ärztlichen Kunst hielt er nicht viel. Als ihm sein medizinischer Freund und Berater Behrens in Hildesheim eine schriftliche Abhandlung: „De certitudine et difficultate artis medicae" zugeschickt hatte, bemerkte er in einem seiner (jüngst aufgefundenen) Briefe an den Mathematiker Rudolf Christian Wagner in Helmstedt: „Wollte Gott, die certitudo wäre so groß, als die Difficultät!"[414]

---

412 Doebner, Briefwechsel mit Bernstorff, 17–19.

413 Ebendas. 168–172.

414 L. Stein: „Die in Halle aufgefundenen Leibniz-Briefe"; Archiv für Gesch. der Philos. I, 1 (1887), 91 (Brief 35 vom 22. November 1703).

Während der beiden letzten Jahre in Hannover war er gezwungen, das weitere Reisen zu unterlassen; daher mußten sich seine Übel verschlimmern. Je mehr er die Gesundheit zu entbehren anfing, umso höher pries er sie als das höchste aller irdischen Güter. Man pflege zu sagen: „vanitas vanitatum, omnia vanitas!" Man sollte sagen: „sanitas sanitatum, omnia sanitas!" Das habe er hundertmal gegen seine Freunde geäußert, bevor er gewußt, daß es vor ihm schon Menage gesagt und Balzac habe drucken lassen. So schrieb er etwa ein Jahr vor seinem Tode an die Herzogin von Orléans[415].

Von Pyrmont, wo er die ersten Augustwochen 1716 zugebracht hatte, war er heiter und scheinbar wohl nach Hannover zurückgekehrt und begann hier ohne Nachkur sogleich wieder angestrengt zu arbeiten, wie es die Dränger verlangten. Mit dem Spätherbste kam die ungünstige Witterung, und es trat eine Zunahme und örtliche Verbreitung der gichtischen Übel ein, welche auch die Schultern ergriffen und jenen Zustand herbeiführten, den Eckhart in seinem Schreiben an Bernstorff den 13. November 1716 geschildert hat. Er wollte sich selbst helfen und verschlimmerte die Krankheit noch durch den übermäßigen Gebrauch einer Arznei, auf deren Heilkraft er sich verließ. Ein fremder Arzt, welchen Leibniz kannte und rufen ließ, da er sich gerade in Hannover aufhielt, besuchte ihn und fand seinen Zustand so gefährlich, daß er selbst nach der Apotheke eilte, um ein Medikament bereiten zu lassen und zu holen. Während seiner Abwesenheit fühlte Leibniz die Annäherung des Todes, er wollte noch etwas niederschreiben, vermochte aber das Geschriebene nicht mehr zu lesen. Dann legte er sich zu Bett, verhüllte seine Augen und starb. Es war am 14. November 1716, abends gegen zehn Uhr[416].

Völlig einsam und verlassen hat er sein eheloses Leben beschlossen. Sein einziger Erbe, dem er an Geld ein Vermögen von vierzehn bis sechzehn tausend Taler hinterließ, war der Sohn seiner Schwester, ein sächsischer Magister und Pfarrer Namens Löffler, der das Geld in Empfang nahm, ein wohlgelungenes Bild seines Oheims, welches zur Hinterlassenschaft gehörte, für ein paar Taler verkaufte und, ohne für die Ruhestätte und das Andenken des Verstorbenen Sorge zu tragen, vergnügt nach Hause zurückkehrte, wo seine Frau über den Anblick des mitgebrachten Schatzes dergestalt vor Freude erschrak, daß sie der Schlag rührte[417].

Obwohl Leibniz den religiösen und kirchlichen Fragen stets das größte Interesse gewidmet und sein lutherisches Glaubensbekenntnis

---

[415] Bodemann, Briefwechsel zwischen Leibniz und der Herzogin von Orléans, 27, 57.

[416] Guhrauer, Leibnitz II, 328 f.

[417] Guhrauer a.a.O. 329–333.

treu bewahrt hatte, wie lockend auch die Vorteile waren, welche ihm der Übertritt zur katholischen Kirche in Paris, Rom oder Wien verschafft haben würde, so hatte er doch die Kultusreligion in Ansehung des Kirchenbesuches wie des Abendmahls nur wenig ausgeübt, was ihm von seiten der Geistlichen den Verdacht des Unglaubens zuzog. Da sein Name von den Leuten „Löbeniz" gesprochen und selbst in einem Kirchenbuche so geschrieben wurde, verschrie man seinen Unglauben in der wohlfeilen Form eines Wortwitzes und nannte ihn „Lövenix" (glaubt nichts)[418].

Bei dem Könige stand er in Ungunst, bei den Hofleuten in dem Rufe einer gefallenen Größe, bei der Geistlichkeit im Verdachte des Unglaubens, in der Masse des Volkes war er unbekannt, sein einziger Verwandter ein auswärtiger, undankbarer, lachender Erbe. So kam es, daß niemand sich um seine Bestattung kümmerte. Es ist nicht wahr, daß Eckhart allein, wie derselbe berichtet, diese Sorge auf sich genommen habe. Der Leichnam wurde vorläufig in dem Gewölbe der Neustädter Kirche beigesetzt und erst vier Wochen nach dem Tode laut der Angabe eines Kirchenbuches beerdigt (14. Dezember 1716)[419]. Man weiß nicht, warum es so spät geschah. Man kennt den Ort nicht, wo seine Gebeine ruhen. Eine Stelle in der Neustädter Kirche trägt zwar die Inschrift: „Ossa Leibnitii", aber diese Worte sind aus einer späteren Zeit und beruhen auf einer unsicheren Vermutung. Von seiten des Hofes, der Geistlichkeit, der Regierung war, wie es heißt, niemand bei der Bestattung zugegen. Der König, welcher in der Nähe weilte, tat nichts, um diesen großen Mann, der seinem Hause vierzig, ihm selbst fast neunzehn Jahre gedient hatte, und den er jetzt nicht mehr zu belohnen brauchte, wenigstens würdig begraben zu lassen. Der Ritter Ker of Kersland, jener unserem Leibniz befreundete Schotte, war an dessen Todestage nach Hannover gekommen und sagt in seinen (zehn Jahre später veröffentlichten) Denkwürdigkeiten: „er wurde eher gleich einem Räuber begraben, als, was er in Wahrheit gewesen war, wie der Ruhm seines Landes."[420]

Als Elisabeth Charlotte seinen Tod erfuhr und daß ihn die Geistlichen als ungläubig verschrieen und mit gehässigem Eifer verfolgt hätten, antwortete sie ihrem Berichterstatter: „Wenn die Leute gelebt haben, wie dieser Mann, kann ich nicht glauben, daß er von Nöten gehabt hat, Priester bei sich zu haben, denn sie konnten ihn nichts lehren. Er wußte mehr als sie alle. Gewohnheit ist keine Gottesfurcht, und das Abendmahl als Gewohnheit hat keinen moralischen Wert, wenn das Herz von edlen Gesinnungen leer ist."

---

418 Doebner, Briefwechsel mit Bernstorff, 20. S. oben Kap. I, S. 17.

419 Doebner a.a.O. 20.

420 S. oben Kap. XIV, S. 242.

Die königliche Sozietät der Wissenschaften in Berlin, welche jetzt das Andenken ihres geistigen Gründers jährlich feiert, hatte damals kein Wort zu seinem Gedächtnis; die königliche Sozietät der Wissenschaften in London wollte den Gegner Newtons nicht ehren; nur die Akademie der Wissenschaften in Paris brachte in ihrer Sitzung vom 13. November 1717, in welcher Fontenelle seine berühmte Lobrede las, dem Andenken des großen Leibniz die Huldigung der wissenschaftlichen Welt.

III. Leibnizens äußere Erscheinung und Lebensart

1. Die Schilderungen

Wir besitzen von Leibniz einige Selbstschilderungen, die aus verschiedenen Zeitpunkten herrühren und den äußeren Charakter seiner Erscheinung betreffen. Man konnte ihm nicht ansehen, daß er „summarum rerum tractor et actor" war. Als er im Frühjahre 1672 nach Paris gesendet wurde, schrieb Boineburg einen Empfehlungsbrief an den Minister Pomponne und bat ihn, den Wert des jungen Mannes nicht nach seinem Äußeren zu schätzen (21. Juni 1672). Leibniz selbst wußte, daß der Eindruck seiner persönlichen Erscheinung wie seiner geselligen Formen ungünstig und einer Stellung in der großen Welt hinderlich sei: er sprach es offen gegen seinen Freund Lichtenstern aus, als es sich um die Berufung nach Dänemark handelte (April 1673)[421]. Wie sehr die Welt auch ihn nach dem äußeren Scheine nahm, bewies ihm gelegentlich eine kleine ergötzliche Szene, die er mit Humor erlebt und aufgezeichnet hat. Eines Tages trat er in einen Pariser Buchladen, in welchem eine Beurteilung des berühmten Werkes von Malebranche: „Critique de la recherche de la vérité" jüngst erschienen war. Als nun Leibniz dieser Schrift nachfragte, wurde er von dem Buchführer und der im Laden befindlichen Gesellschaft abschätzig und spöttisch behandelt. Da er den Inhalt jener Schrift metaphysisch genannt hatte, wurde er gehänselt und von einem der Anwesenden gefragt, ob er nicht einmal den Unterschied zwischen Logik und Metaphysik kenne? Alle lachten, Leibniz auch, indem er bei sich stillschweigend bedachte, „wie lächerlich die Menschen ratiocinieren, und wie sie auf nichtige Externa gehen, so ihnen das Gemüt einnehmen und selbst die Vernunft ersticken". Plötzlich erscheint der Verfasser des Buches, dem wir später unter den ersten Beurteilern der Leibnizischen Lehre wieder begegnen werden: es war *Simon Foucher*, Kanonikus von Dijon. „Dieser", so erzählt Leibniz weiter, „kannte mich vor längst, machte mir ein großmächtig Compliment, nannte mich einen *illustre*

---

[421] S. oben Kap. VI, S. 83; Kap. VIII, S. 105.

und sagte in einem Atem so viel Dings von meinen Qualitäten, daß der Buchführer mit den Beistehenden Maul und Nasen aufsperrten. Da hätte man gesehen, was sie mir alle für Complimente schnitten; was ich sagte, war recht und applaudiert, und habe ich niemals noch so sichtbarlich gemerkt, was bei den Menschen die Präokkupation und das Ansehen vermöge." Das Blättchen, auf welchem Leibniz dieses charakteristische Geschichtchen mitgeteilt hat, beginnt mit den Worten: „Autoritas personae praevalet rationibus"[422].

Es war wohl einige zwanzig Jahre später, als Leibniz, etwa fünfzig alt, für einen ärztlichen Freund und Ratgeber (vermutlich Behrens in Hildesheim) folgende Selbstschilderung niederschrieb, als gelte sie einem dritten: „Sein Temperament ist weder sanguinisch noch cholerisch, weder phlegmatisch noch melancholisch, doch scheint das Cholerische zu überwiegen. Er ist hagerer, mittlerer Statur, hat ein blasses Gesicht, sehr oft kalte Hände, Füße, die wie die Finger seiner Hände, nach Verhältnis der übrigen Teile seines Körpers zu lang und zu dünn sind und keine Anlage zum Schweiß." „Seine Stimme ist schwach und mehr fein und hell als stark, auch ist sie biegsam, aber nicht mannigfaltig genug, die Kehlbuchstaben und das K sind ihm schwer auszusprechen. Seine Hände sind von unzähligen Linien durchkreuzt." „Schon seit seinem Knabenalter hat er eine sitzende Lebensart geführt und sich wenig Bewegung gemacht. Von frühester Jugend fing er an, vieles zu lesen und noch mehr nachzudenken; in den meisten Kenntnissen ist er Autodidakt, begierig, alle Dinge tiefer, als gewöhnlich zu geschehen pflegt, zu durchdringen und Neues zu finden. Sein Hang zu Gesprächen ist nicht so groß als der zum Nachdenken und einsamen Lesen." „Er braust zwar leicht auf, aber wie sein Zorn rasch aufsteigt, geht er auch schnell vorüber. Man wird ihn nie weder ausnehmend fröhlich noch traurig sehen. Schmerz und Freude empfindet er nur sehr mäßig." „Er ist furchtsam, eine Sache anzufangen, aber kühn, sie durchzuführen. Wegen seines schwachen Gesichtes hat er keine lebhafte Einbildungskraft. Aus Schwäche des Gedächtnisses geht ihm ein geringer gegenwärtiger Verlust näher als der größte aus der Vergangenheit. Begabt ist er mit einer vortrefflichen Erfindungs- und Urteilskraft."[423]

---

[422] Bodemann, Leibniz-Handschriften, 339. Vgl. Bodemann, Leibniz-Briefwechsel, 60, Nr. 278. – Dadurch wird der Irrtum O. Klopps (III, Anl. VIII) berichtigt, der nicht die Kritik über das Werk von der Erforschung der Wahrheit, sondern dieses selbst für das fragliche Buch gehalten hat und darum statt des Simon Foucher den berühmteren Malebranche in der obigen Szene mitspielen läßt.

[423] Guhrauer, Leibnitz II, 338–340. Vgl. Klopp I, Vorwort XLII–XLIV.

Wiederum zwanzig Jahre später hat Eckhart in seinen Aufzeichnungen über Leibniz, welche Fontenelle benutzt hat, eine Beschreibung seiner äußeren Erscheinung und Lebensweise gegeben, von der wir die bemerkenswerten Punkte hervorheben. „Er war mittlerer Statur, hatte einen etwas großen Kopf, in der Jugend schwarzes Haar, kleine und kurzsichtige, aber sehr scharf sehende Augen. Er las deshalb lieber kleine als grobe Schrift und schrieb selbst einen sehr kleinen Charakter. Er bekam auf dem Kopfe frühzeitig eine kahle Platte und hatte mitten auf dem Wirbel ein Gewächs von der Größe eines Taubeneies. Von Schultern war er breit und ging immer mit dem Kopfe gebückt, daß es schien, als hätte er einen hohen Rücken. Von Leibe war er mehr mager als fett; wenn er ging, standen seine Beine krumm und fast in solcher Gestalt, wie Scarron die seinigen beschreibt. Er aß sehr stark und trank, wenn er nicht genötigt wurde, wenig.“ „Wie er niemals eine eigene Wirtschaft geführt hat, so war er im Essen nicht wählerisch und ließ sich dasselbe aus den Wirtshäusern auf seine Stube bringen, wie er denn stets ganz allein gegessen und keine gewisse Stunde gehalten, sondern, wie es seine Studien gelitten, die Zeit genommen hat.“ „Krankheiten hat er nicht sonderlich ausgestanden, außer daß er von Schwindel bisweilen beschwert war. Sein Schlaf war stark und ohne Unterbrechung. Er ging des Nachts erst um ein oder zwei Uhr zu Bett. Manchmal schlief er auch nur im Stuhl und um sechs oder sieben Uhr morgens war er wieder munter. Er studierte in einem hin und kam oft in einigen Tagen nicht vom Stuhle.“ „Seine Reisen trat er stets des Sonntags oder Feiertags an und unterwegs machte er seine mathematischen Entwürfe. Man sah ihn allezeit munter und aufgeräumt, und er schien sich über nichts sehr zu betrüben. Er redete mit Soldaten, Hof- und Staatsleuten, Künstlern usw., als wenn er von ihrer Profession gewesen wäre, weshalb er auch bei jedermann beliebt war, außer bei denen, die dergleichen nicht verstanden. Er sprach von jedermann Gutes, kehrte alles zum Besten und schonte auch seine Feinde.“ „Er las sehr viel und exzerpierte alles, machte auch fast über jedes merkwürdige Buch seine Reflexionen auf kleine Zettel; sobald er sie aber geschrieben, legte er sie weg und sah sie nicht wieder, weil sein Gedächtnis unvergleichlich war.“ „Seine Korrespondenz war sehr groß und benahm ihm die meiste Zeit. Dazu kam, daß er seine meisten Briefe, wenn sie nur von einiger Bedeutung waren, nicht nur einmal, sondern oft zwei-, bisweilen drei- und mehreremal entwarf und abschrieb, ehe er sie abgehen ließ. Alle vornehme Gelehrte in Europa warteten ihm mit Briefen auf.“ „Der Eigensinn, daß er sich nicht konnte widersprechen lassen, wenn er auch gleich sah, daß er Unrecht hatte, war sein größter Fehler. Doch folgte er hernach der besseren

Überzeugung." „Das Geld hatte er lieb und war daher fast etwas *sordidus*; er brauchte es aber nicht zu seiner Bequemlichkeit, sondern ließ sich von Mechanikern und seinen Dienern darum betrügen. Seine Rechenmaschine kostete ihm große Summen, daher er von vieler Einnahme verhältnismäßig nicht viel hinterließ."[424]

2. Die Bildnisse

Es gibt von Leibniz aus verschiedenen Zeitpunkten Ölbilder, Kupferstiche und Büsten, welche, einige Originalgemälde ausgenommen, die Züge des Philosophen nicht aus unmittelbarer Anschauung fortgepflanzt haben. Da sich unter den Malern, Kupferstechern und Bildhauern, die hier zu nennen sind, kein einziger ausgezeichneter Künstler befand, so fehlt uns leider ein vortreffliches lebensvolles Bild, welches den Leibniz-Typus für die Nachwelt ausgeprägt hätte, wie es bei anderen großen Männern geschehen.

Zwei Maler werden genannt, die ihn nach dem Leben dargestellt haben: Andreas Scheits, zuletzt Hofmaler in Hannover, und Auerbach in Wien, dessen Bild, wohl das späteste, aus dem Jahre 1714 stammt. Unter den Kupferstichen hat der von Martin Bernigeroth eine hervorragende und gewissermaßen dominierende Geltung gewonnen, so daß wir nach ihm den Leibniz-Typus uns vorzustellen gewohnt sind. Er findet sich vor Guhrauers Biographie und Klopps Ausgabe der Werke von Leibniz und stellt den letzteren dar mit der nie fehlenden Allongeperücke, in höherem Alter und gefurchten Antlitzes, wogegen der Stahlstich vor Erdmanns Ausgabe der philosophischen Werke uns den Philosophen in jugendlichen Jahren erscheinen läßt, mit einem glatten Gesicht, aus dem noch keine furchengrabende Vergangenheit redet. Die Titelkupfer in Fellers „Otium Hanoveranum" (1718), in Ludovicis „Historie der Leibnitzischen Philosophie" (1737), in G. W. Böhmers „Magazin für das Kirchenrecht" (1787) lassen, wie verschieden und wertlos sie sind, die Abkunft von Bernigeroth erkennen, welcher Leibnizens Zeitgenosse war, wogegen das Titelkupfer vor dem Briefwechsel zwischen Leibniz und Bernoulli (1745) einen jüngeren und in den Lineamenten anders geformten Gesichtsausdruck zeigt. Es ist von dem Franzosen Fiquet gestochen, wie es heißt, nach einem Bilde von A. Scheits. Leibniz schrieb den 3. Dezember 1711 an Bernoulli: „Dem Maler, der mich jüngst abgebildet hat, ist sein Werk mißlungen." Wir dürfen nicht annehmen, daß dieses mißlungene Bild in den Briefwechsel beider Männer aufgenommen wurde.

[424] Guhrauer a.a.O. II, 334–337, 352. Nach Eckhart hatte er „nur ungefähr 12 000 Taler seinem undankbaren Erben hinterlassen".

Den 7. September 1711 versprach Leibniz seinem Freunde Johann Fabricius in Helmstedt einen neuen Stich seines Bildes. „Wenn der Kupferstich gelingt, den die Königin von Preußen hat anfertigen lassen, so werde ich Dir zwei Exemplare senden." Vier Monate später schickt er ihm das Bild durch Eckhart. Es war ein Abdruck von Bernigeroths Werk. Der Stich war aus dem Jahre 1711, nicht das Originalbild, weshalb man nicht wohl sagen kann, daß er Leibnizen darstellt, wie er im Jahre 1711 aussah. In demselben Jahre gelang der Kupferstich in Berlin und mißglückte einem Maler in Hannover der Versuch eines neuen Porträts. *Wann aber und von wem* ist das Bild gemacht worden, nach welchem Bernigeroth gearbeitet hat? Die Geschichte unserer Bildnisse ist vielfach dunkel und auch durch Guhrauer nicht aufgehellt worden, der gerade diejenigen Briefstellen nicht kannte, welche die Entstehung der Originalbilder erleuchten.

Man wußte, daß die Kurfürstin Sophie bei ihrem Aufenthalte in Berlin (1703) Leibnizens Bild stechen ließ, ohne ihm zuvor etwas davon gesagt zu haben. Ein gewisser Sonnemann kopierte das Porträt, der Buchhändler Lupius ließ den Kupferstich in Leipzig anfertigen und mit lobpreisenden Versen versehen, welche Leibnizens Weisheit auf sinnlose Art mit der göttlichen verglichen. Außerdem war der Name fehlerhaft geschrieben. Leibniz fand das Lob ungereimt und bat die Fürstin dringend, den Stich nicht ausgeben zu lassen. Diese näheren Bestimmungen erfährt man aus den Briefen der Kurfürstin vom 21. und 23. September und Leibnizens Antwort vom 3. Dezember 1703.[425] Sophie tadelt das Porträt selbst: „Das Bild taugt nichts, es gibt Ihnen die Nase eines Trinkers, und das ganze ist zu plump". In einem Briefe an seinen Neffen Löffler (10. April 1704) gedenkt Leibniz dieses Bildes und bemerkt am Schluß: „Die Nase soll verbessert werden und die Verse wegfallen."[426]

Genau dieselbe Geschichte schreibt er den 16. November 1701 dem Mathematiker Wagner in Helmstedt, wobei er den Wunsch ausspricht, die sinnlosen Verse durch bessere ersetzt zu sehen, welche vielleicht eine Hinweisung auf seine mathematische Erfindung enthalten könnten. Da nun genau dieselbe Geschichte sich unmöglich zweimal zugetragen hat, im Herbst 1701 und im Herbst 1703, die letztgenannte Zeit aber durch den Zusammenhang der Briefe und eine Reihe damit verknüpfter Daten feststeht, so ist der siebenundzwanzigste jener neuerdings in Halle aufgefundenen Leibniz-Briefe offenbar nicht den 16. November 1701, sondern 1703 geschrieben[427].

---

425 Klopp IX, Einl. XII und 44, 45, 50.

426 Guhrauer, Leibnitz II, 367–372. Beilage S. 43–51.

427 L. Stein im Archiv für Geschichte der Philosophie I, 83 f.

Aus den brieflich beglaubigten Tatsachen erhellt, daß es ein *Originalbild* von Leibniz gab, welches die Kurfürstin im Herbste 1703 kopieren und in Kupfer stechen ließ. Dieses Bild ist (was man bisher nicht gewußt hat) im Frühjahr 1702 in Hannover gemalt worden. Die Königin Sophie Charlotte schließt den 12. April (1702) ihre Zeilen an Leibniz mit den Worten: „Sobald Ihr Porträt vollendet ist, wird Sie hoffentlich nichts mehr zurückhalten, und ich werde die Freude haben, Sie hier zu begrüßen.“[428] Nach diesem Bilde wurde ein Jahr später jener Kupferstich gemacht, in welchem die Kurfürstin die Nase mißfiel und Leibnizen die Verse.

Die Königin besaß von dem Bilde selbst eine Kopie, von der man, wie es scheint, in Florenz Kunde erhalten hatte, wo das Bild des Philosophen für den Großherzog von Toskana begehrt wurde. Leibniz mußte sich nun von neuem malen lassen, was im Frühjahr 1704 durch den Hofmaler A. Scheits in Hannover geschah. Er schreibt der Königin, die seine Ankunft erwartet: „Ich werde noch einige Zeit hier bleiben müssen, weil man in Florenz, ich weiß nicht wie, auf den Einfall geraten ist, mein Porträt für den Großherzog zu wünschen. Schätz soll es machen“. Die Königin erwidert (1. April 1704): „Ich freue mich für Florenz, daß man dort Ihren Wert kennt. Gelingt das Porträt besser als das meinige, so werde ich dieses gern austauschen.“[429]

Es ist demnach bewiesen, daß in Hannover in den Jahren 1702 und 1704 zwei *Originalbilder* von Leibniz gemacht wurden, wahrscheinlich beide von Scheits, sicher das letztere. Dazu kam im Spätherbst 1711 noch ein drittes, welches Leibniz selbst als mißlungen bezeichnet hat. Wenn er von seinen Bildern spricht, so ist darunter eines jener beiden früheren zu verstehen, die durch Kupferstiche vervielfältigt wurden. Vielleicht erklärt die Differenz zwischen den beiden Originalbildern auch die zwischen den Kupferstichen von Bernigeroth und Fiquet. Wo die Originalbilder sind, ist unbekannt. Nach welchen Vorbildern die Bildhauer Schmidt und Hewetson ihre Leibnizbüsten gemacht haben, weiß man ebensowenig. Die letztere steht zu Hannover in einem kleinen Tempel mit der Inschrift: „Genio Leibnitii“.

Sein bestes Abbild, woran kein Künstler etwas verderben konnte, sind seine Werke.

---

[428] Klopp X, 140.

[429] Klopp X, 226 u 227. (Der Name des Malers ist falsch geschrieben, er heißt Scheits.)

Fünfzehntes Kapitel. Leibnizens philosophische Schriften und deren Gruppierung. Die Ausgaben der Werke

I. Die philosophischen Schriften

1. Der Entwicklungsgang

In der nun vollendeten Lebensgeschichte unseres Leibniz haben wir seinen philosophischen Entwicklungsgang während der akademischen Jahre und der Mainzer Zeit (1661–1673) kennengelernt, dann aber zurücktreten lassen und die neuen Wege seiner vielverzweigten Tätigkeit verfolgt, bis wir jetzt zu jenem zurückkehren, um nun die Betrachtung der philosophischen Werke nicht mehr zu verlassen. Es handelt sich zunächst um die Art und Weise ihrer schriftlichen Ausbildung.

Der Aufenthalt in Paris und London, die mathematischen Studien und Erfindungen, die amtlichen Stellungen in Hannover mit ihren Pflichten, die großen politischen und kirchenpolitischen Fragen und Arbeiten, die Bergwerksgeschäfte, die nationalökonomischen und geologischen Untersuchungen, die historischen Forschungen und Werke, die Gründung wissenschaftlicher Sozietäten haben die *schriftliche* Ausbildung der philosophischen Lehre vielfach gehemmt und verzögert. Der philosophische Ideengang selbst ist in diesem Kopfe nie gehemmt, nie unterbrochen worden und erstreckt sich durch fünfundfünfzig Jahre seines vielgeschäftigen Lebens: von jenen Tagen, wo er als Leipziger Student sich vor die Wahl zwischen der scholastischen und neuen Philosophie, zwischen den Endursachen und mechanischen Ursachen gestellt sah, bis zur Vollendung seines Systems, das in der Geschichte der Philosophie eine Epoche begründen sollte[430].

Wie nach der Grundanschauung unseres Philosophen die Ordnung der Dinge in einer stetig fortschreitenden Entwicklung besteht, so hat auch diese Lehre selbst sich stetig entwickelt, ohne Abbruch und ohne eine Änderung ihrer Grundidee. Er hatte sich derselben bemächtigt, schon bevor er seine Jugendreise nach Frankreich und England antrat (1672), er begann in der Hauptsache die schriftliche Ausbildung der Lehre erst nach der Rückkehr von seiner historischen Forschungsreise in Deutschland und Italien (1690). Um in

---

[430] S. oben Kap. III, S. 35.

dem langen Zeitraum, den der Ideengang des Philosophen in ihm selbst erlebt hat (1661–1716), gewisse Abschnitte zu unterscheiden, können wir uns an die beiden genannten Zeitpunkte halten, die durch jene beiden großen Reisen bestimmt sind: der eine geht der ersten voran, der andere folgt der zweiten nach. Demnach unterscheiden wir drei Abschnitte: der erste von 1661–1671 enthält die Entstehung der Grundideen, der zweite von 1671–1690 die Ausreifung des Systems, der dritte von 1690 bis 1716 die fortschreitende schriftliche Ausbildung und öffentliche Darlegung. Innerhalb dieses letzten Abschnittes lassen sich zwei kleinere hervorheben: die hauptsächlichen Schriftwerke des ersten (1690–1700) haben den Charakter der *Entwürfe* und *Grundzüge*, die des zweiten (1700–1716) den der *Ausführungen und systematischen* Übersichten.

Leibniz ist nie von der Herrschaft eines der früheren Systeme schülerhaft abhängig gewesen; alle widersprechenden Behauptungen oder Annahmen scheitern an den Schriften der frühesten Zeit von der Baccalariatsdissertation über das Prinzip der Individualität (1663) bis zu jenen Briefen an den Herzog Johann Friedrich aus dem Jahre 1671, die seine Grundideen mit voller Sicherheit aussprechen. Die berühmte mathematische Erfindung, die er fünf Jahre später in Paris gemacht hat, hing mit diesen fruchtbaren Grundideen auf das genaueste zusammen[431]. In den folgenden Jahren gedieh in der Stille die Ausgestaltung der neuen Weltansicht. Wir dürfen überzeugt sein, daß dieser Geist, in dem alles schnell reifte und der gerade in den schwierigsten Fragen, wie er selbst sagte, zu den schnellsten Köpfen gehörte, nicht zwanzig Jahre gebraucht hat, um einen Gedanken, der ihn erfüllte, zu voller Klarheit und Reife zu bringen. Wie hätte er auch sonst seine Lehre später so leicht und spielend entfalten und mit so vieler pädagogischer Gewandtheit von den verschiedensten Seiten einleuchtend machen können? Sobald Leibniz mit seiner Lehre öffentlich auftritt, erscheint er auch als ihr Herr und Meister, was man im Felde der Philosophie nur sein kann, wenn die Ideen völlig ausgetragen und gereift sind.

Als der Landgraf von Hessen-Rheinfels ihn zur römischen Kirche bekehren wollte, setzte ihm Leibniz in seiner Antwort vom 1. Januar 1684 die Gründe auseinander, die seinen Übertritt verhinderten. Der letzte, nicht geringste dieser Gegengründe lag in seinen *philosophischen* Überzeugungen, die zu ändern oder auch nur zu verschweigen ihm unmöglich sei, denn sie seien die Grundlagen seiner Entdeckungen, die er einst öffentlich bekannt machen werde[432].

---

[431] S. oben Kap. VIII, S. 106 f.

[432] S. oben Kap. X, S. 152 Anm. 147.

Als Leibniz sein „Neues System der Natur" im Jahre 1695 öffentlich kundgab, schrieb ihm sein Freund Foucher in Dijon, dem er die Schrift mitgeteilt hatte: „Ihr System ist mir nicht neu, auch habe ich Ihnen schon zum Teil meine Ansicht darüber gesagt, als ich den Brief erwiderte, den Sie mir über dasselbe Thema *vor mehr als zehn Jahren* geschrieben". Dieser Brief enthielt also die Grundzüge des Systems und fiel in dieselbe Zeit mit dem an den Landgrafen. Die neue Lehre war damals ihrem Urheber, aber noch nicht der Welt bekannt.

2. *Die Formen und Gruppen der philosophischen Schriftwerke*

Die Form, in der Leibniz seine Ideen mitteilte, waren großenteils Briefe, Aufsätze, Gespräche. Zwei gelehrte Zeitschriften haben besonders zu ihrer Veröffentlichung und Verbreitung gedient: das im Jahre 1666 in Paris gegründete „Journal des savants" und nach dessen Vorbilde die von Otto Mencke, einem Schulfreunde des Philosophen, sechs Jahre später in Leipzig gegründeten „Acta eruditorum". Wir nennen noch die „Nouvelles de la république des lettres", welche P. Bayle seit 1684 in Amsterdam, und die „Histoire des ouvrages des savants", welche J. Basnage in Rotterdam herausgab. Philosophische *Bücher* hat Leibniz selbst nur eines erscheinen lassen.

1. Aus den letzten Jahren vor der historischen Forschungsreise erscheinen uns zwei Schriften besonders wichtig: ein Aufsatz in den „Acta eruditorum" (1684) und ein Brief an Bayle, der in dessen eben genannter Zeitschrift veröffentlicht wurde (Juli 1687). Der Aufsatz heißt: „Meditationes de cognitione, veritate et ideis"[433], der Brief handelt „Sur un principe général, utile à l'explication des loix de la nature"[434]. In diesen Schriften setzt Leibniz seinen Standpunkt dem Kartesianischen in Ansehung der Erkenntnislehre wie der Naturlehre entgegen.

Nach Descartes besteht die wahre Erkenntnis im klaren und deutlichen Denken, nach Leibniz dagegen macht die Deutlichkeit des Begriffes noch keineswegs seine Wahrheit. Es ist die Wirklichkeit, die Möglichkeit der *Existenz*, die den wahren Begriff vom falschen unterscheidet: die deutliche Erklärung ist nur nominal, die wahre dagegen real; jene liefert bloß das Verständnis der Worte, diese dagegen das der Dinge.

Der Brief an Bayle erörtert den Begriff des Unendlichkleinen, das Gesetz der Kontinuität und die physikalische Geltung der Zweckursachen. In der richtigen Verknüpfung des Begriffes der

433 Gerhardt Phil. IV, 422 ff.

434 Ebendas. III, 51 ff.

Kontinuität mit dem Zweckbegriffe, in der richtigen Vereinigung der zwecktätigen und mechanischen Ursachen liegt der Schwerpunkt unseres Systems: daher mußten dessen Grundlagen feststehen, als Leibniz diesen Brief schrieb.

2. In dem Jahrzehnt von 1690–1700 begegnen wir einer Reihe von Schriften, welche die Grundlagen und Grundzüge des Systems in der Kürze dartun. Den Anfang macht ein an den berühmten Theologen und Jansenisten A. *Arnauld* gerichteter Brief, welchen Leibniz, auf seiner Rückreise begriffen, in Venedig den 23. März 1690 geschrieben hat.

Er enthält im Keime das ganze System: den Begriff der Monade, des Mikrokosmus, der Entwicklung und Harmonie. Seine Rückkehr in die Heimat faßt Leibniz selbst als eine Rückkehr zu sich und zur Philosophie: „Je suis maintenant sur le point de retourner chez moi. A présent je pense à me remettre et à reprendre mon premier train.“[435]

Die neue Philosophie gründet sich auf einen neuen Begriff des *Körpers*, dessen Wesen nicht, wie Descartes gewollt hatte, in der bloßen Ausdehnung besteht. Diesen Beweis führt Leibniz in einigen kleinen brieflichen Aufsätzen, die im *Journal des savants* in den Jahren 1691 bis 1693 erschienen[436]. Der neue Begriff des Körpers gründet sich auf einen neuen Begriff der *Substanz*, deren Wesen in der *Kraft* besteht: auf diese Erkenntnis gründet sich die Reform der Metaphysik. Davon handelt ein sehr wichtiger und grundlegender Aufsatz in der Leipziger Gelehrtenzeitschrift: „De primae philosophiae emendatione et de notione substantiae“ (1694)[437]. Die erste Überschrift dieses Aufsatzes hieß: „G. G. L. de notione substantiae, ad quam emendandam V. Cl. Christ. Thomasius theologos et philosophos nuper provocavit.“ Christian Thomasius hatte in einem Programm (Halle 1693) die Gelehrten aufgefordert, den so unbestimmten Begriff der Substanz endlich einmal klar und ausführlich zu erörtern. In Leipzig war man dem Chr. Thomasius feindlich gesinnt, weshalb von dort gewünscht wurde, daß die Erwähnung der thomasischen Provokation wegbleiben möge. Dies erhellt aus einem wohl an O. Mencke gerichteten Brief des Professor *Pfautz*, Mathematiker und Bibliothekar in Leipzig[438].

Auf den neuen Begriff der Substanz gründet sich das *neue Weltsystem*, dessen Grundzüge Leibniz in der Pariser Gelehrtenzeitschrift darlegte (Juni 1695): „Système nouveau de la

[435] Gerhardt Phil. II, 134 ff.

[436] Ebendas. IV, 464 ff.; I, 402 ff.; I, 415 f.

[437] Ebendas. IV, 468 ff.

[438] Bodemann, Leibniz-Briefwechsel 220, Nr. 724.

nature et de la communication des substances."[439] Dagegen richtete der Domherr Foucher eine Reihe von Einwürfen, die in derselben Zeitschrift (September 1695) erschienen und hauptsächlich drei Punkte betrafen: die Erklärung der Ausdehnung, der Empfindung und der Gemeinschaft zwischen Seele und Körper[440]. Jetzt sah Leibniz sich genötigt, seinem neuen System drei Erläuterungen folgen zu lassen (im Februar, April und November 1696), worin er dasselbe durch den Begriff „der *vorherbestimmten Harmonie*" zu verdeutlichen und durch Beispiele zu veranschaulichen suchte[441]. Seitdem heißt seine Lehre „das System der vorherbestimmten Harmonie" und er selbst „l'auteur du système de l'harmonie préétablie".

Dieses System erleuchtet die letzten Gründe der Dinge aus der Gotteskenntnis und nimmt daher die Richtung auf die *Theodizee*; es fordert eine moralische Erklärung der Welt aus Gott als ihrem Urgrunde und fordert daher auch eine Rechtfertigung Gottes aus der Ordnung der Dinge. Ein sehr bedeutsamer, von Leibniz hinterlassener Aufsatz „De rerum originatione radicali" (November 1697) enthält schon die *Theodizee* ihrer ganzen Anlage nach, und in demselben Jahre braucht Leibniz in einem Briefe an Magliabecchi wohl zum ersten Male diesen Namen[442].

Indessen will seine Lehre nicht weniger das System der Natur als das der vorherbestimmten Harmonie, nicht weniger naturalistisch als theologisch sein; daher folgt nach ihr die Ordnung der Welt auch aus der Natur der Dinge selbst, aus deren eigenem Vermögen: sie wurzelt in dieser *dynamischen* Naturauffassung, in dieser grundsätzlichen Bejahung der natürlichen Kraft und Energie der Dinge. Wer diese Energie in Abrede stellt, läuft den Weg des Spinozismus; wer die selbsttätigen Kräfte in der Welt bejaht, vergöttert darum nicht die Natur und macht sie nicht zu einem Idol, sondern läßt sie nur in ihrer eigenen Wirksamkeit gelten, ohne welche es überhaupt keine Natur gibt. Der dynamische Naturbegriff ist nicht paganisch, wie Malebranche gemeint hat, wohl aber ist sein Gegenteil spinozistisch. In diesem Sinne verteidigt Leibniz sein Natursystem gegen Joh. Christoph Sturm, Professor der Physik in Altdorf, der eine Abhandlung „de idolo naturae" geschrieben hatte und deshalb von dem Mediziner Schelhammer in Kiel angegriffen worden war. Leibnizens Aufsatz, der in den „Acta eruditorum" erscheint (September 1698), handelt: „De ipsa natura sive de vi insita actio-

---

439 Gerhardt Phil. IV, 477 ff.

440 Ebendas. 487 ff.

441 Gerhardt Phil. IV, 498 ff., 498 ff., 500 ff.

442 Ebendas. VII, 302.

nibusque creaturarum".[443] Die Schrift „de rerum originatione" erleuchtet die theologische Grundlage seiner Lehre, die Schrift „de ipsa natura" die physikalische. (Der Schriftenwechsel mit Sturm, der mit dem genannten Aufsatze abschließt, geht durch die Hand des Professors Pfautz.)

Das neue System findet in der Geschichte der Philosophie seine Verwandtschaften und Gegensätze, welche Leibniz gern hervorhebt, um durch Vergleichungen und Entgegenstellungen die eigene Lehre zu charakterisieren. Solche Betrachtungen bilden ein beliebtes Thema in seinen philosophischen Briefen. Er faßt die natürliche Energie der Dinge als formgebende und zwecktätige Kraft, ähnlich der aristotelischen Entelechie. Die Verwandtschaft mit Aristoteles umfaßt sowohl eine große Familie, wozu Plato und die Scholastiker gehören, als auch eine große Gegnerschaft, wozu sich Gassendi und Descartes, die Atomisten und Korpuskular-Philosophen der neuen Zeit nebst Spinoza bekennen. Sie wollen alles in der Natur nur mechanisch erklären, aber den Mechanismus selbst können sie nicht erklären; daher bleibt ihnen die Gemeinschaft zwischen Seele und Körper ein Rätsel, zu dessen Lösung sie den *deus ex machina* herbeiholen. In drei Briefen aus dem Jahre 1697, die wir nur als Beispiele aufführen, hat Leibniz diese seine Verwandtschaften und Gegensätze erleuchtet: in dem Briefe an den französischen Jesuiten Joachim *Bouvet* (der mit dem Titel eines königlichen Mathematikers Missionar in China gewesen und geblieben war) zeigt er seine Berührungspunkte mit Aristoteles[444], in dem Briefe an den Abbé *Nicaise* seinen Gegensatz gegen Spinoza[445] und in dem Briefe an den Physiker *Sturm* beides: die Parallelen wie die Gegensätze seiner Lehre[446].

Alle Arten der Tätigkeit, auch die geistigen, sind nur Grade und Abstufungen der Kraft. So wenig Körper und Kraft einander entgegengesetzt sind, so wenig sind es *Körper* und Seele. Im Wesen und Begriff der Kraft sind beide identisch. So überwindet Leibniz jenen Kartesianischen Dualismus, der die Gemeinschaft zwischen Seele und Körper zu einem unauflöslichen Rätsel gemacht hatte. In der Auflösung dieses Gegensatzes durch den Begriff der Kraft liegt die Reform der neuen Philosophie, die von ihm ausgeht. Diese Fassung finden wir in der „Epistola de rebus philosophicis", welche Leibniz den 27. September 1699 an den ihm befreundeten Arzt Friedrich

[443] Ebendas. IV, 504 ff.

[444] Erdmann 146. Der französische Jesuit J. Bouvet (1662–1732) ging 1685 mit fünf andern als Missionar nach China und starb 1732 in Peking. S. Bodemann, Leibniz-Briefwechsel, 24.

[445] Erdmann 142 ff., vgl. Gerhardt Phil. IV, 336 ff.

[446] Erdmann 145.

Hoffmann in Halle gerichtet hat, nicht zum erstenmal, aber besonders hell erleuchtet[447].

3. Die Untersuchungen während des nächsten Jahrzehntes (1700 bis 1710) richten sich vorzugsweise auf den Begriff der *Seele*: sie ist Kraft, Lebensprinzip, vorstellende Tätigkeit, Geist, Gott. In diesen verschiedenen Formen, die den Grad ihrer Vollkommenheit bezeichnen, werden die Entwicklungsformen der Seele in einer Reihe von Abhandlungen dargetan und die psychologischen Grundbegriffe erörtert, ohne welche das neue System der Natur und die Lehre von der vorherbestimmten Harmonie dunkel bleibt. Gegen die Annahme der letzteren, wodurch Leibniz die Gemeinschaft zwischen Seele und Körper erklärt haben wollte, hat Bayle in dem Artikel „Rorarius" seines kritischen Wörterbuches Bedenken und Zweifel geäußert, welche namentlich den Fundamentalsatz betrafen: daß alles, was in der Seele geschieht, aus ihr hervorgehe. In einem Briefe an J. Basnage, den Herausgeber der schon erwähnten Zeitschrift, hatte Leibniz schon im Juli 1698 die Schwierigkeiten, welche Bayle in dem neuen System von der Vereinigung der Seele und des Körpers gefunden hatte, zu lösen gesucht[448]. Indessen wiederholte dieser in der neuen Auflage seines Dictionnaire die gemachten Einwürfe. Nun gab Leibniz eine in alle Hauptpunkte seiner Seelenlehre eingehende Erwiderung: „Réplique aux réflexions de Mr. Bayle sur le système de l'harmonie préétablie" (1702)[449].

Man darf das Wesen der Seele so wenig wie das der Weltharmonie pantheistisch auffassen: diese nicht bloß als göttliche Allmacht, jene nicht als göttlichen Allgeist oder *Weltseele*. Die Seele ist ihrem Wesen nach individuell, ihre Individualität ist unzerstörbar. Immer von neuem hebt Leibniz diese Grundbestimmung nachdrücklich hervor; sie bildet das Thema der aus seinem Nachlaß veröffentlichten „Considérations sur la doctrine d'un esprit universel"[450], womit man den Brief an Hansch „De philosophia platonica seu de enthusiasmo platonico" (1707) vergleichen möge[451]. In der Zeitschrift von Basnage erschienen seine „Considérations sur le principe de vie et sur les natures plastiques" (Mai 1705)[452]. Aus seinem Nachlaß hat Kortholt die „Commentatio de anima brutorum"[453] und den Brief an den Mathematiker Rud. Chr. Wagner in Helmstedt „De vi acti-

[447] Erdmann 161.
[448] Gerhaidt Phil. IV, 517 ff.
[449] Ebendas. 554.
[450] Ebendas. VI, 529 ff.
[451] Erdmann 445 ff.
[452] Gerhardt Phil. VI, 539 ff.
[453] Ebendas. VII, 328.

va corporis, de anima, de anima brutorum"[454], beide aus dem Jahre 1710, veröffentlicht.

Die Seele als Geist oder *Intellekt*, d.h. als menschliches Erkenntnisvermögen ist der Gegenstand einer umfassenden und tief eindringenden Untersuchung, woraus das wichtigste seiner philosophischen Werke hervorgeht. Der Entwurf dazu entstand als eine Gegenschrift wider *Lockes* „Versuch über den menschlichen Verstand", der im Jahre 1690 erschienen war. Leibniz las das Buch und schrieb darüber im Jahre 1696 seine Bemerkungen nieder, welche er Locken brieflich mitteilte, der sie aber unbeachtet ließ und geringschätzig davon sprach. Bei einem Sommeraufenthalt zu Herrenhausen (1703) nahm Leibniz seine Arbeit wieder vor, um sie in dialogischer Form auszuführen. Aus den Bemerkungen wurde ein Buch in vier Büchern, die von den angeborenen Ideen, den Vorstellungen, den Worten und der Erkenntnis handeln. Den 25. April 1704 schrieb er der Königin Sophie Charlotte, daß sein Werk bis auf die Reinschrift vollendet sei[455]. Den 28. Oktober 1704 starb Locke. Nun widerstrebte es dem Gefühle unseres Philosophen, das Werk eines Verstorbenen öffentlich zu bekämpfen, auch mochte es ihm nicht ratsam erscheinen, jetzt die Zahl seiner Gegner in England noch zu vermehren. So blieben die „Nouveaux essais sur l'entendement humain" ungedruckt und sind erst fünfzig Jahre nach seinem Tode veröffentlicht worden[456].

In dem System der vorherbestimmten Harmonie war das Problem enthalten, welches Leibniz in seiner *Theodizee* zu lösen unternahm, um die Prädestination und die Übereinstimmung zwischen dem göttlichen Ursprunge und den Übeln der Welt durch Vernunftgründe einleuchtend zu machen. Die Unionsbestrebungen in der evangelischen Kirche stießen sich an der Prädestinationslehre, die bekanntlich einen der schwierigen Streitpunkte zwischen den Lutherischen und Reformierten bildete. Dieses Hindernis durch seine neue Lehre von der göttlichen Vorherbestimmung aus dem Wege zu räumen, war für Leibniz eines der Hauptmotive zur Ausarbeitung seiner *Theodizee*[457]. Wie sich mit der göttlichen Vorherbestimmung die menschliche Freiheit, mit der göttlichen Güte die Übel in der Welt vertragen könnten, war eine der Fragen, welche von jeher philosophische Gemüter beschäftigt, religiöse beunruhigt, skeptische gereizt haben. Neuerdings hatte Bayle alle Stützen der Übereinstimmung zwischen Glauben und Vernunft durch seine Zweifel dergestalt erschüttert, daß sich Leibniz zur Widerlegung

[454] Erdmann 465.
[455] S. oben Kap. XIV, S. 249.
[456] Vgl. Gerhardt Phil. V.
[457] S. oben Kap. XI, S. 171 f.

der letzteren herausgefordert sah. Die öfteren Gespräche darüber mit der Königin von Preußen gaben den letzten, uns bekannten Anlaß zu jenen Aufzeichnungen, woraus das Werk hervorging, das sehr bald ein Lehr- und Lesebuch von europäischem Ansehen wurde. Im Jahre 1710 erschienen „Essais de *théodicée* sur la bonté de Dieu, la liberté de l'homme et l'origine du mal“[458]. Da Leibniz, wie aus seinen Briefen an Isaac Troyel in Amsterdam, den Verleger der *Theodizee*, hervorgeht, immer neue Zusätze nachschickte, so hat das Werk eine weit größere Ausdehnung gewonnen als ursprünglich geplant war[459].

4. In die letzten Jahre des Philosophen (1710–1716) gehören die in geordneter Kürze das Ganze *zusammenfassenden* und übersichtlichen Schriften. Der Grundbegriff des Systems ist die Kraft, der höchste Begriff ist Gott, in der Mitte steht der des menschlichen Geistes. Auf den Begriff der Kraft gründet sich die natürliche (mechanische), auf den des Geistes die moralische, auf den des höchsten Wesens die göttliche Weltordnung. In der Harmonie der natürlichen und moralischen Ordnung der Dinge, „des Mechanismus und des Moralismus“, der wirkenden und zwecktätigen Ursachen oder, theologisch zu reden, in der Harmonie zwischen dem Reiche der Natur und dem der Gnade besteht das ganze System. Solche summarische Schriften sind die „Epistola ad Bierlingium“, die Christian Kortholt herausgegeben[460], und das in dialogischer Form verfaßte „Examen des principes du P. Malebranche“[461], beide aus dem Jahre 1711.

Vor allem sind aber zwei Abrisse zu nennen, die in den letzten Wiener Aufenthalt fallen: „*La monadologie*“ und „*Principes de la nature et de la grâce, fondés en raison*“ beide aus dem Jahr 1714. Die „Prinzipien“ wurden, wie wir berichtet haben, für den Prinzen Eugen geschrieben. Die „Monadologie“ erschien zuerst 1720 in einer deutschen Übersetzung von Köhler, dann in einer lateinischen, welche später unter dem irrtümlichen Titel: „Principia philosophiae seu theses in gratiam principio Eugenii conscriptae“ wieder abgedruckt wurde, in den Leipziger „Acta eruditorum“ (1721). Den

---

[458] Gerhardt Phil. VI. S. Kap. XIV, S. 259–261. Vgl. S. 271–272. – Über die Beweise vom Dasein Gottes und über die menschliche Willensfreiheit vgl.: „De la démonstration cartésienne de l'existence de Dieu du R. P. Lami“. (Mémoires de Trévoux. 1701, vgl. Gerhardt Phil. IV, 405 f.) und aus dem Nachlasse „Lette à Mr. Coste de la nécessité et de la contingence“ (1707, vgl. Gerhardt Phil. III, 400 ff.). Der Jesuit Bartholomäus Des Bosses in Hildesheim gab die lateinische Übersetzung der *Theodizee*.

[459] Bodemann, Leibniz-Briefwechsel, 345, Nr. 942. Hier werden 10 Briefe angeführt, welche den Druck der Theodizee betreffen.

[460] Erdmann 677 f.

[461] Gerhardt Phil. VI, 579

französischen Originaltext hat erst Erdmann aus dem Nachlasse herausgegeben und mit dem Titel „La Monadologie" versehen, da ihn Leibniz ohne Überschrift gelassen hatte[462]. Die Prinzipien der Natur und Gnade erschienen in der „Europe savante" 1718.

5. Zu den zusammenfassenden und summarischen Schriften müssen wir einige der letzten Briefwechsel rechnen, insbesondere die Briefe an den Pater *Des Bosses*, Professor in Hildesheim, aus den Jahren 1706 bis 1716[463], an *Bourguet*, Professor in Neufchatel, aus den Jahren 1704 bis 1716[464] und an *Samuel Clarke* in London (1715–1716)[465]. Die Briefe an *Des Bosses* betreffen den Begriff der Monade, der Materie und des Körpers, wobei die Frage nach der Substantialität und Transsubstantiation des Körpers mit Beziehung auf das Sakrament zur Sprache kommt; die Briefe an Bourguet erörtern den Begriff der Vorstellung und die Frage nach der gleichmäßigen oder wachsenden Vollkommenheit der Dinge; den philosophischen Schriftwechsel mit Clarke haben wir, was seinen Ursprung und Inhalt anlangt, schon aus der Korrespondenz unseres Philosophen mit der Prinzessin von Wales kennengelernt[466].

6. Es ist hier der Ort, auch der *philosophischen* Briefe zu gedenken, die in Leibnizens Korrespondenz mit den fürstlichen Frauen enthalten sind oder zu ihr gehören und in einer vollständigen Sammlung seiner philosophischen Schriften nicht fehlen dürfen. Zu dem Briefwechsel mit Sophie Charlotte gehört der Schriftwechsel mit John *Toland* (1702), den die Königin veranlaßt hatte, und die Briefe an Lady *Masham*, deren Abschriften Leibniz der Königin mitteilte[467].

In den Briefen an die Kurfürstin Sophie finden sich, namentlich in der Zeit, wo Leibniz die Grundzüge seiner Lehre öffentlich darlegte (1694–1700), mitten in der bunten Fülle der Tagesereignisse und politischen Weltfragen eine Reihe philosophischer Aussprechungen voller Geist und Leben. Wer diese Briefe nicht kennt und einige ähnliche an Sophie Charlotte, weiß nicht, wie munter, anmutig und witzig Leibniz zu sprechen und zu schreiben verstand. Ein Beispiel dieser Art ist über „Balth. *Bekkers* bezauberte Welt" ein Brief (aus dem Sommer 1694), worin dieses Buch in seiner Abhängigkeit von den Grundsätzen Descartes' und in der Selbständigkeit der eigenen Folgerungen mit ein paar Worten treffend geschildert wird. Leibniz bestreitet die Grundsätze und billigt die Folgerungen, denn sie zer-

---

462 S. oben Kap. XIII, S. 226 f. Vgl. Gerhardt Phil. VI, 598 und 607.

463 Gerhardt Phil. II. 285 ff.

464 Ebendas, III, 537 ff.

465 Ebendas, VII. 347 ff.

466 S. oben Kap. XIV, S. 259–262.

467 S. oben Kap. XIV, 249–251.

stören die Vorurteile der Welt und dienen zu ihrer Aufklärung. Er sagt von Bekker, er habe den Teufel zur Hölle geschickt, ohne Paß zur Rückkehr in die Welt; Bekker mache es mit dem Teufel wie Epikur mit den Göttern. Er sagt von der Welt: sie fängt an klüger zu werden, es ist auch Zeit, denn sie ist schon so alt[468].

Die Kurfürstin interessierte sich für den Theosophen Franz Merkur *van Helmont*, der sich im Frühjahr 1696 in Hannover aufhielt und ihr in Morgenunterhaltungen, wozu Leibniz zugegen war, seine Lehre vortrug. (Van Helmont hatte in England längere Zeit mit dem Prinzen Ruprecht, dem Bruder der Kurfürstin, zusammengearbeitet und war diesem auch schon von Osnabrück her bekannt.) In Briefen vom September 1694 und vom September und Oktober 1696 beurteilte Leibniz die Bücher van Helmonts; er billigte, daß dieser die materialistische Körperlehre verwarf, aber er wollte nichts von der Seelenwanderung wissen, deren Lehre van Helmont erneuerte. Dies gab unserem Philosophen Gelegenheit, seine eigene Körper- und Seelenlehre kurz zu entwickeln. Daran knüpfte sich ein Brief aus dem November 1696, worin er, wie in einem späteren aus dem Juni 1700, die tiefsten Grundsätze seiner Philosophie, das Verhältnis der Einheit und unendlichen Vielheit, der Seele und des Körpers, das Wesen der Monade und des Mikrokosmus einleuchtend besprach[469].

II. Die Ausgaben der Werke

1. Die Aufgabe

Nur wenige seiner Werke hat unser Philosoph selbst herausgegeben, zum Teil ohne seinen Namen. Viele seiner Abhandlungen und Briefe erschienen in den Zeitschriften der gelehrten Welt, andere in fremden Werken, denen sie einverleibt wurden, die meisten hat er der Nachwelt handschriftlich hinterlassen. Die gedruckten befanden sich im Zustande der Zerstreuung, die Handschriften in dem eines ungeordneten Nachlasses, der gleich nach seinem Tode in der Bibliothek zu Hannover aufbewahrt wurde. Um sich von dem Umfange seiner Korrespondenz eine Vorstellung zu machen, genüge die Angabe, daß bloß der Personen, an welche die Briefe gerichtet sind, man 1054 gezählt hat, darunter 32 fürstliche. (Da aber einzelne Korrespondenzen und Briefe noch außerdem teils in anderen Briefwechseln, teils unter den Leibnizischen Handschriften

[468] Über B. Bekker vgl. Fischer, Geschichte der neueren Philosophie, Bd. II (5. Auflage). Buch I. Kap. II S. 25–31. Vgl. Leibnizens Briefe an Sophie. Klopp VII 298–300.

[469] Ebendas. VII, 301–306; VIII, 8–13. 14–18, 178–178.

untergebracht sind, so ist die Zahl der Korrespondenten noch erheblich größer.)

Wenn Leibniz keine Zeile umsonst geschrieben haben soll, so müssen alle zerstreuten Schriften, die gedruckten wie ungedruckten, gesammelt und gesichtet, alle nachgelassenen Manuskripte hinzugefügt und aus beiden eine vollständige, *wohlgeordnete, kritische Gesamtausgabe* hergestellt werden: eine Aufgabe, die zu den größten und schwierigsten ihrer Art gehört und viele Jahre braucht, um nur annähernd gelöst zu werden. Doch darf man sich wundern, daß nach dem Tode des Philosophen über ein halbes Jahrhundert verging, bevor der erste Versuch einer solchen Ausgabe zutage trat.

2. *Die ersten Sammlungen*

Die ersten Mitteilungen vermischten Inhalts aus dem Munde und der Feder des Philosophen gab Joachim Friedrich *Feller*, der in den Jahren 1696–1698 sein Arbeitsgehilfe gewesen war: „Otium hanoveranum sive miscellanea ex ore et schedis illustris viri piae memoriae G. G. Leibnitii" (Lipsiae 1718)[470]; die erste Sammlung vermischter Briefe besorgte *Christian Kortholt* in vier Bänden: „Viri illustris G. G. Leibnitii epistolae ad diversos, theologici, juridici, medici, philosophici, mathematici, historici et philologici argumenti" (1734–1742). Der Bibliothekar *Gruber* dachte an eine Gesamtausgabe der Leibnizischen Briefwechsel, ließ aber nur in zwei Quartbänden den „Prodromus commercii epistolici Leibnitiani" erscheinen (1745), der die Briefe zwischen Boineburg und Conring und einiges von Leibniz enthielt. Gleichzeitig mit Kortholts Sammlung erschien *K. G. Ludovicis* „Ausführlicher Entwurf einer vollständigen Historie der Leibnitzischen Philosophie" (1737), worin ein Register der Schriften und Briefe des Philosophen gegeben war, zwar ohne historische und politische Genauigkeit, aber immerhin dankenswert für einen künftigen Herausgeber, da es die einzige Aufzeichnung dieser Art war. Sieben Jahre später wurde der Briefwechsel zwischen *Leibniz* und Johann *Bernoulli* durch den Schweizer M. M. Bousquet herausgegeben und der königlichen Akademie der Wissenschaften in Paris gewidmet: „G. G. Leibnitii et Joh. Bernoullii commercium philosophicum et mathematicum" (Laussannae et Genevae 1745).

3. *Die Entstehung und Geschichte der Ausgaben*

1. Es dauerte noch zwanzig Jahre, bis eine erste Ausgabe *philosophischer* Werke erschien. Das Verdienst, sie besorgt zu haben, gebührt dem Bibliothekar Rud. Erich *Raspe* in Hannover. Die Vorrede war

---

[470] S. oben Kap. II, V, 21 f.

von dem Göttinger Professor Gotth. Abr. Kästner geschrieben und das Werk dem verdienstvollen Kurator der Göttinger Universität, A. G. v. Münchhausen, gewidmet. Die Ausgabe enthielt nur sechs Schriften, darunter aber die wichtigste von allen: *„Nouveaux essais sur l'entendement humain"*, die jetzt erst das Licht der Welt erblickte. Raspe selbst verglich sein Verdienst mit dem des Tyrannion, der die Werke des Aristoteles, welche Jahrhunderte lang begraben gewesen seien, zuerst veröffentlicht habe: „Oeuvres philosophiques, latines et françaises, de feu Mr. de Leibniz, tirées de ses manuscrits, qui se conservent dans la bibliothèque royale à Hanovre" (Amst. et Leipzig 1765).

2. Ein halbes Jahrhundert nach dem *Otium hanoveranum* erschien in sechs Quartanten die *erste Gesamtausgabe* der Werke: es war kein Deutscher, der sich das große Verdienst dieser Arbeit erworben hat, sondern ein französischer Schweizer, Louis *Dutens* in Genf, der durch die Sammlung aller „scripta dispersa", gedruckter wie ungedruckter, das Werk herzustellen suchte, welches Leibniz gewünscht und nach seinem Tode Männer wie Eckhart, Baring, Ludovici u.a. wohl beabsichtigt, aber nicht geleistet hatten. Von Bewunderung für Leibnizens Geistesgröße erfüllt, wollte Dutens durch diese Gesamtausgabe der Werke das Studium der letzteren befördern und recht eigentlich erst begründen: „G. G. Leibnitii *opera omnia*, nunc primum collecta, in classes distributa, praefationibus et indicibus exornata studio Ludovici Dutens" (Genevae apud fratres de Tournes 1768).

Die Ausgabe selbst hatte wesentliche Mängel. Dutens hatte den handschriftlichen Schatz in Hannover nicht benutzt und Raspes Ausgabe erst kennengelernt, als seine Ausgabe fertig war und er jene nur in der Vorrede noch erwähnen konnte. Das wichtigste der philosophischen Werke, die „Nouveaux essais", fehlten in den „Opera omnia". Dutens wollte die Ausgabe Raspes wie den Briefwechsel mit Bernoulli als Ergänzungsband seiner Ausgabe angesehen wissen (Praef. S. 17). Die deutschen Schriften wurden nicht bloß unvollständig, sondern, mit *einer* Ausnahme, in Übersetzungen gegeben, wie denn überhaupt Dutens nicht imstande sein konnte, Leibniz als deutschen Staatsmann und Patrioten zu würdigen, als den Begründer der *deutschen* Philosophie, wie Bacon der Begründer der englischen, Descartes der der französischen war. Von einer historischen Einteilung der Werke war nicht die Rede, sie zerfielen in Fächer.

Wenn man in der Geschichte unserer Literatur das Jahrzehnt von 1760–1770 mit Recht als ein sehr bedeutsames und fruchtbares hervorhebt – *Wieland* und *Lessing* erscheinen auf ihren Höhen, *Herder* in seinen Anfängen –, so sollte man nicht vergessen, daß auch die ersten Ausgaben der Werke unseres *Leibniz* in dieses Jahrzehnt gehören.

3. Vierzig Jahre nach Raspes Ausgabe ließ *G. H. Feder* in Hannover aus dem dortigen handschriflichen Schatz eine Auswahl noch ungedruckter Briefe erscheinen: „Commercii epistolici Leibnitiani typis nondum vulgati *selecta specimina*" (Hannover 1805).

Siebzig Jahre waren seit Dutens' Gesamtausgabe vergangen, als in der Geschichte der Leibniz-Forschungen, die während dieser langen Zeit so gut wie geruht hatten, ein neuer Geist erwachte, der den zweihundertjährigen Geburtstag des Philosophen durch Werke feiern wollte und mit unablässigem Eifer bis heute fortgearbeitet hat. Jetzt begann eigentlich erst die *deutsche* Leibniz-Forschung. Den Anfang, den wir als eine Epoche auf diesem Arbeitsfelde begrüßen, machte *G. E. Guhrauer*, der im Jahre 1838 *„Leibnitzens Deutsche Schriften"* herausgab, im Jahre 1839 seine Darstellung von „Kur-Mainz in der Epoche von 1672" und drei Jahre später die Lebensgeschichte des Philosophen folgen ließ, wozu im Jahre 1846 „Zu Leibnizens Säcularfeier" Nachträge kamen[471].

4. Noch gab es keine Gesamtausgabe der *philosophischen* Werke. Um eine solche herzustellen, mußten die Ausgaben von Raspe und Dutens, soweit die letztere philosophische Schriften enthielt, in einer neuen Sammlung vereinigt und, was von philosophischen Arbeiten in dem Nachlaß zu Hannover noch verborgen lag, hinzugefügt werden. Diese Ausgabe versuchte Joh. Eduard *Erdmann*: „G. G. Leibnitii opera philosophica, quae extant latina gallica germanica omnia" (2 Vol. Berol. 1840). Die Ausgabe zählt in chronologischer Folge 99 Schriftstücke, wovon 23 bisher ungedruckt waren. Dazu kamen im Anhange noch zwei kleine Leibnitiana aus Cousins „Fragments philosophiques" (1838).

5. Endlich schritt man dazu, den handschriftlichen Schatz im ganzen zu heben und an das Tageslicht zu fördern. An der Geschichte Braunschweigs hatte sich Leibniz zu Tode gearbeitet, von Monat zu Monat gedrängt, da der König das Werk gar zu sehr zu verlangen schien. Er ließ es unbeachtet liegen. Der Name Leibniz wurde zwei Jahrhunderte alt, bis das Geschichtswerk erschienen war. *G. H. Pertz*, königlicher Bibliothekar in Hannover und Historiograph des Hauses Braunschweig, unternahm *„Leibnizens gesammelte Werke aus den Handschriften der königlichen Bibliothek zu Hannover"* herauszugeben. Es geschah in drei Abteilungen oder „Folgen", die in zwölf Bänden von 1843 bis 1863 erschienen sind. Die erste hieß „Geschichte", die zweite „Philosophie", die dritte „Mathematik". Pertz selbst besorgte die erste in vier Bänden (1843–1847), von

---

[471] S. oben Kap. II, S. 23.

denen die ersten drei die Annalen enthielten (1843–1846)[472]. Die zweite blieb auf einen schwachen Band beschränkt und brachte den Briefwechsel zwischen Leibniz, Arnauld und dem Landgrafen Ernst von Hessen-Rheinfels, den *K. L. Grotefend* herausgab (1846). Die dritte in sieben Bänden (1849–1863) besorgte C. I. *Gerhardt*: die ersten vier enthalten die Briefwechsel (mit Oldenburg, Collins, Newton, Galloys, Vitale Giordano, Hugens van Zulichem, Marquis de l'Hospital, mit Jacob, Johann und Nikolaus Bernoulli und mit Wallis, Varignon, Guido Grandi, Zendrini, Hermann und dem Freiherrn von Tschirnhausen), die drei letzten die mathematischen Abhandlungen und Lehren (Dynamik, Arithmetik, Algebra und Geometrie). Gerhardt hat vor seinem Tode noch eine neue Ausgabe des mathematischen Briefwechsels begonnen, von welcher ein Band erschienen ist (Berlin 1899).

Derselbe *Gerhardt* hat auch *„die philosophischen Schriften des Gottfried Wilhelm Leibniz"* in sieben Bänden und zwei Abteilungen herausgegeben (Berlin 1875–1890). „Sämtliche vorhandene Sammlungen der Philosophischen Schriften Leibnizens sind unvollständig." „Die gegenwärtige Sammlung der philosophischen Schriften Leibnizens soll das Gedruckte und das, was sein Nachlaß, so weit er sich herbeischaffen läßt, als der Veröffentlichung wert bietet, enthalten. Die erste Abteilung umfaßt den philosophischen Briefwechsel, die zweite das übrige."

Abt. I. Bd. I–III.

Band I (1875): Briefwechsel zwischen Leibniz und Jac. Thomasius. 1663–1672.

Leibniz an Herzog Johann Friedrich von Braunschweig-Lüneburg, Antoine Arnauld und Thomas Hobbes. 1670–1673.

Briefwechsel zwischen Leibniz und Otto von Guericke. 1671, 1672.

Leibniz und Spinoza. 1671–1677.

Briefwechsel zwischen Leibniz und Conring. 1670–1678.

Briefwechsel zwischen Leibniz, Eckhard und Molanus. 1677–1679.

Briefwechsel zwischen Leibniz und Malebranche, 1674 (?)–1711.

Briefwechsel zwischen Leibniz und Foucher. 1676 (?)–1693.

[472] S. oben Kap. XII, S. 193 ff.

Band II (1879): Briefwechsel zwischen Leibniz, Landgraf Ernst von Hessen-Rheinfels und Antoine Arnauld. 1686–1690.
Briefwechsel zwischen Leibniz und de Volder. 1698–1706.
Briefwechsel zwischen Leibniz und Des Bosses. 1706–1716.
Leibniz an Nicaise. 1692–1701.

Band III (1887): Briefwechsel zwischen Leibniz und Huet. 1673–1695.
Briefwechsel zwischen Leibniz und Bayle. 1687–1702.
Briefwechsel zwischen Leibniz und Basnage de Beauval. 1692–1708.
Briefwechsel zwischen Leibniz und Thomas Burnett de Kemney. 1695 bis 1714.
Briefwechsel zwischen Leibniz und Lady Masham. 1703–1705.
Briefwechsel zwischen Leibniz und Coste. 1706–1712.
Briefwechsel zwischen Leibniz und Jaquelot. 1702–1706.
Briefwechsel zwischen Leibniz und Hartsoeker. 1706–1712.
Briefwechsel zwischen Leibniz und Bourguet. 1709–1716.
Briefwechsel zwischen Leibniz und Remond. 1713–1716.
Leibniz an Hugony.

Abt. II. Bd. IV–VII.

Band IV (1880):

1. Die Philosophischen Schriften von 1663–1671.
2. Leibniz gegen Descartes und den Cartesianismus. 1677–1702.
3. Philosophische Abhandlungen. 1684–703.

Band V (1882): Leibniz und Locke.

Band VI (1885): Theodicee. Philosophische Abhandlungen. 1702 bis 1716.

Band VII (1890): 1. Scientia generalis. Characteristica. 2. Philosophische Abhandlungen. 3. Streitschriften mit Clarke. 4. Ergänzungen zum philosophischen Briefwechsel.

6. Indessen enthält Leibnizens handschriftlicher, in den Schränken der Bibliothek zu Hannover aufbewahrter Nachlaß weit mehr als die genannten Ausgaben bieten, insbesondere die Originaltexte der politischen, kirchenpolitischen und auf die Gründung wissenschaftlicher Sozietäten bezüglichen Schriften. Eine Sammlung dieser Werke gab in sieben Bänden (1859–1875) der französische Akademiker A. Foucher de Careil: „Oeuvres de Leibniz, publiées pour la première fois d'après les manuscrits originaux avec notes et introductions". Die beiden ersten Bände bringen den auf die Reunion bezüglichen Briefwechsel mit Bossuet, Pellisson, Molanus, Spinola,

Anton Ulrich, der Herzogin Sophie und Madame de Brinon; die beiden folgenden historische und politische Abhandlungen (aus den Jahren 1684–1715), der fünfte die Denkschriften, welche den Plan der ägyptischen Expedition betreffen, der sechste politische Schriften aus den Jahren 1669–1677, und der letzte die auf die Gründung von Akademien und auf Leibnizens Verhältnisse zu Peter dem Großen und Rußland bezüglichen Schriftstücke.

Schon im Jahre 1854 hatte derselbe Herausgeber ungedruckte Schriften von Leibniz veröffentlicht, eine Widerlegung Spinozas und Briefe mit Foucher, Bayle und Fontenelle nebst einigen Abhandlungen: „Réfutation inédite de Spinoza par Leibniz“ und „Lettres et opuscules inédits de Leibniz“ (Paris 1854). Dazu kommen von demselben Herausgeber: „Nouvelles lettres et opuscules inédits de Leibniz, précédés d'une introduction“ etc. (Paris 1857).

7. Es würde uns zu weit führen, in die Beurteilung der Ausgaben einzugehen, da wir nur ihre Aufgabe, ihre Reihenfolge und den Inhalt, nicht den Wert ihrer Leistung kurz zu bezeichnen haben. Die Sammlung, die wir dem Grafen Foucher de Careil verdanken, ist nicht nach einem historischen Plane eingerichtet und entbehrt außerdem der Vollständigkeit. Eine vollständige, nach historischem Plan in chronologischer Reihenfolge geordnete Sammlung der Originalschriften war die richtig gedachte Absicht und Aufgabe, welche sich Onno Klopp, der jüngste Herausgeber der „*Werke von Leibniz gemäß seinem handschriftlichen Nachlasse in der königlichen Bibliothek zu Hannover*“ gesetzt hatte. Die keineswegs vollständige, auch in der historischen Folge vielfach unterbrochene Ausführung in elf Bänden geschah in den Jahren 1864–1884, dank dem Könige Georg V., der das Andenken Leibnizens mehr in Ehren gehalten hat als sein Ahnherr Georg I. dessen Person. Die Kloppsche Ausgabe war auf mehrere Abteilungen oder „Reihen“ berechnet. Die erste führt den Titel: „Historische und staatswissenschaftliche Schriften“. Nur diese ist in den elf erschienenen Bänden enthalten. Die Ausgabe war bis zur Hälfte gediehen und in ihren ersten fünf Bänden Leibnizens Werke von 1668 bis 1689 veröffentlicht, als infolge des Krieges von 1866 die Ausgabe gehemmt wurde. Der sechste Band erschien erst 1872, die letzten fünf Bände brachten die Briefwechsel mit der Kurfürstin Sophie (1873), der Königin Sophie Charlotte (1877) und der Prinzessin Karoline (1884). Die weitere Fortsetzung des beabsichtigten Werkes blieb dauernd gehemmt.

Was Leibnizens letzte Jahre betrifft, insbesondere ihm gegenüber das Verhalten Georgs I., so gewinnen wir die richtigen Vorstellungen erst aus den Urkunden, welche R. Doebner, königlicher Archivar zu Hannover, veröffentlicht hat: „Leibnizens Briefwechsel mit dem

Minister von Bernstorff und andere Leibniz betreffende Briefe und Aktenstücke aus den Jahren 1705–1716". (Separatabdruck aus der Zeitschrift des historischen Vereins für Niedersachsen.)

8. *W. Guerrier*, ord. Prof. a. d. Universität Moskau: *Leibniz* in seinen Beziehungen zu Rußland und Peter dem Großen. St. Petersburg und Leipzig 1873.

9. Die wichtigsten und rühmenswertesten Beiträge zur Leibniz-Forschung hat Ed. *Bodemann*, der etwa vor 10 Jahren verstorbene Bibliothekar zu Hannover, geliefert: 1. durch seine Beschreibung des *Briefwechsels* des *Gottfried Wilhelm Leibniz* in der Königl. öffentl. Bibliothek (Hannover 1889). Mehr als 15 300 Briefe waren durchzulesen und zu bearbeiten, der Briefwechsel mit fürstlichen Personen beträgt 35 Nummern, der mit anderen Personen 1028. 2. Die *Leibniz-Handschriften* der Königl. öffentl. Bibliothek zu Hannover. Hannover und Leipzig 1895. Die 41 Abschnitte betreffen Wissenschaften, Länder, Sozietäten, Archiv- und Bibliothekswesen, zuletzt Autobiographisches.

In neuester Zeit sind zu diesen Publikationen noch folgende hinzugekommen:

10. *L. Couturat: Opuscules et Fragments inédits de Leibniz*. Paris 1903.

11. *Kritischer Katalog der Leibniz-Handschriften*. Zur Vorbereitung der Interakademischen Leibniz-Ausgabe unternommen von der *Académie des Sciences* zu *Paris*, der *Academie des Sciences morales et politiques* zu *Paris* und der *Königlichen Akademie der Wissenschaften* zu *Berlin*. Als Manuskript vervielfältigt. Erstes Heft (1646–1672). Im Verein mit Willy Kabitz, Albert Rivaud und Jules Sire bearbeitet von Paul Ritter. Berlin 1908.

12. *J. Jagodinsky*: *Leibnitiana Elementa Philosophiae Arcanae De Summa Rerum*. Kasan 1913.

Zweites Buch.
Leibnizens Lehre

Erstes Kapitel. Die Reform der neuern Philosophie. Der Begriff der Substanz als Krafteinheit oder Monade

I. Der Gegensatz von Denken und Ausdehnung

1. Die Probe der Tatsachen

Eine sehr einfache Betrachtung läßt uns die Umgestaltung erkennen, welche die von Descartes begründete Philosophie durch Leibniz erfährt: er stellt die herrschenden Grundbegriffe auf die Probe der Tatsachen und sieht zu, ob sie diese Probe bestehen. Wenn es bestimmte, unzweifelhafte Tatsachen gibt, die aus jenen Prinzipien nicht können erklärt werden, so wird die Probe nicht bestanden, und die Notwendigkeit leuchtet ein, die Grundbegriffe zu ändern. Nach Descartes und Spinoza unterscheidet sich die Natur der Dinge in Geister und Körper; gleichviel, ob wir die Dinge mit jenem für Substanzen oder mit diesem für Modi halten: in beiden Fällen soll die Natur der Geister im Denken, die der Körper in der Ausdehnung bestehen, und zwar sind die Geister nur denkende, die Körper *nur* ausgedehnte Wesen. Darum gilt der Grundsatz: daß innerhalb der Geisterwelt alles aus Ideen oder Vorstellungen, innerhalb der Körperwelt alles aus körperlichen Elementen oder Korpuskeln müsse erklärt werden; daß mithin die Seelenlehre nur idealistisch, die Körperlehre nur materialistisch verfahren dürfe.

Wenn es nun in dem Gebiete der geistigen Natur Tatsachen gibt, die von jener Seelenlehre selbst weder verneint noch erklärt werden können, so ist offenbar das Prinzip mangelhaft und beschränkt, von dem sie abhängt. Wenn sich innerhalb der Körperwelt Erscheinungen finden, die jene Körperlehre anerkennen muß, aber zu erklären nicht vermag, so erhellt daraus der Mangel ihrer Grundsätze. Nehmen wir beide Fälle, wie sie bei dem Gegensatze zwischen Geist und Körper innerhalb der Kartesianischen Philosophie gelten und gelten müssen. Die Natur der Geister bestehe nur im Denken: so ist alles geistige Sein gedachtes oder bewußtes Sein, so gibt es in der menschlichen Seele keine bewußtlosen Vorstellungen, keine durch den Gedanken unauflösbare Stimmungen, so gibt es im Menschen überhaupt kein unbewußtes Seelenleben. Die Natur der Körper bestehe nur in der Ausdehnung; so ist alles körperliche Sein nur ausgedehntes Sein, so gibt es innerhalb der Materie nichts Unteilbares, Einfaches, Ursprüngliches, sondern überall bloß tote, träge Massen, die von außen bewegt werden und andere Massen wieder von außen bewegen. Beide Fälle stützen sich gegenseitig. Wenn der eine gilt, so gilt auch der andere. Gibt es in den Körpern nichts Geistiges oder der geistigen Natur Analoges, so kann sich auch in den Seelen nichts Körperliches oder der körperlichen Natur Analoges finden: dort nichts *Unausgedehntes*, hier nichts *Unbewußtes*.

Wenn aber von den beiden Fällen der eine nicht gilt, so ist auch der andere damit aufgehoben oder wenigstens modifiziert, so muß die Natur der Geister und Körper, also überhaupt das Wesen der Dinge anders gedacht oder, was dasselbe heißt, der Begriff der Substanz umgebildet werden. Denn ein anderer Körper ist auch ein anderer Geist, ein anderes Prinzip der Körperlehre ist auch ein anderes der Seelenlehre.

Fassen wir die Frage zunächst aus dem Gesichtspunkte der Körperlehre: sind die Körper nur ausgedehnt? Sie sind es *nicht*, wenn es innerhalb der Körperwelt Tatsachen, schlechthin gewisse Tatsachen gibt, welche niemals aus der bloßen Ausdehnung folgen. Oder darf die Naturwissenschaft, wenn sie wirklich die Erscheinungen der Körper erklären will, nur Korpuskularphysik sein? Sie darf es *nicht* sein, wenn sich in den Körpern Erscheinungen, von ihr selbst anerkannte Erscheinungen finden, die aus den Beschaffenheiten der bloßen Materie nicht zu begreifen sind.

2. *Die widersprechende Tatsache*

Wenn die Ausdehnung allein das Wesen der Körper ausmacht, so erklären sich daraus nur die rein geometrischen Beschaffenheiten der Körper: sie sind *Größen*, welche geteilt, gestaltet, bewegt werden können, aber die bestimmte Größe und Figur folgen aus der bloßen Ausdehnung ebenso wenig wie die wirkliche Bewegung. Die Körper sind lediglich passiv: sie verhalten sich nur empfangend, sie empfangen alles von außen, sie werden sich bewegen kraft des Stoßes, den sie empfangen, und sie werden diese Bewegung ins Endlose fortsetzen, wenn nicht ein anderer Stoß die fortgesetzte Bewegung aufhebt und den Körper zwingt, in den Zustand der Ruhe zurückzukehren; aber aus eigener Machtvollkommenheit wird der Körper den Zustand der Ruhe weder verlassen noch gegen äußere Angriffe verteidigen, d.h. er wird aus eigenem Vermögen weder sich bewegen noch dem Stoße Widerstand leisten können, welcher ihm die Bewegung mitteilt. Ohne jede Widerstandskraft des Körpers: wie sollte es möglich sein, daß er auf die fremde, mitgeteilte Bewegung auch nur die mindeste Gegenwirkung ausübt? Ohne die mindeste

Gegenwirkung kann natürlich die fremde Bewegung auch nicht im mindesten modifiziert werden, also wird sie ihren Weg fortsetzen genau mit derselben Geschwindigkeit und genau in derselben Richtung. Ist dies in Wahrheit der Fall? Descartes selbst lehrt in seinem dritten Naturgesetze, daß bei dem Zusammenstoß zweier Körper von ungleichen Kräften die Geschwindigkeit der größeren und die Richtung der geringeren Kraft modifiziert werden, und er sieht sich deshalb genötigt, jedem Körper eine gewisse Kraft zu erteilen, auf andere Körper einzuwirken und deren Angriffen zu widerstehen. Diese Kraft erklärte Descartes aus dem jedem Dinge natürlichen Bestreben, in dem Zustande zu beharren, worin es sich befindet. Nun aber leuchtet ein, daß in der bloßen Ausdehnung, in der rein geometrischen Natur des Körpers, nirgends eine Kraft entdeckt werden kann, die imstande wäre zu wirken, äußeren Einwirkungen Widerstand zu leisten und in dem eigenen Zustande zu beharren.

Hier ist die unwidersprechliche Tatsache, die von jener Körperlehre selbst anerkannt, sogar als Naturgesetz behauptet, aber aus ihren Prinzipien nicht erklärt wird, auch nicht erklärt werden kann: sie läßt sich mit Leibniz auf die höchst einfache Erscheinung zurückführen, daß ein großer Körper schwieriger in Bewegung zu setzen ist als ein kleiner. Diese Tatsache besagt, daß ein großer Körper der äußeren Einwirkung größere Widerstandskraft entgegensetzen kann als ein kleiner, daß also eine gewisse Widerstandskraft, eine gewisse Energie, in seinem Zustande zu beharren, welche die Physiker Trägheit (inertie naturelle) nennen, jedem Körper von Natur eingepflanzt ist. Ohne diese Kraft, vermöge deren ein Körper wirkt und immer wirkt, können die wahren Naturgesetze der Bewegung weder entdeckt noch verstanden werden. An der nachgewiesenen Tatsache scheitert die Kartesianische Körperlehre, mit welcher die Geisteslehre Hand in Hand geht.

II. Der Begriff der Kraft

1. Die Kraft als metaphysisches Prinzip

Es ist demnach klar, daß die bloße Ausdehnung das Wesen des Körpers nicht ausmacht. Freilich gibt es keine Körper ohne Ausdehnung, aber daraus folgt nicht, daß mit der Ausdehnung auch schon die Körper gegeben sind; vielmehr wird das wahre Verhältnis beider so gefaßt werden müssen, daß nicht vermöge der Ausdehnung die Körper, sondern umgekehrt vermöge der Körper die Ausdehnung besteht. Denn es hat sich gezeigt, daß in den Körpern gewisse Kräfte sein müssen, welche in der bloßen Ausdehnung unmöglich sind. Von dem Dasein solcher Kräfte in der Materie, von der Unzulänglichkeit der Korpuskularphysik mit ihrer rein mechanischen Erklärungsweise der Körper haben bereits einige philosophierende Zeitgenossen Descartes' das dunkle und lebhafte Gefühl gehabt, nämlich die englischen Naturmystiker *Henry More* mit seinem „principium hylarchicum", *Cudworth* mit seiner „vis plastica", *Glisson* mit der „natura energetica". Sie suchen den herrschenden Materialismus des Zeitalters zu widerlegen, indem sie der Materie gewisse seelenhafte Kräfte zuschreiben. Unter diese Gegner der Korpuskularphysik hätte L. Feuerbach nicht auch Spinoza rechnen sollen; es ist zwar richtig, daß *Spinoza* die Ausdehnung als Potenz bezeichnet hat, aber davon ist der Grund nicht sein Begriff des Körpers, den auch er rein materialistisch faßt, sondern sein Begriff Gottes, der ihm als das absolute Vermögen sowohl des Denkens als der Ausdehnung gilt. Die Ausdehnung ist bei Spinoza Kraft, nicht weil sie körperlich, sondern weil sie ein Attribut Gottes ist. Nur in diesem Sinne unterscheidet er seinen Begriff der Ausdehnung von dem Kartesianischen. Dies aber ist kein Widerspruch gegen die Korpuskularphysik[1].

Damit ist zunächst bewiesen, daß der Grundbegriff der bisherigen Philosophie, wonach das Wesen der Körper lediglich in der Ausdehnung besteht, mit der Natur der Körper, also mit der Natur der Dinge überhaupt nicht übereinstimmt, daß er diese Natur nicht erschöpft; daß, um sie zu erschöpfen, jenes Prinzip anders zu denken oder der Begriff der Substanz zu berichtigen ist. Diesen Begriff tiefer zu denken als Descartes und Spinoza vermocht haben, fordern die Tatsachen der Natur selbst.

Die Körper sind nicht reine Größen, sondern sie sind *Kräfte*, ohne welche die Bewegung nicht erklärt und deren Gesetze nicht entdeckt werden können. Der Begriff der Größe ist rein mathematisch; die Bewegung, wenn sie existiert, verläuft nur nach mechanischen Gesetzen. Wären die Körper nur Größen, so wäre ihre Wissenschaft reine Mathematik. Wären die Bewegungen nur Größenbestimmungen, so müßten die Gesetze der Mechanik in letzter Instanz aus geometrischen Gründen dargetan werden. Aber es ist in der Natur der Körper etwas enthalten, das durch keine Größenbestimmung ausgemacht werden kann: darum muß die Physik in ihren letzten Gründen das Gebiet der Mechanik und Mathematik übersteigen und einen höheren, metaphysischen Begriff fassen, der auf das Wesen der Dinge selbst eingeht. Nachdem Leibniz die Frage untersucht hat, ob das Wesen des Körpers in der Ausdehnung bestehe, so gibt er die schließliche Erklärung: „Wie

[1] Über Cudworth vgl. Leibniz, *Sur le principe de vie.* Gerhardt Phil. VI, 543 f.; Erdmann 431. Vgl. Gerhardt Phil. IV, 505.

sehr ich auch überzeugt bin, daß innerhalb der Körperwelt alles mechanisch geschieht, so bin ich zugleich der Ansicht, daß die Prinzipien der Mechanik selbst, nämlich die ersten Gesetze der Bewegung, einen weit höheren Ursprung haben, als welchen die Prinzipien der reinen Mathematik darzulegen vermögen." „Außer dem Begriff der Ausdehnung muß man den Begriff der Kraft in Anwendung bringen."[2]

Also die *Kraft* ist der höhere Begriff, auf welchen die Physik hinweist. Dieser Begriff ist physikalisch im strengen Sinne des Wortes, weil nur durch ihn die Natur der Körper gedacht werden kann, weil ohne ihn die einfachsten Tatsachen der Körperwelt unerklärlich bleiben; aber zugleich übersteigt der Begriff der Kraft den Gesichtskreis der Körperlehre, weil innerhalb dieses Gebietes immer nur ausgedehnte Massen und wahrnehmbare Körper erscheinen. Denn es ist ebenso unmöglich, den Körper ohne Kraft zu denken, wie durch den Körper die Kraft anschaulich zu machen. Wir sehen die Wirkungen der Kraft, nicht deren Existenz. Wenn die Kraft ist, so wird sie innerhalb der Körperwelt mechanisch handeln, und ihre Wirkungen werden nach mathematischen Regeln bestimmt werden können; aber daß sie ist, läßt sich weder mechanisch noch mathematisch beweisen, nämlich nicht so beweisen, daß die Kraft gezeigt, gleichsam handgreiflich demonstriert werden kann, wie sich von der Mathematik die Körper und von der Mechanik die körperlichen Bewegungen anschaulich darstellen lassen. Die Kraft ist der Ursprung der mechanischen Welt oder, wie sich Leibniz öfters ausdrückt, „fons mechanismi"[3], aber diese Quelle ist dem Auge verborgen, welches in die Anschauung der sinnlichen Dinge versenkt ist. Es gibt kein Experiment, welches die Kraft als solche zum Vorschein bringt. So weit ich auch die Materie bis in ihre kleinsten Teile erforsche, nirgends finde ich in dem Umfange der sichtbaren Welt den Punkt, wo ich der Kraft selbst gegenüberstehe und sagen kann: hier ist die Quelle der Erscheinungen, hier ist Kraft! wo ich die Kraft mit derselben Anschaulichkeit erblicke wie den Zirkel oder die Pendelschwingung. Und warum ist dieser höhere, den physikalischen Gesichtskreis übersteigende Begriff ein *metaphysischer*? Weil er ein Prinzip oder ein reiner Vernunftbegriff ist, welchen die Physik zwar verlangt, aber aus eigenen Mitteln weder beweisen noch ausmachen kann. Wenn sich die Physik recht bedenkt, so muß sie erklären: ich bin hilflos, wenn ich den Begriff der Kraft nicht zur Erklärung der Körper anwenden darf, aber ich kann in meiner Weise weder zeigen, daß sie ist, noch weniger, worin sie

[2] Gerhardt Phil. IV, 464–466; Erdmann 112–114. Vgl. Gerhardt IV, 478.

[3] „Mechanismi fons est vis primitiva". Gerhardt Phil. VII, 501; Erdmann 678

besteht. Wenn daher nach Leibniz die Kraft den „fons mechanismi“ bildet, so muß dieser Fassung gemäß die Erklärung der Körper auf die Erklärung der Kraft oder die Physik auf die Metaphysik gegründet werden. „Ich habe es schon zu wiederholten Malen gesagt, daß der Ursprung des Mechanismus nicht bloß aus einem materiellen Prinzip und mathematischen Gründen, sondern aus einer höheren und, um diesen Ausdruck zu brauchen, *metaphysischen* Quelle herrühre.“[4]

Was ist die Kraft? Oder fragen wir besser, was sie nicht ist, da sich diese Frage aus den bereits festgestellten Bestimmungen unmittelbar löst. Innerhalb der (geometrischen) Ausdehnung gibt es keine Kraft: darum muß von der Kraft verneint werden, was allein von der Ausdehnung behauptet werden darf. Nur das Ausgedehnte ist teilbar, also ist die Kraft *unteilbar*; nur das Teilbare läßt sich zusammensetzen und trennen, also ist die Kraft *einfach*; nur das Zusammengesetzte entsteht, also ist die Kraft *ursprünglich* oder primitiv (force primitive); nur was entstanden ist, vergeht, also ist die Kraft *ewig*. Aber das Unteilbare, Einfache, Ursprüngliche, Ewige kann nur durch Begriffe, nie durch die sinnliche Anschauung oder Einbildung erkannt werden. Die Kraft ist demnach ein reiner Vernunftbegriff oder ein metaphysisches Prinzip, „denn sie gehört“, sagt Leibniz, „unter diejenigen Wesen, welche ebenso wenig wie die Natur der Seele versinnlicht werden können und deshalb nicht der sinnlichen Einbildung, sondern nur dem Verstande einleuchten.“[5]

Diese Betrachtungen müssen in der Philosophie eine Umbildung von Grund aus herbeiführen. Der neue Grundbegriff ist die *Kraft*, dieses Prinzip ist schlechterdings immateriell, aus ihm sollen die Erscheinungen der Materie erklärt werden, nicht etwa so, daß man nach Art der Kartesianer und Okkasionalisten zu jenem Prinzip seine Zuflucht nimmt, als zu einer auswärtigen Macht, welche äußerlich und wundertätig auf die Dinge einwirkt, sondern so, daß in dem Wesen der Dinge selbst die Kraft als deren eigenstes, ursprüngliches Vermögen enthalten ist. Hier erkennt zum ersten Male die neue Philosophie mit voller Klarheit, daß aus immateriellen, also geistigen Bedingungen auch die Körper erklärt werden müssen. Oder, was dasselbe sagt: die Vermögen, welche in allen Dingen wirken, sind immaterielle, also geistige oder wenigstens dem Geist analoge. Setzen wir hinzu: daß diese inhaltschwere Formel die Aufgabe der Leibnizischen Philosophie ihrem ganzen Umfange nach in sich schließt, daß Leibniz selbst, so oft er den Plan seines Lehrgebäudes

[4] *De ipsa natura sive de vi insita actionibusque creaturarum.* Gerhardt Phil. IV, 505; Erdmann 155.

[5] Gerhardt Phil. IV, 507 f.; Erdmann 156.

entwirft, sogar in dessen flüchtigsten Skizzen, diesen Gedanken einer dynamischen (spiritualistischen) Erklärung der Körperwelt an die Spitze gestellt hat; daß hier der bedeutsame Wendepunkt liegt, wo die neue Philosophie die Kartesianisch-Spinozistische Bahn verläßt und den Weg auf die kritische Epoche einschlägt. Denn es war der charakteristische Grundsatz jener rein dogmatischen Philosophie, daß innerhalb ihrer Anschauungsweise der völlige Gegensatz galt zwischen dem Immateriellen und Materiellen, zwischen Geistern und Körpern, zwischen Denken und Ausdehnung; daß diesem Grundsatze gemäß die Seelenlehre rein idealistisch, die Körperlehre rein materialistisch ausgebildet werden sollte; daß deshalb die tatsächliche Vereinigung von Geist und Körper entweder mit den Okkasionalisten für ein immerwährendes Wunder oder mit Spinoza für eine ewige Wirkung erklärt wurde. *Dieser Gegensatz nun ist aufgehoben im Prinzipe der Leibnizischen Philosophie*: er ist aufgehoben im Begriffe der Kraft. Da nämlich die Kraft als solche immateriell ist, so schließt sie alles in sich, was unter den Begriff des Immateriellen fällt, alle geistigen und denkenden Vermögen, zugleich aber enthält sie die Natur des Körpers, weil dieser ohne Kraft nicht gedacht werden kann. Daraus folgt, daß die Kraft die Natur der Geister und Körper, also das einmütige Wesen aller Dinge ausdrückt und mithin dem Begriffe der Substanz gleichgesetzt werden muß: *die Kraft muß nur als Substanz und die Substanz kann nur als Kraft gedacht werden*. Wenn nämlich die Substanz das ursprüngliche Wesen der Dinge bezeichnet, dessen Begriff nicht von dem eines anderen Dinges abhängt, so kann sie niemals durch die Ausdehnung bestimmt werden, denn es hat sich gezeigt, daß die Ausdehnung nichts Ursprüngliches ist, sondern, um erklärt zu werden, den Begriff der Kraft verlangt. Darum geschah es, wie Leibniz sagt, „praepostere", daß Descartes das Wesen der Körper in die bloße Ausdehnung setzte[6]. Vielmehr ist das wahrhaft Ursprüngliche, ohne welches weder die Geister noch Körper erklärt werden können, die Kraft: darum läßt sich die Substanz nur in dieser Weise denken.

2. *Die Vielheit der Kräfte*

Aber wie muß die Kraft der Dinge selbst gedacht werden? Wie verhält sich die eine Kraft zu den vielen Dingen und umgeklehrt? Sollen wir antworten, was hier das Nächste zu sein scheint: daß sich die Kraft zu den Dingen verhalte wie die Ursache zu ihren Wirkungen oder wie die eine Substanz zu ihren zahllosen Modifikationen? Dann wären wir der Lehre Descartes' nur entron-

[6] *De primae philosophiae emendatione et de notione substantiae.* Gerhardt Phil. IV, 469; Erdmann 122. Vgl. *Examen des principes du Père Malebranche.* Gerhardt Phil. VI, 579 ff.; Erdmann 690 f.

nen, um in der Spinozas stehen zu bleiben, oder wir hätten die Lehre Spinozas nur in einem Punkte, nämlich in dem Verhältnisbegriff der Attribute geändert, um in dem Grundbegriffe der *einen* Substanz mit ihr übereinzustimmen. Aber gerade in diesem Punkte wendet sich Leibniz auf das nachdrücklichste gegen den Spinozismus, gerade hier sucht er diese „doctrina pessimae notae“ zu stürzen. Wie die Natur der Körper den Kartesianischen Begriff der ausgedehnten Substanz widerlegt, so widerlegt die Natur der Dinge überhaupt den Spinozistischen Begriff der einen und einzigen Substanz. Wenn es nur *eine* Substanz gäbe, so wäre sie die einzige Kraft, so wäre dieses eine Wesen allein zur Kraftäußerung oder Handlung fähig, und alle Dinge ohne Ausnahme wären ohnmächtig und tatlos: sie wären nicht aktiv, sondern lediglich passiv, sie könnten nicht selbst wirken, sondern nur bewirkt werden. Die Kraft ist die Quelle aller Tätigkeit. Gibt es nur *eine* Kraft, so gibt es in den Dingen selbst keine eigentümlichen Kräfte, also auch keine eigentümlichen Handlungen. Aber es gibt solche Handlungen, und zwar in allen Dingen: die Geister denken aus eigenem Vermögen und sind daher mehr als vorübergehende Gedanken der göttlichen Denkkraft; die Körper bewegen sich selbst und sind daher mehr als nur widerstandslose Massen. Die Dinge sind tätig, darum sind sie *kräftig*, denn „actio sine vi agendi esse non potest“; sie sind nicht Teile einer Kraft, denn die Kraft ist unteilbar, sondern selbst Kräfte und darum Substanzen. Hier scheitert die Lehre Spinozas: sie hat das Zeugnis der Natur selbst gegen sich, nach welcher jedes Ding aus eigener Kraft handelt. *So viel Dinge, so viel Kräfte, so viel Substanzen: die Kraft der Dinge besteht mithin in einer zahllosen Fülle von Kräften in einer zahllosen Fülle einzelner Substanzen.*

3. Die Kraft als tätiges Wesen oder einzelne Substanz

Oder läßt sich etwa eine Kraft denken, welche nicht handelt? Wenn sie nicht handelt, so ist die Kraft entweder eine leere Potenz *(inanis potentia)*, welche nicht wirken und in Kraft gesetzt werden kann, oder sie ist nach scholastischen Schulbegriffen eine bloße Potenz *(potentia nuda)*, die, um zu wirken, der äußeren Anregung bedarf. Solche Begriffe erreichen die Natur der Kraft nicht. Denn die wirkliche Kraft ist weder ein so unfruchtbares noch ein so hilfsbedürftiges Wesen, sondern sie wird durch sich selbst zum Handeln getrieben. Darum ist sie immer tätig oder wenigstens immer in dem lebendigen Streben nach Tätigkeit begriffen. Die Tätigkeit der Körperkraft sei die Bewegung: ist nicht jeder Körper immer bewegt oder wenigstens immer in dem Streben nach Bewegung begriffen, selbst im Zustande scheinbarer Ruhe? Oder kann etwa der Körper jemals aufhören, äußeren Einwirkungen Widerstand zu leisten?

Ist er nicht beständig solchen Einwirkungen preisgegeben? Kann ein Körper anders existieren, als in der unmittelbaren Gesellschaft der Körper? Also ist jeder Körper beständig im Widerstande und im Gegendrucke begriffen. Widerstand aber ist Tätigkeit. Mit der Widerstandskraft des Körpers ist auch eine immerwährende Tätigkeit desselben gesetzt, und so wenig ein Körper ohne die Kraft des Widerstandes gedacht werden kann, so wenig kann diese Kraft anders als *tätig* und *immer tätig* gedacht werden.

Wo Tätigkeiten sind, da müssen Subjekte sein, von denen sie ausgehen, Kräfte, welche sie ausüben. Diese Wesen, welche aus eigener Machtvollkommenheit handeln und zum Handeln nur durch sich selbst getrieben werden, gelten uns für ursprüngliche Wesen oder für Substanzen. Wie nun jede Tätigkeit eine bestimmte Handlung ist, so ist ihr Subjekt eine bestimmte, von andern unterschiedene, *einzelne* Substanz. Jedes tätige Wesen ist ein Subjekt, jedes Subjekt ist eine einzelne Substanz: diese Bestimmungen sind für Leibniz geradezu Wechselbegriffe, so daß jede als Prädikat der andern gelten kann. In jener Abhandlung „über das Wesen der Natur oder über die natürliche Kraft und Handlungen der Dinge", worin sich Leibniz über die ersten Gedanken seiner Philosophie am gründlichsten verbreitet, erklärt er durch den Begriff der Tätigkeit den der Substanz. „So weit ich den Begriff der Tätigkeit einsehe, beweist und erhärtet dieser Begriff jenen bekannten Satz der Philosophie, daß, wo Tätigkeiten sind, auch Subjekte sein müssen, von denen sie ausgehen, und ich finde diesen Satz so wahr, daß man ihn umkehren kann und sagen: was handelt, ist eine einzelne Substanz, und jede einzelne Substanz handelt, und zwar ohne Unterlaß, die Körper nicht ausgenommen, die sich ja niemals in einem Zustande absoluter Ruhe befinden."[7]

Die Natur der Dinge muß als Kraft, diese muß als Substanz, und zwar als tätige, immer tätige, einzelne Substanz, gedacht werden. Denn ohne einzelne Substanz gibt es keine Tätigkeit, ohne Tätigkeit gibt es keine Kraft, ohne Kraft gibt es weder Geist noch Körper. Was ist nun die einzelne Substanz, welche wir dem Begriff der Kraft und der Tätigkeit gleichsehen? Sie ist als *Substanz* ein unteilbares, einfaches, ursprüngliches Wesen, welches von außen in keiner Weise bestimmt werden kann, also nur aus eigener Kraft handelt und leidet oder von allem, was in ihm geschieht, die alleinige Ursache ausmacht; sie ist als *einzelnes* Wesen von allen übrigen unterschieden: in der ersten Rücksicht bildet sie ein vollkommen einfaches und selbständiges, in der zweiten ein vollkommen eigentümliches und in seiner Art einziges Wesen. Fassen wir

[7] *De ipsa natura* etc. Gerhardt Phil. IV, 509; Erdmann 157.

diese beiden Bestimmungen in *eine* und nennen dieses so einfache, selbständige und eigentümliche Wesen ein Individuum: so fällt die Frage nach dem Prinzip der Vereinzelung oder der Individuation, wodurch die Dinge Einzelwesen sind, mit dem Grundgedanken der Leibnizischen Lehre zusammen.

III. Das Prinzip der Individualität oder die Monade

1. Individuation und Spezifikation

Die Kraft der einzelnen Substanz kann nur darin bestehen, daß sie in tätiger Weise ausdrückt, was sie von Natur ist, daß sie zugleich ihre einfache Selbständigkeit und ihre bestimmte Eigentümlichkeit, mit einem Worte ihre Individualität behauptet. Diese aber behauptet sich durch die Selbsttätigkeit und durch die Selbstunterscheidung. Es leuchtet ein, daß mit der ersten Tätigkeit auch die zweite unmittelbar verknüpft ist, daß die Selbsttätigkeit nicht gedacht werden kann ohne die Selbstunterscheidung, daß beide in einem und demselben Akt ein und dasselbe Wesen ausdrücken, oder, um mit Leibniz zu reden: „principium individuationis idem est quod absolutae specificationis, qua res ita sit determinata, ut ab aliis omnibus distingui possit". Dieses Prinzip der Individuation und Spezifikation bildet das Wesen aller in der Welt wirksamen Kräfte. Jede einzelne Substanz, gleichviel welche Stufe sie innerhalb der Weltordnung einnimmt, hat das Vermögen, sich als Individuum, als *dieses* von allen übrigen verschiedene Individuum zu betätigen. Wo aber Selbstbetätigung ist, da ist Leben oder Lebendigkeit. Darum liegt in allen diesen Substanzen von Natur eine unzerstörbare Lebenskraft, nämlich die Kraft des selbsttätigen Daseins, welche man gewöhnlich den lebendigen Körpern der Natur im Unterschiede von den lebloßen zuschreibt. So ist den Prinzipien der Leibnizischen Philosophie der Begriff des Lebens von Haus aus eingepflanzt, denn er ist mit dem der Kraft notwendig verbunden. Diese Philosophie ist in ihrem Grundgedanken überzeugt, daß es in der Welt nichts Lebloses gibt; darum wird es nicht mehr befremden, wenn sich von hier aus die Anschauung eines allbelebten und seelenvollen Universums durch das gesamte System erstreckt. Denn es gibt nichts, das nicht auf irgend eine vollkommen bestimmte Weise Kraft zu äußern und in dieser Kraftäußerung sich zu betätigen vermöchte: darum sind ohne Ausnahme alle Dinge ihrem Wesen nach lebendig wirkende Naturen, und wenn sie unseren Sinnen als leblose Körper erscheinen, so ist diese oberflächliche Sinneswahrnehmung kein Zeugnis gegen jenen tiefblickenden Gedanken. Denn in der Natur sind viele beständige Kräfte und Formen, die wir erkennen und verstehen, so wenig unsere sinnliche Anschauung davon erfährt. Leugnen wir etwa den Druck der Luft, weil wir ihn nicht spüren, oder die sphärische Form des Erdkörpers, weil wir dieselbe nicht sehen?[8]

2. *Einheiten, Punkte, Atome*

Diese lebendig wirkenden Naturen sind das neue, von Leibniz entdeckte Prinzip der Philosophie. Wie jede von ihnen ein eigentümliches Wesen bildet, gleichsam eine Welt für sich ausmacht, so ist dieser Begriff ein origineller, von allen Begriffen der früheren Philosophie wohl zu unterscheidender Gedanke. Um diesen Unterschied auszusprechen, müssen wir dem neuen Prinzip einen Namen geben, wodurch dasselbe charakteristisch hervorgehoben wird gegenüber den früheren Begriffen der Substanz: einen Namen, welcher sich zu dem der Substanz verhält wie der Eigenname zum Gattungswort, wie das *nomen proprium* zum *nomen appellativum*. Bezeichnen wir die Leibnizischen Elementarwesen als einzelne Substanzen, so ist in diesem Ausdruck der Unterschied nicht kenntlich gemacht zwischen ihnen und den Kartesianischen Substanzen, denn auch bei Descartes gelten die einzelnen Wesen für Substanzen, die Geister sowohl als die Körper. Während aber von den Kartesianischen Substanzen die einen ausgedehnt, teilbar, zusammengesetzt sind und sein müssen, so gelten bei Leibniz alle Substanzen für Kräfte und darum für immaterielle, unteilbare, einfache Wesen. Um dieser Einfachheit willen mögen sie *Einheiten* genannt werden, aber nicht im gemeinen, sondern im strengen Sinne des Wortes: sie sind wahrhafte Einheiten (unités réelles, véritables, *verae unitates*), die nicht geteilt und in eine Menge aufgelöst oder zerlegt werden können, die nicht erst zu Einheiten werden, indem sie viele gleichartige Teile vereinigen, sondern die an und für sich Einheiten sind und ewig bleiben. Nicht die Zahl, sondern die Kraft bildet das Wesen dieser Einheiten. Sie sind Einheiten nicht im arithmetischen, sondern im metaphysischen Verstande. Die arithmetische Einheit ist teilbar. Wäre sie es nicht, so gäbe es keine Brüche, was den Schülern sehr angenehm wäre, wie Leibniz einmal der Königin Sophie Charlotte schreibt, um ihr recht deutlich darzutun, daß es in der Zahl keine wahre Einheit gibt[9]. Um diesen Unterschied von der Zahlgröße hervorzuheben, könnte man die wahren Einheiten mit Leibniz *Punkte* nennen, aber *metaphysische* Punkte (points métaphysiques), damit sie nicht mit den physischen und mathematischen verwechselt werden können. Denn die physischen Punkte sind körperliche, also teilbare Größen und darum

[8] *Nouveaux essais sur l'entendement humain*. Liv. II. chap. 1. Gerhardt Phil. V, 101; Erdmann 223.

[9] Klopp X, 145 (Brief vom 22. April 1702).

niemals eigentliche Punkte; dagegen die mathematischen sind zwar Punkte, denn sie sind nicht ausgedehnt, aber es fehlt ihnen die wirkliche Existenz, denn sie existieren nur als mathematische Begriffe. Die metaphysischen Punkte vereinigen beides in sich: sie sind echte und in Wahrheit existierende Punkte, sie sind zugleich exakt, wie die mathematischen, und reell, wie die physischen: sie sind substanzielle, wesenhafte Punkte (points de substance)[10]. Um die Realität dieser Punkte im Unterschiede von den mathematischen auszudrücken, könnte man sie als *Atome* bezeichnen, wenn dieses Wort nicht an die Atomisten der alten und neuen Zeit erinnerte, von deren Lehren sich die Leibnizische grundsätzlich unterscheidet. Die Atome eines Demokrit und Epikur, eines Gassendi und Hobbes sind materiell, also ausgedehnt und teilbar, darum sind sie nicht wahre, sondern nur sogenannte Atome, sie sind im Grunde nur Korpuskeln (kleine Körperchen), also nicht dem Wesen, sondern nur dem äußeren Scheine nach Atome. Dagegen die Leibnizischen Prinzipien sind ihrem Wesen nach unteilbar oder „atom", darum müssen sie als „atomes de substance" von den Grundbegriffen der Atomisten unterschieden werden. Die gewöhnlichen Atome, gemäß ihrer materiellen Beschaffenheit, lassen sich nur nach Zahl, Größe und Figur unterscheiden, d.h. nach den äußeren Modalitäten der Ausdehnung; im Grunde ihres Wesens sind alle einander gleich, und wie ihre tatsächliche Verschiedenheit eine äußerliche und darum zufällige ist, so könnte ein anderer Zufall ebensogut machen, daß diese Atome auch äußerlich einander gleich wären. Denn ist die Verschiedenheit zufällig, so ist die Gleichheit möglich. Es fehlt diesen Atomen die Quelle und Kraft der inneren Unterscheidung, vermöge deren jedes seine eigentümliche Form ausprägt und sich als dieses besondere Individuum darstellt. Materielle Atome sind keine Individuen. Denn das Wesen eines materiellen Atoms besteht in der rohen, äußerlich gestalteten Masse, das Wesen eines Individuums dagegen in der mit innerer Notwendigkeit selbstgebildeten Form. Dort ist es die materielle Beschaffenheit, hier die formelle, die das Atom ausmacht: darum unterscheidet Leibniz unter dem Namen *„formelle Atome"* seine Prinzipien von denen der Atomisten[11].

---

[10] „Il n'y a que les points metaphysiques ou de substance (constitués par les formes ou ames), qui soyent exacts et reels, et sans eux il n'y aurait rien de reel, puisque sans les veritables unités il n'y aurait point de multitude". *Système nouveau de la nature* (Nr. 11). Gerhardt Phil. IV, 483; Erdmann 126.

[11] „Il n'y a que les *Atomes de substance*, c'est à dire, les unités reelles et absolument destituées de parties, qui soyent les sources des actions, et les premiers principes absolus de la composition des choses, et comme les derniers elemens de l'analyse des substantielles." *Syst. nouv.* (Nr. 11). Gerhardt Phil. IV, 482; Erdmann 126. „Pour trouver ces unités reelles, je fus contraint de recourir à un *atome formel*, puisqu'un estre materiel ne sçaurait estre en même temps materiel

3. Substantielle Formen. Monaden

Was nämlich die Form der Dinge betrifft, so erklärt sich aus folgendem Gesichtspunkte der Unterschied zwischen Leibniz und den Korpuskularphilosophen sowohl der atomistischen als der Kartesianischen Schule. Entweder ist einem Dinge die Form von außen gegeben oder sie ist mit dem Wesen desselben gesetzt und folgt notwendig aus seiner Natur: in dem ersten Falle ist sie ein zufälliges, in dem andern ein notwendiges Attribut dieses Dinges. Zufällig ist die Form, wenn das Ding auch ohne sie gedacht werden kann, notwendig dagegen, wenn mit diesem Dinge diese Form gedacht werden muß. Zu den zufälligen Formen verhält sich das Ding als deren gleichgültiges Substrat, zu den notwendigen als deren tätiges Subjekt. So ist z. B. das Baumaterial offenbar das gleichgültige Substrat für das Gebäude, welches daraus gebildet wird; ein lebendiger Körper dagegen, wie Pflanze oder Tier, ist das tätige Subjekt seiner eigentümlichen Form und Gestaltung. In den Elementen eines Gebäudes liegt nicht der Trieb, ein Haus zu werden: sie werden es auf dem Wege mechanischer Zusammensetzung. In den Elementen eines Organismus dagegen, in dem Samen der Pflanzen und Tiere liegt der Trieb, ein lebendiger Körper, dieses so bestimmte Individuum zu werden: sie werden es auf dem Wege selbsttätiger Entfaltung. Dort ist die Form zufällig und akzidentell, hier ist sie notwendig und wesentlich. Wie verhalten sich in der Natur die Dinge zu ihren Formen? Auf diese Frage antworten die Korpuskularphilosophen: die Elemente der Natur verhalten sich zu ihren Formen als gleichgültige Substrate, die Formen verhalten sich zu den Dingen als zufällige Modi. Leibniz dagegen erklärt: die Dinge verhalten sich zu ihren Formen als tätige Subjekte, die Formen verhalten sich zu den Dingen als notwendige Attribute oder substantielle Beschaffenheiten. Mit den Elementen der Natur sind auch die Naturformen gegeben, die Formen sind ursprünglich und primitiv wie die Substanzen. Man kann die Naturformen nicht erklären, wenn man sie nicht aus den Elementen der Natur ableiten kann, und das ist nur möglich, wenn in den Elementarwesen selbst der Trieb zur Form oder die formgebende Kraft entdeckt wird. Da nun jedes Ding vermöge seiner bestimmten Form ein Individuum bildet, so leuchtet ein, daß aus diesem Formbegriffe allein das Dasein der Individuen in der Welt erklärt werden kann. Mit Recht unterscheidet Leibniz seine Formbegriffe von denen der Korpuskularphilosophie,

---

et parfaitement indivisible, ou doué d'une veritable unité.“ *Syst. nouv.* (Nr. 3). Gerhardt Phil. IV, 478 (Anm.) Erdmann 124. Über den Unterschied von Atom und Individuum vgl. *Nouveaux essais.* Liv. II. chap. 27; Gerhardt Phil. V, 214; Erdmann 277 f.

indem er den Aristotelisch-Scholastischen Ausdruck braucht: „sie sind *wesentliche* oder *substantielle Formen (formes substantielles, formae substantiales)*. „Man muß die substantiellen Formen wieder einführen und gleichsam rehabilitieren.“[12]

Es handelt sich um einen einfachen Ausdruck, der nicht nötig hat, erst durch nähere Bestimmungen von anderen ähnlichen Bezeichnungen unterschieden zu werden, der mit *einem* Worte erklärt, daß jede Substanz eine formelle Einheit oder ein Individuum ist. Dieses Wort heißt *Monade*. Leibniz wählt diesen Pythagoreisch-Platonischen Ausdruck, um auf eine bündige und unzweideutige Art sein Prinzip von der früheren und gleichzeitigen Metaphysik zu unterscheiden. „Monas ist ein griechisches Wort, welches *Einheit* oder das, was *Eines* ist, bezeichnet.“[13]

Um den Begriff der einzelnen Substanz streitet er mit Descartes, denn bei ihm ist die einzelne Substanz nie zusammengesetzt, sondern immer einfach: sie ist *Einheit*. Um den Begriff der Einheit streitet er mit der Arithmetik, denn in seinem Verstande ist die Einheit unteilbar: sie ist *Punkt*. Um den Begriff des Punktes streitet er mit der Geometrie, denn seine Punkte sind wirkliche Wesen oder *Atome*. Um den Begriff des Atoms streitet er mit den Atomisten, denn seine Atome sind Kräfte oder *Formen*. Um den Begriff der Formen streitet er mit den Korpuskularphilosophen, denn ihm gelten die Formen der Dinge nicht als zufällige, sondern als wesentliche Bedingungen: sie sind *substantielle* Formen oder *Individuen*. Daß die Substanz so begriffen werden müsse, erklärt das Wort *Monade*. „Und diese Monaden“, sagt Leibniz im Anfange seiner Monadologie, „sind die wahrhaften Atome der Natur und mit einem Wort die Elemente der Dinge.“[14]

---

[12] *Syst. nouv.* (Nr. 3). Gerhardt Phil. IV, 478 f.; Erdmann 124. *De ipsa natura* etc. (Nr. 11). Gerhardt Phil. IV, 510 f.; Erdmann 158.

[13] *Principes de la nature et de la grace* (Nr. 1). Gerhardt Phil. VI, 598; Erdmann 714.

[14] *Monadologie* (3). Gerhardt Phil. VI, 607; Erdmann 705.

Zweites Kapitel. Die Leibnizische Lehre in ihren Verhältnissen zur früheren Philosophie

I. Die Kartesianische und Atomistische Schule

1. Gegensätze und Verwandtschaften

Das neue Prinzip der Metaphysik ist die Monade. Wir haben gezeigt, daß unter diesem Ausdruck die Substanz als Individuum oder, was dasselbe heißt, das Wesen der Dinge als eine Fülle selbsttätiger Kräfte begriffen werden soll. Bei dieser Untersuchung sind wir geflissentlich einen anderen Weg gegangen, als welchen gewöhnlich die Darstellungen der Leibnizischen Philosophie einschlagen. Statt einer Worterklärung haben wir eine bestimmte Tatsache zum Ausgangspunkte genommen und aus deren Untersuchung den Begriff hervorgehen lassen, der jene Tatsache erklärt. Wir nehmen unsere Richtschnur nach dem Ideengange des Philosophen selbst. Dieser beginnt mit der Untersuchung des Körpers und zeigt, daß derselbe nicht durch die Ausdehnung, sondern durch die Kraft erklärt werden müsse, und auf dieselbe Weise lassen die Entwürfe seiner Metaphysik, vom ersten Abriß bis zu den letzten Ausführungen, den Hauptgedanken des Systems entspringen. Es heißt hier nicht, der Begriff der Substanz muß als Monade gedacht werden. Sondern es heißt: weil es zusammengesetzte Substanzen gibt, darum muß es einfache Substanzen oder Monaden geben. Was sind zusammengesetzte Substanzen? Körper. Was sind einfache Substanzen? Kräfte. Also mit anderen Worten: die Entwürfe der Leibnizischen Metaphysik beginnen immer mit dem Argument: *weil es Körper gibt, darum muß es Kräfte geben*. Dies ist der Grund, weshalb wir in dieser Form eben denselben Gedanken ausführlich dem System zugrunde gelegt haben[15].

Der Körper muß gedacht werden als Kraft. Die Kraft ist ein unteilbares, also immaterielles, einfaches, ursprüngliches Wesen: darum muß sie gedacht werden als Substanz. Die kräftige Substanz ist immer tätig, und da sie allein die Quelle ihrer Tätigkeit bildet, so leuch-

[15] „Le corps est un agrégé de substances, il faut par conséquent, que partout dans le corps il se trouve des substances indivisibles“ etc. Leibniz an Arnauld, Venedig 23. III. 1690; Gerhardt Phil. II, 135; Erdmann 107. „Et il faut qu'il y ait de substances simples, puisqu'il y a des composées“. *Monadologie* (Nr. 2). Gerhardt Phil. VI, 607; Erdmann 705.

tet ein, daß sie ein selbsttätiges Wesen ist, d.h. ein Individuum oder eine Monas. Aber mit der Selbsttätigkeit ist die Selbstunterscheidung oder das Prinzip der durchgängigen Verschiedenheit, also der absolute Unterschied und damit die absolute Vielheit der Monaden gegeben. Deshalb ist die Frage, warum es nicht bloß *eine* Monade, sondern deren zahllose gibt, ebenso müßig, wie wenn man fragen wollte, warum nicht ein Individuum allein, sondern viele da sind? Ohne die vielen wäre auch das eine unmöglich, denn das Wesen des Individuums besteht in der selbsttätigen Eigentümlichkeit, und so spontan und selbstkräftig diese Eigentümlichkeit ist, so wenig könnte sie stattfinden, wenn sie nicht von anderen ebenfalls eigentümlichen Wesen zu unterscheiden wäre.

Aus dem Begriff der Monade erklären sich sowohl die Gegensätze als die verwandten Beziehungen, welche Leibniz zu den geschichtlichen Systemen einnimmt, und wir haben bereits gesehen, als es sich um den Namen des neuen Prinzips handelte, wie sehr Leibniz darauf bedacht war, seinen Begriff der Substanz von den gleichnamigen Begriffen Spinozas, der Kartesianer und der Atomisten genau zu unterscheiden.

2. *Spinozas Einheitslehre*

Der Begriff der Monade erklärt, daß alle Dinge Substanzen, d.h. ursprüngliche und von Natur selbständige Wesen sind, daß sie daher auf natürlichem Wege diese Selbständigkeit weder empfangen noch verlieren oder auf natürliche Weise weder entstehen noch vergehen können. Mit dieser Erklärung richtet Leibniz seine Philosophie gegen die Lehre Spinozas, die, auf den Begriff der *einen* Substanz gegründet, in allen einzelnen Wesen nur deren vorübergehende Modifikationen erblickte. Diese beiden Begriffe hängen genau und folgerichtig zusammen. Gibt es nur eine Substanz, so sind alle einzelnen Dinge selbstlos und unkräftig. Sind die Dinge unselbständig und kraftlos, so können sie sich von der göttlichen Substanz nicht unterscheiden, also auch nicht von ihr unterschieden werden: so ist, wie Spinoza behauptet, Gott allein das einzige wahre und beständige Wesen der Dinge. Daher fällt nach Leibnizens Urteil jede Lehre in die Richtung Spinozas, welche die Ursprünglichkeit der Dinge angreift und die Natur für einen bloßen, an sich nichtigen Schauplatz der göttlichen Wirksamkeit hält[16]. Mögen diese Lehren immerhin über das Wesen Gottes anders denken als Spinoza: da sie mit ihm einverstanden sind über die Ohnmacht

[16] „Et ademta rebus vi agendi, non posse eas a divina substantia distingui incidique in Spinozismum". *Leibniz an Fr. Hoffmann*, 27. IX. 1699; Erdmann 161. *Examen des principes du Père Malebranche*. Gerhardt Phil. VI, 582; Erdmann 691.

und absolute Unselbständigkeit aller einzelnen Dinge, so sind ihre Vorstellungen von Gott vielleicht nach der gewöhnlichen Art religiöser, aber auch gewiß unklarer als der reine Pantheismus jenes „novateur trop connu“, und ihr Vorzug besteht nicht in dem besseren Prinzip, sondern in der geringeren Folgerichtigkeit der Gedanken. Folgerichtigerweise muß jeder Spinozist sein, welcher den Dingen die eigentümlichen und ursprünglichen Kräfte abspricht. Hier gilt der Satz: entweder sind alle Dinge selbstlos oder selbständig. In dem ersten Falle gibt es nur eine Substanz, welche Gott ist, in dem andern sind alle Dinge Substanzen oder Monaden. Also entweder die eine Substanz oder die zahllosen Monaden, entweder Spinoza oder Leibniz. Es gibt kein Drittes. „Ich begreife nicht“, schreibt Leibniz an Bourguet, „wie Sie aus meinen Begriffen den Spinozismus folgern können, im Gegenteil gerade durch die Monaden wird der Spinozismus vernichtet. *Spinoza würde Recht haben, wenn es keine Monaden gäbe*, und demnach alles außer Gott vorübergehend und selbstlos wäre, denn es wäre dann in den Dingen keine substantielle Grundlage, die in dem Dasein der Monaden besteht.“[17] Und dieselbe Notwendigkeit zeigt Leibniz in der öfters erwähnten Abhandlung über das Wesen der Natur und die natürlichen Kräfte der Dinge dem Physiker Sturm, der in seiner Abhandlung „De idolo naturae“ die selbsttätige Kraft oder natürliche Energie der Dinge in Abrede gestellt hatte. „Dann würde folgen, daß kein natürliches Wesen, keine Seele in ihrer Identität beharre, daß nichts von Gott wirklich erhalten werde, daß mithin alle Dinge nur ohnmächtige und vorübergehende Modifikationen der einen, göttlichen, beharrlichen Substanz wären, wesenlose und gleichsam gespenstische Erscheinungen, dann würde, mit anderen Worten, die Natur selbst oder die Substanz aller Dinge Gott sein: eine Lehre von übelstem Ansehen, welche unlängst ein zwar scharfsinniger, aber gottloser Schriftsteller eingeführt oder vielmehr erneuert hat.“[18]

Denn Spinozas eigentümlicher Naturalismus, der alle Zweck- und Moralbegriffe von sich ausschließt, ist in dieser Lehre weder das Einzige noch weniger das Erste, wogegen sich Leibniz wendet. Das Erste ist das Prinzip der einen und einzigen Substanz, welches freilich älter und umfassender ist als die Lehre Spinozas. Unter diesem Begriffe vereinigt Leibniz alle jene Theorien, welche die Einheit der Dinge nur als All-Einheit zu denken vermögen. Wie später Jacobi den Spinozismus für den Typus gleichsam aller Philosophie nahm, so nimmt ihn Leibniz als die Grundformel aller pantheistischen Philosophie. Die Gottheit gilt hier als das All-Eine, wozu die einzel-

[17] *Leibniz an Bourguet*, XII. 1714; Gerhardt Phil. III, 575; Erdmann 720.

[18] *De ipsa natura* etc. (Nr. 8). Gerhardt Phil. IV, 508 f., Erdmann 156 f.

nen Dinge sich verhalten, um in den üblichen Bildern der Pantheisten zu reden, wie die Tropfen zum Ozean oder wie bei einer Panflöte die verschiedenen Töne zu dem einen Luftstrom, der das gesamte Flötenspiel durchdringt[19]. Gleichviel, wie dieses All-Eine gefaßt wird, ob als Natur oder Geist, ob mit Spinoza als die Substanz, die alles bewirkt, oder mit anderen als die Weltseele (esprit universel), die alles belebt und begeistet: immer müssen die einzelnen Dinge, Seelen, Geister (êtres particuliers) angesehen werden nicht selbst als Substanzen, sondern als Modi der einen Substanz, nicht selbst als Ganze, sondern als Teile, nicht selbst als Gattungen, sondern nur als Gattungsexemplare. In diesen einzelnen Wesen ist nichts ewig und nichts selbständig. Nach dem Augenblick ihres flüchtigen Daseins kehren die Modi in die Substanz, die Exemplare in die Gattung, die Geister in die Weltseele spurlos zurück. Sie leben nur, um zu sterben; sie fühlen und denken nur, um sich in das Ewige vollkommen aufzulösen. Diese unbedingte Auflösung ist für das natürliche Leben der Tod und für das menschliche Gemüt die selbstlose Hingebung im Gefühl und in der Erkenntnis, in der Form der Religion und in der Form der Philosophie: eine Versenkung in das göttliche Wesen, worin alle Selbstunterscheidung zwischen Gott und Mensch aufhört und an die Stelle des Verhältnisses die völlige Vereinigung tritt. Diese Vereinigung in der Form des religiösen Gefühls ist die Mystik, in der Form der denkenden Erkenntnis die Intellektualliebe Gottes, wie sie Spinoza gelehrt hat. Wer daher im Prinzip behauptet, daß es nur eine einzige, tätige Substanz gebe, er nenne sie nun Natur, Geist oder Gott, der muß folgerichtig auf der einen Seite die Unsterblichkeit des Individuums verneinen und auf der anderen, sei es auf dem Wege der Religion oder Philosophie, sei es in der Weise der Mystik oder der Spekulation, eine vollkommene Vereinigung mit dem göttlichen Wesen anstreben. Unter diesem Gesichtspunkte verbindet daher Leibniz mit dem Spinozismus die Averroisten, welche aus Aristotelischen Gründen die Unsterblichkeit der menschlichen Seele leugneten, und mit dem Spinozistischen „amor Dei“ jene mystische und quietistische Lehre, nach welcher „der Sabbat oder die Ruhe der Seelen in Gott“, die Feier aller tätigen Seelenkräfte für den höchsten Zustand der Vollendung gilt[20].

Gegen die eine und einzige Substanz setzt Leibniz die unendlich vielen Substanzen; gegen die Einheit, worin eines im anderen untergeht, setzt er das Verhältnis, worin zugleich die Beziehung

---

[19] *Considérations sur la doctrine d'un Esprit Universel Unique*. Gerhardt Phil. VI, 535 f.; Erdmann 181.

[20] Considérations sur la doctrine d'un Esprit Universel Unique. Gerhardt Phil. VI, 530; Erdmann 178. Vgl. *Epistola ad Hanschium de philosophia platonica sive de enthusiasmo platonico* (Nr. VII). Erdmann 447.

und die Selbständigkeit beider Seiten gewahrt wird. Darum ergreift er gegen Spinoza die Partei der atomistischen Philosophie, gegen die Averroisten (Aristotelische Pantheisten) verweist er auf die Platonische Unsterblichkeitslehre; dem „amor Dei" Spinozas, der Mystik und dem Quietismus stellt er den „Platonischen Enthusiasmus" entgegen, nämlich jenes klare Verhältnis, worin die Seele von dem Göttlichen erfüllt ist, ohne davon verzehrt zu werden. Denn im Enthusiasmus des Platonischen Geistes verhält sich die menschliche Seele zur Gottheit nicht wie ein Modus zur Substanz, sondern wie das Abbild zu seinem Urbilde[21].

So bildet Leibniz den bewußten und scharf bezeichneten Gegensatz zu Spinoza und zu allen dem Spinozismus verwandten Geistesrichtungen. Er durchdringt hier mit überraschendem Tiefblick die Verwandtschaft zwischen Spinoza und der Mystik, er erkennt im Spinozismus das mystische Element und das Spinozistische in der Mystik und kehrt wider beide denselben Grundbegriff der unzerstörbaren Individualität. Mit der Taktik eines geschickten Parteiführers zieht er die der All-Einheitslehre widerstreitenden Standpunkte auf seine Seite und vereinigt gegen Spinoza die Ideen Platos mit den Atomen Demokrits.

3. Descartes und die Okkasionalisten

Es gibt nicht *eine* Substanz, sondern zahllose, oder alle Dinge sind Substanzen: mit dieser Erklärung wider Spinoza scheint Leibniz auf der Rückkehr zu Descartes begriffen. Allein hier sind die Substanzen Geister und Körper, die sich kraft ihrer entgegengesetzten Attribute wechselseitig ausschließen. Solange dieser Gegensatz feststeht, kann der Zusammenhang beider nur von außen herein durch eine übernatürliche Ursache bewirkt werden. Man muß daher zu dem Wunder der Okkasionalisten seine Zuflucht nehmen, und da hier alle kausale Tätigkeit in die göttliche Macht verlegt wird, so sieht Leibniz wohl, wie diese okkasionalistischen Hilfsbegriffe im Grunde dem Spinozismus zustreben und in dem Begriffe des All-Einen ihr folgerichtiges Ende erreichen.

Im Unterschiede nun von Descartes sind die Leibnizischen Substanzen zunächst weder Geister noch Körper, sondern *Kräfte*, und es ist schon erklärt, daß im Begriffe der Kraft jener Gegensatz der denkenden und ausgedehnten Substanzen aufgehoben ist: er ist aufgehoben, denn die Kraft ist ein immaterielles, also dem Geistigen analoges, seelenhaftes Wesen, ohne dem Körper entgegengesetzt zu sein; vielmehr ist sie in diesem das tätige Prinzip, woraus allein dessen Form und Bewegung erklärt werden kann. Hieraus erhellt

[21] „Mens non pars est, sed simulacrum divinitatis". Erdmann 447.

der Gegensatz wie die Übereinstimmung zwischen Leibniz und Descartes. Darin stimmen beide überein, daß es viele Substanzen gibt oder daß alle Dinge substantiell sind, aber im Begriffe der Substanz selbst besteht zwischen ihnen die große Differenz. Bei Descartes sind die Substanzen einander entgegengesetzt, und ein schroffer Dualismus trennt die Geister von den Körpern; bei Leibniz dagegen sind alle Substanzen einander verwandt, denn sie sind immaterielle, unteilbare, einfache Wesen, wie sehr auch im übrigen sich jede von allen anderen unterscheidet: der Begriff der Kraft ist hier das lebendige Band zwischen den Geistern und Körpern. Bei Descartes sind die Substanzen verschieden, soweit sie (einander) entgegengesetzt sind; innerhalb der Geisterwelt wie innerhalb der Körperwelt gibt es keine wesentlichen, sondern nur akzidentelle Unterschiede der einzelnen Substanzen. Die Geister sind einander alle gleich in dem einförmigen Attribute des Denkens, und alle Besonderheiten sind nur gewisse Modalitäten dieses Attributs. Ebenso sind die Körper einander gleich in dem einförmigen Attribute der Ausdehnung, und ihre verschiedenen Formen sind nur zufällige Veränderungen der mechanisch bewegten Materie. Dagegen bei Leibniz sind alle Substanzen einander gleichartige und voneinander völlig verschiedene Wesen: sie sind gleichartig, weil sie alle selbsttätige Kräfte sind, und gerade deshalb ist jede Substanz von allen übrigen spezifisch verschieden. So ist Leibniz wider Spinoza der entschiedenste Gegner der All-Einheit und wider Descartes der entschiedenste Gegner des Dualismus. Kurz gesagt: bei Leibniz sind alle Dinge wesensgleiche Substanzen, während sie bei Spinoza Modi einer Substanz, bei Descartes entgegengesetzte Substanzen waren. Nun gilt nicht mehr der Kartesianische Naturbegriff der bloßen Ausdehnung und die darauf gegründete Physik: vielmehr muß die Physik auf den Begriff der Kraft gegründet werden, die das Prinzip einer neuen Metaphysik ausmacht. Nun gilt nicht mehr ausschließlich die rein geometrische Erklärung der Körper und die rein mechanischen Begriffe der Bewegung. Wie Mathematik und Mechanik die Natur der Körper nicht erschöpfen, so sind sie unvermögend, die wahre Naturwissenschaft zu umfassen, geschweige denn zu begründen; vielmehr müssen sie mit dieser auf höhere metaphysische Grundsätze zurückgeführt werden. Unter diesem höheren Gesichtspunkte ändern sich alle physikalischen Begriffe der bisherigen Philosophie: aus dem neuen Begriffe des Körpers, der den mathematischen Horizont übersteigt, folgen neue Gesetze der Bewegung, deren letzte Gründe außerhalb der reinen Mechanik liegen, und es leuchtet ein, daß mit dem Begriffe der körperlichen Bewegung auch die höheren Begriffe des Lebens, der Seele, des Geistes sich umbilden müssen.

Descartes hat einen Begriff eingeführt, den er selbst nicht zu vollenden wußte, nämlich den der Substanz: er hat in dem Gegensatz von Denken und Ausdehnung, Geist und Materie der Philosophie eine Aufgabe gestellt, welche bis Leibniz *nicht* gelöst werden konnte. So ist er gleichsam im Vorhofe stehen geblieben und in das eigentliche Heiligtum der Philosophie, in die wahre Natur der Dinge nicht eingedrungen Der Kartesianismus bildet, wie sich Leibniz öfters und mit Vorliebe ausdrückt: „die Antichambre der Philosophie", und es müßte also Leibniz sein, an dessen Hand wir in das „Kabinett der Natur" eingeführt werden sollen, wenn nicht etwa, wie er selbst einmal bescheiden den scherzenden Vergleich beendet, seine Philosophie im „Audienzzimmer" zurückbleibt, wo nicht die Geheimnisse der Natur enthüllt, sondern nur die Meinungen des Philosophen gehört werden[22].

II. Die materialistische und formalistische Richtung

1. Korpuskularphilosophen und Atomisten

Alle Dinge sind gleichartige Substanzen: mit dieser gegen die All-Einheitslehre und den Dualismus zugleich gerichteten Erklärung nähert sich Leibniz den Atomisten. Denn auch die Atome sind elementare und in ihren Attributen wesensgleiche Substanzen. Es ist bereits gezeigt worden, wie sich vermöge ihrer Beschaffenheit die Atome von den Monaden unterscheiden: jene sind Körper, diese dagegen Kräfte. Darum fehlt den Atomen die Quelle der Eigentümlichkeit und das Prinzip selbsttätiger Unterscheidung, während mit der Kraft eines Wesens auch notwendig die eigentümliche Bildung oder das Prinzip der Individualität gesetzt ist. Den Atomen sind die Formenunterschiede gleichgültig, und die Naturformen, welche aus solchen Elementen hervorgehen, sind Werke entweder des Zufalls oder der Willkür. Es ist unmöglich, aus atomistischen Prinzipien die Formen der Dinge zu begreifen, und da nur vermöge ihrer Form sich die Individuen unterscheiden, nur in diesem Unterschiede überhaupt Individuen möglich sind, so ist die Existenz derselben, die Mannigfaltigkeit des eigentümlichen

---

[22] *Lettre à un ami sur le cartésianisme*. Erdmann 123. *Extrait d'une lettre à Mr. l'abbè Nicaise sur la philosophie de Descartes*. Ebendas. 120. Vgl. Gerhardt Phil. II, 534, Dieser Brief ist hauptsächlich gegen die Kartesianer, nämlich den Sektengeist ihrer Schule gerichtet, der die eingeführten Begriffe gedankenlos festhält, ohne die Einwände zu beachten, welche von seiten anderer Systeme, der Erfahrungswissenschaften und der Naturgesetze gemacht werden. Dabei ist Leibniz weit entfernt, Descartes selbst herabzusetzen oder dessen Verdienste um die Philosophie zu schmälern. Vgl. über den letzten Punkt: *Reponse aux reflexions qui se trouvent dans le 23. Journal des Sçavans de année* (1697) usw. Gerhardt Phil.IV, 336 f.; Erdmann 142

Daseins auf dem Standpunkte der atomistischen Vorstellungsweise eine zufällige oder grundlose Tatsache. In den Leibnizischen Substanzen dagegen ist mit der Kraft die Selbsttätigkeit, mit dieser die Selbstunterscheidung, also die eigentümliche Bildung oder das Formprinzip von Natur gegeben: darin besteht zwischen ihm und den Atomisten der durchgreifende Unterschied.

2. Die Rehabilitation der alten Philosophie

Wie von den Atomisten, so unterscheidet sich seine Lehre von der gesamten Korpuskularphilosophie und überhaupt von der materialistischen Erklärung der Dinge. Dieser gegenüber steht Leibniz auf seiten der formalistischen Richtung. So nennen wir diejenige Philosophie, welche auf die Formen der Dinge gerichtet ist und einsieht, daß diese so verschiedenen und gesetzmäßigen Formen unmöglich vom Spiele des Zufalls abhängen können; daß sie zufällig wären, wenn die formlose Materie das erste und einzige Wesen der Dinge ausmachte; daß daher im Ursprunge der Dinge selbst mit der Materie zugleich deren Formen begründet sein müssen. Wenn die Dinge durchgängig nach Form und Materie bestimmt sind, so erklärt die Korpuskularphilosophie und der Materialismus überhaupt von den Dingen nur die eine materielle Seite; es ist daher eine höhere, ergänzende Philosophie nötig, welche auf die Formbildung der Natur ihr Nachdenken richtet. Nun erwacht das Interesse an der Form überall und mit psychologischer Notwendigkeit, sobald sich das menschliche Bewußtsein über die stoffliche Betrachtung der Dinge erhebt. Diesen Aufschwung nimmt aus natürlichem Bedürfnis das künstlerische und religiöse Denken, die ästhetisch und moralisch gerichtete Weltanschauung: darum wendet sich sowohl in der klassischen als in der scholastischen Philosophie, soweit diese die Natur betrachtet, der Hauptgesichtspunkt auf die Formen der Dinge. Hier trifft Leibniz seine geschichtliche Verwandtschaft. Wie er gegen Spinoza die Partei der Atomisten ergriffen hatte, so ergreift er gegen die gesamte Korpushularphilosophie, gleichviel ob sie kartesianisch oder atomistisch gesinnt ist, die Partei der Scholastik und der Griechen, vor allem die des Plato und Aristoteles.

Die Form soll nicht als Modifikation, sondern als Substanz gefaßt werden, denn die Form ist den Dingen nicht zufällig, sondern wesentlich, sie ist nicht akzidentell, sondern substanziell. Eben in diesem Begriffe „substanzieller Formen“ macht Leibniz mit jenen Systemen gemeinschaftliche Sache gegen die materialistische Philosophie seines Zeitalters, welche in den Formen nichts Selbständiges und Substanzielles zu erblicken vermochte, darum die Formbegriffe gleich den Gattungsbegriffen *(notiones universales)* für unklare und wesenlose Vorstellungen erklärte und besonders die Lehre von den substanziellen Formen als einen der unfruchtbarsten Schulbegriffe der Vergangenheit, als eine vernunftwidrige Überlieferung verachtete[23]. Dieser Begriff wird jetzt von neuem entdeckt. Mit ihm soll auch seine geschichtliche Vergangenheit wieder erkannt und die alte Philosophie im Angesichte der neuen gleichsam „rehabilitiert" werden. So erhellt sich im Lichte der neuen Lehre die ganze Geschichte der Philosophie.

Es ist nicht Nachahmung, sondern naturgemäße Verwandtschaft, daß Leibniz den Begriff der Substanz im Geiste der Alten denkt und sich dem Sprachgebrauche derselben anschließt. „Es fällt mir nicht ein", schreibt er an Sturm, „das Wort Substanz in einem anderen Sinne zu brauchen als dem altherkömmlichen. Vielmehr stimme ich darin vollkommen mit Plato und Aristoteles, selbst mit den Scholastikern überein (soweit diese sich den richtigen Sinn angeeignet haben), und dieser Begriff ist ganz geeignet, um die alte, nach meinem Dafürhalten wahrhafte Philosophie wiederherzustellen. Auch gestehe ich dir, daß ich manche Ansichten von Gassendi und Descartes bekämpfe, ein verkehrter Begriff der Substanz hat ihre gesamte Philosophie verwirrt und bei Henry More und anderen jene nicht immer ungerechten Klagen veranlaßt, denn die Korpuskularphilosophen begnügen sich nicht damit, die Naturerscheinungen, wie Demokrit, auf mechanische Weise zu erklären, sondern sie haben in den Dingen alle höheren Prinzipien als die des bloßen Mechanismus in Abrede gestellt."[24] Ohne Form läßt sich weder Leben noch Schönheit, weder Kunst noch Sittlichkeit denken; ohne Formbegriffe gibt es daher weder eine Ästhetik noch eine Moral. Indem Leibniz zuerst die Formbegriffe im Geiste der neueren Philosophie wieder erweckt, legt er hier die fruchtbaren Keime, woraus sich das ästhetisch und moralisch gestimmte Jahrhundert der deutschen Aufklärung entwickelt.

3. *Die Scholastiker*

Alle Dinge sind gleichartige und zugleich eigenartige Substanzen: sie sind also notwendige und ursprüngliche Formen, denn im Formunterschiede besteht die wesentliche Eigentümlichkeit. Darum müssen die Substanzen als formelle Atome oder substanzielle Formen begriffen werden. Mit diesem Satze stellt sich Leibniz auf die Seite der formalistischen Philosophie sowohl des klassischen als scholastischen Zeitalters und tritt in Gegensatz zu dem gesamten Materialismus. Allein an jenen Begriff substanzieller Formen knüpft

---

[23] *Système nouveau de la nature* (Nr. 3). Gerhardt Phil. IV, 478 f.; Erdmann 124.

[24] *Leibniz an Sturm*, 1697; Erdmann 145. *Leibniz an Bouvet*, 1697; ebendas. 146.

sich unmittelbar ein Problem, welches von jeher die formalistische Philosophie bewegt und Gegensätze darin erzeugt hat, welche für das Altertum ebenso charakteristisch sind wie für die Scholastik.

Angenommen, daß die Formen der Dinge notwendig und ursprünglich begründet sind, so muß die Frage entstehen, wie verhalten sich diese allgemeinen Formen zu den einzelnen Dingen, wie verhält sich im einzelnen Dinge die Form zur Materie? Die Form sei das Wesentliche. Wie existiert dieses Wesen? Ist die Form eine für sich bestehende Allgemeinheit, die sich in den einzelnen Dingen vorübergehend offenbart, oder ist sie nur in den einzelnen Dingen wirklich? Was ist an den Formen das wahrhaft Wirkliche: das allgemeine Wesen oder das einzelne Ding, die Gattung oder das Individuum? Man braucht die Form selbst nicht zu verneinen, um über die Frage zu streiten. Man kann einverstanden sein über die Realität der Gattungen, aber über die Art dieser Realität in entgegengesetzten Richtungen denken. Doch kann der Streit auch die Realität der Gattungen selbst betreffen, so daß diese von den einen bejaht, von den anderen dagegen verneint wird. Entweder sind die Gattungen Substanzen, die sich in den einzelnen Dingen modifizieren oder realisieren, so daß sie in den letzteren allein wahrhaft bestehen; oder sie sind keine Substanzen und überhaupt nichts Wesenhaftes, sondern bloße Vorstellungen und Zeichen derselben, Abstraktionen, Worte, Namen. Über diese Frage entstand innerhalb der Scholastik der Gegensatz der Realisten und Nominalisten: jene erklärten die Gattungen für das wahrhaft Wirkliche, sei es unabhängig von den einzelnen Dingen oder in ihnen; diese dagegen sahen in den Gattungen bloße subjektive Vorstellungen, die durch Worte bezeichnet wurden, nicht Dinge, sondern Namen.

Leibniz begreift die Substanz als Individuum: darum neigt er sich in der scholastischen Streitfrage auf die Seite der Nominalisten. In seiner ersten Schrift „De principio individui“ wird die Frage aufgeworfen: wie erklärt sich das Individuum? Worin besteht das Prinzip der Individuation? Besteht es in der gesamten Wesenheit oder nur in einem Teile derselben, etwa in der spezifischen Differenz der Gattung oder der Art? Leibniz setzt das Prinzip der Individuation in die gesamte Wesenheit und läßt das Individuum nicht den Teil eines Wesens, sondern selbst ein ganzes Wesen ausmachen[25].

Indessen ist Leibniz Nominalist nur so lange er innerhalb der scholastischen Streitfrage steht. Diese erlischt im Prinzip der Monade, denn hier ist die Substanz vollkommen gleich dem Individuum, und das Individuum vollkommen gleich der Substanz.

---

[25] „Pono igitur: omne individuum sua tota entitate individuatur.“ *Disp. metaph. de princ. indiv.* § 4. Gerhardt Phil. IV, 18; Erdmann 1.

Jede Substanz ist von Natur ein eigentümliches, einzelnes Wesen, oder die Gattung besteht nur als Individuum: so weit bejaht das Prinzip der Monade den scholastischen Nominalismus. Aber das Individuum, diese eigentümliche Substanz, ist zugleich ein vollkommen spezifisches, von allen übrigen unterschiedenes Wesen, es ist davon unterschieden nicht in einem Merkmale seines Wesens (in einer spezifischen Differenz der Gattung oder Art), sondern in seinem gesamten Wesen; jedes Individuum ist mithin eine vollkommen eigentümliche Substanz oder eine für sich bestehende Gattung: so weit bejaht das Prinzip der Monade den scholastischen Realismus. Die Monade ist in ihrer vollkommenen Einzigkeit zugleich individuell und universell: darum ist dieser Begriff einverstanden mit beiden Richtungen der Scholastik, sowohl mit den Realisten, welche nur den universellen Wesen wahrhafte Realität zuschreiben, als auch mit den Nominalisten, welche die Realität im natürlichen Sinne bloß den einzelnen Dingen zuschreiben.

Überhaupt ist die ganze scholastische Streitfrage nur möglich, so lange zwischen Gattung und Individuum eine Differenz besteht. Das Prinzip der Monade verwandelt diese Differenz in eine einfache Gleichung und nimmt so dem scholastischen Problem seine Grundlage. Es kann nicht mehr gefragt werden: wie verhält sich das Individuum zur Gattung? Damit ist den nominalistischen und realistischen Streitigkeiten die Spitze genommen. Durch eben denselben Begriff ist zugleich eine andere scholastische Streitfrage aufgehoben, welche innerhalb des Realismus zwischen Thomas Aquinas und Johannes Duns Scotus und zwischen deren Anhängern, den Thomisten und Scotisten, mit großer Wichtigkeit verhandelt wurde. So lange nämlich zwischen Gattung und Individuum eine solche Differenz bestand, daß die Gattungsformen als für sich bestehende Substanzen und die Individuen als gewordene Dinge, jene als Grund, diese als Folge angesehen wurden, so mußte natürlich die Frage kommen: wie entsteht das Individuum oder worin liegt das Prinzip der Individuation? Es handelt sich um die Entstehung der einzelnen Dinge. Darüber sind die Realisten einig, daß die Gattungen als solche substanziell sind, und daß aus den reinen Gattungen niemals das Dasein der Individuen erklärt werden kann. Individuen entstehen nur, indem sich die Gattungen verkörpern oder die Materie die bestimmten Formen empfängt, zu deren Aufnahme sie geschickt (prädisponiert) ist. Darum suchen die Thomisten das Prinzip der Individuation in der bildungsfähigen, formempfänglichen, räumlich und zeitlich geteilten Materie *(materia signata)*. Hier entsteht die Streitfrage. Ist die verkörperte Gattung oder die formierte Materie in der Tat schon Individuum? Ist nicht vielmehr das Individuum eine so und nicht anders verkörperte Gattung, eine so und nicht anders formierte Materie? In Wahrheit ist das Individuum nicht bloß ein bestimmtes, sondern ein so bestimmtes Wesen, nicht bloß etwas, sondern *dieses*, nicht bloß ein *quid*, sondern ein *hoc*, nicht ein partikulares, sondern ein singulares Dasein. Um die scholastischen Ausdrücke zu gebrauchen, so behaupten die Scotisten, daß nicht in der „Quiddität", sondern in der „Häcceität" das Prinzip der Individuation gesucht werden müsse, daß mithin weder aus den reinen Formen noch aus der signierten Materie das Dasein der Individuen als dieser so und nichts anders bestimmten Wesen erklärt werden könne.

Es leuchtet ein, daß sich diese Streitfrage von selbst in dem Begriffe der Monade auflöst. Denn hier ist jede Substanz in ihrer Art ein vollkommen einziges Wesen, hier ist jedes Individuum eine eigentümliche Substanz, in seiner Art eine vollkommen einzige Gattung. Es kann nicht gefragt werden, wie entsteht das Individuum? Denn es ist ursprünglich und also ewig wie die Natur selbst. Daß ein Wesen dieses ist und kein anderes, daß es so und nicht anders bestimmt ist: worin liegt der Grund dieser seiner Eigentümlichkeit? Nicht in einem logischen Merkmale, wodurch wir ein Ding vom andern unterscheiden, sondern allein in der inneren Kraft, wodurch jedes Ding sich selbst von den anderen unterscheidet und so die Spitze seiner Eigentümlichkeit ausmacht. Die Kraft der Substanz ist der Grund ihrer Individualität. Wie diese in der eigentümlichen Form besteht, so besteht jene in der eigentümlichen Formvollendung. Darin also liegt die Kraft des Individuums, daß es seine Form nicht von außen empfängt, sondern durch sich selbst energisch hervorbringt und betätigt. Vermöge dieser Kraft ist jede Substanz diese und keine andere in dem hervorragenden Sinne, daß sie von außen schlechterdings nichts aufnehmen kann, daß sie in ihrer Weise eine vollkommene Individualität bildet. Diese bezeichnet Leibniz mit dem Aristotelischen Ausdruck „*Entelechie*". Entelechie ist das, was sich durch eigene Kraft vollendet und mithin, um vollendet zu werden, keiner Hilfe von außen bedarf. Was sich selbst vollenden kann, genügt sich selbst, daher ist mit der Kraft der Selbstvollendung unmittelbar ein bedürfnisloser Zustand von Befriedigung gegeben, die Entelechie schließt die Autarkie in sich. Leibniz sagt: „Man könnte allen einfachen Substanzen oder Monaden den Namen Entelechie beilegen, denn sie haben in sich selbst eine gewisse Vollendung, sie befinden sich im Zustande der Selbstgenügsamkeit, der sie zur Quelle ihrer inneren Tätigkeiten macht."[26]

[26] „On pourrait donner le nom d'Entelechies à toutes les substances simples ou Monades creées, car elles ont en elles une certaine perfection (*ἔχουσι τὸ ἐντελές*), il y a une suffisance (*αὐτάρκεια*), qui les rend sources de leurs actions internes." *Monadologie* (Nr. 18). Gerhardt Phil. VI, 609 f.; Erdmann 706.

4. Aristoteles und Plato

In dem Ausdrucke Entelechie erfüllt sich der Leibnizische Formbegriff. Dieses richtig verstandene Wort enthält die bestimmte Erklärung, wie sich die Formen zu den Dingen verhalten und löst also das Problem, welches im Altertum zwischen Plato und Aristoteles, in der Scholastik zwischen den platonisch und aristotelisch gesinnten Realisten, zwischen den Realisten und Nominalisten den Differenzpunkt ausmachte. Die Formen sind zugleich Kräfte: darum liegt in ihnen die natürliche Energie, sich zu verwirklichen und zu vollenden. Sie sind also nicht, wie bei Plato, reine Gattungen, Urbilder jenseits der Dinge, sondern, wie bei Aristoteles, lebendig wirkende Naturen; sie sind nicht wie Modelle, wonach die Dinge gebildet werden, sondern die wirkenden Kräfte selbst, worin die Dinge bestehen: in diesem Sinne bezeichnet Leibniz seine Formen als „die konstitutiven Prinzipien der Natur (formes constitutives des substances)“[27].

So versöhnen sich in dem Leibnizischen Prinzipe die Platonischen Formbegriffe mit den Aristotelischen: darin stimmt Leibniz mit Plato überein, daß seine Monaden, gleich den Platonischen Ideen, *ewige Formen* sind, welche auf natürlichem Wege weder entstehen noch vergehen; darin ist er mit Aristoteles einverstanden, daß seine Monaden, gleich den Entelechien, *natürliche Kräfte* sind, welche die Dinge bewegen und gestalten. So ist es der Begriff der Kraft, welcher nach allen Seiten die Eigentümlichkeit der Leibnizischen Prinzipien erleuchtet: in dem Begriffe der Kraft unterscheiden sich die Leibnizischen Substanzen von den gleichnamigen Begriffen Descartes' und Spinozas, in demselben Punkte unterscheiden sich die Leibnizischen Formen von den Ideen Platos und den substantiellen Formen der Scholastiker.

III. Die neue Lehre als Universalsystem

Mit allen geschichtlichen Systemen verwandt ist die Leibnizische Philosophie doch vollkommen eigentümlich. Was ist das Wesen der Dinge? Darauf antwortet sie mit dem Begriffe der Substanz, wie Descartes und Spinoza. Was ist die Substanz? Sie ist selbsttätige Kraft und besteht darum nicht in einem einzigen Wesen, sondern in einer zahllosen Fülle von Substanzen: diese Entscheidung trifft den Spinozismus, und in dem Begriffe *vieler* Substanzen verbindet sich Leibniz gegen das System der All-Einheit mit Descartes. Was

[27] „Les formes des Anciens ou Entelechies ne sont autre chose que les forces: et par ce moyen je crois de réhabiliter la philosophie des Anciens ou de l'Ecole.“ *Leibniz an Bouvet*, 1697. Erdmann 146. Vgl. *Système nouveau* (Nr. 4). Gerhardt Phil. IV, 479; Erdmann 125.

sind die vielen Substanzen? Sie sind nicht entgegengesetzte, sondern *gleichartige* Wesen: so verneint Leibniz die Kartesianischen Grundsätze und zugleich jede im Dualismus zwischen Geist und Materie befangene Philosophie; in der Bejahung der vielen, gleichartigen Substanzen verbindet er sich gegen die dualistischen Systeme mit den Atomisten. Was sind diese Atome? Sie sind nicht materielle, sondern formelle Substanzen, sie sind nicht ewige Stoffe, sondern ewige Formen: unter diesem Gesichtspunkt widerlegt Leibniz die Atomisten und vereinigt sich gegen den gesamten Materialismus mit den Formbegriffen der Scholastiker und Griechen, vor allen mit der Platonischen Ideenlehre. Aber die Leibnizischen Formen sind nicht reine Gattungen, sondern natürliche Kräfte oder in sich vollendete Individuen: so verbindet sich Leibniz gegen die abstrakten Formbegriffe Platos mit Aristoteles im Begriffe der Entelechie.

Gegen die Materialisten vereinigt das Prinzip der Monade den gesamten Idealismus der Philosophie: Plato, Aristoteles und die Scholastik. Gegen Spinoza und die Schule Descartes' vereinigt das Prinzip der Monade die Atomisten mit den Formbegriffen der klassischen Philosophie. Ein für seine Lehre sehr erleuchtendes Wort findet sich in einem seiner Briefe an Hansch: „Nach meinem Dafürhalten muß man, um richtig zu philosophieren, Plato mit Aristoteles und Demokrit zu verbinden wissen.“[28]

Betrachten wir die Leibnizische Philosophie unter diesem geschichtlichen Gesichtspunkt, worauf sie sich selbst stellt, und welchen sie als den ihrigen fortwährend behauptet, so leuchtet ein, daß sie das wenigste mit Spinoza, das meiste mit Aristoteles und Plato gemein hat und gemein haben will. Die Prinzipien verhalten sich hier umgekehrt wie die Zeiten: je geringer in diesem Falle die zeitliche Entfernung, desto größer die geistige. Von Spinoza, seinem nächsten geschichtlichen Vorgänger, entfernt sich Leibniz bis an die äußerste Grenze; zu Aristoteles und Plato, den Philosophen des Altertums, die zwei Jahrtausende von ihm entfernt sind, setzt er sich in die nächste Beziehung. Während Spinoza der klassischen und scholastischen Philosophie auf das schroffste entgegensteht, ist Leibniz den Begriffen jener beiden Zeitalter ebenso innerlich verwandt, wie er sich aus wissenschaftlichen Gründen und persönlicher Neigung vom Spinozismus abwendet. Was dieser vermöge seiner Grundsätze ausschließen mußte, das schließen die Leibnizischen Prinzipien wieder ein, und gerade die Begriffe, welche Spinoza für leere Trugbilder der Imagination erkannt hatte, erhebt Leibniz auf den obersten Rang der Metaphysik. Der ausschließende Charakter des Spinozismus war die Einseitigkeit dieser Lehre; die

[28] *Epistola ad Hanschium.* Erdmann 446.

Leibnizische Philosophie dagegen erblickt von ihrem Standpunkt *alle* Systeme, sie versöhnt deren Gegensätze, sie bemächtigt sich ihrer Wahrheiten, und indem sie so eine Weltgeschichte von Begriffen in ihrem Prinzip vereinigt, bildet sie ein allseitiges und universelles System. Wie die Systeme, so die Philosophen. Spinoza führte in seinem ausschließenden und einseitigen System ein einseitiges, ausschließendes, von der Welt verlassenes und verfolgtes Leben: Leibniz dagegen in Übereinstimmung mit dem universellen Charakter seiner Philosophie führt ein allseitiges, vielbeschäftigtes, von den mannigfaltigsten Weltinteressen bewegtes Dasein.

Was aber wichtiger ist als dieser persönliche Unterschied, das sind die Schicksale, welche vermöge ihrer Charaktere die Systeme beider gehabt haben. Eine so einseitige und ausschließende Philosophie wie die Lehre Spinozas konnte bei ihrer starren Einförmigkeit immer nur einzelne Geister anziehen und nur den wenigsten zugänglich werden, sie vermochte weder eine Schule zu stiften, noch weniger den Gesamtgeist eines Zeitalters pädagogisch zu lenken. Dagegen die Leibnizische Philosophie in ihrem weiten Gesichtskreise, der sich über die christliche Welt bis an die äußersten Grenzen des klassischen Altertums ausdehnt, bei dem allseitigen Reichtum ihrer Ideen, findet den Weg leicht zu allen Formen der menschlichen Bildung, sie hat den Trieb und die Fähigkeit, sich populär zu machen und den meisten, wenn auch bei weitem nicht vertraut, doch bekannt und befreundet zu werden; sie fließt befruchtend ein auf die verschiedensten Geister, sie begründet eine Philosophenschule und übernimmt zugleich die Weltbildung des öffentlichen Geistes, die Erziehung und Aufklärung eines ganzen Jahrhunderts. Nicht alle Systeme können allseitig sein, aber nur allseitige Systeme können wirkliche Aufklärung verbreiten. Denn es ist die erste Bedingung einer aufklärenden Philosophie, daß sie vieles erklärt und weniges leugnet. Je mehr sie kraft ihrer Prinzipien zu erklären vermag, je weniger sie durch ihre Prinzipien zu verneinen gezwungen wird, um so aufgeklärter und aufklärender ist eine solche Philosophie. Alles zu verstehen und womöglich nichts zu verachten, dahin strebt Leibniz, und dieser große Sinn teilt sich dem Zeitalter mit, welches vom Geiste seiner Lehre erleuchtet wird. So ist unter den neueren Philosophen Leibniz der erste, der nicht etwa aus humanistischen Rücksichten oder im Kampfe mit der Scholastik, sondern im Kampfe vielmehr mit Descartes und Spinoza aus letzten metaphysischen Gründen den Geist der neuen Philosophie dem der alten wieder zuwendet. Und es ist für das Zeitalter der deutschen Aufklärung ein sehr bedeutsames Kennzeichen, daß in ihren ersten und obersten Grundsätzen der Sinn für das Altertum nicht bloß nachahmend erwacht, daß Leibniz in den Prinzipien seiner Philosophie und Naturanschauung die nächste Verwandtschaft mit den Griechen eingeht. Das sind die glücklichen Sterne, unter denen der deutsche Geist eingeführt wird in die Geschichte der neueren Philosophie.

Drittes Kapitel. Die Grundfrage der Leibnizischen Philosophie. Die Monade als Prinzip der Materie und Form

I. Das Problem

1. Die Kräfte der Monade als Bedingungen der Natur

Wir sind mit Leibniz auf dem Wege der Induktion emporgestiegen zu den letzten Prinzipien der Dinge, gleichsam zu den Quellen der Naturphänomene, und nachdem wir hier den Standpunkt kennen gelernt haben, welchen die Leibnizischen Begriffe in der Geschichte der Philosophie einnehmen, so werden wir jetzt aus diesen Prinzipien die bestimmte Welt- und Naturanschauung ableiten müssen. Damit sind unmittelbar zwei große Probleme gegeben, deren Lösung die Hauptaufgabe der Leibnizischen Metaphysik bildet. Der Gegenstand der Weltanschauung ist die *Weltordnung*, und diese besteht in einem notwendigen Zusammenhange der Dinge; der Gegenstand der Naturanschauung sind die *Körper*, und diese bestehen in ausgedehnten und teilbaren Massen. Wenn die Dinge nicht in einem notwendigen Zusammenhange miteinander verknüpft sind, so gibt es keine Welt als Objekt unserer Vorstellung; wenn die Dinge nicht körperliches Dasein haben oder als sinnlich wahrnehmbare Wesen erscheinen, so gibt es keine Natur als Objekt unserer Anschauung. Demnach heißt die Frage: *wie sind aus dem Gesichtspunkte der Leibnizischen Metaphysik Natur und Welt möglich*? Denn es scheint, daß die Bedingungen beider eben den Prinzipien widerstreiten, welche jene Metaphysik mit überzeugender Klarheit ausgemacht hat: sie hat gezeigt, daß ohne bildende und bewegende Kräfte weder Körper noch Dinge überhaupt existieren können, daß jedes Ding, weil es auf irgend eine Weise wirkt oder tätig ist, als Kraft, darum als Substanz und zwar als immaterielle Substanz gedacht werden müsse; daß jede dieser Substanzen vermöge ihrer Kraft eine in sich vollendete Individualität oder Entelechie bilde. So wenig der Körper ohne Kraft, so wenig kann die Kraft anders gedacht werden denn als Monade oder, was dasselbe heißt, als selbsttätige Substanz (tätiges Subjekt).

Von Substanzen aber gilt der Kartesianische Grundsatz, daß sie sich gegenseitig ausschließen. Kraft ihrer Selbständigkeit existiert jede Substanz unabhängig von allen anderen: es kann daher zwischen ihnen schlechthin kein Zusammenhang bestehen im Sinne natürlicher Gemeinschaft oder Mitteilung. Die Monaden sind (jede für alle anderen) undurchdringlich, sie haben, wie sich Leibniz in bildlicher Weise ausdrückt, keine Fenster, wodurch sie etwas von außen her in sich aufnehmen und die Außenwelt gleichsam in sie hineinscheinen könnte[29]. Jede Substanz handelt rein aus sich ohne alle Einwirkung und Mitwirkung der anderen. Die äußere Einwirkung möge „Influxus“, die äußere Mitwirkung „Assistenz“ genannt werden. Wenn nun in dem Leibnizischen Natursysteme beides unmöglich ist, wenn die Unabhängigkeit jeder einzelnen Substanz in keiner Weise veräußert werden darf – sie würde veräußert, wenn zwischen den Substanzen irgendwie ein gegenseitiger Einfluß stattfände –, so müssen wir die Frage aufwerfen: wie ist unter solchen Bedingungen irgendeine Ordnung der Dinge oder eine Welt möglich?

Sind die Elemente der Dinge Monaden, d.h. Kräfte oder immaterielle Substanzen: wie können sich diese immateriellen, seelenhaften Wesen zur soliden Körperlichkeit verdichten? Wie kann aus dem Immateriellen jemals Materielles werden? Materielles ist immer teilbar und darum zusammengesetzt. Wie können die Monaden, da sie jede natürliche Gemeinschaft ausschließen, jemals zusammengesetzt sein? Wenn sie es könnten, wie will durch eine Zusammensetzung immaterieller Wesen ein materielles entstehen?

Nur dann läßt sich zwischen den Monaden eine natürliche Koexistenz denken, wenn sie zusammen bestehen können, ohne sich gegenseitig zu stören und in ihrer Selbständigkeit zu beeinträchtigen. Sind aber im Ursprung der Dinge lauter spontane Kräfte gegeben, so müssen wir mit Bayle bedenken, ob diese Kräfte, deren jede für sich handelt, nicht gegeneinander wirken, also sich gegenseitig stören und auf diese Weise alle Ordnung der Dinge unmöglich machen werden? Nur unter einer Bedingung daher ist die Koexistenz der Monaden möglich: wenn jene ursprünglichen Kräfte nicht ineinanderfließen, sondern jede für sich besteht und in ihrer Selbsttätigkeit vollkommen undurchdringlich ist für alle anderen. Die Bedingung dieser gegenseitigen Undurchdringlichkeit liegt aber darin, daß jedes Wesen seine eigentümliche Schranke hat, die es aus eigener Kraft behauptet und vermöge dieser Kraft niemals überschreitet. Ohne diese eigentümliche Schranke, welche jedem Dinge den Spielraum seiner Tätigkeit bestimmt, gibt es keine gegenseitige Undurchdringlichkeit, sondern fließen die Dinge in das gestaltlos Eine zusammen, ohne Trennung und Nebenordnung.

---

[29] „Les monades n'ont point de fenêtre, par lesquelles quelque chose y puisse entrer ou sortir“. Monadologie (Nr. 7). Gerhardt Phil. VI, 607, Erdmann 705.

2. *Die Kraft der Ausschließung. Tätige und leidende Kraft*

Also die eigentümliche (unübersteigliche) Schranke oder die beschränkte Eigentümlichkeit jeder spontanen Kraft ist die einzige Bedingung, unter welcher die Monaden in ungestörte Wirksamkeit treten und eine wirkliche Koexistenz eingehen können. Nun kann aber das beschränkte Wesen, die wahrhaft undurchdringliche Schranke, nicht anders gedacht werden, denn als *körperliches* Dasein. Die geistige Kraft durchdringt alles und kann von allem durchdrungen werden, denn sie vermag in der Form des Gedankens alles in sich aufzunehmen und aus sich zu erzeugen. Wenn daher die Geister beschränkt sind, so sind sie es nur vermöge ihrer körperlichen Existenz. Um sich in fester Weise zu beschränken, um diese eigentümliche Schranke gegen alle äußeren Einwirkungen zu behaupten und aufrecht zu erhalten, dazu gehört schlechterdings körperliche Energie.

Wir fragen noch nicht, welche Weltordnung bilden die Monaden, sondern ob sie überhaupt eine Weltordnung bilden können? Da weder von einem „Influxus" noch von einer Assistenz die Rede sein darf, so bleibt als die einzige Möglichkeit nur die *Koexistenz* übrig. Wir fragen noch nicht nach der bestimmten Art dieser Koexistenz, sondern zunächst nach ihrer allgemeinen Möglichkeit. Es gibt eine solche Möglichkeit, wenn jede Monade in ihrer Weise beschränkt, in dieser Schranke vollkommen undurchdringlich oder, was dasselbe heißt, in körperlicher Weise kräftig ist. Gibt es in den Monaden Körperkraft? Nur unter dieser Bedingung ist bei solchen Elementen Natur und Welt, bei solchen Prinzipien Natur- und Weltanschauung möglich. Oder, da die Körperkraft den Grund des Körpers und das Prinzip der Materie bildet, so läßt sich die obige Frage auch so fassen: gibt es in den Monaden ein Prinzip der Materie?

Ein solches Prinzip, richtig verstanden, ist in den Monaden notwendig, denn es folgt unmittelbar aus ihrem Begriffe. Die Monaden sind eigentümliche Substanzen oder Individuen. Weil sie Substanzen sind, darum ist jede eine selbsttätige Kraft; weil diese Substanzen Individuen sind, darum ist jede beschränkt, und zwar in eigentümlicher Weise, so daß jede Monade nur *diese* sein kann und keine andere. Um diesen individuellen Charakter auszudrücken, dazu gehört körperliche Kraft, die Kraft der Undurchdringlichkeit oder des absoluten Widerstandes. Wären die Monaden reine Geister, so wären alle einander gleich; sie wären es ebenfalls, wenn sie bloße Atome wären. Daß sie keines von beiden sind, sondern Individuen (Substanzen von körperlicher Energie): daraus allein folgt ihre durchgängige Verschiedenheit. In dieser Verschiedenheit erblickt Leibniz selbst die Eigentümlichkeit seiner Lehre. So wenig ohne diese Verschiedenheit die Monaden gedacht werden können, so wenig läßt sich diese ursprüngliche Verschiedenheit ohne Körperkraft oder ohne das Prinzip der Materie erklären. Daher sind in dem Wesen der Monade als einer ausschließenden Individualität die Kraft der Ausschließung und die der Selbstgestaltung zu unterscheiden.

Jede Monade ist beschränkte Selbsttätigkeit: sie ist als Substanz *tätige* Kraft, als ausschließende Substanz ist sie *beschränkte*; sie enthält diese beiden Kräfte in ursprünglicher Weise, denn ihre Selbsttätigkeit ist ebenso ursprünglich wie ihre Schranke. Wir unterscheiden daher in dem Wesen jeder Monade diese beiden Momente: die ursprüngliche Kraft der Tätigkeit und die ursprüngliche Kraft der Schranke oder die ursprünglich tätige und die ursprünglich beschränkte Kraft. Da nun jede Schranke die Tätigkeit hemmt, jede gehemmte Tätigkeit sich im Zustande des Leidens befindet, so können jene beiden Momente mit Leibniz auch als ursprünglich tätige und ursprünglich leidende Kraft (force active primitive und force passive primitive) bezeichnet werden[30].

II. Die leidende Kraft als Prinzip der Materie

1. Materia prima und secunda

Die leidende Kraft ist also diejenige, vermöge deren jede Substanz ihre eigentümliche Schranke behauptet und in dem natürlichen Zustande beharrt, worin sie diese ist und keine andere: sie ist die Widerstandskraft oder die widerstrebende Energie, wodurch die Monade alles Fremde von sich ausschließt; sie macht, daß die Monade niemals etwas anderes werden kann, als sie von Natur ist. Die leidende Kraft bejaht die Schranke, d.h. sie behauptet in der Monade das ausschließende Dasein, den ursprünglichen Naturzustand und kann nach dem Ausdrucke Keplers natürliche Trägheit heißen: sie verneint darum alles, was von außen her jenen ursprünglichen Naturzustand, die Eigentümlichkeit der Monade bedroht, und kann insofern die Kraft der Ausschließung oder des Widerstandes *(vis resistendi)* genannt werden. Vermöge der leidenden Kraft verschließt sich die Monade, so daß sie, um Leibnizens bildlichen Ausdruck zu wiederholen, keine Fenster hat, wodurch sie mit der Außenwelt und diese mit ihr verkehren könnte: sie setzt sich somit als schlechthin undurchdringlich, und darum ist oder erscheint vermöge dieser Kraft die Monade als Körper, denn die Undurchdringlichkeit *(impenetrabilitas)* ist der Charakter des Körpers. Die leidende Kraft ist also Körperkraft, weil sie vermöge

[30] *Examen des principes du P. Malebranche*. Gerhardt Phil. VI, 587 f.; Erdmann 694.

derselben die Monade als ein Undurchdringliches setzt und behauptet. Da nun die Körperkraft den Grund des Körpers und der Materie überhaupt bildet, so muß in der Monade die leidende Kraft als *Prinzip der Materie* angesehen oder mit Leibniz als „materia prima“ bezeichnet werden. Unter „materia prima“ verstehen wir daher die Kraft, welche der Materie oder Körperlichkeit zugrunde liegt, also die Kraft der Undurchdringlichkeit, welche ebenso gut mit den neueren Physikern die Energie des Beharrens wie mit den Alten die Energie des Widerstrebens *(antitypia)* heißen kann. „In diese passive Widerstandskraft setze ich das Prinzip der Materie oder den Begriff der *materia prima.*“[31] Aus der Körperkraft folgen die wirklichen Körper, aus der Kraft der Materie folgt die wirkliche Materie oder die reelle Ausdehnung, wobei „folgen“ nicht im zeitlichen, sondern im mathematischen Sinne zu nehmen ist, d.h. vermöge jener Kraft existieren oder erscheinen die Monaden als körperliche Dinge. Aus der „materia prima“ folgt die *„materia secunda“*. Unter der „materia secunda“ verstehen wir daher den massiven Körper oder die Masse *(massa)*, die sich zu der materia prima verhält wie die notwendige Folge zum Prinzip, wie die Wirkung zur wirkenden Ursache, wie die *natura naturata* zur *natura naturans.*

Um den Begriff der Leibnizischen Philosophie gleich hier festzustellen, so werden wir diesen schwierigen Punkt am einfachsten so erklären: jede Monade ist durch ihre ursprüngliche Natur beschränkt; vermöge dieser beschränkten oder leidenden Kraft muß sich diese Monade verkörpern oder als Körper erscheinen, denn es gilt uns gleich, ob man sagt, das Ding ist Körper oder es muß als solcher vorgestellt werden. In der Natur des Körpers unterscheiden wir die Körperkraft von der körperlichen Masse, die Kraft des Verkörperns von dem körperlichen Dasein, und da offenbar jene als Prius, diese als Posterius angesehen werden muß, so bezeichnen wir mit Leibniz die erste als „materia prima“ und die zweite als „materia secunda“. So entsteht der ausgedehnte Körper: er entsteht, indem die Körperkraft wirkt. Daß sie wirken muß, liegt im Begriffe der Kraft. An sich betrachtet, ist die Kraft als solche nicht ausgedehnt, aber in der Körperkraft liegt das Streben nach Ausdehnung wie in der Denkkraft das Streben nach Vorstellungen. Darum sagt

---

[31] „In hac ipsa vi passiva resistendi (et impenetrabilitatem et aliquid amplius involvente) ipsam materiae primae sive molis, quae in corpore ubique eadem magnitudinique ejus proportionalis est, notionem colloco.“ *De ipsa natura* etc. (Nr. 11). Gerhardt Phil. IV, 510; Erdmann 157. „Materia est, quod consistit in Antitypia, seu quod penetranti resistit“. *Leibniz an Bierling*, 12. VIII. 1711; Gerhardt Phil. VII, 501; Erdmann 678.

Leibniz, daß die *materia prima* nicht „in extensione", sondern „in extensionis exigentia" bestehe[32].

Denken wir uns den mathematischen Punkt in Tätigkeit gesetzt, so wird er sich in den räumlichen Dimensionen der Länge, Breite und Tiefe ausbreiten und auf diese Weise einen begrenzten Raum oder einen geometrischen Körper erzeugen. Genau ebenso bildet der metaphysische Punkt einen wirklichen, physischen Körper, indem er die ihm eingeborene Kraft der Undurchdringlichkeit betätigt. Aus dieser Kraft allein läßt sich die wirkliche Ausdehnung erklären, wodurch die Kartesianer widerlegt werden, welche die bloße Ausdehnung als das ursprüngliche Attribut der Körper betrachten. Bei ihnen gilt die Ausdehnung als *materia prima*, bei Leibniz als *materia secunda*. Während jene den Körper durch die Ausdehnung erklärten und die bewegende Körperkraft von der göttlichen Allmacht entlehnten, so erklärt Leibniz die Ausdehnung durch den Körper und diesen aus der natürlichen, jedem Dinge einwohnenden Kraft. Er zeigte in seinen ersten, gegen Descartes gerichteten Betrachtungen, wie das Wesen des Körpers nicht in der Ausdehnung, sondern in der Kraft bestehe; er zeigt in einer seiner letzten Schriften, welche die Philosophie von Malebranche beurteilt, wie aus dieser Kraft die Ausdehnung erklärt werden müsse. „Ich bleibe bei meiner Behauptung, daß die Ausdehnung eine bloße Abstraktion ist, und daß sie, um erklärt zu werden, etwas verlangt, was ausgedehnt ist. ... Sie setzt in diesem eine Beschaffenheit, ein Attribut, eine Natur voraus, die sich ausdehnt, verbreitet und fortsetzt. Die Ausdehnung ist die Verbreitung (diffusion) dieser Beschaffenheit oder Natur: so gibt es in der Milch eine Ausdehnung oder Verbreitung des Weißen, im Diamant eine Ausdehnung oder Verbreitung der Härte, im Körper überhaupt eine Ausdehnung oder Verbreitung der Antitypie oder Materialität. Es ist mithin etwas im Körper, was aller Ausdehnung vorangeht."[33] Dies ist die Undurchbringlickkeit (Widerstandskraft) und deren beständiges oder kontinuierliches Wirken ist die Ausdehnung[34].

Mit dieser Erklärung der Materie wird ein neuer Naturbegriff eingeführt, welcher die Grundlagen der gesamten Naturphilosophie umbildet. Wir nehmen hier die Materie im rein physikalischen Verstande als eine Tatsache der Natur und lassen für eine künftige und höhere Untersuchung der Metaphysik die Frage offen: ob

---

[32] *Leibniz an Des Bosses*, 11. III. 1706. Gerhardt Phil. II, 306; Erdmann 436.

[33] Gerhardt Phil. VI, 584; Erdmann 692.

[34] „Extensio" ist nach Leibniz „continuatio resistentis", wie die mathematische Linie „fluxus puncti". *Leibniz an Des Bosses*, 21. VII. 1707. Gerhardt Phil. II, 339; Erdmann 443.

die Dinge selbst Körper sind oder ob sie nur als solche erscheinen, ob die Materie Substanz oder Phänomen ist, denn für den physikalischen Verstand ist diese Frage vollkommen gleichgültig, und wie sie auch der Metaphysiker entscheide, in jedem Falle bleibt die Tatsache der Materie als Naturerscheinung bestehen. In den meisten Darstellungen der Leibnizischen Philosophie wird die Materie sogleich als eine Erscheinung oder ein Phänomen der Monaden eingeführt. So richtig diese Bestimmung ist, so bedenklich ist es, sie an die Spitze zu stellen. Daß die Materie Phänomen oder Vorstellung ist, folgt aus der vorstellenden Kraft der Monade. Aber der Begriff der vorstellenden Kraft setzt voraus, daß die Monade überhaupt Kraft, tätige und leidende Kraft, Form und Materie ist. So liegt es in der Natur dieser Begriffe und zugleich in dem Ideengang der Leibnizischen Philosophie, welchen man nicht genug zu beobachten pflegt. Auch wird man den natürlichen Sinn der Vorstellung bei Leibniz schwer einsehen, wenn man nicht vorher die Fundamentalbegriffe von Form und Materie genau kennen gelernt hat.

Die Physik fragt nicht: warum sind die Körper, sondern was sind sie? Es soll gezeigt werden, daß sie, physikalisch genommen, für Leibniz etwas anderes sind als für Descartes. Für diesen bestand das Wesen der Materie in der bloßen Ausdehnung, die als solche nur teilbar, gestaltungsfähig und beweglich war. Daß in der Tat Teile, Gestalten und Bewegungen in jener an sich einförmigen und trägen Materie vorhanden sind: dazu war eine Kraft von außen nötig, welche Descartes jenseits der Dinge aufsuchen mußte. Leibniz dagegen entdeckt in der Natur der letzteren selbst die Kraft, vermöge deren sich jede Substanz verkörpert und ausdehnt. Wie nun die Ausdehnung an sich teilbar, gestaltungsfähig, beweglich ist, so ist die Kraft, welche die Ausdehnung erzeugt, notwendig teilend, gestaltend, bewegend. Wie es in der Natur der Kraft liegt, tätig und immer tätig zu sein, so ist durch jene in der Natur der Dinge enthaltene Körperkraft von Anbeginn eine geteilte, gestaltete, bewegte Materie gegeben. Und wie jene immerwirkenden Kräfte allgegenwärtig sind, so ist die Materie überall geteilt, bis in ihre kleinsten Teile gestaltet und organisiert und in allen ihren Teilen immer bewegt. Dies ist zwischen dem früheren Naturbegriff und dem Leibnizischen der sehr bemerkenswerte Unterschied: während dort die Materie, an sich betrachtet, vollkommen einförmig, roh und bewegungslos ist, so ist sie hier von Natur vollkommen geteilt, bewegt und bis in die kleinsten Teile gestaltet; dort ist sie tot, hier lebendig; dort ist sie überall passiv, hier überall tätig; dort wird die Bewegung äußerlich der Materie mitgeteilt und von dieser empfangen, sie ist also rein mechanisch, hier dagegen wird sie durch innere, spontane Kräfte hervorgebracht und ist daher in ihrem Ursprunge dynamisch. So begründet Leibniz in der Philosophie die dynamische Naturbetrachtung gegen die mechanischen Theorien der Atomisten und Korpuskularphilosophen[35]. Das Prinzip der mechanischen Physik ist die ausgedehnte, darum bloß teilbare und bewegliche Materie; das der dynamischen Physik ist die kräftige, darum überall wirklich geteilte und bewegte Materie. „Jeder Teil der Materie ist nicht bloß teilbar ins Unendliche, sondern auch wirklich ins Endlose geteilt, jeder Teil wiederum in Teile, von denen jeder einzelne seine eigentümliche Bewegung hat.“[36] In der ersten Erläuterung seines neuen Natursystems erklärt Leibniz im Hinblick auf die Korpuskularphysik: „Ich nehme sie nirgends wahr, jene nichtigen, unnützen, trägen Massen, von denen man redet. Überall ist Tätigkeit, und ich begründe sie fester als die herrschende Philosophie, weil ich der Ansicht bin, daß es keinen Körper ohne Bewegung, keine Substanz ohne kräftiges Streben gibt.“[37]

2. *Die bewegte Materie*

Damit möge einem Einwande begegnet sein, den man der Leibnizischen Philosophie häufig gemacht hat, und womit man sich die richtige Einsicht in diese Lehre verdirbt. Es ist hier noch nicht der Ort, zu untersuchen, ob sich überhaupt zwischen Monade und Materie ein Widerspruch findet, welchen Leibniz nicht vermeiden konnte, aber wir bemerken, daß er jenen Widerspruch nicht verschuldet hat, den man ihm häufig vorwirft. Die Monade sei immateriell, darum unteilbar und einfach, die Materie sei das Gegenteil: wenn sich nun die Monaden verkörpern und als materielle Wesen erscheinen, so werden sie teilbar und zusammengesetzt, veräußern also ihre eigentümliche, immaterielle Natur und verkehren sich in ihr Gegenteil. Dies wäre der Fall, wenn zwischen Monade und Materie in der Tat jener vermeintliche Widerspruch stattfände, wenn die Leibnizische Monade reine Form im Sinne Platos und die Leibnizische Materie bloße Ausdehnung im Sinne Descartes' wäre. Aber die Monade ist Kraft, die Materie im Leibnizischen Verstande ist kräftige Materie: sie ist die Kraft, vermöge deren ein Wesen sich verkörpert und seinen Körper teilt, gestaltet, bewegt. Dieser Begriff einer kräftigen oder dynamischen Materie stimmt sowohl mit der Natur der Dinge als mit dem Wesen der Monade überein: mit jener, weil es in Wirklichkeit keinen Körper ohne Kraft gibt;

---

[35] De prim. phil. emendatione etc. Gerhardt Phil. IV, 469; Erdmann 122. *Syst. nouv.* (Nr. 18). Gerhardt Phil. IV, 486; Erdmann 128.

[36] *Monadologie* (Nr. 65). Gerhardt Phil. VI, 618; Erdmann 710.

[37] *Éclaircissement du nouveau système* etc.; Gerhardt Phil. IV, 495; Erdmann 132.

mit dieser, weil der kräftige Körper in Wahrheit immateriell ist. Er ist nicht passive Ausdehnung (Raum), sondern er dehnt sich aus, er ist nicht teilbar, sondern er teilt sich selbst oder ist durch eigene Kraft ins Unendliche geteilt, er ist nicht beweglich, sondern selbst bewegt. Also ist die Leibnizische Materie von der Kartesianischen so unterschieden, wie sich das Teilbarsein von dem vollkommenen Geteiltsein oder wie sich der geometrische Körper vom physischen unterscheidet. Der geometrische Körper ist eine räumliche Größe und nichts als diese, der natürliche dagegen ist eine *dynamische*. Weil also die Leibnizischen Körper von Natur geteilt sind, so sind sie nicht bloß teilbar, also nicht materiell, sondern immateriell: darum sind diese Körper Monaden, nicht Korpuskeln. So nimmt die Leibnizische Philosophie das Prinzip der Materie in sich auf, ohne das Prinzip der Form zu verleugnen, denn in ihrem Sinne gibt es keine formlose Masse, sondern von Ewigkeit her formierte und in allen Teilen gestaltete Materie.

3. Die Monaden als Maschinen und die mechanische Kausalität

Vermöge ihrer leidenden Kraft sind oder erscheinen alle Monaden als Körper und zwar als dynamische Körper, d.h. als solche, die von Natur geteilt und bewegt sind. Jede Monade bildet mithin einen bewegten Körper. Setzen wir nun, daß alle Bewegungen nach rein mechanischen Gesetzen geschehen, daß jedes Wesen, welches nach solchen Gesetzen handelt, Maschine genannt werden darf: so ist jeder bewegte Körper eine Maschine, so sind die Monaden, sofern sie Körper sind, Maschinen und zwar natürliche oder ursprüngliche Maschinen im Unterschiede von den künstlichen, die erst durch Zusammensetzung gemacht werden müssen, weshalb sie die Vollkommenheit der Natur niemals erreichen. Was nun die Gesetze betrifft, nach welchen die Maschine handelt, so müssen diese rein mechanisch erklärt werden.

In jeder Bewegung ohne Ausnahme, gleichviel ob ein Stein fällt oder ein Mensch geht, sind alle Teile in dem strengen Zusammenhange von Ursache und Wirkung miteinander verbunden, so daß auf diese Bewegung notwendig diese und keine andere folgt. In allen bewegten Körpern oder Maschinen ist mithin das Prinzip der wirkenden Ursache allein tätig, und der natürliche Verlauf einer Bewegung muß nach der Richtschnur der bloßen Kausalität erklärt werden. Denn setzen wir auch, daß eine Bewegung mehr enthalte als diesen Kausalzusammenhang ihrer Teile, daß sie auf ein bestimmtes Ziel gerichtet sei (wie wenn wir der Aussicht wegen einen Berg besteigen), so ist doch aus dem Zweck, welchen wir vorhaben, kein Schritt zu erklären in der Bewegung, die wir machen. Daß die Mauer aufrecht dasteht, bewirkt nicht ihr Zweck als Schutzwehr der Stadt, sondern das Gesetz der Schwere und der rein mechanischen Unterstützung, wonach die schwereren Massen die leichteren tragen. Wenn wir das Gehen rein physikalisch betrachten, so interessiert uns nicht der Zweck des Gehens, etwa die Gegend, die wir sehen wollen, sondern allein der Mechanismus der Muskeln, wodurch die Bewegung zustande kommt. Wenn wir die Mauer physikalisch erklären, so ist es gleichgültig, was sie bezweckt; wir bekümmern uns nur um die rein mechanische Verknüpfung ihrer Teile, und der Zweck, dem sie dienen, ist ihnen selbst eine vollkommen auswärtige Sache. Wir fragen hier nicht nach dem *wozu*, sondern nur nach dem *warum*. Wenn wir nach dem warum fragen, so wäre es nichtssagend, mit dem wozu antworten zu wollen. Deshalb behauptet Leibniz den streng physikalischen Gesichtspunkt: daß nicht aus den Zwecken oder Endursachen, sondern allein aus dem Gesetze der wirkenden Ursachen die Körper und ihre Bewegungen zu erklären seien. Soweit die Monaden beschränkt sind, erscheinen sie als Körper und fallen als solche unter den Gesichtspunkt der mechanischen Kausalität. Mit anderen Worten: aus dem Prinzip der Materie oder der Körperkraft in den Monaden folgt eine *bewegte Körperwelt*. Diese besteht in Kräften und beruht mithin auf dynamischen Prinzipien, sie äußert sich in Bewegungen und handelt mithin nach mechanischen Gesetzen; daher bildet sie ein System wirkender Ursachen, und diesem Begriffe gemäß muß innerhalb der Grenzen der Körperlehre geurteilt werden.

Wir heben mit Absicht von der Leibnizischen Philosophie diese Seite ihrer mechanischen Naturanschauung hervor, weil sie auf diesem Wege sich den Systemen ihres Zeitalters wieder annähert und die Aufgabe löst, die sie gefaßt hatte: in dem Prinzip der Monade die Platonisch-Aristotelischen Formbegriffe mit den Atomen Demokrits zu versöhnen. Ohne diese versöhnende Mitte zwischen Idealismus und Materialismus einzunehmen, wäre die Monade nicht jener die Gegensätze in sich vereinigende Universalbegriff, der sie nach Leibnizens Absicht sein soll. Und die Anschauung einer mechanisch eingerichteten Körperwelt hängt mit dem Wesen der Monade genau zusammen. Denn die Körperwelt ist nur die entfaltete Körperkraft, das Produkt der (ersten) Materie. Entzieht man der Monade das Prinzip der Materie, so nimmt man ihr die Körperkraft, die Undurchdringlichkeit, die Schranke, mit der Schranke den eigentümlichen Charakter, mit der Eigentümlichkeit der einzelnen Monade nimmt man allen Monaden die durchgängige Verschiedenheit und zerstört so alle Grundlagen der Leibnizischen Lehre.

III. Die tätige Kraft als Prinzip der Form

1. Entelechia prima

Aber freilich ist das Prinzip der Materie weit entfernt, das Wesen der Monade zu erschöpfen, und es wäre ebenso einseitig, die Monaden nur als (dynamische) Körper zu betrachten, wie es naturwidrig wäre, sie ohne Körperkraft und ohne Verschiedenheit zu denken. Das Prinzip der Monade bestand in der leidenden Kraft, die jede Monade vermöge ihrer Schranke in sich schließt. Worin besteht die tätige Kraft? Um dieses zweite Prinzip der Monade richtig zu fassen, müssen wir auf den Unterschied zwischen Leiden und Handeln zurückblicken, den schon Spinoza aufgeklärt hatte und worin Leibniz mit den Spinozistischen Begriffen übereinstimmt. Ich bin tätig, wenn ich die einzige Ursache bin von dem, was in mir geschieht; im anderen Falle verhalte ich mich leidend. Ich leide daher, wenn außer mir noch andere Bedingungen zu meinem Handeln nötig sind; die Kraft, womit ich unter dem Zwange äußerer Umstände handle, ist passiv, und die so bedingte und eingeschränkte Handlung ist nicht reine Tätigkeit. Ich leide, wenn ich beschränkt bin, und ich bin beschränkt, sobald Wesen außer mir existieren. Darum ist die Körperkraft der Monade mit allem, was aus ihr folgt, leidende Tätigkeit, weil diese Kraft nur sein und handeln kann unter der Bedingung vieler Monaden, weil sie weder sein noch handeln könnte, wenn eine Monade allein und außer ihr nichts da wäre. Dagegen die tätige Kraft handelt rein aus sich selbst, sie setzt mithin als ihre einzige Bedingung dieses Selbst voraus, diese eine Monade, deren Wesen sie ausdrückt, unbekümmert um alle übrigen. Während die leidende Kraft in der negativen und vielseitigen Erklärung besteht, daß die Monade diese ist im Unterschiede von allen übrigen, daß sie, um diese zu sein, mit körperlicher Energie alle anderen von sich ausschließt, so besteht die tätige Kraft in der positiven und einfachen Erklärung, daß die Monade diese ist, gleichviel ob andere sind, und was sie sind. Wir werden daher die tätige und leidende Kraft am besten so unterscheiden: daß beide gleich ursprünglich und zum Dasein eines Individuums gleich notwendig sind, daß aber die leidende Kraft dieses Dasein negativ, die tätige dagegen positiv bedingt. Dieser Unterschied ist ebenso wichtig wie einleuchtend: die negative Bedingung ist diejenige, ohne welche etwas weder ist noch sein kann, die positive dagegen diejenige, durch welche etwas ist und besteht. Ohne Körperkraft z.B. gibt es keinen Herkules, aber die bloße Körperkraft macht ihn noch nicht aus, denn unter dieser Bedingung allein konnte er ebenso gut ein Athlet wie ein Halbgott werden. Daß diese Kraft diese Taten ausführt, welche den Mann zum Herkules machen, dazu gehört eine heroische Kraft, welche der körperlichen Energie als Richtung und Ziel eingeboren ist und das Individuum in der Form dieses einzigen Charakters ausprägt. So liegt für die Individualität eines Herkules die negative Bedingung in der körperlichen Kraft, die positive in der heroischen: diese ist die tätige Kraft, jene die leidende.

Genauso verhalten sich in der Leibnizischen Monade die beiden Kräfte. Vermöge der leidenden Kraft ist jede Monade ein (bewegter) Körper, und wenn sie dieser Körper nicht wäre, so wäre sie niemals diese Individualität. Indessen, aus der bloßen Körperkraft erklärt sich die Individualität, die ausgesprochene Eigentümlichkeit eines Wesens ebensowenig wie ein Herkules aus der Athletenstärke. Die Körperkraft ist nötig, damit ein Wesen überhaupt fähig ist zu handeln. Daß es aber gerade so handelt und seine Bewegungen gerade so einrichtet und ausführt: dazu gehört eine Seelenkraft oder ein Prinzip der Selbsttätigkeit, welche den Körper beherrscht wie der Meister sein Werkzeug.

Das Prinzip des Körpers und der Materie nannten wir mit Leibniz die leidende Kraft *(materia prima)*. So möge die tätige Kraft, weil sie das Prinzip der eigentümlichen Art, der vollendeten Individualität, der Entelechie überhaupt ausmacht, mit Leibniz „entelechia prima (entélechie première)" genannt werden. Der Ausdruck Entelechie bezeichnet einmal die Monade als solche, dann speziell eines ihrer Momente, nämlich die tätige Kraft. Die Monade heißt Entelechie, weil sie eigentümliche Substanz, in sich vollendete Individualität ist; die tätige Kraft heißt Entelechie, weil sie eben diese Selbsteigentümlichkeit vollendet oder deren positive Bedingung ausmacht.

2. *Die formgebende Kraft*

In jeder Monade sind demnach die beiden Faktoren zu unterscheiden: der eine, welcher sie möglich macht (der dynamische), und der andere, welcher sie wirklich macht (der energische); jener bildet die Materie, woraus das Individuum wird, dieser die Form, worin es besteht. Die leidende Kraft in der Monade ist die Materie, die tätige die Form. Diese ist die Ordnung, welche das Mannigfaltige zu einem einheitlichen Ganzen verbindet und bewirkt, daß die Teile desselben miteinander übereinstimmen. Ein Ding ist formlos, wenn seine Teile verhältnislos sind und sich nicht zu einem einmütigen Ganzen oder zu einer wirklichen Einheit verknüpfen: darum ist die Form Einheit in der Mannigfaltigkeit, die leere Einheit ohne alle Mannigfaltigkeit wäre ebenso formlos wie umgekehrt die chaotische Vielheit.

Die Materie der Monade ist ein mannigfaltig geteilter und bewegter Körper, derselbe ist ins Endlose geteilt und bewegt, er bildet, für sich betrachtet, kein einmütiges Ganzes, keine wirkliche Einheit; wenigstens liegt in dem geteilten und bewegten Körper, für sich betrachtet, kein Grund, daß er gerade so geteilt und bewegt ist, daß alle seine Teile und Bewegungen sich gerade zu diesem Ganzen vereinigen. Diese Einheit kommt durch die Form der Monade, sie ist die ordnende Kraft, welche in der Mannigfaltigkeit jener Teile und Bewegungen den einstimmigen Zusammenhang bildet, sie ist in der Mannigfaltigkeit die Kraft der Einheit. Die Einheit der Monade ist ihr unteilbares, einfaches Selbst, die Quelle ihrer Eigentümlichkeit, der Ursprung ihrer tätigen Kraft. Darum besteht die Kraft der Einheit in der Selbstbetätigung, und die Monade betätigt sich selbst, indem sie in allen Teilen und Bewegungen ihres Körpers gegenwärtig ist als dieses einfache Selbst, als diese eine unteilbare Substanz. Sobald aber ein und dasselbe Subjekt in allen Teilen des Körpers gegenwärtig ist, so herrscht in dieser Mannigfaltigkeit ein einmütiges Prinzip, womit von selbst deren Ordnung, Einheit und Form gegeben ist. Daß die Monade ein Selbst ist, eine schlechthin immaterielle, einfache Substanz, darin liegt der Grund ihrer Einheit und Form. Daß die Monade beschränkt ist, eine schlechthin undurchdringliche und verschlossene Substanz: darin liegt der Grund ihrer Mannigfaltigkeit und Materie. Jede Monade vereinigt demnach als ihre elementaren Faktoren die leidende und tätige, die stoffgebende und die formgebende Kraft, Mannigfaltigkeit und Einheit oder, kurz gesagt, Stoff und Form.

3. Seele und Leben. Die zwecktätige Kausalität

Dieses Selbst nun als die ursprüngliche, tätige Kraft, welche sich äußert, nennen wir mit Leibniz *Seele*; die Äußerung dieser Kraft ist Selbstbetätigung, und die Selbstbetätigung eines Wesens nennen wir mit Leibniz *Leben*. Wir nehmen diese wichtigen Ausdrücke genau in dem Sinne, welchen der Philosoph in seinem Briefe an Wagner über die tätige Kraft des Körpers erläutert und den er stets in seinem philosophischen Sprachgebrauche beobachtet. Unter Seele verstehen wir das Lebensprinzip *(principium vitale)*, unter Leben die Selbstbetätigung. „Du fragst nach meiner Erklärung der Seele. Ich antworte dir, daß dieser Begriff in weitem und engem Sinne genommen werden kann. Im weiten Verstande bedeutet Seele dasselbe wie Leben oder Lebensprinzip, nämlich das Prinzip der inneren Tätigkeit, welches in der einfachen Substanz oder in der Monade existiert, und womit die äußere Tätigkeit übereinstimmt.“[38] „Ein solches Prinzip nennen wir substanziell, auch ursprüngliche Kraft, erste

[38] *Leibniz an R. Chr. Wagner*, 4. VI. 1710. Gerhardt Phil. VII, 529; Erdmann 466.

Entelechie, mit einem Wort Seele. Diese tätige Kraft in Verbindung mit der leidenden gibt erst die vollständige Substanz."[39]

Wo die Teile und Bewegungen eines Körpers vollkommen übereinstimmen, da ist Einheit in der Mannigfaltigkeit; wo eine solche Einheit existiert, da ist Form, Seele, Leben, mit einem Wort Selbsttätigkeit. Aber alle Selbsttätigkeit ist zugleich Selbstbetätigung oder Selbstentfaltung, das Selbst (die Seele) ist nicht bloß tätig, sondern wird auch betätigt, es ist nicht bloß die Ursache, woraus die Handlung folgt, sondern zugleich das Ziel, worauf sie gerichtet ist, nicht bloß das wirkende, sondern zugleich das zu bewirkende Subjekt. Eine Ursache, welche zugleich Grund und Ziel oder Ende ihrer Wirksamkeit ist, nennen wir Endursache *(causa finalis)* oder Zweck: jede selbsttätige Kraft ist mithin auch *zwecktätige Kraft*. Alles, was aus dieser Kraft folgt, kann daher allein durch das Prinzip der Zwecke oder Endursachen erklärt werden.

IV. Wirkende Ursachen und Endursachen

So unterscheiden wir genau die beiden Momente, welche das Wesen einer jeden Monade ausmachen. Jede Monade ist eine eigentümliche Substanz oder eine kräftige Individualität, sie ist zugleich beschränkt und selbständig, zugleich leidende und tätige Kraft: die leidende Kraft ist das Prinzip der Materie, die tätige ist das Prinzip der Form, jene äußert sich als Körper, diese als Seele; der Körper einer Monade ist von Natur Maschine, die Seele ist von Natur lebendig, in den Körpern gibt es nur mechanische, in den Seelen nur lebendige Wirksamkeit; die mechanische Wirksamkeit kann allein durch den Begriff der wirkenden Ursachen, die lebendige nur durch den der Endursachen erklärt werden. Hier vereinigt Leibniz in dem Begriff der Monade die beiden Prinzipien der Kausalität und Teleologie, welche vor ihm den durchgreifenden Gegensatz der Systeme und Zeitalter ausmachten. Der Zweckbegriff wird zugleich mit dem Formbegriff und dieser mit der Formanschauung in dem künstlerisch denkenden Geiste der griechischen Philosophie erweckt, und hier findet das System der Teleologie seinen großartigen Abschluß in Aristoteles, der die Sokratisch-Platonische Philosophie vollendet und dem die Scholastiker nachfolgen. Der Begriff der mechanischen Kausalität erhebt sich in dem mathematischen Verstande der neueren Philosophie, und hier findet das System der Kausalität oder der mechanischen Weltordnung seine großartige Vollendung in Spinoza. Bis zu dieser Schärfe mußte sich

[39] „Et tale principium appellamus substantiale, item vim primitivam, ἐντελέχειαν τήν πρώτην, uno nomine animam, quod activum cum passivo conjunctum substantiam completam constituit." *Commentatio de anima brutorum* (Nr. V). Gerhardt Phil. VII, 329; Erdmann 463 f.

der Gegensatz beider Prinzipien ausgebildet haben, bevor seine Vermittlung die Aufgabe einer neuen Lehre werden konnte: sie wird die Aufgabe derjenigen Philosophie, welche dem Spinozismus auf dem Fuße nachfolgt, über die Schule Descartes' hinausgeht und deren Grundlagen verläßt. Ich behaupte, daß Leibniz hier seine Aufgabe erkannt hat, daß ihm frühzeitig in jenen beiden Prinzipien der Teleologie und Kausalität der äußerste Gegensatz der geschichtlich gegebenen Systeme eingeleuchtet, daß die Versöhnung gerade dieses Gegensatzes, die Lösung gerade dieses Problems sein spekulatives Universalgenie fortwährend beschäftigt und in allen Entwürfen seiner Lehre geleitet hat; endlich, daß Leibniz überhaupt unter allen Philosophen der erste gewesen ist, der diese Aufgabe mit voller Klarheit begriff und zu ihrer Lösung in seinem Systeme den umfassenden und tief durchdachten Versuch machte. Darin allein, wenn es mit einer metaphysischen Formel gesagt werden darf, liegt die einzigartige und weltgeschichtliche Bedeutung dieses Philosophen. Um ihn richtig darzustellen, muß eben jener Grundgedanke seines Systems genau und sorgfältig hervorgehoben und geradezu als der Leitfaden ergriffen werden, an dem wir allein mit Sicherheit das vielgeräumige Lehrgebäude der Leibnizischen Philosophie durchwandern können. Was der Philosoph selbst in seinen zerstreuten Schriften oft sagt, worauf er gelegentlich immer wieder zurückkommt, das muß die Darstellung ausführlich behandeln und unter ihre Hauptgesichtpunkte aufnehmen. Und nichts hat Leibniz öfter und nachdrücklicher in seinen Schriften erklärt, als daß die wahrhafte Philosophie in ihrer Welterklärung das Prinzip der Zwecke mit dem der wirkenden Ursachen vereinigen müsse. Auf diese einfache Formel führen sich alle geschichtlichen Gegensätze zurück, welche Leibniz in seinem Lehrgebäude beherbergen und versöhnen wollte, deren Versöhnung er schon in seinen Jugendschriften wie in dem Briefe an Jacob Thomasius und in der „confessio naturae contra atheistas" als die notwendige Aufgabe einer neuen Philosophie voraussah.

Die metaphysische Entgegensetzung der wirkenden Ursachen und Endursachen bildet die Grundfrage in den Systemen der früheren Philosophie. Die alte und neuere Philosophie, Idealismus und Materialismus, die Scholastik und Descartes, Aristoteles und Spinoza, Plato und Demokrit sind, was ihre obersten Prinzipien betrifft, in diesem Gegensatze begriffen: die einen erklären die Natur durch Formen und zwecktätige Kräfte, die anderen durch Stoffe und mechanische Kausalität; jenen erscheint die Natur als eine ideale, zweckmäßige, lebendige Ordnung der Dinge, diesen als eine der blinden Notwendigkeit unterworfene und von toten Kräften bewegte Maschine.

Für Leibniz sind alle Dinge Monaden, jede Monade enthält als ihre Faktoren Form und Materie, alle Formen sind zwecktätige, alle Körper mechanische Kräfte. Um erklärt zu werden, verlangen jene das Prinzip der Teleologie, diese das der Kausalität. Wenn nun aus den Monaden die Welt erkannt werden soll, so muß die Welterklärung die Richtschnur beider Prinzipien befolgen und vereinigen. Worin besteht die Vereinigung und ihre Art? Die Lösung dieser Frage trifft den Angelpunkt der Leibnizischen Philosophie.

Viertes Kapitel. Die Lösung der Grundfrage. Die Monade als Einheit von Seele und Körper

I. Das Verhältnis von Seele und Körper

1. Die metaphysische Bedeutung der Frage

Endursachen und wirkende Ursachen verhalten sich zueinander genau wie die Kräfte, deren Wirkungsart sie bezeichnen. Durch den Zweckbegriff erklären wir die lebendige Wirksamkeit der Dinge, durch die Kausalität die mechanische. Alle mechanische Wirksamkeit folgt aus der Körperkraft als dem Prinzip der Materie, alle lebendige aus der Seelenkraft als dem Prinzip der Form. Daher müssen sich in der Leibnizischen Philosophie die Endursachen zu den wirkenden Ursachen verhalten wie die Form zur Materie oder wie die Seele zum Körper. Wie verhält sich die Seele zum Körper? Wir betrachten jetzt dieses Verhältnis aus dem metaphysischen Gesichtspunkte, der sich auf das Wesen *aller* Dinge bezieht, nicht aus dem psychologischen, der sich besonders auf das Wesen des Menschen richtet. Der Mensch wird hier von allen übrigen Wesen keine Ausnahme machen dürfen; das Verhältnis, welches in jeder Monade zwischen Seele und Körper stattfindet, wird auch für die menschliche Natur gelten müssen, und die Psychologie empfängt das Gesetz, welches die Metaphysik feststellt. Mag die menschliche Seele um so viel höher und der menschliche Körper um so viel vollkommener sein als die anderen Seelen und Körper, so ist doch ohne Zweifel das Verhältnis zwischen Seele und Körper in allen Wesen dasselbe. Für Descartes freilich war dieses Verhältnis eine ausschließlich anthropologische Frage, weil nach den Grundsätzen seiner Lehre nur die Geister Seelen sind und also nur im Menschen von einer Seele überhaupt geredet werden kann; dagegen ist für Leibniz diese Frage metaphysischer Art, denn bei ihm sind alle Dinge Monaden, und jede Monade ist zugleich Seele und Körper.

Darum stellen wir an die Spitze der folgenden Untersuchung den Grundsatz: so verschieden auch die Seelen und Körper in den einzelnen Dingen sein mögen, das *Verhältnis* von Seele und Körper ist in allen Dingen dasselbe.

2. Der richtige Gesichtspunkt

Seele und Körper sind die beiden Kräfte, welche das Wesen jeder Monade ausmachen. Wie nun jede Monade ein schlechthin einfaches und unteilbares Wesen bildet, so müssen Seele und Körper überall untrenbar vereinigt sein: sie dürfen daher niemals betrachtet werden als trennbare oder voneinander unabhängige Wesen. Wären sie trennbar, so könnten sie nur durch Zusammensetzung vereinigt werden, und ihre Einheit, die Monade, müßte für eine zusammengesetzte (also teilbare) Substanz gelten. Wären sie voneinander unabhängig, so wären sie selbst Substanzen, und es müßte zwischen Seele und Körper dasselbe Verhältnis bestehen wie zwischen Substanzen oder Monaden. Aber mit dem Prinzip der Monade ist die untrennbare Vereinigung von Seele und Körper gegeben. Sobald diese Vereinigung aufgelöst wird, ist das Wesen der Monade und damit die Grundlage der Leibnizischen Philosophie zerstört. Diese Vereinigung wird aufgelöst, wenn die Monade als eine aus Seele und Körper zusammengesetzte Substanz und demgemäß Seele und Körper selbst als verschiedene Substanzen angesehen werden.

Wir erklären zuvörderst, wie im wahren Verstande der Leibnizischen Philosophie das Verhältnis von Seele und Körper *nicht* aufgefaßt werden darf. Seele und Körper sind Kräfte oder Momente eines und desselben Wesens: dieser Satz steht so fest und mit den ersten Grundsätzen unserer Lehre in so unmittelbarem Zusammenhange, daß ihn wohl schwerlich jemand angreift. Weil sie Momente sind, darum können Seele und Körper nicht voneinander getrennt werden, darum ist die Monade nicht aus ihnen zusammengesetzt, darum sind sie selbst nicht Substanzen, darum kann zwischen ihnen auch nicht das Verhältnis bestehen, welches nach Leibnizischen Grundsätzen nur zwischen Substanzen möglich ist. Nennen wir dieses Verhältnis mit Leibniz Harmonie oder vorherbestimmte Harmonie, so ist das Verhältnis zwischen Seele und Körper in Wahrheit *nicht* eine solche Harmonie.

3. Die Einwürfe und deren Erklärung nach Leibnizens Lehrart

Diese Sätze widersprechen den herkömmlichen Darstellungen der Leibnizischen Lehre und müssen auf eine Reihe von Einwänden und urkundlichen Gegenbeweisen gefaßt sein. Leibniz selbst habe an so vielen Orten die Monade als zusammengesetzt aus Seele und Körper (Form und Materie, *entelechia prima* und *materia prima*) dargestellt und sie in dieser Rücksicht „substantia completa" genannt, er habe selbst das Verhältnis von Seele und Körper durch eine vorherbestimmte Harmonie erklärt und diese Hypothese deshalb gerühmt, weil sie so geschickt sei, gerade dieses Verhältnis auseinanderzusetzen und das darin enthaltene Problem aufzulösen, was die Scholastiker, Descartes und die Okkasionalisten vergebens versucht haben; er habe Seele und Körper als verschiedene Substanzen betrachtet, da er sie mit zwei Uhren verglichen, die genau auf denselben Schlag gehen, oder auch mit einem Herrn und seinem Diener, der die Befehle des Herrn automatisch ausführt; endlich habe Leibniz von einem substanziellen Bande *(vinculum substantiale)* geredet, wodurch der Körper, statt Moment in der Monade zu sein, Substanz außer den Monaden werde.

In diesen drei Punkten, der „substantia completa", der „harmonia praestabilita" und dem „vinculum substantiale" gibt Leibniz dem Körper eine Bedeutung, welche dem ursprünglichen Begriffe desselben widerstreitet, und zwar steigert sich mit jedem Punkte die Selbständigkeit des Körpers, der sich mit jedem Schritte weiter aus dem Reiche und Gebiete der Monade entfernt. Die *substantia completa* erklärt: der Körper ist nicht Moment, sondern *Teil* der Monade; die *harmonia praestabilita* erklärt: der Körper ist nicht Teil der Monade, sondern selbst *Monade* oder Substanz; endlich das *vinculum substantiale* erklärt: der Körper ist überhaupt nicht Monade, sondern eine außer den Monaden befindliche *materielle Substanz*.

Es soll nun keineswegs der vergebliche Versuch gemacht werden, die Leibnizische Philosophie von allen Widersprüchen, in welche sich bei ihr der Begriff des Körpers verstrickt hat, ganz frei zu sprechen. Indessen dürften uns die angeführten Einwände nicht hindern, das Verhältnis von Seele und Körper streng nach den Grundsätzen der Leibnizischen Lehre zu beurteilen, denn diese Grundsätze liegen fester und sind von höherem Werte als die Zeugnisse, womit sie streiten. Man darf überhaupt nicht gleich jeden Satz oder Ausspruch unseres Philosophen für ein fertiges Dogma ansehen; vielmehr ist genau zu beachten, in welchem didaktischen Verhältnis der bestimmte Satz oder die Schrift, worin er sich findet, zu der eigentlichen Grundlehre steht. Bei keinem Philosophen ist es wichtiger, den didaktischen Zweck im Auge zu haben, als bei Leibniz. Man muß unterscheiden, ob er in seiner Schrift von dem vollständigen Begriffe der Monade ausgeht oder diesen Begriff erst abzuleiten und auf dem Wege induktiver Darstellung zu gewinnen und zu vervollständigen sucht. Gesetzt, daß die Schrift davon ausgeht, und daß ihr schon im Anfang das vollständige Prinzip der Monade feststeht, so muß unterschieden werden, ob der Philosoph diesen

Begriff für sich streng und methodisch entwickelt oder vielmehr die Absicht hat, denselben anderen deutlich zu machen, zu erklären, zu erläutern, durch Beispiele zu veranschaulichen, mit herrschenden Vorstellungen zu vermitteln. Denn ein anderes ist die wissenschaftliche, ein anderes die pädagogische Deutlichkeit. Bei der schriftlichen Verfassung, worin sich die Leibnizische Philosophie befindet, kommt sehr viel darauf an, welchen Charakter ein Schriftstück hat, ob den einer wissenschaftlichen Abhandlung oder den einer brieflichen Erklärung. Bei einer wissenschaftlichen Abhandlung fragt sich, ob sie den Begriff der Monade auf dem Wege der Induktion oder Deduktion darstellt, ob sie genetisch oder systematisch verfährt; bei einem Briefe fragt sich, wem er gewidmet ist, an welches Bewußtsein er sich wendet, mit welchen gegebenen Vorstellungen er die Monadenlehre vermitteln möchte, ob mit gewissen philosophischen oder gewissen religiösen Meinungen.

Dabei urteilen wir nach folgenden Gesichtspunkten. Gesetzt (wie es sehr häufig der Fall ist), die Monade werde induziert oder aus bekannten Tatsachen abgeleitet, so müssen hier notwendig Begriffe und Erklärungen gegeben werden, die erst auf dem Wege zum wahren Begriff der Monade sind und also noch nicht auf der Höhe der Gesamtanschauung stehen, sondern nur bis auf weiteres gelten; sie haben im Geiste des Philosophen selbst keine letzte, sondern nur eine vorläufige Gültigkeit und dürfen daher von uns nicht im absoluten, sondern nur im relativen Verstande genommen werden. So gilt die „substantia completa".

Erläuterungen haben nie den Wert von Grundsätzen, und wenn sie diese in irgend einer Weise beeinträchtigen, so steht ihre Geltung in Frage, nicht die der Prinzipien. So verhält es sich mit der „harmonia praestabilita", angewendet auf das Verhältnis von Seele und Körper. Und was Erläuterungen überhaupt nicht vermögen, nämlich Grundsätze zu entkräften, das vermögen noch weniger Beispiele und Bilder. Am wenigsten aber können die Grundsätze einer Philosophie durch eine Vorstellung gefährdet werden, welche der Philosoph als ein Hilfsmittel einführt, um seine Lehre einem kirchlichen Dogma anzupassen oder zu befreunden. Eine solche Bedeutung hat das „vinculum substantiale", welches in einer brieflichen Erörterung zur Sprache kommt.

Die „substantia completa", wo sie in der Leibnizischen Philosophie auftritt, gilt als ein Vorbegriff zur wahren Erklärung der Monade, und wenn diese selbst als eine (aus Form und Materie) zusammengesetzte Substanz bezeichnet wird, so soll mit dieser ersten, noch unbestimmten Formel nur gesagt sein, daß Form und Materie, Seele und Körper sich ergänzen müssen, um ein Ganzes oder eine Monade zu bilden. Es ist mehr die Ergänzung als die

Zusammensetzung, die durch jenen Ausdruck erklärt sein will. So oft nämlich Leibniz den Begriff der Monade induziert, geschieht es durch jenen uns bekannten Beweis: er beginnt mit dem Begriffe der zusammengesetzten Substanz oder des Körpers und zeigt dann, wie die Natur desselben nicht lediglich in der Ausdehnung, sondern wesentlich in „Kräften“ bestehe. Da nun der Körper zunächst als eine zusammengesetzte Substanz gilt, so erklärt Leibniz, daß diese Substanz nicht aus Korpuskeln, sondern aus Kräften zusammengesetzt sei. In dieser Rücksicht und in diesem Zusammenhange redet er allemal von der „substantia completa (substance composée)“. Der Ausdruck gilt daher von dem Wesen des Körpers, welches als Monade von uns erst aufgefaßt werden soll; er gilt von der Monade, die uns aus der Natur des Körpers erst einleuchten soll und darum noch vor der Hand wie ein zusammengesetztes Wesen erscheint[40].

Die Harmonie in ihrer Anwendung auf Seele und Körper begreift nicht, sondern erläutert nur deren metaphysisches Verhältnis. Diese Erläuterung, welche Leibniz in seinen Schriften oft wiederholt und sehr populär gemacht hat, war ohne Zweifel mehr geeignet und bestimmt, andere über die endgültigen Ergebnisse seiner Philosophie zu belehren, als deren erste Prinzipien in ihrem wahren Lichte zu zeigen; sie entspricht dem pädagogischen oder didaktischen Bedürfnisse dieser Philosophie, welche ihre Hauptwahrheiten, gleichsam ihre Summe, den meisten faßlich machen möchte, da ihre ersten und tiefsten Gedanken nur den wenigsten zugänglich waren. Denken wir uns Leibniz mit seinem Begriffe der Monaden, welche Seelen und Körper zugleich sind, gegenüber einem Zeitbewußtsein, welches von Kartesianischen Begriffen eingenommen und in dem Dualismus von Seele und Körper befangen war, so begreifen wir wohl, wie *diesem* Bewußtsein unser Philosoph nur mit Hilfe der vorherbestimmten Harmonie deutlich werden konnte. Er kann nur begreifen, daß Seele und Körper von Natur *eines* sind; die herkömmliche Philosophie kann nur begreifen, daß Seele und Körper von Natur einander schlechthin *entgegengesetzt* sind: wie wird sich Leibniz dieser gebräuchlichen Vorstellungsweise einleuchtend machen? Um ihr nahe zu kommen, umgeht er gleichsam seinen Begriff des Körpers, er läßt den Körper gelten als eine von der Seele verschiedene Substanz, wie es den anderen zu denken bequem war, und jetzt zeigt er, was bei ihm das Fazit der Rechnung ausmacht, daß zwischen Seele und Körper eine vollkommene

[40] Vgl. beispielsweise folgende Hauptstellen: *De ipsa natura* etc. (Nr. 12), Gerhardt Phil. IV, 512; Erdmann 158. *Leibniz an Des Bosses*, 11. III. 1706, Gerhardt Phil. II, 305 f.; Erdmann 436. *Leibniz an Bierling*, 12. VIII. 1711, Gerhardt Phil. VII, 501 f.; Erdmann 678. *Entretien de Philarete et d'Ariste* usw., Gerhardt Phil. VI, 588; Erdmann 694.

Übereinstimmung stattfinde, daß diese Übereinstimmung in beiden ursprünglich begründet sei. Wie hätte er eine solche ursprüngliche Übereinstimmung anders erklären können als durch die Annahme einer vorherbestimmten Harmonie?

Nachdem Leibniz sein neues System der Natur veröffentlicht hatte, war die erste Frage, welche Foucher an ihn richtete: wo bleiben die Körper? Wie können aus immateriellen Kräften jemals ausgedehnte Dinge werden? Hierauf gibt Leibniz die Erläuterungen seines Systems, worin er zum ersten Male das Wort „harmonie préétablie" braucht. Um seine Lehre zu erläutern und insbesondere seine Erklärungsart von dem Verhältnis zwischen Seele und Körper anschaulich zu machen, dient ihm die Vergleichung des letzteren mit zwei Uhren, die genau auf denselben Schlag gehen. Entweder seien die beiden Uhren durch eine mechanische Vorkehrung verknüpft, die ihre Übereinstimmung bewirke, oder der Uhrmacher sei in jedem Augenblicke bei der Hand, um eine nach der andern zu richten, oder endlich, der Künstler habe beide Werke gleich so vorzüglich gearbeitet und eingerichtet, daß sie nun von selbst und nach eigener Gesetzmäßigkeit stets auf den Punkt übereinstimmen. Die erste Ansicht, welche die Wechselwirkung zwischen Seele und Körper oder den „Influxus" behaupte, sei die gewöhnliche, die sich auch bei Descartes finde, die zweite von der Assistenz Gottes sei die Lehre der Okkasionalisten, die dritte von der vorherbestimmten Harmonie die unseres Philosophen selbst. In den Erläuterungen seines „neuen Systems", die er nach Fouchers Einwürfen schrieb (Februar und November 1696), und in einem Briefe an Basnage, worin er die Schwierigkeiten, welche Bayle in seiner Lehre gefunden hatte, beleuchtet und wegzuräumen sucht (Juli 1698), braucht er das Bild oder Beispiel der zwei Uhren[41].

Die Vergleichung selbst stammt aus der Schule der Okkasionalisten und findet sich bei *A. Geulincx*, ihrem eigentlichen Begründer und wichtigsten Repräsentanten. Dieser hatte den ersten Traktat seiner Sittenlehre unter dem Titel „De virtute et primis eius proprietatibus, quae vulgo Virtutes cardinales vocantur. Tractatus ethicus primus" im Jahre 1665 selbst herausgegeben. Zehn Jahre später erschien das vollständige Werk aus dem Nachlasse des Verfassers und aus seinen

[41] *Eclaircissement du systeme nouveau pour l'Auteur de l'Histoire des Ouvrages des Sçavans* (II. 1696); *Eclaircissement du nouveau systeme de la communication des substances* usw., (IV. 1696); *Extrait d'une Lettre de M. D. L. sur son Hypothese de philosophie* usw. (XI. 1696); *Eclaircissement des difficultés que Monsieur Bayle a trouvées dans le systeme nouveau de l'union de l'ame et du corps* (VII. 1698); Gerhardt Phil. IV, 498 ff., 498 ff., 500 ff., 517 ff.; Erdmann 131–136, 150–154, – Über das Verhältnis von Seele und Körper vgl. *Théodicée* P. I. Nr. 59–63. Gerhardt Phil, VI. 135–137; Erdmann 519–520.

Vorlesungen durch Anmerkungen ergänzt unter dem Titel „Γνῶθι σεαυτὸν sive Arn. Geulincx Ethica“, von Bontekoe unter dem Namen *Philaretus* herausgegeben (1675). Eine dritte Ausgabe davon besorgte Johann Flender (1696). Die fragliche Vergleichung findet sich erst in den Ausgaben des nachgelassenen Werkes, wo sie in den Anmerkungen zum ersten Traktat dreimal zu lesen steht. Da Leibniz den Namen des Geulincx merkwürdigerweise niemals genannt hat und bei jener Vergleichung gewiß nicht verschwiegen haben würde, so ist anzunehmen, daß er seine Schriften entweder gar nicht gekannt oder nur die erste Ausgabe der *Ethik* gelesen hatte. Es ist Ed. Zellers Verdienst, diese völlig verschollene Originalausgabe wieder ans Licht gebracht und bei dieser Gelegenheit auch Leibnizens Verhältnis zu Geulincx Lehre näher erörtert zu haben[42].

Unser Philosoph hat das Gleichnis mit den Uhren weder von Geulincx entlehnt noch selbst erfunden, sondern unmittelbar von Foucher erhalten, als dieser in der Pariser Gelehrtenzeitschrift, wo jener soeben die Grundzüge der neuen Lehre veröffentlicht hatte, seine Bedenken darüber aussprach (12. September 1695)[43]. Leibniz hatte den Körper mit einem *Automaten* verglichen, den ein Künstler, welchem alle Willensregungen in der Seele völlig bekannt seien, so geschickt eingerichtet habe, daß die entsprechenden Bewegungen, jede in dem geeigneten Zeitpunkt, erfolgen. Foucher erwidert, daß man ebenso gut Seele und Körper mit zwei Uhren vergleichen könne, die genau auf denselben Schlag gehen; und Leibniz ließ sich dieses Bild gern gefallen und brauchte es selbst erst in der „Histoire des Ouvrages des Sçavans“, dann in dem „Journal des Sçavans“, weil er daran die drei Erklärungsarten von dem Verhältnis zwischen Seele und Körper, die der natürlichen Influenz, der göttlichen Assistenz und der vorherbestimmten Harmonie, recht anschaulich darstellen konnte.

Die Vergleichung der Übereinstimmung zwischen Seele und Körper mit zwei gleichgehenden Uhren war von Foucher, die der Seele mit dem Herrn, der einen Automaten zum Diener hat, welcher alle seine Befehle pünktlich befolgt und ausführt, war von Jaquelot. Diese Bilder, die uns die vorherbestimmte Harmonie veranschaulichen sollen, lassen die Seele in ihrem Verhältnis zum Körper zwei ganz verschiedene Rollen spielen. Wird sie mit der

[42] E. Zeller, Über die erste Ausgabe von Geulincx Ethik und Leibniz' Verhältnis zu Geulincx' Okkasionalismus. Sitzungsberichte der K. Pr. Akademie der Wissenschaften XXXI, 673–695 (1884). (Wieder abgedruckt: Kleine Schriften, Bd. I. [1910], S. 299–327). Durch die Auffindung dieser Ausgabe ist nun auch die Schreibung des Namens festgestellt. – Über Geulincx' Lehre vgl. meine Gesch. d. neueren Philosophie, Bd. II (5. Aufl.) S. 31–43.

[43] Vgl. Gerhardt Phil. IV, 487 ff.

Uhr verglichen, so ist sie eine Maschine wie der Körper und diesem koordiniert; wird sie mit dem Herrn verglichen, so ist sie ein dem Körper übergeordnetes, vorstellendes und wollendes Wesen. Und so erfüllen diese Bilder nicht den Zweck, welchen sie haben, denn sie lassen uns im Unklaren, wie sich eigentlich die Seele zum Körper verhält.

So viel steht fest, daß die Übereinstimmung beider sowohl die wechselseitigen Einwirkungen als die wunderbaren Eingriffe Gottes von sich ausschließt: jene verwirft Leibniz wie Malebranche und die Okkasionalisten, diese verwirft er im Widerstreit mit ihnen als „miracles déraisonnables". Nach ihm besteht die Übereinstimmung darin, daß Seele und Körper von Natur ein und dasselbe Wesen oder Individuum ausmachen: sie bilden eine natürliche Einheit. Soll diese noch weiter erklärt oder begründet werden, so muß man bis auf den Urgrund der Natur selbst zurückgehen. Aus dieser Tiefe betrachtet, erscheint die Übereinstimmung zwischen Seele und Körper als durch Gott begründet, d.h. als *vorherbestimmte* Harmonie. Doch wird sich diese Bestimmung erst rechtfertigen lassen, wenn die Leibnizische Metaphysik den Charakter der Theologie annimmt, nicht aus Belieben, sondern aus innerer Nötigung.

Jenes „vinculum substantiale" endlich, welches unser Philosoph in dem Briefwechsel mit dem Hildesheimer Pater Des Bosses in die Monadenlehre einzuführen scheint, dient ihm als Auskunftsmittel, um seine Philosophie mit dem wichtigsten Kultusdogma der römischen Kirche auseinanderzusetzen. Sind nämlich die Körper als solche nicht Substanzen, so können sie auch nicht transsubstantiiert werden, und die Verwandlung im Meßopfer ist schlechthin unmöglich. Sie sei ein Wunder! Aber auch als Wunder ist sie nach den Begriffen der Leibnizischen Theologie unmöglich, denn diese erlaubt nur solche Wunder, welche die metaphysische Natur der Dinge nicht aufheben. Ist nun vermöge seiner metaphysischen Natur der Körper keine Substanz (sondern Moment der Monade), oder gibt es aus metaphysischen Gründen überhaupt keine körperliche Substanz, so gibt es auch keine körperliche Transsubstantiation, auch nicht als Wunder. Daß dieselbe aber als göttliches Wunder stattfinden könne: diese Möglichkeit allein sucht Leibniz dem gelehrten Jesuiten gegenüber seiner Philosophie abzugewinnen. Damit das Wunder der Transsubstantiation metaphysisch möglich werde, muß es eine körperliche Substanz geben. Es gibt keine, solange der Grund des Körpers lediglich in der Monade besteht; also muß ein von der Monade unabhängiges Bindemittel eingeführt werden, welches den Körper selbständig macht. Dieses ist das „vinculum substantiale". Es hat in der Leibnizischen Philosophie die Bedeutung einer beiläufigen, für die Grundsätze der Metaphysik vollkommen gleichgültigen Hilfskonstruktion, und auch in dem Briefwechsel mit Des Bosses, wo allein die Sache einiges Ansehen gewinnt, behandelt Leibniz selbst diesen mit der Monadenlehre unverträglichen Begriff nur problematisch[44].

Das Gesamtresultat ist daher folgendes. Alle Begriffe, welche das metaphysische Verhältnis von Seele und Körper beeinträchtigen, sind entweder solche, welche den wahren Begriff der Monade noch nicht erreichen, sondern erst anstreben, wie die „substantia completa", oder solche, welche den Begriff exoterisch (kartesianisch) behandeln, wie die „harmonia praestabilita", zuletzt solche, die nach dem eigenen Geständnis des Philosophen mit dem Wesen der Monade nicht übereinstimmen und ein dem Geiste der Metaphysik fremdes Interesse haben, wie das „vinculum substantiale". Sie gelten mithin sämtlich nicht im absoluten, sondern im relativen Verstande.

Ich bemerke ausdrücklich, um jedem Mißverständnisse vorzubeugen, daß ich hier allein das Verhältnis von Seele und Körper im Auge habe, wie es in der Natur jeder *einzelnen* Monade stattfindet. Es könnte sein, daß sich eine Monade zur andern ähnlich verhält, wie die Seele zum Körper. Allein wir behandeln hier nicht das Verhältnis der Monaden untereinander, sondern allein das der Momente, welches die Natur jeder einzelnen Monade ausmacht. Wenn daher unter den Monaden selbst ein Verhältnis stattfindet, welches dem von Seele und Körper analog ist, so ist hier noch nicht der Ort, davon zu reden. Was wir gegen die vorherbestimmte Harmonie vorgebracht haben, berührt nicht das Verhältnis zwischen *Monaden*, sondern nur das Verhältnis zwischen den *Momenten* jeder Monade.

II. Das Verhältnis von Seele und Körper in der Monade

1. Die Seele als Zweck des Körpers

Seele und Körper (Form und Materie) sind die beiden Kräfte, die das Wesen jeder Monade ausmachen: diese ist demnach ein beseelter Körper. Jeder Körper ist ein mechanisches und jede Seele ein lebendiges Wesen: also ist jeder beseelte Körper eine lebendige Maschine. In der Maschine gibt es nur bewegende oder mechanische Kräfte, die Kräfte des Lebens dagegen sind gestaltend und zwecktätig: jede lebendige Maschine ist daher ein nach Zwecken bewegter Körper oder besteht in einem System zweckmäßiger Bewegungen. Wir können demnach den Begriff der Monade in folgenden Gleichungen

---

[44] *Leibniz an Des Bosses*, 12. II., 26. V., 16. VI., 20. IX., 10. X. 1712, 24. I., 23. VIII. 1713, 21. IV. 1714, 29. IV., 19. VIII. 1715, 13, I., 29. V. 1716; Gerhardt Phil. II, 433 ff., 444 f., 450 f., 456 f., 461, 473 ff., 481 ff., 485 f., 495 f., 502 ff., 508 ff., 515 ff.; Erdmann 679–683, 685–689, 718, 727–729, 738–743.

aussprechen: Monade (Individuum) = leidende und tätige Kraft = Materie und Form (*materia prima* und *entelechia prima*) = Körper und Seele = beseelter Körper = lebendige Maschine zweckmäßig bewegtes Ganzes.

Wie sich der Zweck zu der Bewegung verhält, die ihn ausführt, so verhält sich die Seele zum Körper. Da die Bewegung durch den Körper geschieht, so können wir sagen, daß die Seele der Zweck des Körpers oder die Absicht sei, in welcher sich die Maschine bewege. Wir fassen daher den Leibnizischen Begriff der Seele genau im Aristotelischen Verstande, wonach der Zweck des bewegten Körpers dessen Seele ausmacht. Wenn die Axt ein lebendiger Körper wäre, sagt Aristoteles, so wäre das Hauen ihre Seele; wenn das Auge ein Organismus wäre, so wäre das Sehen seine Seele. Nicht jeder Zweck, dem ein Körper dienen kann, darf dessen Seele genannt werden, denn nicht jede Bewegung, die ein Körper ausüben kann, ist in der eigenen Natur desselben begründet. Nicht, was wir mit einem Körper bezwecken, sondern was vermöge seiner Natur jeder Körper *selbst* bezweckt, macht seine Seele: darum ist das Hauen nicht die Seele der Axt, weil diese nicht das (lebendige) Subjekt, sondern nur das (tote) Instrument jener Handlung ist. So ist die Seele nicht der künstliche, sondern der von Natur dem Körper eingepflanzte und in ihm lebendige Zweck: sie ist der Naturzweck jedes Körpers, die ihm eingeborene, zwecktätige Kraft, die alle seine Bewegungen beherrscht und ordnet und auf diese Weise den Mechanismus in Organismus verwandelt. Die Seele bildet den natürlichen Zweck und darum die natürliche Form und Harmonie des Körpers. Wir dürfen mithin den Leibnizischen Begriff der Seele so erklären, daß er mit Aristoteles, Plato und Pythagoras übereinstimmt: nach Aristoteles bildet die Seele den Naturzweck oder die Entelechie des Körpers, nach Plato dessen Form oder Idee, nach Pythagoras dessen Maß oder Harmonie. Hier wird in Ansehung der Leibnizischen Lehre der Unterschied sehr deutlich zwischen dem metaphysischen Begriff und dessen theologischer Erklärung. Wenn nämlich das Verhältnis von Seele und Körper durch Harmonie erklärt sein will, so muß im genauen Verstande des Systems gesagt werden: die Seele sei die Harmonie des Körpers, aber nicht, daß die Harmonie zwischen Seele und Körper, als ob sie verschiedene Substanzen wären, stattfinde. Die Harmonie, welche zwischen Seele und Körper stattfindet, ist vorherbestimmt und folgt aus einem übernatürlichen Grunde; die Harmonie, welche die Seele im Körper ausmacht, folgt aus der Natur jedes Individuums. Von dieser Harmonie ist also die Monade selbst die erste und unmittelbare Ursache, und nur sofern die Monaden durch Gott gesetzt und begründet werden, darf Gott als Schöpfer der in der Monade begründeten Harmonie gelten: er ist davon nicht die direkte, sondern die indirekte, nicht die nächste, sondern die entfernte, nicht die unmittelbare, sondern die mittelbare Ursache. Man beachte wohl, daß in einem ganz anderen Sinne Gott Schöpfer der Monaden ist, in einem ganz anderen Schöpfer der in jeder Monade enthaltenen Harmonie von Seele und Körper. Die Weltschöpfung – vorausgesetzt, daß es eine solche gibt – ist bedingt durch eine moralische Notwendigkeit, das Verhältnis von Seele und Körper durch eine metaphysische. Moralisch notwendig ist, was aus dem Willen der Vernunft, metaphysisch notwendig dagegen, was aus dem Wesen der Dinge folgt. Es möge von dem Willen Gottes abhängen, daß überhaupt Dinge existieren, aber wenn sie existieren, so müssen die Dinge Monaden, so müssen die Monaden beseelte Körper oder lebendige Maschinen sein. So kommt es zuletzt auf den Willen des Mathematikers an, ob er ein Dreieck konstruiert, aber wenn das Dreieck gegeben ist, so muß es einen Raum einnehmen, so muß dieser begrenzte Raum drei Seiten haben und innerhalb desselben müssen bestimmte Größenverhältnisse stattfinden. Daß es Dreiecke gibt, davon möge der Grund in der Handlung des Mathematikers gesucht werden; daß aber die Dreiecke so und nicht anders beschaffen sind, davon liegt der Grund allein in ihrem Wesen. So liegt es im Wesen der Monade, einen beseelten (harmonisch geteilten und bewegten) Körper zu bilden; wenn also Gott die Monade erschafft oder in Existenz setzt, so existiert kraft der Monade der beseelte Körper, der mithin nicht nötig hat, durch eine göttliche Kraft besonders gemacht zu werden. Dies wäre ebenso überflüssig und vernunftwidrig, als wenn der Geometer, nachdem er in der ebenen Fläche das Dreieck konstruiert hat, die Winkel desselben noch besonders zwei rechten gleich machen müßte.

Aus dem Wesen der Monade folgt, daß die Seele den Zweck (Form und Harmonie) des Körpers bildet. Nun ist der Zweck eines Körpers in allen Teilen und Bewegungen desselben gegenwärtig und kann in keiner Weise davon getrennt oder als ein besonderes Wesen gleichsam hypostasiert werden. Bei diesem Verhältnis von Seele und Körper gibt es daher kein Zwischengebiet, auf dem sich ein gegenseitiger, physischer Einfluß (Influxus) oder eine göttliche Vermittlung (Assistenz) geltend machen könnte. Seele und Körper müßten Substanzen sein, damit zwischen ihnen ein solches mittleres Gebiet, ein solcher Spielraum für eine natürliche oder göttliche Wirksamkeit überhaupt möglich wäre. Diese Substanzen müßten gleichartig oder die Seele (der Zweck des Körpers) ein ebenso räumliches Ding wie der Körper selbst sein, um gegenseitig einen physischen Einfluß aufeinander auszuüben; sie müßten entgegengesetzt sein, um eine göttliche Dazwischenkunft einzuräumen und zu bedürfen. Da nun Seele und Körper überhaupt nicht Substanzen sind (weder gleichartige noch entgegengesetzte), so erklärt sich Leibniz im Prinzip gegen die Vorstellungsart sowohl der Scholastiker und Descartes', welche den physischen Einfluß ganz oder zum Teil behaupten, als auch der Okkasionalisten, welche zwischen Seele und Körper den *Deus ex machina* wirken lassen. Den Scholastikern zeigt Leibniz, daß Seele und Körper in ihren Funktionen vollkommen verschieden seien, daß jene nach Zwecken, dieser nach mechanischen Gesetzen handle, daß von der Seele die Bewegung des Körpers nicht beeinflußt werde in Ansehung weder ihrer Größe, noch auch, wie Descartes gemeint hatte, ihrer Richtung. Den Okkasionalisten zeigt er, wie Seele und Körper nicht durch ein Wunder. sondern von Natur übereinstimmen.

2. *Der Körper als Mittel der Seele*

Jetzt erst können wir den letzten Ausdruck finden für das natürliche Verhältnis von Seele und Körper. Sind sie der ersten Bestimmung nach die beiden ursprünglichen Momente in dem Wesen jeder Monade, so müssen wir jetzt berichtigend und ergänzend hinzufügen, daß diese beiden Momente nicht ebenbürtig sind und darum niemals koordiniert werden dürfen. Die Seele betätigt sich durch den Körper, und wenn auch beide von Natur gleich ursprünglich sind, so sind sie in der Ordnung der Natur nicht von demselben Werte, sondern sie verhalten sich wie die tätige Kraft zur leidenden oder wie der Zweck zum Mittel. Das Verhältnis von Zweck und Mittel ist ein anderes in der Natur als in der Kunst. In der Kunst fallen beide auseinander als verschiedene Dinge, die an sich nichts miteinander gemein haben und, um vereinigt zu werden, der technischen Kraft des Künstlers bedürfen. Der Künstler setzt sich den Zweck; um diesen Zweck zu verkörpern, sucht er sich auswärts das geeignete Mittel: ein anderes Wesen ist der Bildhauer, dem die Idee des Herkules vorschwebt, ein anderes der tote Stein, dem diese Idee fremd ist. Erst die Arbeit des Künstlers vermag die harte Masse zu erweichen, das Formlose zu gestalten und im Marmor die künstlerische Idee zu verkörpern. Die Natur dagegen vereinigt in demselben Wesen Zweck und Mittel, sie erzeugt mit dem Zwecke zugleich das Mittel, wodurch sich jener verwirklicht. Wenn die Kunst einen Herkules schaffen will, so muß sie ihre Idee in ein fremdes Material einführen, und das höchste, was sie erreicht, ist ein ausdrucksvoller, aber toter Körper. Wenn die Natur einen Herkules schaffen will, so erzeugt sie zugleich mit dieser Seele diesen Körper und läßt die Seele in leibhaftiger Individualität selbst sich verkörpern. Eben hierin liegt in Vergleichung mit der Kunst die Vollkommenheit der Natur, welche Leibniz so oft hervorhebt: daß diese mit dem Zweck das Mittel der Ausführung und die ausführende Kraft selbst in jedem ihrer Wesen vereinigt. Auf diesen Unterschied zwischen Natur und Kunst kommt Leibniz, so oft er von dem Wesen der Maschinen redet. Es ist ein unendlicher Unterschied zwischen den Maschinen, welche die Kunst, und denen, welche die Natur hervorbringt, denn diese sind ins Unendliche geteilt und bewegt, d.h. sie sind lebendig, während jene tot sind. „Die Maschinen der Natur, nämlich die lebendigen Körper, sind noch in ihren kleinsten Teilen bis ins Unendliche Maschinen: darin besteht der Unterschied zwischen Natur und Kunst oder zwischen der göttlichen Kunst und der menschlichen."[45] Die Kunst überhaupt verhält sich zu der Natur wie das Abbild zum Urbilde, wie die Nachahmung zum Prototyp oder wie die Bildsäule des Herkules zu diesem selbst.

3. Die Monade als Entwicklung des Individuums

In der Natur schließt jeder Zweck das Mittel seiner Verwirklichung in sich als die ihm eingeborene Kraft: so schließt die Seele den Körper in sich als das notwendige Mittel ihrer Selbstbetätigung. Aber das Mittel hat zu seinem Zwecke eine doppelte Beziehung; es setzt ihn voraus als die Bedingung, von der es abhängt, und setzt sich den Zweck vor als eine zu erfüllende Aufgabe, als ein zu erreichendes Ziel. So bildet die Seele den Zweck des Körpers in dem doppelten Sinne, daß sie ihn zugleich bedingt und vollendet, daß sie ihn zugleich möglich und wirklich macht. Als die Wirklichkeit (Verwirklichung) des Körpers oder als dessen Endzweck ist sie Entelechie; als das Vermögen (Bedingung) des Körpers oder als der Grund, woraus die körperliche Wirksamkeit hervorgeht, ist sie Anlage. Jede Seele existiert zunächst in der Form der Anlage, sie soll existieren als wirkliche Individualität; die Anlage ist die eingehüllte Individualität, das Individuum ist die entfaltete Anlage. Die Entfaltung der Anlage geschieht auf dem Wege der *Entwicklung*: also besteht die Kraft der Seele, ihre Selbstbetätigung, ihr Leben darin, daß sie ihre ursprüngliche Anlage entfaltet und erfüllt, oder, was dasselbe sagt, daß sie ihre Individualität entwickelt. *Jede Monade ist ein Individuum, das sich entwickelt.* Jede Entwicklung ist durch einen Zweck bestimmt, der in ihrem Grunde angelegt ist, in ihrem Ziele vollendet wird und sich in allen Zwischenstufen fortschreitend betätigt.

Im ganzen betrachtet, ist jede Entwicklung zweckmäßig und muß durch Zweckbegriffe erklärt werden. Der einmütige Zweck oder die Endursache jeder Entwicklung ist die Seele des Individuums.

---

[45] „Mais les Machines de la Nature, c'est à dire les corps vivants, sont encor des machines dans leur moindres parties jusqu'à l'infini. C'est ce qui fait la difference entre la Nature et l'Art, c'est à dire entre l'Art Divin et le Notre." *Monadologie* (Nr. 64), Gerhardt Phil. VI, 618; Erdmann 710. *Systeme nouveau* (Nr. 10). Gerhardt Phil. IV, 482, Erdmann 126.

Da nun jede Seele eine bestimmte Individualität ausmacht, diese und keine andere, so muß sie sich ausschließend, also körperlich betätigen, so muß sie als Körperkraft handeln, und da diese nur mechanisch handeln kann, so ist das Seelenleben nur möglich durch einen Bewegungsprozeß, der nach dem Gesetze wirkender Ursachen erklärt sein will. Die mechanische Tätigkeit bildet demnach das notwendige Mittel in der Entwicklung jedes Individuums, sie ist durch deren Zweck bedingt und auf diesen Zweck gerichtet. Ohne ihn würde sie überhaupt nicht stattfinden. Wenn sie stattfindet, so muß sie nach den Naturgesetzen des Körpers verlaufen, und das Individuum, welches den Zweck seiner Seele mit der Kraft seines Körpers ausführt, handelt in dieser Rücksicht lediglich als Maschine. Daher leuchtet ein, daß die körperlichen Akte der Entwicklung auf eine doppelte Weise erklärt werden müssen: als körperliche Akte (Bewegungen) gehorchen sie der Natur des Körpers und müssen mechanisch, d.h. „per causas efficientes“ erklärt werden; als Entwicklungsakte gehorchen sie der Natur der Seele, verfolgen sie den Zweck, der die ganze Entwicklung beherrscht, und müssen mithin teleologisch, d.h. „per causas finales“ erklärt werden. Ich mache an einem Beispiele anschaulich, wie die körperliche Tätigkeit des Individuums als ein notwendiges Mittel in dessen Entwicklung gehört und Zwecke erfüllt, wenn sie auch nicht durch Zwecke geschieht. Daß Cäsar den Rubikon überschreitet, macht den entscheidenden Wendepunkt seines Lebens. Niemand wird leugnen, daß dieses Leben eine Entwicklung ist, worin sich die Seele eines großen Menschen verwirklicht: ohne die Anlagen dieser Seele sind die Zwecke Cäsars, ohne diese Zwecke sein ganzes Leben nicht zu erklären, am wenigsten der Moment, wo er an der Spitze des Heeres die Grenze Italiens überschreitet. Roms Herrschaft zu gewinnen, ist der Zweck, der in diesem Augenblick seine Seele erfüllt, den sich Cäsar hier auf das lebhafteste vorstellt, und wie er ihn entschlossen ergriffen hat, wirft er sich mit dem Ausrufe der Entscheidung in den Strom. Dieser Lebenszweck, der eins ist mit der Seele Cäsars, bildet die Endursache, weshalb er über den Rubikon schwimmt, aber während er schwimmt, ist seine Tätigkeit rein mechanisch, und wenn sein Körper nicht die zum Mechanismus des Schwimmens geschickte Maschine wäre, so würden ihm alle Zwecke der Weltherrschaft nichts helfen, er müßte nach dem Gesetze der Schwere untersinken. In diesem Augenblick ist der Welteroberer ein schwimmender Körper, der nach mechanischen Gesetzen handelt und, wenn wir ihn zum Objekt einer physikalischen Erklärung nehmen, nach mechanischen Gesetzen erklärt sein will. Indessen ist der schwimmende Körper und der Welteroberer doch ein und dasselbe Individuum, und man würde seine bedeutungsvolle Handlung wenig verstehen, wenn man den Cäsar im Rubikon nur als ein physikalisches Objekt betrachten und in dem Welteroberer nichts sehen wollte als einen schwimmenden Körper. Man erkläre uns doch den *schwimmenden* Cäsar! Wer die Gesetze der mechanischen Bewegung nicht versteht, der kann offenbar das Schwimmen, also auch den schwimmenden Cäsar nicht erklären. Wer *nur* diese Gesetze kennt, alles nur aus Kräften der Materie ableiten, alles nur im Zusammenhange mechanischer Kausalität betrachtet wissen will, der kann uns den Schwimmer erklären, aber niemals den Cäsar, der über den Rubikon schwimmt. Oder was würde man sagen, wenn auf die Frage, warum Cäsar über den Rubikon geschwommen sei, jemand antworten wollte: weil er schwimmen konnte, weil er Arme und Beine so zu rühren wußte, wie es nötig ist, um zu schwimmen? Um die Tat Cäsars zu begreifen, muß man die Seele des Mannes und ihre Zwecke ebensogut einsehen wie die Natur des Körpers und ihre Gesetze. Das Beispiel zeigt, daß man mit dem Zweckbegriff die Kausalität richtig vereinigen müsse, um die Entwicklung des Individuums, d.h. die Natur der Monade vollständig zu erkennen.

III. Das Verhältnis der Endursachen und der wirkenden Ursachen

1. Die Art ihrer Vereinigung

So löst sich die Frage, welche wir an die Spitze dieser Untersuchung gestellt hatten: die *causae finales* verhalten sich zu den *causae efficientes* wie die zwecktätige Kraft zur mechanischen, wie das Leben zur Maschine, wie die Seele zum Körper. Diese Verhältnisse sind bei Leibniz völlig gleichbedeutend, so daß wir das eine durch das andere erklären können und müssen. Seele und Körper sind nicht verschiedene Wesen, sondern die beiden ursprünglichen Kräfte jeder Monade. Wie nun Seele und Körper eine natürliche Einheit oder ein Individuum ausmachen, so bilden Seelenreich und Körperreich nicht verschiedene Welten, sondern *ein Universum*, eine Ordnung der Dinge: daher muß man die beiden Gesichtspunkte der Endursachen und wirkenden Ursachen richtig vereinigen, um diese Ordnung richtig zu erklären.

Innerhalb des Individuums sind aber Seele und Körper nicht einander koordinierte oder ebenbürtige Momente; das Seelenreich darf daher dem Körperreiche nicht koordiniert oder gleichgesetzt werden. Ihr Verhältnis ist bei Leibniz ein anderes als bei Spinoza. Bei diesem galt der Grundsatz: „ordo idearum idem est ac ordo rerum", das Seelenreich war eins mit dem Körperreich, weil Denken und Ausdehnung in der Substanz vereinigt waren und beide nach bloßer Kausalität wirkten. Dagegen bei Leibniz handeln nur die Körper mechanisch, die Seelen zwecktätig; darum muß in dem Verhältnisse beider wohl unterschieden werden, auf welcher Seite die Abhängigkeit von der anderen stattfindet. Damit widerlegt sich die Behauptung, welche Moses Mendelssohn in einem seiner Gespräche verteidigen wollte, daß Spinoza der erste Erfinder jener prästabilierten Harmonie gewesen sei, wodurch Leibniz das Verhältnis von Seele und Körper erklärt, und die er namentlich gegen Bayle zu rechtfertigen gesucht habe. Dies ist ein Irrtum, der beide Philosophen verkennt: bei Spinoza ist das Verhältnis von Denken und Ausdehnung nicht Harmonie im eigentlichen Sinne, geschweige denn vorherbestimmte, und bei Leibniz ist das Verhältnis der Seele zum Körper ein anderes als bei Spinoza.

Vielmehr schließt die Seele den Körper als Mittel ihrer Entwicklung in sich, und wie jede Entwicklung nach einem bestimmten Zwecke geschieht, von dem sie als Anlage ausgeht, auf den sie als Ziel gerichtet ist, so muß von dem Körper geurteilt werden, daß die Seele die Anlage und das Ziel seiner Kräfte bildet. So ist in der Weltordnung die Körperwelt gleichsam das Mittel, wodurch sich das Seelenreich entfaltet; so ist das Seelenreich die Anlage und das Ziel der Körperwelt, die moralische Welt daher der letzte Zweck der natürlichen[46].

In der Welterklärung bildet demnach der Zweckbegriff das ursprüngliche und umfassende Prinzip, welches den Begriff der Kausalität in sich schließt und sich mit diesem in die physikalische Erklärung der Dinge teilt. Der Gesichtspunkt der Teleologie ist auf die ganze Weltordnung gerichtet, auf die Natur als Universum; der Gesichtspunkt der Kausalität geht ausschließlich auf die Körperwelt, auf die Natur im engeren Sinne: jener ist das metaphysische, dieser das physikalische Prinzip. Beide schließen sich daher so wenig aus, daß vielmehr die Metaphysik als Quelle der Physik, die zwecktätige Kraft als letzter Grund der bewegenden, als „fons mechanismi", die *causae finales* als der absolute Begriff, die *causae efficientes* als der relative angesehen werden müssen. Der Zweck gilt in Rücksicht auf die wirkende Kausalität nicht als der nebengeordnete, sondern als der übergeordnete Begriff[47].

---

[46] M. Mendelssohn, Sämtl. Werke (hrsgeg. von G. B. Mendelssohn, Leipzig 1843–44) I, 177 ff. Vgl. dagegen Joh. Gottfried Herder, Sämtl. Werke (hrsgeg. von B. Suphan, Berlin 1877 ff.) VI, 120 ff. – *Monadologie* (Nr. 87, 88). Gerhardt Phil. VI, 622; Erdmann 712.

[47] „Ita fit, ut efficientes causae pendeant a finalibus, et spiritualia sint natura priora materialibus." *Leibniz an Bierling*, 12. VIII. 1711; Gerhardt Phil. VII. 501; Erdmann 678.

Dies ist das wahre Verhältnis beider, wie es im Geist und Buchstaben der Leibnizischen Philosophie feststeht. Das Reich der Zwecke und das der wirkenden Ursachen, Seelenreich und Körperreich, die moralische und die natürliche Ordnung der Dinge oder, wie sich Leibniz bisweilen ausdrückt, Moralismus und Mechanismus sind nicht verschiedene Welten, ebensowenig als Seele und Körper verschiedene Wesen sind. Sonst hätte Leibniz niemals die Physik auf die Metaphysik gründen, niemals die Zweckbegriffe auf die Natur anwenden, niemals die moralische Welt als den Zweck der natürlichen ansehen können. Will man diese Auffassung von dem Verhältnis zwischen Seele und Körper widerlegen, so wird man beweisen müssen: 1. daß nach Leibniz Seele und Körper sich anders verhalten als Finalursache und wirkende Ursache, als moralische und natürliche Welt, 2. daß die moralische Welt nicht der innere Zweck der natürlichen sei.

2. *Die oberste Geltung des Zweckbegriffs*

Gerade im Zweckbegriff entdeckt Leibniz den Koinzidenzpunkt der natürlichen und moralischen Welt. Auf diese Entdeckung gründet sich die deutsche Aufklärung. Weil der Zweck ein Naturbegriff ist, darum läßt sich aus natürlichen Begriffen das Reich der Zwecke, also Moral und Religion erklären; darum kann dieses System, was die früheren, namentlich die Lehre Spinozas, nicht vermocht haben, eine natürliche Moral, eine natürliche Theologie begründen und so die Vorstellungen haben, welche den eigentlichen Charakter der deutschen Aufklärung bilden, zugleich die Tiefe und die Oberfläche dieser philosophischen Bildung des achtzehnten Jahrhunderts. In jener Abhandlung, der wir mit Vorliebe folgen (über das Wesen der Natur und die natürlichen Kräfte und Handlungen der Dinge), sagt Leibniz: „Der Zweckbegriff ist nicht bloß zur Tugend und Frömmigkeit in der Sittenlehre und natürlichen Theologie nützlich, sondern auch selbst in der Physik, um deren verborgene Wahrheiten aufzufinden und zu enthüllen."[48] „Anstatt die Zweckbegriffe auszuschließen," schreibt Leibniz an Bayle, „muß man vielmehr alles in der Physik daraus ableiten. Dies hat schon Sokrates im Platonischen *Phädon* mit bewunderungswürdiger Weisheit bemerkt, wenn er gegen den Anaxagoras und die anderen zu materialistisch gesinnten Philosophen redet, die wohl einsehen, daß es ein intelligentes Prinzip über der Materie geben müsse, dieses Prinzip aber in ihrer philosophischen Welterklärung selbst nicht zur Anwendung bringen. „Das ist" (sagt Sokrates), „als ob jemand von mir sagen wollte: Sokrates sitzt im Gefängnis und erwartet den Giftbecher, er ist

[48] *De ipsa natura* etc. (Nr. 1). Gerhardt Phil. IV, 506, Erdmann 155.

nicht fort zu den Böotiern oder anderen Völkern, wohin er sich hätte retten können! Warum? Weil er Knochen, Muskeln, Sehnen hat, die sich so biegen können, wie es nötig ist, um zu sitzen. Bei den Göttern! diese Knochen und Muskeln würden nicht hier sein, wenn nicht meine Seele geurteilt hätte, daß es des Sokrates würdiger sei, zu leiden, was die Gesetze seines Vaterlandes befehlen.“[49]

Fünftes Kapitel.
Die Monade als Entwicklung

I. Die ursprünglichen Kräfte

1. Die Ewigkeit der Naturkräfte

Mit dem vollständigen Begriff der Monade, den wir auf genetischem Wege gewonnen und in der Einheit von Seele und Körper ausgemacht haben, befinden wir uns auf dem Höhepunkte der Leibnizischen Metaphysik. Da *jedes* Ding Monade ist, so begründet der vollständige Begriff der letzteren unmittelbar die Einsicht in die Natur und Ordnung aller Dinge. In folgendem Gedankengange hat sich uns der Begriff der Monade ergeben, entwickelt, vervollständigt: jeder Körper ist vermöge seiner Natur Kraft, jede Kraft ein tätiges Subjekt, jedes Subjekt eine Individualität, d.h. eine selbsttätige und zugleich beschränkte Substanz oder eine Monade; jede Monade ist mithin tätige und beschränkte Kraft; die tätige Kraft, für sich betrachtet, ist Seele oder Lebensprinzip; die beschränkte Kraft, für sich betrachtet ist oder erscheint als Körper und zwar als kräftiger (dynamischer) Körper, d.h. als eine von Natur geteilte und bewegte Materie oder als Maschine. Da nun jede Monade eine unteilbare Einheit bildet, so müssen in jedem Wesen Seele und Körper untrennbar vereinigt sein, so muß jede Monade einen beseelten Körper, eine lebendige Maschine oder eine bestimmte Entwicklung ausmachen, deren Zweckursache in der Seele, deren Mittelursache (mechanische Ursache) im Körper besteht. Dies sind die einfachen Grundsätze, aus denen sich Leibnizens neue Lehre ergibt: alle Dinge sind Kräfte, alle Kräfte sind Substanzen oder Monaden, jede dieser Substanzen ist ein beseelter Körper, jeder beseelte Körper ist ein Individuum, welches sich entwickelt.

---

[49] „*Lettre de M. L. zur un principe general servant et utile à l'explication des loix de la nature par la consideration de la sagesse divine*“ usw. (1687). Gerhardt Phil. III, 54 f.; Erdmann 106. Vgl. Leibniz an Nicaise, 15. II. 1697; Gerhardt Phil. 562 f.; Erdmann 139.

Wenn die Kräfte Substanzen sind, so sind sie ursprünglich und aus natürlichen Elementen weder abzuleiten noch in solche jemals aufzulösen. Auf dem Wege der Natur können Substanzen weder entstehen noch vergehen; denn was entsteht, muß aus gewissen Bedingungen hervorgehen, von denen es abhängt, aber ein abhängiges Dasein ist nicht substanziell. Die Substanzen der Natur sind so wenig abgeleitet und bedingt, daß sie vielmehr die Urwesen bilden, woraus in der Natur alles abgeleitet und bedingt werden muß. Darum sind die wirkenden Naturkräfte oder Monaden ursprünglich und unzerstörbar: es gibt in ihnen weder eine natürliche Entstehung noch einen natürlichen Untergang, sie existieren im Ursprunge der Welt und bestehen bis an deren Ende, sie sind daher ebenso ewig wie die Welt selbst. Es gibt keine natürliche Kraft und keinen natürlichen Akt, der imstande wäre, Monaden zu erzeugen oder zu vernichten. Wenn sie dennoch entstehen und vergehen, so muß es geschehen durch einen übernatürlichen Akt, durch eine göttliche Kraft, welche die gesamte Welt (alle Monaden) hervorzubringen und zu zerstören vermag. Nur die göttliche Kraft ist imstande, aus nichts etwas hervorzubringen, in nichts etwas wiederaufzulösen; die natürliche Kraft dagegen kann nur entwickeln, was ursprünglich in ihr enthalten ist: sie verändert das ursprünglich Gegebene (ihre Anlage), aber sie vermag es weder zu erzeugen noch zu vernichten. Innerhalb der Natur gibt es nur Entwicklung, innerhalb der Entwicklung gibt es weder Schöpfung noch Vernichtung, diese übersteigen die Gesetze der Natur und gelten als Wunder. Es bleibe zunächst dahingestellt, ob solche Wunder möglich sind oder nicht, denn vorderhand sehen wir nur, was aus den Monaden folgt, aber nicht, woraus diese selbst folgen. Gesetzt, das Wunder sei möglich, so muß es höhere Kräfte als die natürlichen geben; gesetzt, das Wunder sei notwendig und geschehe nach gewissen Gesetzen, so müssen diese Gesetze die natürlichen übertreffen, und es muß eine uns noch verborgene Notwendigkeit geben, welche höher ist als die metaphysische. „Jede Substanz, die eine wahrhafte Einheit bildet, kann nur durch ein Wunder anfangen und enden; daraus folgt, daß die Monaden nur durch Schöpfung anfangen und nur durch Vernichtung enden können."[50]

---

[50] *Systeme nouveau* (Nr. 4). Gerhardt Phil, IV, 479; Erdmann 125. Monadologie (Nr. 6). Gerhardt Phil. VI, 607; Erdmann 705, – „De origine earum (monadum) puto me jam fixisse, omnes sine dubio perpetuas esse nec nisi creatione oriri ac non nisi annihilatione interire posse, id est, naturaliter nec oriri nec occidere, quod tantum est aggregatorum". *Leibniz an Fardella*, 1997; Erdmann 145. – „J'accode une existence aussi ancienne que le monde ... à toutes les Monades." *Leibniz an Des Maizeaux*, 8. VII. 1711, Gerhardt Phil. VII, 535; Erdmann 676. „Omnis autem Monas est inextinguibilis, neque enim substantiae simplices nisi

Weil die Substanzen unteilbar sind, darum können sie weder zusammengesetzt noch aufgelöst werden. Weil in der Natur alles durch Zusammensetzung entsteht und durch Auflösung oder Trennung vergeht, darum können die Monaden in der Natur weder entstehen noch vergehen; sie sind, wie sich Leibniz in einem Briefe an Arnauld (23. III. 1690) ausdrückt, „ingénérables et incorruptibles“[51].

2. *Die Erhaltung der Kraft*

Wenn die Monaden ewig sind, so existieren alle *zugleich* im Ursprunge der Welt, keine hat eine Priorität vor der anderen: die Summe des Universums ist ewig dieselbe. Wie jede einzelne Monade sich auch entwickle, welche Ordnung in allen stattfinde: es ist unmöglich, außer durch ein Wunder, daß eine neue Monade erzeugt oder eine vorhandene vernichtet werde, daß der Weltinhalt sich vermehre oder vermindere, daß der Inbegriff aller Dinge zunehme oder abnehme. Mithin bleibt die Summe aller in der Welt wirkenden Kräfte ewig dieselbe, und da jede dieser Kräfte zugleich eine körperliche oder bewegende ist, so muß in Ansehung der Körperwelt erklärt werden, daß die Summe aller bewegenden Kräfte konstant bleibe, daß sich in der Natur *dieselbe Größe der bewegenden Kraft* erhalte, aber keineswegs, wie Descartes und seine Schüler lehren, *dieselbe Größe der Bewegung*. Hieraus erklärt sich jener berühmte physikalische Streit, der über das Maß der bewegenden Kräfte zwischen den Kartesianern und Leibniz geführt wurde. Man muß bis an den Ursprung der Bewegung zurückgehen, um den Hauptpunkt der Streitfrage und deren metaphysische Bedeutung zu begreifen, welche Leibniz immer hervorhebt, so oft er die Sache berührt. Das Prinzip aller Bewegung ist die bewegende Kraft. Descartes findet die erste bewegende Kraft jenseits der körperlichen Natur in Gott, Leibniz dagegen entdeckt sie in der Natur der Körper selbst. Aus dieser Verschiedenheit in der physikalischen Grundanschauung erklärt sich, daß die Naturgesetze der Bewegung von beiden verschieden ausgelegt werden. Bei Descartes wird jeder Körper durch fremde Kraft oder von außen bewegt, er pflanzt diese Bewegung äußerlich fort, und bei jedem Zusammenstoße zweier Körper verliert der eine immer so viel von der eigenen Bewegung, als er dem andern mitteilt: darum bleibt im Ganzen die Größe der Bewegung immer dieselbe. Dies folgt aus

---

creando vel annihilando, id est, *miraculose* oriri aut desinere possunt.“ *Leibniz an Bierling*, 12. VIII. 1711, Gerhardt Phil, VII, 502; Erdmann 678.

[51] Vgl. Gerhardt Phil. II, 135; Erdmann 107. – „Statuo … monades, et ut sic dicam, Amonos Metaphysicas partibus carentes, nec unquam naturaliter orituras aut destruendas.“ *Leibniz an R. Chr. Wagner*, 4. VI. 1710, Gerhardt Phil. VII, 529; Erdmann 466.

der bloßen räumlichen Natur des Körpers. Bei Leibniz dagegen ist der Körper seiner Natur nach nicht bloß geometrisch, sondern dynamisch, nicht bloß Größe, sondern Kraft. Darum erhält sich die Kraft in der körperlichen Bewegung, darum ist das Konstante innerhalb der bewegenden Natur die *Größe der Kraft* oder die Summe der bewegenden Kräfte.

Es handelt sich um die Schätzung dieser Größe: auf diese einfache Frage führt sich der Streit zurück zwischen Leibniz und den Kartesianern. Die Wirkung jeder bewegenden Kraft besteht darin, daß sie einen Körper in Bewegung setzt, daß sie eine gewisse Masse in einer gewissen Zeit durch einen gewissen Raum forttreibt. Das Verhältnis von Raum und Zeit in der Bewegung ist die Geschwindigkeit. Also gilt von jeder Kraft: daß ihre vollständige Wirkung oder das Maß, wodurch wir sie schätzen, eine mit gewisser Geschwindigkeit bewegte Masse ist. Die Größe jeder bewegenden Kraft ist gleich einem Produkt aus zwei Faktoren: der eine ist die Masse, der andere die Geschwindigkeit. Nach Descartes ist das Maß der bewegenden Kraft das Produkt der Masse in die *einfache* Geschwindigkeit. Prüfen wir, ob dieser Satz sich bewährt, ob er mit den wirklichen Bewegungen in der Natur übereinstimmt?

Wenn zwei Kräfte dasselbe leisten, so sind sie offenbar einander gleich, so müssen auch ihre Maße gleich sein, oder es muß nach dem Satze Descartes' das Produkt der Masse in die Geschwindigkeit bei der einen gleich sein dem Produkt der Masse in die Geschwindigkeit bei der anderen. Um die Leistung einer Kraft rein darzustellen, setzen wir den Körper in freie Bewegung: er bewege sich nicht durch den Stoß, sondern aus eigener Kraft, sei es, daß er von einer gewissen Höhe herabfalle oder zu einer gewissen Höhe emporsteige. Die Leistung einer solchen Kraft besteht darin, daß sie einen Körper von so viel Gewicht zu einer Höhe von so viel Fuß emporhebt: sie ist gleich dem Produkt der Masse in die Höhe. Sind diese Produkte gleich, so sind die Leistungen gleich, also auch die Kräfte. Setzen wir, daß ein Körper von vier Pfund zu einer Höhe von einem Fuß emporsteige, so ist das Produkt der Masse in die Höhe oder die Leistung des Körpers gleich vier. Ein Körper von einem Pfunde leistet mithin dasselbe, wenn er vier Fuß hoch steigt. In beiden Fällen sind die Produkte der Massen in die Höhen gleich vier, also die Kräfte gleich. Mithin müssen nach Descartes die Produkte der Massen in die Geschwindigkeit in beiden Fällen gleich sein. Die Masse, welche von der ersten Kraft einen Fuß hoch gehoben wird, sei vier, die Geschwindigkeit, womit sie diese Höhe erreicht, sei eins: also ist das Produkt der Masse in die Geschwindigkeit gleich vier. Die Masse, welche von der zweiten Kraft vier Fuß hoch gehoben wird, ist eins: also muß ihre Geschwindigkeit, wenn Descartes

Recht hat, gleich vier sein. Nach ihm müßte dieselbe Kraft, die vier Pfund einen Bewegungsraum von einem Fuß Höhe in einem Moment durchlaufen läßt, vier Momente brauchen, um ein Pfund vier Fuß hoch zu heben, oder es müßten sich nach Descartes in der freien Bewegung der Körper die Räume wie die Zeiten verhalten. Dies aber widerspricht dem bekannten von Galilei entdeckten Gesetze, wonach sich die Räume verhalten wie die Quadrate der Zeiten. Dieselbe Kraft, welche vier Pfund einen Fuß hoch in einem Momente hebt, wird ein Pfund vier Fuß hoch steigen lassen (nicht in vier, sondern) in zwei Momenten und in vier Momenten den Körper sechzehn Fuß hoch heben. Diese Tatsache kann Descartes mit seiner Schätzung der Kräfte nicht begreifen. Er müßte sagen: wenn die Produkte der Massen in die Geschwindigkeiten gleich sind, so müssen auch die Kräfte und die Leistungen gleich sein: wenn ein Körper von vier Pfund mit der Geschwindigkeit eins steigt und ein Körper von einem Pfund mit der Geschwindigkeit vier, so müssen diese gleichen Kräfte dasselbe leisten; wenn daher die erste Kraft das viermal größere Gewicht einen Fuß hoch hebt, so muß die andere das viermal kleinere vier Fuß hoch heben. Aber in Wahrheit hebt sie es (in vier Graden Geschwindigkeit) sechzehn Fuß hoch: also leistet sie in der Natur das Vierfache von dem, was sie nach Descartes leisten sollte. Die Leistung verhält sich zur Geschwindigkeit nicht wie vier zu vier oder wie eins zu eins, sondern wie sechzehn zu vier, oder wie 4^2 zu 4, d.h. wie das Quadrat zur Wurzel. Die Leistungen verhalten sich wie die Quadrate der Geschwindigkeiten. Das wahre Maß der Kräfte ist nicht das Produkt der Masse in die einfache Geschwindigkeit, sondern das Produkt der Masse in das *Quadrat* der Geschwindigkeit. Dies ist die wahre Größe der Kraft, die sich in der Welt unverändert erhält.[52]

Man hat eingewendet, daß diese Leibnizische Formel, so einleuchtend und begründet sie sei, doch nicht ohne Ausnahme von allen Kräften, allen Bewegungen gelten dürfe, daß sie nur das Gesetz der lebendigen Kräfte, der freien Bewegungen ausdrükke und hier allein das Kartesianische Gesetz widerlege. Indessen werde das letztere nicht völlig umgestoßen, sondern nur eingeschränkt und ergänzt. Leibniz selbst habe genau unterschie-

---

[52] *Brevis demonstratio erroris memorabilis Cartesii et alliorum circa legem naturae, secundum quam volunt a Deo eandem semper quantitatem motus conservari* (Act. Erud. Lips. 1686), Gerhardt Math. VI, 117–119; *De legibus naturae et vera aestimatione virium motricium contra Cartesianos* (Acta Erud. 1691), Gerhardt Math. VI, 204–211; *Essay de Dynamique* (1692), Foucher de Careil I, 470 ff.; *Specimen Dynamicum pro admirandis naturae legibus* (Acta Erud, 1695), Gerhardt Math. VI, 234 bis 254.

den zwischen der *toten* und der *lebendigen* Kraft, zwischen dem Körper, der nach Bewegung stirbt, und dem wirklich bewegten Körper. Lebendig sei die bewegende Kraft, wenn sich der Körper wirklich bewege, wie im Fallen, Steigen, Stoßen; tot dagegen, wenn der Körper die Bewegung anstrebe oder erleide, wie im Druck, in der trägen Schwere, im Gestoßenwerden. Die lebendige Kraft sei in tätiger Bewegung, die tote im Zustande der Trägheit und Ruhe: für die letztere gelte das Kartesianische Kräftemaß der einfachen Geschwindigkeit, für die erstere dagegen das Leibnizische, wonach die Größe der Kraft dem Quadrat der Geschwindigkeit gleichkommt. Auf diese Weise suchte Kant in einer seiner ersten Schriften den Kartesianisch-Leibnizischen Streit zu schlichten, er unterschied zwischen dem mathematischen und physischen Körper und setzte den Unterschied beider nicht in eine graduelle, sondern qualitative Differenz, d.h. in eine Eigenschaft, die dem physischen Körper zukommt und dem mathematischen fehlt. Der physische Körper ist ihm „ein Ding von ganz anderem Geschlechte" als der mathematische, denn bei jenem ist die bewegende Kraft immanent und darum lebendig, während sie bei diesem in einer äußeren Ursache liegt; der mathematische Körper wird bewegt, der physische bewegt sich selbst; die Bewegung des einen ist unfrei, die des andern frei; die Kraft der unfreien Bewegung komme der einfachen Geschwindigkeit gleich, die der freien dem Quadrate der Geschwindigkeit[53]. Einen solchen qualitativen Unterschied zwischen toter und lebendiger Kraft macht Leibniz nicht, er unterscheidet beide so, daß die tote Kraft als eine Spezies oder als ein besonderer Fall der lebendigen gilt. Denn es gibt in Wirklichkeit keinen Körper, dem alle eigene Kraft fehlt, keinen rein geometrischen Körper: dieses Argument erhebt Leibniz im Prinzip gegen die Lehre Descartes'. Jeder Körper ist immer bewegt, auch im Zustande der Ruhe; die bewegende Kraft ist immer lebendig, auch im Zustande der Trägheit: darum sind Bewegung und Ruhe nicht Gegensätze, sondern graduelle Differenzen. Wären sie Gegensätze, so könnte kein Übergang von der einen zur anderen stattfinden, oder dieser Übergang müßte durch einen Sprung gemacht werden, der dem Naturgesetz widerstreitet. Daher ist die Ruhe zu betrachten als eine unendlich kleine Bewegung, die Trägheit als eine unendlich kleine Tätigkeit, die tote Kraft als der Beginn oder das „Element der lebendigen *(vis elementaris)*". Nun wird das Gesetz, welches für die Bewegung als solche gilt, natürlich auch für die unendlich kleine Bewegung gelten müssen: „das Gesetz der Ruhe

[53] Vgl. meine Geschichte der neuern Philosophie, Bd. IV (5. Aufl. 1909), Buch I, Kap. IX, S. 153 ff.

muß angesehen werden als ein besonderer Fall (comme un cas particulier) des Gesetzes der Bewegung.“ Das Maß, wodurch wir die lebendige Kraft schätzen, gilt auch für das Element der lebendigen, d.h. für die tote Kraft.

Alle Gegensätze der Natur verschwinden in der kontinuierlichen Veränderung, diese enthält den Begriff des unendlich Kleinen als ihr Element. Wenn sich Größen kontinuierlich verändern wie z.B. die Kurven, so geschieht diese Veränderung durch unendlich kleine Differenzen, die kontinuierliche Größenveränderung führt daher notwendig auf den Begriff des *Differentials* und damit auf die Differentialrechnung, von deren Erfindung wir früher gehandelt haben[54]. So kann z.B. die Parabel als eine Ellipse angesehen werden, worin der eine Brennpunkt unendlich weit von dem andern entfernt ist, d.h. als eine Figur, die sich zuletzt von der Ellipse um eine unendlich kleine Differenz unterscheidet; so ist die Ruhe eine unendlich kleine Geschwindigkeit oder eine unendlich langsame Bewegung, die Gleichheit eine unendlich kleine Ungleichheit usf. Auf diesem Begriff des *unendlich Kleinen* oder unendlich kleiner Differenzen beruht das Gesetz der Kontinuität, auf diesem die Möglichkeit der Entwicklung.[55]

3. Die Allgegenwart der Kräfte

In den Monaden ist *alle* Wirklichkeit enthalten, alle Seelen und Körper, so daß außer ihnen in der Welt nichts ist: es gibt daher keine körperlose Ausdehnung, keinen leeren Raum oder kein Vakuum. Jeder Körper ist von Natur Maschine, d.h. eine unendlich geteilte und bewegte Materie: mithin ist die Materie überhaupt, da sie nur in und durch Körper besteht, ins Unendliche geteilt und bewegt von natürlichen, ursprünglichen Kräften. Wie es keinen leeren Raum gibt, so gibt es nirgends unfruchtbare, tote, formlose Materie. Wie in der Natur kein Vakuum möglich ist, ebenso unmöglich ist ein Chaos.

Jede Maschine ist von Natur belebt, weil jeder Körper beseelt ist. Es gibt weder seelenlose Körper noch körperlose Seelen. Wo Materie ist, da ist Körper, Bewegung und Kraft, Leben und Seele. „Jeder Teil der Materie läßt sich betrachten wie ein Garten voller Pflanzen, wie ein Teich voller Fische. Aber jeder Zweig der Pflanze, jedes Glied des Tieres, jeder Tropfen seiner Säfte ist wieder ein solcher Garten, wieder ein solcher Teich. Und wenn auch Erde und Luft zwischen den Pflanzen des Gartens oder das Wasser zwischen den Fischen des Teiches nicht Pflanze, nicht Fisch ist, so sind diese Zwischenreiche

[54] S. oben Buch I, Kap. VII, S. 97 ff.

[55] *Lettre de M. L. sur un principe general servant et utile à l'explication des loix de la nature* usw., Gerhardt Phil. 52; Erdmann 105.

doch mit demselben Leben erfüllt, nur daß dieses Leben meistens zu fein ist, um unseren Sinnen wahrnehmbar zu sein. So gibt es nichts Rohes, Unfruchtbares, Totes im Universum, kein Chaos, keine Verwirrung, außer in der verworrenen Anschauung, wie etwa ein Teich erscheint, worin man aus der Ferne das verworrene Getriebe der Fische wahrnimmt, ohne diese selbst zu unterscheiden.[56]

II. Das ursprüngliche Leben

1. Die Individualität des beseelten Körpers

Weil jede Monade ein beseelter Körper ist, darum können die Seelen niemals getrennt von den Körpern gedacht werden, noch umgekehrt die Körper getrennt von den Seelen. Diese sind ihrer Natur nach nie bloße Seelen oder reine Geister wie bei Descartes, jene nie bloße Körper. Aber die Monade ist nicht allein ein beseelter Körper, sondern sie ist vermöge ihrer Individualität *dieser* beseelte Körper: darum ist *diese* Seele nur mit *diesem* Körper vereinbar und wirklich vereinigt, und so wenig sie ohne Körper existieren kann, ebenso wenig kann sie in jedem beliebigen Körper wohnen oder etwa alle durchwandern. Es gibt daher bei Leibniz keine Metempsychose oder Seelenwanderung: eine Vorstellungsweise, welche sich mit dem Begriff der psychischen Individualität nicht verträgt. Der strenge Begriff der Individualität, wie ihn Aristoteles und Leibniz als Entelechie gedacht und der Philosophie zugrunde gelegt haben, schließt die Seelenwanderung aus: eine Menschenseele kann nicht in einem Tierkörper, die Tierseele nicht in einer Pflanze wohnen, ebensowenig wie das Flötenspiel in einem Amboß. „Was die Seelenwanderung betrifft", sagt Leibniz, „so bin ich weit entfernt von dieser Lehre des Pythagoras, die einst van Helmont der jüngere und einige andere wieder erneuern wollten, denn ich halte dafür, daß nicht bloß die Seele, sondern sogar dasselbe Individuum fortdauert."[57]

2. Die Präformation

Jede Seele hat daher ihren eigentümlichen Körper, mit dem zusammen sie ein lebendiges Wesen ausmacht[58]. Wie entsteht das le-

---

[56] *Monadologie* (Nr. 67, 68, 69), Gerhardt Phil. VI, 618 f.; Erdmann 710. „Toute la nature est pleine de vie." *Principes de la Nature et de la Grace* (Nr. I). Gerhardt Phil. VII, 598; Erdmann 714.

[57] *Considerations sur les Principes de Vie* usw. Gerhardt Phil. VI, 543; Erdmann 431. Vgl. Klopp VIII, 8–11 (Sept. 1696),

[58] „Chaque monade avec un corps particulier fait une substance vivante." *Principes de la Nature et de la Grace* (Nr. 4), Gerhardt Phil. VI, 599; Erdmann 714.

bendige Wesen? Oder, da alle lebendigen Wesen beseelte Körper sind und zum Leben die Verbindung von Seele und Körper notwendig gehört: wie kommt die Seele in den Körper? Die Frage betrifft den Ursprung der Seelen, überhaupt den Ursprung der Formen, da jede Seele eine bestimmte Form ausmacht. Vorausgesetzt, daß eine Ableitung der Seelen oder Formen überhaupt möglich ist, so läßt sich dieselbe auf doppelte Art denken: entweder wird der Ursprung der Seele in den Körper oder in andere Seelen gesetzt, wenn man nicht zu der übernatürlichen Auskunft greift, wonach die Entstehung jeder Seele eine besondere göttliche Schöpfung erfordert, so daß der von Naturkräften hervorgebrachte Körper seine Seele unmittelbar von Gott empfängt. Die natürliche Erklärungsweise nimmt entweder den Weg der *Eduktion*, welche die Seele aus der Materie herleitet, wie aus dem Marmorblock eine Figur hervorgebracht wird, oder den der *Traduktion*, welche die Seelen aus anderen Seelen auf dem Wege der Mitteilung im Augenblicke der Zeugung entstehen läßt, wie sich an einem Feuer ein neues entzündet. Indessen sind beide Vorstellungsarten nicht imstande, den Ursprung der Seele zu erklären. Die Eduktion verneint die Ursprünglichkeit der Seele, da sie dieselbe aus dem Körper herleitet; die Traduktion dagegen setzt voraus, was sie erklären sollte: das Dasein und den Ursprung der Seele. Auch muß sie der Seele ein Vermögen der Mitteilung zuschreiben, welches mit dem wahren Begriffe der Individualität und Eigentümlichkeit streitet. Wenn die Seele nicht geteilt werden kann, wie kann sie mitgeteilt werden? Wenn sie ihrem Wesen nach unteilbar ist, wie soll sie mitteilbar sein?[59] Jede Seele ist ursprünglich, sie entspringt weder aus dem Körper noch aus anderen Seelen, und da sie niemals ohne Körper sein kann, so ist auch ihr ursprünglicher Zustand nicht körperlos. Da jeder beseelte Körper lebendig ist, so ist schon in ihrem Ursprung die Seele eine lebendige Individualität. Mit der Seele ist zugleich ihr Körper gegeben, also ein bestimmter Lebenszustand, worin sich von Anfang an jede Monade befindet. Daher ist das Leben ebenso ursprünglich wie die Seele und kann ebenso wenig wie diese aus mechanischen Bedingungen abgeleitet werden. Wir dürfen nicht sagen: das Ursprüngliche sei die Seele allein, die unter gewissen Bedingungen, gleichviel ob natürlichen oder übernatürlichen, einen Körper annehme und auf diese Weise in das Leben trete; wir dürfen noch weniger sagen: das Ursprüngliche sei der Körper allein, der unter gewissen Bedingungen lebendig werde oder Lebendiges aus sich hervorgehen lasse. Die letztere Ansicht wäre die sogenannte „generatio aequivoca“, die das Lebendige aus

[59] Vgl. *Theodicee*. P. I. Nr. 86–90, Gerhardt Phil. VI, 149–152; Erdmann 526–527. *Considerations sur la doctrine d'un Esprit Universel Unique*, Gerhardt Phil. VI, 531 f.; Erdmann 179.

dem Leblosen, das Organische aus mechanischen und chemischen Kräften herleitet. Das Leben selbst ist ursprünglich.

Die Urform der Seele ist durch die *Anlage* gegeben, die den beseelten Körper oder das ganze Individuum ausmacht, nur daß in seiner Anlage das Individuum noch nicht ausgebildet, sondern erst vorgebildet oder präformiert ist. Jedes Individuum präexistiert in seiner Anlage, diese ist sein ursprünglicher Lebenszustand. „Die Philosophen", sagt Leibniz in der *Monadologie*, „haben sich mit dem Ursprunge der Formen, Entelechien oder Seelen viele Schwierigkeiten gemacht. Indessen haben gegenwärtig genaue Untersuchungen, angestellt mit Pflanzen, Insekten und Tieren, zu dem Ergebnisse geführt, daß die organischen Körper der Natur niemals aus einem Chaos oder einer Fäulnis hervorgehen, sondern allemal aus Samen, worin ohne Zweifel schon eine Präformation vorhanden war; so hat man geurteilt, daß in dieser Anlage nicht bloß der organische Körper vor der Zeugung existierte, sondern auch eine Seele in diesem Körper, mit einem Worte das *Individuum* selbst, und daß vermittelst der Zeugung dieses Individuum nur zu einer großen Formumwandlung (transformation) fähig gemacht werde, um ein Individuum anderer Art zu werden. Man sieht selbst außerhalb der Zeugung etwas Ähnliches, wenn z.B. die Würmer, Fliegen und die Raupen Schmetterlinge werden."[60]

3. Die ursprünglichen Individuen oder Samentiere

Die Anlage jedes lebendigen Körpers ist selbst ein lebendiger Körper oder ein Individuum. Ist das Individuum ein tierischer Organismus, so ist seine Anlage oder der Same, aus dem es hervorgeht, selbst ein *Samentier*. Aus diesen ursprünglich gegebenen Samentieren (animaux spermatiques, animalcula spermatica) entsteht alles animalische Leben, auch das menschliche. Die Samentiere zeigen, daß der tierische Same selbst schon Organismus oder Individuum ist, daß mithin das tierische Individuum nicht gezeugt, sondern durch die Zeugung nur entwickelt oder zu weiterer Lebensentwicklung fähig gemacht wird. In dieser Annahme, welche der Grundrichtung seiner Philosophie entsprach, wurde Leibniz durch die gleichzeitigen Untersuchungen holländischer Physiologen, namentlich durch Leeuwenhoek, unterstützt, der die Existenz der Samentiere mikroskopisch entdeckt haben wollte. Damit verband Leibniz eine zweite Hypothese, wonach einige dieser Samentiere vermöge der Zeugung nicht bloß zu weiterer, sondern zu *höherer* Lebensentwicklung gebracht und in eine höhere

[60] *Monadologie* (Nr. 74), Gerhardt Phil. VI, 619; Erdmann 711. *Considerations sur la doctrine d'un Esprit Universel Unique*, Gerhardt Phil. VI, 532; Erdmann 179

Ordnung der lebendigen Wesen eingeführt werden sollten. „Die Tiere, deren einige sich zu der Stufe der höchsten Individuen vermöge der Zeugung erheben, können *spermatisch* genannt werden, aber diejenigen unter ihnen, welche in ihrer Art bleiben, und das ist der größte Teil, werden geboren, vervielfältigt und aufgelöst wie die großen Tiere, und es ist nur eine kleine Zahl Auserwählter, die einen höheren Schauplatz betreten."[61]

Unter diesem Gesichtspunkt will Leibniz auch die Entstehung des Menschen betrachtet wissen. „So sollte ich meinen", sagt er in der Theodizee, „daß die Seelen, welche eines Tages menschliche Seelen sein werden, im Samen, wie jene der anderen Gattungen, dagewesen sind, daß sie in den Voreltern bis auf Adam, also seit dem Anfange der Dinge, immer in der Form organisierter Körper existiert haben: eine Ansicht, worin, wie es scheint, Swammerdam, Malebranche, Bayle, Pitcarne, Hartsoeker und viele andere gelehrte Männer mit mir übereinstimmen. Und diese Ansicht ist zur Genüge bestätigt durch die mikroskopischen Beobachtungen Leeuwenhoeks und anderer tüchtiger Naturforscher."[62]

III. Der ewige Lebensprozeß

1. Die Metamorphose. Geburt und Tod

Das Individuum ist in seinem elementaren Zustande Anlage. Darum besteht alles individuelle Leben in einer Entfaltung der Anlage oder in deren Entwicklung (développement). Da nun die ursprüngliche Anlage, wie sich gezeigt hat, die Präformation des Individuums oder dessen erste Form ausmacht, so kann alle weitere Entwicklung nichts anderes sein als Formumwandlung oder Transformation. Die Seele wandert nicht von einem Körper in den anderen, sondern sie verwandelt ihren eigenen Körper und bleibt in dieser Verwandlung ewig dasselbe Individuum, so wie in allen Stufen einer Entwicklung, deren Subjekt dasselbe eine Wesen bleibt. Leibniz verneint die Transmigration der Seele und behauptet die Transformation des Körpers, er verneint die Metempsychose und behauptet die *Metamorphose*: jede Monade ist Leben, jedes Leben ist Entwicklung, jede Entwicklung ist Transformation oder Metamorphose. Nun ist jeder Körper vermöge seiner einwohnenden Kraft immer bewegt, also in einer fortwährenden Veränderung begriffen: er gleicht, um in dem Leibnizischen Bilde zu reden, dem Schiffe des Theseus, welches die Athener immer von neuem wieder

---

[61] *Monadologie* (Nr. 78), Gerhardt Phil. VI, 619; Erdmann 711.

[62] *Theodicee* P. I. Nr. 91. Gerhardt Phil. VI, 152; Erdmann 527.

ausbessern[63]. „Die Körper", sagt die Monadologie mit einem bildlichen Ausdrucke, der an Heraklit erinnert, „sind in beständigem Flusse wie die Bäche; unablässig wechseln ihre Teile, indem die einen kommen und die anderen gehen."[64]

Die Entwicklung des lebendigen Individuums oder die Transformation ist daher eine *fortwährende* Metamorphose des Körpers. Aber in der körperlichen Natur gibt es nur mechanische Kräfte und darum auch nur mechanische Veränderungen, die keine anderen sein können als die Ausdehnung und Zusammenziehung des Körpers, die Vermehrung und Verminderung seiner Teile, die Bildung und Auflösung seiner Gestalten. In diesem unaufhörlichen Wechsel besteht das körperliche Leben, und wie jede bestimmte Gestalt, jede Lebensform an ein gewisses Maß der Ausdehnung und Größe, an eine gewisse Summe der Teile gebunden ist, so ist mit der beständigen Vermehrung und Verminderung derselben in dem körperlichen Dasein auch notwendig ein beständiger Formwechsel oder eine fortwährende Metamorphose gegeben.

Jede bestimmte Gestalt oder Lebensform bewegt sich mithin zwischen gewissen Grenzen: den Moment, wo sie erscheint, nennen wir *Geburt*, den anderen, wo sie verschwindet, Tod; die Geburt ist also nicht der Ursprung des Individuums und der Tod nicht die Vernichtung desselben, sondern beide sind gewisse Erscheinungsformen in der Entwicklung des ursprünglich und ewig Lebendigen, sie sind nicht absolute, sondern relative Lebensgrenzen, nicht Schranken, sondern nur Wendepunkte oder Epochen in der Metamorphose des Individuums. Was wir Geburt nennen, besteht darin, daß sich das lebendige Individuum ausdehnt, vermehrt, eine neue Gestalt annimmt; was wir Tod nennen, besteht darin, daß sich das Individuum zusammenzieht, vermindert, die vorhandene Gestalt ablegt und eine neue bildet. So sind Geburt und Tod nur Formwechsel im Leben des Individuums, und weil mit jeder neuen Form eine alte verschwindet, so ist jede Geburt zugleich Tod, jeder Tod zugleich Geburt: die Geburt eines Individuums gleicht der Raupe, die sich in den Schmetterling verwandelt, der Tod dem Schmetterlinge, der zur Raupe wird und sich verpuppt. Geburt ist Entfaltung *(evolutio)*, Tod ist Verpuppung *(involutio)*; Entfaltung ist Vermehrung (augmentation, accroissement), Verpuppung ist Verminderung (diminution). Und das Leben selbst macht den stetigen Fortgang von einer Form zur anderen. „So wechselt die Seele nur allmählich und stufenweise den Körper, so daß sie niemals mit einem Schlage aller ihrer Organe beraubt ist; es gibt in den

---

63 *Leibniz an R. Chr. Wagner*, 4. VI. 1710, Gerhardt Phil. VI, 530; Erdmann 466.

64 *Monadologie* (Nr. 71), Gerhardt Phil. VI, 619; Erdmann 711.

Tieren häufig Metamorphose, aber niemals Metempsychose oder Seelenwanderung; es gibt auch keine völlig abgesonderte Seelen, noch körperlose Genien." „Daher findet sich im strengen Sinne des Worts weder eine vollständige Zeugung (génération entière) noch ein vollkommener Tod (mort parfaite), der in einer Trennung des Körpers von der Seele bestehen würde. Was wir Erzeugungen nennen, sind Entwicklungen und Vermehrungen; was wir *Tod* nennen, sind Verpuppungen und Verminderungen."[65]

Und in Übereinstimmung mit diesen Begriffen erklärt Leibniz in seinem neuen System der Natur: „Es gibt keine Seelenwanderung; hier kommen mir die Swammerdam, Malpighi, Leeuwenhoek, die vortrefflichsten Naturforscher unseres Zeitalters, mit ihrer Transformationslehre zu Hilfe und unterstützen meine Behauptung, daß die Tiere und alle lebendigen Wesen ihr Dasein nicht beginnen, wann wir meinen, daß vielmehr ihre sichtbare Entstehung nur eine Entwicklung oder eine Art Vermehrung ist." „Und weil es keine erste Geburt, keine völlig neue Erzeugung des Individuums gibt, so folgt, daß auch keine letzte Auflösung, kein völliger Tod im strengen Sinne des Wortes, also statt der Seelenwanderung nur die Umwandlung eines und desselben Individuums stattfindet, je nachdem die Organe verschieden entfaltet und mehr oder weniger entwickelt sind. „Ich habe mit Vergnügen bemerkt, daß schon im Altertum der Autor jenes Werks von der Lebensordnung, welches man dem Hippokrates zuschreibt, etwas von dieser Wahrheit eingesehen, da er ausdrücklich erklärt hat, daß die Tiere weder geboren werden noch sterben und die Wesen, von denen man meint, daß sie entstehen und vergehen, nur erscheinen und verschwinden. Das war nach Aristoteles auch die Ansicht von Parmenides und Melissus. Denn die Alten waren gründlicher als man glaubt."[66]

---

[65] *Monadologie* (Nr. 72, 73), Gerhardt Phil. VI, 619; Erdmann 711. – „La mort, conme la generation, n'est que la *transformation* du même animal, qui est tantost augmenté, et tantost diminué." *Considerations sur les Principes de Vie* usw. Gerhardt Phil. VI, 513; Erdmann 431. – „Nec aliud esse mortem, quam *involutionem diminutivam*, quemadmodum generationem esse *evolutionem augmentativam*, jam multis viris doctis placet." *Leibniz an Fr. Hoffmann*, 1699, Erdmann 161, Vgl. *Commentatio de anima brutorum* (Nr. XI), Gerhardt Phil. VII, 330; Erdmann 464.

[66] *Systeme nouveau* (Nr. 6–9), Gerhardt Phil. IV, 480–481; Erdmann 125–126. „Ainsi non seulement Ies Ames, mais encore les animaux sont ingenerables et imperissables: ils ne sont que developpés, enveloppés, revêtus, depouillés, transformés; les Ames ne quittent jamais tout leur corps, et ne passent point d'un corps dans un autre corps qui leur soit entierement nouveau. Il n'y a donc point de *Metempsychose*, mais il y a de *Metamorphose*." *Principes de la Nature et de la Grace* (Nr. 6). Gerhardt Phil. VI, 601; Erdmann 716.

2. *Das unsterbliche Leben*

Hieraus ergibt sich als eine selbstverständliche Folgerung, daß bei Leibniz jedes Individuum unsterblich ist, aber in einem anderen als dem gewöhnlichen Sinne. Im gewöhnlichen Sinne gilt die Unsterblichkeit nur von der Seele und nicht vom Körper, die Seele soll nach ihrer Trennung vom Körper fortleben und für sich ein körperloses und darum unsterbliches Dasein führen; aber eine solche Trennung ist nach Leibnizischen Grundsätzen überhaupt unmöglich, und der Körper, weil er sich niemals von der Seele scheidet, gilt für ebenso unsterblich wie diese.[67] Oder mit anderen Worten, welche deutlicher den Unterschied bezeichnen zwischen den Leibnizischen und den herkömmlichen, namentlich den theologischen Unsterblichkeitsbegriffen: diese erklären das Individuum für unsterblich, obgleich es stirbt; die Monadenlehre dagegen erklärt es für unsterblich, weil es nicht stirbt. Dort gilt die Unsterblichkeit als eine Ausnahme von den Naturgesetzen, hier als eine notwendige Folge derselben: Leibniz behauptet eine natürliche Unsterblichkeit, weil er den natürlichen Tod leugnet nach jenem Worte, welches ein römischer Dichter dem Pythagoras in den Mund legt: „morte carent animae"; die anderen lehren eine moralische Unsterblichkeit trotz des natürlichen Todes, den sie als zweifellose Tatsache voraussetzen. In der gewöhnlichen Vorstellungsweise wird die Unsterblichkeit als ein Vorzug des Menschen betrachtet, während sie Leibniz jedem lebendigen Körper zuschreibt. Nur sofern der Mensch sich von den anderen Wesen der Natur unterscheidet, ist auch seine Unsterblichkeit von der bloß animalischen unterschieden. Diesen Unterschied übersieht Leibniz so wenig, daß er ihn vielmehr in seinen Unsterblichkeitsbegriffen immer ausdrücklich hervorhebt. Da nämlich die menschliche Seele sich ihrer selbst bewußt ist und das Vermögen in sich schließt, nach bewußten Absichten zu handeln, so ist das menschliche Individuum im Unterschiede von den tierischen eine *Person* oder ein moralisches Wesen.[68] Die natürliche Unsterblichkeit des menschlichen Individuums ist darum zugleich eine persönliche oder moralische Unsterblichkeit: jene geht nur auf das Individuum, diese auf die Person. Als Individuum ist der Mensch unsterblich wie das Tier und wie jeder andere lebendige Körper; als Person ist er es in einem höheren Sinne. So kommt Leibniz, was die persönliche Unsterblichkeit des Menschen betrifft,

---

[67] „Non tantum anima, sed et animal interitus expers". *Leibniz an Fr. Hoffmann*, 1699; Erdmann 161.

[68] „Nempe animae semper manent *substantiae*, mentes vero semper *personae*." Ebendas.

mit der Religionslehre überein; nur liegt die große Differenz beider darin, daß nach theologischen Begriffen jener Unsterblichkeit der natürliche Tod, dagegen nach Leibnizischen die natürliche Unsterblichkeit vorausgesetzt wird. Wäre der Mensch nicht im natürlichen Sinne unsterblich, so wäre auch im moralischen Sinne die Unsterblichkeit nicht möglich. Aber dieser Unterschied in den Grundbegriffen hindert nicht, ja bewirkt vielmehr, daß Leibniz die persönliche Unsterblichkeit des Menschen strenger und folgerichtiger behandelt, als es bei vielen Theologen der Fall ist, daß er mehr als diese mit den biblischen Vorstellungen und kirchlichen Lehren übereinkommt und deren Bedeutung tiefer zu begründen und genauer zu rechtfertigen versteht. Bei ihm ist die persönliche Unsterblichkeit im genauen Sinne des Wortes eine individuelle, wahrend die religiöse Einbildung gewöhnlicher Art sich gern in die Vorstellungen von reinen Seelen und ätherischen Körpern verliert. Wenn die moralische Unsterblichkeit auf der natürlichen beruht, so besteht das natürliche Individuum fort als dieser so bestimmte Charakter, und es ist unmöglich, daß jemals vertilgt werde, was in diesem Individuum einmal geschehen ist. Mit der Schuld, in die jeder Mensch notwendig gerät, bleibt auch das Schuldbewußtsein, und wie dieses immer einen Zustand innerer Qual oder Strafe in sich schließt, so gibt es eine ewige Dauer der Strafen. Natürlich muß die Strafe ewig sein, wenn es die Schuld ist; die Schuld muß ewig sein, wenn es das (schuldige) Individuum ist. Mußte Leibniz das letztere behaupten nach den strengsten Grundsätzen seiner Philosophie, so konnte er nicht umhin, die Ewigkeit der Höllenstrafen zu lehren und in diesem Punkte die altherkömmlichen Religionsbegriffe, wenn auch nicht dem Buchstaben nach zu teilen, so doch dem Geiste nach zu verteidigen. So ist der wahre Gedanke der ewigen Strafen von Leibniz in der Vorrede zur Schrift des Sonerus (gegen die Ewigkeit der Strafen) und in der *Theodizee* behauptet, und Leibniz selbst bei Gelegenheit jener Vorrede von Lessing verteidigt worden. „Ich muß zuvörderst“, sagt Lessing, „jene esoterische, große Wahrheit selbst anzeigen, in deren Rücksicht Leibniz der gemeinen Lehre von der ewigen Verdammnis das Wort zu reden zuträglich fand. Und welche kann es anders sein als der fruchtbare Satz, daß in der Welt nichts insuliert, nichts ohne Folgen, ohne ewige Folgen ist? Wenn daher nun keine Sünde ohne Folgen sein kann, und diese Folgen die *Strafen* der Sünde sind, wie können diese Strafen anders als ewig dauern? Wie können diese Folgen jemals Folgen zu haben aufhören? Genug, daß jede Verzögerung auf dem Wege zur Vollkommenheit in alle Ewigkeit nicht einzubringen ist und sich also in alle Ewigkeit durch sich selbst bestraft. Denn nun auch angenommen, daß das höchste Wesen durchaus nicht anders strafen kann als zur Besserung des Bestraften; angenommen, daß die Besserung über lang oder kurz die notwendige Folge der Strafe sei: ist es schon ausgemacht, ob überhaupt die Strafe anders bessern kann als dadurch, daß sie ewig dauert? Will man sagen: allerdings, durch die lebhafte Erinnerung, welche sie von sich zurückläßt? Als ob diese lebhafte Erinnerung nicht auch Strafe wäre?"[69]

Bei dieser Gelegenheit, wo Lessing auf Leibnizens *„große Art zu denken"* näher eingeht, unterscheidet auch er das Exoterische und Esoterische in der Lehrart unseres Philosophen. Was er darüber in Ansehung der Lehre von der ewigen Verdammnis sagt, ist eine treffende Charakteristik der Leibnizischen Denkweise überhaupt. „Ich gebe es zu, daß Leibniz die Lehre von der ewigen Verdammung sehr exoterisch behandelt hat, und daß er sich esoterisch ganz anders darüber ausgedrückt haben würde. Allein, ich wollte nur nicht, daß man dabei etwas mehr als Verschiedenheit der Lesart zu sehen glaubte. Ich wollte nur nicht, daß man ihn geradezu beschuldigte, er sei in Ansehung der Lehre selbst mit sich nicht einig gewesen, indem er sie öffentlich mit den Worten bekannt, heimlich und im Grunde aber geleugnet hätte. Denn das wäre ein wenig zu arg und ließe sich schlechterdings mit keiner didaktischen Politik, mit keiner Begierde allen alles zu werden entschuldigen. Vielmehr bin ich überzeugt und glaube es erweisen zu können, daß sich Leibniz nur darum die gemeine Lehre von der Verdammung nach allen ihren exoterischen Gründen gefallen lassen, ja gar sie lieber noch mit neuen bestärkt hätte: weil er erkannte, daß sie mit einer großen Wahrheit seiner esoterischen Philosophie mehr übereinstimme als die gegenseitige Lehre. Freilich nahm er sie nicht in dem rohen und wüsten Begriff, in dem sie so mancher Theologe nimmt. Aber er fand, daß selbst in diesem rohen und wüsten Begriff noch mehr Wahres liege als in den ebenso rohen und wüsten Begriffen der schwärmerischen Verteidiger der Wiederbringung: und nur das bewog ihn, mit den Orthodoxen lieber der Sache ein wenig zu viel zu tun als mit den letzteren zu wenig." „Leibniz nahm bei seiner Untersuchung der Wahrheit nie Rücksicht auf aufgenommene Meinungen, aber in der festen Überzeugung, daß keine Meinung angenommen sein könne, die nicht von einer gewissen Seite, von einem gewissen Verstande wahr sei, hatte er wohl oft die Gefälligkeit, diese Meinung so lange zu wenden und zu drehen, bis es ihm gelang, diese gewisse Seite sichtbar, diesen gewissen Verstand begreiflich zu machen. Er schlug

[69] Lessings sämtl. Schriften (Lachmann-Muncker) XI, 477–79: „Leibniz von den ewigen Strafen", Nr. VIII und IX. Lessing berührt dieses Thema bei der Herausgabe einer von Leibniz verfaßten Vorrede zu der Schrift des E. Soner: „Demonstratio theologica de injustitia aeternarum poenarum". Vgl. *Theodicee* P. II, Nr. 133. Gerhardt Phil. VI, 184–187; Erdmann 542–543.

aus Kiesel Feuer; aber er verbarg sein Feuer nicht in Kiesel. Er tat damit nichts mehr und nichts weniger, als was alle alten Philosophen in ihrem exoterischen Vortrage zu tun pflegten. Er beobachtete eine Klugheit, für die freilich unsere neuesten Philosophen viel zu weise geworden sind. Er setzte willig sein System beiseite und suchte einen jeden auf demjenigen Wege zur Wahrheit zu führen, auf welchem er ihn fand."

Unsterblich in der weiteren Bedeutung sind nach Leibniz alle lebendigen Wesen, in der engeren nur die persönlichen. Will man den theologischen Vorstellungen gemäß die Unsterblichkeit nur in diesem letzten Sinne gelten lassen, so muß man die beiden Stufen der Unsterblichkeit mit Leibniz so unterscheiden, daß die eine Unvergänglichkeit *(indefectibilitas)*, die andere Unsterblichkeit *(immortalitas)* genannt wird: unvergänglich ist alles physische Leben, das tierische wie das menschliche, unsterblich alles persönliche Leben, also das menschliche im Unterschied vom tierischen. Diese Unterscheidung hält Leibniz besonders den Kartesianern entgegen, die mit Hilfe der Unsterblichkeit ihren Begriff des Lebens zu stützen und den seinigen zu entkräften suchten. Sie halten die Tiere für seelenlose Körper oder für bloße Maschinen. Denn sie sagen: wären die Tiere beseelt, so müßten sie unvergänglich und unsterblich sein, und eine solche Behauptung wäre doch offenbar höchst ungereimt und vernunftwidrig. „Nicht so vernunftwidrig, wie es den Kartesianern scheint", entgegnet Leibniz, „wenn man nur den richtigen Unterschied macht zwischen der Unvergänglichkeit der tierischen und der Unsterblichkeit der menschlichen Seelen."[70]

3. *Entwicklung und Vorstellung*

Die Monaden sind ursprünglich und darum ewig. Sie sind ihrem Ursprung nach beseelte Körper und lebendige Wesen: darum ist ihr Leben unzerstörbar, unvergänglich, unsterblich. Da nun alles Leben in der Entwicklung besteht, so ist innerhalb der Grenzen der Natur, d.h. von der Weltschöpfung bis zur Weltvernichtung, jede Monade in einer beständigen Entwicklung begriffen. Und aus diesem Prinzip der Entwicklung, dem höchsten

---

[70] *Commentatio de anima brutorum* (Nr. VII), Gerhardt Phil. VII, 329; Erdmann 464. – „Mais cette conservation de la personnalité n'a point lieu dans l'ame des bêtes: c'est pourquoy j'aime mieux dire qu'elles sont imperissables, que de les appeller immortelles." *Theodicee*, P. I, Nr. 89, Gerhardt Phil. VI, 151; Erdmann 527. – „Hinc brutorum animae personam non habent, et proinde solus ex notis nobis animalibus homo habet personae immortalitatem, quippe quae in conscientiae sui conservatione consistit *capacemque poenae et praemii reddit.*" *Leibniz an Des Bosses*, 16. X. 1706, Gerhardt Phil. II, 325; Erdmann 441.

der Leibnizischen Metaphysik, muß die Ordnung der Dinge hergeleitet werden.

Das Subjekt jeder Entwicklung durchläuft eine Reihenfolge verschiedener Zustände; jede Entwicklung ist daher eine *Veränderung*, deren Zustände nicht bloß aufeinanderfolgen, sondern jeder aus dem nächst früheren hervorgeht, so daß von dem einen zum anderen kein Sprung, sondern ein allmählicher Übergang stattfindet. In diesem Fortgange gibt es weder Stillstand noch Sprünge: er bildet daher eine beständige und ununterbrochene, also *stetige* und *kontinuierliche* Veränderung. Es gibt Veränderungen, die stetig sind und doch keine Entwicklung ausmachen, wie z.B. der Wechsel der Tages- und Jahreszeiten. Hier verändern sich nur gewisse Beschaffenheiten wie Licht und Schatten, Wärme und Kälte; in einer Entwicklung dagegen verändert sich nicht bloß eine Beschaffenheit, sondern ein Individuum.

Entwicklung ist daher die stetige Veränderung eines *Individuums*. Soll der Begriff der Entwicklung durch den der Veränderung erklärt werden, so müssen wir die letztere näher so bestimmen, daß sie in ihrem Verlaufe kontinuierlich, in ihrem Charakter individuell ist. Die Veränderung besagt nur, daß etwas ein anderes wird (changement), die kontinuierliche Veränderung gibt die nähere Erklärung, daß dieses Anderswerden einen stetigen, ununterbrochenen Prozeß ausmache, oder daß in keinem Momente die Veränderung aufhöre (changement continuel); endlich die Entwicklung erklärt, daß dieser stetige Prozeß der Veränderung in einem lebendigen Wesen oder einem Individuum stattfinde, daß alle ihre verschiedenen Zustände aus der Natur dieses Individuums als aus ihrer inneren und einheitlichen Ursache folgen, daß die Veränderung mithin nach eigener Gesetzmäßigkeit geschehe, und daß die eigentümliche Natur des Individuums den besonderen Inhalt, gleichsam das Detail des ganzen Prozesses ausmache: „il faut qu'il y ait un détail de ce qui se change".

Ebendenselben Gang der Begriffe nimmt die *Monadologie* in ihren Lehrsätzen von dem natürlichen Verlauf der Monade: sie beginnt mit der bloßen Veränderung und bestimmt die Veränderung einer Monade durch die Kontinuität, durch die innere Gesetzmäßigkeit oder Autonomie, durch den individuellen Charakter. „Ich behaupte als ausgemachte Wahrheit, daß alle Dinge der Veränderung unterworfen sind, also auch die Monade, und daß in jeder Monade diese Veränderung kontinuierlich geschieht; daraus folgt, daß die natürlichen Veränderungen der Monade aus einem inneren Prinzipe hervorgehen, da von außen her auf die Natur einer Monade nicht eingewirkt werden kann. Indessen muß außer dem Prinzip der Veränderung auch ein besonderes Subjekt der Veränderung (un détail de ce qui se change) gegeben sein, und eben dieses besondere Subjekt, dieses Detail macht sozusagen die Spezifikation und die Verschiedenheit der einfachen Substanzen.“[71]

Die ganze Erörterung können wir in die einfache Formel zusammenfassen, worin Leibniz in seinen Briefen an Arnauld das Prinzip der Entwicklung ausgesprochen hat. Was aus der Monade folgt, ist Kraftäußerung oder Handlung, daher bilden die verschiedenen Formen ihrer Veränderung eine Reihe von Handlungen oder eine „series operationum“; diese Handlungen sind in einem genauen Zusammenhange miteinander verknüpft, so daß jede von ihnen aus der nächst früheren hervorgeht und alle mithin eine stetige Folge oder eine „continuatio seriei operationum“ ausmachen. Und da alle diese Handlungen aus der Monade selbst hervorgehen, so bildet das Individuum kraft seiner ursprünglichen Natur die Ordnung aller seiner Handlungen und das Gesetz ihrer stetigen Folge. Ein Wesen ist autonomer Natur, wenn die Gesetze seiner Handlungen aus ihm selbst folgen; eine solche gesetzmäßige Reihenfolge von Handlungen ist Entwicklung. Diesen Begriff gibt Leibniz, wenn er sagt: „Jede Monade enthält in ihrer Natur das Gesetz der stetigen Reihenfolge ihrer Handlungen *(legem continuationis seriei suarum operationum)*, sie enthält in sich ihre Vergangenheit und ihre Zukunft.“[72]

In dem Verlauf einer Entwicklung ist jede Erscheinungsform oder Stufe das Ergebnis aller früheren und die Ursache aller künftigen: sie enthält die einen als aufgehobene Momente und die anderen als zu entfaltende Keime, als zu erfüllende Anlagen. So ist in jedem Punkte der Entwicklung, in jeder Lebensform der Monade die ganze Entwicklungsgeschichte des Individuums eingeschlossen: als vollendete Wirklichkeit, so weit sie vergangen ist, und als Anlage,

---

[71] *Monadologie* (Nr. 10–12), Gerhardt Phil. VI, 608; Erdmann 705 f. Ich finde nicht, daß der Ausdruck „détail de ce qui se change“ dunkel sei. Er sagt mehr als autonome Veränderung, und man darf ihn nicht übersetzen durch „besondere Veränderungen“. Denn „ce qui se change“ heißt nicht Veränderung, sondern dasjenige, welches sich verändert oder Subjekt der Veränderung. Mithin ist „détail de ce qui se change“ der besondere Inhalt dieses Subjekts oder die ursprüngliche Eigentümlichkeit jeder Monade, die sich als solche von allen übrigen unterscheidet. Der Ausdruck bezeichnet mithin das veränderliche Individuum oder das Individuum, welches sich entwickelt und deshalb eine Menge verschiedener Zustände in sich vereinigt. Daß Leibniz selbst seinen Ausdruck so verstanden wissen will, erklärt deutlich genug die Monadologie in dem unmittelbar darauf folgenden Satze: „Dieses Detail muß in der Einheit oder in dem Einfachen eine Vielheit einschließen (ce detail doit envelopper une multitude dans l'unité ou dans le simple).“ *Monadologie* (Nr. 13), a.a.O. Vgl. Leibniz' Monadologie. Von Rob. Zimmermann. S. 13, 47.

[72] „Que chacune de ces substances contient dans sa nature *legem continuationis seriei suarum operationum* et tout ce qui luy est arrivé et arrivera“. Leibniz an Arnauld, 23. III. 1690, Gerhardt Phil. II, 136; Erdmann 107.

so weit sie bevorsteht. In jeder Entwicklungsstufe ist die gesamte Vergangenheit transformiert, die gesamte Zukunft präformiert, und die Gegenwart selbst, worin sich die Monade befindet, ist das Erzeugnis ihrer Vergangenheit und die Erzeugerin ihrer Zukunft. „Wie jeder gegenwärtige Zustand einer Monade die natürliche Folge ihrer Vergangenheit ist, so ist die Gegenwart schwanger mit der Zukunft.“[73]

Jede Entwicklung bildet mithin eine unendliche Reihe verschiedener Zustände, die insgesamt ein einziges Individuum ausmacht, welches alle jene verschiedenen Zustände aus sich erzeugt und deren gesetzmäßige Reihenfolge durchwandert, indem es fortwährend dasselbe Wesen bleibt. Das Individuum ist von diesen verschiedenen Zuständen nicht die Summe, sondern das Subjekt, nicht die arithmetische, sondern die metaphysische, d.h. unteilbare Einheit. Also besteht der Begriff der Entwicklung darin, daß eine unteilbare Einheit unendliche Mannigfaltigkeit in sich schließt, aber das Mannigfaltige kann in der einfachen Einheit nicht „materialiter“, sondern nur „idealiter“ oder als *Vorstellung* enthalten sein. Wir sagten früher, daß in der ursprünglichen Natur des Individuums die gesamte Entwicklung präformiert oder vorgebildet sei: diese Vorbildung ist Vorstellung, und die Kraft, welche jeder Entwicklung als tätiges Prinzip zugrunde liegt, ist daher die Kraft der Vorstellung, die unter allen Kräften allein imstande ist, in der Einheit die Vielheit auszudrücken *(multorum in uno expressio)*[74]. Wenn überhaupt jeder Zustand der Monade als Kraftäußerung oder Handlung zu betrachten ist, so muß natürlich auch der Zustand der Präformation als Tätigkeit, als Ausdruck ursprünglicher Kraft angesehen werden. Im Zustande der Präformation ist präsent, was die Entwicklung in einer Reihenfolge von Stufen verwirklicht: also ist die Kraft, die jenen Zustand begründet, eine solche, welche präsent macht, d.i. *vis repraesentativa*, oder Vorstellung. Wir verstehen daher unter Vorstellung die Kraft der Entwicklung, und es leuchtet uns jetzt vollkommen ein, wie die Leibnizische Philosophie zu diesem Begriffe geführt wird. Sie muß ihn aufnehmen, indem sie die Monade als Entwicklung eines Individuums betrachtet.

[73] „Et comme tout present état d'une substance simple est naturellement une suite de son état precedant, tellement que le present y est gros de l'avenir.“ *Monadologie* (Nr. 22), Gerhardt Phil. VI, 610; Erdmann 706. – „On peut dire, qu'en elle, comme partout ailleurs, *le present est gros de l'avenir.*“ *Reponse aux reflexions contenues dans la seconde Edition du Dictionnaire Critique de M. Bayle* usw., Gerhardt Phil. IV, 563; Erdmann 187.

[74] „Cum perceptio nihil aliud sit, quam multorum in uno expressio, necesse est, omnes Entelechias seu Monades perceptione praeditas esse.“ *Leibniz an Des Bosses*, 11. VII. 1706, Gerhardt Phil. II, 311; Erdmann 438.

Entwicklung ist zwecktätige und darum auch zwecksetzende Kraft. Zwecke, Formen, Ordnungen, die Mannigfaltiges zur Einheit verknüpfen, können nur gesetzt werden durch bildende, gestaltende, vorstellende Kräfte. Wie es keine Entwicklung ohne Zwecke gibt, so gibt es keine Zwecke ohne Vorstellung, ohne zwecksetzende oder vorstellende Kraft. Damit ist zugleich erklärt, daß und warum Vorstellung und Bewußtsein verschieden sind: es gibt bewußtlose Vorstellungen, weil es bewußtlose Entwicklungen gibt. Vorstellung und bewußte Vorstellung verhalten sich wie Gattung und Art; das Bewußtsein bildet einen besonderen Fall oder eine besondere Stufe der vorstellenden Kraft. In diesem allgemeinen oder metaphysischen Verstande, wonach allen Monaden die Kraft der Vorstellung zukommt, nennen wir diese mit Leibniz „*Perzeption*“[75]. Die Perzeption, d.h. die vorstellende oder zwecktätige Kraft ist das Prinzip aller Entwicklung und alles Lebens. „Das Leben“, sagt Leibniz in seinem Briefe an R. Chr. Wagner (4, VI, 1710), „ist ein principium perceptivum“.[76]

Die vorstellende Kraft ist die letzte Erklärung der zwecktätigen, wie diese selbst die erste Erklärung des Lebens und der Entwicklung war; sie ist der eigentliche und höchste Ausdruck für jenes Prinzip der Monade, welches früher tätige Kraft, Form, Seele genannt wurde. Darum besteht in jeder Monade zwischen der vorstellenden und bewegenden Kraft genau dasselbe Verhältnis, welches wir zwischen Seele und Körper, Leben und Mechanismus, Endursachen und wirkenden Ursachen dargetan haben. Wie die Seele den Körper, so schließt die vorstellende Kraft die bewegende in sich und gilt als deren Prinzip. Nachdem auf *dieses* Prinzip als auf ihr höchstes die ursprüngliche und einmütige Kraft der Monade zurückgeführt ist, so haben sich damit zwei Fragen vorbereitet, die der Auflösung bedürfen: wie erklärt sich aus der vorstellenden Kraft die bewegende Kraft oder der *Körper*? Wie erklärt sich aus der vorstellenden Kraft die bewußte Vorstellung oder der Geist? Es handelt sich um die Vereinigung oder Auflösung der beiden großen, in der Natur der Dinge enthaltenen Gegensätze: der eine besteht zwischen Bewegung und Vorstellung, der andere zwischen bewußtloser und bewußter Vorstellung. Um einen mathematischen Ausdruck zu brauchen, der die Lösung der Aufgabe mehr andeuten als erklären soll, so hat Leibniz in dem Begriff der bewußtlosen Vorstellung gleichsam die harmonische Mitte getroffen in dem

---

[75] „Perceptio nihil aliud est, quam illa ipsa repraesentatio variationis externae in interna.“ *Commentatio de anima brutorum* (Nr. VIII), Gerhardt Phil. VII, 329 f.; Erdmann 464.

[76] „Vita est principium perceptivum.“ Gerhardt Phil. VII, 529; Erdmann 466.

Verhältnis von Natur und Geist, denn die bewußtlose Vorstellung verhält sich zur Natur des Körpers, weil sie bewußtlos, und zu der des Geistes, weil sie Vorstellung ist. Die Frage heißt demnach: wenn alle Dinge Monaden, alle Monaden vorstellende Kräfte sind: was sind die Körper? was sind die Geister?

Sechstes Kapitel.
Die Monade als Vorstellung und Mikrokosmus

I. Die Vorstellung in der Natur der Dinge

1. Die Kraft der Vorstellung

Daß alle Dinge Monaden, alle Monaden vorstellende Wesen sind: dieser Satz scheint es zu sein, welcher die Leibnizische Philosophie dem sogenannten gesunden Menschenverstande, mit dem sie sonst so geschickt zu verkehren weiß, wieder verdunkelt und hauptsächlich bewirkt hat, daß diese Lehre mehr gerühmt als verstanden worden und trotz ihres populären Namens und ihrer großen Verbreitung für die meisten eine rätselhafte Erscheinung geblieben ist. Leichter zugänglich als die Lehre Spinozas, war sie schwerer verständlich als diese. Wenigstens teilt in dem letzten Punkte Leibniz das Schicksal seines Vorgängers, daß ein Jahrhundert vergehen mußte, bevor die Tiefe seiner Weltanschauung erkannt wurde. Indem die Leibnizische Philosophie die Kraft der Vorstellung als die Grundkraft aller Dinge erklärt, verwandelt sich ihr Lehrgebäude, welches noch eben in der Natur der Dinge so fest gegründet schien, für die meisten in ein Luftgebilde, das mit der Natur und Erfahrung nichts mehr gemein hat. Aus dem „neuen Systeme der Natur", dem selbst die Grundsätze der Materialisten nicht widerstehen konnten, weil es sie relativ berechtigte und in sich aufnahm, macht die *Monadologie*, wie es scheint, einen übertriebenen Idealismus, dem die nüchterne Sinnesanschauung der Dinge nicht mehr nachkommt.

Es wird sich zeigen, daß Leibniz, indem er jedem Wesen die Kraft der Vorstellung zuschreibt, dem Naturalismus keinen Abbruch tut, vielmehr denselben tiefer und gründlicher ausbildet, daß er in die Natur der Dinge nichts hineindichtet oder ihr unterlegt, was nicht aus dieser selbst einleuchtet. Nur sollte die Darstellung seiner Lehre nicht, wie häufig geschieht, gleich damit beginnen, daß in der Vorstellung das Wesen der Dinge bestehe, da doch der Philosoph selbst, wenn man seinen Ideengang und seine Lehrart sorgfältig beobachtet, Schritt für Schritt durch eine Reihe früherer Begriffe zu dieser Fassung gelangt: die vorstellende Kraft setzt den Begriff der zwecktätigen Kraft, diese den der tätigen, diese den der leidenden voraus, welche selbst aus der Tatsache der körperlichen Bewegung erhellt. Die vorstellende Kraft ist darum nicht etwa später als die bewegende, sondern sie ist in Wahrheit das Erste, woraus zuletzt alles andere begriffen werden muß; sie erklärt die Entwicklung und zwecktätige Kraft, wie diese selbst Leben und Bewegung. Aber für uns, die wir der sinnlichen Anschauung folgen, ist das Sinnliche zunächst bekannter als das Nichtsinnliche, die Bewegung bekannter als die Vorstellung, der Körper bekannter als die *Seele*, das Physische überhaupt bekannter als das Metaphysische. Wie es nun die Aufgabe der Wissenschaft ist, aus dem Bekannten das Unbekannte zu entwickeln, so ist für uns der bekannte, erste, in diesem Sinne frühere Begriff die bewegende Kraft; daher beginnt mit ihr jene didaktische Ordnung der Begriffe, deren letztes (in diesem Sinne spätestes) Glied die vorstellende Kraft ausmacht.

Um zu dem Satze zu kommen, daß *alle Dinge vorstellende Wesen* sind, lassen sich zwei verschiedene, von Leibniz selbst befolgte Wege einschlagen, beide gleich sicher und naturgerecht, da sie nicht von willkürlichen Annahmen, sondern von festen Tatsachen ausgehen. Es darf nach den vorausgegangenen Erklärungen für eine feste Tatsache gelten, daß in jedem Dinge eine formgebende Kraft existiert, welche die Eigentümlichkeit oder Individualität desselben ausmacht. Niemand bestreitet, daß im Menschen Vorstellungen, bewußte Vorstellungen vorhanden sind. Man erkläre diese beiden gegebenen Tatsachen: die der Form in allen Dingen und die der Vorstellungen im Menschen; man zeige, unter welchen Bedingungen allein Formen in der Natur, Vorstellungen im Menschen möglich sind. Die Auflösung dieser beiden Tatsachen führt zu dem Leibnizischen „pricipium perceptivum".

Einheit in der Verschiedenheit und Verschiedenheit in der Einheit ist der allgemeinste, erklärende Ausdruck für den Begriff der Form. Man mag die Form eines Dinges noch so körperlich auffassen, so erscheint sie doch allemal als ein Ganzes, worin jeder Teil im genausten Zusammenhang mit allen übrigen verknüpft ist und daher, weil er nur im Ganzen existiert, dieses selbst darstellt. Wenn ich nur auf den Stoff irgend eines Dinges, etwa dieses Steines, achte, so sehe ich nichts als ein Stück Marmor von solcher Farbe, so viel Gewicht usw.; wenn ich seine eigentümliche Form ins Auge fasse, so erscheint mir in diesem Marmorblock der Torso einer Bildsäule, nicht jeder beliebigen, sondern es sei der Fuß eines männlichen Körpers, der nur einem Jupiter angehören konnte. Es ist gewiß, daß ein vollkommener Kenner der Kunst und des Altertums in jedem Torso unfehlbar die ganze Bildsäule erkennen wird, wie der Botaniker in dem Blatt die ganze Pflanze, der Zoolog in dem Knochen das ganze

Tier. Und doch ist ein *Torso* nicht die Bildsäule, der Fuß nicht der ganze Körper, aber er macht ihn erkennbar, er *stellt ihn vor*, er ist mithin die Vorstellung oder der Repräsentant desselben: er ist diese Vorstellung für den Kenner seiner Natur, der nur als Teil dieses Ganzen den Torso vorstellen kann: er ist diese Vorstellung an sich selbst, weil er seiner Form nach nur als Teil dieses Ganzen, nur im Zusammenhange mit diesen anderen Teilen existieren konnte. So ist die ganze Bildsäule die Vorstellung dessen, was die künstlerische Phantasie darin ausgeführt hat. Und auch der rohe Marmorblock, den die Hand des Künstlers nicht angerührt, enthält mehr in seiner Natur als die sinnlichen Beschaffenheiten, die sich bei dem ersten Eindrucke kundgeben und die er mit anderen Massen gemein hat. Dem Geologen, der diese Natur versteht, sagt der rohe Stein ebenso viel wie ein Torso dem Archäologen, wie ein Blatt dem Botaniker oder ein Knochen dem Anatomen; ihm repräsentiert der Stein eine bestimmte Erdart, und nur in dieser Vorstellung erscheint dieses Ding als das, was es in Wahrheit ist. Wir verallgemeinern den Satz: jedes Ding kann seine wahre, im großen Zusammenhange des Ganzen begriffene Natur nur *vorstellen* oder repräsentieren. Will man sagen, diese Vorstellung sei in uns und nicht in den Dingen? Unsere Vorstellung ist nur dann wahr, wenn sie mit der Natur der Dinge übereinstimmt, wenn jedes Ding, wäre es bewußt, sich selbst ebenso vorstellen müßte, wie es von uns vorgestellt wird. Der Unterschied liegt nur darin, daß wir wissen, was die Dinge vorstellen, während die Dinge selbst nichts davon wissen, daß in uns die Vorstellung *bewußt*, in jenen *unbewußt* ist. Weil sie unbewußt ist, darum sollte sie weniger Vorstellung sein? Weil die Dinge nicht wissen, was sie tun, darum sollten sie nichts tun? Es handelt sich bei dem Begriffe der Vorstellung gar nicht um den des Bewußtseins, und man darf einem Leibniz nicht die Schwärmerei schuld geben, daß er die Dinge anthropomorphisiere, indem er allen Wesen vorstellende Kräfte zuschreibe, daß er sie ihrer wahren Natur entkleide und in eine Fabelwelt versetze. Die bewußte Vorstellung ist anthropologisch, die Vorstellung als solche, die nackte Vorstellung, ist universell oder metaphysisch. Diesen Unterschied hebt Leibniz sorgfältig hervor, er bezeichnet die Vorstellung überhaupt, das metaphysische Prinzip, als „*Perzeption*", die bewußte (menschliche) Vorstellung, den anthropologischen Begriff, als „*Apperzeption*", und es wird sich später zeigen, welcher Unterschied und welcher Zusammenhang zwischen beiden stattfindet. Perzeption ist die Kraft der Form, d.i. die Kraft, welche Mannigfaltiges vereinigt. Einheit und Zusammenhang überhaupt, ob sie die Dinge oder die Teile eines Dinges verknüpfen, können niemals auf materielle Weise dargetan, sondern immer nur vorgestellt werden: sie sind also Vorstellungen in objektivem Sinne, d.h. solche, die in den Dingen selbst existieren und darum vorstellende Kräfte in den Dingen selbst bezeugen. Wo Mannigfaltiges in der Einheit existiert, da ist Vorstellung, und wo Vorstellung ist, da ist vorstellende Kraft oder Perzeption. Die Monadologie sagt: „Der vorübergehende Zustand, der in der Einheit oder in der einfachen Substanz eine Vielheit verhüllt und vergegenwärtigt (représente), ist eben, was man Perzeption nennt, und was, wie sich später zeigen wird, wohl zu unterscheiden ist von der Apperzeption oder dem Bewußtsein."[77]

2. Die Kraft des Strebens

Da sich nun jedes Individuum entwickelt, so verändert dasselbe fortwährend seine Form oder seine Vorstellung; es bildet mithin aus eigener Kraft eine gesetzmäßige Reihenfolge von Vorstellungen und ist fortwährend in dem *Streben* begriffen, von einem Zustande zum andern, von diesem Ausdrucke seiner Individualität zu jenem, d.h. von Vorstellung zu Vorstellung überzugehen. Die Perzeption ist darum kein totes, sondern ein lebendiges Prinzip, und wenn auch keine bewußte Handlung, so doch immer eine Handlung oder ein tätiges Streben: die Dinge sind aktive Vorstellungen, sie werden nicht bloß von uns vorgestellt, sondern sie stellen selbst vor, was sie sind, wenn sie auch nicht sich selbst ihr Wesen vorstellen. Daß die Perzeption bewußtlose Vorstellung sei, erklärt Leibniz, indem er sie von der Apperzeption unterscheidet; daß sie tätige Vorstellung ist, erklärt der Ausdruck *„Appetition (appetitus, agendi conatus, tendance)"*: „die Tätigkeit des inneren Prinzips, welche die Veränderung oder den Übergang von einer Vorstellung zur andern bewirkt, kann Streben genannt werden."[78] *Vorstellung* und *Streben* (Perzeption und Appetition) gehören nach Leibniz zum Wesen jeder Individualität. Mit anderen Worten: die Vorstellung ist tätig, sie existiert in den Dingen selbst als deren eigene Kraft und deren eigenes Streben, sie ist das bewegende Prinzip der Entwicklung[79].

Ich sehe nicht, was man gegen diesen so gefaßten Begriff der Vorstellung einwenden oder wie man denselben noch befremdlich finden kann, wenn man sich in den ersten Grundbegriffen der Leibnizischen Philosophie zurechtgefunden hat. Es nimmt doch nicht wunder, daß die Maschine, welche der Mechaniker baut, in

---

[77] *Monadologie* (Nr. 14), Gerhardt Phil. VI, 608; Erdmann 706.

[78] *Monadologie* (Nr. 15), Gerhardt Phil. VI, 608; Erdmann 706. – „Ita in omni Entelechia primitiva perceptioni respondet appetitus, seu agendi conatus ad novam perceptionem tendens". *Commentatio de anima brutorum* (Nr. XII), Gerhardt Phil. VII, 330; Erdmann 464.

[79] „Quod *Monadis* nomine appellare soleo, in quo est velut *perceptio et appetitus.*" *De ipsa natura* usw. (Nr. 12), Gerhardt Phil. IV, 512; Erdmann 158.

dem Entwurfe desselben als *Vorstellung* oder Plan existiert, daß die Vorstellung hier der Ausführung des Werkes vorangeht, daß in dem letzteren alle Teile und Bewegungen nach jener Vorstellung, dem Zwecke des Baumeisters, eingerichtet sind? Nun setze man an die Stelle der künstlichen Maschine die natürliche, den lebendigen Körper, der sich aus eigener Kraft teilt, bewegt, gestaltet. Die lebendige Maschine sollte um so viel jedes Kunstwerk übertreffen und gerade dasjenige entbehren, was im Kunstwerk das Wesentliche, die Ordnung und Einheit seiner Teile, ausmacht, nämlich die zweckmäßige Vorstellung? Dies ist ja eben die größere, unerreichbare Vollkommenheit der Natur, daß ihre Werke nach eigenen, eingeborenen Vorstellungen handeln, daß sie sich selbst aufbauen und entwickeln, während die Werke der Kunst gemacht werden und fremde Vorstellungen verkörpern. Wo Zwecke sind, da müssen Vorstellungen sein, denn jeder Zweck ist eine Vorstellung, jede zwecktätige Kraft eine vorstellende. So gewiß es Zwecke in der Natur und in jedem natürlichen Individuum gibt, so gewiß gibt es Vorstellungen. Was schlechterdings nur aus Vorstellungen erklärt werden kann, das muß in der Natur so gut wie in der Kunst daraus erklärt werden. Die ganze Natur läßt sich im Geiste unseres Philosophen einem lebendigen Bau vergleichen, worin jeder Teil von selbst wie durch eingeborenes Streben die ihm gebührende Stelle einnimmt. In einem künstlichen Bau kann man den Zusammenhang der Teile, die Ordnung und Form des Ganzen nur aus dem Plan und der Vorstellung des Architekten erklären. Und die lebendige Harmonie aller Wesen, dieses vollkommenste der Werke, das Weltgebäude selbst, sollte nur ein Spiel des blinden und planlosen Zufalls sein? Die Vorstellung, welche der Baumeister jedem Teile anweist, indem er mit technischer Einsicht und Kraft alle zu einem harmonischen Ganzen vereinigt, diese Vorstellung behauptet in der Natur jedes Ding von selbst durch seine ursprüngliche, eingeborene Kraft. Wenn die Säule eine Monade, d.h. ein lebendiger Körper wäre, so würde sie sich selbst aufrichten, selbst in die Reihen der Säulen eintreten, selbst sich in diese bestimmte, maßvolle Entfernung von der anderen Säule begeben: sie würde mit einem Worte von selbst so handeln, wie sie jetzt, da sie keine Monade ist, nach dem Plane des Künstlers gezwungen wird, zu handeln oder vielmehr zu dienen. Es bleibt mithin nur die Wahl übrig: entweder mit Spinoza und den Materialisten alle Formen und Zwecke in den Dingen zu leugnen oder sie mit Leibniz zu behaupten, als ursprüngliche Kräfte zu behaupten und darum zu erklären, daß alle Dinge vorstellende Wesen sind.

II. Die Vorstellung im Menschen

Nichts ist gewisser als das Dasein der Vorstellung in uns. Wenn man von dieser sichersten aller Tatsachen ausgeht, so muß man zu Betrachtungen geführt werden, die mit Leibniz übereinstimmen und seine Philosophie nicht abenteuerlich erscheinen lassen, weil sie die Allgegenwart vorstellender Kräfte lehrt. Woher kommen die Vorstellungen im Menschen? Aus dem Körper können sie nicht erklärt werden. Denn die körperliche Kraft erzeugt nur Bewegungen, und aus Bewegungen folgen niemals Vorstellungen; es hieße den Geist durch eine *generatio aequivoca* erklären, wenn man die Perzeptionen aus mechanischen Kräften herleiten wollte. „Man muß bekennen", sagt die *Monadologie*, „daß die Vorstellung und was von ihr abhängt nicht durch mechanische Ursachen, d.h. durch Figuren und Bewegungen erklärt werden kann."[80] Die Vorstellungen werden daher aus der Seele abgeleitet werden müssen: sie sind der spontane Ausdruck des menschlichen Geistes. Ist aber nur der menschliche Geist fähig, Vorstellungen aus sich zu erzeugen, er allein unter allen übrigen Wesen, so gibt es im ganzen Weltall nichts dem menschlichen Geiste Ähnliches und Verwandtes, der Mensch erscheint völlig losgetrennt von den Dingen, womit die Natur ihn umgeben und verknüpft hat. Dann ist der Mensch nicht bloß ein absolut eigentümliches, sondern ein unerklärliches und wunderbares Wesen; wir müssen ihn ansehen wie der Historiker ein Volk, das er nicht abzuleiten und in dem geschichtlichen Zusammenhange der Völker und Völkerfamilien genealogisch zu begründen weiß: ein aus der Erde gewachsenes „autochthonisches" Volk. Wenn die Kraft der Vorstellung gleichsam ein Monopol des Menschen ist, das er mit keinem andern Wesen teilt, so ist zwischen ihm und den übrigen Dingen eine Kluft, und wie dort der Faden der Geschichte zerreißt in der Hand des Historikers, so hier der Faden der Natur in der Hand des Philosophen. Eine solche Lücke annehmen, heißt den Zusammenhang in den Dingen verneinen und damit die Möglichkeit der Erkenntnis aufgeben. Was zusammen existiert, muß auch zusammengehören, und kein Ding darf von der Natur aller übrigen eine völlige Ausnahme machen. Gleichviel nach welchem Gesetze die Dinge geordnet sind: sie sind geordnet, sie sind miteinander verbunden und eine gewisse Übereinstimmung, eine gewisse Verwandtschaft muß unter allen stattfinden nach jenem Worte des Hippokrates: σύμπνοια πάντα[81]. Es gibt ein *Naturgesetz der*

---

[80] *Monadologie* (Nr. 17), Gerhardt Phil. VI, 609; Erdmann 706.

[81] „Tout est conspirant (σύμπνοια πάντα, comme disoit Hippocrate)." *Nouveaux Essais sur l'entendement humain*, Preface, Gerhardt Phil. V, 48;

Analogie, welches erklärt, daß alle Dinge, die das Universum vereinigt, zu derselben Familie gehören, daß sie durch eine Verwandschaft verbunden sind, welche die größte Mannigfaltigkeit individueller Unterschiede erträgt und selbst durch den Abstand der Extreme nicht aufgehoben wird. Die Natur kennt ebensowenig Kasten als vollkommene Gleichheit; das Vermögen, womit sie das höchste ihrer Wesen ausstattet, davon ist auch das letzte derselben nicht gänzlich ausgeschlossen. Die Kraft, welche im Menschen mit voller Energie gegenwärtig ist, kann in keinem Dinge gänzlich abwesend sein, sie regt sich in allen, nur daß sie in den niederen mit geringerer Macht handelt und darum nicht so deutlich und ausdrucksvoll hervortritt. Ist nun der Mensch keine Ausnahme von den Dingen, so ist er auch als *vorstellendes Wesen* keine solche Ausnahme, so müssen die Kräfte der Dinge den Kräften des Menschen verwandt, Analoga des menschlichen Geistes oder vorstellende Wesen sein. Entweder es gibt überhaupt keine Vorstellung, oder sie ist allgegenwärtig. Nun ist das Dasein der Vorstellungen in uns die gewisseste aller Erfahrungstatsachen, darum müssen analoge Kräfte in allen Dingen existieren, oder die Vorstellungen in uns, d.h. wir selbst wären eine Ausnahme in der Natur und ein Wunder für die Philosophie. „Wenn wir demnach", sagt Leibniz, „unserem Geiste die eingeborene Kraft innerer Tätigkeit zuschreiben, so dürfen wir nicht bloß, sondern müssen auch in den anderen Seelen, Formen oder, wenn man will, substantiellen Naturen ebendieselbe Kraft behaupten; sonst müßte man meinen, daß unter allen uns bekannten Wesen die Geister allein tätig seien, und daß jede Kraft innerer und sozusagen lebendiger Tätigkeit von dem Bewußtsein begleitet werde: Meinungen fürwahr, die durch keinen Grund bewiesen und gegen alle Wahrheit verteidigt werden." „Überall müssen sich Seelen oder doch Analoga derselben finden."[82] „Denn bei der Einförmigkeit, welche meiner Ansicht nach die Natur in ihrem ganzen Gebiete befolgt, darf man überall, wo es auch sei, zu jeder Zeit und an jedem Orte sagen: es ist alles wie hier (c'est tout comme ici), nur in Ansehung der Größe und Vollkommenheit verschieden; daher können die entferntesten und verborgensten Dinge nach der Analogie der bekannten vollkommen dargetan werden." „Alles in der Natur ist analog."[83]

Erdmann 197. Vgl. *Monadologie* (Nr. 61), Gerhardt Phil. VI, 617; Erdmann 710.

[82] *De ipsa natura* usw. (Nr. 10, 12), Gerhardt Phil. IV, 510, 512; Erdmann 157, 158.

[83] *Considerations sur les Principes de Vie* usw., Gerhardt Phil. VI, 546; Erdmann 432. – „Itaque omnia in natura sunt analogica." *Leibniz an R. Chr. Wagner*, 11. VI. 1710, Gerhardt Phil. VII, 530; Erdmann 466.

Was das „principium perceptivum" betrifft, die Allgegenwart vorstellender Kräfte in der Natur der Dinge und die Wirksamkeit derselben ohne alle Sinnesorgane, so hat auch *Bacon* in seinen Büchern über den Wert und die Vermehrung der Wissenschaften die Notwendigkeit wie die Bedeutung dieser Lehre anerkannt und ihr die größte Wichtigkeit zugeschrieben. Denn er nennt sie eine „res nobilissima". Sinneswahrnehmung sei nur in dem tierischen Körper, Vorstellung oder Perzeption dagegen überall[84].

Als Lady *Masham*, die Freundin und Schülerin Lockes, unseren Philosophen um Aufschlüsse über seine Lehre bat, schrieb ihr derselbe jene humoristischen Briefe im März und Juni 1704, worin er die durchgängige Analogie aller Dinge oder die Uniformität der Natur, das „tout comme chez nous" als die eine seiner Grundideen darstellt. Die andere sei der Wechsel oder die Mannigfaltigkeit der Dinge, denn, wie Tasso sagt: „per variar natura è bella"[85].

III. Die Monade als Mikrokosmus

1. Individuum und Welt

So haben uns verschiedene Wege zu dem Satze geführt, daß alle Dinge vorstellende Wesen sind. Wer diese Wahrheiten noch bestreiten will, möge in Abrede stellen, daß es Formen, notwendige Formen in allen Dingen, daß es Vorstellungen, bewußte Vorstellungen im Menschen gibt; wer die vorstellende Kraft auf die menschliche Seele einschränkt, der möge den Menschen als Ausnahme von den Naturgesetzen betrachten und zusehen, wie er sich mit dem Bedürfnisse der Wissenschaft abfindet! Das Leibnizische „principium perceptivum" gründet sich auf das Prinzip der Individualität (formgebenden Kraft) und auf das Gesetz der Analogie. Diese beiden Stützen müssen umgeworfen werden, wenn jenes Prinzip fallen soll. Man widerlege also das Prinzip der Individualität und das Gesetz der Analogie! Um es zu können, muß man jenem das System der All-Einheit, diesem den schroffen Dualismus von Denken und Ausdehnung, Vorstellung und Bewegung, Geist und Körper von neuem entgegensetzen, d.h. man muß gegen Leibniz die vergangenen und durch ihn überwundenen Standpunkte Descartes' und Spinozas wieder heraufbeschwören, um das „principium perceptivum" zu vertreiben. Oder man überzeuge sich, daß spontane

---

[84] De dignitate et augmentis scientiarum, Lib. IV. 3. Vgl. Fischer, Fischer, Geschichte der neueren Philosophie, Bd. 10: *Francis Bacon* und seine Nachfolger. Entwickelungsgeschichte der Erfahrungsphilosophie. (3. Aufl. 1904.) Buch II, Kap. XIX, S. 241–242.

[85] Vgl. oben Buch I, Kap. XIV, S. 251. Vgl. Gerhardt Phil. III, 338ff., 352 ff.; Klopp X, 232 ff., 249 ff.

Kräfte in allen Dingen wirksam, daß darum die Dinge selbsttätige und einander analoge Wesen, oder, was dasselbe heißt, daß die vorstellenden Kräfte allgegenwärtig sind.

Nun hat jede vorstellende Kraft ihren bestimmten Inhalt, denn sie muß etwas vorstellen, jedes Ding ist die Vorstellung seiner Individualität, aber jede Individualität, so wenig sie mit den anderen Wesen unmittelbar zusammenhängt, befindet sich doch in einem Verhältnis zu denselben, denn sie ist selbsttätig von ihnen unterschieden und besteht nur in diesem Unterschiede als diese Individualität. Es ist unmöglich, daß eine Monade allein existiert. Wenn sie auch nicht durch andere ist, so ist sie doch mit ihnen zugleich und setzt in ihrem Begriffe deren Dasein voraus; es ist mithin unmöglich, daß eine Monade allein gedacht und vorgestellt wird ohne die anderen, die in einer notwendigen Ordnung, wenn auch nicht durch physischen Einfluß, mit ihr zusammenhängen. Es ist also auch unmöglich, daß ein Ding seine Individualität allein vorstellt, ohne in diese Vorstellung unmittelbar alle übrigen Individuen einzuschließen. Nennen wir den Inbegriff oder die Ordnung aller Dinge *Welt* (*κόσμος*), so ist dieses Individuum nur in dieser Welt, in dieser Ordnung der Dinge möglich und kann ohne dieselbe weder sein noch begriffen werden; daher schließt die Natur jedes Wesens den Zusammenhang mit allen übrigen, also das Universum selbst in sich. Wenn nichts in der Welt insulieret, um Lessings Ausdruck zu gebrauchen, so kann auch kein Individuum insulieren, so ist die Vorstellung dieses Individuums unmittelbar die Vorstellung *aller* oder jede Monade ein Repräsentant des Universums; sie ist in ihrer Selbständigkeit nicht bloß eine Welt für sich, sondern weil sie im Zusammenhang mit allen übrigen, also in der großen Welt existiert, so ist sie zugleich diese große Welt im Kleinen, d.h. ein *Mikrokosmos*, ein kleines Weltall (petit monde), ein konzentriertes Universum (univers concentré). Sie ist die Vorstellung des Universums nicht etwa so, daß sie von außen diese Vorstellung empfängt wie durch ein Fenster, wodurch die Dinge der Außenwelt in sie hineinscheinen, sondern so, daß sie wie ein Spiegel dieses Bild ausstrahlt, nicht wie ein toter Spiegel, der es zurückwirft, sondern wie ein lebendiger, der sein Bild aus eigener Kraft hervorbringt (miroir actif, vivant). „Dieses Band oder diese Übereinstimmung aller Dinge mit jedem einzelnen und jedes einzelnen mit allen übrigen macht, daß jede Monade sich auf alle anderen bezieht, und daß sie mithin ein lebendiger und immerwährender Spiegel des Universums ist.“[86]

[86] *Monadologie* (Nr. 56), Gerhardt Phil. VI, 616; Erdmann 709. – „Chaque monade est un *miroir vivant*, ou doué d' action interne representatif de l'univers.“ *Principes de la Nature et de la Grace* (Nr. 3), Gerhardt Phil. VI, 599; Erdmann 715.

2. Der Weltzusammenhang

Zwei Sätze müssen sich vereinigen, um den Begriff des Mikrokosmus zu bilden: der erste, zugleich die Bedingung aller Philosophie, fordert, daß die Dinge miteinander zusammenhängen, daß jedes einzelne in die Ordnung des Ganzen eingeschlossen ist und darum zu allen anderen Wesen in einer notwendigen Beziehung steht. So gewiß eine Weltordnung existiert, ein Zusammenhang aller Dinge, so gewiß ist jedes einzelne ein Repräsentant des Universums. Ein absoluter Verstand, der alles mit voller Klarheit durchschauen könnte, würde in jedem einzelnen Dinge das Ganze, in dem unscheinbarsten Wesen alle übrigen, also die Welt, in dieser Welt die gesamte Schöpfung, also Gott selbst ebenso deutlich erkennen wie ein kundiger Archäolog im Torso die Statue, ein kundiger Naturforscher in dem Bruchstück der Pflanze oder des Tiers den gesamten Organismus.

Darüber darf man streiten, ob in der Philosophie und in der menschlichen Wissenschaft überhaupt ein solcher absoluter Verstand möglich ist; dies mögen die einen behaupten, die andern fordern, die dritten verneinen: so viel ist gewiß, daß diesem göttlichen Verstande, wo er sich auch finde, jedes einzelne Ding das Ganze vorstellen müßte, daß also in der Tat eine solche universelle Vorstellung jedem einzelnen Wesen einwohnt. Denn wie sollte es das Ganze erkennbar machen, wenn es nicht die Vorstellung desselben in sich enthielte, wenn es nicht unendlich viele Beziehungen hätte, wodurch es mit den anderen Wesen, zuletzt mit allen verknüpft ist? Wenn Vanini von sich behauptete, daß er aus einem Strohhalm Gott zu erkennen vermöge, so erschien dieser Satz als ein gottloser Frevel. Wenn er statt dessen behauptet hätte, daß diese Einsicht nur Gott selbst möglich sei, daß nur die göttliche Weisheit die göttliche Allmacht begreifen könne, so wäre dieser Satz ein frommes Bekenntnis gewesen, und sein Gegenteil schiene Ketzerei. Denn die Gegner müßten verneinen, daß sich im Strohhalme die Allmacht Gottes offenbare wie in der ganzen Natur, wie in dem gesamten Weltall, daß diese Offenbarung dem göttlichen Verstande ewig gegenwärtig sei, daß dieser Verstand noch in dem Strohhalm seine ganze Schöpfung erkenne: sie müßten also die göttliche Allmacht oder die göttliche Weisheit oder beide, in jedem Fall das göttliche Dasein selbst anzweifeln. Und doch sieht jeder, daß die beiden Sätze, der gottlose, den Vanini auf dem Wege zum Scheiterhaufen aussprach, und der fromme, der ihm den Beifall der Gläubigen verdient hätte, darin übereinstimmen, daß in dem Strohhalm die Schöpfung, in dem unscheinbarsten Wesen das höchste *erkennbar* sei, oder daß jedes einzelne Ding die Ordnung aller vorstelle. Dies ist der oberste

Grundsatz aller philosophischen und, wir dürfen hinzufügen, aller religiösen Weltbetrachtung.

Wer diesen Satz leugnet, der leugnet die Weltordnung, die Möglichkeit eines absoluten Verstandes nicht bloß im menschlichen, sondern eben so sehr im göttlichen Geiste.

3. Die Weltvorstellung

Die zweite Bedingung ist der oberste Grundsatz der Leibnizischen Philosophie, daß jedes einzelne Wesen Substanz, Kraft, Monade sei, oder daß in keinem Dinge etwas geschieht, was nicht aus der Kraft, aus der eigentümlichen Natur dieses Dinges selbst folgt. Ist nun nach dem ersten Grundsatze jedes Ding eine Vorstellung des Universums, so folgt aus dem zweiten, daß es diese Vorstellung aus eigener Kraft hervorbringt, daß in ihm selbst eine vorstellende Kraft liegt, die das Ganze zum Inhalt hat, daß mithin jedes Ding ein Welt-Individuum, Kosmos *in individuo* oder *Mikrokosmus* ist. Ein Ding ist Mikrokosmus, wenn es durch sich selbst, d.h. aus eigener Machtvollkommenheit das Universum repräsentiert: darum erfüllt sich der Begriff des Mikrokosmus erst in der Leibnizischen Philosophie, weil erst hier begriffen wird, daß Dinge nicht bloß Teile des Ganzen, sondern selbst Ganze, nicht bloß Glieder der gesamten Weltordnung, sondern Welten für sich ausmachen. Auch Spinoza darf behaupten, daß jedes Ding das Ganze vorstellt, denn er betrachtet die Dinge „sub specie aeternitatis", und so betrachtet erscheint jedes einzelne als eine vorübergehende Wirkung der gesamten Natur und diese als eine ewige Wirkung Gottes. Aber Spinoza erkennt in den einzelnen Wesen keine Mikrokosmen, denn sie repräsentieren ihm das Universum nicht durch sich selbst, nicht durch ihre eigentümliche Individualität, sondern in der unmittelbaren und natürlichen Gemeinschaft mit allen übrigen. Nur dem auf das Ganze gerichteten Verstande ist nach Spinoza das Ganze immer gegenwärtig, auch in der einzelnen vorübergehenden Erscheinung. Nach Leibniz dagegen wird das Ganze um so klarer erkannt, je tiefer der Verstand eindringt in das Wesen gerade der einzelnen Individualität. „In dem geringsten, unscheinbarsten Wesen", sagt Leibniz in der Einleitung zu seinen *Neuen Versuchen über den menschlichen Verstand*, „könnte ein durchdringender Blick wie der göttliche die ganze Reihenfolge der Dinge im Universum lesen."[87]

Vergleichen wir das Leibnizische Natursystem mit einem lebendigen, sich selbst gestaltenden Bau, in dem jeder Teil von selbst gerade die Stelle behauptet und ausfüllt, die ihm nach der Ordnung

[87] „Dans la moindre des substances des yeux aussi perçans que ceux de Dieu pourroient lire toute la suite des choses de l'univers." *Nouveaux essais* usw., Preface, Gerhardt Phil. V, 48; Erdmann 197.

des Ganzen zukommt, so wäre jeder dieser Teile eine Monade, jede dieser Monaden ein Mikrokosmus, d.h. es müßte ihm eine Vorstellung inwohnen nicht bloß von seiner Individualität, von seiner eigentümlichen Lage und Stellung, sondern zugleich von allen übrigen Teilen und also von dem ganzen Gebäude. Wenn die Säule eine Monade wäre, so würde sie sich selbst aufrichten, von selbst in die Säulenordnung eintreten, genau an diesem Punkte, der gerade so weit von den benachbarten Säulen entfernt ist, sie würde von selbst ihr Kapitäl nach oben, ihr Postament nach unten kehren, sie würde mit einem Worte so, gerade so handeln, wie es im baumeisterlichen Begriff oder in der Vorstellung der Säule liegt. Wenn sie aber genau nach dieser Vorstellung handelt, so leuchtet doch ein, daß sie ohne dieselbe nicht so handeln könnte? Also muß in ihrer Natur diese Vorstellung enthalten sein, oder die Säule, wenn sie Monade wäre, müßte ihre Individualität vorstellen. Nur diese? Sie könnte ihren Platz in der Reihe der Säulen einnehmen und behaupten, diesen Platz, der dieses architektonische Verhältnis in sich schließt, ohne eine Vorstellung, wenn auch noch so bewußtlose, von den *anderen* Säulen zu haben? Sie könnte ihr Kapitäl dem Architrav zuwenden und gerade nur ihm ohne eine Vorstellung desselben? Wenn die Säule ihre Individualität vorstellt, so muß sie auch deren benachbarte Teile, zuletzt das ganze Gebäude, den Tempel selbst vorstellen, oder es wäre unerklärlich, daß sie von selbst die Stelle trifft, die ihr in dem Systeme des Ganzen zukommt. Also müßte die Säule, wenn sie eine Monade wäre, ein *Mikrokosmus* sein, d.h. sie müßte nicht bloß ihre Individualität, die Natur der Säule, sondern den ganzen Bau in allen seinen Teilen vorstellen.

Siebentes Kapitel. Die Körperwelt

I. Die verschiedenen Mikrokosmen

Alle Dinge sind Monaden, alle Monaden sind Mikrokosmen: dieser einfache Ausdruck faßt die bisherige Darstellung zusammen, welche zwischen dem Subjekt Ding und dem Prädikat Monade, zwischen dem Subjekt Monade und dem Prädikat Mikrokosmus die Reihe aller Mittelbegriffe in ihrer begrifflichen Ordnung auseinandergelegt hat. Jedes Ding ist Kraft, jede Kraft ist tätiges Subjekt oder einzelne Substanz, d.h. Individuum oder Monade, jede Monade ist zugleich tätige und leidende Kraft, Form und Materie, sie ist als die Einheit beider formierte Materie, lebendige Maschine, beseelter Körper; jeder beseelte Körper ist die Entwicklung eines Individuums, also die

Vorstellung desselben, mithin die Vorstellung aller Individuen, d.h. Repräsentant des Universums oder Mikrokosmus.

Darin stimmen die Monaden alle überein, daß jeder einzelnen die Vorstellung des Ganzen inwohnt. Wie unterscheiden sich jetzt die Monaden? Denn daß sie verschieden sein müssen, behauptet der Begriff der Individualität, der jedem Wesen eine unveräußerliche Eigentümlichkeit zuschreibt. Diese absolute Eigentümlichkeit macht, daß nirgends in der Welt eine vollkommene Gleichheit existiert, daß auch nicht zwei vollkommen gleiche Wesen angetroffen werden, daß selbst die äußerste, dem Scheine nach vollendete Gleichheit in der Tat nur eine verschwindende oder unendlich kleine Ungleichheit ist, „und diese Verschiedenheit ist immer mehr als bloß numerisch", da sie auf dem Wesen der Dinge beruht[88]. In der Leibnizischen Weltanschauung erscheinen uns die Dinge wie eine wohlgeordnete Familie, worin alle Glieder verwandte, analoge, von dem Geiste der ganzen Familie erfüllte Wesen sind, und dennoch jedes für sich eine eigentümliche, von allen anderen verschiedene Individualität bildet: eine Individualität, die durch den Familiengeist und die Familienähnlichkeit, der eine mag noch so innig, die andere noch so hervortretend sein, nicht vertilgt, sondern vielmehr gehoben und bejaht wird. Gerade die Verwandtschaft und der Familiengeist anerkennt und bewahrt seine Individuen bis in ihre kleinsten Eigentümlichkeiten, während sich die öffentliche Rechtsordnung, das abstrakte unpersönliche Gesetz, gleichgültig oder ausschließend dagegen verhält. Je schärfer die Eigentümlichkeiten ausgeprägt sind, je verschiedener die Anlagen und Kräfte der einzelnen Familienglieder, um so reicher und fruchtbarer ist das zusammengehörige Ganze. Die Uniformität ist die eine Grundidee der Leibnizischen Lehre, die Variation die andere[89].

In der großen Weltfamilie sind alle Dinge Mikrokosmen, aber jedes in seiner eigentümlichen Weise nach dem Maße seiner Kraft und Anlage. Sie sind verschiedene Mikrokosmen, denn in jedem einzelnen Dinge ist das Ganze vorgestellt auf eine besondere, schlechthin unvergleichbare, eigentümliche Weise. Sie stellen alle dieselbe Welt vor, aber jedes gleichsam unter einem anderen Gesichtspunkte. So kann dasselbe Objekt von vielen betrachtet werden, aber von den Betrachtenden nimmt jeder seinen eigentümlichen Ort ein, den er mit keinem anderen gemein hat; jeder befindet sich auf einem bestimmten Standpunkte, von dem Gesichtswinkel, Sehlinie, Bild und Anschauung abhängen; so ist zwar in allen das vorgestellte Objekt dasselbe, aber der vorstellende Gesichtspunkt und darum die

[88] „Leur différence est toujours plus que numérique." *Nouveaux essais* usw., Preface, Gerhardt Phil. V, 50 f.; Erdmann 199.

[89] S. oben S. 391.

Vorstellung selbst in jedem verschieden. Auf diese Weise sucht die Monadologie die Verschiedenheit der Mikrokosmen anschaulich zu machen: „Wie eine und dieselbe Stadt, von verschiedenen Seiten betrachtet, immer ganz anders und gleichsam perspektivisch vervielfältigt erscheint, so kann durch die zahllose Menge von Monaden der Schein entstehen, als gäbe es ebenso viele verschiedene Welten, die doch nur Perspektiven einer einzigen Welt sind nach den verschiedenen Gesichtspunkten (points de vue) jeder Monade."[90]

Was im Bilde die *Stadt*, das ist in Wahrheit die *Welt*, der Inbegriff aller Monaden; was dort das betrachtende Auge und dessen fester Gesichtspunkt, das ist hier die Monade und deren unveräußerliche Individualität. Ein anderes Individuum ist eine andere Vorstellung der Welt oder ein anderer Mikrokosmus. Im Menschen läßt sich ohne Zweifel das Ganze besser, deutlicher erkennen als im Tier, in der Pflanze oder im Stein: daher ist der Mensch in einem höheren Sinne Vorstellung des Universums oder Mikrokosmus als die geringeren und weniger vollkommenen Wesen. Nun aber ist das Ganze, die zahllose Fülle der Wesen, unendlich groß, das Individuum dagegen, auch das höchste, beschränkt und unendlich klein in Vergleichung mit dem Ganzen. Es ist darum unmöglich, daß die individuelle Vorstellung des Ganzen diesem selbst je vollkommen gleich werde und den ungetrübten, völlig deutlichen Ausdruck desselben erreiche. Vielmehr ist jede Individualität eine beschränkte, inadäquate Vorstellung des Ganzen, und da jede inadäquate Vorstellung eine Trübung oder einen Mangel an Klarheit in sich schließt, so ist jedes Individuum eine *unklare Vorstellung des Ganzen oder ein verworrener Mikrokosmus.* Es ist die tätige Kraft in der Monade, welche macht, daß ihre Vorstellung auf das Ganze gerichtet ist, oder, was dasselbe heißt, daß jedes Wesen nach dem Höchsten strebt; es ist die leidende (beschränkte) Kraft, welche dieses Streben hemmt und nach dem Maße der jedesmaligen Individualität der Vorstellung des Ganzen eine unübersteigliche Grenze setzt, so daß in keiner Monade der Mikrokosmus klar, sondern in jeder bis auf einen gewissen Grad verdunkelt und verworren ist, in der einen mehr, in der anderen weniger. „Alle Monaden streben verworren nach dem Unendlichen, nach dem Ganzen."[91] Sie *streben*, denn sie sind kräftige Naturen; sie streben *„nach dem Ganzen"*, denn sie sind Mikrokosmen. Ihr Streben ist verworren, weil innerhalb der festen und jeder Individualität eigentümlichen Naturschranke die Vorstellung des Ganzen nie vollkommen aufgeklärt und darum das Streben nach dem Unendlichen nie vollkom-

[90] *Monadologie* (Nr. 57), Gerhardt Phil. VI, 616; Erdmann 709.

[91] „Elles vont toutes confusement à l'infini, au tout." *Monadologie* (Nr. 60), Gerhardt Phil. VI, 617; Erdmann 710.

men erfüllt werden kann. Die Monaden mögen sich jenem höchsten Ziele unendlich annähern, immer bleibt zwischen dem Ganzen und Einzelnen eine Ungleichheit, die nie ganz verschwindet und auch in dem höchsten Individuum die Vorstellung des Ganzen unangemessen, undeutlich, unklar sein und bleiben läßt. So weit das Streben einer Monade sich wirklich erfüllt, so weit ist die Vorstellung klar: sie ist um so klarer, je kräftiger das Streben, je größer die tätige Kraft, je höher die Verfassung und je weiter der Spielraum einer Individualität ist; die tätige Kraft erzeugt das Streben und bewirkt daher die klare Vorstellung. So weit dagegen das Streben eingeschränkt und gehemmt wird, so weit ist die Vorstellung unklar: sie ist um so unklarer, je ohnmächtiger das Streben, je größer die Ohnmacht, je niedriger die Verfassung und je enger der Spielraum einer Individualität ist; die leidende Kraft beschränkt das Streben und bewirkt daher die unklare Vorstellung. „So schreibt man der Monade Tätigkeit zu nach dem Maß ihrer deutlichen Vorstellungen, Leiden dagegen nach dem der verworrenen."[92] Die tätige Kraft ist gleich der klaren Vorstellung, die leidende Kraft gleich der verworrenen.

II. Die Körper als Erscheinungen oder Vorstellungen

1. Die beschränkte Vorstellung

Vermöge ihrer leidenden Kraft ist oder erscheint jede Monade als *Körper*. Da nun die Kraft der Monade überhaupt in der Tätigkeit des Vorstellens, das Leiden aber in der beschränkten Tätigkeit besteht, so ist der Körper eine *beschränkte Vorstellung*, denn er ist das Produkt der leidenden Kraft oder des beschränkten Vorstellens. Jede Monade stellt vor, was sie ist, und da sie als ein individuelles Wesen die Schranke in sich schließt, so muß jede Monade ein beschränktes Wesen vorstellen, d.h. ein solches, außer welchem noch andere Wesen da sind. Außereinander sein heißt *räumlich* sein, im Raum sein oder den Raum erfüllen heißt *körperlich* sein: mithin muß jede Monade einen Körper oder einen Teil der Körperwelt vorstellen. Jeder Körper ist in fortwährender Tätigkeit, Bewegung, Veränderung, welche letztere in einer Folge von Zuständen besteht, die nacheinander sind. Nacheinander sein heißt zeitlich sein. Jede Monade muß demnach ein Dasein in Raum und Zeit, d.h. einen Körper im Verkehr mit anderen Körpern vorstellen oder einen Teil der bewegten Körperwelt, in der alles nach mechanischen Gesetzen geschieht.

[92] „Ainsi l'on attribue *l'Action* à la Monade en tant qu'elle a des perceptions distinctes et la *Passion* en tant qu'elle a des confuses." *Monadologie* (Nr. 49), Gerhardt Phil. VI, 615; Erdmann 709.

Wenn der Mikrokosmus Vorstellung ist, so ist der unklare Mikrokosmus beschränkte Weltvorstellung, d.h. die Vorstellung einer *äußeren* Welt, eines Inbegriffs äußerer, sich wechselseitig ausschließender, also räumlicher oder körperlicher Dinge. So gewiß ich beschränkt bin, muß ich ein beschränktes, ausschließendes Wesen, d.h. eine Außenwelt, einen Komplex ausgedehnter, materieller Dinge und unter diesen selbst ein materielles Ding, einen Körper unter Körpern vorstellen und als solcher vorgestellt werden. Auch die bewußte Monade, weil sie zugleich eine beschränkte ist, muß sich selbst *(sibi)* sich *(se)* als Körper vorstellen und anderen bewußten Monaden als solcher erscheinen.

2. *Der Körper als notwendige Vorstellung*

Wenn daher Leibniz die Körper als eine Erscheinung der Monade, als deren Vorstellung oder Phänomenon betrachtet, so muß man nicht meinen, daß dadurch die Natur des Körpers, die Solidität der Materie aufgehoben und in eine pure Vorstellung, in ein bloßes Bild verwandelt oder an die Stelle des natürlichen Körpers leerer Schein gesetzt werden soll, sondern es will die Erscheinung des Körpers nur erklärt und der letzte mögliche Zwiespalt zwischen Körper und Seele aufgehoben werden. Der Körper ist keine beliebige, sondern eine notwendige, in dem Wesen jeder Monade begründete Vorstellung, ein *„phaenomenon bene fundatum"*. Wie diese Grundlage stets unveräußerlich ist, so auch die Erscheinung und Vorstellung der Körper. So wenig ich meine Individualität und mit ihr meine Schranke jemals ausziehen kann, so wenig kann ich jemals die Vorstellung einer materiellen Welt verlieren, so wenig kann jemals ein Zeitpunkt kommen, wo die Körper aufhören, für mich Körper zu sein, und wenn ich sie auch anders erkläre, so bleibt die Erscheinung für mich stets dieselbe. Man muß sich durch den Ausdruck, daß die Materie eine „verworrene oder konfuse Vorstellung" sei, nicht irre führen lassen; vielleicht ist diese Bezeichnung für andere nicht ebenso glücklich gewählt, als von Leibniz selbst tiefsinnig verstanden. Denn der Zustand der Verworrenheit erscheint wie eine Verfassung, die nicht sein soll, die man besser sobald als möglich aufhebt; es scheint, als ob wir aus diesem verworrenen Traume nur zu erwachen brauchen, um die Körperwelt und deren Vorstellung loszuwerden. Es ist aber keine Klarheit des Verstandes und keine philosophische Monadenlehre imstande, die Individuen in reine Geister zu verwandeln und damit die Vorstellung des Körpers und des materiellen Universums zu vertreiben: dies hieße die Philosophie an die Stelle der Welt, die *Naturerklärung* an die Stelle der *Natur selbst* setzen. Die konfuse Vorstellung ist in jedem Dinge ein vollkommen naturgerechter und darum unveräußerlicher Zustand. Es verhält sich mit dem Leibnizischen Begriffe des Körpers ganz so wie mit der Kopernikanischen Lehre der Erdbewegung oder mit der Kartesianischen Theorie der sinnlichen Qualitäten. Descartes sagt: der Körper ist seiner Natur nach nur ausgedehnt, und alle sinnlichen Qualitäten, die wir ihm zuschreiben, wie die des Geschmacks, der Farbe usw., sind lediglich unsere Sinnesempfindungen, aber nicht seine Eigenschaften. Trotz dieser Belehrung, so richtig sie ist, hören wir nicht auf, von dem Körper zu reden, als ob ihm jene Eigenschaften wirklich inwohnten; wir finden den Wein süß oder sauer, obwohl wir wissen, daß Süßigkeit und Säure nur Beschaffenheiten unseres Geschmacks sind. Kopernikus beweist, daß die Erde sich um die Sonne bewegt, und daß in der Sonnenbewegung, die wir sehen, unsere eigene Bewegung erscheint, die wir nicht sehen. Darum hören wir nicht auf, die Sonnenbewegung zu sehen und von dem Aufgang und Untergang der Sonne zu reden, als ob diese Bewegungen wirklich in der Natur stattfänden, während doch unserem Verstande das Gegenteil einleuchtet. Wie das Kopernikanische System nicht imstande ist, uns die Anschauung der Sonnenbewegung zu nehmen, wie hier der Verstand zwar unsere sinnliche Vorstellung erklären, aber niemals zerstören kann: ebenso wenig kann und will die Leibnizische Monadenlehre uns die Anschauung der materiellen Welt entreißen, indem sie uns zeigt, auf welchen natürlichen und gemeinsamen Gesichtspunkt sich dieselbe gründet[93].

Es ist nicht bloß unsere beschränkte Vorstellung, der die Dinge außer uns als Körper erscheinen, sondern es ist zugleich deren eigene beschränkte Vorstellung, welche die Dinge zu Körpern macht oder als solche erscheinen läßt. Wir stellen mit Bewußtsein oder mit Reflexion vor, was die Dinge ohne Bewußtsein und ohne Reflexion vorstellen; wir wissen, daß die Dinge und wir selbst als Körper erscheinen, die Dinge wissen von dieser Erscheinung nichts, so sehr sie dieselbe bewirken. Die Körper sind daher nicht bloß unsere Anschauungen oder solche Phänomene, die lediglich aus der Beschaffenheit unseres Erkenntnisvermögens erklärt werden müssen, sondern sie sind in Wahrheit Naturerscheinungen, die aus den Kräften der Dinge selbst folgen[94]. *Die gesamte Körperwelt ist die Erscheinung der gesamten Monadenwelt* (phénomènes résultants de ces substances). So sagt Leibniz in seinem ersten Briefe an Bourguet:

[93] *Eclaircissement du nouveau systeme de la communication des substances* usw., Gerhardt Phil. IV, 495; Erdmann 132. Hier erklärt Leibniz, daß sein System mit demselben Rechte von Körpern und körperlicher Wirksamkeit rede, wie ein Kopernikaner vom Aufgang der Sonne, ein Platoniker von der Realität der Materie, ein Kartesianer von den sinnlichen Qualitäten.

[94] „Massa est phaenomenon reale.“ *Leibniz an Des Bosses*, 30. IV 1709, Gerhardt Phil. II, 371; Erdmann 457.

„Sie urteilen sehr richtig, daß meine Monaden nicht materielle Atome, sondern einfache Substanzen von ursprünglicher Kraft sind (ich setze hinzu, der Vorstellung und des Strebens): Kräfte, deren Äußerungen oder Phänomene die Körper ausmachen."[95]

Es gibt daher innerhalb der Natur nur Monaden und was mit Notwendigkeit aus den Kräften derselben hervorgeht. Wenn nun die Frage entsteht, ob außer den Monaden noch andere Wesen existieren können, ob zur Erklärung der Körperwelt noch andere Prinzipien, wie etwa ein *vinculum substantiale*, angenommen werden dürfen, so muß streng genommen die Leibnizische Philosophie diese Frage verneinen. In jenem Gespräch über die Grundsätze von Malebranche erklärt Philaret, der die Monadenlehre verteidigt: „Man darf mit gutem Rechte Bedenken tragen, ob Gott außer den Monaden oder immateriellen Substanzen noch andere Wesen geschaffen hat, und ob die Körper überhaupt etwas anderes sind als Erscheinungen, die aus jenen Substanzen notwendig folgen. Mein Freund, dessen Meinungen ich Ihnen dargetan habe, neigt sich entschieden nach der letzteren Seite, da er alles auf Monaden oder einfache Substanzen und deren Modifikationen zurückführt mit den Erscheinungen, die daraus folgen, und deren Realität aus ihrem Zusammenhang einleuchtet, wodurch sie sich von den Träumen unterscheiden."[96]

3. Die verworrene und deutliche Vorstellung des Körpers

Unter dem Gesichtspunkte der beschränkten Vorstellung, die allen Monaden, auch den bewußten inwohnt, erscheint die Welt als ein materielles Universum und jede Monade als ein Körper. Hier herrscht das Gesetz der natürlichen Kausalität, wonach die Dinge sich gegenseitig determinieren, äußerlich aufeinander einwirken und im mechanischen Zusammenhange verknüpft sind. So erschien in der Lehre Spinozas die Welt auf dem höchsten Standpunkte der Intelligenz, die jedem einzelnen Wesen den Schein seiner Selbständigkeit nimmt und alle Dinge in Modifikationen *einer* Substanz verwandelt. So erscheint in der Monadenlehre die Welt auf dem Standpunkte der beschränkten und unklaren Vorstellung

---

[95] „Vous jugés fort bien, Monsieur, que mes Monades ne sont pas des Atomes de matiere, mais des substances simples, douées de force (j'ajoute de perception et d'appetit), dont les corps ne sont que des phenomenes." *Leibniz an Bourguet*, nach 20. X. 1712, Gerhardt Phil. III, 559; Erdmann 719.

[96] *Entretien de Philarete et d'Ariste* usw. Gerhardt, Phil. VI, 590; Erdmann 695. In einem Briefe an Des Bosses erklärt Leibniz die körperliche Masse, also die materielle Welt für eine Erscheinung, die aus den Monaden folgt: „massam seu Phaenomenon ex Monadibus resultans". *Leibniz an Des Bosses*, 16, III. 1709, Gerhardt Phil. II, 368; Erdmann 456.

unter dem Gesichtspunkte der Imagination, der die Individuen in Modi verwandelt und als Körper oder Teile der Körperwelt vorstellt. Der Gegensatz dieser beiden Weltanschauungen tritt uns hier sehr eindringlich entgegen. Was Spinoza als die adäquate Idee der Dinge dargestellt hatte, das setzt Leibniz herab auf die Stufe der inadäquaten, beschränkten und unklaren Begriffe. Und so erscheint als ein noch unklarer und beschränkter Verstand allemal der Geist des niederen Systems auf dem Standpunkte des höheren.

In der Erscheinungswelt oder in dem materiellen Universum bildet jedes Individuum einen eigentümlichen Körper, der dieses Wesen im Unterschiede von allen anderen vorstellt. Jeder Körper ist daher eine deutliche Vorstellung seines eigenen Wesens. Innerhalb der beschränkten Vorstellung, die das gesamte Universum als Körperwelt erscheinen läßt, wird von jedem Individuum der eigene Körper am deutlichsten vorgestellt, weniger deutlich die anderen, und um so undeutlicher, je weiter sie von ihm in der Ordnung der Welt abstehen. So ist jeder Körper zugleich eine verworrene und eine deutliche Vorstellung: er ist eine verworrene Vorstellung der Welt und eine deutliche Vorstellung des Individuums, er ist eine unklare Vorstellung der anderen Individuen und eine deutliche, ja unter allen Körpern die deutlichste Vorstellung der eigenen Individualität, der ihm eigentümlichen Seele. So ist der tierische Körper eine deutliche Vorstellung der tierischen Seele, unter allen Körpern der Welt die deutlichste. Auf die (bewußte) Vorstellung des tierischen Körpers gründet sich die Zoologie, die Einsicht in das Wesen der Tierseele und in die Natur des tierischen Lebens. Und weil sich auf diese Weise jede Seele in ihrem Körper deutlich erkennbar macht, deutlicher wenigstens als in allen anderen, darum darf Leibniz behaupten, daß innerhalb des materiellen Universums jede Seele ihren Körper am deutlichsten vorstellt. „Obgleich jedes Individuum das ganze Universum vorstellt, so stellt es doch deutlicher den Körper vor, der ihm angehört, und dessen Entelechie es ausmacht, und wie dieser Körper vermöge des Zusammenhangs aller Materie in der Körperwelt das ganze Universum ausdrückt, so stellt die Seele zugleich das Universum vor, indem sie ihren Körper vorstellt." Die vorstellende Tätigkeit der Dinge bezeichnet Leibniz bald durch „représenter", bald durch *„exprimer"*. Dieser Sprachgebrauch ist darum bemerkenswert, weil er den Begriff der vorstellenden Kraft erleuchtet und den Unterschied kenntlich macht zwischen der bloßen und bewußten Vorstellung. Die bewußte Vorstellung ist nach innen gerichtet und bezieht sich auf das Subjekt zurück, von dem sie ausgeht; die bloße Vorstellung ist nach außen gerichtet und bezieht sich nicht auf ihr Subjekt zurück. Die Dinge sind nur die Akkusative (Objekte) ihrer vorstellenden Tätigkeit, nicht deren Dative (Personen): sie stellen sich vor *(se)*, nicht *sibi*. Die bewußte Vorstellung ist reflexive Tätigkeit, die bloße nur expressive. Was die bewußtlosen Dinge vorstellen, ist nicht Reflexion, subjektive Vorstellung oder Begriff, sondern nur Expression, objektive Vorstellung oder Form. Daher représenter = exprimer[97].

Jeder Körper ist ein deutliches Individuum und ein unklarer Mikrokosmus: ein deutliches Individuum, weil er auf eine ausschließende und bestimmte Weise die Kraft ausdrückt, die ihn beseelt, ein unklarer Mikrokosmus, weil er die anderen Körper undeutlich und das gesamte Universum höchst unvollkommen vorstellt. Diese Sätze sind sehr einleuchtend und beweisen sich durch die einfachste Erfahrung der Wissenschaft. Jede Wissenschaft gründet sich auf eine deutliche Vorstellung ihres Objekts, aber auf die deutliche Vorstellung dieses Objekts kann sich niemals eine sichere Kenntnis anderer oder gar aller Objekte gründen. Wenn man den Körper der Pflanze genau erforscht, so wird aus der deutlichen (bewußten) Vorstellung dieses Dinges eine richtige Botanik hervorgehen. Etwa auch eine Zoologie, eine Anthropologie, eine Metaphysik? Und warum nicht? Weil der Pflanzenkörper nur die Pflanzenseele deutlich repräsentiert, nicht die Seele des Tiers, noch weniger die des Menschen, am wenigsten das Universum!

III. Die Unterschiede der Vorstellung

1. Die Gradunterschiede. Die niederen und höheren Monaden

Innerhalb der beschränkten Weltvorstellung, die allen Monaden gemein ist, behauptet jede ihren eigentümlichen Charakter. Alle sind Individuen, Mikrokosmen, unklare Mikrokosmen, aber eben diese unklare, beschränkte Vorstellung der Welt ist in jeder eine andere. Und es ist klar, worin allein diese Eigentümlichkeit bestehen kann. Wenn nämlich in allen Monaden dieselbe Kraft der Vorstellung, dasselbe Streben nach dem Ganzen und Höchsten unter gewissen einschränkenden Bedingungen existiert, so muß die Verschiedenheit der Dinge in dem Unterschiede ihrer Schranken, die Eigentümlichkeit der einzelnen Individualität in dem Grade ihrer Kraft, in der Potenz ihres Strebens liegen. Die Verschiedenheit der Monaden ist daher eine *graduelle*: sie sind verschieden nicht durch die Natur ihres Wesens, denn alle Monaden sind Kräfte, nicht

[97] „Ainsi quoyque chaque Monade creée represente tout l'univers, elle represente plus distinctement le corps, qui luy est affecté particulierement et dont elle fait l'Entelechie: et comme ce corps exprime tout l'univers par la connexion de toute la matiere dans le plein, l'ame represente aussi tout l'univers en representant ce corps, qui lui appartient d'une maniere particuliere." *Monadologie* (Nr. 62), Gerhardt Phil. VI, 617; Erdmann 710.

durch die Art dieser Kraft, denn alle sind vorstellende Kräfte, nicht durch den Inhalt ihrer Vorstellung, denn sie repräsentieren alle dasselbe Universum, sondern durch den Grad ihrer Kraft, durch die Schranke ihrer Vorstellung, durch die größere oder geringere Deutlichkeit, womit jede dieser Kräfte das Universum vorstellt. Indessen darf man nicht sagen, daß die Monaden etwa nur quantitativ verschieden seien, oder man braucht einen Maßstab, der auf diese Naturen nicht paßt. Sie sind nicht mathematische Größen, darum ist ihr Grad keine quantitative Bestimmung: dieser Grad ist eine Naturschranke oder eine eingeborene, ursprüngliche Qualität, die den Charakter jedes einzelnen Individuums ausdrückt. Was früher die eigentümliche Natur der Monade genannt wurde, kraft deren jede von allen übrigen völlig verschieden ist, eben dasselbe Prinzip der Spezifikation nennen wir jetzt den *Grad der Vorstellung*. Kein Wesen kann das Maß seiner Kraft, den Grad seiner Vorstellung übersteigen, aber wie es in der Natur der Kraft liegt, daß sie eine unendliche Gradation erlaubt, wie es im Begriffe der strebenden Kraft liegt, daß sie diese unendliche Steigerung fordert, so muß es eine zahllose Fülle von Kräften, eine unendliche Mannigfaltigkeit von Monaden geben, denn jeder Grad ist eine bestimmte Naturkraft, deren Spielraum sich bis zu dieser Grenze und nicht weiter erstreckt; jede Naturkraft ist ein bestimmtes Individuum, dessen Bildung so weit reicht als seine Anlage und dessen Anlage in dem Grade seiner Kraft erschöpft ist.

Nun besteht überhaupt aller Gradunterschied in dem des Niederen und Höheren, und dieser Unterschied bezeichnet ein Stufenverhältnis. Die Gradation der Kraft beschreibt einen Stufengang von dem niedrigsten Grade zu dem höchsten, und wenn in dieser Stufenlinie jeder Punkt eine besondere Kraft, d.h. ein besonderes Individuum oder eine Monade ausmacht, so bildet die zahllose Fülle der Monaden eine zahllose Stufenreihe von Wesen. So erweist sich das höchste Gesetz der Monade zugleich als das höchste Gesetz des Universums. Und hier erklärt sich auf die einfachste Weise jene Übereinstimmung zwischen dem Einzelnen und dem Ganzen, welche den Grundgedanken der Leibnizischen Lehre ausmacht. Jede Monade war die Entwicklung eines Individuums, eine gesetzmäßige und stetige Reihenfolge von Handlungen. Das Universum ist eine Stufenreihe von Monaden, von der sich zeigen wird, daß sie nicht weniger gesetzmäßig und stetig fortschreitet. Nur mit dem Unterschiede, daß hier nicht, wie in der Entwicklung des Individuums, eine Stufe aus der andern hervorgeht, sondern jede bildet ein besonderes, ursprüngliches, von den anderen unabhängiges Wesen, das durch seine Anlage bestimmt ist, gerade diesen Punkt im Universum, gerade dieses Glied in der Reihenfolge der

Kräfte, gerade diese Stufe in der Ordnung der Dinge einzunehmen: gleichsam den *metaphysischen Ort*, den jede Monade von Ewigkeit her behauptet und welchen Leibniz früher als den „Gesichtspunkt (point de vue)“ bezeichnete, unter dem jede das Universum vorstellt. Jetzt ist dieser große Gedanke vollkommen klar. Die niedere Kraft strebt notwendig nach der höheren wie die Pflanze in dem Stufengange ihrer Bildung nach dem Tier, das Tier nach dem Menschen, der Mensch nach Gott strebt. Aber jedes Streben ist notwendig von einer Vorstellung seines Zieles begleitet, wenn auch von einer dunklen und bewußtlosen. In der niederen Stufe muß die höhere, weil sie angestrebt wird, zugleich mitvorgestellt werden, in dieser wieder die höhere und so fort ins Unendliche. Mithin muß in jeder Stufe oder in jeder Monade eine Vorstellung von allen übrigen, also von dem gesamten Universum enthalten sein: in der niedrigsten die dunkelste und in der höchsten die hellste. Denn die Kraft erlaubt keine anderen Unterschiede als Grade, die vorstellende Kraft kennt keine anderen Grade als die Unterschiede der dunklen und hellen, der deutlichen und verworrenen Vorstellung. „Jede Substanz drückt das gesamte Universum aus, aber die eine deutlicher als die andere, überhaupt jede in relativer Weise und nach ihrem eigentümlichen Gesichtspunkte.“[98]

Also die Grade der Vorstellung bestehen in der größeren und geringeren Deutlichkeit, womit jede Monade das Universum vorstellt, und da sich diese Vorstellung in keinem endlichen Wesen vollkommen aufklären und von ihren natürlichen Schranken befreien kann, so ist hier die größere Klarheit nur die geringere Unklarheit. So weit sich die Ordnung der Dinge erstreckt, müssen wir die Deutlichkeit der vorstellenden Kraft immer in eingeschränktem Sinne verstehen: sie gilt nie für das gesamte Universum, sondern nur für einen Teil desselben. Wenn ich aber von einem Ganzen nur den einen Teil deutlich, den anderen undeutlich vorstelle, so ist das Ganze selbst, das ja den Inbegriff aller seiner Teile ausmacht, auf eine verworrene Weise vorgestellt.

Die größere Deutlichkeit beweist den höheren Grad der Vorstellungskraft, also die höhere Stufe der Individualität oder das (relativ) *vollkommenere* Wesen; die geringere Deutlichkeit dagegen beweist den niederen Grad der Kraft, die niedere Stufe der Natur, das (relativ) *unvollkommenere* Wesen. Vollkommenheit und Unvollkommenheit gelten hier vergleichungsweise: sie sind Prädikate, welche der Monade zukommen in ihrem Verhältnis

---

[98] „Que chaque substance exprime l'univers tout entier, mais l'une plus distinctement que l'autre, surtout chacune à l'égard de certaines choses et selon son point de veue.“ *Leibniz an Arnauld*, 23. III.1790, Gerhardt Phil. II, 136; Erdmann 107.

zum Ganzen. An sich betrachtet, ist jede Monade in ihrer Naturschranke befangen, sie kann weder mehr noch weniger sein, als sie von Natur ist, ihr Wesen besteht in einer ursprünglich bestimmten Individualität, welche die Monade sich selbst weder geben noch nehmen, sondern nur entwickeln kann: sie ist umso vollkommener, je mehr sie ihre Naturanlage erfüllt. Aber mit dem Ganzen verglichen, ist freilich eine Monade beschränkter als die andere: die beschränkte ist niedriger als die weniger beschränkte, die niedere ist unvollkommener als die höhere. Sie bilden insgesamt jene unendliche Stufenreihe von Wesen, die von dem Unvollkommenen zu dem Vollkommenen fortschreitet. In Rücksicht des Individuums besteht daher das Universum in einer wachsenden Vollkommenheit, und wenn es nur Individuen gäbe, so könnte die Stufenreihe derselben nie vollendet, das Universum nie abgeschlossen sein, und das Ganze selbst wäre in einer wachsenden Vollkommenheit begriffen. Aber gesetzt, daß ein höchstes Ziel feststeht, welches das Stufenreich der Dinge zugleich begründet und abschließt, so ist auch das Ganze in sich vollendet, und die zunehmende Vollkommenheit fällt nur in die einzelnen Wesen, während das Universum selbst in gleichmäßiger Vollkommenheit besteht. So muß die Frage nach der Vollkommenheit des Ganzen gefaßt werden, welche Leibniz in seinen Briefen an Bourguet aufgeworfen hat, ohne sie aufzulösen, und welche Lessing in jener uns bekannten Abhandlung über Leibniz so entscheiden will, daß die Dinge in der Welt eine Stufenreihe wachsender, die Welt selbst ein System gleichmäßiger Vollkommenheit bildet. Wir lassen hier diese Frage offen, da wir sie jetzt noch nicht ganz zu beantworten imstande sind, denn vorderhand kennen wir nur Monaden, und von deren Stufenreihe müssen wir urteilen, wie Lessing geurteilt hat. Die Vollkommenheit der einzelnen Wesen wächst von Stufe zu Stufe, und wie es keine Grenzen und keinen Grad gibt, der nicht überschritten werden könnte, so gibt es auch kein Individuum, das nicht noch eine höhere Stufe der Individualität zuließe. Denn in keiner Monade, so lange die letzte Schranke und mit dieser die Monade selbst nicht weggeräumt ist, kann die Vorstellung des Universums so klar und deutlich sein, daß sie nicht noch klarer und deutlicher sein könnte[99].

Eine Monade ist um so vollkommener, je deutlicher sie das Universum vorstellt, oder je größer der Teil des Universums ist, den sie deutlich vorstellt. Oder was dasselbe heißt: ein Wesen ist um so vollkommener, je deutlicher das Ganze darin vorgestellt, je

[99] *Leibniz an Bourguet*, 5. VIII. 1715, Gerhardt Phil. III, 581 ff.; Erdmann 733. Vgl. Lessings sämtliche Schriften (Lachmann-Muncker) XI, 474–477. Leibniz von den ewigen Strafen, V-VII.

mehr von dem Ganzen aus ihm erkannt wird. Mit anderen Worten: je mehr in einem Wesen vorgestellt wird, je reicher und gehaltvoller die Erkenntnis ist, die wir aus der deutlichen Vorstellung desselben schöpfen, um so vollkommener ist das Wesen selbst. In dem Menschen läßt sich mehr von der Welt erkennen als im Tier: darum stellt das menschliche Individuum die Welt deutlicher vor als das tierische, also ist es vollkommener als dieses.

Die Welt ist der Inbegriff aller Monaden, ein Teil der Welt ist mithin der Inbegriff gewisser Monaden: jene begreift die Allheit, diese nur eine Mehrheit von Monaden in sich. Ist nun dieser Teil um so größer, je mehr Monaden er in sich faßt, so ist die Monade um so vollkommener, je mehr der anderen Monaden sie deutlich vorstellt. Das niedere Individuum kann das höhere nur dunkel und unklar vorstellen, um so unklarer, je höher das vorgestellte Individuum ist; dagegen das höhere Individuum kann allemal das niedere deutlich und klar vorstellen, um so klarer, je höher das vorstellende Individuum ist. Das Tier hat vom Menschen eine dunkle, der Mensch vom Tier eine deutliche Vorstellung: aus dem Tier kann niemals ein Anthropolog werden, wohl aber aus dem Menschen ein Zoolog, wobei wir natürlich voraussetzen, daß die deutliche Vorstellung zugleich eine bewußte ist, damit überhaupt Wissenschaft daraus hervorgehen könne, denn das Tier, obwohl es die Pflanze deutlicher vorstellt als umgekehrt die Pflanze das Tier, kann doch niemals ein Botaniker werden, weil seine Vorstellung, auch die deutlichste, bewußtlos ist und darum unwissend bleibt. Demnach gelten folgende Sätze: *alle höheren Wesen sind in den niederen unklar, alle niederen Wesen in den höheren klar vorgestellt*; aus dem Vollkommenen kann das Unvollkommene deutlich, aus dem Unvollkommenen das Vollkommene nur undeutlich erkannt werden; das Unvollkommene ist die undeutliche Vorstellung des Vollkommenen, dieses die deutliche des Unvollkommenen.

Die deutliche Vorstellung ist die Aufklärung und darum die Erklärung der undeutlichen: das Vollkommene ist also die Erklärung des Unvollkommenen, es ist dessen Ursache, nicht in dem realen Sinne, daß sie es bewirkt, sondern in dem idealen, daß sie es erklärt, und so begreift sich das Verhältnis zwischen dem Unvollkommenen und Vollkommenen oder zwischen den Monaden überhaupt nicht als ein physischer, sondern als ein idealer Einfluß, worin die höhere Kraft stets die niedere vorstellt, erklärt, in diesem Sinne begründet, aber nicht aus sich erzeugt und äußerlich auf dieselbe einwirkt. „Darin liegt die größere Vollkommenheit eines Dinges, das sich in ihm der apriorische Grund dessen entdeckt, was in dem anderen Dinge geschieht, und in diesem Sinne redet man von einer Kausalität zwischen beiden, wonach das erste auf das andere einwirkt. Allein unter den einfachen Substanzen gibt es nur einen idealen Einfluß der einen Monade auf die andere."[100]

2. Die niederen und höheren Organismen. Die Zentralmonaden

Sind nun alle Monaden von Natur beseelte Körper oder organische Substanzen, so müssen sich die Organismen wie die Monaden unterscheiden: es muß also niedere und höhere Organismen geben, jene sind die unvollkommenen, diese die vollkommenen Monaden. Wie in den vollkommenen Monaden die unvollkommenen deutlich vorgestellt, gleichsam als Momente enthalten sind, so die niederen Organismen in den höheren: so ist das vegetative Leben in dem tierischen, dieses in dem menschlichen deutlich vorgestellt und als eine niedere Lebensstufe enthalten, aber nicht umgekehrt das menschliche Leben in dem tierischen oder dieses in dem der Pflanze. Eine Monade ist um so vollkommener, je mehr der anderen Monaden sie deutlich vorstellt. Nun ist die deutlichste Vorstellung der beschränkten Monade ihr Körper: also je mehr Monaden sie in ihrer deutlichsten Vorstellung, d.h. in ihrem Körper vereinigt, je reicher und mannigfaltiger die Bildung dieses Körpers ist, um so entwikkelter ist die (vorstellende) Kraft der Monade, ausgebreiteter deren Spielraum, vollkommener die Monade selbst, höher der Organismus. Der höhere Organismus ist mithin keine einfache Monade, die nur die deutliche Vorstellung eines Körpers und die undeutliche aller anderen wäre, sondern er ist ein *Reich von Monaden*, und in diesem Reiche werden eine Menge Monaden von einer einzigen mit voller Deutlichkeit vorgestellt: es geschieht in ihnen nichts, was nicht in der deutlichen Vorstellung jener einen Monade vollkommen enthalten, erklärt, begründet wäre, und so verhält sich die eine Monade zu den anderen wie das Vorstellende zum Vorgestellten, wie die Ursache zur Wirkung, wie die tätige Kraft zur leidenden, oder wie die Seele zum Körper.

Das Niedere ist dem Höheren stets untergeordnet. Wenn sich nun die Monaden zueinander verhalten wie das Niedere zum Höheren, so findet unter ihnen ein Verhältnis der Unterordnung statt, das bei der unendlichen Verschiedenheit oder Stufenreihe der Monaden als entferntere, nähere, nächste Unterordnung oder als weitere, nähere, nächste Verwandschaft erscheinen muß. Die nächsten Verwandten einer Monade sind diejenigen, die sie auf das deutlichste, d.h. als *ihren Körper* vorstellt, in denen sie von Natur vollkommen einhei-

[100] „Et une Creature est plus parfaite qu'une autre en ce, qu'on trouve en elle ce qui sert à rendre raison a priori de ce qui se passe dans l'autre, et c'est par là qu'on dit, qu'elle agit sur l'autre. Mais dans les substances simples ce n'est qu'une influence ideale d'une Monade sur l'autre." *Monadologie* (Nr. 50–51), Gerhardt Phil. VI, 615; Erdmann 709.

misch ist, die ihr von Natur auf die allernächste Weise zugehören, wie eine Familie ihrem Oberhaupte. In dieser nächsten Verwandschaft erscheint die herrschende Monade als die *Seele*, die untergeordneten als deren *Körper*, und das Ganze, diese eng verbundene Familie von Monaden, erscheint darum als ein beseelter Körper oder als ein Organismus höherer Ordnung. Dieser Organismus erscheint, als ob er nur *eine* Monade ausmachte, während er in Wahrheit in vielen Monaden besteht, die nach dem Gange der Natur in nächster Ordnung verknüpft sind. In Wahrheit sind die untergeordneten Monaden nicht bloß Körper und die herrschenden nicht bloß Seele, sondern beide sind Monaden, Individuen, beseelte Körper, aber ihre nächste Verwandschaft und Zusammengehörigkeit macht, daß die herrschende Monade als die Seele und die ihr zugehörenden als der Körper jenes Ganzen erscheinen. Nächste Verwandtschaft ist nicht unmittelbar Einheit, jene besteht zwischen vielen Individuen, während diese nur ein Individuum, eine einfache Monade bildet. Jede Monade ist als solche ein beseelter Körper: hier bilden Seele und Körper ein Individuum; sie sind die beiden ursprünglichen Kräfte, die das Dasein jeder Monade ausmachen, jene ist die höhere, diese die niedere Kraft, oder der Körper ist in der einfachen Monade nicht bloß auf die nächste, sondern auf unmittelbare Weise zur Seele gehörig. Das Verhältnis von Seele und Körper, wie es in der Monade als solcher besteht, ist *unmittelbare Einheit*[101]. Das Verhältnis von Seele und Körper, wie es zwischen Monaden besteht zufolge ihrer naturgemäßen Stufenordnung, ist nächste *Verwandtschaft*. Diese letzte Beziehung ist der ersten ähnlich, aber nicht gleich; das Gemeinsame in beiden Verhältnissen ist die Unterordnung, nur daß diese Unterordnung in der unmittelbaren Einheit zwischen Faktoren *eines* Individuums, in der nächsten Verwandschaft zwischen verschiedenen Individuen stattfindet. Streng genommen müssen wir uns daher so ausdrücken: in dem Gebiete nächster Verwandtschaft verhält sich die eine Monade zu den anderen ähnlich wie in jeder Monade die Seele zum Körper, ähnlich darum, weil jener einen Monade die anderen untergeordnet sind, und zwar in nächster Verbindung. Man könnte den Unterschied zwischen der Einheit und einer solchen zusammengehörigen Verbindung auch so bezeichnen, daß dort der *Körper* die eingeborene *Kraft*, hier dagegen das angeborene *Reich der Seele* ausmacht.

Der höhere Organismus ist nicht, sondern erscheint als ein (zusammengesetztes) Individuum, er ist eine Gesellschaft oder Verbindung von Individuen, die von einem einmütigen Zwecke beherrscht, zusammen in einer und derselben Monade deutlich vor-

[101] S. oben Kap. IV dieses Buches, S. 349 f.

gestellt und so zu einem lebendigen und einmütigen Ganzen verbunden werden. Diejenige Monade, welche die anderen beherrscht, indem sie dieselben deutlich vorstellt, ist die Seele in diesem Körper, gleichsam das Zentrum in diesem Kreise, die Sonne in diesem Planetensystem, die Königin in diesem Reiche. Jede höhere Monade muß eine Zentralmonade sein, denn sie muß andere Monaden unter sich haben; von diesen müssen ihr einige in nächstem Grade zugehören, diese nächst untergeordneten muß sie auf das deutlichste vorstellen, diese deutlichste Vorstellung muß als *Körper* erscheinen, den sie beherrscht, d.h. als ihr Körper, dessen Seele sie ausmacht, und als die Seele dieses Körpers bildet die Monade die Erscheinung eines höheren (mannigfaltig zusammengesetzten) Organismus, wie ihn die Natur in ihren höchsten Bildungen vor allem in dem animalischen Leben darstellt. „Jede einfache Substanz oder Monade, die das Zentrum einer zusammengesetzten Substanz (z. B. eines Tieres) und deren einheitliches Prinzip (unicité) ausmacht, ist von einem Aggregat unendlich vieler anderer Monaden umgeben, die den eigentümlichen Körper jener Zentralmonade bilden, und durch diesen Körper stellt sie, wie in einem Mittelpunkte, die Dinge vor, die sich außer ihr befinden."[102]

3. *Die unorganischen und organischen Körper*

Die beschränkte Vorstellung verwandelt die Monaden in Körper. Unter diesem Gesichtspunkte betrachtet, muß die Welt als ein materielles Universum, müssen die Monaden als zusammengesetzte Substanzen oder Aggregate erscheinen. Wenn nun in einem solchen Aggregate die Zentralmonade fehlt, welche die Teile desselben (nämlich die anderen Monaden) beherrscht, ordnet und gliedert, so erscheint die zusammengesetzte Substanz als ein bloßer Haufe oder als ein Sammelwesen (troupeau), dem das Prinzip der wirklichen Einheit mangelt. Ein solches Aggregat erscheint als seelenlose Masse oder als ein unorganischer Körper. Der unorganische Körper macht eine zufällige Einheit *(unum per accidens)*, während der organische Körper eine notwendige, wirkliche Einheit bildet *(unum per se)*[103]. Alle Monaden müssen als Aggregate oder als Körper vorgestellt werden: als *unorganische*, wenn sie von keinem Zentrum beherrscht sind und also eine bloße Kollektion vorstellen, als *organische* dagegen, wenn sie von einem Zentrum beherrscht und in strenger Gliederung nach dem Gesetze der Stufenfolge geordnet sind.

---

102 *Principes de la Nature et de la Grace* (Nr. 3), Gerhardt Phil. VI, 598f.; Erdmann 714.

103 *Leibniz an Des Bosses*, 21. IV. 1714, Gerhardt Phil. II, 486; Erdmann 713.

Es ist kein Widerspruch, daß uns die Dinge als Körper oder zusammengesetzte Substanzen erscheinen, während sie von Natur Monaden oder immaterielle Substanzen sind. Es ist ebensowenig ein Widerspruch, daß uns die Dinge unter gewissen Bedingungen als unorganische Substanzen oder als bloße Aggregate erscheinen, obwohl von Natur alle Dinge organische Kräfte sind. „Die Natur", schreibt Leibniz an Wagner, „ist überall organisch und zweckmäßig geordnet, es gibt in ihr nichts Formloses, wenn sie auch bisweilen unseren Sinnen nur als rohe Masse erscheint."[104]

Damit organische Kräfte sich als organische Körper oder als lebendige Individuen offenbaren, muß unter ihnen eine gewisse Ordnung, ein gewisses System stattfinden, das von dem Gange der Natur und von der Stufenreihe der Wesen abhängt, also nicht unter allen beliebigen Dingen stattfinden, noch weniger überall von uns entdeckt werden kann. Wo dieses System, diese Stufenordnung vieler Monaden, die von *einer* beherrscht werden, wo diese nächste Verwandtschaft nicht wirklich stattfindet, da erscheint uns notwendig ein unorganischer Körper. In dem lebendigen Körper der höheren Art bilden die Monaden gleichsam ein *Staatswesen, ein Volk, eine gegliederte Gesellschaft*, in dem unorganischen Körper dagegen einen Haufen, eine Masse, ohne ordnende und beherrschende Einheit. Und nichts hindert, daß in dieser unorganischen Masse organische Kräfte überall existieren, auch wenn sie unserer beschränkten, verworrenen Anschauung nicht einleuchten. So wenig die Erscheinung der Körperwelt überhaupt mit der immateriellen Natur der Monaden im Sinne der Leibnizischen Philosophie streitet, ebensowenig widerspricht die Erscheinung unorganischer Körper der lebendigen oder organischen Natur jeder Monade. Aus dem Wesen der Dinge folgt, daß die Monaden Körper, unorganische und organische, verschiedener Ordnungen vorstellen oder als solche erscheinen; aus unserer beschränkten (sinnlichen) Vorstellung folgt, daß wir die Monaden als Körper anschauen; und aus diesen beiden Gründen folgt, daß die Körper nicht leere Scheinbilder sind, sondern „phaenomena bene fundata", oder die Körperwelt die wohlbegründete Erscheinung der Monadenwelt.

---

[104] „Natura ubique organica est a sapientissimo autore ad certos fines ordinata, nihilque in natura incultum censeri debet, etsi interdum non nisi rudis massa nostris sensibus appareat." *Leibniz an R. Chr. Wagner*, 4. VI. 1710, Gerhardt Phil. VII, 530; Erdmann 466.

Achtes Kapitel.
Das Stufenreich der Dinge oder die Weltharmonie

I. Die Hauptstufen der vorstellenden Kräfte

1. Leben, Seele, Geist

Die Welt oder der Inbegriff aller Monaden bildet ein Stufenreich gestaltender Kräfte (Entelechien), dieses Stufenreich erscheint in einer Körperwelt, die von den unorganischen Formen zu den organischen, von den niederen Organismen zu den höheren fortschreitet, und dieser Fortschritt selbst besteht darin, daß die Kräfte der Dinge von Stufe zu Stufe wachsen, daß sich die Weltvorstellung oder der Mikrokosmus immer mehr und mehr aufklärt, daß sich die klare Vorstellung immer reicher und gehaltvoller ausbildet. Was daher die Anschauung des Makrokosmus (der Welt im Großen) betrifft, so bestätigt sich hier die früher erklärte Übereinstimmung zwischen Leibniz und Aristoteles. Denn auch dem letzteren erscheint die Welt als ein Stufenreich von Entelechien, die von einem absoluten Zwecke bewegt werden, den sie selbst mit immer höheren Kräften anstreben. Indessen bei Aristoteles sind die Dinge verknüpft durch die Kette des Naturzusammenhangs, eine Entelechie folgt aus der anderen, die niedere bildet die natürliche Grundlage oder Materie, woraus sich die nächst höhere entwickelt, und die natürliche Grundlage aller ist der dynamisch bestimmte Stoff, woraus die Stufenreihe der Dinge hervorgeht. Dagegen verneint die Leibnizische Philosophie mit dem physischen Zusammenhange zwischen den Monaden auch die Möglichkeit eines solchen Hervorgehens, kein Wesen folgt aus dem anderen, nicht das höhere aus dem niederen, sondern alle bestehen zugleich in dem Ursprunge der Welt, jedes in seiner eigentümlichen Individualität, dem unveräußerlichen Gesichtspunkte, unter dem es das Universum vorstellt, auf der bestimmten Stufe, die es in der Ordnung des Ganzen einnimmt.

Die ganze Welt erscheint im Lichte der Leibnizischen Lehre als ein *System der Aufklärung*, denn sie bildet ein Stufenreich von Wesen, worin die vorstellenden Kräfte immer heller, die Dinge selbst immer aufgeklärter werden. Darum ist die Aufklärung des Menschen die einfache und natürliche Aufgabe, die aus einer solchen Anschauung der Welt für die Philosophie selbst folgt; diese muß ihrem Zeitalter dasselbe sein wollen, was nach ihren höchsten Begriffen die Natur überall ist: wenn die Natur die menschliche

Vorstellung bis zum Bewußtsein aufklärt, so soll die Philosophie das menschliche Bewußtsein bis zur deutlichen Erkenntnis der Natur aufklären, sie soll den Naturzweck erfüllen, indem sie die Aufklärung der Natur fortsetzt und vollendet. Die Natur, soweit wir sie kennen, erreicht den relativ höchsten Grad ihrer Aufklärung im menschlichen Individuum, aus dessen bewußter Vorstellung Religion und Wissenschaft folgen. Die Philosophie soll den Menschen aufklären, indem sie Religion und Wissenschaft aufklärt oder, was dasselbe heißt, die Objekte beider, Gott und Welt, klar und deutlich erkennt.

In dem Stufengange der natürlichen Aufklärung wächst mit dem Grade der Kraft die Deutlichkeit der Vorstellung: die deutlichste Vorstellung ist die bewußte, die dunkelste die bloße Vorstellung, die ein körperliches Individuum oder einen einfachen Organismus ausdrückt und mit diesem Ausdrucke der Form so ganz zusammenfällt, daß sie weder anderes, noch weniger sich selbst davon unterscheidet. In der Mitte zwischen dem deutlichen Bewußtsein und dem bewußtlosen Ausdruck steht die Empfindung, die einen höheren (zusammengesetzten) Organismus vorstellt und dessen Eindrücke oder Vorstellungen, die einen von den anderen, zu unterscheiden vermag, ohne sich selbst davon zu unterscheiden. Im weiteren Verstande sind alle Monaden Seelen. Um nun den Unterschied zwischen den Hauptklassen der Dinge, nämlich den einfachen, empfindenden und bewußten Seelen zu bezeichnen, so mögen mit Leibniz die ersten schlechtweg Monaden oder Entelechien, die anderen Seelen im engeren Sinne, die letzten Geister genannt werden. Jede Monade ist *Leben*, denn sie ist die selbsttätige Kraft; das tierische Individuum ist *Seele*, denn es empfindet seine Vorstellungen; das menschliche ist Geist, denn es ist bewußte Vorstellung. „Wenn wir", sagt die Monadologie, „alles, was Vorstellung und Streben hat, Seele nennen wollen, so können alle einfachen Substanzen oder Monaden Seelen heißen; da aber die Empfindung mehr ist als die einfache Vorstellung, so meine ich, sollte der allgemeine Name Monaden oder Entelechien für die einfachen Substanzen hinreichen, und nur diejenigen sollten Seelen genannt werden, deren Vorstellung deutlicher und vom Gedächtnis begleitet ist."[105] „Jede Monade mit einem eigentümlichen Körper macht eine lebendige Substanz. So gibt es nicht nur überall Leben mit Gliedern oder Organen, sondern auch eine unendliche Stufenreihe in den Monaden, da die einen mehr oder weniger über die andern herrschen. Wenn aber eine Monade so geschickte Organe hat, daß

[105] *Monadologie* (Nr. 19,63), Gerhardt Phil. VI, 610, 617 f.; Erdmann 706, 710.

vermöge derselben die empfangenen Eindrücke, also auch deren Vorstellungen sich hervorheben und unterscheiden lassen (wie z.B. mittels der Glasfeuchtigkeit der Augen die Lichtstrahlen konzentriert werden und intensiver wirken), so kann sich hier die Vorstellung bis zur Empfindung (sentiment) steigern, d.h. bis zu einer von Gedächtnis begleiteten Vorstellung, wovon eine Art Echo lange Zeit zurückbleibt, um sich bei Gelegenheit wieder vernehmbar zu machen. Ein solches lebendiges Wesen heißt Tier und seine Monade Seele. Und wenn diese Seele sich bis zur Vernunft (raison) erhebt, so ist sie ein Wesen noch höherer Ordnung, und man rechnet sie unter die Geister."[106]

2. *Dunkle, klare, deutliche Vorstellung*

Wir können diese Unterschiede der Monaden auf gewisse klassische Grade der vorstellenden Kraft zurückführen. Wenn eine Kraft, was sie vorstellt, weder von sich noch von anderen unterscheiden kann, so ist sie vollkommen *dunkel* (idée obscure). Wenn sie das Vorgestellte von anderem, aber nicht von sich unterscheiden kann, so kann sie auch nicht die Faktoren desselben oder die vielen Vorstellungen auseinanderhalten, die in jeder Wahrnehmung vereinigt sind: in diesem Fall ist sie zwar heller als die dunkle, aber nicht vollkommen deutlich: sie ist *klar* (idée claire), sofern sie eine Vorstellung von anderen unterscheidet, *unklar* dagegen, sofern sie in dem Vorgestellten selbst die vielen kleinen Vorstellungen nicht unterscheidet, die seine Faktoren bilden. Eine solche Vorstellung, die zum Teil klar, zum Teil unklar ist, heißt *verworren* (idée confuse). So sind in jedem Sinneseindruck, den wir empfinden, eine Menge Teile enthalten, die wir mitvorstellen, ohne sie zu empfinden, oder mitempfinden, ohne sie zu unterscheiden. Wir hören z.B. das Rauschen des Meeres, ein Eindruck, der nur entstehen kann, wenn sich unendlich viele Wellen bewegen; wir hören das Rauschen dieser zahllosen Wellen, wozu jede einzelne mitwirkt, aber diese Teile selbst werden uns nicht vernehmbar; darum ist unser Eindruck verworren, denn

---

[106] *Principes de la Nature et de la Grace* (Nr. 4), Gerhardt Phil. VI, 599 f.; Erdmann 714–715. „Stricte anima sumitur pro specie vitae nobiliore, seu pro vita sensitiva, ubi non nuda est facultas percipiendi, sed et praeterea sentiendi, quando nempe perceptioni adjungitur attentio et memoria. Quemadmodum vicissim mens species animae nobilior, nempe mens est anima rationalis ubi sensioni accedit ratio seu consecutio ex universalitate veritatum. Ut ergo mens est anima rationalis, ita anima est vita sensitiva, et vita est principium perceptivum." *Leibniz an R. Chr. Wagner*, 4. VI. 1710; Gerhardt Phil. VII, 529; Erdmann 466. – „Monas ... est vel ratione praedita, *Mens*, vel sensu praedita, nempe *anima*, vel inferiore quodam gradu perceptionis et appetitus praedita, seu animae analoga, quae nudo Monadis nomine contenta est, cum ejus varios gradus non cognoscamus." *Leibniz an Bierling*, 12. VIII. 1711; Gerhardt Phil. VII, 502; Erdmann 678.

wir vermögen im rauschenden Meere nicht die rauschenden Wellen zu unterscheiden, wohl aber können wir das Rauschen des Meeres von dem des Orkans oder von einem anderen sinnlichen Eindruck unterscheiden: in dieser Rücksicht nennen wir die Vorstellung klar. Oder wir sehen grün, diese Vorstellung ist *klar*, weil wir die grüne Farbe von anderen Farben und anderen Eindrücken überhaupt genau unterscheiden; aber das Grün ist ein Gemisch von Blau und Gelb, diese beiden Farben sind in jener enthalten, sie werden also im Grünen mitvorgestellt, ohne daß wir sie empfinden, oder mitempfunden, ohne daß wir sie auseinanderhalten, daher ist der Eindruck verworren[107]. Wenn die vorstellende Kraft beides vereinigt, d.h. die Vorstellung sowohl von anderen Objekten als in ihren eigenen Bestandteilen genau unterscheidet, so ist sie *deutlich* (idée distincte). Die Empfindung ist nie deutlich, denn sie kann die Vorstellungen nicht bis in deren kleinste Teile durchdringen, weil sie den Unterschied zwischen Ding und Eindruck nicht einsieht. Wahrhaft deutlich können allein die bewußten Vorstellungen sein, weil nur das Bewußtsein fähig ist, genau zu unterscheiden. Indessen ist mit dem Bewußtsein selbst noch nicht die klare, geschweige denn die deutliche Vorstellung gegeben; das Bewußtsein hat die Kraft, seine Vorstellungen aufzuklären und zu verdeutlichen, aber es kann ebensosehr in unklaren und undeutlichen Vorstellungen befangen sein. So ist es möglich, daß man irgend etwas im allgemeinen weiß, ohne es im einzelnen genau zu kennen. Ein solches Wissen ist oberflächlich und ungründlich, und das Bewußtsein, welches nur die Oberfläche, aber nicht den Grund der Dinge einsieht, ist undeutlich oder verworren. Oder man kann eine Sache wissen, ohne daß man imstande ist, dieselbe genau zu bestimmen und von anderen Vorstellungen zu unterscheiden; ein solches Bewußtsein, welches die Dinge gleichsam träumerisch und wie aus der Ferne vorstellt, ist unklar oder dunkel[108].

3. Das dunkle Bewußtsein

So reicht das niedere Naturleben mit seinen dunklen und verworrenen Vorstellungen bis in die helle Region des menschlichen Geistes, denn es gibt im Geiste ein undeutliches und dunkles

---

[107] „Non omnem perceptionem esse sensionam, sed dari perceptionem etiam insensibilium. Ex. gr. non possem sentire viride, nisi perciperem caeruleum et flavum, ex quibus resultat. Interim caeruleum et flavum non sentio, nisi forte microscopium adhibeatur. *Leibniz an R. Chr. Wagner*, 4. VI. 1710; Gerhardt Phil. VI 529; Erdmann 466.

[108] *Nouveaux essais* etc. Livre II, Chap. XXIX, Des Idées claires et obscures, distinctes et confuses; Gerhardt Phil. V, 236 ff.; Erdmann 288 ff. Vgl. *Meditationes de Cognitione*, Veritate et Ideis; Gerhardt Phil. IV, 422 ff.; Erdmann 79 ff.

Bewußtsein. Hier macht Leibniz eine der größten und fruchtbarsten Entdeckungen seiner Philosophie. In der Tatsache des undeutlichen und dunkeln Bewußtseins entdeckt er das bedeutsame Mittelglied, welches das bewußte und bewußtlose Leben verknüpft und den Weg bezeichnet, der aus der Natur in den Geist und aus dem Geiste in die Natur führt. Wenn wir mit Descartes Natur und Geist so unterscheiden, daß dieser nur im Denken, jene nur in der Ausdehnung besteht, das Wesen des einen in lauteres Bewußtsein und deutliche Erkenntnis, das Wesen der anderen in tote Materie und tote Kräfte gesetzt wird, so erscheinen Geist und Natur in der größten Entfernung voneinander, die einem unversöhnlichen Gegensatze gleichkommt. Wenn wir dagegen mit Leibniz diese beiden entgegengesetzten Substanzen näher untersuchen, gleichsam durch das Mikroskop der Metaphysik betrachten, so findet sich im Geiste ein dunkles Bewußtsein und in der Natur eine klare Vorstellung, denn in der tierischen Empfindung steigt die Natur bis zur klaren Vorstellung, und in dem dunkeln Bewußtsein sinkt der Geist bis zur unklaren. Zwischen Denken und Ausdehnung besteht die größte Entfernung, zwischen dem dunklen Bewußtsein und der bewußtlosen Klarheit die kleinste. Indem Leibniz auf den höchsten Grad der Naturkraft und auf den niedrigsten der Geisteskraft achtet, *so entdeckt er zwischen Geist und Natur die kleinste Entfernung oder die unendlich kleine Differenz, die einem kontinuierlichen Zusammenhange gleichkommt*. Das Bewußtsein bricht nicht plötzlich hervor, wie der Blitz aus den Wolken, sondern es geht allmählich auf in stetigem Wachstum, wie der Tag aus dem Morgen und die Dämmerung aus der Nacht hervorgeht. Die Ruhe, sagten wir früher, sei nach Leibniz eine unendlich kleine Bewegung oder das Element der Tätigkeit: so ist der bewußtlose Zustand das unendlich kleine Bewußtsein oder das Element des Geistes[109].

Es gibt im Menschen bewußtlose und im Bewußtsein dunkle Vorstellungen: diese niederen Geisteszustände, die wir in uns selbst erfahren, sind gleichsam die Analoga niederer Naturen. Denn was im Menschen ein vorübergehender und unangemessener Zustand ist, das gilt auf den unteren Stufen der Natur als notwendige und angemessene Verfassung. Darum vergleicht Leibniz den Naturzustand der niederen Monaden mit dem nächtlichen Geistesleben, worin wir etwas dunkel wissen, wie in den Zuständen der Verworrenheit und Betäubung (étourdissement), oder bewußtlos vorstellen, wie in der Ohnmacht (évanouissement) und im tiefen, traumlosen Schlafe. So redet er vergleichungsweise von schlafenden oder träumenden

---

[109] Siehe unten Kap. IX, S. 435 f.

Monaden. „Denn“, so heißt es in der *Monadologie*, „wir erfahren in uns selbst Zustände, wovon wir keine Erinnerung, keine deutliche Vorstellung behalten, wie wenn wir in Ohnmacht fallen oder vom tiefen, traumlosen Schlaf überwältigt sind. In diesem Zustande unterscheidet sich die Seele nicht merklich von einer einfachen Monade, aber weil dieser Zustand nicht beharrt und sich die Seele daraus befreit, darum ist sie ein Wesen höherer Ordnung.“ „Wenn es in unseren Vorstellungen gar nichts deutliches, keine Reliefs sozusagen gäbe, so wären wir fortwährend im Zustande der Betäubung. Und dies ist der Zustand der bloßen Monaden (monades toutes nues).“[110]

II. Das Gesetz der Analogie und der Kontinuität

1. Die Mittelwesen

Jene in der Ordnung der Dinge unterschiedenen Hauptstufen, Leben (bloße Monaden), Seele, Geist sind natürlich durch eine Reihe von Mittelgliedern verbunden, so daß von der einen zur anderen kein Sprung, sondern ein stetiger Übergang stattfindet. Denken wir uns eine in Grade geteilte Skala, etwa eine Tonleiter, so liegt zwischen den Graden, welche die Skala bezeichnet, auch den nächsten, noch eine unendliche Reihe von Stufen, und es sind noch zahllose Töne möglich zwischen jenen, welche in unmittelbarer Nachbarschaft das musikalische Instrument darstellt. Sie sind möglich, und nur die Unvollkommenheit der künstlichen Maschine trägt die Schuld, daß sie nicht geäußert werden und hervortreten. Aber bei der Vollkommenheit der Natur ist jeder mögliche Grad der Kraft auch eine wirkliche Kraft, also ein wirkliches Wesen; in der Stufenreihe der Dinge vollbringt die Macht der Natur die unendlich kleinen Abstufungen, welche die menschliche Technik auf ihren künstlichen Instrumenten niemals erreichen kann. In einer solchen vollkommenen Einteilung oder Gradation ist der nächst niedere Grad von dem nächst höheren um eine unendlich kleine Differenz unterschieden: es findet sich daher im strengen Sinne des Wortes unter allen Graden oder unter allen Wesen der Natur ein *stetiger Fortschritt* oder ein kontinuierlicher Zusammenhang. *Die Weltordnung bildet daher eine kontinuierliche Stufenreihe von Monaden.* Wie das Gesetz der Analogie die Einförmigkeit der Natur ausdrückt, so bezeichnet das Gesetz der Kontinuität deren vollkommene Mannigfaltigkeit: vollkommen ist in der Natur die Analogie der Dinge, weil es kein Wesen gibt, das nicht in die Verwandschaft aller gehörte und von dem Geiste des Ganzen er-

---

[110] *Monadologie* (Nr. 20, 24), Gerhardt Phil. VI, 610 f.; Erdmann 706 f.

füllt wäre; vollkommen ist die Kontinuität in der natürlichen Stufenreihe der Dinge, weil es keine Abstufungen gibt, die nicht durch Substanzen dargestellt und repräsentiert werden, weil sich zwischen den verschiedenen Stufen kein Abstand findet, welchen das Naturgesetz nicht durch Mittelwesen ausfüllt. Um das Prinzip der Kontinuität negativ zu erklären: es gibt in der Natur keine Sprünge oder nur scheinbare, die in Wahrheit, wie in einer Musik, wohlgefügte Übergänge bilden[111]. Ein wirklicher Sprung wäre eine unvermittelte Differenz, eine Lücke in der Weltordnung oder ein metaphysisches Vakuum. Wie es aber zwischen den Körpern keinen leeren Raum gibt, so gibt es zwischen den Monaden keine leere Welt, welche die Natur gleichsam vergessen hätte mit Kräften und Formen zu bevölkern.

Was sich bei einer genauen Naturbetrachtung von dem scheinbar größten Unterschiede gezeigt, der in der Welt existiert, daß nämlich zwischen den bewußtlosen und bewußten Wesen, zwischen Natur und Geist kein Gegensatz, sondern eine unendlich kleine Differenz besteht, eben dasselbe gilt von den geringeren Unterschieden, welche scheinbare Gegensätze bilden, zwischen den lebloßen und lebendigen Körpern, zwischen der empfindungslosen Pflanzen- und der empfindenden Tierseele. Aus der Ferne gesehen, erscheinen Unorganisches und Organisches, Pflanze und Tier, Tier und Mensch als Gegensätze; in der Nähe betrachtet, zeigen sie sich als benachbarte Stufen, die durch einen kontinuierlichen Fortschritt verknüpft sind. Es gibt in der Natur keine Sprünge: also müssen sich überall Mittelwesen finden, welche in stufenmäßiger Ordnung die Zwischenreiche bevölkern und gleichsam die metaphysischen Orte ausfüllen, die sonst leer blieben. Dieser Gesichtspunkt, der, gestützt auf das Gesetz der Kontinuität, die Mittelwesen in der Natur behauptet und aufsucht, eröffnet dem Naturforscher die fruchtbarsten Hypothesen und verspricht die wichtigsten Entdeckungen. In einem Briefe an Bourguet erklärt sich Leibniz beiläufig über den Unerschied der Pflanzen und Tiere, und nachdem er aus der Form der Pflanze deren vorstellende Kraft dargetan, setzt er hinzu: „Swammerdam hat durch seine Untersuchungen gezeigt, daß sich die Insekten in Ansehung der Respirationsorgane den Pflanzen annähern, und daß es in der Natur eine Stufenordnung gibt, die von den Tieren zu den Pflanzen herabsteigt. Indessen finden sich viel-

[111] *Nouveaux essais* etc. Livre IV, Chap. XVI, § 12 f; Gerhardt Phil. V, 453 ff.; Erdmann 391 f. – „J'ai encor fait voir, qu'il s'y observe cette belle *loy de la continuité*, que j'ai peutêtre mis le premier en avant." *Theodicée* P. III, (Nr. 348); Gerhardt Phil. VI, 321; Erdmann 605.

leicht noch außerdem Mittelwesen zwischen beiden.“[112] „Ich bin überzeugt,“ sagt Leibniz in einem anderen Briefe, „es muß solche Wesen geben, die Naturkunde wird sie vielleicht noch entdecken. Wir fangen das Beobachten erst seit gestern an. Die Natur verletzt das Gesetz der Kontinuität nie und nirgends. Sie macht keine Sprünge. Alle Ordnungen der natürlichen Wesen machen nur eine einzige Kette aus, worin die verschiedenen Klassen als so viele Gelenke so eng sich aneinander schließen, daß es der sinnlichen Vorstellung unmöglich ist, den eigentlichen Punkt zu bestimmen, wo eine anfängt oder aufhört.“ Tiefe Mittelwesen zwischen Pflanze und Tier wurden später in den Polypen entdeckt, und man darf wohl behaupten, daß Leibniz in jenen *a priori* behaupteten Sätzen diese naturgeschichtliche Entdeckung vorhergesagt habe[113].

2. *Der Mensch als Mittelwesen. Die Genien*

Jede Monade ist ein solches Mittelwesen, das in der Weltordnung eine Zwischenstufe einnimmt, diesseits und jenseits welcher andere Monaden existieren, denn es gibt unter den Individuen kein höchstes, unter den Stufen der Dinge keine letzte. Mithin hat auch der *Mensch* in dieser Weltverfassung nur einen *mittleren* Rang unter den Geschöpfen. Nach jenem Gesetze der Kontinuität, welches kein Vakuum erlaubt, muß die Stufenreihe der Dinge durch den Menschen zu einer Ordnung höherer Wesen fortschreiten. Solche höhere Wesen, obwohl sie den menschlichen Horizont übersteigen, müssen dennoch behauptet werden, eben weil das Naturgesetz der Kontinuität sie verlangt. Dieses Gesetz fordert, daß jeder mögliche Grad der vorstellenden Kraft, jede denkbare Stufe der Individualität, jede Idee der Perfektion in der Tat ausgedrückt und in Monaden oder wirklichen Naturen dargestellt werde. Sonst verfehlt die Natur ihre Vollkommenheit, und es entsteht jenes metaphysische Vakuum, welches der Ordnung der Dinge ebensosehr widerstreitet, wie ein leerer Raum dem Wesen der Körper. Setzen wir, daß es jenseits des Menschen keine höheren Wesen gebe, so sind nur zwei Fälle möglich: entweder der Mensch ist wirklich das höchste Wesen in der Ordnung der Dinge, sodaß im Menschen die Natur ihre Kraft erschöpft und vollendet, oder er ist es nicht; es sind also höhere Wesen als der Mensch möglich, aber diese höheren Wesen *fehlen*. Die Stufenreihe der Dinge ist hier gewaltsam unterbrochen und gleichsam abgerissen, das Gesetz der Kontinuität ist aufgehoben, und wo

---

[112] *Leibniz an Bourguet*, 5. VIII. 1715; Gerhardt Phil. III, 581; Erdmann 732 f.

[113] Vgl. Ludwig Feuerbach. Sämtl. Werke (1848), V, 92 u. 216: Darstellung der Leibniz'schen Philosophie § 12 u. Anm. 144. (Neue Ausgabe von Bolin und Jodl, 1910, Bd. 4, S. 88 u. 265.)

zufolge dieses Gesetzes Monaden sein sollten, da ist eine Lücke in der Weltordnung, ein Fehler in der Natur, ein „défaut d'ordre". Nur dann wäre diese Lücke vermieden, wenn der Mensch in der Tat das höchste Wesen in der Natur wäre; nur dann ist die fortstrebende Naturkraft im Menschen nicht gehemmt und gleichsam gefesselt, wenn sich diese Kraft im Menschen wirklich vollendet und bis auf die Neige erschöpft. Kann sie vollendet sein, so lange sie beschränkt ist? Ist nicht der Mensch, auch der begabteste und größte, immer ein beschränktes Individuum, eben weil er ein Individuum ist? Den Menschen für das höchste der Wesen erklären, hieße verneinen, daß er beschränkt sei; aber mit der Schranke, wenn man sie aufhebt, wird zugleich das Prinzip der Individualität, also das Wesen der Monade selbst aufgehoben. Wenn der Mensch das höchste Wesen ist, so ist er keine Monade. Wenn die menschliche Kraft nicht alles vermag, nicht alles auf das klarste und deutlichste erkennt, so ist sie beschränkt, so ist der Mensch nicht das höchste Wesen, so gibt es notwendig höhere Wesen, als er, und wenn diese fehlen, so ist ein Fehler im Universum, so ist das Gesetz der Kontinuität und damit die Ordnung der Dinge verletzt. Darum also muß es höhere Wesen als der Mensch geben, weil sonst entweder die Natur der Monaden (Schranke des Individuums) oder die Ordnung der Natur (Gesetz der Kontinuität) zerstört wird. In seinen Betrachtungen über das Prinzip des Lebens sagt Leibniz: „Es ist auch vernunftgemäß, daß Wesen von vorstellender Kraft unter uns wie über uns sind, und daß unsere Seele, weit entfernt, die letzte von allen zu sein, sich vielmehr in einer Mitte befindet, von wo man herab- und hinaufsteigen kann, sonst wäre ein Fehler im Reiche der Dinge, was einige Philosophen ein *vacuum formarum* nennen."[114] Und ebenso würde eine Lücke in der Schöpfung stattfinden, wenn die materielle Natur dem Geiste entgegengesetzt und nicht vielmehr analog wäre. „Wer den Tieren Seele und den anderen Körpern Vorstellung und Leben überhaupt abspricht, der verkennt die göttliche Macht, indem er etwas Gott und der Natur Unangemessenes einführt, nämlich einen absoluten Mangel an Kräften, sozusagen ein metaphysisches Vakuum, welches ebenso ungereimt ist wie der leere Raum oder das physische Vakuum."[115]

Jene Wesen aber, welche jenseits des Menschen sein müssen, übersteigen mit der Gesichtsweite des menschlichen Geistes zugleich den der Philosophie. Um ihrer höheren Natur willen können sie von uns nur undeutlich vorgestellt werden, sie fallen daher nie

[114] *Considérations sur les Principes de Vie*, Gerhardt Phil. VI, 543; Erdmann 431.

[115] *Leibniz an R. Chr. Wagner*, 4. VI. 1710, Gerhardt Phil. VII, 531; Erdmann 467.

in das Gebiet der deutlichen Erkenntnis. Nach dem Gesetze der Analogie darf man erklären, daß sie vollkommenere Individuen, feiner organisierte Wesen, höhere Geister, durchsichtigere Körper, mit einem Worte „Genien *(genii)*“ sind, und es könnte sein, daß der menschliche Geist nach jener Metamorphose, die wir Tod nennen, ein solcher Genius wird und in immer höheren Verwandlungen zu immer höherer Vollkommenheit fortschreitet. Indessen endet hier mit dem klaren und deutlichen Begriff auch das Interesse und die Aufgabe des Philosophen, und es bleibe das Spiel einer spekulativen Schwärmerei, an diesem Orte ihre Phantasie zu entfesseln und über den Zustand nach dem Tode Hypothesen zu spinnen, welche der Verstand der Leibnizischen Philosophie weder gebraucht noch verbietet. So lange der Begriff der Individualität der höchste der Metaphysik ist, erklärt es sich aus der Richtung der Philosophie, daß jenseits des Menschen höhere Individuen gesetzt und geglaubt werden, Mittelwesen gleichsam zwischen uns und der Gottheit. Diese Vorstellung empfängt von Leibniz die deutsche Aufklärung und nimmt sie zum Lieblingsthema ihrer Gedanken über Tod und Unsterblichkeit. Wenn der Tod eine Verwandlung des Menschen ist, warum soll sich der Mensch nicht in das nächst höhere Wesen verwandeln und ein Genius werden, wie die Raupe ein Schmetterling?[116] Es gehörte zu den Liebhabereien des achtzehnten Jahrhunderts, die menschliche Unsterblichkeit nach solchen Analogien zu denken oder vielmehr zu dichten. Selbst Kant war in einer seiner ersten Schriften, der *Naturgeschichte des Himmels*, von dieser Betrachtungsweise eingenommen, die er später in seiner Rezension über Herders *Ideen zur Philosophie der Geschichte* mit kritischem Geiste verwarf[117].

III. Das Gesetz der Harmonie

1. Der Unterschied zwischen Einheit und Harmonie

Nach dem Gesetze der Analogie herrscht unter den Dingen die größte Einförmigkeit, denn alle sind Kräfte, Monaden, vorstellende Wesen. Nach dem Gesetze der Kontinuität besteht in den Dingen die größte Mannigfaltigkeit, denn jedes einzelne ist ein besonderer Grad der Kraft, eine besondere Stufe des Mikrokosmos. Wir setzen vor-

---

[116] „Idemque de Geniis sentio, esse mentes corpore valde penetrante et ad operandum apto praeditas.“ … „Etsi autem principia mea sint generalissima, nec minus in homine quam in brutis locum habeant, mirifice tamen prae brutis eminet homo et ad Genios accedit.“ *Leibniz an R. Chr. Wagner*, 4. VI. 1710, Gerhardt Phil. VII, 530; Erdmann 466.

[117] Vgl. Fischer, Geschichte der neueren Philosophie, Bd. IV (5. Auflage), Buch I, Kap. IX, S. 146–148; Bd. V, (5. Auflage), Buch I, Kap. XVII. S. 248.

aus, was im Ursprunge der Welt gegeben ist: eine zahllose Fülle verschiedener Substanzen, deren jede eine eigentümliche Individualität oder Monade ausmacht. Von diesen Monaden, den Elementen des Universums, erklärt das erste Gesetz, daß sie Analoga sein müssen, daß es in ihnen keine absolute Verschiedenheit gibt, die einem starren Gegensatze gleichkäme; daß sie mithin, da sie ein einziges Wesen, Modi einer Substanz *nicht* sind, nur Substanzen sein können, die sich dem Grade nach unterscheiden. Von diesen stufenförmig verschiedenen Wesen erklärt das zweite Gesetz, daß sie Glieder einer kontinuierlichen Reihe sein müssen, daß es in der Natur keine Sprünge oder keine leeren Zwischenreiche gibt, sondern von Stufe zu Stufe wohlvermittelte, stetige Übergänge stattfinden. Die Analogie verbietet den Gegensatz in den Dingen und erlaubt nur *graduelle* Differenzen, die Kontinuität verbietet die großen Differenzen in der Reihenfolge der Dinge und macht, daß diese Stufenreihe in *unendlich kleinen Differenzen*, d.h. kontinuierlich fortschreitet. Ohne Analogie würde die Natur ihre Einförmigkeit verfehlen, und es gäbe dann keine naturgesetzliche Ordnung; ohne Kontinuität würde die Natur ihre Mannigfaltigkeit verfehlen, und es gäbe dann nur eine lückenhafte Ordnung, die so gut wäre wie gar keine.

So erreichte die Natur vermöge der Analogie die größtmögliche Einförmigkeit und vermöge der Kontinuität die größtmögliche Mannigfaltigkeit. Wo Einheit in der Mannigfaltigkeit ist, da herrscht Form und Ordnung. Wo sich mit der größtmöglichen Einheit die größtmöglichste Mannigfaltigkeit verbindet, da herrscht vollkommene Ordnung: eine zahllose Fülle von Wesen, die in ihren Kräften und Handlungen vollkommen übereinstimmen. Übereinstimmung ist *Harmonie*. Das Weltgesetz der Harmonie ist darum der richtige Ausdruck der vollendeten Weltordnung und als solche der höchste Gedanke der Leibnizischen Lehre. Harmonie ist nicht Einheit, sondern Übereinstimmung. Übereinstimmen können nur solche Wesen, deren jedes seine eigene Stimme, seine eigene Individualität hat; das Dasein selbständiger Individuen bildet daher die notwendige Voraussetzung, unter welcher allein Harmonie in der Welt möglich ist. Darin ist das System der Harmonie wohl zu unterscheiden von dem der Identität, und in diesem Punkte unterscheidet sich Leibniz von den Identitätsphilosophen, die ihm vorangehen und nachfolgen. In einem Gedanken treffen beide Weltanschauungen zusammen: daß es in der Welt keinen Dualismus, keinen letzten Gegensatz gibt, daß vielmehr alle Dinge eine *einmütige* Ordnung bilden oder in einem notwendigen Zusammenhange verknüpft sein müssen. Gegen den Dualismus, welcher Art er auch sein möge, macht hier das System der Harmonie gemeinschaftliche Sache mit dem Prinzip der Identität, macht Leibniz gegen Descartes gemeinschaftliche Sache mit Spinoza. Aber die einmütige Weltordnung selbst erscheint anders auf dem Standpunkte der Identität, anders auf dem der Harmonie. Dort ist sie in ihrem letzten Grunde ein und dasselbe Wesen, das alle Dinge als seine Modifikationen in sich schließt: als die eine wirkende Substanz bei Spinoza, als der eine schaffende Genius bei Schelling, als der eine selbstbewußte Geist bei Hegel; hier besteht sie ursprünglich in lauter verschiedenen und selbständigen Wesen, die sich vermöge ihrer Individualität ausschließen und nach eingeborenen Gesetzen miteinander übereinstimmen. Die Identität der Dinge unterscheidet sich von der Harmonie, wie sich die Einheit von dem Verhältnisse unterscheidet. Eines sind die Dinge, wenn sie *ein* Wesen ausmachen und also für sich entweder keine oder nur eine relative Selbständigkeit haben; sie sind harmonisch, wenn jedes eine absolute Selbständigkeit behauptet, die es niemals veräußert, und kraft deren es mit allen anderen übereinstimmt.

Gegen die Einheit des Wesens setzt Leibniz das einstimmige Verhältnis der Wesen, und hierauf gründet sich der Gegensatz, welcher die Monadologie dem Pantheismus in jeder Gestalt bietet, wodurch sie aus der Religion die Mystik, aus der Philosophie den Begriff des All-Einen vertreiben will. Diesen Unterschied zwischen Identität und Harmonie, zwischen Einheit und Verhältnis, worauf sich der Unterschied zwischen Spinoza und Leibniz zurückführt, hatte Moses Mendelssohn wohl übersehen, als er in seinen philosophischen Gesprächen den Versuch machte, die Leibnizische Harmonie aus der Lehre Spinozas herzuleiten und diesen für den eigentlichen Urheber jenes Gedankens zu erklären. Ihn verwirrte das Bestreben, welches den wohldenkenden Mann später in seinem Streite mit Jacobi so sehr verkürzte, daß er nämlich immer Spinoza mit Leibniz auszugleichen und, was das schlimmste war, diese beiden entgegengesetzten Standpunkte gerade da zu versöhnen suchte, wo sie einander augenscheinlich abstießen. Die rationalistische Denkrichtung haben beide gemein, aber daß innerhalb derselben zwischen der Spinozistischen und Leibnizischen Weltbetrachtung, zwischen dem System der Alleinheit und dem der Harmonie kein wesentlicher Unterschied bestehe, daß sogar dieses in jenem schon enthalten und ausgesprochen sei, hätte sich Mendelssohn nie überreden sollen. Hier hätte er von seinem beliebten Satze, daß die Streitigkeiten der Philosophen fast timmer Wortstreitigleiten seien, einmal die umgekehrte Anwendung machen und finden sollen, daß die Philosophen in den Begriffen abweichen können, wo sie in Worten miteinander übereinstimmen. Namentlich da Lessing, welcher Leibniz und Spinoza wohl zu unterscheiden wußte, seinen weniger scharfsinnigen Freund gerade auf diesen Fall nachdrücklich genug hinwies. „Ich muß Ihnen gestehen," schrieb Lessing an

Mendelssohn, „daß ich mit Ihrem ersten Gespräche seit einiger Zeit nicht mehr so recht zufrieden bin. Ich glaube, Sie waren damals, als Sie es schrieben, auch ein kleiner Sophist, und ich muß mich wundern, daß sich noch Niemand Leibnizens gegen Sie angenommen hat." „Es ist wahr, Spinoza lehrt die Ordnung der Verknüpfung der Begriffe sei mit der Ordnung der Verknüpfung der Dinge einerlei. Und was er in diesen Worten bloß von dem einzigen selbständigen Wesen behauptet, bejahet er anderwärts und noch ausdrücklicher insbesondere von der Seele." „Es ist wahr, so drückt sich Spinoza aus, und vollkommen so kann sich auch Leibniz ausdrücken. Aber wenn beide sodann einerlei Worte brauchen, werden sie auch einerlei Begriffe damit verbinden? Unmöglich!"[118] Für Spinoza ist die Weltordnung ein Wesen, eine einzige Substanz, worin, als in ihrem letzten Grunde, alle Dinge identisch sind; für Leibniz ist sie ein Stufenreich unendlich vieler Substanzen, deren jede alle übrigen von sich ausschließt: bei jenem besteht das Weltgesetz in dem natürlichen Kausalzusammenhange der Dinge, bei diesem in deren gegenseitiger Übereinstimmung; dort ist das Verhältnis der Dinge physisch, hier ist es ideal. Dieses ideale Verhältnis, worin die Wesen alle übereinstimmen, ohne gegenseitig aufeinander einzuwirken, nennt Leibniz „*Harmonie* (accord parfait, rapport mutuel, harmonie de l'univers)". Da unter Monaden oder selbständigen Wesen weder ein Influxus noch eine Assistenz stattfinden kann, weil sonst unter dem Zwange einer fremden und auswärtigen Wirksamkeit die selbsttätige Natur der Monade vernichtet würde, so ist das positive Verhältnis, welches allein übrig bleibt, die Einheit selbständiger Wesen, d.i. die Übereinstimmung oder „Akkomodation (consensus)."[119]

Wir verstehen also unter der Harmonie, diesem höchsten Weltbegriffe der Leibnizischen Lehre, das ursprüngliche und vollkommene Stufenreich der Dinge. Ursprünglich ist das Stufenreich, weil nicht ein Wesen aus dem andern hervorgeht, sondern von Ewigkeit her die zahllose Fülle der Monaden besteht, deren jede einen eigentümlichen Mikrokosmus ausmacht, deren jede unter ihrem Gesichtspunkte, d.h. nach dem Maße ihrer Kraft das Universum vorstellt. Es ist vollkommen, weil es kontinuierlich fortschreitet und keine Zwischenreiche leer, keine Stufen in der Natur der Dinge fehlen läßt. Auf dem Gesetz der graduellen Unterschiede beruht

[118] Moses Mendelssohns gesammelte Schriften (hrgb. von G. B. Mendelssohn) V, 168 f.

[119] „Mais il faut considerer que c'est de tout temps que l'un s'est déjà accomodé à tout autre, et se porte à ce que l'autre exigera de luy. Ainsi il n'y a de la contrainte dans les substances qu'au dehors et dans les apparences." *Reponse aux reflexions* usw., Gerhardt Phil. IV, 558; Erdmann 185. *Système nouveau* (Nr. 17), Gerhardt Phil. IV, 486; Erdmann 128.

das Gesetz der Harmonie. Nachdem Leibniz in der Monadologie die graduelle Verschiedenheit der Monaden erklärt hat, fährt er fort: „Nur so läßt sich mit der größtmöglichen Mannigfaltigkeit zugleich die größtmögliche Ordnung, d.h. die größtmögliche Vollkommenheit erreichen. Und Bayle kann keinen triftigen Grund gegen die Möglichkeit dieser Weltharmonie anführen, wonach jede Substanz in ihrer Weise das Universum vorstellt."[120]

2. *Die Harmonie als Einheit der Analogie und Kontinuität*

Indessen genügt es nicht, bloß die Möglichkeit der Weltharmonie als unwiderlegbar hinzustellen, sondern es handelt sich um deren Notwendigkeit. Obwohl Leibniz die Lehre von der Harmonie gern wie eine Hypothese vorträgt, so gilt sie ihm selbst nach seiner eigenen Erklärung doch mehr als eine bloße Annahme. „Abgesehen von allen jenen Vorzügen, welche jene Annahme empfehlenswert machen", sagt er in seinem neuen Natursystem, „kann man behaupten, daß *sie mehr ist als eine bloße Hypothese*, denn es ist sonst kaum möglich, auf eine rationelle Weise die Dinge zu erklären, und eine Menge großer Schwierigkeiten, die bis jetzt die Geister angestrengt haben, verschwinden, wie es scheint, von selbst, wenn man jene Lehre wahrhaft begriffen hat. Auch läßt sich damit die gewöhnliche Vorstellungsweise sehr wohl versöhnen."[121]

Die Weltharmonie ist mehr als eine Hypothese: sie ist ein *Gesetz*. Um dieses Gesetz zu rechtfertigen, bedürfen wir zunächst keines auswärtigen Gesetzgebers, und wenn Leibniz selbst die Weltharmonie gewöhnlich als eine von Gott gesetzte, vorherbestimmte oder prästabilierte darstellt, so ist diese Auffassung in dem strengen Geiste seines Systems keineswegs die nächste. Der naturphilosophische Geist seiner Lehre, die namentlich in den ersten Entwürfen des Systems vorherrscht, folgert aus den Monaden als den Elementen des Universums unmittelbar die Weltharmonie als den naturgesetzlichen „parfait accord mutuel", und wenn der theologische Geist des Systems diesen Begriff in eine „harmonie préétablie" übersetzt, so geschieht es unter einem höheren Gesichtspunkte, den wir an dieser Stelle noch nicht erreicht haben. Zunächst gilt uns die Weltharmonie als eine den Monaden einwohnende Naturordnung. So ist sie von Leibniz selbst erklärt und begründet worden. Wie mit jeder einzelnen Monade unmittelbar ein beseelter Körper oder die Einheit von Seele und Körper gegeben war, die deshalb keiner

[120] *Monadologie* (Nr. 58–59); Gerhardt Phil. VI, 616; Erdmann 709. *Vgl. Leibniz an Arnauld*, 23. III. 1690, Gerhardt Phil. II, 135f.; Erdmann 107–108. *Système nouveau* (Nr. 14–15), Gerhardt Phil. IV, 484f.; Erdmann 127 f. *Principes de la Nature et de la Grâce* (Nr. 12); Gerhardt Phil. VI, 603; Erdmann 717.

[121] *Système nouveau* (Nr. 17), Gerhardt Phil. IV, 486; Erdmann 128.

besonderen Schöpfung bedurfte, so ist mit den Monaden unmittelbar die Harmonie aller gegeben. Warum? Aus den Monaden folgt, daß sie analoge Wesen sein müssen; daraus folgt, daß sie nur graduell verschieden sein können, oder, was dasselbe heißt, daß sie ein Stufenreich bilden. Aus ihrer unendlichen Mannigfaltigkeit folgt, daß es in jenem Stufenreiche keine Lücken gibt, daß sich die Monaden in unendlich kleinen Differenzen abstufen oder in einer kontinuierlichen Stufenreihe fortschreiten. Und eben darin besteht ihre Harmonie. Also liegt der letzte Grund der Weltharmonie darin, daß jede Monade eine eigentümliche Individualität ausmacht, eine bestimmte Stufe der Weltordnung einnimmt, und der letzte Grund dieser eigentümlichen Individualität liegt in ihrer Anlage. Wie in der Anlage jeder einzelnen Monade die gesamte Individualität *präformiert* ist, so in der Anlage aller die gesamte Weltordnung oder die Weltharmonie: sie ist in dem ursprünglichen Weltzustande, d.h. in den Monaden präformiert. Sind nun die Monaden selbst göttlichen Ursprungs (eine Frage, die uns jetzt noch nicht berührt), so gilt dasselbe von ihrer Ordnung oder Harmonie. Was in der Natur präformiert ist, das ist durch Gott *„prästabiliert"*. Ist die Natur eine göttliche Schöpfung, so sind ihre Präformationen göttliche Willensakte oder Vorherbestinmungen. Unter dem metaphysischen Gesichtspunkte erscheint die Weltharmonie als eine Präformation der Natur, unter dem theologischen als eine Vorherbestimmung Gottes, und wenn die Leibnizische Philosophie von der Welt zu Gott den wohlbegründeten Übergang findet, so verwandelt sich hier mit gutem Grunde die präformierte Harmonie in eine prästabilierte. Es scheint, daß sich diese beiden Begriffe in der Fassung des Philosophen unmittelbar vereinigt haben. In einer sehr bemerkenswerten Stelle seiner Abhandlungen über das Wesen der Natur sagt Leibniz: „Der Verkehr der Substanzen oder Monaden entsteht nicht durch eine gegenseitige physische Einwirkung, sondern durch eine Übereinstimmung, die von einer *göttlichen Präformation* herrührt; jede einzelne Monade stimmt mit allen anderen überein, indem sie der eingeborenen Kraft und den Gesetzen ihrer eigenen Natur folgt, und eben hierin besteht zugleich die Vereinigung von Seele und Körper."[122]

---

[122] „*Commercium* scilicet *substantiarum* sive monadum oriri non per influxum, sed per consensum ortum a divina praeformatione, unoquoque, dum suae naturae vim insitam legesque sequitur, ad extranea accomodato, in quo etiam unio animae corporisque consistit." *De ipsa natura* usw. (Nr. 10), Gerhardt Phil. IV, 510; Erdmann 157. Wenn in dieser Stelle, wie in vielen anderen, aus der Weltharmonie das Verhältnis von Seele und Körper erklärt wird, so bemerke man wohl, daß unter Seele und Körper hier nicht die Momente der einfachen Monade, sondern verschiedene Monaden verstanden werden müssen, die sich,

Das Naturgesetz der Harmonie läßt sich im Geiste der Leibnizischen Lehre am einfachsten so erklären, daß in ihm die Gesetze der Analogie und der Kontinuität zusammengefaßt sind. Es folgt aus jenen beiden Gesetzen, indem es dieselben vereinigt. Das System der Harmonie begreift die Welt als ein vollkommenes Stufenreich vorstellender Kräfte oder mikrokosmischer Individuen. Daß alle Dinge Monaden oder vorstellende Kräfte sind, erklärt das Gesetz der Analogie. Daß diese Kräfte ein vollkommenes Stufenreich bilden, erklärt das Gesetz der Kontinuität. Und das der Harmonie erklärt, daß die Weltordnung in der kontinuierlichen Reihenfolge analoger Wesen bestehe, wodurch die größtmögliche Mannigfaltigkeit mit der größtmöglichen Einförmigkeit vereinigt werde. Die harmonische Verknüpfung der Monaden ist deren kontinuierliche Abstufung, diese setzt voraus, daß die Monaden überhaupt verschieden sind; sie könnten nicht verschieden sein, wenn sie nicht beschränkt, d.h. körperlich oder materiell wären. Darum bezeichnet Leibniz die Materie, weil sie das Prinzip der Verschiedenheit bildet, als das Band der Monaden, als die allgemeine natürliche Bedingung der Harmonie. „Wenn die Dinge“, so heißt es in den Betrachtungen über die Prinzipien des Lebens, „frei oder befreit von der Materie wären, so würden sie in demselben Augenblicke aus dem Weltzusammenhange losgerissen und gleichsam Deserteure der Weltordnung sein.“[123]

3. *Die unendlich kleinen Differenzen als Bedingung der Harmonie*

Die Materie hat bei Leibniz dieselbe Bedeutung in der Harmonie der Dinge, die nach einem Ausspruche Schillers der Körper für die Liebenden hat: „Er nur ist's, der die Seelen trennt und der die Seelen vereint“. Aber die Verschiedenheit und Materialität der Monaden bewirkt zunächst erst die bloße Koexistenz derselben und ermöglicht nur die Weltharmonie, welche ohne die Verschiedenheit der Dinge überhaupt nicht stattfinden könnte. Daß aber dieses Zusammensein ein harmonisches wird, dazu gehört in den Monaden selbst noch eine nähere Bedingung. Die *bloße* Koexistenz besteht in der körperlichen Verschiedenheit, die harmonische Koexistenz verlangt eine Verschiedenheit durch stetige Abstufungen und Übergangsformen, d.h. durch unendlich kleine Differenzen.

---

wie in den höheren Organismen, als Seele und Körper zueinander verhalten. Vgl. oben Buch II, Kap. VII, Nr. III, 2 u. 3.

[123] „Les creatures franches ou affranchies de la matiere, seroient detachées en même temps de la liaison universelle et comme les deserteurs de l'ordre general.“ *Considerations sur les Principes de Vie*, Gerhardt Phil. VI, 546; Erdmann 432.

Darum können wir uns im genauen Verstande der Leibnizischen Lehre so ausdrücken: die Differenz der Monaden bewirkt deren *Koexistenz*, die unendlich kleinen Differenzen bewirken die *harmonische* Koexistenz. Die bloße Differenz oder Materialität ist nur die negative Bedingung, ohne welche die Weltharmonie nicht möglich ist; die unendlich kleinen Differenzen oder die Kontinuität ist die positive, durch welche sie besteht, und wodurch Leibniz selbst die harmonische Weltordnung erklärt. Die unendlich kleinen Differenzen der Monaden sind die unendlich kleinen Abstufungen der vorstellenden Kräfte, die Leibniz gerade da am nachdrücklichsten hervorhebt, wo sie das gewöhnliche Bewußtsein und die hergebrachte Philosophie am wenigsten einsieht. Der scheinbar größte Gegensatz der Welt besteht zwischen den bewußtlosen und bewußten Wesen, zwischen der Natur und dem Geiste. Und gerade hier entdeckt Leibniz, wie wir gesehen haben, die unendlich kleine Differenz, indem er zeigt, daß es im Geiste Vorstellungen gibt, die nicht gewußt, nicht gemerkt werden, und die er deshalb als „perceptions petites (perceptions insensibles)" bezeichnet. Wir überlassen es der folgenden Betrachtung, diesen höchst wichtigen und lehrreichen Begriff der Leibnizischen Philosophie psychologisch darzustellen und nehmen jetzt die „perceptions petites" nur als das wichtigste Beispiel der unendlich kleinen Differenzen überhaupt oder der naturgemäßen Kontinuität, da sie den Gegensatz zwischen Natur und Geist, den größten Gegensatz, den es gibt, in eine solche unendlich kleine Differenz auflösen. Ich sage: auf diesen Begriff gründet Leibniz in positiver Weise den Gedanken der Weltharmonie, durch den Begriff der unendlich kleinen Differenzen erklärt er die harmonische Weltordnung. In der Einleitung zu den *Neuen Versuchen über den menschlichen Verstand* heißt es wörtlich: „Diese kleinen Vorstellungen sind von einer weit größeren Bedeutung, als man meint. Ja, man darf sagen, daß kraft dieser kleinen Vorstellungen die Gegenwart von der Zukunft erfüllt und mit der Vergangenheit belastet ist, daß alles miteinander übereinstimmt (σύμπνοια πάντα, wie sich Hippokrates ausdrückte), und daß in dem kleinsten Wesen ein göttlicher Verstand die ganze Reihenfolge der Dinge im Universum lesen könnte." *„Diese unmerklichen Vorstellungen sind die Bedingung, wodurch sich jene bewunderungswürdige vorherbestimmte Harmonie zwischen Seele und Körper und überhaupt zwischen allen Monaden oder einfachen Substanzen erklärt."*[124]

---

[124] „Ces petites perceptions sont donc de plus grande efficace, qu'on ne pense. … On peut même dire qu'en consequence de ces petites perceptions le present est gros de l'avenir et chargé du passé, que tout est conspirant (σύμπνοια πάντα, comme disoit Hippocrate) et que dans la moindre des substances des

Ich finde keine Stelle, welche deutlicher zeigen könnte, wie Leibniz die sogenannte vorherbestimmte Harmonie aus dem Wesen der Monaden selbst, d.h. aus natürlichen Bedingungen vollkommen erklärt haben will: er begründet sie aus den kleinen Vorstellungen, d.h. aus den unendlich kleinen Differenzen der vorstellenden Kraft, oder, was genau dasselbe sagt, aus dem kontinuierlichen Stufengange der Dinge. Daraus folgt unmittelbar die Weltharmonie, weil sie darin besteht.

Hier ist die Summe des Systems, so weit wir dasselbe entwikkelt haben. Alle Dinge sind Mikrokosmen. Daraus folgen die drei Gesetze, in denen die Weltordnung besteht: das Gesetz der Analogie, der Kontinuität und der Harmonie. Sind alle Wesen Mikrokosmen oder Vorstellungen desselben Universums, so müssen sie analog sein. Sind sie analog, so müssen sie auch verschieden, so können sie nur graduell verschieden sein, d.h. sie müssen eine Stufenreihe von Wesen bilden. Gibt es nun, was aus dem Begriffe der Monade folgt, eine zahllose Fülle von Mikrokosmen, so gibt es auch eine Verschiedenheit in unendlich vielen Abstufungen. Daher müssen die graduellen Differenzen unendlich klein, also die Stufenreihe der Dinge (nicht lückenhaft, sondern) vollkommen oder kontinuierlich sein. Die Monaden müssen demnach in einer stetigen Stufenfolge gleichartiger Substanzen bestehen: sie müssen die größte Mannigfaltigkeit in der größten Einförmigkeit darstellen und in diesem Sinne eine harmonische Weltordnung bilden.

Neuntes Kapitel.
Die Entwickelung des menschlichen Geistes

I. Die Natur des Geistes

1. Seele und Geist

In der harmonischen Weltordnung, die von dem Gesetze der Kontinuität beherrscht wird, entfaltet sich der Spielraum des menschlichen Daseins auf einer mittleren Stufe, begrenzt diesseits durch das niedere Leben der Tiere, jenseits durch das höhere der Genien. Zwischen diesen Grenzen liegt der Schauplatz, welchen die Menschheit im Universum einnimmt und den in einer aufstei-

---

yeux aussi percans que ceux de Dieu pourroient lire toute la suit des choses de l'univers ... C'est aussi par les perceptions insensibles que s'explique cette admirable harmonie préetablie de l'ame et du corps, et même de toutes les Monades ou substances simples." *Nouveaux essais*, Préface, Gerhardt Phil. V, 48; Erdmann 197 f.

genden Laufbahn die Kraft der menschlichen Individualität durchmißt: sie beginnt mit dem dunklen Seelenleben, welches, in sinnliche Vorstellungen versenkt, der Tierseele am nächsten verwandt ist, und sie erhebt sich in dem stetigen Stufengange fortschreitender Aufklärung zu einer deutlichen Erkenntnis der Dinge oder zur Idee der Weltharmonie. Jede Monade ist ein Individuum, welches sich entwickelt; die Entwicklung der menschlichen Monade besteht darin, daß sie aus dem bewußtlosen Leben das bewußte, aus der Vorstellung die Erkenntnis, aus der Seele den Geist entfaltet und vom Tiere zum Genius fortstrebt. In dieser Entwicklung allein erschöpft sich die Natur des menschlichen Mikrokosmus: in dieser fortschreitenden Aufklärung, deren Element die dunkle Vorstellung und deren Ziel die deutliche Welterkenntnis ausmacht. Den Menschen erklären heißt daher, seine Entwicklung oder die Entstehung des Geistes erklären.

Geist ist bewußte Vorstellung im Unterschiede von der Seele als der bewußtlosen. Die Genesis des Geistes ist das allmähliche Bewußtwerden der menschlichen Seele, das allmähliche Hervorgehen des höheren geistigen Lebens aus dem niederen psychischen; erst unter diesem Gesichtspunkt dringt die Philosophie ein in das Geheimnis der Menschennatur, welches die Seelenlehre aufklären soll und worauf Leibniz die spekulative Untersuchung zuerst hinführt. Denn die von Descartes begründete Philosophie konnte den Geist nur logisch, aber nicht genetisch erklären; sie wußte, was er *ist*, aber nicht, wie er *wird*. Indessen ist der Mensch nicht fertiger, sondern *werdender* Geist. Wenn die Entstehung des Geistes nicht erklärt wird, so wird der Mensch selbst nicht erklärt, und die Begriffe der Anthropologie bleiben hinter den Tatsachen der Natur zurück. Tatsache ist, daß jeder Mensch ein mit sich identisches Individuum ausmacht, welches nach den Gesetzen der Natur lebt und zugleich von der Natur weiß, indem es die Dinge denkt und erkennt. Individualität, Leben (Seele), Bewußtsein (Geist): diese drei Tatsachen müssen im Menschen anerkannt und so erklärt werden, daß sie mit und durcheinander bestehen. Von diesen Tatsachen aber vermochte Descartes und seine Schule im Grunde keine zu erklären. Denn die menschliche Individualität machten diese Philosophen zu einem Wunder, da sie den Zusammenhang zwischen Seele und Körper unmittelbar und stets von neuem durch die göttliche Allmacht bewirkt sein ließen; das Leben galt ihnen für eine seelenlose Maschine, und den Geist erklärten sie durch ein Attribut, wodurch derselbe von allen übrigen Wesen gänzlich unterschieden, ja denselben entgegengesetzt war; er sollte von Natur denkend und darum bewußt, die übrigen (körperlichen) Wesen, weil sie nicht denken, vollkommen bewußt- und darum seelenlos sein. Die Geister allein gelten als denkende und vorstellende Kräfte, sie allein sind Seelen, oder, wie sich Leibniz in seiner Weise ausdrückt: „nach der Meinung der Kartesianer sind nur die Geister Monaden."[125] Überhaupt lassen sich die psychologischen Begriffe Descartes' auf diese beiden Formeln zurückführen, die aus seinen dualistischen Grundsätzen unmittelbar folgen und die Einseitigkeit seiner Geisteslehre deutlich aussprechen: die erste erklärt: *nur* die Geister sind denkend und bewußt; die andere: die Geister sind *nur* denkend und nur bewußt. Es gibt daher in den Geistern keine bewußtlosen Vorstellungen und in den Körpern keine vorstellenden Kräfte, also überhaupt nichts Selbsttätiges, weder Seele noch Leben. Zwischen Geist und Körper gibt es gar keine Analogie, sondern nur einen durchgängigen Gegensatz. Das Leben gilt den Kartesianern für Mechanismus, also für seelenlos; die Seele gilt ihnen für Geist, also für körperlos. Weil sie Geist, Bewußtsein und Seele zusammenfallen lassen, so müssen sie sagen: alles Geistlose ist bewußtlos, alles Bewußtlose ist seelenlos, darum selbstlos, also nur mechanisch. Zwei Tatsachen, welche die Natur und unsere Erfahrung vollkommen bejahen, müssen die Kartesianer leugnen, da sie unvermögend sind, dieselben zu erklären: den Organismus in der Natur und die bewußtlose Vorstellung im Geiste. Es gibt im Verstande ihrer Philosophie nichts Körperliches, das beseelt, und nichts Geistiges, das bewußtlos wäre. Diesen Dualisten fehlt der Begriff, welcher die wahre Mitte zwischen Geist und Körper bildet, d.i. der Begriff der *Seele*, welche den Körper belebt, das dunkle Naturleben im Menschen fortführt und bis zum Bewußtsein steigert. Ohne Seele läßt sich weder Leben noch Geist begreifen, denn das Leben ist gleich einem beseelten Körper, und der Geist ist gleich einer bewußtwerdenden Seele. Also muß man, was die Kartesianer nicht vermocht haben, zwischen der bewußtlosen und der bewußten Seele unterscheiden und in dem Begriffe der *Seele* den Gegensatz der bewußtlosen und bewußten Substanzen auflösen können. „Man muß unterscheiden", sagt Leibniz, „zwischen Perzeption oder Vorstellung und Apperzeption oder Bewußtsein, welches letztere nicht allen Monaden, auch nicht einer und derselben Monade unaufhörlich zukommt. Eben diesen Unterschied haben die Kartesianer verfehlt, indem sie die bewußtlosen Vorstellungen für nichtig halten, wie die gemeinen Leute die kleinen und unmerklichen Körper."[126]

---

[125] „Et c'est en quoy les Cartesiens ont fort manqué, ayant compté pour rien les perceptions dont on ne s'appercoit pas. C'est aussi ce qui les a fait croire, que les seuls Esprits étoient des Monades". *Monadologie* (Nr. 14), Gerhardt Phil. VI, 609; Erdmann 706.

[126] *Principes de la Nature et de la Grace* (Nr. 4), Gerhardt Phil. VI, 600; Erdmann 715.

Leibniz begründet seine Philosophie, indem er in den Körpern entdeckt, was die Kartesianer in den Körpern leugnen, nämlich *Kräfte*, die als selbsttätige Naturen Seelen oder Analoga des Geistes sind. Auf diesem Begriffe ruht die Leibnizische Physik im Unterschiede von der Korpuskularphysik und dem Materialismus. Mit der Erklärung des Körpers muß sich notwendig auch die des Geistes ändern[127]. Dies geschieht, indem Leibniz in den Geistern entdeckt, was den Kartesianern verborgen blieb: nämlich die bewußtlosen Vorstellungen oder das unbewußte Seelenleben. Wie sich auf das Prinzip der Kräfte in der Natur oder der beseelten Körper die Reform der Physik gründet, so gründet sich die entsprechende Reform der Psychologie auf das Prinzip der bewußtlosen Vorstellungen im Geiste. Diese sind die Elemente des Geistes, wie die Atome die Elemente der Körper.

2. Die deutliche Vorstellung. Das Selbstbewußtsein

Nach dem Weltgesetz der Analogie ist der Geist von den anderen Wesen nicht der Substanz, sondern dem Grade nach verschieden. Er ist eine vorstellende Kraft, die durch den Grad ihrer Deutlichkeit alle vorstellenden Kräfte in der uns bekannten Natur übertrifft. Deutlich ist die vorstellende Kraft, wenn sie das Vorgestellte sowohl in seinen Teilen, als von anderen Vorstellungen genau zu unterscheiden vermag. Nun ist jede Vorstellung ein Ausdruck vorstellender Kraft, und wie die Wirkung von der Ursache, so ist der Ausdruck von der Kraft, das Vorgestellte von dem Vorstellenden zu unterscheiden. Die Deutlichkeit verlangt, daß dieser Unterschied gemacht werde. Also muß die deutlich vorstellende Kraft sich selbst von allen ihren Vorstellungen unterscheiden: erst dann ist die vorstellende Kraft wahrhaft deutlich, wenn *sie sich selbst* deutlich ist, wenn ihre Vorstellungen nicht bloß anderen, sondern ihr selbst einleuchten. Die bloße Vorstellung ist die einfache Kraftäußerung oder der Ausdruck eines Wesens, die Form desselben, wodurch es anderen deutlich erscheint, die aber dem Wesen selbst in keiner Weise gegenwärtig, geschweige bewußt wird. So sind die Körper in der Natur wohl für uns die deutlichen Vorstellungen der sie beseelenden Kraft, aber dieser Kraft selbst sind sie dunkel. Was ich wahrhaft deutlich vorstelle, das muß ich (nicht bloß anderen, sondern) mir selbst vorstellen. Was ich mir selbst vorstelle, indem ich mich davon unterscheide, ist nicht bloß Ausdruck meines Wesens, nicht bloß Eindruck meiner Empfindung, sondern Objekt meines Bewußtseins. Der Ausdruck ist die bloße Vorstellung, der Eindruck ist die empfundene, das Objekt die bewußte. Im Bewußtsein wendet

---

[127] Siehe oben Buch II, Kap. I, S. 306.

sich die vorstellende Kraft nach innen, sie bezieht sich zurück auf sich selbst, ihre Tätigkeit wird mithin *reflexiv*, während sie in der bloßen Vorstellung nur expressiv war. Die bewußte Vorstellungskraft bemächtigt sich ihrer Vorstellungen, sie nimmt dieselben als die ihrigen in Besitz, sie hat, was die bloße Vorstellung nur ist: darum ist sie „Apperzeption" im Unterschiede von jener, die nur Perzeption war. „Perzeption ist der innere Zustand der Monade, welche die Außenwelt vorstellt; Apperzeption ist das Bewußtsein (conscience) oder die Reflexion jenes inneren Zustandes (connaissance réflexive de cet état intérieur), die nicht allen Monaden gegeben ist."[128]

Aus dem Begriff der vorstellenden Kraft folgt, daß sich dieselbe in stetig fortschreitender Steigerung von dem dunklen Zustande zum deutlichen erhebt. Aus dem Begriffe der deutlich vorstellenden Kraft folgt, daß sich dieselbe als Apperzeption, Reflexion oder Bewußtsein äußert, denn nur vermöge des Bewußtseins kann man deutlich vorstellen. Wie nun die Vorstellungskraft überhaupt ein tätiges Subjekt oder ein Selbst ausmacht, so ist die bewußte Vorstellungskraft ein bewußtes Selbst oder *Selbstbewußtsein*. Das Bewußtsein nämlich, um uns in einer grammatischen Formel auszudrücken, regiert einen doppelten Akkusativ der Person und der Sache: es stellt die Dinge und zugleich sein eigenes Wesen sich selbst vor (sibi), es ist in der letzteren Rücksicht eine doppelte Reflexion, indem es sich selbst sowohl im Dativ als im Akkusativ regiert, und eben in diesem Sinne nennen wir es Selbstbewußtsein. Das Bewußtsein ist die reflexive Vorstellung der Dinge, das Selbstbewußtsein ist die reflexive Vorstellung des eigenen Wesens. In der Monade fallen beide zusammen, denn da sie eine Vorstellung der Welt oder einen Mikrokosmus bildet, so ist ihr Selbstbewußtsein zugleich Weltbewußtsein und umgekehrt.

Der Geist ist demnach, da er deutliche Vorstellungskraft ist, selbstbewußte Monade. Daraus erklären sich die eigentümlichen Kräfte oder Attribute des Geistes: es sind die natürlichen Seelenkräfte in der Potenz des Bewußtseins. Jede natürliche Seele war die Entwicklung eines Individuums, und da jede Entwicklung durch einen Zweck bestimmt wird, welchen sie verwirklicht, so waren die natürlichen Seelenkräfte Vorstellung und Streben (Perzeption und Appetition), denn die Vorstellung ist die Kraft, welche Zwecke setzt, und das Streben diejenige, welche Zwecke verfolgt. Also ist der Geist als bewußte Monade ein Individuum, welches sich mit Bewußtsein entwickelt, d.h. welches mit Bewußtsein vorstellt und mit Bewußtsein strebt. Mit Bewußtsein streben heißt *wollen*: auf

[128] *Principes de la Nature et de la Grace* (Nr. 4). Gerhardt Phil. VI, 600; Erdmann 715.

das Erkenntnisvermögen gründet sich die Wissenschaft, auf den Willen die Moral.

Unter Wissenschaft verstehen wir die Erkenntnis des gesetz- und vernunftmäßigen Zusammenhanges der Dinge, denn die Vernunft ist der Inbegriff der allgemeingültigen Gesetze oder Prinzipien. Wissenschaft ist nur möglich, wenn die Erscheinungen den Vernunftgesetzen gemäß vorgestellt werden. Aber um die Dinge nach Vernunftgesetzen vorzustellen, muß ich imstande sein, die Vernunftgesetze oder Prinzipien selbst vorzustellen. Jede Monade repräsentiert das Wesen der Dinge, die bewußte Monade stellt das Wesen der Dinge sich selbst vor *(sibi)*: mithin ist der Geist als die reflexive Vorstellung des eigenen Wesens zur deutlichen Erkenntnis der Dinge oder zur Wissenschaft fähig. „Die Geister", sagt Leibniz, „haben das Vermögen der reflexiven Kraftäußerung und können daher zum Gegenstand ihrer Betrachtung machen, was man *Ich, Substanz, Monade, Seele, Geist* nennt, mit einem Worte die immateriellen Wesen und Wahrheiten. Und eben dies befähigt uns zur Wissenschaft und demonstrativen Einsicht."[129]

3. Die Persönlichkeit

Das Ich, wie das bloße Individuum, der Geist, wie die bloße Monade, sind ewige, unzerstörbare Kraftwesen, die in allen Umwandlungen dieselbe beharrliche, mit sich identische Einheit bleiben; aber in dem bloßen Individuum ist diese Identität eine bewußtlose, im Geist eine bewußte; dort bildet sie eine physische, hier eine moralische Einheit. Das physische Individuum macht den Organismus, das moralische dagegen die Person; jener handelt nach bewußtlosen Zwecken oder Naturgesetzen, diese dagegen nach bewußten Zwecken oder nach Absichten: auf diesen Begriff der Persönlichkeit oder der moralischen Identität gründet sich das moralische Leben und die moralische Unsterblichkeit[130]. „Das Wort Person", erklärt Leibniz in seinen *Neuen Versuchen über den menschlichen Verstand,* „bedeutet ein denkendes und intelligentes Wesen, fähig zur Vernunft und Reflexion, das sich selbst als ein und dasselbe Subjekt vorzustellen vermag, welches in verschiedenen Zeiten und Orten denkt und alles mit dem Bewußtsein tut, daß es selbst den Grund seiner Handlungen ausmacht. Dieses Bewußtsein begleitet immer unsere gegenwärtigen Empfindungen und Vorstellungen, wenn sie deutlich

---

[129] „Ces Ames (sc. les Esprits) sont capables de faire des Actes reflexifs, et de considerer ce qu'on appelle *Moy, Substance, Monade, Ame, Esprit*, en un mot, les choses et les verités immaterielles. Et c'est ce qui nous rend susceptibles des Sciences ou des connaissances demonstratives." *Principes de la Nature et de la Grace* (Nr. 5), Gerhardt Phil. VI, 601; Erdmann 715.

[130] Siehe oben Buch II, Kap. V, S. 397 f.

genug sind, und eben dadurch ist jeder für sich, was man im reflexiven Sinne ein Selbst nennt (soi-même). Soweit sich das Bewußtsein über die Handlungen und Gedanken der Vergangenheit erstreckt, ebenso weit reicht auch die Identität der Person, und das Selbst ist in diesem Augenblicke eben dasselbe als damals."[131] So erklärt sich der Begriff des Geistes: Geist ist Person, Person ist moralische oder selbstbewußte Individualität, deren Kräfte Verstand und Wille sind, diese folgen aus der bewußten Vorstellung, welche selbst in der reflexiven oder deutlichen Vorstellungskraft besteht. So bezeichnet der Mensch in dem Stufengange der Dinge den Wendepunkt, wo aus dem Individuum die Person, aus der natürlichen Welt die moralische hervorgeht. Die moralische Welt bildet im Unterschiede von der natürlichen den Geisterstaat oder das Reich der bewußten Zwecke. Das Verhältnis beider Welten erklärt Leibniz gewöhnlich durch den Begriff der Harmonie: die moralische Welt verhält sich zu der natürlichen wie die Person zum Individuum, wie der Geist zur Seele, wie die Seele zum Körper, wie die Endursachen zu den wirkenden Ursachen. Wir nehmen den Leibnizischen Begriff der Harmonie stets in dem bereits erörterten und festgestellten Sinne: sie bezeichnet das kontinuierliche Stufenreich der Kräfte, die von den niederen zu den höheren fortschreiten. Wie überall die niedere Kraft nach der höheren strebt, so strebt die dunkle Vorstellungskraft nach der deutlichen, die Natur nach dem Geiste, die physische Welt nach der moralischen. Die letztere ist der Zweck, welcher gleichsam der Natur auf ihrem Stufengange vorschwebt, der sich von Stufe zu Stufe immer mehr aufklärt, bis ihn die geistgewordene Seele mit Bewußtsein erfaßt. Da nun zwischen Natur und Geist, zwischen Mechanismus und Moralismus keine Kluft, sondern ein stetiger Übergang stattfindet, so besteht zwischen den beiden Welten eine vollkommene Übereinstimmung oder Harmonie. Es ist dasselbe Gesetz der unendlich kleinen Differenzen, welches die moralische Welt mit der physischen in eben dem Punkte verknüpft, wo die bewußte Vorstellung aus der bewußtlosen hervorgeht. So müssen wir aus dem Gesichtspunkte der Leibnizischen Philosophie die Natur nicht bloß als den Schauplatz der moralischen Weltordnung, sondern als deren eigene, elementare Grundlage betrachten. Sie verhalten sich, wie das Individuum zur Person, wie die Anlage zum Charakter. Das Individuum ist das Element der Person, der beharrliche Grundton, welcher das moralische Lebensthema beherrscht, das unverwüstliche Naturell, welches die menschlichen Willensrichtungen geheimnisvoll bedingt und das persönliche Leben

[131] *Nouveaux essais*, Livre II, Chap. 27. § 9, Gerhardt Phil. V. 218; Erdmann 279.

in allen seinen Erscheinungen mit dem Ausdrucke monadischer Eigentümlichkeit begleitet. Ganz anders erscheint bei Leibniz die moralische Weltordnung als bei Fichte. Vergleichen wir das Reich der bewußten Handlungen mit einem Drama, so erblickt Fichte in der Natur gleichsam den Schauplatz, wo sich dieses Drama begibt, Leibniz dagegen die künstlerischen Kräfte, die dasselbe ausführen. Dort verhält sich der physische Mensch zum moralischen, das Individuum zur Person, wie das unterwürfige Werkzeug zum imperatorischen Gesetz, hier dagegen wie das natürliche Talent des Künstlers zu seiner Leistung. Wie die Talente, so die Leistungen; wie die Individuen, so die Personen. Das große Naturgesetz der durchgängigen Verschiedenheit beherrscht und charakterisiert auch die Geister. Die moralische Welt erscheint auf dem Standpunkte der Leibnizischen Philosophie als die glücklichste Leistung der Natur, als die reife Frucht, welche diese nach dem gesetzmäßigen Laufe der Dinge hervorbringt. Die Idee der Weltharmonie fordert, daß zwischen Natur und Moral kein Widerspruch stattfinde, daß der menschliche Geist in seinem entwickelten, bewußten Streben mit dem Naturgesetze nicht kämpfe, sondern übereinstimme. Gerade in dieser Auffassung, die ihre Grundlage ausmacht, ist die Leibnizische Sittenlehre völlig unterschieden von der Kantischen. Um aber das menschliche Seelenleben in seinen natürlichen Bedingungen richtig zu würdigen, vergleichen wir es zuerst mit dem tierischen als der nächst niederen Stufe.

II. Die tierische und menschliche Seele[132]

1. Gedächtnis und Erkenntnis

Die menschliche Seele enthält die Anlage des Geistes und unterscheidet sich darin von der tierischen, die vermöge ihrer Schranke auf einer niederen Lebensstufe befangen bleibt. Der Mensch hat das Vermögen, Person zu werden; seine vorstellende Kraft ist von Natur befähigt, das Vorgestellte deutlich aufzuklären, d.h. zu reflektieren, ihrer selbst und der Welt inne zu werden und, was notwendig daraus folgt, vernunftgemäß zu denken. Das Tier ist nie Person, sondern nur Individuum, nie Geist, sondern nur Seele; die tierische Seelenkraft kann das Vorgestellte empfinden, aber nicht wissen; ihre Vorstellungen bleiben Eindrücke und werden niemals Objekte. Die Schranke der Empfindung ist die Schranke der Tierseele. Um den Unterschied zwischen Seele und Geist in eine feste Formel zu fas-

[132] Vgl. besonders *Commentatio de anima brutorum* (Nr. X, XIV), Gerhardt Phil. VII, 330 f.; Erdmann 464 f. *Monadologie* (Nr. 25–30). Gerhardt Phil. VI, 611 f.; Erdmann 707. *Principes de la Nature et de la Grace* (Nr. 4–5), Gerhardt Phil. VI, 599 f.; Erdmann 714 f.

sen, so vergleichen wir die Seele auf dem Standpunkte der tierischen Empfindung mit dem Geist auf dem Standpunkte des denkenden Bewußtseins. Wie unterscheidet sich die sinnliche Vorstellung von der denkenden, die „sensio" von der „cogitatio"? Jene perzipiert nur gegebene Eindrücke, und was nicht sinnlich gegeben ist, kann niemals von der tierischen Seele vorgestellt werden. Wenn sich dieselben Eindrücke oft wiederholen, so gewöhnt sich die Seele an deren Verknüpfung, sie lebt sich in die immer wiederkehrende Folge gewisser Vorstellungen ein und vermag innerhalb dieses beschränkten Gebietes gewisse Tatsachen zu verknüpfen. Doch sind die letzteren nie mehr als einzelne sinnliche Data, die Kombination selbst ist nie mehr als eine einzelne sinnliche Erfahrung, die bloß durch die Gewohnheit der sinnlichen Vorstellung, welche die wiederholten Eindrücke behält, d.h. durch das *Gedächtnis* gemacht wird. Die vorstellende Kraft der tierischen Seele reicht bis zum Gedächtnis, welches sinnliche Erfahrungen macht, indem es sinnliche Eindrücke kombiniert. So gewöhnt sich ein Hund, welcher den Stock seines Herrn oft empfunden hat, mit der Vorstellung des Stocks die des Schlages und des Schmerzes zu verbinden, darum fürchtet er seinen Anblick, in Erwartung der gewohnten Affektion. Man muß diese Kombinationskraft der Tiere nicht höher nehmen, als sie ist, denn sie bleibt in allen Fällen auf das Gebiet der sinnlichen Erfahrung eingeschränkt und verknüpft deren Data nicht durch den Verstand, sondern nur durch das Gedächtnis. Die Kombinationen der Tiere sind keine Urteile. Der Hund urteilt nicht, daß der Stock schlägt und der Schlag schmerzt, er *fürchtet* nur, daß der Stock *ihn* schlägt, nicht deshalb, weil der Stock schlagen kann, sondern weil er ihn oft geschlagen hat. Er verknüpft die Vorstellung des Stocks mit der des Schlags nur als sinnliche Eindrücke, nicht als Ursache und Wirkung. Das Verknüpfende also in den tierischen Kombinationen ist die sinnliche Erfahrung des Individuums, nicht die Kausalität der Dinge. Hierin liegt der Unterschied, um den es sich handelt. Die denkende Vorstellung urteilt durch Begriffe, sie erkennt die Gesetze, daher ihre Kombinationen allgemeine und notwendige Wahrheiten sind. Für die sinnliche Vorstellung dagegen gibt es nur einzelne Fälle und, wenn sich dieselben wiederholen, Regeln, die durch Gewohnheit behalten, aber nie durch Gründe erkannt werden. Wie sich die Regel vom Gesetz unterscheidet, so die sinnliche Vorstellung von der denkenden. Die Regel erklärt, daß etwas zu geschehen pflegt, weil es so oft geschehen ist, sie beruht auf sinnlich gegebenen, zufälligen Tatsachen. Das Gesetz erklärt, daß etwas immer geschieht, weil es so geschehen muß; es beruht auf allgemeinen Prinzipien, die keine Ausnahme zulassen. Die Wahrheit der Regel ist zufällig wie die einzelne Tatsache, die Wahrheit des Gesetzes notwendig wie das

Prinzip. Also wie sich die zufälligen, bloß faktischen Wahrheiten von den notwendigen Wahrheiten unterscheiden, so unterscheidet sich die Regel vom Gesetz, die sinnliche Erfahrung von der Erkenntnis, das Gedächtnis von der Vernunft, die sinnliche Vorstellung von der denkenden: jene erhebt sich nur bis zum Gedächtnis der Tatsachen, diese bis zur Erkenntnis der Ursachen. „Es gibt", sagt Leibniz, „eine Kombination der tierischen Vorstellungen, die eine gewisse Ähnlichkeit mit der Vernunft hat, aber diese Kombination gründet sich nur auf das Gedächtnis der Tatsachen (la mémoire des faits) und niemals auf die Erkenntnis der Ursachen (la connaissance des causes). So flieht der Hund den Stock, womit er geschlagen worden, weil ihm das Gedächtnis den Schmerz vorstellt, den ihm jenes Instrument verursacht hat. Und die Menschen, soweit sie Empiriker sind – sie sind es in dreiviertel ihrer Handlungen –, machen es so wie die Tiere; man erwartet, daß es morgen Tag werden wird, weil man es immer so erfahren hat. Nur der Astronom sieht den Aufgang der Sonne aus Gründen vorher, und auch diese Voraussicht wird zuletzt fehlschlagen, wenn die Ursache des Tages, die nicht ewig ist, aufhören wird. Aber die denkende Einsicht (raisonnement) gründet sich auf notwendige oder ewige Wahrheiten, wie die Wahrheiten der Logik, Arithmetik, Geometrie, woraus die zweifellose Ideenverknüpfung und die unfehlbaren Schlüsse hervorgehen. Die Individuen, welche jene Kombinationen nicht einsehen, nennen wir Tiere (bêtes), diejenigen aber, welche die notwendigen Wahrheiten erkennen, sind im eigentlichen Sinne des Wortes die vernünftigen Individuen, und ihre Seelen heißen Geister. Diese Seelen sind der Reflexion und Selbstbetrachtung fähig, welches Vermögen sie zur Wissenschaft und demonstrativen Einsicht befähigt."[133]

2. *Sinnlichkeit und Vernunft*

Die sinnliche Erfahrung hat der Mensch mit dem Tiere gemein, die Vernunfterkenntnis hat er voraus. Da nun die beschränkte oder sinnliche Vorstellung den elementaren Zustand der Seele, gleichsam deren erste Gewohnheit ausmacht, so bleibt das menschliche Leben in den meisten Individuen und in den meisten Handlungen in dieser Gefangenschaft der sinnlichen Erfahrung. Soll zwischen Tier und Mensch die kleinste Differenz gesucht werden, so verweisen wir auf die beiden gemeinsame empirische Vorstellung; handelt es sich um die größte, so verweisen wir auf die Vernunfterkenntnis, von welcher Leibniz selbst erklärt, daß sie ihrer ganzen Art nach von der sinnlichen Erfahrung verschieden sei. Wie weit auch die Erfahrung ihre Kenntnisse ausdehne und ihr Gebiet erweitere,

---

[133] *Principes de la Nature et de la Grace* (Nr. 5), a.a.O.

so bleibt auf dem höchsten Grade ihrer Ausbildung immer noch eine unendliche Differenz zwischen Empirie und Erkenntnis. Dies ist unter den Monaden die große Differenz zwischen Tier und Mensch, im Menschen selbst zwischen Sinnlichkeit und Vernunft, in der menschlichen Erkenntnis zwischen der sogenannten empirischen und spekulativen Wissenschaft. Gäbe es nur Erfahrung, so gäbe es keine wirkliche Erkenntnis: diesen Satz hat Leibniz ebenso klar eingesehen, wie vor ihm Plato und nach ihm Kant. Denn die empirischen Urteile gründen sich alle auf Tatsachen, die ihrer Beschaffenheit nach zufällig und partikular sind, die rationalen dagegen auf Grundsätze, die ihrer Beschaffenheit nach allgemein und notwendig sind. Tatsachen sind a posteriori gegeben, Prinzipien a priori: darum sind die Erfahrungsurteile zufällige und partikulare Wahrheiten, die aus sinnlich gegebenen Tatsachen abstammen, die rationalen Erkenntnisse dagegen sind notwendige Wahrheiten, die von Prinzipien ausgehen. Die empirischen Schlußfolgerungen sind „inductiones particularium a posteriori", während die rationalen *(ratiocinatio)* „a priori per rationes" fortschreiten. In seiner Abhandlung über die Tierseele gibt Leibniz folgende abschließende und genaue Erklärung über den Unterschied zwischen Vernunft und Erfahrung: „Sofern der Mensch nicht empirisch, sondern vernunftgemäß handelt, vertraut er nicht allein den Erfahrungen oder den partikularen Urteilen, die er von Tatsachen abgeleitet hat, sondern er urteilt aus Prinzipien und schließt nach Vernunftgründen. Und wie sich der Geometer oder der mit der Analyse vertraute Kopf von dem gewöhnlichen Rechenlehrer unterscheidet, der dem Gedächtnis der Knaben die Regeln der Arithmetik mechanisch beibringt, deren Gesetze er selbst nicht kennt, und der geradezu ratlos ist, wenn ihm eine etwas ungewöhnliche Frage begegnet, so unterscheidet sich der empirische Kopf von dem rationalen und die tierische Kombinationskraft *(consecutiones bestiarum)* von der menschlichen *(ratiocinatio)*. Wenn wir auch noch so viele Fälle durch eine Reihe von Experimenten festgestellt haben, so sind wir doch niemals des beständigen Erfolges sicher, außer wir finden notwendige Prinzipien, woraus endgültig folgt, daß die Sache schlechterdings so sein müsse. Darum sind die Tiere unfähig, allgemeine Urteile *(universalitatem prosositionum)* zu fassen, weil sie die Kategorie der Notwendigkeit nicht kennen. Und mögen auch bisweilen die Empiriker auf dem Wege der Induktion zu wahrhaft allgemeinen Sätzen gelangen, so geschieht es nur durch Zufall (per accidens) und nie kraft ihrer Schlüsse *(vi consecutionis)*."[134]

---

[134] *Commentatio de anima brutorum* (Nr. XIV), Gerhardt Phil. VII, 331 f.; Erdmann 464 f.

3. Das Vermögen der Prinzipien

Ohne Prinzipien gibt es keine allgemeinen und notwendigen Urteile, keine rationale Erkenntnis, keine wirkliche Wissenschaft. Wie nun das Prinzip oder Wesen der Dinge den Grund aller Erscheinungen bildet, so bildet die Vorstellung jenes Prinzips oder der Begriff vom Wesen der Dinge den Grund unserer rationalen Erkenntnis. Wo diese allgemeinen und notwendigen Ideen nicht sind, da ist eine Vernunfterkenntnis unmöglich, und wo die letztere möglich ist, da müssen jene vorhanden sein; sie müssen im menschlichen Geiste gegenwärtig sein, wenn aus demselben Wissenschaft und Erkenntnis hervorgehen soll. Aber wie findet der menschliche Geist diese Prinzipien? Aus Tatsachen können die allgemeinen und notwendigen Begriffe unmöglich abgeleitet, auf dem Wege induktiver Erfahrung können sie niemals entdeckt werden. Wie sollten jemals aus einzelnen Tatsachen allgemeine Begriffe, aus zufälligen Tatsachen notwendige Begriffe folgen? Also müssen sie, da sie a posteriori niemals gegeben sein können, notwendig a priori gegeben sein. Entweder gibt es im menschlichen Geiste keine wahre Wissenschaft, oder es finden sich in unserer Seele allgemeine und notwendige Begriffe; entweder sind uns diese Begriffe gar nicht oder a priori gegeben. Was aber a priori gegeben ist, das liegt in der ursprünglichen Verfassung unseres Wesens oder ist uns angeboren. Wenn daher im menschlichen Geiste notwendige und allgemeine Wahrheiten erkannt werden sollen, so müssen in seiner Anlage notwendige und allgemeine Begriffe enthalten sein: das sind die angeborenen Ideen, die unsere Erkenntnis präformieren.

III. Die angeborenen Ideen

1. Die Erkenntnisanlage

Die Erklärung des Geistes führt unseren Philosophen mit Notwendigkeit zu der Annahme angeborener Begriffe, die allen unseren Vorstellungen als Prinzipien vorausgehen und das vernünftige Erkennen wie das moralische Handeln allein ermöglichen. Da nun alles, was sich in einer Monade findet, aus der Natur dieses Wesens selbst erklärt werden muß, so bilden die angeborenen Begriffe die ursprüngliche Natur des Geistes oder dessen Anlage. Dies ist der Gesichtspunkt, unter dem diese Grundlage der Leibnizischen Erkenntnislehre von ähnlichen Vorstellungsarten unterschieden und gegen die Angriffe der entgegengesetzten Philosophie verteidigt sein will. Der menschliche Geist beruht auf der Anlage der menschlichen Seele, diese enthält gewisse Vorstellungen, welche die wissenschaftliche Erkenntnis präformieren: Ideen, welche gleichsam die

Keime der Wissenschaft, die virtuellen Erkenntnisse (connaissances virtuelles) oder, wie sich Scaliger ausdrückt, den Samen der ewigen Wahrheiten *(semina aeternitatis)* bilden. Und der Geist selbst ist die Entwicklung jener ursprünglichen Anlage, die Transformation jener präformierten Begriffe, die aus dunklen Vorstellungen deutliche, aus bewußtlosen reflektierte, aus bloßen Erkenntnisanlagen wirkliche Erkennwisse werden. Dies sind in wenigen Zügen die Hauptsätze, welche gegen *Lockes* Versuch über den menschlichen Verstand Leibniz in seinen neuen Versuchen über dasselbe Thema verteidigt und ausführt. Sie lassen sich auf den Satz zurückführen, daß der Geist ein ursprüngliches Wesen ist, dessenKräfte zunächst als Anlagen, d.h. im Zustande der Präformation existieren.

Die Lehre von den angeborenen oder ursprünglichen Ideen ist so oft aufgestellt worden, als man eingesehen hat, daß es Erkenntnisse gibt, die aus der Erfahrung nicht abzuleiten sind; sie ist so oft verneint worden, als man alle menschliche Erkenntnis nur aus der Erfahrung und diese nur aus der sinnlichen Wahrnehmung begründen wollte. Die Rigoristen der Vernunfterkenntnis haben immer behauptet, was die Rigoristen der Empirie immer in Abrede gestellt: daß es ursprüngliche und ewige Wahrheiten gebe, die von dem menschlichen Geiste erkannt werden und allein durch ursprüngliche und ewige Ideen begriffen werden können. Wir wollen hier diese Streitfrage nicht entscheiden, aber es läßt sich eine Formel finden, die beide Parteien vereinigt, sobald wir den kategorischen Satz der Rationalisten in einen hypothetischen verwandeln. Gesetzt, es gibt in der menschlichen Erkenntnis allgemeine und notwendige Urteile im strengen Sinne des Wortes, so muß es im menschlichen Geiste allgemeine und notwendige Begriffe geben, die nicht anders als a priori existieren können, indem sie allen unseren empirischen und bedingten Vorstellungen vorangehen. Die Empiristen leugnen den Schlußsatz, weil sie die Voraussetzung leugnen; sie sagen, es gibt überhaupt keine allgemeinen und notwendigen Urteile, und was wir mit einigem Scheine so nennen, sind nur gewisse sinnliche Beobachtungen, die sich oft wiederholt haben. In Wahrheit ist jedes menschliche Urteil ein partikulares, geschöpft aus Tatsachen und gegründet also auf einzelne Fälle. Wenn in dem Kreise unserer Beobachtung dieselbe Erscheinung unter denselben Merkmalen oft wiederkehrt, so verallgemeinern wir zuletzt unser Urteil und nennen es dann generell. Dies ist eine Täuschung, die einen subjektiven Sprachgebrauch für eine objektive Wahrheit ausgibt. Weil nach unserer Erfahrung irgend eine Tatsache bis jetzt immer so geschehen ist, folgt nicht, daß sie immer so geschehen müsse. Dieser Übergang von der bedingten Tatsache zur unbedingten Notwendigkeit ist keine Folgerung, sondern ein Sprung, ein leerer Glaube, von dem der strenge, auf Erfahrung gegründete Verstand wohl einsieht, daß er unbewiesen sei und unbeweisbar. So denken die Empiristen. Darin ist nun Leibniz mit ihren Gegnern einverstanden, daß die Wissenschaft in notwendigen Wahrheiten bestehe, und daß die Erkenntnis derselben ursprüngliche Begriffe in unserer Seele voraussetze. Solche ursprüngliche Begriffe sind als die Erklärungsgründe der menschlichen Erkenntnis auch vor Leibniz von Plato und Descartes, nach ihm von Kant und Fichte behauptet worden. Um Leibnizens Lehre von den angeborenen Ideen genau zu erkennen, diene uns ihre Unterscheidung von ähnlichen Lehrarten.

2. *Leibniz und Descartes*

Vergleichen wir in Ansehung der angeborenen Ideen seine Lehre mit der Kartesianischen, die ihr vorausging. Nach beiden sind die Urbegriffe, die aller Erkenntnis zugrunde liegen, Urtatsachen in unserer Seele. Nach Descartes sind uns dieselben von Gott selbst unmittelbar angeboren und aus dem Wesen des menschlichen Geistes allein nicht zu erklären, da aus dem bloßen Denken nicht die Erkenntnis der Dinge, aus dem Selbstbewußtsein, für sich genommen, weder die Vorstellung Gottes noch die der Körper folgen könne. Nach Leibniz dagegen sind jene Urbegriffe in der Natur des menschlichen Geistes begründet; sie sind nicht von außen gegeben, da von außen überhaupt nichts in das Wesen einer Monade eintritt, sie sind auch nicht von Gott gegeben, da Gott einen unmittelbaren Einfluß auf die Monaden überhaupt nicht ausübt, sondern sie sind in der Anlage des menschlichen Geistes enthalten. Descartes erklärt die Prinzipien der Erkenntnis aus der Kraft Gottes, der sie unserem Geiste eingepflanzt hat, Leibniz aus der Anlage des menschlichen Geistes, die ohne unser Zutun als eine ursprüngliche Tatsache gegeben ist; Kant und Fichte erklären sie aus der Kraft des menschlichen Geistes, der sie durch die Tat des Selbstbewußtseins hervorbringt. Leibniz nimmt die richtige Mitte zwischen der dogmatischen und der kritischen Philosophie: die Prinzipien der Erkenntnis sind nach ihm weder Produkte Gottes, noch Produkte des Menschen, sondern *Naturell* des Geistes; und nur sofern die Natur überhaupt als ein Produkt oder eine Schöpfung Gottes angesehen wird, nur in diesem mittelbaren Sinne dürfen die angeborenen Ideen von Gott hergeleitet werden. Indem Leibniz den menschlichen Geist aus der Natur erklärt, entspricht seine Vorstellungsweise noch dem naturalistischen Charakter der dogmatischen Philosophie; aber er bildet den Vorläufer der kritischen, da er im Wesen des Menschen allein den Grund der Erkenntnis entdeckt: die angeborenen Ideen sind bei ihm mittelbare Produkte Gottes und unmittelbare Anlagen oder ursprüngliche Tatsachen des menschlichen Geistes.

Mit dieser eigentümlichen Auffassung der angeborenen Ideen unternimmt er deren Verteidigung wider die Empiristen und führt diesen wissenschaftlichen Streit um so sicherer und erfolgreicher, als er imstande ist, die Gegner hier mit ihren eigenen Waffen zu schlagen. Er verteidigt seine Lehre so, daß er die angeborenen Ideen in Übereinstimmung mit den Naturgesetzen auffaßt, als die naturgesetzlichen Bestimmungen des menschlichen Geistes dartut und gleich Naturgesetzen physikalisch nachweist. In der Natur entdeckt Leibniz die angeborenen Ideen und zeigt, daß deren Dasein jedem einleuchten müsse, der den menschlichen Geist gründlich untersuche und nicht zu oberflächlich beurteile, wie Locke denselben „un peu à la légère" betrachtet habe.

3. Leibniz und Locke

In einem Punkte freilich hat Locke die Lehre Descartes' von den angeborenen Ideen entkräftet. Nach Descartes ist der Geist eine Substanz, deren Attribut im Denken besteht, er ist ein denkendes, selbstbewußtes Wesen, in dessen Gebiete sich nichts findet, was nicht gedacht oder gewußt wäre. Daraus folgt, daß es im Geiste entweder keine angeborenen Ideen, keine ursprünglichen Begriffe geben könne, oder daß dieselben gewußt und zwar immer gewußt sein müssen. Die Erfahrung lehrt das Gegenteil. Die meisten Menschen wissen von den Prinzipien der Erkenntnis nichts und sterben, ohne sie je zu erfahren; es gibt niemand, in dem das Bewußtsein derselben immer gegenwärtig wäre, und die wenigen endlich, welche sich einer solchen Wissenschaft rühmen, erreichen sie erst nach langen Untersuchungen, während, wenn Descartes Recht hätte, der Geist das Bewußtsein der angeborenen Ideen mit auf die Welt bringen müßte. Sind aber die Ideen nicht immer gewußt, so sind sie überhaupt nicht im Geiste, und es muß in Übereinstimmung mit der Erfahrung geurteilt werden: daß es keine angeborenen Ideen gibt. Wenn dem Geist überhaupt etwas angeboren wäre, so könnten es nur Ideen, Begriffe, bewußte Vorstellungen sein. Sind dem Geiste nun, wie die Erfahrung lehrt, keine Ideen angeboren, so folgt, daß ihm überhaupt nichts angeboren ist, daß er völlig leer auf die Welt kommt, daß er keine ursprüngliche, sondern nur eine abgeleitete Erkenntnis hat, die nicht aus Begriffen, sondern nur aus sinnlichen Wahrnehmungen herkommen kann. Der Geist erzeugt nichts, sondern empfängt alles. Er ist, an sich betrachtet, leer, wie eine „*tabula rasa*", die nichts enthält und erst allmählich von den Zeichen der sinnlichen Eindrücke und ihrer verschiedenen Kombinationen bevölkert wird; er gleicht einem unbeschriebenen Blatte, welches allmählich von der sinnlichen Erfahrung angefüllt wird, einer wächsernen Tafel, welche die Fähigkeit hat, die Eindrücke der Dinge zu empfangen und aufzubewahren. Darum ist unsere Erkenntnis ein Produkt unserer Sinne, und es muß von dem menschlichen Verstande geurteilt werden: „nihil est in intellectu, quod non fuerit in sensu".

Lockes Lehre gründet sich auf folgende Sätze: 1. unserem Geiste sind keine Ideen angeboren, 2. also ist demselben nichts angeboren, oder er ist von Natur gleich einer leeren Tafel, 3. mithin bezieht der Geist seine Vorstellungen von den Sinnen, er empfängt sie von außen, und da alles Empfangen ein empfängliches, äußerer Eindrücke fähiges, also im Grunde materielles Wesen voraussetzt, so durfte Locke die Behauptung wagen, daß vielleicht die Seele selbst körperlicher Natur sei. Alle diese Sätze gelten unter einer Voraussetzung, welche Descartes festhält: daß der Geist im Gegensatze zum Körper nur im Bewußtsein bestehe, daß alle seine Vorstellungen bewußt, und die angeborenen Ideen, weil sie allen Geistern gemein sind, in allen Menschen immer gewußt sein müssen. Sobald sich zeigen läßt, daß diese bewußten Ideen in den meisten nicht vorhanden sind, in anderen nur allmählich entstehen, so hat Locke sein Spiel gewonnen und die Kartesianische Lehre von den angeborenen Ideen widerlegt.

Die Kartesianische Lehre, nicht aber diese Lehre überhaupt! Wenn es keine ursprünglichen *bewußten* Vorstellungen gibt, soll es darum überhaupt keine *ursprünglichen* Vorstellungen geben? In diesem Dilemma zwischen Descartes und Locke, zwischen dem Rationalismus des einen und dem Empirismus des anderen gibt es einen Mittelweg, welchen Descartes bei dem Dualismus seiner Prinzipien nicht finden konnte, den Locke übersah, und den Leibniz aus seinem überlegenen Standpunkte erblickte und ergriff.

Es ist wahr, was Locke aus der Erfahrung beweist: daß unserem Bewußtsein die angeborenen Ideen weder sogleich noch immer gegenwärtig sind, daß unseren bewußten Vorstellungen die sinnlichen vorangehen, daß überhaupt in unserem Geiste die Erkenntnis nicht unmittelbar gegeben ist, sondern allmählich entsteht. Dies ist eine unbestreitbare Tatsache. Die Erkenntnis *entsteht*, aber daraus folgt nicht, daß sie nur aus der sinnlichen Wahrnehmung entsteht. Es ist nicht weniger wahr, was Descartes behauptet, daß der Geist ein ursprüngliches Wesen ist, welches denkt und vorstellt. Diese ursprüngliche Kraft dem Geiste absprechen heißt so viel als die Tatsache desselben verneinen, und wenn Locke an die Stelle dieser Kraft die „tabula rasa" setzt, so faßt er den Empirismus zu eng, während Descartes den Rationalismus zu weit gefaßt hatte.

Beide Wahrheiten lassen sich sehr wohl vereinigen. Wir können mit Descartes die Ursprünglichkeit des Geistes, mit Locke die Entstehung der Erkenntnis bejahen und auf diese Weise zu einem

Schluß kommen, der weder mit den Tatsachen der Erfahrung noch mit dem Wesen unserer Seele streitet. Wir sagen: die Erkenntnis *entsteht*, aber sie entsteht *aus dem Geiste*, indem sich dessen ursprüngliche Kraft entwickelt und die elementare Vorstellung zur bewußten aufklärt. Wie sich nun der Geist in den einen mehr, in den anderen weniger ausbildet, so leuchtet ein, daß vieles in seinem Wesen enthalten sein kann, was nur in wenigen entwickelt und gewußt wird, daß überhaupt alles, was die Natur des Geistes in sich schließt, dem Bewußtsein nicht gleich, sondern allmählich aufgeht und nicht immer mit derselben Klarheit gegenwärtig bleibt. In seiner ersten und ursprünglichen Verfassung ist der menschliche Geist weder gleich einer leeren Tafel noch eine bewußte Erkenntnis, sondern die Anlage, woraus sich die Erkenntnis entwickelt, und worin deren Prinzipien oder Elemente wie in einem gebundenen Zustande schlummern. Anlage ist noch nicht entwickelte Anlage, im Zustande der Anlage ist der Geist noch nicht bewußter Geist, die Vorstellungen, welche in der Anlage enthalten sind, oder die angeborenen Ideen sind als solche noch nicht bewußte Ideen. Dieser Begriff der Geistesanlage und Entwicklung löst die Frage zwischen Descartes und Locke. Indem Leibniz aus der Anlage die Erkenntnis erklärt, so erklärt er sie im Geiste des Empirismus aus natürlichen Bedingungen, denn jede Anlage ist eine Naturkraft. Indem er diese Anlage in das Wesen der menschlichen Seele setzt, so erklärt er in Übereinstimmung mit dem Rationalismus die Erkenntnis aus der Natur des Geistes.

Tiefer Begriff der *Geistesanlage* fehlt sowohl bei Descartes, als bei seinem Gegner: jener kennt nur das Attribut oder die Eigenschaft des Geistes, dieser sucht nur die Entstehung der menschlichen Erkenntnis. Weil im Beginn unseres Lebens die geistige Macht als Minimum, die sinnliche als Maximum erscheint, so setzt Locke die Geistesanlage gleich Zero und erklärt die Sinnlichkeit für das Element aller Erkenntnis. Nach den dualistischen Begriffen Descartes' ist der Geist naturlos, nach den sensualistischen Begriffen Lockes ist er kraftlos; bei dem einen gilt er von vornherein für eine fertige, vollendete Substanz, bei dem anderen für eine tabula rasa: daher erscheint er unter beiden Gesichtspunkten als ein Wesen ohne Naturkraft d.h. ohne Anlage. Wo Anlage ist, da ist Entwicklung. Wo der Begriff der Anlage fehlt, da fehlt der Begriff der Entwicklung.

Die Anlage des Geistes ist die Anlage zur deutlich vorstellenden oder denkenden Kraft, die ja das Wesen des Geistes ausmacht. Wenn nun die entwickelte Vorstellung gleich ist der deutlichen, reflektierten, bewußten Vorstellung oder dem vernünftigen Denken, so ist im Zustande ihrer Anlage diese Kraft die noch unentwickelte, also undeutliche, reflexions- und bewußtlose Vorstellung, die als solche noch nicht Erkenntnis und Wissenschaft, wohl aber die gehaltvolle Bedingung enthält, aus der beide hervorgehen.

Hier läßt sich der Mangel der Geisteslehre sowohl bei Descartes als auch bei Locke kurz und bestimmt darlegen und in eine Formel fassen, auf welche Leibniz bei dieser Streitfrage mit Vorliebe zurückkommt. Beide haben die Anlage des Geistes darum nicht erkannt, weil ihren Untersuchungen das Dasein der *bewußtlosen* Vorstellungen entging; sie haben die bewußtlosen Vorstellungen darum nicht entdeckt, weil sie vorstellen und wissen für eine und dieselbe Sache nahmen, während sie doch in der eigenen Erfahrung leicht den Unterschied beider entdecken konnten. Denn wir stellen vieles vor, ohne daß wir es uns vorstellen, d.h. ohne es zu wissen. Jede Gemütsstimmung, die sich in deutliche Begriffe nicht auflösen läßt, beruht auf solchen bewußtlosen Vorstellungen und überhaupt jede bewußtlose Tätigkeit. Jede Sprache hat Lautzeichen, nicht jede hat Schriftzeichen, welche die Laute ausdrücken. Auch die Chinesen reden in den Lauten eines Alphabets, aber sie schreiben nicht in den Zeichen dieser Laute, sie haben ein Alphabet, ohne es zu kennen; sie stellen es redend vor, ohne es zu wissen. So ist das Alphabet bei den Chinesen eine bewußtlose, bei den Griechen eine bewußte Vorstellung. Und so haben wir vieles, ohne es zu wissen[135].

Aber freilich in dem naturlosen Geiste, dessen Tätigkeit im reinen Denken besteht, kann nichts vorgestellt werden, was nicht zugleich reflektiert würde, und nichts gedacht, was nicht zugleich gewußt würde: hier fallen Vorstellung und Reflexion immer unterschiedslos in eins zusammen[136]. Und eben dieselbe ungültige, mit der Erfahrung unvereinbare Voraussetzung beherrscht den englischen Philosophen in seiner Untersuchung des menschlichen Verstandes und bedingt sein ganzes System: ursprüngliche Vorstellungen sind ihm reflektierte Vorstellungen, angeborene Ideen bewußte Ideen, und weil sie das letztere nicht sind, so sind sie überhaupt nicht. Descartes identifiziert vorstellen und wissen, Locke identifiziert nach derselben Voraussetzung angeborene Vorstellungen und bewußte oder, wie Leibniz sagt, „*inné*" und „*connu*".

In den neuen Versuchen über den menschlichen Verstand macht Philaleth, der Repräsentant der Lockeschen Philosophie, folgenden Einwurf gegen die angeborenen Ideen: „Diese Ideen sind so wenig in den Geist aller Menschen von Natur eingeschrieben, daß sie nicht einmal in dem Geiste der meisten wissenschaftlich Gebildeten, die ja aus der gründlichen Untersuchung der Dinge ihren Beruf machen,

---

135 *Nouveaux essais*, Livre I, Chap. I, § 19; Gerhardt Phil. V, 69 f.; Erdmann 211.

136 *Monadologie* Nr. 14, Gerhardt Phil. VI, 609; Erdmann 706. Vgl. oben S. 456, Anm. 1.

sehr klar und deutlich erscheinen, während sie doch von jedermann erkannt sein müßten." Darauf entgegnet Theophil im Sinne von Leibniz: „Dies heißt immer wieder auf dieselbe Voraussetzung zurückkommen, die ich doch so oft widerlegt habe, nämlich auf die Annahme, *daß nichts angeboren* (inné) *sei, was nicht erkannt* (connu) ist. Was angeboren ist, das wird nicht sogleich klar und deutlich als solches erkannt: es gehört oft sehr viel Aufmerksamkeit und Entwicklung dazu, um dessen inne zu werden, und eben diese Bedingungen haben die Leute der Wissenschaft nicht immer und alle anderen Menschen noch weniger"[137].

Aber wie voreilig jenes inné = connu ist, wie diese Gleichung nicht weniger als alle Mittelglieder übersieht zwischen der Anlage und dem entwickelten Zustande, zwischen Virtualität und Virtuosität: das läßt sich an den sensualistischen Begriffen selbst auf das deutlichste dartun. Wir wollen annehmen, daß im Geiste inné gleich connu, die angeborenen Begriffe gleich bewußten Begriffen oder Erkenntnissen sein sollen, daß darum, weil uns keine Erkenntnisse angeboren sind, dem Geiste auch keine Begriffe, also überhaupt nichts angeboren sein kann; wir wollen diese Voraussetzung zugeben, wenn sich das weitere System des Sensualisten damit verträgt. Was ist also der menschlichen Seele angeboren, wenn es die Begriffe nicht sind, wenn der Geist ursprünglich vollkommen leer, also so gut als nicht ist? Nur der Körper, so lautet die Antwort, und dessen Organe, deren sinnliche Eindrücke die Quelle aller Erkenntnis ausmachen. Aber sind uns wirklich die körperlichen Organe und die sinnlichen Wahrnehmungen in dem Sinne angeboren, in dem es die Begriffe dem Geiste nicht sind? Denn das müssen sie sein, wenn Locke den Sensationen des Körpers die Ursprünglichkeit zuschreiben darf, die er dem Geiste und dessen Begriffen abspricht. Angeborene Ideen, sagte Locke, müssen bewußte Ideen d.h. Erkenntnisse oder entwikkelte Begriffe sein. So müssen nach derselben Anficht angeborene Körper sich bewegende Körper, angeborene Organe entwickelte Organe sein. Wenn in Ansehung des Geistes Angeborensein so viel als Wissen bedeuten soll, so muß es in Ansehung des Körpers so viel als Bewegung und Empfindung bedeuten. Die Sehkraft ist uns angeboren, aber nicht das Sehen; die Muskelkraft ist uns angeboren, aber nicht das Gehen. Warum soll man in demselben Sinne nicht sagen dürfen: Begriffe oder Erkenntnisvermögen seien uns angeboren, aber nicht das Erkennen? Warum sollten dem Geiste nicht in demselben Sinne die Vorstellungen angeboren sein wie dem Körper die Organe?

[137] *Nouveaux essais*, Livre I, Chap. 2, 12; Gerhardt Phil. V, 88; Erdmann 217.

Indem Leibniz das System der Harmonie gegen Bayle verteidigt, bezeichnet er einmal die Vorstellungen oder die Gedanken als die Organe der Seele, als die Instrumente, womit die Seele ihre Gesetze ausführt[138]. Warum soll von diesen Organen nicht gelten, was von allen übrigen Organen ohne Ausnahme gilt? Wenn unserem Geiste darum nichts angeboren ist, weil es nicht gleich Erkenntnisse oder entwickelte Begriffe sind, so ist in *diesem* Sinn auch dem Körper kein Sinnesorgan, auch der Seele kein Körper angeboren. Die Sinne, weil sie nicht sogleich empfinden, sind ebensogut tabula rasa, als der Geist, weil er nicht sogleich erkennt. Ist inné gleich connu, so ist der Unterschied aufgehoben zwischen Virtualität und Virtuosität, und Locke müßte folgerichtig erklären: wo keine Virtuosität ist, da ist auch keine Virtualität; wo die entwickelte Kraft fehlt, da fehlt die Kraft überhaupt; wo keine Erkenntnis ist, da sind auch keine Begriffe; wo keine Empfindung ist, da sind auch keine Organe: Sätze, die nur dann richtig werden, wenn man sie umkehrt. Zugunsten seiner Voraussetzung müßte Locke nicht bloß den Geist, sondern auch den Körper in ein ursprüngliches Nichts verwandeln und den Menschen überhaupt für *tabula rasa* erklären.

Nehmen wir das Angeborensein im Verstande Lockes als entwickelte Kraft, so muß es von den Ideen des Geistes ebensogut wie von den Organen des Körpers geleugnet werden, Nehmen wir es, wie Leibniz, als Anlage oder unentwickelte Kraft, so gilt es von beiden, und dem Geiste sind in den Ideen die Organe der Erkenntnis ebensogut angeboren wie dem Körper in den Sinnen die Organe der Empfindung. Dies ist der Mittelweg zwischen Descartes und Locke oder vielmehr der beiden überlegene Standpunkt: der menschliche Geist ist weder unmittelbare Erkenntnis, wie sich Descartes einbildet, noch, wie Locke meint, tabula rasa, sondern er ist Anlage zur Erkenntnis. Wir vergleichen in dem von Leibniz beliebten Bilde die Erkenntnis oder den entwickelten Geist mit einem ausgebildeten Kunstwerke, etwa mit einer Herkulesstatue: so erscheinen die Anlagen des Geistes oder die angeborenen Ideen gleich einem Marmor, der von Natur so geädert ist, daß er die Herkulesstatue präformiert und gleichsam in Lineamenten vorzeichnet, der also nach keiner fremden Idee mehr geformt, sondern nach seiner eigenen eingeborenen Form nur ausgemeißelt zu werden braucht, um als deutliches Kunstwerk zu erscheinen. „Wenn die Seele jener leeren

[138] „Bayle wendet nur ein, daß die *Seele* keine Werkzeuge habe, um ihre Geseße auszuführen. Ich antworte und habe geantwortet, daß sie deren allerdings hat: es sind ihre gegenwärtigen Gedanken, aus denen die folgenden hervorgehen, und man kann sagen, daß in der Seele, wie sonst überall, die Gegenwart schwanger sei mit der Zukunft", *Reponse aux reflexions* usw., Gerhardt Phil. IV, 563; Erdmann 187.

Tafel gliche, so wären die Wahrheiten in uns, wie die Herkulesfigur in einem Marmor, der sich vollkommen gleichgültig dagegen verhält, ob er diese Gestalt empfängt oder jene. Gesetzt aber, es gäbe Adern in dem Steine, die vor anderen Gestalten die des Herkules bezeichneten, so wäre ein solcher Stein zu dieser Gestalt mehr als zu jeder anderen bestimmt, und der Herkules wäre ihm gleichsam eingeboren, obschon Arbeit dazu gehört, um jene Adern zu entdecken und durch Politur zu reinigen, indem man alles fortschafft, was deren deutliches Hervortreten verhindert. So sind uns die Ideen und Wahrheiten eingeboren als Neigungen, Dispositionen, natürliche Fähigkeiten (virtualités naturelles), nicht aber als Handlungen, obschon diese Fähigkeiten immer zugleich von entsprechenden, oft unbemerkbaren Handlungen begleitet sind."[139]

Setzen wir an die Stelle der Kunst, die nur ein unvollkommenes Abbild der Dinge selbst ist, die lebendige Natur, die sich entwikkelt, so ist der menschliche Geist diejenige Natur, in deren Anlage die deutliche Vorstellung der Welt oder die *Wissenschaft* schlummert. Aus dieser Anlage folgen zunächst die unklaren, sinnlichen Vorstellungen, aus diesen die deutlichen und bewußten und daraus zuletzt die wissenschaftliche Erkenntnis. Wie nun der klare Verstand aus dem unklaren hervorgeht, so erscheint dieser in dem Bildungsgange des Individuums als erste Grundlage der Erkenntnis, und es wird von dem menschlichen Geiste nichts deutlich vorgestellt, was nicht vorher undeutlich oder sinnlich vorgestellt worden; es tritt nichts in unser Bewußtsein, was nicht vorher in bewußtlosen Vorstellungen die Seele erfüllt hat. In dieser Rücksicht urteilt Locke mit Recht: „nihil est in intellectu, quod non fuerit in sensu". Aber wenn so in der Ausbildung unseres Geistes die sinnliche Vorstellung der deutlichen vorangeht, folgt daraus schon, daß sie ursprünglich ist, daß sie den ersten und ausschließlichen Grund aller Erkenntnis bildet? Vielmehr folgen die sinnlichen Vorstellungen selbst aus dem ursprünglichen Vermögen des Geistes, und sie würden niemals klare Gedanken aus sich entbinden können, wenn sie nicht von einer verborgenen Denkkraft abstammten. Wir empfinden anders als die Tiere, und wir würden offenbar ganz wie sie empfinden, wenn nicht in unseren sinnlichen Wahrnehmungen schon eine höhere Seelenkraft tätig wäre, die allein in dem ursprünglichen Wesen des Geistes begründet sein kann. Unser Sinnenleben bildet daher in der Entstehung der Erkenntnis nicht das Prinzip, sondern eine untere oder mittlere Stufe, welche das deutliche Bewußtsein bedingt und selbst bedingt ist durch die Anlage des Geistes. Es ist wahr, daß

[139] *Nouveaux essais*, Preface und Livre I, Chap. I. § 11; Gerhardt Phil. V, 45, 77; Erdmann 196, 210.

wir nichts deutlich wissen, was wir nicht sinnlich vorgestellt haben, aber es wird im Geiste überhaupt nichts vorgestellt, weder deutlich noch undeutlich, was nicht aus dem Wesen des Geistes selbst folgt. Darum werden wir den Lockeschen Satz, damit er nicht einseitig und bedenklich erscheine, mit Leibniz so ergänzen müssen: „nihil est in intellectu, quod non fuerit in sensu, *nisi intellectus ipse*".

„Die Erfahrung ist notwendig, ich gebe es zu," sagt Leibniz in den neuen Versuchen, „um die Seele zu gewissen Gedanken zu bestimmen und auf die Ideen in uns aufmerksam zu machen, aber wie können Erfahrung und Sinne jemals Ideen vermitteln? Hat denn die Seele Fenster? Gleicht sie Schreibtafeln? Ist sie wie Wachs? Offenbar machen alle, die so von der Seele denken, dieselbe eigentlich zu einem körperlichen Wesen. Man wird mir den alten Grundsatz der Schule entgegenhalten: es ist nichts in der Seele, was nicht aus den Sinnen kommt. Doch muß man davon die Seele selbst und ihre Bestimmungen ausnehmen."[140]

Zehntes Kapitel. Die Entwickelung des Bewußtseins. Die kleinen Vorstellungen

I. Die Kontinuität des Seelenlebens

1. Die Tatsache der unbewußten Vorstellungen

Mit der Untersuchung der bewußtlosen Vorstellungen dringt die Leibnizische Philosophie in die geheime Werkstätte der geistigen Welt und erleuchtet jene dunkle Gegend der Seele, welche die Naturseite des menschlichen Geistes ausmacht. Leibniz hat dieses Gebiet für die philosophische Seelenlehre gewonnen und zum ersten Male auf die Entstehung des Bewußtseins aus dem unbewußten Leben der Seele hingewiesen. In unseren bewußtlosen Vorstellungen entdeckte er die Faktoren, welche den Zusammenhang des geistigen Lebens mit dem natürlichen vermitteln, die Eigentümlichkeit der Individualität ausprägen und in stetig fortschreitender Entwicklung die Schwelle des Bewußtseins erreichen. Auf diese Vorstellungen gründet sich das Naturleben des Menschen, das wir mit den übrigen Wesen niederer Art gemein haben, und zugleich die unsagbare Eigentümlichkeit, vermöge deren sich jeder einzelne von allen anderen Wesen seiner Art unendlich unterscheidet. Von hier aus

---

[140] *Nouveaux essais*, Livre II, Chap. I, § 2, Gerhardt Phil. V, 100; Erdmann 223.

betrachtet, erscheint die Differenz zwischen Mensch und Tier als eine kleine, die Differenz zwischen Mensch und Mensch als eine unendlich große, die von den früheren Philosophen keiner richtig zu schätzen gewußt hat. Keiner hat die Elemente erkannt, die das unsagbare Wesen der in ihrer Art einzigen Individualität, den *Kern* des Menschen ausmachen, aus dem sich die Früchte des Geistes entwickeln: den von geheimen, im Hintergrunde des Bewußtseins tätigen Seelenkräften allmählich gestimmten Grundton des Willens, der jeder menschlichen Persönlichkeit ihre eigene Art gibt und die feste Besonderheit des Charakters bildet. „Es ist nichts in unserem Verstande," sagt Leibniz, „was nicht in der dunklen Seele als Vorstellung schon geschlummert hätte." Ebenso ist nichts in unserem Charakter, was nicht in eben jenem Schacht unseres Innern als Willenszug angelegt und vorbereitet worden. Nichts wird von uns deutlich erkannt, was wir nicht vorher dunkel vorgestellt haben, nichts deutlich gewollt, was wir nicht vorher dunkel und gleichsam instinktiv erstrebt haben.

Erwägen wir, wie dem menschlichen Mikrokosmus gerade in seiner verborgenen Tiefe das achtzehnte Jahrhundert seine wissenschaftliche und poetische Aufmerksamkeit mit besonderer Vorliebe zuwendet, wie hier die eigene Individualität mit so vielem Eifer beobachtet, in so vielen Selbstbekenntnissen und Autobiographien dargestellt wird: so sehen wir, wie es Leibniz ist, der in dieser Richtung dem Jahrhundert die Fackel voranträgt. Die Lehre von den „kleinen Vorstellungen", von welcher Seite wir dieselbe betrachten und würdigen, erscheint uns in jedem Sinne als der eindringlichste und fruchtbarste Begriff seiner Philosophie, die durch ihre ganze Anlage und Richtung in der Verfassung war, diese Entdeckung zu machen. Und keine ihrer Untersuchungen zeigt uns anmutiger und lehrreicher, wie Leibniz mit der eindringenden Unterscheidungskraft seines Verstandes zugleich eine poetische Anschauung für die ganze Fülle der menschlichen Natur zu verbinden wußte. Wir haben den „kleinen Vorstellungen" eine dreifache Bedeutung beigelegt: sie sind das Bindeglied, welches den Geist mit der Natur verknüpft und in dem natürlichen Stufengange der Dinge festhält; sie sind der Schlüssel für das Labyrinth der einzelnen Menschenseele; sie bilden die Schwelle des Bewußtseins.

Die Tatsachen der Natur und die Prinzipien der Metaphysik vereinigen sich, um das Dasein der bewußtlosen Vorstellungen in unserer Seele zu beweisen. Wie in den Körpern die bewegenden Kräfte von der Natur dargetan und von der Metaphysik erklärt werden, so im Geiste die bewußtlos vorstellenden Kräfte. Hier findet sich zwischen den Tatsachen der Geisteslehre und den Prinzipien der Metaphysik dieselbe Übereinstimmung, die wir früher zwischen der Metaphysik und den Tatsachen der Körperlehre nachgewiesen haben.

Zunächst gelten uns die bewußtlosen Vorstellungen als eine notwendige Annahme, ohne welche die Tatsache des Geistes so wenig erklärt werden kann wie ohne bewegende Kräfte die des Körpers. Der Geist war die bewußte Vorstellung seiner selbst und der Welt, daraus folgte notwendig die deutliche und vernunftgemäße Erkenntnis der Dinge. Eine solche Erkenntnis bestand in notwendigen und ewigen Wahrheiten, welche nicht gefaßt werden konnten ohne Begriffe, die uns ursprünglich gegeben sind, d.h. ohne angeborene Ideen. Angeboren aber sind uns niemals bewußte Vorstellungen, mithin müssen die angeborenen Ideen bewußtlose Vorstellungen sein. So gewiß in unserem Geiste ewige Wahrheiten existieren, so gewiß gibt es in unserer Seele angeborene Ideen oder bewußtlose Vorstellungen. Ohne diese Voraussetzung ist die Tatsache der Erkenntnis nicht zu erklären.

2. Die immer tätige Kraft der Vorstellung

Nun lehrte die Metaphysik, daß alle Dinge Kräfte, alle Kräfte tätige und zwar immer tätige Wesen sind.[141] Mithin sind die vorstellenden Kräfte *immer* vorstellend, es gibt in denselben keine *leeren* Momente, so wenig wie in den Körpern leere Räume oder in der Weltordnung leere Zwischenreiche. Gilt dieser Satz ohne Ausnahme von allen Wesen, so muß von der menschlichen Seele erklärt werden, daß *sie immer denkt*, daß es keinen Augenblick unseres Lebens gibt, der von allen Vorstellungen gänzlich entblößt wäre. Aus den ersten Prinzipien der Metaphysik folgt, daß die menschliche Seele unaufhörlich vorstellt oder fortwährend in der Entwicklung von Vorstellungen begriffen ist, sonst wäre sie nicht Kraftäußerung, also überhaupt nicht Kraft, also nichts.

Unsere tägliche Erfahrung beweist, daß wir nicht immer mit Bewußtsein vorstellen. Da nun zufolge ewiger Gesetze die vorstellende Kraft immer wirkt, so müssen wir auch ohne Bewußtsein und ohne Reflexion vorstellen. Die Metaphysik begründet, was die Tatsache des geistigen Lebens zu ihrer Erklärung verlangt: daß es in unserem Geiste bewußtlose Vorstellungen gibt. Ja, sie beweist mehr: daß die *Seele*, wenn sie nicht mit Bewußtsein vorstellt, *immer* von bewußtlosen Vorstellungen eingenommen und erfüllt ist. Die tägliche Erfahrung lehrt uns, daß wir nicht immer bewußte Vorstellungen haben; sie läßt dahingestellt sein, ob es bewußte Vorstellungen gibt oder nicht, ob der bewußtlose Geist in gewisser Weise tätig oder, wie Locke will, vollkommen leer ist. Die Tatsache

[141] S. oben Buch II. Kap. I, S. 307 ff.

der Erkenntnis erklärt, daß es angeborene Erkenntnisprinzipien und darum bewußtlose Vorstellungen geben müsse; sie läßt dahingestellt sein, ob die letzteren sich nur auf jene zur Erkenntnis notwendigen Ideen beschränken und außerdem die Seele von Vorstellungen entblößt ist. Diese Möglichkeit verneint die Metaphysik, sie behauptet, daß der menschliche Geist nie „tabula rasa" ist, daß seine eingeborene. Kraft immer handelt, also immer vorstellt, sei es mit oder ohne Bewußtsein: *daß die bewußtlose Vorstellung so lange wirkt, als die bewußte nicht wirkt.*

Auch genügen die Tatsachen unserer Erfahrung allein, um in Übereinstimmung mit den Gesetzen der Metaphysik die Existenz der bewußtlosen Vorstellungen mit voller Sicherheit zu erklären. Es ist durch Erfahrung gewiß, daß wir bewußte Vorstellungen haben, es ist ebenso gewiß, daß wir nicht immer mit Bewußtsein vorstellen: also bleibt für unsere unbewußten Zustände nur übrig, daß hier entweder gar keine Vorstellungen sind oder bewußtlose. Setzen wir den ersten Fall: es seien gar keine Vorstellungen, die bewußtlosen Seelenzustände seien leer, so entsteht die Frage, woher kommen dann die bewußten? Aus nichts läßt sich niemals etwas erklären, Bewegungen können nur aus Bewegungen, Vorstellungen nur aus Vorstellungen folgen. Wenn den bewußten Vorstellungen gar keine Vorstellungen vorangingen, so würden jene aus nichts folgen, sie würden vollkommen unbegründet und unerklärlich, also so gut als nicht sein. Gibt es überhaupt Vorstellungen, so muß es deren immer geben, denn jede Vorstellung kann nur aus einer anderen, diese wieder nur aus einer anderen erklärt werden, so daß die Vorstellungsreihe auch nicht die kleinste Lücke erlaubt, denn auch in der kleinsten Lücke, in der geringsten Pause würde die Vorstellungskraft aufhören, und es wäre schlechterdings unbegreiflich, wie sie jemals wieder anfangen könnte. Dasselbe Gesetz der Kontinuität oder der unendlich kleinen Differenzen, welches den Stufengang der Dinge beherrscht, beherrscht auch in jeder einzelnen Monade die Tätigkeit der Kraft und läßt in stetigem Zusammenhange Kraftäußerung aus Kraftäußerung folgen. Ein Seelenzustand ohne Vorstellung wäre ein leerer Augenblick, ein psychisches Vakuum, welches ebenso unmöglich ist wie das physische Vakuum im Körper oder das metaphysische in der Weltordnung *(vacuum formarum).* Daß es in unserer Seele Vorstellungen gibt, ist durch Erfahrung gewiß, aber diese Erfahrung wäre unerklärlich, wenn es nicht immer Vorstellungen gäbe. Also müssen wir das Seelenleben gleichsetzen einer ununterbrochenen Vorstellungsreihe, deren Glieder in einem stetigen Fortschritte bis zu einem Grade der Intensität steigen, wo sie gemerkt, apperzipiert, gewußt werden, und wiederum zu einem so geringen Grade der Intensität herabsinken, daß sie nicht mehr gemerkt, apperzipiert, gewußt werden. Die Vorstellungen sind, wie die organischen Körper, in einer fortwährenden Verwandlung begriffen, worin sie sich entwickeln und wieder verhüllen, erleuchten und wieder verdunkeln, erwachen gleichsam und wieder einschlafen. Die wachen Vorstellungen sind die *bewußten*, welche in den Erleuchtungskreis der Reflexion eintreten; die verhüllten, dunklen, schlafenden Vorstellungen sind die *bewußtlosen*, die in den Schattenkreis der Seele, in die Nachtseite des Geistes wieder zurückgehen. Das Bewußtsein erleuchtet nie alle Vorstellungen zugleich, so wenig die Sonne in einem Augenblick alle Orte der Erde bescheint, sondern es sind immer die am meisten entwickelten, intensivsten Vorstellungen, die gewußt werden, während die übrigen nach dem Grade ihrer Intensität mehr und mehr an Deutlichkeit abnehmen, sich mehr und mehr von dem Bewußtsein entfernen und zuletzt unter dessen Horizont, unter das Niveau unserer Aufmerksamkeit herabsinken. So ist auch der Tod kein vorstellungsloser, sondern ein schlafender Zustand, aus dem wir erwachen werden[142].

II. Der Zusammenhang des Unbewußten und Bewußten

1. Die kleinen Vorstellungen als Elemente des Bewußtseins

Der bewußte Geist sieht die Vorstellungen wie das entwickelte Auge die sinnlichen Dinge, in den Verhältnissen der Perspektive. Je näher das Objekt unserem Gesichtspunkte, um so klarer das Bild, und umgekehrt, je entfernter das Objekt, um so undeutlicher seine Erscheinung. In der bewußten Seelenregion sind nicht alle Vorstellungen gleich deutlich, ebensowenig wie in unserem Gesichtskreise alle Dinge gleich sichtbar. An der Grenze des Horizontes verschwindet das Sichtbare, und innerhalb desselben werden die sichtbaren Dinge um so bemerkbarer, je näher sie unserem Gesichtspunkte kommen, um so dunkler, je weiter sie davon abliegen. Auch der bewußte Geist hat seinen Horizont, der gleichsam die Grenzlinie bildet zwischen den bewußtlosen und bewußten Vorstellungen. Was dieser Horizont in sich schließt, wird gewußt, aber nicht mit derselben Deutlichkeit; was jenseits desselben liegt, ist dem Bewußtsein nicht gegenwärtig. Wie die sinnlichen Erscheinungen allmählich in unseren Gesichtskreis eintreten und ihn wieder verlassen, ebenso allmählich treten die Vorstellungen in unser Bewußtsein, verlieren an Deutlichkeit, je weiter sie sich nach der Grenze der geistigen Gesichtsweite entfernen, und wie sie die äußerste Linie überschreiten, so sinken sie wieder herab in die Schattenregion der Seele. Wir vergleichen die bewußten

---

142 *Nouveaux essais*, Preface, Gerhardt Phil. V, 48; Erdmann 197.

Vorstellungen mit den sichtbaren Dingen, die bewußtlosen mit den nichtsichtbaren, sei es, daß wir diese noch nicht gesehen haben oder nicht mehr sehen. Wird man noch sagen, daß es außer den bewußten Vorstellungen in unserer Seele gar keine Vorstellungen gibt? Dies wäre ungefähr, als ob man sagen wollte: außer den Dingen, die wir sehen, gibt es auf unserer Erde keine Dinge weiter; die Grenze unseres Horizonts ist die Grenze unseres Weltkörpers; wo der Himmel die Erde zu berühren scheint, da berührt er sie wirklich! So dürfen die Kinder urteilen, aber nicht die Geographen. Ein Psycholog, der die bewußtlosen Vorstellungen leugnet und die menschliche Seele da aufhören läßt, wo der bewußte Geist aufhört, käme einem Geographen gleich, der die Erde für eine Fläche erklärt und unseren Gesichtskreis für deren Grenze. Wie der sinnliche Horizont nur den kleinsten Teil der irdischen Welt umfaßt, so erleuchtet der bewußte Geist immer nur einen sehr kleinen Teil des menschlichen Mikrokosmus und erleuchtet ihn so, daß die bewußten Vorstellungen von der Peripherie nach dem Zentrum zu immer deutlicher, von dem Zentrum nach der Peripherie hin immer dunkler werden. Ein Psycholog, der die bewußte Vorstellungswelt in diesen Schattierungen nicht einsieht, in dieser wachsenden und abnehmenden Deutlichkeit, gleicht einem chinesischen Maler, der die Kunst der Perspektive nicht versteht, und dessen Bilder darum so weit hinter den Anschauungen der Natur zurückbleiben.

In der Natur erscheinen uns die Dinge um so größer, je deutlicher und sichtbarer sie werden, um so kleiner, je weiter sie sich von unserem Standpunkte entfernen. Hier scheinen die Vorstellungen wirklich zu wachsen und sich zu verkleinern. Die Vergleichung der bewußten Vorstellungen mit den sichtbaren liegt so nahe, daß wahrscheinlich diese Analogie unserem Philosophen vorgeschwebt hat, wenn er die Vorstellungen sich verdeutlichen läßt, indem sie wachsen oder größer werden, und auf der anderen Seite die undeutlichen und bewußtlosen Vorstellungen insgesamt als „*kleine Vorstellungen* (perceptions petites)“ bezeichnet: das sind diejenigen, welche entweder nur schwach und wie aus weiter Ferne oder gar nicht apperzipiert werden (perceptions insensibles imperceptibles). Diese kleinen Vorstellungen im menschlichen Geiste sind analog den kleinen Körpern in der Natur, und sie verhalten sich zu den bewußten Vorstellungen wie die Korpuskeln oder die Atome zu den sichtbaren Körpern. Die bewußte Vorstellung unterscheidet sich von der bewußtlosen wie das Große vom Kleinen, nicht durch einen Gegensatz, sondern durch eine graduelle Stufenreihe, die allmählich aus dem Kleinen das Große entstehen läßt. Alles in der Welt fängt klein an, die Bewegung in der Natur wie die Vorstellung im Geiste, und es wird groß, indem es wächst und sich entwickelt. Das Große ist das entwickelte Kleine. Die großen intensiven oder bewußten Vorstellungen sind die entwickelten kleinen oder unbewußten.

Wie nun alle Entwicklung auf dem Gesetze der Kontinuität beruht, so erklärt dieses Gesetz allein, wie aus dem bewußtlosen Leben das bewußte, aus der Seele der Geist hervorgeht. Wenn es in der Welt nichts Kleines gäbe, so gäbe es keinen Anfang, kein Werden, und das Große wäre eine plötzliche, unbegründete und darum naturwidrige Erscheinung. Dann gäbe es in der Natur keine Kontinuität, die allein in der Entwicklung des Kleinen, in der allmählichen Entstehung des Großen besteht; dann gäbe es in der Welt keine Harmonie, die sich allein auf das Gesetz der Kontinuität gründet. Aus den kleinen Vorstellungen folgt die Kontinuität, aus dieser folgt die Harmonie. Darum sagt Leibniz: *„Es sind die kleinen Vorstellungen, wodurch sich die Weltharmonie erklärt.*“[143] „Die unbemerkbaren Vorstellungen“, so heißt es in der Einleitung zu den neuen Versuchen über den menschlichen Verstand, „haben in der Pneumatik eine eben so große Bedeutung wie die Korpuskeln in der Physik, und es ist gleich unverständig, beide deshalb zu verwerfen, weil sie außerhalb unseres sinnlichen Gesichtskreises liegen. Nichts geschieht mit einem Schlage. *Es ist einer meiner größten und bewährtesten Grundsätze, daß die Natur niemals Sprünge macht.* Ich habe dies schon früher das Gesetz der Kontinuität genannt, und die Anwendung desselben ist höchst wichtig in der Physik. Dieses Gesetz bewirkt, daß man immer vom Kleinen zum Großen und umgekehrt eine mittlere Sphäre durchwandert, von Grad zu Grad, von Teil zu Teil, daß eine Bewegung niemals unmittelbar aus der Ruhe entsteht, noch zur Ruhe unmittelbar zurückkehrt, es sei denn durch eine verminderte Bewegung. So kann man keine Linie oder Längendimension durchmessen, ohne zuvor eine kleinere Linie zurückgelegt zu haben. Aber bis jetzt haben die Physiker, welche die Gesetze der Bewegung aufgestellt, jenes Gesetz nicht beobachtet, denn sie glauben, ein Körper könne augenblicklich eine Bewegung empfangen, die der seinigen schnurstracks zuwiderläuft. Fassen wir alles zusammen, so läßt sich schließen, daß unsere bemerkbaren Vorstellungen in einer graduellen Entwicklung (par degrés) aus den Vorstellungen entstehen, die zu klein sind, um bemerkt zu werden. Urteilt man anders, so kennt man in der Tat wenig die unermeßliche Feinheit der Dinge, die immer und überall ein wirklich Unendliches in sich schließen.“[144]

---

[143] Siehe oben Buch II, Kap. VIII, S. 431.

[144] *Nouveaux essais*, Preface, Gerhardt Phil. V, 49; Erdmann 198.

2. *Die kleinen Vorstellungen als die Bedingung des Mikrokosmus*

Das unendlich Große und das unendlich Kleine durchdringen sich im Individuum. Hier kann das eine nur durch das andere dargestellt werden. Setzen wir das unendlich Große gleich dem Universum und das unendlich Kleine gleich der bewußtlosen Vorstellung, so leuchtet ein, daß in der menschlichen Seele das Universum nie ganz klar und deutlich, also entweder gar nicht oder nur unklar und undeutlich vorgestellt werden kann. Nur vermöge der bewußtlosen Vorstellung ist daher im Individuum das Ganze, das Unendliche, die Vorstellung der Welt gegenwärtig. Ohne das dunkle, unbewußte Seelenleben gibt es keinen Mikrokosmus. Ohne bewußtlose Vorstellungen, die das Ganze in sich schließen, gibt es im wahren Sinne des Wortes keinen Weltzusammenhang, der jedes Wesen mit allen übrigen verbindet. Der Weltzusammenhang gleicht einem unendlich feinen, unendlich verschlungenen Gewebe, worin jeder Teil durch zahllose Fäden mit allen übrigen verknüpft ist. Keine menschliche Wissenschaft ist jemals imstande, alle diese Fäden zu übersehen, jeden derselben zu unterscheiden und in seinem eigentümlichen Lauf zu verfolgen. Und doch sind sie, doch entspringen und münden in jedem Individuum zahllose Fäden, die es mit allen Dingen, alle Dinge mit ihm verbinden; doch ist jedes Individuum von Natur in ein solches unendlich feines, unendlich mannigfaltiges, nie ganz zu entwirrendes Gewebe verflochten. Wie in dem Mittelpunkte eines Kreises zahllose Radien zusammenlaufen, zahllose Zentriwinkel enthalten sind, so schließt die menschliche Seele unendlich viele Beziehungen und Vorstellungen in sich. Jenen unsichtbaren Fäden im Gewebe der Welt entsprechen die bewußtlosen kleinen Vorstellungen in der Seele des Menschen. „Sie bilden“, sagt Leibniz, „jenes *unsagbare Etwas*, die Empfindungsweise, die sinnlichen Vorstellungen, die im Ganzen klar, im Einzelnen verworren sind: diese Eindrücke, welche die Außenwelt auf uns ausübt, und die das Unendliche in sich schließen, dieses Band, das jedes Wesen mit dem ganzen übrigen Universum verbindet.“[145]

3. *Schlaf und Wachen. Die Gewohnheit*

Unsere Erfahrung kennt keinen Lebenszustand, worin die vorstellende Kraft pausiert und der Geist Vorstellungen zu bilden aufhört. Etwa im Schlaf? Auch das schlafende Leben hat seine

[145] Ces petites perceptions sont donc de plus grande efficace qu’on ne pense. Ce sont elles qui forment ce je ne sçay quoy, ces gouts, ces images des qualités des sens, claires dans l’assemblage, mais confuses dans les parties, ces impressions, que des corps environnans font sur nous, qui enveloppent l’infini, cette liaison, que chaque estre a avec tout le reste de l’univers.“ Ebendas., Gerhard Phil. V, 48; Erdmann 197.

Vorstellungen, indem es träumt, und wir träumen immer. Was man den traumlosen Schlaf nennt, ist nichts als der tiefe Schlaf, an dessen Träume wir uns nicht mehr erinnern, oder dessen Bilder wir nach dem Erwachen nicht mehr vorstellen. Aber wir haben jedesmal beim Erwachen das Gefühl, daß eine gewisse Zeit während des Schlafes verflossen ist, und dieses Gefühl wäre unmöglich, wenn wir nicht geträumt, d.h. während des Schlafes Vorstellungen gehabt hätten. Tenn wir messen allemal die Zeit nach den Vorstellungen, welche in ihr verfließen, so daß dieselbe Zeit uns lang oder kurz erscheint, je nachdem wir mehr oder weniger Vorstellungen während ihres Verlaufes gehabt haben. Wenn wir gar nicht träumten, so müßte uns die Zeit des Schlafes als keine erscheinen. Da nun der verflossene Schlaf stets als eine gewisse verflossene Zeit erscheint, so beweist diese Erfahrung hinlänglich, daß wir immer träumen. Auch würden wir nicht mit Vorstellungen erwachen, wenn wir ohne alle Vorstellungen geschlafen hätten. Auch den sogenannten traumlosen Schlaf begleitet immer eine schwache Empfindung der Außenwelt (quelque perception de ce qui se passe au dehors), und man erwacht um so eher, je mehr sich diese Empfindung regt, obwohl sie nicht immer stark genug ist, um das Erwachen zu verursachen. Darum muß man die Beständigkeit der Vorstellungen in unserer Seele nicht auf die Träume allein gründen, weil im Schlafe auch eine Vorstellung der Außenwelt stattfindet[146].

Leibniz bemerkt, daß sich das schlafende Leben, die bewußtlose, träumende Vorstellung der Außenwelt auch im wachen Zustande fortsetzt und mitten in unseren bewußten Handlungen gegenwärtig ist. Die bewußte Handlung nämlich, sei es in theoretischer oder praktischer Hinsicht, richtet sich immer auf einen bestimmten Gegenstand, dem sie ihre ganze Aufmerksamkeit widmet. Je lebendiger und wirksamer diese Aufmerksamkeit ist, um so mehr sammelt sich hier, wie in einem Brennpunkt, das Bewußtsein, um so ausschließlicher wird seine ganze Tätigkeit von jener Vorstellung eingenommen, und in solchen Zuständen höchster geistiger Anspannung verlieren wir, wie man zu sagen pflegt, Auge und Ohr für alle anderen Dinge. Wir sehen und hören wohl, was uns umgibt, aber undeutlich und wie im Traume; die Eindrücke der Außenwelt nehmen uns nicht ein, sondern gehen unbemerkt an unserer Seele vorüber. Auf *einen* Punkt konzentriert, sind wir für alle anderen zerstreut. Der Geist wacht in Ansehung dieses *einen* Objekts, und die Seele schläft in Ansehung aller anderen. Je lebhafter und angespannter dort die geistige Tätigkeit, um so bewußtloser sind

146 *Nouveaux essais*, Livre II, Chap. I, § 12, 13; Gerhardt Phil, V, 103 ff.; Erdmann 224 f.

die anderen Vorstellungen, um so tiefer schläft gleichsam in dieser Region unsere Seele. Man erzählt von Archimedes, daß er die Einnahme von Syrakus überhört habe, versenkt in mathematische Betrachtungen. Ein Geometer wurde bei Aufführung eines großen Tonwerks plötzlich von dem Anblicke einer Figur an der Decke des Saales überrascht, die ihm ein mathematisches Problem vorstellte, und vergaß darüber das Tonwerk, er hörte nur noch Geräusch, nicht mehr Musik. Die Seele des Archimedes schlief in Rücksicht des Kriegsgetümmels, das sie umtobte, sein Geist wachte in der Betrachtung der Zirkel; die Seele des anderen schlief in Rücksicht der Musik, während sein Geist in der geometrischen Aufgabe verweilte. Der so gefesselte und ausschließlich beschäftigte Geist zerstreut sich nach allen anderen Richtungen, und im Zustande der *Zerstreuung* handeln wir, wie im träumenden Schlafe, nach verworrenen Vorstellungen, denn wir wissen nicht, was wir tun, was wir vorstellen. Wenn sich der Geist garnicht mehr sammeln und auf einen bestimmten Punkt konzentrieren kann, so wird er völlig zerstreut, alle Vorstellungen verwirren sich und werden bewußtlos. Dieser Zustand allseitiger Zerstreuung und völlig geschwächter Aufmerksamkeit bezeichnet immer den Übergang von dem wachen Leben zum Schlafe. Die wachsende Zerstreuung ist das Einschlafen, die wachsende Aufmerksamkeit das Erwachen, so wie die wachsende Intensität der Vorstellungen das Bewußtwerden, die abnehmende das Bewußtloswerden war. „Wir haben immer", sagt Leibniz, „Objekte, welche unser Auge und Ohr einnehmen und darum unsere Seele berühren, ohne daß wir sie beachten, weil unsere Aufmerksamkeit in andere Objekte versenkt ist, bis jene stark genug werden, um uns zu fesseln, sei es, daß sich ihre Wirksamkeit verdoppelt, oder sonst aus anderen Gründen. Das ist gleichsam ein *partieller Schlaf*, der sich nur auf gewisse Objekte bezieht (comme un sommeil particulier à l'égard de cet objet-là), und dieser Schlaf wird allgemein, sobald unsere Aufmerksamkeit in Rücksicht aller Objekte insgesamt aufhört. Auch ist es ein Mittel, um einzuschlafen, daß man seine Aufmerksamkeit teilt, um sie zu schwächen.[147]

Während aus den bewußten Vorstellungen des hellen Geistes die Vernunfteinheit folgt, worin alle Menschen übereinstimmen, so sind es die bewußtlosen Vorstellungen der dunklen Seele, welche dem Individuum das Gepräge der Eigentümlichkeit geben, worin sich jeder einzelne von allen übrigen unterscheidet. Sie individualisieren den Menschen und sind daher in seinem Seelenleben

[147] *Nouveaux essais*, Livre II, Chap. I, § 14; Gerhardt Phil. V, 105; Erdmann 225.

das Prinzip der Individuation. Jede einzelne kleine Vorstellung läßt in unserem Dasein ihre leise Spur zurück, diese Spur ist unvertilgbar und wirkt mit natürlicher Kausalität fort, so daß ihre Wirkung nie mehr von unserem Lebensschauplatz verschwindet. Wie nun die Vorstellungskraft unaufhörlich wirkt, so reiht sich im kontinuierlichen Zusammenhange Wirkung an Wirkung, und aus diesen unendlich kleinen Eindrücken folgt allmählich der lebendige Gesamtausdruck einer in ihrer Art einzigen Individualität. Die kleinen Vorstellungen sind gleichsam die bildnerischen, plastischen Seelenkräfte, welche unsere eigentümliche Lebensform nach und nach auswirken, von denen jede einzelne die Lebensform in ihrer Weise detailliert. Und dieser ganze Prozeß der sich bildenden Seeleneigentümlichkeit geschieht in geräuschloser Stille gleichsam im Hintergrunde des wachen, selbstbewußten Geistes. Ehe wir mit Bewußtsein denken, mit Absicht wollen, finden wir uns als eine schon bestimmte Individualität, worin die Geistesrichtungen angelegt und präformiert sind. Diese Individualität bildet die Quelle, woraus der Verstand seine Erkenntnisse, der Wille seine Absichten schöpft; sie macht den Stoff, welchen Verstand und Wille in die Potenz des Bewußtseins erheben. Was sich in unserer Seele heranbildet ohne deutliche Begriffe, ohne bewußte Absichten, das macht sich unwillkürlich. Darum sind es die kleinen Vorstellungen, aus deren Wirksamkeit unser gesamtes unwillkürliches Leben hervorgeht, worauf sich alle unsere unwillkürlichen Handlungen und Zustände gründen. Der unwillkürliche Lebenszustand ist das Naturell und die Gewohnheit, die angeborenen und die eingelebten Funktionen. Jenes macht unsere erste, diese unsere zweite Natur aus. Denn die Gewohnheit besteht darin, daß wir gewisse Eindrücke, gewisse Handlungen in unserem Leben so oft wiederholt haben, daß wir nicht mehr mit Bewußtsein darin gegenwärtig sind, daß sich ihre Vorstellungen durch die beständige Wiederholung bis zu einem Grade *verkleinert* haben, wo sie nicht mehr bemerkt werden. Gewohnte Eindrücke und Handlungen sind solche, die in unsere Natur übergegangen sind und der Seele als habituelle Zustände und Fertigkeiten einwohnen. Sich an etwas gewöhnen, heißt so viel als die bewußte Vorstellung der Sache oder Handlung (durch Wiederholung) in eine bewußtlose, kleine Vorstellung verwandeln. Wenn man lesen lernt, so ist jeder einzelne Buchstabe eine bewußte, große Vorstellung, welche die volle Aufmerksamkeit des Lernenden in Anspruch nimmt. Wenn man lesen kann, so sind die einzelnen Buchstaben kleine, so kleine Vorstellungen geworden, daß man sie nicht mehr beachtet, wenigstens zu beachten nicht mehr nötig hat. Das Lesenkönnen ist mithin eine Gewohnheit oder Fertigkeit, die sich mechanisch macht, weil die vielen einzelnen dazugehörigen

Vorstellungen bis auf einen solchen kleinen Grad zurückgeführt sind, daß sie nur noch in das Reich der bewußtlosen Seele fallen. Und auf diese Weise erklären sich alle unsere Gewohnheiten und überhaupt jeder habituelle Lebenszustand. Man hat das menschliche Leben nur zu seinem geringsten Teile erklärt, wenn man die Gewohnheit nicht erklärt und aus der Natur der Seele abgeleitet hat. Die Macht der Gewohnheit gründet sich allein auf die Macht der bewußtlosen oder kleinen Vorstellungen. Auf diesen kleinen Vorstellungen beruht das bewußtlose unwillkürliche Seelenleben in allen seinen Erscheinungen; daraus entwickelt sich die bewußte Geistestätigkeit. In den angeborenen Ideen, welche zuerst kleine (unbewußte) Vorstellungen sind, liegen die logischen Bedingungen der Erkenntnis und die Antriebe der moralischen Willensrichtung. Alle deutlichen Vorstellungen waren vorher dunkle. Das Bewußtsein erzeugt nicht völlig neue Ideen, sondern durchdringt und beleuchtet nur die in der Seele gegebenen. Ebensowenig gebiert der Wille rein aus sich heraus Vorsatz und Absicht seiner Handlungen, sondern er ergreift stets den hervorstechenden, überwiegenden Antrieb. Die deutliche Willensabsicht ist allemal der am meisten intensive, entwickelte, darum ins Bewußtsein getretene Trieb. Wie nun jeder Trieb oder Instinkt einen unwillkürlichen Seelenakt bildet, so gibt es im menschlichen Willen keine bloße Willkür, in der menschlichen Seele keine leere Selbstbestimmung oder keine Freiheit, die gleich wäre der reinen Willkür. Aus der Natur der menschlichen Seele und näher aus den kleinen Vorstellungen ergibt sich mithin der eigentümliche, eingeschränkte Freiheitsbegriff, welcher der Leibnizischen Sittenlehre zugrunde liegt. Es wird sich zeigen, daß dieser Freiheitsbegriff, wie früher die Leibnizische Erkenntnislehre, die Mitte und den Übergang bildet zwischen Spinoza und Kant, zwischen der dogmatischen und kritischen, der rein naturalistischen und der rein moralistischen Philosophie. „Alle Eindrücke", sagt Leibniz in den neuen Versuchen, „haben ihre Wirkung, aber alle Wirkungen sind nicht immer bemerkbar. Daß ich mich lieber dahin als dorthin wende, geschieht sehr oft durch eine Verkettung kleiner Eindrücke (par un enchaînement de petites impressions), deren ich mir nicht bewußt bin, und welche mir jene Bewegung weniger annehmlich als jene machen. *Alle unsere unwillkürlichen Handlungen resultieren aus dem Zusammenwirken kleiner Vorstellungen, und eben daher kommen auch unsere Gewohnheiten und Leidenschaften, die oft einen so großen Einfluß auf unsere Vorsätze ausüben.* Denn alle diese habituellen Zustände entstehen nach und nach, folglich würde man ohne die kleinen Vorstellungen niemals zu solchen bestimmten Dispositionen gelangen. Ich habe bereits bemerkt: wer diese Wirkungen in der Moral leugnet, der macht es wie die Idioten, die in der Physik die unwahrnehmbaren Körperchen in Abrede stellen; solche Idioten gibt es auch unter den Moralisten, die von der Freiheit reden und dabei die Wirksamkeit der kleinen Vorstellungen übersehen, die allemal nach der einen oder anderen Seite unsere Neigungen entscheiden. Darum bilden sich diese Leute ein, es gebe in den moralischen Handlungen eine völlige Indifferenz, wie etwa beim Esel des Buridan, der mitten zwischen zwei Wiesen steht. Darüber werden wir später ausführlicher reden. Ich behaupte indessen: daß die kleinen Vorstellungen den Willen geneigt machen, ohne ihn zu nötigen (ces impressions font pencher sans nécessiter).“[148]

Elftes Kapitel.
Die Erkenntnislehre. Ästhetik und Logik

I. Die dunkle Vorstellung der Harmonie

1. Die ästhetische Vorstellung

Was von allen Vorstellungen in unserer Seele gilt, daß sich dieselben allmählich ausbilden und auf dem Wege vom Unbewußten zur hellen Erkenntnis den Zustand des dunklen Bewußtseins durchwandern, muß natürlich auch von der Vorstellung der Welt und der Ordnung der Dinge gelten. Auch diese wird, bevor sie zur deutlichen Ausprägung gelangt, in dem magischen Zwielicht des dunklen Bewußtseins erscheinen, welches die Mitte bildet zwischen dem bewußtlosen Sinnenschlaf und der hellen Verstandesbetrachtung. Wenn die Vorstellung der Form und Harmonie vollkommen entwickelt und aufgeklärt ist, so bildet sie das System der Wissenschaft und Philosophie. Ist der Formbegriff noch gar nicht in unserer Seele aufgegangen und in den Horizont des Bewußtseins eingetreten, so leben wir noch im Zustande der rohen Begierde und des gemeinen Sinnengenusses. Zwischen diesem noch ganz verhüllten und jenem schon völlig entwickelten Zustande gibt es einen helldunklen Übergangspunkt, ein clair-obscur, worin dem Geiste die reinen Formen wahrnehmbar werden. Hier bildet sich in der menschlichen Seele eine dunkle Perzeption der harmonischen Ordnung, ein *Formgefühl*, welches von der bloß sinnlichen Vorstellung ebensosehr wie von der rein logischen unterschieden werden muß. Denn die sinnliche Vorstellung beschränkt sich auf den körperli-

[148] *Nouveaux essais*, Livre II, Chap. I, § 15, Gerhardt Phil. V, 105 f.; Erdmann 225.

chen Eindruck, die logische verlangt die deutliche Einsicht des Gegenstandes. Nun gibt es eine Formbetrachtung der Dinge und einen Formgenuß, wozu sich der Sinneseindruck niemals erhebt, und welche sich durch die logische Zergliederung in die wissenschaftliche Deutlichkeit der Teilvorstellungen auflöst. Diese Formbetrachtung ist die *ästhetische Vorstellung*, dieser Formgenuß das ästhetische Vergnügen.

„Die Musik", sagt Leibniz, „entzückt uns, obwohl ihre Schönheit nur in harmonischen Zahlenverhältnissen, ihr Genuß in einem bewußtlosen, unwillkürlichen Zählen besteht. Und von derselben Art sind die Genüsse, welche das Auge in der Betrachtung der harmonischen Körperverhältnisse findet."[149] Es hieße die Tragweite der Leibnizischen Philosophie verkennen, wenn wir diese Bemerkungen nur von ihrer mangelhaften Seite verstehen wollten, wonach die ästhetische Vorstellung wie eine bewußtlose, dunkle Mathematik erscheinen würde. Ist die dunkle Vorstellung der mathematischen Harmonie und Form ästhetisch, so muß offenbar dasselbe von der dunklen Vorstellung oder dem Gefühle jeder Harmonie, jeder Form gelten. Und Leibniz ist weit entfernt, die Harmonie und Ordnung in den Dingen nur mathematisch zu erklären. Also die ästhetische Vorstellung mehr als dunkle Mathematik, und die Tragweite der obigen Sätze muß auf das gesamte Reich der Formen in Natur und Kunst bezogen werden.

2. *Leibniz und Baumgarten*

Auch durchdringt kraft ihrer Prinzipien die Leibnizische Philosophie die Elemente, die sich in jeder ästhetischen Vorstellung vereinigt finden, und sie begreift deren natürliche Verknüpfung. Darum muß sie notwendig die ästhetische Vorstellung, das Schönheitsgefühl in der menschlichen Seele entdecken, und obwohl sie diese Entdeckung nur vorübergehend berührt, nur mit wenigem angedeutet hat, so zählen diese Andeutungen unter ihre fruchtbarsten Ideen: sie erkennt auf der einen Seite in den Dingen und in der Weltordnung die formgebende, zwecktätige Kraft und die harmonische Ordnung, deren Vorstellung in jedem Wesen gegenwärtig ist und in der menschlichen Seele bis zur Vernunfteinsicht fortschreitet; sie erkennt auf der anderen Seite in der menschlichen Seele die Entwicklung der vorstellenden Kraft und in dieser Entwicklung den Moment der dunklen, fühlenden Vorstellung. Also muß hier eine dunkle Perzeption, ein Gefühl der Form und harmonischen Ordnung stattfinden, und eben dieses Gefühl ist die ästhetische

---

[149] *Principes de la Nature et de la Grace* (Nr. 17), Gerhardt Phil. VI, 605; Erdmann 718.

Vorstellung. Sie verknüpft in einem Akte die objektive Form mit dem subjektiven Gefühle. Diese Verknüpfung ist eine natürliche Synthese, weil die Formvorstellung, indem sie sich entwickelt, notwendig auch durch die Stufe des dunklen, fühlenden Seelenlebens hindurchgeht. Ästhetisch ist die empfundene Form, schön ist die empfundene (gefühlte oder dunkel perzipierte) Harmonie, häßlich die empfundene Unform, die gefühlte Disharmonie. Dieser Schönheitsbegriff, welchen die Leibnizische Philosophie deutlich anlegt, wird der Keim zur späteren Ästhetik. So findet sich der Ansatz und die erste Grundlage für die Wissenschaft des Schönen schon in Leibniz, und man darf daher nicht ohne weiteres behaupten, daß erst in der Wolffischen Schule Alexander Baumgarten die neuere Ästhetik begründet habe. Bekanntlich erklärte dieser das Schöne als sinnliche Vollkommenheit. Dieser Begriff sagt dasselbe wie die Leibnizische Erklärung einer dunkel erkannten Harmonie, denn die dunkle Vorstellung ist der sinnlichen Wahrnehmung verwandt, und Harmonie ist vollendete oder vollkommene Form: gefühlte (dunkel perzipierte) Harmonie ist mithin sinnliche Vollkommenheit. Nur scheint uns der Leibnizische Begriff an Tiefe und Reichtum die Baumgartensche Definition zu übertreffen. Harmonie sagt mehr als der abstrakte Begriff der Vollkommenheit; dunkle Vorstellung sagt mehr als sinnliche Wahrnehmung. Der Begriff der Harmonie weist auf die Form, die in jeder ästhetischen Vorstellung das objektive Element oder die Erscheinung ausmacht; die dunkle Perzeption bezeichnet die Gemütsstimmung, den Seelenzustand, worin die ästhetische Vorstellung stattfindet. Die ästhetische Gemütsstimmung ist das große Geheimnis des Schönen, und diesem Geheimnisse kommt Leibniz mit dem Begriffe der dunklen Vorstellung weit näher als Baumgarten mit dem der sinnlichen Wahrnehmung. Um die ästhetische Vorstellung zu gewinnen, verknüpft Baumgarten das niedere Erkenntnisvermögen mit dem metaphysischen Objekte, Leibniz die dunkel vorstellende Seele mit dem Formbegriff: bei jenem werden die Gegensätze des Natürlichen und Idealen, des Sinnlichen und Übersinnlichen aneinandergerückt, bei diesem werden die Gegensätze wahrhaft vereinigt. Mit einem Worte: die Leibnizische Formel trifft nicht bloß den Begriff, sondern zugleich die Quelle des Schönen, indem sie seinen psychologischen Faktor, die im Schönen tätige Seelenkraft dartut oder doch andeutet. Jedes wahre Gedicht, sagt Goethe, müsse *dunkel* sein; er meinte damit die geheimnisvolle Schöpfungstraft, die jedem echten poetischen Werke wie jeder echten ästhetischen Vorstellung einwohnt. Auf eben dieses Dunkle, Verborgene, Irrationale in der ästhetischen Gemütsstimmung deuten die Leibnizischen Sätze; sie wollen die ästhetische Vorstellung psychologisch erklären und bilden in dieser

Hinsicht mehr als Baumgartens Theorie den Ausgangspunkt für die Schönheitslehre der Aufklärung.

3. Leibniz und Kant

Diese psychologische Erklärung des Schönen nimmt schon die Richtung auf die kritische Philosophie, und sie hätte nur der Ausführung bedurft, um Leibnizen auch in der Ästhetik als den deutlich bezeichneten Vorgänger Kants erscheinen zu lassen. Ist das Ästhetische eine dunkle Perzeption, so ist es eine Gemütsstimmung, und zwar als die Perzeption der Harmonie eine solche, worin nichts als die Vorstellung der Harmonie wirksam und gegenwärtig ist. Mithin besteht das Ästhetische auch nach Leibniz in einer harmonischen Gemütsstimmung, in dem Gefühle der Lust oder Unlust, und da Stimmungen oder Gefühle niemals durch Begriffe ausgedrückt werden können, so durfte Leibniz so gut wie Kant von dem Schönen sagen, daß es ohne Begriff gefalle. Aber der Unterschied zwischen beiden liegt in der Art, wie sie das Verhältnis zwischen der ästhetischen und logischen Erkenntnis oder zwischen dem Schönen und Wahren auffassen. Nach beiden besteht das Ästhetische in der gefühlten Zweckmäßigkeit oder Harmonie, aber Kant nimmt dieses Gefühl als eine innerhalb ihrer Grenzen unabhängige Gemütsverfassung, welche vom Verstande und dessen logischen Begriffen niemals angegriffen und aufgelöst werden kann, während Leibniz die ästhetische Vorstellung als eine Vorstufe der logischen ansieht, wie die dunkle Vorstellung als eine Vorstufe der deutlichen. Was im Ästhetischen dunkel ist, läßt sich bei Kant nie aufklären, sondern nur fühlen, während dasselbe bei Leibniz einen noch nicht aufgeklärten, wohl aber aufzuklärenden Begriff bildet; dort ist das Ästhetische ein reines Gefühl, hier ist dieses Gefühl eine noch nicht völlig entwickelte und bewußte Vorstellung, ein noch nicht vollkommen ausgebildeter und deutlicher Begriff. Zwischen Gefühl und Verstand liegt bei Kant die Verschiedenheit in der Natur der Vermögen: es ist eine andere Vernunftkraft, welche die Gesetze der Erscheinungen denkt, eine andere, welche die Formen der Erscheinungen fühlt, die logische und ästhetische Urteilskraft sind verschiedene Seelenvermögen; bei Leibniz dagegen ist jene Verschiedenheit graduell: es ist dieselbe eine Seelenkraft, welche immer vorstellt, immer denkt und von Grad zu Grad aus dem bewußtlosen Zustande durch das dunkle Bewußtsein und die ästhetische Vorstellung zur deutlichen Erkenntnis fortschreitet. Diese Leibnizische Erklärung der ästhetischen Vorstellung finden wir am richtigsten ausgeführt in M. Mendelssohns Briefen über die Empfindungen, welche sich zunächst an Baumgartens Ästhetik anschließen. Mendelssohn entdeckt das ästhetische Vergnügen in der Mitte zwischen der völlig dunklen und der völlig deutlichen Vorstellung, in einem Formgefühl, welches vernichtet wird, sobald man den Gegenstand genauer analysiert und verdeutlicht. Darum will er gegen Baumgarten die Schönheit von der Vollkommenheit unterschieden wissen: die Vollkommenheit der Dinge bestehe in dem vernünftigen, inneren Zusammenhange der Teile, d.h. in der Gesetzmäßigkeit, dagegen die Schönheit in der gefälligen äußeren Verknüpfung, d.h. in der Form; jene ist die Übereinstimmung, diese die Einheit des Mannigfaltigen[150].

II. Die deutliche Vorstellung der Harmonie

1. Die Vernunft- und Erfahrungswahrheiten

Daß die Möglichkeit der Erkenntnis gewisse ursprüngliche oder angeborene Ideen in uns voraussetzt, sei bewiesen. Jede Erkenntnis ist ein Satz oder ein Urteil. In einem wirklichen Erkenntnisurteile muß das Prädikat eine notwendige und wesentliche Bestimmung sein, welche der Natur des Dinges selbst zukommt. Allgemeine und notwendige Erkenntnisse sind Wahrheiten, und diese teilen sich nach dem Umfange der Dinge, den sie beherrschen, in zwei Klassen. Betrifft die Wahrheit alle möglichen oder denkbaren Dinge, so ist sie eine reine Vernunftwahrheit; wenn sie dagegen nur von den wirklichen, in der Natur gegebenen Dingen gilt, so ist sie eine Natur- oder Erfahrungswahrheit, denn die natürliche oder wirkliche Existenz der Dinge erscheint uns zunächst als eine Tatsache der Erfahrung. Mithin bestehen alle unsere Erkenntnisse entweder in Vernunft- oder in Erfahrungswahrheiten[151]. Die Vernunftwahrheiten gründen sich auf das Prinzip der Möglichkeit oder Denkbarkeit, die Erfahrungswahrheiten auf das der Wirklichkeit oder Tatsächlichkeit. Unter dem ersten verstehen wir die Bedingung, unter welcher etwas sein oder gedacht werden kann. Was dieser Bedingung entspricht, ist möglich; was ihr widerspricht, schlechthin unmöglich. Unter dem zweiten verstehen wir die Bedingung, unter der die Dinge tatsächlich existieren. Die oberste Vernunftwahrheit erklärt das Prädikat aller denkbaren Objekte, die oberste Erfahrungswahrheit das aller wirklichen, im Reiche der Natur und Erfahrung gegebenen Dinge. Diese obersten Sätze mögen *Grundsätze* oder Axiome heißen. Auf das erste Axiom gründen sich die reinen Vernunftwissenschaften, auf das andere die Erfahrungswissenschaften. Axiome bestimmen die Prädikate, welche ohne Ausnahme allen denkbaren und al-

---

[150] Moses Mendelssohns gesamm. Schriften, (hrsg. von G. B. Mendelssohn). II, Brief 1–6.

[151] „Il y a aussi deux sortes de Verités, celles de Raisonnement et celles de Fait." *Monadologie* (Nr. 33), Gerhardt Phil. VI 612, Erdmann 707.

len wirklichen Dingen beigelegt werden müssen. Diese allgemeinen Prädikate sind die Kategorien, welche die Erkenntnis und die Erfahrung ermöglichen und darum beiden vorangehen, also unserem Geiste a priori gegeben oder angeboren sind.

Nun gilt der schon früher erklärte Grundsatz, daß unserem Geiste nichts eingeboren ist, außer er sich selbst; er selbst aber bildet nicht eine leere Tafel, sondern ein Wesen voller Kraft, dem gewisse ewige Eigenschaften einwohnen. Was in ihm gegeben ist, das müssen wir offenbar auch in und mit ihm vorstellen. Unmittelbar in der Vorstellung unseres Selbstes liegt die Vorstellung jener ewigen Eigenschaften oder Attribute, die von jeder geistigen Substanz und von jedem ihr verwandten oder analogen Wesen gelten. Also schließt die ursprüngliche Vorstellung unseres Selbstes notwendig und unmittelbar die allgemeinen Begriffe oder Kategorien in sich: dies sind die angeborenen Ideen, welche in der Form von Urteilen die Grundsätze aller unserer Erkenntnisse ausmachen. Wie nun unsere Selbstvorstellung zur Reflexion und Deutlichkeit gelangt, so erhellen sich damit zugleich jene ursprünglichen Ideen und werden aus dunklen Begriffen bewußte Prinzipien. „So schließt die Seele in sich das Sein, die Substanz, die Einheit, die Identität, die Ursache, die Vorstellung, das Denken und eine Menge anderer Begriffe, welche die Sinne uns niemals verleihen würden.“[152]

Diese Kategorien lassen sich auf zwei Grundbestimmungen zurückführen. Wie bei Spinoza Denken und Ausdehnung die beiden Attribute jedes Wesens ausmachen, so bilden die Leibniz tätige und leidende Kraft (Form und Materie) die Attribute jeder wirklichen Substanz. Vermöge der tätigen Kraft ist jedes Wesen eine ewige, sich selbst gleiche Einheit, eine unzerstörbare, mit sich einstimmige Individualität. Vermöge der leidenden Kraft ist es ein beschränktes Ding unter anderen, gleichfalls beschränkten. Die tätige Kraft bewirkt, daß jedes Wesen mit sich selbst übereinstimmt; die leidende, daß es mit den anderen Dingen außer ihm übereinstimmt, oder, was dasselbe heißt, daß es ein wohlbegründetes Glied in dem Zusammenhange des Ganzen bildet. Darin, daß etwas mit sich selbst übereinstimmt, besteht seine ideale, mögliche oder denkbare Existenz. Daß es mit den Dingen außer ihm d.h. mit den Tatsachen der Natur übereinstimmt: darin besteht seine reale, wirkliche oder bedingte Existenz. Alles ideale (denkbare) Dasein steht unter logischen, alles reale (faktische) Dasein unter physikalischen Bedingungen. Nun gilt von allen Objekten der Erkenntnis, daß sie entweder wirklich sind oder sein können, daß sie entweder nur

[152] *Nouveaux essais*, Livre II, Chap. I, § 2, Gerhardt Phil. V, 100 f.; Erdmann 223.

möglich oder auch wirklich sind. Es gibt ein Prädikat, welches ohne Ausnahme von allen möglichen Dingen ausgesagt werden muß. Wie nun diese beiden Aussagen das gesamte Reich des Erkennbaren umfassen, so ermöglichen sie die Erkenntnis und bilden deren oberste Grundsätze. Von allen möglichen Dingen gilt, daß sie mit sich selbst übereinstimmen: das Prädikat und der *Satz der Identität.* Von allen wirklichen Dingen gilt, daß sie mit den Bedingungen der Natur übereinstimmen und aus denselben erklärt werden müssen: das Prädikat und der *Satz der Kausalität.* Diese beiden Sätze sind daher die Axiome aller unserer Erkenntnisse. Das Prinzip der Identität bildet die oberste Vernunftwahrheit, gleichsam die Grundformel der reinen Vernunfterkenntnisse; das Prinzip der Kausalität bildet den Grund aller Erfahrungswahrheiten: jenes ist der oberste metaphysische, dieses der oberste physikalische Grundsatz. Und die beiden Axiome verhalten sich zueinander genau so wie die Metaphysik zur Physik. Nicht alles, was im metaphysischen Sinne möglich erscheint, ist im physikalischen Sinne wirklich; wohl aber muß umgekehrt alles metaphysisch möglich sein, was in der Natur der Dinge existiert. Nicht alles logisch Denkbare ist ein Objekt der Erfahrung, wohl aber ist jedes Objekt der Erfahrung auch logisch denkbar. Der Satz der Identität gilt mithin ohne Ausnahme von allen Dingen, der Satz der Kausalität gilt ohne Ausnahme nur von den Tatsachen der Wirklichkeit: aus dem ersten fließt alle formale Erkenntnis, aus dem anderen alle reale. Die formale Erkenntnis besteht darin, daß die Begriffe der Dinge erklärt und deutlich gemacht, die reale Erkenntnis darin, daß die Tatsachen der Dinge begründet und aus ihren natürlichen Bedingungen, d.h. aus dem faktischen Zusammenhange mit den anderen abgeleitet werden.

2. *Das Prinzip der Vernunftwahrheiten*

Das erste Axiom erklärt: jedes Ding muß mit sich selbst übereinstimmen, es ist nur sich selbst gleich. So gefaßt, bildet dasselbe den *Satz der Identität.* Daraus folgt unmittelbar, daß kein Ding sich widersprechen darf, daß ihm niemals Merkmale zukommen, welche sich gegenseitig aufheben: A ist gleich A, es ist unmöglich, daß A zugleich auch Nicht - A sein kann. So gefaßt, bildet das Axiom den Satz des *Widerspruchs* (principe de la contradiction), der offenbar mit dem Satze der Identität zusammenfällt, indem er das kontradiktorische Gegenteil von dem verneint, was jener behauptet. Wenn jedes Ding nur sich selbst gleich ist, so muß es von allen übrigen verschieden sein und also davon unterschieden werden: es gibt auf der Welt nicht zwei gleiche oder nicht zu unterscheidende Dinge. So gefaßt, bildet der Satz der Identität den der *Verschiedenheit (principium indiscernibilium).*

Wird der Satz der Identität, wie es gewöhnlich geschieht, durch die Formel A = A, erklärt, so erscheint er als eine leere Wiederholung, und es ist unbegreiflich, wie eine solche nichtssagende Tautologie von Leibniz zum obersten Denkgesetze erhoben und von den folgenden Philosophen wie Wolff, Reimarus und anderen an die Spitze der Ontologie und Logik gestellt werden konnte. Die fruchtbare Bedeutung erhellt erst aus dem richtig verstandenen Satze. Derselbe erklärt, daß jedes Ding, indem es sich selbst gleich ist, auch *allen* ihm einwohnenden Merkmalen gleich sei, daß mithin alle Urteile durch sich selbst wahr und einleuchtend sind, deren Prädikate im Begriff des Subjekts enthalten sind. Wenn man ein Ding durch seine Eigenschaften, einen Begriff durch seine Merkmale bestimmt, so wird in solchen Prädikaten das Subjekt nicht müßig wiederholt, sondern wirklich auseinandergesetzt und erläutert. Wenn daher der Satz der Identität erklärt, daß jedes Ding sich selbst gleich sei, so liegt darin die weitere Aufgabe, daß es seinen Merkmalen gleichgesetzt werden solle. Alle Urteile, welche diese Gleichung vollziehen, geschehen nach dem Gesetze der Identität. Weil ihre Prädikate in dem Wesen des Subjekts enthalten und mit demselben eins sind, darum heißen sie *identische Urteile*. Weil ihre Prädikate aus dem Begriffe des Subjekts geschöpft und der letztere deshalb auseinandergesetzt und in seine Merkmale aufgelöst oder zergliedert werden muß, darum heißen die identischen Urteile *analytisch*. Alle identischen oder analytischen Urteile gründen sich auf den Satz der Identität. Wir nennen sie Vernunftwahrheiten, weil sie so klar sind wie der Satz A = A. Nun gelten alle rein logischen und mathematischen Urteile in diesem Sinne für identisch oder analytisch. Denn die rein logischen Urteile bestehen in der Erläuterung oder Analyse der Begriffe: sie setzen den Begriff gleich seinen Merkmalen. Die mathematischen Urteile bestehen in der Erläuterung oder Analyse der Größen: sie setzen die Größe gleich allen ihren Teilen. Unter diesem Gesichtspunkte darf mithin der Satz der Identität oder Einstimmigkeit als das oberste Denkgesetz sowohl für die Logik als die Mathematik gelten. Denn die Frage, ob Logik und Mathematik in ihren Urteilen nur analytisch verfahren, wird nicht hier, sondern erst innerhalb der kritischen Philosophie untersucht.

Um jedes Mißverständnis zu vermeiden, unterscheide man wohl zwischen der Methode der Wissenschaft und dem Charakter ihrer Urteile. Die Urteile der Mathematik gelten bei Leibniz für analytisch, die Methode der Mathematik für synthetisch, weil sie von den allgemeinen Sätzen zu den besonderen, von den einfachen zu den zusammengesetzten fortschreitet. Umgekehrt gelten die Erfahrungsurteile für synthetisch, weil sie die Naturerscheinungen nach dem Gesetze der Kausalität erklären, d.h. mit anderen Naturerscheinungen verknüpfen, die Methode der Erfahrung dagegen für analytisch oder induktiv, weil sie vom Einzelnen fortschreitet zum Allgemeinen, indem sie die Tatsache in ihre Bedingungen auflöst.

Wir sind es Leibnizen schuldig, sein oberstes Denkgesetz gegen die Angriffe und Mißverständnisse zu schützen, welche seit Hegel und der von ihm gegründeten Logik Sitte geworden find. Man hat gesagt, der Satz des Widerspruchs erlaube nur das einzige Urteil A = A, und wie dieses Urteil augenscheinlich leer und nichtssagend sei, so rücke man mit jenem Denkgesetze nicht von der Stelle. Dies ist falsch. Man darf nach dem Denkgesetze der Identität auch urteilen: A = a, d, c, d, e ..., d.h. A ist gleich der Reihe aller seiner Merkmale. Jedes Glied dieser Reihe bedeutet ein Prädikat von A, und damit enthält jene Formel eine Reihe verschiedener Urteile, die alle von dem Satze der Identität abhängen. Auch dürfen wir nach Leibniz nicht einräumen, daß sich das Denkgesetz der Identität mit dem Entwicklungsprozeß der Dinge nicht vertrage, denn er hat beide behauptet und muß daher den Satz der Identität in einem Sinne gedacht haben, welchem der Begriff der Entwicklung nicht zuwiderläuft. Jedes Ding entwickelt, was in ihm liegt. Von dieser Wahrheit ist Leibniz so sehr überzeugt, daß sie den Mittelpunkt seiner Philosophie ausmacht. Aber jedes Ding entwickelt auch nur, was in ihm liegt, es entwickelt nur sich selbst: insofern vollzieht jeder Entwicklungsprozeß ein analytisches Urteil, welches mit dem Satze A = A übereinstimmt. Der Widerspruch mithin, welchen Leibniz durch sein Denkgesetz für unmöglich erklärt, ist nicht der naturgemäße, der in jeder Entwicklung, jeder Bewegung, jedem Werden vorkommt, sondern der naturwidrige, der sich nirgends findet. Das Ding kann nur sein und werden, wozu es die Natur angelegt hat; es kann niemals etwas sein oder werden, was seinem Wesen, seiner ursprünglichen Kraft und Naturbestimmung widerstreitet. Dieses ist der Widerspruch, gegen welchen allein der Leibnizische Satz der Identität gerichtet sein will. Er leugnet, um an frühere Begriffe zu erinnern, nicht die Metamorphose, sondern die Metempsychose in den Dingen, nach welcher letzteren ein Individuum in die Natur eines anderen übergehen kann.

3. Das Prinzip der Erfahrungswahrheiten

Wo es sich nun nicht um die Begriffe der Logik und Mathematik, sondern um wirkliche Dinge und Tatsachen handelt, da genügt zur Erkenntnis derselben nicht bloß das Denkgesetz der Identität. Naturerscheinungen wollen nicht bloß erläutert, sondern begründet oder aus anderen Naturerscheinungen abgeleitet werden. Eine Tatsache der Natur erklären, heißt soviel als die Bedingungen dartun, unter denen sie stattfindet. Wie nun jede Naturerscheinung ins Unendliche bedingt ist, so verlangt ihre endgültige Erklärung einen letzten zureichenden Grund. Die physikalische Begründung der Dinge geht von Ursache zu Ursache und zielt mithin auf eine *Endursache*. Wenn das erste Denkgesetz von allen möglichen Dingen erklärt, daß jedes mit sich selbst identisch oder gleich seinen Merkmalen sein müsse, so erklärt das zweite von allen wirklichen Dingen, daß jedes seinen Grund, und zwar seinen letzten Grund habe: dies ist der Satz des zureichenden Grundes (principe de la raison suffisante, *principium rationis sufficientis*). Dieser letzte, wirklich zureichende Grund ist offenbar nie eine einzelne Naturerscheinung, die ja selbst bedingt ist und wiederum auf andere Naturerscheinungen als ihre Erklärungsgründe hinweist; daher kann die letzte Ursache der Dinge überhaupt nicht im Reiche der Natur, sondern nur außerhalb derselben in einer übernatürlichen Macht angetroffen werden. Hier ist nun der Punkt, wo die Naturlehre von der Theologie ergänzt wird, und der Gottesbegriff als die letzte oder erste aller Ursachen den natürlichen Kausalnexus abschließt. Der Satz des zureichenden Grundes weist demnach unwillkürlich auf den Gottesbegriff, und dieser ist mit jenem Axiome zugleich der menschlichen Seele eingeboren. In der Idee der Kausalität überhaupt liegt notwendig die der absoluten Kausalität eingeschlossen. Das Reich der relativen Ursachen ist die *Natur*, die absolute Ursache ist *Gott*. Und die Leibnizische Philosophie gelangt auf diesem Wege zur Gottesidee: sie begründet die Theologie aus der deutlichen Erkenntnis der Natur, d.h. sie beweist das Dasein Gottes aus physikalischen Gründen. An die Stelle des ontologischen Beweises setzt sie den kosmologischen, sie vollendet die Kosmologie durch die Theologie. Nur so ist ihr Begriff der natürlichen Theologie zu verstehen, daß Gott aus der Natur erkannt und durch diese offenbart wird.

Das Axiom der Kausalität führt bei Leibniz nicht umsonst den Namen des *zureichenden* Grundes. Derselbe ist die Endursache der Dinge und als solche die zwecktätige Ursache: die ratio sufficiens ist zugleich causa efficiens und causa finalis, der Satz des zureichenden Grundes begreift beide Prinzipien in sich: das der Kausalität und das der Teleologie[153]. Hierbei müssen wir die Grenzen zwischen Physik und Theologie wohl in Acht nehmen, um nicht einer scholastischen Naturerklärung den Weg in die Leibnizische Philosophie zu öffnen, denn diese will der Theologie keineswegs eine ungebührliche Herrschaft über die Physik einräumen und durch die Endursache, welche in der höchsten Form den Gottesbegriff selbst ausmacht, der Naturwissenschaft die Mittelursachen, die Erklärung per causas efficientes, ersparen oder verkürzen: die Physik soll durch die

[153] Vgl. unten das Kapitel über die natürliche Theologie, S. 516 ff.

Theologie nicht beeinträchtigt, sondern ergänzt werden, und die Theologie tritt erst dann in ihre Rechte, wenn zur Erklärung der Natur alle Mittel der Physik nicht mehr zureichen. Sie fängt da an, wo die letztere aufhört.

Auf den Satz der Kausalität gründen sich alle Erfahrungswahrheiten. Das Material oder der Stoff aller unserer Erfahrungen besteht in den Tatsachen der Natur und Wirklichkeit. Damit aber aus diesem Stoff wirkliche Erfahrung und Wissenschaft hervorgehe, müssen die Tatsachen beurteilt und verknüpft werden; sie werden verknüpft durch den Begriff der Kausalität, dieser Begriff wird mithin nicht durch die Erfahrung gemacht, sondern er selbst macht vielmehr die Erfahrung. Der Kausalitätsbegriff ist ein Prinzip, welches aller Erfahrung vorangeht und unserem Geiste ursprünglich einwohnt. Die Erfahrung selbst ist die Tätigkeit dieses Begriffs und verhält sich zu ihm, wie die Funktion zum Organ. In allen Erfahrungen, die wir machen, denken wir nach dem Gesetze der Kausalitat. Dadurch werden die Tatsachen der Natur verknüpft, Erfahrungsurteile vollzogen, Erfahrungswahrheiten gebildet. Bezeichnen wir die Summe dieser Tatsachen mit dem Worte Natur, die Summe dieser ErfahrungsWahrheiten mit dem Worte Naturwissenschaft: so kann nach Leibniz die Naturwissenschaft nur durch dieses dem Geiste eingeborene Axiom der Kausalität zustande kommen. Erfahrungen machen auch die Tiere vermöge der sinnlichen Wahrnehmung, aber die tierischen Erfahrungen werden nicht Wahrheiten und wissenschaftliche Urteile, weil sie die sinnlichen Eindrücke nur durch Gewohnheit und Gedächtnis verknüpfen, nicht aber durch das Vernunftgesetz der Kausalität. Wie die Kant die Naturwissenschaft oder Erfahrung eine Funktion der ursprünglichen Verstandesbegriffe (Kategorien) ist, so bildet sie bei Leibniz eine Funktion dieser angeborenen Idee der Kausalität.

Hier sind seine wörtlichen Erklärungen über die Prinzipien unserer Erkenntnis. „Unsere Schlüsse gründen sich auf zwei große Grundsätze: auf den *Satz des Widerspruchs*, kraft dessen wir urteilen, daß alles falsch sei, was sich widerspricht, und alles wahr, was dem Falschen zuwiderläuft, und auf den *Satz des zureichenden Grundes*, kraft dessen wir urteilen, daß keine Tatsachen wahr oder wirklich, kein Satz wahr sei ohne einen zureichenden Grund, warum sich die Sache so und nicht anders verhalte, obschon uns sehr oft diese Gründe nicht bekannt sind. So gibt es auch zwei Klassen von Wahrheiten: rationale und faktische. Die rationalen sind notwendig und ihr Gegenteil unmöglich, die faktischen sind zufällig und ihr Gegenteil möglich. Ist die Wahrheit notwendig, so kann man den Grund durch Analyse finden, indem man die gegebenen Wahrheiten und Begriffe auflöst, bis man zu den ursprünglichen gelangt. So führen die Mathematiker ihre Lehrsätze auf Definitionen, Axiome, Postulate zurück." „Aber auch in den faktischen Wahrheiten muß sich der zureichende Grund finden, nämlich in der Reihenfolge der Dinge, welche das Universum erfüllen; oder die Auflösung in Partikulargründe würde sich bei der unermeßlichen Mannigfaltigkeit der Dinge, bei der endlosen Teilung der Körper, in ein grenzenloses Detail verlieren. So haben sich eine zahllose Menge von Bildungen und Bewegungen der Gegenwart und Vergangenheit vereinigen müssen zu der bewirkenden Ursache dieser Schrift, womit ich eben beschäftigt bin, und ebenso haben sich in meiner Seele eine unendliche Menge kleiner Neigungen und Dispositionen der Gegenwart und Vergangenheit vereinigen müssen, um die Absicht oder die Endursache dieser Schrift auszumachen. Da nun dieses ganze Detail immer wieder auf andere, frühere Gründe zurückweist, die eben so zufällig sind und noch mehr ins einzelne führen (denn jeder davon bedarf zu seiner Begründung einer ähnlichen Analyse), so kommt man an kein Ziel, und man muß den zureichenden oder letzten Grund außerhalb dieser Reihenfolge der Dinge, außerhalb dieses endlosen Details zufälliger Erscheinungen aufsuchen. Darum muß der letzte Grund in einem notwendigen Wesen bestehen, aus dem, als seinem Urquell, der Strom der Dinge entspringt, und eben dieses Wesen nennen wir Gott."[154]

Diese beiden Sätze der Identität und des zureichenden Grundes sind die Prinzipien zur Erkenntnis der Weltordnung, wie sie dem Geiste der Leibnizischen Philosophie einleuchtet. Um eine Welt zu erkennen, die in einer zahllosen Fülle einzelner Substanzen (Monaden) besteht, sind offenbar diese beiden Bedingungen notwendig: man muß das Wesen der einzelnen Substanz und den Zusammenhang aller begreifen können; die erste Bedingung liegt in dem Satze der Identität, die andere in dem des zureichenden Grundes; das Prinzip der Identität erleuchtet die monadische Natur jedes Dinges, die Individualität der Einzelwesen, das Prinzip der Kausalität erleuchtet den Zusammenhang und die Ordnung der Dinge. So erhebt sich der menschliche Geist durch diese beiden ihm angeborenen Ideen zur Erkenntnis der Welt.

---

[154] *Monadologie* (Nr. 31, 32, 33, 34, 36); Gerh. Phil. VI, 612, Erdmann 707 f.

Zwölftes Kapitel.
Die Sittenlehre: Die Entwickelung des Willens

I. Der Determinismus und Indeterminismus

1. Trieb und Wille

Die Erkenntnis war die bewußte Vorstellung, das bewußte Streben ist Wille. Wir haben schon früher dargetan, wie Vorstellung und Streben notwendig zusammengehören, denn die Vorstellung ist eine tätige Kraft, die in jedem Wesen eine lebendige Form ausprägt, eine bestimmte Individualität entwickelt und darum in ununterbrochener Veränderung von einem Zustande zum andern fortstrebt[155]. Dieses Streben, welches sich in der niedrigsten wie in der höchsten Monade regt, nennen wir die natürliche Spontaneität der Dinge, weil es von deren innerer, ureigener Kraft herrührt. Jedes Streben schließt aber notwendig ein Ziel oder eine Vorstellung in sich, wonach gestrebt wird, und je nachdem diese Vorstellung, der Gegenstand des Strebens dunkler oder heller ist, erscheint das letztere selbst auf einer niederen oder höheren Stufe. Überall wird es durch eine Vorstellung bestimmt, die es zu entwickeln und zu verwirklichen sucht. Ist diese Vorstellung die bewußtlose Naturform, so ist das Streben eine blinde, typische Kraft. Wird die Vorstellung empfunden oder dunkel gefühlt, wie in der tierischen und menschlichen Seele, so ist das bestimmte Streben Trieb oder Instinkt. Wird endlich jene Vorstellung erkannt oder deutlich gewußt, so nennen wir das so geleitete und erleuchtete Streben Wille. Die blinde Kraft handelt nach einer völlig dunklen Vorstellung, der Instinkt nach einer verworrenen, der Wille nach einer deutlichen. Wie sich die deutliche, verworrene und dunkle Vorstellung zu der vorstellenden Kraft verhalten, genau so verhalten sich Wille, Instinkt und Gestaltungsdrang zu dem natürlichen Streben. Die vorstellende Kraft ist die Basis, jene Vorstellungsgrade sind ihre Potenzen. So ist der Trieb das spontane Streben auf der Stufe der Empfindung, der Wille das spontane Streben auf der Stufe des Bewußtseins: die Entstehung des Willens ist daher dieselbe wie die des Bewußtseins. Aus der Entwicklung der dunklen Vorstellung folgt die deutliche, aus der Entwicklung des dunklen Strebens folgt das deutliche, bewußte Streben. Wille ist der vom Bewußtsein erleuchtete Trieb. Unter diesem Gesichtspunkte muß die Natur des menschlichen Willens begriffen und die Frage nach der menschli-

[155] Vgl. oben Buch II, Kap. VI, S. 387–390 und Kap. IV, S. 361.

chen Freiheit gelöst werden. Jedes Streben ist bestimmt durch einen Zweck oder eine Vorstellung, der Wille ist das durch eine bewußte Vorstellung bestimmte Streben; diese Vorstellung schlummerte in dem nächtlichen Schachte der Seele als dunkle Regung, bevor sie als Instinkt empfunden wurde; sie trieb die Seele als Instinkt, ehe sie als Willensabsicht an das Licht des Bewußtseins hervortrat.

2. *Willkür und Willensdifferenz*

Demnach ist jede Willensrichtung *determiniert*. Es gibt keinen indeterminierten Willen. Indeterminiert wäre der Wille, wenn er schlechthin unbedingt, durch nichts bestimmt oder leer sein könnte, so daß ihm die Wahl frei stände, diese oder jene oder auch gar keine bestimmte Richtung zu ergreifen und in einem Zustande zu verharren, worin er gar nichts will. Wie aber unsere Individualität eine durchgängig bestimmte ist, so ist auch Geist, Bewußtsein und Wille durchgängig bestimmt, denn der Geist ist nichts anderes als die zur deutlichen Vorstellung entwickelte Individualität. Es ist von der Seele gezeigt worden, daß sie immer vorstellt, immer denkt, wie ja die Kraft immer tätig ist; und es versteht sich von selbst, daß sie immer etwas vorstellt, etwas denkt, auch wenn sie sich dessen gar nicht bewußt ist. Dasselbe gilt vom Willen. Wir wollen oder streben immer, wir streben immer nach etwas, auch wenn wir dieses etwas nicht deutlich vorstellen. Wie es keinen leeren Raum in den Körpern, kein leeres Zwischenreich in der Weltordnung, keinen Stillstand in den Vorstellungen gibt, so gibt es auch keine Pause im Willen. Wie jedes andere Vakuum, so ist auch das moralische unmöglich. Es gibt Zustände, wo wir keine bestimmten Vorsätze, keine deutlichen Willensabsichten verfolgen, aber immer befinden wir uns in einer Willensdisposition, in einem unwillkürlichen Streben, welches mit größerer oder geringerer Stärke die Seele treibt, beunruhigt und bei zunehmender Deutlichkeit zur bewußten Willensrichtung leitet. Wir können nicht sagen, daß wir in solchen Zuständen nichts wollen, sondern müssen uns richtiger so ausdrücken: daß wir nicht wissen, was wir wollen. Gäbe es einen Zustand, in dem wir wirklich nichts vorstellen, nichts wollen, so wäre nicht mehr zu begreifen, wie daraus jemals wieder eine bestimmte Vorstellung, ein bestimmter Wille hervorgehen, wie aus diesem Nichts jemals wieder etwas werden könnte. Es hieße soviel, als den Willen überhaupt leugnen, wenn man einen leeren Willen annehmen wollte, sei es auch nur für einen Moment. Widerstreitet es aber den Naturgesetzen der menschlichen Seele, daß im Willen jemals ein Vakuum stattfindet, so folgt von selbst, daß es eine Willkür im Sinne der unbedingten Wahlfreiheit nicht gibt, denn diese vorausgesetzt, müßten wir auch das Vakuum wählen können. Willkür ist nur da, wo man den Willen selbst zum Gegenstande des Willens machen kann, wo es in der Macht eines Wesens liegt, ob es will oder nicht. Ist aber der Wille ein der Seele eingeborenes, einwohnendes Streben, das mit ihrem Wesen zusammenfällt, so kann nur in Frage kommen, was wir wollen, aber nicht, *ob* wir wollen. Daß wir wollen und immer etwas Bestimmtes wollen, ist schlechterdings notwendig: in diesem Sinne gibt es keine Willkür und keinen freien Willen (franc-arbitre). „Man redet ungeschickt," sagt Leibniz, „wenn man tut, als ob wir das Wollen selbst wollen könnten. Wir wollen nicht wollen, sondern wir wollen handeln, und wenn wir zum Wollen erst den Willen nötig hätten, so müßten wir auch einen Willen haben, um das Wollen zu wollen, und dies würde ins Endlose führen."[156] Mit einem Worte: man würde dann vor lauter Wollen nicht zum Willen kommen.

Ist aber der menschliche Wille immer auf ein bestimmtes Ziel bewußt oder unbewußt gerichtet, immer von einem bestimmten Streben erfüllt, so steht er niemals in einem Indifferenzpunkte zwischen entgegengesetzten Richtungen, so schwebt er niemals in einem moralischen Gleichgewichte, worin nach verschiedenen Seiten genau dieselbe Neigung oder Disposition stattfände. Wenn es für verschiedene Handlungen eine vollkommen gleiche Willensdisposition gäbe, so müßten wir notwendig vieles zugleich wollen, und da dies unmöglich ist, so wären wir notgedrungen in der Lage, garnichts zu wollen. Der nach entgegengesetzten Seiten gleich geneigte Wille würde unbeweglich stillestehen, wie ein Körper, den gleich starke Kräfte nach entgegengesetzten Seiten bewegen. Gibt es keinen leeren Willen, keine unbedingte Wahlfreiheit, so gibt es auch keinen gleich geneigten, so ist die gänzliche Indifferenz, das vollkommene Äquilibrium psychologisch unmöglich, denn sonst müßte im Willen ein Vakuum stattfinden. „Was die Willensfreiheit betrifft," sagt Leibniz, „so muß man sich vor einer Einbildung hüten, die allen Begriffen des gesunden Verstandes widerspricht, nämlich vor der Annahme einer absoluten Indifferenz oder eines Gleichgewichtes (indifférence absolue ou d'équilibre), die manche für die Freiheit, ich aber für eine Chimäre halte."[157] Der wirkliche Wille befindet sich niemals in einer solchen unentschiedenen Schwebe, in einer solchen charakterlosen und gleichgültigen Zwischenstellung. In die Fabelwelt, nicht in die wirkliche Natur der Dinge gehört die Geschichte vom Herkules, der am Scheidewege zwischen Tugend und Laster die unbedingte Wahl entscheidet, oder, um zu einem

[156] „Nous ne voulons point vouloir, mais nous voulons faire, et si nous voulions vouloir, nous voudrions vouloir vouloir, et cela iroit à l'infini." *Nouveaux essais*, Livre II, Chap. 21, § 22, Gerhardt Phil. V, 167; Erdmann 255. *Theodicée* P. I. (Nr. 51), Gerhardt Phil.VI, 130; Erdmann 517.

[157] Leibniz an Coste, 19. XII. 1707, Gerhardt Phil. III, 401; Erdmann 448.

weniger erhabenen Beispiele herabzusteigen, die Geschichte von Buridans Esel, der zwischen zwei Wiesen verhungert. Die Phantasie kann leicht einen Herkules erdichten, der das Laster ebensogut hätte wählen können als die Tugend; sie kann den Helden in einen abstrakten Moralisten verwandeln, dem das Gute und Böse wie zwei verschiedene Wege vorliegen, zwischen denen er selbst eine neutrale Stellung einnimmt: die Phantasie, wenn sie die eines Prodikus ist, kann solche Dinge fabeln, aber die Moral ihrer Fabel widerspricht der wahren Natur des menschlichen Willens. Niemals ist der menschliche Wille so indeterminiert, daß er ohne Neigung zwischen entgegengesetzten Richtungen wählen kann; niemals trennen sich in unserer Seele Gutes und Böses so genau und so rein voneinander, daß auf der einen Seite die reine Tugend, auf der anderen das reine Laster und zwischen beiden im Indifferenzpunkt der unschlüssige Wille steht. Der Scheideweg in der Fabel und der Mensch an diesem Scheidewege sind rhetorische Erfindungen. „Es gibt niemals", sagt Leibniz, „eine solche indifférence d'équilibre, wo alles auf beiden Seiten vollkommen gleich ist, ohne überwiegende Neigung nach der einen Seite. Unzählig viele große und kleine Bewegungen von innen und außen wirken hier zusammen, wovon wir gewöhnlich nichts merken, und ich habe schon früher gesagt, daß uns solche Gründe determinieren, wenn wir aus dem Zimmer heraustreten, unwillkürlich diesen Fuß und nicht den anderen vorzusetzen." „Das stimmt vollkommen mit dem philosophischen Grundsatze überein, daß keine Ursache wirken kann ohne eine Disposition zur Wirksamkeit, und eben diese Disposition enthält eine Vorherbestimmung, welche die wirksame Natur entweder von außen empfangen hat oder wozu sie kraft des eigenen früheren Zustandes vorbereitet ist." „Darum ist auch der Fall von Buridans Esel, der zwischen zwei Wiesen steht und mit völlig gleicher Neigung nach beiden Seiten trachtet, offenbar eine Fiktion, die in der Welt und in der Ordnung der Natur niemals stattfinden kann. Wäre der Fall möglich, so müßte der Esel freiwillig verhungern. Indessen ist die Frage im Grunde mehr als unmöglich, es müßte denn Gott ausdrücklich dieses Wunder hervorbringen; denn die Welt kann niemals in gleiche Hälften durch eine Ebene geteilt sein, die mitten durch den Esel geht und ihn der Länge nach senkrecht durchschneidet, so daß auf beiden Seiten alles an Größe und Beschaffenheit vollkommen gleich ist. Weder die Hälften des Universums noch die Eingeweide des Tieres sind auf beiden Seiten jener senkrechten Teilungsebene von gleicher Beschaffenheit und Lage. Es wird mithin in und außer dem Esel Dinge genug geben, die ihn mehr nach der einen als nach der anderen Seite treiben, so wenig wir davon merken. Und wenn auch der Mensch frei ist, was vom Tiere nicht gesagt werden kann, so bleibt aus eben demselben Grunde auch im Menschen der Fall eines vollkommenen Gleichgewichtes zwischen zwei Richtungen schlechthin unmöglich; ein durchdringender Verstand würde jedesmal den Grund anführen können, warum der Mensch diese bestimmte Richtung ergreift, er würde die Ursache oder das Motiv bezeichnen, welches den Menschen gerade dahin geleitet hat, obwohl dieses Motiv oft sehr verwickelt und für unseren Verstand unauflöslich sein wird. Denn die Verkettung der zusammengehörigen Ursachen erstreckt sich weit."[158]

Die Summe dieser ganzen Untersuchung faßt sich dahin zusammen: *der menschliche Wille ist stets durchgängig determiniert*. Es gibt keinen leeren und ebensowenig einen grundlosen (rein zufälligen) Willen. Der Wille strebt und handelt immer, jede Willensbestrebung folgt aus einer Neigung, jede Neigung aus einer anderen. In dieser Rücksicht ist die Leibnizische Moral entschieden deterministisch und neigt sich auf die Seite Spinozas gegen die unbedingten Freiheitsbegriffe der kritischen Philosophie. Wo findet sich nun der letzte Grund der Willensbestimmungen? Wodurch wird der Wille determiniert? Ist dieser Grund eine äußere, fremde Gewalt, so handelt der Wille unter dem Zwange einer blinden Notwendigkeit, welche den letzten Nest von Freiheit aufhebt. Der von außen determinierte Wille ist gezwungen und mithin völlig unfrei, es gibt in ihm gar keine Selbstbestimmung. Wir befinden uns hier, was die Lehre von der Freiheit des menschlichen Willens betrifft, zwischen den beiden Extremen des Determinismus und Indeterminismus. Der auf das mechanische Naturgesetz gegründete Determinismus behauptet, daß der menschliche Wille in allen seinen Handlungen durchgängig von außen bestimmt sei; der Indeterminismus dagegen behauptet die vollkommene Selbstbestimmung im Sinne einer unbedingten Wahlfreiheit. Jener verneint die Willensfreiheit ebenso unbedingt, wie sie dieser fordert. Beide Systeme bilden einen Gegensatz, der sich geschichtlich auf der einen Seite in Spinoza, auf der anderen in Kant ausgeprägt hat; zwischen beiden bildet Leibniz Mitte und Übergang. Mit Kant verglichen, ist er Determinist wie Spinoza; dem letzteren gegenüber ist er Moralist, der schon dem Aufgange der kritischen Philosophie entgegensieht. Überall begegnen wir diesem Doppelgesichte der Leibnizischen Lehre. Wenn bei Spinoza der mechanische Naturbegriff, bei Kant der moralische Freiheitsbegriff die Herrschaft führt, so zeigt sich in dem Leibnizischen Systeme der natürlichen Moral die Übereinstimmung beider. Der Determinismus wie der Indeterminismus, auf die Spitze

[158] *Theodicée* P. I, (Nr. 46. 49), Gerhardt Phil. VI, 128 ff., Erdmann 516 f. Vgl. *Leibniz an Coste*, 19. XII. 1707, Gerhardt Phil. III, 402 f.; Erdmann 448 f.

getrieben, heben die Natur des Willens auf; jener nimmt ihm die Spontaneität, dieser die bestimmte Richtung. Eine Notwendigkeit, welche den Willen und die Selbstbestimmung vernichtet, ist blind; eine Willtür, welche den Willen leer macht oder in ein völliges Gleichgewicht versetzt, ist chimärisch. Ist nun der menschliche Wille durchgängig bestimmt, ohne gezwungen oder von außen bestimmt zu sein, so ist die einzige Möglichkeit, welche übrig bleibt, daß er von innen determiniert wird. Seine Determinationen sind Selbstbestimmungen, und da das Selbst seelenhafter Natur ist, so werden wir am besten den menschlichen Willen als einen durchgängig beseelten bezeichnen. Dieser Begriff stimmt mit dem Prinzipe der Leibnizischen Philosophie vollkommen überein und fließt unmittelbar aus dem Wesen der Monade. Die Monade ist ein Mikrokosmus, auf den von außen nichts einfließt, der aus eigener Kraft sich entfaltet und ausbildet, was ursprünglich in ihm liegt. Diese innere, unantastbare Selbsttätigkeit ist unser „spontaneum", und in dieser eingeborenen Kraft, welche Leibniz treffend als „vis insita, actiones immanentes producendi vel, quod idem est, agendi immanenter" bezeichnet, liegt das Vermögen der „libertas humana"[159]. Was mich von außen bestimmt, ist Zwang oder Gewalt; was mich von innen bestimmt, ist Neigung oder Inklination. Die menschliche Freiheit besteht darin, daß nicht fremde Gewalt unseren Willen zwingt, sondern seine eigene Neigung ihn leitet. Die Form der Willensfreiheit ist bei Leibniz die *Neigung*, der Grund der Neigung ist das eigene Naturell, die so bestimmte Individualität. Wir wollen nichts, außer wozu wir geneigt sind; wir sind zu nichts geneigt, was nicht aus der eigenen Seele, als unserer unerschöpflichen Lebensquelle, hervorgeht.

Die menschliche Freiheit besteht nicht in der Willkür, sondern in der Neigung; der Grund unserer Neigungen sind einzig und allein wir selbst, als dieser so veranlagte, ursprüngliche Mikrokosmus. Neigung ist nicht Willkür. Denn die Willkür wählt, was ihr beliebt, und ist in dieser Wahl schlechthin grundlos; die Neigung dagegen ist begründet, sie ist jedesmal ein Produkt aller früheren Neigungen und Seelenstimmungen, und die Zergliederung derselben führt uns in das Detail der kleinen Vorstellungen, in das nächtliche Seelenleben, welches die deutlichen Begriffe niemals ganz zu beleuchten und zu durchdringen vermögen. Das Produkt kennen wir, aber nicht die unendlich vielen Faktoren, die aus dunkler Vergangenheit dazu mitgewirkt haben. Und weil uns die Faktoren unserer Willensrichtung dunkel sind, weil wir die Gründe unserer Neigungen nicht deutlich einsehen, so meinen wir, sie seien grundlos, ein Produkt un-

[159] *De ipsa natura* usw. (Nr. 10), Gerhardt Phil. IV, 510; Erdmann 157.

serer Wahl, ein willkürlicher Vorsatz, während sie in Wahrheit ein Produkt unserer Natur sind. Unsere Willensentschlüsse und Neigungen werden nicht durch Gott bestimmt, wie die Thomisten meinen, auch nicht, wie Descartes wollte, durch ein inneres lebhaftes Gefühl der Unabhängigkeit, sondern durch den geheimen naturgesetzlichen Gang unseres Seelenlebens. Wenn wir uns einbilden, daß unsere Neigungen allein von unserem Gutdünken abhängen, so ist dies ähnlich, sagt Leibniz, „als ob es der Magnetnadel beliebte, sich nach Norden zu neigen, als ob sie meinte, in dieser Neigung von jeder anderen Ursache unabhängig zu sein, weil sie die kleinen, unmerklichen Bewegungen der magnetischen Materie nicht einsieht.“[160] Spinoza hatte gesagt: ein Mensch, der sich einbilde, in seinen Handlungen frei zu sein, gliche dem geworfenen Stein, der sich einbilde zu fliegen. Die Magnetnadel und der Stein sind beide determiniert, aber der Stein folgt der Gewalt des Stoßes, die Magnetnadel der eigenen Neigung. Der Stoß ist eine äußere, die Neigung eine innere Determination. Und gerade so unterscheidet sich der Leibnizische Determinismus von dem Spinozistischen.

So bildet Leibnizens Freiheitsbegriff zwischen Notwendigkeit und Willkür die glückliche Mitte, er vereinigt in dem menschlichen Willen die monadische Unabhängigkeit und spontane Selbstbestimmung mit der durchgängigen Determination. Als Neigung ist der menschliche Wille weder gezwungen noch unbestimmt, sondern stets durch bestimmte Motive gelenkt und auf bestimmte Zwecke gerichtet. Indessen darf man nicht sagen, daß in unserer Seele irgend eine Neigung, irgend eine Handlung, die wir zufolge derselben vollziehen, schlechterdings notwendig sei im metaphysischen Sinne des Wortes. Wäre sie dies, so müßte ihr Gegenteil unmöglich sein. Daß ich in diesem Augenblick diese Zeilen hier schreibe, ist eine Handlung, die sich aus meiner Neigung erklärt, einer Neigung, deren letzte Bedingungen sich weit hinaus in mein vergangenes Seelenleben erstrecken: insofern ist meine gegenwärtige Handlung durchgängig bestimmt und vollkommen motiviert. Ist sie deshalb notwendig, nämlich so notwendig, daß ihr Gegenteil unmöglich ist, daß ich in diesem Augenblicke schlechterdings nichts anderes tun kann, als gerade diese Zeilen schreiben? Man braucht die Frage nur zu stellen, um sie zu verneinen. Denn bei der unendlichen Fülle von Neigungen und Bestrebungen, welche die menschliche Seele in sich schließt, wäre es ebensogut denkbar, daß in diesem Moment eine andere Neigung überwöge, daß mich eine andere Willensabsicht zu einer anderen Handlung bestimmte. Und die letzte aller Bedingungen, woraus unsere Neigungen folgen,

---

[160] *Theodicée*, P. (Nr. 50), Gerhardt Phil. VI, 130, Erdmann 517.

liegt in der ursprünglichen Disposition der Seele, in der ihr eingeborenen Anlage, in der Existenz unserer Individualität. Ist diese Existenz notwendig im metaphysischen Sinne? Ebenso notwendig wie eine geometrische Wahrheit? Ist sie etwa absolut? Wie sie das letztere nicht ist, so ist ihre Notwendigkeit eine relative, bedingte, hypothetische, d. i. eine solche Notwendigkeit, die nicht unter allen, sondern nur unter gewissen Umständen stattfindet. Und eben diese bedingte Notwendigkeit, die von unserem Dasein überhaupt gilt, erstreckt sich auch auf alle Willensäußerungen desselben. Wie man bei der Freiheit genau unterscheiden muß zwischen der Selbstbestimmung und Willkür, so muß man bei der Notwendigkeit genau unterscheiden zwischen der metaphysischen (geometrischen) und der natürlichen (physikalischen) Notwendigkeit. Die Freiheit des menschlichen Willens besteht in der Unabhängigkeit und Selbstbestimmung, nicht in der Willkür[161]. Die Notwendigkeit in den Neigungen und Handlungen des menschlichen Willens ist psychologisch, nicht metaphysisch. Auf die Psychologie des Menschen gründet Leibniz die Ästhetik, Logik und Moral.

II. Der Prädeterminismus. Die innere Vorherbestimmung

Unsere ursprüngliche Seeleneigentümlichkeit, die Anlage unserer Individualität macht den letzten Grund der Neigungen, Willensentschlüsse und Handlungen. Sie waren in uns angelegt, bevor sie von uns ergriffen und ausgeführt wurden, sie waren Seelenbestimmungen, ehe sie Willensbestimmungen wurden. Alle unsere Handlungen sind in diesem Sinne vorherbestimmt oder prädeterminiert: vorherbestimmt nicht im theologischen, sondern im psychologischen Verstande, d.h. nicht unmittelbar durch den Willen Gottes, sondern durch die Natur der menschlichen Seele. Was Leibniz gewöhnlich Präformation nennt, genau dasselbe heißt in Ansehung des Willens Prädetermination. Der präformierte Wille ist der prädeterminierte. Wie die Form des Körpers und die Form der Erkenntnis, mit einem Worte die gesamte Individualität, in der Seelenanlage, in den angeborenen Vorstellungen und Ideen präformiert ist, so ist auch hier die moralische Individualität oder der Wille präformiert. Die Anlage oder Natur jeder menschlichen Seele macht die Grundlage jedes Charakters. Der Charakter verhält sich zur Psyche des Menschen wie die Frucht zum Nern, und es läßt sich im Leibnizischen Verstande auf den Charakter jenes Wort anwenden, das Schiller seinem fatalistischen Helden in den Mund legt:

---

[161] „Nous sommes dans une parfaite independance à l'égard de l'influence de toutes les autres creatures." *Systeme nouveau* (Nr. 16), Gerhardt Phil. IV, 485; Erdmann 128.

Des Menschen Taten und Gedanken, wißt,
Sind nicht wie Meeres blind bewegte Wellen.
Die innre Welt, sein Mitrokosmus, ist
Der tiefe Schacht, aus dem sie ewig quellen.
Die sind notwendig, wie des Baumes Frucht,
Die kann der Zufall gaukelnd nicht verwandeln;
Hab' ich des Menschen Kern erst untersucht,
So weiß ich auch sein Wollen und sein Handeln.

Wir haben schon früher darauf hingewiesen, daß nach den Begriffen der Leibnizischen Philosophie die Bildung des Charakters niemals das Maß der jedesmaligen Individualität übersteigt, daß der Charakter nichts anderes ist als der deutliche Willensausdruck der Individualität. Der Wille kann so wenig wie der Verstand die feste Naturgrenze des Individuums durchbrechen. Die Tatkraft des Menschen reicht so weit als seine Macht, und alle Macht, die wir besitzen, ist erschöpft in der ursprünglichen Anlage unserer Seele. Dies ist der unzerstörbare Grund, worauf jeder Charakter ruht, die ursprüngliche Naturmacht im Individuum, die uns unwillkürlich beherrscht und in großen, gewaltigen Individuen mit dämonischer Stärke hervortritt. Denn das Dämonische, wo es erscheint, besteht in einer unwiderstehlichen, dunklen Gewalt, welche fortreißend wirkt. Indem Leibniz in den kleinen Vorstellungen, wie er sie nennt, das unwillkürliche, elementare Seelenleben begreift, so erleuchtet sich von hier aus jener naturmächtige Faktor im Willen und Charakter des Menschen, jenes dämonische Element in den gewaltigen Charakteren. Wie der Begriff der Erkenntnis, ebenso weist der Begriff des Charakters, wenn wir denselben analysieren, auf die Elemente des Geistes zurück, auf die angeborenen Ideen, auf die kleinen Vorstellungen. Charakter ist die beständige Willensrichtung d.i. Wille und Neigung im Zustande der Gewohnheit; Gewohnheit ist die zur unwillkürlichen oder kleinen Vorstellung gewordene Handlung. Das scheinbar Irrationale (rein Individuelle), welches in jedem fest ausgeprägten Charakter enthalten ist, der typische Ausdruck, die habituellen Neigungen, mit einem Worte die ganze reflexionslose Naturseite des Charakters kann allein aus der Wirksamkeit jener kleinen Elementarfaktoren der Seele erklärt werden.

Bei diesem entschiedenen Prädeterminismus könnte die Leibnizische Moral leicht fatalistisch erscheinen. Bekanntlich wollte Jacobi diesen gegen Spinozas Lehre gerichteten Vorwurf auch auf die Philosophie von Leibniz und Wolff ausdehnen. Indessen ist der Determinismus nicht in allen Fällen Fatalismus: er ist es dann, wenn der menschliche Wille von einer blinden, auswärtigen Macht abhängt; er ist es nicht, wenn er durch sein eigenes, inneres Naturgesetz bestimmt wird. So wenig ein Fatum den Baum bestimmt, diese und keine anderen Früchte zu tragen, so wenig fatalistisch ist der Prozeß der menschlichen Seele, die bei einer solchen Disposition solche Richtungen ergreift und solche Handlungen ausführt. Soll die Notwendigkeit in der Verkettung der menschlichen Neigungen und Taten Schicksal heißen, so sind die Steine dieses Schicksals nur in des Menschen eigener Seele zu suchen, womit das Schicksal aufhört Fatum zu sein: es wird zur inneren Lebensmacht, die sich als des Menschen eigener Genius kundgibt. Von dem Gesetz, das unsere Geburt beherrscht, heißt es in Goethes orphischem Urworte: „So mußt du sein, dir kannst du nicht entfliehen, so sagten schon Sibyllen, so Propheten, und *kein Gesetz und keine Macht zerstükkelt geprägte Form, die lebend sich entwickelt.*" Sie sind beide keine Fatalisten, Leibniz so wenig wie Spinoza; Leibniz ist es noch weniger, denn während bei Spinoza die den menschlichen Willen beherrschende Notwendigkeit im Makrokosmus enthalten ist, liegt sie bei ihm in der mikrokosmischen Verfassung des Individuums, und je individueller, eigentümlicher, unabhängiger von außen die Motive dieser Handlungen sind, um so mehr sind sie spontan, um so weniger sind sie fatalistisch[162].

III. Der moralische Wille

1. Das moralische Naturell

Gesetzt nun, daß der menschliche Wille durchgängig prädeterminiert ist, nicht von außen, weder durch ein Verhängnis noch durch einen göttlichen Willen, sondern allein durch seine eigene Individualität, so entsteht die Frage: wie verträgt sich mit jenem an die Neigung gebundenen Willen die moralische Freiheit, wie verwandelt sich das vorherbestimmende Naturgesetz des Willens in das Sittengesetz? Damit rücken wir in das eigentliche Problem der Leibnizischen Ethik. Es handelt sich um die Entstehung des Sittengesetzes aus dem Naturgesetze, des moralischen Willens aus dem natürlichen. Unter dem sittlichen Gesetze verstehen wir dasjenige, welches alle Menschen auf gleiche Weise bestimmt und auf ein gemeinsames Ziel hinweist, während sich das natürliche Willensgesetz in jedem einzelnen nach der Beschaffenheit der Individualität richtet. Der moralische Wille ist in allen derselbe, der natürliche in allen verschieden; jener ist generell, dieser individuell. Wie kann aus dem natürlichen Willen der moralische werden?

[162] Über das Verhältnis zwischen Vorherbestimmung und Freiheit siehe unten.

Wille ist immer Neigung. Der moralische Wille ist die *generelle Neigung*, d.i. eine solche, worin alle Individuen übereinstimmen. Die Neigung ist Instinkt und weist auf die dunklen, bewußtlosen, kleinen Vorstellungen zurück als auf ihre Elemente. Mithin ist in dem menschlichen Willen nur dann ein moralisches Streben oder generelle Neigung möglich, wenn in der menschlichen Seele ein *Gattungsinstinkt* (instinct général) wirksam ist, der auf einer unwillkürlichen Gemütsrichtung, auf einer angeborenen Vorstellung beruht. Was in theoretischer Hinsicht die angeborenen Ideen, das sind in praktischer die Instinkte. Was für die wissenschaftliche Erkenntnis die Axiome, sind für den moralischen Willen die generellen Instinkte. Wie alle unsere Erkenntnisurteile von jenen Axiomen abhängen und allein durch sie ermöglicht werden, so muß man aus elementaren Gemütsrichtungen, die generell sind, die moralischen Willensbestimmungen erklären. Die Grundsätze des Willens mögen praktische Wahrheiten oder Maximen genannt werden. Die Maximen entstehen durch die Erkenntnis der Instinkte, denn als Grundsätze sind sie Urteile, welche der Verstand fällt, daher müssen diesem die Instinkte bewußt sein, damit er sie in Urteile oder Maximen verwandeln kann. Der Wille selbst gründet sich auf Instinkte, die Maximen oder die Grundsätze des Willens gründen sich auf das Bewußtsein der Instinkte. Und so löst sich die Frage, ob der menschlichen Seele auch praktische Grundsätze eingeboren sind?[163] Sie sind uns als Instinkte angeboren, nicht als Maximen, oder da jeder Instinkt notwendig mit einer Vorstellung verknüpft ist, so können wir sagen: die Maximen sind uns als dunkle, nicht als bewußte Vorstellungen eingeboren. „Es gibt in uns", behauptet Leibniz gegen Locke, instinktive Wahrheiten (vérités d'instinct), und unsere Empfindungsweise stimmt damit überein, ohne daß sie uns bewiesen sind, aber sie werden bewiesen, sobald die Vernunft den Instinkt rechtfertigt. Ebenso befolgen wir die Gesetze der Schlußfolgerung nach einer dunklen Erkenntnis, gleichsam aus Instinkt, aber die Logiker beweisen uns deren Vernünftigkeit, wie uns die Mathematiker die Gesetze der Bewegung dartun, die wir im Gehen und Springen bewußtlos befolgen."[164]

Der moralische Wille handelt nach Maximen, der natürliche nach Instinkten. Aus dem natürlichen Willen wird der moralische, indem sich der Instinkt zur Maxime entwickelt, und dies ist nur unter der einen Voraussetzung möglich, daß es Instinkte gibt, welche dunkle Maximen sind, daß der menschlichen Seele Neigungen und Gemütsrichtungen ursprünglich einwohnen, in der von Natur

[163] *Nouveaux essais*, Livre I, Chap. 2, Gerhardt Phil. V, 80–92; Erdmann 213–219.

[164] Ebendas., Gerhardt Phil. V, 83; Erdmann 214.

alle Menschen übereinstimmen. Diese Instinkte bilden in unserer Seele das *moralische Naturell*, und diese natürliche Anlage enthält die erste Bedingung des moralischen Willens. Auf die ungeschriebenen Gesetze des Herzens, welche Leibniz schlechtweg „le naturel“ nennt, gründet sich seine Sittenlehre. Daraus erklärt sich die natürliche Moral und die natürliche Religion als eine allen Menschen gemeinsame Geistesrichtung, die sich nach den verschiedenen Bildungsstufen der Individuen und Völker hier deutlicher, dort weniger deutlich entwickelt findet. Dieses moralische Naturell ist die dem Menschengeschlechte gemeinsame Quelle der Humanität und der letzte Grund aller positiven, bürgerlichen und religiösen Gesetzgebung. „Darin“, sagt Leibniz, „stimmen die Orientalen mit den Griechen und Römern, die Bibel mit dem Koran überein; selbst in den Wilden Amerikas findet sich ein natürliches Gerechtigkeitsgefühl, die Tiere sogar haben ein Analogon der moralischen Instinkte, denn sie lieben ihre Jungen, der Tiger verschont seinesgleichen, und treffend sagt schon ein römischer Rechtsgelehrter: es ist unrecht, daß ein Mensch dem anderen nachstellt, denn die Natur hat unter allen Menschen eine Verwandschaft gestiftet.“[165] So sind vermöge des moralischen Naturells Menschenliebe und Gottverehrung, Philanthropie und Religion der menschlichen Seele als ursprüngliche Antriebe eingeboren.

Der Wille handelt moralisch, wenn er durch Maximen bestimmt wird, deren letzte Gründe die moralischen oder generellen Instinkte sind. Nun folgt der Wille immer der überwiegenden Neigung. Also muß gezeigt werden, um das moralische Handeln zu erklären, daß jene moralischen Instinkte schließlich die *überwiegenden* Neigungen, daß die Maximen die stärksten Willensdeterminationen sind. Darin besteht die genaue Lösung jeder Grundfrage der Leibnizischen Sittenlehre: wie aus dem natürlichen Willen der moralische hervorgehe? Das bloße Dasein des moralischen Naturells begründet nur die moralischen Triebfedern, erst das entschiedene Übergewicht jenes Naturells erklärt das moralische Handeln.

2. *Das praktische Gefühl oder die Unruhe*

Wie unsere Seele fortwährend von unendlich vielen Vorstellungen erfüllt ist, die sich in perspektivischer Weise abstufen, von denen die einen deutlicher, die anderen weniger deutlich hervortreten, die meisten völlig dunkel sind, so ist auch der menschliche Wille immer von unendlich vielen Bestrebungen eingenommen, die ihn mit größerer oder geringerer Gewalt treiben. Das empfundene

[165] *Nouveaux essais*, Livre I, Chap. 2, § 9, Gerhardt Phil. V, 85; Erdmann 215: „quia inter omnes homines natura cognationem constituit, unde hominem homini insidiari nefas esse.“

Streben ist Instinkt oder Trieb. Der deutlichere (intensivere) Trieb ist Neigung, unter den Neigungen ist immer eine die stärkste, die überwiegende, die darum schließlich die Willensrichtung selbst determiniert. Der Zustand, welcher der bestimmten Willensrichtung vorangeht, bildet das noch unbestimmte Ergebnis aller jener kleinen zusammenwirkenden Neigungen. Diese Neigungen sind, wie die Vorstellungen, an Stärke verschieden. Darum kann das Resultat ihres Zusammenwirkens niemals die Ruhe oder das Gleichgewicht (indifferentia aequilibrii) sein. Der Wille steht nie still, er ist immer bewegt, immer unruhig. Eine *unbestimmt treibende Unruhe* (inquiétude poussante) bildet daher den Zustand des noch unentschiedenen, dunkeln Willens; diese prickelnde Unruhe, wie Leibniz fein und vortrefflich bemerkt, ist gleichsam die praktische Disposition der Seele, woraus alle unsere Willensentschlüsse und Handlungen hervorgehen. Wie in dem Gefühle der Harmonie die ästhetische Grundstimmung, so besteht in dem unruhig bewegten Gefühl, in dieser vorwärtsdrängenden, zum Handeln aufgelegten Disposition die praktische Grundstimmung der menschlichen Seele. Diese Unruhe, die zur Leidenschaft wird, sobald sie sich determiniert, ist die Mutter aller unserer Handlungen; sie ist das Gefühl aller ungelösten und noch zu lösenden Probleme des Lebens, der peinliche Tatendurst, der uns beunruhigt und allein durch wirkliches Handeln gestillt wird.

3. *Die überwiegende Neigung und die Wahl*

Aus diesem Zustande der Unruhe nun befreit uns stets die überwiegende, stärkste Neigung, die wir unter allen Umständen ergreifen. Wenn man die Gesetze der Mechanik auf die Willensbestimmungen anwenden darf, so bildet die Willensrichtung, die mit der überwiegenden Neigung zusammenfällt, gleichsam die Diagonale, die aus den vielen zusammenwirkenden Neigungen hervorgeht. „Eine Menge von Vorstellungen und Neigungen bewirken zusammengenommen die endliche Willensentschließung (la volition parfaite), die das Produkt jener zusammenwirkenden Faktoren ausmacht.“[166] Indessen will der Geist nicht nach so mechanischen Begriffen beurteilt werden. Es ist der Wille, der unter vielen Neigungen die überwiegende *vorzieht*. Dieses Vorziehen nennt Leibniz wählen. Der Wille wählt, aber nicht unbedingt, sondern allemal durch die Antriebe und die damit verknüpften Vorstellungen bestimmt: er wählt stets den stärksten Antrieb. „Die Wahl folgt immer der größten Neigung.“ „Der Verstand kann den Willen nach dem

[166] „Plusieurs perceptions et inclinations concourent à la volition parfaite, qui est le résultat de leur conflit.“ *Nouveaux essais*, Livre II, Chap. 21, § 39, Gerhardt Phil. V, 178; Erdmann 260.

Übergewichte der Vorstellungen und Gründe bestimmen, aber diese Bestimmung, selbst wenn sie sicher und unfehlbar ist, determiniert den Willen stets so, daß sie ihn geneigt macht, ohne ihn zu nötigen."[167] So ist bei Leibniz die Wahlfreiheit stets bedingt durch die herrschende Neigung, und die Wahl besteht hier eigentlich nur in der zwanglosen Determination. Der Wille wählt, nicht weil er frei ist im Sinne der Willkür, sondern weil er nicht genötigt wird im Sinne des Zwanges.

Welches ist nun die stets überwiegende Neigung? Und wie kommt es, daß dieselbe mit dem moralischen Naturell übereinstimmt? Die Neigung als solche ist ein bestimmtes Streben nach etwas, was entweder auf positive oder negative Weise erstrebt wird; das positive Streben nennen wir Verlangen (désir), das negative Abscheu (crainte, fuite): jenes ist Zuneigung, dieses Abneigung. Die Zuneigung begehrt, sie will etwas haben; die Abneigung flieht, sie will etwas vermeiden. Wenn es nun keine gleichgültige Neigung gibt, so sind alle Neigungen, welche den Willen treiben, entweder positiv oder negativ, und der Wille ist also immer das eine begehrend, das andere fliehend. Nun ist das Objekt des Verlangens stets die angenehme Vorstellung, die das Individuum in den Zustand des Vergnügens und der Freude versetzt, während wir uns unwillkürlich von dem abwenden, was wir als widerwärtig empfinden. Wir begehren die Freude und fliehen den Schmerz, wir wollen die Freude lieber als den Schmerz; unter allen Umständen neigt sich der natürliche Trieb mehr nach dem Angenehmen als nach dessen Gegenteil, und so sind unter den entgegengesetzten Meinungen die positiven stets die überwiegenden, die wir vorziehen oder wählen. Die angenehme Vorstellung überwiegt die unangenehme, der höhere Grad des Angenehmen überwiegt den niederen. Mithin ist unter allen Neigungen diejenige die größte, welche von der Vorstellung der höchsten Freude erfüllt ist. Die höchste Freude ist über den Wechsel erhaben. Diese beharrliche Freude ist Glückseligkeit.

4. Das Streben nach Glückseligkeit

Wie wir unter allen Umständen die Freude lieber haben als den Schmerz, so wollen wir das Glück, die dauernde Freude, lieber als die vergängliche. Wir wollen glücklich sein: das Streben nach Glückseligkeit bildet darum den höchsten Trieb und die Grundrichtung der menschlichen Natur. Nach Glückseligkeit streben deutlicher oder verworrener alle unsere Neigungen, und wie wir stets die stärkste Neigung der schwächeren vorziehen, so

---

[167] „Le choix suit la plus grande inclination". *Leibniz an Coste*, 19. XII. 1707, Gerhardt Phil. III, 401 f.; Erdmann 448. Nouveaux essais, Livre, II, Chap. 21, § 8, Gerhardt Phil. V, 161; Erdmann 252.

wählen wir stets, was unsere Glückseligkeit bewirkt, vermehrt, befördert. Das System der natürlichen Sittenlehre ist daher seinem Grundzuge nach eudämonistisch bei Leibniz und bei allen folgenden Moralphilosophen der Aufklärung. Ist aber der Eudämonismus die Richtschnur der natürlichen Moral, so entsteht die Frage, wie sich auf diesem Wege Grundsätze finden lassen, die das menschliche Leben sittlich veredeln? Es muß in dem natürlichen Streben nach Glückseligkeit eine Bürgschaft gegen den Eigennutz und die Sophistik der selbstsüchtigen Begierde enthalten sein.

Was uns Vergnügen macht, nennen wir gut; was uns Schmerz verursacht, böse. „Das ist ein Gut", sagt Leibniz, „was zu unserer Freude dient oder beiträgt, das Gegenteil davon ist ein Übel."[168] Was die Freude dauernd macht oder die Glückseligkeit bewirkt, ist mithin das *höchste Gut.* In diesem Sinne erscheinen gut und böse noch als selbstsüchtige Vorstellungen, die ebenso beweglich sind wie das Individuum mit seinen Neigungen; diese Vorstellungen des Guten und Bösen unterliegen den Interessen des Eigennutzes und können darum nicht zur Richtschnur des sittlichen Handelns dienen; es müßte sich denn zeigen lassen, daß die Vorstellungen des Guten und Bösen so lange unklar und verworren sind, als sie selbstsüchtig bleiben, und daß sie aufhören selbstsüchtig zu sein, wenn sie zur deutlichen Erkenntnis aufgeklärt werden; es müßte sich zeigen lassen, daß diese Aufklärung nötig ist um unseres Glückes, um unserer Freude willen, daß wir ohne die deutliche Vorstellung des Guten unmöglich befriedigt und dauernd glücklich sein können.

5. Der vernunftgemäße Wille und die Freiheit

Nun zeigt die einfache Betrachtung der menschlichen Seele, daß die klaren Vorstellungen, das entwickelte Denken, mit einem Worte die Aufklärung des Geistes zu einem wahrhaft glücklichen und freudigen Lebenszustande erforderlich sei. Wie die Seele unwillkürlich das Glück sucht, so sucht die Begierde nach Glückseligkeit unwillkürlich die klaren und deutlichen Vorstellungen. Denn die Freude ist das Gefühl des harmonischen und erhöhten Daseins, der Schmerz das der verstimmten und gedrückten. In der Freude empfinden wir unsere Kraft und Vollkommenheit, im Schmerz unsere Schranke und unseren Mangel. Dort fühlen wir, was wir vermögen, hier, was wir nicht vermögen. Darum erklärt Leibniz ähnlich wie Spinoza: „Die Freude ist ein Gefühl der Vollkommenheit, und der Schmerz

---

[168] „Le bien est ce qui sert ou contribue au plaisir, comme le mal ce qui contribue à la douleur." *Nouveaux essais*, Livre II, Chap. 21, § 41, Gerhardt Phil. V, 179; Erdmann 261.

ein Gefühl der Unvollkommenheit."[169] In der Freude äußert und betätigt sich unsere Kraft, die im Schmerz eingeschränkt und gehemmt wird. Freude ist Kraftgenuß. Die Freude begehren, heißt daher so viel, als seine Kraft genießen, äußern, betätigen wollen, denn „die Tätigkeit ist die Ausübung der Vollkommenheit." Wir streben unwillkürlich nach dem höchsten Grade der Freude, d.h. wir suchen unwillkürlich den höchsten Grad unserer Kraftäußerung. Unsere Kraft ist aber vorstellender Natur, darum ist ihr höchster Grad oder ihre Vollkommenheit die klare und deutliche Vorstellung, die entwickelte Denkkraft. Mit jeder Entwicklungsstufe, mit jeder höheren Steigerung der vorstellenden Kraft genießen wir mehr die Kraftfülle unseres Daseins, nähern wir uns mehr dem Zustande der Freude und des Glücks. „Die Tätigkeit", sagt Leibniz, „besteht darin, daß die vorstellende Kraft der Substanzen sich entwickelt und deutlicher wird, während das Leiden darin besteht, daß sich jene Kraft verwirrt und verdunkelt. Daher ist in allen Wesen, die der freudigen und schmerzlichen Empfindungen fähig sind, jede Tätigkeit ein Schritt zur Freude, jedes Leiden ein Schritt zum Schmerze."[170]

Jetzt leuchtet ein, daß der höchste Trieb der menschlichen Seele auf die Entwicklung der Kraft, auf das klare und deutliche Denken geht. Bezeichnen wir das letztere mit dem Worte Vernunft, so ist die Vernunft in uns unter allen Neigungen die stärkste und überwiegende, welche der Wille darum vorziehen oder wählen, wodurch er sich schließlich bestimmen lassen muß. Der Instinkt selbst leitet den Willen dahin, mit der Vernunft übereinzustimmen. Und in diesem *der Vernunft konformen Willen* besteht das wahre Wesen der menschlichen Freiheit.

Wahrhaft frei ist nicht der unbestimmte, sondern der durch Vernunftgründe bestimmte Wille. Nicht in der Willkür, die alles Beliebige wählen kann, besteht das freie Wahlvermögen, sondern darin, daß aus vernünftiger Einsicht das Bessere gewählt wird. Vortrefflich sagt in dieser Beziehung Leibniz gegen Bayle, der mit dem Wesen der Monade den freien Willen für unvereinbar erklärt hatte: „Man ist um so vollkommener, je mehr man zum Guten deter-

---

[169] „Le plaisir est un sentiment de perfection, et la douleur un sentiment d'imperfection". *Nouveaux essais*, Livre II, Chap. 21, § 41, Gerhard Phil. V, 180; Erdmann 261.

[170] „Il n'y a de *l'Action* dans Ies veritables subtances que lorsque leur perception se developpe et devient plus distincte, comme il n'y a de *passion* que lorsqu'elle devient plus confuse; en sorte dans les Substances, capables de plaisir et de douleur, toute action est un acheminement au plaisir, et toute passion à la douleur." *Nouveaux essais*, Livre II, Chap. 21, § 72, Gerhardt Phil. V. 195; Erdmann 269.

miniert ist, und man ist zugleich um so freier."[171] Und in den neuen Versuchen findet sich folgende von dem Geiste echter Aufklärung erfüllte Stelle: „Durch die Vernunft zum Besten bestimmt werden, ist der höchste Grad der Freiheit. Würde etwa jemand deshalb lieber ein Schwachkopf sein wollen, weil der Schwachkopf weniger durch Vernunftgründe bestimmt wird als der Mann von Verstand? Wenn die Freiheit darin besteht, das Joch der Vernunft zu brechen, so werden freilich die Narren und Einfaltspinsel einzig und allein die Freien sein, aber ich glaube nicht, daß aus Liebe zu einer solchen Freiheit jemand ein Narr sein möchte, außer wenn er es schon ist. Es gibt heutzutage Leute, die es für das Zeichen eines Schöngeistes halten, gegen die Vernunft zu deklamieren und sie wie einen Pedanten zu behandeln. Wenn diese Vernunftspötter in allem Ernste redeten, so wäre dies wirklich eine ganz neue Überspannung, von der die früheren Zeitalter nichts wußten. Gegen die Vernunft reden, heißt gegen die *Wahrheit* reden, denn die Vernunft ist ein Zusammenhang von Wahrheiten. Das heißt gegen sich selbst, gegen das eigene Beste reden, da es sich ja bei der Vernunft wesentlich darum handelt, sie zu erkennen und zu befolgen."[172]

Die einzige Bedingung mithin, unter welcher die menschliche Glückseligkeit möglich ist, liegt in der Aufklärung des Geistes, die wir unwillkürlich erstreben, denn sie wirkt nicht als vorgeschriebene Pflicht, sondern als die mächtigste unserer Neigungen. Das klare und deutliche Denken bildet den Hauptfaktor der Moral, wodurch allgemeinverbindliche Sittengesetze gegeben und demgemäß das moralische Handeln im strengen Sinne des Wortes ermöglicht wird. Was uns glücklich macht, nannten wir gut und dessen Gegenteil böse. So lange gut und böse unklare Ideen sind, bezwecken sie nur das Glück dieses Individuums und sind vereinzelte selbstsüchtige Vorstellungen, die der sinnlichen Begierde schmeicheln und nach dem sophistischen Grundsatze handeln, daß der Mensch, als dieses einzelne, nur auf sich selbst bedachte Individuum das Maß der Dinge bilde. Das Gute als ein Mittel der menschlichen Glückseligkeit ist gleich dem Nützlichen. In dieser Bedeutung gilt es bei Leibniz und in der Aufklärung überhaupt. Aber in der verworrenen und selbstsüchtigen Vorstellung des Guten ist nützlich, was dem Eigennutze dient. Das eigennützige Handeln ist niemals moralisch, es ist auch nicht das richtige Mittel zur menschlichen Glückseligkeit, denn durch den Eigennutz des einen Individuums wird offenbar das andere beeinträchtigt, also die menschliche Glückseligkeit gestört.

---

[171] „Plus on est parfait, plus on est determiné au bien, et aussi plus libre en meme temps." *Leibniz an Bayle*, 1702, Gerhardt Phil. III, 59; Erdmann 181.

[172] *Nouveaux essais*, Liv. II, Chap. 21, § 50. Gerhardt Phil. V, 184; Erdmann 263.

Wie nun der mächtigste Trieb unserer Seele den Willen zum Denken geneigt und also der Vernunft gemäß macht, so führt diese Aufklärung notwendig zum moralischen Handeln, denn sie erhellt das dunkle Ich und befreit uns darum aus dem verworrenen Zustande des Egoismus. Der Egoismus ist unklar, weil er uns das Gute selbstsüchtig, also auf Kosten anderer erstreben läßt und mithin Vorstellungen enthält, die uns in ein falsches Verhältnis zu den anderen Individuen setzen. Wenn man das eigene Glück nicht richtig zu unterscheiden und zu begrenzen weiß, so ist die Vorstellung desselben verworren. Darin besteht der Egoismus. Die Aufklärung verdeutlicht den Begriff des Guten und zerstört dadurch die Grundlage des Egoismus. Die deutliche Vorstellung des Guten will, was *allen* nützlich ist, sie will den allgemeinen Nutzen, die allgemeine Glückseligkeit. Das wahrhaft Gute ist das Gemeinnützliche und dessen Gegenteil das Gemeinschädliche. Wir handeln moralisch, wenn wir das Gute in diesem Sinne betätigen, die eigene Glückseligkeit durch die fremde befördern und die fremde, als ob sie die eigene wäre, erstreben. So gewiß niemand glücklich sein kann, wenn die anderen unglücklich sind, so gewiß ist die Glückseligkeit jedes Individuums nur in der Glückseligkeit aller möglich und nur in dieser fest begründet. Wer sein eigenes Glück ohne das fremde oder gar auf dessen Kosten zu erreichen wähnt, handelt in dem Zustande der Geistestrübung und wird mit dem eigenen Unglück enden. Das Streben nach wirklicher Glückseligkeit hat zu seinem Beweggrunde jenen in der menschlichen Gattungsanlage gegründeten Instinkt, den wir das moralische Naturell genannt haben. Die Entwicklung dieses Naturells, die Erleuchtung desselben durch das Bewußtsein bildet den moralischen Willen. Das fremde Glück zu dem eigenen rechnen, sich an dem fremden Glücke, als ob es das eigene wäre, erfreuen: darin besteht nach Leibnizens schöner Erklärung die Liebe. So erfüllt und bewährt sich in der Menschenliebe die echt moralische Gesinnung[173].

6. Die sittliche Harmonie

In dieser Bestimmung der sittlichen Denkweise unterscheidet sich Leibniz ebenso charakteristisch von Spinoza, wie er in der Fassung der ethischen Grundfrage und in der Art der Auflösung mit ihm übereinstimmt. Denn es ist nach beiden die Erkenntnis, das klare

---

[173] „Amare autem sive diligere est felicitate alterius delectari, vel quod eodem redit, felicitatem alienam asciscere in suam“. *De notionibus juris et justitiae*, Erdmann 118. Vgl. mit dieser von Erdmann aus Leibnizens Nachlaß veröffentlichten Schrift G. Mollat: Rechtsphilosophisches aus Leibnizens ungedruckten Schriften, Leipzig 1885, und desselben: Mitteilungen aus Leibnizens ungedruckten Schriften, Leipzig 1893.

und deutliche Denken, welches den moralischen Willen bedingt; es ist nach beiden die Übereinstimmung des Willens mit dem Verstande und näher die Abhängigkeit des Willens von dem Verstande, wodurch die Richtung unserer Gesinnungen und Handlungen bestimmt wird; es ist nach beiden die Übereinstimmung des Willens mit der wahren Erkenntnis, worin die Freiheit besteht, worin die Freude beharrt, und jener menschliche Urtrieb nach Glückseligkeit sein dauerndes Ziel erreicht. Nach den Begriffen beider ist die Freiheit unsere Befreiung von der Selbstsucht, also Hingebung und Liebe. Allein Spinoza opfert mit der Selbstsucht auch das Selbst, während es Leibniz ohne dieselbe erhalten möchte; jener vernichtet den Egoismus, während ihn der andere auf sein richtiges Maß zurückführt. Auf der Höhe des moralischen Willens verschwindet bei Spinoza alles menschliche Glück aus unseren Augen, das eigene wie das fremde, während es bei Leibniz hier erst erblickt und wahrhaft begründet wird. Spinozas Moral stimmt uns gleichgültig gegen die menschliche Glückseligkeit, die Leibnizische liebevoll. Spinozas Philosophie hat kein Herz für den Menschen, nicht weil sie menschenfeindlich, sondern weil sie gefühllos ist, weil diesem geometrischen Verstande, der die menschlichen Handlungen betrachtet, als ob es sich um Linien, Flächen und Körper handelte, die Liebe zum Einzelwesen als eine Unklarheit des Geistes erscheinen muß. Darum gilt hier als die vollkommen sittliche Gesinnung nicht die Menschenliebe, sondern die Liebe zu Gott, welche gleich ist der Liebe Gottes zu sich selbst: nicht die Philanthropie, sondern der „amor Dei intellectualis“. Wahrhafte Menschenliebe ist bei Spinoza im Grunde ebenso unmöglich, wie sie bei Leibniz notwendig ist, denn dort sind die Menschen von Natur Feinde, hier sind sie Verwandte; dort entzweit, hier verbrüdert das Naturgesetz selbst die Menschheit. Darum ist bei Leibniz die Philanthropie ein naturgemaßes Gefühl, das als ungeschriebenes Gesetz dem Herzen jedes Individuums eingeboren ist: sie bildet den entwickelten, klar gewordenen Gattungsinstinkt und ist in Wahrheit nichts anderes als das moralische Bewußtsein unserer natürlichen Harmonie.

So entwickelt sich der menschliche Wille durch die ihm eingeborenen Instinkte zur Betätigung der Weltharmonie, wie sich der menschliche Verstand durch die angeborenen Ideen zu deren Erkenntnis erhoben hatte. Dem Axiome der Identität entspricht die Maxime: „Stimme mit dir selbst überein, verwirkliche die Harmonie deines Wesens, *wolle glücklich sein*!“ Dem Axiome der Kausalität entspricht die Maxime: „Stimme mit den anderen überein, verwirkliche, so viel du vermagst, die Harmonie der Menschheit, *wolle, daß auch die anderen glücklich seien*!“ Das Axiom der Harmonie, die Vereinigung der beiden anderen, erklärt: jedes Wesen muß mit sich selbst und mit allen übrigen Wesen übereinstimmen. Ihm entspricht die Maxime der Philanthropie: „*Wolle und betätige dein Glück im Glücke der Menschheit*, bedenke das Ganze, indem du für dich selbst handelst!" In dieser Übereinstimmung mit sich selbst, mit der Menschheit, mit der Weltordnung vollendet sich die harmonische Menschennatur, die „schöne Individualität" nach dem Ausspruche des Dichters:

Einig sollst du zwar sein, doch eines nicht mit dem Ganzen,
Durch die Vernunft bist du eins, einig mit ihm durch das Herz.
Stimme des Ganzen ist deine Vernunft, dein Herz bist du selber:
Wohl dir, wenn die Vernunft immer im Herzen dir wohnt!

Dreizehntes Kapitel.
Die Kunstlehre. Kunst und Religion

Der Wille ist die Funktion der Vorstellung, denn er ist von derselben abhängig und durch sie bestimmt. Wie der Verstand, so der Wille; wie die Vorstellung, so das Streben. Ist der Wille eine Funktion der Vorstellung, so ist jeder Vorstellungsgrad auch ein Willensgrad, und die Entwicklung des Willens folgt der Entwicklung der vorstellenden Kraft Schritt für Schritt. Nun war in dieser der niedrigste Grad die dunkle, der höchste die deutliche Vorstellung, und auf dem Übergange von der einen zur anderen bildete sich die ästhetische Vorstellung, jenes Formgefühl, welches Leibniz die dunkle Perzeption der Harmonie nannte. Der durch die dunkle Vorstellung determinierte Wille war Instinkt, der durch die deutliche Vorstellung bestimmte war Wille im höheren Sinne, moralischer Wille. Wie sich die sinnliche Vorstellung aufklärte und verdeutlichte, so entwickelte sich aus dem Triebe das bewußte und sittliche Streben. Was ist nun der Wille, wenn er durch *ästhetische* Vorstellungen bestimmt wird? Daß er durch diese bestimmt werden kann und muß, erhellt aus der psychologischen Notwendigkeit, welche den Willen an die Vorstellung bindet. Die ästhetische Vorstellung ist dunkel, darum ist ihr Wille Instinkt oder Trieb. Aber diese dunkle Vorstellung perzipiert die Form und Harmonie der Dinge, darum ist ihr Wille *Formtrieb*: er ist das Streben, eine ästhetische Vorstellung zu verwirklichen oder ein Werk von harmonischer Form auszuführen. Die Gemütsdisposition, die von einer ästhetischen Vorstellung erfüllt und von dem Drange nach harmonischer Gestaltung beseelt und getrieben wird, nennen wir die künstlerische Stimmung; der Wille, der aus einer solchen Stimmung hervorgeht und eine ästhetische Vorstellung verwirklichen möchte, ist der künstlerische und sein Produkt ein Kunstwerk. Jedes menschliche Gemüt hat mit dem Formgefühle zugleich die Fähigkeit, poetisch gestimmt zu werden und künstlerisch zu handeln. Es wird poetisch gestimmt, sobald das Formgefühl sich praktisch betätigt, sobald die ästhetische Vorstellung, die das Gemüt in eine harmonische Stimmung versetzt, dasselbe beunruhigt oder, was dasselbe heißt, sobald sich innerhalb der reinen Formbetrachtung, innerhalb der Phantasie der Wille zu rühren beginnt. Wenn wir unter dem Eindruck einer ästhetischen Vorstellung tätig sein wollen, so sind wir nicht mehr theoretisch, sondern praktisch gestimmt, nicht mehr ästhetisch beruhigt, sondern poetisch erregt. Der durch die Phantasie beunruhigte und zur Tätigkeit aufgelegte Geist ist der *poetische*. Die poetische Erregbarkeit gehört zur Natur des menschlichen Willens, wie die ästhetische Vorstellung zur Natur unseres perzeptiven Seelenvermögens, und sie ist so sehr in unserer Gemütsverfassung begründet, daß sie mit größerer oder geringerer Stärke in jeder menschlichen Seele stattfindet. Es gibt keinen Menschen, der ästhetisch ganz unempfindlich, poetisch nie zu erregen wäre: aus dem einfachen Grunde gibt es solche stumpfe Seelen nicht, weil mit jeder Vorstellung ein gewisser Willensgrad, mit der ästhetischen also ein gewisser künstlerischer Willensgrad verbunden sein muß. Natürlich schließt dieser Grad nach der verschiedenen Begabung der Individuen eine unendliche Mannigfaltigkeit von Graden in sich, er durchläuft eine Stufenleiter, die von einer merkbaren Unruhe zur stärksten und bewegtesten Tatkraft fortschreitet, und ebenso die Handlung, welche der poetisch erregte Wille ausführt: sie steigert sich vom schlechten Versuche des Stümpers bis zum gelungenen Werke des Meisters. Offenbar hängt das Maß der künstlerischen Seelenkraft von der poetischen Willensstärke ab, und diese ist bedingt durch die Gewalt und Lebendigkeit, womit die ästhetischen Vorstellungen wirken. Es sind die künstlerischen Geister hervorragender Art, die Genies, in denen die ästhetischen Vorstellungen mit überwiegender Stärke und mächtiger als die übrigen Vorstellungen wirken. Die Harmonie bildet das Objekt der ästhetischen Vorstellung und die Absicht des künstlerischen Willens. Nun erblickt Leibniz die Harmonie der Dinge besonders in der Übereinstimmung ihrer Teile und Bewegungen, in den richtigen Proportionen, in den regelmäßigen Verhältnissen. In der dunkeln Perzeption dieser Harmonie bestand ihm der Kunstgenuß. In dem dunkeln Streben, ein Werk dieser Art selbst hervorzubringen, besteht ihm daher das Element des künstlerischen Schaffens, und in dem Werke selbst, das aus einer solchen Willensrichtung folgt, die

Kunstschöpfung. Die harmonischen oder schönen Formen sind bei Leibniz noch in nächster Verwandtschaft mit den mathematischen Verhältnissen und die harmonischen oder künstlerischen Werke mit den mechanischen. Die Welt selbst gilt ihm für eine lebendige Maschine, das menschliche Kunstwerk wiederholt im Kleinen, was die Welt im Großen darstellt. Wie der menschliche Geist eine Welt im Kleinen ist, so bildet sein Kunstwerk ein Weltgebäude im Kleinen: der Künstler erscheint daher bei Leibniz unter dem Bilde des Baumeisters, der künstlerische Geist als der architektonische. Dies entspricht seinem Begriff von der ästhetischen Vorstellung, die in eine dunkle Mathematik, in ein unwillkürliches Zählen und Messen gesetzt wurde. Um Leibnizens Begriffe von Schönheit und Kunst richtig zu würdigen, muß man weniger auf die Worterklärungen achten, wonach die einen mathematisch, die anderen mechanisch erscheinen, als auf die Quelle, woraus Schönheit und Kunst abgeleitet werden. Das Wichtige ist, daß er sie psychologisch begründet, daß er ihre Quelle in der dunkeln Menschenseele entdeckt: die Quelle der Schönheit in dem Formgefühl, die der Kunst in dem Formtriebe.

Ich würde nun unbedenklich den künstlerischen Geist die Mitte zwischen dem natürlichen und moralischen Willen einnehmen lassen, wie die ästhetische Vorstellung zwischen der sinnlichen und logischen Erkenntnis in der Mitte stand. War die ästhetische Vorstellung die Vorstufe der deutlichen, so ist der künstlerische Wille die Vorstufe des moralischen, und das Schöne überhaupt hat demnach als ein Symbol, als eine noch verhüllte, dunkle Darstellung des Wahren und Guten zu gelten. So wird auch die Sache im Zeitalter der deutschen Aufklärung gefaßt, die Ästhetik erscheint von der Logik, die Kunst von der Moral abhängig, so daß unter diesem Gesichtspunkte der Zweck der Kunst oder der ästhetische Nutzen in die moralische Besserung fallen mußte.

Indessen wo Leibniz von dem architektonischen (künstlerischen) Geiste redet, gibt er ihm eine höhere Bedeutung, als nur die Vorstufe des sittlichen Geistes zu sein: er sieht in der Kunst nicht bloß eine mechanische, sondern eine ideale, schöpferische Nachahmung der Natur, weshalb ihm die künstlerische Fähigkeit in der menschlichen Seele als ein Abbild der göttlichen Schöpfungskraft gilt. Denn wahrhaft schöpferisch ist allein Gott, nicht die Natur, die bloß das Geschaffene entwickelt. Wo daher ein Analogon der Schöpfung stattfindet, da muß auch ein dem Göttlichen verwandtes und ebenbildliches Wesen existieren. Aus unserer Anlage zur Kunst beweist Leibniz unsere Gottähnlichkeit. Weil wir das Universum vorstellen als lebendige Spiegel, darum sind wir Mikrokosmen oder *kleine Welten*; weil wir in Kunstwerken das Universum tätig nachbilden können, darum sind wir Schöpfer kleiner Welten, darum sind wir im Kleinen, was Gott im großen und ganzen ist, nicht bloß kleine Welten, sondern *kleine Gottheiten*. „Was die vernünftige Seele oder den Geist angeht, so übertrifft er in einer Hinsicht alle anderen Monaden oder einfachen Seelen. Er ist nicht bloß ein Spiegel der natürlichen Welt, sondern auch ein Bild der Gottheit. Der Geist hat nicht bloß eine Vorstellung von den Werken Gottes, sondern er ist imstande, etwas Ähnliches hervorzubringen, wenn auch nur im kleinen Maßstabe. Denn (um nicht von den Träumen zu reden, wo wir mühe- und absichtslos Dinge erfinden, an die wir lange denken müßten, um sie wachend zu finden) unsere Seele ist architektonisch in ihren freiwilligen Handlungen, sie entdeckt die Wissenschaften, wonach Gott die Dinge (nach Gewicht, Maß, Zahl) geordnet hat, und ahmt in ihrer Sphäre, in ihrer kleinen Welt, diesem begrenzten Spielraum ihrer Kräfte, die Werke nach, welche Gott im Großen vollbringt".[174]

Aus diesem Grunde haben wir die künstlerische Tatkraft des Menschen nicht vorher auf dem Übergange von dem natürlichen Willen zum moralischen, sondern hier auf dem Übergange von der Moral zur Religion, von dem Begriffe des Geistes zum Begriffe Gottes betrachtet, denn nach Leibniz erscheint der menschliche Geist in seiner künstlerischen Schöpfungskraft als eine kleine Gottheit.

Vierzehntes Kapitel. Die Religions- und Gotteslehre

I. Offenbarung und Vernunft

1. Der Ursprung der Religion

Unter Religion im allgemeinen verstehen wir das Gottesbewußtsein im Menschen. Wie nun jeder menschliche Zustand seinen zureichenden Grund haben muß, so auch der religiöse. Was den Ursprung der Religion betrifft, so unterscheiden wir zwei Arten der Auffassung: entweder werden uns die Gottesbegriffe und damit die Religion von außen gegeben, oder sie liegen in uns selbst und gehören zu unseren angeborenen Ideen. Im ersten Falle wird die

---

[174] *Principes de la Nature et de la Grace* (Nr. 14), Gerhardt Phil. VI, 604; Erdmann 717. „Chaque esprit étant comme une petite divinité dans son département." *Monadologie* (Nr. 83), Gerhardt Phil. VI, 621; Erdmann 712. „Les esprits étant comme des petits Dieux". *Systeme nouveau* (Nr. 5), Gerhardt Phil. IV, 479; Erdmann 125.

Religion geschichtlich überliefert, im anderen natürlich begründet. Die geschichtliche Überlieferung weist auf eine erste ursprüngliche Mitteilung zurück, die als solche keine vermittelte Tradition, also überhaupt nicht menschlicher, sondern nur göttlicher Abkunft sein kann: der Ursprung der geschichtlich überlieferten und vermittelten Religion muß daher eine Offenbarung Gottes selbst sein. Die auf Offenbarung gegründete Religion heißt die *geoffenbarte* oder *positive*. Ist uns aber der Gottesbegriff ursprünglich eingeboren, so ist es nicht die äußere Mitteilung und geschichtliche Überlieferung, sondern die natürliche Vernunft, „la lumière naturelle", wie Leibniz sagt, woraus Gottesbewusstsein und Religion hervorgehen. Mit der Aufklärung jenes natürlichen Lichtes, mit der Ausbildung jenes angeborenen Gottesbegriffs erhellt sich unser Gottesbewußtsein, entwickelt sich die Religion. Die so begründete Religion heißt die *natürliche*, weil sie auf angeborenen Ideen, also auf einer ursprünglichen Naturanlage beruht; sie heißt *Vernunftreligion*, weil jene angeborenen Ideen Vernunftanlage, das Naturell unserer Intelligenz sind. Mithin müssen wir, was den Ursprung der Religion betrifft, die natürliche Religion von der geoffenbarten (geschichtlichen), die Vernunftreligion von der positiven unterscheiden. Der Erklärungsgrund der natürlichen Religion ist psychologisch, denn die angeborene oder natürliche Gottesidee ist eine Beschaffenheit der menschlichen Seele; der Erklärungsgrund der positiven Religion ist theologisch, denn die Begriffe von Gott gelten hier für Offenbarungen oder unmittelbare Äußerungen des göttlichen Wesens.

Darin also stimmen die natürliche und positive Religion überein, daß beide die Lehre von Gott und göttlichen Dingen, d.h. theologische Vorstellungen zu ihrem Inhalte haben, daß sie die Begriffe von Gott nicht als willkürlich gemachte Ideen, sondern als notwendig gegebene betrachten. Aber wodurch uns dieselben gegeben sind, erklärt die natürliche Religion anders als die Positive. Die Verschiedenheit beider betrifft zunächst den Ursprung der Religion. Sie trennen sich in ihren Ausgangspunkten, und es ist wohl möglich, daß sie in einem gemeinsamen Ziele zusammenkommen. Der Unterschied, der in Ansehung jener ersten Bedingungen stattfindet, macht zunächst noch keinen Gegensatz in dem Ergebnis. Dieselben Religionswahrheiten können uns ja von der Natur eingepflanzt und von Gott offenbart sein. Und gesetzt, daß die ganze Natur selbst eine Offenbarung Gottes ist, so sind die Naturwahrheiten zugleich göttliche Offenbarungen, und damit erklärt sich auch die natürliche Religion in unserer Seele als göttlicher Abkunft. Wir behaupten keineswegs, daß die natürliche Religion und die positive sich zu einander wie gleiche Größen verhalten, wir bestreiten nur, daß sie sich sogleich wie entgegengesetzte verhalten müssen; es soll nicht sofort ausgemacht sein, daß sie sich gegenseitig widersprechen und einander vollkommen ausschließen. Ihr Verhältnis, so weit wir es bis jetzt bestimmt haben, kann ein positives, es kann auch ein negatives sein, es bleibe vorläufig dahingestellt.

2. *Das natürliche Gottesbewußtsein*

Die Leibnizische Philosophie kann die Religion nur psychologisch erklären. Ihr Standpunkt ist die natürliche Religion, die Grundlage ihrer Religionsphilosophie ist der natürliche (angeborene) Gottesbegriff. Wie sie in der natürlichen Verfassung der menschlichen Seele die Elemente der Schönheit, Kunst und Moral entdeckt, so entdeckt sie hier auch die Elemente der Religion. Wie sie aus ursprünglichen Seelenkräften alle unsere Wahrheiten herleitet, so auch die Religionswahrheiten. Mit dem Triebe nach Aufklärung und Glückseligkeit ist auch das Streben nach Gott der menschlichen Seele eingeboren, und dieses naturgemäße Streben bildet den Grundzug der Religion. Daher entwickelt sich mit der Seele auch die Religion; sie beginnt, wie alles Menschliche, mit der dunkeln Vorstellung, dem Gefühle, dem Instinkt, und sie endet mit der klaren deutlichen Erkenntnis. Die Entwicklung der Religion ist deren Aufklärung. Den Ausgangspunkt bildet ein dunkles Gottesbewußtsein oder Gottesgefühl, das Ziel besteht in dem aufgeklärten Gottesbewußtsein oder in der Gotteserkenntnis. Gotteserkenntnis ist Theologie. Mithin ist unter diesem Gesichtspunkte Theologie nichts anderes als die entwickelte, aufgeklärte, wissenschaftlich ausgebildete Religion, wie die Religion als das natürliche, elementare Gottesgefühl eine dunkle Theologie bildet. Es ist daher zu bemerken, daß nach den Leibnizischen Begriffen noch kein eigentlicher Unterschied zwischen Religion und Theologie stattfindet.

In der natürlichen Religion und Theologie hat Leibniz das System begründet und die Richtung vorgezeichnet, worin sich die ganze deutsche Aufklärung bis Lessing fortbewegt. Die Religion der Aufklärung ist die aufgeklärte, deren Grundlage die natürliche ist. Was aber das Verhältnis der natürlichen und geoffenbarten Religion betrifft, so behauptet Leibniz nicht deren Einerleiheit, sondern er sucht im harmonistischen Geiste seiner Philosophie deren Übereinstimmung, während sich im Fortgange der Aufklärung dieses positive Verhältnis mehr und mehr auflöst, die natürliche Theologie mit der positiven in Grenzstreitigkeiten und zuletzt in offene Gegensätze gerät.

II. Monadologie und Theologie

1. Widerstreit und Übereinstimmung

Wenn es sich nur um den Gesichtspunkt handelt, unter welchem die Leibnizische Theologie aufgefaßt werden muß, so unterscheiden wir zuvörderst genau die natürliche Religion an sich von ihrem Verhältnis zur positiven. Es ist nachgerade ein festes Vorurteil geworden, die Leibnizische Theologie insgesamt für den schwächsten Teil des Systems zu erklären, was so viel heißt, als jeden strengen und folgerichtigen Zusammenhang zwischen dem Leibnizischen System und seiner Theologie bestreiten. Schon zu den Zeiten des Philosophen wollten einige, darunter ein Tübinger Theologe, die Theodizee für ein bloßes Kunststück halten, womit es Leibnizen nicht wirklich Ernst gewesen sei. Und Lessing, der den Zusammenhang zwischen den Prinzipien der Monadologie und der Theodizee genau begriff und auf das bündigste gerade in den bedenklichsten Punkten nachwies, konnte die Urteile der Nachwelt nicht so weit berichtigen, daß man sich in dieser Rücksicht über Leibniz richtiger und bedächtiger ausdrückte.

Es wird behauptet, der Gottesbegriff, welchen die Leibnizische Theologie zum Gegenstande hat, passe nicht zu der Monadenlehre, Gott und die Monaden seien verschiedenartige und einander widersprechende Begriffe, auf den Gottesbegriff gründe Leibniz seine Theologie, auf den Monadenbegriff seine Metaphysik und Philosophie: darum seien Theologie und Philosophie ursprünglich verschiedene Stücke, welche Leibniz künstlich und lose zusammengefügt habe; dieses so locker verbundene System sei daher keineswegs einmütig und folgerichtig. Die Monadenlehre, streng und folgerichtig entwickelt, kenne nur ein Prinzip: die Monaden und als deren notwendige und höchste Folge die Monadenordnung oder die Weltharmonie, diese sei darum nach Leibniz die höchste Idee, welche er für Gott selbst hätte erklären müssen. Auf die Frage nach dem Grunde der Harmonie konnte Leibniz nur antworten: sie folgt notwendig aus den Monaden, weil sie ursprünglich darin liegt. Auf die Frage nach dem Grunde der Monaden konnte er nur antworten: sie sind von Ewigkeit zu Ewigkeit, die Frage nach ihrem Ursprunge ist daher unmöglich. So, behauptet man, mußte folgerichtig der Leibnizische Gott gleich der Weltordnung (Harmonie), die Leibnizische Theologie daher Pantheismus sein. In diesem Punkte mußte Leibniz mit Spinoza übereinstimmen. Wirklich? Leibniz hätte zufolge seiner Prinzipien das behaupten müssen, wogegen sich diese Prinzipien mit aller Macht sträubten? So sehr hätte in Leibniz der Verstand den Neigungen widersprochen? Den

Neigungen, die doch nach des Philosophen eigener Erklärung den Vorstellungen stets konform sind? Seine Vorstellungsweise hätte pantheistisch sein müssen, während seine Neigung es nicht war?

Der Leibnizische Gottesbegriff ist mit der Weltharmonie nicht identisch. Die ersten Grundsätze dieser Philosophie verbieten eine solche Identität, denn Gott ist ein Wesen, die Weltharmonie dagegen ist ein Verhältnis. Aber die wohlverstandene Monadenlehre und die wohlverstandene Weltharmonie schließen den Leibnizischen Gottesbegriff so wenig aus, daß sie ihn vielmehr fordern und notwendig machen, ja die Leibnizische Philosophie wäre ohne folgerichtigen Schluß, wenn ihr dieser Begriff fehlte. Die Weltharmonie ist das kontinuierliche Stufenreich der Entelechien oder Monaden, das in unendlich kleinen Differenzen von den niederen Kräften zu den höheren fortschreitet. Offenbar zielt dieses Stufenreich auf eine HÖCHSTE KRAFT, die schlechterdings nicht mehr durch eine höhere überboten werden kann. Diese höchste Kraft muß existieren, denn das Stufenreich der Dinge wäre sonst ohne Ziel, die Entwicklung in der Welt ohne Zweck, und wo Zwecke einmütig wirken, muß ein letzter Zweck sein. Weil jede Monade nach einer höheren strebt, so muß es eine HÖCHSTE MONADE geben, wodurch das Stufenreich der Dinge vollendet und die Weltharmonie erfüllt wird. Diese höchste Monade ist die absolute oder Gott. Jede Entwicklung verlangt eine höchste Stufe: so verlangt das Stufenreich der Wesen ein höchstes Wesen, also die Monaden eine absolute Monade. Ohne diese wäre die ganze Monadenlehre nichtig, denn die Kraft, welche in den Monaden wirkt, wäre ziellos. Wie jede Monade nach der höheren und damit zugleich nach der höchsten (Gott) strebt, so strebt die Monadologie nach der Theologie, und man muß nicht wissen, was die Monadologie eigentlich will, wenn man die Theologie als ein überflüssiges oder gar ungereimtes Nebenwerk ansieht. Das Stufenreich der Dinge ohne Gott vorstellen, heißt den Komparativ ohne Superlativ denken. Auch in Leibnizens eigenem Geiste geht der Gottesbegriff der Monadenlehre voraus und begleitet sie auf jedem ihrer Schritte. Wie Aristoteles in der verlorenen Schrift *περὶ φιλοσοφίας* eine höchste Entelechie gefordert hat, ebenso und aus denselben Gründen fordert Leibniz eine höchste Monade.

2. Der Theismus. Der Rationalismus und der Supernaturalismus

Gott ist die höchste Monade. Von dieser muß gelten, was von jeder Monade gilt: daß sie von allen übrigen unterschieden ist. Als Monade bildet Gott ein Wesen für sich. Dieser Begriff, der das göttliche Wesen von allen übrigen unterscheidet und abgrenzt, ist theistisch: die Leibnizische Theologie ist daher wesentlich *Theismus*. Auch leuchtet ein, daß Gott als Monade ein einziges Wesen sein muß: demnach bestimmt sich der Leibnizische Theismus näher als *Monotheismus*. Dieser Theismus nun widerspricht der Monadenlehre so wenig, daß er vielmehr in ihrer Anlage begründet ist und von dem Begriff der Monade als eine notwendige Ergänzung gefordert wird. Wir müssen uns in Leibnizens Geiste die Monaden vorstellen als ein kontinuierliches Stufenreich von Wesen, dessen äußerste Grenzen diesseits der niedrigsten Monade das Nichts ist und jenseits der relativ höchsten *Gott*. Gerade diese Anschauung setzt Leibniz als die seinige dem Pantheismus und der Lehre von der Weltseele entgegen. „Es gibt überall Stufen. So finden sich unendlich viele Grade zwischen irgendeiner Bewegung und der vollkommenen Ruhe, zwischen der Härte und der absoluten Flüssigkeit, die ohne alle Widerstandskraft ist, zwischen Gott und dem Nichts. Darum ist es ungereimt, wenn man nur ein einziges tätiges Prinzip, nämlich die Weltseele (die eine Substanz), und nur ein einziges passives Prinzip, nämlich die Materie, annehmen will.“[175] Ist aber Gott die höchste Monade, so ist er die höchste Kraft, über welche hinaus keine höhere gedacht werden kann. Sie könnte und müßte gedacht werden, die höhere Kraft, so lange die gegebene beschränkt ist, denn jede beschränkte Kraft läßt sich steigern, und es läßt sich ein höherer Grad der Vollkommenheit vorstellen. Darum mußte es jenseits des Menschen höhere Geister oder Genien geben, darum muß Gott als das höchste Wesen ohne Schranke und, weil die Schranke das Prinzip der Materie ist, ohne Materie gedacht werden, „Dieu seul est au dessus de toute la matiére“, sagt Leibniz in seinen Betrachtungen über die Prinzipien des Lebens.[176] Mit der Materie fehlt auch das passive Prinzip oder die leidende Kraft: darum muß Gott als reine Tätigkeit als actus purus, wie die Aristotelischen Scholastiker sagten, begriffen werden. „Gott allein ist von der Materie wahrhaft frei, denn er ist reine Tätigkeit und ohne alle leidende Kraft, die sonst überall das Wesen der Materie ausmacht.“[177]

Als das höchste Wesen muß demnach Gott schlechterdings schrankenlos und immateriell sein. Er übertrifft alles Beschränkte, Körperliche, Individuelle. Nennen wir den Inbegriff alles Beschränkten Welt, so ist nach Leibniz Gott notwendig *überweltlich* oder transzendent. Nennen wir den Inbegriff alles Körperlichen

---

[175] „Il y a une infinité de degrés... entre Dieu et le néant.“ *Considérations sur la doctrine d'un Esprit Universel Unique*, Gerhardt Phil. VI, 537; Erdmann 182.

[176] *Considérations sur les Principes de Vie*, Gerhardt Phil. VI, 546; Erdmann 432.

[177] *Leibniz an R. Chr. Wagner*, 4. VI. 1710, Gerhardt Phil. VII, 530; Erdmann 466.

Natur, so ist Gott *übernatürlich*. Der Leibnizische Gottesbegriff ist daher notwendig theistisch und supernaturalistisch.

Um Leibnizens Theismus, der die theologischen Begriffe der deutschen Aufklärung beherrscht, richtig zu verstehen, muß man sich klar machen, wie hier die rationalistische und supernaturalistische Richtung zusammentreffen. Der Gottesbegriff ist natürlich begründet, denn er erhellt aus der natürlichen Erkenntnis der Dinge, die nicht anders gedacht werden können, denn als Monaden, welche, weil sie eine kontinuierliche Stufenreihe bilden, notwendig auf ein höchstes Wesen hinweisen. Die Grundlage der Leibnizischen Theologie besteht mithin in natürlichen Begriffen, und der Theismus, der auf diesen beruht, ist seinem Prinzipe nach rational. Aber das höchste Wesen, weil es die Stufenreihe der Dinge vollendet, übersteigt alles Beschränkte und Körperliche, die Welt und die Natur. Die Leibnizische Theologie geht darum über die natürlichen Begriffe hinaus, und jener rational begründete Theismus wird in seiner Spitze supernaturalistisch. Aus diesem Grunde bezeichnen wir die natürliche Theologie, den Theismus, welchen Leibniz einführt und die Aufklärung fortpflanzt, als einen *rationalen* oder verständigen Supernaturalismus. Rational ist dieser Theismus, weil wir im Lichte unserer Vernunft begreifen, daß Gott ist; weil diese dunkler oder deutlicher erkannte Vernunftwahrheit den Grund der Religion oder des Glaubens an den einen Gott ausmacht. Supernaturalistisch ist dieser Theismus, weil sein Gott übernatürlich und überweltlich ist. Endlich verständig ist dieser Supernaturalismus aus dem einfachen Grunde, weil wir aus natürlichen Begriffen einsehen, daß Gott als das höchste aller Wesen notwendig übernatürlich und überweltlich sein muß. Dieser verständige Supernaturalismus, welcher den durchgängigen Charakter der natürlichen Theologie bestimmt, unterscheidet sich sehr von dem rechtgläubigen. Hier gilt das Übernatürliche in Gott als ein Unbegreifliches, als ein Mysterium, das alle Vernunftbegriffe zunichte macht, indem es ihnen widerspricht; dort gilt das Übernatürliche in Gott als ein Unbegriffenes, als ein Superlativ, der unsere Vernunftbegriffe übersteigt, ohne ihnen zu widersprechen. Denn wir begreifen aus dem Gesichtspunkte der natürlichen Theologie vollkommen, daß ein solches superlatives, höchstes, unserer Vernunft überlegenes Wesen existieren müsse. Wie der höchste Grad zum niederen, so verhält sich der göttliche Geist zum menschlichen.

3. *Das Über- und Widervernünftige*

Da nun die Natur auch die natürliche Vernunft und diese die menschliche in sich begreift, so ist der Supernaturalismus zugleich Superrationalismus. Zwischen Gott und der Vernunft muß nach

Leibnizens theologischen Begriffen dasselbe Verhältnis stattfinden wie zwischen Gott und der Natur. Dieses Verhältnis ist kein Widerspruch, sondern eine Steigerung. Gott übersteigt die (menschliche) Vernunft, ohne ihr zu widersprechen: das göttliche Wesen ist übernatürlich, aber nicht naturwidrig; ebenso ist es übervernünftig, aber nicht vernunftwidrig. Gott verhält sich zum Menschen ähnlich wie der Mensch zu einem Wesen niederen Ranges, etwa zum Tier oder zur Pflanze. Die menschliche Vernunft ist höher als die tierische: so ist die göttliche höher als die menschliche. Und in dieser Rücksicht übersteigt Gott die Vernunft, er ist als das höchste, schrankenlose Wesen übernatürlich und als die höchste, schrankenlose Vernunft über die beschränkte menschliche Vernunft erhaben. Daher ist die Unterscheidung zwischen dem „Übervernünftigen (ce qui est au dessus de la raison)“ und dem „Widervernünftigen (ce qui est contre la raison)“ nicht, wie man häufig gesagt hat, ein Kunstgriff, welchen Leibniz zugunsten der positiven Glaubenslehre macht, sondern eine durch seinen Theismus notwendig geforderte Distinktion, wie dieser Theismus selbst geboten ist durch die Monadenlehre. Wir wollen den bezeichneten Unterschied genau feststellen. Widervernünftig ist, was der Vernunft als solcher widerspricht. Übervernünftig ist, was die beschränkte menschliche Vernunft übersteigt. Die Vernunft als solche besteht in absoluten Wahrheiten, die beschränkte Vernunft in relativen. Absolute Wahrheiten gelten unbedingt, relative dagegen bedingt; die einen sind immer wahr, die anderen nur unter gewissen Umständen: jene können nie anders sein, die Bedingungen mögen sein, welche sie wollen; diese können auch anders sein, wenn die Bedingungen andere sind, unter denen sie stattfinden. Von jenen ist das Gegenteil nie möglich, sie sind daher unbedingt notwendig; von diesen ist auch das Gegenteil denkbar, sie sind daher nur in eingeschränkter und bedingter Weise notwendig. Die unbedingte Notwendigkeit gilt von allen Vernunftwahrheiten, die auf dem Satze der Identität beruhen und so sicher stehen, wie der Satz A = A. Die bedingte Notwendigkeit gilt von allen Erfahrungswahrheiten, die auf dem Satze des zureichenden Grundes beruhen und deshalb nur relative und unvollständige Gültigkeit haben, weil die Gründe einer Tatsache niemals ganz erschöpft werden können. Die Notwendigkeit der Vernunftwahrheiten ist die metaphysische (logische, geometrische), die der Erfahrungswahrheiten ist die physikalische. Der Sinn der Leibnizischen Unterscheidung wird daher am besten so gefaßt werden: widervernünftig ist, was den Vernunftwahrheiten und deren metaphysischer (logischer, geometrischer) Notwendigkeit widerspricht, übervernünftig dagegen, was über die Erfahrungswahrheiten und deren physikalische Notwendigkeit hinausgeht. Offenbar kann etwas den Gesichtskreis der menschlichen Erfahrung übersteigen, ohne deshalb ungereimt zu sein und den Grundsätzen der Vernunft selbst zu widersprechen. Der Horizont unserer Erfahrung ist beschränkt, daher gibt es ein Jenseits der Erfahrung. Hier können aus anderen Bedingungen andere Tatsachen folgen, als welche uns in der Natur gegeben sind, aber niemals können diese Tatsachen den Gesetzen der Logik und Mathematik widerstreiten. Das Übervernünftige ist möglich; das Unvernünftige niemals. Beide freilich sind unbegreiflich oder irrational, aber in sehr verschiedener Weise: das Übervernünftige ist unbegreiflich, weil es *von uns* nicht begriffen werden kann, das Widervernünftige ist unbegreiflich, weil es *überhaupt nicht* begriffen werden kann. Jenes ist göttlich, dieses ungereimt. Und so gilt der Leibnizische Satz: „Das Übervernünftige ist nicht widervernünftig."[178]

Auf diesen Satz stützt sich die erste Aufgabe der Theodizee, nämlich der Versuch, die Übereinstimmung der natürlichen Religion mit der geoffenbarten, des Glaubens mit der Vernunft darzutun. Hier liegt der Mittelpunkt der zwischen Leibniz und Bayle geführten Streitfrage. In den neuen Versuchen über den menschlichen Verstand verteidigt Leibniz gegen Locke, daß die Vernunft und ihre Prinzipien des Menschen ursprüngliche Geistesanlage seien. In der Theodizee verteidigt er gegen Bayle, daß die Religion eine Sache der Vernunft fei und darum niemals zwischen beiden ein unauflöslicher Gegensatz bestehen könne. Bayle erleuchtet den Gegensatz beider: der Glaube sei mit der Vernunft nicht in Übereinstimmung zu bringen, er widerspreche der Vernunft wie diese dem Glauben; das Übervernünftige sei zugleich widervernünftig, und es gebe in diesem unvermeidlichen Widerstreit zwischen Vernunft und Religion keine andere Auskunft, als daß der Religion die Vernunft unbedingt untergeordnet werde. Diese blinde Unterordnung nannte der Skeptiker „den Triumph des Glaubens". Wird die Vernunft rege, so muß sie die Religionswahrheiten untersuchen, bezweifeln und dadurch den Glauben vernichten. Soll der Glaube bestehen, so darf der Zweifel nicht aufkommen, und die Vernunft muß schweigend gehorchen. Über das Verhältnis zwischen Glauben und Vernunft urteilt der skeptische Bayle ähnlich wie der gläubige Tertullian. Beide erklären den Glauben für unbegreiflich und machen in dem Unbegreiflichen nicht die Unterscheidung des Über- und Widervernünftigen; sie setzen in den entschiedenen Gegensatz zur Vernunft den Triumph, ja das Kennzeichen des Glaubens. „Credo, quia adsurdum", hatte Tertullian gesagt. „Daß Christus, der Sohn Gottes, gestorben, das

[178] *Theodicée, Discours de la conformité de la foi avec la raison* Nr. 23. Gerhardt Phil. VI, 64; Erdmann 486

ist glaubhaft, weil es ungereimt ist; daß er von den Toten auferstanden, das ist gewiß, weil es unmöglich ist."[179]

Anders triumphiert der Glaube bei dem Kirchenlehrer der alten Zeit, anders bei dem Skeptiker der neuen. Was Bayle den „Triumph des Glaubens" nennt, ist ein doppelseitiges, diplomatisches Urteil, welches die Niederlage des Glaubens verschweigt. Bayle gibt zum Scheine die Vernunft unter den Glauben gefangen, damit der Glaube um so deutlicher als das Gefängnis der Vernunft erscheine. Ist der Glaube seiner Natur nach vernunftwidrig, so ist es ja klar, daß die Vernunft mit dem Rechte ihrer Natur ungläubig sein darf. Ist sich die Vernunft ihrer Rechte bewußt, so wird es nicht fehlen, daß sie diese Rechte gebraucht, die sie nur solange nicht ausübt, als sie dieselben nicht kennt. Dies ist der große Unterschied zwischen dem Zeitalter eines Bayle und dem eines Tertullian. Die Welt, in welcher Bayle lebte, wollte, wie dieser selbst, lieber mit der Vernunft ungläubig als mit dem Glauben unvernünftig sein.

Gegenüber dieser schlimmen Wahl zwischen Unglauben und Unvernunft sucht Leibniz in dem Vernunftglauben oder in der Vernunftreligion die einzig mögliche Rettung. Der Vernunftglaube ist nur dann möglich, wenn die Vernunft den Glauben begreifen und dieser mit jener übereinstimmen kann. Nun enthält die geoffenbarte Religion in ihren Glaubenssätzen ohne Zweifel viel Unbegreifliches (Irrationales). Wie soll das Unbegreifliche mit der Vernunft vereinigt und von dieser begriffen werden können? Nur durch jene Unterscheidung, die Leibniz nicht auf Kosten seiner Grundsätze erfindet, sondern welche ihm kraft derselben geboten ist. Was in dem Unbegreiflichen widersinnig ist, das ist niemals Glaubenssache, und was darin nicht unvernünftig oder undenkbar ist, das gilt als übervernünftig. Von dem Übervernünftigen begreifen wir sehr wohl, daß es ist, denn wir begreifen, daß es höhere Wesen als wir, also auch eine höhere Vernunft als die unsrige geben müsse. Wir begreifen aber von dem Übervernünftigen auch nur, daß es ist, nicht warum es so ist, oder wie Leibniz sagt, wir begreifen nur das *ὅτι*, nicht das *διότι*. Das Übervernünftige (Übernatürliche) darf und soll geglaubt werden, das Unvernünftige niemals. Das ist die Richtschnur, nach welcher die Kritik der geoffenbarten Religion von seiten der gesamten Aufklärung geübt wird. Die Offenbarung gilt innerhalb der Grenzen der göttlichen Vernunft, die mit der menschlichen über-

[179] Tertullianus, de carne Christi: „Mortuus est Dei Filius, credibile est, quia ineptum est; et sepultus revixit, certum est, quia impossibile." Leibniz will diese, wie er sagt, witzige Stelle, nur von der scheinbaren Ungereimtheit, von der scheinbaren Unmöglichkeit verstanden wissen, weil er für seine Unterscheidung das Ansehen des Kirchenlehrers nicht einbüßen möchte. *Theodicée, Discours* usw. Nr. 50, Gerhardt Phil. VI, 78; Erdmann 493.

einstimmt oder dieselbe übersteigt, aber ihr niemals zuwiderläuft. Die natürliche Religion besteht nur innerhalb der Grenzen der menschlichen Vernunft. Mithin bestimmt sich das Verhältnis zwischen Offenbarung und Vernunftreligion so, daß in der positiven Religion die natürliche mitenthalten ist und außer dieser noch andere Glaubensobjekte, welche die menschliche Vernunft übersteigen. Aber als der echte Kern und Mittelpunkt der Offenbarung gilt die Vernunftreligion bei Leibniz wie bei der Aufklärung im Ganzen. Der Fortschritt, welchen die Aufklärung innerhalb der von Leibniz gezogenen Grenzen macht, besteht darin, daß sie das Gebiet des Übervernünftigen mehr und mehr einschränkt, dieses Privilegium der positiven Religion mehr und mehr verkürzt und die Offenbarung auf das Maß der Vernunftreligion zurückführt. Was bei Leibniz als übervernünftig gilt oder gelten möchte, wird später als widervernünftig angesehen. Gerade die besonderen Glaubenswahrheiten des Christentums, die Menschwerdung, die Trinität, die Wunder usf., welche Leibniz über die Vernunft setzte, werden später der Vernunft entgegengesetzt und dadurch ihrer Glaubwürdigkeit beraubt. So wird im Fortgange der Aufklärung jenes harmonische Verhältnis zwischen Vernunftglauben und Offenbarung, natürlicher und geoffenbarter Theologie mehr und mehr aufgelöst, welches Leibniz mit so vielem Eifer gesucht und für das erste gestiftet hatte, indem er dem Geiste seiner Philosophie und seines Zeitalters folgte. Es geschah, was in solchen Fällen die Geschichte noch nie unterlassen hat. Ein mächtiger und tiefsinniger Geist schlichtet auf einen Augenblick den Zwist zwischen Philosophie und Religion, und in einem solchen Augenblick ist der Eindruck dieser seltenen Harmonie der überwiegende. Indessen diese Versöhnung ist das Ziel, worum wir kämpfen. Die lose Verbundenen trennen und entzweien sich wieder, und an die Stelle ihrer Harmonie tritt der Gegensatz in gesteigerter Spannung, bis endlich die Geschichte, in einem hervorragenden Geiste einen neuen Ausweg aus jenem heillosen Widerstreit und die Mittel der höheren Lösung findet. Leibniz stiftet eine Harmonie, welche Reimarus auflöst und Lessing wiederherstellt, indem er sie tiefer und fester begründet.

Fünfzehntes Kapitel. Die natürliche Religion

I. Gott und der menschliche Geist

1. Moral und Religion

Innerhalb der Grenzen der natürlichen Menschenvernunft gilt die natürliche Religion, jenseits jener Grenzen liegt der Grund der geoffenbarten. Die natürliche Vernunft sagt uns, daß alle Dinge Kräfte sind, daß jede Kraft nach der höheren und darum nach der höchsten stiebt. Diese ist Gott: mithin streben alle Wesen nach Gott. Aber nur in der menschlichen Seele wird dieses Streben empfunden, gefühlt, gewußt, und in dem gefühlten Streben nach Gott, in der bewußten Neigung nach dem höchsten Wesen besteht die Grundrichtung der Religion. Dieses Streben, das in seinen ersten Regungen instinktiv erscheint, bildet das einfache Element aller Religion, die natürliche Religion ist darum die psychologische Grundlage aller positiven. Aus dem Streben nach Glückseligkeit und menschlicher Vollkommenheit entsteht die Moral, aus dem Streben nach dem Göttlichen die Religion. Da nun Gott das allervollkommenste Wesen ist, so erhellt hieraus das Verhältnis zwischen Moral und Religion, wie es unter dem Gesichtspunkte der Leibnizischen Philosophie und der Aufklärung überhaupt gefaßt wird: das sittliche Streben geht auf Vollkommenheit im menschlich beschränkten Sinne des Worts, die Religion im unbedingten Sinn; jene handelt nach einem relativ höchsten Zwecke, diese nach dem absolut höchsten. Darum verhalten sich Moral und Religion, wir wollen nicht sagen, wie das Niedere zu dem Höheren, sondern wie das Höhere zu dem Höchsten. Sie gehen beide einen gemeinsamen Weg: die Moral muß sich nach dem Gange ihrer naturgemäßen Entwicklung zur Religion erheben, und diese muß unter allen Umständen moralisch handeln, denn das moralische Handeln folgt dem höchsten und mächtigsten Instinkte, der zuletzt kein anderer sein kann, als der sich auf das höchste Objekt oder auf Gott selbst richtet. Wenn nun der Wille, wie er nicht anders kann, jenem höchsten Instinkte, dem Streben nach dem Göttlichen, gemäß handelt, so ist die so gerichtete Sittlichkeit gleich der Religion. Mithin ist die tiefste Wurzel der Moral zugleich die der Religion, und wenn es sich um die höchste Vorstellung und um das höchste Streben handelt, welches die menschliche Seele erfüllt und treibt, so müssen die natürliche Moral und die natürliche Religion vollkommen miteinander übereinstimmen.

2. *Die natürliche und geschichtliche Religion*

Jedes Streben ist bedingt durch eine Vorstellung. Der Trieb ist ein angeborenes Streben, bedingt durch eine angeborene Vorstellung; der religiöse Trieb ist bedingt durch die angeborene Idee Gottes. Angeboren ist uns die Vorstellung von Gott, weil sie ursprünglich in unserem Wesen liegt, weil wir kraft unserer Natur nach dem Höchsten streben und darum das Höchste vorstellen müssen. Sobald wir dieser Vorstellung inne werden, sei es auch nur durch ein dunkles Gefühl, so ist sie *Glaube*. Im Glauben eignen wir uns jene der Seele eingeborene Vorstellung an, der Glaube ist unsere erste Apperzeption Gottes, die, wie jede unserer Vorstellungen, mit einem Streben verbunden ist und sich vom Gefühle zum Bewußtsein und vom dunklen Bewußtsein zum deutlichen entwickelt. Mit der Seele entwickelt sich auch der Glaube: es gibt daher so viele Bildungsgrade des Glaubens, als es Entwicklungsgrade des Geistes gibt. Im Sinne der Leibnizischen Philosophie und der deutschen Aufklärung müssen wir urteilen: wie der Mensch, so die Religion d.h. seine Vorstellung von Gott oder die Entwicklungsstufe, welche die ursprüngliche Gottesidee in seiner Seele erreicht hat. Das ist eine ganz andere Anschauung als die Voltaires, nach welcher der Mensch seine Götter oder seine Vorstellungen von Gott macht: nach Leibniz macht er sie nicht, sondern entwickelt die gegebene, das ursprüngliche Datum seiner Seele, und er entwickelt diese Anlage, nicht wie es ihm beliebt, sondern nach dem Maße seines Geistes und unter dem Gesichtspunkte seines Zeitalters. Sehen wir auf den Ursprung der Religion, der nicht innerhalb der menschlichen Machtvollkommenheit liegt, so ist die Vorstellung von Gott eine ewig begründete und allen Menschen gemeinsame: es gibt in dieser Rücksicht nur eine Religion. Sehen wir dagegen auf die Entwicklungsgrade dieser einen Religion, so gibt es so viele Religionen, als es Bildungsverschiedenheiten im Menschengeschlechte gibt. Dieser fruchtbare Gesichtspunkt löst auf eine einfache und natürliche Art den Streit um die wahre Religion, welchen die geschichtlichen oder positiven Religionen untereinander führen; sie sind die Entwicklungsstufen der einen wahren und vernunftgemäßen Religion. Darum ist von den positiven Religionen keine wahr in des Wortes alleiniger Bedeutung, denn sie gründen sich nicht bloß auf die ursprüngliche, dem Menschen eingeborene Wahrheit, sondern „auf Geschichte, geschrieben oder überliefert“. So urteilte Lessing in seinem *Nathan*. Aber im relativen Sinne des Wortes ist jede dieser Religionen wahr, denn jede ist ein Ausdruck der Vernunftreligion, die Ausbildung derselben in der

Gemütsverfassung eines bestimmten Volkes, auf der Bildungsstufe eines bestimmten Zeitalters. So urteilte Lessing in seiner *Erziehung des Menschengeschlechts*. Und dies ist in Wahrheit der Anfang zur endlichen Lösung jenes Streites zwischen Vernunft und Glauben, natürlicher und geoffenbarter Religion: eine Lösung, welche Leibniz zwar nicht selbst gegeben, aber in der Verfassung seines Systems auf das deutlichste angelegt hat. Die Entwicklung der natürlichen Religion ist in seiner Lehre ausgesprochen, und daß die Entwicklungsstufen der natürlichen Religion die geschichtlichen Religionen sind, ist der nächste Gedanke, der daraus folgt. Wenn die hellsten Religionsbegriffe und die Lösung religiöser Probleme die reifsten Früchte eines Zeitalters sind, so müssen wir anerkennen, daß in Lessings *Erziehung des Menschengeschlechts* die deutsche Aufklärung ihre höchste Idee erreicht und die Frucht geerntet hat, welche aus dem Samen, welchen Leibniz ausgestreut hat, hervorging.

Die Entwicklung der Vernunftreligion innerhalb der Menschheit ist die Stufenreihe der geschichtlichen oder positiven Religionen, worin Lessing den göttlichen Plan der Menschenerziehung oder, um seinen Begriff Leibnizisch auszudrücken, die prästabilierte Harmonie fand. Das Gefühl entwickelt sich zum Bewußtsein, die dunkle Vorstellung zur deutlichen. So folgt aus den Glaubenselementen theoretisch die aufgeklärte Glaubenslehre oder die deutlichen Gottesbegriffe und praktisch die Glaubensmoral: jene ist die Erkenntnis, diese die Betätigung der religiösen Vorstellungen, und beide zusammen bilden das Lehrgebäude der natürlichen Theologie.

Unter allen Wesen der Natur kann allein der Mensch seiner ursprünglichen Vorstellungen inne werden. In ihm werden die Vernunftbegriffe Wissenschaft und die Gottesidee Glaube, daher kann nur in der menschlichen Seele Religion entstehen im Unterschiede von allen übrigen Wesen. Die Religion wie die Vernunft machen den unendlichen Abstand zwischen Mensch und Tier: jene befähigt die menschliche Seele zu deutlichen Gottesbegriffen, diese zu ewigen Vernunftwahrheiten. Und wie Religion und Vernunft das menschliche Wesen in seiner ursprünglichen Eigentümlichkeit, in seinem Unterschiede von dem tierischen ausprägen, so müssen auch beide gemeinschaftlich und in gegenseitiger Übereinstimmung das Werk der Menschenbildung vollenden. Vermöge der Natur ist der Mensch ein Spiegel der Welt, vermöge der Religion wird er ein Spiegel Gottes. So unterscheidet Leibniz die Geister von den übrigen Wesen: daß diese nur Mikrokosmen oder Vorstellungen der Welt (images de l'univers), jene zugleich Abbilder der Gottheit selbst sind (images de la divinité même).

II. Die Wahrheiten der natürlichen Religion

1. Gott und Unsterblichkeit

Die natürliche Religion lehrt zwei Grundwahrheiten, die ihre Elemente ausmachen: die eine betrifft das göttliche Wesen, die andere die menschliche Seele; die erste erklärt das Dasein eines einzigen Gottes als des höchsten Wesens, von dem alle übrigen abhängen, die zweite die Unsterblichkeit der menschlichen Seele, die sich als geistige oder moralische (persönliche) Unsterblichkeit von der natürlichen Unvergänglichkeit der anderen Monaden unterscheidet. Die Gottesidee bildet das oberste Prinzip der Glaubenslehre, der Unsterblichkeitsbegriff das der Glaubensmoral: auf diesen beiden Pfeilern ruht das System der natürlichen Theologie. Monotheismus, als die höchste Idee Gottes, und der Unsterblichkeitsglaube, als die höchste Idee der Menschheit, gelten bei Leibniz als die beiden Hauptwahrheiten der natürlichen Religion, deren Begriff sich mithin erfüllt, wenn der Monotheismus mit dem Vollgefühle der Humanität sich vereinigt.

In diesen beiden Wahrheiten liegen die Wendepunkte der Religionsgeschichte. Das Erste ist, daß sich der Glaube zu dem gereinigten Begriffe des einzigen, überweltlichen Gottes erhebt, das Zweite, daß er in das eigene Innere hinabsteigt und die menschliche Seele in ihrem *ewigen* Wesen, die menschliche Persönlichkeit in ihrer ewigen Geltung erleuchtet. Den Glauben an den einen Gott hat *Moses* gestiftet: der reine Monotheismus der jüdischen Religion bildet die Grundlage und das erste Element der natürlichen. Den Glauben an das ewige Leben, bedingt durch die Unsterblichkeit der menschlichen Seele, gründet Jesus: die christliche Religion vollendet darum die natürliche. Bei den Heiden des Altertums, meint Leibniz, waren es weniger Lehren als Formen, weniger Dogmen als Zeremonien und Kultus, worin das Wesen ihrer Religion bestand. Die mosaische Religion erweckt im Menschen die reine Idee des höchsten Wesens und gründet damit die natürliche Theologie, das Christentum erweckt im Menschen neben jenem Gottesbegriffe die wahre Idee der Menschheit und gründet damit die natürliche Moral, indem es die natürliche Religion ergänzt. So gilt das Christentum als die Fortbildung und Ergänzung des Judentums, als humanisierter Monotheismus. Die christliche Religion bringt nach dieser Ansicht die wahre Religion in Übereinstimmung mit der wahren Moral; gerade darin liegt die Bedeutung des Christentums, welche die Aufklärung stets hervorhebt sowohl gegen die naturalistische Philosophie als auch gegen die supernaturalistische Kirchenlehre. „Ich will", sagt Leibniz in der Vorrede zur *Theodizee,* „hier nicht näher auf die anderen Punkte der christlichen Lehre eingehen, sondern nur zeigen, wie Jesus Christus die natürliche Religion schließlich zum Gesetz erhob und ihr das Ansehen eines öffentlichen Glaubens verschaffte. Er allein vollbrachte, was so viele Weise vergebens gesucht haben, und nachdem die Christen im römischen Weltreich die Oberhand gewonnen, wurde die Religion der Weisen zugleich die Religion der Völker. Auch Mohammed sagte sich nicht los von jenen großen Lehren der natürlichen Theologie, seine Anhänger verbreiteten sie bis unter die entferntesten Völker Asiens und Afrikas, wohin das Christentum nicht gedrungen war, und sie vernichteten in vielen Ländern den heidnischen Aberglauben, der sich mit der wahren Lehre von der Einheit Gottes und der Unsterblichkeit der menschlichen Seele nicht verträgt."[180]

2. Gottesliebe und Menschenliebe

Die Religion des reinen Monotheismus, der von dem Bewußtsein der Humanität noch nicht getragen und durchdrungen ist, besteht in der bloßen Gottesfurcht. Erst aus dem Glauben an die Unsterblichkeit der menschlichen Seele bildet sich das Gefühl unserer Gottähnlichkeit, der mit der Idee der Menschheit in Übereinstimmung gebrachte Monotheismus verklärt die Gottesfurcht zur Gottesliebe: hier ist Gott das Ziel unseres innersten, natürlichen Strebens, also das Objekt unserer innersten Neigung. Der Mensch strebt nach dem Vollkommenen. Wo Streben ist, da ist Neigung, und wo Neigung ist, da ist Liebe. Das Vollkommenste übt auf das menschliche Gemüt die stärkste Anziehungskraft und erweckt in ihm die größte Liebe. Darum müssen wir unter allen Wesen Gott am meisten lieben, nicht unter dem Zwange des äußeren Gesetzes, sondern getrieben von der eigenen innersten Neigung. Darin besteht der Unterschied zwischen der jüdischen und christlichen Religion, daß dort die Gottesfurcht, hier die Gottesliebe den höchsten Grad der Frömmigkeit ausmacht. Darin besteht die Übereinstimmung zwischen der christlichen und natürlichen Religion, daß beide in der Hinneigung zu Gott den ursprünglichen Zug der menschlichen Seele und in der Liebe Gottes die Erfüllung dieser innersten, der Seele eingeborenen Neigung erblicken. Je vollkommener der Gegenstand, um so größer unsere ihm zugewendete Liebe. Genauer gesagt: je deutlicher unser Begriff von der Vollkommenheit des Gegenstandes ist, um so vollkommener muß uns derselbe erscheinen, um so mehr muß sich daher unsere Neigung erhöhen und unsere Liebe steigern. Darum fordert die wahre Gottesliebe, daß wir die göttliche Vollkommenheit erkennen und, so viel unsere Kräfte vermögen, ausüben. Die Erkenntnis des Vollkommenen ist die Weisheit, die ein Werk der Erkenntnis ist.

---

[180] *Theodicée*, Preface, Gerhardt Phil. VI, 26 f.; Erdmann 469.

Die Ausübung der Vollkommenheit ist die Menschenliebe, welche die Harmonie im Menschengeschlecht erhält und befördert. So besteht die denkende Gottesliebe in der Erkenntnis, die tätige Gottesliebe in der gegenseitigen Menschenliebe; so ist es die Religion selbst, welche das höchste Sittengesetz bekräftigt und als ihren eigenen, naturgemäßen Ausdruck annimmt. Ohne klare Erkenntnis und tätige Menschenliebe gibt es keine wahre Frömmigkeit, keine wahre Religion, kein wahres Christentum. „Man kann Gott nicht lieben," sagt Leibniz in der Vorrede zur *Theodizee*, „ohne seine Vollkommenheiten zu begreifen, und diese Erkenntnis schließt die Grundsätze der echten Frömmigkeit in sich. Das Ziel der wahren Religion soll eben diese Grundsätze den Seelen einprägen, aber ich weiß nicht, wie sich die Menschen, ja selbst die Lehrer der Religion so oft von diesem Ziele entfernt haben. Wider die Absicht unseres göttlichen Lehrers ist die Gottergebenheit auf Zeremonien zurückgeführt und seine Lehre mit Formeln belastet worden. Diese Zeremonien waren oft wenig zum Dienste der Tugend geschickt, diese Formeln waren oft sehr dunkel. Sollte man es glauben, daß sich Christen wirklich eingebildet haben, sie könnten gottergeben sein, ohne den Nächsten zu lieben, und fromm sein ohne Gott zu lieben; oder sie könnten den Nächsten lieben, ohne ihm zu dienen, und Gott lieben, ohne ihn zu erkennen? Es sind viele Jahrhunderte verflossen, ohne daß die Welt diesen Mangel gefühlt hat, und noch jetzt gibt es von jenem Reiche der Finsternis mächtige Reste. Oft genug sieht man Leute, die von der Frömmigkeit, der Gottergebenheit, der Religion viel Redens machen, ja sogar sie zu lehren das Geschäft haben, während sie über das Wesen Gottes im Dunkeln sind. Diese Leute verstehen sie schlecht, die Güte und Gerechtigkeit des Herrn der Welt, sie bilden sich einen Gott ein, der weder unsere Nachahmung noch unsere Liebe verdient. Eben dies erscheint mir in seinen Folgen sehr bedenklich, denn es ist außerordentlich wichtig, daß die Quelle der Frömmigkeit nicht getrübt werde. Jene alten Irrtümer, welche der Gottheit die Übel Schuld geben oder ein böses Prinzip aus ihr machen, haben sich in unseren Tagen hie und da erneut; man beruft sich auf die unwiderstehliche Macht Gottes, wo man vielmehr auf die unendliche Güte Gottes hätte hinweisen sollen; man redet von einer despotischen Herrschaft, wo man eine Macht begreifen sollte, die nach der Richtschnur der vollkommensten Weisheit handelt. Ich habe bemerkt, daß diese Meinungen, die leicht Schaden anrichten können, sich besonders auf verworrene Begriffe von der Freiheit, der Notwendigkeit und dem Schicksal gründen; darum habe ich bei mehr als einer Gelegenheit versucht, diese wichtigen Punkte klar zu machen."[181]

---

[181] *Theodicée*, Preface, Gerhardt Phil. VI, 28 f.; Erdmann 469 f

Es handelt sich zur Vermeidung dieser Irrtümer um die richtige Gottesidee.

Sechzehntes Kapitel.
Die natürliche Theologie

I. Die Beweise vom Dasein Gottes

1. Der ontologische Beweis

Die natürliche Theologie begründet, was die natürliche Religion glaubt. Diese glaubt, daß Gott ist; jene zeigt, *warum* er ist, sie beweist das Dasein Gottes und verdeutlicht den Begriff Gottes, der als dunkle Vorstellung oder als religiöses Gefühl der menschlichen Seele einwohnt. Die Hauptstücke der natürlichen Theologie sind demnach die Beweise vom Dasein Gottes, die Eigenschaften des göttlichen Wesens und das hierauf gegründete Verhältnis Gottes zur Welt.

Was die Beweise vom Dasein Gottes betrifft, so können ihre Schlußfolgerungen von zwei verschiedenen Voraussetzungen ausgehen. Ihre oberste Voraussetzung besteht entweder in einer Idee oder in einer Tatsache: im ersten Fall wird Gottes Dasein aus der reinen Vernunft, d.h. a priori, im zweiten aus der Natur, d.h. a posteriori bewiesen. Jene Beweisart ist die ontologische, diese die kosmologische: alle Beweise, die sich vom Dasein Gottes aufstellen lassen, sind demnach entweder ontologisch oder kosmologisch.

Leibniz will nicht zu denen gehören, die den ontologischen Beweis für sophistisch halten, aber auch nicht zu denen, welche, wie Lami, jene von Anselmus eingeführte, von Descartes umgebildete Beweisart für vollgültig nehmen. Nach ihm ist der ontologische Beweis unvollkommen, weil er nur unter einer Voraussetzung gilt, die nicht bewiesen wird. Derselbe schließt folgendermaßen: „In dem Begriffe des vollkommensten Wesens liegt die Existenz; wenn es nicht wirklich wäre, so wäre es nicht vollkommen, darum ist seine Existenz notwendig." Gewiß ist diese Existenz notwendig, sobald man voraussetzt, daß überhaupt ein absolut vollkommenes Wesen *möglich* ist. Wenn es ein solches Wesen geben kann, und die Vorstellung desselben überhaupt denkbar ist, d.h. keine Widersprüche in sich schließt, so ist es freilich einleuchtend, daß dieses Wesen auch notwendig existiert. Bei dem vollkommensten aller Wesen versteht es sich von selbst, daß die Möglichkeit auch die Wirklichkeit ist. Es wäre die offenbare Ungereimtheit, wenn das vollkommenste Wesen möglich und nicht vollkommen genug wäre, um wirklich zu sein. Also die Möglichkeit eingeräumt, steht der ontologische Beweis von dem Dasein Gottes auf festem Grunde; er wankt, sobald man jene Möglichkeit bestreitet; er ist unvollkommen, da er sie nur voraussetzt, ohne sie zu beweisen. „Denn man setzt stillschweigend voraus," sagt Leibniz, „daß Gott oder das vollkommenste Wesen möglich sei. Wäre dieser Punkt auch bewiesen, wie es sich gehört, so könnte man sagen, daß die Existenz Gottes mit geometrischer Sicherheit a priori einleuchte."[182]

2. Der kosmologische und physikotheologische Beweis

Die Möglichkeit des vollkommensten Wesens ist bewiesen, sobald man die Notwendigkeit desselben dartut, diese soll aus der kosmologischen Beweisart erhellen. Der ontologische Beweis erklärt nur: wenn das vollkommenste Wesen gedacht werden kann, so muß es als existierend gedacht werden; der kosmologische zeigt, daß es gedacht werden muß. Um das Dasein der Dinge zu erklären, ist es schlechthin notwendig, daß wir die Existenz Gottes denken. Das Dasein der Dinge kann nur durch den Begriff der Kausalität erklärt werden, jedes Ding muß seinen zureichenden Grund haben, keines ist durch sich selbst begründet: also muß es ein Wesen als Urheber oder Ursache aller Dinge geben, welches nicht von einem anderen abhängt, sondern durch sich selbst begründet ist. Dieses Wesen, weil es den Grund seines Daseins in sich selbst hat, existiert nicht mit relativer, sondern mit absoluter Notwendigkeit. Nach einer solchen Richtschnur ordnet sich der Gedankengang des kosmologischen Beweises: den Obersatz bildet das Dasein der Dinge, den Untersatz das Axiom des zureichenden Grundes, den Schlußsatz das Dasein Gottes. Je nachdem nun der Obersatz, die Tatsache der Welt, näher bestimmt wird, gestaltet sich auch der kosmologische Beweis und seine Vorstellung von der Existenz Gottes. Nimmt man die Welt als die Summe aller Dinge, so gilt von ihr, was von jedem Dinge gilt: die Welt ist zufällig, also muß es eine Ursache der Welt geben, die nicht zufällig ist d.h. eine notwendige und ewige Ursache. Nimmt man die Welt als ein Ganzes, so muß jene Weltursache ein *einziges* Wesen sein. Gilt das Weltganze als eine zweckmäßige, planvolle Ordnung, so muß jene einzige Weltursache ein zwecktätiges, denkendes, persönliches Wesen d.h. eine weise Ursache oder ein *Welturheber* sein. Aus dem Dasein der Welt erschließen wir die Existenz Gottes: dies ist der kosmologische Beweis in seiner physikalischen Form. Aus der Einheit der Welt erschließen wir die Einheit Gottes, aus der

[182] *Extrait d'une Lettre de M. de L... sur ce quil y a dans les Mémoires* (de Trévoux) *de Janvier et de Fevrier 1701*, Gerhardt Phil. IV, 405; Erdmann 177. Vgl. Gerhardt Phil. IV, 401; VII, 261 (*Quod Ens Perfectissimum existit*); ferner *Leibnizens Briefwechsel mit Arnold Eckhardt*, Gerhardt Phil. I, 211 ff.

zweckmäßigen Verfassung der Welt die moralische Einheit oder Persönlichkeit Gottes: dies ist der kosmologische Beweis in seiner teleologischen oder physikotheologischen Form.

Diesen auf die Existenz (nicht der Welt, sondern) der Weltordnung gestützten Beweis bezeichnet Leibniz selbst als ein neues, bisher nicht gekanntes Argument. „Es ist klar," setzt er hinzu, „daß die Übereinstimmung so vieler Wesen, die keinen gegenseitigen Einfluß aufeinander ausüben, nur von einer allgemeinen Ursache herrühren kann, die alle Dinge lenkt und eine unendliche Macht und Weisheit in sich vereinigen muß, um deren harmonische Ordnung vorherzubestimmen."[183]

Die Hauptrichtung, welche Leibniz in seinen Beweisen vom Dasein Gottes immer verfolgt, geht von der Zufälligkeit der Welt auf die Notwendigkeit Gottes. Die Welt ist nur in bedingter oder hypothetischer Weise notwendig. Die hypothetische Notwendigkeit erklärt sich aus der absoluten oder metaphysischen. Hypothetisch notwendig sind die zufälligen Wahrheiten, metaphysisch notwendig die ewigen. Es muß eine metaphysische (unbedingte) Notwendigkeit, es muß ewige Wahrheiten geben, weil sonst auch die zufällige Existenz und die zufälligen Wahrheiten nicht begriffen werden können. Wenn es aber ewige Wahrheiten gibt, so müssen dieselben ursprünglich in einem ewigen und notwendigen Verstande als ihrem Subjekte existieren, und dieser Verstand kann nur Gott sein. Dies nennt Leibniz den Beweis aus den ewigen Wahrheiten: es ist das kos-mologische Argument, angewendet auf diese bestimmte Tatsache. In seiner Abhandlung über den ersten Ursprung der Dinge heißt es: „Die Weltgründe liegen verborgen in einem außerweltlichen Prinzip, das sich von dem Naturzusammenhange, von der Reihenfolge der Dinge, deren Inbegriff die Welt ausmacht, unterscheidet. Darum muß man von der natürlichen oder bedingten Notwendigkeit, wonach das Folgende immer von dem nächst Vorhergehenden bestimmt wird, zu einer unbedingten oder metaphysischen Notwendigkeit emporsteigen, die nicht weiter begründet werden kann. Denn die vorhandene Welt ist physikalisch (hypothetisch), aber nicht absolut (metaphysisch) notwendig. Wird einmal die so beschaffene Welt vorausgesetzt, so folgt freilich, daß nur so beschaffene Dinge entstehen können. Die letzte Wurzel der Dinge muß in einer metaphysischen Notwendigkeit enthalten sein (in aliquo, quod sit metaphysicae necessitatis), der Grund des Existierenden kann nur ein Existierendes sein: deshalb muß ein Wesen von metaphysischer Notwendigkeit existieren, ein solches,

[183] *Considerations sur les Principes de Vie*, Gerhardt Phil. VI, 541; Erdmann 430.

das durch sich selbst existiert, verschieden von der Vielheit der Dinge oder von der Welt, deren Dasein, wie wir eingeräumt und bewiesen haben, keine metaphysische Notwendigkeit hat." „Wenn nun der Grund der Dinge nur in metaphysischen Notwendigleiten oder in ewigen Wahrheiten zu suchen ist, wenn nun Existierendes nur von Existierendem herrühren kann, so müssen die ewigen Wahrheiten in einem schlechterdings notwendigen Wesen d.h. in Gott existieren, der wirklich macht, was sonst nicht wirklich wäre."[184]

In folgenden Sätzen erklärt sich die Monadologie zusammenfassend über die Beweise vom Dasein Gottes, nachdem sie vorher die Existenz, Einheit und Notwendigkeit Gottes kosmologisch dargetan hat: „Gott allein (oder das notwendige Wesen) hat den Vorzug, daß seine Existenz notwendig ist, wenn sie möglich ist. Da nun der Möglichkeit (Denkbarkeit) eines schrankenlosen Wesens, welches ohne jede Negation und folglich ohne allen Widerspruch ist, nichts im Wege steht, so genügt dieser Grund allein, um das Dasein Gottes a priori zu erkennen. Wir haben dieses Dasein auch durch die Realität der ewigen Wahrheiten bewiesen. Aber wir haben dasselbe soeben auch a posteriori dargetan, denn es gibt zufällige Wesen, die ihren letzten oder zureichenden Grund nur in einem notwendigen Wesen haben können, welches den Grund seiner Existenz in sich selbst trägt."[185]

Am einfachsten und natürlichsten läßt sich der Beweis vom Dasein Gottes in der Leibnizischen Philosophie führen, wenn man ihn streng im Geist und in der Richtung der Monadenlehre hält. Leibniz induziert das Dasein Gottes wie das der Monaden. Es gibt zusammengesetzte Wesen, darum muß es einfache Wesen geben. Es gibt Körper, darum muß es Kräfte geben, die nichts anderes sein können als Monaden. So erhellte die Existenz der Monaden. Es gibt Monaden oder ein Stufenreich von Kräften, darum muß es eine höchste Kraft, eine höchste Monade geben, die nichts anderes sein kann als Gott. So erhellt die Existenz Gottes. Und daraus erklärt sich das Verhältnis, welches Leibniz zu den Schulbeweisen einnimmt. Weil er das Dasein Gottes im Grunde induziert, darum überwiegt bei ihm der kosmologische Beweisgrund: weil Monaden existieren, darum muß eine höchste Monade oder Gott existieren. Weil Gott Monade ist, darum ist er ein einziges Wesen: mit dem Begriff der Monade ist zugleich die Einheit Gottes gege-

---

[184] *De rerum originatione radicali*, 23. XI. 1697, Gerhardt Phil. VII, 303, 305; Erdmann 147, 148.

[185] *Monadologie* (Nr. 45); Beweis von der Existenz Gottes: Nr. 38. Von der Einheit Gottes: Nr. 39. Von der Notwendigkeit Gottes: Nr. 44. Gerhardt Phil. Vi, 613 f.; Erdmann 708. *Principes de la Nature et de la Grace* (Nr. 7–8), Gerhardt Phil. VI, 602; Erdmann 716.

ben. Der Begriff der Monade fordert, daß eine höchste Monade gedacht werden kann und muß: in diesem Sinne gilt bei Leibniz das ontologische Argument. Endlich da die Existenz der Monaden überhaupt eine metaphysische Notwendigkeit oder eine ewige Wahrheit bildet, so gründet Leibniz den Beweis vom Dasein Gottes auf die Realität der ewigen Wahrheiten, auf die metaphysische Notwendigkeit.

Doch hüte man sich, durch voreilige Schlüsse die Richtung der Leibnizischen Theologie zu verfehlen und den Begriff der metaphysischen Notwendigkeit weiter auszudehnen als auf das Dasein Gottes. *Gott existiert* mit metaphysischer Notwendigkeit. Daraus folgt nicht, daß Gott auch nach metaphysischer Notwendigkeit *handelt*: dies hieße, in den Spinozismus zurückfallen. Doch folgt ebensowenig, daß Gott nach gar keiner Notwendigkeit handelt, daß die ewigen Wahrheiten seine beliebigen oder willkürlichen Ideen sind, wie Descartes und Poiret gemeint haben: dies hieße, die ewigen Wahrheiten leugnen und den Gesichtspunkt der Philosophie überhaupt verlassen. Gott handelt nicht willkürlich, also handelt er nach Gesetzen, aber er handelt nicht nach metaphysischer Notwendigkeit; also nach *welchen* Gesetzen handelt Gott? Welches ist die göttliche Notwendigkeit, da sie weder die metaphysische noch die physikalische ist?

II. Gottes Wesen und Eigenschaften

1. Die höchste Kraft: Allmacht, Weisheit, Güte

Gott ist die höchste Monade. Diesen durch die Monadenlehre gebotenen und bewiesenen Begriff nehmen wir zum Ausgangspunkte und zur Richtschnur der natürlichen Theologie. Daraus ergeben sich die näheren Bestimmungen Gottes, und wenn diese einander widersprechen sollten, so liegt der Keim des Widerspruchs schon in dem ersten Grunde der natürlichen Theologie. Als die höchste Monade oder, wie sich die Aufklärung mit Vorliebe ausdrückt, als das höchste Wesen, ist Gott schrankenlos, immateriell und darum absolut vollkommen. Mit der Schranke fehlt in Gott das negative Prinzip, das in jedem anderen Wesen die Kraft und Vollkommenheit begrenzt und darum die Unvollkommenheit begründet: Gott ist, als das absolut vollkommene Wesen, lauter Realität oder, um den Wolffischen Ausdruck zu gebrauchen, das allerrealste Wesen. Nachdem Leibniz in der Monadologie die Existenz und Einheit Gottes bewiesen hat, folgert er daraus die Aseität und lautere Wirklichkeit Gottes, welche den Begriff der absoluten Vollkommenheit ausmachen. „So läßt sich schließen, daß dieses höchste Wesen, welches einzig, allgemein und notwendig ist, nichts außer sich hat, das von ihm unabhängig wäre, und daß es die einfache Folge seiner selbst ist: darum muß es schrankenlos sein und alle mögliche Realität in sich begreifen. Daraus folgt, daß Gott absolut vollkommen ist, denn die Vollkommenheit ist nichts anderes als die Größe der positiven Realität, im genauen Verstande genommen, ohne die Schranken und Grenzen der Dinge. Wo es aber schlechterdings keine Grenzen gibt, wie in Gott, da ist die Vollkommenheit absolut unendlich."[186]

Nun kann nach den erklärten Grundsätzen der Leibnizischen Philosophie das höhere Wesen von dem niederen niemals deutlich erkannt werden, denn eine solche Erkenntnis wäre die Durchbrechung der festen Naturschranke, welche in jedem Wesen die monadische Eigentümlichkeit ausmacht. Also kann auch Gott, als das höchste Wesen, von dem menschlichen Geiste, als dem beschränkten Verstände, nie mit voller Klarheit und Deutlichkeit begriffen werden. Eine Theologie als Wissenschaft im strengen Sinne des Worts ist daher nicht möglich. Indessen, wenn auch Gott, als die höchste Monade, nicht mehr in die Kette der Wesen gehört, denn er ist ohne Materie, so gehört er als Monade doch in deren *Verwandtschaft*. Der menschliche Geist ist gottähnlich, die übrigen Wesen sind dem Geiste analog, denn alle sind Kräfte und Seelen. Gott ist mithin auch Seele und Geist. Die Kräfte und Attribute, die allen Geistern als solchen zukommen, müssen auch dem göttlichen beigelegt werden können. Wir begreifen die höchste Monade nach der Analogie der niederen: dieser Analogie gemäß, die alle Wesen beherrscht, erkennen wir sie als das Oberhaupt der Dinge, als die vollkommenste aller Seelen, als den höchsten aller Geister. Darum sagten wir, daß die Theologie im Sinne der Monadenlehre die Psychologie Gottes sei. Denn wir vermögen Gott nur insoweit deutlich zu erkennen, als sein Geist dem unsrigen analog ist. Aber natürlich müssen in der höchsten Monade die verwandten Seelenkräfte in der höchsten Potenz wirken d.h. ohne Schranke oder in lauterer Realität. Um daher die Attribute Gottes zu erkennen, müssen wir unsere Seelenkräfte in die höchste Potenz erheben, oder wir müssen nach dem Gesetz der Analogie die in uns wirksame Kraft bis zu einem Grade steigern, über den hinaus kein höherer gedacht werden kann. Diese Steigerung des Relativen zum Absoluten nennt man die „via eminentiae". Die Kraft wirkt unübertrefflich, wenn sie durch keinerlei Schranke mehr bedingt und gehemmt wird. So wirken die Monadenkräfte in Gott: die Psychologie wird zur Theologie, wenn man sie erweitert und ihre Begriffe *via eminentiae* vollendet. Bei der unendlich großen Differenz zwischen Gott und Mensch ist

---

[186] *Monadologie* (Nr. 10–41), Gerhardt Phil. VI, 613; Erdmann 708.

die Erkenntnis Gottes nur möglich durch eine bis zur unendlichen Differenz erweiterte Analogie.

Jede Monade ist eine Kraft, welche vorstellt und strebt, deren Vorstellung und Streben sich entwickeln, aufklären, verdeutlichen will. Im menschlichen Geiste wird die vorstellende Kraft Verstand, die strebende Wille; in Gott wird die absolute Kraft absoluter Verstand und absoluter Wille: absolut ist die Kraft, die alles vermag, d.i. die *Allmacht*, absolut der Verstand, der alles auf das deutlichste erkennt, d.i. die *Allwissenheit* oder Weisheit, absolut endlich ist der Wille im Zustande der vollkommensten Lauterkeit und Glückseligkeit, das ist die *Güte*. So sind Allmacht, Weisheit und Güte die notwendigen Attribute Gottes, als die höchsten Potenzen der Macht, der Vorstellung und des Strebens. Genau so bestimmt die Monadologie das Wesen Gottes. „In Gott existiert die Macht, welche die Quelle aller Dinge ist, dann die Erkenntnis, welche das Gebiet der Ideen bis in das Einzelnste enthält, endlich der Wille, der nach dem Prinzipe des Besten die Veränderungen oder Hervorbringungen bewirkt. Und dies entspricht den Bedingungen, welche in den geschaffenen Monaden den Grundcharakter ausmachen, nämlich die Vermögen der Vorstellung und des Strebens. Aber in Gott sind diese Attribute absolut unendlich oder vollkommen, während sie in den geschaffenen Monaden oder Entelechien (ein Wort, welches Hermolaus Barbarus mit „perfectihabiae" übersetzte) nur Nachbilder davon sind, je nach dem Kräftemaß der Monaden." Gott als Urwesen „muß in eminenter Weise alle die Vollkommenheiten in sich schließen, welche die natürlichen Substanzen, die seine Wirkungen sind, enthalten: also wird er Macht, Erkenntnis und Willen in der Vollkommenheit haben, d.h. die höchste Allmacht, Allwissenheit und Güte (une toute-puissance, une omniscience et une bonté souveraines)."[187]

2. Die schöpferische Wirksamkeit

Dies sind die Attribute Gottes, welche wir deutlich erkennen als die ihm einwohnenden Wesensbeschaffenheiten: es sind die Kräfte, welche in Gott wirken. Wir fragen nach der Art ihrer Wirksamkeit. Alle Wirksamkeit besteht in dem Verwirklichen dessen, was möglich ist, oder in einer Veränderung, worin von dem Zustande der Möglichkeit zu dem der Wirklichkeit übergegangen wird. Die natürlichen Kräfte wirken nach dem Maße ihres Vermögens, dieses Maß ist Naturanlage, und das Verwirklichen der Naturanlage ist Entwicklung. Aber in Gott, als dem vollkommenen, schrankenlo-

[187] *Principes de la nature et de la Grace* (Nr. 9), Gerhardt Phil. VI, 602; Erdmann 716.

sen, übernatürlichen Wesen, gibt es keine Natur, also auch keine Naturanlage, also auch keine Entwicklung. Die göttlichen Kräfte entwickeln sich nicht, weil sie von vornherein absolut sind und mit der Schranke jenen elementaren Zustand der Möglichkeit und Anlage ausschließen, der in den übrigen Monaden den Grund der Entwicklung ausmacht. In Gott ist alles möglich, aber die in ihm enthaltene Möglichkeit ist nicht dunkle Naturanlage, sondern deutlichste Vorstellung d.h. nicht natürliche oder materielle, sondern rein ideale Möglichkeit. Mithin besteht die göttliche Wirksamkeit darin, die ideale Möglichkeit zu verwirklichen oder die Idee in Natur und Wirklichkeit, die Ideenwelt in eine reale Welt zu verwandeln. Die Kraftäußerung, wodurch das Ideale ins Werk gesetzt wird, ist nicht Entwicklung, sondern *Schöpfung*. Was demnach die Art der Wirksamkeit betrifft, so besteht der Unterschied zwischen Gott und den Monaden darin, daß die göttlichen Kräfte *schaffen*, während sich die natürlichen Kräfte *entwickeln*. Die Entwicklung geschieht nach einer dunklen, bewußtlosen Vorstellung, die Schöpfung nach einer deutlichen und bewußten; jene gestaltet das stofflich Gegebene, diese verkörpert die im Bewußtsein deutlich ausgeprägte Form, sie handelt nicht instinktiv wie die Natur, sondern nach einem bewußten Plan in Weise der Kunst. Schöpfung ist Kunst, darum galt unserem Philosophen die menschliche Kunst als ein Analogon der göttlichen Schöpfung und der architektonische Menschengeist als eine kleine Gottheit.

Gott ist nur, indem er wirkt; er wirkt nur, indem er schafft; er schafft nach der deutlichsten Vorstellung und verhält sich darum zu dem Geschaffenen, wie der Künstler zu seinem Werke. Wie und was schafft Gott? Unter welchem Gesetze geschieht die Schöpfung, oder ist sie gesetzlos? Es handelt sich um die Freiheit und Notwendigkeit in Gott, welche große Frage Leibniz in einer ähnlichen Weise auflöst wie in der Psychologie des Menschen[188]. Wenn man Freiheit und Notwendigkeit einander entgegensetzt, so gerät man in jene unauflösliche Schwierigkeit, die unser Philosoph als eines der Labyrinthe bezeichnet, worin sich die menschliche Vernunft gewöhnlich verirrt[189]. Ist die Schöpfung oder das Wirken der göttlichen Kräfte ein Akt der Notwendigkeit, die den Willen vollkommen unterwirft und damit zunichte macht, oder ist sie ein Akt der gesetzlosen Willkür? Gleichviel, welche Seite des Gegensatzes wir ergreifen, ob wir die Welt von einer allmächtigen Notwendigkeit oder von einer allmächtigen Willkür abhängen lassen, in beiden Fällen regiert ein fremdes, unwiderstehliches Schicksal den Gang

[188] S. oben Buch II, Kap. XII.

[189] *Theodicée*, Preface, Gerhardt Phil. VI, 29; Erdmann 470.

der Dinge, und damit wird alle Freiheit und Selbstbestimmung im Innern der Welt und des Menschen vernichtet. Wozu noch tätig sein und Lebenszwecke ernstlich verfolgen, wenn die Dinge doch unabänderlich so kommen, wie sie vorher ausgemacht sind? Dem Menschen scheint dann nichts übrig zu bleiben als das Vergnügen des Augenblicks und in Ansehung der Zukunft eine quietistische Philosophie, welche Leibniz mit den Alten als „die faule Vernunft (la raison paresseuse)“ bezeichnet. Sobald wir das göttliche Wirken einer blinden Notwendigkeit oder einer leeren Willkür gleichsetzen, gerät die menschliche Vernunft auf dem einen oder anderen Wege in das Labyrinth des Fatalismus, in den antiken Glauben an das Verhängnis und die Parzen oder in mohammedanische Schicksalsideen, d.h. in einen Aberglauben, der ebensosehr der Religion wie der Vernunft widerstreitet.

Die Schöpfung ist ein Akt der göttlichen Kraft oder Allmacht. Ware sie nur ein Akt der Allmacht, so müßte Gott alles schaffen, was seine Kraft vermag, und die Schöpfung wäre in diesem Falle die notwendige Folge der göttlichen Wesensenergie: sie wäre *metaphysisch* notwendig wie das Dasein Gottes selbst. Aber das göttliche Wesen ist nicht bloß die allesvermögende Kraft, sondern zugleich der allessehende Verstand, der auf das deutlichste erkennt, was die Allmacht vermag. Darum ist die Schöpfung zugleich ein Alt des göttlichen Verstandes, der die vollkommenste Weisheit ist, und wenn die erste Bedingung des Schaffens das Dasein der Kraft war, so ist die zweite deren Intelligenz und Weisheit. Gesetzt aber, die Schöpfung wäre *nur* ein Werk der Weisheit, so müßte Gott alles. hervorbringen, was sein Verstand auf das deutlichste vorstellt, die Schöpfung wäre in diesem Falle die notwendige Folge der göttlichen Intelligenz, ein Erzeugnis des vollkommensten Denkens: sie wäre dann *logisch* notwendig wie die Wahrheiten und Begriffe des Verstandes. Da nun im göttlichen Verstande alles auf das deutlichste vorgestellt wird, was die Allmacht zu vollbringen vermag, da die intelligente Kraft Gottes das gesamte Reich aller idealen Möglichkeiten in sich begreift, so ist der Verstand gleich der Macht, und die nur durch den Verstand bedingte Schöpfung unterscheidet sich in nichts von dem Werte der bloßen Kraftäußerung.

Was aus dem Wesen der Kraft folgt, ist metaphysisch notwendig; was aus dem Wesen des Verstandes folgt, ist logisch notwendig: in Gott ist die logische Notwendigkeit gleich der metaphysischen. Die Schöpfung ist logisch notwendig d.h. Gott muß alles schaffen, was sein Verstand denkt und vorstellt, er muß alles vorstellen und denken, was seine Kraft vermag: darum ist die logisch oder durch den Verstand bedingte Schöpfung gleich der metaphysischen oder durch die Kraft bedingten.

3. Die moralische Notwendigkeit

Wäre die Schöpfung auf diese Notwendigkeit allein angewiesen, so wäre der göttliche Wille gar nicht oder nur dem Namen nach daran beteiligt, denn er müßte alles wirklich geschehen lassen, was die Kraft vermag und der Verstand vorstellt: er würde nicht von sich aus handeln, sondern die anderen Kräfte handeln lassen. Gott wäre dann im Grunde willenlos, was so viel hieße, als die Willenskraft überhaupt und damit die Moral in Frage stellen. Gott wäre nicht Gott, wenn er nur als Macht oder Verstand und nicht als persönliche Willenskraft handelte. Die Schöpfung muß daher zugleich als ein Werk des göttlichen Willens begriffen werden. Aber der Wille handelt immer nach einer Idee oder nach einer Vorstellung, die ihn am meisten anzieht und alle übrigen an Macht überwiegt, die darum vor allen übrigen erstrebt, gewählt, verwirklicht wird. So wählt der göttliche Wille unter den möglichen Vorstellungen, die wir als so viele mögliche Welten ansehen können, eine bestimmte, um sie ins Werk zu setzen: er *kreiert* eine dieser Welten und macht sie wirklich. Erst dadurch wird die Schöpfung Kreation, erst dadurch wird das göttliche Werk Schöpfung im engeren Sinne, während es sonst nur eine metaphysische oder logische Folge d.h. eine willenlose Hervorbringung wäre. Indessen wählt der Wille nicht jede beliebige Idee, sondern in allen Fällen die annehmlichste. Der menschliche Wille folgt der überwiegenden Neigung, er betätigt unter allen determinierenden Vorstellungen diejenige, welche ihm am nützlichsten, der menschlichen Natur am förderlichsten, der Vernunft am konformsten erscheint, denn das Nützliche, wenn es klar gedacht wird, ist das Gemeinnützliche und dieses das Vernunftgemäße. So wählt der göttliche Wille unter den idealen Möglichkeiten oder unter den möglichen Welten diejenige, welche der göttlichen Vernunft als die nützlichste und beste erscheint, die mithin unter allen denkbaren Welten auch an und für sich wirtlich die beste und glücklichste ist. Der göttliche Wille wählt und schafft mithin nach dem Grundsatz des Besten (seion Ie principe du meilleur). Der Wille handelt moralisch, weil er wählt; er handelt notwendig, weil seine Wahl durch die höchste Einsicht geleitet wird, kraft deren er nichts anders kann, als das Beste Wahlen. Darum ist das Gesetz des göttlichen Willens die *moralische Notwendigkeit*: sie bildet zugleich den letzten Erklärungsgrund der Schöpfung und ist in diesem Sinne das oberste Weltprinzip. Wäre die Schöpfung im metaphysischen oder logischen Verstande notwendig, so müßte Gott alles schaffen, was seine allmächtige Kraft vermag und sein allwissender Verstand denkt; er müßte alle idealen Möglichkeiten zur Wirklichkeit machen. Aber er verwirklicht davon nur, was er *will*; er will nur, was er *wählt*, und er wählt nach dem ewigen Gesetze seines Willens das *Beste*: dies ist die moralische Notwendigkeit der Schöpfung, und darin besteht das Wesen der göttlichen Freiheit. Die menschliche Freiheit war die Übereinstimmung zwischen Willen und Vernunft, die göttliche Freiheit ist die höchste Analogie der menschlichen: sie ist die vollkommene Übereinstimmung zwischen dem höchsten Willen und der höchsten Vernunft, zwischen der Güte und Weisheit. Die Güte, wenn sie durch die Weisheit bestimmt wird, macht das Wesen der Gerechtigkeit. Die *Gerechtigkeit* ist die der Weisheit konforme Güte. „Und da", wie Leibniz sagt, „die Gerechtigkeit, im allgemeinen genommen, eine der Weisheit konforme Güte ist (une bonté conforme à la sagesse), so muß es in Gott eine höchste Gerechtigkeit geben."[190] Die menschliche Gerechtigkeit äußert sich in der Menschenliebe, die das fremde Glück wie das eigene erstrebt, und deren höchstes Ziel die allgemeine Glückseligkeit ist, die harmonische Ordnung der Menschenwelt. Die göttliche Gerechtigkeit ist die höchste Analogie der menschlichen: sie will und schafft eine glückliche Welt, worin alle Wesen vollkommen miteinander übereinstimmen. Wenn die menschliche Liebe ihr Glück in einer glücklichen Menschheit findet, so findet die göttliche Liebe das ihrige in einer glücklichen Welt. Jene erstrebt und befördert die menschliche Harmonie, diese schafft und vollendet die *Weltharmonie*. Die göttliche Notwendigkeit ist die moralische, diese ist der vernünftige Wille in der höchsten Potenz: die weise Güte, welche Gerechtigkeit und Liebe zugleich ist. Diese weise Güte schafft die beste Welt, die als solche auch die glücklichste ist. Darum nennt Leibniz jene moralische Notwendigkeit, die das Wesen der göttlichen Wirkungsweise ausmacht, eine *glückliche Notwendigkeit*, weil nach ihrem Gesetz und dessen Richtschnur eine glückliche Weltordnung zustande kommt.

Die Leibnizische Philosophie unterscheidet genau diese drei Arten der Notwendigkeit: die metaphysische (logische, geometrische), die physikalische und moralische. Alles, was ist, muß begründet und darum notwendig sein, aber die Notwendigkeiten der Dinge gelten in verschiedenem Sinne, und die scharfe Unterscheidung derselben bildet das erste Erfordernis einer richtigen Einsicht. Wer den Begriff der Notwendigkeit nicht kennt oder verneint, steht außerhalb aller Erkenntnis; wer alle Notwendigkeit nur in *einem* Sinne versteht, der wird die Wahrheit der Dinge verkennen und Gefahr laufen, auf ein überspanntes und darum falsches Prinzip ein überspanntes und darum falsches System zu gründen. So gilt die Notwendigkeit bei

---

[190] *Principes de la Nature et de la Grace* (Nr. 9), Gerhardt Phil. VI, 602; Erdmann 716.

den Spinozisten nur im metaphysischen (geometrischen) Verstande, bei den Materialisten nur im physikalischen. Die metaphysische Notwendigkeit, wie die logische und geometrische, gilt unbedingt, denn ihr Prinzip ist die Kraft, welche so und nicht anders wirkt, der Verstand, welcher so und nicht anders denkt. Die moralische Notwendigkeit gilt bedingt oder hypothetisch, denn ihr Prinzip ist der Wille, der von vielen Möglichkeiten eine bestimmte ergreift und ausführt. Auch die natürliche Notwendigkeit gilt hypothetisch, denn ihr Prinzip ist die Kraft, die unter diesen Bedingungen so, unter anderen anders handelt. Notwendig im metaphysischen Verstände sind die ewigen Wahrheiten, im physikalischen die zufälligen Wahrheiten oder die natürlichen Tatsachen, im moralischen die Willenshandlungen, die durch die Wahl des Besten bestimmt werden oder nach dem Prinzipe der Zweckmäßigkeit (principe de la convenance) erfolgen. Die metaphysische Notwendigkeit beherrscht den Verstand, die moralische bestimmt den Willen. Der logische Verstand denkt nach dem Gesetze der Identität, die Natur handelt nach dem Gesetze des Grundes, der Wille nach dem Prinzipe des Zwecks. Darin stimmen Wille und Natur überein, daß beide unter gewissen Bedingungen handeln, daß mithin die Handlungen beider eine nur hypothetische Notwendigkeit haben. Diese verhält sich zu der metaphysischen, wie das Besondere zum Allgemeinen, wie das Konkrete zum Abstrakten, wie die Tatsache zu den ewigen Wahrheiten oder wie die Wirklichkeit zur Möglichkeit. Es kann daher zwischen beiden niemals ein Widerspruch stattfinden: die Tatsachen der Natur, wie die Handlungen des Willens, können niemals dergestalt vernunftwidrig sein, daß sie dem Prinzipe der Denkbarkeit widerstreiten.

Es ist festzustellen, wie sich die bedingte Notwendigkeit des Willens zu der bedingten Notwendigkeit der Natur verhält, wie die moralische Notwendigkeit zu der natürlichen. Diese gilt von den zufälligen Tatsachen der Natur, welche stets bedingte Kraftäußerungen sind und einen letzten zureichenden Grund haben müssen. Der letzte, zureichende Grund ist Gott und zwar der göttliche Wille, der allein imstande ist, aus dem Möglichen das Wirkliche zu schaffen, und die Schöpfung nach dem Gesetze der moralischen Notwendigkeit d.h. durch die Wahl des Besten oder nach dem Prinzipe der höchsten Zweckmäßigkeit vollbringt. So bildet die moralische Notwendigkeit den letzten Grund der physikalischen, die sich in das Endlose erstrecken würde, wenn sie nicht einen solchen endgültigen und ewigen Abschluß fände. Die moralische Notwendigkeit ist der oberste und höchste Gesetzgeber der Natur, und die Tatsachen der Natur, die im Zusammenhange mechanischer Kausalität verknüpft sind, müssen zuletzt aus dem Prinzipe der Zweckmäßigkeit, d.h.

teleologisch erklärt werden. So erfüllt sich hier unter dem theologischen Gesichtspunkte jenes Verhältnis zwischen Endursachen und wirkenden Ursachen, das wir schon früher als die Grundlage der Leibnizischen Metaphysik betrachtet und festgestellt hatten[191]. Es sind nicht ebenbürtige, gleichberechtigte Prinzipien, sondern die wirkende Ursache gilt unter der Voraussetzung der zwecktätigen, die physikalische Notwendigkeit unter der Voraussetzung der moralischen, die Natur unter der Voraussetzung des göttlichen Willens. „Causae efficientes pendent a finalibus". Die höchste Zweckursache ist die moralische Notwendigkeit in Gott, die alles andere, alle bedingten Kraftäußerungen beherrscht. „Man muß nicht meinen, daß die ewigen, von Gott abhängigen Wahrheiten willkürlich sind und von seinem Willen abhängen, wie Descartes und Poiret geglaubt zu haben scheinen. Dies gilt nur von den zufälligen Wahrheiten, deren Prinzip die Zweckmäßigkeit und die Wahl des Besten ist, während die notwendigen Wahrheiten einzig und allein von dem göttlichen Verstande abhängen, dessen inneres Objekt sie ausmachen."[192]

In der bloßen Kraft ist unendlich vieles möglich, in dem bloßen Verstande ist unendlich vieles denkbar, in der Natur dagegen ist nur Bestimmtes wirklich, in der Betrachtung der Natur müssen diese wirklichen, bestimmten Tatfachen vorgestellt und erklärt werden. Darum lautet die Frage: wie wird aus jenen zahllosen Möglichleiten diese bestimmte Wirklichkeit? Wie wird aus der Ideenwelt, in der zahllose Möglichkeiten vorgestellt werden können, diese wirkliche Welt, in der nur solche Tatsachen geschehen? Die Antwort heißt: durch Wahl, und zwar durch die Wahl des göttlichen Willens, der mit der Weisheit selbst übereinstimmt und darum aus den zahllosen Möglichkeiten die beste, vollkommenste, glücklichste Ordnung der Dinge wählt und wirklich macht.

Siebzehntes Kapitel.
Das System des Deismus und des Optimismus

I. Die Physikotheologie

1. Gott als der Urgrund und Endzweck der Welt

Wir hatten die Welt unter dem metaphysischen Gesichtspunkte als ein System von Kräften oder Monaden betrachtet, welche als Urwesen gegeben waren: so erschien dieselbe als *Natur*, die sich

---

[191] S. oben Buch II, Kap. III.

[192] *Monadologie* (Nr. 46), Gerhardt Phil. VI 614; Erdmann 708.

aus eigenem Vermögen entwickelt und von Stufe zu Stufe zu immer höheren Kräften emporsteigt, welche sich zuletzt zu einer geistigen und moralischen Welt aufklären. Aber die höchste Kraft, weil sie nicht mehr beschränkt ist, gehört nicht mehr in den Naturzusammenhang. Mit dem Begriffe der höchsten Kraft oder Gottes verwandelt sich der metaphysische Gesichtspunkt in den theologischen, unter welchem die Welt als *Schöpfung* erscheint. Hier erleuchtet sich das Verhältnis der Monaden zu Gott und damit eine Seite ihrer Natur, welche wir bisher geflissentlich unerörtert gelassen. Wir haben an den Monaden immer hervorgehoben: daß sie Substanzen, selbständige und selbsttätige Wesen sind, die sich aus eigener spontaner Kraft entwickeln und den alleinigen Grund bilden von allem, was in ihnen geschieht: dies war die Seite ihrer Unabhängigkeit. Sie sind unabhängig, weil sie nicht von außen bestimmt und beeinflußt werden können, sondern jede einzelne nur aus ihrem eigenen Wesen handelt. Als solche bilden sie die Elemente der natürlichen Weltordnung. Denn Natur ist nur da, wo spontane Kräfte wirken, und in den Dingen Selbstbewegung und Selbsttätigkeit stattfindet. Aber nur den Grund ihrer *Handlungen* tragen die Monaden in sich selbst, nicht den ihres *Daseins*; sie wirken aus eigenen Kräften, aber diese Kräfte selbst existieren durch Gott. Wenn die Monaden sind, so folgt alles aus ihnen selbst, aber daß sie sind, ist ein Alt der göttlichen *Schöpferkraft*. Eben darin besteht ihre Abhängigkeit. „Die Monaden“, sagt Leibniz, „sind von nichts abhängig außer von Gott.“ Ihre Wirksamkeit ist selbsttätig, ihr Dasein geschaffen: in der ersten Rücksicht sind sie Substanzen, in der zweiten Geschöpfe (Kreaturen). Als Substanzen erscheinen die Monaden unter dem metaphysischen, als Kreaturen unter dem theologischen Gesichtspunkt. Mithin verhält sich Gott zu den Monaden: 1. wie die höchste Kraft zu den niederen, 2. wie der Schöpfer zu seinen Geschöpfen. Als die höchste Monade ist er der *Endzweck*, den alle übrigen erstreben; als Schöpfer ist er die Macht, die das Dasein aller anderen bewirkt. Und so ist Gott in Einem die wirkende Ursache und die Endursache der Dinge, er ist deren höchste causa efficiens und deren höchste causa finalis. Den Grund der Schöpfung bildet die göttliche Macht, den Zweck der Schöpfung der göttliche Weltplan, ein Akt der Weisheit und Güte, also der Gerechtigkeit Gottes. In der göttlichen Macht besteht das bewirkende Weltprinzip, in der göttlichen Gerechtigkeit das regierende. So nimmt Gott zu der Welt ein doppeltes Verhältnis ein: er ist vermöge seiner Macht der schaffende und werktätige, vermöge seiner Gerechtigkeit (Weisheit und Güte) der regierende Künstler der Welt. Der schaffende Künstler, der die Welt macht, ist der mechanische; der regierende, welcher die geschaffene Welt erhält und regiert, ist der moralische; jener ist der *Weltbaumeister*, dieser der *Weltbeherrscher*. Als das Werk des Weltbaumeisters ist die Schöpfung Maschine, als das Reich des Weltbeherrschers ist sie ein Staat: sie ist in der ersten Rücksicht ein mechanisches, in der anderen ein moralisches Kunstwerk. „Gott handelt nicht bloß naturmächtig, sondern auch frei, er ist nicht bloß der Grund, sondern auch der Zweck der Dinge, er beweist nicht nur seine Größe und Macht in der Bildung der Weltmaschine, sondern auch seine Güte und Weisheit in deren Verfassung und Plan. Man meine nicht, daß hier die moralische Vollkommenheit oder Güte mit der metaphysischen Vollkommenheit oder Größe vermischt und etwa jene durch diese aufgehoben werde: die Welt ist nicht bloß im physikalischen oder metaphysischen Verstande, sondern auch im moralischen die vollkommenste Welt, denn die moralische Kraft ist den Geistern selbst von Natur gegeben. Und darum ist die Welt nicht allein die bewunderungswürdigste Maschine, sondern auch, soweit sie aus Geistern besteht, der beste Staat, welcher den Geistern die größtmögliche Glückseligkeit und Freude gewährt, und eben darin besteht ja deren natürliche Vollkommenheit."[193]

2. *Die Welt als Natur und Schöpfung*

So werden Welt und Natur zuletzt auf Gott zurückgeführt und aus dessen ewiger Macht und Weisheit abgeleitet. Die Physik erhebt sich damit zur Theologie, und mit dieser so begründeten physikotheologischen Betrachtungsweise vollendet sich die Leibnizische Philosophie, in deren ersten Ausgangspunkten schon die physikotheologische Richtung angelegt war. Als Leibniz im Jahre 1687 Bayle sein Prinzip der Kontinuität und der unendlich kleinen Differenzen brieflich auseinandersetzte, erklärte er sich über die Geltung der Zwecke in der Natur: „Die wahre Physik muß aus der Quelle der göttlichen Vollkommenheiten geschöpft werden. Gott ist die letzte Ursache der Dinge, und die Erkenntnis Gottes ist nicht weniger das Prinzip der Wissenschaften, als sein Wesen und Wille das Prinzip alles Daseins. Die Philosophie wird geheiligt, wenn man ihre Bäche aus der Quelle göttlicher Kräfte herleitet. Statt die Endursachen und die Betrachtung einer weisen Macht von der Naturlehre auszuschließen, muß man vielmehr alles in der Natur daraus erklären. Ich gebe zu, daß im einzelnen die Wirkungen der Natur mechanisch erklärt werden können und müssen, ohne darüber ihre Zwecke und ihren Nutzen zu vergessen, aber die allgemeinen Prinzipien der Physik sind von der Leitung einer höchsten Einsicht abhängig und

[193] *De rerum orginatione radicali*, 23. XI. 1697, Gerhardt Phil. VII, 305 f.; Erdmann 148 f.

können ohne diese nicht erklärt werden. Und auf diese Weise muß man die Religion mit der Vernunft versöhnen."[194]

Aus diesem Gesichtspunkte der Physikotheologie löst sich zugleich die früher berührte Frage nach der wachsenden oder gleichmäßigen Vollkommenheit der Welt. Bekanntlich erörtert Leibniz diese Frage in einem Briefe an Bourguet, und Lessing wollte im Geiste der Leibnizischen Philosophie die gleichmäßige Vollkommenheit der wachsenden vorgezogen wissen. Er hat richtig geurteilt. Als bloße Natur wäre die Welt ein endloses Stufenreich von Monaden, also ein System immer wachsender Vollkommenheit, aber die Welt ist nicht bloß Natur, sondern zugleich Schöpfung; als Schöpfung ist sie die vollkommenste Welt, weshalb ihre Vollkommenheit nicht die wachsende sein kann, da diese den höchsten Grad nie erreichen würde. Die Schöpfung bildet notwendig ein System ewig gleichmäßiger Vollkommenheit, denn das Reich der Wesen ist hier abgeschlossen durch einen höchsten Zweck und einen letzten Grund, die beide in dem göttlichen Wesen selbst ihren Bestand haben[195].

Die Summe der natürlichen Theologie (Physikotheologie) faßt sich demnach in folgenden Hauptbegriffen zusammen. Gott schafft und ordnet die Welt, in dieser natürlichen und moralischen Weltordnung offenbart sich die göttliche Macht und Weisheit: die Weltordnung ist daher die Offenbarung Gottes. Diese Lehre, nach welcher die natürliche Ordnung der Dinge die Offenbarung der göttlichen Weisheit und Güte ausmacht, nennen wir *Deismus*. Die von Gott geschaffene Welt ist unter allen möglichen Welten die vollkommenste und beste. Diese Lehre, nach welcher die wirkliche Welt für die beste gilt, heißt *Optimismus*. In der wirklichen Welt finden sich überall Unvollkommenheit und Übel. Wie kann in der vollkommensten Welt das Unvollkommene, in der glücklichsten das Übel, in der besten das Böse existieren? Wie läßt sich unter diesen Mängeln der wirklichen Welt noch die Lehre rechtfertigen, daß sie in Wahrheit die beste sei? Diese Frage löst die *Theodizee*. Und so entwickelt sich die Darstellung der natürlichen Theologie in dem System des Deismus, des Optimismus und der Theodizee.

II. Der Deismus

1. Die Welt als die Offenbarung Gottes

Wir müssen zuvörderst den schwankenden Begriff des Deismus feststellen. Wir verstehen darunter den Theismus der natürlichen Theologie und unterscheiden denselben sowohl von der All-

[194] *Lettre de M. L. sur un principe servant et utile à l'explication des loix de la nature* usw., Gerhardt Phil. III, 54; Erdmann 106.

[195] Vgl. oben Buch II, Kap. VII.

Einheitslehre des Pantheismus als von dem Theismus der positiven Religionen. Der Deismus ist die natürliche Erkenntnis Gottes, er lehrt einen Gott, dessen Offenbarung Natur und Welt im ganzen ausmachen: in diesem Begriff einer göttlichen Weltordnung stimmt er mit dem Pantheismus überein, in beiden ist Gott *ordo ordinans*. Aber der Pantheismus setzt die Weltordnung gleich dem göttlichen Wesen, während der Deismus beide so unterscheidet, daß jenseits und über der Welt Gott die persönliche Ursache der letzteren ausmacht. Zwischen Gott und Welt ist daher nach der deistischen Vorstellungsart keine wesentliche Einheit, sondern ein Verhältnis, ähnlich dem des Künstlers zu seinem Werke. Der Künstler ist die eminente Ursache des Kunstwerks, d.h. er enthält mehr in sich, als dieses offenbart. So enthält Gott mehr in sich, als die Welt offenbart, und er hätte, wenn es sich bloß um seine Macht oder um sein metaphysisches Wesen handelte, auch eine andere Welt schaffen können als die unsrige. Die Macht Gottes übersteigt alle Natur und alle natürliche Erkenntnis: darum muß der Deismus ein Irrationales in Gott behaupten, welches ihn zwar nicht weiter kümmert, aber seinen Rationalismus schließlich dem Supernaturalismus geneigt macht. Was den Deismus vom Pantheismus unterscheidet, macht ihn zum Theismus: die Trennung zwischen Gott und Welt, die Einschränkung der rationalen Erkenntnis, das Geltenlassen eines Irrationalen. Anders aber erscheint die Offenbarungsweise des überweltlichen Gottes im reinen Deismus, anders in den theistischen Vorstellungen der positiven Religionen. Dieser Unterschied ist so mächtig und durchgreifend, daß sich hier der reine Deismus den positiven Religionen, vor allem der christlichen, feindlicher entgegensetzt, als selbst der weniger entwickelte Pantheismus nötig hat. Nach den Begriffen des reinen Deismus offenbart sich der überweltliche Gott im Universum, niemals ausschließlich in einem einzelnen Wesen; es ist nach deistischen Begriffen unmöglich, daß je das vollkommenste Wesen beschränkt und unvollkommen, je ein beschränktes und unvollkommenes Wesen dem vollkommensten gleich wird. Der Mensch kann nie Gott, Gott kann nie Mensch werden, die Apotheose ist so unmöglich wie die Inkarnation. Die Vergötterung natürlicher Individuen macht das Wesen der heidnischen Mythologie, die Menschwerdung Gottes das der christlichen Offenbarung: daher muß der Deismus dem Heidentum wie dem Christentum, der Mythologie wie dem höchsten Offenbarungsglauben gerade im Wesen der Sache auf das äußerste widerstreiten. Die Menschwerdung Gottes, hatte Spinoza erklärt, erscheine ihm wie die Quadratur des Kreises, denn es sei unmöglich, daß die Substanz ein Modus werde. Ähnlich muß der reine Deismus urteilen. Gott wird Mensch heißt in seinem Verstande: die höchste Monade wird eine niedere, das vollkommene Wesen ein unvollkommenes; Gott, seinem Wesen nach schrankenlos, immateriell und darum kein Individuum, wird eine beschränkte, körperliche, individuelle Substanz. Mit der Menschwerdung Gottes fällt auch das Dogma der Trinität, welches sich darauf gründet. Nicht als Wundertäter, sondern als Gesetzgeber der Welt offenbart sich der Gott des Deismus: nicht in der Aufhebung, sondern in dem ewig gleichmäßigen Gang der Naturgesetze.

Die Religion des Deismus ist der reine Monotheismus, der die natürlichen Individuen nie vergöttert und seinen Gott nie verkörpert. Darum hat und fühlt der Deismus eine größere Verwandtschaft zu dem idealen Judentum und Mohammedanismus als zur heidnischen Mythologie und zum Christentum. Daraus erklärt sich die Vorliebe, womit die deutsche Aufklärung das Judentum wie den Islam ansah, und noch Lessing seinen Nathan und Saladin in nächster Verwandtschaft mit der natürlichen Religion darstellte.

2. *Die Weltordnung und die Wunder*

Nur in einem Punkte stimmt der Deismus anders als jene monotheistischen Religionen. An die Stelle der unbeschränkten Willkür in Gott setzt er die moralische Notwendigkeit, was soviel sagen will als eine ewig begründete, nach göttlicher Gerechtigkeit geregelte Weltordnung. Einmal geschaffen, bewegt und entwickelt sich die Welt nach den ihr eingeborenen Gesetzen, und die Weltschöpfung besteht von da an lediglich in der Welterhaltung, die als eine fortgesetzte, ununterbrochene Schöpfung (création continuelle) betrachtet werden kann. Aus diesem Grunde verneint der Deismus jedes übernatürliche Eingreifen Gottes in den einmal festgestellten Gang der Dinge. Was soll dieses Eingreifen? Was soll mitten in der gesetzmäßig geschaffenen Welt das plötzliche Wunder? Etwa die Welt besser machen? Dies hieße die Schöpfung berichtigen und anerkennen, daß die Welt schlechter ist, als sie zu sein bestimmt war, daß also die geschaffene Welt die beste nicht ist, was der göttlichen Gerechtigkeit und damit dem Begriff des wahren Gottes widerstreitet. Wenn aber ein übernatürliches Eingreifen Gottes in den Gang der Dinge überhaupt nicht stattfindet, so ist auch unmöglich, daß sich Gott in unmittelbarer und ausnehmender Weise einzelnen offenbart habe, so muß die deistische Anschauungsweise solche Offenbarungen verneinen, wie sie die jüdische und mohammedanische Religion ihren Propheten zuschreiben. Weil Gott in der Ordnung der Dinge, d.h. auf natürliche Weise sich offenbaren soll, darum erscheint dem reinen Deismus jede übernatürliche Offenbarung Gottes in Wundern unmöglich, und alle werden ihm verdächtig, die sich für Träger und Auserwählte einer solchen Offenbarung ausgeben. Unter diesem Gesichtspunkte schrieb Reimarus gegen den biblischen Offenbarungsglauben seine „Schutzschrift für die vernünftigen Verehrer Gottes“.

Leibnizens natürliche Theologie war, was sie ihrer ganzen Anlage nach sein mußte: Deismus. So hat Lessing die Leibnizische Lehre beurteilt und mit der größten Entschiedenheit behauptet, daß sie klarer und bewußter Deismus gewesen sei. Dem Leibnizischen Deismus ist es nicht eingefallen, den Wunder- und Offenbarungsglauben, die Menschwerdung Gottes, die Trinität usf. zu seinen Wahrheiten zu rechnen, er wollte sie nur den positiven Religionen nicht rauben; er setzte sie ohne weiteres auf die Liste des Übervernünftigen, wobei er freilich von jener Unterscheidung zwischen dem Über- und Widervernünftigen, die im Geiste seiner Philosophie richtig war, eine Anwendung gemacht hat, die dem Geiste seiner Philosophie widersprach. Seine Schlußfolgerung war folgende. Die Wunder verändern nur natürliche Tatsachen, die, weil sie ihrer Natur nach zufällig sind, darum auch veränderlich sein dürfen, und weil sie von Gott letztlich begründet sind, durch einen göttlichen Willensakt auch modifiziert werden können. Eine solche Modifikation nennen wir Wunder. Da mithin das Wunder nur die physikalische Notwendigkeit antastet, welche an und für sich keine ewige Wahrheit hat, so übersteigt dasselbe nicht die Vernunft als solche, sondern nur die Erfahrung, es ist nicht wider- sondern übervernünftig. Unter dieser Einräumung darf die Vernunftreligion den Offenbarungs- und Wunderglauben der positiven gelten lassen.

Die natürliche Tatsache ist ein Akt physikalischer Notwendigkeit, das Wunder ein Akt der moralischen. Da nun die physikalische Notwendigkeit unter der Herrschaft der moralischen steht, so will Leibniz hierdurch die Möglichkeit des Wunders zulässig machen. Sein Fehlschluß springt in die Augen. Jede Tatsache der Natur ist ein Glied im Kausalzusammenhange der Dinge und durchgängig durch diesen bedingt. Wird eine Tatsache, gleichviel welche, durch übernatürliche Macht verändert, so ist damit der gesamte Naturzusammenhang, das System der Naturgesetze aufgehoben. Dieses aber ist eine göttliche Gesetzgebung, begründet durch moralische Notwendigkeit. Das Wunder, indem es in einer Tatsache das System der Naturgesetze überhaupt verändert und umstößt, widerspricht der moralischen Notwendigkeit d.h. der göttlichen Gerechtigkeit selbst. Leibniz mußte so schließen, wie nach ihm Reimarus wirklich geschlossen hat: wenn Gott in seiner Allmacht die Kraft zu Wundern besitzt, so hindert ihn seine Gerechtigkeit, davon in der Ordnung der Dinge Gebrauch zu machen; wenn Gott aus natürlichen oder vielmehr übernatürlichen Gründen ein Wundertäter sein könnte, so dürfte er es in der wirklichen Natur aus moralischen

Gründen *nicht* sein. Aber auch aus metaphysischen Gründen mußte das Wunder im Geiste der Leibnizischen Philosophie verneint werden. Offenbar wird ein Ding, welches die Wundertätigkeit erleidet, durch fremde Willkür zu fremden Zwecken verändert, also in seiner natürlichen Selbständigkeit und Eigentümlichkeit vernichtet. Durch das Wunder wird die betroffene Monade in ein anderes Wesen verwandelt, als sie von Natur ist. Dies aber ist nach Leibniz selbst metaphysisch unmöglich, denn es widerstreitet dem Satze A = A, dem obersten Prinzipe aller Vernunftwahrheiten, Als ein solcher Widerspruch mußte das Wunder unter dem Gesichtspunkte der Leibnizischen Lehre erscheinen. Diese Lehre denkt nach dem Satze der Identität, das Wunder handelt nach dem Satze des Widerspruchs: es macht aus A Nicht-A, aus Gott Mensch, aus Wasser Wein, aus Wein Blut, aus Brot Fleisch. Gott ist seinem metaphysischen Wesen nach schrankenlos. Wenn er sich in ein beschränktes Individuum verwandelt, so widerstreitet dies seinem ewigen Wesen. Im Geiste der Leibnizischen Lehre! Wenn diese die Grenzlinie zwischen dem Über- und Widervernünftigen streng ziehen wollte, so durfte sie das Wunder, die Menschwerdung, die Trinität, die Transsubstantiation niemals über die Vernunft setzen. Die folgerichtige Aufklärung machte in diesem Punkte von den Grundsätzen ihres Urhebers einen mehr kritischen Gebrauch und rechnete anders.

Doch meine man nicht, daß Leibniz, um den Folgerungen des reinen Deismus Rechnung zu tragen, zu furchtsam oder gar zu kurzsichtig war. Er sah, daß auch die positive und kirchliche Theologie in ihrer Art ein folgerichtiges System sei, welches man entweder ganz verneinen oder ganz gelten lassen müsse, daß es ungereimt sei, dasselbe teilweise zu bejahen und teilweise zu bekämpfen. Leibnizens großer Verstand wollte lieber mehr orthodox scheinen, als weniger folgerichtig denken, den reinen Deismus neben die geoffenbarte Theologie, beiden Systemen ihre eigene Art unverletzt wahrend, und überließ es der Zukunft, einen Gegensatz zu entdecken und auszubilden, wofür sein Zeitalter noch nicht gemacht war. Er hatte die folgerichtige Denkweise der Orthodoxen lieber, als die nicht folgerichtige der Deisten, Unitarier, Sozinianer, die auf der einen Seite die Trinität und die Menschwerdung verneinen, auf der anderen in Jesus, den sie zum bloßen Menschen herabsetzen, dennoch ein Objekt der Religion anerkennen. Im Deismus eines Leibniz, wo sich derselbe rein und systematisch ausspricht, finden wir nirgends die Offenbarung oder Verkörperung Gottes in der Person Jesu, sondern stets die Offenbarung Gottes im Universum, in der natürlichen und moralischen Weltordnung. Jesus gilt in diesem Deismus als das Subjekt und der Träger der natürlichen Religion, niemals als deren Gegenstand. Begreiflicherweise wollte Leibniz lieber, daß innerhalb der geoffenbarten Religion Christus als der menschgewordene Gott und darum als Objekt der Religion angesehen werde, als daß die natürliche Religion Christum der Göttlichkeit entkleide und dennoch zu ihrem Gegenstand mache.

3. Gott als Weltbaumeister und Weltregent. Das Reich der Natur und Gnade

Zufolge dieses Deismus offenbart sich Gott im Universum, in der Körper- und Geisterwelt. Die natürliche Welt gilt als die Maschine, die Gott erfunden, als das Gebäude, das er aufgerichtet hat: er offenbart sich hier als der Weltkünstler und Weltbaumeister (inventeur et architecte). Die moralische Welt besteht in den Geistern, die nach moralischen Gesetzen handeln, die nicht bloß die Macht Gottes bewußtlos offenbaren, sondern ihn selbst vorstellen, erstreben und lieben. Die moralische Welt nimmt zu Gott ein höheres Verhältnis ein als die natürliche: in dieser wird das Verhältnis zwischen Gott und Welt nicht gewußt, in jener wird es gewußt und empfunden, dadurch wird ihre Beziehung zu Gott ein sittlich-religiöses Verhältnis, gegründet auf das Bewußtsein der Unterordnung und Verwandtschaft. Zu der natürlichen Welt verhält sich Gott wie der Künstler zu seinem Werke, wie der Baumeister zu seinem Gebäude; zu der moralischen verhält er sich wie der König zu seinem Staate, wie der Herrscher zu seinen Untertanen, wie der Vater zu seinen Kindern. In der natürlichen Religion, in der Vorstellung des höchsten Wesens, liegt das Doppelgefühl der Untertänigkeit und Verwandtschaft. Wir fühlen uns Gott unterworfen wie das niedere Wesen dem höchsten und zugleich ihm ähnlich und verwandt wie die Geister dem Geiste. So verbindet uns die natürliche Religion mit Gott im Untertanen- und im Familiengefühl, in der Ehrfurcht und in der Liebe. Unserer Ehrfurcht erscheint Gott als Fürst, unserer Liebe als Vater. „Die Geister", sagt Leibniz, „sind fähig, in eine Gemeinschaft mit Gott zu treten, und Gott verhält sich zu ihnen nicht nur, wie ein Erfinder zu seiner Maschine (so verhält er sich zu den anderen Geschöpfen), sondern auch wie ein Fürst zu seinen Untertanen oder noch besser wie ein Vater zu seinen Kindern. Darum macht die Versammlung der Geister die Stadt Gottes aus (la cité de Dieu), den möglich vollkommensten Staat unter dem vollkommensten Monarchen. Diese Stadt Gottes, diese wahrhaft kosmopolitische Monarchie ist eine moralische Welt in der natürlichen, sie ist unter den Werken Gottes das erhabenste und göttlichste, und in ihr besteht wahrhaft der Ruhm Gottes, denn es gäbe überhaupt keinen Ruhm Gottes, wenn nicht seine Größe und Güte von den Geistern erkannt und bewundert würde: erst in dieser Beziehung zur Stadt Gottes offenbart sich seine Güte, während sich seine Macht und Weisheit überall zeigen. Und so wie wir früher eine vollkommene Harmonie zwischen jenen beiden Naturreichen, dem der wirkenden Ursachen und dem der Endursachen, festgestellt haben, so müssen wir hier noch eine andere Harmonie zwischen dem physischen Reiche der Natur und dem moralischen der Gnade hervorheben, nämlich zwischen Gott als dem Baumeister des mechanischen Weltgebäudes und Gott als dem Monarchen der Geisterwelt.“[196]

Demnach erklärt der Deismus das Verhältnis von Gott und Welt in folgender Weise. Gott verhält sich zu der gesamten Welt wie der Schöpfer (Künstler) zu seinem Werke: zu der körperlichen Welt (den Dingen) wie der Ingenieur (Erfinder, Architekt) zu den Maschinen, zu der moralischen Welt (den Geistern) wie der Fürst zu seinen Untertanen, wie der Vater zu seinen Kindern[197]. Die ganze Natur ist sein Haus, die ganze moralische Welt ist seine Familie. Wie das gesamte Universum, so ist auch die moralische Welt von Gott zur Schöpfung gewählt, nicht durch einen grundlosen, sondern durch einen der Weisheit konformen Willen, der das Wesen der Gerechtigkeit selbst ist. Die geschaffenen Geister sind durch die Liebe Gottes zur Liebe Gottes erwählt: sie sind bestimmt, ihn zu lieben und von ihm geliebt zu werden. In dem Geisterreiche ist Gott wahrhaft und vorzüglich einheimisch, denn das gemeinsame und höchste Gefühl, welches alle Geister verbindet, ist die natürliche Religion, worin Gott vorgestellt, gewußt und erstrebt wird. Weil so die Geister die Erwählten und gleichsam die Bevorzugten Gottes sind, darum unterscheidet Leibniz die moralische Welt als das Reich der Gnade von dem übrigen Universum als dem Reiche der Natur. Ohne Geister wäre die Welt eine bloße Maschine und Gott ein bloßer Werkmeister; die Geister sind die lebendigen Spiegel der Gottheit, daher wird erst durch sie und in ihnen die Welt eine wirkliche Offenbarung des göttlichen Wesens. Die Offenbarung Gottes aber bildet den. großen Endzweck der Schöpfung. Derselbe wird erreicht in den Geistern. Eine Welt und zwar eine geistige zu schaffen, dazu wird Gott durch sein eigenes Bedürfnis, durch die moralische Notwendigkeit, durch den Offenbarungsdrang seiner Gottheit getrieben. Das ist im Geiste des reinen Deismus die Schöpfungsidee, wie sie Schiller in seinen

---

[196] *Monadologie* (Nr. 84–84), Gerhardt Phil. VI, 621f.; Erdmann 712. *Principes de la Nature et de la Grace* (Nr. 15), Gerhardt Phil. VI, 605; Erdmann 717. – „Dieu, qui tient lieu d’Inventeur et d’Architecte à l’egard des Machines et Ouvrages de la nature, tient lieu de Roy et de Pere aux substances qui ont de l’intelligence, et dont l’ame est un esprit formé à son image.“ *Considerations sur les Principes de Vie*, Gerhardt Phil. VI, 545; Erdmann 432.

[197] *Systeme nouveau* (Nr. 5), Gerhardt Phil. IV, 479 f.; Erdmann 125.

philosophischen Briefen ausspricht: „Freundlos war der große Weltenmeister, fühlte Mangel, darum schuf er Geister, selige Spiegel seiner Seligkeit. Kennt das höchste Wesen schon kein Gleiches, aus dem Kelch des ganzen Seelenreiches schäumt ihm die Unendlichkeit!"

III. Der Optimismus

1. Die Beweisgründe der besten Welt

Erklärt nun der reine Deismus Gott für das höchste, absolut vollkommene Wesen und die Welt für dessen Offenbarung, so muß unter diesem Gesichtspunkte die Welt als die vollkommenste oder beste erscheinen. Zu der Lehre von der besten Welt gelangt Leibniz auf doppeltem Wege. Er läßt den Satz, daß die wirkliche Welt die beste sei, aus kosmologischen und theologischen Beweisgründen hervorgehen; und daß Theologie und Kosmologie in diesem Ergebnis zusammenstimmen, erscheint als die glückliche Probe der Rechnung.

Gehen wir aus von dem Begriffe der Welt. Diese bildet den Inbegriff aller wirklichen Dinge, von denen keines den Grund seines Daseins in sich selbst hat, keines daher mit absoluter Notwendigkeit existiert, es ist zufällig oder, was dasselbe sagt, es wäre möglich, daß an seiner Stelle auch ein anderes existierte. Was aber von jedem Dinge gilt, muß auch von allen und deren Inbegriff gelten: das Dasein der wirklichen Welt ist mithin zufällig. Zufällig ist alles, dessen Gegenteil möglich ist: mithin sind auch andere Welten, als diese, möglich. Der Möglichkeit nach gibt es zahllose Welten, der Wirklichkeit nach nur eine einzige. Wenn aus zahllosen Möglichkeiten eine wirklich gemacht wird, so kann dies allein durch Wahl geschehen sein: diese eine ist den anderen möglichen, so viele ihrer sind, vorgezogen worden, was sie nur dadurch verdienen konnte, daß sie die bessere, also in Vergleichung mit jenen die beste war. Verdienen aber mußte sie den Vorzug, weil sonst ihre Wahl keinen zureichenden Grund gehabt hätte, was dem Grundsatz der Kausalität widersprechen würde. Die Welt trägt die Ursache ihrer Existenz nicht in sich selbst, darum ist ihre Existenz zufällig, darum sind auch andere Welten möglich, darum ist die wirkliche gewählt oder geschaffen. Diese Wahl, die Schöpfung der Welt, muß einen zureichenden Grund haben: mithin ist die wirkliche Welt unter allen möglichen die beste.

Zu eben demselben Ziele führt uns der Begriff Gottes. Gott ist die allesvermögende Kraft, die mit Verstand und Willen d.h. nach Weisheit und Güte, also nach einer der Weisheit konformen Güte, d.h. nach Gerechtigkeit handelt. Das göttliche Handeln ist schöpferisch, die göttliche Schöpfung ist eine Tat der Gerechtigkeit, diese entscheidet stets nach dem größten Rechte: darum schafft Gott diejenige Welt, welche geschaffen zu werden das größte Recht oder den meisten Anspruch hat, d.h. unter allen möglichen Welten die beste. Der letzte Grund für die beste Verfassung dieser Welt liegt darin, daß sie die wirkliche ist. Was wirklich ist, muß von Gott gewählt, geschaffen und darum unter allem Möglichen das Beste sein. Alle Einwände gegen den Optimismus will Leibniz mit der bloßen Tatsache der Weltexistenz niedergeschlagen haben. „Man muß mit mir ad effectu urteilen: weil Gott diese Welt so, wie sie ist, gewählt hat, darum ist sie die beste.“[198]

2. Die vorherbestimmte Harmonie

Unter dem metaphysischen Gesichtspunkte erschien die Weltordnung als eine notwendige Folge der Monaden, welche die Elemente des Universums ausmachten; sie waren gleichartige Kräfte, die bei ihrer unendlichen, individuellen Verschiedenheit ein kontinuierliches Stufenreich oder eine harmonische Ordnung bilden mußten. Unter dem theologischen Gesichtspunkte erscheint diese harmonisch geordnete Welt als die beste. Die beste Welt ist eben diejenige, in welcher alle Dinge vollkommen miteinander übereinstimmen. Da nun die wirkliche Welt eine zur Schöpfung erwählte, also vorherbestimmte ist, so verwandelt sich notwendig auch die Weltordnung in eine vorherbestimmte oder prästabilierte Harmonie. Erst hier führt uns der zusammenhängende Gang der Darstellung zu dem Begriffe, der als der höchste Gedanke der Leibnizischen Philosophie zugleich deren charakteristische Bezeichnung geworden ist. Die Welt ist Schöpfung d.h. sie ist durch die göttliche Gerechtigkeit erwählt oder bestimmt, aus der Möglichkeit in die Wirklichkeit überzugehen. Die Schöpfung oder das Dasein der Welt ist demnach eine Vorherbestimmung Gottes: dies ist der Begriff der *Prädestination*. Da nun die Weltordnung im Ursprunge der Welt enthalten und angelegt ist, so ist die vorherbestimmte Welt zugleich die vorherbestimmte Weltordnung: dies ist der Begriff der *prästabilierten* Harmonie. Mit diesem Worte. Wird in der natürlichen und tatsächlichen Weltordnung selbst nichts geändert, sondern dieselbe wird nur vorgestellt als ein göttlicher Willensakt, oder, was dasselbe heißt, sie wird aus der metaphysischen und Physikalischen Notwendigkeit in die Form der moralischen erhoben. Es gibt auch eine natürliche Vorherbestimmung, die wir mit Leibniz Präformation nannten. So war in der ursprünglichen Natur aller Dinge die Weltordnung oder Weltharmonie, in der Anlage

[198] *Theodicée*, P. I, Nr. 7–10, Gerhardt Phil. VI, 106; Erdmann 506 f. *Principes de la Nature et de la Grace* (Nr. 7–10), Gerhardt Phil. VI, 602 f.; Erdmann 716.

jedes einzelnen Wesens dessen Entwicklung, in der Anlage des menschlichen Charakters seine Handlungsweise vorherbestimmt: diese Vorherbestimmung hieß Prädetermination, es war die natürliche Präformation in Ansehung der menschlichen Handlungen. Wären die Monaden Urheber nicht bloß ihrer Handlungen, sondern auch ihres Daseins, so wäre die Präformation der höchste Begriff und die naturgemäße Entwicklung die höchste Tätigkeit. Aber die Monaden sind, was ihr Dasein betrifft, Geschöpfe. Also ist auch ihre Anlage etwas Anerschaffenes oder Vorherbestimmtes: daher gilt die Präformation der Natur als die Prädestination Gottes. Der Begriff der Prädestination erklärt, daß der letzte Grund aller Dinge und ihrer Präformation nicht Natur, sondern Geist, Wille, mit einem Worte ein moralisches Prinzip ist. Die Welt und jedes einzelne ihrer Wesen entwickelt sich aus eigenen Kräften, aber diese Kräfte selbst sind geschaffen und von Gott auserwählt zu sein und zu wirken. Hieraus erhellt, wie sich die Schöpfung zur natürlichen Entwicklung, die Prädestination zur Präformation verhält: die Entwicklung folgt aus dem Dasein der Kräfte, dieses folgt aus der Schöpfung. So lange die Kräfte nicht vernichtet werden, handeln sie nach ihrer inneren Gesetzmäßigkeit, dauert also die durch ihre Anlage oder Präformation begründete Entwicklung. Die Weltentwicklung besteht mithin in der *Welterhaltung* oder in dem fortdauernden Dasein der Kräfte, welche den Inbegriff der Welt ausmachen. Ist nun das Dasein dieser Kräfte eine göttliche Schöpfung, so muß ihr fortdauerndes Dasein als eine *fortdauernde Schöpfung* angesehen werden. In diesem Begriffe Welterhaltung besteht die Übereinstimmung zwischen Gott und Welt, Schöpfung und Entwicklung. Die natürliche Entwicklung erscheint unter dem theologischen Gesichtspunkt als göttliche Welterhaltung oder fortdauernde Schöpfung. So will Leibniz die Schwierigkeiten lösen, welche Bayle dem System der prästabilierten Harmonie entgegengesetzt hatte. „Sie bemerken“, schreibt er dem Skeptiker, „daß die kritischen Köpfe nicht begreifen können, wie die Seele, wenn sie eine erschaffene Substanz ist, noch eine autonome, innere Kraft der Selbsttätigkeit haben könne, aber ich möchte wohl etwas deutlicher wissen, warum eine erschaffene Substanz eine solche Kraft nicht haben soll?“ „Sie hat dieselbe ursprünglich empfangen, und sie wird ihr durch den Urheber der Dinge erhalten, von dem alle wirtlichen Kräfte oder Vollkommenheiten durch eine Art fortdauernder Schöpfung fortwährend ausströmen (émanent).“[199]

[199] *Leibniz an Bayle*, 1702, Gerhardt Phil. III, 58; Erdmann 191.

Achtzehntes Kapitel.
Das System der Theodizee

I. Die Einwürfe gegen die beste Welt

Wenn nun die wirkliche Welt die beste sein soll, wie vertragen sich mit einer solchen Geltung ihre Übel? Wenn diese beste Welt und was in ihr geschieht von Gott vorherbestimmt worden, wie vertragen sich damit die Autonomie und die Freiheit in der Welt und insbesondere im Menschen? In den tatsächlichen Übeln die beste Welt, in der tatsächlichen Autonomie und Freiheit des Menschen die göttliche Prädestination zu rechtfertigen: darin besteht die eigentliche Aufgabe der Theodizee. Nicht bloß trotz ihren Übeln, sondern durch dieselben soll die wirkliche Welt die Geltung der besten bewähren.

Sie ist zugleich Schöpfung und Natur: in der Schöpfung geschieht alles nach dem einigen Endzwecke des Guten, in der Natur herrscht das Heer der Übel; in der Schöpfung ist alles vorherbestimmt, in der Natur wirken alle Kräfte nach innerer Gesetzmäßigkeit oder mit natürlicher Freiheit. Wenn aber alles von Gott vorherbestimmt ist, so zu sein und zu handeln, dann gibt es keine eigene Gesetzmäßikeit der Dinge. Wo bleibt die menschliche Freiheit? Wenn auch die Übel in der Welt vorherbestimmt sind, wo bleibt die beste Welt? Und wenn sie verneint werden muß, wo bleibt die göttliche Güte? Entweder wollte Gott das Übel, so war er nicht gut; oder er wollte das Übel nicht und mußte es dennoch schaffen, so war sein Wille schwächer als seine Macht, die einer blinden Notwendigkeit gleich kam, oder endlich er hat das Übel weder gewollt noch geschaffen, sondern nur dasselbe nicht verhindert, so müssen wir fragen: wollte Gott die Existenz des Übels nicht verhindern, oder konnte er es nicht? Dieses *Nichtwollen* wäre ein Beweis gegen seine Güte, dieses *Nichtkönnen* ein Beweis gegen seine Allmacht. Ist das Übel vorherbestimmt, so gilt dasselbe auch vom Bösen, so sind mit den bösen Handlungen auch die guten vorherbestimmt, und beide erfolgen mit derselben Notwendigkeit. Wo bleibt dann der Unterschied zwischen dem Guten und Bösen? Wie kann das Böse strafwürdig sein, wenn es notwendig ist? Und wenn es dennoch gestraft wird, wo bleibt die göttliche Gerechtigkeit? Wie kann Gott die menschliche Handlung bestrafen, die er doch selbst vorherbestimmt und darum selbst bewirkt hat? Eine solche Strafe ist nicht gerecht, sondern grausam. Und auf der anderen Seite, wo bleibt die göttliche Gerechtigkeit, wenn das Böse nicht gestraft wird? Das Übel in der Welt und das Böse im Menschen sind Tatsachen, die sich nicht wegreden lassen, sie beweisen gegen die beste Welt und zeugen wider die Allmacht, die Güte, die Gerechtigkeit Gottes. Sind aber diese Eigenschaften Gottes unsicher, so ist seine Vollkommenheit und damit er selbst in Frage gestellt. Dies waren die schweren Einwürfe, welche Bayle gegen das System der prästabilierten Harmonie vorgebracht hatte, er hatte die beste Welt im Hinblick auf die Übel der wirklichen, und die Vollkommenheit Gottes im Hinblick auf die mangelhafte, mit Übeln behaftete Welt verneint. Diese Verneinung wollte er zum Besten des Glaubens gedeutet wissen, sie sollte zeigen, daß die menschliche Vernunft zwischen Schöpfung und Natur, Vorherbestimmung und Freiheit, Gott und Welt niemals eine wirkliche Übereinstimmung, sondern in allen Punkten nur Widerstreit entdecken könne, daß diese Widersprüche, in welche die natürliche Theologie gerate, auch niemals auf dem Wege der Vernunft zu lösen seien, weshalb dem Menschen nichts übrig bleibe, als mit der geoffenbarten Theologie blind an den unerforschlichen Willen Gottes zu glauben. Es gebe in Gott gar keine Notwendigkeit, also nichts der menschlichen Vernunft Analoges; darum sei es unmöglich, Gottes Schöpfung und Weltregierung aus Vernunftgründen zu rechtfertigen oder eine Theodizee aufzustellen. Ein ernsthafter Versuch der Art gerate entweder in unauflösliche Widersprüche oder ende mit dem Atheismus, dem äußersten Gegensatze des Glaubens. Ähnlich hatte auch Laurentius Valla sein Gespräch über den freien Willen mit der Erklärung geschlossen, daß der Widerstreit zwischen göttlicher Vorherbestimmung und menschlicher Freiheit durch keine Philosophie gelöst, sondern nur durch den Glauben beseitigt werden könne. Auf diesen mußte er alle die Einwürfe verweisen, welche aus der göttlichen Vorherbestimmung die Notwendigkeit der menschlichen Handlungen, die Straflosigkeit des Bösen, die Aufhebung der göttlichen Gerechtigkeit und damit die Vernichtung der Religion gefolgert hatten. Zuletzt konnte Valla diesen Zweifeln nur durch den salto mortale des Glaubens entgehen und den Knoten, welchen er nicht lösten konnte, ähnlich wie Bayle zerhauen. Leibniz dagegen, der allen Sprüngen abgeneigt war, suchte die Lösung und wollte dieselbe in seinem Begriffe der prästabilierten Harmonie gefunden haben. Dabei halten wir als leitenden Gesichtspunkt fest: daß die prästabilierte Harmonie Schöpfung und Natur in Einem ist, daß die geschaffene Natur als kontinuierliche Schöpfung gilt, daß diese letztere in der Selbsttätigkeit der natürlichen Kräfte und in der Selbstentwicklung der Dinge besteht[200].

---

[200] *Theodicée, Appendices, Abregé de la Controverse reduite à des Argumens en forme*, Gerhardt Phil. VI, 379–387; Erdmann 627–629. Über das Gespräch des Laurentius Valla vgl. *Theodicée* P. III, Nr. 406–412, Gerhardt Phil. VI, 357–361; Erdmann 620–622.

II. Die Übel in der Welt

1. Die Arten des Übels

Die Existenz des Übels soll so erklärt werden, daß sich die Vollkommenheit Gottes und der Welt nicht bloß damit verträgt, sondern vielmehr darauf gründet. Offenbar gäbe es gar kein Übel, wenn alles vollkommen wäre und nur Vollkommenes existierte. Der Grund des Übels wird darum in dem Grunde des Unvollkommenen gesucht werden müssen. Das Vollkommene begreift alles wahrhaft Seiende in sich, das Unvollkommene dagegen nur ein partielles Sein, daher ist es beschrankt und mangelhaft: die Schranke ist das Prinzip aller Unvollkommenheit und der oberste Erklärungsgrund alles Übels. Nun gehört aber das Beschränktsein zu der Natur jedes Dinges, denn die Dinge sind Monaden, und diese können nur als beschränkte Kräfte gedacht werden. Die *Schranke* ist deshalb in dem Wesen der Dinge gegründet, sie ist ein metaphysisches Prinzip, und weil sie die Ursache des Übels in sich schließt, bezeichnet sie Leibniz als „das metaphysische Übel". Aus der beschränkten Kraft folgt das beschränkte Handeln und das beschränkte Wollen. So tritt das Übel in Existenz. Aus dem metaphysischen entsteht das wirkliche, welches entweder physischer oder moralischer Art ist: das physische besteht in dem beschränkten Wirken oder in den Zuständen des Leidens, die wir als Schranke, Ohnmacht und Schmerz, empfinden; das moralische besteht in dem beschränkten Wollen, welches statt des Vollkommenen das Unvollkommene erstrebt, also nach selbstsüchtigen Neigungen handelt. Das physische Übel ist gleich dem Leiden, das moralische gleich dem Bösen, beide entspringen aus der gemeinsamen Wurzel alles Übels, die in der Schranke oder in der ursprünglichen Unvollkommenheit der Dinge besteht[201].

Hieraus löst sich die Frage nach der Notwendigkeit des Übels. Das metaphysische ist ein Prinzip, das physische und moralische sind Tatsachen. Kein Ding kann ohne Schranke gedacht werden: darum ist das metaphysische Übel an sich notwendig im unbedingten (metaphysischen) Sinne. Dagegen sind die Tatsachen stets durch den Zusammenhang mit anderen Tatsachen bedingt, sie geschehen unter gewissen Umständen und sind daher möglich oder nur im bedingten Sinne notwendig. Es gibt in den Tatsachen, also auch in

---

[201] „On peut prendre le mal metaphysiquement, physiquement, moralement. Le mal *metaphysique* consiste dans la simple imperfection, le mal *physique* dans la souffrance et le mal moral das le peché." *Theodicée* P. I, Nr, 21. Gerhardt Phil. VI, 115; Erdmann 510.

den Handlungen der Menschen keine unbedingte Notwendigkeit, nach welcher die bösen Taten schuldlos und straflos erscheinen müßten[202].

Unbedingt notwendig ist allein der Grund oder die Möglichkeit des Übels, niemals dessen Wirklichkeit, weder in der Natur noch im menschlichen Willen. Das metaphysische Übel besteht in der beschränkten Kraft, die eine bestimmte Vollkommenheit in sich begreift und alle übrigen Vollkommenheiten ausschließt. Ihre Unvollkommenheit ist daher nur eine an Macht und Größe eingeschränkte Vollkommenheit, die sich daraus erklärt, daß die beschränkte Kraft so vieles nicht ist, so vieles nicht vermag und, auf eine gewisse Vollkommenheit beschränkt, aller übrigen ermangelt. In einem Mangel an Vollkommenheit besteht das metaphysische Übel: der letzte Grund aller in der Welt existierenden Übel muß daher weniger als „causa efficiens" denn als „cause deficiens" angesehen werden. Der positive Grund der Dinge ist die Kraft, der Grund ihrer Übel ist ein *Mangel an Kraft*. „Das Wesen des Übels", sagt Leibniz, „hat im Grunde gar kein positives, wirksames Prinzip, denn es besteht in der Privation, nämlich in dem, was die wirkende Kraft nicht tut. Und darum pflegten die Scholastiker die Ursache des Übels als Mangel zu bezeichnen." „Dasselbe gilt von der Bosheit oder dem bösen Willen. Der Wille strebt überhaupt nach dem Guten, er sucht die ihm angemessene Vollkommenheit; die höchste Vollkommenheit ist in Gott. Alle Freuden haben ein Gefühl von Vollkommenheit in sich. Wenn man sich aber auf die sinnlichen Genüsse und andere beschränkt zum Nachteil größerer Güter, wie der Gesundheit, der Tugend, der Religion, der Glückseligkeit, so besteht der Fehler eben in dem Mangel eines höheren Strebens. Die Vollkommenheit ist immer positiv, sie ist eine absolute Realität; der Mangel ist immer privativ, er kommt von der Schranke und strebt nach neuen Mängeln. Es ist ein ebenso wahres wie altes Wort: bonum ex causa, malum ex quolibet defectu. Und ebenso jenes: malum causam habet non efficientem, sed deficientem."[203]

2. Die Übel und das Gute

Aus diesem Erklärungsgrunde des Übels, worunter wir das Böse immer mitbegreifen, folgt seine Geltung und sein Verhältnis zum Guten, zur Weltordnung, zu Gott. Durch diese Einsicht in den wahren Wert des Übels löst sich die Aufgabe der Theodizee. Die

---

[202] „Quoyque le mal physique et le mal moral ne soyent point necessaires, il suffit qu'en vertu de verités éternelles ils soyent possibles." Ebendas.

[203] *Theodicée*, P. I, Nr. 20,33. Gerhardt Phil. VI, 114, 122; Erdmann 510, 513.

richtige Erklärung des Übels ist, wie sich zeigen wird, die wahre Rechtfertigung der besten Welt und der göttlichen Güte. Das Übel verhält sich seiner Natur nach zum Guten wie das Unvollkommene zum Vollkommenen, wie die beschränkte Kraft zur tätigen, oder, da die Einschränkung einem Defekte gleichkommt, wie das Mangelhafte zum Mangellosen. So besteht der Schmerz in dem Gefühle der Unvollkommenheit, welches wir nicht haben würden, wenn wir das Gefühl der Kraft und Vollkommenheit hätten, das sich als Freude äußert: daher kommt der Schmerz aus dem *Mangel der Freude*. So besteht das Böse in einem selbstsüchtigen Streben, welches sich stets in unserer Seele regt, wenn wir nach dem allgemeinen Besten nicht streben: daher kommt das Böse aus dem *Mangel des Guten*. Aber der Mangel ist nicht der Gegensatz zur Vollkommenheit, sondern nur deren Abwesenheit: darum besteht zwischen dem Guten und Bösen kein Dualismus, wie die Manichäer gewollt haben, als ob das Böse eine selbständige Gegenmacht des Guten wäre. Das Übel ist nichts Selbständiges, sondern ein Mangelhaftes: es verhält sich zum Guten, welches das Positive ist, nicht als Negatives, sondern als Privatives. Fassen wir den Unterschied zwischen dem Guten und Bösen (dem Übel überhaupt in der höchsten Form, so ist jenes die absolute Realität, dieses das absolute Nichts, so ist auf der einen Seite alle Macht, auf der anderen gar keine; und wo gar keine Kraft ist, da kann auch keine Entgegensetzung stattfinden, die ja immer eine gewisse Kraft erfordert. Fassen wir den Unterschied beider im Charakter der Wirklichkeit, die nirgends einen absoluten Mangel oder eine völlige Leere zuläßt, so ist das eine die größere, das andere die geringere Vollkommenheit, jenes die höhere, dieses die niedere Kraft, woraus erhellt, daß in Wirklichkeit *das Übel dem Guten sich nicht entgegensetzt, sondern unterordnet*. Wir fühlen Schmerz, wenn wir die Freude entbehren; wir handeln schlecht, wenn wir das Bessere nicht tun; denn es gibt keinen mittleren Zustand völliger Indifferenz, worin wir nichts empfinden, nichts wollen, nichts tun. Jede Kraft strebt nach dem Vollkommenen, nach dem Guten. Wenn sie das Übel leidet, das Böse tut, so ist dies nur eine Abirrung von ihrem ursprünglichen Wege, aber keine neue, ursprüngliche, der früheren entgegengesetzte Richtung. Weil sich im Übel, wie im Bösen, eine gewisse Kraft rührt und die Kraft als solche notwendig nach dem Vollkommenen und Guten strebt, eben deshalb lebt das Übel nur von den Mitteln des Guten und steht fortwährend unter dessen Herrschaft. Auch wenn wir böse handeln, suchen wir für uns etwas Gutes zu bewirken, meinen wir zu unserem Besten zu handeln d.h. wir handeln auch im Bösen unter dem Scheine, unter der trügerischen und verworrenen Vorstellung des Guten, und weil das Böse eine so verworrene Handlung ist, darum ist es weniger eine Tätigkeit, als ein Leiden. Das menschlich Böse ist stets, theoretisch genommen, ein Irrtum; praktisch genommen, ein Leiden. In diesem Verhältnisse fortwährender Unterordnung liegt die gewisse Bürgschaft, daß zwischen dem Guten und Bösen, zwischen dem Vollkommenen und Unvollkommenen in der Welt niemals ein Kampf mit gleichen Waffen geführt, noch weniger je von seiten des Übels ein letzter Sieg gewonnen werden kann. Das Übel fällt als ein weniger mächtiges und darum schließlich ohnmächtiges Moment unter die Macht des Guten.

Da es seinen Entstehungsgrund lediglich in der Schranke, im Mangel, in der Unvollkommenheit hat, so fällt es auch nur in das Gebiet der unvollkommenen Wesen. Wie es aus dem Individuum entsteht, so besteht es auch nur innerhalb dieses begrenzten Spielraums. Darum verhält sich das Übel zur Welt wie ein Individuum zur Ordnung aller Individuen oder wie der *Teil zum Ganzen*. Die Störung, welche das Übel mit sich führt, trifft daher immer nur den Teil, niemals das Ganze; dieses kann gut und vollkommen sein, auch wenn es die Teile nicht sind. Dazu kommt, daß auch in den Teilen, in den einzelnen Individuen das Übel nicht deren Wesen, sondern nur deren Mangel ausmacht, daß es nicht ihre ganze Kraft einnimmt, sondern nur in den Gebrechen derselben besteht, daß es in den Teilen selbst wieder nur teilweise und zwar dem schwächeren Teile nach existiert. Eingeschränkt auf die Sphäre des Individuums, hat das Übel in diesem engen Spielraume selbst nur ein vereinzeltes Dasein. Nur in einzelnen Empfindungen besteht der Schmerz, nur in einzelnen Handlungen besteht das Böse. Und wie das Übel selbst den Teil, in dem es existiert, nur teilweise trifft, so trifft es um so weniger das Ganze. Wie es im einzelnen die Kraft selbst nicht brechen noch vernichten, sondern nur hier und da hemmen und verwirren kann, so kann es die Vollkommenheit des Ganzen nicht hindern. Dazu kommt, daß nicht auf gleiche Weise das Übel alle Teile trifft, sondern nach der Beschaffenheit ihrer Natur den einen mehr, den anderen weniger. Diese Teile sind Kräfte, die ein Stufenreich der Vollkommenheit bilden. Je höher die Kräfte steigen, um so geringer wird ihr Mangel, um so kraft- und spurloser das Übel. Nur in der physischen Empfindung wohnt der Schmerz, nur in dem beschränkten Willen des Menschen das Böse. Unter diesem Gesichtspunkte betrachtet, verhält sich das Übel zur Weltordnung wie das unendlich Kleine und Geringe zu dem unendlich Großen d.h. es verhält sich wie ein verschwindendes Moment. Nur wenn man das Universum nach dem engen Maßstab unserer kleinen nächsten Welt auffaßt, erscheinen die Übel in einer ungeheuern Größe, und so allein läßt sich Bayles Einwurf erklären, daß in den göttlichen Werken mehr Böses als Gutes sei[204]. Im ganzen betrachtet, erscheint diese mit Übeln behaftete und auch nur zum Teil behaftete Welt als ein unendlich Kleines.

Das Übel kann das Gute in der Welt nie besiegen, es kann dasselbe auch nie aufwiegen, es kann nicht einmal die Vollkommenheit des Ganzen hindern. Es unterliegt, denn es ist untergeordnet; es verschwindet in dem Ganzen, denn es ist des Teiles ohnmächtiger Teil. Man könnte einwerfen: „Nun gut! Die Welt im ganzen möge vollkommen sein trotz den Übeln. Ohne Übel wäre sie vollkommener, mit ihnen ist sie nicht die vollkommenste, nicht die beste!“ Aber was wäre die Welt ohne Übel? Sie müßte dann so beschaffen sein, daß in ihr gar keine Übel existieren können, daß sie den Grund und die Möglichkeit derselben ausschließt. Das wäre eine Welt ohne jede Unvollkommenheit, also ohne Mangel und Schranke, ohne Individuen und ohne Kräfte! Die übellose Welt müßte die kraftlose sein. Da nun die Welt notwendig in Kräften besteht, so wäre die kraftlose Welt so gut als gar keine, so gut als das vollkommene Nichts; diese utopistische Welt, die man gern für die beste halten möchte, wäre das Nichts d.h. das größte aller Übel.

Ohne Unvollkommenheit wäre die Welt nicht vollkommener, sondern sie wäre gar nicht. Ohne die Möglichkeit des Übels gäbe es nichts Vollkommenes, nichts Gutes. Die Vollkommenheit der Welt besteht ja in der Harmonie aller Dinge, in einem kontinuierlichen Stufenreich, welches nicht ohne die graduelle Verschiedenheit der Dinge sein kann, wie diese nicht ohne die Natur ausschließender und beschränkter Kräfte. Ohne individuelle Beschränkungen, ohne Materie gäbe es keine Natur, keinen Zusammenhang der Dinge, keine Weltharmonie. Die Materie, so erklärten wir früher mit Leibniz, sei die negative Bedingung der Weltharmonie. Aus demselben Grunde müssen wir jetzt mit ihm urteilen: das Übel ist die negative Bedingung des Guten. Erst hieraus ergibt sich der Hauptpunkt zur Auflösung der Frage. Das erste war, daß die Übel niemals das Gute besiegen können; das zweite, daß sie demselben auch nicht entgegengesetzt, sondern vielmehr untergeordnet sind, und zwar in einer solchen Weise, daß sie die Vollkommenheit des Ganzen zu hindern nicht die Macht haben; endlich das dritte, daß sie diese Vollkommenheit vielmehr unterstützen, befördern und selbst im Dienste des Guten handeln. „Sie sind ein Teil von jener Kraft, die stets das Böse will und stets das Gute schafft.“ In dem Stufengange der Dinge, wie in dem Entwicklungsgange

[204] *Theodicée, Appendices, Abregés de la Controverse reduite à des Argumens en forme*, II. Objection, Gerhardt Phil. VI, 377 f., Erdmann 625. Vgl. Buch I, Kap. XIV, S. 259 f.

des Individuums findet sich ein stetiger Fortschritt, eine stetige Vervollkommnung. Darum kann nirgends die Unvollkommenheit völlig erstarren. Aber in der stagnierenden Unvollkommenheit, in dem verhärteten Mangel besteht die Macht des Übels, die bei der stetigen Vervollkommnung des Einzelnen, bei der ewig gleichmäßigen Vollkommenheit des Ganzen in nichts verschwindet. Und nicht bloß verschwinden in der Ordnung und Harmonie des Ganzen müssen die Unvollkommenheiten und Übel, die den einzelnen Dingen anhaften, sondern sich in diese Harmonie auflösen und zu derselben beitragen. In dem Triumph über das Übel in allen seinen Arten besteht die Macht und Wirklichkeit des Guten. Ein Gutes, welches mit dem Bösen nicht kämpft und in diesem Kampfe nicht siegt, ist kein wirksames Prinzip, sondern eine ohnmächtige Einbildung. Darum betrachtet Leibniz das Übel als die negative und zu negierende Bedingung des Guten d.h. als eine Macht, die existieren muß, um überwunden zu werden. Das Übel in der Welt läßt sich in dem sinnvollen Bilde unseres Philosophen dem Schatten in einem Gemälde, den Dissonanzen in einer Musik vergleichen, welche das Kunstwerk nicht verunstalten, vielmehr mitwirkend in die Harmonie des Ganzen einfließen. Was uns in einem abgerissenen Teile verworren und mißtönend erscheint, das vernehmen wir im Ganzen als Schönheit und Wohllaut. Es liegt unserem Philosophen so nahe, die Weltordnung mit einem Kunstwerke zu vergleichen. Er tut es nicht nur in seiner Theodizee. „Stellen wir uns“, sagt er z.B. auch in seiner Abhandlung über den Ursprung der Dinge „ein herrliches Gemälde vor, das bis auf ein kleines Teilchen völlig verdeckt ist, so werden wir auch bei der genauesten und nächsten Betrachtung nichts anderes erblicken, als ein trübes, unerquickliches, kunstloses Farbengemisch; aber enthülle das Bild, betrachte es jetzt aus dem richtigen Standpunkte, und was noch eben gedankenlose Pinselei schien, erscheint jetzt als das hohe Werk eines künstlerischen Verstandes. Was in dem Gemälde das Auge, dasselbe entdeckt das Ohr in der Musik. Die vorzüglichsten Komponisten mischen sehr oft Dissonanzen mit Akkorden, damit der Hörer bewegt, gespannt, in einer fast ängstlichen Erwartung des Ausganges um so mehr durch die harmonische Lösung ergötzt werde.“ „Wir müssen anerkennen, daß die gesamte Welt in einem beständigen, freien Streben nach dem Gipfel göttlicher Schönheit und Vollkommenheit begriffen ist, daß sie immer zu einer höheren Bildungsstufe fortschreitet. So hat schon jetzt ein großer Teil unserer Erde die Weltkultur aufgenommen und nimmt sie täglich mehr auf. Und wenn auch bisweilen manches in den Zustand der Roheit zurücksinkt und wieder zerstört und unterdrückt wird, so müssen wir uns dadurch nicht irre machen lassen: diese Zerstörungen und

Unterdrückungen werden größere Dinge zur Folge haben, und wir werden selbst von dem Schaden Gewinn ernten."[205]

So ist das Übel in der Welt vollständig erklärt. Erschien es zuerst als dem Guten stets untergeordnet und darum nicht so schlimm, wie wir im Unglück, unter dem Eindrucke des physischen und moralischen Leidens überzeugt sind, so erkennen wir jetzt, daß es selbst im Dienste des Guten wirkt und seine Bedeutung in der Welt nicht nur privativ, sondern sogar positiv ist. In ihrer letzten und tiefsten Bedeutung sind die Übel der Welt die unvermeidlichen *Mittel zum Guten* und darum mitbegriffen in dem System der moralischen oder glücklichen Notwendigkeit. Denn glücklich ist alles, was zum Guten führt. So war die menschliche Sünde, vorgestellt in dem Falle Adams, „eine glückliche Schuld (felix culpa)", weil ohne sie die Erlösung durch Christus und damit die wahre Religion nicht in die Welt gekommen wäre[206]. Oder um ein profanes Beispiel zu nehmen, welches nach dem Vorgänge des Laurentius Valla Leibniz und nach ihm Utz in seinem Gedichte „Die Theodicee" gebraucht hat: ohne den Selbstmord der Lucretia, ohne das Verbrechen des Sextus Tarquinius wären die Könige nicht vertrieben, wäre Rom keine Republik, nicht die Mutter großer Helden und Taten, nicht das Weltreich geworden, welches für die größten Zwecke der Weltgeschichte notwendig war[207]. Nur da kann sich das Gute wahrhaft erfüllen, wo das Übel zugelassen und besiegt wird, nur eine solche Welt ist unter allen die beste, und diese beste Welt ist die unsrige. Das Übel, weit entfernt eine Instanz gegen die beste Welt zu sein, ist, im Lichte der Wahrheit betrachtet, vielmehr ein Grund für dieselbe, denn es gehört unter ihre Mittel und dient darum nicht zu ihrer Widerlegung, sondern zu ihrer Rechtfertigung.

3. Das Verhältnis des Übels zu Gott

Hieraus löst sich die letzte Frage. Kann das Übel der wirklichen Welt nicht die Geltung rauben, die beste zu sein, so zeugt es auch nicht wider die Vollkommenheit Gottes. Eine Welt, welche schlechter ist, als sie sein könnte, wäre eine unvollkommene Schöpfung und als solche ein Zeugnis der Unvollkommenheit Gottes, d.h. ein Beweisgrund gegen sein Dasein. Der Pessimismus, wenn man ihn grundsätzlich nimmt, führt zum Atheismus, wie das System des Deismus den Optimismus zur Folge hatte. Das Übel entspringt

[205] *De rerum originatione radicali*, 23. XI. 1697, Gerhardt Phil. VII, 306, 308; Erdmann 149, 150. – „Les ombres rehaussent les couleurs, et mêne une dissonace placée où il faut, donne du relief à l'harmonie." *Theodicée*, P. I, Nr. 12 Gerhardt Phil. VI, 109; Erdmann 507.

[206] *Theodicée*, P. I, Nr. 10, Gerhardt Phil. VI, 108; Erdmann 507.

[207] *Theodicée*, P. III, Nr. 109ff., Gerhardt Phil. VI, 108; Erdmann 621 f.

aus der Unvollkommenheit der Dinge, die mit ihrer Schranke zusammenfällt. Aber vermöge ihrer Schranken unterscheiden sich die Wesen voneinander und alle insgesamt von dem Höchsten. Darum ist auch das Übel nicht in Gott, sondern in dem, was die Dinge von Gott trennt und sie zu besonderen, individuellen, selbsttätigen Wesen macht. Ihre Vollkommenheiten und Kräfte sind gleichartig und ihrer Natur nach göttlich, dagegen ihre Unvollkommenheiten, Mängel und Schwächen sind eigenartig und zu den Besonderheiten gehörig, die jedes Wesen für sich hat, für sich trägt und, wenn es unter die moralischen zählt, für sich verantwortet. Jede Vollkommenheit und positive Kraft gehört dem Ganzen und erfüllt das Einzelwesen, sofern es das Ganze in sich vorstellt; jede Unvollkommenheit, jeder Mangel gehört dem Individuum als solchem. Die Existenz des Übels fällt lediglich in das Individuum, die Schuld des Bösen lediglich in den selbstsüchtigen Menschen. „Die Geschöpfe", sagt Leibniz, „haben ihre Vollkommenheiten von Gott, ihre Mängel von ihrer eigenen Natur, die nicht ohne Beschränkung sein kann. Und gerade dadurch sind sie von Gott unterschieden."[208]

Wenn aber die Dinge ohne Schranke und Unvollkommenheiten nicht vorzustellen sind, so müssen sie als beschränkt und unvollkommen gedacht werden, so mußte sie auch Gott so denken. Daher ist zwar das Übel selbst nicht in seinem Wesen, wohl aber der Grund desselben in seinem Verstande. Dieser Grund ist an sich noch kein Übel, sondern nur dessen Möglichkeit. Die Möglichkeit des Übels existiert wie jede andere Möglichkeit, wie jeder andere Begriff in dem Verstande, der alle Möglichkeiten umfaßt. Die Möglichkeit des Übels ist weder die Schuld Gottes noch die der Dinge, denn sie ist überhaupt noch keine Schuld; nur das wirkliche Übel, der betätigte, wirksame Mangel fällt in den eigentümlichen Wirkungskreis der geschaffenen Wesen und macht ihr individuelles Leiden und ihre selbstbegründete Schuld. Wenn in dem göttlichen Verstande das metaphysische Übel existiert, so darf man nicht sagen, daß Gott deshalb die Ursache des wirklichen Übels sei. Denn nicht der Verstand ist der Urheber der Dinge, sondern der Wille. Der Verstand wird beherrscht von dem Gesetze der logischen Notwendigkeit, er kann nicht anders als so denken, er muß die Dinge so vorstellen, wie deren Begriffe fordern. Nicht der Wille macht den Verstand, sondern umgekehrt, der Verstand leitet den Willen. Der Grund des Übels ist in dem göttlichen Verstande, aber Gott ist nicht der Urheber seines Verstandes, denn dieser besteht in der absoluten Denknotwendigkeit. „Gott", sagt Leibniz, „hat alle wirklichen Dinge geschaffen, er würde auch die Quelle des

[208] *Monadologie* (Nr. 42), Gerhardt Phil. VI, 613; Erdmann 708.

Übels geschaffen haben, wenn diese nicht in den Begriffen, in der Möglichkeit der Dinge oder der Formen bestände, dem Einzigen, was Gott nicht geschaffen hat, denn er ist nicht der Urheber seines eigenen Verstandes."[209]

Indessen hat Gott die Dinge als unvollkommene Wesen nicht bloß gedacht, sondern auch geschaffen, und da er nur schafft, was er will, so wollte Gott, daß die Dinge unvollkommen seien: er wollte mithin, daß die Welt den Keim des Übels und des Unglücks in sich trage. Wird man jetzt nicht sagen müssen, *daß Gott das Übel selbst gewollt habe*, daß zwar seine eigene Kraft das Übel nicht erleidet, daß sein Verstand es nicht macht, sondern nur vorstellt, wohl aber sein Wille dasselbe bezweckt? Dann behielte schließlich Bayle doch Recht mit seiner Folgerung, wonach das Übel in der Welt Gott zu einem übelwollenden, unvollkommenen, ungöttlichen Wesen mache. So scheint es freilich, wenn man mit Bayle den göttlichen Willen für bare Willkür ansieht, welche tun und lassen kann, was ihr beliebt, und schlechterdings durch gar nichts bedingt wird. Eben dies ist die grundfalsche Annahme. Die Existenz der Welt ist bedingt durch den göttlichen Willen, der sie schafft, indem er sie wählt, aber dieser Wille selbst ist bedingt durch die göttliche Weisheit. Diesen Faktor, die göttliche Weisheit, hatte Bayle bei seinen Einwürfen gar nicht in Rechnung gezogen. Die Existenz des Übels in der Welt widerspricht nach ihm der göttlichen Güte. Welcher Güte? Es gibt eine Güte, die der Schwache gleichkommt, weil sie keinem wehe tun will. Das ist die Güte eines Vaters, der seinem Kinde die verdiente Strafe nicht erteilt, weil die Strafe schmerzt; dieser sehr gütige Vater handelt offenbar sehr unverständig, der verständige Vater straft das Kind, nicht um ihm wehe zu tun, sondern um es zu züchtigen: er bezweckt nicht den Schmerz, sondern die Besserung des Kindes, er will dessen Schmerz nicht als Zweck, sondern als Mittel. Nichtsdestoweniger ist dieser Schmerz, wie jeder andere, ein Übel und wird als solches von dem Kinde empfunden. Aber jeder sieht, daß in diesem Falle das Übel des Kindes mit der Güte des verständigen Vaters nicht bloß übereinstimmt, sondern dieselbe beweist und nur mit der unverständigen Güte nicht übereinstimmt. Es könnte sein, daß sich das Übel in der Welt zu der göttlichen Güte ähnlich verhält, wie die Strafe des Kindes zur Güte des Vaters; daß die weise Güte, die absolute Gerechtigkeit das Übel nicht als Zweck, sondern als Mittel zum Guten gewollt habe. Wie das göttliche Wesen, so ist auch sein Wille vollkommen und unbedingt, dieser unbedingte Wille, der die absolute Güte selbst ist, bezweckt nur das Vollkommene und Gute: er bezweckt das Gute d.h. er will es wirklich machen oder die Idee

[209] *Theodicée*, P. III, Nr. 380, Gerhardt Phil. VI, 341; Erdmann 614.

desselben realisieren. Die Vorstellungen aber sind bestimmt durch den göttlichen Verstand, der das Reich aller idealen Möglichkeiten in sich begreift. Diese idealen Möglichkeiten sind gleichsam der Stoff oder die Materie, aus welcher die wirkliche Welt geschaffen wird. Aus diesem Stoffe muß Gott schaffen, an dieses Material ist der göttliche Wille in seinem Schöpfungsakte gebunden: in dieser Rücksicht ist er nicht unbedingt, sondern bedingt. Nun sind aber alle idealen Möglichkeiten Vorstellungen unvollkommener Wesen, denn das vollkommene Wesen ist einzig Gott allein; also muß Gott in jedem Fall unvollkommene Wesen realisieren, da es außer ihm keine vollkommenen gibt, da auch der göttliche Verstand die Dinge nicht anders denn als Monaden, als beschränkte, unvollkommene Substanzen vorstellen kann. Vollkommene Wesen kann Gott nicht wählen, nicht schaffen, weil es aus logischen Gründen keine gibt: darum wählt er aus den unvollkommenen Wesen diejenigen, *welche von Stufe zu Stufe vollkommener werden*, er schafft perfektible Wesen, da es perfekte nicht gibt; er schafft unter den möglichen Welten die beste, da eine gute Welt im absoluten Sinne, eine Welt ohne alle Unvollkommenheiten überhaupt undenkbar, also auch bei Gott selbst unmöglich ist. Der göttliche Wille richtet sich auf das Gute, der göttliche Verstand bindet den Willen an das Mögliche, der so bestimmte Wille schafft das möglich Vollkommenste, das möglich Beste. Wir können demnach in dem göttlichen Willen die ursprüngliche oder unbedingte Richtung von der bedingten oder durch Wahl vermittelten Richtung wohl unterscheiden: jene geht der Wahl voraus und ist durch nichts anderes als durch die göttliche Vollkommenheit selbst bestimmt; diese folgt der Wahl nach, die auf das Reich der im Verstande gegebenen Möglichkeiten eingeschränkt ist: darum nennt Leibniz Gottes unbedingten Willen vorhergehend, den bedingten nachfolgend; der vorhergehende Wille ist Neigung, der nachfolgende Entschluß und Tat, jener geht auf das Gute, dieser auf das möglich Beste[210]. So muß der Künstler die Idee seines Werkes nach dem gegebenen Material richten, worin dasselbe ausgeführt werden soll. Dieses Material legt dem Künstler gewisse Bedingungen auf, unter denen sich seine Idee allein verwirklichen läßt. Die Phantasie des Künstlers ist in ihren Entwürfen unbedingt, aber die Ausführung dieser Entwürfe, die Arbeit des Künstlers ist durch das gegebene Material bedingt, und man muß, um richtig zu urteilen, wohl unterscheiden, inwieweit die Phantasie frei, inwieweit sie durch die Technik notwendig beschränkt war.

---

210 „De cela il s'ensuit, que Dieu veut *antecedemment* le bien, et *consequemment* le meilleur." *Theodicée* P. I, Nr. 23, Gerhard Phil. VI, 166; Erdmann 510.

Nun schließt das Material, aus welchem allein das Kunstwerk der Welt gebildet werden kann, die Unvollkommenheit in sich, und diese enthält die Möglichkeit des Übels. Darum will Gott die Unvollkommenheit der Dinge nicht in unbedingter, sondern in bedingter Weise; er will sie nicht als Resultat, sondern als Bedingung, nicht als Endzweck, sondern als Mittel. Er will nur das Vollkommene, aber indem er es schafft, handelt er unter logischen Bedingungen, die das Unvollkommene in sich enthalten, und so kann Gott das Unvollkommene in der Schöpfung, die Möglichkeit des Übels in der Welt, die Möglichkeit des Bösen im Menschen nicht vermeiden. Er kann das Übel nicht verhindern, sein selbsteigener Wille verhält sich dazu nicht wollend, sondern zulassend (voluntas permissiva). Das Gute will Gott, das möglich Beste oder die wirkliche Welt *wählt* er, die geschaffene erhalt er, d.h. er läßt ihre Kräfte gewähren, und da in dieser Selbsttätigkeit unvollkommener Kräfte die Möglichkeit des Übels und des Bösen in der Welt begründet ist, so läßt Gott das Übel zu, ohne es zu wollen: er läßt es zu als die negative und zu negierende Bedingung des Guten[211]. Daß Kräfte existieren und wirken, davon ist Gott die alleinige Ursache. Daß diese Kräfte mangelhaft wirken und darum in Übel geraten, davon ist der zureichende Grund ihr eigener Mangel, ihre ursprüngliche Unvollkommenheit. Gott verhält sich zu den in der Welt wirksamen Kräften wie der Strom zu dem bewegten Schiffe. Daß sich das Schiff bewegt, davon ist der Strom die positive Ursache; daß es sich *langsam* bewegt, davon ist der Grund seine eigene Schwere und Widerstandskraft[212].

Daß aber Gott das Übel in der Welt nicht verhindern kann, nimmt Bayle als einen lauten Beweis wider die göttliche Allmacht. Wenn Leibniz die göttliche Vollkommenheit gerettet zu haben scheint, so zerstört er sie wieder durch eine solche Einräumung. Als ob das Nichtkönnen in jedem Fall ein Ausdruck der Ohnmacht sein mühte! Bayle vergißt bei der Allmacht, wie bei der Güte, die Bedingung der *Weisheit*, und was er mit beiden in Widerspruch setzt, das widerstreitet nur einer blinden, vernunftlosen Güte. Die göttliche Allmacht vermag nicht ungereimt und vernunftwidrig zu handeln, sie vermag keine viereckigen Zirkel zu schaffen. Vollkommene Einzelwesen innerhalb der Natur sind Undinge. Ist dieses Nichtkönnen Ohnmacht? So ist es Ohnmacht, daß Gottes allvermögende Kraft eine weise und vernünftige Allmacht, so ist es Bosheit, daß seine Güte, die das Übel in der Welt zuläßt, weise Güte oder Gerechtigkeit ist! Was sollte denn Gott tun, wenn

[211] *Theodicée*, P. I, Nr. 25, Gerhardt Phil. VI, 117; Erdmann 511.

[212] Ebendas. Nr. 30, Gerhardt Phil. VI, 512.

es nach Bayle ginge? Aus logischen Gründen konnte er eine Welt ohne Unvollkommenheit und Übel nicht schaffen, aus moralischen Gründen wollte er die beste Welt, ein Stufenreich werdender Vollkommenheit schaffen. Wenn er diese beste Welt nicht hätte schaffen können, so hätte er nach Leibniz gar keine geschaffen. Nach Bayle hätte er entweder eine Welt ohne Übel oder gar keine schaffen sollen! Er hätte denken sollen wie der Klosterbruder im Nathan: „Wenn an das Gute, was ich zu tun vermeine, gar zu nah was gar zu Schlimmes grenzt, so tu' ich lieber das Gute nicht, weil wir das Schlimme so ziemlich zuverlässig kennen, aber bei weitem nicht das Gute." Nun ist aber, richtig erwogen, das Übel in der Welt nicht gar zu schlimm, und die ewige Vernunft weiß, daß dadurch das Gute nicht aufgehoben, nicht gestört, sondern befördert wird.

III. Die göttliche Vorherbestimmung und die menschliche Freiheit

So bekundet das Übel selbst die beste Welt als die Schöpfung des vollkommensten Wesens. Ist nun in diesem glücklichen Sinne das Übel überhaupt von Gott vorhergewußt und vorherbestimmt, so gilt dasselbe auch von den bösen Handlungen der Menschen. Sie sind prädestiniert. Wie verträgt sich damit die menschliche Freiheit? Und wenn die bösen Handlungen unfrei sind, wie können sie strafwürdig, wie können wir zurechnungsfähig sein? Faßt man die Schöpfung (Vorherbestimmung) als eine Tat grundloser Willkür und die Welt als ein bloßes Machwerk (Kreatur), so sind jene Widersprüche nicht zu lösen. Leibniz aber sieht in der Schöpfung prästabilierte Harmonie, d.h. vorherbestimmte, gesetzmäßige Ordnung, und in der Welt präformierte Harmonie, d.h. selbsttätige Entwicklung; er sieht in der Schöpfung vorherbestimmte Natur und in der Natur fortdauernde Schöpfung: in diesem Sinne löst er den Streit zwischen Prädestination und Freiheit. Gott bestimmt die Welt nach ihren eigenen Gesetzen, denn er muß die Dinge so vorstellen, wie es deren Natur verlangt, und die Dinge in der Welt bestimmen sich selbst nach ihren eigenen Gesetzen: diese Gesetzmäßigkeit ist in dem göttlichen Willen prädestiniert und in der Natur der Dinge präformiert. So stimmen Prädestination und Präformation vollkommen miteinander überein. Sind aber die menschlichen Handlungen in der Seele präformiert, so sind sie Selbstbestimmungen, die freilich nicht in einem leeren Willen bestehen, sondern aus der wirklichen Natur eines Individuums hervorgehen. Jede menschliche Handlung ist eine Folge vieler Bedingungen. Wenn diese Bedingungen alle in das Individuum selbst fallen, so ist die Handlung sein Werk und seine Schuld, sie sei gut oder böse. Das Individuum allein vollzieht diese Handlung, mögen die Bedingungen derselben auch vorhergewußt oder vorherbestimmt sein. Es tut der Freiheit eines Individuums keinen Eintrag, wenn ein anderes Wesen den Charakter desselben vollkommen durchschaut und darum alle Handlungen, die daraus folgen, vorherweiß; es tut den Selbstbestimmungen dieses Charakters ebensowenig Eintrag, wenn er seiner Anlage nach durch die Ordnung der Dinge, zuletzt durch Gott vorherbestimmt ist, denn das Individuum hört darum nicht auf, seinen Charakter zu wollen, und wenn es schon die böse Handlung und deren Folgen los werden möchte, so wird es doch deren Bedingungen bis auf die letzte herunter nicht aufgeben wollen, denn dies hieße, seine Existenz selbst aufgeben. In jenem Gespräche des Laurentius Valla, welches Leibniz in seiner Weise ergänzend fortsetzt, sagt Apollo dem Sextus Tarquinius vorher, daß er durch Verbrechen Roms Königtum und sich selbst vernichten werde. Als Sextus in Klagen darüber ausbricht, weist ihn Apollo, der vorherwissende Gott, an Jupiter, als den vorherbestimmenden. Indessen läßt schon Laurentius den Apollo erklären: „Wisse, daß die Götter jeden so machen, wie er ist. Jupiter hat den Wolf räuberisch, den Hasen furchtsam, den Esel dumm und den Löwen mutig geschaffen. Er hat dir eine böse Seele gegeben, du wirst deiner Natur gemäß handeln, und Jupiter wird mit dir verfahren, wie es deine Handlungen verdienen, er hat es beim Styx geschworen!"

Leibniz läßt den Sextus hierauf von Delphi nach Dodona gehen und den Jupiter selbst anflehen, daß er sein Schicksal ändern und seine Seele bessern möge. Der Gott antwortet: „Wenn du Rom entsagen willst, so wirst du gut und glücklich werden." Aber das will Sextus nicht, er will nicht aufhören, der zu sein, der er ist. Er folgt seinem Charakter und bestimmt sich aus eigener Wahl zu der bösen Handlung, die von den Göttern vorhergewußt und vorherbestimmt war, er begeht das Verbrechen, welches ihn selbst in das Verderben stürzen, die Könige vertreiben, Rom frei und groß machen sollte.

Auf diese Weise löst die Leibnizische Philosophie alle Streitfragen, die zwischen Freiheit und Notwendigkeit, zwischen Schöpfung und Natur, zwischen Gott und Welt entstehen können, indem sie in der Freiheit verneint, was der Notwendigkeit entgegengesetzt ist, und umgekehrt in der Notwendigkeit das Gegenteil der Freiheit: sie verneint in der Freiheit die Willkür und in der Notwendigkeit das blinde Schicksal, sie vereinigt beide in dem Begriffe der moralischen oder glücklichen Notwendigkeit. Dieser Begriff ist ihr Anfang und Ende. Die Betrachtung des Notwendigen in der Welt macht die Seele ruhig, die Betrachtung der glücklichen Welt macht sie heiter. Eine heitere Ruhe bildet daher die echte Gemütsstimmung des philosophischen Geistes, er genießt die Erkenntnis einer Welt, in deren Ordnung sich jede Unvollkommenheit in eine höhere

Vollkommenheit, jedes Übel in ein größeres Gut, jeder Schatten und Mißton in Harmonie auflöst. Diese glückliche Welt ist das gelungene Meisterwerk des vollkommensten Künstlers, die Erkenntnis derselben erfüllt das Gemüt mit einer dauernden Freude. Sich des Glückes und der Vollkommenheit anderer erfreuen, das ist die Empfindungsweise einer reinen, uneigennützigen, uninteressierten Liebe. Darum besteht in der Liebe zu den Menschen, zur Welt, zu Gott die wahre Ruhe des Geistes, diejenige Gemütsrichtung, in welcher sich Moral, Philosophie und Religion vereinigen.

Am Schlusse seiner *Prinzipien der Natur und der Gnade*[213] sagt Leibniz: „Gott ist das vollkommenste, glücklichste und darum liebenswürdigste aller Wesen, denn die wahrhaft reine Liebe besteht in der Freude an den Vollkommenheiten und an der Glückseligkeit des Geliebten, darum muß die Liebe, deren Gegenstand Gott selbst ist, uns die größte Freude gewähren." „Und obgleich diese Liebe uninteressiert ist, so macht sie durch sich selbst unser höchstes Gut und Interesse, – denn sie gibt uns volles Vertrauen in die göttliche Güte, und dieses Vertrauen erzeugt eine wahrhafte Ruhe des Geistes, nicht wie bei den Stoikern, die sich Geduld und Fassung gleichsam aufzwangen, sondern kraft einer gegenwärtigen Befriedigung, die uns ein künftiges Glück verbürgt. Und abgesehen von dieser Befriedigung in der Gegenwart, ist nichts besser für die Zukunft, denn die Liebe zu Gott erfüllt auch unsere Hoffnungen und leitet uns in den Weg des höchsten Glückes, weil kraft der vollkommenen Weltordnung alles auf das Beste eingerichtet ist, sowohl für das allgemeine Wohl als auch für jeden einzelnen, der dieser Überzeugung lebt und sich mit der göttlichen Weltregierung zufrieden gibt, was jeder notwendig tut, der die Quelle alles Guten liebt. Freilich wird die höchste Glückseligkeit, wie lebhaft auch ihr Schauen oder ihre Erkenntnis Gottes sei, niemals ganz vollständig werden, denn Gott ist unendlich und darum nie ganz zu erkennen. Auch wird und soll unser Glück nicht in einer vollendeten Freude bestehen, worin unser Streben versiegen und unser Geist verdumpfen würde, sondern in einem beständigen Fortschreiten zu neuen Freuden und neuen Vollkommenheiten."

[213] *Principes de la Nature et de la Grace* (Nr. 16, 18), Gerhardt Phil. VI, 605, 606; Erdmann 717, 718.

Drittes Buch.
Von Leibniz zu Kant

Erstes Kapitel.
Charakteristik und Kritik der Leibnizischen Lehre

I. Das System des idealistischen Naturalismus

1. Die Gliederung des Lehrgebäudes

Bevor wir das System nach der vollendeten Darstellung desselben beurteilen, ist es nötig, den Grundriß des gesamten Lehrgebäudes sich zu vergegenwärtigen und seinen Charakter zu bestimmen.

1. Der Grundbegriff, der aus der Betrachtung der Bewegungserscheinungen einleuchtete und der inneren Erfahrung unmittelbar gewiß war, bestand in dem Begriffe der Kraft, die als Krafteinheit oder Monade gefaßt sein wollte, welche letztere, da sie selbsttätig ist, in einer zahllosen Fülle von Monaden besteht. Jede derselben ist sowohl tätige als leidende oder beschränkte, sowohl formgebende als raumbildende und stofferzeugende Kraft, sowohl Seele als Körper: jede ist als ein beseelter Körper, eine lebendige Maschine und als solche ein Individuum, das sich entwickelt und darum eine entwicklungs- oder zwecktätige, d.h. vorstellende und strebende Kraft ausmacht. Was sie vorstellt, ist ihr eigenes Wesen im Unterschiede von allen anderen, weshalb jede Monade nicht bloß sich selbst, sondern auch alle übrigen d.h. die Welt vorstellen muß: jede ist Weltvorstellung oder Mikrokosmus. So weit reicht die *Prinzipienlehre* unseres Systems oder die Leibnizische Metaphysik im engeren Sinn.

2. Jede Monade ist ein beschränkter Mikrokosmus und muß als solche ein beschränktes, außer und neben anderen befindliches, also räumliches und raumerfüllendes Wesen vorstellen: sie muß als ein Körper oder als ein Teil des materiellen Universums, als ein Glied der großen Weltmaschine erscheinen, in welcher alle Vorgänge nach mechanischen Gesetzen geschehen und durch eingeborene vorstellende Kräfte getrieben werden, d.h. nicht gemacht werden, sondern sich selbst machen. Jede Monade ist ein organisches Element. Je niedriger die Ordnungen dieser Elemente sind, um so mehr erscheinen ihre Komplexe bloß als zusammen gesetzte Dinge, als Sammelwesen oder Aggregate, d.h. als unorganische Körper; je höher dagegen jene Ordnungen sind, um so gegliederter müssen die zusammengesetzten Wesen, um so organisierter die Körper erscheinen, so daß in den

höheren Organismen eine Monade als Zentralmonade herrscht und sich zu einem Reiche anderer Monaden verhält, wie die Seele zum Körper. Da nun alle Monaden dieselbe Welt vorstellen, so sind sie einander verwandt oder analog, weshalb ihre Unterschiede nur graduell sein können und bei der zahllosen Fülle der Monaden *in unendlich kleinen* Abstufungen dergestalt zunehmen müssen, daß die Monaden im ganzen ein kontinuierliches Stufenreich wachsender Vollkommenheit bilden. Das Prinzip der Analogie und das der stetigen Abstufung oder der Uniformität und der Variation, wie Leibniz bisweilen seine beiden großen Grundsätze nennt, vereinigen sich in dem dritten Prinzip, das aus ihnen hervorgeht, der größtmöglichen Einheit in der größtmöglichen Mannigfaltigkeit: eben darin besteht die durchgängige Übereinstimmung aller Wesen oder die *Weltharmonie*, die in der Natur präformiert und durch Gott prästabiliert ist. Harmonie ist das Verhältnis der Monaden zu einander. Sofern jede Monade Seele und Körper ist, kann von einer Harmonie zwischen beiden nicht die Rede sein. Sofern eine Monade zu anderen sich wie die Seele zum Körper verhält, läßt sich das Verhältnis beider durch die vorherbestimmte Harmonie erklären. Bis zu dem Begriffe der natürlichen Weltharmonie reicht in unserem System die Lehre von der Ordnung der Dinge oder die *Kosmologie*, welche die Natur- oder Körperlehre in sich schließt.

3. Die Weltharmonie besteht in dem kontinuierlichen Stufenreich der vorstellenden Kräfte, deren Hauptunterschiede die dunkle, klare und deutliche Vorstellung sind. Der dunklen entspricht die blind gestaltende Kraft, der klaren die eindrucksfähige oder empfindende, der deutlichen die erkenntnisfähige oder denkende. Diese letztere macht das Wesen des *Geistes*, der mit Bewußtsein vorstellt und strebt d.h. erkennt und will oder die Vermögen des Verstandes und Willens besitzt und entwickelt. In ihm entfaltet sich die dunkle Vorstellung der Harmonie zur deutlichen Einsicht und Absicht, das Gefühl der Schönheit zur Erkenntnis der Wahrheit und des Guten. Aber die Erkenntnis allgemeiner und notwendiger Wahrheiten, der Vernunftwahrheiten wie der Erfahrungswahrheiten, gründet sich auf ursprüngliche oder angeborene Grundsätze (Ideen), die als solche unentwickelte oder unbewußte Vorstellungen sein müssen, weshalb die Lehre von den unbewußten Vorstellungen und dem dunklen oder unendlich kleinen Bewußtsein den wesentlichen und ausgesprochenen Charakter der Leibnizischen *Pneumatologie* ausmacht. Ohne die kleinen Vorstellungen, diese Atome und Moleküle der geistigen Welt, gibt es keinen Mikrokosmus, kein Stufenreich der Kräfte, keine Harmonie der Dinge, kein Kontinuum des Seelenlebens, keine Vernunfterkenntnis, kein Vermögen zum Schönen, Wahren und Guten. Die Leibnizische Pneumatologie (Psychologie) gliedert

sich in die Lehre von den Geistesvermögen: die Erkenntnislehre, Sittenlehre und Religionslehre. Die Erkenntnislehre enthält die Keime der Schönheitslehre (Ästhetik); die Sittenlehre, da der Wille zur Hervorbringung der Schönheit angelegt und getrieben wird, enthält die Keime zur Kunstlehre. Der Geist ist als Mikrokosmus eine Welt im Kleinen, er ist als Künstler eine Gottheit im Kleinen, er ist in der Religion das Bild Gottes oder das Gottesbewußtsein, woraus die Gotteslehre hervorgeht.

4. Die Leibnizische *Theologie* gliedert sich in die Beweise vom Dasein Gottes, in die Lehre von den göttlichen Kräften, ihrer schöpferischen Wirksamkeit und Offenbarung in einem Weltall, welches unter allen möglichen das vollkommenste und beste ist, und in die Rechtfertigung dieser optimistischen Weltanschauung durch die Theodizee.

2. Der naturalistische und idealistische Charakter

Das durchgängige Thema der Leibnizischen Philosophie ist die Versöhnung und Ausgleichung derjenigen Gegensätze, in welche die frühere zerfiel. Die Lehre von der prästabilierten Harmonie vereinigt den Begriff der naturgemäßen Entwicklung mit der göttlichen Schöpfung und erstrebt dadurch die Auflösung des Widerstreits zwischen der antiken und christlichen Philosophie. Trotz diesem Gegensatze stimmen beide, wenn wir die Aristotelische Lehre mit der scholastischen vergleichen, in der Bejahung der zwecktätigen Formen in der Natur und des göttlichen Endzwecks der Welt miteinander überein. Gerade diese teleologische Betrachtung der Dinge war es, welche die neuere Philosophie in Bacon und Hobbes, in Descartes und Spinoza verwarf, und zwar hatte der letztere die Verneinung der Zwecke nicht bloß teilweise und mit gewissen Einschränkungen, sondern so vollkommen und so wegwerfend wie möglich ausgesprochen. Nun war Leibniz seit den Anfängen seines tieferen Nachdenkens, seitdem er sich den mechanischen Prinzipien der Neueren zugewendet hatte, darauf bedacht, das System der Endursachen und das der wirkenden Ursachen zu vereinigen: er bezweckte, um mit ihm selbst zu reden, die Rehabilitation der antiken und zugleich die Reform der neueren Philosophie. Die Versöhnung der Prinzipien der Teleologie und der mechanischen Kausalität vollzieht sich in der Idee der *Weltharmonie*; die Versöhnung des Naturbegriffs mit dem Schöpfungsbegriff vollzieht sich in der Idee der *prästabilierten Harmonie*. So ist Leibniz den Systemen der Vergangenheit gegenüber der Universalphilosoph, der sie vereinigt.

Was aber die Zukunft der Philosophie betrifft, so bildet er zwischen Spinoza und Kant die Mitte und den Übergang. Dies gilt in der Metaphysik von dem Prinzipe der Individualität oder vorstellenden Krafteinheit, in der Physik von dem Begriffe des dynamischen Körpers, in der Erkenntnislehre von seiner Auffassung der angeborenen Ideen als ursprünglicher Vernunftvermögen, in der Ästhetik von dem Gefühl der Harmonie, in der Sitten- und Freiheitslehre von der inneren Prädetermination, in der Religionslehre von dem Begriffe des Vernunftglaubens. Das gesamte Universum erscheint in der Leibnizischen Weltansicht als eine fortschreitende Aufklärung, als eine Stufenordnung der Wesen, worin die dunklen Naturkräfte sich allmählich zu bewußten Erkenntniskräften aufhellen, und also zuletzt alle in der Welt tätigen Kräfte zur Lösung des Erkenntnisproblems zusammenwirken. Das innerste Thema der Welt ist nach Leibnizens Lehre, wenn es in der kürzesten Formel gesagt werden soll, der *stetig fortschreitende Erkenntnisprozeß*. Wenn aus dieser Lehre nicht die Lösung des Erkenntnisproblems hervorgeht, so wird die nächste Epoche der Philosophie nur darin bestehen, daß dieses Problem in den Vordergrund der Philosophie rückt und von nun an deren Grundfrage ausmacht. Wir werden diese Frage zu entscheiden haben, sobald wir die Geltung des Systems beurteilen.

Fassen wir die Grundzüge der Leibnizischen Lehre zusammen, um den einmütigen Charakter derselben durch ein Wort zu bezeichnen, das ihre Eigenart ausdrückt. Wir nennen diejenige Lehre *naturalistisch*, nach welcher das Wesen oder die Natur der Dinge als gegeben betrachtet und unsere Erkenntnis derselben daraus abgeleitet wird. In diesem Sinn ist die Leibnizische Philosophie naturalistisch, wie die des Descartes und des Spinoza. Wir nennen diejenige Lehre *idealistisch*, nach welcher die Körperwelt als eine notwendige Erscheinung oder Vorstellung d.h. als ein Produkt vorstellender Kräfte gilt. In diesem Sinn ist die Leibnizische Philosophie idealistisch wie die des Berkeley und des Kant (eine Vergleichung, welche wir nicht über den genannten Vergleichungspunkt ausdehnen). Deshalb bezeichnen wir das System unseres Philosophen als *idealistischen Naturalismus* und wollen mit diesem Wort, das nach der gegebenen Erklärung nicht mehr zu mißdeuten ist, seinen Charakter so getroffen haben, daß diese Lehre in der Geschichte der Philosophie einzig in ihrer Art dasteht.

3. Die Hauptmomente der Körper und Seelenlehre

In der Leibnizischen Körperlehre nehmen drei Punkte eine besondere Wichtigkeit in Anspruch:

1. Die Erkenntnis der Erhaltung der *Kraft*, der Konstanz der Kraftgröße und des Kräftemaßes durch das Quadrat der Geschwindigkeit. Diese Einsicht hat in der heutigen Physik, un-

abhängig von Leibniz, durch die mechanische Wärmelehre eine Fortbildung von epochemachender und folgenreichster Bedeutung erfahren.

2. Die auf die mikroskopische Beobachtung der vermeintlichen Samentiere gegründete Lehre von der Ursprünglichkeit und Unvergänglichkeit der lebendigen Einzelwesen, nach welcher die Individuen und deren Organe nicht entstehen, sondern von Anbeginn in unendlicher Kleinheit im Urkeim gegeben sind und nicht erzeugt werden, sondern sich nur entwikkeln, indem sie aus dem Zustande der Einschachtelung oder Involution in den der Entfaltung oder Evolution übergehen. Diese Vorstellungsart hat die biologischen Anschauungen länger als ein Jahrhundert beherrscht, bis Casp. Fr. Wolf durch seine Abhandlung über die Generation die Lehre von der Evolution widerlegte und die von der *Epigenesis,* d. i. von der Entstehung des Individuums und seiner Organe, begründete (1759). Nicht bloß die Wahrheiten, auch die Irrtümer, die aus berechtigten Grundsätzen hervorgehen, sind erfolgreich, da die letzteren mit den Tatsachen der Erfahrung streiten und dadurch ihre Widerlegung hervorrufen.

3. Die Lehre von den höheren Organisationen, nach welcher die lebendigen Körper, die als solche erscheinen, nicht Individuen, sondern Reiche von Individuen oder Monaden bilden, mehr oder weniger zentralisierte Naturstaaten, die um so vollkommener sind, je geordneter und abgestufter ihre Zentralisation: In der Auffassung von den höheren Organismen erscheint die Monadenlehre als ein Vorläufer der *Zellenlehre*, die erst achtzig Jahre nach Wolfs folgenreicher Entdeckung hervortrat.

In der Leibnizischen Seelenlehre bleibt, wir wiederholen es, die tiefste und fruchtbarste Einsicht die Erleuchtung unserer dunklen Geisteszustände, der unbewußten und kleinen Vorstellungen, der Entstehung des Bewußtseins, das wie die Tonne in unserer Vorstellungswelt auf- und niedergeht.

4. Die antimonistische Grundrichtung

Der Gegensatz zwischen Spinoza und Leibniz, vielleicht der lehrreichste und interessanteste, den die Geschichte der Philosophie bietet, ist ein Gegenstand unserer wiederholten Erörterung und Hervorhebung gewesen. Wenn wir noch einmal hier auf dieses Thema zurückkommen, so geschieht es, um die alte wiedererneute Frage zu berühren: ob Leibniz je spinozistisch gesinnt oder auch nur geneigt war?

Entweder sind die Dinge die Modi einer einzigen Substanz oder selbst Substanzen, selbständige Einzelwesen, Monaden. Entweder die Alleinheit oder die zahllose Fülle der Krafteinheiten, kurzgesagt:

entweder Spinoza oder Leibniz! So lag die Frage und so hatte sie Leibniz selbst gefaßt, als er im Dezember 1714 dem Louis Bourguet (nachmals Professor in Neuchatel) schrieb: „Ich weiß nicht, wie Sie aus meinen Prinzipien eine Art Spinozismus folgern können. Gerade im Gegenteil: durch die Monaden wird die Lehre Spinozas vernichtet. Er würde recht haben, wenn es keine Monaden gäbe.“[1]

Seitdem Leibniz den Grundgedanken der Monadenlehre ergriffen hatte, mußte er seine Sache gegenüber der Lehre Spinozas so beurteilen, wie er es zwei Jahre vor seinem Tode in jenem Briefe an Bourguet aussprach. Denn mit dem Grundbegriff der Monade vertrug sich weder die Lehre von der Substantialität der Körper und der Realität der Ausdehnung, noch die von der Alleinheit der Substanz und der Unselbständigkeit der einzelnen Dinge. In seinem Briefe an Jakob Thomasius vom Jahr 1669 erklärte Leibniz, daß er der Lehre Descartes' abgeneigt sei, und die Gründe, die er angab, waren solche, aus denen er noch weniger Spinozist sein konnte. Die Ansicht, nach welcher sein Aufsatz „de vita beata“ für ein Zeugnis Kartesianisch-Spinozistischer Denkart gegolten hat, ist durch die Nachweisung der Entstehungsart dieser Schrift längst widerlegt. In den Briefen, die er dem Herzog Johann Friedrich im Jahre 1671 schrieb, sind schon die Grundlinien seiner neuen Lehre deutlich erkennbar[2]. Kurz vorher hatte er durch den Philologen Graevius erfahren, daß der von der Synagoge ausgestoßene Jude Spinoza der Verfasser des theologisch-politischen Traktats sei[3]. Gleichzeitig war er selbst mit der Abfassung seiner „demonstrationes catholicae“ beschäftigt, welche die Reunion der römisch-katholischen und evangelischen Kirche zum Zweck hatten. Der Gegensatz beider, wie er sich hier auf dem theologischen und kirchlichen Gebiet äußerte, kann nicht größer gedacht werden.

Je näher nun Leibniz die eigentliche Lehre Spinozas kennenlernte, wodurch ihm der *metaphysische* Gegensatz ihrer Prinzipien einleuchten mußte, um so eifriger war er bestrebt, sich des feindlichen Systems zu bemächtigen, dasselbe zu durchdringen und zu widerlegen. Denn die Frage, in welcher die nächste Entscheidung der Philosophie lag, prägte sich in seinem Bewußtsein immer deutlicher aus und hieß: „entweder er oder ich“.

Leibniz hatte in den Jahren 1675 und 1676 in Paris mit *Tschirnhausen* verkehrt, der ein Freund und Kenner der Lehre Spinozas, kein Anhänger derselben war; er hatte, begierig nach Spinozas persönlicher Bekanntschaft, im November 1676 diesen im Haag öfter besucht und auch philosophische Unterredungen

---

[1] Gerhardt Phil. III, 575; Erdmann 720

[2] S. oben Buch I, Kap. VIII, S. 113.

[3] Gerhardt Phil. I; 49 ff.

mit ihm gehabt;[4] er hatte zu Amsterdam in dem deutschen Arzt Georg Hermann *Schuller* (der in den neu aufgefundenen, von van Vloten veröffentlichten Briefen Schaller heißt[5]), einen Freund und Schüler Spinozas kennen gelernt und sich mit demselben befreundet. Dieser teilte ihm drei Briefe Spinozas an Oldenburg und eigene Aufzeichnungen mit, welche die Lehre Spinozas betrafen, und worüber Leibniz noch in Amsterdam Bemerkungen kritischer und widerlegender Art niederschrieb[6].

Aus den Briefen Schullers an Leibniz erfahren wir, daß jener zu den Herausgebern der nachgelassenen Werte Spinozas gehört und ein Exemplar derselben dem Philosophen in Hannover im Dezember 1677 gesendet hat. Diese Ausgabe enthielt auch jenen einzigen uns bekannten Brief, welchen Leibniz über eine optische Erfindung, welche er gemacht haben wollte, im November 1671 an Spinoza gerichtet hatte. Die Veröffentlichung war ohne die Zustimmung und das Wissen Schullers geschehen, denn Leibniz hatte ausdrücklich gewünscht, daß sein Brief, obwohl er nur mit dem Optikus Spinoza, nichts mit dem Verfasser des theologisch-politischen Traktats zu tun hatte, ungedruckt bliebe. So verschrieen war Spinoza und so vorsichtig Leibniz, daß dieser sein bißchen Verkehr mit jenem so geheim wie möglich halten wollte[7].

Das Exemplar der *Ethik* hat Leibniz mit Randnoten versehen, er hat den ersten Teil von Anfang bis zu Ende widerlegend durchgearbeitet und zu den beiden folgenden Teilen einige kritische Bemerkungen aufgezeichnet[8].

Wir wissen, daß schon zu Leibnizens Lebzeiten man den Spinozismus aus *kabbalistischen* Schriften herzuleiten bemüht war, und namentlich hat Joh. G. Wachter in seinen Abhandlungen über den Spinozismus im Judentum (1699) und die philosophische Geheimlehre der Juden (1706) den Beweis davon liefern wollen. Diesem Fingerzeige ist Leibniz in seiner Theodizee gefolgt, wo er die Lehre Spinozas für kabbalistischen Ursprungs erklärt. Noch heute hält Foucher de Careil den Spinozismus für ein Produkt, welches aus der Paarung der Kartesianischen und kabbalistischen Lehren

---

[4] Vgl. dieses Werk, Bd. II (5. Aufl.), Buch II, Kap. V.

[5] Ebendas. Kap. IV.

[6] Gerhardt Phil. I, 123–138.

[7] Gerhardt Phil. I, 123–138.

[8] Ludwig Stein: 1. Leibniz in seinem Verhältnis zu Spinoza auf Grundlage unedierten Materials entwicklungsgeschichtlich dargestellt. Sitzungsberichte der K. Pr. Akademie der Wissenschaften zu Berlin XXV, 615–662 (3. Mai 1888). 2. Neue Aufschlüsse über den literarischen Nachlaß und die Herausgabe der opera posthuma Spinozas. Archiv für Gesch. d. Philos. I, 4, 554–565. 3. Leibniz und Spinoza. Ein Beitrag zur Entwicklungsgeschichte der Leibnizischen Philosophie. Berlin 1890.

entstanden sei. Nun hat Leibniz zu der Wachterschen Schrift vom Jahre 1706 Bemerkungen geschrieben, die eine Widerlegung der Lehre Spinozas enthalten auf Grund einer Kritik der Lehrsätze der Ethik aus allen ihren Teilen. Da in der Theodizee eine Stelle dieser Kritik reproduziert wird, so muß die letztere, wie ihr Herausgeber richtig bemerkt, zwischen 1706 und 1710 verfaßt sein[9].

Dieser Reihe von Zeugnissen gegenüber, welche Leibnizen als einen beständigen Gegner der Lehre Spinozas beurkunden, müssen wir zweifeln, ob es der jüngsten Gegenansicht gelingen wird, den Beweis zu liefern, daß die Jahre von 1676–1680 in dem Entwicklungsgange unseres Philosophen eine dem Spinozismus geneigte Periode gewesen sei. Wenn Theophil, der Leibnizianer, in den *Nouveaux essais*, gleich in dem ersten Gespräche erklärt, daß er einst in gottestrunkener Stimmung schon im Begriff gestanden habe, sich auf die Seite der Spinozisten zu neigen, als ihn Leibnizens neue Erkenntnis- und Gotteslehre ganz gewonnen und bekehrt habe, so kann ich das nicht für ein Zeugnis ansehen, welches unser Philosoph selbst von seinem eigenen Entwicklungsgange ablegt. Um so weniger, als dieser etwas leichten Annahme gewichtige Zeugnisse des Philosophen selbst im Wege stehen. Unter den frühesten und wohl auch günstigsten Eindrücken, die er von Spinoza und dessen Lehre erhalten konnte, schrieb Leibniz im Jahre 1677 an Gallois: „Ich habe Spinoza auf meiner Durchreise durch Holland gesehen und ihn oft und sehr lange gesprochen. Er hat eine sonderbare Metaphysik, voller Paradoxen. Unter anderem glaubt er, daß die Welt und Gott ein und dasselbe Wesen seien, daß Gott die Substanz aller Dinge ausmache und diese nur Modi oder Akzidenzen sind. Indessen habe ich bemerkt, daß einige seiner vermeintlichen Beweise, die er mir gezeigt hat, ungenau sind". Das klingt nicht, als ob Leibniz im Jahre 1677 ein ganzer oder halber Spinozist war!

Im folgenden Jahre, nachdem er die Werke Spinozas erhalten und gelesen hat, schreibt er an Tschirnhausen: „Daß die nachgelassenen Werke Spinozas erschienen sind, werden Sie wissen. In der Ethik setzt er seine Ansicht nicht überall zur Genüge auseinander, was ich zur Genüge bemerkt habe. Bisweilen macht er Fehlschlüsse, weil er von der strengen Richtschnur der Beweisführung abweicht, was am wenigsten in der Metaphysik und Ethik geschehen sollte." Das klingt nicht, als ob Leibniz im Jahre 1678 sich mitten in seiner Spinozaperiode befunden habe[10].

[9] Vgl. dieses Werk Bd. I, Abt. 2 (5. Aufl.), Buch II, Kap. IX. - A. Foucher de Careil: Réfutation inédite de Spinoza par Leibniz, Paris 1854.

[10] Vgl. Gerhardt Phil. I, 118–119. L. Stein: Leibniz in seinem Verhältnis zu Spinoza usw. a.a.O. S. 3, 11–13; Derselbe: Leibniz und Spinoza usw., Kap. V: Die Spinoza freundliche Periode 1676 bis 1679, S. 60 ff.

Wenn es sich um das Verhältnis der beiden Philosophen und ihrer Lehrsysteme handelt, so sind drei Fragen wohl zu unterscheiden: 1. Hat Leibniz auf dem Wege zur Monadenlehre den Standpunkt Spinozas sich angeeignet und als eine Phase der eigenen Entwickelung durchlaufen? Diese Frage ist nach unserem Dafürhalten zu verneinen. 2. Hat Leibniz vom Standpunkte seiner Monadenlehre aus den Spinozismus durchdrungen, als sein Gegenteil erkannt und durch die Widerlegung desselben das eigene System zu befestigen gesucht? Diese Frage ist zu bejahen. 3. Wird die Monadenlehre durch ihre letzten Grundgedanken zu Folgerungen gedrängt, die sie wider Willen und Wissen in die Wege Spinozas und der Alleinheitslehre zurücktreiben? Diese Frage zu beantworten, müssen wir uns zu der Prüfung der Lehre selbst wenden.

II. Die Beurteilung des Systems

1. Der Widerstreit in der Erkenntnislehre

Die Erkenntnis der Dinge, welche in den klaren und deutlichen Vorstellungen des Ganzen besteht, ist nur vollkommenen Erkenntniskräften möglich, die, so weit das natürliche Weltall reicht, nicht vorhanden sind. Es gibt nur in Gott eine das All umfassende und durchdringende Einsicht. Selbst die höchste Erkenntnis, deren überhaupt die Monaden fähig sind, ist beschränkt und darum nur zum Teil klar und deutlich, sie ist es im Menschen, als einem Mittelwesen in der Stufenordnung der Dinge, nur zum geringsten Teile. Aber wäre sie es auch zum größten und bliebe nur ein Restchen dunkel, so wäre sie dennoch im Ganzen verworren, da die deutlichste Erkenntnis bis in die kleinsten Teile dringen soll. Wenn alle Dinge Monaden, alle Monaden beschränkte Kräfte und darum verworrene Vorstellungen sind, so ist die *Monadenlehre* unmöglich. Keine Monade der Welt kann Monadolog sein! Ist die Monadenlehre eine undeutliche Erkenntnis vom Wesen und Zusammenhang der Dinge, so ist sie nicht, was sie sein soll und will. Ist sie klar und deutlich, so kann ihr Urheber keine Monade sein in dem Sinn, in welchem er selbst diesen Begriff nimmt. Spinoza mochte alles erklären, eines erklärte er nicht: die Möglichkeit des Spinozismus. Das Ähnliche gilt von Leibniz. Er möge alles erklären, eines erklärt er uns nicht: die Möglichkeit der Monadologie. Er ist nicht imstande, aus den Prinzipien seiner Philosophie diese selbst zu rechtfertigen. Nach seiner eigenen Erklärung gründet sich die Vorstellung der Welt auch in der menschlichen Seele auf die kleinen, undeutlichen, unbewußten Perzeptionen, sie besteht im *dunklen* Mikrokosmus, nicht in dem vom Bewußtsein und Verstande spärlich erhellten.

Wir bemerken den Widerstreit, der hier in der Erkenntnislehre unseres Philosophen zutage tritt. Er besteht zwischen der *Aufgabe* des Systems, welches die Erkenntnis der Dinge leisten soll, und den *Prinzipien*, die nicht imstande sind, diese Aufgabe zu lösen. Die Beschaffenheit der Monaden widerspricht der Möglichkeit einer klaren und deutlichen Erkenntnis, deren Träger sie sein sollen. Ist die Leibnizische Lehre objektiv wahr, so ist sie subjektiv unmöglich. Sind die Dinge so, wie Leibniz uns lehrt, so ist die Erkenntnis der Dinge nicht zu erklären. Auf der einen Seite gibt der Philosoph sein System als die wahre, die Urgründe und die Ordnung der Welt erleuchtende Einsicht, auf der anderen muß er behaupten, daß die Vorstellung des Ganzen auch in der menschlichen Seele dunkel und unklar bleibe. Wird man innerhalb der Leibnizischen Prinzipien nicht folgern müssen, daß die wahre Erkenntnis nur dem dunklen Mikrokosmus angehören könne?

Wir haben diese Prinzipien mit ihrer Aufgabe verglichen. Vergleichen wir sie jetzt mit ihren Folgerungen.

2. Der Widerstreit im Begriffe Gottes

Die menschliche Verstandeserkenntnis befindet sich in der Leibnizischen Philosophie auf einer mittleren Höhe, die einen beschränkten Gesichtskreis beherrscht. Unter sich erblickt sie die dunkle Tiefe der menschlichen Seele, über sich die unbegreiflichen Mysterien des göttlichen Geistes: diesseits die unbewußte, geheimnisvolle Individualität, jenseits die übervernünftige, geheimnisvolle Gottheit. Beide sind für die klare Verstandeseinsicht irrational. So vermischt mit dem Irrationalen, muß das System in Widersprüche geraten, die seine Grundlagen erschüttern. Wir werden diese Widersprüche in seinen Hauptbegriffen dartun: in dem Begriffe Gottes, der Welt, der Monade. Gott war die höchste Monade und mußte als solche ohne alle Schranke und Materie gedacht werden. Schlechthin immateriell, wie er ist, findet sich Gott außer dem natürlichen Zusammenhange mit der Welt, also im absoluten Unterschiede von allen übrigen Wesen. Jener Gegensatz des Materiellen und Immateriellen, welchen Leibniz in dem Verhältnis zwischen Seele und Körper gelöst haben wollte, drängt sich jetzt zwischen Gott und Welt. Nun aber ist die Schranke und Materie eine notwendige Bedingung jeder Individualität, und diese ist das Wesen jeder Monade. Eine schrankenlose Monade ist darum eine Monade, welche eigentlich keine ist. In diesem augenscheinlichen Widerspruche befindet sich der Leibnizische Gottesbegriff. Beides gilt: der Satz „*Gott ist Monade*“, und das kontradiktorische Gegenteil: „*Gott ist keine Monade*“. In dieser Antinomie schwankt die Leibnizische Gotteslehre auch in ihren Ausdrücken.

Nach der Richtschnur der Monadenlehre muß sich Gott zu den anderen Wesen verhalten wie die herrschende Monade zu den untergeordneten, wie die höchste zu den niederen, wie die Seele zu ihrem Körper. In dieser Rücksicht heißt Gott: „*monas monadum*", er ist die vollkommenste Seele in dem vollkommensten Körper, die Weltseele in dem Weltkörper. In den anderen Seelen und Monaden wird nur ein Teil der Welt deutlich vorgestellt, dagegen in Gott, als der Weitseele, spiegelt sich das gesamte Universum auf das klarste und deutlichste: er ist die Welt-Zentralmonade, der allgegenwärtige Mittelpunkt, wie sich Leibniz ausdrückt: „*centre par-tout*". So wenig irgend eine Monade ihren Körper wählt und schafft, sondern sich demselben eingeboren findet, so wenig kann die Weltseele den Körper wählen und schaffen. Die Weltseele ist nicht Weltschöpfer. Wie jede andere Seele ist sie eingeschränkt auf einen bestimmten Körper, der ihrige ist das Weltall selbst; darum ist die Weltseele nicht schrankenlos, also nicht die höchste Monade in dem strengen Sinn, daß eine höhere unmöglich gedacht werden kann. Aber auf den Begriff einer solchen absolut höchsten Monade zielt die Richtung der Leibnizischen Philosophie, sie will in Gott nicht bloß die allumfassende, sondern die schaffende Monade, die absolute Persönlichkeit erfassen und nimmt daher den Begriff der Weltseele wieder zurück, den sie mit dem „centre par-tout" ausgesprochen hatte. „Man hat sich treffend ausgedrückt," sagt Leibniz, „daß Gott gleichsam das allgegenwärtige Zentrum sei, aber seine Peripherie ist kein Teil, denn ihm ist alles unmittelbar gegenwärtig, ohne irgend eine Entfernung von jenem Zentrum."[11] Das heißt mit anderen Worten: zwischen Gott und den Monaden findet kein natürlicher Zusammenhang statt. Gott ist schlechthin immateriell, die Dinge sind in seinem Verstande unmittelbar gegenwärtig, sie bilden die idealen Möglichkeiten, aus denen Gott diejenigen wählt, welche in Existenz treten sollen.

Ist aber Gott die *schrankenlose* Substanz im strengsten Sinne des Worts, so kann füglich nicht mehr von seiner Selbstunterscheidung und Persönlichkeit, von seiner moralischen Selbstbestimmung und Notwendigkeit, von der Wahl der besten Welt und ihrer Schöpfung die Rede sein: die Welt, welche aus einem schrankenlosen Wesen hervorgeht, ist nicht dessen Schöpfung, sondern dessen willenlose Emanation; die Dinge, die auf diesem Wege entstehen, sind nicht die Kreaturen, sondern, wie sich Leibniz selbst ausgedrückt hat, gleichsam Ausstrahlungen oder Fulgurationen der Gottheit; sie sind nicht mehr Monaden, sondern Akzidenzen wie die Modi in

[11] *Principes de la Nature et de la Grace* (Nr. 13), Gerhardt Phil. VI, 604; Erdmann 717.

der Lehre Spinozas[12]. Ja Leibniz bezeichnet einmal die göttliche Macht geradezu als das Prinzip, von dem alles Wirkliche emaniere. Unwillkürlich verwandelt sich der Begriff der Schöpfung in den der Emanation[13].

So gerät die Leibnizische Gotteslehre in einen Widerstreit, worin sie weder der Thesis noch der Antithesis folgen kann. Die Thesis erklärt: „Gott ist Monade". Dieser Begriff, ausgedacht, führt zu einer Theorie der Weltseele, welche dem Geiste der Monadologie entschieden zuwiderläuft. Die Antithesis erklärt: „Gott ist keine Monade, sondern schrankenlose Substanz". Dieser Begriff, ausgedacht, führt zu einem Pantheismus anderer Art, zu einer Emanationstheorie, welche in Gott die moralische Selbstbestimmung, in den Dingen die natürliche Selbständigkeit aufhebt, dem Spinozismus ähnlich sieht und dem Geiste der Monadologie ebenfalls widerstreitet. Was bleibt also übrig? Daß Leibniz, so nahe er jetzt dem einen, jetzt dem anderen Extreme kommt, die Gefahr beider vermeidet, den Widerspruch selbst bestehen läßt und Gott zur schöpferischen Monade macht, d.h. *zu einer Monade, die so handelt, als ob sie keine wäre*.

Man wende uns nicht ein, daß wir jetzt selbst zwischen Theologie und Monadologie den Widerspruch aufweisen, welchen wir früher in Abrede gestellt haben. Dort sprach die Darstellung, hier die Beurteilung. Außerdem ist der nachgewiesene Widerspruch keineswegs der, welchen man Leibniz gewöhnlich Schuld gibt. Als ob er seine Theologie hätte vermeiden können! Als ob er sie folgerichtigerweise im Sinne der Monadenlehre hätte vermeiden müssen! Wenn wir gezeigt haben, daß der Gottesbegriff und der Monadenbegriff nicht übereinstimmen, so heißt das: der Begriff einer höchsten Monade stimmt mit sich selbst nicht überein. Er enthält eine Antinomie, denn es läßt sich eben so gut beweisen, daß Gott Monade ist, als daß er keine ist; er gerät in ein Dilemma, denn es läßt sich aus Leibnizischen Gründen dartun, daß Gott weder Monade noch das Gegenteil sein kann. Aber die Monadenlehre mußte, wie wir gezeigt haben, den Begriff einer höchsten Monade fordern und ausbilden. Der Widerspruch, welcher diesen Begriff trifft, ist mit dem Begriff der Monade selbst gegeben, weshalb er nicht in der Darstellung des Systems, sondern erst in der Beurteilung desselben hervortritt.

3. Der Widerstreit im Begriffe der Welt

Aus den zahllosen möglichen Welten wählt Gott die beste. Die Wurzel der wirklichen Welt ist die moralische Notwendigkeit in

[12] *Monadologie* (Nr. 47), Gerhardt Phil. VI, 614; Erdmann 708.

[13] *Leibniz an Bayle*, 1702, Gerhardt Phil. III, 58; Erdmann 191.

Gott. Was aber gelten jene zahllosen Welten, die im göttlichen Verstande möglich sind? Eines läßt sich nach den Grundsätzen der Leibnizischen Lehre mit völliger Sicherheit behaupten, daß sie alle aus Monaden bestehen müssen, denn auch der göttliche Verstand kann das Wesen der Dinge nicht anders vorstellen, als dasselbe gedacht werden muß. Nun sind alle Monaden beseelte Körper, vorstellende Kräfte, gleichartige Wesen, die vermöge ihrer graduellen Verschiedenheit ein vollkommenes Stufenreich bilden, worin auch nicht die kleinste Lücke sein darf. Jede denkbare Monade ist eine denkbare Differenz, und diese muß nach dem Gesetze der Kontinuität eine wirkliche sein.

Wenn die möglichen Welten *nicht* aus Monaden bestehen, so sind sie undenkbar, also im logischen Verstande, auch im göttlichen, unmöglich. Wenn sie Monaden sind, die nur im Verstande, aber nicht in der Natur existieren, so *fehlen* sie offenbar in der letzteren, so ist hier ein „défaut d'ordre", so ist das wirkliche Weltall kein wirkliches All, kein vollkommenes Stufenreich, also nicht die vollkommenste oder beste Welt. Daher lautet unsere Folgerung: entweder sind jene zahllosen Welten unmöglich, oder, wenn sie möglich sind, müssen sie auch wirklich sein. Außer der wirklichen Welt ist eine andere nicht möglich.

Jede Monade muß kraft ihres Wesens *alle* anderen, so viele ihrer sind, alle Welten, so viele ihrer sind, vorstellen. Darum müssen in der wirklichen Welt auch jene möglichen mitvorgestellt werden und eben deshalb nicht bloß möglich sein, sondern in Wirklichkeit existieren. Wenn alle Monaden vermöge ihres Wesens notwendig miteinander verknüpft sind, so kann diesen Zusammenhang auch der Schöpfungsakt nicht zerreißen, ohne das Wesen der Monade selbst zu zerstören, sonst wäre die Schöpfung nicht die Verwirklichung, sondern die Vernichtung der Monaden.

Sind aber außer der wirklichen Welt andere nicht möglich, so ist die wirkliche nicht zufällig, sondern notwendig in jedem Sinn. Weil jedes einzelne Ding zufällig ist, darum soll nach Leibniz auch die Welt als der Inbegriff aller einzelnen Welten zufällig sein. Das ist ein Schluß, der sich auf einen bedenklichen Obersatz gründet. Was von den Teilen gilt, soll auch vom Ganzen gelten? Gerade das Gegenteil dieses Satzes lehrte unser Philosoph, als er nachweisen wollte, daß die Unvollkommenheit in den Teilen die Vollkommenheit des Ganzen nicht bloß zulasse, sondern bewirke[14]. Ist das Ganze deshalb zufällig, weil es die Teile sind, so ist es auch deshalb unvoll-

[14] *Theodicée*, Appendices, Abregé de la Controverse usw. I. Objection Reponse, Gerhardt Phil. VI, 376; Erdmann 624.

kommen und mangelhaft, weil es die Teile sind. Wenn Leibnizens kosmologischer Beweis richtig ist, so ist seine Theodizee hinfällig.

Sobald nach der folgerichtigen Anwendung der Leibnizischen Grundsätze der Unterschied zwischen den zahllosen möglichen und der wirklichen Welt sich aufhebt, so kann diese nicht und nie anders sein, als sie ist, sondern muß, wie sie ist, aus Gott hervorgegangen sein, so daß in ihrem Urgrunde der Wille Gottes mit seinem Wesen und die moralische Notwendigkeit mit der metaphysischen zusammenfällt. Dies aber war die Lehre Spinozas, zu welcher uns hier die Monadenlehre kraft der Folgerungen, die sich aus ihrer Prüfung ergeben hat, zurücktreibt. Nolentem trahunt!

Nicht auf dem Wege, der Leibnizen zur Monadenlehre geführt hat, sondern auf dem Wege, der von ihr herkommt, begegnen wir dem Spinozismus. Wir müssen aus Gründen, zu denen uns die Monadenlehre zwingt, die Notwendigkeit der Welt in derselben Form bejahen, in welcher Spinoza dieselbe gelehrt und Leibniz gegen Spinoza sie verneint und zwar stets verneint hat. Gerade dieser Satz war ein Hauptobjekt seiner Polemik. Darin stimmen die Bemerkungen, welche er im Jahre 1676 zu den Briefen Spinozas an Oldenburg in Amsterdam niederschrieb, völlig überein mit den Bemerkungen, die er dreißig Jahre später zu der Schrift Wachters über den kabbalistischen Ursprung der Lehre Spinozas in Hannover verfaßt hat.

Spinoza schrieb an Oldenburg: „Ich unterwerfe Gott auf keine Weise dem Fatum, sondern begreife, daß alles mit unvermeidlicher Notwendigkeit aus der Natur Gottes folgt". Dazu bemerkt Leibniz: „Es ist völlig zu verwerfen, daß alles aus der Natur Gottes folgen soll ohne jede Dazwischenkunft des Willens". „Wenn alles notwendigerweise aus dem göttlichen Wesen hervorgeht, und alles Mögliche auch wirklich ist, so gibt es keinen Unterschied zwischen Guten und Bösen, und mit der Moralphilosophie ist es am Ende." Diese Verwerfung trifft einen Hauptpunkt der Spinozistischen Lehre und läßt sich nicht schärfer aussprechen: sie stammt aus dem Jahre 1676, in welchem Zeitpunkte sich Leibniz der Lehre Spinozas zugewendet haben soll. Dreißig Jahre später hat er genau ebenso geurteilt, und nun finde man den Zeitpunkt, wo er urkundlich anders geurteilt hat![15]

In jenem Briefe an Oldenburg hatte Spinoza geäußert, daß er *Wunder* und *Unwissenheit* für gleichwertig erachte, was so viel hieß als die Möglichkeit der Wunder völlig verneinen. Auch diese Ansicht bestritt Leibniz in seinen Bemerkungen. Er verwarf

[15] Vgl. Gerhardt Phil. I,123–24. Foucher de Cáreil: Réfutation de Spinoza etc. Leibnitii animadversiones, 24–26, 36, 48

zwar die Eingriffe Gottes in die Weltmaschine, wollte aber gewisse Arten des Wunders zulassen, welche nicht die Natur der Dinge, sondern nur die unserer sinnlichen Wahrnehmung übersteigen. Wundererscheinungen wie Christi Auferstehung und Himmelfahrt, rechnete er zu den übervernünftigen und tatsächlichen Wundern[16]. Was ihm widervernünftig erschien, ließ er nicht gelten. Wenn ihm solche Wunder in der Bibel begegneten, billigte er die rationalistische Erklärungsart, welche die erzählten Tatsachen bestehen, aber das Wunder daraus verschwinden läßt. Er brauchte diese Erklärungsart gelegentlich selbst. So hat er die Geschichte des Propheten Bileam und seiner redenden Eselin als eine allegorische Vision in einer kleinen Schrift zu deuten gesucht, welche sein gelehrter Freund Hardt in Helmstedt ohne sein Wissen herausgab (1706)[17].

4. Der Widerstreit im Begriff der Monade

Die Leibnizische Theologie und Kosmologie widerstreiten dem Begriff der Monade, nach welchem Gott nicht schrankenlos und die Welt nicht zufällig sein kann d.h. eine solche, außer welcher noch zahllose andere möglich sind. Hier zeigt sich der Widerspruch in dem Begriff der Monade selbst: sie darf nicht schrankenlos sein, denn sie ist ihrem Wesen nach Individualität, und nicht zufällig, denn sie ist ihrem Wesen nach Substanz. Aber, weil ihr Wesen auf eine Steigerung der Kraft, auf eine Stufenordnung der Dinge angelegt ist, muß sie die Befreiung von der Schranke suchen und eine höchste, schrankenlose Substanz als letztes Ziel fordern. Doch ist jede Monade notwendig beschränkt, sie hat von Natur einen gewissen Spielraum der Kraft, innerhalb dessen sie sich bewegt, eine bestimmte Anlage, die sie entwickelt. Nicht sie selbst macht ihre Schranke, sondern jede Monade findet sich ursprünglich beschränkt: darum liegt der Grund ihres beschränkten Daseins, die Wurzel ihrer Individualität nicht in, sondern außer ihr, sie ist das Geschöpf eines anderen Wesens und deshalb, was ihr Dasein betrifft, abhängig und zufällig. Als ursprüngliche, selbsttätige Kraft ist die Monade Substanz; als beschränkte, von außen begründete Kraft ist sie Kreatur. Diese beiden entgegengesetzten Bestimmungen der Substantialität und Kreatürlichkeit sind in dem Leibnizischen Begriffe der Monade unmittelbar verknüpft und im Widerstreit. Hier ist der in der Grundlage der ganzen Lehre enthaltene Widerspruch, welcher in den Spitzen des Systems, in den Begriffen von Gott und Welt, offen hervortritt. Wenn Leibniz die so oft wiederholte Erklärung gibt, daß die Monaden unabhängige Wesen seien, die nur

[16] Gerhardt Phil. I, 124.

[17] Vgl. Wilhelm Brambach: Gottfried Wilhelm Leibniz, Verf. der histoire de Bileam. Leipzig 1887.

von Gott abhängig sind, so spricht er selbst die Antinomie aus, von der wir reden. Er läßt die Selbständigkeit der Monaden unter einer Beschränkung gelten, wodurch sie verneint wird; der Begriff der Monade wird von ihm zugleich gesetzt und aufgehoben, er gerät mit dem Begriffe der Substanz in denselben Widerspruch, den wir schon bei Descartes nachgewiesen haben.

Was in dem Wesen der Monade die Substanz ausmacht, hieß tätige Kraft oder Seele; was die Substanz einschränkt und abhängig macht, hieß leidende Kraft oder Körper. Die Seele macht in den Monaden das Prinzip der Einheit, der Körper das der Vielheit; in jener besteht die zwecktätige, in diesem die mechanische Natur. Seele und Körper sind nach Leibniz unmittelbar ein Wesen, die Elemente der Dinge oder die Monaden sind beseelte Körper, lebendige Maschinen, vollständige Individuen, deren ganze Wirksamkeit in der Entwicklung dessen besteht, was als ursprüngliche Bestimmung in ihnen angelegt ist. Auf diesen Begriff der Individualität gründet sich Leibnizens fruchtbare und reiche Weltanschauung. Unter diesem Prinzip erscheint die Welt als ein lebendiges und kontinuierliches Stufenreich, das im Ursprung der Dinge von Anbeginn besteht und sich in deren Tätigkeit entfaltet. Die Weltharmonie ist in der Natur angelegt, in Gott vorherbestimmt. So werden die Urgründe der Welt erst in das Innerste der Natur, dann in das Innerste des göttlichen Willens verlegt, d.h. in Gebiete, wohin die Tragweite der monadischen, also auch der menschlichen Vorstellungs- und Erkenntniskräfte nicht zu reichen vermag.

III. Die Fortbildung der Leibnizischen Lehre

1. Das eklektische System. Christian Wolff

Das System der Monadenlehre enthält eine Reihe von Aufgaben in sich, welche die nächsten Themata der Fortbildung ausmachen.

Jedes der drei großen metaphysischen Systeme der neuen Zeit ist von einer Grundwahrheit erfüllt, die auch dem natürlichen Bewußtsein als soche einleuchtet. Der Gegensatz zwischen Geist und Körper bildet den Grundgedanken der Lehre Descartes', der einheitliche Zusammenhang aller Dinge den der Lehre Spinozas, der fortschreitende Stufengang der Wesen den unseres Leibniz. Jede dieser drei Wahrheiten ist dem natürlichen Bewußtsein so einleuchtend, daß jeder dieser drei Philosophen bloß „das natürliche Licht der Vernunft" zur Begründung seiner Lehre in Anwendung gebracht hat.

Jetzt liegt nichts näher als die Forderung, diese drei Wahrheiten in *einem* System zu vereinigen, und zwar so, daß keine derselben mit den Tatsachen der natürlichen Erfahrung streite oder zu streiten scheine. Die Wesensverschiedenheit von Körper und Geist soll gelten, ohne das; wir mit Descartes die Körper für kraftlos und die Tiere für empfindungslos halten; der durchgängige Kausalzusammenhang aller Dinge soll gelten, ohne daß wir mit Spinoza die Zwecke und zwecktätigen Kräfte in der Welt verneinen; das Stufenreich der Wesen soll gelten, ohne daß *alle* Dinge, wie Leibniz lehrt, als vorstellende und von einander unabhängige Krafteinheiten (Monaden) angesehen werden. Auf diese Art sollen nicht bloß die drei Grundwahrheiten miteinander, sondern auch die Metaphysik mit der Erfahrung, der Rationalismus mit dem Empirismus vereinigt und ausgeglichen werden. Diese eklektische Aufgabe systematisch zu lösen, war ein Werk, welches der Schule Leibnizens und den Forderungen der Aufklärung völlig entsprach. Die Ausführung desselben geschah durch *Christian Wolff* (1679–1754), der Leibnizens Schüler, kein genialer Denker, aber in seiner Art auch ein Meister war.

Leibniz hatte seine Lehre zwar systematisch angelegt und durchdacht, aber nicht in der Form eines Lehrgebäudes ausgeführt, noch weniger in ihren Teilen gleichmäßig ausgestaltet. Diese *systematische* Ausbildung war die zweite Aufgabe, welche Wolff zu lösen hatte. Leibniz hatte die deutsche Sprache zu schätzen, auch ihre Fähigkeit zum philosophischen Gebrauch trefflich zu würdigen gewußt, aber seine eigenen philosophischen Werte so gut wie sämtlich teils lateinisch, größtenteils französisch geschrieben. Seine deutschen Schriften zeigten, daß er die Kraft und die Tugenden seiner Muttersprache besaß, aber sie waren noch mit den Verunstaltungen, welche der Mischmasch des französierenden Zeitalters mit sich führte, behaftet. Die *Verdeutschung* der Philosophie war die dritte Aufgabe, welche Wolff zu lösen verstanden hat.

Er gab das System, welches die Leibniz-Wolffische Philosophie genannt wurde, in einer Reihe wohlgeordneter, in einem korrekten und sauberen Deutsch verfaßter Lehrbücher (1712–1726), dann schrieb er die Reihe der lateinischen (1728–1753), um der philosophische Lehrer der Menschheit zu werden. Er wurde der philosophische Meister der deutschen Verstandesaufklärung. Er hat die Wege, welche Leibniz und Christian Thomasius gebahnt hatten, verfolgt und die erste, auch in der Geschichte unserer Nationalliteratur denkwürdige Schule der deutschen Philosophie gestiftet, aus welcher Gottsched und unsere Schulphilosophen des achtzehnten Jahrhunderts hervorgingen. Die erste Tat Friedrichs des Großen war die Zurückberufung Wolffs nach Halle, den sein Vater von Halle vertrieben hatte (1723). Voltaire schrieb unter ein Gedenkblatt: „Wolfio docente, rege philosopho regnante“.

2. *Lessing und Herder*

Das Zeitalter Wolffs verging, ohne Leibnizens „Neue Versuche über den menschlichen Verstand" kennenzulernen, sein philosophisches Hauptwerk, welches erst elf Jahre nach dem Tode Wolffs erschien. Hier ist die Fackel angezündet, welche die dunkle Tiefe der menschlichen Seele, die geheimnisvolle Werkstätte der Erkenntnis und des Charakters erleuchtet, hier werden in den kleinen und dunkeln Vorstellungen die Elementarorgane des menschlichen Mikrokosmus in ihrer Bedeutung und Tragweite dargetan und das Band entdeckt zwischen dem menschlichen Geist und dem Weltall. „Es sind die kleinen Vorstellungen, wodurch ich die Weltharmonie erkläre." Dieser Ausspruch enthüllt den Kern der Leibnizischen Lehre. Wer jenen nicht versteht, weiß nicht, was diese bedeutet.

Lessing, der den „esoterischen" Charakter der Leibnizischen Philosophie wie kein anderer zu durchdringen und von dem „exoterischen" wohl zu unterscheiden verstand, wollte die neuen Versuche übersetzen, nicht, wie sein Bruder und sein Herausgeber gemeint haben, unter diesem Titel ein eigenes Werk gegen Locke schreiben[18]. Herder, der von dem echten Geiste der Leibnizischen Lehre erfüllt war, schätzte die neuen Versuche höher als selbst die *Theodizee*[19]. Leibniz hat sein Werk vor der Welt geheim gehalten, obwohl es ein Jahrzehnt vor seinem Tode zum Drucke bereit lag. Er ließ dasselbe unveröffentlicht, weil Locke, den er bekämpft hatte, nicht mehr lebte. Doch hat er einige Jahre später seine Theodizee herausgegeben, obwohl Bayle, den er bekämpft hatte, auch nicht mehr lebte. Der Grund, warum er der Welt sein Hauptwerk vorenthielt, ist wohl tiefer zu suchen. In den *Neuen Versuchen* wurde die Weltharmonie aus der Natur, den Gradunterschieden der Monaden, den kleinen Vorstellungen, d.h. aus dem natürlichen Stufengange der Dinge erklärt, während die *Theodizee* die Weltharmonie in ihrer theologischen Fassung und Begründung populärer, erbaulicher und den religiösen Vorstellungen angepaßter vortrug. Will man nach Lessings Vorgang in Leibnizens Lehre den exoterischen und esoterischen Charakter unterscheiden, so wird man jenem die *Theodizee*, diesem die *Neuen Versuche* zuweisen müssen, welche letztere ein halbes Jahrhundert nach dem Tode des Philosophen erschienen und in der Entwicklungsgeschichte seiner Lehre einen bedeutsamen

[18] Lessings sämtl. Schriften (Lachmann Muncker) XV, 512. Vgl. Guhrauer: Lessings Erziehung des Menschengeschlechts usf. S. 59 f.

[19] *Briefe zur Beförderung der Humanität*, Herders sämtl. Werte. (Suphan) XVII, 337.

Wendepunkt bezeichnen. Der exoterische Geist herrscht in der Lehre Wolffs und seiner Schule, die in der ersten Hälfte des vorigen Jahrhunderts auf ihrer Höhe standen; der esoterische wurde durch Lessing und Herder in die deutsche Bildung und Aufklärung eingeführt. Wir haben schon früher darauf hingewiesen, daß die erste Sammlung philosophischer Schriften unseres Leibniz wie die erste Gesamtausgabe seiner Werke in dem Jahrzehnt hervortreten, wo in unserer Literatur Winkelmann, Wieland, Lessing und Herder zusammenwirken und Goethe in der Vaterstadt unseres Philosophen seine ersten Studienjahre und Dichttungen vollendet. Es ist nicht zufällig, daß Leibnizens Geist in diesem Zuge der Geister erscheint, die dem Anbruch einer großen Ära entgegengehen.

3. *Die Gefühls- und Glaubensphilosophie*

Wenn nicht die partielle, sondern die ungeteilte und ganze Erkenntnis allein die wahre ist, so kann diese, wie aus Leibnizens Lehre und insbesondere aus den neuen Versuchen erhellt, nur durch die *dunklen* Seelenkräfte in Gefühl und Glaube, nicht aber durch die spärliche Leuchte des Verstandes gewonnen werden. Die Leibnizische Philosophie berechtigt zunächst beide Erkenntnisarten: die *demonstrative* und die *instinktive*, jene gehört dem Verstande, diese dem Gefühl und Glauben, die erste steht unter der Herrschaft allgemeiner Regeln, die andere unter der Macht der persönlichen Anlage und des Genies. Der Widerstreit, den wir in der Erkenntnislehre unseres Philosophen nachgewiesen haben, nämlich die Unmöglichkeit, daß aus der Beschaffenheit der Monaden die Vorstellung der Dinge in voller Klarheit und Deutlichkeit, d.h. die wahre Erkenntnis hervorgeht, mußte den Widerstreit zwischen jenen beiden Erkenntnisarten zur Folge haben und wecken; sie spannten sich gegeneinander, und es entstand zwischen der klaren und dunklen Erkenntnis, zwischen Verstand und Gefühl oder Glaube ein Streit um die Wahrheit. Der Verstand lichtet und ordnet seine Urteile nach den Regeln der Logik, das Gefühl schöpft die seinigen aus der dunklen Quelle der Individualität, aus den genialen und naturmächtigen Wahrheitsinstinkten. Die niederen Erkenntniskräfte, wie sie im Lehrgebäude und in der Schule heißen, empören sich gegen die höheren und erheben die Universalität und Tiefe der dunklen Erkenntnis gegen den beschränkten und flachen Schein der klaren. In seiner *Geschichte der deutschen Nationalliteratur* schildert Gervinus diese Gährung: „Die dunkeln Kräfte des Gemütes und der Phantasie warfen sich in die Bezirke, wo der Verstand heimisch ist, sie löschten im Eifer manches Licht aus und zündeten wieder in anderen Teilen, wohin nie ein Licht gedrungen war; es regte sich der Glaube an Wunderkräfte, mit denen man die Religion zu neuer Stärke beleben, Wissenschaft und Natur aufklären wollte."[20]

Der Kampf zwischen den Verstandesphilosophen und den Geniedenkern bewegte sich innerhalb der Aufklärung, denn es handelte sich um die Wege und die wahre Richtung der letzteren. Auf der einen Seite standen als Führer die Wolffianer Reimarus, Mendelssohn und Nicolai, auf der anderen Joh. Georg Hamann, Lavater, Fr. Heinrich Jacobi und Herder. Die gemeinsame Wurzel ist Leibniz. Diese Gefühlsphilosophen und Geniedenker sind die Stürmer und Dränger in der Philosophie, wie es Goethe und Schiller in der Poesie waren. So eifrig sie der Verstandesaufklärung, Männern wie Mendelssohn und Nicolai, widerstreben, so verwandt fühlen sie sich mit Leibniz. Dies zeigt sich recht deutlich in *Herder*, der mit Hamann und Jacobi geistesverwandt und zugleich ein enthusiastischer Bewunderer und Nacheiferer Leibnizens war. Der echte Geist der Leibnizischen Lehre, welcher die Philosophie der neuen Zeit umgestaltet hat, in der Vereinigung mit der kritischen und dichterischen Geisteskraft, die zur Reform der deutschen Literatur berufen war, offenbart sich in *Lessing*. In der Leibnizischen Schule, das Wort in dem weiten Sinne genommen, der den Entwicklungsgang der deutschen Philosophie von Wolff bis Kant umfaßt, ist Lessing die höchste Erscheinung, der Freund Mendelssohns und Nicolais, der Herausgeber der Fragmente des Reimarus, das Vorbild Herders.

4. Die Epoche der kritischen Philosophie

Der Empirismus, nachdem er in Bacon, Hobbes, Locke und Berkeley seine Stadien durchlaufen hatte, kam in Hume zu dem Ergebnis, daß eine wahre Erkenntnis der Dinge durch die menschliche Vernunft weder auf rationalistischem noch auf sensualistischem Wege zu erreichen sei. Die entgegengesetzte Richtung der Metaphysik, nachdem sie in Descartes, Spinoza, Leibniz und Wolff ihren Entwicklungsgang vollendet hatte, gelangte in den deutschen Glaubens- und Gefühlsphilosophen zu einem ähnlichen Resultat, so weit es die Verneinung aller dogmatischen Philosophie und rationalen Erkenntnis galt. Auch waren Hamann und Jacobi in diesem Punkte sich ihres Einverständnisses mit dem schottischen Skeptiker wohl bewußt und voller Anerkennung für dessen Bedeutung.

Der Zeitpunkt zu einer neuen Umgestaltung der Philosophie ist gekommen. Sie steht vor einer Entscheidung, die eine Änderung der Grundlagen fordert: eine Umbildung nicht bloß der Prinzipien, sondern des *Problems*. Wenn die Grundfrage selbst, die Fassung und Stellung der Aufgabe geändert wird, so erlebt die Philosophie

[20] Bd. V, S. 285 (5. Aufl.).

nicht bloß eine Umbildung, sondern einen Umschwung oder eine Epoche. Ihre Aufgabe bleibt die klare und deutliche Erkenntnis. Diese Aufgabe beharrt, und die Kraft des berechtigten und erfolgreichen Skeptizismus vermag wohl das Problem zu berichtigen und seine Umgestaltung zu bewirken, nicht aber dasselbe zu zerstören oder aus der Welt zu schaffen. Jene wohltätige Wirkung hat der Skeptizismus ausgeübt, so oft er aus dem geschichtlichen Gange der Philosophie als ein notwendiger und darum mächtiger Standpunkt hervorging.

Als sich gezeigt hatte, daß die Aufgabe der Philosophie durch die Prinzipien Descartes' nicht gelöst werden konnte, mußten die letzteren geändert werden, um die klare und deutliche Erkenntnis der Dinge zu begründen. Diese teilweise Umbildung geschah durch *Spinoza*. Als sich gezeigt hatte, daß nach den Grundsätzen Spinozas die Möglichkeit der Erkenntnis nicht erklärt werden konnte, vielmehr zu verneinen war, mußten die Prinzipien der Kartesianisch-Spinozistischen Lehre von Grund aus umgebildet und der Begriff der Substanz reformiert werden. Diese gänzliche Umbildung geschah durch *Leibniz*. Die Ausbildung der Prinzipien, die auf das Wesen der Dinge gerichtet waren, hatte nach der Anlage der neueren Philosophie in ihrer rationalistischen Grundrichtung alle möglichen Standpunkte durchlaufen.

Nachdem sich nun gezeigt hat, daß auch die Monadenlehre die klare und deutliche Erkenntnis der Dinge als unmöglich erscheinen laßt, so ist der einzige Weg, den die Philosophie zu nehmen hat, die Umgestaltung des Problems und die Änderung des Standpunkts. Jetzt darf die Möglichkeit der Erkenntnis nicht mehr auf guten Glauben vorausgesetzt und aus der Natur der Dinge und des menschlichen Geistes abgeleitet werden, sondern sie geht allen übrigen Fragen voraus und ist als die *Grundfrage* zu prüfen und festzustellen. Was ist Erkenntnis und wie ist sie möglich? Oder anders ausgedrückt: worin bestehen die Erkenntnisvermögen, die erkennende Vernunft selbst und deren Organisation? Die Dinge als die Gegenstände unseres Vorstellens und Erkennens stehen unter den Bedingungen der Erkenntnis; man muß diese verstehen, um über jene zu urteilen. Nicht aus den sichtbaren Objekten ist das Sehen zu erklären, sondern umgekehrt. Daher ordnen sich die Aufgaben so, daß zuerst nach dem Wesen der Erkenntnis, dann nach dem Wesen der Dinge gefragt wird, nicht umgekehrt: darin besteht die Umgestaltung der philosophischen Aufgabe. Die Vorstellungen der Dinge müssen sich nach der Art und Beschaffenheit der Vorstellungsvermögen, nach den Gesetzen des Vorstellens und Erkennens richten, nicht diese nach jenen. Darum muß die Philosophie den Standpunkt ihrer bisherigen Weltbetrachtung ändern und dergestalt erhohen, daß sie die Entstehung der Sinnenwelt, die das gemeinsame Objekt unserer Vorstellung und Erfahrung bildet, aus dem Wesen der Vernunft und ihrer Tätigkeit zu erleuchten und zu erkennen vermag. Sie muß einen Standpunkt nehmen, der sich zur Betrachtung der gesamten Sinnenwelt ähnlich verhält, wie der Sonnenstandpunkt, welchen Kopernikus wählte, zu der Betrachtung der Planetenwelt. In dieser Umgestaltung der Aufgabe und des Standpunktes der Philosophie besteht die Epoche, welche *Kant* durch seine Vernunftkritik gemacht hat.

Der Gründer der kritischen Philosophie ist aus der Leibniz-Wolfischen Schule, wie sie Bilfinger nannte, hervorgegangen und durch Hume von der Unhaltbarkeit der dogmatischen Lehrsysteme überzeugt worden. Der Weg von Leibniz zu Kant führt durch die Standpunkte der deutschen Aufklärung, die wir als *Leibnizens Schule* bezeichnen in einem ebenso umfassenden und weiten Sinne, wie wir den Entwicklungsgang des Empirismus die *Schule Bacons*, die erste Stufe des Rationalismus die *Schule Descartes'* genannt haben und die neueste Philosophie als die *Schule Kants* fassen werden. Die epochemachenden Philosophen der neueren Zeit sind Bacon, Descartes, Leibniz und Kant. Das Thema dieses dritten Buchs heißt darum: Von Leibniz zu Kant.

Zweites Kapitel.
Die Leibniz-Wolfische Philosophie

I. Christian Wolff[21]

1. Lebensgeschichte

Das Leben dieses für seine Zeit hochwichtigen Mannes, der den 24. Januar 1679 in Breslau als der Sohn eines musenfreundlichen Lohgerbers geboren wurde und am 9. April 1754 in Halle a. S. starb, erstreckt sich durch mehr als 75 Jahre und teilt sich durch die Jahre 1706, 1723 und 1740 in vier Perioden, deren erste 27 Jahre umfaßt, die zweite (1706 bis 1723) und die dritte (1723–1740) je 17 und die letzte 14 (1740–1754).

Schon als Schüler des Magdalenengymnasiums seiner Vaterstadt war Wolff durch den Prediger Neumann auf die Kartesianische Philosophie aufmerksam gemacht worden, er hatte dann in Jena Mathematik studiert (1699) und sich in Leipzig mit einer über

[21] Da die Schreibart schwankt, so werde ich den persönlichen Eigennamen mit doppeltem Endkonsonanten, wie der Philosoph selbst, schreiben, den adjektivischen dagegen mit einfachem f.

die allgemeine praktische Philosophie nach mathematischer Methode verfaßten Abhandlung habilitiert: *de philosophia practica universali, methodo mathematica, conscripta* (1703). Diese Schrift hatte Leibnizens Interesse erregt und Wolffs Annäherung herbeigeführt, der nun auf den Rat des großen Philosophen in Hannover dessen Lehre und Schriften, so weit ihm dieselben damals zugänglich waren, eifrig zu studieren begann. Seit dem Jahre 1705 ist Wolff ein entschiedener Anhänger des „Systems der prästabilierten Harmonie". Auf Leibnizens Empfehlung war er im folgenden Jahre als Professor der Mathematik an die neugegründete Universität Halle a. S. berufen worden; hier hielt er zuerst Vorlesungen über Mathematik, dann über Physik, endlich über *alle Teile der Philosophie*, und zwar in *deutscher* Sprache nach dem Vorgange des Christian Thomasius, dessen Vater Jakob Thomasius Leibnizens erster philosophischer Lehrer gewesen war. Christian Thomasius war der erste Professor, der gewagt hatte, in Leipzig eine akademische Vorlesung in deutscher Sprache anzukündigen und zu halten (1687).

Außer den Werken des Descartes und Leibniz hatte Wolff die naturrechtlichen Schriften des Hugo Grotius wie des Samuel Pufendorf gelesen und ganz besonders das Werk eines Mannes studiert, der uns aus der Lebensgeschichte sowohl Spinozas als Leibnizens wohl bekannt ist, nämlich *Tschirnhausens* „Medicina mentis", die in demselben Jahre erschienen war, als Thomasius in Deutschland die erste akademische Vorlesung in deutscher Sprache hielt. Bekanntlich war Tschirnhausen auch von Descartes ausgegangen, er war in den Niederlanden durch die Schule Spinozas hindurchgegangen und hatte in seinem Werk als die Arznei und Arzneikunst des Verstandes eine *Logik* erfinderischer und entdeckender Art gelehrt, welche nach mathematischer Richtschnur dergestalt fortschreiten sollte, daß jedes folgende Glied durch alle vorhergehenden bedingt sein, diese aber in wohlgeordneter Reihenfolge aus den allergewissesten Wahrheiten hervorgehen sollten; Wahrheiten, so gewiß wie das Kartesianische *cogito ergo sum*. Eine solche methodische Ausübung des Denkens hatte Spinoza die „emendatio intellectus" genannt, und dessen herrlicher Traktat „De intellectus emendatione" war unserem Tschirnhausen stets gegenwärtig, als er seine „Medicina mentis" schrieb.

Dieses sind die geistigen Hauptmomente, welche Wolffs erste Periode kennzeichnen. Wir sehen, wie er in ihrem wesentlichen Umfange die Aufgabe erlebt, welche die Geschichte der Philosophie ihm zugeteilt hatte: die *Verdeutschung* und *Systematisierung* der Leibnizischen Philosophie, eine solche Systematisierung, welche die dualistische Lehre Descartes' und die Demonstrationsweise

Spinozas in sich aufnehmen sollte und deshalb den Charakter eines *Universalsystems* in Anspruch nahm, welches an Originalität und umfassender Weite noch Leibniz übertreffen wollte. Daher war Wolff unzufrieden, als einer seiner vorzüglichsten Schüler, G. B. Bilfinger aus Cannstatt in Württemberg (1693–1750), seine Philosophie als *Leibniz-Wolfische (leibnitio-wolfiana)* bezeichnete.

Der Schauplatz, wo Wolff seine Philosophie gelehrt und ausgebildet hat, war die Universität *Halle a. S.* Hier wirkte durch seine naturrechtlichen Vorlesungen Christian Thomasius schon seit 1690, damals in voller Manneskraft. Er hatte zu den Gründern der Universität gehört.

Der außerordentliche Zulauf und Beifall der Studierenden, welche Wolffs philosophische Lehrtätigkeit in deutscher Sprache, namentlich seine Vorlesungen über die natürliche oder rationale Theologie schnell gewannen, hatten ebenso bald den Eifer der hallischen Theologen wider sich aufgebracht. Die pietistische Gesinnung, welche im Bunde mit Thomasius die Gründung der Universität herbeigeführt hatte, war durch den ehrwürdigen, aus Leipzig und Erfurt wegen seiner Wirksamkeit vertriebenen, durch seine hallischen Stiftungen hochverdienten *August Hermann Francke*, dem an der biblischen Erbaulichkeit der theologischen Vorlesungen alles gelegen, dagegen die wolfischen Vernunftwahrheiten der Religion im höchsten Grade zuwider waren, vertreten. Den Standpunkt der starren lutherischen Orthodoxie, welche alle Geltung und Berechtigung der menschlichen Vernunft in Glaubenssachen völlig verwarf, vertrat *Joachim Lange*, der Vater jenes Samuel Gotthold, dessen schlechte Horazübersetzung Lessing für alle Zeiten dem Gelächter der Welt preisgegeben hat. Es geschah im Todesjahre Wolffs (1754). Da der Übersetzer einen Kommentator des Horaz für einen Scholiasten gehalten hatte, so sagte Lessing: „Es ist ebenso abgeschmackt, als wenn ich den *Joachim Lange* zu einem Kirchenvater machen wollte.“[22]

Natürlich waren es nicht bloß die Standpunkte der Orthodoxie und des Pietismus, die mit ihren Hörnern gegen Wolff anliefen, sondern auch das den akademischen Körperschaften eingeborene Laster des Neides. Der akademische *Neid- und Klatschteufel* hatte sein Gift dazu getan. Man wollte gegen Wolff ein Verbot seiner philosophischen Vorlesungen bewirken. Umsonst hatte man gehofft, durch königliche Kommissionen, welche zur Prüfung der Lehre Wolffs berufen wurden, jenes Ziel zu erreichen; die Kommissionen hatten zu wiederholten Malen für Wolff entschieden. Nun kamen

[22] Lessings sämtliche Schriften (Lachmann-Muncker) V, 225 ff.

die dunklen Schleichwege, auf denen man weit mehr erreichte, als man gewünscht hatte. Seit 1705 war in Berlin J. Paul Gundling aus dem Nürnbergischen (1673–1731) als Adelshofmeister angestellt, ein trunk- und zanksüchtiger Mensch, der unter Friedrich Wilhelm I. die Rolle eines gelehrten Hofnarren spielte, Mitglied des Tabakkollegiums war, zum Freiherrn ernannt und zuletzt in einem Weinfasse zu Bornstädt begraben wurde. Dieser hatte dem Könige weisgemacht, daß die prästabilierte Harmonie Fatalismus sei, nach welcher Lehre die großen Grenadiere zufolge des göttlichen Willens desertierten und deshalb nicht bestraft werden dürften. Der König geriet außer sich vor Zorn und befahl in der barbarischen Kabinettsordre vom 8. November 1723, welche am 13. November in Halle erschien, daß Wolff sofort seines Amtes entsetzt werde und bei Strafe des Strangs binnen 48 Stunden die königlichen Lande verlassen solle. Wolffs Lehrbücher über Metaphysik und Moral wurden verboten und die Verbreitung seiner Lehre bei Karrenstrafe (1727). Nach einigen Jahren hatten die einflußreichen Freunde der Wolfischen Philosophie in Berlin, wie Manteuffel und Reinbeck, den Zorn des Königs entwaffnet und dergestalt umgestimmt, daß Wolff erst zur Rückkehr nach Halle aufgefordert, dann nach Frankfurt a.O. berufen und im Jahre 1739 durch eine Kabinettsordre den Kandidaten des Predigtamtes befohlen wurde, die Lehre Wolffs zu studieren. Indessen wagte Wolff nicht, unter Friedrich Wilhelm I. in die Lande zurückzukehren, aus denen er über Kopf und Hals sich hatte davon machen müssen. Auch wollten selbst seine Freunde in Berlin nicht dazu raten.

Die theologischen Fakultäten von Tübingen, Jena und Upsala hatten öffentlich sich mit den hallischen Theologen einverstanden gegen Wolffs Lehre erklärt. Dieser hatte noch am 13. November Halle verlassen und sich nach Kassel begeben, um einem schon erhaltenen Ruf nach Marburg, wenn es noch anging, Folge zu leisten. Nichts stand von seiten des Herrschers entgegen. Hier regierte der Landgraf Karl (1675–1730), dessen Sohn Friedrich als Gemahl der Königin Ulrike Eleonore, der Schwester Karls XII., König von Schweden wurde (1720–1751) und sein hessisches Land durch seinen Bruder Wilhelm als Statthalter regierte.

Am 31. Mai 1740 war König Friedrich II. seinem Vater gefolgt und ließ die Rückberufung des Philosophen Wolff, den er seinen großen Lehrer nannte, eine seiner ersten Regierungshandlungen sein. Nach des Königs Wunsch sollte Wolff Vizepräsident der Akademie der Wissenschaften in Berlin werden, nach seinem eigenen aber zog er dieser Stellung neben und nach Maupertuis die akademische Lehrtätigkeit in Halle vor. Seine Rückkehr war ein Triumphzug ohne Gleichen in den Annalen der Geschichte der

Philosophie. Inzwischen war seine Philosophie alt geworden, erlebt und ausgelebt, sie hatte die Reize verloren, welche sie in der Zeit ihrer Entstehung und Ausbildung ausgeübt hatte, es war daher kein Wunder, daß sie das Schicksal Gottscheds erlitt, ihres Schülers und Lobredners. In den Zeiten Friedrich Wilhelms I. war sie interessant, in dem Zeitalter Friedrichs des Großen wurde sie rückständig und langweilig, die Auditorien Wolffs wurden leer, er selbst verdrossen und mißmutig trotz allen Ehren, womit man ihn überhäuft hatte; er hieß preußischer Geheimrat, Kanzler der Universität, Vizepräsident der Petersburger Akademie und Reichsfreiherr; er hatte Rufe nach Rußland, Holland und Dänemark erhalten. Seine Persönlichkeit war für die Darstellung und Verbreitung seiner Lehre vollkommen entbehrlich geworden, denn diese existierte ganz und ohne Rest in der Menge seiner Schriften.

2. *Wolffs Werke*

Die schriftstellerische Lehrtätigkeit unseres Philosophen teilt sich in zwei Perioden, deren erste (1712–1726) die Darstellung seiner Lehre in deutschen Lehrbüchern umfaßt, die zweite (1728–1753) dagegen die Darstellung desselben Inhalts in lateinischen Quartanten, 23 an der Zahl, und in der größten Breite. Seine deutschen Lehrbücher schrieb Wolff als Professor der Philosophie in Halle und Marburg, die lateinischen als „praeceptor universi generis humani".

Der Endzweck ist die *Aufklärung* des menschlichen Geistes, wodurch allein der Mensch zum Genuß seiner intellektuellen Tätigkeit gelangt, welche, wie schon Leibniz gelehrt hatte, das Wesen der menschlichen Glückseligkeit ausmacht. Daher nennt Wolff alle seine Lehrbücher „Vernünftige Gedanken" usf., „mitgeteilt den Liebhabern der Wahrheit".

Die *Logik* heißt „Vernünftige Gedanken von den Kräften des menschlichen Verstandes und ihrem richtigen Gebrauche in der Erkenntnis der Wahrheit (1712), die *Metaphysik*: „Vernünftige Gedanken von Gott, der Welt und der Seele des Menschen, auch allen Dingen überhaupt" (1719), die *Moral*: „Vernünftige Gedanken von der Menschen Tun und Lassen. Zur Beförderung ihrer Glückseligkeit" (1720), die *Politik*: „Vernünftige Gedanken von dem gesellschaftlichen Leben der Menschen" (1721), die *Physik*: „Vernünftige Gedanken von den Wirkungen der Natur" (1723), die *Teleologie*: „Vernünftige Gedanken von den Absichten der natürlichen Dinge" (1724), die *Physiologie*: „Vernünftige Gedanken von den Teilen der Menschen, Tiere und Pflanzen" (1725).

In lateinischer Ausführung: „Philosophia rationalis sive Logica" (1728), „Philosophia prima sive Ontologia" (1729), „Cosmologia generalis" (1731), „Psychologia empirica" (1732), „Psychologia rationalis" (1734), „Theologia naturalis", 2 Vol. (1736–1737), „Philosophia practica universalis" 2 Vol. (1738–1739), „Jus naturae", 8 Vol. (1740–1748), „Jus gentium" (1749), „Philosophia moralis sive Ethica", 5 Vol. (1750 ad 1753), „Oeconomica," (1750).

In dem Vorbericht zur dritten Auflage seiner Moral (§§ 1–12) vom 8. September 1728 hat Wolff eine Darstellung seiner hallischen Schicksale gegeben, hervorgerufen durch die grundfalschen Verdächtigungen seiner Feinde; „er habe sich nicht träumen lassen, daß der Neid einige verleiten würde, nicht allein ihre Augen zuzuschließen, sondern auch andere, die nur mit fremden Augen sehen, gewalttätig im Dunkeln zu behalten." Etwas sei gut und löblich, nicht weil Gott es geboten, sondern weil es die Vernunft lehre; weshalb er auch mit Confucius, dem großen Sittenlehrer der Chinesen, übereinstimmen könne und niemals auf die Lehre von der vorherbestimmten Harmonie seine Moral gegründet habe.

Hierbei bemerken wir, daß Wolff die Leibnizische Philosophie nicht bloß verdeutscht und systematisiert, sondern auch, was Leibniz gar nicht getan, das Gebiet der praktischen Philosophie, nämlich das der Moral und Politik, des Natur- und Völkerrechts in ausführlichster Weise sowohl in deutschen als lateinischen Lehrschriften behandelt hat.

Der Trieb nach Universalität greift noch weiter. In seinen lateinischen Werken, die er als „praeceptor universi generis humani" verfaßt hat, sucht er den großen Gegensatz zwischen *Empirismus* und *Rationalismus* auszugleichen, wie aus seiner „Psychologia empirica" und „Psychologia rationalis" erhellt, die bestimmt sind, einander zu ergänzen. Die Psychologie, welche den Mittelpunkt der Leibnizischen Philosophie ausmacht, scheidet sich bei Wolff in die *empirische* und die *rationale*: jene will die Seele erkennen, wie sie durch den Körper erscheint und wahrgenommen wird, diese dagegen so, wie sie an sich ist, um aus dem Wesen der Seele die Erscheinungen derselben zu begründen.

II. Die deutsche Schulphilosophie

1. Der neue Dualismus

Die Seele wird bei Wolff ein „einfaches", der Körper ein „zusammengesetztes Ding", und da aus jenem Einfachen dieses Zusammengesetzte sich nicht ableiten läßt, so muß die Vereinigung von Seele und Körper lediglich durch ein göttliches Wunder als vorherbestimmte Harmonie erklärt werden. Die Auflösung jenes Grundbegriffs, wodurch Leibniz die Einheit von Seele und Körper festgestellt hatte, muß natürlich auf das System der Erkenntnis zersetzend einwirken. Die Psychologie, welche den Mittelpunkt der Leibnizischen Philosophie ausmachte, scheidet sich bei Wolff in eine *rationale* und *empirische*: jene will die Seele erkennen, wie sie an sich ist; diese, wie sie durch den Körper erscheint und wahrgenommen wird. Die beiden Faktoren der Wissenschaft, welche Leibniz vereinigt hatte, Erfahrung und Spekulation, treten bei Wolff in gesonderte Erkenntnisweisen auseinander; und so entsteht jene Metaphysik ohne lebensvolle Anschauung, jene Empirie ohne Tiefsinn, die zusammen der Philosophie das Ansehen einer trokkenen Schulweisheit geben, welche später von den Geniedenkern so tief herabgesetzt wurde. Auf diese Weise begründet Wolff die *Verstandesaufklärung*, indem er die Philosophie enzyklopädisch abrundet, systematisch einteilt und jeden ihrer Teile logisch diszipliniert. Diese Verstandesaufklärung ist nicht die Vollendung der Leibnizischen Philosophie, sondern nur eine und zwar die erste Phase ihrer Entwicklung, der systematische Ausdruck ihres exoterischen Geistes; sie ist nicht, wie man häufig meint, der Inbegriff der deutschen Aufklärung, sondern nur ein Moment in deren Geschichte. Die formelle Bildung des Verstandes und die Ausbreitung der logischen Form über alle Teile des Wissens sind die unstreitigen, positiven Verdienste, welche Wolff um die deutsche Aufklärung hat. An das verständige Denken grenzt unmittelbar das moralische Handeln: darum sind es neben der formalen Logik die ethischen Wissenschaften, Moral, Naturrecht, Politik, welche Wolff in seiner Weise ausbildet, in schulgerechte Formen bringt und unter dem Namen der praktischen Philosophie dem System einfügt. Hierin ergänzt er die Leibnizische Philosophie, wie später Alexander *Baumgarten* die Wolfische durch die Ästhetik vervollständigt; denn bei Leibniz waren die ethischen und ästhetischen Begriffe angelegt, aber nicht in selbständigen Wissenschaften ausgeführt, und bei Wolff fehlte die Ästhetik.

Es ist nicht schwer, aus diesen Grundzügen der Wolfischen Philosophie den Gesichtspunkt zu erkennen, der ihre gesamte Weltbetrachtung beherrscht und überhaupt den Charakter der deutschen Verstandesaufklärung bezeichnet. Dieser Verstand, unfähig, das Leibnizische Identitätsprinzip zu fassen, zersetzt den Begriff der Monade, indem er Seele und Körper als verschiedene Substanzen ansieht. Wie er nun die Seele vom Körper trennt, so ist er genötigt, die deutliche Erkenntnis von der dunkeln, die Moral von der Natur, Gott vom Universum zu trennen, und so wird hier jenes geistige Band aufgelöst, welches bei Leibniz im Begriff der Monade und der Entwicklung die Ordnung aller Wesen zusammenhielt. Ist die Seele dem Körper nicht ursprünglich immanent, sondern äußerlich mit ihm vereinigt, so gibt es auch im Körper keine selbsttätige, also auch keine zwecktätige Kraft, so gibt es überhaupt in den Dingen selbst keinen Endzweck. Nicht in, sondern außer ihnen liegt der Zweck, zu dem sie bestimmt sind; sie selbst sind nur Mittel für einen fremden Zweck, den sie nicht aus eigener Kraft erzielen, sondern der durch sie erzielt wird: sie sind, eigentlich zu reden, nicht zweckmäßig, sondern nur zweckdienlich oder nützlich.

2. *Die äußere Zweckmäßigkeit*

Das wahrhaft Zweckmäßige hat seinen Zweck in sich selbst; das Nützliche dient einem fremden Zweck: jenes ist Endzweck, dieses Mittelzweck. Die innere Zweckmäßigkeit war das Prinzip der Leibnizischen Metaphysik in ihrem eigentlichen, esoterischen Verstande; die äußere Zweckmäßigkeit oder der *Nutzen* wird das der Wolfischen. Darin besteht, um es mit einem Worte zu sagen, die Veränderung, welche Leibniz durch Wolff erfährt: mit dem Begriff der Monade wird notwendig auch der Begriff des Zwecks veräußert, die innere Zweckmäßigkeit in die äußere, der Endzweck in den Nützlichkeitsbegriff, das Leben in Maschine verwandelt. Unter diesem Gesichtspunkt urteilt die Verstandesaufklärung; sie betrachtet, schätzt und erklärt die Dinge nach dem, was sie nützen. Wie Descartes und seine Schule alles in der Welt durch *Mittelursachen* erklären wollte, so will die Wolfische Philosophie mit ihrer Schule alles durch *Mittelzwecke* erklären. Hatte Spinoza die Dinge nur aus sich selbst und aus dem Naturgesetz erklärt, dem sie gehorchen, ohne alle Beziehung auf den Menschen, so müssen die Wolfischen Philosophen alles auf den Menschen beziehen, denn der Nutzen der Dinge kann nur nach dem menschlichen Gebrauche geschätzt werden. In dieser Rücksicht herrscht der äußerste Gegensatz zwischen der Ethik Spinozas und der Moral der deutschen Aufklärung; es ist in den Augen Spinozas das gröbste Vorurteil, die Dinge nach Zwecken und gar nach menschlichen Zwecken zu erklären, wogegen der Verstand der Wolfischen Aufklärung es geradezu unbegreiflich findet, daß man die Dinge anders als nach Zwecken erklären oder gar die Geltung der letztern verneinen könne. Dies ist auch der Grund, warum in dem Zeitalter der deutschen Verstandesaufklärung Spinoza schlechterdings nicht verstanden werden konnte; die Aufklärer wollten gar nicht glauben, daß Spinoza das System der Endursachen im Ernste verneint und die Zweckbegriffe für leere Einbildungen gehalten habe. So sehr waren sie von der Notwendigkeit ihres Zweckbegriffs überzeugt, daß sie das Gegenteil desselben nicht bloß für falsch, sondern für unmöglich erklärten. Mendelssohn schüttelt ungläubig den Kopf zu jener Behauptung, welche Jacobi im Briefe an Hemsterhuis dem Spinoza in den Mund legt: daß die Lehre von den Endursachen wahrer

Unsinn sei. „Wenn dieses alles Ernstes gesagt sein soll, so scheint es mir die vermessenste Behauptung, die je aus eines Sterblichen Munde gekommen. So etwas sollte sich kein Erdensohn erlauben, der so wenig, als wir Andern, von Ambrosia lebt, der so, wie andere Menschenkinder, hat Brot essen, schlafen und sterben müssen. Wenn der Weltweise in seiner Spekulation auf so ungeheure Behauptungen stößt, so ist es, wie mich dünkt, hohe Zeit, daß er sich orientiere und nach dem schlichten Menschenverstand umsehe, von dem er zu weit abgekommen ist."[23] Der gesunde Menschenverstand sagt dem brotessenden Menschen, daß er dieses Mittel braucht, um seinen Hunger zu stillen, daß zu dem Brote, welches er ißt, so viele andere Mittel nötig sind, welche dem bedürftigen Menschen die wohltätige Natur darbietet. Ist aber die Natur wohltätig, so ist es der Mensch, dem die Natur ihre Wohltaten erweist. Und die Natur könnte wohltätig sein ohne einen gütigen und weisen Schöpfer, der sie gemacht und bei seinen Werken die Absicht gehabt hat, dem Menschen zu nützen? Darum ist „der schlichte Menschenverstand" auf das Gewisseste überzeugt, daß er die göttlichen Absichten der Schöpfung verstehe, wenn er die Dinge unter dem Gesichtspunkte des menschlichen Nutzens betrachte; daß er damit zugleich die natürliche Gottesverehrung auf dem breitesten und bequemsten Wege befördere. Dieser erbaulichen Betrachtungsweise, die sich damals die aufgeklärte nannte, konnte man gut jenes Epigramm widmen: „Welche Verehrung verdient der Weltschöpfer, der gnädig, als er den Korkbaum schuf, gleich auch den Stöpsel erfand!"

3. Gott und Welt. Kritik der Offenbarung

Die Philosophie gilt hier nicht als die Weisheit, welche ihren Zweck in sich selbst hat, sondern als ein Mittel zur Aufklärung, die Aufklärung gilt als Mittel zur Beförderung der menschlichen Glückseligkeit, die Kunst als ein Mittel zur moralischen Bildung. So gilt die lebloße Natur als das Mittel, wodurch sich die lebendige ernährt und erhält; der Körper als Mittel, wodurch sich die Seele äußert, und das Universum als Mittel, wodurch sich Gott offenbart. Die ganze Welt erscheint als ein Machwerk göttlicher Absichten: als eine Maschine, welche die göttliche Weisheit geschaffen und geordnet hat. Diese Weisheit und Ordnung besteht eben darin, daß alle Teile der Weltmaschine zweckmäßig, d.h. nach göttlichen Absichten miteinander verknüpft sind. Den Nutzen der Dinge zu begreifen, gilt daher für die höchste theoretische Weisheit; nützlich handeln oder für die besten Zwecke die besten Mittel wählen, gilt

[23] *An die Freunde Lessings*, Mendelssohns gesammelte Schriften (herausgegeben von G. B. Mendelssohn) III, 28.

für die höchste praktische. Nach dieser Betrachtungsweise richten sich die Begriffe der natürlichen Religion und der natürlichen Theologie. Ist die Welt die Maschine Gottes, was Wolff oft und gern wiederholt, so geschieht alles in ihr nach einem ursprünglich festgestellten Zusammenhange, so verändert sich jeder Teil derselben in Übereinstimmung mit allen übrigen, so folgt jeder Weltzustand unmittelbar aus dem nächst vorhergehenden. Es ist mithin moralisch unnötig und darum moralisch unmöglich, daß Gott plötzlich in diese Maschine eingreift und den Gang der Dinge verändert. Dies hieße, die ganze Maschine verändern und den göttlichen Absichten selbst zuwiderhandeln; dies widerspräche offenbar der Weisheit des vollkommensten Künstlers eben so sehr wie der Natur des vollkommensten Werkes. Jeder plötzliche Eingriff Gottes in den Lauf der Natur wäre eine Korrektur der Schöpfung, also ein Beweis ihrer Unvollkommenheit, welche wir auf Rechnung der göttlichen Weisheit setzen müßten. Ein solcher Eingriff würde die göttliche Macht auf Kosten der göttlichen Weisheit dartun. „Aber die Weisheit", sagt Wolff in seinen vernünftigen Gedanken von Gott, „ist eine größere Vollkommenheit, als die Macht: denn wer Macht hat, kann wohl tun, was er will; allein wer Weisheit hat, der kann alles mit gutem Grunde tun, so daß kein Verständiger daran was auszusetzen hat. Es ist bei Gott nicht genug, daß er etwas tut, sondern ein Wesen von so vollkommenem Verstande, daß es alles einsieht, und so vollkommenem Willen, daß es nichts verlangt, als das Beste, muß auch alles so tun, daß nichts daran kann ausgesetzt werden." „Wenn in einer Welt alles natürlich zugeht, so ist sie ein Werk der Weisheit Gottes. Hingegen, wenn sich Begebenheiten ereignen, die in dem Wesen und der Natur der Dinge keinen Grund haben, so geschieht es übernatürlich oder durch Wunderwerke, und also ist eine Welt, darinnen alles durch Wunderwerke geschieht, bloß ein Werk der Macht, nicht aber der Weisheit Gottes."[24] – Aus diesem Gesichtspunkte müssen die Wunder, die übernatürlichen Offenbarungen, die Inspiration, die Menschwerdung usf. bezweifelt und zuletzt verneint werden. Hier beginnen jene Gegensätze, von denen wir früher geredet haben, zwischen der natürlichen Theologie und der positiven. Der Deismus, welcher sich in Leibniz mit der geoffenbarten Religion vertragen hatte, macht sich in der von Wolff begründeten Verstandesaufklärung davon unabhängig und geht folgerichtigerweise dazu fort, mit dem positiven Glauben entschieden zu brechen. Wolff selbst, wie es scheint, zog diese Folgerung nur zur Hälfte: er wollte Wunder und Offenbarungen

[24] *Vernünfftige Gedancken von Gott, der Welt und der Seele des Menschen* usf. § 1039.

nicht geradezu verneinen, aber auch nicht, wie Leibniz getan hatte, unter dem Namen des Übervernünftigen unbesehen gelten lassen; er bedingte ihre Möglichkeit, indem er sie einschränkte, und ließ eine unmittelbare Offenbarung Gottes nur unter gewissen Kriterien zu, welche er umständlich festsetzte. Eine Offenbarung, welche diese Kriterien nicht hatte, erschien ihm falsch und unbegründet. Damit war der Anfang zu einer ernstlichen Kritik des Glaubens gemacht, die bei einer unsicheren Grenzbestimmung nicht konnte stehen bleiben. Auch waren die „Kennzeichen", unter denen Wolff das Wunder und die unmittelbare Offenbarung Gottes gelten ließ, so gestellt, daß im Grunde beide nur noch dem Namen nach für möglich, dem Wesen und der Sache nach für unmöglich erklärt wurden[25]. Eine Offenbarung nämlich sollte nur dann stattfinden können, wenn etwas zu wissen dem Menschen absolut nötig wäre, was er aus eigener Vernunft niemals zu begreifen vermöge. Aber auch in diesem Fall darf das Wunder nur dann geschehen, wenn es nach Naturgesetzen unmöglich stattfinden kann. Gesetzt nun, daß diese beiden Bedingungen gegeben sind, so wird das Wunder und die Offenbarung Gottes erst dann wahr sein, wenn nichts darin geschieht, was der göttlichen Vollkommenheit und Weisheit widerspricht. Ebensowenig aber darf es der menschlichen Vernunft und den notwendigen Wahrheiten derselben zuwiderlaufen. Und da überhaupt zwischen Wahrheiten kein Widerstreit stattfinden darf, so ist jede göttliche Offenbarung falsch, welche den Menschen zu irgendeiner Handlung verpflichtet, welche mit dem Gesetz der Natur und dem Wesen der Seele streitet. Endlich, wenn alle diese natürlichen und moralischen Bedingungen erfüllt sind, so muß die göttliche Offenbarung so geschehen, daß sie keine überflüssige Kraft braucht, daß sie alles mit natürlichen Kräften verrichtet, was durch diese geleistet werden kann. Geschieht sie, wie es gewöhnlich der Fall ist, durch Worte, „so müssen nicht mehr Worte gebraucht werden, als zur Sache notwendig sind, und die Worte selbst müssen verständlich sein; ja die ganze Einrichtung der Worte muß mit den Regeln der allgemeinen Sprachkunst, ingleichen der Redekunst, übereinkommen."

So läßt Wolff Wunder und Offenbarung zu, nachdem er beide sorgfältig genug unter eine physikalische, moralische, ökonomische und grammatische Beaufsichtigung genommen, das heißt, nachdem er ihnen Bedingungen auferlegt hat, die von den übernatürlichen Offenbarungen, welche die Religionsgeschichte erzählt, keine erfüllen konnte noch jemals erfüllt hat.

[25] Ebendas. § 1011–1020.

Drittes Kapitel.
Der reine Deismus. Hermann Samuel Reimarus

I. Alleinige Geltung der Vernunftreligion

1. Die Unmöglichkeit des Wunders

Was Wolff vorbereitet hat, erfüllt sich in Reimarus, dem klarsten Kopfe dieser ganzen Richtung. Hier kommt das Verhältnis zwischen der natürlichen und geoffenbarten Religion zu der Entscheidung, welche im Geiste der Verstandesaufklärung angelegt ist. Hatte Wolff die übernatürliche Offenbarung für möglich erklärt unter Bedingungen, die so gut wie unmöglich waren, so erklärt sie Reimarus direkt für unmöglich. Die Grundsätze, welche Wolff und Baumgarten systematisch ausgeführt hatten, nimmt dieser logische Geist, der zugleich durch seine Schreibart der beste Schriftsteller der Verstandesaufklärung ist, in ihrem umfassenden und folgerichtigen Verstande und wendet sie in diesem Umfange kritisch auf die positive Religion und näher auf die biblische an. Er verneint in seiner Schrift über *„Die vornehmsten Wahrheiten der natürlichen Religion“* (1754), daß außer der Schöpfung der Welt noch ein anderes Wunder, eine andere Offenbarung Gottes stattfinden könne; er zeigt, daß sie aus dem Gesichtspunkte der moralischen Notwendigkeit unmöglich, daß sie im Sinne der göttlichen Absichten und der göttlichen Vollkommenheit selbst zweckwidrig sein müsse; er verneint die übernatürliche Offenbarung auf der festen Grundlage des Deismus und der Wolfischen Theologie. „Man kann die göttliche Vorsehung nicht leugnen, ohne das Dasein Gottes und seiner Vollkommenheiten nebst der Schöpfung aufzuheben. Setzte man etwas in der Welt, was der Schöpfer nicht vorhergesehen oder was er anders vermutet hätte, so würde man zugleich seinem Verstande Schranken setzen und ihm statt der Allwissenheit und vollkommensten Weisheit Unwissenheit, Dunkelheit, Undeutlichkeit, Übereilung, Widerspruch und Irrtum beilegen. Die göttliche Einsicht ist zugleich ein steter Bewegungsgrund für den göttlichen Willen, *die Welt in ihrer ganzen Wirklichkeit und Dauer unverändert zu erhalten*. Denn wenn sich Gottes Ratschluß von den wirklichen Begebenheiten und deren Mittel änderte, so müßte er auch andere Bewegungsgründe dazu haben, als er anfänglich gehabt. Folglich würde er dadurch selbst seine vorigen Einsichten und Ratschlüsse für nicht gut und weise erklären und würde also entweder zuerst oder zuletzt geirrt und übel gewählt haben, welches der unendlichen Vollkommenheit Gottes widerspricht.“ – „Wenn denn auch Gott alles unmittelbar und durch Wunder täte, so würde er alles allein tun: und *wozu* hätte er denn eine Schöpfung endlicher Dinge vorgenommen? Wenn er das Bemühen der geschaffenen Substanzen und die Gesetze ihrer Natur alle Augenblicke hemmte: *wozu* hätte er sie ihnen gegeben? Je mehr er nach der Schöpfung Wunder täte, desto mehr würde er die Natur wieder vernichten und umsonst geschaffen haben, nicht aber erhalten; und für sich würde er entweder die möglichen Naturmittel zu seinem Zwecke nicht eingesehen haben oder auch seinen Zweck oft ändern und seinem eigenen Einfluß in der Erhaltung der Natur entgegenarbeiten.“[26]

2. *Die Offenbarung durch Wunder*

Ist aus diesen objektiven Gründen das Wunder überhaupt unmöglich, so muß ebenso von jeder übernatürlichen Offenbarung Gottes geurteilt werden, als welche nur auf dem Wege des Wunders geschehen kann. Gibt es aber in Wahrheit keine unmittelbare Offenbarung von seiten Gottes, so ist von seiten des Menschen der Offenbarungsglaube nichtig, denn dieser Glaube gründet sich auf jene übernatürliche Tatsache. So ist der Gegensatz erreicht, auf den die Verstandesaufklärung gerichtet war. Wenn die Religion nicht geleugnet werden soll, so kann sie nur auf die natürliche Erkenntnis allein gegründet werden. Die natürliche Religion kann sich nicht mehr mit der geoffenbarten vertragen; sie muß gegen diese in ein entschieden negatives Verhältnis treten, weil sie das Recht der Wahrheit für sich allein in Anspruch nimmt. Die Religion neigt sich ausschließend auf die Seite der natürlichen Erkenntnis; die Wahrheit neigt sich ausschließend auf die Seite der natürlichen Religion. So wird die letztere von Reimarus dem Offenbarungsglauben entgegengesetzt, im charakteristischen Unterschiede sowohl von Leibniz als von Bayle. Darin ist Reimarus mit Leibniz einverstanden, daß Vernunft und Religion übereinstimmen oder daß es eine Vernunftreligion gibt; aber während Leibniz die Vernunftreligion mit der Offenbarung zu vereinigen sucht, stellt Reimarus beide einander so gegenüber, daß in seinen Augen der Offenbarungsglaube mit der Wahrheit zugleich jede berechtigte religiöse Geltung einbüßt. Darin stimmt er mit Bayle überein, daß Vernunft und Offenbarung einander widerstreiten; aber während der Skeptiker die Religion gegen die Vernunft nur auf Offenbarung gründen will, so will der Deist die Religion gegen die Offenbarung nur auf die Vernunft gründen. Den Widerstreit, welchen beide behaup-

[26] *Abhandlungen von den vornehmsten Wahrheiten der natürlichen Religion* (1754), Nr. VIII.

ten, lösen sie in entgegengesetzter Richtung: Bayle unterwirft ein für allemal die menschliche Vernunft der Offenbarung, Reimarus dagegen umgekehrt die Offenbarung der Vernunft; jener macht den positiven Offenbarungsglauben zum letzten Richter über die religiöse Wahrheit, dieser anerkennt keinen andern Richter über den menschlichen Glauben, als die natürliche Vernunft. Was also das Verhältnis von Vernunft und Offenbarung betrifft, so bilden Bayle und Reimarus einen vollkommenen Gegensatz; sie sind in Ansehung des kritischen Verstandes ebenbürtige Gegner, aber es kam dem Charakter und der Haltung von Reimarus zu gut, daß ihn eine feste, sittlich-religiöse Überzeugung durchdrang, welche der Skeptiker in der Religion nicht haben und in der Vernunft nicht finden konnte.

II. Vernunftglaube und Bibelglaube

1. Die Kriterien der Offenbarung

Der reine Deismus ist in Reimarus verkörpert in allen seinen positiven und negativen Grundzügen. Dieser Standpunkt kennt keinen Charakter, der ihn mit so viel Gelehrsamkeit und Scharfsinn, mit so viel moralischem Ernst und gewissenhafter Gründlichkeit verteidigt hat, als Reimarus in seiner „*Schutzschrift oder Apologie für die vernünftigen Verehrer Gottes*“[27]. So sollte die merkwürdige Schrift heißen, deren Ausarbeitung Reimarus sein Leben gewidmet, und von der einige wenige Teile nach seinem Tode in den berühmten „Wolfenbüttler Fragmenten“ durch Lessing herausgegeben wurden[28].

---

[27] Vgl. *Zeitschrift für die historische Theologie* (Niedner) XX (Jahrg. 1850), 519 ff. Die Mitteilungen, welche die Zeitschrift aus dem Werke selbst gibt, sind Bruchstücke. Eine vollkommene Analyse und Würdigung des gesamten Werkes hat D. F. Strauß gegeben in seiner Schrift: „*Hermann Samuel Reimarus und seine Schutzschrift für die vernünftigen Verehrer Gottes*“, Leipz. 1862. (Gesammelte Schriften, herausgeg. v. Ed. Zeller, Bd. 5, Bonn, 1877).

[28] Diesem sehr ausgedehnten Werke war ein Menschenalter hindurch sein Nachdenken und der Fleiß seiner Mußestunden gewidmet. Er war, wie es scheint, schon vor 1747 damit zustande gekommen, dann hat er es zu verschiedenen Malen umgearbeitet, aber nur wenigen Freunden mitgeteilt und nie veröffentlicht. Lessing, welcher im letzten Lebensjahre des Verfassers nach Hamburg kam, lernte das Werk in der Familie des Reimarus kennen; er gab in den Jahren 1774–78 Bruchstücke davon heraus, als ob er sie in der Bibliothek von Wolfenbüttel aufgefunden, um das Geheimnis der Familie zu bewahren. Darüber entstand der Streit zwischen ihm und Götze. Erst 1814, als Reimarus' Sohn eine Abschrift des Werks der Göttinger Bibliothek schenkte, wurde es öffentlich bekannt, daß Reimarus „der Wolfenbüttler Fragmentist“ war. Vgl. Strauß a.a.O. S. 12 ff. Vgl. meinen Aufsatz über Strauß' Werk in den Blättern für

Reimarus ist sich vollkommen bewußt, daß seine Überzeugung der öffentlichen Religion, der gültigen Theologie und dem auf Gewohnheit und Erziehung gegründeten Glauben der Menge entgegensteht, und diese Rücksichten haben ihn abgehalten, sein Werk zu veröffentlichen; aber es war ihm selbst ein frühzeitiges, inneres Bedürfnis, den Streit zwischen Vernunft und Offenbarung durch eine gründliche Untersuchung zu lösen. Darum machte er die Kritik der biblischen Offenbarungen zu seiner Lebensaufgabe. Wie entfernt auch vom Standpunkte dieser Kritik das heutige Zeitalter und die heutige Wissenschaft ist, so wird man doch heute wie damals urteilen müssen, daß es diesem Manne mit der Wahrheit sittlicher Ernst war, und daß er nichts wollte, als in den höchsten Angelegenheiten des Menschen so klar wie möglich sehen. Aber er wußte wohl, daß es ihm nicht vergönnt war, diese Wahrheit öffentlich zu bekennen, daß von seiten der Gegner seinen Gründen nicht Gründe würden entgegengesetzt werden, um sie zu widerlegen, sondern nur Mittel, um sie zu unterdrücken. Der Kampf gegen die Vernunft und die vernünftigen Verehrer Gottes, so urteilt ihr Verteidiger, wird von seiten der Gegner nicht erheblich geführt; die Vernunft wird auf den Kanzeln verschrieen, und die Vernunftgläubigen oder die Deisten werden durch Mittel verfolgt, welche die Religion nicht erlaubt. Wenn die Theologen die Vernunft dem Glauben blind unterwerfen oder gar als das böse Prinzip im Menschen darstellen, so widersprechen sie der Lehre Christi, welcher eine sittliche Religion gepredigt, der jüdischen und apostolischen Kirche, der Bibel und sich selbst. Sie widersprechen der Bibel, denn die Aussprüche, worauf sie sich berufen, werden gegen ihren wahren biblischen Sinn gedeutet; sie widersprechen sich selbst, denn sie nehmen keinen Anstand, die Lehren einer andern Kirche für vernunftwidrig zu erklären, und brauchen also die Vernunft, so sehr sie dieselbe verleugnen. „Diese Verschreiung der Vernunft bei den protestantischen Theologen", sagt Reimarus, „ist ganz derselbe hierarchische Kunstgriff, als die Priester bei den Katholiken den Laien das Lesen der Bibel verbieten, die sie für sich allein behalten und nach ihrem Gefallen deuten wollen."[29] Und ebenso widerspricht es der wahren Religion, daß die vernünftigen Verehrer Gottes von den Orthodoxen verfolgt werden. Denn man

---

literarische Unterhaltung, Nr. 45 (Jahrg. 1862). (Über David Friedrich Strauß. Gesammelte Aufsätze von Kuno Fischer, Heidelberg 1908. S. 88 ff.).

[29] *Zur Geschichte und Literatur. Aus den Schätzen der Herzogl. Bibliothek zu Wolfenbüttel*, 4. Beytrag, 1. Fragment: *Von der Verschreiung der Vernunft auf den Kanzeln*; Lessings sämtl. Schriften (Lachmann-Muncker) XII. 300. Vgl. Zeitschr. für die hist. Theologie XX: Schutzschrift, 1. Teil, 1. Buch, Kap. 31: „Man beschreibt die Vernunft selbst, in den Predigten für die Erwachsenen, als blind, verdorben und gefährlich", § 1–8. Dazu D. Fr. Strauß a.a.O. S. 45 ff.

bekämpft sie durch Gewalt: statt sie zu belehren, werden sie ausgestoßen; statt sie zu widerlegen, werden sie gestraft. Man schändet ihren bürgerlichen Namen, wo man ihre wissenschaftlichen Überzeugungen hören und richten sollte. Diese Unterdrückung widerspricht der Bibel, dem Beispiele Christi und der Apostel, endlich dem bürgerlichen Rechte, welches nur willkürliche Handlungen richten will; der Glaube aber ist keine Sache freier Willkür. „Die orthodoxen Theologen", sagt Reimarus, „bringen zur Unterdrückung der vernünftigen Religion ein ganzes Heer fürchterlicher Streiter auf die Beine, und die Obrigkeit muß als Beschützerin des Glaubens die freidenkerischen Schriften in den Buchläden bei großer Strafe verbieten und durch des Scharfrichters Hand verbrennen lassen; wo nicht die entdeckten Verfasser gar von ihrem Amte gesetzt oder ins Gefängnis gebracht oder ins Elend verwiesen werden. Dann macht man sich über die gottlosen Schriften her und widerlegt sie in aller Sicherheit, nach theologischer Weise. Die Wahrheit aber muß durch Gründe ausgemacht werden: sie gesteht ihren Gegnern kein Verjährungsrecht zu. Die Sache der Theologen muß wohl schlecht stehen, da sie ihrer Gegner Schriften und Verteidigungen mit Gewalt unterdrücken und dann das große Wort haben wollen, als hätten sie dieselben rechtschaffen widerlegt. Daß die Intoleranz und Verfolgung in der ganzen Christenheit gleichsam durch eine gemeinschaftliche Verabredung hauptsächlich wider die vernünftige Religion gerichtet ist, gereicht dem Christentum und besonders den Protestanten zum unauslöschlichen Schandflecken. Man leidet in der ganzen Christenheit so manchen ungöttlichen Aberglauben, so manchen albernen Irrglauben und eitlen Zeremonientand, so manchen Wahn und phantastische Eingebung, ja lieber die abgesagten Feinde des christlichen Namens, als eine vernünftige Religion."[30]

Nachdem Reimarus auf diese Weise das Unrecht aufgedeckt haben will, welches dem Deismus von seiten der Rechtgläubigen, wie sie sich nennen, zugefügt wird, so untersucht er von seiner Seite das Recht, worauf sich der Offenbarungsglaube gründet. Ist es überhaupt möglich, fragt er, daß auf eine übernatürliche Offenbarung eine *allgemeine* Religion gegründet werden kann? Oder kann eine übernatürliche Offenbarung jemals Mittel zu einer allgemeinen Religion werden? Wenn sie es kann, so ist sie zweckmäßig, und es ist kein Grund, warum Gott dieses Mittel nicht *sollte* gebraucht ha-

---

[30] *Zur Geschichte und Literatur*. Aus den Schätzen der Herzogl. Bibliothek zu Wolfenbüttel, 3. Beytrag: *Von Duldung der Deisten*: Fragment eines Ungenannten; Lessings sämtl. Schriften (Lachmann-Muncker) XII. 254 ff. Vgl. Zeitschr. für die hist. Theologie XX: Schutzschrift, 1. T., 1. Buch, Kap. 4: „Man erhebt den Glauben dagegen als ein verdienstlich, seligmachend Werk; so wie man Alle, die ohne Glauben sind, verdammt, hasset und verfolgt", § 5–11.

ben. Wenn sie es *nicht* kann, so ist sie zweckwidrig; und es ist gewiß, daß die göttliche Weisheit niemals ein zweckwidriges Mittel anwendet. Reimarus untersucht daher mit der größten Genauigkeit die Bedingungen, unter denen eine übernatürliche Offenbarung Gottes Religion werden kann: sie kann es werden, wenn von ihrem Inhalte jedermann auf eine gewisse und wahrhaftige Art sich überzeugen läßt. Setzen wir also den Fall, welcher der biblische ist, daß Gott sich in *einem* Volke gewissen Personen zu gewissen Zeiten offenbart hat, daß diese Offenbarung in gewissen Urkunden feststeht, so müßte der Glaube an diese Urkunden (im Sinne sicherer und klarer Überzeugung) im Menschengeschlechte verbreitet werden können. Wenn es möglich ist, so sind die Kennzeichen gegeben, unter denen wir die Tatsache der Offenbarung nicht verneinen können. Damit an jene Urkunden geglaubt wird, ist zuerst nötig, daß sie allen bekannt sind. Diesen Fall gesetzt, welcher *nicht* stattfindet, so müssen sie in alle menschlichen Sprachen übersetzt sein. Diesen Fall gesetzt, welcher nicht stattfindet, so muß jeder die Fähigkeit haben, verständig zu urteilen, und wenn er sie hat, so darf ihn kein Vorurteil und keine Gewalt von ihrer Ausführung abhalten. Aber auch diese Fähigkeit, so wenig sie allgemein existiert, reicht noch lange nicht hin zu einem sichern Glauben an die Offenbarungsurkunden. Man muß die letztern, um sie zu glauben, auch vollständig erklären können, und jeder muß es können, der daran glauben soll. Wenn er es kann, so muß er überzeugt sein, daß die Übersetzung richtig, das Original unverfälscht, die Verfasser echt, die Erzählungen und Lehrsätze wahr, die Weissagungen und Wunder göttlichen Ursprungs sind. „Eine einzige Unwahrheit, die wider die klare Erfahrung, wider die Geschichte, wider die gesunde Vernunft, wider die unleugbaren Grundsätze, wider die Regeln guter Sitten verstößt, ist genug, um ein Buch als eine göttliche Offenbarung zu verwerfen." Da nun von den obigen Bedingungen im genauen Verstande *keine* stattfindet, so folgt, daß ein allgemeiner Offenbarungsglaube eine schlechthin unmögliche Sache sei; daß mithin Gott die Offenbarung nicht zum Mittel der Religion gemacht haben könne. Der einzige Weg zur allgemeinen Religion ist keine geschriebene Urkunde, sondern „das Buch der Natur, die Geschöpfe Gottes und die Spuren der göttlichen Vollkommenheiten, welche darin als in einem Spiegel allen Menschen, so gelehrten als ungelehrten, so Barbaren als Griechen, Juden und Christen, aller Orten und zu allen Zeiten sich deutlich darstellen."[31]

[31] *Zur Geschichte und Literatur. Aus den Schätzen der Herzogl. Bibliothek zu Wolfenbüttel*, 4. Beytrag, Zweytes Fragment: *Unmöglichkeit einer Offenbarung, die alle Menschen auf eine gegründete Art glauben könnten*; Lessings sämtl. Schriften (Lachmann-Muncker) XII, 316 ff.

2. *Die biblischen Offenbarungen*

Unter diesem Gesichtspunkt verfolgt Reimarus im einzelnen die biblischen Offenbarungen des alten und neuen Testaments, die Urkunden, worauf sich der jüdische und christliche Offenbarungsglaube gründet. Er behauptet den Standpunkt eines Lesers, der alle Bedingungen hat, sowohl den Verstand als die Bildung, um jene Urkunden zu erklären und zu beurteilen, der also daran glauben kann und will, sobald er sich nur von ihrer Glaubwürdigkeit überzeugt. „Wohlan denn!" so schließt das erste Buch seines Werkes, „ich will die Personen, Handlungen, Lehren und Schriften des alten sowohl als des neuen Testaments nach der Reihe durchgehen und anzeigen, daß und warum uns jede derselben dem Vorgeben derselben gerade zu widersprechen scheint, daß uns durch ebendieselbe eine übernatürliche, göttliche Offenbarung zur Seligkeit verliehen sei."[32]

Dem Prinzip, welches die Möglichkeit des Wunders und der übernatürlichen Offenbarung überhaupt verneint, folgt Reimarus in seiner Bibelkritik auf indirektem Wege. Nicht aus dem Prinzip, welches im Hintergrunde feststeht, sondern aus den Tatsachen der biblischen Geschichte beweist er die Richtigkeit der biblischen Offenbarungen. Als Dogmatiker zeigt er, daß aus Gründen der göttlichen Weisheit, die nach natürlichen Zwecken handelt, es Wunder und Offenbarungen nicht geben könne. Als Kritiker sagt er: angenommen, es gäbe übernatürliche Offenbarungen Gottes, so müßten deren Träger in jeder Hinsicht mit dem göttlichen Zweck übereinstimmen, also in rein religiöser Absicht und darum vollkommen moralisch handeln. Nun läßt sich von den Trägern der biblischen Offenbarungen im einzelnen zeigen, daß sie nicht so gehandelt haben, also waren auch ihre Offenbarungen nicht göttlichen Ursprungs[33]. So induziert Reimarus aus der Handlungsweise der biblischen Offenbarungsträger die Nichtigkeit ihrer Offenbarungen: wobei freilich die eigene philosophische Denkweise des Kritikers den unverrückten Maßstab und Gesichtspunkt seiner Urteile bildet.

Die Grundsätze dieser Kritik sind sehr einfach. Ihr ganzes Gebäude beruht auf folgender logischer Grundlage. Der Satz des Widerspruchs, das Axiom der Verstandeslogik, lehrt, daß etwas nicht zugleich bejaht und verneint werden könne; jede Bejahung

---

[32] Zeitschr. für die hist. Theologie XX: Schutzschrift, 1. T., 1. Buch, Kap. 5.

[33] Vgl. „*Übrige noch ungedruckte Werke des wolfenbüttlischen Fragmentisten.* Ein Nachlaß von Lessing. Hrsgeg. von Schmidt, 1787, Kap. I. - Zeitschr. für die hist. Theologie, XXI: Schutzschrift, I. T. 2. Buch, Kap. 1, § 1–2.

ist zugleich die Verneinung des Gegenteils; also ist die Bejahung der wahren Religion zugleich die Verneinung der unwahren. Ist nun die wahre Religion allein die natürliche, welche nur in der Vernunft ihren Grund hat, und widerspricht derselben die geoffenbarte oder biblische, so folgt, daß diese als falsch angesehen und darum verneint werden müsse. „Nur die natürliche Religion ist wahr; nun ist die biblische Religion in Widerstreit mit der natürlichen; also ist sie falsch." So lautet der Schluß, auf den sich Reimarus gründet. Der Obersatz ist die Summe seiner philosophischen Überzeugung, der Untersatz ist das Ergebnis seiner Kritik.

Die Wahrheiten der natürlichen Religion sind kurz beisammen. Sie ist der auf Vernunftbeweise gegründete Glaube an Gott als den gerechten, weisen, gütigen Schöpfer der Welt und an die Unsterblichkeit der menschlichen Seele: der Glaube an eine weise und gesetzmäßige Weltordnung als die vollkommenste Offenbarung Gottes. Wenn also Gott eine Religion offenbaren wollte, so mußte dieselbe vermöge der göttlichen Gerechtigkeit und Güte in ihrer Tragweite auf die *ganze* Menschheit berechnet und für dieselbe angelegt, so mußten ihre irdischen Träger die sittenreinsten, besten, weisesten Menschen sein. Mithin ist jede einer Religion anhaftende und ihre Geltung hemmende Schranke ein Grund gegen ihre göttliche Offenbarung; und ebenso jeder Wahn und jede selbstsüchtige, irdische Absicht in denen, welche als Träger der göttlichen Offenbarung und als Propheten gelten sollen.

Denken wir uns nun die biblischen Schriften des Alten und Neuen Testaments unter diese kritischen Gesichtspunkte gerückt, so ist mit der so gestellten Frage die Antwort gegeben. Kann die geoffenbarte Religion nur eine solche sein, die mit vollkommener Klarheit und innerer Übereinstimmung das ganze menschliche Geschlecht erleuchtet, so können sechzig Schriften in verschiedenen Sprachen, die kein zusammenhängendes Ganzes bilden, die in dem Zeitraum zweier Jahrtausende allmählich entstanden und endlich in einen Kanon gesammelt worden sind, *keine* Offenbarung sein. Sollen die Träger der göttlichen Offenbarung sich vor allem durch ihre Sittenreinheit bewähren, so steht es schlimm um die vermeintlichen Träger der jüdischen Offenbarung: Noah, die Erzväter, Joseph, Moses, Samuel, David usw., so sind sie nicht die erwählten Werkzeuge Gottes gewesen, sondern sie haben sich des Scheins, als ob sie es wären, bedient zu ihren irdischen und selbstsüchtigen Zwecken. Wenn man von einer Offenbarungsgeschichte, wie die biblische sein will, die Offenbarung abzieht: was bleibt? Eine Geschichte scheinbarer, vorgespiegelter Offenbarungen, ein menschliches Gaukelwerk der schlimmsten Art! In dieses Ergebnis mündet Reimarus' Kritik. Hier kann man aufs beste den Prozeß, welchen Reimarus der Bibel macht, in seinem ganzen Umfange übersehen und aus der Einseitigkeit und inneren Unmöglichkeit der Sentenz die Einseitigkeit und Unvollkommenheit dieser ganzen kritischen Rechtspflege beurteilen. Von der Geschichte der göttlichen Offenbarung bleibt als geschichtlicher Kern kurz gesagt nur menschliches Scheinwesen und Betrug übrig. Diese Lösung der Sache ist trostlos; deshalb könnte sie wahr sein; es wäre nicht der einzige, nur der schlimmste Fall, in welchem die Wahrheit trostlos ist. Aber die Lösung ist in den Hauptsachen aus inneren Gründen undenkbar. So ist es in der Tat vollkommen undenkbar, daß die Apostel mit hinreißender Begeisterung den Auferstandenen gepredigt und die Menschen zu ihm bekehrt haben sollten, während sie im Herzen wußten, daß sie den Leichnam heimlich beiseite gebracht. Eine solche mit Lüge und Betrug verbundene Begeisterung ist undenkbar; beides zusammen ist genau der Widerspruch, welchen Reimarus selbst für das Kriterium der Unmöglichkeit hält.

Wir lassen das biblische Problem, welches zu untersuchen und zu lösen die Aufgabe der theologischen Wissenschaft ist. Wir haben hier nur zu bestimmen, auf welchem Punkte die Verstandesaufklärung in Reimarus steht. Die Frage der Religion hat sich in den Vordergrund gedrängt. In ihr liegt der Schwerpunkt der Aufklärungsprobleme. Die geschichtliche Religion, welche mit der Offenbarung zusammenfällt, wird in einem Lichte erblickt, in welchem eine Erklärung dieser Tatsache, welche zugleich deren Rechtfertigung enthält, unmöglich erscheint. So hat die natürliche Religion keine andere neben sich und nimmt für sich alle religiöse Geltung in Anspruch. Die Aufklärung wird daher versuchen müssen, die natürliche Religion als *Religion* zur Geltung zu bringen. Darin liegt ihre nächste Aufgabe.

Viertes Kapitel. Die Gemütsaufkläung und Popularphilosophie. Moses Mendelssohn

I. Die Moral als Wesen der Religion

1. Die Herzensbeweise vom Dasein Gottes

Von jetzt an will unter dem Gesichtspunkte der Aufklärung die Religion nur noch innerhalb der Grenzen der natürlichen Erkenntnis gelten. Die natürliche Religion hat freien Spielraum gewonnen, denn die Grenzen, welche Leibniz der natürlichen und Wolff der geoffenbarten Religion gesteckt hatten, sind durch Reimarus aus dem

Wege geräumt. Da sich nun aus natürlichen Begriffen das Dasein Gottes und die Unsterblichkeit der menschlichen Seele beweisen läßt, so will die Aufklärung mit diesen beiden Wahrheiten, auf die sie allein angewiesen ist, das Wesen der menschlichen Religion erschöpfen. Diese Wahrheiten sollen an die Stelle der Offenbarung treten. Darum müssen sie populär gemacht und aus schulgerechten Beweisen in lebendige Erkenntnis und moralische Überzeugung verwandelt werden.

Die Verstandesaufklärung, die sich in Wolff systematisch und in Reimarus kritisch ausgeprägt hat, fängt an, sich für die natürliche Religion zu erwärmen und deren Wahrheit als eine Herzenssache zu betreiben, für welche sie auch ihr Zeitalter erwärmen und gewinnen möchte. Sie will *Gemütsaufklärung* werden und stimmt demgemäß ihre Aufgabe, ihre Richtung, ihre Tonart. Das ist der Standpunkt, welchen *Moses Mendelssohn* einnimmt, dem dieser Mann durch seine Geisteseigentümlichkeit vollkommen entsprach und die Bedeutung verdankt, welche das Zeitalter der Aufklärung ihm zuschreibt. Er faßt den esoterischen Geist der Leibnizischen Philosophie in eine exoterische, zwanglose Form. Die Form und Absicht seiner Schriften geht darauf aus, die Wahrheiten der natürlichen Religion öffentlich und jedermann faßlich zu machen, diese Wahrheiten so darzustellen, daß sie nicht bloß dem Verstande einleuchten, sondern als unwillkürliche Maximen auf die menschlichen Willensentschlüsse einfließen und zur praktischen Gesinnung werden; er möchte sie nicht bloß deutlich, sondern beherzigenswert und erbaulich machen. In diesem Sinne unterscheidet er in seiner Abhandlung über *„Die Evidenz der metaphysischen Wissenschaften“* (1764) bei der natürlichen Theologie die Verstandesbeweise von solchen, die sich an das menschliche Herz richten. Die Herzensbeweise verlangen keinen methodischen und strengen Schriftsteller, wie Wolff und Reimarus gewesen waren, sondern einen rhetorischen wie Mendelssohn. Darum wird seine Schreibart, so leicht und geschmackvoll sie erscheint, einförmig und öfters erbaulich, denn ihre Materien sind arm und ihre Tendenz gemütlich-moralisch. Mendelssohn möchte dem deutschen Deismus werden, was Shaftesbury dem englischen war. Er ist durchweg ein anhängender und abhängiger Philosoph; seine Philosophie verdankt er Wolff und dessen Schule, seine literarische Bedeutung Lessing, den er nur so weit verstand, als dieser der Verstandesaufklärung angehörte. Sein Hauptgesichtspunkt bleibt der natürlichen Religion gewidmet, deren Wahrheiten er lediglich auf Grund der natürlichen Erkenntnis und lediglich zum Zweck lebendiger Nutzanwendung oder „pragmatischer Erkenntnis“ geglaubt wissen will. In dieser Absicht behandelt er mit dem Anspruch sokratischer Weisheit die

Unsterblichkeit der Seele in seinem „*Phädon*" (1767), und die Lehre von Gott in den „*Morgenstunden*" (1785), jener Schrift, die ihren Verfasser in den schlimmen und verhängnisvollen Streit mit Jacobi verwickelte. Er ist mit einem Wort unablässig bemüht, die Religion in Moral zu verwandeln. In dieser Bestrebung, die wohl eine gewisse Redekunst, aber keine besondere spekulative Geisteskraft nötig hatte, erscheint Moses Mendelssohn als ein wichtiger und, wenn man will, interessanter Charakter der Aufklärung. Er hat den Satz, daß die Religion wesentlich in der Gesinnung und Moral des Menschen bestehe, mit so viel Entschiedenheit behauptet und mit so viel Scharfsinn geltend gemacht, daß er hierin mit den theologisch-politischen Begriffen Spinozas zusammentraf und andererseits den Reimarus glücklich ergänzte.

2. *Die Religion im Gegensatz zur Kirche*

Wenn nämlich Reimarus den Gesichtspunkt des reinen Deismus gegen Offenbarungsglaube und Bibelreligion gerichtet hatte, so richtet Mendelssohn denselben Gesichtspunkt gegen die Kirche. Er zeigt den Widerspruch zwischen Religion und Kirche, wie Reimarus jenen zwischen Vernunft und Offenbarung. Die Kirche nämlich bildet die Rechtsanstalt, gleichsam den Staat der Religion, und Mendelssohn erklärt, ähnlich wie Spinoza in seinem *Theologisch-politischen Traktat*, daß die Religion ihrer Natur nach niemals in die Form einer Rechtsanstalt aufgehen könne. Denn Rechte gelten nur da, wo auf der andern Seite Leistungen sind, die man im Notfall erzwingen kann. Jedes Recht muß die Möglichkeit haben, ein Zwangsrecht zu werden: es muß imstande sein, die gebührende Leistung, wenn sie verweigert wird, durch Zwang zu bewirken. Was sich schlechterdings nicht erzwingen läßt, darauf gibt es auch nimmermehr ein ernstliches Recht. Nun besteht die Religion wesentlich in der moralischen Gesinnung; ihre Handlungen haben ihren ganzen Wert in den Gesinnungen allein, von denen sie erfüllt sind. Aber Gesinnungen und Gedanken lassen sich niemals erzwingen und fallen darum nicht in das Gebiet der Rechtssphäre; die Religion leistet nichts, was in einer Rechtsanstalt verwertet, entweder belohnt oder bestraft werden könnte. So kommt Mendelssohn zu dem entscheidenden Satze, den er im ersten Teile seiner Schrift „*Jerusalem oder über religiöse Macht und Judentum*" (1783) verteidigt: daß es aus Gründen der Vernunft und Religion kein Kirchenrecht gebe, daß jedes sogenannte Kirchenrecht auf Kosten der Religion existiere[34]. Er fordert darum, wie Spinoza und Reimarus, vom Staate die voll-

[34] Vgl. *Mendelssohns Vorrede zu seiner Übersetzung von Manasseh Ben Israels Rettung der Juden*, Mendelssohns ges. Schriften (hrsg. von G. B. Mendelssohn) III, 194 ff.

kommene Duldung der religiösen Gewissen und erklärt sich deshalb im sprechenden Gegensatze zu dem reunionslustigen Leibniz gegen jeden Versuch, die Glaubensmeinungen zu vereinigen, weil eine solche Glaubensvereinigung notwendig einen Glaubensvertrag, eine Formel, ein Symbol voraussetze, welche zu ihrer Aufrechthaltung mit rechtlicher Geltung und darum mit bürgerlicher Macht ausgerüstet sein wollen. Jede Glaubensformel führt zum Kirchenrecht und jedes Kirchenrecht zum Glaubenszwang, der auf gleiche Weise der öffentlichen Gerechtigkeit und dem wahren Interesse der Religion widerstreitet. Um das letztere zu schützen und die Toleranz zum Gesetz zu erheben, müssen Kirche und Religion jeder bürgerlichen Macht entkleidet oder, was dasselbe heißt, vom Staate getrennt werden. Wir lassen dahingestellt, inwiefern Mendelssohn jene Sätze, die ganz im Charakter der Verstandesaufklärung gehalten sind, zur Verteidigung des Judentums anwenden durfte; inwiefern er ein Recht hatte, von der mosaischen Religion zu behaupten, daß sie kein Kirchenrecht habe, daß sie keine Glaubenslehren befehle, daß ihre Glaubenslehren auf keiner göttlichen Offenbarung, sondern allein auf der natürlichen Erkenntnis beruhen, und daß der einzige Zweck der jüdischen Offenbarung praktische Gesetze und Lebensvorschriften gewesen seien[35].

II. Der beschränkte Aufklärungsverstand

1. Das geschichtswidrige Denken

Der Gegensatz, welchen in Reimarus die folgerichtige Verstandesaufklärung gegen das Christentum einnimmt, trifft überhaupt die positive oder geschichtliche Religion und damit die gesamte Geschichte, die durch jene Religion bewegt wird. Die Verstandesaufklärung mit ihrem Deismus und ihrer natürlichen Moral steht allen geschichtlichen Zeitaltern ausschließend gegenüber, die mit ihr nicht übereinstimmen oder die ihre Religionsbegriffe aus andern Quellen schöpfen als aus der natürlichen Erkenntnis. Sie erblickt in den Vorstellungen der positiven Religionen leere Einbildungen, und obwohl sie, mit Spinoza verglichen, einer ganz andern philosophischen Vorstellungsweise angehört, so befindet sie sich gegenüber den geschichtlichen Religionen in einer ebenso ausschließenden und negativen Stellung wie jener. Wenn aber die Religionen in ihrem letzten Grunde auf einer Täuschung oder einem wirklichen Falsum beruhen, so wird das religiöse Leben, welches ganze Zeitalter bedingt, so wird die Geschichte, welche mit

[35] *Jerusalem oder über religiöse Macht und Judentum*, 2. Abschnitt, Mendelssohns ges. Schriften (hrsg. von G. B. Mendelssohn) III, 299ff.

dem religiösen Leben unauflöslich verknüpft ist, zu einer unerklärlichen Erscheinung. In diesen merkwürdigen Widerspruch mit sich selbst gerät die Verstandesaufklärung. Indem sie dem Lichte ihres Verstandes nachgeht, kommt sie auf einen Punkt, wo sich ihrem Geiste die Geschichte aller Zeiten verdunkelt, *wo sie nichts leuchten sieht, als ihr eigenes Licht*. Was nicht in diesem Lichte geboren ist, erscheint ihr finster. Sie urteilt nach dem reinen Verstandesgesetz: daß die Wahrheit nur eine sein könne; daß darum falsch sein müsse, was mit dieser nicht übereinstimmt. Wahr ist nur, was sich klar und deutlich begreifen läßt, und was diesen Begriffen zuwiderläuft, ist vollkommen unbegründet und falsch. Der Verstand kann Gott nur denken als *einen*; darum ist der Monotheismus wahr, und der Polytheismus vollkommen falsch: so urteilte Wolff vom Heidentum[36]. Der Verstand kann die Offenbarung Gottes nur im ganzen Universum und in dem naturgesetzlichen Gange der Dinge, nicht in einem Wunder begreifen, welches den Lauf der Weltmaschine unterbricht und aufhebt; darum ist allein die auf natürliche Erkenntnis gegründete Religion wahr, und die geoffenbarte falsch: so urteilt Reimarus von der jüdischen Religion und vom Christentum. Die Offenbarung gilt ihm für falsch, warum? Weil durch sie niemals eine allgemeine Religion bezweckt werden kann. Aber wer sagt, daß eine solche allgemeine Religion, in der alle Menschen auf gleiche Weise übereinstimmen, bezweckt werden soll? Und gesetzt, sie werde bezweckt: wird sich eine solche allgemeine Religion nicht notwendig nach den Bildungsstufen der Menschen und Zeitalter unendlich verschieden gestalten müssen? Könnte nicht die göttliche Weisheit statt jener allgemeinen Religion eine Geschichte der Religionen gewollt haben? Müßte sie es nicht, wenn sie das Menschengeschlecht so gedacht hat, wie es ist: in werdender Vollkommenheit, als ein Stufenreich geistiger Bildung?

2. *Mendelssohn und Sokrates*

Aber das Zeitalter dieser Aufklärung beurteilt alles nach seinem Maßstab; es sieht überall nur seinen Verstand, nur was mit diesem übereinstimmt und nicht übereinstimmt. Sein Mendelssohn erscheint ihm als ein neuer Sokrates nur deshalb, weil ihm der alte Sokrates ganz und gar wie Mendelssohn erschien. Es sieht in dem Sohne der Phänarete nicht den verkörperten Genius der Philosophie, der die Idee der Wahrheit sucht, sondern den gemütlichen Popularphilosophen, den tugendhaften Moralisten, der das Licht der natürlichen Religion anzünden möchte: etwas von dem

36 Vgl. Christian Wolffs *Vernünfftige Gedancken von Gott, der Welt und der Seele des Menschen* usw., § 1082.

Helden des Xenophon, nichts von dem des Plato. Zu dem letztern verhält es sich ganz, wie der Phädon des Mendelssohn zu dem platonischen Phädon: es geht mit dem Altertum und dem Fremden überhaupt so um wie Mendelssohn mit Plato, aus dem er sich eklektisch aneignet, was seiner Denkweise angemessen scheint. Dieser Sokrates des Mendelssohn ist ein wohlredender Wolffianer, der seine vollwichtigsten Beweise für die Unsterblichkeit der Seele aus Wolff, Reimarus und Baumgarten entlehnt. Unter dem Namen des griechischen Weltweisen hören wir im Gefängnis Athens einen deutschen Kathederphilosophen des 18. Jahrhunderts mit allen metaphysischen und teleologischen Beweismitteln der Zeitphilosophie seinen Vortrag über die Unsterblichkeit halten. Nichts ist charakteristischer für Mendelssohn und seine Epoche als diese unbekümmerte Übertragung der platonischen Metaphysik in die Wolfische, als diese Berichtigung des platonischen Sokrates durch Baumgarten und Reimarus, als dieser unechte, seiner geschichtlichen Individualität entkleidete Charakter, der gerade deshalb dem damaligen Zeitgeschmack vollkommen entsprach. So gering oder vielmehr so leer war bei der Verstandesaufklärung der Verstand und Sinn für die *geschichtliche* Wahrheit. Alle jene religiösen und dunkeln Eigentümlichkeiten, welche die historische Individualität des griechischen Philosophen ausprägen, sind ausgelöscht in dem deutschen Nachbilde. In der Charakteristik des Sokrates, welche Mendelssohn seinem Phädon voranschickt, beurteilt er jene Züge so, daß er sie abplattet und, statt zu erklären, entschuldigt. Er hat keine Ahnung von den *antiken* Triebfedern der sokratischen Sittlichkeit. Als die Grundlage, worauf des Sokrates sittliche Größe beruht, bezeichnet Mendelssohn „das unverletzliche Pflichtgefühl gegen den Schöpfer und Erhalter der Dinge, den er durch das unverfälschte Licht der Vernunft auf eine lebendige Art erkannte.“ Darum empfiehlt auch dieser Sokrates allen seinen Freunden, sich in die eleusinischen Geheimnisse einweihen zu lassen; „denn“, sagt Mendelssohn, „man hat sehr guten Grund, zu glauben, daß die Geheimnisse von Eleusis nichts anderes waren als die Lehren der natürlichen Religion.“ Warum aber trug Sokrates selbst Bedenken, in die Mysterien eingeweiht zu werden? „Um diese Geheimnisse ungestraft ausbreiten zu dürfen, die ihm die Priester durch die Einweihung zu entziehen suchten.“ Des Sokrates Liebe zum Alkibiades, diesen philosophischen Eros, der im platonischen Gastmahl so hinreißend und wunderbar geschildert wird, nennt Mendelssohn eine „unnatürliche Galanterie“, welche er damit entschuldigt: „daß sie damals die Modesprache gewesen, wie etwa der ernsthafteste Mann in unseren Zeiten sich nicht entbrechen würde, wenn er an ein Frauenzimmer schreibt, wie verliebt zu tun.“ „Nichts anderes“, setzt er unbefangen hinzu, „beweisen die Ausdrücke Platos, *so fremd sie auch in unsern Ohren klingen.*“ Am fremdesten aber klang einem Mendelssohn, was Sokrates seinen Genius oder sein Dämonium nannte. Hier konnte der Berliner Weltweise nicht anders, als seinem Helden eine „Schwäche“ Schuld geben, welche sich nur damit entschuldigen läßt, daß in den Tagen eines Sokrates der Glaube an Geistereingebungen noch nicht so gründlich ausgetrieben war als in den Tagen eines Mendelssohn und Nicolai. Sokrates würde diesen Dämon nicht gehabt haben, wenn er so glücklich gewesen wäre, ein Schüler Wolfischer Aufklärung zu sein. Und dieses ist vielleicht der einzige Unterschied zwischen Sokrates und Mendelssohn, daß der letztere kein Dämonium hatte, daß er von diesem Genius vollkommen frei war. „Muß denn auch“, fragt er wohlmeinend und entschuldigend, „ein vortrefflicher Mann notwendig von allen Schwachheiten und Vorurteilen frei sein? In unseren Tagen ist es kein Verdienst mehr, Geistereingebungen zu verspotten. Vielleicht hat zu den Zeiten des Sokrates eine Anstrengung des Genies dazu gehört, die er nützlicher angewendet hat. Er war ohnedies gewohnt, jeden Aberglauben zu dulden, der nicht unmittelbar zur Unsittlichkeit führen konnte.“ Er sieht nur den moralischen Sokrates und von diesem nur so viel, als mit der moralischen Tagesaufklärung übereinstimmt; die religiösen und wunderbar eigenartigen Züge des geschichtlichen Charakters sind ihm gänzlich verschlossen. Jenen hohen Enthusiasmus, welcher den Sokrates zu dem schönsten und genialsten Jünglinge Athens unwiderstehlich hinzog, versteht ein Mendelssohn ebensowenig als die äußere Erscheinung des Sokrates, die Art und Weise seines Auftretens ästhetische Mängel und Widersprüche mit sich führen konnte, die einem Lustspieldichter das künstlerische Recht gaben, den Philosophen zum Gegenstand einer Komödie zu machen. Aristophanes gilt ihm als ein „feiler Komödienschreiber“, den die Sophisten gemietet haben, um ihren Gegner zu verspotten, und in den „Wolken“ sieht Mendelssohn nur eine „possenhafte Fratze“. Einer solchen Auffassung konnte natürlich auch der Tod des Sokrates nicht als ein tragisches Schicksal, sondern nur als ein Justizmord erscheinen, den die Priester, Sophisten und Redner auf dem Gewissen haben, d.h. die Feinde der Aufklärung und Moral. Natürlich mußte ein solcher Sokrates einem Mendelssohn zum Verwechseln ähnlich erscheinen. „Wenn wir einen unserer Weltweisen“, sagt ein Zeitgenosse des letzteren, „den Sokrates der neuern Zeit nennen wollten, wer würde uns eher beifallen, als der weiche, sanfte, süßschwärmerische Mendelssohn?“

3. Die Aufklärung im Widerspruch mit dem Begriff der Entwicklung

Wir brauchen an dieser Stelle Mendelssohns Sokrates lediglich als Beispiel, um anschaulich zu zeigen, wie eng der Erleuchtungskreis jener Verstandesaufklärung war, welches spärliche und matte Licht von hier auf alles geschichtliche Menschenleben fiel, das von anderen Triebfedern bewegt wird als den dünnen und kraftlosen Vorstellungen der natürlichen Moral und Religion. Gilt bei den Orthodoxen alles, was mit den festgestellten Lehren der geoffenbarten Religion nicht übereinstimmt, für *Unglaub*e, so gilt bei ihren Gegenfüßlern, den Aufklärern, alles für *Aberglaube*, was den ausgemachten Begriffen der natürlichen Religion widerstreitet. Aus entgegengesetzten Standpunkten geraten beide in denselben Widerspruch mit der Geschichte; beiden fehlt gänzlich der geschichtskundige Sinn und die darauf gegründete historische Beurteilung der Dinge; beide sind gleich unfähig, in der Geschichte *Entwicklung* zu begreifen und ein fremdes Zeitalter nach seinen eigenen Bildungsgesetzen aufzufassen. Daß in dem Kopf eines Philosophen, in der Phantasie eines Dichters jemals andere Vorstellungen gelten konnten als welche die natürliche Theologie mit so vielen Beweisgründen der Vernunft rechtfertigt, finden die Aufgeklärten so gut wie unbegreiflich. Einem Mendelssohn scheint das Dämonium des Sokrates nicht weniger eine traurige Folge des Aberglaubens zu sein als der Götterglaube Homers. Homer wäre ein vortrefflicher Poet gewesen, wenn er nur diese dunkeln Vorstellungen nicht gehabt hätte von den vielen Göttern, welche in menschlicher Weise empfinden und von menschlichen Leidenschaften bewegt werden. Mit einem gewissen Mitleid bemerkt Mendelssohn, daß die Aufklärung die Phantasie eines Homer noch nicht erleuchtet hatte. „In Homer selbst", sagt in seinem *Jerusalem* der aufgeklärte Weltweise, „in dieser sanften, liebevollen Seele war der Gedanke noch nicht aufgeblüht, daß die Götter aus Liebe verzeihen, daß sie ohne Wohlwollen in ihrem himmlischen Wohnsitze nicht selig sein würden?" So hoch stehen die Begriffe der Aufklärung über den früheren Zeitaltern, daß selbst deren größte Geister sie nicht erreichen konnten. Und so erhaben müssen sich natürlich die Aufgeklärten selbst erscheinen, wenn sie sich mit den Geistern der Vergangenheit messen; sie müssen sich unendlich viel besser und weiser dünken, als jene, denen das Licht der Vernunft nie so klar geschienen, und die selbst mit den höchsten Kräften des Geistes befangen blieben und im Dunkeln umherirrten. So werden zuletzt die Aufgeklärten mit aller Duldsamkeit, deren sie sich rühmen, ebenso hochmütig und selbstzufrieden, wie die Orthodoxen mit ihrer Intoleranz von vornherein sind. Sie teilen das Menschengeschlecht in zwei Klassen: in solche, die vor Wolff, und solche, die nach Wolff gelebt haben; und sich selbst preisen sie glücklich, daß sie zu den letzteren gehören. „Ich habe niemals“, sagt Mendelssohn im Anhange zum *Phädon*, „den Plato mit den Neuern und beide mit den düstern Köpfen der Mittlern Zeiten vergleichen können, ohne der Vorsehung zu danken, daß sie mich in diesen glücklichen Tagen hat geboren werden lassen.“ Und so muß ihnen das Menschengeschlecht und die Weltgeschichte, deren Bildungsgesetze sie nicht verstehen, wie ein Chaos erscheinen, worin es nur wenige einzelne Lichtpunkte gibt, die einen heller, die andern dunkler, welche leuchten und wieder verschwinden, während die Menschheit im ganzen dieselbe bleibt. Wie Leibniz von der Summe der bewegenden Kräfte in der Natur geurteilt hatte, daß sie konstant sei, daß sie weder wachse noch abnehme; so urteilt die Verstandesaufklärung von der Summe der Moralität in der sittlichen Welt. Sie begreift die Entwicklung in der Welt nicht: darum muß sie den Fortschritt in der Menschheit verneinen. „Der Fortgang“, sagt Mendelssohn in seinem *Jerusalem*, „ist nur für den *einzelnen* Menschen. Aber daß auch das Ganze, die *Menschheit* hienieden in der Folge der Zeiten immer vorwärts rücken und sich vervollkommnen soll, dieses scheint mir der Zweck der Vorsehung nicht gewesen zu sein; wenigstens ist dieses so ausgemacht und zur Rettung der Vorsehung Gottes bei weitem so notwendig nicht, als man sich vorzustellen pflegt.“

Wie die Mystiker alles in Gott sehen, so sieht dieses Zeitalter alles in Wolff, die Philosophen sowohl der alten als der neuen Welt. Aristoteles erscheint ihm gleich Wolff, ebenso Leibniz, ebenso Spinoza. Den Spinoza hat Jacobi glücklicherweise an Mendelssohn gerächt, aber die Auffassung der Leibnizischen Philosophie, wie sie das Wolfische Zeitalter verbreitet hat, ist leider bis auf den heutigen Tag die landläufige geblieben. Noch heute versteht man die Monadenlehre gemeiniglich so, wie sie dem Wolfischen Verstande erschien; man nimmt noch heute die Leibnizische Lehre von der Harmonie in jenem äußeren Verstande, der sich im Geiste der Wolfischen Philosophie befestigt hatte: nicht als die Selbstentwicklung des Individuums, nicht als das vollkommene Stufenreich der Kräfte, sondern als die Verfassung einer äußeren, mechanischen Zweckmäßigkeit, als das äußere, mechanische Bindemittel zwischen Seele und Körper. Und daß dieser Begriff der *Entwicklung in der Welt* der Wolfischen Philosophie vollkommen fehlt und (wir haben gezeigt, warum) fehlen muß: gerade dies macht sie blind gegen jede fremde Vorstellungsart, gerade dies beschränkt ihren Verstand auf jene unfruchtbare und enge Denkweise, die alles nach ihrem Maße mißt, alles nach ihren fertigen Begriffen beurteilt und den Satz des formalen Widerspruchs, von dem sie selbst allein abhängen will, auf die Mannigfaltigkeit und Fülle des geschichtlichen Lebens anwendet. Weil einem Subjekte von zwei verschiedenen Prädikaten nur *eines* beigelegt werden, weil es nicht zugleich A und Nicht-A sein kann, darum, so urteilt diese Logik, könne die menschliche Religion nicht zugleich Monotheismus und Polytheismus, nicht zugleich Deismus und Christentum sein; darum, so lautet der Schluß, müssen die heidnische und christliche Religion, wie sie geschichtlich gegeben sind, notwendig falsch sein. Und es ist dieser Weisheit unbegreiflich, wie jemals die Menschen so unverständig und abergläubisch sein konnten, solche Religionen zu haben, solche Gottesbegriffe zu glauben. Wie eng erscheint dieser Verstand in Vergleichung mit Leibnizens großer Art zu denken, „der bei seiner Untersuchung nie Rücksicht nahm auf angenommene Meinungen, aber in der festen Überzeugung, daß keine Meinung angenommen sein könne, die nicht von einer gewissen Seite, in einem gewissen Verstande wahr sei, die Gefälligkeit hatte, diese Meinung so lange zu wenden und zu drehen, bis es ihm gelang, diese gewisse Seite sichtbar, diesen gewissen Verstand begreiflich zu machen."

Das Prinzip der Leibnizischen Philosophie ist ja die Eigentümlichkeit, die unendliche Mannigfaltigkeit der Dinge, das unendliche Stufenreich der in der Welt wirksamen Kräfte. Der Sinn für fremde Eigentümlichkeit liegt der Monadenlehre in der Seele ihres Urhebers zu Grunde; ohne diesen Sinn wäre sie niemals entstanden. Und eben dieser Sinn für das Eigentümliche und Individuelle jeder Erscheinung fehlt der Wolfischen Philosophie gänzlich, wie der Verstandesaufklärung überhaupt. Ihr Organ ist jener beschränkt logische Verstand, der sich für das Maß der Dinge hält, der alles sich gleich macht und gewonnen zu haben glaubt, wenn er in seinem Denken vorurteilsfrei und folgerichtig verfährt. Man kann nach der gewöhnlichen Art vorurteilsfrei und konsequent und dabei doch sehr beschränkt sein. Das Organ der Leibnizischen Philosophie ist der erweiterte, kongeniale Verstand, der die Fähigkeit hat und haben will, sich den Dingen gleich zu machen, deren eigenartige Natur er durchdringt. Dieser Verstand bildet den geheimen und höchsten Sinn der Monadologie; er erlischt mit dem Begriff der Monade in dem Wolfischen Zeitalter und wird erst wieder mächtig, nachdem die Verstandesaufklärung ihr Licht ausgestrahlt hat. Was der beschränkte logische Verstand dunkel lassen mußte, erleuchtet der kongeniale und erhebt so die deutsche Aufklärung auf eine höhere Stufe der Weltbetrachtung und Welterkenntnis. Die Verstandesaufklärung der ersten Art wußte alle Objekte nur so weit zu schätzen, als sie ihren logischen und moralischen Begriffen durchsichtig waren; sie ließ nur soviel davon gelten, als sie in einer richtigen Schlußfigur darstellen und beweisen konnte; und so wohltätig ohne Zweifel diese Aufklärung wirkt, wo es sich um die menschliche Torheit, um die Irrtümer des Verstandes, um die Gebilde des Wahns handelt, so beschränkt und verkehrt muß sie urteilen, wo nicht der logische und moralische Verstand, sondern die geheimnisvollen Kräfte der Natur und Menschheit wirken; so ohnmächtig und ungerecht wird diese Aufklärung gegenüber allen Erscheinungen, in denen sich eine eigentümliche Notwendigkeit offenbart, wie in den Werken der Natur und des Genies, in den Bildungen der Religion und der Kunst. Diese Schöpfungen sind nicht durch Logik und Moral gemacht worden, sie können auch nicht auf diesem Wege verstanden werden. Um sie zu verstehen, muß man sie nachdenken, nachempfinden, gleichsam nachdichten können. Man muß in ihre ursprüngliche Eigentümlichkeit, in ihre eigene geheime Gemütsverfassung eindringen, um ihre Art und ihren Verstand zu begreifen. Für diese kongeniale Auffassung der Dinge fehlte der Verstandesaufklärung alle Anlage. Hatte sie in Reimarus ihren ganzen Scharfsinn, ihre schneidende Logik, ihren sittlichen Ernst als in einem klassischen Beispiele bewiesen, so zeigte sie in Nicolai nicht weniger charakteristisch die stumpfe Seite ihrer Logik, den Mangel an aller Kongenialität, den platten Verstand, der unvermögend war, fremde Natur und Bildung in ihrer Eigentümlichkeit zu erkennen. Die Verstandesaufklärung findet die ihr undurchdringliche Schranke, wo der Genius anfängt. Was instinktiv oder genial wirkt, wie die Natur, die Religion, die Kunst, die Geschichte in ihren elementaren Bildungen, das ist dem Verstande dieser Aufklärung verschlossen. Ihre Streitkräfte siegen in dem Kampf mit dem Autoritätsglauben; aber sie stumpfen sich ab im Kampf mit dem Genie: eine Ohnmacht, welche niemand an sich selbst deutlicher gezeigt hat als Nicolai.

Fünftes Kapitel. Die Aufklärung im Einklange mit der Idee der Entwicklung. Gotthold Ephraim Lessing

I. Die kongeniale Betrachtungsweise

1. Aufgabe und Standpunkt

Die Verstandesaufklärung ist auf einen Punkt gekommen, wo sich ihr Unvermögen in der Erklärung und dem Verständnis geschichtlicher Dinge deutlich zur Schau stellt; sie hat den Begriff der Entwicklung der Welt, diesen Grundgedanken und diese Leuchte der Leibnizischen Philosophie, aus den Augen verloren, ja in Mendelssohn denselben geradezu verneint. Die Folge ist, daß sich ihr die Geschichte, das Werden und die Eigentümlichkeit menschlicher Bildung verdunkelt und damit ihr eigener Erleuchtungskreis auf ein dürftiges Gebiet zusammenschrumpft. Je weiter sie in dieser Richtung fortschreitet, um so mehr verengt sich ihr geistiger Horizont; um so beschränkter wird sie selbst. Sie ist in der Tat so wenig wirkliche Aufklärung, daß sie selbst der Aufklärung bedarf. Ihre nächste Aufgabe ist, daß diese Schranke durchbrochen und das aufklärende Denken erweitert wird.

Es gibt nur *einen* Weg, auf dem die Aufklärung sich erweitern und wirklich fortschreiten kann: daß sie mit dem vorurteilsfreien, folgerichtigen, klaren Denken den Sinn für die Eigentümlichkeit der Dinge, also auch für die fremde Eigentümlichkeit vereinigt, daß sie den logischen Verstand in den *kongenialen* verwandelt, der sich die fremde Vorstellungsweise erst aneignet, bevor er sie erklärt und beurteilt. Dieser Verstand begreift, daß jede Erscheinung ihre eigentümliche Natur, Kraft und Äußerung hat, daß sie mit ihrem, nicht mit fremdem Maße gemessen, in ihrem eigenen Geiste beurteilt und dargestellt sein will: so jedes Zeitalter, jede Religion, jedes Kunstwerk. Er nimmt die Dinge wieder, wie sie Leibniz genommen hatte: als Monaden, Mikrokosmen, Stufen einer großen Entwicklungsreihe, Glieder eines harmonischen Ganzen. Und so kommt hier in der Betrachtungsweise des kongenialen Verstandes unwillkürlich der esoterische Geist der Leibnizischen Philosophie zu seiner Entwicklung und Ausbildung, wie der exoterische auf der ersten Stufe der Verstandesaufklärung geherrscht hatte. Natürlich ist es jetzt nicht mehr der metaphysische Begriff der Monade und Entwicklung, die bloß wiederholt werden, sondern es ist deren Anwendung auf die lebendigen Tatsachen und näher auf die geschichtlichen, wodurch sich der Geist der Aufklärung erweitert und von der Befangenheit seines frühern Standpunktes befreit. Es heißt nicht mehr, die Dinge sollen als Monaden, sollen als Stufen in der Entwicklung des Ganzen betrachtet werden, sondern sie werden wirklich so betrachtet. Kunst, Religion, Staat, die Geschichte überhaupt werden jetzt unter dem Gesichtspunkt der Entwicklung angesehen und beurteilt: jede Erscheinung wird an ihren richtigen Ort gestellt, den sie in der natürlichen und geschichtlichen Weltordnung einimmt, und was früher, losgerissen von seinem Zusammenhang und heimatlichen Boden, ungereimt und naturwidrig erschienen war, erscheint nun vollkommen naturgemäß und begründet. Jetzt lösen sich die Widersprüche, welche die Verstandesaufklärung auf die geschichtlichen Bildungen der Vergangenheit, auf heidnische und christliche Religionsbegriffe gehäuft hatte; was sich ungereimt und widerspruchsvoll zeigte in Vergleichung mit dem Zeitalter der Aufklärung, erscheint mit sich selbst in vollkommener Übereinstimmung, wenn man es mit seinem eigenen Zeitalter vergleicht. Die Verstandesaufklärung begriff die Geschichte nicht, weil sie die Entwicklung nicht begriff, und sie konnte die Entwicklung nicht fassen, weil ihr mit dem Begriff der Monade der Sinn für die Originalität der Dinge oder der kongeniale Verstand fehlte. Wo sich dieser kongeniale Verstand der Dinge bemächtigt, ergreift er überall mit der Eigentümlichkeit und Originalität seines Objekts zugleich dessen Entwicklung und Geschichte.

2. *Winckelmann und die Alten*

Das erste Objekt, welches eine solche kongeniale Auffassung herausforderte, weil es dem Geiste der deutschen Aufklärung am nächsten lag und doch von ihrem schulgerechten Verstande nicht ergriffen werden konnte, war das klassische Altertum. Dem Standpunkte der Kartesianisch-Spinozistischen Philosophie blieb das Altertum fremd, weil ihm der Begriff für Kunst, Schönheit und Form abging. Leibniz hatte den Formbegriff im Geiste der neuern Philosophie wieder erweckt, er zuerst empfand wieder die Verwandtschaft mit den Griechen, vor allem mit Plato und Aristoteles; aber die Verstandesaufklärung, welche ihm folgte, vermochte nicht, die griechischen Formen griechisch zu denken und zu empfinden, sondern nahm und entstellte sie nach dem Rokokogeschmack ihres Zeitalters.

Der erste, welcher für das griechische Altertum den kongenialen Verstand hatte und forderte, war Winckelmann, ein den Griechen verwandter Geist, welchem die ästhetische Empfindungsweise der Alten angeboren war, und der deshalb keine andere Vermittlung bedurfte, als die Anschauung der antiken Schönheit, um das Wesen der klassischen Kunst zu entdecken. Denn der kongeniale Verstand darf von der Philosophie und der Schule ebenso unabhängig sein, wie das Genie selbst. Seine erste Schrift über die „*Nachahmung der griechischen Werke in der Malerei und Bildhauerkunst*“ bezeichnet den Aufgang der neuen Epoche. „Der einzige Weg für uns“, sagt Winckelmann im Anfange seiner Schrift, „groß, ja, wenn es möglich ist, unnachahmlich zu werden, ist die Nachahmung der Alten, und was jemand vom Homer gesagt, daß derjenige ihn bewundere, der ihn wohl verstehen gelernt, gilt auch von den Kunstwerken der Alten, besonders der Griechen. *Man muß mit ihnen, wie mit seinem Freunde, bekannt geworden sein*, um den Laokoon ebenso unnachahmlich als den Homer zu finden. In solcher genauen Bekanntschaft wird man, wie Nikomachos von der Helena des Zeuxis, urteilen: ‚Nimm meine Augen,‘ sagte er zu einem Unwissenden, der das Bild tadeln wollte, „so wird sie dir eine Göttin scheinen'."[37] Winckelmann verlangte die lebendige Gegenwart und die vertraute Nähe der antiken Kunstwerke, um in ihrer unmittelbaren Anschauung zu leben. Seine Reise nach Italien und sein Aufenthalt in Rom wurde für die Ästhetik als Kunstwissenschaft ebenso wichtig und ebenso bezeichnend als später die Weltreisen eines Cook, Forster, Humboldt für die Naturwissenschaften. Bezeichnend deshalb: weil der kongeniale Sinn für Natur und Kunst diese lebendige Anschauung und unmittelbare Nähe seiner Objekte bedarf. Nachdem Winckelmann die griechische Kunst mit griechischen Augen erkannt hatte, vermochte er die geschichtlichen Phasen ihrer Entwicklung zu unterscheiden und eine wirkliche Kunstgeschichte des Altertums zu geben. Hier entdecken wir die bedeutsame Grenzscheide in dem Entwicklungsgange der neuern Aufklärung. Mit diesem Augenblick, wo die deutsche Aufklärung den logischen Verstand durch den kongenialen überbietet, erhebt sie sich auf einen Gesichtspunkt, der die englisch-französische Aufklärung weit hinter sich zurückläßt und von der letztern vielleicht noch heute nicht erreicht ist: diese steigt vom Deismus zum Materialismus herab, während jene vom Deismus zur kongenialen Betrachtung der Natur und Kunst und, so befruchtet, zur genialen Kunstschöpfung emporsteigt. Dort werden die metaphysischen Begriffe immer enger, flacher und unfähiger, Leben und Wirklichkeit zu durchdringen; hier erweitern sich die Begriffe mit jedem Schritte mehr, und ihre Anschauungen werden immer lebendiger und tiefer.

II. Die Höhe der Aufklärung. Lessing

1. Lessings Denkweise, Schreibart, Kritik

Hatte Winckelmann in seiner Schrift über die Nachahmung der Alten den antiken Genius wieder entdeckt, aber die Eigentümlichkeit der verschiedenen Künste zu wenig auseinandergehalten, vielmehr die Grenzen der bildenden Kunst und Poesie vermischt, so mußten diese Grenzen entdeckt und mit nicht weniger kongenialem Verstande jede dieser Kunstgattungen in ihrer eigentümlichen und, so zu sagen, angeborenen Naturschranke dargestellt werden. Lessing kam und erklärte in seinem „*Laokoon*" aus dem Vorbilde der Alten und der Natur der Künste selbst „die Grenzen zwischen Malerei und Poesie". In ihm erscheint der vollkommen ausgerüstete Charakter dieser höhern Stufe unserer Aufklärung. Er vereinigt die völlig vorurteilsfreie, folgerichtige, klare Denkart mit der

[37] Johann Winckelmanns Werke, Bd. II: *Gedanken über die Nachahmung der griechischen Werke* usf., § 6.

erweiterten, den logischen Verstand mit dem kongenialen; und aus dieser Vereinigung allein, die nur ihm völlig gelang, erklärt sich seine einzige Schreibart, die so klar, so deutlich und zugleich so durchdringend sein konnte. Nur er wußte mit logischem Verstande sein Objekt zu zergliedern und es mit kongenialem in seiner eigentümlichen Lebendigkeit wieder entstehen zu lassen. Er hatte die Teile in seiner Hand und zugleich das geistige Band, das sie zusammenhielt. Er fühlte, wo das Objekt seinen Schwerpunkt hatte, und, was nur wenigen gegeben ist, er vermochte zugleich dieses Gefühl ohne alle Rhetorik, ohne alle Orakelsprüche logisch zu beweisen, durch Begriffe einleuchtend und durch bildliche Darstellung greifbar zu machen. Seine Schreibart wollte nichts sein als treffend. Daß sie es wirklich im höchsten Grade war, bewirkte der kongeniale Verstand, welcher den logischen regierte und ihm deutlich das Ziel zeigte, das er ins Auge fassen und treffen sollte. Dabei hatte sein Stil den höchsten Grad natürlicher Dialektik. Natürlich nenne ich Lessings Dialektik deshalb, weil sie sich nach keinen Schulregeln, sondern mit zwangloser Freiheit und Lebendigkeit bewegte, weil sie wie in einem lebhaften Zwiegespräch mit sich selbst redete und durchweg den Charakter des Dialogs trug, aus dem, als ihrem natürlichen Elemente, die Kunst der Dialektik hervorgeht. Diesen unnachahmlichen Stil nannte Lessings berüchtigter Gegner nicht übel dessen „Theaterlogik", und Lessing wollte sich gern diesen Ausdruck gefallen lassen, denn er fühlte selbst mit großer Genugtuung, daß seine Schreibart dramatisch und im Drama sein größtes Talent der Dialog war.

Lessings kongenialer Verstand regelte stets seine Kritik: darum war diese Kritik stets eine positive, was die der Verstandesaufklärung nicht war und sein konnte. Denn der logische Scharfsinn findet wohl die Mängel seines Objekts und demonstriert, was es *nicht* ist; der kongeniale dagegen zeigt, was die bestimmte Erscheinung ihrem eigenen Geiste nach sein will; er folgt nicht einer vorgefaßten Definition, sondern der innern ursprünglichen Richtung der Sache und macht uns daher deutlich, was sie in positivem Sinne ist. Und dieser kongeniale Verstand, diese kongeniale Kritik, von der Lessing das richtige Selbstgefühl hatte, machte in seiner Natur jenen Faktor, der, wie er selbst sagte, dem Genie nahe kam.

Auf der einen Seite bestärkte und beförderte Lessing den Aufklärungsverstand in seinem Kampfe mit der Autorität und dem Buchstabenglauben, in seinem Bunde mit der einfachen Natur und der natürlichen Erkenntnis: dies machte ihn zum Freunde von Mendelssohn und Nicolai, zum Herausgeber der Wolfenbüttler Fragmente, zum Verteidiger des Reimarus und zum leibhaftigen Anti-Goeze. Auf der andern Seite befreite er die

Verstandesaufklärung von ihrer Befangenheit und Schranke, von ihrem Unvermögen in der Würdigung der geschichtlichen Dinge, der fremden Bildungszustände in Religion und Kunst: dies machte ihn zum Nachfolger Winckelmanns und ließ ihn mit dem Genius der Alten wie mit Shakespeare vertraut werden, dies schärfte seine dramaturgischen Waffen gegen Voltaire; dieser kongeniale Verstand zeigte ihm Spinoza und Leibniz, jeden in seiner wahren Gestalt (während Mendelssohn sie vermischt und ihre Unterschiede verwirrt hatte); dies befähigte ihn, den Geist eines scholastischen Denkers, wie des Berengar von Tours, ebenso lebendig zu fassen und wieder zu erwecken, als er im Wolfenbüttler Fragmentisten die schärfste Ausprägung des reinen Deismus zu verteidigen wußte. Deshalb wurde Lessing das Vorbild Herders; er blieb in dem Xenienkampf unserer klassischen Poesie gegen die Aufklärer selbst in den Augen unseres Schiller und Goethe der unverwundbare Achilles[38]; und als ein späteres poetisches Geschlecht, welches die Schlegel anführten, die kongeniale Kritik wieder aufnahm, da erhoben sie Lessing auf ihre Schilde. Will man anschaulich wissen, was der logische Verstand vermag, wenn ihm der kongeniale gleichkommt, und wie sich der kongeniale Verstand äußert, wenn ihm der logische nicht gleichkommt, so vergleiche man einen Lessing mit einem Herder!

2. *Religion und Bibel. Anti-Goeze*

Reimarus und Winckelmann sind für Lessing die beiden hervorspringenden Ausgangspunkte. Mit Winckelmanns Nachahmung der Alten hängt unmittelbar der *Laokoon*, mit der Herausgabe der Wolfenbüttler Fragmente unmittelbar der *Anti-Goeze* zusammen, ohne Zweifel die bedeutendste Streitschrift, welche der Kampf zwischen Philosophie und Theologie aufzuweisen hat. Niemals ist ein größeres Thema treffender und erfolgreicher verteidigt worden, als in den Briefen des Bibliothekars von Wolfenbüttel gegen den Hauptpastor in Hamburg. Und was dieser Streitschrift vor allen andern die Unvergänglichkeit sichert, das ist neben der Bedeutung ihres Themas, neben ihrem dramatischen Stil, dem alle Mittel siegreicher Beweisführung mit natürlicher Leichtigkeit zu Gebote stehen, der große sittliche Adel, die leidenschaftliche und rücksichtslose Liebe zur Wahrheit, die in jedem Zuge mit diesem einzigen Talente zugleich diesen einzigen Charakter bekundet. In Lessings *Anti-Goeze* hat die Aufklärung alle ihre überlegenen Streitkräfte ins Treffen geführt, sie hat keine scharfe Waffe

---

[38] *Xenien* vom Jahre 1796. *Achilles* (Lessing):
Vormals im Leben ehrten wir dich wie einen der Götter;
Nun du tot bist, so herrscht über die Geister dein Geist!

zu Hause gelassen, sie hat keine stumpfe mitgenommen, und der moralische Sieg hätte vollkommen sein müssen, selbst wenn der Gegner, den sie bekämpfte, weniger unwürdig, weniger beschränkt gewesen wäre[39]. Um sogleich den Mittelpunkt der Streitfrage zwischen Lessing und Goeze ans Licht zu stellen, so bildet deren Hauptthema das Verhältnis der christlichen Religion zur Bibel oder, um die Sache noch allgemeiner zu fassen, der Religion überhaupt zum Religionsbuch.

Im Unterschiede von den entgegengesetzten Parteien der Deisten und Orthodoxen ergreift Lessing in dieser Untersuchung einen Gesichtspunkt, der beiden widerstreitet und das fragliche Verhältnis so löst, daß die Religion selbst dem Parteikampf entnommen und auf ein Gebiet versetzt wird, welches nicht mehr zwischen dem Streite der Lehrmeinungen hin und her schwankt.

In *einem* Punkte nämlich sind Reimarus und Goeze einverstanden: daß die christliche Religion von der Glaubwürdigkeit der Bibel abhänge. Wie sie von der Bibel urteilen, so urteilen sie von der christlichen Religion. Weil die Bibel wahr ist, sagt Goeze, darum ist das Christentum wahr; jeder Angriff gegen die Autorität der Schrift ist ein Angriff gegen die christliche Religion selbst. Weil die Bibel aus so vielen Gründen nicht glaubwürdig ist, sagt Reimarus, darum ist das Christentum bedenklich. So identifizieren beide christliche Religion und Bibelglauben: hier liegt die Thesis, welche den Ausgangspunkt ihres Streites bildet und die Lessing im Prinzipe angreift.

Er will Bibel und Religion unterschieden wissen. Die Religion gleicht einem ehrwürdigen Gebäude, welches die Menschen seit Jahrhunderten bewohnen und im Laufe der Zeiten nach dem Maß ihrer Bedürfnisse und ihrer Geschicklichkeit ausgebaut haben, während die biblischen Urkunden gleichsam die ersten Grundrisse jenes Gebäudes sind, die von den ältesten Baumeistern herrühren sollen. Müssen denn die friedlichen Bewohner, die tätigen Fortbildner jenes großen Palastes notwendig auch genaue Kenner dieser Grundrisse sein? Oder heißt es etwa, das Gebäude anzünden, wenn jemand nur die Grundrisse etwas näher beleuchten will? Muß mit den Grundrissen auch das Haus verbrennen? Oder wenn es wirklich irgendwo brennte, würde man, statt das Feuer im Palaste zu löschen, erst in den Grundrissen die Stelle aufsuchen, wo es brennt? So handeln die orthodoxen Theologen, wie sie sich nen-

[39] Über Lessings Philosophie und sein Verhältnis zu Leibniz vgl. Danzel-Guhrauer: Lessings Leben und Werke (3. Aufl. von Maltzahn und Boxberger), Berlin 1880/81. Über den Streit mit Goeze vgl. Schwarz: G. E. Lessing als Theologe. Vgl. mein Werk: G. E. Lessing als Reformator der deutschen Litteratur. 2 Bände (Stuttgart, Cotta, 1881.) Bd. II. S. 1–10.

nen, die jeden Einwand gegen die Bibel auch für einen Einwand gegen die Religion halten. Sie würden darüber den Palast selbst verbrennen lassen, wenn er wirklich brennte, aber sie halten gleich jede leuchtende Erscheinung für eine Feuersbrunst[40].

3. Die Religion als Grund der Bibel

Offenbar muß die Religion dem Religionsbuch vorangehen; offenbar hat die christliche Religion bestanden, ehe christliche Religionsbücher geschrieben waren und gelesen wurden. Die Religion war eher, als die Bibel; das Christentum eher, als die Schriften der Evangelisten und Apostel, und es bestand schon lange Zeit *vor* dem biblischen Kanon. Wenn aber die Religion einmal ohne schriftliche Urkunden bestanden hat, so ist die Möglichkeit bewiesen, daß sie überhaupt ohne Urkunde, daß die christliche Religion ohne Bibel bestehen kann. Wenn sie es nicht könnte, so müßte sich das Christentum erst von dem, Augenblicke datieren, wo die Bibel geschrieben wurde; so müßten wir unser Christentum erst von dem Augenblicke datieren, wo von uns die Bibel gelesen wurde. Dagegen zeugt die Vernunft, die menschliche Erfahrung, die Geschichte der christlichen Kirche. Das historische Christentum gründet sich nicht allein auf die Bibel, sondern auch auf die Tradition, wie der Katholizismus; und auf der andern Seite berufen sich Lehren, die entschieden nicht christlich, sondern häretisch sind, wie der Sozinianismus, auf die Bibel, um ihre heterodoxen Begriffe zu rechtfertigen. Weit entfernt also, daß die Bibel den Grund der Religion bildet, muß vielmehr das entgegengesetzte Axiom gelten, und die Religion als der Grund der Bibel angesehen werden. So lautet der Satz, welchen Lessing gegen Goeze in allen Punkten verteidigt[41].

4. Das Wunder als Grund der Religion. Die „regula fidei"

Die Wahrheit der christlichen Religion gründet sich nicht auf die Glaubwürdigkeit der Bibel. Mag der Fragmentist immerhin diese umstoßen, so bleibt jene dennoch unverrückt und unverkümmert bestehen. Was ist nun der wahre Grund der christlichen Religion, wenn es die Bibel *nicht* ist? Man verweist uns auf die übernatürliche Tatsache ihrer Entstehung. Die christlichen Wunder, sagt man,

---

[40] *Eine Parabel*; Lessings sämtl. Schriften (Lachmann-Muncker) XIII, 93 ff. Vgl. mein Werk: G. E. Lessing, Bd. II (4. Aufl.), Kap. 1, S. 1–24.

[41] *Axiomata, Wenn es deren in dergleichen Dingen giebt. Wider den Herrn Pastor Goeze, in Hamburg*; Lessings sämtl. Schriften (Lachmann-Muncker) XIII, 105 ff. Vgl. *Anti-Goeze, D. i. Nothgedrungener Beyträge zu den freywilligen Beyträgen des Hrn. Pastor Goeze. Erster. (Gott gebe, letzter!)*; ebendas. 141 ff.

seien „der Beweis des Geistes und der Kraft.“ Wenn in der Tat die Wunder dieser Beweis wären, wenn durch sie allein die christliche Religion wahrhaft bezeugt werden könnte, so dürften sie nicht aufhören zu geschehen, denn der einzige Beweis des Wunders ist das geschehende Wunder. Aber für uns gibt es keine lebendigen Wunder mehr, sondern nur Nachrichten von Wundern, die einst geschehen sein sollen. Offenbar sind diese Nachrichten selbst keine Wunder, und den günstigsten Fall gesetzt, daß die Nachricht wahr, das Wunder wirklich geschehen ist, so sind sie nur historische Wahrheiten, so berichten uns jene glaubwürdigen Erzählungen nur gewisse Tatsachen, die einmal geschehen sind und deshalb nur eine bedingte, aber keine ewige Notwendigkeit haben. Zufällige Geschichtswahrheiten, sagt Lessing, können niemals der Beweis ewiger Vernunftwahrheiten werden. *Darum kann sich auf den Glauben an historische Wahrheiten niemals die Religion gründen*[42].

Also der Grund der Religion ist keine schriftliche Urkunde und keine historische Wahrheit: weder ein Wunder noch sonst irgend welche einmal geschehene Tatsache. Worin besteht nun die Religion? In ewigen Wahrheiten, welche niemals durch einzelne Fakta bewiesen werden können. Worin besteht die christliche Religion? In den ewigen Wahrheiten, die seit den Anfängen des Christentums geglaubt und deren Inbegriff frühzeitig als die „regula fidei“ bezeichnet wurde. Diese *regula fidei* ist älter als die Kirche, als die Gemeinde, als das neue Testament. Die Schriften der Apostel sind so wenig die Quelle dieser ursprünglichen Glaubensrichtschnur, daß sie in den ersten Jahrhunderten nicht einmal für deren authentischen Kommentar galten: sie sind nicht ihre Quelle, sondern nur ihre ältesten Belege[43].

5. *Die christliche Religion und die Religion Christi. Evangelienkritik*

Indessen muß die christliche Religion wohl unterschieden werden von der Religion Christi. Dort ist Christus Objekt, hier Subjekt der Religion. Die christliche Religion glaubt an Christus; die Religion Christi ist sein eigener Glaube. Jene glaubt an Christus als den Sohn Gottes, der durch seinen Tod das Menschengeschlecht erlöst habe; Christus selbst glaubte an das ewige Leben und die göttliche Bestimmung des Menschen. Lessing ist, wie Leibniz, überzeugt, daß Christus die reine, praktische Vernunftreligion

[42] *Über den Beweis des Geistes und der Kraft.* An den Herrn Direktor Schumann, zu Hannover; ebendas. 1 ff.

[43] *G. E. Lessings nöthige Antwort auf eine sehr unnöthige Frage, des Herrn Hauptpastor Goeze, in Hamburg;* Lessings sämtl. Schriften (Lachmann-Muncker) XIII, 329 ff.

zuerst gelehrt und gelebt habe, daß er der erste praktische Lehrer der Unsterblichkeit gewesen sei[44]. Der Christusglauben in seinem subjektiven und objektiven Verstande (als Religion Christi und als christliche Religion) geht der Bibel voraus und liegt den Schriften der Evangelisten und Apostel zugrunde: in diesen letzteren zeigt sich deutlich genug schon der Unterschied zwischen dem historischen und dem religiösen Glauben. In den drei ersten Evangelien, die nach Lessings Hypothese aus einem gemeinsamen hebräischen Urevangelium geschöpft haben, überwiegt jene äußerliche und historische Auffassung, deren Gegenstand der menschliche Christus ist; in dem Johannisevangelium dagegen überwiegt der höhere, geistige Verstand, der in Christus die menschgewordene Gottheit anschaut. Die ersten, früheren Evangelien stehen unter dem Einfluß der *Geschichtswahrheit*, das spätere johanneische unter dem Einfluß der *ewigen Wahrheit* der Christusreligion. Wäre die erste Auffassung die alleinige geblieben, so war das Christentum in Gefahr, als jüdische Sekte zu verkümmern, denn hier entdeckte sich noch nicht der ursprüngliche Unterschied zwischen dem Prinzipe der jüdischen und dem der christlichen Religion. Sollte die letztere unter den Heiden eine besondere, unabhängige Religion bleiben, so mußte Johannes sein Evangelium schreiben, wodurch das unabhängige Christentum für ewig gegründet wurde[45].

6. Das Wesen der Religion. Die Grundwahrheiten des Christentums

Dieser Punkt ist für Lessings religionsphilosophische Untersuchungen von großer Bedeutung. Er sucht die Elemente der Religion und findet sie nicht in irgend einer geschichtlichen Tatsache, in irgendeiner geschriebenen Urkunde, sondern lediglich in ewigen, innern Wahrheiten, die geglaubt und praktisch ausgeübt werden. So geht seine Untersuchung auf den *Ursprung der Religion* und näher auf den ursprünglichen Geist der christlichen. Die Ursprünglichkeit des Christentums hat Lessing auf das klarste erleuchtet, indem er dessen Unabhängigkeit nach beiden Seiten hervorhebt: sowohl von den biblischen Urkunden, die aus der christlichen Religion hervorgehen, als von dem Judentum, woraus der geschichtliche Gang der Dinge das Christentum selbst hat hervorgehen lassen. In der ersten Rücksicht ist Lessing der entschiedenste Gegner der Orthodoxie, welche die Religion auf die Bibel

---

[44] *Die Religion Christi* (aus Lessings Nachlasse), ebendas. XVI, 518. Vgl. *Die Erziehung des Menschengeschlechts* § 58; ebendas. XII, 428.

[45] *Neue Hypothese über die Evangelisten als bloß menschliche Geschichtsschreiber betrachtet*, § 62 (aus Lessings Nachlasse); Lessings sämtl. Schriften (Lachmann-Muncker) XVI, 370 ff.

allein gründen und den Geist des Christentums unter das Joch des Buchstabens gefangen nehmen möchte; in der andern unterscheidet er sich sehr charakteristisch von der herkömmlichen Aufklärung, die in der christlichen Religion nur eine Fortbildung der jüdischen sehen wollte. Lessing erkennt, daß mit dem Christentum ein ganz neuer Geist in die Weltgeschichte eintritt, der sich von allen frühern Religionsbegriffen, den jüdischen so gut wie den heidnischen, dem Prinzipe nach unterscheidet. Wenn überhaupt jede Religion eine bestimmte Vorstellung ausbildet von dem Verhältnisse des Menschen zu Gott, so ist das Christentum deshalb eine wesentlich andere Religion als das Judentum, weil es andere Begriffe vom Menschen und andere Begriffe von Gott hat.

Gerade den letzten Punkt hatte die Aufklärung vor Lessing zu wenig begriffen. Was den Menschen betrifft, so glaubt die christliche Religion an das ewige Leben, gegründet auf die Unsterblichkeit der menschlichen Seele. Was Gott betrifft, so glaubt sie an die *Gottmenschheit*: eine Vorstellung, welche im Geiste des Judentums als Atheismus erschien; deshalb werden erst in dem Johannisevangelium die christlichen Religionsurkunden wahrhaft christlich, weil sie hier diese Vorstellung in ihrer ewigen Wahrheit erreichen, während die frühern judaisierenden Evangelisten dahinter zurückbleiben. Der jüdische Gottesbegriff ist reiner *Monotheismus*; der christliche, dogmatisch entwickelte Gottesbegriff besteht in der *Trinität*. Der Glaube an die Gottmenschheit, worauf sich die Lehre der Trinität gründet, gehört zum geschichtlichen Charakter des Christentums und ist mit diesem so unveräußerlich verbunden, daß nur eine so geschichtslose Betrachtungsweise wie die der Wolfischen Aufklärung davon absehen konnte. Lessing ist der erste, welcher die christliche Religion in ihrer Originalität, in ihrer vollen, geschichtlichen Eigentümlichkeit begreifen will; darin allein besteht jenes große Problem, welches seine tiefsinnigsten Untersuchungen hervorruft.

7. Das Christentum der Vernunft. Die Trinität

Die Religion Christi gilt ihm als die reine, praktisch bekräftigte Vernunftreligion. Und die christliche Religion sollte in Lessings Verstande der Vernunft widersprechen? Ist überhaupt zwischen Religion und Vernunft ein unauflöslicher Gegensatz möglich? Und wenn er unmöglich ist, so müssen die positiven Religionen überhaupt mit der Vernunftreligion harmonieren, so muß auch in der Geschichte der Religionen die Vernunft sich entdecken und nachweisen lassen. Die Frage heißt: wie kann aus der natürlichen Religion eine positive, aus dem vernünftigen Christentum ein geoffenbartes werden, oder *wie verhält sich die Vernunftreligion zu der geschichtlich gegebenen Religion*? Vor Lessing hatte die deutsche Aufklärung alle möglichen Fassungen dieses Verhältnisses erschöpft, unter der Voraussetzung, daß in den positiven oder geoffenbarten Religionen ein Unbegreifliches enthalten sei, welches die menschliche Vernunft niemals zu durchdringen vermöge. Angenommen einmal, daß der geoffenbarten Religion solche übernatürliche und irrationale Vorstellungen in der Tat einwohnen, so konnte sich die aufklärende Vernunft in dreifacher Weise dazu verhalten: entweder positiv, indem sie jenes Unbegreifliche als ein Übervernünftiges anerkannte; oder indifferent, indem sie gleichgültig davon absah; oder endlich negativ, indem sie es als vernunftwidrig verneinte. Den ersten Standpunkt behauptete Leibniz, den letzten Reimarus, den eklektischen Mittelweg gingen die gewöhnlichen Wolffianer auf der breiten Heerstraße der Aufklärung. Jeder dieser Standpunkte hatte seinen eigentümlichen Mangel und konnte die eigentliche Aufgabe nicht lösen. Leibniz erreichte statt der gesuchten Harmonie zwischen Vernunftreligion und Offenbarung nur einen vorläufigen Vertrag, bei dem die Rechte der Vernunft verkürzt wurden. Und die andern, welche die Vernunft allein im Auge behielten, konnten der Geschichte niemals gerecht werden: entweder nahmen sie der positiven Religion alle geschichtliche Eigentümlichkeit oder alle religiöse Bedeutung. Lessing räumte die Voraussetzung aus dem Wege, von der jene Standpunkte abhingen, und welche die entscheidende Lösung hinderte. Ist es denn ganz ausgemacht, daß die Offenbarung unbegreiflich und der Vernunft unzugänglich ist, sei es, daß sie dieselbe übersteige oder ihr widerspreche? Oder läßt sich vielleicht der *Offenbarungsbegriff selbst in einen Vernunftbegriff* verwandeln? Diesen Versuch macht Lessing, und damit verändert sich der Ausgangspunkt der ganzen Untersuchung. Er will den Beweis führen, daß die positiven (geschichtlichen) Religionen und näher das positive Christentum nicht übervernünftig, nicht vernunftwidrig, sondern vernunftgemäß sei. Zur positiven Religion und zur Geschichte überhaupt verhält sich Lessing nicht weniger anerkennend, als Leibniz; die Sache der Vernunft ergreift er ebenso entschieden, als Reimarus: beide Gesichtspunkte weiß er so zu vereinigen, daß er die Geschichte der Religionen als den Entwicklungsgang der menschlichen Vernunft betrachtet. Nur so kann die Vernunft die geschichtliche Religion wirklich durchdringen; nur so können beide wirklich miteinander übereinstimmen, während sie von Leibniz friedlich nebeneinander und von Reimarus feindlich gegeneinander gesetzt wurden. Lessing löst seine Aufgabe zuerst an dem Beispiele der christlichen Religion, welches ihm das nächste war, und richtet dann seinen Gesichtspunkt auf alle geschichtlichen Religionen. Ist das geschichtliche Christentum im Einklange mit der Vernunft, so wird sich dasselbe von jeder Offenbarung, von jeder positiven Religion nachweisen lassen. Das geschichtliche Christentum erscheint vernunftgemäß, wenn seine Grundbegriffe als Vernunftlehren können dargestellt werden. Diese Begriffe sind das Dogma der *Trinität* und die Vorstellung vom *ewigen Leben*. Die Lessingsche Frage heißt: sind diese Begriffe vernunftgemäß?

Ein ewiges Leben setzt voraus, daß der menschliche Geist fortdauert, sich persönlich fortentwickelt und einer höhern Leiblichkeit teilhaftig werden kann. Diese Möglichkeit sucht Lessing in einem fragmentarischen Aufsatze aus den Prinzipien der Leibnizischen Philosophie zu beweisen. In dem kontinuierlichen Stufengange der Dinge müssen sich die Vorstellungskräfte immer mehr erweitern und verdeutlichen, sie streben auch im Menschen nach einem größern und Hellern Gesichtskreise, und diesen zu erreichen, die Elemente der Welt *alle* klar und deutlich zu erkennen, muß der höher entwickelte Mensch mehr und schärfere Organe haben können, als welche ihm jetzt in den fünf Sinnen gegeben sind[46].

Die Trinität erklärt, daß Gott nicht der abstrakt Eine ist, sondern von Ewigkeit her ein Wesen zeugt, welches ihm gleichkommt und mit ihm selbst Eines ausmacht. Diese Notwendigkeit beweist Lessing aus dem Begriffe Gottes, wie ihn die Leibnizische Philosophie festgestellt hat. Gott ist das vollkommenste Wesen und als solches zugleich die vollkommenste Vorstellung. Wäre er diese, wenn er nicht *sich selbst* vorstellte? Würde er sich selbst vorstellen, wenn in der Vorstellung, die er von sich hat, etwas fehlte von dem Wesen, welches er ist? Dann würde er nicht sich selbst, sondern nur einen Schatten von sich vorstellen, dann wäre seine Vorstellung, also auch sein Wesen, nicht das vollkommenste, also er selbst nicht Gott. Wenn er es ist, so muß seine Vorstellung eben so vollkommen als er selbst sein, so muß Gott, indem er sich vorstellt, *„sich verdoppeln“*, ohne sich zu entzweien. Und darauf beruht die göttliche Dreieinigkeit. Gott denkt sich selbst d.h. er denkt das vollkommenste Wesen und damit zugleich die Reihe der unvollkommenen Wesen. Oder, wie sich Lessing ausdrückt, Gott denkt seine Vollkommenheit absolut und geteilt: er denkt sie absolut in einem Wesen, welches eben so vollkommen als er selbst ist; er denkt sie geteilt in einem Stufenreiche werdender Vollkommenheit. Jeder göttliche Gedanke ist eine Schöpfung. Also schafft Gott ein ihm gleiches Wesen, d.h.

[46] *Daß mehr als fünf Sinne für den Menschen seyn können* (aus Lessings lit. Nachl.), Lessings sämtl. Schriften (Lachmann-Muncker) XVI, 622 ff. Die Schlußsätze, welche eine Metempsychose anzunehmen scheinen, sind nicht in Übereinstimmung mit Leibniz, aber auch nicht aus den Grundsätzen bewiesen, denen Lessing in seinem Fragmente folgt.

er zeugt den Sohn und ein Stufenreich werdender Vollkommenheit d.h. er schafft eine Welt. Er schafft diese Welt auf die vollkommenste Art, d.h. er schafft die vollkommenste oder beste Welt. Diese beste Welt besteht in einer unendlichen Reihe von Wesen, die eine kontinuierliche Stufenordnung bilden und von Stufe zu Stufe zu immer höherer Gottähnlichkeit emporstreben. Die Vernunft kann nicht anders, als Gott in einer solchen Trinität, die Welt in einer solchen Stufenordnung denken. Diese Begriffe sind mit dem Geiste des Christentums einverstanden, wenn sie sich auch nicht in seinem Buchstaben finden. Darum bezeichnet sie Lessing als *„das Christentum der Vernunft“*[47], um anzudeuten, daß die Vernunft mit der freiesten Überlegung dem Geiste des Christentums beistimmen könne. Freilich ist die Lessingsche Trinität nicht die Kirchenlehre. Was Lessing den Sohn Gottes nennt, ist nicht die Gottmenschheit im kirchlichen Sinne, nicht Christologie im Verstande der rechtgläubigen Dogmatik. Auch will Lessing diesen Unterschied weder übersehen noch in Abrede stellen; er will nur zeigen, daß die christlichen Religionsbegriffe der Vernunft nicht so fern liegen, als die bisherige Aufklärung nach ihrem Verstande meinte und die Orthodoxie in ihrem Eifer behauptet. Die tiefdenkende Vernunft führt unwillkürlich zum Christentum; und wenn die christlichen Religionsbegriffe in ihrem wahren Geiste fortgebildet werden, so müssen sie zur Vernunft führen. Lessing zeigt in dem „Christentum der Vernunft“ nur den möglichen Vereinigungspunkt zwischen Vernunft und Christentum als das Ziel, welches gesucht werden müsse, und dem er selbst, so viel er vermochte, sich annähern wollte. Keineswegs meinte er, diesen Punkt gefunden und für alle Zeiten festgestellt Zu haben. Er wollte die Bahn zu diesem Ziele brechen, von dem, wie er wohl sah, die Richtungen seines Zeitalters zu weit abgewichen waren. Er hätte sagen können: die menschliche Vernunft ist eine geborene Christin; das Christentum läßt sich unabhängig von der Offenbarung in der Vernunft selbst entdecken.

---

[47] *Das Christentum der Vernunft* (aus Lessings Nachlaß), Lessings sämtl. Schriften Lachmann-Muncker) XIV, 175. Wenn Lessing die Trinität als Vernunftlehre darstellt, so widerspricht er zwar dem Buchstaben der Leibnizischen Philosophie, aber er entspricht ihrem Geiste, indem er dazu echt Leibnizische Begriffe anwendet. Wenn Lessing von Gott sagt, daß er *alles* schafft, was er denkt, so löst er jenen Widerspruch, welchen wir in Leibnizens Schöpfungsbegriffe dargetan haben (vgl. Kap. I dieses Buchs). Nach Lessing bezieht sich die Wahl Gottes nicht auf die Dinge, welche geschaffen, sondern auf die Ordnung, in der sie geschaffen werden sollen.

8. *Die Religion unter dem Gesichtspunkte der Entwicklung*

a) Die Geschichte als Entwicklung

Die Religion Christi war nach Lessing eine reine Vernunftreligion. Die Vernunft war der Ursprung des geschichtlichen Christentums, das Christentum der Vernunft soll das Ziel der Geschichte sein. Aber zu diesem Ziele soll kein anderer Weg führen, als die Geschichte der christlichen Religion selbst: wie der Weg von den ersten Anfängen der menschlichen Religion bis zur christlichen die Geschichte der früheren Religionen war. Nicht durch irgend eine Formel, sondern durch die *Geschichte* selbst will Lessing die Vernunftreligion mit der positiven, das Christentum der Vernunft mit dem positiven Christentume versöhnen. Ohne Zweifel ist die Vernunft und ihre Religion die höchste Bestimmung der Menschheit, die erreicht werden muß. Aber ist es gleichgültig, wie sie erreicht wird? Ist es gleichgültig, auf *welchem* Wege das Menschengeschlecht jenem Ziele zugeführt wird, wenn es nur einmal dahin gelangt? Ist etwa der geradeste Weg auch der schnellste? Ist hier die gerade Linie wirklich die kürzeste? Offenbar wäre es sehr unvernünftig, wenn man die Menschen zur Vernunft gleichsam stoßen und vorzeitig treiben wollte, gleichviel, ob ihre Kräfte so fortschrittsfähig sind oder nicht. Der scheinbar nächste Weg würde in Wahrheit der allerweiteste werden, weil er das Ziel, welches er nicht schnell genug erreichen kann, eben deshalb verfehlen würde. Jede voreilige, gewaltsame Aufklärung ist gegen die Geschichte, gegen die Vernunft, gegen die Natur des Menschen. In diesem großen und tiefsinnigen Verstande war Lessing, so sehr er die Wahrheit liebte und die Rechte der Vernunft verteidigte, ein Gegner jeder erzwungenen Aufklärung, wie es in seinem Zeitalter die josephinische war, die ebenso ungeschichtlich handelte, wie die Verstandesaufklärung ungeschichtlich dachte[48]. Eine solche Aufklärung ist nicht Aufklärung, sondern Aufklärerei.

b) Offenbarung als Erziehung

Die Geister wollen nicht übertrieben, sondern gereift werden. Der einzig vernunftgemäße Weg, welcher langsam, aber sicher dem Ziele der Menschheit entgegengeht, ist die allmähliche Bildung, die nicht in Sprüngen, sondern in Stufen fortschreitet und jede, höhere Stufe des menschlichen Geistes aus der früheren als deren natürliches Gesamtresultat hervorgehen läßt. Die Entwicklung des einzelnen Individuums nennen wir *Erziehung*. Auch das Menschengeschlecht verlangt eine analoge Entwicklung; es will zu seiner Bestimmung

[48] *Etwas, das Lessing gesagt hat*; F. H. Jacobis Werke (1812–1825), II, 325 ff.

erzogen werden. In der Erziehung empfangen wir von andern, was aus sich selbst zu erzeugen, unsere Vernunft noch nicht stark und selbständig genug ist. Aber wir empfangen nichts, was unserer Vernunft widerspricht; wir empfangen die Vernunftwahrheiten nur so, daß sie unserer noch unselbständigen und kindlichen Vernunft begreiflich werden. Und die Menschheit sollte nicht ebenso erzogen werden? Sie sollte nicht eben derselben Erziehung bedürfen? Was wir von andern empfangen, wird uns offenbart: jede, Erziehung ist in diesem Sinn *Offenbarung*. Wenn wir die Offenbarung, welche das einzelne Individuum erfährt, Erziehung nennen, so soll die Erziehung, welche dem Menschengeschlecht zuteil wird, Offenbarung heißen. Wie uns die Vernunftwahrheiten erst offenbart d.h. durch Erziehung gegeben werden, ehe wir selbst imstande sind, sie selbsttätig und selbstdenkend zu erzeugen, so erscheint die Vernunftreligion im Menschengeschlecht zuerst als Offenbarung. Und wie die Erziehung des Individuums stufenmäßig fortschreitet von dem niedern Grade zum höhern, so entwikkelt sich die Offenbarung in einer Stufenreihe von Religionen. Die Natur bildet ein kontinuierliches Stufenreich von Kräften. Wird nicht dasselbe auch von der Menschheit gelten müssen? Sie allein sollte von dem Naturgesetze der Entwicklung ausgeschlossen sein? Was ist das kontinuierliche Stufenreich menschlicher Bildungen anders als die Weltgeschichte und ihre Zeitalter? Und wird nicht, was von der Menschheit gilt, notwendig auch von der menschlichen Religion, was von der menschlichen Vernunft gilt, notwendig auch von der Vernunftreligion gelten müssen? Sie allein sollte von dem Entwicklungsgesetz der Geschichte ausgeschlossen sein? Die Entwicklung der Vernunftreligion ist Offenbarung; die Stufen dieser Entwicklung sind die geoffenbarten oder positiven Religionen; das Ziel derselben ist die reine, zum klaren Bewußtsein entwickelte Vernunftreligion. „Warum wollen wir", sagt Leibniz, „in allen positiven Religionen nicht lieber weiter nichts, als den Gang erblicken, nach welchem sich der menschliche Verstand jedes Orts einzig und allein entwickeln können, und noch ferner entwickeln soll, als über eine derselben entweder lächeln oder zürnen? Diesen unsern Hohn, diesen unsern Unwillen verdiente in der besten Welt nichts: und nur die Religionen sollten ihn verdienen? Gott hätte seine Hand bei allem im Spiele; nur bei unsern Irrtümern nicht?"[49]

c) Die Theodizee der Geschichte

Die Idee, welche Lessings Erziehung des Menschengeschlechts zugrunde liegt, ist ganz im tiefern Geiste der Theodizee gedacht: es

[49] *Die Erziehung des Menschengeschlechts*; Vorbericht, Lessings sämtl. Schriften (Lachmann-Muncker) XIII, 415.

ist die *Rechtfertigung der Offenbarung aus der Geschichte*. Wie die Natur ihrem letzten Grunde nach Schöpfung ist, so ist die Religion ihrem letzten Grunde nach Offenbarung. Denn die Religion beruht auf der Vorstellung der Idee Gottes in uns, die der Mensch so wenig als irgendeine andere Vorstellung rein aus sich selbst zu erzeugen, die er aus keiner gegebenen Vorstellung abzuleiten vermag, die also seinem Geiste ursprünglich gegeben und eingepflanzt worden. Gott offenbart sich in und durch die Natur, in und durch den menschlichen Geist, aber in dem letztern offenbart er sich so, daß er sich *ihm* offenbart. Diese Offenbarung ist die Wurzel aller Religion. Muß sich nicht mit dem Geiste auch dieses Datum im Geiste entwickeln, dieser Keim des religiösen Lebens, diese Offenbarung Gottes im Menschen? Es gibt also notwendig eine Entwicklung oder eine Geschichte der Offenbarung. Wie die Natur eine kontinuierliche Schöpfung ist, so ist die Religion eine kontinuierliche Offenbarung. Wie die kontinuierliche Schöpfung in der Naturentwicklung besteht, so besteht die kontinuierliche Offenbarung in der *Geschichte der Religion*. Diese Folgerungen, die sich aus den Grundsätzen der Leibnizischen Philosophie mit Notwendigkeit ergeben, hat Lessing in seiner Erziehung des Menschengeschlechts gezogen und eben so tiefsinnig wie einleuchtend auseinandergesetzt. Wenn man die Leibnizische Philosophie eine Theodizee der Natur nennen will, so könnte man jene Sätze Lessings als eine Theodizee der Geschichte bezeichnen. Jede positive Religion rechtfertigt sich aus ihrem geschichtlichen Zusammenhange, aus dem Zeitalter, dem sie angehört, und welches durchgängig bestimmt ist durch die Beschaffenheit der menschlichen Kultur, durch den physischen und moralischen Bildungsgrad des menschlichen Geistes. Auch abgesehen von jenem tiefern Prinzip, wonach jede Religion ihrem letzten Grunde nach wirklich Offenbarung ist und darum in geoffenbarten Religionen erscheint, würde sich dennoch unter dem Zwange einer geschichtlichen Notwendigkeit die natürliche Religion in eine geoffenbarte, die Vernunftreligion in eine positive verwandeln müssen. Lessing hat diese geschichtliche Notwendigkeit sekundären Ranges nicht übersehen. Wenn in der Erziehung des Menschengeschlechts die ewige Wahrheit der geoffenbarten Religionen erklärt wird, so beleuchtet ein fragmentarischer Aufsatz des Lessingschen Nachlasses die zeitliche Entstehung derselben. Ähnlich wie Rousseau aus dem Naturzustande den Staat ableitet, will Lessing aus der natürlichen Religion die positive entstehen lassen. Die natürliche Religion nämlich müßte so mannigfaltig und so verschieden sein, als die Individuen selbst. Das gesellschaftliche Bedürfnis, welches die Vereinigung der Individuen erzwingt, muß auch eine

Vereinigung der religiösen Meinungen erzwingen und so eine konventionelle Religion herbeiführen, die eben so positiv wie die bürgerliche Gesetzgebung sein will und, um ihre Autorität zu sichern, das Ansehen einer geoffenbarten behauptet. Die geschichtliche Notwendigkeit, die einer solchen Religion einwohnt, nennt Lessing ihre innere Wahrheit, und er schließt daraus, daß alle positiven Religionen gleich wahr und gleich falsch sind. Wie Spinoza denjenigen bürgerlichen Zustand für den besten erklärte, welcher dem natürlichen am nächsten kommt, so erklärt Lessing diejenige positive Religion für die beste, welche mit der natürlichen am meisten übereinstimmt[50]. Indessen kann diese Ableitung der positiven Religion auch in Lessings Augen nur den Wert einer nebensächlichen Erklärung haben; denn die Notwendigkeit, womit sie begründet wird, besteht in zufälligen Bedingungen. Der menschliche Vertrag macht nicht, sondern befestigt nur das Ansehen der positiven Religion, die aus der Natur der menschlichen Vernunft mit innerer Notwendigkeit hervorgeht.

Wenn in diesem tieferen Verstande die Offenbarung so viel als die Entwicklung oder die Erziehung des Menschengeschlechts ist, so bildet jede positive Religion gleichsam eine Unterrichtsklasse in dieser großen Schule der Weltgeschichte, so sind die Urkunden derselben gleichsam die Elementarbücher dieses planmäßigen Unterrichts: sie sind wie die guten Elementarbücher der jedesmaligen Fassungskraft ihrer Zöglinge angemessen und darauf bedacht, diese Fassungskraft so weit zu befördern, daß der Zögling in eine höhere Klasse übergehen und ein Religionsbuch höherer Ordnung empfangen kann. Der Zweck aber, den die göttliche Pädagogik im Menschengeschlecht verwirklicht, kann kein anderer sein, als in dem stufenmäßigen Fortschritt der positiven Religionen die Ausbildung der Vernunftreligion zu bewirken. Die endgültige Übereinstimmung der Offenbarung mit der Vernunft, der positiven Religion mit der Vernunftreligion ist das Ziel, welchem die Menschheit nach den ewigen Absichten göttlicher Weisheit entgegengeht. Ist die christliche Religion die höchste positive, so müssen ihre Begriffe, die Gottmenschheit, die Trinität, die Erlösung und Genugtuung, in Vernunftlehren verwandelt werden, so muß sich die Vernunft des Christentums zuletzt zu dem Christentume der Vernunft aufklären. „Man wende nicht ein", sagt Lessing, „daß dergleichen Vernünfteleien über die Geheimnisse der Religion untersagt sind. Es ist nicht wahr, daß Spekulationen über diese Dinge jemals Unheil gestiftet und der bürgerlichen Gesellschaft nachteilig

---

[50] *Über die Entstehung der geoffenbarten Religion* (aus Lessings Nachlaß), Lessings sämtl. Schriften (Lachmann-Muncker) XIV, 312 f.

geworden. Nicht den Spekulationen: dem Unsinn, der Tyrannei, diesen Spekulationen zu steuern; Menschen, die ihre eigenen hatten, nicht ihre eigenen zu gönnen, ist dieser Vorwurf zu machen. Oder soll das menschliche Geschlecht auf diese höchsten Stufen der Aufklärung und Reinigkeit nie kommen? Nie? Nie? Laß mich diese Lästerung nicht denken, Allgütiger! Die Erziehung hat ihr Ziel: bei dem Geschlechte nicht weniger, als bei dem Einzelnen. Was erzogen wird, wird zu etwas erzogen. Nein; sie wird kommen, sie wird gewiß kommen, die Zeit der Vollendung – die Zeit eines neuen ewigen Evangeliums, die uns selbst in den Elementarbüchern des neuen Bundes versprochen wird. Gehe deinen unmerklichen Schritt, ewige Vorsehung, nur laß mich dieser Unmerklichkeit wegen an dir nicht verzweifeln. Laß mich an dir nicht verzweifeln, wenn selbst deine Schritte mir scheinen sollten, zurückzugehen! Es ist nicht wahr, daß die kürzeste Linie immer die gerade ist."[51]

So bildet der Begriff der Entwicklung, der von dem echten Geiste der Leibnizischen Lehre abstammt, den Gesichtspunkt, unter welchem Lessing die Religion betrachtet und die Religionen beurteilt. In diesem Begriff, den er für die Geschichte fruchtbar zu machen wußte, unterscheidet sich Lessing von Spinoza, der den Begriff der Geschichte nicht haben konnte, und von der Verstandesaufklärung, welche innerhalb ihrer logischen Schranke nicht geschichtlich zu denken vermochte. Von dieser Seite hat die Verstandesaufklärung ihren Lessing niemals begriffen. Es ist in dieser Rücksicht sehr charakteristisch, daß Mendelssohn gar nicht glauben wollte, Lessing habe die Sätze über die Erziehung des Menschengeschlechtes geschrieben. So wenig kannte er den Geist und, was er niemals hätte verkennen sollen, den Stil seines Freundes. Von Spinoza wollte er nicht glauben, daß er die Zwecke geleugnet, von Lessing nicht, daß er den Begriff der Entwicklung im Großen gedacht habe. „Ich für meinen Teil", sagt Mendelssohn, „habe keinen Begriff von der Erziehung des Menschengeschlechtes, die sich mein verewigter Freund Lessing von, ich weiß nicht, welchem Geschichtsforscher der Menschheit hat einbilden lassen." „Der Fortgang ist für den *einzelnen* Menschen."[52]

9. Lessing im Verhältnis zu Leibniz und Spinoza

In einem Punkte unterschied sich Lessing von Leibniz; er wollte das Unvernünftige nicht als ein Unbegreifliches, sondern nur als ein noch nicht Begriffenes gelten lassen. In dieser Rücksicht verfuhr

[51] *Erziehung des Menschengeschlechts* § 76 ff., Lessings sämtl. Schriften (Lachmann-Muncker) XIII, 431 ff.

[52] Mendelssohns *Jerusalem oder über religiöse Macht und Judentum*, Mendelssohns gesammelte Schriften (hrsg. von G. B. Mendelssohn) III, 317.

er rationaler als der Philosoph, dessen Grundsätze er so fruchtbar anwendete. Um die Trinität und die Gottmenschheit zu begreifen, welche Leibniz als ein undurchdringliches Mysterium angesehen hatte, mußte Lessing die Schöpfung nicht als ein Bruchteil des göttlichen Wesens, sondern als die volle, unverkürzte Offenbarung desselben betrachten. Er mußte von Gott behaupten, daß er *alles* schafft, was er denkt, denn sonst hätte Gott nicht *sich selbst*, d.h. sein wirkliches Ebenbild schaffen können. So mußte Lessing die göttliche Vernunft als die allumfassende und die Wirklichkeit der Dinge in Gott begreifen[53]. Hierin dachte er mehr *pantheistisch* als Leibniz, und in diesem Punkte allein finde ich Lessings vielbesprochene und vielbestrittene Verwandtschaft mit Spinoza. Je rationaler und pantheistischer Lessing die Leibnizische Philosophie in sich ausbildete, um so mehr durfte er sich dem Spinoza, diesem rein rationalen und rein pantheistischen Denker, verwandt fühlen. Indessen soll man darüber Lessing nicht zum Spinozisten machen. Denn, worin er sich von Spinoza unterschied, war doch immer mehr, als worin er ihm beistimmte; seine Abweichung blieb doch immer größer als die Annäherung. Die Idee, welche unsern Lessing beherrschte, war die Leibnizische Harmonie, die so viel als *Entwicklung* bedeutet, und er kannte den Unterschied sehr wohl zwischen dieser Harmonie und der Spinozistischen, die bloß auf Identität und mathematische Einheit ausging.

Lessing übte die Aufklärung, wie Kant deren Aufgabe verstanden wissen wollte, als er in einer besonderen Abhandlung die Frage: „Was ist Aufklärung?" so beantwortete und die echte von der unechten so unterschied, daß für jene kein besseres Beispiel gefunden werden kann als Lessing. Kants Aufsatz hatte die Absicht, das Zeitalter Friedrichs des Großen dadurch zu charakterisieren und zu erheben, daß in ihm die Aufklärung erstrebt, nicht fabriziert werde, daß man sie nicht despotisch einführe und den Menschen aufzwinge, sondern nur die Bedingungen freigebe, unter denen die aufklärenden Geisteskräfte tätig und mit Erfolg wirksam sein können. Es sei noch kein aufgeklärtes Zeitalter, sondern erst das Zeitalter der Aufklärung. Hätte er den Weg dieser intellektuellen Aufklärung durch ein Vorbild bezeichnen wollen: welches Vorbild konnte dafür bezeichnender sein als das des einzigen Lessing?[54]

Aufklärung ist Entwicklung, ist Erziehung. In welchem Sinne Lessing die religiöse Entwicklung nahm und die religiöse Erziehung

[53] *Über die Wirklichkeit der Dinge außer Gott* (aus Lessings Nachlaß), Lessings sämtl. Schriften (Lachmann-Muncker) XIV, 292 f.

[54] Vgl. Bd. V (5. Aufl.) dieses Werkes. II. Buch, Kap. VI. Mein System der Logik und Metaphysik, (3 Aufl.), I. Buch. Abschnitt III, § 71, Zusatz 2, S. 176–177.

geübt wissen wollte, hat er uns auf das Anschaulichste dargetan und poetisch verkörpert in seinem *Nathan*[55].

Im Geiste jenes echt Leibnizischen Begriffs der Entwicklung, der die Dinge in ihrer Eigentümlichkeit nicht bloß läßt, sondern aufsucht, konnte Lessing so gut wie Leibniz die Fesseln der Schule und des Systems entbehren, mußte er, wie Leibniz, dem Sektengeiste jeder Art abgeneigt sein. Seine Geistesfreiheit hatte den richtigen Zug; sie bestand eben darin, daß er die Dinge in ihrer eigentümlichen Natur und Freiheit anerkannte und in dieser Lebendigkeit zu durchdringen, nicht in das fremde Maß vorgefaßter Begriffe zu zwängen suchte; daß er dem Vorurteile in jeder Gestalt Feind war. Er konnte den Dingen, welche er beurteilte, gerecht werden, weil er ihnen kongenial war, weil er seinen Verstand ihrer Natur konform zu machen wußte. Will man die Männer der Verstandesaufklärung als „*Freidenker*" bezeichnen, so fehlte ihnen wenigstens diese Geistesfreiheit, welche Lessing hatte; und Lessing von jenen Freidenkern zu unterscheiden, konnte Herder sehr gut sagen: „er war kein Freidenker, sondern ein *Rechtdenker*!"

Sechstes Kapitel. Die Originalitätsphilosophie und Geschichtsphilosophie. Johann Gottfried Herder

I. Standpunkt und Aufgabe

Aus der Stufe unserer Aufklärung, die wir soeben begriffen haben, erklärt sich leicht die letzte Phase dieses Zeitalters, worin die gegebenen Grundlagen der Philosophie aufgelöst und die nächste Epoche angebahnt wird.

Die Gedankenrichtung, welche der aufklärende Geist in Winckelmann und Lessing genommen, verfolgt überall die geschichtliche Entwicklung der Menschheit: sie will die Vergangenheit nicht mehr, wie es die Verstandesaufklärung mit sich gebracht hatte, aus dem Gesichtspunkte der Gegenwart beurteilen durch deren vorgefaßte logische und moralische Begriffe, sondern sie will dieselbe aus ihren eigenen innern Bedingungen, aus ihrer eigenen Gemütsverfassung in kongenialer Weise erklären. Hatte Winckelmann das Wesen der griechischen Kunst in seiner Ursprünglichkeit und Eigentümlichkeit entdeckt und die Kunst der Alten in ihrer geschichtlichen Entwicklung begriffen,

[55] Vgl. meine Schrift über „Lessings Nathan. Idee und Charaktere der Dichtung." (4. Aufl.), 1896.

so suchte Lessing Religion und Christentum in ihren ursprünglichen Bedingungen darzutun und durch die Idee der geschichtlichen Entwicklung jenen starren Widerspruch zu lösen, worin die Verstandesaufklärung befangen geblieben war: den Widerspruch zwischen Vernunft und Geschichte, Vernunftreligion und Offenbarungsglauben.

Diese Betrachtungsweise, nachdem sie einmal in Gang gekommen, wird natürlich immer weiter in die Vergangenheit bis zu der Urgeschichte der Menschheit zurückgewiesen; sie steigt von Kulturstufe zu Kulturstufe herunter bis zu den Anfängen der menschlichen Bildung. Die Quelle der Menschengeschichte ist der Punkt, auf den diese Gedankenrichtung notwendig hinweist, und der bald auf das Lebhafteste die Einbildungskraft des spekulativen Geistes beschäftigt. Wo und was ist der Anfangspunkt aller menschlichen Bildung, der Ursprung aller menschlichen Entwicklung? Wie Leibniz in den angebornen Ideen den Ursprung der menschlichen Erkenntnis entdeckt hatte, die Begriffe a priori, welche aller Wissenschaft vorausgehen; so sucht man jetzt den Ursprung der Menschenbildung überhaupt, den Menschen a, priori, der aller Geschichte vorausgeht: gleichsam, um einen Goetheschen Ausdruck zu brauchen, das Urphänomen des Menschen. Hatte man im Anfange der neuen Philosophie nach der ersten Bewegungsursache der Natur gefragt, so fragt man jetzt im Ausgange dieser Periode nach der ersten Bewegungsursache der *Geschichte*.

Dahin drängen als auf ihren Endpunkt alle jene Originalitätsfragen, die das Zeitalter beschäftigen, alle jene Untersuchungen über den Ursprung der Religion, der Kunst, der Poesie, der Sprache, des Staats usf., denen allen das gemeinsame Interesse für das ursprünglich und eigentümlich Menschliche, mit einem Worte für das *Originale*, zugrunde liegt. Sie fassen sich alle in der letzten Frage zusammen: was ist der ursprüngliche Mensch? Worin besteht das Urmenschliche, das noch nicht durch die künstliche Bildung abgeschwächt ist? Was ist der Mensch, wie er unmittelbar aus der Hand der Natur und aus der Hand Gottes hervorgeht? Offenbar ist der Mensch in dieser Unmittelbarkeit Gott und der Natur am nächsten verwandt; alle seine Gemütskräfte sind hier noch in voller, ungebrochener Einheit beieinander; noch hat sie der Mechanismus der Bildung nicht abgespannt und entzweit.

Dieser ursprüngliche menschliche Mikrokosmus schwebt der spekulativen Einbildungskraft des Zeitalters vor als das Urbild der Menschheit, als der Genius der menschlichen Natur, welchen man in seiner Originalität wiederherstellen, wiederbeleben, zu dem man aus dem gegenwärtigen, aller echten Ursprünglichkeit entfremdeten Bildungszustande zurückkehren müsse. „Man sehnt sich nach des Lebens Bächen, ach! nach des Lebens Quelle hin!“ Mit diesen Worten ist der Geistesdrang dieser Zeit ausgesprochen, deren Züge nirgends gewaltiger und hinreißender ausgeprägt sind, als in dem Goetheschen *Faust*, der aus eben jenem Drange hervorging.

Die menschliche Natur in ihrer Ursprünglichkeit, in ihrer Einheit! Die menschliche Natur als der lebendige Spiegel des Weltalls! Das ist sie nur in ihren kindlichen, kleinen, dunkeln Vorstellungen, wodurch Leibniz den Zusammenhang zwischen Natur und Geist, das kontinuierliche Stufenreich der Kräfte, die Harmonie des Universums erklärt und die Geltung des Individuums als eine Welt im Kleinen gerechtfertigt hatte[56].

Nun können wir das Ganze nur vorstellen und desselben nur innewerden in der Weise der dunkeln Erkenntnis. Das dunkle Bewusstsein ist das *Gefühl*. Der ursprüngliche Mensch ist der fühlende. Dieses Gefühl ist der Zustand der vollkommensten und einfachsten Innigkeit, worin, wie in einem Brennpunkte, sich alle Seelenkräfte vereinigen, woraus als ihrer Quelle alle menschliche Entwicklung hervorgeht.

Der menschliche Geist, als ein Ganzes genommen, *fühlt* nur, was er ist, und was er im Ganzen ist, kann er nur fühlen. Sowie der Mensch unmittelbar aus der Hand Gottes und der Natur hervorgeht, ist er und fühlt sich Gott und der Natur am nächsten verwandt und von beiden unmittelbar getrieben und erfüllt. Wenn sich der menschliche Geist naturmächtig fühlt und naturmächtig handelt, ist er *genial*. In der Gemütsverfassung, worin er sich Gott am nächsten verwandt, von Gott kindlich abhängig fühlt, ist er *gläubig*. So sind Glaube, Genie, Gefühl die Formen, unter denen hier das ursprünglich Menschliche (Originale) aufgefaßt, zum Urbilde der Menschheit erhoben, der menschlichen Entwicklung zum Ziele gesetzt wird.

Die von dem Drange nach Originalität und nach Erkenntnis der Originalität ergriffene Aufklärung entwickelt sich in den verschwisterten Richtungen der *Glaubens-, Genie- und Gefühlsphilosophie* und bildet diese Standpunkte aus in Hamann, Lavater und Friedrich Heinrich Jacobi, denen Herder vorausgeht.

Diese Originalitätsphilosophen werden die entschiedenen Gegner der Verstandesaufklärung; sie verneinen den Dogmatismus der Philosophie, ohne ihn zu überwinden; sie stehen vor der Schwelle der kritischen Philosophie, die sie nicht fassen, und umgeben die Wege der deutschen Geniepoesie, auf die sie mitdrängend und mitstürmend einwirken. Es sind die Stürmer und Dränger in der Philosophie. Den Geniedenkern ist das nächste und interessante-

[56] Vgl. oben Kap. VIII und X des vorigen Buchs.

ste Objekt das wirkliche Genie. So werden Herder, Lavater, Jacobi Goethes Jugendfreunde. Der tiefste unter diesem prophetischen Geschlechte unserer Aufklärung, unter diesen Originalphilosophen war Hamann, dessen Wesen (und damit zugleich jene ganze Geistesrichtung) Goethe am besten getroffen hat, wenn er dasselbe so beschreibt: „Alles, was der Mensch zu leisten unternimmt durch Tat oder Wort, muß aus sämtlichen vereinigten Kräften entspringen; alles Vereinzelte ist verwerflich.“

II. Johann Gottfried Herder

1. Verhältnis zu Lessing und der Aufklärung

Wie Reimarus und Winckelmann bestimmend auf Lessing einwirken, so sind Winckelmann und Lessing von der einen Seite die Ausgangspunkte für Herder, während ihn von der andern Lavater, Jacobi und namentlich Hamann beeinflussen. Wie Lessing das Mittelglied bildet zwischen der Verstandesaufklärung und der Originalitätsphilosophie, eine Stellung, worin er den eigentlichen Höhepunkt in der Entwicklung unserer gesamten Aufklärung behauptet; so bildet Herder das Mittelglied zwischen der zweiten und dritten Entwicklungsstufe der Aufklärung, zwischen Lessing und Jacobi. Er möchte ganz im Einklange mit diesem seinem Standpunkte den Vermittler machen in jenem Streite, den Jacobi und Mendelssohn über Lessings Spinozismus führen.

So finden wir alle Stufen unserer Aufklärung durch Mittelglieder zu einer stetigen Reihe verbunden, Wolff macht den Übergang von Leibniz zu Reimarus, Reimarus und Mendelssohn den Übergang von Wolff zu Lessing, Lessing macht den Übergang von Winckelmann zu Herder, dieser den Übergang von Lessing zu Goethe.

Erst in Lessing und Herder wird der esoterische Geist der Leibnizischen Philosophie, der bisher gebunden gewesen war, frei und erhebt sich zu dem Bewußtsein seines Ursprungs. Sie wissen, von wessen Saat sie die Früchte ernten. Erst auf diesen Höhen der deutschen Aufklärung wird Leibniz wahrhaft erkannt. Dies beweist am besten, wie weit dieser große Denker seinem Zeitalter vorausgeeilt war, wie deshalb mit Recht seine Philosophie als Inbegriff der deutschen Aufklärung gelten darf.

2. Herders Richtung und Geistesart

Herder teilte mit Winckelmann und Lessing die kongeniale Betrachtungsweise. Wenn sich aber dieses Vermögen bei Winckelmann durch die klare plastische Anschauung und bei Lessing durch das deutliche, dialektisch mächtige Denken betätigte, so wurde es in Herder von einer dichterischen Einbildungskraft erleuchtet und getragen. Darum äußert sich seine kongeniale Betrachtungsweise mehr poetisch als logisch, und aus dieser Stimmung der Gemütskräfte erklärt sich die Eigentümlichkeit seiner Schreibart. Herders Stil hat nichts von Winckelmanns Plastik, nichts von Lessings Logik; er ist wie eine von großen Vorstellungen stürmisch bewegte Phantasie, blitzartig, schwunghaft, aufgeregt und fragmentarisch. Er schreibt mehr lebhaft als deutlich, die überwallenden Gefühle verwandeln sich ihm oft statt in klare Ausdrücke in stumme Ausrufungszeichen, die Gedanken in Gedankenstriche; seine originellsten Schriften tragen das Gepräge einer höchst lebendigen, fortreißenden, atemlosen Unruhe. Mit der Ruhe und Klarheit, mit der anschaulichen und deutlichen Darstellungsweise fehlt dem Herderschen Stile das Beste von dem, was den mustergültigen Schriftsteller ausmacht. Das war sicher der Mann nicht, der einen Spinoza wahrhaft verstehen und einen Kant beurteilen oder gar widerlegen konnte. Wohl aber war vermöge dieser Verfassung Herders Verstand vorzüglich geeignet, in die *dunkleren* Regionen des menschlichen Geistes mit verwandtem Auge zu schauen, er hatte die große Gabe, sich ein fremdes Gemütsleben und fremde Phantasien anzuempfinden, und die Gefühlsfäden seiner Seele erstreckten sich oft mit wunderbarem Takt in die verborgenen Tiefen des menschlichen Geistes, die sich dem bloß logischen Verstande nicht offenbaren.

Darum waren es besonders die Bildungszustände der Religion und Poesie, in denen sich Herders Geist unmittelbar heimisch fühlte. Und wie er ganz im Charakter seiner Geistesverwandtschaft mit Winckelmann und Lessing für das Ursprüngliche und Eigentümliche der Erscheinungen einen intuitiven Sinn hatte, so richtete sich Herder auf die elementaren Zustände der Religion und Poesie. Der kindliche Glaube der Menschheit und die Volkspoesie aller Zeiten zogen ihn an; er wußte sich mit diesen Erstgeburten des menschlichen Genius in eine poetische Wahlverwandtschaft zu setzen, und so entdeckte Herder geradezu ganze Reiche der menschlichen Bildung, welche die frühere Aufklärung kaum beleuchtet oder gar verdunkelt hatte. Er entdeckte den Genius in der Religion und Poesie des morgenländisch-hebräischen, des nordisch-heidnischen, des christlich-romantischen Geistes. Er wußte die Religion poetisch zu genießen und mit dem alten Testamente eben so vertraut als mit Ossian zu verkehren. Darin ergänzte Herder vortrefflich Winckelmann und Lessing, denen das klassische Altertum mehr verwandt war. In diesem Triumvirat unserer Aufklärung finden sich die Richtungen vereinigt, welche später in die Gegensätze des Klassischen und Romantischen auseinandergehen sollten.

Was Winckelmann dem Altertum und der bildenden Kunst gewesen war, suchte Herder für Poesie und Christentum zu werden. Wenn Reimarus aus logischen und moralischen Gründen die Wahrheit der Bibel bestritten, wenn Lessing diese Wahrheit pädagogisch wiederhergestellt hatte, so wollte sie Herder *poetisch* wiederherstellen. Ihm galt die Bibel als ein poetisches und heilig-poetisches Buch, während sie bei Lessing für ein weises Elementarbuch der Menschheit gegolten hatte. Den Begriff der Entwicklung, welchen Lessing in seiner Erziehung des Menschengeschlechts auf die Religion angewendet, will Herder auf die ganze Menschheit anwenden.

3. Herders Geschichtsphilosophie im Gegensatze zu der Verstandesaufklärung

In diesem Sinne schreibt er der Verstandesaufklärung schon vor jenem Lessingschen Entwurf seinen Absagebrief in dem Aufsatz: *„Auch eine Philosophie der Geschichte zur Bildung der Menschheit“*. Der Grundfehler der Zeitphilosophen ist, daß sie das Leben der Vergangenheit nach den Begriffen der Gegenwart beurteilen, daß sie kindliche Zustände mit entwickelten und überreifen Begriffen vergleichen, daß sie nur diese Begriffe, aber nicht den Gang der Geschichte verstehen. „Hast Du je einem Kinde aus der *Philosophischen Grammatik* Sprache beigebracht? aus der abgezogensten *Theorie der Bewegung* es gehn gelernt? hat ihm die leichteste oder schwereste Pflicht aus einer *Demonstration der Sittenlehre* begreiflich gemacht werden müssen? und dürfen? und können? Gottlob eben! daß sies *nicht dürfen* und *können*!“ „Wie thöricht, wenn du diese Unwissenheit und Bewunderung, diese Einbildung und Ehrfurcht, diesen Enthusiasmus und Kindessinn mit den *schwärzesten Teufelsgestalten deines Jahrhunderts, Betrügerei und Dummheit, Aberglaub' und Sklaverei*, brandmarken, dir ein Heer von *Priesterteufeln* und *Tyrannengespenstern* erdichten willst, die nur in deiner Seele existieren.“ „Unser Jahrhundert hat sich den Namen: *Philosophie*! mit Scheidewasser vor die Stirn gezeichnet, das tief in den Kopf seine Kraft zu äußern scheint – ich habe also den Seitenblick *dieser philosophischen Kritik der ältesten Zeiten*, von der jetzt bekanntlich alle *Philosophien der Geschichte*, und *Geschichte der Philosophie* voll sind, mit einem Seitenblicke obwohl Unwillens und Ekels erwidern müssen.“[57] Jede menschliche Vollkommenheit ist *„individuell*. Man bildet nichts aus, als wozu *Zeit, Klima, Bedürfniß, Welt*, Schicksal Anlaß giebt.“ Und der allgemeine *Philosophische, Menschenfreundliche Ton unsres Jahrhunderts* gönnet jeder entfernten Nation, jedem ältesten Zeitalter der Welt, an *Tugend und Glückseligkeit* so gern „unser eigen Ideal“? ist so

[57] Vgl. Herders sämtl. Werke (Suphan) V, 485 f.

alleiniger Richter, ihre Sitten nach sich allein zu *beurteilen*, zu *verdammen* oder schön zu *dichten*"? „Sollte es nicht offenbaren *Fortgang und Entwicklung* aber in einem höhern Sinne geben?" Der wachsende Baum, der emporstrebende Mensch „muß durch verschiedene *Lebensalter* hindurch! alle offenbar im *Fortgange*! ein *Streben* aufeinander in *Kontinuität*!" „Indeß ists doch ein ewiges Streben! Niemand ist in seinem Alter *allein*, er baut auf das *Vorige*, dies wird nichts als Grundlage der *Zukunft*, will nichts als solche sein – so spricht die *Analogie in der Natur, das redende Vorbild Gottes in allen Werken*! offenbar so im *Menschengeschlechte*! Der Ägypter konnte nicht ohne den Orientalier seyn, der Grieche bauete auf jene, der Römer erhob sich auf den Rücken der ganzen Welt: wahrhaftig *Fortgang, fortgehende Entwicklung*, wenn auch kein Einzelnes dabei gewönne! Es geht ins Große, es wird .... *Schauplatz einer leitenden Absicht auf Erden*!... Schauplatz der Gottheit."[58]

In diesem Geiste schrieb Herber seinen großen Versuch: „*Ideen zur Geschichte der Menschheit*". Man sieht wohl, wie hier die Leibnizische Metaphysik für die Geschichte urbar gemacht wurde. Dabei sind Lessing und Herder sich deutlich bewußt, daß sie in diesem echten Geiste der Leibnizischen Philosophie denken, daß sie in der Geschichte jenes Stufenreich menschlicher Bildungen aufsuchen, welches die Monadenlehre behaupten und fordern mußte. Sie lösen dieses Leibnizische Problem. Wenn die Theodizee beweisen wollte, daß in der Welt eine stetig fortschreitende Entwicklung und darum eine vollkommene Harmonie stattfinde, so haben Lessing und Herder diese tiefsinnige Idee in der Weltgeschichte zu beweisen, die unverkennbare und große Absicht gehabt. Der Gedanke einer Geschichtsphilosophie war in dem Geiste Herders schon eine Jugendidee, die unter der Macht des Zeitalters wie ein Bedürfnis in ihm erwacht war. „Schon in ziemlich frühen Jahren", sagt er selbst in der Vorrede seines Werkes, „da die Auen der Wissenschaft noch in dem Morgenschmucke vor mir lagen, von dem uns die Mittagssonne unseres Lebens so viel entzieht, kam mir oft der Gedanke ein: *ob denn, da alles in der Welt seine Philosophie und Wissenschaft habe, nicht auch die Geschichte der Menschheit im Ganzen und Großen eine Philosophie und Wissenschaft haben sollte*? Alles erinnerte mich daran, die Religion am meisten."

58 Ebendas. V, 505, 511, 512 ff.

Siebentes Kapitel. Glaubens- und Geniephilosophie. Hamann und Lavater

I. Die Wahrheit und das dunkle Ich. Hamann

1. Standpunkt und Geistesart

Die Quelle und das Motiv aller menschlichen Entwicklung ist die lebendige Individualität, der menschliche, das All in sich fassende Mikrokosmus. In dieser ihrer Universalität und Tiefe ist die menschliche Natur die lebendige Wahrheit. Die Erkenntnis der Wahrheit ist die des Ganzen, die Erkenntnis des Ganzen ist nur aus der Tiefe der Individualität zu schöpfen, sie ist die vollkommen individuelle und darum dunkle Selbsterkenntnis: das völlige Gegenteil der sogenannten klaren, systematischen, auf ihre logischen Grundsätze und Beweise gestützten Verstandeserkenntnis. Diese ist ebenso flach und beschränkt, als jene tief und universell ist.

Hier erreicht der Gegensatz zur Verstandesaufklärung seine Höhe: diesen Standpunkt der dunkeln, das All durchdringenden Erkenntnis, die sich bewußt ist, die lebendige Wahrheit zu sein, finden wir personifiziert in Johann Georg Hamann. Er ist in der Richtung der Originalitätsphilosophie entschieden der tiefsinnigste und bedeutendste Kopf, der ausdrucksvollste Typus seines Standpunktes, wie Reimarus der ausdrucksvollste und reinste Typus der Verstandesaufklärung gewesen war; er ist der dunkelste, rätselhafteste, mit einem Wort originellste unter den Originalitätsphilosophen, die das Jahrhundert unserer Aufklärung beschließen.

Dieser Geistesart entspricht ganz und gar seine Schreibart, die nie beweisend und gemeinverständlich, sondern immer eigenartig und wie ein Orakel redete und der die Form einer objektiven Darstellung vollkommen wider die Natur war. Daher wirkte auch Hamann nur auf die kleinsten Kreise; seine mächtigsten Einflüsse waren rein privater und persönlicher Art, und er handelte darin ganz im Charakter seines Standpunkts, daß er nie mehr als eine Selbstbeschreibung versuchte, daß er kein System ausbilden wollte und darum keine zusammenhängende Reihe von Gedanken fortspann, sondern aphoristisch dachte und schrieb, wie er denn selbst seine Schreibart sehr bezeichnend „einen *Heuschreckenstil*“ nannte.

2. *Die Einheit der Gegensätze. Bruno*

Er wollte den ursprünglichen Mikrokosmus des menschlichen Wesens so ungeteilt wie möglich geltend machen, so originell wie möglich in sich selbst darstellen: den Menschen, der in unmittelbarer Nähe Gottes und der Natur lebt, dessen Wissen ganz instinktiv ist, dessen instinktive oder fühlende Erkenntnis unmittelbar aus der Quelle der göttlichen Offenbarung fließt. Jede Trennung der menschlichen Gemütskräfte, jeder Versuch, diesen rätselhaften Mikrokosmus zu entwirren und zu analysieren, war ihm widerwärtig, denn er fühlte mit einem sichern Takte, der ihn vor seinen Geistesgenossen, namentlich vor Jacobi, auszeichnete, daß jeder Versuch der Art gegen sich selbst handle, daß die Analyse des Gefühls nicht mehr Gefühl sei. Nur in der Einheit der Gegensätze besteht ihm das Leben, in dem Vollgefühle dieser Einheit das wahrhafte, lebendige Wissen: diese „coincidentia oppositorum", wie sie Giordano Bruno genannt hatte, erscheint ihm als der größte Gedanke der Philosophie. Freilich könne den Vereinigungspunkt der Gegensätze die bloße Verstandeslogik nie fassen; freilich müsse diese einen unbegreiflichen und unmöglichen Widerspruch in jener Wahrheit erkennen, die das Prinzip und die Quelle alles Lebens, des individuellen so gut als des geschichtlichen, ausmacht. Aber deshalb sind auch die Wahrheiten, welche der abstrakte Verstand für sich gewinnt, unwirkliche und tote Begriffe, und die lebendige Wahrheit findet sich eben da, wo der abstrakte Verstand nur unauflösliche Rätsel und undurchdringliche Geheimnisse erblickt. Die Wahrheit ist eben so geheimnisvoll wie das Leben: sie ist geheimnisvoll, weil sie *Widerspruch* ist; dieser Widerspruch existiert leibhaftig im Menschen, so sehr ihn die gewöhnliche Philosophie in Abrede stellt. Im Menschen sind ja die entgegengesetzten Bestimmungen wirklich vereinigt: er ist in Einem Körper und Geist, in Einem Vernunft und Sinnlichkeit; und daß er es ist, beweist unwiderleglich die Tatsache der *Sprache*, denn jedes Wort ist versinnlichter Gedanke, verkörperter Geist. Wie wenig begreift daher den Menschen die Philosophie, welche entweder Spiritualismus oder Materialismus ist und durch Begriffe entzweit, was die Wirklichkeit auf das Innigste vereinigt. Diese Versuche der Schulphilosophie scheitern an dem Zeugnis der lebendigen Tatsachen; sie scheitern vor allem an dem Zeugnis der Sprache. Die Philosophie suche also die Einheit der Gegensätze, sie suche den Geist der Wirklichkeit und des Lebens, aber sie bilde sich nicht ein, diesen lebendigen Geist jemals durch tote Begriffe fassen oder auf der Heerstraße der Logik erreichen zu können! Finden läßt sich die Einheit der Gegensätze nur in dem menschlichen Dasein selbst, in dem lebendigen Individuum, und hier kann sie nur im Gefühl, in dunkler, instinktiver Erkenntnis als eine Offenbarung ergriffen werden.

3. Der Mensch als „Pan"

Daraus erklärt sich vollkommen, warum bei Hamann an die Stelle der klaren und objektiven Darstellung die dunkeln und rätselhaften Selbstbekenntnisse treten. Er nennt sich selbst „den Pan", wie ihn Jacobi das Pan aller Widersprüche nannte. Dieser schrieb seinem Bruder, nachdem er Hamann persönlich kennen gelernt hatte: „Es ist wunderbar, in welch hohem Grade er alle Extreme in sich vereinigt. Deswegen ist er auch von Jugend auf dem principium contradictionis, sowie dem des zureichenden Grundes, von Herzen gram gewesen und immer nur der coincidentia oppositorum nachgegangen. Buchholz sagt im Scherz von Hamann, er sei ein vollkommener Indifferentist, und ich habe diesen Beinamen nicht abkommen lassen. Die verschiedensten, heterogensten Dinge, was nur in seiner Art schön, wahr und ganz ist, eigenes Leben hat, Fülle und Virtuosität verrät, genießt er mit gleichem Entzücken: omnia divina et humana omnia."[59] Ihm, welchem die dunkle Individualität der Menschennatur ein göttliches Dämonium war, mußte der Spinozismus mit seiner geometrischen Sittenlehre wie ein „Knochengerippe" erscheinen, denn dieser Lehre galt die dunkle Individualität für die unterste und unklarste aller Imaginationen. Ihm, dem alles Vereinzelte verwerflich erschien, und der nur den ganzen Menschen in der Vereinigung aller Gemütskräfte gelten lassen wollte, mußte der große Scheidekünstler der kritischen Philosophie, der dicht neben ihm lebte, ein Gegenstand instinktiver Abneigung sein, auf dessen Werk er fortwährend widerwillig hinüberschielte, denn dieses Werk war eben damit beschäftigt, die menschlichen Gemütskräfte so genau als möglich zu sondern, zu trennen und jede für sich mit der kritischen Richtschnur auszumessen[60].

4. Die Erkenntnis als Glaube. Hume

Er bildet in allen Punkten den leibhaftigen Gegensatz zu der Verstandesaufklärung, die er das Nordlicht des Jahrhunderts nannte, zu aller dogmatischen Philosophie überhaupt; und wenn Hamann bei seiner Gemütsverfassung ein analysierender Philosoph hätte werden können, so wäre er ohne Zweifel ein großer Skeptiker geworden: er hätte Hume sein können, wenn er nicht Hamann gewesen wäre. Auch war er einer der gründlichsten Kenner von

[59] F. H. Jacobis Werke (1812–1825) III, 503 f.

[60] Vgl. *Metakritik über den Purismum der Vernunft*, Hamanns Schriften (Roth) VII, 10 f.

Hume, mit dem er ganz übereinstimmte, soweit Hume die dogmatische Erkenntnis der Wahrheit verneinte. Was Hamann mit Hume nicht gemein hat, ist seine *Mystik*. Wie Hume setzt auch Hamann an die Stelle des Wissens das *Glauben*; wie Hume gründet auch Hamann diesen Glauben auf Erfahrung und Gewohnheit[61]. Aber während bei Hume der Glaube nur in der sinnlichen Wahrnehmung bestand und sich zu allem höhern Wissen skeptisch verhielt, so gewinnt er in Hamann eine religiöse Bedeutung, welche er nicht vom Skeptiker, sondern vom Mystiker allein empfangen konnte. Hamanns Glaube ist lebendige Erfahrung, und wir erfahren nichts als gegebene Tatsachen. Aber es werden uns nicht bloß natürliche Tatsachen durch das Zeugnis der Sinne, sondern auch geschichtliche durch das Zeugnis der Tradition und ewige, göttliche Tatsachen durch das Zeugnis der Offenbarung gegeben. So wird Hamanns Glaube in seinem letzten Grund *Offenbarungsglaube*: Glaube an die Offenbarungen der Natur und Gottes. Er konnte mit dem Goetheschen Faust, oder vielmehr der Goethesche Faust konnte mit ihm sagen: „Geheimnisvoll am lichten Tag', läßt sich Natur des Schleiers nicht berauben, und was sie deinem Geist nicht *offenbaren* mag, das zwingst du ihr nicht ab mit Hebeln und mit Schrauben!"

5. Offenbarungsglaube und Christentum

So wenig Hamann die menschlichen Gemütskräfte trennen und vereinzeln wollte, so wenig trennt er seinen Glauben in zwei Hälften, deren eine der Natur und deren andere der Gottheit angehört; so wenig will er einen Gegensatz machen zwischen Natur und Offenbarung. Sein sinnlicher Glaube ist auch sein religiöser, und sein religiöser Glaube ist auch sinnlich: er ist oder will persönliche Inspiration sein. Nicht die Trennung des Göttlichen und Menschlichen, sondern ihre lebendige Einheit bildet den Mittelpunkt dieses Glaubens. Darum ist die einzige Religion, die seiner Geistesart entspricht, die christliche. Und wie alles Leben im Widerspruch besteht, so sind ihm gerade die lebendigsten Wahrheiten des Christentums diejenigen, welche die größten Widersprüche offenbaren und dem Verstande am meisten zuwiderlaufen. Die Trinität, die Menschwerdung, die Lehre von der Erlösung und Versöhnung sind dem Geiste Hamanns ganz gemäß; er hätte sich ohne diese das Christentum nicht denken, nicht aneignen, er hätte mit Tertullian sagen können: „credo quia absurdum." Aber dabei war Hamann weit entfernt, ein orthodoxer Christ im gewöhnlichen Sinne zu

[61] *Sokratische Denkwürdigkeiten*, Hamanns Schriften (Roth) II, 33. Vgl. Hamann an Herder, 10. V. 1781, ebendas. VI, 187.

sein. Seine Religion bestand in lebendiger Erfahrung, sein Glaube war sozusagen Genie, ursprüngliche Gemütsverfassung und darum von Natur jedem abgeleiteten Systeme fremd. In der gewöhnlichen Orthodoxie sah er nur toten, vom Buchstaben der Religion abhängigen Glauben. „Ihm ist“, sagt Jacobi von Hamann, „der wahre Glaube, wie dem Verfasser des Briefes an die Hebräer, auf den er sich beruft, *Hypostasis*. Alles andere“, spricht er verwegen, „ist heiliger Koth des großen Lama“[62].

6. *Der kindliche Glaube*

So suchte Hamann die Wissenschaft zum ursprünglichen, lebendigen Glauben, zur Glaubenspoesie zurückzuführen, und dieser Glaube mußte ihm um so lebendiger erscheinen, je weniger der Mensch seiner Ursprünglichkeit entfremdet, je weniger die Einheit der Gegensätze in der menschlichen Seele aufgelöst und gelockert, je näher der Mensch noch Gott und der Natur verwandt ist. Darum erschien ihm als der lebendigste Glaube der *kindliche*, und die Sehnsucht nach dem Glauben der Kindheit ergriff damals als ein charakteristischer Zug die bewegtesten Gemüter des Zeitalters. Von hier aus berührten Hamanns Einflüsse am mächtigsten den Geist Herders, der in den ältesten Zeiten des menschlichen Geschlechts gleichsam die Kindheit der Religion aussuchte. Man wird die Gewalt dieser Vorstellung lebhaft nachempfinden können, wenn man sich jene wunderbare Stelle des Goetheschen *Faust* vergegenwärtigt, wo bei dem Klange der Osterglocken in der Seele des lebensüberdrüssigen Denkers die Erinnerung an die Kindheit, an den kindlichen Glauben und damit die Liebe zum Leben mit aller Macht der Einbildungskraft wiedererwacht: „Dies Lied verkündete der Jugend munt're Spiele, der Frühlingsfeier freies Glück; Erinnerung hält mich nun mit *kindlichem Gefühle* vom letzten, ernsten Schritt zurück. O tönet fort, ihr süßen Himmelslieder, die Träne quillt, die Erde hat mich wieder!“ Überhaupt ist dieses prometheische Gedicht in seinen Elementen das poetische Ebenbild jenes Zeitalters, das mit seinem titanischen Streben so gern kindlich fühlen und zur menschlichen Ursprünglichkeit und Einfachheit zurückkehren wollte. Aus dieser Gemütsstimmung des Zeitalters wollen die Impulse abgeleitet sein, welche den Goetheschen Faust hervorgetrieben haben. Unter den Einflüssen, die von Hamann, diesem „Magus des Nordens“, wie man ihn nannte, ausgingen, konnte die Phantasie des Dichters, welcher den Drang der Gemüter zu gestalten suchte, unwillkürlich auf jenen sagenhaften Zauberer

[62] Brief an Joh. G. Jacobi vom Jahre 1787 (ein Jahr vor Hamanns Tode); Fr. H. Jacobis Werke (1812–1825), III, 505.

hingeführt werden, welchen die Volksdichtung zum Typus der magischen Geisteskraft gemacht hatte.

Wenn wir Hamann in Ansehung seines Glaubensprinzips mit Hume verglichen haben, so müssen wir ihn darin mit Rousseau vergleichen, daß er, wie dieser, die Übereinstimmung mit der Natur als die normale Verfassung und die Rückkehr zum elementaren, ursprünglichen Naturzustande, zur Sitteneinfalt und zum kindlichen Glauben für die einzige Wiederherstellung des Menschen ansah. Er vereinigt in sich diese beiden entgegengesetzten Pole der englisch-französischen Philosophie: den Skeptizismus eines Hume und den Dogmatismus eines Rousseau, welche beide auf den Gründer der kritischen Philosophie einen wichtigen Einfluß ausübten, der eine durch seine Untersuchung der menschlichen Natur und des menschlichen Verstandes, der andere durch seine Grundsätze der menschlichen Erziehung. Er verschmilzt diese Gegensätze in der seinem Genius eigentümlichen Mystik. Hamann macht das Prinzip der Glaubensphilosophie in seiner vollen und charakteristischen Energie geltend, ohne philosophische Formel, ohne künstliche Unterscheidungen; während Jacobi diese Einheit schon aufzulösen begann, indem er den sinnlichen und religiösen Glauben von einander sonderte.

II. Die Erkenntnis der dunklen Individualität. Lavater

1. Physiognomik

Die Gefühls- oder Glaubensphilosophie hört auf, eine Erkenntnis der Welt und der Dinge zu sein, wie es bis zu diesem Augenblicke die dogmatische Philosophie gewesen war, sie wird menschliche *Selbstererkenntnis*, denn das menschliche Individuum gilt ihr als Mikrokosmus. Aber sie ist nicht Selbsterkenntnis im allgemeinen und objektiven Verstande, sondern sie will gerade das Gegenteil davon sein, Erkenntnis des einzelnen individuellen Menschen, der durch keinen Begriff ausgedrückt, durch kein Wort bezeichnet werden kann. Das allgemeine Selbst ist das Wesen, worin alle Menschen übereinstimmen; das einzelne ist die Individualität, worin sich jeder von allen andern unterscheidet, eine Gattung für sich, eine Monade ausmacht. Wodurch sich aber jedes Individuum von allen andern unterscheidet, ist sein *Körper*. Der Körper, hatte Leibniz gesagt, ist eine undeutliche Vorstellung der Welt, aber unter allen Vorstellungen die deutlichste der ihm eigentümlichen Seele. Jedes Ding offenbart seine Eigentümlichkeit in seinem Körper: darum muß die Eigentümlichkeit der Dinge in ihren Körpern, die Eigentümlichkeit des Menschen aus seinem Körper erkannt werden, nicht etwa in den Gesetzen desselben, denn diese gehören allen

Menschen an, sondern in seinem spezifischen Ausdruck, in seiner individuellen Bildung, die sich bei jedem verschieden gestaltet. Was der einzelne Mensch im Unterschiede von den übrigen für sich ist, sagt uns unmittelbar sein Körper in der Figuration, welche die Seele am nächsten und am deutlichsten ausdrückt: in dem Antlitz, in der Form der Gesichtszüge, worin die Seele sich abspiegelt. Die Geniephilosophie wollte in *Johann Caspar Lavater*, einem ihrer bewegtesten Anhänger, diese besondere Kunst entdeckt haben, die geistige Eigentümlichkeit aus der physiognomischen zu erkennen. Lavater gründete seine Physiognomik ganz und gar auf die Ideen der Monadenlehre: daß der Mensch Mikrokosmus, daß kein menschliches Individuum dem andern ähnlich, daß der deutlichste Ausdruck eigentümlicher Individualität der Körper sei. Nun ist vom Körper der deutlichste und seelenvollste Teil das Gesicht, in dessen beiden Brennpunkten, Auge und Mund, sich der Gesamtausdruck des individuellen Seelenlebens konzentriert. „Der Mensch", sagt Lavater, „ist von allen Produkten der Erde das allervollkommenste, das allerlebendigste. Jedes Sandkorn ist eine Unermeßlichkeit, jedes Blatt eine Welt, jedes Insekt ein Inbegriff von Unbegreiflichkeiten. Und wer will die Zwischenstufen zählen vom Insekt bis zum Menschen? In ihm vereinigen sich alle Kräfte der Natur; er ist der Extrakt der Schöpfung. Aber nimmer wird er in seinem ganzen Umfange anders erkannt werden, als durch seinen Körper, seine Oberfläche. Die *Physiognomie* ist der redendste, lebendigste Ausdruck seines innern Gefühls, alles dessen, was das sittliche Leben so sehr über das tierische erhöht. Alle Gesichter der Menschen, alle Gestalten, alle Geschöpfe sind nicht nur nach ihren Klassen, Geschlechtern, Arten, sondern auch *nach ihrer Individualität* verschieden. Kein Mensch ist einem andern Menschen vollkommen ähnlich: es ist dies der erste, tiefste, sicherste, unzerstörbarste Grundstein der Physiognomik, daß bei aller Analogie und Gleichförmigkeit der unzähligen menschlichen Gestalten nicht zwei gefunden werden können, die nebeneinander gestellt und genau verglichen, nicht merkbar unterschieden wären."[63]

Die Physiognomik, in ihren Hauptsätzen ganz von der Monadenlehre abhängig, gab in der Art, wie sie Lavater geltend machte, ein höchst interessantes und ausdrucksvolles Zeugnis der Gefühlsphilosophie, von der sie angeregt und belebt war. Der poetische Begriff einer *signatura rerum* wurde hier in einer ganz neuen Weise auf die menschliche Seele angewendet. Um diese Signatur der Seele zu erkennen, mußten sich Phantasie und

[63] Lavaters *Physiognomik*. Neue Aufl. der physiogn. Fragm. Nr. II, IV, S. 2 u.4.

Verstand zu einer intellektuellen Anschauung vereinigen, die der Betrachtungsweise dieser Geniedenker vollkommen entsprach. Der Physiognomiker hatte so viel zu erraten und zu divinieren, er mußte durch Ahnung und Blick den Mangel einer festen und wissenschaftlichen Grundlage ersetzen. Der Gesichtsausdruck erschien als das bündigste Selbstbekenntnis, welches die Seele ablegen konnte, weit untrüglicher und unfehlbarer, als Rede und Schrift, weil dieser Ausdruck weit unwillkürlicher, instinktiver und darum naturgemäßer war. Man bedurfte nicht mehr der endlosen Autobiographien, womit sich die Literatur des Jahrhunderts ermüdet hatte: die *Silhouette* konnte eine Lebensbeschreibung ersetzen, der Schattenriß der Gesichtszüge war der stumme, aber vielsagende Abdruck der Individualität, die deutlichste Signatur der Seele. Was in der Seele dem eigenen Bewußtsein selbst dunkel und verborgen blieb, hatte die Natur für den Schauenden mit unverkennbaren Zügen auf das Antlitz des Individuums geschrieben: das war die deutlichste Vorstellung aller undeutlichen, dunkeln, kleinen Vorstellungen der Seele, jener Begierden und Neigungen, die im Menschen geheimnisvoll wirken und das dunkle Ich ausprägen. Die menschliche Individualität hat einen doppelten Ausdruck; der eine ist bedingt durch ihre ursprüngliche Natur, der andere durch ihre zufällige Stimmung; der erste ist konstant, der zweite beweglich; jener offenbart den festen Charakter, dieser den veränderlichen. Was der Mensch aus sich selbst nicht machen kann, was ihm gegeben ist, seine Kräfte und Anlagen, bilden den Inbegriff des festen Charakters. Was er dagegen in gewissen Lagen des Lebens erst durch seine Leidenschaften wird, was er zu sein sich Mühe gibt, was er sein oder zu sein scheinen möchte, gibt den Ausdruck der veränderlichen Individualität. Man muß sich hüten, diesen Ausdruck für den wahren zu nehmen. Die physiognomische Erkenntnis darf sich nicht täuschen lassen durch die Mimik. Die Erkenntnis des festen Charakters ist *Physiognomik*, die des veränderlichen *Pathognomik*. „Der stehende Charakter liegt in der Form der festen und in der Ruhe der beweglichen Teile; der leidenschaftliche in der Bewegung der beweglichen. Physiognomik zeigt die Summe der Kapitalkraft, Pathognomik das Interesse, das jene abwirft. Jene, was der Mensch überhaupt ist, diese, was er in dem gegenwärtigen Moment ist. Jene, was er sein *kann*, diese, was er sein *will*. Alle Welt liest pathognomisch, sehr wenige lesen physiognomisch.“[64] Diese erkennen den Naturausdruck der Individualität, den echten, unverfälschten, der eins ist mit dem Kraftausdruck.

---

[64] Lavaters *Physiognomik*, Nr. III.

2. *Die geniale Individualität*

Darum mußte man hier die deutlichste Offenbarung des Genies suchen, und Lavater war ganz geeignet, gerade dieser Offenbarung, der Physiognomie des Genies mit besonderer Vorliebe nachzuspüren. Er hat in seinen „Physiognomischen Fragmenten“ das Genie in einer so dithyrambischen Weise beschrieben, daß wir kaum ein sprechenderes Zeugnis dafür vorbringen können, wie die Geniedenker sich das Genie vorstellten. „Was ist Genie? Was ist es nicht? Ist es bloß Gabe ausnehmender Deutlichkeit in seinen Begriffen, ist es bloß ungewöhnliche Leichtigkeit, zu lernen, zu sehen, zu vergleichen? Ist es bloß Talent? Genie ist Genius.“

„Wer bemerkt, wahrnimmt, schaut, empfindet, denkt, spricht, handelt, bildet, dichtet, sagt, schafft, vergleicht, sondert, vereinigt, folgert, ahndet, gibt, meint, als wenn es ihm ein Genius, ein unsichtbares Wesen höherer Art diktiert oder angegeben hätte, der hat Genie; als wenn er selbst ein Wesen höherer Art wäre, ist Genie. Der Charakter des Genies und aller Werke des Genies ist *Apparition*; wie Engelserscheinung nicht kommt, sondern dasteht, nicht weggeht, sondern weg ist, so Werk und Wirkung des Genies. Das Ungelernte, Unentlehnte, Unlernbare, Unentlehnbare, *Innig-Eigentümliche*, Unnachahmliche, Göttliche ist Genie, das Inspirationsmäßige ist Genie, heißt bei allen Nationen, zu allen Zeiten Genie, und wird es heißen, so lange Menschen denken, empfinden und reden. Genie blitzt, Genie schafft, veranstaltet nicht, schafft, sowie es selbst nicht veranstaltet werden kann, sondern ist. Unnachahmlichkeit ist der Charakter des Genies, Momentanität, Offenbarung, Erscheinung, Gegebenheit: was gegeben wird nicht von Menschen, sondern von Gott oder vom Satan.“ „Wenn es wahr ist, was ich bis dahin immer wahr befunden habe, daß Genie das Genie sieht, daß Blick Genie ist, die Seele in den Blick konzentriert, so ließe sich vielleicht schon a priori erwarten: hier zeigt sich das Genie, wenn es sich irgendwo zeigen muß.“[65]

Man sieht deutlich, welche Beziehung zu Leibniz die Gefühlsphilosophie einnimmt: das *Psychologisch-Irrationale*, welches Leibniz entdeckt und so nachdrücklich geltend gemacht hatte, bildet den Mittelpunkt, um den sich die Originalitätsphilosophen bewegen, und das sie als Genie, Glaube, Religion zur Geltung bringen.

---

[65] Lavaters *Physiognomik*, Fragmente, LXII, S. 156 ff.

Achtes Kapitel.
Die Gefühlsphilosophie. Friedrich Heinrich Jacobi

I. Aufgabe und Standpunkt

1. Religion und Erkenntnis

Wir haben bemerkt, welches wichtige Entwicklungsmotiv in dem Fortgange unserer Aufklärung das Problem der Religion gewesen war; wie namentlich der Tatsache und geschichtlichen Eigentümlichkeit der Religion gegenüber die Verstandesaufklärung ihr Unvermögen und ihre Schranke deutlich gezeigt und wie Lessing auf der Höhe der Aufklärung diese Schranke durchbrochen und den großen Versuch gemacht hatte, das aufklärende Denken mit der Idee der Entwicklung und Geschichte in Einklang zu setzen. Ist einmal die Frage nach dem Ursprung der Religion in den Vordergrund gerückt, so muß von hier aus die Aufmerksamkeit der Philosophie für die ursprünglichen und originellen Mächte der menschlichen Natur überhaupt erweckt werden. In dieser Richtung fanden wir die Originalitätsphilosophen.

Ist es nun klar, daß die natürliche Erkenntnis der Ursprung der Religion nicht sein kann, weil diese tiefer liegt als jene; und gilt, was Hamann so nachdrücklich geltend gemacht hatte, die Einheit der menschlichen Natur als ein unteilbares Ganzes: so stellt sich hier unwillkürlich die Aufgabe, die Erkenntnis selbst auf die Religion als auf die Urtatsache der menschlichen Natur zu gründen. Diese Aufgabe macht den Standpunkt *Jacobis.*

Es ist für den Standpunkt und die Stellung Jacobis bezeichnend, daß Lessings Frage über den Ursprung der Religion, die im Antigoeze und in der Erziehung des Menschengeschlechts zur Sprache kam, ihn so mächtig anregte und ergriff, daß er seitdem alles begierig aufsuchte und las, was Lessing über die religiösen Dinge geurteilt hatte. Schon in dieser Anknüpfung an Lessing ist Jacobi der Aufklärung und Philosophie näher verwandt als Hamann, der gar nichts mit ihr gemein haben wollte. Indessen war er sich ebenso deutlich wie Hamann des Gegensatzes bewußt, der ihn von der bisherigen Philosophie trennt; zugleich aber vermochte Jacobi, was einem Hamann bei seinem Standpunkt und seiner Geistesart nicht gegeben war: jenen Gegensatz bestimmt und klar zu formulieren. Eben darin liegt Jacobis große Bedeutung für die Geschichte der Philosophie. Er fand den logischen Ausdruck gegen die dogmatische Verstandeserkenntnis, sowenig er auch sein eigenes Prinzip positiv ausbilden konnte. Daß er den letzteren Versuch, der fehlschlagen mußte, überhaupt unternahm; daß er nicht bloß die Grundlagen der bisherigen Philosophie auflösen, sondern selbst neue legen wollte: das ist der Nachteil Jacobis im Vergleiche mit Hamann, der sich so weit mit der Philosophie nicht einließ.

2. *Kritik der Verstandeserkenntnis*

Einen Satz hat Jacobi einleuchtend bewiesen, daß die Verstandesphilosophie niemals imstande sei, das Ursprüngliche zu fassen. Sie denkt nach dem Satze des Grundes; sie begründet eine Erscheinung durch eine andere, diese wieder durch eine andere, zuletzt jede einzelne durch das Ganze. Darum kann sie im Menschen niemals eine ursprüngliche, selbsttätige Kraft, also nur einen graduellen, aber keinen wesentlichen Unterschied von den übrigen Dingen entdekken: sie ist daher unfähig, Persönlichkeit und Freiheit zu begreifen. Der Verstand denkt, indem er bedingt; was er denkt, verwandelt er in ein Bedingtes, er urteilt nach dem Grundsatze der Identität: daß das Bedingte bedingt sei, d.h. er erklärt *idem per idem*. Wie er im Menschen die Freiheit, so muß er in der Welt die Schöpfung, also mit einem Worte die schaffende Freiheit verneinen; das System, welches am klarsten und entschiedensten Freiheit und Schöpfung verneint hat, erscheint daher dem Jacobi unter allen Systemen als das folgerichtigste und rationalste.

3. *Alle Verstandeserkenntnis gleich Spinozismus*

Diese Vollkommenheit findet er in der Lehre Spinozas. Hier entdeckte Jacobi die auf bloßen Verstand gegründete Wissenschaft in ihrer reinsten Vollendung. Es ist nicht unwichtig, den Gang zu verfolgen, welcher den Jacobi zu dieser Entdeckung geführt hat, die für das Verständnis Spinozas folgenreich und für ihn selbst entscheidend wurde. Er gehörte zu den Geistern, die durch Anschauung geweckt und aufgeklärt sein wollen und denen nichts einleuchtet, was nicht durch wirkliche Anschauung offenbart werden kann. Seine ganze Natur widersprach der dogmatischen Metaphysik, und er begriff bald, warum diese Philosophie, die seinem Zeitalter geläufig war, den lebendigen Wahrheitssinn nicht befriedige. Sie kann das Dasein *selbst* nicht beweisen, weil sie den Ursprung desselben, die Kraft, wodurch Dasein entsteht, zu fassen unvermögend ist; weil alles, was sie beweist, ein Bewiesenes, Abgeleitetes, darum Nicht-Ursprüngliches ist. Sie meint, aus einem Begriffe das Dasein Gottes beweisen zu können, aber was sie in der Tat bewiesen hat, ist nicht die schaffende Gottheit, sondern nur der Inbegriff aller Dinge, d.h. das *Ganze*, das im Zusammenhange aller Teile, in der

Naturnotwendigkeit oder im Mechanismus besteht. Jacobi suchte einen Beweis des göttlichen Daseins; er fand in Mendelssohn Abhandlung über die Evidenz der metaphysischen Wissenschaften die damals geläufigen Argumente, welche im Grunde nichts anderes vorbrachten, als was dem Prinzipe nach schon Descartes erklärt hatte. Nun war von Leibniz bemerkt worden, daß Spinoza den Kartesianismus auf die Spitze getrieben habe, und diese Bemerkung war es, welche Jacobi veranlaßte, die *Ethik* Spinozas gründlich zu studieren[66]. Hier fand Jacobi, was er suchte: das enthüllte Geheimnis des Kartesianischen Gottes. Descartes wollte Gott als den Schöpfer der Welt beweisen; in Wahrheit hatte er Gott als die Einheit aller Dinge, als das Weltganze bewiesen. Dies machte Spinoza klar. Er setzte für den Wert des Begriffs den richtigen Ausdruck, indem er „Deus sive natura" sagte. Dabei dachte der Spinozismus so klar, so folgerichtig, mit einer solchen mathematischen Genauigkeit, daß Jacobi keinen Fehler in dieser Rechnung der Begriffe zu entdekken wußte. Kein Verstand, wenn anders er sich selbst treu bleibt, wenn anders er nichts als Verstand sein will, kann anders denken, als Spinoza gedacht hat. Aber nur er allein unter allen Philosophen seit Plato hat in seiner Ethik die Klarheit und den Mut gehabt, die Verstandesbegriffe so zu denken, wie sie in Wahrheit sind, und ihnen keine andern Werte unterzuschieben, als sie in Wirklichkeit haben. Nur er allein und auch nur in seiner Ethik hat gedacht und nicht gewähnt.

Jetzt mußte Jacobi seine Behauptung steigern: die bisherige Philosophie *hat* das Dasein Gottes nicht bewiesen, sie kann es auch nicht beweisen, und keine Philosophie kann es, die nichts als demonstrative Wissenschaft sein will. Was von Spinoza gilt, ebendasselbe gilt von jedem andern System, welches die Wahrheit verstandesmäßig zu beweisen sucht. „Auch die Leibniz-Wolfische Philosophie führt den unablässigen Forscher zu den Grundsätzen des Spinozismus zurück." Auch die Aufklärung, die sich auf die Leibniz-Wolfische Philosophie gründet, gehört folgerichtigerweise dem Spinozismus. Was konnte dem Jacobi wichtiger sein, als daß der größte Denker dieser Aufklärung, daß Lessing wirklich Spinozist gewesen sei, daß er diese Lehre nicht bloß im Herzen, sondern offen bekannt habe? So entstand jener berühmte Streit zwischen Jacobi und Mendelssohn über Lessings Spinozismus, woran sich auch Herder in seiner Schrift: „*Gott*" beteiligte.

---

[66] Über Jacobis Bildungsgang vgl. „*David Hume über den Glauben oder Idealismus, und Realismus, ein Gespräch.*" Fr. G. Jacobis Werke (1812–1825), II, 178 f. Über die Veranlassung, den Spinoza zu lesen, vgl. ebendaselbst, 187 f.

Man sieht, daß die Hauptfrage darin bestand, welches Verhältnis zu Spinoza Leibniz einnimmt, der den Rationalismus der deutschen Aufklärung zu verantworten hat, und hier müssen wir genau unterscheiden, wie sich zu Spinoza und Leibniz, diesen beiden Brennpunkten der dogmatischen Philosophie, die verschiedenen Parteien verhalten, die sich in jenem Streite berühren. Jacobi verhielt sich zu Spinoza und Leibniz ganz anders als Mendelssohn, Lessing und Herder. Ganz anders als Mendelssohn: denn dieser identifizierte und vermischte beide in den Punkten, wo sie Gegner sind, wie in den Begriffen von Gott, Welt, Seele; während sie Jacobi da zusammenfaßte, wo sie wirklich eine gemeinsame Grundlage haben, nämlich in der Annahme einer rationellen Gotteserkenntnis und in der deterministischen Auffassung der menschlichen Freiheit. Ganz anders als Lessing: denn dieser unterschied Leibnizen genau von Spinoza, während Jacobi beide identifizierte. Ganz anders endlich als Herder: denn dieser identifizierte beide so, daß er den Spinoza dem Leibniz ähnlich machte; während Jacobi sie so identifizierte, daß er den Leibniz in den Spinoza zurückübersetzte. Diese Gesichtspunkte muß man sich klar machen, um über die streitenden Parteien ein richtiges Urteil zu fällen. Jacobi, der die Leibniz-Wolfische Philosophie auf den Spinozismus zurückführte, konnte leicht Lessing, diesen echt Leibnizischen Denker, für einen Spinozisten ausgeben; ja er durfte sich, nachdem er einmal den Unterschied zwischen Leibniz und Spinoza im Prinzipe ausgelöscht hatte, über Lessings Spinozismus täuschen. Lessing allein hätte ihn widerlegen können. Seine wirklichen Gegner vermochten es nicht, weil sie den Spinoza nicht kannten, weil sie auf derselben falschen Fährte bemüht waren, den Spinoza mit Lessing auszugleichen. Mendelssohn hatte niemals den Text der *Ethik* gesehen, geschweige gelesen, er wußte nicht einmal, daß es die *Ethik* war, welche Ludwig Meyer nach dem Tode Spinozas herausgegeben; und man darf dreist behaupten, daß Herder bei seiner phantasierenden Denkweise nicht vermochte, die *Ethik* wirklich zu studieren.

In seinem „*Gott*“ dichtete sich Herder einen Spinozismus, der ebenso falsch war, als welchen Mendelssohn in seinen „*Morgenstunden*“ unter dem Namen eines geläuterten Pantheismus zutage gefördert hatte. Herders poetischer und Mendelssohns logischer Verstand begegneten sich darin, daß sie beide den Spinozismus auf dieselbe Weise verfehlten. Ich sage: Jacobi konnte sich über Lessings Spinozismus täuschen, weil er sich über den Unterschied zwischen Spinoza und Leibniz wirklich getäuscht hat. Wenn auch seine Kenntnis Spinozas genauer war als die der Andern, so war sie doch lange noch nicht die sicherste. So hat Jacobi z.B. entschieden Unrecht, wenn er meint, Spinoza hätte die Endursachen in dem Sinne auch annehmen können, in welchem sie Leibniz behauptet habe[67]. Dies würde Spinoza niemals vermocht haben.

4. Das Gespräch mit Lessing

Was aber Lessing betrifft, so war sein Gespräch mit Jacobi, welches dieser als Zeugnis des Lessingschen Spinozismus berichtet hat, zwar ohne allen Zweifel echt, aber es hat gewiß nicht eine solche beweisende Geltung, wie ihm Jacobi geben wollte, denn Lessing hat das ganze Gespräch mehr im Charakter der Laune als des wirklichen Ernstes behandelt. Er hat Jacobi reden und ihm Behauptungen hingehen lassen, von deren Gegenteil er überzeugt war und überzeugt sein mußte, weil er dieses Gegenteil selbst bewiesen hatte. Davon aber sagt er dem Andern nichts. So hatte Lessing es Mendelssohn brieflich bewiesen, daß Spinoza und Leibniz wohl in dem Worte Harmonie übereinstimmen können, daß aber der Sinn dieses Wortes bei Leibniz ein ganz anderer sei als bei Spinoza. Nun beruft sich Jacobi auf diesen von Mendelssohn öffentlich geführten Beweis, daß die *harmonia praestabilita* schon im Spinoza stehe, und Lessing sagt ihm nichts davon, daß er eben diesen öffentlichen Beweis *privatim* widerlegt habe[68]. Dies ist doch der sicherste Beweis, daß es mit jenem *Leibniz - Spinoza* wohl dem Jacobi, aber gewiß nicht dem Lessing ernst war. Und diese Gleichung bildet den Hauptpunkt des Gesprächs, den Mendelssohn sehr leicht hätte zerstören können, wenn er an diesem Punkte nicht selbst festgehalten hätte. Er hätte dem Jacobi schriftlich beweisen können, daß Lessing über das Verhältnis zwischen Spinoza und Leibniz anders dachte, als er in jenem Gespräch die Miene annimmt, aber er hätte freilich mit diesem Zeugnisse sich selbst widerlegt. Was sonst Lessing gegen die Willensfreiheit einwendet, das sagt er fast mit Leibnizens eigenen Worten. Das Ἑν καὶ πᾶν, zu dem er sich bekennt, durfte in einem gewissen Verstande auch Leibniz annehmen, der ja in allen Wesen das Stufenreich gleichartiger, formgebender und vorstellender Kräfte sah. Das Gesetz der Analogie aller Wesen, welches Leibniz mit so vielem Nachdruck behauptet, ist zugleich das Gesetz ihrer Einmütigkeit, und warum sollte dieser alles in sich fassende Begriff nicht auch Ἑν καὶ πᾶν heißen? Dazu kommt, was wir schon früher gezeigt haben: daß Lessing wirklich in Ansehung des Pantheismus von Leibniz abwich, indem er das Wesen Gottes zwar nicht weniger persönlich als Leibniz, aber konkreter als dieser begreifen wollte. Die Vorstellung der göttlichen Weisheit und Vorsehung,

[67] *Über die Lehre des Spinoza in Briefen an M. Mendelssohn*, Fr. H. Jacobis Werke (1812–1825), IV, 1,67

[68] Lessings sämtl. Schriften (Lachmann-Muncker), XIV. 294 ff.

welche er mit Leibniz bejahte, hinderte Lessing nicht, die Welt oder die Wirklichkeit der Dinge in Gott zu denken. Seine Gedanken über die Gottmenschheit und Trinität machten Lessing zu einem Leibnizischen Pantheisten. Daß Leibniz, der die Gottmenschheit und Trinität über die Vernunft setzte, dem Pantheismus abgeneigt blieb, war eben so natürlich und folgerichtig, als daß Lessing, der sie der Vernunft gleichsetzen wollte, dem Pantheismus zustrebte. Denn noch hat niemand über diese Mysterien philosophiert und versucht, sie in Vernunftwahrheiten zu verwandeln, ohne den Pantheismus zu berühren und den Vorwurf dieser Ketzerei von der rechtgläubigen Seite zu erfahren. Aber dieser Pantheismus machte den Lessing nicht ohne weiteres zum Anhänger Spinozas, der nach seinen Begriffen die Gottmenschheit für absolut vernunftwidrig erklärte. Ein anderer Pantheismus ist derjenige, welcher die Gottmenschheit begreift; ein anderer, welcher sie leugnet: jenen suchte Lessing, diesen hatte Spinoza. Jacobis Scharfblick entdeckte mit Recht Lessings Pantheismus gerade in den Sätzen der Erziehung des Menschengeschlechts, welche die göttliche Dreieinigkeit beweisen und als vernunftgemäß darstellen wollten. Daß aber Jacobi in diese Sätze den Spinozismus hineinlas, dem Gott-Vater die *natura naturans*, dem Gott-Sohn die *natura naturata* als Realwert unterschob und erst damit die Lessingschen Begriffe vollkommen aufgeklärt haben wollte: dies war eben Jacobis fixe Idee, der sich keinen andern Pantheismus vorstellen konnte, als die Lehre Spinozas[69].

II. Glaube und Wissen

1. Idealismus und Nihilismus

Es ist für Jacobi ausgemacht, daß der Verstand, weil er nur vom Bedingten zum Bedingten fortschreitet, das Dasein Gottes nicht zu beweisen vermag. Entweder gibt er einen falschen Beweis oder er verneint das Dasein Gottes, wie Spinoza, indem er an dessen Stelle das Ganze, die Welt, setzt. Ebensowenig kann der Verstand, weil er von Begriff zu Begriff, von Vorstellung zu Vorstellung fortschreitet, das Dasein der Dinge beweisen. Er muß an die Stelle der Dinge unsere Empfindungen und Vorstellungen, an die Stelle des objektiven Daseins die Bestimmungen unseres subjektiven setzen. Der folgerichtige Verstand verwandelt die Dinge in Vorstellungen und das Dasein Gottes in ein Chaos, welches so gut wie nichts ist: er führt in der ersten Richtung zum „*Idealismus*“, in der andern zum „*Nihilismus*“.

---

[69] *Briefe über die Lehre des Spinoza*, Fr. H. Jacobis Werke (1812–1835), IV, 1, 87.

Also kann der Verstand oder, was dasselbe heißt, die Philosophie, die sich auf ihn gründet, weder das übersinnliche noch das sinnliche Dasein, also überhaupt nicht das Dasein beweisen; und da die Kraft zu beweisen dem Verstande ausschließlich angehört, so folgt, daß sich das Dasein als solches überhaupt nicht beweisen läßt. Beweisen können wir nur das Bedingte, also nichts, was unbedingt und ursprünglich ist, wie Gott, die Persönlichkeit, die Freiheit; und von dem Bedingten können wir nur die Vorstellung, aber nicht das Dasein beweisen. Und dennoch leugnen wir das Dasein nicht, so wenig wir imstande sind, es zu demonstrieren.

2. *Die Gewißheit als Glaube. Hume*

Wir sind im Grunde der Seele von unserm Dasein wie von dem Dasein außer uns überzeugt, so wenig wir diese Überzeugung auf Beweise gründen oder durch Beweise bekräftigen können. Also es gibt in uns eine Gewißheit der Existenz. Wie ist sie möglich? fragt Jacobi und antwortet: durch den Glauben allein, da sie durch Wissen nicht möglich ist. Dieser Glaube muß allem Wissen in uns vorangehen, da er niemals daraus hervorgehen kann. „*Wir alle werden im Glauben geboren*", schrieb Jacobi an Mendelssohn, „und müssen im Glauben bleiben, wie wir alle in Gesellschaft geboren werden und in Gesellschaft bleiben müssen. Durch den Glauben wissen wir, daß wir einen Körper haben, und daß außer uns andere Körper und andere denkende Wesen vorhanden sind. Eine wahrhafte, wunderbare Offenbarung! Denn wir empfinden doch nur unsern Körper, so oder anders beschaffen; und indem wir ihn so oder anders beschaffen fühlen, werden wir nicht allein seine Veränderungen, sondern noch etwas ganz Verschiedenes, das weder bloß Empfindung noch Gedanke ist, andere wirkliche Dinge gewahr, und zwar mit eben der Gewißheit, mit der wir uns selbst gewahr werden, denn ohne *Du* ist das *Ich* unmöglich."[70]

Das Jacobische Glaubensprinzip ist zunächst kein religiöses, sondern ein *realistisches*: es ist das natürliche Gegengewicht gegen den Idealismus des Verstandes. So macht es Jacobi in seinen Briefen an Mendelssohn über die Lehre Spinozas geltend. Dieser Glaube sichert unfern Vorstellungen die Objektivität, er bewirkt, daß sie uns für Bestimmungen der Dinge gelten, während sie sonst nur unsere eigenen Bestimmungen sein könnten. Darin ist Jacobi, wie Hamann, ganz mit Hume einverstanden, daß er den sinnlichen Glauben aller menschlichen Erkenntnis zugrunde legt. Und der Grund dieses Glaubens? Was ist der Grund davon, daß mir die

---

[70] *Briefe* über die Lehre des Spinoza. Fr. H. Jacobis Werke (1812–1825), IV, 1, 162 f., 210 f. Vgl. *David Hume über den Glauben oder Idealismus und Realismus*, ebendas. II, 155ff.

Tatsache eines fremden Daseins so klar einleuchtet, daß ich derselben vollkommen gewiß bin, und kein Skeptizismus der Welt imstande ist, mir diese Gewißheit zu rauben? Was macht meine sinnliche Empfindung zur *Wahrnehmung* im buchstäblichen Sinne des Worts? Zur Wahrnehmung, d.h. daß ich meine Empfindung und Vorstellung nicht bloß für Schein oder Modifikation meiner selbst, sondern für wahr nehme: für die wirkliche Erscheinung eines Gegenstandes. „Wir haben nichts", sagt Jacobi, „worauf unser Urteil sich stützen kann, als die Sache selbst, nichts als das Faktum, daß die Dinge wirklich vor uns stehen. Können wir uns mit einem schicklichern Worte als dem Worte *Offenbarung*, hierüber ausdrükken? Daß diese Offenbarung eine wahrhaft wunderbare genannt zu werden verdiene, folgt von selbst. Wir haben ja für das *Dasein* an sich eines Dinges außer uns gar keinen Beweis, als das Dasein dieses Dinges selbst, und müssen es schlechterdings unbegreiflich finden, daß wir ein solches Dasein gewahr werden können. Nun behaupten wir aber demohnerachtet, daß wir es gewahr werden; behaupten mit der vollkommensten Überzeugung, daß Dinge wirklich außer uns vorhanden sind. Ich frage: worauf stützt sich diese Überzeugung? In der Tat auf nichts als geradezu auf eine Offenbarung, die wir nicht anders als eine wahrhaft wunderbare nennen können."[71]

3. Die Offenbarung als Grund des Glaubens

So führt der sinnliche Glaube notwendig zum *Offenbarungsglauben*, ja er kann nur kraft des letztern bestehen. Aber ein Dasein, welches offenbar ist, setzt ein Dasein voraus, welches offenbar macht, eine Kraft, wodurch Dasein entsteht, eine schöpferische Kraft, die nur Geist, eine Ursache alles Daseins, die nur Gott sein kann. „Das All der Wesen", sagt Jacobi, „muß durch etwas geeinigt sein, und nichts ist wahrhaft etwas, als der *Geist*." „Von daher weht *Freiheit* die *Seele* an, und die Gefilde der Unsterblichkeit tun sich auf!"[72] Unser sinnlicher Glaube ist notwendig Offenbarungsglaube und dieser notwendig *Gottesglaube* oder *Religion*. Wie der sinnliche Glaube das natürliche Gegengewicht gegen den Idealismus, so bildet der Gottesglaube das natürliche Gegengewicht gegen den Nihilismus der Verstandesphilosophie. Dieser Glaube ist *Natur*, nicht willkürliches Zeichen und Buchstabe: er ist das ungeschriebene Gesetz des menschlichen Herzens, das wir befolgen, selbst wenn wir es leugnen. Kein Idealist kann sich wirklich überreden, es gebe außer ihm keine Dinge; kein Atheist sich wirklich überreden,

---

[71] *David Hume über den Glauben*, Fr. H. Jacobis Werke, (1812–1825) II, 165 ff.

[72] Ebendaselbst 274, 284 f.

es gebe außer den Dingen keinen Gott. Sein Herz glaubt, was sein Verstand leugnet.

4. Der Glaube als Gefühl (Vernunft)

Diesen Glauben nannte Jacobi in seinem Gespräch über Hume „das offenbarende Vermögen in uns, den Sinn, das Vermögen der Wahrnehmung überhaupt". Diesen Sinn nannte er später in der Einleitung zu seinen sämtlichen philosophischen Schriften *Gefühl* oder *Vernunft*[73]. Abgesondert von diesem Gefühl, welches die Wurzel unserer Erkenntnis bildet, kann der menschliche Verstand nicht Dinge, sondern nur Gedankendinge, nicht Gott als den lebendigen Ursprung alles Daseins, sondern nur Natur als den mechanischen Zusammenhang des Ganzen begreifen. Idealismus und Nihilismus sind daher die wesenlosen Systeme, welche der Verstand für sich findet, wenn er nur für sich denkt. Sein höchster Begriff ist der Satz des Grundes, das „principium compositionis", welches nur Mechanismus anerkennt, also Freiheit, Persönlichkeit, Gottheit notwendig von sich ausschließt und folgerichtigerweise verneint. Den Begriff der Ursache, des Ursprünglichen, der freien Wirksamkeit kann der Verstand nicht fassen, weil Ursprüngliches innerhalb seiner bedingten Vorstellungen nirgends getroffen wird. Aber in dem Gefühle seiner eigenen Ursprünglichkeit, in seiner selbsttätigen Erfahrung wird dem Menschen die Gewißheit, daß es ein Ursächliches in der Welt gibt, also auch eine Ursache der Welt geben müsse. Von diesem Gefühle beseelt, denkt der menschliche Geist nach einem höheren Prinzip, als dem Verstandessatze der Identität und des Grundes, er findet in seiner eigenen Selbsttätigkeit das „principium generationis", welches nicht vom Teil zum Ganzen, sondern vom lebendigen Dasein zum Ursprünge alles Lebens, zu Gott als dem absolut Lebendigen, von der menschlichen Freiheit zur göttlichen Vorsehung leitet[74]. Gibt es keine Freiheit, so gibt es nur Mechanismus und Fatum, so ist die „fatalistische" Weltanschauung Spinozas die einzig mögliche. Gibt es Freiheit im Menschen, so gibt es Vorsehung in der Welt, denn Freiheit und Vorsehung sind unzertrennlich mit dem Vernunftgefühle verbunden[75].

---

[73] *Einleitung in sämtliche philosophische Schriften*, Fr. H. Jacobis Weile (1812–1825), II, 60 f. Es ist zu bemerken, daß Jacobi erst hier seinen Standpunkt als „*Gefühlsphilosophie*" bezeichnet, daß er hier die Vernunft in das ursprüngliche Gefühl setzt, während er früher, wie in dem Gespräch über Hume, die Vernunft nicht wesentlich vom Verstande unterschieden hatte.

[74] *David Hume über den Glauben*, Fr. H. Jacobis Werke. (1812–1825), II, 313 ff.

[75] Über die Unzertrennlichkeit der Freiheit und Vorsehung von dem Begriffe der Vernunft. Ebendaselbst.

Wenn man gewöhnlich sagt, Jacobi habe der Philosophie den Glauben, dem Verstande das Gefühl entgegengesetzt, so erklärt diese vieldeutige Formel nichts von der Eigentümlichkeit des Jacobischen Standpunktes; es wird damit namentlich die Entdeckung nicht bezeichnet, welche in Jacobi die Gefühlsphilosophie gemacht und gegen den Dogmatismus siegreich behauptet hat. Gibt es im Menschen ein *ursprüngliches* Vermögen, worin sich der Mensch nicht dem Grade, sondern dem Wesen nach von allen übrigen Geschöpfen unterscheidet: *so hatte vor Jacobi die Philosophie diese Tatsache nicht zu entdecken, nicht zu erklären vermocht*, wenn wir nicht etwa mit Jacobi die Platonische Ideenlehre mit ihren tiefsinnigen Mythen vom Ursprunge der menschlichen Seele ausnehmen wollen. Entweder sah die Philosophie im Menschen nur ein Glied im mechanischen Naturzusammenhange, nur einen Teil des natürlichen Weltalls und mußte ihm unter diesem Gesichtspunkte alle Ursprünglichkeit und Freiheit absprechen; oder sie dachte den Menschen als ein Glied in der Stufenordnung der Natur und konnte unter diesem Gesichtspunkte zwar die menschliche Ursprünglichkeit, aber nicht im absoluten, sondern nur im relativen und graduellen Unterschiede von den übrigen Wesen behaupten. Entweder galt der Mensch für einen *Modus*, wie bei Spinoza, oder für eine *Monade* von höherer Potenz, wie bei Leibniz: in beiden Fällen ist der Mensch nur dem Grade nach von den Naturwesen unterschieden und, mit den Tieren verglichen, nur eine höhere Tiergattung; in beiden Fällen ist der Mensch ein Ding unter Dingen. Und weil hierin beide Systeme übereinstimmen, darum beurteilt sie Jacobi unter demselben Gesichtspunkt und erklärt Leibniz so gut wie den Spinoza für einen bloßen Naturalisten. Wenn es nun im Menschen etwas gibt, das in der ganzen Natur, in allen andern Wesen nichts Analoges findet; so ist damit die menschliche Ursprünglichkeit in ihrem absoluten, unvergleichlichen Unterschied von allen andern Wesen bewiesen, so ist damit Leibniz so gut wie Spinoza und die Verstandesphilosophie überhaupt widerlegt. Dieses Etwas kann nicht der Verstand sein, denn ein Analogon des Verstandes haben auch die Tiere, auch nicht die Vernunft im Sinne der dogmatischen Philosophie, denn diese sogenannte Vernunft ist vom Verstande nicht wesentlich unterschieden; der Verstand macht aus den sinnlichen Vorstellungen Begriffe, die Vernunft bildet aus diesen Begriffen Urteile und Schlüsse: sie entspringt mithin aus der Sinnlichkeit als aus ihrer Wurzel, und was sie entwickelt, kann daher nur sinnlicher Natur sein. Aus Sinnlichem kann nur Sinnliches hervorgehen. Und wie sich die menschlichen Sinne nur dem Grade nach von den tierischen unterscheiden, so besteht auch zwischen dem menschlichen Verstande, der sich auf Sinnlichkeit gründet, und dem tierischen keine absolute Differenz. Aber diese Differenz besteht, wenn es im Menschen ein *Vermögen des Übersinnlichen* gibt, welches die demonstrative Vernunft niemals sein oder werden kann, welches lediglich in der *fühlenden Vernunft* besteht.[76] Daß in der Tat ein solches Vermögen des Übersinnlichen in der menschlichen Seele existiert, beweist die Tatsache der Religion, wodurch sich der Mensch ahndend, fühlend, erkennend zu dem Ewigen erhebt, die Tatsache der Freiheit, kraft deren der Mensch schlechthinniger Anfangspunkt seiner Handlungen sein kann. Wäre er nur ein höheres Tier, so wäre die Religion wie die Freiheit, der Gottesglaube wie das Selbstgefühl schlechterdings unmöglich. Wären sie unmöglich, wie könnten sie selbst in verkümmerter Gestalt existieren?

Die Verstandesphilosophie vermochte nicht, diese Tatsachen zu erklären; deshalb war sie gezwungen, wenn sie folgerichtig sein wollte, dieselben zu verneinen. An die Stelle Gottes setzte sie die Natur d.h. den Mechanismus der Kräfte, an die Stelle der Freiheit die Naturbestimmung d.h. den Mechanismus der Triebe. Ihre Gotteslehre war naturalistisch, ihre Moral deterministisch. Natürliche Gotteslehre ist für Jacobi gleich *Atheismus*; deterministische Moral ist ihm gleich Fatalismus. Dahin führe offen genug die Lehre Spinozas, eben dahin führe zwar weniger offen, aber nicht weniger notwendig die Leibniz-Wolfische Philosophie und überhaupt jeder folgerichtige Rationalismus.[77] Die Reflexion kann den Glauben nicht machen; der Verstand, sei er auch noch so klar und deutlich, kann die Tatsache der Religion nicht erzeugen und hat sie niemals erzeugt; wenn diese Tatsache möglich ist, so muß sie vor dem Verstande bestehen, da sie durch ihn nicht entstehen kann. Es muß daher im Menschen eine *ursprüngliche Wahrnehmung* des *Übersinnlichen* geben, wodurch wir uns dem Wesen nach vom Tier unterscheiden, wodurch wir im eigentlichen Sinne erst menschlich sind. Hier oder nirgends muß das Wesen des Menschen entdeckt werden. Diese Entdeckung, welche den Gesichtskreis der dogmatischen Philosophie übersteigt, hat Jacobi gemacht oder zu machen gesucht, und in dieser Richtung erscheint er als der unmittelbare Vorgänger Kants, der den Punkt traf, welchen Jacobi nur suchte.

---

[76] *Einleitung in sämtl. philos. Schriften*. Fr. H. Jacobis Werke. (1812–1825), II, 7–8.

[77] *Briefe über die Lehre des Spinoza*. Fr. H. Jocobis Werke (1812–1825), IV, 1, 216ff., Nr. I, III, IV.

III. Jacobis Stellung in der Geschichte der Philosophie

1. Jacobi und Kant

Kant entdeckte, um die Erkenntnis zu erklären, also im Interesse der neu zu begründenden Philosophie, solche Kräfte in der menschlichen Seele, die ursprünglich sein müssen und den Menschen nicht dem Grade, sondern dem Wesen nach von der Natur unterscheiden. Hierin stimmen Jacobi und Kant überein, allein Jacobi behauptet mit unmittelbarer Gewißheit als einen Glaubenssatz, was Kant durch eine tiefsinnige und genaue Untersuchung analysiert und durch eine höhere Logik als die bisherige gewesen, war, feststellt. Der dogmatischen Philosophie setzt Kant einen höhern philosophischen Gesichtspunkt, dem Jacobi ein höheres menschliches Selbstgefühl entgegen; beide zeigen den dogmatischen Denkern die Tatsache, welche noch unerklärt ist, obwohl sie in lebendiger Wirklichkeit existiert, aber Kant verhält sich zu dieser dem dogmatischen Verstande überlegenen Tatsache beweisend, Jacobi dagegen, um seinen eigenen Ausdruck zu brauchen, nur „weisend". Er weist darauf hin: sein Gefühl ist ein Fingerzeig, gerichtet auf das Tatsächlich-Übersinnliche im Menschen, auf jene Gegend der Seele, welche im Schatten der Philosophie liegt, die nicht auf den Höhen des Verstandes, sondern in der Tiefe des Gemütes, im Grunde des Lebens allein entdeckt werden kann. Ohne eine ursprüngliche Wahrnehmung des Übersinnlichen in unserer Seele, ohne unmittelbare Offenbarung und Offenbarungsglauben gibt es keine Religion und kein positives, lebendiges Wissen. Entweder also muß die Religion an der Quelle des menschlichen Lebens, an der Wurzel des Geistes entdeckt oder sie kann überhaupt nicht entdeckt, überhaupt nicht erklärt werden. Von diesem Punkte aus hat Jacobi unaufhörlich die Philosophie und den Rationalismus als solchen bekämpft. Er ist in dieser Stellung, wie in seinem negativen Verhalten gegen Philosophie und Vernunftreligion, stets derselbe geblieben und konnte deshalb mit Recht die Einleitung in seine philosophischen Schriften mit den Worten schließen: „Ich ende, wie ich begann!"[78]

Gegen die Möglichkeit der Vernunftreligion zeugt in den Augen Jacobis die Geschichte und die Natur. Die Geschichte: denn niemals ist in der Welt eine Religion durch Vernunftschlüsse gemacht oder auf Vernunftgründe hin geglaubt worden. Die Natur: denn die Vernunft ist verwandt mit dem Verstande, der menschliche Verstand ist verwandt mit dem tierischen; gäbe es nun eine Vernunftreligion,

---

[78] *Einleitung in sämtl. philos. Schriften.* Fr. H. Jacobis Werke (1812–1825), II, 123.

so müßte auch in den Tieren sich ein Analogon der Religion finden, weil sie ein Analogon der Vernunft haben. Aber es gibt in der Tierseele auch nicht ein leises Gefühl, auch nicht einen dumpfen Instinkt des Übersinnlichen, also nichts, was der Religion vergleichbar wäre. Diese Tatsache beweist, daß die Religion niemals auf Vernunft gegründet werden kann, daß also die Religion, wenn sie ist, der Vernunft vorausgehen, daß Wissenschaft und Erkenntnis vielmehr auf die Religion gegründet werden müsse. Religion und Philosophie, so habe ich mich an einem andern Orte ausgedrückt, verhalten sich im Verstande Jacobis ähnlich, wie Natur und Physik. So wenig die Physik Natur machen kann, so wenig ist jemals die Philosophie imstande, Religion zu machen. So wenig jemals die Physik, und wäre sie bis auf den letzten Punkt vollendet, die Natur überflüssig machen oder ersetzen kann, so wenig kann jemals die Philosophie, und wäre sie auf dem höchsten Gipfel der Aufklärung, die Religion überflüssig machen oder ersetzen. Jacobi dachte so: der wahre Theismus ist nur durch Glauben und nie durch Begriffe gegeben; der wahre Theismus ist keine logische, sondern eine fromme Vorstellung, er ist das lebendige Verhältnis kindlicher Liebe, herzlicher Ergebung, innigen Vertrauens: der unbedingte, ursprüngliche Glaube an eine väterliche, liebevolle, erlösende Weltregierung: ein Glaube, welcher durch kein Verstandessystem begründet, noch weniger erzeugt, noch weniger ersetzt werden kann. Dieser Theismus *lebt*, er läßt sich nicht in ein bündiges Raisonnement, in eine schulgerechte Schlußfolgerung bringen, denn Liebe, Hingebung, Erlösung lassen sich nicht logisch beweisen. Darum fehlt in jedem philosophierenden Theismus das wahrhaft Religiöse, und man muß unklar denken oder empfinden, um diesen Mangel, dem religiösen Gemüte so fühlbar, nicht zu merken, um sich durch ein gleichlautendes Wort über diesen Mangel täuschen zu lassen. So fühle ich, sagt Jacobi, und ich kann nicht anders als so fühlen; so denken die Systeme der Philosophie, und wenn sie Recht hätten, wäre mein Gefühl unmöglich.

Vergleichen wir Jacobi mit den Philosophen, die ihm vorausgehen, so erhebt er sich ohne Zweifel über deren Gesichtskreis: er hält ihnen das Gewicht einer Tatsache entgegen, welche der dogmatische Verstand entweder verneinen mußte oder wenigstens nicht erklären konnte; er fühlt mehr, als jene begreifen. Wie Leibniz die Tatsache des Lebens in der Natur und der Selbstbewegung in den Körpern der Lehre Descartes', wie er die Tatsache der Individualität der Lehre Spinozas entgegengehalten hatte, so hält Jacobi die Tatsache der Religion, die Tatsache des Übersinnlichen im Menschen der Philosophie überhaupt entgegen. Wie Descartes und Spinoza der Leibnizischen Philosophie untergeordnet sind, weil diese höhe re Tatsachen betrachtet und erklärt, so muß sich aus demselben Grunde die dogmatische Philosophie dem Standpunkte Jacobis unterwerfen. Diese Bedeutung Jacobis müssen wir um so mehr hervorheben, weil sie in der Tat zu wenig erkannt und nicht deutlich genug bezeichnet worden ist. Vergleichen wir dagegen Jacobi mit den Philosophen, die ihm nachfolgen, so macht er erst in der Form des Gefühls geltend, was jene in die Form der Erkenntnis zu erheben suchen. Zu den dogmatischen Denkern verhält sich Jacobi wie das religiöse Gefühl zu dem bloßen Verstande; zu den kritischen Denkern verhält er sich wie das bloße Gefühl zu dem überlegenen Verstande, der die Tiefe der menschlichen Seele durchschaut und die Tatsachen des Gefühls einsieht. Ehe aus der dogmatischen Philosophie, welche die Erkenntnis der Dinge sein will, die kritische Philosophie oder die *menschliche Selbsterkenntnis* hervorgehen konnte, mußte das menschliche Selbstgefühl gleichsam als mittlerer Durchgangspunkt hervortreten, und eben diesen Durchgangspunkt bezeichnet Jacobi. Er selbst ist noch nicht kritisch, sondern er macht nur die Krisis, die von dem Werdedrang des neuen Prinzips beseelt ist. Alles Neue in der Geschichte der Menschheit behauptet sich zuerst als ein unmittelbar Gewisses, bevor es in das Gebiet objektiver Erkenntnis erhoben wird. So macht Jacobi das Wesen des Menschen mit der Unmittelbarkeit des Gefühls geltend, bevor es Kant durch die Kritik der Vernunft erleuchtet. So verhält sich überhaupt die Gefühlsphilosophie zur kritischen.

2. *Jacobi und Mendelssohn*

Dieses Verhältnis macht Jacobi selbst durch sein eigenes Beispiel sehr deutlich. Denn gegenüber den dogmatischen Denkern zeigt er ein überlegenes Bewußtsein, welches die vorhandenen Systeme der Philosophie wohl begreift und besonders ihre Mängel gründlich einsieht und scharf hervorhebt; den kritischen Denkern gegenüber erscheint Jacobi als der untergeordnete Kopf, der nicht imstande ist, dem höheren Gesichtspunkte nachzukommen. Jacobi hat wohl den Spinoza, aber niemals den Kant verstanden. So Recht hatte Leibniz, wenn er sagte: daß in dem Vollkommenen das Unvollkommene immer deutlich, in dem Unvollkommenen das Vollkommene immer undeutlich vorgestellt werde. Die Wahrheit dieses tiefsinnigen Satzes springt in die Augen, wenn wir Jacobi mit Mendelssohn vergleichen. In dem Streite beider kam der Gegensatz zwischen der Verstandes- und der Gefühlsphilosophie zum Vorschein. Mendelssohn verteidigte den Theismus der Aufklärung, Jacobi den Theismus des Gefühls. Und wie man auch über die beiden Persönlichkeiten denke, so wird doch jeder Unbefangene begreifen müssen, daß Mendelssohn über den Standpunkt seines Gegners vollkommen im Unklaren, Jacobi dagegen über Mendelssohn vollkommen im Klaren war; daß der Verstandesphilosoph den Gefühlsphilosophen sehr undeutlich, dieser jenen sehr deutlich vorstellte. Darum klagt auch Mendelssohn unaufhörlich, daß er Jacobi nicht verstehe, und er verstand ihn wirklich nicht; Jacobi sagt nie, daß ihm sein Gegner unverständlich sei. Abgesehen übrigens von dieser Verschiedenheit ihrer Gesichtspunkte, lassen sich die beiden Gegner gut miteinander vergleichen. Mendelssohn verhält sich zur Verstandesaufklärung ähnlich wie Jacobi zur Gefühlsphilosophie. Jener möchte Glauben und Wissenschaft in Moral, dieser Moral und Wissenschaft in Glauben verwandeln. Beide sind keine Systematiker, keine strengen und methodischen, sondern rednerische Schriftsteller, beide sind schöngeistige Talente, welche ihre philosophischen Gesichtspunkte ästhetisch ausstellen und in der Art akademischer Belletristen behandeln; beide sind von einförmigem Inhalte, und sie werden nicht müde, diesen einförmigen Inhalt zu wiederholen. Gott und Unsterblichkeit sind die Begriffe, welche Mendelssohn von allen Seiten beleuchtet, die er bis auf die Neige ausbeutet; Glaube und Offenbarung sind die beiden festen Punkte, von denen Jacobi ausgeht, um immer eben dahin wieder zurückzukehren. So ist auch ihre Beurteilung der philosophischen Systeme eintönig und nivellierend. Dem Mendelssohn erschienen Spinoza und Leibniz gleich Wolff; dem Jacobi erschienen Leibniz und Wolff gleich Spinoza. Und in der festen Annahme, daß alle rationale Erkenntnis auf Spinozismus hinauskommen müsse, daß Spinoza der konsequenteste aller Rationalisten gewesen sei, hat Jacobi dieses Urteil über alle Systeme seit Aristoteles ausgedehnt. Leibnizen, Wolff und Lessing setzte er gleich dem Spinoza, und er versuchte dasselbe mit Kant, Fichte und Schelling, bis endlich der letztere, der den Spinoza und Leibniz ebensogut zu unterscheiden als zu verbinden wußte, dieser gleichmachenden Kritik in seinem Denkmale Jacobis ein grausames, aber nicht ungerechtes Ende setzte. Jacobi hatte so lange das Einerlei seiner Gedanken wiederholt, er war bei den unbeweglichen Vorstellungen von Glaube und Offenbarung so unbeweglich stehen geblieben, nachdem sich die Philosophie schon längst derselben bemächtigt hatte, daß ihm Schelling zuletzt vorwerfen durfte, er sei langweilig geworden und es sei endlich Zeit, daß sein „Genörgel" aufhöre.[79] Jacobi erfuhr durch Schelling ein ähnliches Schicksal, wie Mendelssohn durch ihn erfahren hatte. Er war, um Leibnizisch zu reden, Mendelssohn gegenüber die höhere,

[79] *Schellings „Denkmal der Schrift von den göttlichen Dingen usw. des Herrn Fr. Heinr. Jacobi"* (1812), in Schellings sämtl. Werken, 1. Abt., 8. Bd. (1861), S. 94. Vgl. meine „Geschichte der neuern Philosophie", Bd. VII, (3. Aufl.), Buch II. Abschnitt IV. Kap. XXXIX, S. 678–686.

Schelling gegenüber die niedere Monade, die dort deutlich vorstellte, während sie selbst undeutlich vorgestellt wurde, hier dagegen undeutlich vorstellte, während sie selbst deutlich vorgestellt wurde. Nachdem Jacobi den Pantheismus Spinozas gegen Mendelssohns Theismus siegreich verteidigt hatte, konnte ihm nichts Schlimmeres begegnen, als daß er von dem Standpunkte seines Theismus aus den Pantheismus Schellings angreifen wollte.

3. Jacobi und Leibniz

Bevor wir die Gefühlsphilosophie verlassen, so möge kurz das Verhältnis bemerkt werden, worin ihre Anhänger zu Leibniz standen. Der wahre Leibniz hätte ihnen unter allen früheren Philosophen der verwandteste sein sollen; wenn auch in seinem System die absolute oder unvergleichbare Ursprünglichkeit des menschlichen Wesens keinen Platz fand, so war doch hier die Ursprünglichkeit des Gefühls, die elementare Bedeutung der dunkeln Vorstellungen mit großem Scharfsinn erkannt worden. Herder kannte Leibnizen und wußte sich in positiver Weise von ihm abhängig; Hamann kannte ihn nicht oder nur, so weit sich Leibniz in der *Theodizee* zu erkennen gibt;[80] Lavater war mehr von ihm abhängig, als er vielleicht selbst wußte; und Jacobi, der aus Leibniz ein genaues Studium gemacht hatte und ihm in wichtigen Punkten beistimmte, war doch zu sehr interessiert, die Monadenlehre auf den Spinozismus zurückzuführen, als daß er Leibnizens Eigentümlichkeit hätte gerecht werden können. Indessen, wenn das Axiom der Mathematik, daß zwei Größen, welche einer dritten gleichen, auch untereinander gleich sind, auf die Geister angewendet werden darf, so mußte Jacobi mehr mit Leibniz übereinstimmen, als er selbst Wort haben wollte. Tenn beide vergleichen sich mit Plato: Leibniz hielt sich an Plato, diesen antiken Gegenfüßler Spinozas, und Jacobi sah in Plato den einzigen Philosophen, dem er verwandt sein und welchen er selbst dem Spinoza entgegen setzen wollte[81].

[80] *Allwills Briefsammlung*. Briefe an Verschiedene. Nr. IX. Fr. H. Jacobis Werke (1812–1825) I, S. 384.

[81] Jacobis Verhältnis zu Leibniz betr. vgl. *Gespräch über Hume*. Fr. H. Jacobis Werke (1812–1825) II, 236 ff. und 256. Jacobis Anweisung auf Plato: vgl. *Einleitung* usf. ebendas. II, 73 ff.

Neuntes Kapitel. Goethe und Schiller in ihrem Verhältnis zu Leibniz und der deutschen Aufklärung

I. Goethes philosophische Vorstellungsweise

1. Verhältnis zu Spinoza

In eben dem Punkte nun, wo Jacobi den Spinozismus verläßt und sich gegen alle rationale Betrachtung der Dinge verschließt, deren Ziel ihm Vergötterung der Natur, Atheismus und Fatalismus zu sein schien, in eben dem Punkte, wo Jacobi zwischen Theismus und Naturalismus, Freiheit und Notwendigkeit, Vorsehung und Schicksal den heillosen Riß macht, wendet sich *Goethe*, dem dieser Riß unerträglich war, von Jacobi ab und überhaupt von der dunkeln und ausschließlichen Richtung der Gefühlsphilosophie, womit ihn das Jugendalter seiner Poesie zusammengeführt hatte. Er schreibt dem Jugendfreunde, der ihm seine Briefe über Spinoza und die darauf bezüglichen Streitschriften mit Mendelssohn zugeschickt hatte: „Wie weit wir voneinander abstehen, habe ich erst recht wieder aus dem Büchlein selbst gesehen. Ich halte mich fest und fester an die Gottesverehrung des Atheisten und überlasse Euch alles, was Ihr Religion heißt und heißen müßt. Wenn Du sagst, man könne an Gott nur *glauben*, so sage ich Dir: ich halte viel aufs *Schauen*, und wenn Spinoza von der intuitiven Erkenntnis schreibt und sagt: „Diese Betrachtungsweise kommt durch den klaren Begriff vom wirklichen Wesen gewisser Attribute Gottes zum klaren Begriff vom Wesen der Dinge“, so geben mir diese wenigen Worte Mut, *mein ganzes Leben der Betrachtung der Dinge* zu widmen, die ich reichen und von denen ich mir eine adäquate Idee bilden kann, ohne mich im mindesten zu bekümmern, wie weit ich kommen kann und was mir zugeschnitten ist.“[82] Die Ruhe und Klarheit, wie der zur Entsagung gestimmte Geist Spinozas zogen Goethen mächtig an, und in dem „amor Dei“ erkannte er jenen hohen Seelenfrieden, den er auf dem Wege seiner künstlerischen und intuitiven Weltbetrachtung in dem eigenen Gemüte fand und erlebte. Ist doch die Intellektualliebe Spinozas selbst eine Intuition, worin der anschauende und denkende Verstand einander begegnen dürfen, und also der phantasievollste

---

[82] Über Goethes Verhältnis zu Jacobi, dem Spinozismus und dem Mendelssohn-Jacobischen Streite vgl. Schölls Ausgabe der Briefe und Aufsätze Goethes aus den Jahren 1766–1786 (S.192–229). Über Goethes Spinozismus vgl. meinen Vortrag über Baruch Spinoza (1865), 2. 11, 12. (Philos. Schriften 3. (2. Aufl.) S. 65.)

Dichter mit dem strengsten mathematischen Denker wohl übereinstimmen konnte. Zwischen beiden besteht die Wahlverwandtschaft kontemplativer Gemüter, die gleiche Neigung theoretischer Geister zu einem beschaulichen Leben.

2. *Verhältnis zu Leibniz. Goethes Leibnizischer Pantheismus*

Was man im übrigen Goethes Weltanschauung nennt, ist im strengen Sinne des Wortes weder Spinozismus noch sonst ein philosophisches System, wofür dieser poetische Genius kein Bedürfnis und darum auch keine Anlage hatte, sondern es ist die echte phantasiegemäße Vorstellungsart, die das Göttliche in der Welt, das Geistige in dem Natürlichen zu schauen bestrebt ist. So war Goethe ein vollkommen dichterischer Pantheist, aber ein solcher, dem das Kraftgefühl der menschlichen Eigentümlichkeit, das Selbstgefühl der eigenen unveräußerlichen Individualität so lebhaft einwohnte, daß er in diesem Punkte niemals ein Spinozist weder sein noch werden konnte. Man kann sagen, daß ihm mehr als einem andern jener Begriff Leibnizischer Monade angeboren war, der die absolute Eigentümlichkeit der menschlichen Seele festhielt und zugleich das Geistige und Körperliche in Eines faßte. Auf diesen Begriff gründet sich die echt Goethesche Anschauung einer *gesetzmäßigen, kontinuierlichen Entwicklung in allen Dingen*, die er mit so vielem Eifer in Steinen, Pflanzen und Tieren verfolgte; und an ebendenselben Begriff knüpfen sich seine Unsterblichkeitsvorstellungen, die darin vornehmer als die Leibnizischen dachten, daß sie nur für die höherstrebenden Geister eine ewige persönliche Fortentwicklung annahmen. Und hier besonders bedient sich Goethe gern der Leibnizischen Ausdrücke, daß der Mensch Entelechie, Monade oder, wie er bisweilen sagt, „entelechische Monade" sei. Identität von Natur und Geist und naturgemäße, organische Entwicklung in allen Dingen: diese beiden genau verbundenen Begriffe bilden die Mittelpunkte der Goetheschen Weltanschauung, die kein System, sondern das Bedürfnis seiner Seele und deren freier Entwurf war. Dieser Betrachtungsweise, die dem hartnäckigen Stillstande wie der gewaltsamen Bewegung gleich abgeneigt war, waren seine Ideen in jeder Richtung gemäß; ihr entsprach Goethe als Dichter und Philosoph, als Naturforscher und Staatsmann. Je näher ein philosophisches System dem Identitätsprinzip und der Idee gesetzmäßiger Entwicklung angehört, um so verwandter ist es dem Genius dieses Dichters. Darum befreundete sich Goethe in der *Kantischen* Philosophie am meisten oder vielmehr allein mit der Kritik der Urteilskraft, weil hier die Identität von Natur und Geist angestrebt oder doch ästhetisch zugelassen wurde, und die spätere Identitätsphilosophie, wenn er sie näher gekannt hätte, würde ihm vielleicht unter allen Systemen am kongenialsten gewesen und als die Erfüllung dessen erschienen sein, was er von Fichte vergebens erwartet hatte. Darum sympathisierte Goethe unter den frühern Philosophen mit Spinoza, so weit dieser Pantheist und Identitätsphilosoph war; besonders aber mit Leibniz, der aus dem Begriffe der Identität den Begriff der kontinuierlichen Entwicklung löste. Und auf der andern Seite leuchtet ein, warum die spätern Identitätsphilosophen Schelling und Hegel sich unter allen Dichtern Goethen am nächsten verwandt fühlen. Goethe vereinigt in naiver Weise und ohne jede philosophische Absicht die Alleinheitslehre Spinozas mit der Leibnizischen Monadologie, er verfolgt und sucht überall das Naturgesetz der Metamorphose und Evolution, und wenn seine philosophische Weltansicht mit einem bestimmten Namen bezeichnet werden soll, so möge sie in jenem Leibnizischen Pantheismus bestehen, den vor ihm Lessing anstrebte und nach ihm Schelling erfüllte. Ein natürlicher Feind des Dualismus, wie er war, mußte er jenen unversöhnlichen Gegensatz zwischen Naturalismus und Theismus, den Jacobi so hartnäckig behauptete, als etwas Fremdes von sich weisen. Hier bestand zwischen Goethe und Jacobi ein Gegensatz nicht bloß der Begriffe, sondern der Naturen, die sich je länger, je mehr einander entfremdeten. In diesem Gegensatze zu Jacobi begegneten sich Schelling und Goethe, deren Weltanschauungen nahe verwandt waren, denn beide suchten Naturalismus und Theismus zu vereinigen, welche Jacobi trennen wollte, und sie verbanden beide auf eine höchst eigentümliche und geniale Weise die philosophische Vorstellungskraft mit der poetischen. Goethe philosophierte mit der Phantasie, und Schelling dichtete mit dem Verstande. So erfuhr von diesen beiden Seiten Jacobis letzte Schrift von den göttlichen Dingen und ihrer Offenbarung eine sehr entschiedene und empfindliche Gegenerklärung. Schelling setzte ihr das böse Denkmal Jacobis, und Goethe richtete dagegen jenes kleine, merkwürdige Gedicht, welches die Überschrift führt: „Groß ist die Diana der Epheser“. Jacobi nämlich wollte die lebendige Offenbarung Gottes nicht mehr in der Natur, auch nicht in der Schrift, sondern lediglich im Innern des Menschen gelten lassen. Sein Theismus widerstrebte der Orthodoxie ebensosehr wie dem Naturalismus. Aber Goethen, der seine Ideen immer sehen wollte, mußte dieser gestaltlose und unsichtbare Gott als ein unheimliches Wesen erscheinen, womit er, der Künstler, nichts gemein haben konnte, weil dieses Wesen mit der Natur auch die Kunst von sich ausschließt[83]. Wo bliebe

[83] Darum hat Goethe dieses Gedicht, welches vom Standpunkte des *Künstlers* aus Jacobis Theismus zurückweist, in denjenigen Zyklus der Sammlung aufgenommen, welchen er mit dem Titel „*Kunst*“ bezeichnet.

das Werk des Künstlers, wenn das Göttliche nicht gestaltet und sinnlich ausgedrückt werden könne, wenn es wirklich so wäre, wie Jacobi sich einbildet: „Als gäbs einen Gott so im Gehirn, da! hinter des Menschen alberner Stirn, der sei viel herrlicher als das Wesen, *an dem wir die Breite der Gottheit lesen?*"

Was wir hier besonders an Goethe hervorheben, ist die Vereinigung von Spinoza und Leibniz, die sich unwillkürlich in seiner Betrachtungsweise vollzieht: das ist dieser Leibnizische Pantheismus, um den Ausdruck zu wiederholen, den wir zur Bezeichnung Lessings brauchen mußten.

II. Schillers philosophische Vorstellungsweise

1. Verhältnis zu Spinoza und Leibniz. Schillers Leibnizischer Pantheismus

Eine ähnliche Vereinigung der beiden entgegengesetzten Richtungen der dogmatischen Philosophie findet sich in der jugendlichen Anschauungsweise unseres zweiten großen Dichters. Die *Philosophischen Briefe* zwischen Julius und Raphael bezeugen uns, wie Schiller in seiner Weise den Übergang von der einen Vorstellungsart zur andern machte oder beide miteinander zu verbinden wußte. Er hatte von Natur eine Neigung zur Metaphysik, die ihn zum Philosophieren antrieb und seiner poetischen Kraft nicht die Gewalt, wohl aber jenen naiven Charakter entzog, der Goethes dichterische Individualität und Überlegenheit ausmacht. Schiller war ein Gefühlsphilosoph, einer der fühlenden und phantasierenden Denker, bevor er ein geschulter kritischer Philosoph wurde. Er ist als Gefühlsphilosoph ebenfalls ein Leibnizischer Pantheist, d.h. er vereinigt aus innerem, poetischen Bedürfnisse die Idee der Alleinheit mit der Idee der Monadologie. In dieser Rücksicht bilden die beiden Dichter einen merkwürdigen Gegensatz zu Hamann und Jacobi. Jene verhalten sich zu Spinoza und Leibniz positiv, diese negativ. So erscheinen Goethe und Schiller, was ihre philosophischen Ideen betrifft, in unmittelbarer Verwandtschaft mit Lessing; sie sind die Fortbildner jener Weltanschauung, welche Lessing angestrebt und gleichsam als sein Testament hinterlassen hatte: sie bilden die Durchgangspunkte zwischen Lessing und Schelling. Hamann und Jacobi waren Spinoza und Leibnizen gegenüber Skeptiker. Poetische Naturen, wie Goethe und Schiller, weil sie schöpferisch sind, können nicht skeptisch sein, und wenn sie entgegengesetzte oder verschiedene Gesichtspunkte vereinigen, sind sie nicht gewöhnliche Synkretisten, sondern gestaltende Denker. In diesen aufstrebenden Geistern wollte das Gefühl der göttlichen Weltordnung mit dem unveräußerlichen Gefühle menschlicher

Ursprünglichkeit versöhnt werden. Dieser unwillkürliche Drang und keine gewählte Absicht faßt in Schillers poetischem Verstande Spinoza und Leibniz zusammen und löst ihren Gegensatz, um beide zu bejahen, während Jacobi diesen Gegensatz ausgelöscht hatte, um beide zu verneinen. Wie bei Leibniz, so gilt auch bei Schiller die Harmonie der Seelen als die höchste Aufgabe des Menschen, als die höchste Absicht des Universums, das sich in einem Stufenreiche von Kräften entfaltet und zur Gottheit emporstrebt. Wie tief sich hier diese Leibnizische Vorstellungsart in das Gemüt eingelebt und zur Empfindung verdichtet hat, wie weit diese metaphysischen Begriffe schon in Gefühl und Einbildungskraft übergegangen sind, wird man am deutlichsten erkennen, wenn wir unsern Schiller selbst reden lassen. Unwillkürlich verwandelt sich in seinem dichterischen Verstande Spinozas Pantheismus in das „Monadenpoem", wie Herder die Leibnizische Philosophie zu nennen liebte. „Alle Vollkommenheiten im Universum sind vereinigt in Gott. Gott und Natur sind zwei Größen, die sich vollkommen gleich sind. Die ganze Summe von harmonischer Tätigkeit, die in der göttlichen Substanz beisammen existiert, ist in der Natur, dem Abbilde dieser Substanz, zu unzähligen Graden und Maßen und Stufen vereinzelt. Die Natur (erlaube mir diesen bildlichen Ausdruck) ist ein unendlich geteilter Gott. – Liebe ist die Leiter, worauf wir emporklimmen zur Gottähnlichkeit. Ohne Anspruch, uns selbst unbewußt, zielen wir dahin.

Tote Gruppen sind wir, wenn wir hassen,
Götter, wenn wir liebend uns umfassen,
Lechzen nach dem süßen Fesselzwang.
Aufwärts, durch die tausendfachen Stufen
Zahlenloser Geister, die nicht schufen,
Waltet göttlich dieser Drang.

Arm in Arme, höher stets und höher,
Vom Barbaren bis zum griech'schen Seher,
Der sich an den letzten Seraph reiht,
Wallen wir einmütigen Ringeltanzes,
Bis sich dort im Meer des ewigen Glanzes
Sterbend untertauchen Maß und Zeit."[84]

[84] Vgl. meine „*Schiller-Schriften*", 1. Reihe, (2. Aufl. Heidelberg 1891), 1. Buch: Schillers Jugend- und Wanderjahare. S. 41–49.

2. *Philosophische Briefe. Die Hinweisung auf Kant*

Die Idee der Leibnizischen Weltanschauung in ihrer Hinneigung zur kritischen Philosophie läßt sich nicht edler aussprechen als in den Worten, womit diese merkwürdigen Briefe schließen. „Unter allen Ideen, die in Deinem Aufsatze enthalten sind, kann ich Dir am wenigsten den Satz einräumen, daß es die höchste Bestimmung des Menschen ist, den Geist des Weltschöpfers in seinem Kunstwerke zu ahnen. Zwar weiß auch ich für die Tätigkeit des vollkommensten Wesens kein erhabeneres Bild als die *Kunst*. Aber eine wichtige Verschiedenheit scheinst Du übersehen zu haben. Das Universum ist kein *reiner* Abdruck eines Ideals, wie das vollendete Werk eines menschlichen Künstlers. Dieser herrscht despotisch über den toten Stoff, den er zur Versinnlichung seiner Ideen gebraucht. Aber in dem göttlichen Kunstwerke ist der *eigentümliche* Wert jedes seiner Bestandteile geschont, und dieser erhaltende Blick, dessen er jeden Keim von Energie, auch in dem kleinsten Geschöpfe würdigt, verherrlicht den Meister ebensosehr als die Harmonie des unermeßlichen Ganzen. *Leben* und *Freiheit*, im größten möglichen Umfange, ist das Gepräge der göttlichen Schöpfung. Sie ist nie erhabener, als da, wo ihr Ideal am meisten verfehlt zu sein scheint. Aber eben diese höhere Vollkommenheit kann in unserer jetzigen Beschränkung von uns nicht gefaßt werden. Wir übersehen einen zu kleinen Teil des Weltalls, und die Auflösung der größeren Menge von Mißtönen ist unserem Ohre unerreichbar. Jede Stufe, die wir auf der Leiter der Wesen emporsteigen, wird uns für *diesen* Kunstgenuß empfänglicher machen, aber auch alsdann hat er gewiß seinen Wert nur als *Mittel*, nur insofern er uns zu ähnlicher Tätigkeit begeistert." „Dem edlern Menschen fehlt es weder an Stoffe zur Wirksamkeit, noch an Kräften, um selbst in seiner Sphäre *Schöpfer* zu sein." „Hast Du diesen Beruf einmal erkannt, so wird es Dir nie wieder einfallen, über die Schranken zu klagen, die Deine Wißbegierde nicht überschreiten kann. Und dies ist der Zeitpunkt, den ich erwarte. *Erst muß dir der Umfang Deiner Kräfte völlig bekannt werden, ehe Du den Wert ihrer freiesten Äußerung schätzen kannst.*"[85]

Diese letzten Worte weisen unverkennbar auf die Kantische Philosophie hin, zu deren Grundsätzen sich Schiller selbst in seinen späteren ästhetischen Aufsätzen bekannte, und deren System in ästhetischer Rücksicht er am meisten gefördert und in der Richtung auf die Identitätsphilosophie fortgebildet hat. Schiller verhält sich

[85] Schillers sämtliche Schriften (Hist.-Krit. Ausgabe, von K. Gödeke. 4. Teil. Stuttgart 1868). Philosophische Briefe: Gott; S. 5 f. Meine „Schiller-Schriften, 2. Reihe, 3. u. 4. Schiller als Philosoph (2. Aufl. Heidelb. 1892), S. 56–85.

zur Kantischen Philosophie ebenso kongenial wie Lessing zur Leibnizischen: er erscheint gleichsam als Mittel- und Bindeglied, zuerst zwischen Lessing und Kant, dann zwischen Kant und Schelling.

III. Die poetische Geltung der Individualität. Die prästabilierte Seelenharmonie

Wie Leibniz den Menschen begriffen hatte, als ein vollkommen eigentümliches, ursprüngliches, monadisches Wesen: *so fühlten sich* die Geister in dem Zeitalter der Sturm- und Drangphilosophie, welche die Fesseln der Schule von sich warf und die Krisis entscheidet, welche unmittelbar der neuen Epoche vorausgeht. Niemals ist in der menschlichen Seele das Monadengefühl lebhafter gegenwärtig gewesen und feuriger ausgesprochen worden, niemals hat der einzelne Mensch dem einzelnen Menschen mehr gegolten als damals. Die mächtigsten Empfindungen, deren das menschliche Gemüt fähig ist, richteten sich hier mit leidenschaftlicher Gewalt auf die individuellen Verhältnisse der Freundschaft und Liebe. Man lebte in diesen Verhältnissen mit einer förmlichen Andacht, man behandelte sie wie eine Art Kultus und Religion. Das Gefühl wurde hier unmittelbar zur Metaphysik: Freundschaft und Liebe galten als die höchste Übereinstimmung der Seelen, als ein Symbol der Weltharmonie, und die so bewegte Einbildungskraft gefiel sich darin, die geheimnisvolle Notwendigkeit einer göttlichen Vorherbestimmung auch auf die menschlichen Seelenverhältnisse zu übertragen. Mit dem Selbstgefühle eigenster Individualität steigerte sich natürlich der Wert des Individuums, steigerte sich das Interesse an der menschlichen Eigentümlichkeit, steigerte sich die Innigkeit und Bedeutung aller Verhältnisse, welche das Individuum verknüpfen: besonders jener Verhältnisse, die wie aus angeborener, innerster Neigung gewählt und ergriffen werden, die als individuellste Vorherbestimmung, als prästabilierte Seelenharmonie, als *Wahlverwandtschaft* erscheinen. Diese leidenschaftliche Stimmung der Gemüter fand in dem Goetheschen *Werther* ihren ebenbildlichen Ausdruck, und die dämonische Ähnlichkeit, womit hier das Schicksal der Leidenschaft und das Geheimnis der Herzen getroffen war, mußte das im Innersten berührte Zeitalter entzücken zugleich und erschrecken. Es war ein historischer Roman, und zwar der mächtigste, den dieses Zeitalter haben konnte, wenn anders nicht der Name, sondern die in der Empfindungsweise und der Gemütsstimmung einer ganzen Zeit begründete Geltung des Inhalts den geschichtlichen Wert der Kunst und Dichtung ausmacht. Wir können hier nicht länger bei dieser anziehenden Stelle verweilen, da wir den Fortgang der Ideen allein im Auge haben; aber durften wir das Zeitalter, welches fühlend und ahndend philosophierte und in der innersten Seele ergriffen war von dem unendlichen Werte des Individuums, bis in seine kleinsten und verborgensten Vorstellungen verfolgen, so würden wir kein besseres Bild und Beispiel finden als jene Goethesche Dichtung.

IV. Die Auflösung der dogmatischen Philosophie

1. Widerspruch der Gefühlsphilosophie

Wir haben schon bei Leibniz den Widerspruch aufgedeckt, welcher der dogmatischen Philosophie einwohnt: daß nämlich unter dem Gesichtspunkte der Monadenlehre die Möglichkeit einer rationalen Erkenntnis verneint werden mußte, so sehr auch die Monadologie eine solche Erkenntnis selbst sein wollte. Diesen Widerspruch offenbart, ohne ihn zu lösen, die Gefühlsphilosophie, vor allen in Hamann und Jacobi, die sich den dogmatischen Philosophen gegenüber ausschließend und verneinend verhielten. An dieser Gestalt der Gefühls- oder Glaubensphilosophie läßt sich eine negative und eine positive Seite deutlich unterscheiden: die erste richtet sich beweisend und widerlegend gegen alle rationale Erkenntnis; die andere richtet sich fühlend und divinierend auf das Ursprünglich-Menschliche. Von ihrer negativen Seite betrachtet, ist die Glaubensphilosophie entschieden skeptisch, von der positiven Seite dagegen entschieden dogmatisch: unter jenem Gesichtspunkte vergleicht sie sich mit Hume, unter diesem mit Rousseau.

Und warum sollen wir nicht sagen, daß die deutsche Aufklärung in diesen Glaubensphilosophen *ihren* Hume und *ihren* Rousseau der Kantischen Philosophie vorausgeschickt habe, da sich diese deutschen Glaubensphilosophen selbst ihrer Gemeinschaft namentlich mit Hume so deutlich bewußt waren, welcher unseren Kant nach dessen eigenem Bekenntnis aus dem Schlummer des Dogmatismus erweckte?

Mit der Verneinung der rationalen Erkenntnis endet auch in Deutschland die dogmatische Philosophie. Diese Auflösung, welche von Leibniz vorbereitet war, haben unsere Hamann und Jacobi deutlich und bestimmt ausgesprochen. Aber eben dieses kategorische Verneinen der rationalen Erkenntnis bildet den Widerspruch, wodurch sich die Gefühlsphilosophie selbst aufhebt. Denn die Kehrseite davon ist das kategorische Setzen eines irrationalen Prinzips, einer Wahrheit, deren wir unmittelbar gewiß sind und nur unmittelbar durch Gefühl und Glauben gewiß sein können. So sehr sie sich gegen den Dogmatismus sträuben, bleiben die Glaubensphilosophen doch unter seiner Herrschaft und werden, so weit sie positiv sind, von ihm gefangen gehalten. Sie befreien sich nicht vom Dogmatismus, sondern empören sich nur dagegen. Wider ihren Willen haben sie aus dem Gefühle, indem sie es kategorisch hinstellen, eine Kategorie, einen Begriff gemacht und dadurch den lebendigen Glauben in einen dogmatischen Glauben verwandelt. So müssen sie das Schicksal aller dogmatischen Philosophie teilen: nämlich den Widerspruch, daß sie sich selbst nicht erklären, daß sie aus ihren Prinzipien ihren Standpunkt nicht rechtfertigen können. Denn ein anderes ist das Gefühl, welches sie behaupten, ein anderes die *Gefühlsphilosophie*, die sie predigen. Ihr Gefühl ist eine lebendige Tatsache, ihre Gefühlsphilosophie ist ein logisches Urteil: sie ist nicht bloß Gefühl, sondern sie *denkt* das Gefühl und verwandelt es in ein Axiom; sie verwandelt den natürlichen Grund des Wissens in den spekulativen Grundsatz des Philosophierens und widerlegt dadurch sich selbst, denn sie macht zu einem Objekt des Verstandes, was ihren eigenen Prinzipien zufolge niemals Verstandesobjekt werden kann. Das Gefühl soll der Grund unseres Wissens sein. Gut! so werde ich, was ich weiß, nur durch das Gefühl wissen, aber das Gefühl selbst werde ich niemals wissen; es kann nur Subjekt, nie Objekt meines Bewußtseins werden. Das Übersinnliche soll nicht Objekt des Verstandes, nicht bewußter Gegenstand sein: dasselbe gilt von dem Vermögen des Übersinnlichen, eben dasselbe gilt von Gefühl, welches dieses Vermögen ist. Wo bleibt, müssen wir fragen, die Gefühlsphilosophie, deren *Gegenstand* das Gefühl ist? Der Gefühlsphilosoph verhält sich zum Gefühl, wie der Materialist zum Körper, der Monadolog zur Monade, der Spinozist zum Modus. Wären die Dinge *nur* Modi, so wäre der Spinozismus, nämlich der Begriff oder die Erkenntnis, daß die Dinge Modi sind, schlechterdings unmöglich. Wären die Dinge *nur* Monaden, so wäre die klare und deutliche Einsicht, daß sie Monaden sind, schlechterdings unmöglich. Wären die Dinge *nur* Körper, so wäre alles eher zu erklären, als der Materialismus selbst, welcher wissen will, daß alle Dinge nur Körper, alle wirksamen Klüfte nur Körperkräfte sind. Und eben dasselbe gilt von der Philosophie, die sich ausschließlich auf das Gefühl gründet, die alle Erkenntnis vom Gefühl allein abhängig macht. Wäre wirklich das Gefühl der alleinige Grund unseres Wissens, so würden wir unter der Macht und Herrschaft des Gefühls leben, so würden wir *fühlend denken*, aber niemals *das Gefühl denken*, geschweige darüber weitläufig philosophieren.

2. *Gesamtwiderspruch der dogmatischen Philosophie*

Um das Gesamtresultat in eine bündige Formel zu fassen, so lautet das schließliche Urteil: die Philosophie hat auf keinem ihrer bisherigen Standpunkte vermocht, sich selbst zu erklären. Von Descartes bis Jacobi hat der philosophierende Geist keinen

Gesichtspunkt gefunden, unter dem er sich selbst erblicken und seine eigene Möglichkeit, seinen Realgrund, erklären konnte. Descartes setzte die Möglichkeit rationaler Erkenntnis voraus, und Spinoza erfüllte diese Voraussetzung; Leibniz widersprach der Möglichkeit einer rationalen Erkenntnis zwar nicht im Prinzipe, wohl aber in dem Ergebnis seiner Philosophie; und Jacobi endlich verneinte kategorisch jene Voraussetzung, worauf sich in Descartes die Philosophie gegründet hatte. Unter diesem Gesichtspunkte betrachtet, bildet die vorkantische Philosophie eine deutlich ausgesprochene Antinomie. Die Thesis lautet: es gibt eine rationale Erkenntnis vom Wesen der Dinge; die Antithesis: es gibt eine solche Erkenntnis nicht. Jene erklärt: Nichts ist unbegreiflich, diese: Alles ist unbegreiflich. Die Thesis wird durch Descartes und Spinoza, die Antithesis durch Jacobi behauptet, und die Verknüpfung beider, das heißt die Antinomie selbst, bildet Leibniz.

3. Die kritische Philosophie

Diesen Widerspruch nun erkennt und löst die kritische Philosophie. Sie ist in Wahrheit *kritisch*, denn sie macht den Schiedsrichter in dem Streite zwischen Dogmatismus und Skeptizismus (Glaubensphilosophie) über die Möglichkeit rationaler Erkenntnis: in einem Streit, bei dem sich alle Systeme der Vergangenheit beteiligen müssen; sie richtet die entgegengesetzten Parteien und entscheidet deren Streit so, daß sie jeder von beiden ihre wohlerwogenen Rechte zuteilt. Sie begrenzt das streitige Gebiet der rationalen Erkenntnis: diesseits der festgesetzten Grenze soll die Thesis, jenseits derselben soll die Antithesis Recht haben. Ihr letzter Urteilsspruch erklärt: es gibt eine rationale Erkenntnis, aber nur von den sinnlichen Objekten oder den Erscheinungen der Dinge; es gibt dagegen keine rationale Erkenntnis von dem Übersinnlichen oder vom Wesen der Dinge. Will man die menschliche Wissenschaft über diese Grenze ausdehnen und auf das Gebiet des Übersinnlichen, auf das Wesen der Dinge selbst übertragen; will man sich zu einer rationalen Psychologie, Kosmologie, Theologie versteigern, so sind jene Widersprüche und Antinomien unvermeidlich, welche die Leibniz-Wolfische Philosophie an ihrem eigenen Beispiele zeigt und Kant in seiner Kritik der reinen Vernunft an eben dieser Stelle entdeckt und auflöst.

4. Kant, Fichte, und Schelling in ihrem Verhältnis zu Leibniz

Der Gesichtspunkt, unter dem die kritische Philosophie entsteht, sucht die Selbsterkenntnis im Sinn exakter Wissenschaft, d.h. die Erklärung der menschlichen Erkenntnis in erster und die der Dinge in zweiter Linie. Von hier aus beschreibt die kritische Philosophie eine Entwicklung, welche dem Verlaufe der dogmatischen analog ist. Wie sich Descartes zur dogmatischen Philosophie verhält, so verhält sich Kant zur kritischen; wie Spinoza zu Descartes, so verhält sich Fichte zu Kant. Wie Leibniz zu Descartes und Spinoza, so verhalten sich Schelling und Hegel zu Kant und Fichte. Und in diesen Verhältnissen scheinen die Philosophen der folgenden Zeit selbst ihre Verwandtschaft mit den frühern empfunden zu haben. Je mehr sich die kritische Philosophie von dem Kantischen Dualismus befreit, je näher sie dem Identitätsprinzip und dem Begriff der Entwicklung kommt, umso mehr steigert sich ihre Sympathie für Spinoza, umso näher fühlt sie sich mit Leibniz verwandt.

Kant, der Begründer des Kritizismus, beurteilte die dogmatische Philosophie, d.h. alle Systeme, welche vor ihm da waren, zu sehr im Ganzen, um die Eigentümlichkeiten der verschiedenen Philosophen genau zu unterscheiden; er hatte weniger Individualitäten als Gruppen vor sich, die er bis in das Einzelne verfolgte. Den Spinoza kannte er kaum oder lernte ihn erst durch Jacobi kennen, und Leibniz faßte er im Wolfischen Verstande auf, dem er selbst angehörte, so lange er noch im Dogmatismus verharrte. Die Philosophie, deren Widersprüche er aufgedeckt und deren metaphysische Systeme er gestürzt haben wollte, war die Leibniz-Wolfische.

Fichte wußte, daß er im äußersten Gegensatze zu Spinoza stehe und daß seinem Prinzip Leibniz näher verwandt sei. Er sah in Spinoza den Charakter der dogmatischen Philosophie, welcher er selbst in Ansehung der kritischen Philosophie sein wollte. Zwischen ihm und Spinoza bestand nur die Wahlverwandtschaft konsequenter und rücksichtsloser Denker, und diese Verwandtschaft fühlte Fichte ebenso deutlich, als er den Gegensatz ihrer Systeme einsah. Zwischen ihm und Leibniz bestand eine Wahlverwandtschaft der Grundsätze, die in dem Prinzipe selbsttätiger Eigentümlichkeit und Kraft übereinstimmten. In eben diesem Punkte, wo sich Leibniz dem Spinoza entgegensetzt, fühlte sich Fichte zu Leibniz hingezogen.

Am bedeutungsvollsten und treffendsten aber urteilte Schelling über jene beiden Träger der dogmatischen Philosophie, denen er sich in gleicher Weise kongenial fühlte, denn mit Spinoza teilte er das Identitätsprinzip und den Pantheismus und mit Leibniz die Idee der Entwicklung im Universum, des Stufenreichs der Dinge, der harmonischen Weltordnung. Wir können von Leibniz und seinem Zeitalter nicht besser Abschied nehmen, als indem wir uns die Urteile vergegenwärtigen, welche Fichte und Schelling dem großen Begründer der deutschen Aufklärung widmen. Wie er in diesen Urteilen existiert, so hat Leibnizens Bild uns selbst vorgeschwebt von dem ersten Zuge unserer Darstellung bis zum letzten.

Fichte sagt in seiner zweiten Einleitung in die Wissenschaftslehre: „Leibniz konnte auch überzeugt sein, denn wohl verstanden – und warum sollte er sich nicht selbst wohl verstanden haben? – hat er recht. Läßt höchste Leichtigkeit und Freiheit des Geistes Überzeugung vermuten; läßt die Gewandtheit, seine Denkart allen Formen anzupassen, sie auf alle Teile des menschlichen Wissens ungezwungen anzuwenden, alle erregten Zweifel mit Leichtigkeit zu zerstreuen und überhaupt sein System mehr als Instrument, denn als Objekt zu brauchen; läßt Unbefangenheit, Fröhlichkeit und guter Mut im Leben auf Einigkeit mit sich selbst schließen: so war vielleicht Leibniz überzeugt, und der *einige Überzeugte in der Geschichte der Philosophie*."

Und Schelling erklärt in der Einleitung seiner Ideen zu einer Philosophie der Natur: „Der Erste, der Geist und Materie mit vollem Bewußtsein als Eines, Gedanke und Ausdehnung nur als Modifikation desselben Prinzips ansah, war Spinoza. Sein System war der erste kühne Entwurf einer schöpferischen Einbildungskraft, der in der Idee des Unendlichen, rein als solchem, unmittelbar das Endliche begriff und dieses nur in jenem erkannte. Leibniz kam und ging den entgegengesetzten Weg. *Die Zeit ist gekommen, wo man seine Philosophie wiederherstellen kann*. Sein Geist verschmäht die Fesseln der Schule, kein Wunder, daß er unter uns nur in wenigen verwandten Geistern fortgelebt hat und unter den Übrigen längst ein Fremdling geworden ist. Er gehört zu den Wenigen, die auch die Wissenschaft als freies Werk behandeln. Er hatte in sich den allgemeinen Geist der Welt, der in den mannigfaltigsten Formen sich selbst offenbart und, wo er hinkommt, Leben verbreitet."

Anhang

Zum zweiten Kapitel. Biographische Schriften. Leibnizens Herkunft und erstes Lebensalter (S. 21 ff.)

Zu I. Die biographischen Schriften (S. 21 ff.)

(Zu S. 22) Das „Elogium“ in den „Acta Eruditorum“ (Juli 1717) hat LUDOVICI in seinem „Ausführlichen Entwurf einer vollständigen Historie der Wolffischen Philosophie“, Leipzig 1737, 2, 164, CHRISTIAN WOLFF zugeschrieben. Auffällig ist, daß Wolff darin selbst als „Cl. (= Clarissimus) Wolffius“ figuriert.

(Zu S. 22) Die Aufzeichnungen ECKHARTS waren, wie Murr mitteilt, für die HERZOGIN ELISABETH CHARLOTTE VON ORLEANS gemacht und wurden ihr in einer nicht genauen französischen Übersetzung übersandt. Die Herzogin übergab sie dem ABT VON ST. PIERRE und dieser dem Akademiker FONTENELLE. Murr erhielt die ursprüngliche deutsche Fassung durch Vermittlung des Hannoverschen Hofrats v. DUVE. Die Übersehung dagegen gelangte in die Hände FRIEDRICHS DES GROSSEN und wurde mit seiner Genehmigung von LAMPRECHT in dessen „Leben des Herrn von Leibnitz“, Berlin 1740, benutzt.

Zu II. Erstes Lebensalter (S. 24 ff.)

1. Abstammung und Familie (S. 24 f.)

(Zu S. 24) Leibniz schrieb seinen Namen bis zum Ende des Jahres 1668 „Leibnüz“ oder „Leibnüzius“; so oder in der Form Leibnuzius liest man ihn auch auf dem Titel der von ihm veröffentlichten akademischen Schriften. Von da ab tritt die Schreibung „Leibniz“ (in deutscher Form) und „Leibnitius“ (in lateinischer Form) auf. In den Funeralien seines Vaters und seiner Mutter, welche die Leipziger Universitätsbibliothek aufbewahrt, findet er sich in der Form „Leibnütz“, „Leibnuzius“ und auch „Leubnuzius“ (vgl. Klopp I, Vorw. XXVII ff.).

(Zu S. 24 f.) Über „Leibnizens Vorfahren“ hat neuerdings E. KROKER gründliche und zuverlässige Nachforschungen angestellt und seine Ergebnisse im „Neuen Archiv für Sächsische Geschichte und Altertumskunde“. 19. Bd. (Dresden 1898), S. 315 ff. veröffentlicht. Danach hat zunächst die Familie Leibniz nichts mit der polnischen Adelsfamilie LUBENIECZ zu tun, mit welcher Leibniz sie in seiner Selbstbiographie in Zusammenhang gebracht hat. Der Name ist ursprünglich Ortsname und beweist als solcher nichts für die slawische Abkunft der Familie. Er kommt zu wiederholten Malen in der Gegend zwischen Elbe und Saale vor. Dort war die Familie seit der Mitte des 15. Jahrhunderts ansässig. An der Hand eines handschriftlichen Stammbaumes von Leibniz, den VOGEL, der Leipziger Chronist, in seinem auf der Leipziger Stadtbibliothek erhaltenen „*Florilegium Genealogicum Lipsiense*" aufgestellt hat, weist Kroker als ältesten uns jetzt bekannten direkten Vorfahren Leibnizens einen AMBROSIUS L. nach, der um 1500 zu Gottenz im Stifte Magdeburg lebte. Er stammte wahrscheinlich aus Rochlitz. Sein Sohn AMBROSIUS (gest. 1551) war Bürgermeister, sein Enkel CHRISTOPH (geb. um 1510, gest. 1562) Ratsherr und Geleitsmann daselbst, sein Urenkel ebenfalls Christoph mit Namen (geb. 1537, gest. 1587), zuerst Organist, dann Ratsherr und Schösser in Pirna. Dies war der aus den Funeralien seines Vaters schon bekannte Urgroßvater Leibnizens. Der Großvater AMBROSIUS (geb. 1569, gest. 1617) war Stadt- und Bergschreiber zu Altenberg (nicht Altenburg). Schon der Rochlitzer Bürgermeister Ambrosius L. und sein Sohn Christoph waren dem Luthertum zugetan.

2. *Schule und Selbstbildung* (S. 25 ff.)

(Zu S. 25 f.) Aus der von G. ERLER veröffentlichten „Jüngeren Matrikel der Universität Leipzig (1559–1809)", 3 Bde., Leipzig 1909, wissen wir jetzt, daß Leibniz im Sommer 1653, also mit noch nicht 7 Jahren, unter dem Rektorat JOHANNES HÜLSEMANNS immatrikuliert worden ist. So frühzeitige Immatrikulationen waren in jener Zeit nichts Ungewöhnliches. Seit der Mitte des 16. Jahrhunderts etwa ließ man in Leipzig wie anderwärts Knaben oft schon in den ersten Lebensjahren, meistens aber wohl, wenn sie in die Schule kamen oder schon längere Zeit Schul- oder Privatunterricht genossen, in die Matrikel eintragen. Es galt als Ehre, wenn ihr Name darin stand, und hatte außerdem den Vorteil, daß sie bei einer etwaigen späteren Bewerbung um das Baccalariat den Vorzug erhielten; die Baccalarien rangierten nach dem Datum ihrer Immatrikulation. Da seit 1620 niemand mehr vor dem 17. Lebensjahre zur Vereidigung auf die Universitätsstatuten zugelassen wurde, so zählten jene Knaben zu den Nicht-Vereidigten *(Non-Jurati)*. Sie waren keine wirklichen Studenten und genossen auch nicht die Rechte solcher.

Wir dürfen vielleicht annehmen, daß Leibnizens frühzeitige Immatrikulation mit seinem Eintritt in die NIKOLAISCHULE, über dessen Datum man bisher nichts Sicheres wußte, zusammenhing. Diese Schule war die älteste Stadtschule Leipzigs und wurde vorwiegend von Kindern der wohlhabenderen Bürger besucht. Sie hatte sich allmählich zu einer sechsklassigen Anstalt entwickelt, an der acht Lehrer, vier *collegae superiores* (Rektor, Konrektor, Tertius und Kantor) und vier *collegae inferiores*, tätig waren. Ihre Geschichte im 16. und 17. Jahrhundert zeigt denselben Vorgang, den wir auch sonst im Schul- und Universitätswesen der Zeit beobachten: ein langsames Absterben des humanistischen Geistes, in welchem sie anfangs aufgeblüht war. Statt seiner bemächtigt sich streng protestantischer Glaubenseifer der Schule.

Als Leibniz die Nikolaischule besuchte, stand sie unter der Leitung des M. JOHANNES HORNSCHUH, der zugleich Professor der griechischen Sprache an der Universität war. Neben dem Religionsunterricht, der an Bedeutung, wenn auch nicht an Stundenzahl, alle andern Fächer überragte, war die Hauptsache der Lateinunterricht. Er ging von V an – in VI wurde nur Lesen und Schreiben und ein kleiner Schatz von lateinischen

Vokabeln gelernt – durch alle Klassen. Von III ab wurde auch Griechisch, jedoch in sehr beschränkter Stundenzahl, in II daneben Rhetorik, in I Logik gelehrt. Geometrie wurde gar nicht, Arithmetik, wie es scheint, unregelmäßig betrieben, und immer wurden dabei die Klassen von IV–I zusammengenommen, woraus man ersehen kann, daß es sich nur um einen elementaren Rechenunterricht handelte. Intensive Pflege fand die Musik in Form des Kirchengesanges.

Ziel des lateinischen Unterrichts war lediglich eine gewisse Fertigkeit im mündlichen und schriftlichen Gebrauch der Sprache; im Griechischen suchte man sogar nur soviel Sprachkenntnis zu erreichen, als für die Lektüre des Neuen Testaments zulangte. Von den klassischen Autoren wurden nur wenige gelesen, die für die Sprach- und Stilbildung in Poesie und Prosa geeignet schienen, Cicero, Terenz, Vergil, Isokrates. Der Schwerpunkt des Religionsunterrichts lag in der Überlieferung und Aneignung der Glaubenslehre im Geiste der lutherischen Orthodoxie. Luthers Kleiner Katechismus nebst Sprüchen und Psalmen wurde gelesen, erläutert und auswendig gelernt. In den oberen Klassen trat an seine Stelle Leonhard Hutters „Compendium Iocorum Theologicorum“. In der Rhetorik und Logik prägte man die Stil- und Denkregeln ein, verdeutlichte und übte sie an Beispielen. Man benutzte hier die Lehrbücher des Joh. Rhenius, das „Compendium Rhetoricae“ (Islebii 1621) und das „Compendium Logicae Peripateticae“ (Islebii 1621); beide lehnten sich an Philipp Melanchthons Lehrbücher an und fußten im wesentlichen auf Aristoteles und Cicero. Alle diese Lehrbücher waren im Frage- und Antwortstil abgefaßt.

Wie geisttötend nach unsern heutigen Begriffen auch die damalige Lehrmethode war, so hat die Schule doch den Grund zu Leibnizens Kenntnis der alten Sprachen und Literaturen, der Logik und Rhetorik wie der lutherischen Dogmatik gelegt. Auf dieser Grundlage hat sich seine Selbstbildung aufgebaut (vgl. zu den vorstehenden Ausführungen E. Dohmke: „Die Nikolaischule in Leipzig im 17. Jahrhundert“, Programm. Leipzig 1874. O. Kaemmel: „Geschichte des Leipziger Schulwesens vom Anfange des 13. bis Mitte des 19. Jahrhunderts [1214–1846]“, Leipzig und Berlin 1909. W. Kabitz: „Die Bildungsgeschichte des jungen Leibniz“ in Zeitschr. f. Gesch. der Erziehung und des Unterrichts, 2. Jahrg., S. 164 ff., Berlin 1912).

(Zu S. 25 f.) Leibniz hat die köstliche Geschichte seiner frühzeitigen Liviuslektüre zweimal erzählt, mit ausführlicher Angabe der einzelnen Umstände und Folgen in seiner Selbstbiographie, in gedrängter Kürze in einem Fragmente „Guilielmi Pacidii initia et specimina scientiae generalis sive de instauratione et augmentis scientiarum in publicam felicitatem“ (Gerhardt Phil. VII, 126). Hier bemerkt er, daß er noch nicht 10 Jahre alt gewesen sei, als ihm der Livius in die Hände fiel. Einzelne Umstände der Geschichte weisen aber darauf hin, daß sie sich in seiner Quintaner- oder Quartanerzeit abgespielt haben muß. Nimmt man nun an, daß Leibniz Ostern 1653 in die Schule, und zwar gleich in die V kam, weil er die VI als genügend vorbereitet überspringen konnte, so wäre der Vorgang etwa ins Jahr 1654 zu setzen. Dies würde mit der andern gelegentlichen

Bemerkung von Leibniz übereinstimmen, welche von K. Fischer oben im Text zitiert wird, wonach er als Achtjähriger oft tagelang in der Bibliothek seines Vaters gesteckt habe. Jener Annahme gemäß würde Leibniz dann Griechisch in der III mit etwa 9 oder 10 Jahren gelernt haben (1655/7), also noch etwas früher als er in seiner Selbstbiographie berichtet hat. (Vgl. Kabitz a.o.a.O. S. 170 f.)

3. Poetik und Logik. Das Gedankenalphabet (S. 28 ff.)

(Zu S. 28) Der Pfingstschulakt, für welchen Leibniz die 300 Hexameter verfaßte, wird von ihm selbst ins Jahr 1659 verlegt (vgl. Guhrauer, Leibnitz II, Anh. 54: „Scheda Leibnitii manu exarata"). Damit stimmt auch seine Angabe in einem Briefe an S. Kortholt vom 18. VIII. 1707 ziemlich genau überein, daß er sie mit 13 Jahren gemacht habe, nicht aber so ganz mehr die Äußerung in einem früheren Briefe an denselben Kortholt: „Ego ipse decimum quartum aetatis annum nondum egressus, carmen pentecostale trecentorum versuum Hexametrorum una die scripsi, qui Magistris non mediocriter probabantur" (vgl. Kortholt: Epistolae ad diversos (Lips. 1734) I, 277 bzw. 275).

(Zu S. 28 ff.) Auch über den Zeitpunkt seiner logischen Studien hat sich Leibniz nicht immer übereinstimmend geäußert. Da er sie nach seiner eigenen Aussage (Gerhardt Phil. VII, 516) erst getrieben hat, als er in die Klasse kam, in welcher Logik gelehrt wurde, also in der I, so können nur die Jahre 1659–61 in Betracht kommen. Damit stimmen dann die Altersangaben in der Selbstbiographie (14 Jahre) und in seinem Briefe an Gabriel Wagner (13 Jahre) zusammen (Guhrauer a.a.O. II, Anh. 55, Gerhardt Phil. VII, 516). Dagegen widerspricht dem die Erklärung (Gerhardt Phil. VII, 126): „Nondum duodecennis circa logicam meditatiionibus chartas opplebam et subtilitates Scholasticorum superare conabar neque Zabarella aut Rubio aut Toletus me magnopere morabantur." Gegen die Richtigkeit dieser Erinnerung wird man wohl mit Recht Zweifel erheben dürfen. Auch die Idee eines Gedankenalphabets und einer allgemeinen Charakteristik gehören wohl wie das Studium der Scholastiker (vgl. Leibniz an Conring 29. III. 1678 (n. st.) Gerhardt Phil. I,197f.) nicht der Schul-, sondern der Universitätszeit an (vgl. die Nachträge zum folgenden Kapitel). Wenn Leibniz schreibt (Gerhardt VII, 185 ff.): Factum est autem nescio quo fato, ut ego *adhuc puer* in has cogitationes inciderem", so braucht man das „adhuc puer" nicht, wie Guhrauer getan hat, auf den 14- oder 15-jährigen Schüler Leibniz zu beziehen; denn Leibniz nennt sich auch als Studenten noch einen Knaben (vgl. z.B. Kortholt a.a.O. I, 277).

Zum dritten Kapitel

Zu I. Der akademische Bildungsgang (S. 34 ff.)

1. Philosophische Studien (S. 34 ff.)

(Zu S. 34) Das Jahr 1661 hat Leibniz selbst als Jahr seines Abganges von der Schule bezeichnet (Guhrauer, Leibnitz II, Anh. 58). Da für den philosophischen Baccalarius ein 1½ jähriges Studium vorgeschrieben war und der junge Leibniz am 22. November 1662 zum Baccalarius promovierte, so hat er das Universitätsstudium wahrscheinlich zu Ostern, nicht zum Herbst begonnen.

Die Statuten der juristischen Fakultät in Leipzig verlangten zwar nicht wie die der medizinischen und theologischen für die Zulassung zum Fachstudium die vorherige Erwerbung eines philosophischen Grades. Aber es war doch sehr üblich, daß die Juristen erst noch den Kursus der philosophischen Fakultät wenigstens bis zum Baccalarius durchmachten, ehe sie das juristische Studium begannen. Daher wurde auch Leibniz zunächst bei der philosophischen Fakultät inskribiert und hat hier die genau vorgeschriebenen philologisch-philosophischen Vorlesungen gehört. Wenn er sich dann sogar die Magisterwürde erwarb, so hatte das wahrscheinlich einen praktischen Grund. Als Magister konnte er Privatvorlesungen in der philosophischen Fakultät halten und womöglich in eine philosophische Professur einrücken. Das hatte nicht zu unterschätzende Vorteile. Denn die Zahl der Assessorenstellen im Kollegium der juristischen Fakultät war beschränkt; sie betrug 12 und der Posten war recht begehrt, auch der junge Leibniz hat ihn im Auge gehabt. Man mußte unter Umständen lange warten – manche haben sich 20 Jahre lang gedulden müssen –, ehe man an die Reihe kam. Solche Geduldsprobe konnte man besser als Magister in einer Universitätsposition aushalten.

Das Studium bis zum Magister sollte statutenmäßig 3½ Jahre dauern. Man hatte in dieser Zeit zu wiederholten Malen Vorlesungen in sämtlichen Lehrfächern der philosophischen Fakultät (Griechisch, Latein, Rhetorik, Logik, Metaphysik, Mathematik, Physik) zu hören. Dazu kam eine Anzahl Disputationen, an denen man zunächst passiv, dann auch aktiv als Respondent und Opponent teilzunehmen hatte. Aber es war eine Abkürzung möglich, ja nicht selten, und Leibniz hat noch keine sechs Semester bis zur Absolvierung seines philosophischen Studiums gebraucht. Immerhin hat er doch in allen Lehrfächern und bei allen Professoren der Fakultät gehört und hören müssen; denn das wurde einfach für die Examina verlangt. Die Lehrstühle waren damals nicht gerade mit hervorragenden Männern besetzt. Von den neun „professores publici“, die die Fakultät damals zählte, haben sich nur 3 einen Namen gemacht, die auch Leibniz in seinen Briefen gelegentlich auszeichnet: der Philolog Rappolt, der Historiker Frankenstein, der Philosoph J. Thomasius.

Aus den Lektionskatalogen der Leipziger Universität, die uns noch auf der Universitätsbibliothek erhalten sind, wie aus der von Erler veröffentlichten jüngeren Leipziger Matrikel ergibt sich, daß J. THOMASIUS zu der Zeit, als Leibniz studierte, Professor der Eloquenz war und über Rhetorik las, nicht aber über Philosophie, wie man bisher immer angenommen hat. Leibniz hörte ihn, wie er selbst notiert hat (Guhrauer, Leibniz II, Anh. 38), zum ersten Male 1662 (im Sommer). THOMASIUS interpretierte damals den Rhetor P. RUTILIUS LUPUS („De figuris sententiarum et elocutionis"). Auf seine Anregung hat der junge Student zwei Arbeiten gemacht, die noch im Nachlaß zu Hannover aufbewahrt geblieben sind. Die eine ist betitelt: „Liber Observationum quae partim Numerum Oratorium partim Copiam Verborum respiciunt, Viri Execellentissimi, et Domini M. Jac. Thomasii consilio concinnatus a Gothofredo Wilhelmo Leibnüzio Lipsiensi Misnico", die andere ganz kurz: „Loci Rhetorici". Auch ist Leibniz unter dem Dekanat des Thomasius am 22. Nov. 1662 zum Baccalarius promoviert und hat dann im folgenden Jahre am 30. Mai unter seinem Präsidium als Respondent die von ihm selbst verfaßte „Disputatio metaphysica de principio individui" mit den angehängten Corollarien verteidigt. Diese „Disputatio" ist also nicht, wie Guhrauer gemeint hat, zum Zwecke der Promotion zum Baccalarius verfaßt. – ADAM SCHERZER, den Leibniz darin als seinen Lehrer vor andern ausgezeichnet hat (vgl. Gerhardt Phil. IV, 21 f.), gehörte der theologischen Fakultät an und las, soviel sich hat feststellen lassen, damals über hebräische Sprache, nicht über Philosophie. Man wird daher wohl annehmen müssen, daß das, was Leibniz ihm und vor allem J. THOMASIUS an philosophischer Bildung verdankt, auf den persönlichen Verkehr mit ihnen und die Lektüre ihrer Schriften, nicht auf ihre Vorlesungen zurückgeht. Eigentlich philosophische Vorlesungen hat Leibniz bei ganz unbedeutenden Männern wie ITTIG, SCHLÜTER, SCHWENCK und SCHWERTNER gehört. Sie haben ihn in das Studium des Aristoteles, der Metaphysik und Dialektik eingeführt wie KÜHN in das Studium EUKLIDS.

2. Mathematische Studien (S. 36 f.)

(Zu S. 36 f.) Über Leibnizens Aufenthalt in Jena wahrend des Sommers 1663 sind wir noch immer mangelhaft unterrichtet, Daß er dort gewesen ist und studiert hat, bezeugt der uns erhaltene Brief an J. Thomasius aus Jena vom 2. Sept. 1663 (Gerhardt Phil. I, 7 f.; vgl. auch die Notizen in „Scheda Leibnitii manu exarata" bei Guhrauer Leibnitz II, Anh. 58). Aber ob es gerade der Ruf E. WEIGELS *als Mathematiker* war, der ihn dorthin gezogen hat, ist unsicher. Nach den Lektionskatalogen, welche die Jenenser Universitätsbibliothek besitzt, las Weigel zu jener Zeit über Euklid wie Kühn in Leipzig, ferner über Mechanik, Astronomie, Gnomonik und Fortifikation; es hat sich nicht feststellen lassen, daß er auch die niedere Analysis und Kombinationsrechnung vorgetragen hat, wie Guhrauer (a.a,O. I, 26) sagt. Daher ist es mindestens zweifelhaft, ob Leibniz gerade IHM die Bekanntschaft mit der Kombinatorik verdankt und diese nicht vielleicht mehr auf Selbststudium beruht. In der „Ars combinatoria" (1666) gerade wird E. WEIGEL nicht mit Namen erwähnt.

Doch gleichviel, ob und was Leibniz bei ihm auch gehört haben mag, so steht doch fest, daß dieser ideenreiche und erfinderische Kopf damals auf ihn gewirkt hat. Dies lassen schon die „Quaestiones philosophicae amoeniores ex jure collectae" (1664) erkennen (vgl. Dutens IV, 73, 74 und 90). Ferner bewahrt die Hannoversche Kgl. und Provinzialbibliothek ein mit weißem Papier durchschossenes Buch auf, das Leibniz sich als Student angeschafft und in welches er allerlei interessante Randbemerkungen eingetragen hat. Dies Buch enthält 1. „Danielis Stahlii Compendium Metaphysicae in XXIV Tabellas redactum", Jenae 1655. 2. „M. Jacobi Thomasii Philosophia Practica continuis Tabellis in usum privatum comprehensa", Lips. 1661. Auf einem der eingehefteten Blätter in den Tabellen des Thomasius konstruiert er sich den „Processus actionum moralium in Statu Semivirtutis et Semivitii" nach dem Vorbilde von Weigels „Sphaera moralis". Endlich führt er in der „Nova Methodus discendae docendaeque jurisprudentiae" (1667) unter dem Titel „Analysis Euclidea" ein wenig beachtetes Buch von Weigel, die „Analysis Aristotelica ex Euclide restituta" (Jena 1658), an (vgl. Dutens IV, 175) und bemerkt in einem späteren Fragment (veröffentlicht von COUTURAT in „Opuscule et Fragmente inédits, Paris 1903, S. 175 ff.)" folgendes: „Il y a un très habile professeur à Jena nommé Mons. Weigelius; *qui a publié un bel ouvrage appellé Analysis Euclidea, ou il y a beaucoup de belles pensees pour perfectioner la logique et pour donner des demonstrations en philosophie:* entre autres il a communiqué a quelques amis un Essai pour demonstrer l'Existence de Dieu, fondé e sur ce que tous les estres doivent estre continuellement créés: il a aussi donné une sphere morale fort ingenieuse, qui est une maniere d'allegorye d'expliquer toute la morale, par le rapport à la doctrine de la sphere des Astronomes. Cette sphere morale est adjoutée à l'Edition de Jena des Elements de Jurisprudence Universelle de Mons. Pufendorf qui a mis aussi quelques definitions et Axiomes à la façon des Geometres, qui sont fort ingenieuses." (Vgl. hierzu „Animadversiones ad Weigelium" bei FOUCHER DE CAREIL: Nouvelles Lettres et Opuscules inédits de Leibniz (Paris 1857), S. 146 ff.; „Nouv. Essais" IV, III, 20; Gerhardt Phil. V, 366; Theodicee § 384, Gerhardt Phil. VI, 343.) In der „Analysis Aristotelica" strebte Weigel eine gründliche Reform der Logik an. Er war der Meinung, daß die Scholastiker die Aristotelische Logik aus barer Unkenntnis der Mathematik mißverstanden und entstellt und dadurch den Verfall der Wissenschaften verschuldet hätten; Aristoteles habe in seiner Logik gar nichts anderes gewollt als das mathematische Verfahren, die „Euklidische Methode", begründen; es sei höchste Zeit, seine Logik aus dem Euklid wiederherzustellen. Der große Gedanke, welcher die „Analysis Aristotelica" beseelt, ist, die gesamte Philosophie mittels einer an der Mathematik orientierten Logik zur Strenge der mathematischen Wissenschaft zu erheben. Darin ist Weigel einer der Vorläufer Leibnizens auf deutschem Boden. Er ist es auch darin, daß er der Mathematik die Stellung einer grundlegenden Disziplin im System der Philosophie zuerkennt. In dem Grundriß der Wissenschaften, welchen Weigel im 3. Teil der *Analysis Aristotelica* entwirft, bildet die Arithmetik als Wissenschaft vom Seienden, sofern es Zahl ist, mit der Metaphysik als Wissenschaft vom Seienden als solchem zusammen die „Prima Philosophia“; die Geometrie *(Philosophia Mathematica)* als Wissenschaft vom Raum vermittelt den Übergang zur Naturphilosophie: Physik, Phoronomie, Statik, Mechanik, Optik, Akustik usw., und den technischen Wissenschaften, welche sich auf ihr aufbauen; an die Naturphilosophie gliedert sich die Moralphilosophie an *(Ethica, Politica, Juridica)* und den Beschluß machen die „Philosophia Sermocinalis“ (Grammatik, Rhetorik) und die „Artes Notionales seu Anchinoeae“ *(Logica, Analysis speciosa, Logistica)*. (Vgl. Weigel a.a.O. 181–249; dazu W. Kabitz: Die Philosophie des jungen Leibniz, Heidelberg 1909, S. 8 ff.) Einen wie tiefen Einfluß Weigel in der Richtung dieser Gedanken auf den jungen Leibniz ausgeübt hat, zeigt die „Ars combinatoria“ (1666). Auch darf man wohl auf Weigel die Anregung zurückführen, sich mit der neueren Philosophie näher zu befassen. In einen intimeren persönlichen Verkehr scheint Leibniz damals nicht mit ihm getreten zu sein. Später korrespondierten beide Männer miteinander (vgl. Bodemann: Briefwechsel 383 Nr. 986; der Briefwechsel erstreckt sich von 1679 bis 1697).

Nach seiner Rückkehr promovierte Leibniz am 28. Januar 1664 zum Magister und führte als solcher am 3. Dezember desselben Jahres den Vorsitz bei einer Disputation über das von ihm verfaßte „Specimen quaestionum philosophicarum ex jure collectarum“, welches ein jüngerer Student Menzel als Respondent zu verteidigen hatte. Diese Schrift gibt die erste ganz sichere Kunde von Leibniz Bekanntschaft mit der Philosophie von Bacon, Hobbes und Gassendi.

In diese Zeit fällt wohl auch erst der Spaziergang im Leipziger Rosental, auf welchem Leibniz sich für die mathematisch-mechanische Erklärungsweise der Neueren gegen die aristotelisch-scholastische entschied. Er selbst hat den Vorgang in späteren Erinnerungen in sein 15. Lebensjahr (also 1661/62) verlegt (vgl. Gerhardt Phil. III, 205 und 606). Doch handelt es sich hier wohl um eine Gedächtnistäuschung, wie sie nach 30 bzw. 30 Jahren begreiflich und auch bei einem Leibniz nachweislich nicht selten ist. Denn 1. hat Leibniz die aristotelisch-scholastische Philosophie selbst erst auf der Universität gründlicher kennengelernt; 2. finden sich in den Dokumenten aus jener Zeit, die wir doch zuerst befragen müssen, den Schriften und Briefen vor 1664, keine Indizien für einen solchen Umschwung in seinen philosophischen Anschauungen; 3. müßte man, wenn Leibnizens Zeitangaben richtig wären, die „Disputatio metaphysica de principio individui“ mit Guhrauer für ein akademisches Prunkstück oder etwas ähnliches halten, in welchem Leibniz seine wahre Überzeugung verborgen hätte, eine recht künstliche Annahme. (Vgl. Kabitz, Die Philosophie des jungen Leibniz, S. 49 ff.)

3. Juristische Studien, und 4. Die Bewerbung um die juristische Doktorwürde. Die Promotion in Altdorf (S. 38 ff.)

(Zu S. 38) Juristische Studien hat Leibniz wahrscheinlich nicht vor bestandenem Magisterexamen getrieben. Denn 1. war er bis dahin durch die vorgeschriebenen philosophischen Vorlesungen vollauf in Anspruch genommen; 2. ist er erst am 28. September 1665 zum *Baccalarius juris* promoviert, wofür die Statuten ein zweijähriges Studium forderten. Im ganzen sollte der juristische Kursus fünf Jahre dauern; nach dem bestandenen Baccalariusexamen waren noch 2 weitere Jahre Studium bis zum Lizentiaten und endlich noch 1 Jahr bis zum Doktor nötig. Doch war auch hier eine Abkürzung möglich. Es ist vorgekommen, daß alle drei juristischen Grade in einem einzigen Jahre, ja sogar in noch kürzerer Frist erworben wurden. Es war aber so etwas wie eine Glückssache. Während man Baccalarien in beliebiger Zahl, mitunter wohl auch nur einen in jedem Jahre promovierte – Leibniz ist z.B. als einziger promoviert worden – war es Sitte, für die Promotion zum Lizentiaten sich eine Anzahl Kandidaten aufsammeln zu lassen, die dann meistens zusammen auch den Doktorhut bekamen. Traf es sich also, daß gerade mehrere Kandidaten für die Lizentiatur vorhanden waren, so konnte man gleich oder bald nach dem Baccalariat auch den Lizentiaten machen. Nach den Statuten hätte Leibniz erst 1667 Lizentiat und im Jahre darauf Doktor werden können. Indessen fand im Herbste 1666 eine Lizentiatenpromotion von 5 Kandidaten statt; Leibniz war nicht unter ihnen. Nur einer von diesen (Finger) hatte das Baccalarius-Examen längere Zeit vor Leibniz gemacht, die übrigen vier (Carpzov, Heinze, Geissler, Strauss) erst nach ihm im Jahre 1666. Sonach hat man ihn nicht deshalb von der Promotion ausschließen können, weil seit seinem Baccalariusexamen erst ein Jahr verstrichen war. Aber er war jünger als die andern und soweit das Alter der Leipziger juristischen Doktoren hat festgestellt werden können, hatte bisher niemand unter 22 Jahren den Doktorhut bekommen; Leibniz wäre der erste gewesen, der ihn sich mit 21 erworben hätte. Dies hätte man also als einen Grund gegen seine Kandidatur geltend machen können und scheint es offiziell auch wohl getan zu haben, obwohl es kein rechtmäßiger Grund war. Vermutlich spielten hier Eifersüchteleien mit. Hätte Leibniz mitkandidieren dürfen, so wäre er nach dem Datum seiner Baccalariuspromotion an die zweite Stelle und somit vor A. B. Carpzov gerückt, der ein Sohn des Leipziger Theologieprofessors Johann Benedikt C. (gest. 1657), ein Bruder des berühmten Johann Benedikt C. (seit 1665 Professor der Moralphilosophie in Leipzig) und ein Neffe des noch berühmteren Leipziger Juristen Benedikt C. (gest. 1666) war, also eine höchst einflußreiche Verwandtschaft an der Universität besaß. Es wäre begreiflich, wenn dieser den unliebsamen, noch dazu jüngeren Vordermann beiseitezuschieben versucht und dazu den Einfluß seiner Verwandten aufgeboten hätte. Darauf deutet auch die von K. Fischer angezogene Äußerung in der Selbstbiographie hin.

(Vgl. zu den gesamten vorstehenden Ausführungen über Leibnizens Universitätsstudien: Kabitz, „Die Bildungsgeschichte des jungen Leibniz“ [s. oben S. 711], S. 173 ff.; ferner Erlers „Jüngere Matrikel der Universität Leipzig (1559–1809)“ [s. oben T. 710] und sein Buch: „Leipziger Magisterschmäuse im 16., 17. und 18. Jahrhundert“, Leipzig 1905; O. Kirn, „Die Leipziger theologische Fakultät in 5 Jahrhunderten“ und E. Friedberg, „Die Leipziger Juristenfakultät, ihre Doktoren und ihr Heim“, 1409–1909, Bd. 1 u. 2 der Festschrift zur Feier des 500-jährigen Bestehens der Universität Leipzig, herausgegeben von Rektor und Senat, Leipzig 1909.)

(Zu S. 41 f.) Warum Leibniz gerade nach Altdorf und nicht anderswohin, z.B. nach Jena, ging, ist noch nicht aufgeklärt. Er mußte doch wohl hoffen, dort schneller als anderswo ans Ziel zu kommen, und vielleicht spielte bei seinem Entschluß außer dem Umstand, daß er in Nürnberg Verwandte hatte, auch dies eine Rolle, daß in Altdorf, wie J. J. BAIER in seiner „Ausführlichen Nachricht von der Nürnbergischen Universität Stadt Altdorff" (Nürnberg 1717) berichtet, die Zeremonien und Solennitäten beim Promotionsakt ebenso ansehnlich, wo nicht größer als auf den meisten deutschen Akademien, *die Unkosten aber merklich geringer waren.* Leibniz lebte nicht in glänzenden Geldverhältnissen.

Auf der Erfurter Königl. Bibliothek hat P. RITTER neuerdings eine Glückwunschadresse Altdorfer und Nürnberger Gelehrter, Gönner und Freunde von Leibniz, zu seiner Doktorpromotion gefunden, die uns erwünschte Kenntnis von dem Kreise gibt, in welchem Leibniz dort verkehrte (vgl. Krit. Kat. I,18). An der Spitze steht der damalige Rektor der Universität, JAK. PANKRAZ BRUNO, ein hervorragender Mediziner; es folgen: Joh. Wolfg. TEXTOR, der Dekan der juristischen Fakultät, Joh. Mich. DILHERR, erster Prediger an der St. Sebalduskirche und Direktor des Ägidiengymnasiums, Dan. WÜLFER, Prediger an der St. Lorenzkirche, LUC. FRIEDR. REINHART und JOH. CONR. DÜRR, beide Professoren der Theologie, ABDIAS TREU, Mathematiker und Physiker, JOH. PAUL FELWINGER, Professor der Metaphysik, Logik und Politik, CHR. ARNOLD, Prediger an der Marienkirche und Professor am Ägidiengymnasium, JOH. HELD, Professor der hebräischen Sprache, und noch 5 jüngere Männer, die damals wohl noch Studenten waren. Leibniz hat besonders im Hause WÜLFERS lebhaft verkehrt, wie er später einmal an BIERLING schreibt (16. III. 1712, bei Kortholt a.a.O. IV, 56). Von seinen chemischen oder besser alchymistischen Studien berichtet er in einem noch ungedruckten Brief an GOTTFRIED THOMASIUS vom 7. XII. (a. St.) 1696; „Me Noriberga primum chemicis studiis imbuit nec poenitet adolescentem didicisse, quod viro cautioni esset" (vgl. BODEMANN, Leibniz-Briefwechsel, 337). Eine Anspielung darauf findet sich auch im „Oedipus chymicus" in den „Miscellanea Berolinensia", 1710, S. 16 ff. Übrigens blühten in Nürnberg-Altdorf die mathematisch-naturwissenschaftlichen Studien und die Technik seit dem 16. Jahrhundert. Die Universität hatte 1650 ein „Anatomisches Theater" gebaut, das zugleich Naturalienkabinett war, und besaß schon seit 1625 etwa einen „Botanischen Garten". Später, im Jahre 1682, errichtete sie auch ein chemisches Laboratorium (vgl. BAIER a.a.O. S. 96 ff.). Was Leibniz in Nürnberg-Altdorf gesehen hatte, stand ihm lebendig vor der Seele, als er seine ersten Pläne für die Errichtung einer Sozietät oder Akademie der Künste und Wissenschaften entwarf (vgl. z.B. KLOPP 1,133 ff.).

Zu II. Die akademischen Schriften (S. 43 ff.)

(Zu S. 44 f.) Mit Recht hebt K. Fischer die große Bedeutung der „Ars combinatoria" für die philosophisch-wissenschaftliche Entwicklung Leibnizens hervor. Sie enthält bereits die Grundgedanken der neuen Logik, an deren Ausgestaltung Leibniz bis an sein Lebensende gearbeitet hat, und welche, wie neuerdings die Arbeiten von Russell („A critical exposition of the philosophy of Leibniz", Cambridge 1900), Couturat („La Logique de Leibniz d'après des documents inédits", Paris 1901) und Cassirer („Leibniz' System in seinen wissenschaftlichen Grundlagen", Marburg 1902) gezeigt haben, einen so bedeutenden Anteil an dem Aufbau der gesamten Philosophie Leibnizens hat. Wie Leibniz schon auf dem Titelblatt, dann aber ganz deutlich in der Schrift selbst zu verstehen gibt, war es ihm nicht sowohl um eine Bereicherung der Arithmetik durch neue Entdeckungen als vielmehr um eine Erweiterung der überlieferten aristotelisch-scholastischen Logik, welche wesentlich eine Logik der Erkenntnisbegründung war, durch eine neue Logik der Erfindung, d.i. der Erkenntnisgewinnung zu tun (vgl. Gerhardt Phil. IV, 27, 64). Seine Absicht ging also auf eine allgemeine Methode der Erkenntnis. In der „Ars combinatoria" bestimmt er nun diese als Analyse der vorhandenen Begriffe bis in ihre letzten nicht weiter zerlegbaren Elemente, Anordnung und eindeutige Bezeichnung der Elemente durch Charaktere und endlich Kombination der Elemente zu zusammengesetzten Begriffen in wohlgeordneten Reihen nach den Regeln der Kombinationsrechnung mit entsprechender eindeutiger Bezeichnung. Diese Entdeckung beruhte auf der Voraussetzung, daß die Begriffe und ihre Objekte sich wie Zahlengrößen zueinander verhalten d.h. Produkte aus einfacheren und einfachsten Faktoren sind, in die sie sich wieder zerlegen lassen, daher auch zahlenmäßig bezeichnet und berechnet werden können. Sie stand im engsten Zusammenhang mit einer Weltauffassung, welcher das Weltall ein Gebilde von mathematisch-logischer Struktur ist, eine „Harmonia rerum" (vgl. Gerhardt Phil. IV, 56).

Über die allmähliche Entstehung dieser Konzeption hat sich Leibniz zu wiederholten Malen geäußert. Eine sehr ausführliche und klare Schilderung findet sich in einem erst neuerdings von Coutourat aus dem Nachlaß veröffentlichten Fragment „Elementa Rationis" (Opusc. et Fragm. inéd. S. 345–347). Auch hier schildert er zunächst, wie er auf der Schule bei der aristotelisch-scholastischen Lehre von den Prädikamenten (Kategorien) auf die Frage kam, ob es nicht wie für die einfachen so auch für die zusammengesetzten Begriffe (Urteile) Prädikamente geben könne. Dann aber fährt er fort: da ihm die Lehrer darauf nicht hätten antworten können, so habe er sich für sich allein weiter mit diesen Dingen beschäftigt, und da habe er nun gesehen, *daß die überlieferte Prädikamentenlehre verbessert, ein neues Kategoriensystem geschaffen werden müsse*; denn mit dem alten habe er nichts anfangen können. Zugleich habe er beobachtet, daß im Urteil der Prädikatsbegriff so im Subjektsbegriff enthalten sei wie der Faktor im Produkt, daß man daher die Begriffe, sobald man sie aufgelöst und geordnet hätte, durch Zahlen darstellen und seine Erkenntnisse, soweit sie von der Vernunft abhängen, rechnerisch nachprüfen könne. Nachdem er dies Prinzip gefunden habe, habe er eine Methode ausgedacht, wie sich alle logischen Formen zahlenmäßig beweisen ließen.

Nach dieser wie allen übrigen Schilderungen, welche Leibniz von dem Vorgang seiner Entdeckung gegeben hat, ist kein Grund vorhanden, sie ganz und gar seiner Schulzeit zuzuweisen. Die Zeitangaben Leibnizens sind hier wie überall sehr unbestimmt gehalten, und wir werden ihn wohl richtiger verstehen, wenn wir die eigentliche Entdeckung in die Universitätszeit zwischen die Jahre 1663 und 1666 verlegen, in die Schulzeit dagegen nur den Einfall, auch Prädikamente der Urteile (zusammengesetzte Begriffe) zu finden, welcher allerdings der Keim der Entdeckung ist. Was ihre Originalität betrifft, so scheint Leibnizens eigenster Gedanke nur zu sein, die Regeln der Kombinatorik auf die Kombination der Begriffe anzuwenden, also die Idee eines logischen Kalküls, alles andere aber (der Gedanke der Analysis und Klassifikation der Begriffe, ihrer Kombination und Charakteristik) auf Aristoteles, Raymundus Lullus („Ars magna"), Joh. Heinrich Bisterfeld *(Philosophiae primae Seminarium* (1657) und *Elementorum Logicorum Libri III*, 1657), Athanasius Kircher (*Polygraphia nova et universalis ex combinatoria arte detecta*, 1663) u. a. zurückzugehen, welche Leibniz selbst in der „Ars combinatoria" anführt und kritisiert (vgl. COUTURAT: La Logique de Leibniz, Chap. II. La Combinatoire, S. 33 ff.; KABITZ: Die Philosophie des jungen Leibniz, S. 6 ff., 14 ff.).

Die von TÖNNIES in seinem Aufsatz „Leibniz und Hobbes" (Philosoph. Monatshefte XXIII, 566–567) verfochtene These, daß HOBBES einen *entscheidenden* Einfluß auf Leibnizens Logik ausgeübt habe, hat COUTURAT (a.a.O. Appendice II, „Leibniz et Hobbes Leur Logique, Leur Nominalisme", S. 457 ff.) widerlegt.

(Zu S. 46) Die „Nova Methodus" hat Leibniz in großer Eile auf einer Reise Ende des Jahres 1667 (wahrscheinlich im November) während eines Aufenthaltes in Frankfurt a. M. verfaßt. Sie war für den Kurfürsten von Mainz, JOHANN PHILIPP VON SCHÖNBORN, bestimmt, bei dem Leibniz damals schon eingeführt war und dem er sich näher bekanntzumachen wünschte (vgl. Leibniz an Bierling, 16. III. und 19. IV. 1712; Kortholt IV, 56, 61). Der Originaldruck der Schrift trägt auf seinem Titelblatt die Jahreszahl 1667 und enthält eine Widmung an den Kurfürsten. (Vgl. Krit. Kat. I, 25.) Wenn in dem angeführten, bei KORTHOLT abgedruckten Briefe an BIERLING 1665 als Druckjahr angegeben ist, so ist das entweder ein Irrtum von Leibniz oder, was in diesem Falle wahrscheinlicher ist, ein Schreib- oder Druckfehler. Ebenso ist es nicht richtig, wenn Leibniz in einem Briefe an O. H. BEKKER aus dem Jahre 1699 (Feder 142) bemerkt, sein kleines Buch – womit dort die *Nova Methodus* gemeint ist – sei noch vor dem 20. Lebensjahre begonnen. Über die Schrift selbst hat Leibniz später geurteilt, sie enthalte zwar manche beachtenswerte Gedanken, vieles sei darin aber noch zu unreif.

Zum vierten Kapitel. Leibniz in Mainz. Amtliche Stellung. Philosophische Schriften

(Zu S. 47 ff.) Vgl. zu den Ausführungen K. Fischers über J. Chr. von Boineburg und J. P. von Schönborn: 1. G. MENTZ, „Johann Philipp von Schönborn, Kurfürst von Mainz", 2 Teile, Jena 1896/99; 2. K. WILD, „Der Sturz Boineburgs" in „Zeitschr. f. Gesch. d. Oberrheins" Bd. XIII.

(Zu S. 50 f.) Es steht jetzt fest, daß Leibniz Boineburg nicht im Frühjahr 1667 nach Frankfurt gefolgt ist. Er ist vielmehr noch bis in den Sommer des Jahres hinein in Nürnberg gewesen. Dies beweist der Umstand, daß er dort am 16. April (n. St.) und am 14. Juli (n. St.) Schuldscheine für Chr. Freiesleben, einen seiner Verwandten, über 60 und 40 Taler ausgestellt hat (vgl. Krit. Kat. I, 20 u. 21, Nr. 79 u. 87). Er ist dann (wahrscheinlich Ende des Sommers oder Anfang des Herbstes) von Nürnberg nach Mainz gegangen, zunächst jedenfalls mit der Absicht, sich dort nicht lange aufzuhalten, sondern nach Nürnberg zurückzukehren. Dies erhellt aus einem jüngst von P. RITTER auf der Kopenhagener Königl. Bibliothek aufgefundenen Briefe Leibnizens an D. Wülfer (Nürnberg) vom 19. Dez. 1669 aus Mainz. Hier erzählt er auch, daß er am Hofe des Kurfürsten Johann Philipp von Schönborn bei Erwähnung seines Planes einer „Jurisprudentia Rationalis" erfahren habe, der Justiziar Dr. Lasser arbeite an einer Verbesserung des Römischen Rechts; er habe daraufhin seine Bekanntschuft gemacht und sei von ihm mit Zustimmung des Kurfürsten zur Mitarbeit aufgefordert worden. Im November war er in Frankfurt – ob von Mainz aus oder auf dem Wege nach Mainz ist nicht gewiß –; er verfaßte um diese Zeit die „Nova Methodus", um sie dem Kurfürsten zu widmen und diesem näher bekannt zu werden; sie wurde bei dem Frankfurter Buchhändler Zunner verlegt. (Vgl. Leibniz an Bierling 16. III. 1712, Kortholt IV, 56; Schuldschein für Chr. Freiesleben über 30 Tlr., datiert aus Frankfurt 25. XI. 67 [n. St.], Krit. Kat. S. 23.)

Den Freiherrn von Boineburg hat Leibniz nach seiner ersten Begegnung in Nürnberg nicht vor dem Ende des Jahres 1667, wahrscheinlich überhaupt erst im Jahre 1668 in Mainz wiedergesehen. Denn dieser hatte schon Anfang Juli 1667 Frankfurt wieder verlassen, war ins Bad Schwalbach und von da nach Köln gereist; hier blieb er eine geraume Zeit, um die Studien seines elfjährigen Sohnes Philipp Wilhelm zu überwachen (vgl. die zahlreichen Briefe von und an Boineburg, welche der Krit. Kat. S. 21–36 verzeichnet). Erst nach seiner im Frühling 1668 erfolgten Aussöhnung mit Johann Philipp von Schönborn hat sich Boineburg für Leibniz um eine dauernde Stellung in Mainz verwandt. In dem Schönbornschen Archiv zu Wiesentheid hat P. Ritter neuerdings einen hochinteressanten Brief Boineburgs an Melchior Friedrich von Schönborn vom 20. V. 1668 (n. St.) aufgefunden, in welchem er auf Leibniz aufmerksam macht und schreibt:

der Kurfürst könne sich dieses Talent mit einem geringen Jahresgehalt sichern; Leibniz sei auf dem besten Wege zum wahren Glauben, vielleicht werde er geistlich (vgl. Krit. Kat. I, 32, Nr. 126).

Durch die Vermittlung des ebengenannten M. Fr. von Schönborn und des kurtrierischen (früher kurmainzischen) Geheimen Rats Johann Lincker von Lützenwick ist dann Leibniz vom Kurfürsten, nachdem er ihm seine „Nova Methodus" persönlich überreicht hatte, förmlich damit beauftragt worden, in Gemeinschaft mit Lasser an der Reform des „Corpus juris" zu arbeiten. Die von den beiden Männern verfaßte „Ratio Corporis Juris reconcinnandi" (vgl. Dutens IV, 3, 283) ist wahrscheinlich schon im Juni 1668 entstanden und gedruckt (vgl. Krit. Kat. I, 35, Nr. 139). Für seine Arbeit erhielt Leibniz eine wöchentliche Remuneration, die aber bald ausblieb, so daß er sich im März 1669 an den Kurfürsten wenden und um Auszahlung der rückständigen Beträge wie um Fortsetzung der Remuneration bitten mußte (vgl. Guhrauer, Leibnitz I, Anh. S. 9 f.). Seine Stellung in Mainz war offenbar in der ersten Zeit bis zur Ernennung zum Revisionsrat (Anfang 1671) sehr unsicher und dann auch nicht sonderlich günstig und befriedigend. Dies hing zweifelsohne damit zusammen, daß Leibniz Protestant war und blieb, und daß er, wie man am Mainzer Hofe genau wußte, nicht nur in engstem persönlichen Verkehr mit Boineburg, sondern geradezu in dessen Privatdienste stand, Boineburg aber auch nach seiner Aussöhnung mit dem Kurfürsten dessen volles Vertrauen nicht wiedergewonnen hat. (Dies zeigen die zahlreichen von P. Ritter in Wiesentheid aufgefundenen und im Krit. Katalog verzeichneten Briefe aus dieser Zeit.)

Wie wenig aussichtsreich seine Lage in Mainz, wenigstens in den ersten Jahren, gewesen sein muß, ersieht man daraus, daß Leibniz und seine Gönner und Freunde sich lebhaft um andere Stellungen für ihn bemüht haben. So hatte Habbeus von Lichtenstern ihn im März 1669 dem Grafen de Lagardie als Reisebegleiter für dessen Sohn empfohlen und Leibniz wollte dies Amt auch im Juli des Jahres in Lyon übernehmen und später mit dem jungen Grafen nach Schweden gehen (vgl, Krit. Kat, S. 57 Nr. 216, S. 61 Nr. 237). Als sich die Sache zerschlug, suchte Habbeus ihn an den Höfen von Baden-Durlach und Hannover anzubringen (vgl. Guhrauer, Leibnitz I, Anh, 11 f.). Namentlich in Hannover lagen die Aussichten anzukommen günstig, und Leibniz hätte also schon damals in den Dienst Johann Friedrichs treten können. Aber er zögerte, weil ihm ein höheres Ziel vor Augen stand.

Er hatte mit Lasser zusammen die „Ratio corporis juris reconcinnandi" durch den Kais. Bibliothekar Lambeck in Wien dem Kaiser überreichen lassen und seine „Ars combinatoria" mit beigefügt. Der Kaiser hatte sich anerkennend über beide Männer geäußert und Lambeck beauftragt, eine Korrespondenz mit ihnen zu beginnen (vgl. Chr. Gudenus an Lasser. 21. X. 1668, Klopp I, 24). Inzwischen hatte nun Leibniz den Plan zu einem „Nucleus Librarii Semesstralis" gefaßt, d.h. zu einer Halbjahrschrift, welche eine genauere Orientierung über die jährlich auf der Frankfurter Oster- und Michaelismesse erscheinenden Bücher ermöglichen sollte als die Frankfurter Meßkataloge. Die letzte Absicht dabei war, die überhandnehmende literarische Produktion durch Verhinderung des Absatzes schlechter und gefährlicher Bücher einzuschränken. Für dieses Unternehmen wünschte Leibniz ein Privileg des Kaisers, das ihn vor Konkurrenz schützen sollte, und außerdem eine Unterstützung zu erhalten. Sein Gesuch (vom 22. Oktober 1668) nebst einer Denkschrift „De Scopo et Usu Nuclei librarii semestralis" und Proben wurde durch den Reichshofrat Walderndorf in Mainz an dessen Bruder, den Vizekanzler des Reiches, nach Wien gesandt; beigefügt war ihm ein Brief Boineburgs an Lambeck, in welchem Leibniz und sein Unternehmen diesem zur Unterstützung empfohlen und vorgeschlagen wurde, Leibniz das Bücherkommissariat in Frankfurt zu übertragen. Der Kaiser lehnte die Erteilung des Privilegiums ab mit der Begründung: 1. man könne niemand verbieten, sein Ingenium und seine Mühe an den Tag zu bringen; 2. noch weniger könne man den Verlegern zumuten, außer dem einen Pflichtexemplar jedes neuen Buches für den Frankfurter Bücherkommissar noch ein zweites an den Herausgeber des „Nucleus" zu liefern; 3. würden sich die Verleger, deren Bücher etwa übergangen würden, unaufhörlich beschweren. Dagegen wollte der Kaiser ein einfaches Impressorium erteilen. Hierauf ging indessen Leibniz aus guten Gründen nicht ein. Inzwischen erfolgte im Jahre 1669 der Kanzlerwechsel in Wien; an die Stelle Walderndorfs, der (vermutlich) als eigentlicher Urheber des Planes Boineburg angesehen und, da er diesem nicht wohlgesinnt war, auch den Plan nicht unterstützt hatte, trat der Graf Leopold Wilhelm von Königsegg. Im November des Jahres berichtete Chr. Gudenus, der kurmainzische Resident in Wien, nach Mainz: der Kaiser habe sich bei Lambeck danach erkundigt, wie man die Mißstände bei dem Frankfurter Bücherkommissariat beseitigen könne; er (Gudenus) sei auf den Gedanken gekommen, ob man nicht das Kommissariat auf Kur-Mainz übertragen könne. Lambeck billigte den Gedanken und schrieb selbst an Boineburg. Jetzt nahm Leibniz seinen Plan wieder vor. Ein neues Gesuch an den Kaiser mit einer neuen Denkschrift wurde aufgesetzt; Boineburg begleitete es mit warmen Empfehlungen an Königsegg und Lambeck. Auf erneute Bedenken von Wien aus schränkte Leibniz seine Bitte dahin ein, ihm wenigstens ein Privileg zu erteilen, durch welches ein zweiter *regelmäßig* erscheinender Nucleus ausgeschlossen würde. Aber auch so hatte die Sache keinen Erfolg. Doch führte der Gedanke, das Frankfurter Bücherkommissariat an Kurmainz zu bringen, Leibniz zu einem andern Plan, der eine seiner größten Ideen enthielt, eine Idee, die er seitdem nicht wieder aus dem Auge verloren hat, und die sich mit dem Beginne des neuen Jahrhunderts verwirklichen sollte. Kurmainz sollte die Leitung und Oberaufsicht über die gesamte literarische Produktion in Deutschland erhalten, und zu diesem Zwecke auch eine *Deutsche Gelehrten-Gesellschaft* gegründet werden. Als ihre Aufgabe bezeichnete Leibniz: 1. eine allgemeine Gelehrten-Korrespondenz zu unterhalten, 2. eine Universalbibliothek und 3. Generalkataloge zu schaffen, 4. sich mit den französischen, englischen und italienischen Gelehrtengesellschaften zu gemeinsamen Unternehmungen zu verbinden, 5. das Medizinalwesen zu vervollkommnen, 6. sich mathematische

Experimente angelegen sein zu lassen, 7. Beweismittel und Experimente zu sammeln, 8. die Manufakturen und den Handel zu beaufsichtigen und vor allem 9. die Übel des Bücherwesens abzustellen durch eine scharfe Zensur der erscheinenden Neuigkeiten. Die Gesellschaft sollte ihren Ort in Frankfurt haben, aus einer bestimmten Zahl von Gelehrten bestehen, eine Zeitschrift herausgeben und sich nicht in Religionssachen einmischen. Die Kosten sollten aus einer Papiersteuer bestritten werden. Dies der Plan, wie ihn Leibniz in der Denkschrift „De vera ratione reformandi rem literariam meditationes" entworfen hatte (vielleicht Ende 1669 oder Anfang 1670). In zwei weiteren wahrscheinlich für den Kurfürsten von Mainz bestimmten Denkschriften: „Grundriß eines Bedenckens von aufrichtung einer Societät in Teutschland zu auffnehmen der Künste und Wissenschaften" und „Bedencken von aufrichtung einer Academi oder Societät usw.", die wahrscheinlich in den Jahren 1670 und 1671 geschrieben sind, holte er dann noch weiter aus. Hier wurde der geplanten Sozietät eine fast unübersehbare Fülle von Aufgaben gestellt. Wissenschaft, Kunst, Technik, Handel, Industrie, Polizei, Archiv- und Schulwesen, auf dies alles und noch mancherlei anderes sollte sich ihre Tätigkeit erstrecken. Ob der Kurfürst diese Denkschriften gesehen hat, wissen wir nicht. Zur Ausführung gelangten Leibnizens Pläne damals jedenfalls nicht. (Vgl. zum Vorstehenden die bei Klopp I, 7–148 gesammelten Briefe und Denkschriften; dazu Harnack; Geschichte der Königl. Preuß. Akademie der Wissenschaften, Berlin 1900, I, 1, 27–30, II [Urkunden und Aktenstückes] 4–26; endlich Krit. Kat. S. 41–45, 54–55, 70–74, 79–81, 86–88, 240, wo mannigfache Irrtümer Klopps berichtigt sind.)

Zu IV. Die philosophischen Schriften und ihr Standpunkt (S. 53 ff.)

(Zu S. 53 f.) Die hier von K. Fischer vertretene Ansicht über das Verhältnis Leibnizens zu Descartes und Spinoza in der Periode von 1663–1672 darf auch nach den neuesten Forschungen als zutreffend gelten. Von einer schülerhaften Abhängigkeit kann in der Tat nicht die Rede sein.

Was das Verhältnis Leibnizens zu Descartes in dieser Zeit betrifft, so möge hier zunächst auf ein Zeugnis von ihm selbst aus der Zeit seines Pariser Aufenthalts, wo also sein Gedächtnis für diese Dinge noch frisch war, verwiesen sein. Er schreibt an den Abt Simon Foucher mit Beziehung auf Descartes (Gerhardt Phil. I, 371): „Ich gestehe, seine Schriften noch nicht mit all der Sorgfalt gelesen zu haben, wie ich es mir vorgenommen habe, und meine Freunde wissen, daß ich fast alle neuen Philosophen früher gelesen habe als ihn. Bacon und Gassendi sind mir zuerst in die Hände gefallen, ihre gewöhnliche, leichte Schreibart eignete sich mehr für einen, der alles lesen will. Es ist wahr: ich habe oft meine Blicke auf Galilei und Descartes geworfen, da ich aber erst seit kurzer Zeit Geometer bin, so bin ich bald von ihrer Schreibart, die ein starkes Nachdenken erforderte, abgestoßen worden. Ich habe, obschon ich immer eigenes Nachdenken liebte, doch stets Mühe gehabt, Bücher zu lesen, die man nicht ohne viel Nachdenken verstehen kann.... Was ich von der Metaphysik und der Physik Descartes' weiß, stammt fast nur aus der Lektüre einer Menge etwas gewöhnlicher geschriebener Bücher, die seine Ansichten wiedergeben. Und so kann es sein, daß ich ihn noch nicht völlig begriffen habe." Dies Selbstzeugnis, das überhaupt für die Art und Weise der Lektüre des jungen Leibniz sehr charakteristisch ist, läßt sich durchaus an dem uns heute zur Verfügung stehenden Quellenmaterial aus den Jahren 1663 bis 1672 verifizieren.

DESCARTES wird zum ersten Male von Leibniz in der „Ars combinatoria" (1666) in seiner Eigenschaft als Mathematiker erwähnt, der vor allen andern die analytische Geometrie angebaut hat, aber die Erwähnung geschieht so, daß man daraus keineswegs entnehmen kann, Leibniz habe schon damals Descartes „Geometrie" selbst gekannt. Vielmehr wird man vermuten dürfen, er habe, was er damals davon gewußt hat, durch SCHOTTEN und BARTHOLINUS erfahren (vgl. Gerhardt Phil. IV, 35). Dagegen werden in derselben Schrift BACON, GASSENDI und HOBBES, die beiden letzten auch schon in den früheren Briefen, Schriften und Aufzeichnungen (seit 1664), wiederholt und in einer Weise zitiert, die eine wirkliche Bekanntschaft mit ihren Schriften vorauszusetzen nötigt. (Vgl. Gerhardt Phil. I, 8: Leibniz an J. Thomasius 26. II. 1666 [n. St.]; IV, 46, 64, 78, 89; „Ars combinatoria [1666]"; Dutens IV, 3, 76, 80, 84; „Quaestiones philosophicae": IV, 3, 94; „De conditionibus" [1665]; ferner die Randbemerkung in D. Stahlii „Compendium Metaphysicae" bei Kabitz; „Die Philosophie des jungen Leibniz", S. 11, Anm. 2.) Es unterliegt auch keinem Zweifel, daß alle drei in den Jahren 1664–1672 auf Leibniz einen erheblichen Einfluß ausgeübt haben; BACON durch seine organisatorischen Ideen, GASSENDI als Erneuerer der antiken Atomistik, HOBBES, den der junge Leibniz am meisten von allen neueren Philosophen wegen seines Scharfsinnes und seiner Gründlichkeit bewundert hat, zunächst als Begründer der neueren Naturrechtslehre, später, als Leibniz den atomistischen Standpunkt aufgegeben hatte, durch die Prinzipien seiner Naturphilosophie. Doch hat Leibniz auch zu GASSENDI und HOBBES niemals in einem schülerhaften Abhängigkeitsverhältnis gestanden. Von Anfang seines Studiums der neueren Naturphilosophie an hat er namentlich Hobbes' Materialismus energisch abgelehnt und bekämpft (vgl. Dutens IV, 3,80) und sich ebenso entschieden gegen den Ultranominalismus seiner Logik und den Subjektivismus seines Naturrechts erklärt (vgl. Gerhardt Phil. IV, 158; I, 83; Dutens IV, 3, 212 ff.; dazu Couturat; La Logique de Leibniz, S. 457 ff.; Cassirer „Leibniz System", S. 491 ff. 496 ff.; Kabitz a.o.a.O. S. 33, 51 ff., 64 ff., 97 ff.)

Zum zweiten Male wird DESCARTES in Leibnizens „Nova Methodus" (1667) genannt (vgl. Dutens IV, 3, 174). Hier werden die von ihm im „Discours de la Méthode" (Abschnitt 2) aufgestellten methodischen Regeln als mangelhaft, insbesondere die erste („quicquid clare et distincte percipio, id est verum") als in unzähligen Fällen täuschend bezeichnet. Leibniz stellt ihnen zwei andere gegenüber: 1. kein unerklärtes Wort und 2. keinen unbewiesenen Satz zuzulassen. Dies entspricht genau seinem methodologischen Standpunkte in der „Ars combinatoria"

(1666). Er war schon dort über Descartes hinausgegangen, vielleicht ohne es zu wissen. Ob er nun inzwischen den „Discours“ kennengelernt oder seine Kenntnis jener vier Regeln aus zweiter Hand hatte, ist ungewiß. Das Zitat der „Nova Methodus“ gestattet hier keinen einigermaßen sicheren Schluß. In den Briefen und Schriften der folgenden Jahre 1668–72 erscheint Descartes sehr hänfig, doch zumeist als Gegenstand der Polemik. Die „Confessio naturae“ (verfaßt 1668) nennt ihn neben Galilei, Bacon, Gassendi, Hobbes, Digby als Vertreter der mechanistischen Hypothese, aber diese wird kritisiert als unzureichend in einer letzten, tiefsten Betrachtung der Dinge (vgl. Gerhardt Phil. IV, 108 f.) In dem großen Briefe an I. Thomasius vom 30. IV. 1669 (n. St.), welcher es unternimmt, Aristoteles mit den Neueren in Einklang zu bringen, werden Bacon, Gassendi, Hobbes, Digby, Cornelius ab Hoghelande Descartes gegenübergestellt: teils als ihm ebenbürtig, teils als überlegen. Daran schließt sich dann unmittelbar das Bekenntnis an: „Ich gestehe nichts weniger als Cartesianer zu sein.“ (Vgl. Gerhardt Phil. I, 16 u. S. 38 dieses Werkes.) Und endlich, um noch ein drittes Beispiel anzuführen, in dem Briefe an Antoine Arnauld vom Nov. 1671 wird Descartes geradezu verketzert (vgl. Gerhardt Phil. IV, 70). Nur ein einziges Mal versteht sich Leibniz dazu, ihn einen „virum utique incomparabilem“ zu nennen; es geschieht bezeichnenderweise in der der Pariser Akademie gewidmeten „Theoria motus abstracti“ (1671) (vgl. Gerhardt, Phil. IV, 239). Aber trotz der polemischen Haltung, die Leibniz gegen Descartes in der ersten Periode seiner philosophischen Entwicklung eingenommen hat, ist er doch nicht so ganz unbeeinflußt von ihm geblieben und steht ihm im ganzen seiner jugendlichen Weltanschauung doch näher als Hobbes. Er rühmt ihm selbst in einer noch unveröffentlichten Schrift („De usu et necessitate demonstrationum immortalitatis animae“, Mai 1671) nach, daß er zuerst erkannt habe, was wir Menschen seien, nämlich Geist, denkende oder ihrer selbstbewußte Wesen, und daß keiner vor ihm bemerkt habe, daß in den Tieren so wenig Empfindung sei wie in einer Uhr, einem Spiegel u. dgl. Und genau wie Descartes denkt er den Geist in einem (mathematischen) Punkte des Raumes lokalisiert und auf den Körper wirkend. Er nimmt im Gehirn als Werkzeug des Geistes einen Substanzkern an, welcher sehr fein beweglich und fest und untrennbar mit dem Geist verbunden ist. So schon in einem noch unveröffentlichten, etwa um 1670 verfaßten, Manuskript. Dieselbe Hypothese kehrt dann in erweiterter Fassung wieder in einem Briefe an den Herzog Johann Friedrich vom Mai 1671. (Vgl. zu den vorstehenden Ausführungen Kabitz a.o.a.O. S. 84 ff.; 88 ff.; 150 ff.)

Ein von Couturat für diese Entwicklungsperiode in Anspruch genommenes Fragment „De la sagesse“, welches zuerst Erdmann (S. 673 f.) und dann Gerhardt (VII, 82 ff.) veröffentlicht haben und in welchem sich ein Einfluß Descartes' auf Leibniz in methodologischer Beziehung feststellen läßt, gehört nachweislich der Pariser Periode an (vgl. Kabitz a.o.a.O. S. 22 f.).

In betreff des Verhältnisses Leibnizens zu Spinoza während der Mainzer Zeit möge gegenüber den Ausführungen von L. Stein („Leibniz und Spinoza", Berlin 1890, S. 31 ff.) folgendes festgestellt werden: Spinoza wird von Leibniz zum ersten Male in dem Briefe an J. Thomasius vom 30. IV. 1669 (n.St.) unter einer Reihe von Anhängern Descartes' genannt, die, wie dort bemerkt wird, fast ohne Ausnahme den Entdeckungen ihres Meisters nichts hinzugefügt haben. „Certe Claubergius, Raeus, Spinoza, Clerselier, Heerbord, Tobias Andreae, Henricus Regius nihil aliud quam Ducis sui paraphrastas egerunt" (Gerhardt Phil. I, 16). Als Leibniz im folgenden Jahre in seiner Nizoliusausgabe diesen Brief veröffentlichte, wurde die Stelle so gefaßt: „Certe Claubergius Spinoza, Heerbord, Tobias Andreae, Henricus Regius, nihil aliud quam Ducis sui paraphrastas, eruditos tamen, egerunt." Hieraus schließt nun Stein: „Er (Leibniz) muß daher um diese Zeit Spinozas Erstlingsschrift (*Renati des Cartes Principiorum philosophiae Pars I et II, more geometrico demonstratae, accesserunt ejusdem Cogitata Metaphysica*, 1663), die sich in der *Editio princeps* in seinem Nachlasse vorfand, schon studiert haben, sonst hätte er wohl kaum die philosophische Rangordnung zu dessen Gunsten geändert." Ein sonderbarer Schluß! Denn erstens dürfte es sehr zweifelhaft sein, ob die Anordnung der Namen in der Fassung von 1669 eine „philosophische Rangordnung" ist; zweitens handelt es sich bei der Änderung von 1670 lediglich um *Streichung* zweier Namen (Raeus und Clerselier), nicht um eine UMORDNUNG, wodurch Spinozas Name an die zweite Stelle gerückt ist; drittens könnte man, selbst wenn es so gewesen wäre, wie Stein es darstellt, gar nicht daraus schließen, daß Leibniz Spinozas Erstlingswerk um diese Zeit gelesen haben muß. Leibniz hat dann *bei einer späteren Korrektur seines gedruckten Handexemplares der Nizoliusausgabe* von 1670, welches die Hannoversche Bibliothek bewahrt, nicht aber, wie Stein behauptet, im „Manuskript", das gar nicht mehr vorhanden ist, an jener Stelle auch noch Spinozas Namen gestrichen. Stein bemerkt dazu: „Wohl weil er inzwischen die kirchliche Anrüchigkeit desselben erfahren hatte." Allein Leibniz gerade an *dieser* Stelle *dieses* Motiv unterzuschieben, liegt doch wahrhaftig auch nicht der geringste Grund vor! Die Streichung SPINOZAS bei der Korrektur des Druckes läßt sich ganz einfach daraus erklären, daß Leibniz inzwischen eines Bessern belehrt worden war und eingesehen hatte, man könne Spinoza nicht ohne weiteres zu den unfruchtbaren Cartesianern rechnen, die nichts anderes als „Paraphrasten" des Meisters seien. Und dies konnte, ja mußte ihm schon in dem Augenblicke klar sein, wo er erfuhr, daß Spinoza der Verfasser des *Theologisch-politischen Traktats* sei, und noch mehr, als er hörte, daß er eine neue Art optischer Gläser hergestellt habe. Im übrigen steht der Annahme einer wirklichen Bekanntschaft Leibnizens mit Spinozas Erstlingswerk in dieser Zeit um 1670 nichts im Wege; aber wir haben auch keinen triftigen Grund dazu. Die Anmerkungen in Leibnizens Handexemplar von diesem Werk, welches sich in Hannover befindet, sind, wie Stein selbst, der sie zuerst veröffentlicht hat, richtig bemerkt (a.a.O. S. 280), nicht vor 1678 entstanden!

Von der Existenz des anonym erschienenen *Theologisch-politischen Traktats* erfuhr Leibniz wahrscheinlich zuerst durch ein Programm seines Lehrers J. Thomasius. So lesen wir in seinem Briefe vom 23. Sept. 1670 (a.St.) (Gerhardt Phil. I, 34; dort steht irrtümlich 23. Dez.): „Vidi nuper programma Lipsiense, haud dubie tuum, quo libellum intolerabliliter licentiosum de libertate philosophandi, pro eo ac merebatur tractasti. Videtur auctor non tantum politicam, sed et religionem Hobbianam sectari, quam is in Leviathane, suo monstroso, vel tituli indicio, opere sic satis delineavit". Hieraus ersehe man, sagt Stein (a.a.O. S. 32), daß die Bekanntschaft mit dem ominösen Buche unmittelbar nach seinem Erscheinen erfolgt sein muß. Aber das gerade Gegenteil folgt aus dieser Stelle. Denn wie hatte Leibniz nach wirklicher Lektüre des Traktats noch schreiben können: „*Videtur* auctor" usw., da doch niemand, der Hobbes genau kennt und den theol.-polit. Traktat liest, über die Abhängigkeit seines Verfassers von dem englischen Denker mehr im Zweifel sein kann? Stein sucht seinen „Schluß" noch durch Heranziehung von Leibnizens undatiertem Brief an Arnauld zu stützen. Hierin wird der Verf. des Traktats als „autor de libertate philosophandi" unter einer Menge neuerer philosophischer und theologischer Autoren genannt, mit denen Leibniz sich eifrig beschäftigt zu haben erklärt. Also muß man wohl annehmen, daß Leibniz bei Abfassung dieses Briefes den Traktat selbst kennengelernt hatte. Da nun aber Spinoza nicht mit Namen als Verfasser des Buches genannt wird, so muß, schließt Stein, Leibniz damals noch nicht gewußt haben, daß er der Verfasser sei, der Brief also in einer Zeit geschrieben sein, wo das der Fall war, nämlich, wie Stein glaubt, Anfang 1671; jedenfalls vor dem April. Allein der Brief kann gar nicht vor dem April 1671 geschrieben sein, wie der Inhalt ganz unzweifelhaft beweist (vgl. Krit. Kat. I, 222, Nr. 879), sondern ist aller Wahrscheinlichkeit nach im Oktober abgefaßt, mithin in einer Zeit, wo Leibniz längst gehört hatte, daß Spinoza der Verfasser des Traktats sein solle, und wo er selbst an ihn schrieb! Die erste Kunde von dem Gerücht, daß Spinoza der Verfasser des Traktats sein solle, hatte nämlich Leibniz wahrscheinlich nicht, wie Gerhardt und Stein meinen, durch einen Brief von Graevius vom 22. IV. 1671 (n. St.), sondern durch einen Brief von J. Fabricius an Boineburg vom 20. VIII. 1670 (n.St.) aus Hamburg erhalten, aus dem er sich einen noch heute vorhandenen Auszug gemacht hat (vgl. Krit. Kat. I, S. 120, Nr. 447; Gruber S. 1314 f.). Daß Leibniz in dem Briefe an Arnauld Spinoza nicht mit Namen als Verfasser des Traktats nennt, kann nicht ins Gewicht fallen, da ihm bis dahin lediglich ein Gerücht vorlag. Die Gewißheit erhielt er erst durch Spinozas Brief vom 9. XI. 1671 (Gerhardt Phil. 1,128). So schreibt er denn auch an I. Thomasius am 31. I.1672 (n. St.); „Auctor libri de libertate philosophandi ... est Benedictus Spinoza, Judaeus ἀποσυνάγωγος, ob opinionum monstra, ut mihi e Batavis scribitur" (Gerhardt Phil. I, 39), bemerkt dagegen in einem noch unveröffentlichten Schreiben an den Theologen Th. Spizel in Augsburg vom 8. III. 1672 wieder nur: „Vidisti sine dubio librum in Belgio editum, cui titulus: libertas philosophandi; *autorem ajunt esse Judaeum*. Is Crisin exercet ut eruditam quidem, ita veneno multo aspersam in ipsam antiquitatem, genuinitatem, autoritatem Scripturae Sacrae veteris Testamenti. Interest pietatis a viro quodam Orientalia solide docto, qualis Tu Tuique similes, refutari." Dürfen wir nach Leibnizens brieflichen Äußerungen auch annehmen, daß er den Traktat selbst, wenn auch nicht sogleich nach seinem Erscheinen, so doch einige Zeit später (wahrscheinlich 1671) kennengelernt hat, so steht doch andererseits fest, daß er ihn erst in der Zeit seines Pariser Aufenthalts (1672–1676) gründlich durchgearbeitet hat; denn erst aus dieser Zeit stammen die umfangreichen Auszüge mit eingestreuten Bemerkungen, welche sich Leibniz aus dem Buche gemacht hat und welche sein Nachlaß in Hannover enthält (vgl. Bodemann: Leibniz-Handschriften S. 103).

Die Veranlassung, sich Spinoza am 5. X. 1671 brieflich zu nähern, war nicht die „überraschende Nachricht“ von Graevius, Spinoza sei der Verfasser des *Traktats* (vgl. Stein a.a.O. S. 34), sondern dies: Leibniz war auf den Gedanken gekommen, eine neue Art von Linsen zu konstruieren, durch die man Entfernung und Größe der Objekte von einem bestimmten Standpunkte aus messen könnte, und hatte darüber wahrscheinlich im September 1671 eine kurze Notiz („Notitia opticae promotae“) drukken lassen, um seinen Gedanken Freunden und Sachverständigen zur Begutachtung zu unterbreiten. Nun hatte er erfahren, daß Spinoza ebenso wie Hudden tüchtige Optiker seien, und so wünschte er auch deren Urteil zu hören. Dies spricht der Brief selbst deutlich genug aus, und wir haben gar keinen Grund, die dann behandelten Gegenstände als bloßen Vorwand, sich Spinoza zu nähern, zu betrachten.

Daß Leibniz an Spinoza schon frühzeitig die mathematische Form fesselte, oder daß ihn gar Spinoza in dieser Richtung beeinflußt hätte (vgl. Stein a.a.O. S. 37 f.), ist eine unbegründete Vermutung. Nirgendwo ist in den Schriften, Briefen, Aufzeichnungen der Jahre 1663–72 ein Einfluß spezifisch Spinozistischer Gedanken auf Leibniz nachweisbar.

(Zu S. 54 f.) Nach dem von mir auf der Augsburger Stadtbibliothek aufgefundenen Briefwechsel zwischen G. Spizel und Ph. J. Spener ist die Schrift wider den Atheismus wahrscheinlich schon Anfang 1668 entstanden und im Spätsommer von Spener an Spizel gesandt worden. Spener hatte sie nicht direkt von Boineburg, sondern durch Vermittlung eines Freundes erhalten. Der Druck war fehlerhaft, namentlich der Kettenschluß zum Beweise der Unsterblichkeit der Seele war mangelhaft wiedergegeben worden. Auch Gerhardt hat in seiner Ausgabe (IV, 105 ff.) die Fehler leider nicht beseitigt. Leibniz nahm, als ihm die Veröffentlichung seiner Schrift bekannt wurde, Veranlassung, Spener in Frankfurt im Sommer 1669 aufzusuchen und sich ihm als Verfasser vorzustellen. Seitdem datiert ihre Bekanntschaft (vgl. Krit. Kat. I, 29 Nr. 116, 46 Nr. 187, 59 Nr. 228, 61 Nr. 234, Nr. 235, 62 Nr. 243).

(Zu S. 56 f.) Mit dem Brief an Thomasius ist zu vergleichen das etwas später verfaßte interessante Fragment, welches Gerhardt im Band VII, S. 239 seiner Ausgabe der philosophischen Schriften Leibnizens veröffentlicht hat. Hier hat sich Leibniz bereits die Hobbesschen Prinzipien angeeignet.

(Zu S. 57 f.) Die „Defensio Trinitatis“ ist nach den in Hannover, Wolfenbüttel und Kopenhagen erhaltenen Handschriften als eine *unvollendete* Schrift zu betrachten. Nach der „Dedicatio“ war sie wohl nicht als eine zur Veröffentlichung bestimmte Antwort für Boineburg an Wissowatius gedacht. Als solche wäre sie doch auch gar zu spät gekommen. Denn der Brief des Wissowatius an Boineburg, welchen sie Punkt für Punkt widerlegt, datierte vom Oktober 1665 aus Mannheim. Sie selbst aber kann frühestens im Jahre 1668 verfaßt sein (spätestens Anfang 1669, vor dem April). Ihr eigentlicher Zweck war wahrscheinlich, was K. Fischer als ihren Nebenzweck bezeichnet hat (vgl. Krit. Kat. I, 51 Nr. 198).

(Zu S. 63) Die Entstehung der neuen Bewegungslehre reicht bis in das Jahr 1669 zurück. Im August dieses Jahres befand sich Leibniz in Begleitung Boineburgs im Bade Schwalbach. Dort zeigte ihm der Kieler Jurist Ericus Mauritius zwei im April in den „Philosophical Transactions" veröffentlichte Abhandlungen von Wren und Huygens. Die beiden Physiker hatten darin die von ihnen gefundenen Bewegungsgesetze einfach mitgeteilt, ohne sie weiter zu begründen. Da zwischen beiden fast völlige Übereinstimmung herrschte, Wren aber mit seiner Mitteilung etwas später herausgerückt war, so beschuldigte ihn Huygens des Plagiats. Von dem rein geometrischen Standpunkte aus, auf welchem er damals stand, mußte Leibniz urteilen, daß Huygens und Wrens Gesetze überhaupt keine Grundgesetze seien, welche sich demonstrieren ließen. So faßte er den Plan einer Ableitung der Bewegungslehre aus ihren wahren Prinzipien. Es entstand zunächst eine eilig niedergeschriebene Abhandlung, die Mauritius mit nach Kiel nehmen und von da der Londoner Sozietät übersenden sollte (vgl. Kabitz a.a.O. Anhang S. 135 ff.). Aber Mauritius vergaß über den inzwischen erfolgten Tod seiner Gattin die Absendung. Sie blieb bei ihm liegen. Erst aus dem Antwortschreiben Oldenburgs vom 20. (n. St.) VIII. 1670 (Gerhardt Brw. I, 41 f.) auf seinen ersten Brief an ihn (23. [n.St.] VII. 1670) (Gerhardt Brw. I, 39 f.) erfuhr Leibniz, daß die Sozietät seine Abhandlung nicht erhalten habe. Mauritius scheint sie dann an den Hamburger Arzt Martin Fogel zur Übermittlung nach London geschickt zu haben (vgl. Krit. Kat. I, 149 Nr. 577). Von ihm erbat Leibniz sie sich am 13. (n.St.) II. 1671 zurück. Er sandte nun an die Sozietät die ihr gewidmete „Hypothesis physica nova", über welche er Oldenburg gleich in seinem ersten Briefe kurz berichtet und welche er mittlerweile auf dessen Ermunterung ausgearbeitet und in Druck gegeben hatte. Die grundlegende Abhandlung dagegen wurde in einer neuen tieferen Fassung unter dem Titel „Theoria motus abstracti" der Pariser Akademie gewidmet und übersandt. In dieser neuen Fassung hatte sich Leibniz eng an Hobbes angeschlossen, doch nicht ohne dessen Prinzipien in bedeutsamer Weise umzubilden. Hobbes hatte im Anschluß an Galilei den „Conatus" (die Tendenz) zum Grundbegriff seiner Bewegungslehre erhoben. Er hatte ihn definiert als die in dem deutbar kleinsten Raum *(punctum)* und der denkbar kleinsten Zeit *(instans)* geschehende Bewegung; aber er hatte Tendenz, Punkt und Zeitmoment noch als ausgedehnte Grüßen aufgefaßt. Da so, wie Leibniz richtig erkannte, die Frage nach dem wahren Anfang und Ende der Bewegungen nicht gelöst war und gelöst werden konnte, so ging er über Hobbes hinaus und faßte Tendenz, Punkt und Zeitmoment als unausgedehnte unendlich kleine Elemente der Continua Bewegung, Raum und Zeit. Hierin lag zugleich Fortschritt und Schranke seiner Leistung; der Fortschritt, insofern als hier die Begriffe der Bewegung, des Raumes und der Zeit von dem Begriffe der Ausdehnung scharf geschieden wurden, die Schranke, insofern das Kontinuum als zusammengesetzte

Größe, als eine Summe von Infinitesimalen gedacht wurde. Immerhin war mit dieser Grundauffassung schon die spätere Dynamik vorbereitet; im Begriffe des *Conatus* lag der spätere Kraftbegriff, in den Begriffen von Punkt und Zeitmoment die spätere Raum- und Zeitlehre Leibnizens vorgebildet. Diese Grundauffassung war übrigens ihrem Sinne nach durchaus metaphysisch. Tendenz, Punkt und Zeitmoment waren nicht als bloße Denkmittel zur Bewältigung der phoronomischen Probleme, sondern als Realitäten gedacht. Dies tritt besonders deutlich in der Auffassung der Tendenz als BewegungsTRIEBES hervor. (Vgl. Gerhardt Phil. IV, 230: „Nullus conatus sine motu durat ultra momentum praeterquam in mentibus"; vgl. ferner Gerhardt Phil. I, 73; Gerhardt Brw. I, 53, 56.)

Da sich aus den von ihm in der „Theoria motus abstacti" abgeleiteten Bewegungsgesetzen die körperlichen Erscheinungen nicht ohne weiteres erklären ließen, so sah sich Leibniz genötigt, zu einer Hypothese zu greifen, mit deren Hilfe er dies zu lersten imstande war. Die „Hypothesis physica nova" bildet so die notwendige Ergänzung der „Theoria motus abstracti"; sie ermöglicht den Übergang von dieser zu einer „Theoria motus concreti", vom mundus intelligibilis zum mundus sensibilis. In dieser Form der Ausgestaltung der Bewegungslehre kommt der Antagonismus zwischen Rationalismus und Empirismus zum Ausdruck, welcher der ersten Periode der philosophischen Entwicklung Leibnizens eigentümlich ist. Zwei Gedanken treten im übrigen in der „Hypothesis physica nova", welche K. Laßwitz in seiner vortrefflichen „Geschichte der Atomistik" (Hamburg und Leipzig 1890, II, 450 ff.) eingehend dargestellt und gewürdigt hat, noch besonders bedeutsam hervor: 1. der Gedanke einer natürlichen Entwicklung der Erde, mit welchem sich Leibniz an Descartes anschließt, doch nicht ohne sich der kirchlichen Theologie gegenüber gehörig zu salvieren (vgl. Gerhardt Phil. IV, 182 ff.); 2. der Gedanke des Mikrokosmos im Makrokosmos, welchen Leibniz Kircher und Hooke verdankt (vgl. ebendas. IV, 201 f.).

(Vgl. zu den vorstehenden Ausführungen Kabitz a.a.O. S. 64 ff.; Cassirer a.a.O. S. 496 ff.)

Von den in Leibnizens Nachlaß auf der Königl. Bibliothek in Hannover noch vorhandenen philosophisch-theologischen Schriften, welche der Mainzer Periode angehören, sind einige erst jüngst in Auszügen veröffentlicht worden (bei Kabitz a.a.O. S. 25 ff. 116 ff.; Anhang S. 135–156). Es seien hier nur folgende zwei erwähnt:

1. „*Commentatiuncula de Judice Controversiarum seu Trutina Rationis et norma Textus*". Diese Schrift ist höchstwahrscheinlich ums Jahr 1670 entstanden und ist auch vollendet worden. Sie behandelt die Frage nach der entscheidenden Instanz in religiösen und weltlichen Streitigkeiten und zerfällt dementsprechend in zwei Teile. Der erste bezeichnet als letzte Instanz in Glaubenssachen DIE HEILIGE SCHRIFT; als Glaubenssatz kann und darf nur gelten, was in ihr enthalten ist. Das ist echt protestantisch gedacht. Aber Leibniz fährt fort: die Schrift kann nicht selbst über ihre Herkunft, die Authentizität ihres Textes, ihre Göttlichkeit entscheiden, weil hierin nicht das eigene Zeugnis gilt. Hier müssen *Vernunft* und *Geschichte* für sie eintreten. Damit unterwirft Leibniz die Schrift der Vernunft- und histo-

rischen Kritik, Doch zieht er daraus nicht die Konsequenzen. Der zweite Teil erhebt zur Instanz in weltlichen Streitigkeiten die Logik und zwar die *Logik der Wahrscheinlichkeit*, welche indessen erst zu begründen ist. Gleich einer Waagschale mit exakten Gewichten soll diese entscheiden, auf welcher Seite Recht und Unrecht ist. Zur Konstituierung einer solchen Logik schlägt er die Schaffung eines Definitions- und Theoremenwie eines Historien und Experimentenbuchs, mit einem Worte: einer Enzyklopädie der Wissenschaften von Staats wegen vor.

2. *„Demonstrationum Catholicarum Conspectus.“* Dieser großangelegte Plan einer Apologie des Christentums ist aller Wahrscheinlichkeit nach um 1669 niedergeschrieben. Das geplante Werk sollte vier Teile enthalten, in denen nacheinander die Existenz Gottes, die Unsterblichkeit der Seele, die Möglichkeit der Mysterien des christlichen Glaubens, die Autorität der katholischen Kirche und der heiligen Schrift nachgewiesen werden sollte. Prolegomena sollten die Elemente der Philosophie, nämlich der Metaphysik, Logik, Mathematik, Physik und praktischen Philosophie enthalten. Es ist ein Plan, der wie der einer neuen Logik der Erfindung (Scientia generalis), der allgemeinen Charakteristik usw., Leibniz immer wieder beschäftigt hat.

Es sei außerdem noch darauf hingewiesen, daß der von Stein („Leibniz und Spinoza“ S. 345 ff.) veröffentlichte und sogenannte „deutsche Entwurf zur Theodicee“ der Mainzer Periode angehört (vgl. Cassirer S. 509 Anm. 3; Kabitz S. 123 f.).

Zum fünften Kapitel. Die politischen Schriften aus der mainzischen Periode. Die polnische Königswahl. Die Sicherheit des deutschen Reiches 1669–1670 (S. 63 ff.)

(Zu S. 65) Der Druckort „Wilna“ auf dem Titelblatt des „Specimen demonstrationum politicarum“ usw. war fingiert; die Schrift ist nach P. Ritters Nachforschungen in Königsberg gedruckt worden. Dagegen handelt es sich bei der Jahreszahl CICICCLIX um einen Druckfehler, nicht, wie man früher angenommen hat, um eine absichtliche Fälschung. Der Drucker hat vor der IX eine X ausgelassen. Auf der Erfurter Bibliothek befindet sich das Handexemplar J. Chr. Boineburgs; hier hat dieser selbst den Fehler verbessert. Dasselbe hat Leibniz in seinem Handexemplar auf der Hannoverschen Bibliothek getan (vgl. Krit. Kat. I, 50 Nr. 195). Es ist nicht zu bezweifeln, daß die Flugschrift unter lebhaftester Mitwirkung Boineburgs entstanden ist; inhaltlich dürfte sie in der Hauptsache sein, formell dagegen Leibnizens Werk sein. Sie war nach seinen eigenen Äußerungen nicht das einzige, was er damals in Sachen der polnischen Königswahl schrieb (vgl. Krit. Kat. I, 51 Nr. 196; „Flug- und andere Schriften betr. die Polnische Königswahl“).

(Zu S. 70 ff.) Auch die Denkschrift über die Sekurität des Reiches ist unter dem Einfluß und den Weisungen Boineburgs geschrieben, ja sie wurde von Leibniz geradezu im Namen Boineburgs verfaßt. Die Veranlassung bildete eine Konferenz der Kurfürsten von Trier und Mainz im August 1670, zu welcher auch Boineburg hinzugezogen worden war. Es handelte sich darum, wie dem Herzog von Lothringen zu helfen sei, welcher drohte zu Frankreich überzugehen, falls man ihm nicht genügende Garantien für seine Sicherheit biete. Boineburg widerriet einen Anschluß an die Tripelallianz (Schweden-Holland-England), wie ihn der Kurfürst von Trier in Vorschlag gebracht hatte; statt dessen schlug er einen Bund der deutschen Fürsten vor, der, unabhängig vom Kaiser, von der Tripelallianz und von Frankreich, in seiner Organisation geradezu ein deutscher Bundesstaat werden und das Reich ersetzen sollte. Leibniz erhielt diesen Vorschlag von Boineburg mitgeteilt und wurde mit der Ausarbeitung desselben in einer Denkschrift beauftragt. Diese Denkschrift ist also auch nicht Leibnizens geistiges Eigentum im vollen Sinne des Wortes, Er war auch hier mehr ausführendes Organ Boineburgs. Boineburg hat sie denn auch ALS SEIN Werk an Johann Philipp von Schönborn geschickt und in seinen Briefen an Böcler so bezeichnet. (Vgl. Krit. Kat. I, 116 ff., Nr. 441 ff.; ferner zur Sache selbst: MENTZ, Johann Philipp I, und LANDWEHR VON PRAGENAU in „Mitteilungen des Instituts für österreichische Geschichtsforschung“, XIII (1895).

Zum sechsten Kapitel. Plan der französichen Expedition nach Ägypten. Leibnizens Reise nach Paris (1672) (Zu S. 81 ff.)

K. Fischer hat sich in diesem Kapitel im Wesentlichen auf die Forschungen O. Klopps gestützt. Diese sind indessen, soviel Licht sie uns auch gebracht haben, durch die neuesten Forschungen K. WILDS und P. RITTERS überholt worden. Beide haben im Schönbornschen Archiv zu Wiesentheid neues und überaus wertvolles Quellenmaterial zu Tage gefördert, Ritter insbesondere hat auch noch einmal die auf den ägyptischen Plan bezüglichen Schriftstücke in Hannover einer gründlichen Untersuchung unterzogen, wonach sich nun doch vielerlei anders darstellt, als Klopp und ihm folgend Fischer es gesehen haben (vgl. K. Wild; „Leibniz als Politiker und Erzieher nach seinen Briefen an Boineburg“ [s.o. S. 101 Anm. dieses Werkes]; P. Ritter; Neue Leibnizfunde. Reisebericht. Aus d. Anh. d. Abhdlg. d. Kgl. Preuß. Akad. d. W. v. J. 1904. Berlin 1904. S. 12 ff., ferner Krit. Kat. I, 271 ff., Nr. 1107 ff.).

Es sei hier vor allem festgestellt, daß der Kurfürst von Mainz vor Leibnizens Reise nach Paris nichts von dem ägyptischen Plan gewußt hat. Er erfuhr davon erst, als Leibniz schon einige Monate dort war. Dies beweist der schon von Klopp (II, 136) gedruckte Brief Boineburgs an Leibniz vom 6. VI. 1672, welchen wir erst jetzt nach Auffindung des Chiffernschlüssels in Wiesentheid richtig dechiffrieren tönnen. Boineburg schreibt dort folgendermaßen: „De 6 (= consilio Aegyptico) optem habere scriptionem tuam. Quaeso cogita, ut perficiatur. Go (= *Electori Moguntiaco*) aliquid dixi de 6 generalissime. Videtur approbare cum plausu. Sed continuo abrupi, ne peritius inspiceret, antequam maturescat negotium magis." *Hiernach kann denn auch Leibnizens Reise nach Paris nicht als eine diplomatische Mission von Kurmainz an Ludwig XIV. aufgefaßt werden.*

Der ägyptische Plan war auch nicht das *entscheidende* Motiv für Leibnizens Pariser Reise überhaupt. Diese Reise war bereits aus andern Gründen geplant, und der ägyptische Plan gab nur mit den Ausschlag für die Wahl des Zeitpunktes. Die Hauptmotive waren erstens die Forderungen Boineburgs an den König, die geltend zu machen damals gerade die geeignete Zeit zu sein schien, und zweitens die persönlichen Vorteile, welche sich Leibniz damals von einem Besuche in Paris versprechen konnte.

1. Boineburg hatte im Jahre 1658 von Ludwig XIV. eine jährliche Gratifikation von 1500 Talern und im folgenden Jahre eine jährliche Rente von 1000 Talern aus den Einkünften der Domäne Rethel in den Ardennen als Entschädigung für einen den Spaniern zurückgegebenen Wechsel zugesichert erhalten. Jene hatte man ihm bis zu seinem Sturze im Jahre 1664, diese noch ein paar Jahre weiter gezahlt, bis auch sie ihm gesperrt wurde; wie Boineburg an M. Fr. Schönborn am 31. X. 1669 schrieb infolge seiner Agitation für den Pfalzgrafen von Neuburg in Polen (vgl. Krit. Kat. I, 70 Nr. 277). Daraufhin hatte er im Frühjahr 1670 den Plan gefaßt, mit seinem Sohn Philipp Wilhelm nach Paris zu gehen, um seine Forderungen an Ort und Stelle geltend zu machen. Und offenbar hätte man ihn gern in Frankreich gehabt. Dies zeigt ein Brief Jaques de Gravels, des französischen Geschäftsträgers am Mainzer Hofe an den König vom 23. April 1670, in welchem er von dem Plane berichtete und riet, die Auszahlung der Rente davon abhängig zu machen, daß Boineburg sich in Frankreich naturalisieren ließe (vgl. Guhrauer, Kur-Mainz I, 110). Aber Boineburg ließ den Plan zunächst wieder fallen und kam erst im Herbst 1671 wieder auf ihn zurück, als Pomponne an die Stelle des Ministers Lionne trat. Jetzt erkundigte er sich bei Dufresne, dem Mainzer Gesandten in Paris, ob und wann eine Reise nach Paris etwa zweckmäßig sein könnte, *worauf ihm der Januar des nächsten Jahres als geeigneter Zeitpunkt bezeichnet wurde mit dem Bemerken, daß sein Erscheinen sowohl für ihn selbst wie für die öffentlichen Angelegenheiten von erheblichem Nutzen sein würde* (Dufresne an Boineburg, 27. XI. 1671; vgl. Gruber II, 1379; Guhrauer, Kur-Mainz I, 174).

2. Inzwischen hatte Leibniz (seit Mitte 1670) mit einer Reihe in Paris lebender Gelehrter wie Louis Ferrand, Jean Chapelain, Jean Gallois Korrespondenzen angeknüpft, die ihn und seine Arbeiten und Pläne dort allmählich bekannt machten. Besonders bedeutungsvoll wurde für ihn der (noch unveröffentlichte) Briefwechsel mit dem Bibliothekar des Königs (früher Colberts), Pierre de Carcavy. Ihm hatte er im Mai 1671 zunächst Mitteilungen übel seine neue physikalische Hypothese gemacht, welche der Akademie vorgelegt wurden; er hatte ihm dann auch seine der Akademie gewidmete „Theoria motus abstracti" zusammen

mit der „Hypothesis physica nova“, ferner die „Notitia opticae promotae“ und eine Beschreibung seiner neuen Rechenmaschine übersandt. Carcavy hatte gedankt und ihn aufgefordert, sich über einige physikalische Probleme näher auszulassen und die Rechenmaschine zu schicken, damit sie Colbert gezeigt werden könne (vgl. Krit. Kat. I. 184 Nr. 705, 191 Nr. 737, 192 Nr. 739 und 740). So waren nun auch Beziehungen zur Pariser Akademie hergestellt, wie Leibniz solche im Jahre vorher mit der Londoner Sozietät durch seinen Briefwechsel mit Oldenburg gewonnen hatte. Im Juli desselben Jahres schrieb ihm nun ein Deutscher, namens Johann Leyser, der damals in Paris lebte: Gallois und Carcavy hätten den lebhaften Wunsch ihn für die Akademie zu gewinnen; könne er sich zum Übertritt entschließen, so würde ihm auch ein klingender Lohn in beträchtlicher Höhe nicht mangeln; *inzwischen läge es in seinem Interesse, einmal nach Paris zu kommen und dort die Gelehrten zu besuchen*; käme er mit einem offiziellen Auftrage, so wäre das noch besser (vgl. Krit. Kat. I, 195 Nr. 754; Bodemann, Leibniz-Briefwechsel S. 147). Diese Mitteilungen werden, obschon sie von unmaßgeblicher Seite kamen, ihren Eindruck auf Leibniz nicht verfehlt haben. Wir haben seine Antwort nicht. Aber aus einem zweiten Briefe Leysers vom 24. XII. 1671 (vgl. Krit. Kat. I, 235 Nr. 942) geht hervor, daß Leibniz ihm geschrieben hatte (wahrscheinlich Anfang des Monats), er wolle sich im Frühjahr nach Paris begeben.

Die Ausarbeitung des ägyptischen Planes hatte mittlerweile begonnen. Schon im September war Leibniz eifrigst damit beschäftigt. Boineburg drängte zur Beschleunigung: wenn er, schrieb er dem jungen Freunde (wahrscheinlich im Oktober), noch an seinem Projekte festhalte, müsse es bald aufs Tapet kommen (vgl. Krit. Kat. I, 221 Nr. 877). In demselben Briefe bot er sich auch zur Vermittlung eines Briefwechsels mit Antonie Arnauld an. Nähere Beziehungen zu dem Vetter des Staatsministers Pomponne konnten für Leibniz gerade in dieser Zeit von größtem Wert sein. Und so schrieb dieser denn auch jenen ausführlichen Brief (Oktober 1671), in welchem er Arnauld mit seinen Arbeiten und Plänen bekannt machte (Gerhardt Phil. I, 68 ff.). Von seinem ägyptischen Projekt erwähnte er jedoch noch nichts. Dagegen machte er darüber Andeutungen in einem etwa gleichzeitig geschriebenen Briefe an Herzog Johann Friedrich, von dem er Empfehlungen für Paris zu erhalten wünschte (Gerhardt Phil. I, 57 ff.); er erklärte hier ganz offen, daß er *dort eine sichere Lebensstellung zur ruhigen Betätigung seines wissenschaftlichen Talents zu erlangen hoffe*. Ebenso schrieb er im folgenden Monate an Carcavy: er habe einen Vorschlag, welcher geeignet sei, den Ruhm des Königs zu vermehren und den Trumpf der französischen über die englische Wissenschaft zu sichern; Deutschland habe überhaupt eine Menge Erfinder, deren Arbeiten man verwerten sollte; er (Leibniz) sei durch seine Kenntnisse und Beziehungen der geeignete Mann dazu; nehme man sein Anerbieten an, so werde er im Winter nach Paris kommen. Arnauld antwortete nicht, aber Carcavy erwiderte verbindlich, doch zurückhaltend: Colbert wünsche nur Solides; Leibniz möge etwas Wirksames schicken, er (Carcavy) werde ihm dafür schon das Benefizium verschaffen.

Anfang Dezember traf nun in Mainz ein geheimer Agent Ludwigs XIV. ein, der den Kurfürsten von dem bevorstehenden Angriff auf Holland mit Ausschluss jeder Feindseligkeit gegen das Reich und Spanien in Kenntnis setzen und seine Versöhnung mit Frankreich in die Wege leiten sollte; der Kurfürst sollte seinen Einfluß für die Neutralität des Reiches geltendmachen und wenn nötig den Durchzug französischer Truppen durch sein Gebiet gestatten. Johann Philipp ging, um dies sogleich noch zu erwähnen, darauf ein, ließ in Wien und Berlin über die Neutralität verhandeln und sandte dann, im März 1672, seinen Vetter Melchior Friedrich nach Paris. Boineburg und Leibniz aber erwogen auf jene Nachricht hin, ob man dem Könige das ägyptische Projekt sogleich schriftlich oder später mündlich vortragen solle (vgl. Krit. Kat. I, 232 Nr. 920; Klopp II, 92). Am 20. I. 1672 (nicht, wie Klopp angenommen hat, im Dezember 1671) schrieb Boineburg an Pomponne und sandte eine kleine Denkschrift, in welcher die Vorteile der ägyptischen Expedition kurz auseinandergesetzt wurden; in dem beigefügten Empfehlungsschreiben an den König hieß es, der ungenannte Verfasser sei bereit sich naher zu erklären. Ungefähr 10 Tage später (am 1. II.) folgte ein zweiter Brief mit einer neuen Denkschrift, in welcher Leibniz zu zeigen versuchte, daß der Plan auch, nachdem der Krieg gegen Holland bereits beschlossene Lache sei, ausführbar sei, ja ausgeführt werden müsse. Pomponne antwortete am 12. II.: Die Denkschriften seien dem Könige vorgelegt worden; derselbe wünsche, der Verfasser möge sich schriftlich oder mündlich näher erklären; im übrigen versprach er Boineburg, ihm zu seinem Rechte zu verhelfen (vgl. Krit. Kat. I, 246ff. Nr. 998–1001; Klopp II, 98, 108, 109; Krit. Kat. I, 254 Nr. 1031–32, Klopp II, 113; Krit. Kat. I, 257 Nr. 1045 Klopp II, 115). Vergeblich bemühte sich nun Leibniz, Boineburg von der Notwendigkeit seiner Mitreise zu überzeugen (vgl. Krit. Kat. I, 261 Nr. 1062, Klopp II, 116). Er wurde schließlich allein geschickt.

Die von Leibniz verfaßten und uns noch erhaltenen Schriften, welche sich auf den ägyptischen Plan beziehen, sind in folgender Reihenfolge entstanden (die beiden nach Paris gesandten Denkschriften bleiben hier unberücksichtigt): 1. „*Specimen Demonstrationis Politicae De Eo Quod Franciae intersit*" usw.; die zu dieser Schrift gehörigen Stücke hat Klopp irrtümlicherweise voneinander getrennt gedruckt (II, 100 ff. dazu 14 ff. und 24 ff.); vgl. Krit. Kat. I, 273 Nr. 1109. 2. „*Synopsis Meditationis De Optimo Consilio*" usw.; vgl. Krit. Kat. I, 274 Nr. 1110, Klopp II, 49 ff. 3. „*Regi Christianissimo*"; vgl. Krit. Kat. I, 274 Nr. 1111, Klopp II, 78 ff. 4. „*Justa Dissertatio*"; vgl. Krit. Kat. I, 275 Nr. 1112, Klopp II, 211–418. *Die Ausarbeitung dieser Schriften fällt jedenfalls in die Zeit vom November 1671 bis Anfang März 1672.* Die Abfassungszeit im Einzelnen hat sich bisher noch nicht mit voller Genauigkeit bestimmen lassen. In Paris hat Leibniz nur das sogenannte „Concilium Aegyptiacum" verfaßt, einen Auszug aus der „Justa Dissertatio", in einem Briefe an Boineburg auch „Boineburg" genannt. Es war für diesen und den Kurfürsten von Mainz bestimmt. Boineburg hat es noch gesehen, wie er auch noch einen Teil der „Justa Dissertatio" gesehen hat.

Zum siebenten Kapitel. Leibnizens Aufenthalt in Paris und London (1672–1676) (S. 92 ff.)

Zu I. Geschäftliche Aufgaben

1. Die Gesandtschaft nach London

(Zu S. 92 f.) Daß Leibniz vom Kurfürsten von Mainz die Weisung erhalten hätte, an der Londoner Gesandtschaft teilzunehmen, ist eine unerwiesene Annahme Guhrauers (Leibniz I, 120 ff.). Leibniz hatte keinerlei diplomatische Aufträge, sondern ließ sich von der Mainzer Gesandtschaft einfach nach London mitnehmen, vor allem um sich dort persönlich der Royal Society vorzustellen und seine Aufnahme als Mitglied zu erwirken, was ihm ja auch geglückt ist.

2. Boineburgs Forderungen. Der junge Boineburg

(Zu S. 94) Was die Forderungen Boineburgs anbetrifft, so sind die Angaben Fischers schon in den Zusätzen zum vorigen Kapitel berichtigt worden. Leibniz hat auch mit seinen Bemühungen in Boineburgs Geldangelegenheiten fast so wenig Erfolg gehabt wie mit seinem ägyptischen Plan. Die 1658 gewährte und seit 1664 nicht mehr gezahlte Gratifikation für Boineburg wiederzuerlangen glückte ihm überhaupt nicht. Bezüglich der Rente von 1659 erreichte er zunächst nur soviel, daß sie für das Jahr 1672 ausgezahlt wurde. Mit vieler Mühe hat er es dann auch noch dahin gebracht, daß sie für drei weitere Jahre vorausbezahlt werden sollte; da aber Boineburg im Dezember 1672 starb, kam es nicht zur Ratifikation der Abmachung (vgl. K. Wild a.a.O.).

(Zu S. 95) Es muß als ein ganz besonderes Verdienst Leibnizens um die Bildung des jungen Boineburg hervorgehoben werden, daß er auf seine Unterbringung in einem Privathause (des Trierischen Gesandten Heiß) und auf eine Privaterziehung drang. In den Kollegienhäusern von Paris herrschte ein zucht- und sittenloses Leben und der Lehrbetrieb auf der Universität war rückständig.

Zu II. Wissenschaftliche Bildungszwecke und Studien (S. 96 ff.)

1. Französische Sprache und Mathematik

(Zu S. 96) Die in neuerer Zeit von Stein („Leibniz und Spinoza" S. 39 ff.) vertretene Ansicht: Leibniz habe seine mathematischen Studien in Paris mit einer solchen Ausschließlichkeit betrieben, „daß das rein spekulative Interesse dadurch stark in den Hintergrund gedrängt, wenn auch nicht ganz unterdrückt wurde", und erst durch den Verkehr mit Tschirnhausen sei es wieder lebhafter entfacht worden, ja, die Anregungen, welche Leibniz von ihm empfing (durch die Mitteilungen über Spinozas Ethik) seien geradezu entscheidend für seinen Entwicklungsgang gewesen – diese Ansicht ist unhaltbar. Es ist zwar richtig, daß sich Leibniz namentlich in den Jahren 1674/75 aufs eifrigste mathematischen Studien hingegeben hat; es läßt sich aber nicht beweisen, daß er dies mit solcher Ausschließlichkeit getan haben soll, daß er für andere und namentlich für philosophische, insbesondere metaphysische Probleme während dieser Studien nur noch ein schwaches Interesse behielt, welches erst der Wiederbelebung von außen bedurfte. Vielmehr kann im Gegenteil gezeigt werden, daß Leibniz seine mathematischen Studien selbst mit dem lebhaftesten philosophischen Interesse betrieben hat, ja, man könnte sogar noch weitergehen und behaupten, daß er sie im letzten Grunde *aus* philosophischem Interesse getrieben hat, und könnte sich dafür auf Leibnizens eigene Erklärung berufen. Es läßt sich ferner zeigen, daß die philosophischen, insbesondere die metaphysischen Interessen, welche Leibniz mit nach Paris brachte, nicht nur die ganzen Jahre seines Aufenthalts daselbst hindurch rege geblieben sind in dem Verkehr mit Männern wie Arnauld, Malebranche, Foucher u.A., wovon noch unten zu reden sein wird, sondern daß sie sich auch in spezifisch philosophischen bzw. metaphysischen Arbeiten niedergeschlagen haben. Denn es steht ja nicht so, wie auch Cassirer noch irrtümlicherweise gemeint hat („Leibniz' System" S. 514), daß für die Zeit des Pariser Aufenthalts fast alle literarischen Zeugnisse fehlen. Es sind ihrer genug vorhanden. Aber sie sind einstweilen nur z.T. veröffentlicht und leider in manchen Fällen ohne Feststellung des Datums ihrer Abfassung. Solche Dokumente finden sich schon gedruckt im 7. Bande der Gerhardtschen Ausgabe der philosophischen Schriften von Leibniz (1890), in Bodemanns Katalog der Leibniz-Handschriften (1895), vor allem aber in Couturats „Fragments et opuscules inédits de Leibniz" (Paris 1903) und in einer kürzlich erschienenen Publikation von J. Jagodinsky; „Leibnitiana Elementa Philosophiae Arcanae De Summa Rerum" (Kasan 1913). Aber der Hannoversche Nachlaß ist damit noch nicht ausgeschöpft. Eine Arbeit, welche unter Verwertung des gesamten Materials den philosophischen Ertrag dieser Pariser Zeit schildert, fehlt noch. Was Cassirer in seinem schon mehrfach genannten Werke S. 514–519 über diese Periode beibringt, beruht fast gänzlich auf späteren Selbstzeugnissen von Leibniz, welche deshalb unzulänglich sind, weil sie keine genauen Zeitangaben enthalten; seine Darstellung stimmt mit den Dokumenten aus der Zeit selbst nicht zusammen.

(Zu S. 96) Die Zahl der hervorragenden Gelehrtenpersönlichkeiten, welche Leibniz in Paris kennengelernt und mit denen er mehr oder weniger lebhaft verkehrt hat, ist groß. Doch sollen hier nur einige aufgeführt werden, welche teils schon in Paris, teils später für seine Lebensgeschichte von besonderer Bedeutung geworden sind.

1. Antoine Arnauld, welchen auch K. Fischer erwähnt, war neben Carcavy, Ferrand, Gallois, mit denen Leibniz, wie in den Zusätzen zum vorigen Kapitel bereits gesagt worden ist, schon von Mainz aus briefliche Beziehungen angeknüpft hatte, einer der ersten Gelehrten, dessen persönliche Bekanntschaft er in Paris machte (vgl. Leibniz an Herzog Johann Friedrich, 26. III. 1673, Gerhardt Phil. I, 65). Er hat dann häu-

fig mit ihm in Port Royal verkehrt. Wie aus einem späteren Briefe an Malebranche (22. VI. 1679, Gerhardt Phil. I, 331) und aus einer Stelle der *Theodicee* (Preface, Gerhardt Phil. VI, 43) hervorgeht, hat er ihm im Jahre 1673 einen noch heute im Hannoverschen Nachlasse vorhandenen und unveröffentlichten umfangreichen Dialog „Confessio philosophi" vorgelegt, eine Rechtfertigung Gottes auf Grund des Prinzips der Harmonie (vgl. Kabitz a.a.O. S. 37). Doch drehten sich die Gespräche in dem Arnauldschen Kreise keineswegs allein um theologische Fragen. Arnauld war ja nicht nur ein ausgezeichnet philosophisch gebildeter Theologe, sondern zugleich ein hervorragender Logiker und Mathematiker. Davon legen ebensowohl die von ihm und Nicole verfaßte sogenannte *Logik von Port-Royal* (La Logique ou l'Art de penser, Paris 1662) wie die „Nouveaux Essais de Géometrie" (Paris 1667) Zeugnis ab (vgl. K. Bopp: „Antoine Arnauld, der große Arnauld, als Mathematiker" in Abhdlg. z. Gesch. d. math. Wissenschaften, 14. Heft, 1902). In äußerst scharfsinniger Weise hat Arnauld namentlich an der Beweismethode Euklids Kritik geübt. Leibniz wußte die beiden Werke wohl zu schätzen und hat für seine logisch-mathematischen Studien in Paris auch von Arnauld mancherlei Anregungen empfangen (vgl. Leibniz an Landgraf Ernst von Hessen Rheinfels, 27. IV. 1683, Rommel I, 319; ferner Couturat: Fragm. et Opusc. S. 180, 211, 219, 628). Als er von Paris schied, gab ihm Arnauld ein Schreiben an einen französischen Kapuziner in Hannover mit, in dem er sich außerordentlich lobend über ihn aussprach.

2. Christian Huygens, welchen K. Fischer ebenfalls nennt, war schon im Frühling 1671 auf Leibniz aufmerksam gemacht worden. Oldenburg hatte ihm am 28. III. mit Beziehung auf die „Hypothesis physica nova" geschrieben; „Il (Leibniz) ne semble pas un Esprit du commun, mais qui ait esplusché ce que les grands hommes, anciens et modernes, ont commenté sur la Nature et trouvent bien de difficultez qui restent travaillé d'y satisfaire. Je ne vous seaurois pas dire comment il y ait reussi; j'oseray pourtant affirmer, que ses pensée meritent d'estre considerées" (vgl. „Œuvres complètes de Christian Huygens" VII, 56). Die persönliche Bekanntschaft des großen Mathematikers und Physikers machte Leibniz im Winter 1672/73, wie er selbst in der Abhandlung „De solutionibus problematis catenarii" usw. (Acta Erud. Lips. 1691: vgl. Gerhardt Math. 5, 257) berichtet und ein Brief von Huygens an Oldenburg vom 14. I. 1673 (Œuvres compl. VII, 244) bestätigt. In diesem heißt es: „Monsieur Leibniz est parti d'icy pour Angleterre et vous le verrez bientost qui vous montrera une ebauche de sa machine pour les multiplications de nombres qui est fort ingenieuse." Schon in der ersten Zeit seines Verkehrs mit Huygens empfing Leibniz Anregungen zu mathematischen Studien; sie betrafen aber zunächst nur arithmetische Probleme. Nach seiner Rücklehr aus London erhielt er dann von Huygens dessen eben erschienenes epochemachendes Werk „Horologium oscillatorium" geschenkt (Sommer 1673), und dies wurde für ihn die Veranlassung, sich auch mit der höheren Geometrie zu beschäftigen, obschon er noch nicht einmal in der elementaren recht zu Hause war. Im Verfolge dieser Studien ist Leibniz zur Entdeckung der Infinitesimalrechnung gelangt (vgl. die Zusätze zu „3. Die Erfindung der

Differentialrechnung"). Durch Huygens hat Leibniz wahrscheinlich auch schon in Paris dessen damaligen Assistenten, DENIS PAPIN, kennengelernt, mit welchem er später, in den neunziger Jahren des 17. Jahrhunderts, einen lebhaften und interessanten Briefwechsel über das Maß der Kräfte geführt hat.

3. PIERRE DANIEL HUET, damals Erzieher des Dauphin, später Bischof von Avranches. Von ihm wurde Leibniz im Frühjahr 1673 zur Mitarbeit an den Klassikerausgaben „in usum Delphini" aufgefordert. Er wählte den Martianus Capella *(Libri II de nuptiis Mercurii et Philologiae)* und hat diesen Schriftsteller auch bearbeitet, wie die in Hannover noch vorhandenen Manuskripte zeigen (vgl. Bodemann Leibniz-Handschriften S. 136), ist dann aber von der Herausgabe zurückgekommen, weil ihn andere (vornehmlich mathematische und physikalische) Arbeiten zu sehr in Anspruch nahmen. Auch eine Neuausgabe des Vitruvius wurde damals von ihm geplant; sie unterblieb indessen ebenfalls; denn Leibniz erfuhr, daß eine andere von Valesius vorbereitete bereits unter der Presse sei (vgl. den Briefwechsel mit Huet bei Gerhardt Phil. III, 1 ff.)

4. NICOLAS MALEBRANCHE. Daß Leibniz mit ihm in Paris persönlich verkehrt hat, beweisen die ersten zwischen ihnen über das Problem der Materie gewechselten Briefe, welche uns erhalten sind (vgl. Gerhardt Phil. I, 321 ff.), doch wissen wir nicht genau, seit wann ihre Bekanntschaft datierte. Malebranche veröffentlichte gerade in der Zeit, in welcher Leibniz tief in mathematischen Studien steckte (1674/75), seine „Recherche de la verité", mit welcher er Descartes gegenüber seinen eigenen Standpunkt zu begründen begann. Wir dürfen mit einiger Wahrscheinlichkeit annehmen, daß Leibniz diese Schrift bald nach ihrem Erscheinen, wenn auch nicht gründlich, gelesen hat. Denn erstens schreibt er selbst am 13. I. 1679 aus Hannover an Malebranche, nachdem er dessen „Conversations Chrestiennes" (Paris 1676) eben kennengelernt hat: „J'y ay mieux compris vostre sentiment que je n'avois fait *du temps passé en lisant la Recherche de la Verité*, parce que je n'avois pas eu alors assé de loisir". Zweitens finden sich in Leibnizens Handexemplar von S. Fouchers „Reponse pour la critique à Ia preface du second volume de la recherche de la verité" usw. (Paris 1676), welches die Hannoversche Kgl. Bibliothek aufbewahrt, Randbemerkungen, die aller Wahrscheinlichkeit nach noch in Paris geschrieben wurden und eine Bekanntschaft mit Malebranches Schrift vermuten lassen; Leibniz verteidigt darin in einem gewissen Sinne die Ideenlehre Malebranches gegen die Angriffe Fouchers.

5. Auch der eben genannte SIMON FOUCHER, Kanonikus von Dijon, gehörte in Paris zu Leibnizens Bekanntenkreise. Dafür gibt das beste Zeugnis ein kleines im Hannoverschen Nachlaß aufbewahrtes Blättchen von Leibnizens Hand, welches Bodemann in seinem Katalog der Leibniz-Handschriften (S. 339) abgedruckt hat. Vgl. oben im Text S. 293. Es ist ferner ein undatierter Brief Leibnizens an Foucher erhalten (gedruckt bei Gerhardt I, 369), der höchstwahrscheinlich noch in Paris geschrieben worden ist (vermutlich 1676) und eine für die Entwicklungsgeschichte seines philosophischen Denkens wichtige Auseinandersetzung mit Foucher über die Prinzipien der Erkenntnis enthält.

6. EDMOND MARIOTTE, der bekannte Physiker. Er hat Leibniz im Jahre 1676 Partien seiner „Introduction aux sciences" (wahrscheinlich im Manuskript) mitgeteilt, über welche sich Leibniz in einem Schreiben vom Juli d. J eingehend äußerte. Der Briefwechsel, welchen die beiden Männer von da ab bis zu Mariottes Tod im Jahre 1684 geführt haben, ist noch unveröffentlicht (vgl. Bodemann; „Leibniz-Briefwechsel" S. 169 Nr. 608. „Leibniz-Handschriften" S. 67).

(Zu S. 96) PASCALS mathematische Schriften begann Leibniz Sommer 1673 zu studieren. Anderthalb Jahre später, im Frühling 1675 erhielt er aus dem Nachlasse Pascals von dessen Neffen PERIER eine Reihe von Manuskriptfragmenten mitgeteilt, welche namentlich die Kegelschnitte behandelten (vgl. Leibniz an Oldenburg, 12. VI. 1675, Gerhardt Briefw. S. 126). Er ordnete und begutachtete sie für eine Herausgabe (Leibniz an Perier, 30. VII. 1676, Oeuvres complètes de Blaise Pascal, Paris 1903, III, 466). Doch erfolgte die Herausgabe nicht. Die Pascalschen Manuskripte scheinen verschwunden zu sein. Zum Glück hat sich aber Leibniz Abschriften von einigen genommen und aufbewahrt, so daß auf diese Weise doch wenigstens etwas von dem Nachlasse Pascals vor dem Untergang gerettet worden ist (vgl. Gerhardt: „Leibniz und Pascal", in Abhdlg.d. Kgl. Preuß. Ak. d. W., Berlin 1891, S. 1053 ff; derselbe: „Desargues und Pascal über die Kegelschnitte", ebendas., Berlin 1892, S. 183 ff.).

Wie PASCALS Schriften, so hat Leibniz in Paris auch die Schriften DESCARTES', vor allem die mathematischen, gründlicher zu studieren begonnen. Im April 1676 wurde ihm der handschriftliche Nachlaß des Philosophen zugänglich. Auch hier hat er sich wieder eine Anzahl umfangreicher Auszüge gemacht, die später nach Verlust der Originale von Wert geworden sind. Foucher de Careil hat sie in den „Œuvres inédites de Descartes" (Paris 1859/60) zum ersten Male abgedruckt.

Es ist ferner als eine für Leibnizens Entwicklungsgeschichte bedeutsame Tatsache zu verzeichnen, daß in das Jahr 1676 ein eingehendes Platostudium fällt. Im März dieses Jahres übersetzte er den „Phaedon" in abgekürzter Form ins Lateinische, ebenso den „Theaetet". Beide Übersetzungen hat Foucher de Careil in den „Nouvelles Lettres et Opuscules inédits de Leibniz", Paris 1857, S. 44 ff. und S. 98 ff. veröffentlicht. Platos „Parmenides" hat Leibniz in die Form einer Demonstration „zusammenzuziehen" versucht (vgl. Gerhardt Phil. I, 129); das Manuskript scheint indessen nicht mehr erhalten zu sein.

2. Mechanische Erfindungen. Die Rechenmaschine

(Zu S. 96 f.) 1. Leibnizens Idee einer neuen Rechenmaschine, die auch Multiplikationen und Divisionen ausführen sollte, stammt bereits aus der Mainzer, wenn nicht aus noch früherer Zeit, wie schon in den Zusätzen zum vorigen Kapitel erwähnt worden ist. Als er Pierre de Carcavy 1671 davon Mitteilung machte, wies dieser ihn auf die von Pascal ersonnene Rechenmaschine hin. Ob Leibniz schon vorher von dieser eine Ahnung gehabt hat, wissen wir nicht. Erst in Paris, scheint es, ließ er ein Modell seiner Maschine anfertigen, das der Pariser Akademie wie der Londoner Sozietät vorgestellt wurde und jedenfalls Aufsehen erregte. Nach der

Rückkehr aus England hat Leibniz eifrigst an ihrer Vervollkommnung arbeiten lassen. Es liefen auch schon Bestellungen auf sie ein, für den König, für Colbert und für das Observatorium (vgl. Gerhardt Briefw. I, 81 f., 92, 96 f., 104; Klopp III, 278).

2. Eine zweite Erfindung, welche in Paris eine Rolle gespielt hat und über welche wir näher unterrichtet sind, ist eine Uhr mit Unruhe (Feder), etwas verschieden von der, welche Huygens am 20. Januar 1675 erfunden hatte, weil sich die Pendeluhren zur Berechnung der Längen auf dem Meer nicht eigneten. Huygens berichtete über seine Erfindung im „Journal des Scavans" im Februar 1675, worauf auch Leibniz die seinige am 1. März in einem Briefe an Gallois, den Herausgeber, mitteilte. Diese Mitteilung erschien unter dem Titel: *„Extrait d'une Lettre de Mr. Leibniz à l'Auteur du Journal touchant le principe de justesse des Horloges portatives de son Invention"* (vgl. Dutens III, 135 f.). Leibniz war auch in diesem Falle kein Plagiator, Obschon er mit der Veröffentlichung seiner Idee später kam als Huygens, hatte er sie doch schon vor Jahren gefaßt (vgl. Gerland: Leibnizens nachgelassene Schriften physikalischen, mechanischen und technischen Inhalts, Leipzig 1906, S. 122 ff.). Übrigens war seine Erfindung unpraktischer als die Huygenssche.

3. Über eine von Leibniz ersonnene Maschine zur Bestimmung der Längen ohne Magnet- und Himmelsbeobachtung vgl. das bei Gerland a.o.a.O. S. 196 ff. abgedruckte Fragment.

3. Die Erfindung der Differentialrechnung. Streit mit Newton

(Zu S. 97 ff.) Als Leibniz nach Paris kam, waren seine mathematischen Kenntnisse in der Tat noch sehr gering. Auf seiner Leipziger Schule hatte er höchstens einen elementaren Rechenunterricht bekommen, auf der Universität einen sehr lücken- und mangelhaften Unterricht in der Euklidischen Geometrie, auf eigene Faust hatte er sich, wie es scheint, mit der Kombinations- und Permutationsrechnung beschäftigt, die ihn indessen hauptsächlich der Logik wegen interessierte. In Paris begann er sich nun zunächst auf Anregungen von Huygens mit Problemen der Summierung von Zahlenreihen zu beschäftigen, machte auch einen glücklichen Fund bezüglich der Differenzen stetig wachsender oder abnehmender Reihen, mußte aber bei Boyle in London (1673) von dem Mathematiker Pell erfahren, daß der Fund schon einmal von Mouton gemacht worden sei (vgl. Gerhardt Briefw. I, 75 ff.). Doch konnte er zu seiner Genugtuung feststellen, daß er mit seiner Methode über die Moutonsche hinausgegangen war. Nach der englischen Reise warf er sich auf die höhere Geometrie, veranlaßt durch Huygens' „Horologium oscillatorium", das er nicht verstehen konnte. Er fing mit dem Studium der Briefe PASCALS über die Cycloide an, welche 1659 unter dem Pseudonym Dettonville herausgekommen waren. Daran schloß sich das Studium der Geometrie DESCARTES'. Beides lenkte seine Aufmerksamkeit und sein Interesse auf das sogenannte *Tangentenproblem*, und dies wurde für ihn der Ausgangspunkt seiner Entdeckung des Integral- und Differentialcalculs, wie für Newton das Problem der Quadratur des Kreises der Ausgangspunkt der Entdeckung der Fluxionsmethode wurde. Bereits im August 1673 schritt er über

Pascal und Descartes hinaus, indem er nach einer *allgemeinen* Methode für die Konstruktion von Tangenten an Kurven suchte. Dies zeigt eine damals entstandene Arbeit: „Methodus nova investigandi Tangentes linearum curvarum ex datis productis, reductis, Tangentibus, perpendicularibus, secantibus." Leibniz verwendet hier bereits im Anschluß an Pascal, indem er die Kurve als Polygon von unendlich vielen Seiten betrachtet, das unendlich kleine sogenannte charakteristische Dreieck, welches er konstruiert aus einem unendlich kleinen Bogen der Kurve als Hypothenuse und der Differenz der Ordinaten- und Abszissen zweier benachbarter Punkte als Katheten, und welches dem Dreieck zwischen Tangente, Subtangente und Ordinate des Berührungspunktes ähnlich ist. Er findet, daß das ganze Problem der Tangentenkonstruktion hinausläuft auf das Problem, aus den Differenzen der Ordinaten diese selbst zu finden, und daß die Lösung dieses Problems beruht auf der Summierung (mit modernem Ausdruck: Integration) einer Reihe von Differenzen der aufeinanderfolgenden Abszissen. Ferner erkennt er, daß das sogenannte umgekehrte Tangentenproblem (die Kurve aus der Tangente zu bestimmen) im Zusammenhang mit dem direkten steht, und ahnt, daß jenes sich auf Quadraturen (d.i. Summationen) zurückführen lasse. Ein Jahr später, im Oktober 1674, hat er die volle Gewißheit darüber erlangt („Schediasma, de Methodo Tangentium inversa ad circulum applicata"); er hat begriffen, daß, wie er in einem späteren Brief an Tschirnhausen sagt, die Quadratur (das umgekehrte Tangentenproblem) ein Problem der Summation (Integration), das direkte Tangentenproblem ein Problem der *Differentiation* ist.

Inzwischen wird er auch bekannt mit den bisherigen Methoden der Quadratur von Kurven, d.i. der Summation unendlicher Reihen. Er liest die Arbeiten von Mercator, Wallis, Gregor von St. Vinzenz, Huygens, Narrow. Dies geschieht in dem Zeitraum von Oktober 1674 bis November 1675 (vgl. das „Schediasma de summis serierum et seriebus quadratricibus"). In Manuskripten unter dem Titel „Analysis Tetragonistica ex Centrobarycis" (gedr. Gerhardt Briefw. I, 147 ff.), datiert vom 25., 26., 29. Oktober und 1. November 1675, entwickelt sich seine Integral- und Differentialrechnung. Am 29. Oktober taucht zum erstenmal das Summen- oder Integralzeichen s und das Differentialzeichen d auf. Am 11. November 1675 wird die Schreibweise d/x abgeändert in dx und die neue Rechnung auf Beispiele für das umgekehrte Tangentenproblem angewendet („Methodi tangentium inveisae exempla"). Im Verlauf der ersten Hälfte des Jahres 1676 wird sie dann auch in der Lösung des direkten Tangentenproblems erprobt.

Als ihm nun der dänische Mathematiker Georg Mohr, von London kommend, berichtet, er habe von Collins einen Ausdruck für das Verhältnis des Arcus zum Sinus durch bestimmte unendliche Reihen mitgeteilt erhalten, erbittet sich Leibniz unterm 12. Mai 1676 von Oldenburg den Beweis (vgl. Gerhardt Briefw. I, 167) und erfährt nun von diesem, daß auch Newton im Besitze einer neuen Tangentenmethode sei (ebendas. 172). Aus den ihm dann von Oldenburg zugesandten Briefen Newtons – den vom Oktober erhielt er erst im Juni des folgenden Jahres – vermochte sich Leibniz indessen keine klare Vorstellung von der Newtonschen Methode zu machen. Dagegen ließ er selbst sich in der Beantwortung des vom Oktober 1676 datierten Newtonschen Schreibens am 2. Juni 1677 rückhaltlos über seine Differentialrechnung aus. Hierauf hat Newton nichts geantwortet.

Bald darauf, am 11. Juli 1677, verfaßte Leibniz einen wahrscheinlich zur Veröffentlichung bestimmten Aufsatz, welcher eine Darstellung der Differentialrechnung enthielt in dem Umfange, wie sie dann 1684 in den *Acta Eruditorum* erschien. Warum er damals von der Veröffentlichung Abstand nahm, ist noch nicht aufgeklärt. Als er sieben Jahre später in der Abhandlung „Methodus nova pro maximis et minimis" mit seiner Entdeckung hervortrat, geschah es, weil er sich genötigt sah, die Priorität derselben für sich gegen Tschirnhausen in Anspruch zu nehmen; denn dieser hatte im Jahre vorher in den „Acta Eruditorum" verschiedene Leibnizische Gedanken für die seinigen ausgegeben. Man kann daher nicht wohl sagen, Leibniz habe mit dieser Abhandlung den ersten Anlaß zum Ausbruch des Prioritätsstreites zwischen ihm und Newton gegeben; sie war ja in keinem Sinne gegen Newton gerichtet, von dem Leibniz zwar wußte, daß er auch eine neue Tangentenmethode besaß, aber nicht welche. Er hatte sachlich vollkommen Recht so zu sprechen, wie er sprach. Daß Newton ihn dann zwei Jahre später in dem bekannten Scholion im zweiten Buche seines Hauptwerkes öffentlich anerkannte, war einfach ein Akt der Gerechtigkeit und Billigkeit, nicht aber besonderer Vornehmheit gegenüber dem unvornehmeren Leibniz. Zur Beurteilung seines späteren Benehmens in der Streitfrage muß man aber wohl beachten, daß Newton hier selbst der Erfindung Leibnizens Selbständigkeit zusprach, während er es später ruhig geschehen ließ, daß Leibniz zum Plagiator gestempelt wurde. Übrigens hat Newton auch in seinem Hauptwerke noch keine Darstellung seiner Fluxionsmethode gegeben, sondern sich lediglich auf Andeutungen darüber beschränkt. Diese wurde wirklich allgemein bekannt erst, nachdem sich Newton 1692 auf Wallis Bitte in zwei Briefen, welche Wallis bei Herausgabe seiner Werte 1693 drucken ließ, über sie ausführlich verbreitet hatte.

Im Jahre 1686 teilte Leibniz in einem Aufsatze in den *Acta Eruditorum* „De Geometria recondita et analysi indivisibilium atque infinitorum" auch seine Integralrechnung mit. Hierin aber sagte er von Newton: „At idem inventum (d.h. eine „quadraturam per seriem infinitam") non suo tantum Marte assecutus est, sed et universali quadam ratione absolvit profundissimi ingenii Geometra, Isaacus Newtonus, qui si sua cogitata ederet, quae illum adhuc premere intelligo, haud dubie nodis novos aditus ad magna scientiae incrementa compendiaque aperiret." Was hätte man von Leibniz noch mehr verlangen können als eine solche Erklärung?

In dem Bericht, welchen Leibniz 1697 in den *Acta Eruditorum* über seine, de L'Hospitals und J. Bernoullis Lösung des Problems der Brachystochrone gab, hat Leibniz Newton keineswegs gewissermaßen als seinen Schüler in der Infinitesimalrechnung hingestellt, weder offener noch versteckter Weise. Seine Worte lauten: „Et sane notatu non indignum est, eos solos solvisse hoc problema, quos solvere posse conjeceram, nec vero nisi illos, qui in nostri calculi differentialis mysteria satis penetravere. Cumque praeter Dn. Fratrem Autorem tale quid de Dn. Marchione Hospitalio in Gallia fuissem auguratus, adjeceram ex abundanti, me credere Dn. Hugenium si viveret, Dn. Huddenium, nisi haec studia dudum seposuisset, Dn. Newtonum, si operam hanc in se reciperet, quaesito pares fore, quod ideo repeto, ne excellentes viros contemnere videar, quibus nostra, tractare aut non licet aut nun vacat." Wenn daher Fatio de Duillier zwei Jahre später Leibniz den Vorwurf des Plagiats ins Gesicht schleuderte, so geschah das aus keinem andern Grunde als aus gekränkter Eitelkeit, weil er nicht auch unter denjenigen genannt war, die Leibniz der Lösung des genannten Problems für fähig hielt. Der Prioritäts- und Plagiatsstreit ist nicht von Leibniz, sondern von einem zwar hochbegabten, aber nicht eben hochgesinnten Parteigänger Newtons vom Zaun gebrochen worden. Newton trifft der Vorwurf, daß er dem törichten Gerede nicht mit Energie entgegengetreten ist. Leibnizens Erwiderung auf Fatios Beschuldigung war mit Überlegenheit und feiner Ironie geschrieben. In der anonymen Rezension von Newtons *Abhandlung über die Farben* nebst einigen beigefügten geometrischen Aufsätzen, welche im Januarhefte der *Acta Eruditorum* 1705 erschien und tatsächlich von Leibniz herrührte, war Newton nicht „geradezu" des Plagiats beschuldigt worden. Doch war darin eine Wendung gebraucht, welche die Leistung Newtons ihrem Wert nach neben derjenigen Leibnizens als nicht ebenbürtig erscheinen ließ; das Verhältnis der Fluxionsmethode zu Leibnizens Differentialmethode war darin verglichen mit dem Verhältnis der Methode Honoratus Fabris zu der Cavalieris. Dieser Vergleich war gewiß nicht gerecht und gereicht Leibniz zum Vorwurf. Indessen bekam Newton diese Rezension nicht zu sehen. Es war wieder einer seiner Schüler, der sich durch jene Stelle bewogen fühlte, für seines Meisters Ruhm einzutreten: John Keill.

Die weiteren Ausführungen K. Fischers sind zwar sehr kurz, aber zutreffend. Zu den obigen Berichtigungen und Zusätzen ist zu vergleichen: 1. C. J. Gerhardt: Historia et Origo Calculi Differentialis a G.G. Leibnitio conscripta. Hannover 1846; 2. Derselbe: Die Entdeckung der Differentialrechnung durch Leibniz, Halle 1848; 3. Derselbe: Die Entdeckung der höheren Analysis, Halle 1835; 4. M. Cantor: Vorlesungen über Geschichte der Mathematik III. (2. Aufl.), S. 75–328; 5. H. G. Zeuthen: Geschichte der Mathematik im XVI. und XVII. Jahrhundert. Deutsche Ausgabe unter Mitwirkung des Verfasseis besorgt von Raphael Meyer, Leipzig 1903 (Abhandl. z. Gesch. d. math. Wissenschaften usw. XVII. Heft, S. 394 ff.). 6. H. Wieleitner: Geschichte der Mathematik, II. Teil. Von Cartesius bis zur Wende des 18. Jahrhunderts. I. Hälfte Arithmetik, Algebra. Analysis. Leipzig 1911. S. 134 ff. Vgl. auch M. Tramer: „Die Entdeckung und Begründung der Differential- und Integralrechnung durch Leibniz im Zusammenhange mit seinen Anschauungen in Logik und Erkenntnistheorie" usw., Bern 1906. Endlich sei in diesem Zusammenhange noch auf 2 neuere Abhandlungen von D. Mahnke verwiesen: 1. „Leibniz auf der Suche nach einer allgemeinen Primzahlengleichung", 2. „Die Indexbezeichnung bei Leibniz als Beispiel seiner kombinatorischen Charakteristik", in Bibliotheca mathematica, III. Folge, III. Bd., 1. u. 3. Heft. 1912 u. 1913.

Zu III. Rücklehr nach Deutschland

(Zu S. 103 ff.) Tschirnhausen kam im September 1675 nach Paris mit Empfehlungen von Oldenburg an Leibniz. Beide haben sich denn auch alsbald persönlich kennen gelernt und eine engere Freundschaft miteinander geschlossen. Schon aus den ersten Tagen des Oktober 1675 berichtet ein Blättchen im Hannoverschen Nachlasse über eine Unterredung beider Männer miteinander. Sie haben dann zusammen philosophische und mathematische Studien getrieben. Die mathematischen Manuskripte Leibnizens aus der zweiten Hälfte des Jahres 1675 und der ersten des Jahres 1676 zeigen wiederholt auch die Handschrift von Tschirnhausen. Leibniz war Oldenburg sehr dankbar für die Bekanntschaft dieses vielversprechenden Talentes (vgl. Gerhardt, Briefw. I, 143); er weihte den jungen Freund in seine Entdeckung der neuen Infinitesimalrechnung ein. Tschirnhausen seinerseits bemühte sich, Leibniz Einblick in Spinozas (noch unveröffentlichte) Schriften zu verschaffen (vgl. Schuller an Spinoza, 14. XI. 1675, Opera VIoten et Land (1883), II, 234 ff.). Er wurde aber von Spinoza abschlägig beschieden und mußte sich darauf beschränken, Leibniz mündliche Mitteilungen über Spinozas Lehre zu machen. Wieviel Leibniz durch ihn von Spinozas *Ethik* erfahren hat, ersieht man aus einer im Hannoverschen Nachlasse aufbewahrten Aufzeichnung (vgl. Bodemann: „Leibniz Handschriften" S. 103; Stein: „Leibniz und Spinoza" S. 282 f.); es handelt sich um eine Anzahl metaphysischer Theoreme ohne Beweis. Sehr wahrscheinlich ist, daß Leibniz in dieser Zeit noch einmal Spinozas theologisch-politischen Traktat gründlich gelesen hat; seine noch erhaltenen Auszüge aus diesem Werke (vgl. Bodemann, Leibniz-Handschriften S. 103) stammen, den äußeren Anzeichen nach, aus der Pariser Zeit.

Die Rückreise nach Deutschland trat Leibniz in der ersten Woche des Oktober 1676 an. Daß er den Umweg über England machte, dürfte sich hauptsächlich wohl aus dem Wunsche erklären, dort Näheres über Newtons Infinitesimalmethode zu erfahren. Jedenfalls hat Leibniz in London, wo er eine Woche blieb, Collins, Newtons Freund, kennen gelernt (vgl. Collins an Newton, 5. III. 1676/77, Gerhardt Briefw. I, 225), ohne freilich von ihm die gewünschte Auskunft zu erhalten. Von Oldenburg bekam er dort ein Schreiben an Spinoza mit (das er dann aber nicht abgegeben zu haben scheint; vgl. Oldenburg an Leibniz, 22. II. 1677, Gerhardt Briefe I, 237). Aus dieser Tatsache geht soviel hervor, daß Leibniz wenigstens schon in England den Plan hatte, Spinoza aufzusuchen. Daß er aber *nur* oder *vor allem* seinetwegen nach Holland gegangen sei, kann nicht behauptet werden. Huddes persönliche Bekanntschaft zu machen war ihm damals mindestens ebenso wertvoll, und so hat Leibniz denn auch den Amsterdamer Bürgermeister bald nach seiner Ankunft in Holland aufgesucht und mit ihm namentlich über mathematische Probleme (Tangentenmethode) verhandelt (vgl. Gerhardt Briefw. I, 227, 228). Außerdem hatte Leibniz aus seiner Mainzer Zeit Beziehungen zu noch andern hervorragenden holländischen Gelehrten wie J. G. Graevius,

Lambert Velthusen (beide in Utrecht), deren persönliche Bekanntschaft zu machen er nicht verfehlt haben wird. Wahrscheinlich hat er auch Leeuwenhoek, den berühmten Naturforscher, damals in Holland gesehen und gesprochen (vgl. Klopp IV, 380).

Mit Spinoza hat er im Haag mehrere längere Unterredungen gehabt. Daß diese sich auch um philosophische Fragen gedreht haben, steht heute außer allem Zweifel fest nach der Veröffentlichung eines Gottesbeweises, welchen Leibniz in Spinozas Gegenwart zu Papier gebracht und diesem zur Prüfung überreicht hat (Gerhardt Phil. VII, 261 f. „Quod Ens Perfectissimum existit"). Auch schreibt Leibniz in einem Briefe an Gallois aus dem Jahre 1677: „Spinosa est mort cet hiver. Je l'ay veu en passant par la Hollande, *et je luy ay parlé plusieurs fois et fort long temps*. Il a une étrange Metaphysique, pleine de paradoxes. Entre autres il croit que le monde et Dieu n'est qu'une même chose en substance, que Dieu est la substance de toutes choses, et que les creatures ne sont que des Modes ou accidens. Mais j'ay remarqué que quelques demonstrations pretendues, qu'il m'a monstrée, ne sont pas exactes".

Zum achten Kapitel (S. 104 ff.). *Leibnizens Berufung nach und Stellung in Hannover*

Zu I. Die Berufung (S. 104 ff.)

(Zu S. 108) Die auffällig lange Verzögerung der Annahme des Hannoverschen Antrages und der Rückreise nach Deutschland erklärt sich nur zum Teil daraus, daß Leibniz die ihm von Hannover aus angebotene Stellung und Besoldung seiner nicht ganz würdig fand. Der Hauptgrund war doch der Wunsch, in Paris zu bleiben, und die Hoffnung, dort ein Amt zu bekommen. Erst als sich diese als völlig vergeblich erwies, verließ Leibniz Frankreich. Er ging sicher nicht mit ungeteilter Freude nach Hannover; er ahnte im voraus, daß die Verhältnisse dort für ihn und seine weitausschauenden Pläne – man denke z.B. an den Plan der Gründung einer deutschen Akademie der Wissenschaften und Künste – zu eng waren. Immerhin mochte er damals – wenn überhaupt nach Deutschland und wenn nicht nach Wien – wohl noch lieber nach Hannover als anderswohin gehen. Denn Johann Friedrich genoß den Ruf eines toleranten und geistig tiefer gebildeten und interessierten Mannes, bei dem Leibniz mehr als bei andern deutschen Fürsten Verständnis für seine Absichten und Pläne zu finden hoffen konnte.

Zu II. Das Welfenhaus (108 ff.)

(Zu S. 110 f.) Die Frage der unglücklichen Prinzessin von Ahlden darf *jetzt* wohl als gelöst durch das Buch von A. W. Ward: „The Electress Sophia and the Hannoverian Succession", 2. Aufl., London 1909, angesehen werden. Es kann kein Zweifel mehr sein, daß Sophie Dorothea sich in ihren Beziehungen zum Grafen Königsmark vergessen hat.

Zu III. Leibniz am hannoverischen Hofe (S. 112 ff.)

1. Johann Friedrich

(Zu S. 113 ff.) Die durch den Weggang Tobias Fleischers erledigte Stelle des Bibliothekars war Leibniz schon bald nach seiner Ankunft in Hannover übertragen worden, ohne daß er auch das damit verbundene Gehalt bekam. Erst nachdem er beim Herzog darum vorstellig geworden war, wurde es ihm bewilligt. Er bezog dann ein Gesamtjahresgehalt von etwa 800 Talern. Als Hofrat stand er zunächst lediglich im Privatdienste des Herzogs, war gewissermaßen dessen Auskunftei und hatte sich durch Briefwechsel mit den zahlreichen ihm bekannten Gelehrten des In- und Auslandes über neue Entdeckungen und Erfindungen zu unterrichten (vgl. Klopp IV, 379 ff.). Es gelang ihm aber schließlich durchzusetzen, daß er der Staatskanzlei, d.i. der Justizbehörde zugeteilt und nun auch im öffentlichen Dienste beschäftigt wurde. Er hatte hier Prozeßsachen und gegebenenfalls auch Staatsangelegenheiten zu bearbeiten. So schreibt er selbst an Conring um Juni 1678 (Gerhardt Phil. I, 202), fügt aber hinzu: „Doch will der edle Fürst in seinem Wohlwollen für mich nicht, daß ich meine ganze Zeit den Geschäften der Kanzlei widme, und hat mir daher freigestellt, von den Sitzungen so oft auszubleiben, als es mir in Rücksicht auf anderweitige Arbeiten notwendig erscheint. In der Tat, da der Fürst zuweilen einige Dienste für sich selbst von mir verlangt, da ich für die Bibliothek Sorge zu tragen habe und häufig mit gelehrten Männern Briefwechsel pflegen und unterhalten soll, so war es einleuchtend, daß ich auf eine etwas liberalere Behandlung Anspruch hatte. Wahrlich ich möchte nicht verurteilt sein, diesen Sisyphusfelsen der Geschäfte am Gerichtshofe einzig und allein zu wälzen, und wenn mir die größten Schätze und die höchsten Ehren verheißen wären." Chef der Justizbehörde und somit Leibnizens Vorgesetzter war damals der ausgezeichnete LUDOLPH HUGO, ein Schüler Conrings in Helmstädt, der nach dem Tode Otto Johann Wittes am 11. Oktober 1677 auch Vizekanzler wurde.

Die Hannoversche Politik leitete unter der Regierung Johann Friedrichs OTTO GROTE. Er hat es mit großer Meisterschaft verstanden, ebensosehr den Sonderinteressen des katholischen Herzogs wie den Interessen des protestantischen Landes gerechtzuwerden. Konnte er nicht verhindern, daß die Hofchargen und Militärstellen mit Katholiken besetzt wurden, so hat er doch zu verhindern gewußt, daß Katholiken in den Geheimen Rat und die landesherrlichen Kollegien kamen, und daß die Landeskirche in ihren Rechten geschmälert wurde. Außer ihm gehörten dem „Geheimen Rat" zu der Zeit, als Leibniz nach Hannover kam, noch die schon oben genannten WITTE und HUGO und ferner V. WITZENDORFF an. Nach Johann Friedrichs Tode trat FRANZ ERNST V. PLATEN, welchen Ernst August aus Osnabrück mitbrachte, in den Geheimen Rat ein und verdrängte Grote etwas aus seiner leitenden Stellung. GROTE wollte zunächst ganz ausscheiden, ließ sich dann aber bewegen zu bleiben, als ihm die Kriegssachen unterstellt wurden, während Platen die übrigen Staatsangelegenheiten bekam. Platen verdankte seine einflußreiche Stellung am Hannoverschen

Hofe nicht zum wenigsten dem Umstande, daß Ernst August intimste Beziehungen zu seiner Frau unterhielt, von denen übrigens die Herzogin Sophie wußte, und die sie klugerweise duldete. Leibnizens Schicksale in Hannoverschen Diensten sind offenbar mit bestimmt worden durch das Verhältnis, welches er zu den Ministern und sie zu ihm hatten.

Bald nach seiner Ankunft, im Frühjahr 1677, lernte Leibniz auch den Präsidenten des Hannoverschen Konsistoriums, Gerhard Wolter van der Muelen, genannt Molanus, welcher um diese Zeit auch Abt von Loccum wurde, kennen. Molanus war keine tiefreligiöse Natur, und ein großer Theologe ist er nie gewesen; aber er war zum Herrschen geboren, weltgewandt und geschäftstüchtig wie wenige, dabei nicht frei von einem starken Egoismus, der in Eitelkeit, Ehrgeiz, Herrschsucht, im höheren Alter sogar in gemeinen Geldgeiz ausartete, wie einer seiner Biographen zu berichten weiß. Seine Grundsätze waren; „Superioribus reverentiam praesta; officium tuum fac taliter qualiter; stultum est laborare, ubi quiescere possis." Er war unverheiratet und verwandte seine glänzenden Einkünfte auf einen sorgenlosen und behaglichen Lebensgenuß und eine prachtvolle Sammlung von Büchern und Münzen, über deren Eingang er schrieb: „Fructus sancti coelibatus". Als Schüler Georg Calixts war er irenisch gesonnen, suchte die Gegensätze auszugleichen, Konflikte jeder Art zu vermeiden. Dazu war er ein universalgebildeter Mann, der auch für Mathematik und Naturwissenschaft ein lebhafteres Interesse besaß (vgl. Allg. Deutsche Biographie, Bd. 22, S. 86 ff.). An ihm fand Leibniz einen zwar um 13 Jahre älteren, aber in vielen Punkten gleichgestimmten Freund, mit dem er bis an sein Lebensende verbunden geblieben ist. Durch ihn wurde er damals auch mit Arnold Eckhard, Professor der Mathematik in Rinteln, bekannt. Molanus hatte ihm diesen Mann als tüchtigen Cartesianer genannt, und Leibniz war nicht wenig darüber erfreut, einen Gelehrten in seiner Nähe zu wissen, der in der neueren Mathematik zu Hause war. So schrieb er zunächst an Molanus einen Brief über die Vorzüge und Schwächen der Philosophie Descartes', welcher Eckhard übermittelt wurde. Dieser wünschte Leibniz persönlich kennenzulernen und kam nach Hannover. Am 5. April 1677 trafen sie sich dort auf dem sogenannten Loccumer Hofe und disputierten in Gegenwart Molans und seines Bruders über Descartes' Beweis vom Dasein Gottes, vormittags und nachmittags, ohne zum Schluß zu kommen. Der Streit wurde brieflich fortgesetzt, dann aber abgebrochen; Eckhard verlor plötzlich seine Professur. Es gelang indessen Leibniz durch Fürsprache beim Herzog, ihm die Superintendantur in Jeinsen zu verschaffen. Im Jahre 1679 stritt Leibniz mit ihm noch einmal unter der Maske eines ungenannten Edelmannes über die Lösung eines Problems der unbestimmten Analysis. Wiederum vermittelte Molanus die Briefe und wiederum kam der Streit nicht zu Ende. Eckhard wollte, obschon er die Überlegenheit des Gegners fühlen mochte, nicht weichen (vgl. Gerhardt Phil. I, 207 ff.).

Auf Molanus Rat wurde im Jahre 1677 nach dem Tode Valerio Maccionis Nicolaus Steno vom Herzog als apostolischer Vikar nach Hannover berufen. Steno war Däne von Geburt. Er hatte erst unter Thomas Bartholinus in Kopenhagen, dann in Holland Anatomie studiert, sich bald einen Ruf als hervorragender Mediziner erworben und war Leibarzt des Großherzogs Ferdinand II. in Florenz geworden. Als solcher war er 1667 zum Katholizismus übergetreten, hatte nicht lange darauf auch seinem Berufe und seinen wissenschaftlichen Studien entsagt und die Priesterweihe empfangen. Ende 1677 kam er nach Hannover, von Molanus und Leibniz mit lebhaftem Interesse erwartet (vgl. Leibniz an Conring, 24. VIII. 1677, Gerhardt Phil. I, 182 f.). Leibniz kannte bereits die ausgezeichneten medizinischen Arbeiten Stenons. Er kannte auch die beiden polemischen Briefe, welche dieser gegen van der Wayen gerichtet hatte (1. „Epistola exponens methodum convincendi acatholicum juxta D. Chrysostomum", Florenz 1675; 2. „Epistola detegens illorum artes, qui suum de interprete S. Scripturae errorem sanctorum patrum testimonio confirmare nituntur", Florenz 1675) wie auch seine Streitepistel gegen Spinoza („Epistola de vera philosophia ad novae philosophiae reformatorem", Florenz 1675). Er hat sich über diese Streitschriften in zwei wahrscheinlich zur Veröffentlichung bestimmten, aber nicht veröffentlichten Briefen: „Lettre à un ami" und „Autre Lettre au mesme" ausgelassen, welche der Hannoversche Nachlaß noch heute bewahrt (vgl. Bodemann, Leibniz-Handschriften S. 8). Sein Urteil lautete nicht eben günstig. Der persönliche Eindruck, welchen Leibniz von Steno erhielt, war besser. Er schrieb an Conring: „Er ist ein gemäßigter und, wie ich glaube, guter Mann, in der Anatomie und der gesamten Naturphilosophie, wie du weißt, trefflich bewandert, jetzt aber leider dergleichen Studien abhold" (3. I. 1678, Gerhardt, Phil. I, 185). Bald nach Stenos Ankunft hatte Leibniz mit ihm eine Unterredung über die Freiheit des Willens, welche er aufgezeichnet hat (vgl. Bodemann, Leibniz-Handschriften, S. 73). Offenbar war auf ihn auch ein Dialog gemünzt, welchen Leibniz um 1678 verfaßt hat. Dieser Dialog ist von Baruzi in der „Revue de Métaphysique et de Morale" 1905, zusammen mit 2 andern, welche etwa derselben Zeit angehören, veröffentlicht worden. Er hat die Überschrift „Dialogue entre Poliandre et Théophile". Poliander wird als apostolischer Missionar, Theophil als Lutheraner eingeführt, der an einem Hofe bedeutende Ämter bekleidet, sich dann aber in die Einsamkeit zurückgezogen hat. Dieser sieht das Gesetz Gottes und den wahren Glauben in der Liebe Gottes über alles und des Nächsten als sich selbst, jener fordert überdies zur Seligkeit die Unterwerfung unter die Vorschriften der wahren d.i. der katholischen Kirche, die in allen ihren Institutionen infallibel sei.

Von den beiden andern Dialogen, welche Baruzi noch veröffentlicht hat, ist der eine in zwei Fassungen vorhanden. Die erste von B. benutzte ist betitelt: „Conversation du Marquis de Pianese Ministre d'Estat Savoye, et du Pere Emery Eremite: qui a esté suivie d'un grand changement dans la vie de ce ministre ou Dialogue de l'application qu'on doit avoir à son salut"; die zweite, schon von Foucher de Careil in seiner Ausgabe der Werte von Leibniz (II, 512 ff.) gedruckt, hat den Titel: „Dialogue entre un Habile Politique et un Ecclesiastique d'une pieté reconnnue". Dieser Dialog schildert die Bekehrung des Marquis de Pianese von einer materialistischen zu einer idealistischen Welt- und Lebensanschauung. Der andere Dialog hat keinen Titel. Die sich unterredenden Personen sind Polidor, welcher sich in einem radikalen Skeptizismus blind dem Glauben in die Arme geworfen hat und jedes philosophische Räsonnement verachtet, und Theophil, der ihn durch Vernunftgründe von dem Dasein eines allweisen, allgerechten und allgütigen Schöpfers der Welt, der größtmöglichen Vollkommenheit der Welt und der Notwendigkeit der Zufriedenheit des Menschen, der Liebe zu Gott und zum Nächsten zu überzeugen sucht.

Diese drei Dialoge, zu denen sich noch ein vierter unveröffentlichter, um 1679 geschriebener „Dialogus inter Theologum et Misosophum" (im ersten Entwurfe „Scepticum") über den Vernunftgebrauch in Glaubenssachen gesellt (vgl. Bodemann, Leibniz Handschriften S. 5 u. 11), bezeugen im Verein mit einer Reihe anderer gedruckter und noch ungedruckter Manuskripte eine intensive Beschäftigung Leibnizens mit metaphysisch-theologischen Fragen in dieser Zeit unmittelbar nach dem Pariser Aufenthalt. Eine ernste religiöse Stimmung beherrscht ihn in diesen Jahren. Er nimmt sich vor, regelmäßig den Gottesdienst zu besuchen, die von Molanus in Loccum wieder eingeführten geistlichen Exerzitien mitzumachen, gelegentlich zu fasten, im Gespräche nur mit größter Ehrfurcht von göttlichen Dingen zu reden und einen Teil seiner häuslichen Arbeit der Ethik und Theologie zu widmen (vgl.: „Consultationes de vita" bei Klopp IV, XXVII). In dieser Zeit innerer Sammlung liest Leibniz die „Ethik" Spinozas und den „Tractatus de emendatione intellectus", liest er ferner Descartes „Passiones Animae" und Malebranches „Conversations Chrestiennes" (vgl. Gerhardt Phil. I, 119, 139 ff., 327; Bodemann. Leibniz-Handschriften S. 99, 102 ff., 105 ff.).

Daneben beginnt er mit aller Energie die Ausführung seines Planes der „Scientia generalis". Namentlich aus den Jahren 1678 und 1679 liegt uns schon heute eine Anzahl von Manuskripten gedruckt vor, welche das Problem des logischen Calculs, der universellen Charakteristik, der Universalsprache und der Enzyklopädie in eindringendster Weise zur Lösung zu bringen suchen (vgl. Couturat: Opuscules et Fragments inédits de Leibniz, S. 30–41, 42–92, 277–280, 351 f.; Gerhardt Phil. VII, 28 ff., 218 ff., 221 ff.).

2. Ernst August

(Zu S. 114 f.) In einem vortrefflichen Aufsatze „Königin Sophie Charlotte" im Hohenzollern-Jahrbuch (Bd. IV, S. 110, 1900) hat neuerdings O. Krauske eine Charakteristit Ernst Augusts und seiner Gemahlin Sophie gegeben, die an dieser Stelle wiedergegeben zu werden verdient, E. A., so führt Krauste aus, „wurde wegen seiner bestechenden Formen als der erste Gentleman Deutschlands gefeiert; seine weltmännischen Manieren und die leichte Art, mit der Ernst August sein Geld vertat, machten ihn auf den beiden Hauptjahrmärkten des damaligen Lebens, in Paris und in Venedig, zu einem hochwillkommenen Gaste. Aber sein Kavaliertum hatte nichts von der wahren französischen Ritterlichkeit. So verschwenderisch er auch gelegentlich auftrat, in seinem Innern war er habsüchtig und berechnend; sein Herz war hart, sein Geist ohne jeden Schwung des Gedankens; er wandte jedes Mittel skrupellos an, wenn es galt, seine Leidenschaften zu befriedigen und seine Macht zu vermehren.

Sophie, die Gemahlin des Herzogs, verstand auch die Formen zu meistern, aber das Zeremoniell war ihr lästig; als das Erbteil ihrer pfälzischen Herkunft hatte sie mit einer bedeutenden Begabung einen natürlichen Frohsinn empfangen, der gern die höfischen Schranken forträumte und sich sogar an argen Nuditäten mit innigem Behagen ergötzte. Jedoch ihr guter Witz täuscht zu leicht über ihre Herzenskälte hinweg."

Zum neunten Kapitel (S. 120). *Leibnizens politische Wirksamkeit*

Vgl. P. Ritter: „Leibniz als Politiker" in den „Deutschen Monatsheften für christliche Politik und Kultur", 1920, Heft 8/9; dazu von demselben: „Leibniz und die deutsche Kultur" in „Ztschrft. des Historischen Vereins für Niedersachsen" 1916, Heft 3, S. 165 ff. Über den „Mars christianissimus" (im Text S. 141 ff.) handelt P. Ritter in der Einleitung zu seiner Übersetzung des Wertes, Reclams Universal. Bibliothek, Bd. 5881 (1916).

Zum zehnten Kapitel (S. 140 ff.). *Leibnizens kirchenpolitische Wirksamkeit: Die Reunionsbestrebungen*

Dem Anteil Leibnizens an den Reunionsbestrebungen des 17. Jahrhunderts hat neuerdings F. X. Kiefl eine gründliche Untersuchung gewidmet, welche sich betitelt: „Der Friedensplan des Leibniz zur Wiedervereinigung der getrennten christlichen Kirchen aus seinen Verhandlungen mit dem Hofe Ludwigs XIV., Leopolds I. und Peters des Großen," Paderborn 1903. Kiefl bekämpft hierin vor allem die Ansicht Guhrauers, als sei Leibniz in seinen Verhandlungen mit Bossuet lediglich das Organ des hannoverschen Hofes gewesen, dessen Direktiven er auch in der Methode seine bessere Einsicht untergeordnet habe (vgl. Guhrauer: Leibniz II, 33, 56), und wendet sich besonders gegen die abfällige Kritik, welche der Herausgeber der Werke Bossuets Lachat und Bossuets Biograph Kardinal Bausset an Leibnizens Bestrebungen geübt haben, wonach Leibniz den religiösen Frieden der Politik seines Hauses geopfert haben und Schuld sein soll an dem Mißlingen der Vereinigung der christlichen Kirchen. Aus dem Aktenmaterial ergibt sich nach ihm vielmehr unzweifelhaft die Tatsache, „daß die Verhandlungen Leibnizens mit französischen Persönlichkeiten über die Reunion mit der hannoverschen Politik nichts zu tun haben," ferner „daß die Reunionsidee eine beherrschende Stellung im Leben des Leibniz einnimmt, daß, so oft die Politik damit sich verbündet, sie nicht das Ziel, sondern Mittel zum Zweck ist und daß diese Idee, der Ausgangspunkt beinahe aller großen Entwürfe und Arbeiten im Leben des Leibniz, vielleicht das schönste Blatt im Ruhmeskranze des größten deutschen Gelehrten bildet wenn auch der Weg, den er zu ihrer Verwirklichung einschlug, ein von Grund aus verfehlter gewesen ist." Diese Ansicht der Sache ist indessen nur bedingt richtig zu nennen. Es wird zuzugeben sein, daß Leibniz ein starkes innerliches Interesse an der Reunion gehabt hat, wie das ja auch K. Fischer mit aller Deutlichkeit hervorgehoben hat, und daß er bei den Reunionsverhandlungen keine bloße Drahtpuppe gewesen ist, sondern selbständig gedacht und gehandelt hat. Aber er hat doch kaum jemals völlig auf eigene Faust und ohne Rücksicht auf die politische Situation, ja zuweilen hat er, wie es scheint, geradezu aus Politik gehandelt. Daß die Reunionsidee der Ausgangspunkt fast aller großen Entwürfe und Arbeiten Leibnizens gewesen ist, ist ein vollständiger Irrtum. Der Verfasser ist für diese Behauptung den Beweis schuldig geblieben. Wenn er den Weg, welchen Leibniz bei der Reunion gehen wollte, für völlig verfehlt hält, so urteilt er als Katholik vom Standpunkte des christlichen Dogmatikers aus. Das ist sein gutes Recht. Auch orthodox gerichtete protestantische Dogmatiker haben wie er geurteilt und werden wohl so urteilen müssen. Allein es ist noch eine andere Ansicht der Sache möglich und berechtigt: diejenige vom Standpunkte des praktischen Christentums aus; von ihr aus aber erscheint der von Leibniz beschrittene Weg doch, nicht so völlig verkehrt.

Sehr eingehend befaßt sich mit Leibnizens Bestrebungen um die Wiederherstellung der Einheit der christlichen Kirche auch das wertvolle Buch von J. Baruzi: „Leibniz et l'organisation religieuse de la terre d'après des documents inédits", Paris 1907.

Zu I. Die Wiederherstellung der kirchlichen Einheit

1. Die kurmainzischen Pläne

(Zu S. 140 ff.) K. Fischer hat in diesem Abschnitt zweierlei miteinander verwechselt: die „Demonstrationes catholicae" und eine Abhandlung Leibnizens, welche Boineburg dem Herzog Johann Friedrich übersandt hat. Letztere handelte, wie Leibniz selbst erklärt (vgl. Gerhardt Phil, I, 55) „vom freien willen des menschen, göttlicher Vorsehung, glück und unglück und versehen oder schickung, Gnadenwahl, Mitwirkung mit dem Thun und Lassen der creaturen, gerechtigkeit und verlassung des einen, und annehmung des andern und von recht oder unrecht, so den Verdammten geschieht," Sie war in lateinischer Sprüche abgefaßt und verfolgte irenische Absichten, Es ist bislang noch nicht gelungen, sie wieder aufzufinden. Die „Demonstrationes catholicae" dagegen waren ein ganz umfassendes zugleich apologetisches und irenisches Werk, welches Leibniz in Mainz geplant, aber nicht ausgeführt hat. Der großzügige Plan ist noch im Hannoverschen Nachlaß vorhanden (vgl. S. 697 f. dieses Anhangs), Die Ausführung hat Leibniz erst später begonnen, als er in Hannover war, wie dies eine Reihe noch ungedruckter Manuskripte des Nachlasses zeigen.

Zu II. Die Reunionsverhandlungen

(Zu S. 147 ff.) Während der Regierungszeit Johann Friedrichs war Spinola zweimal in Hannover. Das erste Mal im Jahre 1676 war Leibniz noch nicht dort. Das zweite Mal, im Jahre 1678, als er mit einem besonderen Sendschreiben des Papstes an den Herzog (Rom 20. April 1678, vgl. Foucher de Careil I, CXXXIV) kam, war Leibniz dort, lernte ihn jedoch nicht persönlich kennen, sondern erfuhr nur von seiner Mission. Die günstige Lage der Dinge, namentlich der Umstand, daß der Papst Bossuets „Exposition de la doctrine de l'Eglise catholique" gebilligt hatte (in einem Schreiben vom 4. Januar 1679), bewogen ihn, an den Herzog kurz vor dessen Abreise nach Rom ein vertrauliches Schreiben zu richten, welches diesen offenbar bestimmen sollte, in Rom gewisse Erklärungen für ihn (Leibniz) auszuwirken, oder wenn das nicht zu erreichen wäre, doch wenigstens auf ihn als eine für die Reunion wohlgeeignete Persönlichkeit aufmerksam zu machen. Er setzte dem Herzog darin auseinander, daß sich ihm in seinen häufigen Diskussionen mit Boineburg über die Religionsstreitigkeiten schließlich ergeben hätte, daß man dem Tridentiner Konzil mit Ausnahme von drei oder vier Stellen zustimmen könne; diesen müsse man, um Widersprüche zu vermeiden, eine Auslegung geben, die zwar weder den Worten noch der Meinung der katholischen Kirche, wie er glaube, zuwider sei, wohl aber abweiche von den gewöhnlichen Meinungen der scholastischen Theologen, insbesondere der Mönche. Er habe Boineburg gesagt, daß er, *wenn man ihm in Rom eine Erklärung verschaffte, daß seine Auslegungen wenigstens duldbar wären und nichts Ketzerisches enthielten, übertreten und dies öffentlich bekennen würde*; er würde sich dann auch bemühen, alles in ein so helles Licht zu setzen, daß seine Arbeit vielleicht etwas zur Reunion beitragen könnte. Er habe einen Plan zu einem höchst bedeutsamen Werke, das sich „Demonstrationes catholicae" betiteln solle (vgl. über den Inhalt S. 729). Da sich dies Werk auf philosophischer Grundlage aufbauen und seine Leser die Überzeugung gewinnen sollen, daß es sich darin um gründliche methodische Arbeit handele, so wolle er zuvor seine Entdeckungen in der Analysis, der Geometrie und Mechanik veröffentlichen und ebenso eine Probe seiner neuen Charakteristik geben, um zu zeigen, daß er die Kunst des Beweisens wohl verstehe. Aber die Ausführung seines Planes setze voraus, daß man in Rom die gewünschten Erklärungen abgebe. Diese zu erhalten müsse man mit Vorsicht zu Werke gehen. Er wende sich daher an den Herzog, welcher die Angelegenheit mit Geschick werde leiten können; es werde das umso leichter sein, als der gegenwärtige Papst nicht nur gut, sondern auch erleuchtet und gerecht sei (vgl. Klopp IV, 439, 440 ff. u. 447 ff.).

Der Herzog ging auf dieses Ansuchen augenscheinlich ein und legte Leibniz die Frage vor, auf welchem Wege man wohl in Rom am besten die gewünschten Erklärungen erhalten könnte. Denn wir haben ein zweites vertrauliches Schreiben von Leibniz an ihn, in welchem eben diese Frage dahin beantwortet wird: *man müsse eine Schrift aufsetzen wie von einem Katholiken zum Zweck der Konversion eines Protestanten verfaßt, in welcher dieser Katholik alles so günstig und gefällig wie möglich darlegen müßte, ohne seinem Glauben Abbruch zu tun.* Eine solche Schrift würde man in Rom stets mehr geneigt sein zu begünstigen als zu kritisieren. Die gewünschten Erklärungen aber wären doppelter Art: solche für Privatpersonen und solche für Souveräne und Staaten, jene beträfen etwa den Gegenstand der Anbetung im Abendmahl, den Sinn des kirchlichen Bannes, die Rechtfertigung und Buße; diese das Abendmahl unter beiderlei Gestalt, die Ehe der Geistlichen, die Säkularisation der Kirchengüter. Diese Dinge könnten in die Schrift hineingebracht werden. Wenn diese gebilligt würde und alles sich gut anließe, glaube er, daß sich für das herzogliche Haus die Bistümer Osnabrück und Hildesheim ohne Mühe mit Zustimmung von Rom, Wien und Paris gewinnen lassen würden (vgl. Klopp IV, 455).

Wir wissen nicht, wenigstens bis jetzt nicht, wie sich der Herzog zu diesen Ideen gestellt hat. Aber ganz ohne Wirkung auf ihn können sie nicht geblieben sein, wenn Leibniz damals an Johann Daniel Krafft schreiben konnte: es würden jetzt in Hannover gute Resolutionen, dem Reiche zum Besten ergriffen, an denen auch er seinen Teil habe, was jedoch nur dem Herzoge bekannt sei, und wenn er daran nun weiter die Bitte knüpfen konnte, Krafft möge seinem Freunde SPINOLA davon Mitteilung machen, damit dieser darüber nach Wien berichte und auch der Kaiser davon erfahre (vgl. Guhrauer Leibniz I, 210, wo aber nur ein Stück von diesem Briefe abgedruckt und als Adressat irrtümlich Spinola bezeichnet ist),

Übrigens tauchte vielleicht schon damals ein Gedanke in Leibniz auf, welcher ihn später jedenfalls ernstlich beschäftigt hat: Bossuet und mit und durch ihn Frankreich in das Reunionswerk hineinzuziehen. Der Zufall brachte ihn schon damals in Rorrespondenz mit ihm. Bossuet hatte sich brieflich an den Gesandten De la Mothe in Paris wegen einer Talmudübersetzung gewandt (vgl. Foucher de Careil I, 24, wo aber fälschlich Leibniz als Adressat des Briefes angegeben wird). Dieser sandte den Brief an Johann Friedrich (vgl. Foucher de Careil I, 25 f.), welcher ihn Leibniz übergab. In die Beantwortung ließ nun Leibniz mit einfließen, *daß der Bischof von Tina im Auftrage des Kaisers in Hannover gewesen sei, daß derselbe mit Bossuet der Meinung sei, man müsse die sanftesten Mittel zur Beilegung der religiösen Streitigkeiten anwenden, und daß er von Bossuets „Exposition" entzückt sei.* Bossuet erwiderte in verbindlichstem Tone und schickte drei Exemplare der neuen Auflage seines Werkchens, eins für den Herzog, eins für Spinola und eins für Leibniz. Damit war der Briefwechsel für diesmal zu Ende. Aber Leibniz unterließ in der Folge nicht, im geeigneten Momente den Faden wieder anzuknüpfen.

Dieser Moment bot sich, als Spinola nach einer Pause von mehreren Jahren (Anfang 1683) wieder in Hannover erschien. Damals machte Leibniz seine persönliche Bekanntschaft. *Hat er auch an den damaligen Reunionsverhandlungen selbst*, wie sich nachweisen läßt, *nicht mitberatend teilgenommen* (vgl. Leibniz an Valentin Alberti vom 3. I. 1684 [n. St.], Foucher de Careil I, 41 ff.), so hat er nun doch zwischen Spinola und Bossuet den Vermittler gespielt. Spinola schrieb nämlich damals an Bossuet und suchte ihn zu bestimmen, seinen Einfluß dafür geltend zu machen, daß das Reunionswerk von französischer Seite nicht gehindert werde. Es ist nicht unwahrscheinlich, daß Leibniz ihn zu diesem Briefe sogar *veranlaßt* hat; jedenfalls aber hatte er es auf sich genommen, ihn mit einem Begleitschreiben nach Paris zu besorgen (vgl. Foucher de Careil I, 33; Klopp VII, XL u. XLV). Bossuet berichtete nun seinem Könige und schrieb dann an Spinola zurück: der König habe seine frommen Pläne gelobt und werde sie nach den Mitteln bewerten, die man ihm eröffnen würde. Diese überaus diplomatisch abgefaßte Antwort zeigt deutlich, wie man in Frankreich gesonnen war: man betrachtete eben die Reunionsbestrebungen in Deutschland mit äußerst mißtrauischen Blicken. In einem zweiten Schreiben vom 22. August 1683 erbat sich dann Bossuet, da er aus dem Auszuge eines Briefes der Herzogin Sophie an Gourville ersehen hatte, daß es in Hannover sogar zur Unterzeichnung von Reunionsartikeln gekommen war, und daß die Herzogin wünschte, er möge darüber unterrichtet werden, nähere Mitteilungen (vgl. Foucher de Careil I, 39 f.; hier wird als Adressat Leibniz bezeichnet, was aber falsch ist, da die Anrede „Monseigneur" lautet, woraus Foucher freilich „Monsieur" gemacht hat!!). Daraufhin ist ihm durch die Herzogin ein irenisches Schriftstück übersandt worden (vgl. Foucher de Careil I, 172; 173), wie man bislang allgemein angenommen hat, die „Methodus reducendae unitatis ecclesiasticae" des Molanus. Das ist indessen zweifelhaft. Die Herzogin schreibt am 10. September 1691 an die Äbtissin von Maubuisson: „Je crois avoir envoyé autrefois à Monsieur l'évesque de Meaux tous les points dont l'on est convenu avec Monsieur l'évesque de Neustadt", worauf Bossuet an Madame de Brinon am 29. d. Mts. antwortet: „Je me souviens bien, Madame, que madame la duchesse d'Hanovre m'a fait l'honneur de m'envoyer autrefois les articles qui avoient été arrestés avec Monsieur l'évesque de Neustadt; mais comme cette affaire ne me parut pas avoir de la suite, j'avoue que j'ai laissé échapper ces papiers de dessous mes yeux, et que je ne sais plus ou les retrouver." Und etwas später heißt es dann in demselben Briefe: „On pourroit aussi convenir de certaines explications de notre doctrine; et c'est, s'il m'en souvient bien, *ce qu'on avoit fait utilement en quelques points dans les articles de Monsieur de Neustadt.*" Nach dieser letzten Wendung könnte man doch auch sehr wohl an die von Spinola verfaßten „Regulae" denken, und Kiefl weist mit Recht auf den merkwürdigen Umstand hin, daß die Herausgeber der Werke Bossuets eben diese, nicht aber die „Methodus" des Molanus als ihm übersandtes Schriftstück gedruckt haben, wahrscheinlich doch wohl, weil sie eben jene Schrift in Bossuets Nachlaß aufgefunden haben. Dieser Punkt bedarf jedenfalls noch einer gründlichen Aufklärung. Wie dem aber auch sei, der Erfolg der Bemühungen von Hannover aus, Bossuet und durch ihn Frankreich in das Reunionswerk mit hineinzuziehen, war schon damals ein gänzlich negativer. Ja, es steht fest, daß die französische Partei bald darnach in Rom gegen Spinolas Unternehmung agitiert hat. Der Papst wurde durch sie dermaßen eingeschüchtert, daß er Spinola nicht mehr mit offiziellem Auftrage, sondern nur privatim („proprio zelo") verhandeln ließ. Die Verhandlungen gerieten auf diese Weise wieder jahrelang ins Stocken (vgl. Foucher de Careil I, CXXX f.).

Guhrauer hat nun in seiner Leibnizbiographie (II, 25 ff.) seinerzeit die Ansicht ausgesprochen, daß Leibniz damals der Persönlichkeit und Sache Spinolas gegenüber im Grunde denselben Standpunkt mißtrauischer Skepsis eingenommen habe wie der Landgraf Ernst von Hessen-Rheinfels in einem Brief an Leibniz vom 11. XI. 1684 (vgl. Rommel II, 50). Da aber der Herzog Ernst August das Reunionswerk aus politischen Gründen begünstigt habe, so habe er sich dessen Wunsch und Willen gefügt. In dieser zweideutigen und sich widersprechenden Stellung als Philosoph und Hofmann sei er auf einen eigentümlichen Ausweg verfallen, um diese doppelten Ansprüche zu vereinigen und ins Leben zu setzen. „Schon in seinem Briefwechsel mit dem katholischen Landgrafen Ernst, im März 1684 (vgl. Rommel II, 28; 36 f.), hatte er sein Vorhaben entdeckt: einmal eine geheime Schrift über einige Kontroverspunkte zwischen den Katholiken und den Protestanten aufzusetzen, um sie gemäßigten und einsichtigen Theologen zur Prüfung vorlegen zu lassen. Nur dürfe man durchaus nicht wissen, daß der Verfasser kein Katholik sei; denn da werde man gegen ihn eingenommen, und das mache die besten Dinge verdächtig." Dieses Vorhaben, das der Landgraf unbeachtet gelassen habe, habe Leibniz dann im Spätsommer 1686 seinem Herrn, dem Herzog Ernst August, vorgetragen, was Guhrauer durch Abdruck von Briefentwürfen nachzuweisen sucht. Der Herzog sei indessen nicht darauf eingegangen. Leibniz aber habe sein Vorhaben dennoch ausgeführt in der später in seinem Nachlaß entdeckten Schrift, welcher die ersten Herausgeber den Titel „Systema theologicum" gegeben haben.

Da diese Darstellung Guhrauers Irrtümer enthält, welche teilweise auch in K. Fischers Darstellung übergegangen sind, so muß sie hier berichtigt werden. 1. hat Leibniz der Person und Sache Spinolas durchaus nicht mit einem derartigen Mißtrauen gegenüber gestanden wie der Landgraf Ernst. Zum Beweise dafür sei hier auf folgende Briefe von Leibniz hingewiesen: an Spinola, Frühjahr 1683 (vgl. Foucher de Careil I, 33); an Landgraf Ernst, 27. IV. 1688 und 14. VIII. 1683 (vgl. Rommel I, 323 f. und 374 f.); an Valentin Alberti, 3. I. 1684 (n.St.) (vgl. Foucher de Careil I, 41f.). Skeptisch war Leibniz in bezug auf den *augenblicklichen* Erfolg der Reunionsverhandlungen. Er glaubte nicht, daß man alsbald zum Ziele kommen werde; weder die Zeitumstände noch die Person Spinolas selbst erweckten ihm in DIESEM Betracht große Hoffnungen. Dies besagt auch seine Äußerung Seckendorf gegenüber, auf welche Guhrauer sich beruft (a.a.O. II, 27). An der Lauterkeit der Absichten des Bischofs hat er aber nicht gezweifelt, und die von ihm angestrebte Reunion hielt er nicht bloß für dringend wünschenswert, sondern auch für möglich. Sein Standpunkt in dieser Sache war echt idealistisch: daß man eben alles versuchen müsse, das Ideal einer einheitlichen christlichen Kirche zu realisieren, auch wenn man sähe, daß die Zeitverhältnisse der Sache nicht günstig wären. 2. ist Leibniz damals nicht von Ernst August in die Reunionsverhandlungen hineingezogen worden. Er war nachweislich den größten Teil der Zeit, welche Spinola in Hannover war, abwesend; daher ei dann auch nicht imstande war, Valentin Alberti auf seine diesbezüglichen Anfragen genau Bescheid zu tun (vgl. Foucher de Careil I, 42). 3. Die Briefentwürfe, welche Guhrauer angezogen hat, sind gar nicht an Ernst August, sondern Landgraf Ernst gerichtet gewesen, wie schon Kiefl richtig dargetan hat (a.a.O. S. 234 ff.), und geschrieben im März 1683, wie eine genaue Untersuchung des auf den Bibliotheken von Hannover und Kassel vorhandenen Briefwechsels Leibnizens mit dem Landgrafen ergibt. Damit fällt die Hypothese Guhrauers, daß das sogenannte „Systema theologicum“ ein von Leibniz erdachter Ausweg aus einem Dilemma zwischen der Willfährigkeit des Hofmannes und der besseren Überzeugung des Philosophen sei, in nichts zusammen.

Nach Kiefls Meinung (a.a.O. S. 233 ff.) soll das *„Systema theologicum“* überhaupt nicht die in den eben erwähnten und andern Briefen an Landgraf Ernst von Leibniz ins Auge gefaßte Schrift sein. Denn dann wäre es, so meint er, „der Ausdruck der persönlichen Überzeugung des Leibniz, ja der Kern seiner Weltanschauung, wenigstens für die Zeit der Abfassung dieser Schrift, oder, wie Guhrauer in einem seiner spätesten Aufsätze meinte, wenigstens eine Darstellung der katholischen Glaubenslehre mit Rücksicht auf die philosophischen Überzeugungen des Leibniz.“ „Demgegenüber, fährt Kiefl wörtlich fort, ist es aber Tatsache: Die von Leibniz an den angeführten Stellen signalisierte Schrift ist niemals erschienen. Gleich der allgemeinen Charakteristik, welche die Methode dieser Schrift bilden sollte, schwebte sie Leibniz noch an seinem Lebensabend als fernes Ideal vor. Ein Blick auf das Systema genügt, um zu beweisen, daß wir hier nicht eine tiefere Auseinandersetzung des Glaubens mit der Leibnizschen Philosophie haben, sondern vielmehr *eine Darstellung der katholischen Dogmen nach dem Schema und im Geiste der Exposition Bossuets*, welche er als zur Reunion nicht hinreichend erklärt hatte.“ Leibniz wollte hierin „den katholischen Lehrbegriff in einem Lichte darstellen, daß *daraus alles nach protestantischer Auffassung Grundstürzende entfernt werde*. Diese Explikation sollte den Protestanten nicht das katholische Dogma annehmbar machen, sondern ihnen nur ein Zusammengehen mit den Katholiken ermöglichen auf Grund des Konsenses im Fundamentellen und der Freiheit im Nichtfundamentellen.“ Wenn Bogen, Pichler und Kirchner die Abfassung des „Systema“ in das Jahr 1687, Foucher auf 1684 verlegt haben, so gibt es nach Kiefl für dasselbe nur eine Stelle in den Verhandlungen, *das Jahr 1694*, wo Wien und Hannover auf Vorschlag Spinolas in einen eigentümlichen Schriftenaustausch eintraten. „Das ‚Systema‘ verdankt seinen Ursprung einer Idee des Spinola, nicht des Leibniz.“

Den Ausführungen Kiefls liegt nun augenscheinlich eine Verwechslung zu Grunde, nämlich die Verwechslung der von Leibniz schon in Mainz geplanten und später z.T. auch ausgeführten *„Demonstrationes catholicae“*, einer beweiskräftigen Apologie des Christentums in großem Stile auf philosophischer Grundlage (vgl. S. 749), mit der von ihm zuerst, wie oben erwähnt (S. 750), in einem Briefe an Johann Friedrich und dann wiederholt in Briefen an den Landgrafen Ernst vom Jahre 1683 und 1684 ins Auge gefaßten *Präliminar-Schrift*, die wie vom katholischen Standpunkt geschrieben ohne Nennung ihres Verfassers kompetenten Persönlichkeiten der katholischen Kirche, sei es dem Papst oder einer Reihe von Bischöfen, vorgelegt werden sollte, um eine Erklärung von ihnen zu erhalten, ob die darin gegebene Auslegung der christlichen Glaubenslehre innerhalb der katholischen Kirche gebilligt werden könne oder nicht. In dieser letzteren Schrift sollte es sich nicht um eine philosophische *Begründung*, sondern einfach um eine Interpretation der christlichen Dogmen, aber um eine solche in philosophischem Geiste handeln d.h. um eine solche, in welcher Widersprüche gegen notwendige Grundbegriffe und Grundsätze der Philosophie vermieden wären; insbesondere sollten gewisse schwierige zwischen Katholiken und Protestanten strittige Punkte – wie z.B. das Transsubstantiationsdogma – eine eingehende widerspruchsfreie Behandlung erfahren. Die Charakteristik sollte darin aber nicht zur Verwendung kommen. Nun sehe man sich daraufhin das „Systema theologicum" genau an und prüfe namentlich die Auseinandersetzung über das Transsubstantiationsdogma nach, ob es sich dort nicht tatsächlich um eine „philosophische" Interpretation handelt. Wird doch auch gleich im ersten einleitenden Absatz der Schrift erklärt, daß es sich in dem nun folgenden Bekenntnis um Anschauungen handle, „quae et Scriptura sacra et pia antiquitas et *ipsa recta ratio* et rerum gestarum fides homini affectuum vacuo commendare videntur." Es ist hiernach nicht recht verständlich, was Kiefl gegen Guhrauer, Rommel u.A. erklärt, daß das Systema theologicum nicht die in den angeführten Briefen an Johann Friedrich und Landgraf Ernst signalisierte Schrift sein könne. Vielmehr spricht sein Inhalt durchaus dafür, daß es eine versuchte Ausführung eben jenes jahrelang gehegten Planes ist, und dagegen, daß es eine Schrift von dem Charakter ist, wie Kiefl ihn schildert; denn was hätten, um hier nur eines hervorzuheben, in einer solchen Schrift bei Gelegenheit der Transsubstantiationslehre Auseinandersetzungen mit der Schule Descartes' über das Wesen des Körpers für einen Zweck haben sollen? – Daß die in jenen Briefen signalisierte Schrift niemals *erschienen* ist, ist doch wahrlich kein Beweis dafür, daß Leibniz sie niemals zur Ausführung zu bringen versucht haben kann. Wollte man so argumentieren, so müßte man ein gleiches ja auch von Leibnizens „Scientia generalis", „Characteristica universalis" usw. behaupten. Ein einziger Blick in den 7. Band der Gerhardtschen Ausgabe der philosophischen Schriften oder in die von Couturat edierten „Opuscules et Fragments inédits" genügt aber, um sich von der Haltlosigkeit dieser Meinung zu überzeugen. – Für die Behauptung vollends, daß das Systema theologicum *eine von Spinola inspirierte, 1694 verfaßte Schrift* von Leibniz sei, hat Kiefl gar keinen anderen Beweisgrund als den, daß es nach dem von ihm erwiesenen Charakter in keine andere Zeit paßt! Wenn Kiefl nur wirklich ERWIESEN hätte, daß das Systema den ihm von ihm zugeschriebenen Charakter hat, und wenn die Dinge nur so ständen, daß uns der Verlauf der Reunionsverhandlungen in allen seinen Phasen klar vor Augen läge, dann ließe sich dieser Grund vielleicht hören. Leider aber ist dem doch nicht so. – Will man überhaupt den Zeitpunkt der Abfassung des „Systema theologicum" genau bestimmen, so muß man sich vor allem eine sichere Unterlage *durch eine exakte Untersuchung der*

Handschrift schaffen; es ist eine durchaus irrige Meinung, daß der Inhalt allein über die Abfassungszeit einer Schrift entscheiden soll. Aber bislang hat noch niemand an eine exakte Untersuchung der Handschrift gedacht; man hat über das Systema theologicum bis zur Stunde lediglich auf Grund der noch dazu nicht ganz zuverlässigen Drucke diskutiert! Wie wertvolle Indizien aber gerade eine genaue Handschriftenuntersuchung zutage fördern kann, dafür sei hier nur eines angeführt. Das Systema theologicum ist auf Bogen geschrieben, welche als Wasserzeichen die Jahreszahlen 1678 und 1685 tragen. Doch sind die Bogen *abwechselnd* benützt, so daß man als terminus a quo der Niederschrift das Jahr 1685, nicht 1678 annehmen muß. Nun kommt genau dieselbe eigenartige Papierzusammenstellung auch beim ersten Konzept des „Discours de Metaphysique“ vor, von dem wir wissen, daß er im Winter 1685 auf 1686 verfaßt ist. Ferner läßt sich feststellen, daß Leibniz Bogen mit der Jahreszahl 1685 zu wiederholten Malen in datierten Manuskripten des Jahres 1686 benutzt hat, Damit erhalten wir, wie man leicht sieht, höchst willkommene Anhaltspunkte für die Datierung des „Systema theologicum“. –

Die von Leibniz verfaßte Schrift „Des Methodes de Réunion“ hat Fischer nach dem Vorgange Klopps ins Jahr 1684 verlegt (Klopp VII, XXXII f.). Nun hat Klopp zwar recht, daß diese Schrift nach 1683 verfaßt sein muß, weil darin gegen das Ende unverkennbar von den Reunionsverhandlungen während dieses Jahres in Hannover gehandelt wird; aber er irrt, wenn er behauptet, sie müsse vor 1685 entstanden sein, weil Spinola darin immerfort als Bischof von Tina und nur ein einziges Mal (NB. gleich am Anfang) mit dem Zusatz „maintenant de Neustadt“ figuriere, dieser Zusatz sonach späteren Datums sein müsse! Davon kann gar nicht die Rede sein. Die Hannoversche Handschrift läßt keine Möglichkeit zu, die Worte „maintenant de Neustadt“ als einen späteren Zusatz zu deuten. Klopp hat sich diese offenbar nicht angesehen und als Vorlage für seine Ausgabe lediglich den Druck Foucher de Careils benutzt, sonst hatte er jene Behauptung gar nicht wagen können. Die „Methodes de Reunion“ sind unzweifelhaft *nach dem März 1685* abgefaßt. Für die genauere Datierung kommen uns auch hier wieder die äußeren Indizien der Handschrift zu Hilfe. Dem Papier nach ist zu vermuten, daß die Schrift ums Jahr 1688 geschrieben ist. Ihr Inhalt aber macht es wahrscheinlich, daß sie in Wien entstand, wo Leibniz in Gemeinschaft mit Spinola lebhaft für die Wiederaufnahme der Reunionsverhandlungen tätig war.

Über diese Tätigkeit Leibnizens während seines Wiener Aufenthaltes 1688/89 sind wir bislang noch recht ungenau unterrichtet, da ein guter Teil des vorhandenen Quellenmaterials noch unveröffentlicht ist. Was sich aus dem uns gedruckt vorliegenden ergibt, hat Kiefl (a.a.O. S. XXIII) ziemlich erschöpfend dargelegt. Er hat richtig gesehen, 1. daß Leibniz es gewesen ist, welcher Spinola 1688 zur Wiederaufnahme der Reunionsverhandlungen veranlaßt hat; 2. daß er in Hannover namentlich bei der Herzogin Sophie für Spinola und dessen Sache gewirkt hat; 3. daß er versucht hat, durch seinen Herzog und seine Herzogin auch den jungen Kurfürsten von Brandenburg günstig zu stimmen. Das ist aber freilich nicht alles, was Leibniz damals geleistet hat. Der von Foucher de Careil

(I, 50 f.) gedruckte Brief Spinolas an Leibniz vom 12. XII. 1688 läßt auch erkennen, daß die beiden Männer zusammen einen „Bericht" und zwar für den Kaiser ausgearbeitet haben, welcher auf Spinolas Wunsch den Titel erhalten sollte: „Puncta principalia circa statum negotii reunionis ecclesiasticae Germanorum et Hungarorum a paucis annis apud utramque nationem incepti, ex pluribus principum ac theologorum utriusque partis originalibus authenticisque scriptis per viros infra scriptos deductae et augustissimo Caesari humillime oblatae." Das noch unveröffentlichte Quellenmaterial aber zeigt, was hier nur angedeutet werden kann, daß Leibniz am Wiener Hofe erfolgreiche Schritte für die Wiederaufnahme der Reunionsverhandlungen durch Spinola getan hat.

Was oben über die Reunionsverhandlungen zwischen Spinola und Leibniz in Wien gesagt worden ist, muß leider auch über diejenigen während der folgenden Jahre bis zu Spinolas Tode, an denen auch Molanus wieder hervorragend beteiligt war, gesagt werden: das vorhandene Quellenmaterial ist bislang so unvollständig und so fehlerhaft veröffentlicht, daß wir uns nur ein sehr unvollkommenes Bild von ihnen machen können. Dies gilt noch mehr von der späteren Tätigkeit Leibnizens in dieser Angelegenheit in Gemeinschaft mit Spinolas Nachfolger, dem Grafen Buchheim. Unter diesen Umständen kann hier nur ganz kurz über den weiteren Verlauf berichtet werden, soweit dieser aus dem bereits veröffentlichten Material ersichtlich ist. Im Sommer 1690 erhielt Spinola vom Kaiser die Erlaubnis, die Reunionsverhandlungen wieder zu beginnen. Er machte darauf eine kurze Reise nach Deutschland, besuchte eine Reihe von Höfen, die sich früher der Reunion nicht abgeneigt gezeigt hatten, um sich von neuem ihrer Zustimmung zu versichern, und berührte dabei vorübergehend auch Hannover (vgl. Foucher de Careil I, 53 f.). Nach seiner Rückkehr nach Neustadt bekam er dann (März 1691) eine kaiserliche Vollmacht (vgl. Foucher de Careil I, 167) und betätigte sich nun zunächst wieder in Ungarn für die Reunion, während Leibniz einerseits in Celle und Wolfenbüttel, andererseits in Frankreich durch seine Korrespondenz mit Pellisson und Bossuet für sie wirksam war, wovon er übrigens den Bischof verständigte (vgl. Klopp VII, Einleitung LXV). Im Frühjahr 1693 erschien Spinola von neuem in Deutschland zu einer von ihm geplanten Theologenkonferenz in Frankfurt. Er lud dazu auch Molanus ein und bat zugleich um Entsendung zweier Hannoverscher Theologen nach Wien bzw. Ungarn; denn die dortigen protestantischen Gemeinden hatten ihm erklärt, daß sie erst die Meinung ihrer deutschen Glaubensgenossen, welche ihnen Spinola in den einzelnen Gutachten vorgelegt hatte, persönlich vernehmen wollten, ehe sie sich auf weiteres einlassen würden. Molanus ging klugerweise weder auf die Einladung noch auf den Wunsch des Bischofs ein, sondern schlug eine geheime Zusammenkunft in Loccum oder briefliche Verhandlungen vor. Da auch die übrigen eingeladenen Theologen ablehnten nach Frankfurt zu kommen, so wurde aus der Konferenz nichts. Spinola übersandte den Hannoveranern nun eine von ihm verfaßte „Confessio orthodoxa pro Ecclesiis Ungaricis" und ersuchte um Veröffentlichung derselben von protestantischer Seite mit Approbation eines Konsistoriums oder wenigstens einer Akademie, womöglich der Leipziger, wiederholte aber zugleich auch seinen Wunsch einer Entsendung geeigneter Theologen nach Ungarn, insbesondere bat er um Leibnizens Sendung. Dieser antwortete in einem längeren Schreiben. Er betonte vorweg ruhig, aber entschieden: daß von protestantischer Seite durch die Festlegung der Reunionsprinzipien auf dem Hannoverschen Konvente (1683) ein wichtiger Schritt vorwärts getan sei, welchen die Gegenpartei erst nachzuholen hätte, ehe man weiterschreiten könne: „Nostri, antequam longius eant, volent nosse sententiam virorum gravium ex vestris, quemadmodum suam solemni quadam ratione dedere." Bezüglich der Vorschläge des Bischofs erwiderte er dann: die von ihm gewünschte Approbation der „Confessio Hungarorum" durch eine Akademie, insonders die Leipziger, sei etwas so Ungewöhnliches, daß diese sich gegebenenfalls an das Dresdener Konsistorium wenden und andere Akademien zu Rate ziehen würde. Überdies enthalte die „Confessio" neben vielerlei Vortrefflichem doch auch mancherlei Anstößiges; sie gehe nach Molans Urteil sehr weit über die in Hannover gezogenen Grenzen hinaus. Es sei daher keine Hoffnung auf Erlangung einer Approbation protestantischerseits vorhanden. Damit man indessen auf beiden Seiten vorwärtskomme, schlage er mit Zustimmung Molans vor: man möge auf katholischer Seite eine den Prinzipien des Hannoverschen Konvents gemäße Schrift abfassen, so als ob sie von den ungarischen oder andern Protestanten herrührte und sie nach Hannover senden, wo man die letzte Hand an sie legen und eine Ausgabe veranstalten würde, die gebilligt werden könnte; umgekehrt möge man auf protestantischer Seite eine wie von einem Katholiken verfaßte Schrift aufsetzen und sie dem Bischof zur Prüfung und Herausgabe mit der Billigung eines hervorragenden katholischen Theologen übersenden. Um nicht bloß einen Vorschlag zu machen, habe er sich sogleich an seine Ausführung begeben und ein „Judicium doctoris catholici" geschrieben, welches Molanus gebilligt habe, und welches er übersende mit der Bitte, ihm etwa nötige Änderungen mitzuteilen. Wolle man katholischerseits keine neue Schrift abfassen, so sei er und Molanus erbötig, die „Confessio Hungarorum" in zweckentsprechender Weise umzuändern (vgl. Foucher de Careil II, 46 ff.; 50 ff.). Spinola erklärte sich mit diesen Vorschlägen einverstanden, gab dem „Judicium" seinen Beifall und willigte in die Umarbeitung der „Confessio" (vgl. Foucher de Careil II, 76), worauf Leibniz erwiderte (28. XII. 1694), daß das „Judicium" dann in Wien oder Neustadt gedruckt werden möge mit Angabe des Verlegers, des Orts und des Jahres und mit seiner (Spinolas) ausdrücklichen Druckerlaubnis (vgl. ebendas. II, 77 f., wo aber fälschlich Molanus als Absender bezeichnet wird). Doch dazu sollte es nicht kommen; denn Spinola starb bald darauf (März 1695). Sofort erkundigte sich Leibniz bei dem Offizial des Bischofs, Reiner von Vlostorff, nach dem Verbleib der Papiere des Verstorbenen, weil er fürchtete, daß seine Korrespondenz mit ihm in üble Hände geraten möchte, bekam aber den beruhigenden Bescheid, daß der Kaiser den Nachlaß Spinolas habe unter Siegel legen lassen (vgl. Foucher de Careil II, 98). Kiefl hat gemeint (a. a, O. LI), daß ein Teil der Papiere damals alsbald nach Hannover gewandert sein müsse, weil in einem undatierten Briefe Leibniz von Molanus zur

Besichtigung eingeladen werde (vgl. Foucher de Careil II, 99). Allein einmal handelt es sich in diesem Briefe von Molanus nicht um die Papiere des verstorbenen Spinola, sondern um Papiere, welche ihn betreffen (les papiers concernant + M. l'Evesqve de Tina); zweitens läßt sich an der Hand der Hannoverschen Leibnizmanuskripte nachweisen, *daß zwar in der Tat ein großer Teil der von Spinola hinterlassenen Papiere nach Hannover gekommen ist, nämlich durch Leibniz, aber nicht in den Jahren 1695 oder 1696, sondern im Jahre 1700*, als ihn der Kaiser nach Wien kommen ließ und ihn in Gemeinschaft mit dem Grafen Buchheim mit der Fortführung des Reunionswerkes betraute: damals hat sich Leibniz sowohl umfangreiche Auszüge aus Spinolas Aktenstücken gemacht als auch eine ganze Reihe von Originalen mit sich genommen, die sich noch heute in Hannover befinden.

Im Jahre 1698 kam Spinolas Nachfolger, Graf Buchheim, nach Hannover, um hier persönlich die Reunionsverhandlungen wieder aufzunehmen. Damals wurde von Molanus und Leibniz eine „Erklärung" („Declaratio") in lateinischer Sprache für den Wiener Hof verfaßt, von welcher Leibniz eine französische Übersetzung für den Kurfürsten Georg Ludwig anfertigte. Letztere ist von Foucher de Careil unter dem völlig unzutreffenden Titel – derselbe rührt von einem Hannoverschen Bibliothekar her – „Projet de Leibniz (au nom de l'abbé de Loccum) pour faciliter la réunion des Protestants avec les Romains Catholiques" veröffentlicht worden (II, 168). Leibniz hat dann durch Buchheim zu erreichen gewußt, daß er vom Kaiser nach Wien gerufen wurde. Der Kaiser wandte sich selbst in einem persönlichen Schreiben an Georg Ludwig und bat, ihn zu beurlauben. In Wien ist dann jener Bericht von Leibniz geschrieben worden, dessen französische Fassung sich bei Foucher de Careil I, 1 ff. gedruckt findet unter der Überschrift: „Rélation pour la Cour Impériale". Auch hat Leibniz den Kaiser zu einem Schreiben an Papst Clemens XI. zu bestimmen vermocht. Er hat dies Schreiben selbst abgefaßt, wie die in Hannover aufbewahrte Handschrift beweist. Die Ausfertigung ist vom 16. II. 1701 (gedruckt in Wincklers Anecdota historico-ecclesiastica I, 307 ff.) Indem der Kaiser hierin zunächst die für die Reunion günstigen Zeitumstände hervorhebt, empfiehlt er dem Papst die Einholung von Gutachten katholischer Universitätslehrer, welche mit den deutschen Verhältnissen vertraut seien, bittet um strenge Geheimhaltung der Angelegenheit und verweist auf weitere Informationen durch den Überbringer des Schreibers, einen Kaiserlichen Hoftheologen aus dem Franziskanerorden, den Pater Anselm, welcher den Grafen Buchheim nach Hannover begleitet hatte. Wie Kiefl (a.a.O. LXIX) ermittelt hat, hat sich Clemens XI. auf dieses Schreiben hin ungeachtet der Bitte des Kaisers um Geheimhaltung der Angelegenheit an Bossuet gewandt, um dessen Bericht über seine Verhandlungen mit Hannover einzufordern, und Bossuet hat hierauf mit einer Schrift erwidert, die auf diplomatischem Wege nach Wien und von da nach Hannover gelangte.

Einen sehr interessanten und wertvollen Beitrag zur Erkenntnis der Tätigkeit Leibnizens in Sachen der Reunion in Wien während des Herbstes 1700 und vor allem der Motive, aus denen heraus er dort verhandelte, hat neuerdings Ph. Hiltebrandt in den „Quellen und Forschungen aus italienischen Archiven und Bibliotheken" herausg. vom Königl. Preußischen Historischen Institut in Rom, Band X, Heft I, S. 238 ff. geliefert. Er berichtet hier über eine „Relation des Wiener Nuntius (Da Via) über seine Verhandlungen mit Leibniz (1700)", welche datiert vom 18. Dezember 1700 und am 15. Januar 1701 nach Rom geschickt worden ist. Danach hat Leibniz den Wiener Nuntius drei- oder viermal besucht und ihm die Bedingungen für eine mögliche Reunion der katholischen und protestantischen Kirche auseinandergesetzt; soweit man sehen kann, waren es keine andern als die, welche man in Hannover festgestellt hatte; Leibniz ist nicht weiter gegangen, als er durfte. Warum er übrigens damals in Wien so lebhaft darauf aus war, daß man gerade in Rom von dem Eifer Hannovers in der Reunionsangelegenheit erführe, erklärt sich wohl aus der von Hannover damals befolgten Politik, die Opposition der geistlichen Kurfürsten gegen die neunte Kur dadurch zu besiegen, daß man die Kurie für sich zu gewinnen suchte. Dies erhellt nach Hiltebrandt deutlich aus den vatikanischen Akten, welche diese Angelegenheit betreffen.

Aus der letzten Phase der Verhandlungen, dem Jahre 1710, hat Kiefl (a.a.O. 242 ff,) zwei Dokumente veröffentlicht, 1. einen Brief Leibnizens vom 28. Juni 1710 an den Grafen von Buchheim, und 2. einen Bericht für den Papst Clemens XI. über die Reunionssache, welchen Leibniz zusammen mit Molanus aufgesetzt und Buchheim übersandt hat (vgl. dazu Kiefl a.a.O. LXX).

Für die Erkenntnis und Beurteilung des Verlaufs der Reunionsverhandlungen zwischen Leibniz und Molanus einerseits und Bossuet andererseits stehen die Dinge schon besser als für die der bisher betrachteten. Das zu berücksichtigende Quellenmaterial liegt uns hier vollständiger vor als dort, obschon für eine ins Einzelne gehende genaue Darstellung und Beurteilung noch immer nicht vollständig genug und vor allem ohne die nötige kritische Sorgfalt bearbeitet; dies letzte gilt ganz besonders von der Ausgabe Foucher de Careils. K. Fischers Darstellung und Beurteilung beschränkt sich auf die Hauptpunkte und trifft hier doch im Wesentlichen das Richtige. Zur Ergänzung muß auf Kiefls Arbeit verwiesen werden, deren Ergebnisse jedoch nicht ohne Einschränkung und ohne Vorbehalt aufzunehmen sind.

Zum elften Kapitel (S. 165 ff.). *Leibnizens kirchenpolitische Wirksamkeit: Die Unionsbestrebungen*

(Zu S. 167 f.) Schon in einem Schreiben an Cuneau vom 4. Juli 1697, das sicher zur Kenntnis des Ministers Danckelmann kommen sollte, hatte Leibniz darauf hingewiesen, daß der Kurfürst von Brandenburg, nach dem Übertritt Kursachsens das Oberhaupt der Protestanten im Reiche geworden, die große Aufgabe habe, die Union der Lutheraner und Reformierten herbeizuführen (vgl. Berlinische Bibliothek [1747] I,

133). Das große Schreiben vom 7. Oktober 1697 war die Antwort auf die Bedenken Danckelmanns, welche Cuneau Leibniz mitgeteilt hatte.

Noch früher als in seinen Briefen an Cuneau hat Leibniz in seinem Briefwechsel mit Ezechiel Spanheim seinem Wunsche einer Union der Protestanten lebhaften Ausdruck gegeben. So wird hier bereits in seinem Schreiben vom 23. Dezember 1696 die Angelegenheit bedeutsam gestreift, und Leibniz kommt während des Jahres 1697 immer wieder darauf zurück. Am 24. August des Jahres schreibt er, daß er Ulrich Calixt in Helmstedt dazu angetrieben habe und habe antreiben lassen, das Werk seines Vaters „de tolerantia Reformatorum circa quaestiones inter ipsos et Augustanam confessionem professos controversas consultatio" (1650) wieder herauszugeben „J'ai cru qu'il étoit necessaire de faire quelque chose de cette nature pour conserver à Helmstat cette théologie moderée qui fait un des principaux ornemens de nostre pays, et les avantages que l'église Romaine continue de gagner sur nous, font voir qu'il est de saison de penser plus que jamais à la paix des Protestans entre eux." In einem andern (undatierten) Schreiben desselben Jahres, das noch im Sommer (wahrscheinlich vor dem eben erwähnten) abgefaßt ist, berichtet er, daß der Herzog Anton Ulrich von Wolfenbüttel seit dem Übertritt des sächsischen Kurfürsten sich angelegentlich mit dem Gedanken der Union beschäftige und ihn autorisiert habe, sich mit Spanheim darüber gründlich zu besprechen; die Zeitumstände seien günstig, aber Vorsicht geboten; man müsse vorläufig erforschen, ob Danckelmann dafür sei (vgl. Bodemann, Leibniz-Briefwechsel S. 288 ff.). Es ist wohl nicht zu bezweifeln, daß Anton Ulrich in diesem Briefe nur als fürstliche Autorität vorgeschoben war, um mit dem Plan, jetzt die Union ins Werk zu setzen, in Berlin mehr Eindruck zu machen. In Wahrheit war es doch Leibniz, der ihn zuerst gefaßt und dann dem Herzoge suggeriert hatte. K. Fischer hat also recht zu sagen, daß er damals den ersten Anstoß zur praktischen Behandlung der Frage gegeben hat. Daß man auch in Berlin damals dieser Ansicht war, zeigt ein Brief Jablonskis an Gatford vom 4. Juli 1699, welchen Dalton unter den Gibson Papers im Lambettpalast in London gefunden hat und im Auszuge in seiner Jablonskibiographie mitteilt. Darin erzählt J., daß 1697 Spanheim mit Leibniz einen Briefwechsel de pace ecclesiastica geführt hätte, den sie ihren beiden Kurfürsten mitgeteilt hätten und dessen Inhalt von diesen gut geheißen worden wäre. *Auf Befehl Friedrichs III. seien im Oktober 1697 diese Briefe dem Minister Fuchs und den Berliner Hofpredigern zur Beratung, quo pacto pax iniri posset*, übergeben worden. Ergebnis dieser Beratung sei die Abfassung einer Denkschrift gewesen, in welcher bei jedem Artikel des Augsburgischen Bekenntnisses die Übereinstimmung und vorkommenden Falles auch der Unterschied der beiden Kirchen angegeben wurde mit dem Nachweis, daß die Unterscheidung weder eine fundamentale sei noch eine Vereinigung der beiden Kirchen hindere (vgl. Dalton a.a.O. S. 471).

Schon am 24. Oktober wußte Leibniz, daß der Kurfürst von Brandenburg den Unionsgedanken günstig aufgenommen hatte. An diesem Tage schrieb er Spanheim, daß dieser bei seiner bevorstehenden Reise nach Paris über Hannover mit einem speziellen Auftrage zu Verhandlungen mit dem Hofe kommen müsse; auch waren die Universitäten Helmstedt, Altorf, Rinteln, Kiel, Königsberg, Halle zu günstigen Erklärungen zu veranlassen. Spanheim wußte jenen ersten Leibnizschen Vorschlag in Berlin zur Annahme zu bringen; dies aber hatte eine beschleunigte Ausfertigung der Berliner Denkschrift zur Folge, deren Verfasser Jablonski ist; denn Spanheim verließ Berlin im Dezember des Jahres (am 14. [w.a.St.] meldete Leibniz der Kurfürstin Sophie Charlotte seine eben erfolgte Ankunft in Hannover, vgl. Klopp X, 40 ff.).

Jablonskis Denkschrift „Kurtze Vorstellung" usw. befindet sich in Original und Abschrift in Leibnizens Nachlaß in Hannover (vgl. Bodemann Leibniz-Handschriften S. 16). Nach Daltons Darstellung (a.a.O. 234) erhielt Jablonski den Auftrag zu ihrer Abfassung am 7. November vom Brandenburgischen Kurfürsten durch den Minister Fuchs; am 29. war sie fertig. Jablonski hat sie mit Fuchs, Schmettau, dem ältesten Domprediger, und teilweise auch mit Ph. J. Spener durchberaten, Leibniz war von ihr sehr eingenommen; er rühmte an ihr die ausgezeichnete Komposition (vgl. den eben angeführten Brief an Sophie Charlotte bei Klopp X, 45). Er schickte sie in zwei Teilen (in Abschrift) am 21. Dezember 1697 und 10. Januar 1698 an Joh. Fabricius in Helmstädt mit der Aufforderung, sie in Gemeinschaft mit seinem Kollegen Johann Andreas Schmid zu begutachten. Dies Gutachten erhielt er am Ende des Monats: es war ebenso gelehrt und gründlich wie gemäßigt (vgl. Kortholt I, 11, 12, 13; das Gutachten selbst befindet sich in Leibnizens Nachlaß; vgl. Bodemann, Leibniz-Handschriften S. 16 „Responsum Joh. Fabricii et J. A. Schmidii. Helmstadii 28. Jan. 1698). Es wurde bei der Antwort auf Jablonskis Denkschrift benutzt, an welcher Leibniz mit Molanus zusammen arbeitete, deren Ausfertigung sich aber in die Länge zog. Ende des Sommers (Ende August oder Auf. Sept.) schrieb Leibniz an Jablonski, daß er viele Hindernisse aus dem Wege zu räumen gehabt habe, nun aber versichern könne, daß die Antwort soviel als fertig und gewiß nicht unangenehm sei; doch sei es damit allein nicht ausgerichtet, Jablonski möge doch auf einige Tage inkognito, aber mit Wissen des Ministers Fuchs und des Hofpredigers Schmettau nach Hannover kommen; mündlich ließe sich alles besser und schneller erledigen. Als besonders schwierigen Punkt hob Leibniz die Frage des *absolutum decretum* (Gnadenwahl) hervor, wie er das auch schon in einem Schreiben an Fuchs getan hatte. Jablonski sandte darauf (am 17. Sept.) eine Erklärung dieses Streitpunktes, welche Leibniz wiederum nach Helmstedt an Fabricius und Schmid zur Begutachtung schickte, und versprach seinen Besuch in den nächsten Tagen. Am 25. September war er in Hannover (vgl. Kvacsala: Jablonskis Briefwechsel S. 20 f., 25, 28, 29; Kortholt I, 28, 29, 31, 32). In dem oben zitierten Briefe an Gatford (bei Dalton a.a.O. S. 472) berichtet Jablonski auch über das Resultat seiner mündlichen Verhandlungen daselbst mit Leibniz und Molanus: man sei übereingekommen, daß man auf eine vollständige Union, nicht bloß auf eine gegenseitige Toleranz denken, daß man beiderseits die Lehrstreitigkeiten als problematisch und für das Fundament des Glaubens wenig belangreich behandeln, die verschiedenen Gebräuche aber abtun und auf einen unparteiischen Richter, die Kirche des 4. Jahrhunderts, zurückgehen müsse, deren Interpret die anglikanische Kirche sei, daß ferner *Hannover* Sachsen, *Brandenburg* Hessen, Holland und die Schweiz für die Union gewinnen sollte.

Auf Jablonskis persönliche Bitte hin verfaßte nun Leibniz, ehe noch seine und Molanus offizielle Antwort auf Jablonskis Denkschrift fertig war – sie wurde erst im Dezember des Jahres vollendet – eine rein persönliche Erklärung einiger zwischen den Lutheranern und Reformierten strittigen Punkte, die er wieder erst seinen beiden vertrauten Theologen in Helmstedt zur Prüfung vorlegte (21. Oktober 1698), bevor er sie nach Berlin schickte; diese „Erklärung" erscheint in seiner Korrespondenz wiederholt unter dem kurzen Titel „Tentamen"; der vollständige Titel ist (nach der Hannoverschen Handschrift): „Tentamen expositionis irenicae trium potissimarum inter Protestantes controversiarum" (vgl. Bodemann Leibniz Handschriften S. 17; ferner Kortholt I, 31, 37). Sie fand ebensowohl in Helmstädt wie in Berlin Beifall. Jablonski gab sie auch PH. J. Spener, dem namentlich der dritte Artikel (über das Abendmahl) besonders gefiel. Spener schrieb über dieses Tentamen seine „Reflexiones" (1699) und veröffentlichte beide Schriften Leibnizens anonym in seinen Consilia Theologica 1709 (S. 105 ff. und S. 110 ff.). Über Ph. J. Speners Verhältnis zu Leibniz orientiert H. Lehmann: „Der Briefwechsel zwischen Spener und Leibniz" im Jahrb. f. Brand. Kirchengesch., 1916. S. 101 ff.

Das „Unvorgreifliche Bedenken über eine Schrift genandt „Kurtze Vorstellung der Einigkeit" etc." befindet sich in Entwurf und Abschrift ebenfalls in Leibnizens Nachlaß in Hannover (vgl. Bodemann, Leibniz-Handschriften S. 14 u. 16).

(Zu S. 171 f.) Der volle Titel der unter Wincklers Namen veröffentlichten Flugschrift lautet: „Arcanum regium, das ist ein Königlich Geheimnis für einen regierenden Landesherrn, darinnen ihm entdeckt wird, wie er sich bei seinen zerteilten Untertanen nach Gottes Willen zu verhalten habe, damit er eine Gott wohlgefällige Vereinigung bei seinem Volke unvermerkt stifte und in kurze Zeit befördere: ans Licht gestellet von Wincklero, diacono an der Thumkirche zu Magdeburg." In seiner deutschgeschriebenen Rechtfertigungsschrift, die 1704 in Wernigerode erschien, erklärt Winckler aber, daß das „Arcanum" nicht von ihm stamme, sondern ihm von jemand übersandt worden sei und daß er nur hinzugefügt habe, was ihm zur Beförderung der Frömmigkeit nützlich erschien; er habe dann allerdings das „Arcanum" dem Könige übergeben, doch nicht, damit es andern in die Hände käme, und noch viel weniger, damit es gedruckt werde. In seiner „Bibliotheca historica Brandenburgica" (S. 252) bezeichnet Küster als eigentlichen Verfasser der Schrift einen Geistlichen aus dem Magdeburgischen, namens Welmer. Ob der König (vorausgesetzt, daß Winckler die Wahrheit gesagt hat) das „Arcanum" wirklich gesehen hat, ist noch nicht ermittelt, und ebensowenig, wer die Schrift unerlaubterweise veröffentlicht hat. – Der Probst Lütkens war auch nicht gerade ein geschicktes Mitglied des „Collegium irenicum". Er wandte sich sehr zur Unzeit mit seinen „Christlichen und unmaßgeblichen Gedancken über die Vereinigung der beyden Protestirenden Kirchen" (1703) an die

Öffentlichkeit. Doch urteilte Leibniz über ihn milder als über Winckler (vgl. Kappens Sammlung S. 342 ff. und 339 f.).

Zum zwölften Kapitel (S. 173 ff.). *Bergbau, staatswirtschaftliche und geologische Interessen. Forschungsreise und historische Arbeiten*

Zu I. Der Bergbau, das Münzwesen, die Geschichte der Erde

(Zu S. 173) Über Leibnizens Arbeiten in den Harzbergwerken hat neuerdings E. Gerland in einem Aufsatze: „Über Leibnizens Tätigkeit auf physikalischem und technischem Gebiet" (Bibliotheca Mathematica III. Folge, 1. Band., S. 421 bis 432, Leipzig 1900) neue und interessante Aufschlüsse gegeben. Es handelte sich bei diesen Arbeiten vor allem darum, dem Mangel an Aufschlagwassern, der sich in den Bergwerken des Oberharzes in störender Weise bemerkbar machte, abzuhelfen. Leibniz suchte das durch Benutzung von Windmühlen zu erreichen. Es sollte nach seinem ursprünglichen Plan das Wasser, welches arbeitsverrichtend auf ein niederes Niveau gesunken war, so oft es ging, mit Hilfe von Windmühlen auf seine frühere Höhe gebracht werden. Daß diese in ihrer Einfachheit und Zweckmäßigkeit einleuchtende Idee nicht zur Ausführung gelangte, sondern durch eine andere ersetzt werden mußte, war Leibnizens eigene Schuld. Er hielt mit ihr so lange zurück, bis ihm eine „Ergötzlichkeit" von 1200 Talern zugesichert war. Dadurch gerieten die bereits begonnenen Arbeiten in ganz andere Bahnen, als er beabsichtigte, und es kam zu unerfreulichen Streitigkeiten zwischen ihm und dem Bergamte, welchen der Herzog Ernst August durch seine Verfügung vom 4. April 1685 ein Ende machte.

So groß auch der äußerliche Mißerfolg Leibnizens war, innerlich hatte er doch aus diesen Arbeiten einen erheblichen Gewinn davongetragen. Er hatte bedeutsame Erfahrungen gemacht, welche ihn zu zwei der wichtigsten Erfindungen geführt haben, die von der Maschinentechnik namentlich in Bergwerken längst mit dem größten Erfolg angewendet werden: *der Erfindung des Akkumulators und der Erfindung von Maschinen, welche ruhig weiter gehen können, selbst wenn ihr geometrischer Zusammenhang für beliebige Zeit aufgehoben wird.* Diese letzte Erfindung ist in einem Notizblatt vom 20. April 1885 niedergelegt, von dem wie Gerland sagt, es immer zu bedauern sein wird, daß es erst in unsern Tagen veröffentlicht wurde. Hätte Leibniz selbst seine Erfindung zur öffentlichen Kenntnis gebracht – daß er sie selbst für ein „inventum mirabile et summi momenti" hielt, sagt das Notizblatt –, so hätte sie sogleich damals praktisch verwertet werden können und nicht noch einmal gemacht zu werden brauchen; er hätte dann zu seinen Ruhmestaten auch noch diese gefügt.

Leibniz hat sich übrigens durch seine damaligen Mißerfolge in Zellerfeld nicht abhalten lassen, in den Jahren 1686 und 1693 technische Versuche anderer Art in einer Clausthaler Grube anzustellen. Es handelte sich diesmal um die Erzförderung. Er machte auch hierfür eine eigene Erfindung, die unter seiner Leitung hergestellt und geprüft wurde und sich als brauchbar erwies. Ferner hat er mehrere Entwürfe zu einer neuen Konstruktion von Pumpen gemacht, von denen einer in Clausthal zur Ausführung gekommen zu sein scheint, der andere indessen nicht zur öffentlichen Kenntnis gelangte, aber eine den gegenwärtig gebrauchten Gebläsemaschinen sehr nahekommende Konstruktion ausweist.

(Zu S. 173 ff.) Leibnizens Arbeiten auf dem Gebiete der Sozialpolitik und der Staatswirtschaft sind leider zu einem großen Teile noch unbekannt. Nur weniges davon hat Bodemann in einem Aufsatze: „Leibnizens volkswirtschaftliche Ansichten und Denkschriften“ in Bd. 53 der Preußischen Jahrbücher (1884) S. 378 ff. mitgeteilt. Er gibt hier namentlich aus einer nach dem Tode des großen Kurfürsten verfaßten Denkschrift umfangreiche Auszüge. Diese Denkschrift empfiehlt die Einrichtung eines Volkswirtschaftsrats oder -kollegiums. Hierin heißt es: „Jedermann rechnet die Hospitäler und andere ähnliche Anstalten unter die Werke der Frömmigkeit und das mit Recht; denn Jesus Christus hat gesagt, daß man alles, was man den Armen tue, ihm selbst würde getan haben. Aber besser würde sein, der Armut und dem Elende, der Mutter der Verbrechen, zuvorzukommen, als es zu mildern, wenn es da ist. Alle Anlagen von Kirchen und Hospitälern ersetzen nicht die Gründungen einer wohlgeführten Arbeit, wodurch die Menschen wahrhaft tugendhaft an sich und nützlicher für andere werden. Das geschieht, wenn man sie arbeitssam, geschickt und zu gleicher Zeit zufrieden macht durch den Erfolg und guten Absatz ihrer Arbeit, vor allen Dingen, wenn so auch die Jugend schon frühzeitig auf denselben Weg der Ordnung geführt wird und man so dem Staate Pflanzstätten liefert zu immer besserer Bebauung.“ Im Anschluß hieran bringt er nun in Vorschlag, einen Volkswirtschaftsrat einzusetzen. Dieser würde es zu tun haben mit den Manufakturen, mit Handel und Gewerbe, mit dem Ackerbau, mit der Austrocknung unnützer Sümpfe und Moräste, der Verbesserung der Grundstücke, der Anpflanzung von Heilkräutern, Fruchtbäumen und anderen Gewächsen, mit der Aufsuchung, Erforschung, und Verbesserung der Mineralien, Metalle, Salze usw., mit der Züchtung und Verbreitung nützlicher Haustiere, mit der Sorge für die Gesundheit des Volkes durch geeignete Maßregeln, mit Polizeisachen, aber hauptsächlich mit der Erziehung der Jugend, soweit es sich darum handelt, die jungen Leute arbeitsam, praktisch und geschickt zu machen. Er würde es endlich auch zu tun haben mit den praktischen Künsten und Wissenschaften, welche die Annehmlichkeiten und Verschönerungen des allgemeinen Lebens schaffen. – In andern Denkschriften hat Leibniz die Notwendigkeit eines statistischen Bureaus, eines Sanitätskollegiums, einer Errichtung von staatlichen Versicherungsanstalten gegen alle Zufälle oder wenigstens gegen Wasser- und Feuerschaden, von Witwen- und Waisenkassen und von öffentlichen Handwerkerschulen zu begründen unternommen. Leider hat Bodemann es unterlassen, die Entstehungszeit und Veranlassung dieser Denkschriften zu untersuchen.

Zu II. Die Forschungsreise und III. Die historischen Arbeiten

(Zu S. 177 ff.) Leibniz als Historiker hat neuerdings L. DAVILLÉ in einer umfangreichen Monographie behandelt (Leibniz Historien. Essai sur l'activité et la méthode historiques de Leibniz. Paris 1909). Dies Werk schildert in einem ersten Buche eingehend Leibnizens historische Studien und Arbeiten von seiner Jugend bis zu seinem Tode. Der Verfasser zeigt, wie Leibniz allmählich von einer mehr gelegentlichen Beschäftigung mit einzelnen historischen Fragen zu zusammenhängenden und immer weiter ausgreifenden geschichtlichen Studien übergegangen ist. Er untersucht in besonderen Kapiteln die Pläne zur Geschichte Braunschweigs, den „Codex diplomaticus", die „Accessiones historicae", die „Mantissa", die „Annales Imperii" und die „Scriptores Brunsvicensia illustrantes." Das zweite Buch befaßt sich mit einer Analyse der historischen Methode Leibnizens, seiner Geschichtsauffassung, seiner Benutzung des historischen Materials und der historischen Hilfswissenschaften, seiner historischen Kritik, seiner Behandlung der Tatsachen und ihrer zusammenfassenden Darstellung, endlich seiner Geschichtsphilosophie. Es ist unmöglich in Kürze auch nur annähernd einen Begriff von der Fülle des Inhalts dieses Werkes zu geben; sie wird nicht selten zu einer Überfülle, bei welcher dem Leser das Wesentliche aus dem Auge verschwindet. Der Verfasser hat mit größtem Fleiße alles nur irgendwie in Betracht kommende Material zusammengetragen und dabei auch das noch unveröffentlichte in umfassender Weise benutzt; hat er doch selbst bei der Vorbereitung der interakademischen Leibniz-Ausgabe mitgewirkt. Eine Kritik des Buches ist Sache des Fachmannes, könnte auch schon aus dem Grunde hier nicht versucht werden, weil sie ein breites Eingehen auf Einzelheiten erfordert. Der Verfasser charakterisiert Leibniz am Schluß als einen der größten Historiker aller Zeiten. Das ist eine Überschätzung. Es dürfte sich schwer erweisen lassen, daß sich Leibniz mit der Geschichte jemals rein um ihrer selbst willen beschäftigt hat. Sein Interesse an historischen Fragen war, bevor er seine großen Geschichtswerke abfaßte, vorwiegend durch politische und juristische oder systematisch-philosophische und theologische Interessen bestimmt; seine großen historischen Werke aber scheint er doch mehr „der Not gehorchend, nicht dem eigenen Triebe" geschrieben zu haben. In seiner Geschichtsauffassung und -behandlung ragt er im Ganzen genommen kaum über die bedeutenderen Historiker seiner Zeit hervor. Zu einer Geschichtsphilosophie sind bei ihm wohl Ansätze, aber auch nur Ansätze vorhanden; eine Geschichtsphilosophie in dem Sinne, wie sie uns etwa bei Herder, Kant, Fichte, Hegel vorliegt, haben wir von ihm nicht, und es scheint ein Unternehmen von recht zweifelhaftem Werte, eine solche in irgend einer konkreteren Gestalt aus seiner Philosophie (etwa aus seinem Kontinuitäts- oder seinem Individualitätsprinzip) heraus zu konstruieren. Dies alles tut seiner hervorragenden Bedeutung für die Entwicklung der neueren Geschichtsschreibung keinen Abbruch. E. Fueter bemerkt in seiner „Geschichte der Neueren Historiographie" (München und Berlin 1911) zu dem Werke Davillés: „Leider kennt D. gerade die historiographischen Leistungen seiner eigenen Landsleute nur ungenügend und schätzt deshalb Leibnizens Stellung zur Geschichtsschreibung seiner Zeit nicht immer richtig ein.“ Er selbst gibt von Leibniz als Historiker folgende knappe Charakteristik. „Leibniz befolgte im allgemeinen genau die historischen Prinzipien der Mauriner. Er teilte ihre Vorzüge wie ihre Mängel. Wie diese will er vor allem die gute Überlieferung zu Worte kommen lassen. Es liegt ihm mehr daran, die in den Quellen angeführten Tatsachen chronologisch und genealogisch zu bestimmen als historisch zu erklären. Er nimmt die innere Kritik der Quellen allerdings entschlossener in die Hand als Tillemont oder die Benediktiner. Aber er läßt es bei gelegentlichen intelligenten Bemerkungen bewenden. Wundergeschichten rationalisiert er wenn immer möglich. Im ganzen ist auch bei ihm der historische Stoff bloß gesammelt, nicht verarbeitet. Die Anordnung ist rein annalistisch; unvermittelt stehen Notizen über die verschiedenartigsten Gegenstände nebeneinander; Erzählung und Polemik sind nicht getrennt. So gut wie ausschließlich wird Personen- (Fürsten-)Geschichte gegeben. Es wäre unrichtig, wollte man annehmen, Leibniz hätte im Gegensatz zu den Benediktinern die Geschichte philosophisch erfaßt oder analysiert. Seine Behandlung der Geschichte hat mit der Historiographie der Aufklärung nichts gemein. Man mag darin, daß er die historische Überlieferung einer schärferen Prüfung unterwarf, als früher in Deutschland üblich war, einen Einfluß seiner mathematischen und philosophischen Schulung sehen. Aber er unterschied sich als Kritiker nur sehr wenig von den zum größten Teile kartesianisch gebildeten französischen Gelehrten. Die soziologischen, nationalökonomischen und politischen Probleme, die später in der Historiographie der Aufklärung behandelt wurden, sind Leibniz ganz fremd geblieben.“

(Zu S. 177 f.) Eine bis ins einzelne gehende Schilderung der Forschungsreise Leibnizens findet sich bei Davillé a.a.O. Kap. III.

(Zu S. 178; vgl. dazu S. 173) Leibniz hat zwar, worauf auch Davillé aufmerksam macht (a.a.O. S. 44) die Funktionen eines Historiographen des Braunschweigischen Hauses gehabt, ist aber offiziell niemals dazu ernannt worden und hat auch niemals offiziell den Titel geführt. Ein Beweis dafür ist auch, daß, als Eckhart im Jahre 1713 das Amt und den Titel des Historiographen erhielt, Leibniz dagegen nicht protestiert hat. Es handelt sich in dem von K. Fischer angezogenen herzoglichen Schreiben lediglich um den Auftrag, die Geschichte Braunschweigs zu schreiben.

(Zu S. 179) Näheres über Ursprung und Geschichte des Planes eines *collegium historicum* bei Davillé a.a.O. S. 74 ff. Urheber des Planes scheint Franz Christoph Paullini, ein Mediziner in Eisenach, früher Historiograph des Bistums Münster und Verfasser einer Geschichte von Corvey, gewesen zu sein. Er hatte in einem Werkchen „Brevis Delineatio Collegii Historici Germanici seu meditatio de conservanda et propaganda Historia Germanica“ (Regensburg 1687) vorgeschlagen, einen historischen Verein zu begründen mit der Aufgabe, die Geschichte Deutschlands quellenmäßig zu erforschen und Dokumente zur allgemeinen Geschichte zu veröffentlichen; Vorsitzender des Vereins sollte Hiob Ludolf werden. Vielleicht handelt es sich aber bei diesem Paullinischen Plan nur um die Wiederaufnahme der Idee eines „Collegium universale Eruditorum in

Imperio Romano", welche Boineburg einmal im Jahre 1670 in Briefen an Paullini hingeworfen hatte, ohne daß Leibniz davon eine Kenntnis besaß. Leibniz erhielt das Büchlein Paullinis in Marburg von einem Dr. Waldschmidt und nahm nun in Frankfurt Gelegenheit, sich mit Hiob Ludolf darüber zu unterhalten,

(Zu S. 181 ff.) Daß Leibniz nach seiner in der Augsburger Handschrift gemachten Entdeckung von München aus nicht nach Hannover zurückkehrte, sondern nach Wien weiterreiste, erklärt Davillé (a.a.O. S. 68) daraus, daß er sich der Richtigkeit seiner Ansicht über den gemeinsamen Ursprung der Häuser Braunschweig und Este noch weiter versichern wollte, namentlich durch persönliche Einsicht in die „Geschichte Kärnthens", welche die Wiener Kaiserliche Bibliothek aufbewahrte; denn der erste Welfe, ein Stiefbruder Azos von Este, war Herzog von Kärnthen gewesen. Dies ist gewiß richtig. Aber es war doch nicht das einzige und das stärkste Motiv. K. Fischer weist auf S. 184 mit vollem Recht darauf hin, daß Leibniz seit langem schon mit der Stellung, die er in Hannover einnahm, nicht zufrieden war. Seine reiche Persönlichkeit, für die dem Herzog Ernst August ebensosehr das Verständnis fehlte wie später seinem Sohne Georg Ludwig, konnte sich dort nicht voll entfalten. Er trug sich seit seiner Jugend mit Plänen, die sich in den engen Verhältnissen Hannovers nicht verwirklichen ließen. Er wollte fort, aber er konnte nicht eher fort, bis er nicht sichere Aussichten auf eine ihm gemäßere Stellung hatte. Er hoffte auch nach seinem Wegzuge aus Paris noch immer, Mitglied der dortigen Akademie werden zu können, und hat von Hannover aus wiederholt Versuche gemacht, durch seine Pariser Freunde seine Ernennung zum Akademiemitgliede zu erwirken. Als er dann seine Forschungsreise unternahm, beabsichtigte er auch nach Paris zu gehen, ja ursprünglich war es sogar seine Absicht, sich zuerst dorthin zu begeben (vgl. Leibniz an Foucher, 1688, Gerhardt Phil. I, 395 f.). Es gelang ihm indessen nicht, die Erlaubnis dafür zu erhalten. Nun tauchte auf seiner Reise nach Oberdeutschland wieder der große Plan einer deutschen Akademie in ihm auf; dieser konnte, wie die Dinge damals lagen, nur in Wien durch den Kaiser verwirklicht werden. So entstand in Leibniz der Wunsch, dorthin zu kommen und dort persönlich für sich und seinen Plan tätig zu sein. Dies war offenbar das stärkste Motiv seiner Reise nach Wien, das von Davillé erwähnte dagegen nur mehr der Vorwand, mit welchem er sie in Hannover rechtfertigen konnte. Daß es sich so und nicht anders verhält, zeigt die ganze Tätigkeit, die Leibniz in Wien entfaltet hat. Seine lebhafte politische Schriftstellerei für Kaiser und Reich, seine Tätigkeit für die Wiederaufnahme der Reunionsversuche, das alles war ein Zusammenhang von Bemühungen, deren persönliches Ziel war, am Kaiserlichen Hofe festen Fuß zu fassen und sich hier eine Stätte für seine fernere Wirksamkeit zu erobern. Dies wäre ihm wohl auch gelungen, wenn er rücksichtslos und rasch zugegriffen hätte. Übrigens ist ihm das Angebot, in kaiserliche Dienste zu treten, erst gemacht worden auf seiner Rückreise aus Italien über Wien nach Hannover (vgl. Davillé a.a.O. S. 97).

(Zu S. 187) Unter den Gelehrten, die Leibniz in Italien kennengelernt hat, darf Michel Angelo Fardella, Professor der Astronomie, später der Philosophie und Medizin in Padua, nicht übergangen werden. Leibniz hat mit ihm von Deutschland aus einen leider noch fast garnicht bekannten, auch philosophisch bedeutenden Briefwechsel geführt, der sich über mehr denn 20 Jahre erstreckte. Er suchte Fardella auch nach Deutschland an die Ritterakademie in Wolffenbüttel zu ziehen, was aber nicht gelang. Eine „Metaphysische Auseinandersetzung" mit ihm in Venedig, März 1690, hat Stein in seinem Buch „Leibniz und Spinoza" S. 322 ff. veröffentlicht.

(Zu S. 188 f.) Über die Entstehung seines „Codex Diplomaticus" hat sich Leibniz in einem Briefe an Basnage de Bauval, 16/26. X. 1692 (vgl. Gerhardt Phil. III, 90 f.) ausgelassen. Der kaiserliche Bibliothekar Nessel hatte 1690 ein Verzeichnis von Staatsverträgen drucken lassen, welche er veröffentlichen wollte („Prodromus Pacificatorius" usw., Wien 1690), Er hatte Leibniz um Ergänzung seiner Sammlung gebeten. Dieser hatte indessen viel mehr und viel wertvollere Stücke gesammelt als Nessel, der fast nur schon gedrucktes Material besaß. Er beschloß daher, eine eigene umfassende Sammlung herauszugeben, in der aber beinahe alles, was Nessel veröffentlichen wollte, mit Rücksicht auf ihn weggelassen werden sollte. Da erfuhr er von einem ähnlichen Plane des Buchhändlers Leonard in Paris; aus dem im „Journal des Scavans" erschienenen Verzeichnis der Stücke, die dessen Sammlung bringen sollte, ersah er, daß dort sowohl ein gut Teil solcher Stücke, die er auch hatte, als auch solcher, die er nicht hatte, zum Abdruck gelangen sollte; immerhin blieb ihm noch ein beträchtlicher und bedeutender Rest zur erstmaligen Veröffentlichung übrig. So entschied er sich ohne Rücksicht auf das Unternehmen Leonards seine Sammlung zu veröffentlichen; später sollte dann in einem Ergänzungsbande auch das, was Leonard mehr hatte, erscheinen. Um sich des buchhändlerischen Erfolges seines „Codex diplomaticus" zu versichern, suchte er die holländischen Buchhändler von vornherein von einem Abdruck der Leonardschen Sammlung abzubringen, und veranlasse daher Basnage, in seine „Histoire des ouvrages des Scavans" eine allgemein gehaltene Notiz über sein Unternehmen ohne Angabe des Verfassers und des Erscheinungsorts einzurücken. Ebenso wußte er sich ein zehnjähriges Privilegium für sein Werk zu verschaffen. Darauf begann er seine ohnedies schon sehr ansehnliche Sammlung noch weiter zu vervollständigen; die weitverzweigten Beziehungen, die er mit den Gelehrten fast aller damaligen europäischen Kulturländer hatte, kamen ihm hierbei vortrefflich zustatten. Auf diese Weise brachte er eine Sammlung von teilweise sehr bedeutenden und seltenen politischen Aktenstücken zustande, welche diejenige Leonards durch ihre Internationalität wie durch ihre geschickte Auswahl in den Schatten stellte (vgl. Davillé a.a.O. S. 120 ff.).

Zum dreizehnten Kapitel (S. 196 ff.). *Gründung gelehrter Gesellschaften. Die Stiftung der Societät der Wissenschaften in Berlin. Pläne für Dresden, Petersburg und Wien*

(Zu S. 203) Die von K. Fischer angezogenen Denkschriften, welche Klopp X, 7–33 veröffentlicht hat („Mémoire pour des personnes éclairées“ usw.), fallen, wie schon Harnack in seiner Geschichte der Berliner Akademie der Wissenschaften (I, 43 Anm. 1) vermutet hat, sehr wahrscheinlich in das Jahr 1694, in die Zeit also, in welcher Leibniz sich um die durch Samuel von Pufendorfs Tod erledigte Stelle eines Brandenburgischen Historiographen in Berlin bemühte[1]. Harnack meint sie als Vorlagen betrachten zu müssen, die durch Spanheim an Danckelmann und den Kurfürsten gelangen sollten. Möglich wäre indessen auch, daß sie mit Rücksicht auf den bevorstehenden Besuch Sophie Charlottens in Hannover (1695) abgefaßt worden sind, um zunächst dieser vorgelegt zu werden (vgl. Leibniz an Cuneau 7. X. 1697 bei Harnack a.a.O. I, 47).

Das Promemoria „Sur la cour de Berlin“ (Klopp X, 36 ff.) ist nach Harnack wahrscheinlich für Sophie Charlotte bestimmt gewesen, um sie aufzurütteln. Vielleicht handelt es sich hier aber doch nur um eine Niederschrift von Mitteilungen über das Berliner Hofleben, die Leibniz möglicherweise aus dem Munde der Kurfürstin selbst erhalten hatte (vgl. Harnack a.a.O. I, 43).

(Zu S. 204 ff.) Der Plan der Errichtung einer Sternwarte in Berlin war, wie Jablonskis Brief vom 5. III. 1698 (vgl. Kvacsala Acta S. 11 ff.) erkennen läßt, schon im Frühjahr 1697 der Kurfürstin vorgelegt worden. Sie hatte sich nicht abgeneigt gezeigt, ihn beim Kurfürsten zu befürworten, und Jablonski beauftragt, die Sache weiter zu verfolgen. Dieser ließ vom Justizrat Rabener einen Entwurf machen, welchen der Oberhofmarschall Dobrzenski der Kurfürstin überreichte. Doch lehnte sie zunächst für ihre Person ab, sich unter den damaligen Umständen damit zu befassen. Man gewann aber Danckelmann für die Sache.

Inzwischen hatte Leibniz im Oktober 1697 durch Cuneau von dem Plane und der Geneigtheit der Kurfürstin gehört. Noch ehe er sich an diese selbst wandte, schrieb er bereits Cuneau (am 27. Oktober) und drückte ihm seine lebhafte Freude über die Nachricht aus, bemerkte aber auch

[1] Über diese Bemühungen gibt Leibnizens noch ungedruckter Briefwechsel mit Spanheim Auskunft (vgl. Bodemann Leibniz-Briefwechsel 287 f.). Sie waren nicht so völlig erfolglos. Danckelmann dachte ernstlich daran, Leibniz in Kurbrandenburgische Dienste zu nehmen. Die Sache scheiterte aber an der Gehaltsfrage.

sogleich, daß man außer an die Astronomie auch noch an andere „curiöse" Wissenschaften denken müsse.

Der Brief vom 4. Dezember, der zweite, welchen Leibniz an Sophie Charlotte gerichtet hat, von dem wir leider aber nur einen Entwurf oder Auszug (?), nicht die Ausfertigung besitzen, muß den Wunsch enthalten haben, der Kurfürstin persönlich in Berlin aufwarten zu dürfen. Denn 10 Tage später (am 14.) gibt er ihr seine Freude darüber zu erkennen, daß sie ihn empfangen wolle. Hier lenkt er auch bereits die Aufmerksamkeit der Fürstin auf Rußland und China und die Mission, welche Brandenburg dort erfüllen könne (Klopp X, 40 ff.).

Das von Klopp sogenannte „Mémoire pour les deux Electrices", welches Leibniz ermutigt durch Sophie Charlottens Antwort vom 19. II. 1698 auf sein Kondolenzschreiben verfaßte, ist gewiß nicht der Absicht entsprungen, Brandenburg der welfischen Politik dienstbar zu machen. Was ihm dabei vor der Seele stand, war ein Zusammenarbeiten der beiden deutsch-protestantischen Kurfürstentümer zum Besten des Reiches und des Protestantismus (vgl. Harnack a.a.O. I, 53 ff.). Es steht übrigens nicht mit voller Sicherheit fest, daß diese Denkschrift den Kurfürstinnen wirklich vorgelegen hat, Sophie Charlotte hat jedenfalls Leibniz nicht sogleich kommen lassen, wie er erwartet hatte. Sie betraute Jablonski mit der Fortführung der Korrespondenz. Leibniz war enttäuscht, wie das Postscriptum seines Antwortschreibens an Jablonski vom 26. III. 1698 (vgl. Kvacsala Acta 19) zeigt. Nach ihren persönlichen Unterredungen mit Leibniz in Hannover im Sommer 1698 scheint Sophie Charlotte zunächst noch vorsichtiger geworden zu sein: sie ließ Jablonski seine Briefe an Leibniz nicht mehr ihrem Sekretär, sondern sich selbst zur Beförderung nach Hannover übergeben. Erst nach Jablonskis Rückkehr von seinen Verhandlungen mit Molanus und Leibniz über die Union suchte sie bei ihrem Bruder dem letzteren die Erlaubnis zur Reise nach Berlin auszuwirken, mit negativem Erfolge.

(Zu S. 206) So schnell, wie Leibniz wohl anfangs gehofft, kam er nicht ans Ziel seiner Wünsche. Die Observatoriumangelegenheit geriet schon im Sommer 1698 wieder ins Stocken. Fast ein volles Jahr hört man nichts über irgendwelchen Fortgang der Sache. Da kam unerwartet Hilfe von anderer Seite. Erhard Weigel, der sich seit 1694 beim *Corpus Evangelicorum* in Regensburg um eine Verbesserung des Kalenderwesens bemühte, hatte dort auch die Gründung eines „Collegium Artis Consultorum" vorgeschlagen, dem das Kalenderwerk als Monopol übertragen werden und das sich, wie er hoffte, mit Hilfe der reichen Einkünfte daraus allmählich zu einer Akademie für Mathematik und Naturwissenschaften und für die Hebung der Künste und Handwerke entwickeln sollte. Dieser Plan hatte auch Leibniz zur Begutachtung vorgelegen (1697). Er hatte sich damals zwar für die Kalenderverbesserung ausgesprochen, war aber dagegen, daß damit die Gründung einer Sozietät, welcher er überhaupt etwas andere Aufgaben als Weigel zudachte, verbunden würde, vor allem hielt er es bei der Zersplitterung Deutschlands für unmöglich, ein einziges Reichskollegium oder eine allgemeine deutsche Akademie mit einem solchen Monopol zu errichten. Er war mehr dafür, daß die Sache „neben einer gewissen Universalanstalt im Reich, einem unter Kais. Majestät allerhöchsten Direction stehenden Collegio", „particulariter" besorgt werden solle, „also daß Kais. Majestät in ihren Erblanden, einige der Kur- und Fürstlichen Häuser und andere mächtige Stände oder auch ganze Kreise, jeder für sich und dero Lande, bei der Hofstadt oder an einem andern Ort ein solches Collegium aufrichteten." Er wollte also von unten her aufbauen. Nun wurde am 23. IX. 1699 vom *Corpus Evangelicorum* die Kalenderverbesserung beschlossen. Brandenburg traf am 14. XI. desselben Jahres noch eine dementsprechende Verfügung. Es war nötig, eine Kommission zur Durchführung der Sache einzusetzen. Sie mit dem geplanten Observatorium in Verbindung zu bringen, lag nahe genug. Da nahm nun Leibniz doch den Gedanken Weigels auf und schlug im Februar 1700 vor, aus dem Kalenderwerk ein Monopol zu machen und davon das Observatorium und die Sozietät in Berlin zu errichten. Jablonski, Rabener und Cuneau verfaßten eine Denkschrift, die dem Kurfürsten am 19. vorgelegt wurde und sofort dessen Entschluß herbeiführte, da das Kalenderwerk keinen Aufschub duldete. So hat also, wie Harnack mit Recht sagt, Erhard Weigel wenigstens indirekt mit Anteil an dem Ruhm der Gründung der Berliner Akademie. Ohne den genialen Einfalt des Kalendermonopols wäre es, damals jedenfalls, nicht dazu gekommen; denn es fehlten die Mittel. „Die Idee übernahm Leibniz als Erbschaft von Weigel - denn dieser starb, bevor er die Früchte seines Wirkens sehen konnte - und hat sie sehr bald nach der Durchführung in Brandenburg als *seinen* Einfall bezeichnet." (Vgl. Harnack a.a.O. I, 64 ff.; II, 55 ff.. 58 ff., 65 ff.).

(Zu S. 217.) Die von Leibniz verfaßte Stiftungsurkunde bezeichnet Harnack als ein Meisterstück weiser Wissenschaftspolitik; „er steckt das Gebiet weit und umfassend ab und hütet sich vor zu genauen Ausführungen, die der zukünftigen Entwicklung hinderlich werden können." (Harnack I, 95).

(Zu S. 222 ff.; vgl. auch S. 218.) Von den Mißhelligkeiten zwischen Leibniz und den Mitgliedern der Sozietät gibt Harnack eine Schilderung, in welcher die letzteren doch nicht so schuldig erscheinen, wie Klopp und auch K. Fischer sie hingestellt haben. Seine Ausführungen, die sich auf das gesamte bislang aufgefundene Aktenmaterial stützen, seien hier in aller Kürze wiedergegeben. Vorausgeschickt sei zur Klarstellung der Sachlage, daß Leibniz, welcher ursprünglich 1000 Taler als Besoldung verlangt hatte, in der Königlichen Bestallungsurkunde vom 12. Juli 1700 in ganz allgemeingehaltener Form „ein anständiges Tractament" und „neben Ersetzung der angewendeten und anzuwendenden Kosten andere Gnaden und Emolumente nach Gelegenheit der von ihm geleisteten Dienste" zugesichert erhalten hatte, daß ihm dann am 11. August in einer *Privatabmachung* mit dem „*Consilium Societatis*", für welche die Königliche Genehmigung nicht nachgesucht wurde, aus dem Akademiefonds eine jährliche Entschädigung von 600 Talern für Reisen und Korrespondenzen versprochen worden war (vgl. Harnack II, 115 f.). Dabei hatte er sich beruhigt. Nun hatte man bereits im Jahre 1704, als man glaubte, das Observatorium werde bald fertig sein und die regelmäßigen Sitzungen würden beginnen können, in Berlin ein Statut für die Sozietät ausgearbeitet, *das Leibniz zugesandt und von ihm auch ausdrücklich gebilligt wurde*. Dieses Statut von 1704 stimmt fast genau mit dem Statut überein, welches der König am 3. Juni 1710 genehmigte. Darin war u.A. bestimmt worden, 1. daß von nun an und für alle Zeit ein Ehrenpräsident für die Sozietät gewählt und diesem aus der Zahl der Mitglieder ein Vize-Präsident zur Seite gesetzt werden sollte; 2. daß be dem etwaigen Abgange des jetzigen Präsidenten (Leibniz) dessen Gehalt von 600 Talern unter die Mitglieder des „Consilium Societatis" verteilt werden sollte. Das Statut blieb liegen, und erst als im Jahre 1709 das Observatorium fertig war, wurde es eingereicht. Der Minister ließ den Entwurf zur Korrektur noch einmal wieder zurückgehen, ehe er ihn dem Könige vorlegte, und erkundigte sich dabei, auf welchen Rechtstitel hin Leibniz die 600 Taler bezöge. Cuneau antwortete „in einer sachgemäßen, wenn auch Leibniz nicht eben sehr freundlichen Weise" und trat dafür ein, daß man ihm jenes Gehalt lassen müsse: es sei zwar nicht vom König bewilligt worden, doch sei die Bewilligung seinerzeit (1700) nicht ohne Vorwissen der Regierung geschehen. Darauf bestätigte der König das Statut. Minister von Printzen wurde neben Leibniz, welcher der wirkliche Präsident blieb, zum Ehrenpräsidenten ernannt: nach Leibnizens Abgang sollte er allein der Sozietät präsidieren. In einer besonderen Ordre wurden Leibniz die 600 Taler nur als Reiseentschädigung bewilligt und hierin auch die aus dem Statut entfernte Bestimmung über ihre spätere Verteilung aufgenommen; dabei war in einer für Leibniz besonders kränkenden Weise hinzugefügt, daß die Verteilung vorgenommen werden solle, wenn er durch Tod *oder andere Weise* von seinem Amte abkommen sollte. Nicht sowohl das Statut als vielmehr die Ordre von 1710 zeigt, daß man Leibniz am Berliner Hofe nicht mehr günstig gesonnen war; man wünschte ihn möglichst bald loszuwerden. Die Mitglieder der Sozietät trifft eigentlich nur der allerdings schwere Vorwurf, daß sie die Verhandlungen mit der Regierung in den Jahren 1709/10 über das Statut usw. ohne Leibnizens Wissen geführt haben. Erst im Dezember 1710 wurde ihm durch den Sekretär Th. Jablonski die Neuordnung der Dinge mitgeteilt und er selbst zur Eröffnungsfeier der Akademie am 19. Januar 1711 eingeladen (Brief Th. Jablonskis vom 27. Dez. 1710). Leibniz erschien nicht; er ließ sich durch Unpäßlichkeit entschuldigen. Bei der ersten Nachricht von der Neuordnung der Dinge erinnerte er sich jenes Statutenentwurfs von 1704 nicht und machte sich auch ein unrichtiges Bild von dem, was nun eigentlich geschehen war. Später, als er klarer zu sehen vermochte, kam ihm die wenn auch dunkle und unsichere Erinnerung daran wieder, daß er selbst vor Jahren diese Neuordnung im Wesentlichen gebilligt hatte. Über die Heimlichkeit der Verhandlungen durfte er aber mit vollem Recht empört sein. Und er war es; aber er behandelte die ganze Angelegenheit doch mit großer Würde und Besonnenheit. Er hat keinen der Beteiligten fühlen lassen, wie schweres Unrecht man ihm angetan hatte. Er führte sein Amt als Präsident mit Ernst und Eifer weiter, bis ihm das im Mai des Jahres 1711 durch das Verhalten des Berliner Hofes unmöglich gemacht wurde. Zwar setzte er auch jetzt seine Korrespondenz noch immer fort, aber nach Berlin ist er nicht wieder gekommen. Dieser letzte Umstand mochte den Berlinern im

Jahre 1715 formaliter das Recht geben, ihm die damals noch rückständige Summe von 1800 Talern jährlicher Reiseentschädigung zu sperren. Aber für eine dankbare und vornehme Gesinnung gegen Leibniz spricht es nicht, und noch viel weniger, daß die Mitglieder des Konsiliums dem Könige nun geradezu den Vorschlag machten, jene 1800 Taler für Ankauf des Spenerschen Naturalienkabinetts zu verwenden und ihnen fortab die Leibniz jährlich rechtmäßig zustehenden 600 Taler Reisegeld zur Verteilung unter sich zu überlassen. Das hieß im Grunde gar nichts Anderes als: der König solle Leibniz den Stuhl vor die Tür setzen. Der König tat es nicht: er beließ Leibniz in seinem Amte, setzte ihm aber die Reiseentschädigung auf 300 Taler herab. Doch auch dem Sekretär der Sozietät wurde das Gehalt um die Hälfte gekürzt. So ward dem „Konsilium" eine heilsame Strafe zuteil. Noch einmal versuchte man Leibniz sein Amt und sein Gehalt zu entreißen, indem man darauf hinwies, daß Leibniz nunmehr durch seine Stellung und Tätigkeit in Wien - man glaubte, er beziehe dort ein hohes Gehalt und werde dort bleiben - an der Wahrnehmung seiner Präsidentenpflichten in Berlin gehindert sei. Vergeblich! Es blieb, zunächst jedenfalls, bei der Verfügung des Königs. Leibniz nahm sie großmütig hin, sah auch darüber hinweg, daß ihm der Sekretär anfangs durchaus falsch berichtet und erst, nachdem er bei der Königin Sophie Dorothea vorstellig geworden war, den wahren Sachverhalt mitgeteilt hatte. Er korrespondierte weiter mit den Sozietätsmitgliedem, insbesondere mit Frisch. Schließlich mußte er es aber doch noch erleben, daß ihm sein Gehalt ganz entzogen wurde, „bis auf weiteres", wie der Hofprediger Jablonski schrieb, der es ihm am 3. September 1715 mitteilte. Diesmal beschwerte sich Leibniz nun doch beim Minister von Printzen, und jetzt erfuhr er, daß hinter der ganzen Sache das Direktorium der Sozietät selbst stehe bzw. gestanden habe. Welch eine traurige Enthüllung! Er hat dann noch einmal ein Rechtfertigungsschreiben an den Minister gerichtet; es war das letzte, welches er in Sachen der Sozietät abgefaßt hat, und macht ihm alle Ehre. (Vgl. Harnack I, 165 bis 211.)

(Zu S. 216) Der Aufforderung K. Fischers an die Berliner Akademie, den von Klopp gegen Formey gehegten Verdacht einer absichtlichen Fälschung des Aktenmaterials, welches die Bestallung Leibnizens betrifft, zu entkräften oder sie zu konstatieren, war Harnack bereits 1900 in seiner Akademiegeschichte nachgekommen. Formey ist von dem Verdacht der absichtlichen Fälschung gereinigt. Harnack hat nachgewiesen, 1. daß Formey in dem Texte seiner Akademiegeschichte die Fassung der in Hannover befindlichen Bestallungsurkunde in freier französischer Übersetzung, aber durchaus sinngemäß und unverfälscht nach einer guten Abschrift derselben wiedergegeben hat, was Klopp gänzlich übersehen zu haben scheint, 2. daß er dagegen die Bestallungsurkunde selbst in ihrem Wortlaut nach einer andern Abschrift, die ihm auch in die Hände gekommen war und die er ebenfalls für eine Abschrift der definitiven Fassung hielt, ohne sie auf ihre Abweichungen von jener ersten hin zu prüfen, hat abdrucken lassen. Formey verfuhr also nur mit großer Nachlässigkeit. Dies ist der einzige Vorwurf, der ihn treffen kann. Er trifft aber nicht minder Klopp (vgl. Harnack a.a.O. II, 116–121).

(Zu S. 219 f.) Ausführlich hat über den Entwurf für Dresden BODEMANN gehandelt in seinem Aufsatze: Leibnizens Plan einer Sozietät der Wissenschaften in Sachsen. Mit bisher ungedruckten Handschriften aus den Leibniz-Papieren der Kgl. öffentl. Bibliothek in Hannover (Neues Archiv für sächsische Geschichte und Altertumskunde, Bd. IV, S. 177 ff., Dresden 1883).

Die Idee der Gründung einer Akademie in Sachsen begegnet uns bei Leibniz zum ersten Male in einem Schreiben an den Pater Vota vom 4. IX. 1703. Leibniz hatte damals erfahren, daß König August II. das Privileg auf die sächsischen Almanache, welches einem Buchhändler gegeben worden war, wieder zurückgezogen hatte. So schlug er vor, es möge zum Nutzen der Wissenschaften verwendet werden, wie es der König von Preußen auf seine Anregung bei Gründung der Berliner Akademie getan habe. Er war dann Ende Januar 1704 „presque incognito" in Dresden, um hier persönlich für seine Idee zu wirken. Am 30. teilte er PATKUL seinen Akademieplan mit. Dieser antwortete schon am folgenden Tage, daß der König sich lebhaft für denselben interessiert und mit dem Minister von Bose darüber verhandelt habe. Darauf sprach Leibniz am 2. II. den Wunsch aus, daß man ihn mit der Gründung der Akademie betrauen möge. Da er indessen nicht länger in Dresden verweilen konnte, so zog er den Sohn des kurfürstlichen Archivars Weck ins Vertrauen und bat Patkul, mit diesem weiter die Sache zu verhandeln. Weck schlug nun Leibniz vor (am 22. II.), Tschirnhausen mit heranzuziehen; denn dieser hatte schon lange vorher eine sächsische Akademie für Mathematik und Physik geplant und einen beträchtlichen Fonds (30 000 Taler) dafür zusammengebracht; die Sache war nur zu lau betrieben worden. Leibniz war, obschon sein eigener Plan viel umfassender war, geneigt, darauf einzugehen, besonders weil Tschirnhausen beim sächsischen Statthalter in Gunst stand; Tschirnhausen sollte Vizepräsident, er selbst wollte Präsident der neuen Akademie werden. Im Sommer 1704 schickte er, da er selbst nicht abkommen konnte, Eckhart mit einer genauen Instruktion nach Dresden, gab ihm auch den ausführlichen Plan, das Gründungsdiplom und das Königliche Ausschreiben an den sächsischen Statthalter im Entwurfe mit. Am 2. XII. konnte Weck melden, daß der König angeordnet habe, einen Teil der Einkünfte aus dem Kalendervertrieb für die neu zu errichtende Akademie zu verwenden. Jetzt erschien Leibniz wieder persönlich in Dresden und richtete an den König selbst ein Schreiben, in welchem er um Beschleunigung der ganzen Angelegenheit nachsuchte (18. XII. 1704), In einer Audienz, scheint es, hat er dann dem Könige auch von Tschirnhausen und seinem Plane erzählt und ist damit beauftragt worden, mit diesem zusammenzuarbeiten. Soweit waren die Dinge also schon gediehen, als der nordische Krieg hereinbrach.

(Zu S. 220 f.) Leibniz hat den Zaren nicht im Jahre 1697 in Koppenbrücke gesehen. Er gehörte nicht zu denen, welche die Kurfürstinnen von Brandenburg und Hannover dorthin begleiteten. Aber er ging nach Minden, um dort den Versuch zu machen, mit der russischen Gesandtschaft, insbesondere mit Lefort zusammenzukommen. Zu diesem Zwecke bat er Palmieri, welcher nach Koppenbrucke mitging, ihn bei Lefort einzufühlen (vgl. Guerrier a.a.O. Anhang S. 10). Er wünschte Auskunft über die Genealogie des Zaren und die Sprachen Rußlands. Er hat damals vielleicht auch eine Denkschrift für Lefort und den Zaren aufgesetzt, in welcher er den Plan einer umfassenden Zivilisation Rußlands darlegte (vgl. Guerrier ebendas. S. 14). Über Leibnizens Beziehungen zu Peter dem Großen siehe auch das oben (S. 719) erwähnte Buch von Baruzi, S. 108 ff.

(Zu S. 226 f.). Daß Leibniz die *Monadologie* für den Prinzen Eugen von Savoyen geschrieben hat, wie in den früheren Auflagen dieses Werkes steht, ist ein Irrtum, welcher aus der Erdmannschen Leibnizausgabe stammt, den aber Gerhardt schon 1885 im 6. Bande seiner Ausgabe der philosophischen Schriften Leibnizens auf S. 481f. aufgedeckt und berichtigt hat. Nicht die *Monadologie*, sondern die „Principes de la Nature et de la Grace fondés en raison" wurden für den Prinzen verfaßt. Dies geht mit voller Klarheit aus Leibnizens Briefwechsel mit Nicolas Remond de Monmort im Jahre 1714 und 1715 hervor (vgl. Gerhardt Phil. III, 624, 629, 631, 633 f., 634 ff.).

Über. das Verhältnis zwischen den „Principes" und der „Monadologie" ist neuerdings eine Erlanger Dissertation von Chr. E. Kreipe erschienen: „Die Abhängigkeitsbeziehungen zwischen den beiden philosophischen Vermächtnisschriften des Freiherrn G. W. von Leibniz" (Leipzig 1911). Diese Schrift sucht lediglich durch einen Vergleich des Inhalts der beiden Leibnizischen Abhandlungen unter Heranziehung des gleichzeitigen Briefwechsels zu erweisen, daß die „Monadologie" später als die „Principes", nämlich in den letzten Monaten seines Lebens und zwar für Remond geschrieben ist. Allein abgesehen davon, daß die Beweisführung an mehr als an einem wichtigen Punkte im höchsten Grade mangelhaft und anfechtbar ist, ist die ganze Untersuchung nicht gründlich und erschöpfend genug. Sie mußte unbedingt auf die Handschriften zurückgehen.

Dies tut die Arbeit von Clara Strack, einer Schülerin B. Erdmanns: „Ursprung und sachliches Verhältnis von Leibnizens sogenannter Monadologie und den Principes de la nature et de la grace; I. Teil: Die Entstehungsgeschichte der beiden Abhandlungen", Berliner Inaug.-Dissertation, 1915. In sorgfältigen, umsichtigen Untersuchungen, die man wohl als mustergiltig bezeichnen kann, kommt die Verf. zu dem Ergebnis, daß aller Wahrscheinlichkeit nach die für den Prinzen Eugen bestimmten „Principes etwa im Juni/Juli 1714 abgefaßt worden sind, während die sogenannte „Monadologie" für Remond und den ihn in Paris umgebenden Gelehrtenkreis geschrieben wurde, schon etwas früher (im Mai desselben Jahres) entstand, aber erst später um das Ende des Jahres vollendet und nicht abgesandt wurde, Beide Abhandlungen stehen sich zeitlich wie sachlich sehr nahe. Ihr verschiedener Charakter versteht sich aus ihrer verschiedenen Bestimmung: mit den „Principes" wollte Leibniz einen Laien in seine Naturphilosophie und Metaphysik einführen, die „Monadologie" dagegen sollte eine Aufhellung seiner philosophischen Prinzipien für schon eingeweihte gelehrte Freunde und Verehrer sein.

Zum vierzehnten Kapitel (S. 232 ff.). *Leibnizens Verkehr mit fürstlichen Frauen. Seine letzten Jahre und die Charakteristik seiner Person*

(Zu S. 276 ff.) Über Leibnizens Tod und Bestattung unterrichten uns jetzt am zuverlässigsten zwei erst neuerdings von P. Ritter in der Königl. Bibliothek von Kopenhagen aufgefundene Briefe von Johann Hermann Vogler an den Rektor Hodann in Winsen an der Lühe, der eine am 17. 11. 1716, der andere einige Wochen später geschrieben. Vogler war der letzte Amanuensis Leibnizens und bei dessen Tod und Bestattung persönlich zugegen. Er erzählt die Hergänge treu und schlicht. Aus seinem Bericht, wie ihn P. Ritter in einem Aufsatze in den Preuß. Jahrbüchern, 1914, Bd. 157, Heft 3, S. 437 ff. („Wie Leibniz gestorben und begraben ist") wiedergibt, sei folgendes hervorgehoben: Am 6. November, 8 Tage vor seinem Tode, mußte Leibniz wegen seiner gichtischen Schmerzen bereits das Schreiben einstellen. Doch glaubte er noch an keine Gefahr und meinte sich selbst auch jetzt wie früher mit einem ihm von einem Jesuiten empfohlenen „Holztrank" kurieren zu können. Das Mittel half diesmal nicht, verschlimmerte vielmehr den Zustand, da es den Magen angriff. Am 13. November abends ließ Leibniz den in Hannover weilenden Waldeckschen Leibarzt Dr. Seip zu sich rufen, der, aus Pyrmont herübergekommen, ihm kurz zuvor seine Aufwartung gemacht hatte. Der verschrieb ihm Pulver und Tropfen, die ihm für die Nacht ein wenig Ruhe verschafften. Am nächsten Tage aber nahmen die Kräfte rasch ab. Dr. Seip, der ihn mittags noch einmal besuchte, sah, daß er nicht mehr helfen konnte. Der Kranke vermochte schließlich kaum noch etwas zu sich zu nehmen. Vogler, der bei ihm Wache hielt, schickte Leibnizens Kutscher zu dem im selben Hause wohnenden Advokaten Hennings. Als dieser kam, lehnte Leibniz ab: es habe Zeit bis morgen. Ebenso lautete seine Antwort auf die Frage, ob man einen Prediger holen solle. Während sich dann Vogler mit dem Kutscher einen Augenblick im Vorderzimmer befand, hörte er ein Blatt Papier knittern und sah, zurückeilend, wie Leibniz es zerriß und an die Kerze hielt: er konnte es ihm eben aus der Hand nehmen. Bald danach merkte er den Tod herannahen, begann zu beten und von Christi Verdienst zu sprechen. Leibniz schlug groß die Augen auf und schwieg. „Kennen mich denn Euer Gnaden nicht mehr?" Abermals ein großer Blick, und dann die Antwort: „Ich kenne Dich noch ganz wohl." Inzwischen war der Kutscher, von Vogler nochmals zum Advokaten Hennings geschickt, an das Sterbelager seines Herrn zurückgekehrt; er leistete ihm noch einen letzten Dienst. Dann schlief Leibniz sanft ein (abends gegen 10 Uhr).

Als er die Augen geschlossen, begab sich Vogler zu Eckhart und von diesem weiter zum Geheimrat von Eltz, der sich aber, wie es scheint, zu so später Stunde nicht mehr sprechen ließ. So wurden Leibnizens Zimmer vorläufig von Hennings und Eckhart mit deren eigenen Petschaften versiegelt. Am nächsten Morgen erschien dann im Namen der Geheimen Räte der Konsistorialrat Stambke, verschloß und versiegelte noch einmal alles. Eckhart aber wurde auf der Geheimen Ratstube angewiesen, die Leiche in einen schlichten Tannensarg zu legen, weil man sie noch am Abend dieses 15. in die Neustädter Kirche überführen wollte; das weitere werde sich dann finden, wenn die Befehle des Königs und die Erben Leibnizens einträfen. Und so wurde denn zur festgesetzten Zeit der Sarg von einem Königlichen Rüstwagen mit vier Stallknechten abgeholt, geleitet von Vogler und Leibnizens Kutscher, von Eckhart und einem anderen Adjunkten, späteren Professor und Hofrat J. W. Göbel, und deren Bedienten. In der Kirche wurde der Sarg in ein Gewölbe getragen und dort in den Sand gesetzt. Die Bestattung erfolgte am 14. Dezember, nachdem Leibnizens Erben inzwischen eingetroffen waren. Die ganze Beamtenschaft, berichtet Vogler, war geladen, aber niemand erschien. Doch sang der Oberhofprediger Erythropel die Kollekte und die Schüler musizierten. Eine kirchliche Feier hat also doch stattgefunden. Der Sarg war mit schwarzem Sammet überzogen und zeigte als Schmuck acht zinnerne Schilder, auf denen zu schauen und zu lesen war, was Eckhart ersonnen hatte.

(Zu S. 278 f.) Am 4. Juli 1802 wurde in der Neustädter Kirche in Hannover der mit der Aufschrift „*Ossa Leibnitii*“ versehene Grabstein abgehoben. Die in dem Backsteingewölbe darunter aufgefundenen Knochenreste untersuchte im Auftrage Waldeyers der Berliner Anatom W. Krause und erklärte sie „mit großer Wahrscheinlichkeit“ für die Gebeine Leibnizens. Er berechnete seine Körpergrüße aus den Knochen auf 1,75 m, was sich mit der Überlieferung, daß Leibniz von mittlerer Statur gewesen ist, in Einklang bringen lasse, wenn man berücksichtige, daß seine Größe im Leben etwas geringer erschien, weil er mit dem Kopf gebückt ging, so daß es aussah, als hätte er einen hohen Rücken. An den Beinknochen stellte Krause mehrere krankhafte Erscheinungen fest: „Anchylose des Phalangengelenkes der rechten großen Zehe und Knochengeschwulst am unteren Ende der Tibia“. Den Schädel kennzeichnet er als klein im Verhältnis zur Körpergröße, rundlich, breit und niedrig, mit hervortretenden Backenknochen und Kinn, und hebt hervor, daß diese Merkmale den gewöhnlichen oder doch häufigen Befunden bei Slaven, besonders Polen und Slovenen entsprechen; die Schädelkapazität berechnet er auf 1422 ccm; sie erscheint als relativ niedrig (Durchschnittszahl für Deutsche: 1696, für Polen 1591 ccm). Vgl. Abhandlungen der Kgl. Preuß. Akademie der Wissenschaften, 1902, Anhang: „Ossa Leibnitii“.

(Zu S. 282 ff.) Vgl. Abhandlungen der Kgl. Preuß. Akademie der Wissenschaften, 1916, Phil.-hist. Klasse, Nr. 3: *Leibnizens Bildnisse* von Hans Graeven †, vervollständigt und herausgegeben von Carl Schuchhardt. Mit 24 Tafeln.

Diese Arbeit bringt zum ersten Male eine auf eigenen Anschauungen und gründlichen Studien beruhende Untersuchung über die Herkunft, Entstehungszeit, Abhängigkeit, Beschaffenheit, Fundstelle usw. der heute bekannten Ölbilder, Kupferstiche und Büsten von Leibniz. Danach sind bis heute 13 Ölbilder von ihm erhalten und bekannt. Sie lassen sich folgendermaßen gruppieren:

A. Scheits I um 1700
- *1. Braunschweig, Herzogl. Museum.
- 2. Wolfenbüttel, Herzogl. Archiv.
- 3. Berlin, Kgl. Bibliothek.
- 4. Wolfenbüttel, Herzogl. Bibliothek.

B. Scheits II 1703
- *5. Wolfenbüttel, Herzogl. Bibliothek.
- 6. Hannover, Kgl. Bibliothek.

C. Unbekannter Maler
- *7. Berlin, Akad. d. Wissenschaften.
- 8. Wolfenbüttel, P. Zimmermann.

D. Scheits III 1704
- *9. Florenz, Uffizien-Pitti (von Graeven 1902 wieder aufgefunden).

E. Unbekannter Maler (Raphael Levis Bild).
- 10. Hannover, Kgl. Bibliothek.
- 11. Herrenhausen, Schloß.
- 12. Herrenhausen, Gemälde-Galerie.
- 13. Hannover, Leibnizhaus.

Die mit einem * versehenen Stücke sind nach dem Leben gemalte Urbilder, die übrigen mehr oder weniger Kopien. - Das Altersbild von Leibniz, welches Auerbach 1714 in Wien gemalt hat, ist uns im Original nicht bekannt. Joh. Elias Haid hat aber nach ihm 1781 ein Schabblatt hergestellt, „das bei seiner eigenartigen Darstellung unabhängig von allen bisherigen Vorbildern höchst vertrauenswürdig erscheint und dadurch sehr wertvoll wird. Es bildet die stärkste Unterstützung des Berliner Akademiebildes gegen die Bernigerothsche Idealisierung des Leibniz-Kopfes".

Weit zahlreicher als die Ölbilder sind die in Kupfer gestochenen oder einer späteren graphischen Manier, Lithographie, Stahlstich hergestellten Leibnizbildnisse. Sie hängen sämtlich von Ölbildern ab, teils von solchen, die uns nicht, zumeist aber von solchen, die uns bekannt sind. Sie lassen sich, wie folgt, gruppieren:

1. Bernigeroth-Klasse, nach B Scheits II.
2. Franzosen und Deutsche (Lefebvre, Seeländer, Fiquet) nach C und E.
3. Bause-Klasse, nach A Scheits I.
4. Verschiedene: Haid und Selb nach F Auerbach, Holl und A. nach D, dem Florentiner Scheits III.

Bernigeroth hat sein großes Leibniz-Blatt im Herbst des Jahres 1703 gestochen, auf Veranlassung der Kurfürstin Sophie von Hannover, die sich damals bei ihrer Tochter in Berlin aufhielt. Es sind Abdrücke von drei Zuständen seiner Platte vorhanden. Die Vorlage bildete das Wolfenbüttelei Ölbild B von Scheits aus dem Jahre 1703 (vgl. a.a.O. S. 45 f.). Bernigeroths Stich entfernt sich recht weit von Leibnizens wirklichem Aussehen. Er steigert das zugrunde liegende Scheitsche Bild in bestimmter Richtung bewußt, indem er die Augen weiter öffnet, die Nase und den Mund veredelt, durch Verkürzung der unteren Partie des Bildes den Kopf majestätischer erscheinen läßt. Dabei ist schon die Vorlage unter allen Originalbildern diejenige, die die nicht nach dem Geschmacke der Zeit gearteten Eigentümlichkeiten Leibnizens am liebevollsten und erfolgreichsten zu verschleiern sucht; denn sie erhöht die Stirn, läßt die Perücke beiderseits dicht anschließen, um trotz des breiten Schädels ein langes Gesicht zu erzielen, hat selbst schon die Augen vergrößert, die Brauen höher gewölbt, die Nase ebener gebildet (a.a.O. S. 58).

Die uns bekannten Leibniz-Büsten rühren her 1) von Johann Gottfried Schmidt in Hannover (in dreifacher Ausführung aus den Jahren 1887, 1888 und 1889, die dritte davon auf der Kgl. Bibliothek in Hannover); 2) von dem Engländer Hewetson in Rom (das Hannoversche Leibniz-Denkmal); 3) von Hähnel 1883 (das Leipziger Leibniz-Denkmal); 4) von J. G. Schadow 1808 (in der Walhalla zu Regensburg); sie sind nach Gemälden und Stichen gefertigt (a.a.O. S. 55 ff.).

Der Anhang dieser vortrefflichen Arbeit von Graeven und Schuchhardt bringt auf 24 Tafeln eine große Zahl von Reproduktionen, darunter als letzte die eines 1916 gemalten Leibnizbildes von Professor Emil Orlik (Berlin).

Zum fünfzehnten Kapitel (S. 285 ff.). *Leibnizens philosophische Schriften und deren Gruppierung. Die Ausgaben der Werke*

Zu I. Die philosophischen Schriften (S. 285 ff.)

ist zu vergleichen: B. ERDMANN: „Orientierende Bemerkungen über die Quellen zur Leibnizischen Philosophie“. Sitzungsberichte der Kgl. Preuß. Akademie der Wissenschaften, 1917, XLIX, S. 658 ff.

Zu II. Die Ausgaben der Werke (S. 295 ff.)

(Zu S. 299) Über die Ausgabe der philosophischen Schriften des Gottfried Wilhelm Leibniz von Gerhardt sind zu vergleichen die „Kritischen Bemerkungen“ von W. Kabitz in der „Deutschen Literaturzeitung“, Jahrg. 1907, Nr. 34 u. 35.

Über den Plan und die Vorbereitungen zu einer „Interakademischen Leibnizausgabe“ berichtet das Vorwort zu dem oben im Text auf S. 302 aufgeführten „Kritischen Katalog der Leibniz-Handschriften“ (1908).

Neuere Leibniz-Literatur

Von den neueren Arbeiten, welche sich mit Leibnizens Philosophie beschäftigen, mögen hier folgende umfassendere besonders hervorgehoben und kurz charakterisiert werden:

1. E. Dillmann: Eine neue Darstellung der Leibnizischen Monadenlehre auf Grund der Quellen (Leipzig 1891). Im Gegensatz zu J. E. Erdmann, E. Zeller und K. Fischer sucht Dillmann den Ursprung der Monadenlehre ausschließlich in Leibnizens „dynamischen Untersuchungen". Seine Meinung ist, daß Leibniz die Prinzipien seines philosophischen Systems durch eine Analyse der Erfahrung, somit auf induktivem Wege gewonnen habe, und daß die den bisherigen Darstellungen hauptsächlich zugrundegelegte sogenannte Monadologie aus dem Jahre 1714 nur ein vereinzelter Versuch sei, das System aus bloßen Begriffen zu deduzieren. Von der „Voraussetzung" ausgehend, daß die von uns vorgestellte Körperwelt für sich betrachtet ein reiner Schein, etwas vollständig Imaginäres, gleichsam ein Traum, wenn auch ein wohlgeregelter Traum, nicht aber die Erscheinung einer objektiv existierenden Welt von Dingen sei, und weiter, daß diese Scheinwelt in ihren Besonderheiten rein mechanisch erklärt werden müsse, als unsere Vorstellung aber ihren Ursprung einzig und allein in unserer Natur habe, suche Leibniz die Frage zu beantworten, wodurch sie denn nun in Wirklichkeit in uns „repräsentiert" sei, nicht aber die, was ihr in Wirklichkeit außer uns zugrunde liege und was als äußere Ursache sie in uns bewirke. Er finde die Antwort darin, daß die wirklichen Repräsentationen der Phänomene in uns die Monaden im Sinne von einfachen, unteilbaren, immateriellen Substanzen (Seelen) seien, die sich wesentlich als Kräfte darstellen und einer teleologischen, nicht aber mechanischen Gesetzlichkeit unterstehen. Den wichtigsten Begriff des Leibnizischen Systems sieht Dillmann in dem Begriff der Repräsentation: ihm widmet er ein besonderes Kapitel seines Buches. Seine Beweisführung stützt sich übrigens lediglich auf das ihm seinerzeit vorliegende gedruckte Material, das er indessen auch nur teilweise zu Rate gezogen hat. Er befaßt sich weder mit Leibnizens Logik, noch mit seiner Mathematik irgendwie eingehender, noch sucht er in seinen Entwicklungsgang tiefer einzudringen.

2. B. Russell: A critical exposition of the philosophy of Leibniz (Cambridge 1900). Wie schon der Titel erkennen läßt und der Verfasser selbst ausdrücklich hervorhebt, handelt es sich in diesem Buche nicht eigentlich um eine geschichtliche Darstellung, sondern um eine kritische Auseinandersetzung mit Leibnizens Philosophie. Russell macht den Versuch, aus den zahlreichen Gelegenheitsschriften vom „Discours de Metaphysique" (1686) ab bis zu Leibnizens Tode (1716) das System zu rekonstruieren, wie es Leibniz selbst etwa dargestellt haben würde, um daran eine Prüfung seines Wahrheitsgehalts anzuknüpfen. Scheidet man nach Russell solche Widersprüche (inconsistencies) aus, die auf Konzessionen an herrschende Zeitmeinungen beruhen, so ergibt sich ein

streng logischer Zusammenhang von Sätzen, die aus einer kleinen Zahl von Prämissen resultieren. Es sind die folgenden 5: 1) Jedes Urteil hat ein Subjekt und ein Prädikat; 2) ein Subjekt kann Prädikate haben, welche zu verschiedenen Zeiten existierende Eigenschaften sind; solch ein Subjekt heißt eine Substanz; 3) wahre Urteile, die nicht eine zeitliche Existenz behaupten, sind notwendig und analytisch; dagegen sind solche, die eine zeitliche Existenz behaupten, zufällig und synthetisch; letztere hängen von Zweckursachen ab; 4) das Ich ist eine Substanz; 5) durch Perzeption haben wir Erkenntnis von einer Außenwelt d.h. von Existenzen außer uns selbst und unsern Zuständen. Diese 5 Prämissen stehen jedoch nicht miteinander in Einklang; die erste verträgt sich nicht mit der 4. und 5. In dieser Unverträglichkeit liegt nach Russell der Haupteinwand, der sich gegen die Monadologie erheben läßt. In 4 Kapiteln (II.-V.) über die notwendigen Urteile und das Gesetz des Widerspruchs, die zufälligen Urteile und das Gesetz des zureichenden Grundes, den Begriff der Substanz, die Identität der Ununterscheidbaren und das Gesetz der Stetigkeit untersucht Russell die Konsequenzen der ersten 4 Prämissen und will zeigen, daß sich aus ihnen das Ganze oder wenigstens annähernd das Ganze der notwendigen Sätze des Systems ableitet. Weitere 6 Kapitel (VI.-XI.) über Leibnizens Grund zur Annahme einer Außenwelt, seine Philosophie der Materie, das Labyrinth des Kontinuums, die Theorie von Raum und Zeit und ihre Beziehung zur Monadologie, die allgemeine Natur der Monaden, befassen sich mit der Darlegung und Prüfung der Monadologie, soweit sie von Zweckursachen und der Idee des Guten unabhängig ist. Der Rest (Kap. XII-XV) über Seele und Leib, verworrene und unbewußte Perzeption, Leibnizens Erkenntnistheorie, Beweise vom Dasein Gottes und Leibnizens Ethik untersucht und prüft den von Zweckursachen und der Idee des Guten abhängigen Teil der Leibnizischen Philosophie. In diesem letzten Teil findet Russell keine große Originalität, vielmehr eine Tendenz, sich Spinozistische Grundgedanken ohne ausdrückliche Zustimmung anzueignen, wie er denn überhaupt dem Spinozismus neben der Scholastik, dem Materialismus und Cartesianismus den Haupteinfluß auf Leibnizens philosophischen Entwicklungsgang zuschreibt.

3. L. Couturat: La logique de Leibniz d'après des documents inédits (Paris 1901). Dies hervorragende Werk gibt zum ersten Male unter Benutzung eines großen Teils des noch ungedruckten Materials eine gründliche und umfassende historisch-systematische Darstellung und Würdigung der Logik Leibnizens, desjenigen Teils seiner Philosophie, der, wie der Verfasser mit Recht sagt, bisher von den Historikern am meisten vernachlässigt worden ist. Es behandelt in 9 Kapiteln: die Syllogistik, die Kombinatorik, die Universalsprache, die allgemeine Charakteristik, die Enzyklopädie, die „Scientia generalis", die universale Mathematik, den logischen Kalkül, den geometrischen Kalkül, und schließt ab mit einer Kritik. Ein Anhang enthält eine Reihe wertvoller Einzeluntersuchungen. Das wichtigste Kapitel ist das über die „Scientia generalis", die allgemeine Wissenschafts- oder Methodenlehre. Couturat betrachtet Leibnizens Logik als „das Zentrum und das Band seiner metaphysischen Spekulationen und seiner mathematischen Erfindungen". Sie allein ist

nach seiner Meinung die Grundlage des Systems in dem Sinne, daß dasselbe aus logischen Prinzipien abgeleitet ist. Leibnizens Grundgedanke ist die vollkommene Übereinstimmung von Denken und Sein, Geist und Natur, seine Weltanschauung ein Panlogismus, der vollständigste und systematische Ausdruck eines intellektualistischen Rationalismus.

4. E. Cassirer: Leibniz' System in seinen wissenschaftlichen Grundlagen (Marburg 1902). Unabhängig von Russell und Couturat, deren eben besprochene Schriften er erst nach Abschluß der eigenen kennengelernt hat, behandelt und beurteilt Cassirer vom Standpunkte der Marburger Kant-Schule aus Leibnizens System gewissermaßen als eine Etappe in der Entwicklung des Idealismus von Plato zu Kant. Auch dies Buch ist wie das Russellsche mehr von kritisch-systematischen als historischen Interessen beherrscht. Sein Verfasser schreibt wie Russell und Couturat den „logischen" Grundanschauungen Leibnizens entscheidende Bedeutung für den Aufbau seines gesamten Systems zu. Doch weicht seine Auffassung der Leibnizischen Logik (wie der Logik überhaupt) sehr erheblich von den Auffassungen jener beiden Forscher ab. Die „logischen" Prinzipien, die sich nach Cassirer in Leibnizens Philosophie systembildend entfalten, sind nicht formale, sondern materiale Prinzipien der Erkenntnis, Methoden, in denen das reine Denken der Wissenschaft seine Inhalte und Gegenstände gesetzmäßig erzeugt. In diesem Sinne sucht der Verfasser jedenfalls das Leibnizische System im ganzen wie in seinen Teilen zu interpretieren und seine wissenschaftliche Leistung zu beurteilen. Nach einer Einleitung, welche Descartes' Kritik der mathematischen und naturwissenschaftlichen Erkenntnis behandelt, werden zunächst Leibnizens Grundbegriffe der Mathematik (1. Teil), alsdann seine Grundbegriffe der Mechanik (2. Teil) und zuletzt seine Metaphysik (3. Teil) erörtert. Den Beschluß bildet eine Entstehungsgeschichte des Systems (4. Teil). In einem kritischen Anhang setzt sich Cassirer mit Russell und Couturat auseinander. Was die Quellen anbelangt, so hat er sich auf das gedruckte Material beschränkt.

5. A. Görland: Der Gottesbegriff bei Leibniz. Ein Vorwort zu seinem System (Gießen 1907). Görland betrachtet den Gottesbegriff bei Leibniz als ein integrierendes Baustück seines Systems, sucht aber darzutun, daß ihm darin weder die Funktion eines Prinzips der Wissenschaft noch die eines Prinzips der Sittlichkeit zukomme, sondern daß er lediglich ein Postulat des Sittlichen, eine Idee des Garanten eines messianischen Reiches von dieser Welt bedeute.

6. W. Kabitz: Die Philosophie des jungen Leibniz. Untersuchungen zur Entwicklungsgeschichte seines Systems (Heidelberg 1909). Der Verf. bekämpft die Auffassungen von Dillmann, Russell, Couturat und Cassirer. Er glaubt nicht, daß auf einem der von diesen Forschern beschrittenen Wege allein ein volles historisch-systematisches Verständnis der Leibnizischen Philosophie erreicht worden ist und erreicht werden kann. Er will ein solches Verständnis aus der Entwicklungsgeschichte des Systems gewinnen und sucht unter Benutzung des in Betracht kommenden ungedruckten Materials in dem vorliegenden Buche zunächst einmal ein vollstandiges Bild der Motive und Probleme der Leibnizischen

Philosophie im ersten Stadium ihrer Entwicklung bis zum Pariser Aufenthalt zu geben.

7. H. Heimsoeth: Die Methode der Erkenntnis bei Descartes. 1. Hälfte: Historische Einleitung. Descartes' Methode der klaren und deutlichen Erkenntnis (Gießen 1912); 2. Hälfte: Leibnizens Methode der formalen Begründung. Erkenntnistheorie und Monadologie (Gießen 1914). In Betracht kommt hier nur die zweite Hälfte. Auch Heimsoeth tritt den Auffassungen Russells, Couturats und Cassirers entgegen. Er sucht den Nachweis zu erbringen, daß Leibnizens Logik oder Methodenlehre den Charakter einer rein instrumentalen Wissenschaft hat. Sie soll als allgemeine Wissenschaft so gut wie für alle Sonderwissenschaften auch für die Metaphysik und ihre künftige Ausgestaltung das Instrument der sicheren Erkenntnis liefern, ja für sie in erster Linie. Dabei bleibe es aber auch. Das Problem der Methode sei in keinem Sinne und durch keine Vermittlung Zentrum oder Fundament in diesem System. Die Metaphysik Leibnizens baue sich weder der Darstellung noch der Sache nach auf seine Methodenlehre auf. Die Erkenntnistheorie sei bei Leibniz nicht Vorbereitung, sondern ein Bestandstück der Seinslehre, ein Spezialproblem und eine Folge aus allgemeinen ontologischen Bestimmungen. Daher der Verf. sie auch abgetrennt von der Logik oder Methodenlehre und im Zusammenhange mit der Monadologie behandelt. Was die Auffassung der Leibnizischen Monadenlehre betrifft, so erklärt Heimsoeth ihre Interpretation im Sinne eines subjektiven Idealismus (vgl. Dillmann) zwar nach mancherlei Auslassungen Leibnizens für möglich, glaubt aber doch, daß alles in allem betrachtet die Auffassung derselben als eines objektiven Idealismus Leibnizens eigenen Intentionen am meisten entspricht. Mit Klarheit und Schärfe hebt er, soweit das im Rahmen seiner Untersuchungen möglich ist, die Ingruenzen und Widersprüche in Leibnizens Darstellungen und die daraus entstehenden Schwierigkeiten für die Interpretation hervor. (Vgl. hierzu auch den Aufsatz Heimsoeths in den Kantstudien, Bd. XXI, 1916, Heft 4: „Leibniz' Weltanschauung als Ursprung seiner Gedankenwelt").

Namen-Register

Albericus, Mönch: sein Chronikon von Leibniz in den „Access. hist." veröffentlicht, 193 f.

Alexander (der Große): 89.

Alexander VI., Papst: 136.

Alexander VII., Papst: 112.

Alexander VIII. (Ottoboni), Papst: von Leibniz in einem Gedicht gefeiert, 185.

Alexei, Großfürst von Rußland, Sohn Peters des Großen, Gemahl der Charlotte Christine Sophie (s. d.): 119, 220, 223.

Amalie, Kaiserin, Gemahlin Josephs I.: Gönnerin Leibnizens am Wiener Hofe, 226, 231.

Anaxagoras: seine philos. Welterklärung von Sokrates in Platos Phädon als inkonsequent bemängelt, 365.

Andreä, Jak.: Leibniz liest frühzeitig sein „Kolloquium", 33.

Anna, Tochter Jakobs II., Königin von England, Gegnerin des hannov. Hauses in der engl. Thronfolge: 116 f., 127, 129, 183, 235 f., 238 f., 241, 256.

Anna Eleonore, Herzogin, Mutter Johann Friedrichs von Hannover: 112.

Anna Gonzaga, Gemahlin des Pfalzgrafen Eduard: 144 ff.

Anselmus (von Canterbury): ontologischer Gottesbeweis, nach Leibniz unvollkommen, 516.

Antonius (Marcus): 89.

Anton Ulrich, Herzog von Wolfenbüttel: Dichtungen, Verwandtschaft!. Beziehungen, Übertritt zum Katholizismus, 111 f.; Gegner der hannov. Hauspolitik, 115; Beteiligung an den Reunions- und Unionsbestrebungen, 161, 164, 171, 301; nimmt Leibniz mit zu Peter dem Großen nach Torgau, gibt ihm polit. Aufträge für den Zaren nach Karlsbad und für den Kaiser nach Wien, 220 f., 225 f.; sein Tod, 243, 261, 269.

Aristophanes: im Urteile M. Mendelssohns, 605.

Aristoteles: Leibniz und A., 8, 36, 40, 45, 56 f., 290, 326 f., 331 f., 347 f., 358, 373, 378, 415, 503, 611, 659. A.' Werke zuerst veröffentlicht von Tyrannion, 297. Mendelssohn und A., 607.

Arnauld, Antoine, Führer der Jansenisten: persönl. Bekanntschaft (in Paris) und philos. Briefwechsel mit Leibniz, 96, 151, 288, 299 f., 319, 368,384, 408, 428.

Atomisten: Leibnizens Verhältnis zu ihnen, 113, 290, 316, 318, 320, 325 f., 332, 341.

Auerbach, Maler in Wien: sein Leibnizbild, 282.

August II., Kurfürst von Sachsen, König von Polen: 196; fördert Leibnizens Plan einer gelehrten Gesellschaft für Dresden, 219 f.

August Friedrich, Erbprinz von Wolfenbüttel: 110.

Augustus, röm. Kaiser: 89; von einem holl. Genealogen zum Ahnherrn der Welfen gemacht, 116, 178.

Augustus, Herzog von Wolffenbüttel: Stifter der Wolfenbütteler Bibliothek, 111.

Aventinus, bayerischer Geschichtsschreiber: Leibniz entdeckt in seinen Annalen den Schreibfehler „Astenses“ statt „Estenses“, 180.

Averroisten: Aristotelische Pantheisten, 328.

Azo von Este, Markgraf: Stammvater der Welfen und der Este, 108, 172 f., 180, 188, 193.

Bacon, engl. Kanzler: Begründer des engl. Empirismus in der neueren Philosophie, 35, 55, 261, 197, 580; schrieb englisch, 61; Leibniz und B. 35, 55, 354, 561, 578, 580.

Bär, Ursinus von, reform. Bischof: Vorsitzender des „collegium irenicum“ in Berlin, 170.

Baring, D. E., hannov. Bibliothekar, 21, 297.

Barckhausen, Hofprediger in Osnabrück: Mitglied der hannov. Reunionskonferenz von 1683, 148.

Baronius, kath. Kirchenhistoriker: seine „annales ecclesiasticae“ Leibnizens Vorbild, 194.

Basnage de Bauval, Henri, Herausgeber der „Hist. des ouvr. des savants“: Briefe Leibnizens an ihn, 162, 291, 300, 355.

Baumgarten, A.: bildet im Anschluß an Leibniz die Ästhetik aus, 466–469, 586; Mendelssohns Verhältnis zu B.s Ästhetik. 469.

Bayle, Pierre, Skeptiker: seine Einwürfe wider die Übereinstimmung zwischen Glauben und Vernunft von Leibniz mit Sophie Charlotte diskutiert und widerlegt in der „Theodizee“, 4, 17, 118, 247 ff., 251 f., 259, 287, 291, 507 ff., 530–554. Leibnizens Verteidigung des Systems der prästabilierten Harmonie gegen seine Einwände, 291, 354, 364f., 428, 451, 492, 540 ff.; Leibnizens Brief an ihn über das Unendlichkleine, das Gesetz der Kontinuität und die physikalische Geltung der Zweckursachen (1687), 287, 365, 530; Übereinstimmung Leibnizens mit ihm in der Präformationslehre, 376; Verhältnis der Prinzessin Karoline zu ihm, 259; Reimarus und B., 292 f.

Beausobre, Isaak, franz.-ref. Prediger in Berlin, Verf. einer Schrift über die Manichäer: 197.

Behrens, Mediziner in Hildesheim: Leibnizens Freund und Berater, 276, 280.

Bekker, Balthasar, Kartesianer: Leibniz über seine „bezauberte Welt“, 294.

Bellarmin, Kardinal: 136.

Berengar von Tours, Scholastiker: 614.

Berkeley, G., Philosoph: sein Idealismus mit dem Leibnizens verglichen, 562; Empirist, 578.

Bernigeroth, Martin, Kupferstecher: sein Leibnizbild, 282 ff.

Bernoulli, Jakob, Mathematiker: 99.

Bernoulli, Johann, Mathematiker, Bruder des vorigen: stellt 1696 das Problem der Brachystochrone auf, welches von Leibniz u.a. gelöst wird, 99; ergreift im Prioritätsstreite mit Newton Partei für Leibniz, 101; Briefwechsel mit Leibniz, 292, 296.

Bernstorff, Andr. Gottl. von, hannov. Minister: Verhältnis zu Leibniz, 266 ff., 273 ff.

Besser, Johann von, aus Kurland: Dichter, Oberzeremonienmeister am Berliner Hofe, 200.

Bianchini, Francesco, Astronom: pers. Bekanntschaft mit Leibniz in Italien, 186.

Bilfinger, G. B.: Schüler Chr. Wolffs, 580, 582.

Biot, Mathematiker: 101.

Blum, J. H. von, kaiserl. Hofrat: Brief Leibnizens an ihn, 179.

Böcler, J. H., Staatsrechtslehrei in Straßburg: über Leibnizens Flugschrift zur polnischen Königswahl, 69; Lehrer Philipp Wilhelms von Boineburg, 94.

Bodemann, Eduard, hannov. Bibliothekar: Herausgeber der Kataloge überLeibnizens Handschriften und Briefwechsel, 302.

Bodin (Bodinus), Jean: Leibniz wider ihn, 57.

Böhme, Jakob, Theosoph: 11.

Böhmer, G. W., Herausgeber des Magazins für Kirchenrecht: 282.

Boileau, franz. Ästhetiker: 200.

Boineburg, Joh. Christ. von, Staatsmann, Freund und Gönner Leibnizens: Briefwechsel mit Conring, von Gruber veröffentlicht, 23; politische Laufbahn, 47–51; Verhältnis zu Philipp von Schönborn, 53; erste Bekanntschaft mit Leibniz, 47, 50 f.; rät ihm, die „methodus nova“ drucken zu lassen und schickt die Schrift an Conring, 51, bringt die „Confessio contra Atheistas“ an die Öffentlichkeit, 54, veranlaßt die „Defensio Trinitatis“ (gegen Wissowatius), 57 f., desgl. eine neue Nizolius-Ausgabe, 59; desgl. die Flugschrift zur polnischen Königswahl, 65 ff., desgl. die Denkschrift über die Sicherheit des deutschen Reiches, 70 ff.; desgl. die Ausarbeitung des ägyptischen Planes und die Reise nach Paris, 81 ff.; seine persönlichen Aufträge für Leibniz in Paris, 94 f.; empfiehlt ihn dem Herzog Johann Friedrich, 105, dem Minister Pomponne, 279; diskutiert mit ihm über die Reunionsfrage, 113, 141.

Boineburg, Philipp Wilhelm von, Sohn des vorigen: Leibnizens Obhut und wissenschaftlicher Leitung in Paris anvertraut, 94 f.

Bolingbroke, Lord: betreibt die Wiederherstellung der Stuarts, 238, 242, 257.

Bonifazius, Graf: Vorfahre Azos von Este, 193.

Bontekoe: Herausgeber der Ethik von A. Geulincx, 355.

Bossuet, Bénigne, Bischof von Meaux: Standpunkt und Verhandlungen mit Leibniz in der Reunionsfrage, 4, 146–149, 154–164, 228.

Bothmer, Joh. Casp. von, Hannov. Minister: Brief an Leibniz, 273.

Bourguet, Louis, Philosoph und Mathematiker: Leibnizens Briefwechsel mit ihm, 294; einzelne Briefe und Briefstellen, 321, 404, 409, 421 f., 531, 564.

Bousquet; M. M.: Herausgeber des Briefwechsels zwischen Leibniz und Joh. Bernoulli, 296.

Bouvet, Joachim, Jesuit, Missionar in China: Briefwechsel mit Leibniz, 186, 290.

Boyle, Robert: 55.

Brinon, Frau von, Sekretärin der Äbtissin von Maubuisson: Bedeutung und Wirksamkeit in den Reunionsverhandlungen, Briefwechsel mit Leibniz, 145 ff., 156 f., 161.

Brunner, Pater, bayer. Geschichtsschreiber: 180.

Bruno, Giordano: die von ihm „coincidentia oppositorum" genannte Einheit der Gegensätze nach Hamann der größte Gedanke der Philosophie, 637.

Bückeburg, Gräfin, Hofdame: 239, 262.

Buckingham, engl. Minister: 78.

Burnet, Gilbert, Bischof von Salisbury: 236.

Burnet, Thomas: Briefe von Leibniz an ihn, 68, 162.

Caesar, Julius: 89, 362.

Calixtus, Georg, der ältere, Theologe in Helmstedt: 171.

Calixtus, Georg, der jüngere, Sohn des vorigen, Theologe in Helmstedt: Mitglied der hannov. Reunionskonferenz von 1683, 148.

Calvisius: Leibniz liest als Knabe seinen chronolog. Thesaurus, 25 f.

Campanella, Thomas, ital. Philosoph: 35.

Canitz, Ludwig von, Dichter, Diplomat am Berliner Hofe: 200.

Cardanus, Hieron., ital. Philosoph und Mathematiker: 35.

Casanata, Kardinal: bietet Leibniz die Stelle eines Custos an der vatikanischen Bibliothek an, 187.

Caylus, Marquise, Nichte der Maintenon: über Frau von Brinon, 146.

Charlotte Christine Sophie, Enkelin des Herzogs Anton Ulrich: Heirat mit Großfürst Alexei 112, 220.

Christian V., König von Dänemark: 105.

Christian Ernst, Markgraf von Brandenburg-Ansbach: 256.

Christian Ludwig, Herzog von Zelle: 109 f.

Christine, Königin von Schweden: 185.

Christus: Ludwig XIV. und Chr. von Leibniz verglichen, 137; Bedeutung Christi und der christlichen Religion nach Leibniz, 514, 536, 549, nach Lessing, 617 ff.

Ciampini, Stifter der phys.-math, Gesellschaft in Rom: 186.

Cicero: von Leibniz in früher Jugend gelesen, 28.

Clarke, Samuel, engl. Theologe, Freund und Anhänger Newtons: philosophische Kontroverse mit Leibniz über Gott und Welt, Raum und Zeit, die Materie und das Leere. 259–262, 294

Claudius, röm. Kaiser: 111.

Clemens XI., Papst: 126.

Coehoorn, niederl. Feldherr: 231.

Comenius, J. A.: 26.

Confucius, Sittenlehrer der Chinesen: 585.

Conring, Hermann, Rechtslehrer in Helmstedt: Briefwechsel mit Boineburg, von Gruber veröffentlicht, 23; Lehrer B.s, 47; 107; erhält von ihm Leibnizens „Methodus nova", 51-61.

Conti, Abbé: Leibniz an ihn über seine Differentialrechnung, 98.

Cook: 612.

Cousin, V., Philosoph: Leibnizherausgeber, 298.

Couturat, L., Mathematiker: Herausgeber der „Opuscules et Fragments inédits de Leibniz“ (1903), 302; 752 f.

Crecy, Graf von, franz. Gesandter: 186.

Créqui, franz. Marschall: 113.

Cudworth: seine „vis plastica“, 251, 308.

Cuneau, brandenburg. Kabinettssekretär: Leibniz richtet an ihn eine Denkschrift in Sachen der Union, 167.

Dagobert: 139.

Danckelmann, brandenb.-preuß. Minister: Denkschrift Leibnizens über die Union für ihn, 167; Einfluß auf Friedrich I. und Sturz, 202 ff.

Demokrit, Begründer der Atomistik: seine Lehre erneuert durch die Korpuskularphilosophen des 17. Jhdts., 55; Leibnizens Verhältnis zu ihr, 316, 323, 327, 343, 348.

Des Bosses, Bartholomäus, Jesuit: Leibnizens Briefwechsel mit ihm, 293 f.; Bedeutung des „vinculum substantiale“ in diesem Briefw., 356 f.

Descartes, René: Leibniz und D., 8 f., 35, 42, 53 f., 56, 61, 96 f., 243, 287 f., 290, 294, 297, 300, 305 ff., 315, 318, 323 ff., 332 f., 339 ff., 348 f., 351, 354, 360, 368 ff., 373, 394, 403, 419, 425, 433 f., 445 ff., 483, 516, 520, 528, 564, 574 f., 578 ff., 647, 657, 669 ff.; Spinoza und D., 65, 104, 107, 182, 331, 361 f.; Locke und D., 252, 446 f.; Chr. Wolff und D., 581, 587; Tschirnhausen und D., 581; Jacobi und D., 647.

Dilher, Prediger in Nürnberg: über Leibnizens Disputation in Altorf, 41 f.

Doebner, R., Archivar: Herausgeber des Briefwechsels von Leibniz mit dem Minister von Bernstorff, 302.

Dutens, L.: seine Ausgabe der Werke Leibnizens, 23, 297 f.

Eberhard, F, A,: seine Leibniz-Biographie, 23, 85.

Eckhart, J. G., Historiograph des Welfenhauses und Hannov. Bibliothek, Sekretär Leibnizens: Lebensnachrichten und Schilderung von Leibniz, 18, 21 ff., 40, 85, 195, 281 ff.; sollte nach Leibniz' Wunsch die „Origines guelficae“ herausgeben, 195; Verhältnis zu Leibniz, 274–276; 297.

Eduard, Pfalzgraf: 144.

Eleonore, Kaiserin, Gemahlin Leopolds I. in 3. Ehe: 226.

Eleonore d'Olbreuze, Herzogin von Zelle: 110, 234.

Elisabeth, Kurfürstin von der Pfalz: 117, 240.

Elisabeth, Pfalzgräfin, Tochter der vorigen: 234, 243.

Elisabeth Charlotte, Herzogin von Orléans, Nichte der Kurfürstin Sophie von Hannover: 234, 236; Charakteristik und Lebensgeschichte, Briefwechsel mit Leibniz, 262–266; über Leibniz, 278.

Elisabeth Christine, Enkelin Anton Ulrichs von Wolfenbüttel, Königin von Spanien, später deutsche Kaiserin: 111; Übertritt zum Katholizismus, 170 f.; Gönnerin Leibnizens, 226.

Emma (Hemma), Gemahlin Ludwigs des Deutschen: 194.

Ende, Franz van den, holl. Arzt, Lehrer Spinozas: 103.

Epikur: Leibniz' Verhältnis zu seiner Atomenlehre, 55, 295, 316.

Erdmann, J. E.: seine Leibniz-Ausgabe, 282, 294, 298.

Ernst, Landgraf von Hessen-Rheinfels: Briefwechsel mit Leibniz, 150–153; Leibniz besucht ihn in Rheinfels, 179.

Ernst August, Herzog, später Kurfürst von Hannover: Familienverhältnisse, Fischer, 109 ff.; in Rom 1664, 112; die hannoversche Politik unter seiner Regierung, 114 ff.; E. A. und Leibnizens „Mars christianissimus“, 123, 130; Anteil an den Reunionsverhandlungen, 144 ff., 148, 150, 162, an den Unionsverhandlungen, 177; Leibnizens Denkschrift über das Münzwesen für ihn, 168; beauftragt Leibniz mit der Geschichte seines Hauses, 177 f.; Bündnis mit Ludwig XIV., 181–193, 202, 205, 228, 243, 271.

Ernst der Bekenner, Herzog von Braunschweig: 108.

d'Estrées, franz. Kardinal: gegen die Reunion, 155.

Eugen, Prinz von Savoyen: Beziehungen zu Leibniz, 17, 127 f., 225 ff., 229 f., 270, 293.

Euklides: Leibnizens Studien seiner Geometrie, 36 f.

Euler, Mathematiker: 101.

Eyben, Assessor am Reichskammergericht: Leibnizens Brief an ihn über das Reunionsgeschäft, 142, 164 f.

Fabretti, päpstl. Sekretär und Antiquar: zeigt Leibniz in Rom die Katakomben, 186.

Fabricius, Johann, irenisch gesinnter Theologe in Helmstedt, 148; Briefe von Leibniz an ihn, 167, 170, 172, 222, 283.

Faleti, modenesischer Geschichtsschreiber: 188.

Fatio de Douillier, Mathematiker, Parteigänger Newtons: 100.

Feder, G. H.: Herausgeber des „Commercium epistol. Leibnitianum“, 298.

Feller, Joachim Friedrich jr., Leibnizens Gehilfe: Herausgeber des „Otium Hanoveranum“, 21 f., 282, 296.

Ferdinand III., deutscher Kaiser: 48 f., 89.

Feuerbach, L.: rechnet Spinoza fälschlich zu den Gegnern der Korpuskularphysik, 308.

Fichte, J. G.: die moralische Weltordnung bei F. und bei Leibniz, 439, 445; Jacobi und F., 659; Goethe und F., 663; Verhältnis zu Spinoza und Leibniz, 670 ff.

Fiquet, franz. Kupferstecher: sein Leibnizbild, 282, 284.

Flemming, Graf, kursächs. General: Fürsprecher Leibnizens am Dresdener Hofe, 220.

Flender, J.: Herausgeber der 3. Aufl von Geulincx' Ethik, 355.

Floramonti, hannov. Agent in Venedig: 184 f.

Fonseca, Neuscholastiker: Leibniz studiert ihn noch als Schüler, 33.

Fontenelle: Lobrede auf Leibniz, 22, 275, 281.

Formey, Sekretär der Kgl. Preuß. Akademie der Wissenschaften: verteidigt in seiner Geschichte der Akademie deren Verfahren gegen Leibniz und veröffentlicht ein ungenaues Aktenstück über dessen Ernennung zum Präsidenten, 216.

Forster: 612.

Foucher, Simon, Kanonikus von Dijon: Verkehr und Briefwechsel mit Leibniz, 279, 287, 289, 299, 354 ff.

Foucher de Careil, A., Herausgeber der Werke Leibnizens: Irrtümer, 23, 87 f., 123 f.; Leibniz-Ausgabe, 301; über den Ursprung der Lehre Spinozas, 565.

Fraiser: seine Schrift zur engl. Thronfolgefrage von Leibniz übersetzt, 240.

Francke, August Hermann, Theologe: als Pietist in Halle, 199, 582.

Friedrich, Landgraf von Hessen, König von Schweden: 583.

Friedrich I. von Hohenstaufen, deutscher Kaiser: 108.

Friedrich II. von Hohenstaufen, deutscher Kaiser: 108.

Friedrich I. von Hohenzollern (Friedrich III.), König von Preußen: Heirat mit Sophie Charlotte von Hannover, 115; sein Zeitalter. 196–201; Stiftung der Sozietät der Wissenschaften in Berlin, Verhältnis zu Leibniz, 118, 228, 202–218; betreibt die Union, 167.

Friedrich II. von Hohenzollern (der Große), König von Preußen: über Leibniz, 10; über Sophie Charlotte und Leibniz, 118, 205, 246, 252, 255; Förderer der Aufklärung, 200; gibt der Sozietät der Wissenschaften in Berlin den Namen „Akademie", 208; ruft Chr. Wolff nach Halle zurück, 575, 583; Kant über sein Zeitalter, 628.

Friedrich V., Kurfürst von der Pfalz: 144.

Friedrich August, Prinz von Hannover, Sohn Ernst Augusts: 182.

Friedrich August, König von Polen: 126.

Friedrich Wilhelm von Hohenzollern, der Große Kurfürst: 109. 117, 167, 169, 196, 198, 202 f.

Friedrich Wilhelm I. von Hohenzollern, König von Preußen: Sohn der Sophie Charlotte, 202 f.; Verhältnis zur Sozietät der Wissenschaften in Berlin, 213; Amtsentsetzung und Rückberufung Chr. Wolffs, 583 f.

Galilei, Galileo: Kopernikus' System von ihm bewiesen, 35; Gesetz des freien Falles, 370.

Gallois, Abbé: Leibniz an ihn über Spinoza, 566.

Garsendis, Gemahlin Azos von Este in 2. Ehe: 193.

Gassendi, Pierre, Erneuerer der antiken Atomistik: Leibnizens Verhältnis zu ihm, 55, 290, 316, 327.

Georg, Herzog von Braunschweig-Lüneburg: 109.

Georg August, Kurfürst von Hannover, als Georg II. König von England: 111, 195, 239 f., 257.

Georg Ludwig, Kurfürst von Hannover, als Georg I. König von England: Heirat mit Sophie Dorothea, 110, 114, 117; Leibnizens Schreiben an ihn betr. der Reunion, 164; Verhältnis zwischen ihm und Leibniz, 194, 206 f., 215, 221, 237, 239, 245.

Georg Wilhelm, Herzog von Hannover, später von Zelle: 109 ff., 115, 227, 237, 268.

Gerhardt, C, J.: Ausgaben der mathematischen und philosophischen Schriften und Briefe Leibnizens, 299, 750.

Gervinus: Stelle aus seiner Geschichte der deutschen Nationalliteratur, 577.

Geulincx, A.: Begründer des Okkasionalismus, seine Hauptschrift und Leibnizens Verhältnis zu ihm, 355.
Glisson: seine „natura energetica“, 308.
Goertz, Baron von, Oberhofmarschall und Kammerpräsident in Hannover: Briefe Leibnizens an ihn, 253, 268.
Goethe, Joh. Wolfgang von: Verhältnis zu Spinoza, 661 f., zu Leibniz und der dentschen Aufklärung, 13, 467, 486, 577 f., 614, 630, 632, 662 ff.; „Tasso“, 246; „Faust“, 631, 639 f.; „Werther“, 667; über Hamann, 632.
Goeze, Hauptpastor in Hamburg: Gegner Lessings, 614 ff.
Gottsched: 200; Senior der deutschen Gesellschaft in Leipzig, 210; aus Chr. Wolffs Schule hervorgegangen, 575.
Graevius, Philolog: 564.
Gregor VII., Papst: 193.
Grimaldi, Claudio Philipps, Jesuitenpater, Präsident des math. Tribunals des Kaisers von China: Briefwechsel mit Leibniz, 186.
Grimm, Jakob: 210.
Grimm, Wilhelm: 210.
Grotefend, K. L.: Herausgeber des Briefwechsels zwischen Leibniz, Arnanld und Landgraf Ernst von Hessen-Rheinfels, 299.
Grotius, Hugo: Vorläufer S. Pufendorfs in der Begründung des Natur- und Völkerrechts, 198; Chr. Wolff und G., 581.
Gruber, Johann Daniel, hannov. Bibliothekar: Herausgeber des „Prodromus commercii epist. Leibnit.“, 21, 23, 296.
Guerrier, W.: Herausgeber der Briefe und Denkschriften Leibnizens für Peter den Großen, 222.
Guglielmini, Dominico, Mathematiker und Chemiker: Bekanntschaft mit Leibniz in Bologna, 187.
Guhrauer, G. E., Leibnizbiograph: 23, 87, 123, 179, 228 f., 282, 298.
Gundling, J. P.: Adelshofmeister unter Friedr. Wilhelm I. von Preußen, Gegner Chr. Wolffs, 583.
Gwynne, Rowland: 241.
Gyldenlöw, Graf, dän. Minister: bietet Leibniz die Stellung eines Privatsekretärs an, 105.

Hahn, hannov. Bibliothekar: 195.
Hamann, Johann Georg: führender Geniedenker der Aufklärung, 578, 631 636–641 ff.; philosoph. Standpunkt, 636–641; Kategorische Verneinung der rationalen Erkenntnis, 668; Verhältnis zu Bruno, 637, zu Hume, 638 f., 651, zum Christentum, 639, zu Rousseau, 641, zur Aufklärung, 645, zu Leibniz, 660, zu Goethe und Schiller, 664.
Hansch, Michael Gottlieb, Theologe, Philosoph und Mathematiker: Leibnizens Brief an ihn über die Platonische Philosophie, 291, 332.
Hardt, von der: Herausgeber von Leibnizens „histoire de Bileam“, 573.
Hartsoeker, Nicol., Mediziner: Leibnizens Übereinstimmung mit ihm in der Präformationslehre, 376.
Hegel: Identitätsstandpunkt, 427; sein Angriff auf Leibnizens Identitätssatz, 473; Verwandtschaft mit Goethe, 663; Verhältnis zu Kant und Fichte, 671.

Heinrich II., deutscher Kaiser: 194.
Heinrich III., König von Frankreich: 147.
Heinrich IV., König von Frankreich: 78, 147.
Heinrich der Löwe, Herzog von Braunschweig, Stammvater der braunschweigischen Landesfürsten: 108, 116, 194.
Heinrich der Schwarze, Bruder Welfs II., Großvater des vorigen: 194.
Henriette Benedikta, Gemahlin Johann Friedrichs, Herzogin von Hannover: 144.
Helmont, Franz Merkur van, Theosoph: Leibniz billigt seine Verwerfung des Materialismus, verwirft seine Seelenwanderungslehre, 295, 373.
Heräus, K. G., Kaiserl. Rat in Wien: Brief Leibnizens an ihn, 231.
Heraklit: 377.
Herder, Johann Gottfried: führender Geniedenker der Aufklärung, 578; philos. Standpunkt und Aufgabe, 632 ff.; Richtung und Geistesart, 632 ff.; Geschichtsphilosophie, 634 f.; Verhältnis zu Leibniz, 567 f., 632, 660, 665, zu Spinoza, 648; zu Lessing und der Aufklärung, 629, 632, 634 f., zu Hamann, 640; Kants Rezension seiner Ideen zur Philosophie der Geschichte, 424.
Hermolaus Barbarus: übersetzt das Wort „Entelechie" mit „perfectihabia", 522.
Herodot: von Leibniz in früher Jugend gelesen, 28.
Hewetson, engl. Bildhauer: seine Leibnizbüste in Hannover, 284.
Hieronymus, Kirchenvater: Ausspruch über Rufinus, 158.
Hildegard, Gemahlin Karls des Großen in 3. Ehe: 195.
Hippokrates: 378, 392.
Hobbes, Thomas: Leibnizens Verhältnis zu ihm, 55, 190, 293, 316, 561; Empirist, 578.
Hocher, J. P. H., Kaiserl. Vizekanzler: 184.
Hoffmann, Friedrich, Mediziner: Brief Leibnizens an ihn über die Auflösung des Gegensatzes von Körper und Seele durch den Begriff der Kraft, 290 f.
Homer: im Urteile M. Mendelssohns, 606; 611.
de l'Hospital, Mathematiker: 99, 299.
Huldenberg, D. E. von, hannov. Gesandter in Wien: Bericht nach Hannover über die Absicht des Kaisers, Leibniz in seine Dienste zu nehmen, 268.
Humboldt, A. von: 612.
Hume, D.: engl. Empirist, 578, 580; verglichen mit Hamann, 638 ff., mit Jacobi 651, 668.
Hunnius, Aegidius: seine Bücher von Leibniz frühzeitig gelesen, 33.
Huygens, Christian: Freund und Führer Leibnizens in der höheren Mathematik in Paris, 96 f.

Innocenz III.: 89.
Innocenz XI. (Odescalchi), Papst: unterstützt die Sache der Reunion, 143, 185.
Innocenz XII., Papst: 126.

Jablonski, Daniel Ernst, Hofprediger in Berlin: Wirksamkeit für die Union, Verhandlungen mit Leibniz, 167–170, 172; Brief von Leibniz an ihn, 194; Gespräch mit Sophie Charlotte über den Fortschritt der Akademie der Künste und die Errichtung einer Sternwarte in Berlin, 204; Einladung an Leibniz zur Organisation der Sozietät der Wissenschaften, 206; Bericht an Leibniz, 213.

Jablonski, Th., Sekretär der Sozietät der Wissenschaften in Berlin: Bericht an Leibniz, 213.

Jacobi, Friedrich Heinrich: führender Geniedenker der Aufklärung, 321, 578; Aufgabe und Standpunkt (Gefühlsphilosophie), 645–650; Glaube und Wissen, 650–655; Widerspruch der Gefühlsphilosophie, 668 ff.; Stellung in der Geschichte der Philosophie, 669 f.; Verhältnis zu Descartes und Spinoza, 646–649, 664, zu Leibniz und Wolff, 485, 645 ff., 660, zu Mendelssohn, 607, 647 f., 658–660, zu Lessing 649 f., zu Hamann und Herder, 578, 631 f., 638, 640 f., 645 f., zu Hume, 578, 651 ff., zu Kant und Fichte, 656–659, zu Goethe und Schelling, 659 f., 663.

Jagodinsky, J.: Herausgeber der Leidnitiana Elementa Philosophiae Arcanae De Summa Rerum, 302.

Jakob I., König von England: 117, 235, 240.

Jakob II., König von England: 116, 235 ff., 239.

Jaquelot, franz. ref. Prediger in Berlin: 247, 355.

Jaucourt: Leibnizbiographie, 22.

Jeremias, Prophet: 137.

Johanna, Päpstin: ihre Existenz von Leibniz als fabelhaft erkannt, 190, 247.

Johannes Duns Scotus: Schlichtung seines Streites mit Thomas von Aquino durch Leibniz, 329.

Johann Friedrich, Herzog von Hannover: Beziehungen zu Leibniz vor des. sen Berufung nach Hannover, 104–109, 141; Familienverhältnisse, 109, 144; Religion und Politik, 112–114; Leibnizens „Caesarinus Furstenerius“ unter ihm verfaßt, 114, 130 f.; Verhältnis zu den Reunionsbestrebungen, 141, 144; erlaubt Leibniz, sich für den Bergbau zu betätigen, 173; seine von Leibniz verfaßten Personalien, 193; Briefe Leibnizens an ihn im Jahre 1671, 564.

Johann Kasimir, König von Polen: 64.

Johann Sigismund, Kurfürst von Brandenburg: 166.

Johann von Tritheim, Abt: Leibniz tadelt seine Art der Geschichtsschreibung, 193.

Johann Wilhelm, Kurfürst von der Pfalz: 229; Brief Leibnizens an ihn, 256

Joseph I., deutscher Kaiser: 127, 224, 226.

Judith, Kaiserin, Gemahlin Ludwigs des Frommen: 194.

Jung, hannov. Bibliothekar: 195.

Kabitz, W.: Mitarbeiter der interakademischen Leibnizausgabe, 302.

Kambyses, 89.

Kang-Xi, Kaiser von China: 186.

Kant, Immanuel: Leibniz als Mitte und Übergang von Spinoza (reiner Naturalismus, Dogmatismus) zu K. (reiner Moralismus, Kritizismus), 19, 464, 468 f., 481, 562; Leibnizens Sittenlehre in der Grundlage völlig unterschieden von der Kantischen, 439; Leibnizens und Kants Ästhetik, 468 f.; die Erfahrung bei Leibniz und Kant, 475; K. aus der Leibniz-Wolfischen Schule hervorgegangen und durch Hume von der Unhaltbarkeit der dogmat. Lehrsysteme überzeugt, 580; „Naturgeschichte des Himmels“ und „Recension von Herders Ideen zur Philosophie der Geschichte“, 424; Abhandlung über Aufklärung, 628; Jacobi u. K. 656 ff.; Goethe und K., 662; Schiller und K., 666 f.; kritische Philosophie, 670.

Karl, Landgraf von Hessen: beruft Chr. Wolff nach Marburg, 583.

Karl I., König von England: 235.

Karl II., König von England: 93, 210.

Karl II., König von Spanien: 125, 127 f., 223, 237.

Karl III., König von Spanien, als römischer Kaiser Karl VI.: 111, 171; Leibniz für seine Rechte auf den span. Thron, 127 f., 224 ff.; ernennt Leibniz zum Reichshofrat, 227 ff., 267.

Karl V., deutscher Kaiser: 190.

Karl XII., König von Schweden: seine ersten Erfolge in Seeland, Estland und Livland, 126; ungünstige Lage und Bruch mit der Pforte, 129; Begegnung mit Leibniz in Altranstädt, 120, 220 f., 583.

Karl der Große: 108, 116, 139, 194 f.

Karl Ludwig, Kurfürst von der Pfalz: 57, 109, 144, 198, 233, 262.

Karoline, Prinzessin von Ansbach, später als Gemahlin Georg Augusts Kurprinzessin von Braunschweig-Lüneburg und Prinzessin von Wales: 243; Verhältnis zu Leibniz, 256–262; 266 f., 270, 273, 302.

Kartesianer: Leibniz’ Verhältnis zu ihnen, 310, 320, 339, 434 ff.

Kästner, G. A., Mathematiker: Verf. der Vorrede zu Raspes Leibniz-Ausgabe, 297.

Kaunitz, Graf: Brief an Leibniz mit Adresse „baron de Leibniz“, 228.

Keill, John, Physiker: beschuldigt Leibniz des Plagiats an Newton, 100.

Kepler, J., Astronom: 35, 337.

Ker of Kersland (John Crawford), schott. Edelmann: Wirksamkeit für das Haus Hannover in der engl. Thronfolgefrage, Beziehungen zu Leibniz, 130, 242, 278.

Kielmannsegge, Gräfin: Brief Leibnizens an sie über die Differentialrechnung, 98.

Kinsky, Franz Ulrich von, Graf, Kaiserl. Minister: Leibnizens Briefe an ihn, 189.

Klopp, Onno: Leibniz-Ausgabe, 23, 87 f., 232, 244, 273, 301.

Kochanski, A. A., Jesuitenpater, Mathematiker: Briefwechsel mit Leibniz, 186.

Königseck, Graf, Kaiserl. Minister: Leibnizens Denkschrift über die franz. Kriegserklärung ihm übersandt, 124.

Königsmarck, Graf: 110.

Konrad, Sohn Welfs I.: 194.

Kopernikus, Nic., Astronom: seine Reform der kosmischen Weltanschauung, 35; Vergleich seiner Betrachtungsweise mit der Leibnizens und Kants, 403, 580.

Korpuskularphilosophen: Leibnizens Verhältnis zu ihnen, 290, 317 f., 325 ff., 341, 435.

Kortholt, Christian: Ausgabe von „Leibnitii epistolae ad diversos", 291, 293, 296.

Kühn, Johannes, Mathematiker, Lehrer Leibnizens in Leipzig: 36.

Kunigunde, Gemahlin Azos von Este in erster Ehe: 188, 193.

Lagrange, Mathematiker: 101.

Lami, Pater, Kartesianer: ontologischer Gottesbeweis Anselms von ihm anerkannt, 293, 516.

Lange, J.: Theologe in Halle, 582.

Lange, S. G., Sohn des vorigen: Horazübersetzer (s. Lessing), 582.

Langerbeck, hannov. Kanzler: 104.

Laplace, Mathematiker und Astronom: 101.

Lasser, Hermann Andreas, Jurist, Hofrat in Mainz: arbeitet mit Leibniz zusammen an der Verbesserung des „Corpus juris", 52.

Lavater, Johann Caspar: führender Geniedenker der Aufklärung, 578, 631; seine Physiognomik, 641–643; Verhältnis zu Leibniz, 660.

Leeuwenhoek: Leibniz und L. (Entdeckung der Samentiere), 375, 378.

Leibniz, Friedrich, Vater des Philosophen, Jurist in Leipzig: 24.

Leibniz, Justus Jakob, Verwandter des Philosophen, Senior des geistl. Ministeriums in Nürnberg: 42.

Leibniz, Katharina, geb. Schmuck, Mutter des Philosophen: 24.

Lenfant, Jakob, franz. ref. Prediger in Berlin, Verf. eines Werks über das Kostnitzer Konzil: 197, 247.

Leopold I., deutscher Kaiser: 48 f.; Verhältnis zwischen ihm und Leibniz, 125 ff., 183 f., 219, 227 f.

Lesczinski, General: Brief Leibnizens an ihn, 222.

Lessing, Gotthold Ephraim: L. und Leibniz, 13 f., 18 ff., 58, 111, 380 f., 409, 426, 501 f., 509, 511 f., 531, 533 f., 578, 627 ff.; L. und I. u. S. G. Lange, 582; L. und Reimarus, 593; L. und M. Mendelssohn, 600; seine Aufgabe und sein Standpunkt, 609 ff.; Denkweise, Schreibart, Kritik, 612 ff,; Religion, Bibel, Christentum, 648 ff.; L. u. Spinoza, 627 ff., 649 ff.; L. und Herder, 576 f.; 632; L. und Jacobi, 645, 647 ff., 663; L. und Goethe und Schiller, 664, 667. – 111, 297, 645.

Le Thorel, Abbé: Leibnizens Brief an ihn betr. seinen Eintritt in vatikanische Dienste und Übertritt zum Katholizismus, 187.

Lichtenstein, Habbeus von, schwed. Agent, später dän. Resident: empfiehlt Leibniz dem dän. Minister Gyldenlow, 104, 698.

Lincker von Lytzenwyck, Kurtrierischer Rat: Brief von Leibniz an ihn über seine Tätigkeit in den Bergwerken, 174; empfiehlt Leibniz in Wien, 184.

Lionne, franz. Minister: 50.

Livius, Titus: frühzeitig von Leibniz gelesen, 25 ff.

Locke, John: L. und Leibniz, 17, 247, 252, 257, 259 f., 292, 300, 416 ff., 455, 487, 507, 576.
Löffler, Anna Katharina, geb. Leibniz, Schwester des Philosophen: 25.
Löffler, Friedr. Simon, Pfarrer in Probstheyda, Leibnizens Neffe und Erbe: 25, 277, 283.
Löffler, Simon, Archidiakon in Leipzig, Leibnizens Schwager: 25.
Lothar von Supplingenburg, deutscher Kaiser: 193.
Louvois, franz. Minister: 135.
Lucretia, Tochter des Sextus Tarquinius: 549.
Lucrez, röm. Dichter: 252.
Ludolf, Hiob, Kurfürstl, sächs. Rat, Präsident des Collegium hist. imperiale, Historiker und Sprachforscher: Briefwechsel mit Leibniz, 85; ihre Bekanntschaft in Frankfurt und der Plan eines collegium historicum, 179, 183, 189, 219.
Ludovici, Carl Günther: sein „Ausführlicher Entwurff einer vollst. Historie der Leibnitzischen Philosophie", 22, 40, 100, 282, 296 f.
Ludwig XIII., König von Frankreich: 190.
Ludwig XIV., König von Frankreich: Leibnizens Verhältnis zu ihm, 6 ff., 70–81 (Denkschrift über die Sicherheit des Reiches), 85–92 (ägyptischer Plan), 93, 113, 120 f.ff., 125 f., 130, 134 ff. (Mars christianissimus), 162 f. (Reunionsverhandlungen), 181, 191, 197, 201, 210, 223 ff., 237, 245, 263, 700.
Ludwig der Deutsche: 194.
Ludwig der Fromme: 194.
Ludwig der Heilige: 89.
Luise Hollandine, Pfalzgräfin, Schwester der Sophie von Hannover, Äbtissin von Maubuisson: 144 f., 156, 236.
Lullus, Raimundus: „Ars magna", 31.
Lupius, Buchhändler in Leipzig: 283.
Luther: Schrift über den Willen von Leibniz frühzeitig gelesen, 33.
Lütkens, Propst in Berlin: Mitglied des „collegium irenicum" in Berlin, 170.

Magliabecchi, Antonio, Bibliothekar: Bekanntschaft Leibnizens mit ihm in Florenz, 187; Leibnizens Brief an ihn (1697) braucht zum ersten Male den Namen Theodizee, 289.
Maintenon, Frau von: 146.
Malebranche, Nicol.: Leibniz und M., 279 f., 289, 293, 299, 339, 356, 376, 404.
Malpighi, Anatom und Physiologe: Leibnizens Verkehr mit ihm in Bologna, 187; verneint wie Leibniz die Seelenwanderung, 378.
Manteuffel: Freund der Wolfischen Philosophie, 583.
Maria Theresia, Kaiserin: 111, 226, 263.
Marino, ital. Dichter und Ästhetiker: 200.
Marlborough, Herzog von, engl. Feldherr: 127, 224.
Masham, Lady, Tochter des engl. Philosophen Cudworth: Briefwechsel mit Leibniz, 251, 300, 394.
Materialisten: 527.

Mathilde, Markgräfin von Tuszien: 193.
Maupertuis, Präsident der Akademie der Wissenschaften in Berlin: 216, 583.
Maximilian I., Kurfürst von Bayern: 180.
Maximilian Wilhelm, Prinz von Hannover: 110, 115, 233.
Mayer, hannov. Theologe: Mitglied der hannov. Reunionskonferenz von 1683, 148.
Mazarin, Kardinal, franz. Minister: 48, 50, 70, 121, 135, 190.
Meibom, Heinr., Historiker in Helmstedt: 180.
Melgar, Graf, Admiral von Kastilien: 128.
Melissus: hat nach Aristoteles die Unsterblichkeit der Tierseele gelehrt, 378.
Mencke, Otto, Herausgeber der „Acta Eruditorum Lipv.", Stifter der deutschen Gesellschaft in Leipzig: 209, 287.
Mendelssohn, Moses: führender Verstandesphilosoph der Aufklärung, 578; philosophischer Standpunkt (Gemütsaufklärung), 599–607; Beweise vom Dasein Gottes, 600 f.; Widerspruch zwischen Religion und Kirche, Trennung von Staat und Kirche, 601 f.; geschichtswidriges Denken, 602 f.; im Widerspruch mit dem Begriff der Entwicklung, 606 f.; Auffassung von Sokrates, Plato und Aristoteles, 603 ff., von Aristophanes 605, von Homer 606; Verhältnis zu Spinoza, Leibniz, Chr. Wolff, Baumgarten, Reimarus, Jacobi und Lessing, 364, 426 f., 468, 614, 627, 632, 647 ff., 651, 658 ff., 661.
Metternich, Lothar Friedrich von, Kurfürst von Mainz, 93.
Meyer, Ludwig: Herausgeber der Ethik Spinozas, 648.
Michaelis, Herausgeber des Briefwechsels zwischen Leibniz und Ludolf: 85.
Michaud, franz. Geschichtsschreiber: 85.
Mignet, franz. Geschichtsschreiber: 87.
Mohammed: Leibniz über ihn, 514.
Molanus, Gerhard, Abt von Lokkum: Wirksamkeit (mit Leibniz) in den Reunionsverhandlungen, 146 ff., 153, 157 f., in den Unionsverhandlungen, 164, 167 ff.; Brief Leibnizens an ihn über die Gründung der Berliner Sozietät der Wiss., 207.
Molière: 15, 96.
Moltke, Friedrich von, hannov. Jägermeister: 115.
More, Henry: sein „principium hylarchicum", 308, 327.
Mortier, franz. General: 85 ff.
Moses: 136; Stifter des Monotheismus, 513.
Münchhausen, A. G. von, Kurator der Götting. Univ.: 297.
Muratori, Bibliothekar und Archivar in Modena: Briefwechsel mit Leibniz, 195.
Murr, Journal für Kunstgeschichte und Literatur: 23.

Napoleon I.: und Leibnizens ägyptischer Plan, 85 f.
Nazari, Physiker: Bekanntschaft mit Leibniz, 186.
Nebukadnezar, König von Babylon: 137.
Nessel, Kaiserl. Bibliothekar: 183.

Neukirch, Benjamin, schles. Dichter: 200.
Neumann, Prediger in Breslau: verweist Chr. Wolff auf Descartes' Philosophie, 590.
Nicaise, Claude, Kanonikus von Dijon: Brief Leibnizens an ihn über seinen Gegensatz zu Spinoza, 290, 300.
Nikolai, Friedrich: führender Verstandesphilosoph der Aufklärung, 19, 578; 605, 609, 613.
Nizolius, Marius, ital. Humanist: Leibnizens Ausgabe seiner Schrift wider die Pseudophilosophen, 59 ff.
Newton, Isaac: Streit mit Leibniz um die Erfindung der Differentialmethode, 9, 97–102, 258 f.; Leibnizens Streit mit Clarke über N. s Lehren von Gott und Welt, Raum und Zeit, 255 ff.
Noris, ital. Kirchenhistoriker: Bekanntschaft mit Leibniz, 186.

Okkasionalisten: Leibnizens Verhältnis zu ihnen, 310 f., 323, 351, 354, 356, 360.
Oldenburg, Heinrich, Mathematiker: seine Mitteilungen über Newtons Infinitesimalmethode an Leibniz, 98 f.; Briefe Spinozas an ihn, 565, 572.
Omar: 89.
Opitz, Martin: 200.
Otto, Herzog von Braunschweig: 108.
Otto IV., deutscher Kaiser: 194.
Oxenstierna, Axel, schwed. Kanzlei: 47.

Parmenides: hat nach Aristoteles die Unsterblichkeit der Tierseele gelehrt, 378.
Pascal, Blaise: Leibnizens Studium seiner math. Schriften in Paris, 96.
Patkul, russ. Gesandter in Dresden: 220, 745.
Paulus, Apostel: 136.
Pazidius (Leibnizens Pseudonym): 21, 27.
Pellisson-Fontanier, Paul, franz. Geschichtsschreiber: Briefwechsel mit Leibniz über Toleranz und Differenzen der Religion, 18, 146, 154–161, 266.
Pertz, G. H., hannov. Bibliothekar und Geschichtsschreiber: 179; Leibniz-Ausgabe, 298.
Peter I. (der Große), Zar von Rußland: Beziehungen Leibnizens zu ihm, 6, 24, 112, 119 f., 126, 219 ff., 226.
Peter II., Zar von Rußland: 112.
Pfautz, Chr., Mathematiker: 288, 290.
Philipp August, König von Frankreich: 89.
Philipp I., Herzog von Orleans: 262.
Philipp II., König von Spanien: 81.
Philipp IV., König von Spanien: 70, 143.
Philipp von Anjou (Philipp V. von Spanien): 125–128.
Philipp von Mazedonien: 78.

Philipp Wilhelm, Pfalzgraf von Neuburg: von Boineburg-Leibniz in der Flugschrift zur polnischen Königswahl für den poln. Thron empfohlen, 64, 226.
St. Pierre, Abbé: Leibnizens Übereinstimmung mit ihm in der Idee des Weltfriedens, 7, 247.
Pigna, ital. Geschichtsschreiber: 188.
Pitcarne: Übereinstimmung mit Leibniz in der Praeformationslehre: 376.
Platen, Franz Ernst von, hannov. Minister: 115.
Plato: Leibniz und P., 28, 31, 36, 136, 290 f., 318, 323, 326 f., 331 f., 341, 343, 347 f., 359, 365, 442, 445, 647, 654, 660; Mendelssohn und P., 604; Jacobi und P., 654, 660.
Plinius: frühzeitig von Leibniz gelesen, 28.
Plotin: Leibniz und P., 36.
Poiret: läßt mit Descartes die ewigen Wahrheiten von Gottes Willen abhängen, was Leibniz verwirft, 520, 528.
Poisson, Mathematiker: 101.
Pöllnitz, Faulem von, Hofdame der Königin Sophie Charlotte: 244, 252 f., 262.
Pompejus: 89.
Pomponne, franz. Minister: Boineburg empfiehlt ihm Leibniz, 84, 279.
Portocarrero, Kardinal, Erzbischof von Toledo: 128.
Printzen, von, preuß. Minister: 212 f.
Pufendorf, Samuel: „Elemente des Naturrechts“, 36; Historiograph in Berlin, 198; Regesten des Großen Kurfürsten und Friedrichs III., 204; Chr. Wolff und P., 581.
Pythagoras: Übereinstimmung Leibnizens mit seinem Seelenbegriff, 358; Lehre von der Seelenwanderung, von Leibniz abgelehnt, 373, 379.

Raby, Lord, engl. Gesandter in Berlin: 220.
Racine: 96, 145.
Ranke, Leopold von: über die Königin Sophie Charlotte, 246.
Raspe, Rud. Erich, hannov. Bibliothekar: Leibnizausgabe, 296.
Reimarus, Hermann Samuel: führender Verstandesphilosoph der Aufklärung, 578, 636; philos. Standpunkt (reiner Deismus), 534, 591–599; Verhältnis zu Leibniz, 472. 509, 592, zu Bayle, 592 f., zu Chr. Wolff und Baumgarten, 591, zu Lessing. 593, 600, 613 ff., 620, 632.
Reinbeck: Freund der Wolfischen Philosophie, 583.
Reiser, Anton, Augsburger Theologe: Th. Spizel veröffentlicht seinen Brief an ihn über die Vertilgung des Atheismus zusammen mit Leibnizens „Confessio contra Atheistas“, 54.
Remond, Nicolas: Brief Leibnizens an ihn über seinen Bildungsgang, 36.
Richard Löwenherz: 89.
Richelieu, Kardinal: 120, 190.
Ritter, P.: Mitarbeiter der interakademischen Leibniz-Ausgabe, 302.
Rivaud, A.: Mitarbeiter der interakademischen Leibniz-Ausgabe, 302.
Ronsard: 200.
Rousseau, J. J.: verglichen mit Hamann, 641, 668; verglichen mit Lessing, 625.

Rubius, Neuscholastiker: frühzeitig von Leibniz studiert, 33.
Rudolf August, Herzog von Wolfenbüttel: 111; Brief Leibnizens an ihn über seine Arithmétique binaire und deren Übereinstimmung mit den chines. Zeichen des Fohi, 186.
Rufinus: 153.
Ruprecht, Prinz von der Pfalz: 295.
Ruyter, holländ. Admiral: 231.

Scaliger: 444.
Scheidt, Christian Ludwig, hannov. Bibliothekar: Herausgeber von Leibnizens „Protogäa" und den „Origines guelficae", 175, 195.
Scheits, Andreas, Hofmaler in Hannover: seine Leibnizbilder, 282, 284.
Schelhammer, Günther Christoph, Mediziner: 289.
Schelling: Verhältnis zu Leibniz, 426, 672, zu Jacobi, 659 f., 663, zu Goethe und Schiller, 664, 667.
Scherzer, Adam, Theologe: Leibnizens Lehrer in Leipzig, 34.
Schiller, Friedrich von: philosophischer Jugendstandpunkt (Pantheismus), 664–667; Sch. und Leibniz, 430, 484 f., 538, 664 ff.; Sch. und Spinoza, 664 ff.; Sch. und Lessing, 614, 668 ff.; Sch. und Kant, 666 ff.
Schlüter, Andreas, Bildhauer und Baumeister: 201.
Schmidt, J. A., irenisch gesinnter Theologe in Helmstedt: 167.
Schmidt, Bildhauer: seine Leibnizbüste, 284.
Scholastiker: Leibnizens Verhältnis zu ihnen, 290, 327 ff.; Realisten und Nominalisten, 328 ff., 347, 351, 360, 504, 544.
Schönborn, Johann Philipp von, Erzbischof und Kurfürst von Mainz: Charakter, Politik, Verhältnis zu Boineburg, 51 ff.; Verhältnis Leibnizens zu ihm. 53, 73, 83 ff., 92 f., 104, 140 f., 150, 219.
Schönborn, Melchior Friedrich von, Neffe des Kurfürsten, Schwiegersohn Boineburgs: nimmt Leibniz nach London mit, 93.
Schulenburg, von der, General: Brief Leibnizens an ihn über die Königin Sophie Charlotte, 253.
Schuller (Schaller), Georg Hermann, Freund und Schüler Spinozas: Bekanntschaft und Briefwechsel mit Leibniz, 565.
Seneca: frühzeitig von Leibniz gelesen, 28.
Sextus Tarquinius: 549, 555.
Shaftesbury (Philosoph): 600.
Shakespeare: 614.
Sinzendorf, Graf, Hofkanzler in Wien: Brief an Leibniz und Antwort desselben (1716) betr. Rückkehr nach Wien zur Einrichtung der Sozietät der Wissenschaften, 231.
Sire, J.: Mitarbeiter der interakademischen Leibnizausgabe, 302.
Sobieski: Johann, 123.
Sokrates: fordert in Platos Phädon die teleologische Naturerklärung, 365 f.; Mendelssohn und Sokrates, 603 ff.
Sonerus: Vorrede Leibnizens zu seiner Schrift gegen die Ewigkeit der Höllenstrafen, 380.
Sophie, Herzogin, später Kurfürstin von Hannover, Gemahlin Ernst Augusts: Charakter, 232 ff.; Familienverhältnisse, 110 ff., 117, 144 ff.,

263; Beziehungen zwischen ihr und Leibniz, 117, 180 f., 182 f., 202, 207, 215 f., 220 f., 232–243, 253, 256, 262, 283, 294. – 249, 257.

Sophie Charlotte, Tochter der vorigen, Königin von Preußen, Gemahlin Friedrichs I.: Charakter, 246 ff.; Familienverhältnisse, 110, 118, 262; Beziehungen zwischen ihr und Leibniz, 115, 118, 195, 202 ff., 218, 220, 234, 243–256, 266, 284, 292, 294, 302, 315.

Sophie Christine, Prinzessin von Braunschweig-Wolfenbüttel, 220.

Sophie Dorothea, Kurfürstin von Hannover, Gemahlin Georg Ludwigs: 110, 114.

Sophie Dorothea, Königin von Preußen, Gemahlin Friedlich Wilyelms I.: 170, 214.

Spanheim, Ezechiel, brandenburg. Gesandter in Paris: 168.

Spener, Philipp Jakob, Pietist, Prediger in Frankfurt a. M., später Propst in Berlin: teilt Leibnizens „Confessio contra Atheistas" Th Spizel in Augsburg mit, 54; über Leibnizens „Tentamen irenicum", 168.

Spinola de Luca: Kardinal, 155.

Spinola, Christoph Royas, Bischof von Tina, später von Neustadt: Wirksamkeit in den Reunionsverhandlungen, Beziehungen zu Leibniz, 18, 143 f., 147 ff., 154 ff., 159, 162 f., 182.

Spinoza, Baruch de: Leibniz und Sp., 1 ff., 15, 19, 42, 53, 65, 98, 103 f., 157, 182, 250, 290, 299, 301, 305, 308, 311 f., 320 ff., 326, 331 ff., 344, 347 f., 363 f., 365, 387, 391, 394, 397, 404 f., 426 f., 464, 470, 481, 483, 485 f., 491, 494 f., 502, 532, 561–567, 570, 572, 574 f., 578 ff., 581 ., 587, 601 f., 607, 614, 626 ff., 647; siehe auch Descartes, Goethe, Herder, Jacobi, Lessing, Mendelssohn, Schiller, Tschirnhausen, Chr. Wolff.

Spizel, Gottlieb, Prediger in Augsburg: veröffentlicht Leibnizens „Confessio contra Atheistas", 54, 57.

Stamford, Lord: Sendschreiben Leibnizens an ihn über die zweideutige Haltung der Whigs in der engl. Thronfolgefrage, 241.

Steffani, Agostino, Kapellmeister in München: vermittelt Leibniz die Erlaubnis zur Benutzung der Münchener Bibliothek, 180.

Stepney, engl Gesandtschaftssekretär in Berlin: 236; Brief Leibnizens an ihn in Sachen der engl, Thronfolge, 240 f.

Strattmann, Th. A. H., Graf, Hofkanzler in Wien: Leibnizens Denkschrift über die französische Kriegserklärung (1688) ihm übersandt, 124, 182.

Strimesius, Theologe in Frankfurt a. O.: Mitglied des collegium irenicum in Berlin, 170.

Sturm, Joh. Christoph, Physiker: Leibnizens Verteidigung seines Natursystems gegen ihn, 289 f., 321, 327.

Swammerdam, Naturforscher: Leibniz und S., 376, 378, 421.

Tertullian, Kirchenvater: 507 f.

Textor, Johann Wolfgang, Jurist in Altorf: 41.

Thiers, franz. Geschichtsschreiber: 85.

Thomas von Aquin: Schlichtung seines Streites mit Johannes Duns Scotus durch Leibniz, 329.

Thomasius, Christian: Sohn des folgenden, Begründer der rationalistischen Rechtsschule in Halle, 197 ff.; sein Programm von 1693 betr. den Begriff der Substanz, 288; Vorläufer Chr. Wolffs, 575, 581 f.

Thomasius, Jakob, Professor der Philosophie in Leipzig: Leibnizens Verhältnis zu ihm, 34 f., 37, 43; Briefe an ihn, 56 f., 564, 581.

Toland, John, engl. Freidenker: sein Buch: „Das Christentum ohne Geheimnisse", 247; Aufenthalt in Hannover und Berlin, Schriftwechsel mit Leibniz, 249 f., 259, 294.

Tolomei, Giovanni Baptista, Jesuitenpater: Bekanntschaft mit Leibniz, 186.

Troyel, Isaac, Verleger der Theodizee Leibnizens: 293.

Tschirnhausen, Walther Ehrenfried, Freiherr von: verkehrt mit Leibniz in Paris und vermittelt ihm nähere Kenntnis der Lehre Spinozas, 103, 299, 564, 566; seine „Medicina mentis" und ihr Einfluß auf Chr. Wolff, 581.

Tyrannion, Aristotelesherausgeber: 297.

Ulpian: über die Jurisprudenz, von Leibniz zitiert, 44; Leibnizens Auffassung seiner drei Rechtsnormen, 192.

Ulrike Eleonore, Schwester Karls XII. von Schweden: Gemahlin Friedrichs von Hessen, 583.

Valla, Laurentius: Gespräch über den freien Willen, 542, 549, 555.

Vanini, Lucilio, ital. Philosoph: 57, 396.

Verjus, A., Jesuitenpater, Prokurator der Missionen in der Levante: Briefwechsel mit Leibniz, 186.

Vespasian, röm. Kaiser: 111.

Viviani, Mathematiker: Bekanntschaft mit Leibniz in Florenz, 187.

Vloten, van: Spinozaherausgeber, 565.

Voltaire: Anschauung über den Ursprung der Gottesvorstellung, verglichen mit der Leibnizens, 511; 575; Lessing und V., 614.

Vota, Moritz, Beichtvater Augusts II. von Sachsen: befürwortet Leibnizens Plan einer Sozietät der Wissenschaften in Dresden, 220; 246.

Wachter, J. G.: Abhdlg. über den Spinozismus und das Judentum (1699) und die philosophische Geheimlehre der Juden (1706), 565.

Wagner, Gabriel, Philosoph: Brief Leibnizens an ihn über seine logischen Studien in seiner Jugend, 30.

Wagner, Rudolf Christian, Mathematiker in Helmstedt: Briefe Leibnizens an ihn, 276, 283, 291, 346, 386.

Weigel, Erhard, Philosoph und Mathematiker in Jena: Verhältnis Leibnizens zu ihm, 46 f., 680.

Welf I., Graf: 193.

Welf II., Herzog: 193.

Weselau, hannov. Geschäftsträger: 181.

Wieland, L.: 297, 577.

Wilhelm, Statthalter von Hessen: 586.

Wilhelm III. (von Oranien), König von England: 116, 183, 223, 235–240, 247.

Winckelmann: Verhältnis zu den Alten, 611 f.; Übertritt zum Katholizismus, 151; Einfluß auf Lessing und Herder, 614, 629, 632 f.; 577.
Winckler, Diakon in Magdeburg: Mitglied des collegium irenicum in Berlin, 170.
Windischgrätz, E. F. von, Graf, Präsident des Reichshofrats: Beziehungen Leibnizens zu ihm, 182, 189.
Wissowatius, Andreas, Sozinianer: Leibniz verteidigt gegen ihn die Trinität, 20, 57 f.
Wolf, Casp., Friedr.: Lehre von der Epigenesis, 563.
Wolff, Christian: 19; Verf. des „elogium G. G. Leibnitii" in „Acta erud.", 22; Lebensschicksale, 198, 200; Satz der Identität bei W., 472; Determinist, nicht Fatalist, 485 f.; seine philosophischen Aufgaben, 574 f., 578, 580; Lebensgeschichte, 580–584; Werke, 584 f.; Philosophie, 585–590; ihr Verhältnis zu Leibnizens Philosophie, 585 f.; 632. Siehe auch Mendelssohn, Jacobi, Reimarus.
Wotton, William, engl. Theologe: Leibniz an ihn über sein Verhältnis zur Königin Sophie Charlotte, 254.
Wülfer, Daniel, Prediger in Nürnberg: Alchymist, 43.

Xenophon: frühzeitig von Leibniz gelesen, 28, 604.
Ximenes, Kardinal: 89.

Zabarella, Paduaner Aristoteliker: von Leibniz in früher Jugend studiert, 33.
Zeller, E.: über Leibnizens Verhältnis zu Geulincx, 355.